Helga Czysewski

Paul Tillich
Systematische Theologie I/II

W DE G

Paul Tillich

Systematische Theologie

I/II

Walter de Gruyter · Berlin · New York
1987

Die zu einem Band zusammengefaßten Bände I und II sind ein unveränderter photomechanischer Nachdruck der 8. Auflage von 1984.
Die Auflagen 1–8 erschienen im Evangelischen Verlagswerk, Frankfurt am Main.

Übersetzung der amerikanischen Ausgabe des Buches „Systematic Theology, Volume I" von Paul Tillich, erschienen bei The University of Chicago Press, Chicago, Illinois, 1951.
Die deutsche Ausgabe besorgte A. Rathmann. An der Übersetzung waren beteiligt: Renate Albrecht, Maria Rhine, Gertie Siemsen, Gertraut Stöber, Prof. D. Dr. Schrey.

CIP-Titelaufnahme der Deutschen Bibliothek

Tillich, Paul:
Systematische Theologie / Paul Tillich. – Berlin; New York: de Gruyter.
    Einheitssacht.: Systematic Theology [dt.]
früher im Evang. Verl.-Werk, Stuttgart,
Frankfurt am Main

1/2. [Die dt. Ausg. besorgte A. Rathmann. An d. Übers.
waren beteiligt: Renate Albrecht ...]. – 8. Aufl.,
unveränd. photomechan. Nachdr. – 1987
ISBN 3-11-011460-7

© 1958 by Walter de Gruyter & Co., Berlin.
Printed in Germany.
Ohne ausdrückliche Genehmigung des Verlages ist es nicht gestattet, dieses Buch oder Teile daraus auf photomechanischem Wege (Photokopie, Mikrokopie) zu vervielfältigen.
Satz und Druck: J. F. Steinkopf Druck+Buch GmbH, Stuttgart.
Einband: Lüderitz & Bauer, Berlin.

Meinen ehemaligen Studenten
in Amerika und Deutschland

INHALTSÜBERSICHT

Band I . . . . Seite   1–336
    Einleitung . . . . Seite   9– 83
    1. Teil: Vernunft und Offenbarung . . . . Seite   85–191
    2. Teil: Sein und Gott . . . . Seite 193–336

Band II . . . . Seite   1–197
    3. Teil: Die Existenz und der Christus . . Seite 23–197

Ein Gesamtregister für alle drei Bände der „Systematischen Theologie"
befindet sich im Band III, S. 479ff.
Ausführliche Inhaltsverzeichnisse sind am Ende eines jeden Bandes zu finden.

VORREDE

Dieser Band ist eine Übersetzung des ersten Bandes meiner „Systematic Theology", die 1951 in Amerika und England erschienen ist. In den Jahren, die seit seinem ersten Erscheinen vergangen sind, hat das Buch, vor allem in den Vereinigten Staaten, weite Verbreitung und starke Beachtung, auch jenseits der theologischen Kreise, gefunden. Das ist vor allem darin begründet, daß seit vielen Jahren in Amerika kein theologisches System geschrieben und veröffentlicht worden ist. Es ist ferner dadurch veranlaßt, daß das vorliegende System einen Weg sucht, der sowohl den theologischen Liberalismus der letzten Periode amerikanischer Theologie als auch die Neuorthodoxie vermeidet, die sich in den letzten Jahrzehnten in Kontinental-Europa durchgesetzt hat. Ein solcher Versuch kam und kommt den Forderungen der amerikanischen Situation weithin entgegen. Offenbar bestehen diese Voraussetzungen im deutschen Sprachgebiet nicht. Eine reiche Literatur in systematischer Theologie liegt vor, und der Kampf gegen den Liberalismus des 19. Jahrhunderts scheint zu einem vollen Sieg geführt zu haben. Dennoch zeigt das Wiedererwachen der historisch-kritischen Frage im Streit um Rudolf Bultmanns Entmythologisierungsprogramm, daß echte Probleme nicht zum Schweigen gebracht werden können, auch wenn sie zeitweise in den Untergrund gedrängt sind. Aus dieser Überzeugung heraus habe ich einer deutschen Ausgabe des ersten Bandes meiner „Systematischen Theologie" zugestimmt.

Es ist meine Hoffnung, daß im Laufe von 1—2 Jahren der zweite Band erscheinen und gleichzeitig in England und Deutschland veröffentlicht werden kann. Er wird in drei Teilen: „Die Existenz und der Christus"; „Das Leben und der Geist"; „Die Geschichte und das Reich Gottes" das System zum Abschluß bringen.

Die Übersetzung hat sich durch verschiedene Umstände, vor allem meine durch Zeitmangel bedingte Unfähigkeit, sie selbst vorzunehmen, lange verzögert. Ich danke den vier Damen, früheren Schülerinnen von mir, für die mühevolle Arbeit des Übersetzens und Professor Schrey für die endgültige Ausgleichung und Überarbeitung der ihm vorliegenden Manuskripte. Es liegt eine gewisse Ironie in der Tatsache, daß dieses Buch, für das ich indirekt und direkt seit der Mitte der zwanziger Jahre in Vorlesungen an deutschen Universitäten gearbeitet und das ich zuerst in deutscher Sprache gedacht habe, nun ins Deutsche zurückübersetzt werden mußte. Aber vielleicht hat es dadurch Gesichtspunkte in sich verarbeitet, die nur durch das Teilhaben an zwei Kulturen gewonnen werden können.

New York, März 1955.

Paul Tillich

VORWORT ZUR ZWEITEN AUFLAGE

Die zweite Auflage ist von mir selbst mit Hilfe von Frau Renate Albrecht durchgesehen und überarbeitet worden. Die Durchsicht fiel in die gleiche Zeit, in der die englische Fassung des zweiten Bandes: „Existence and the Christ" von mir fertiggestellt wurde. Es ist nicht immer leicht, in zwei Sprachen zu denken und in zwei Sprachbereichen zu arbeiten. Doch hat meine gleichzeitige Arbeit am zweiten Band rückwirkend die Durchsicht des ersten Bandes fruchtbar beeinflußt und zu endgültigen Formulierungen geführt.

Ich möchte dem Verlag meinen Dank aussprechen, daß er so bald eine neue Auflage ermöglichte, und ich möchte Frau Albrecht für die unendliche Mühe und Geduld danken, mit der sie Änderungen vorgeschlagen und mit mir besprochen hat.

Cambridge, Massachusetts, November 1956.

Paul Tillich

EINLEITUNG

A

DER STANDPUNKT

1. Botschaft und Situation

Theologie ist eine Funktion der christlichen Kirche, sie muß den Erfordernissen der Kirche entsprechen. Ein theologisches System muß zwei grundsätzliche Bedürfnisse befriedigen: Es muß die Wahrheit der christlichen Botschaft aussprechen, und es muß diese Wahrheit für jede neue Generation neu deuten. Theologie steht in der Spannung zwischen zwei Polen: der ewigen Wahrheit ihres Fundamentes und der Zeitsituation, in der diese Wahrheit aufgenommen werden soll. Die meisten Theologien genügen nur einer von diesen beiden Grundbedingungen. Entweder opfern sie Teile der Wahrheit, oder sie reden an der Zeit vorbei. Es gibt auch theologische Systeme, die beide Fehler zugleich machen. Besorgt, die ewige Wahrheit zu verfehlen, setzen sie sie kurzerhand mit einer großen Theologie der Vergangenheit gleich, mit überlieferten Begriffen und Lösungen, und versuchen nun, diese einer neuen und gewandelten Situation aufzupfropfen. Sie verwechseln die ewige Wahrheit mit einer ihrer zeitlichen Ausformungen. Eben darum handelt es sich bei der Orthodoxie in Europa, die man in Amerika unter dem Namen Fundamentalismus kennt. Wenn es dann geschieht, daß sich dieser Fundamentalismus mit einem Vorurteil gegen theologisches Denken überhaupt verbindet, wie z. B. im evangelischen Biblizismus, dann wird die theologische Wahrheit von gestern als unwandelbare Botschaft gegen die theologische Wahrheit von heute und morgen verteidigt. Der Fundamentalismus versagt vor dem Kontakt mit der Gegenwart, und zwar nicht deshalb, weil er der zeitlosen Wahrheit, sondern weil er der gestrigen Wahrheit verhaftet ist. Er macht etwas Zeitbedingtes und Vorübergehendes zu etwas Zeitlosem und ewig Gültigem. Er hat in dieser Hinsicht dämonische Züge. Denn er verletzt die Ehrlichkeit des Suchens nach der Wahrheit, ruft bei seinen denkenden Bekennern eine Bewußtseins- und Gewissensspaltung hervor und macht sie zu Fanatikern, weil sie dauernd Elemente der Wahrheit unterdrücken müssen, deren sie sich dunkel bewußt sind.

Die amerikanischen Fundamentalisten und die europäischen Orthodoxen können sich auf die Tatsache berufen, daß ihre Theologie in weiten Kreisen bereitwilligst akzeptiert und vertreten wird, und zwar gerade wegen der geschichtlichen oder „biographischen" Situation, in der sich viele Menschen heute befinden. Das ist eine unbestreitbare Tatsache, aber die daraus abgeleitete Rechtfertigung ist falsch. Die Situation als der eine Pol aller theologischen Arbeit bedeutet nicht den empirischen psychologischen oder soziologischen Zustand, in dem sich ein Individuum oder eine Gruppe von Menschen gerade befindet. Sie bedeutet vielmehr die Summe der wissenschaftlichen und künstlerischen, der wirtschaftlichen, politischen und sittlichen Formen, in denen diese Gruppe das Selbstverständnis ihrer Existenz zum Ausdruck bringt. Die Situation, in die hinein die Theologie zu reden hat, wenn sie relevant reden will, ist nicht einfach die Situation des Individuums als Individuum oder einer Gruppe als Gruppe. Theologie ist etwas anderes als Verkündigung oder Seelsorge. Deshalb ist die Brauchbarkeit einer Theologie für die Predigt oder die Seelsorge keinesfalls das Kriterium ihrer Wahrheit. Die Tatsache, daß orthodoxe oder fundamentalistische Formeln in einer Zeit begeistert aufgenommen werden, in der sich einzelne wie die Gemeinschaft Verfallszuständen gegenübersehen, ist durchaus kein Beweis für ihren theologischen Wert, ebenso wenig wie die allgemeine Zustimmung zur liberalen Theologie in Zeiten der Konsolidierung ein Beweis für deren Wahrheit ist. Die Situation, um die es in der Theologie geht, ist vielmehr das schöpferische Selbstverständnis der Existenz, wie es sich in jeder Periode unter den verschiedensten psychologischen und soziologischen Umständen vollzieht. Gewiß ist die so verstandene Situation von den oben genannten Elementen nicht unabhängig. Aber die Theologie hat es mit dem geistig-kulturellen Gesamtausdruck zu tun, den diese Elemente theoretisch und praktisch gefunden haben, nicht mit ihnen als Faktoren und Bedingungen dieses Gesamtausdrucks. Es ist z. B. nicht die Tatsache – sei es der Verbreitung, sei es der besseren Erkenntnis – der Geisteskrankheiten, mit der sich die Theologie befaßt, sondern es ist die Frage, was Geisteskrankheit als individuelle oder soziale Erscheinung für das Verständnis des Menschen und seine Beziehung zu Gott bedeutet. Die Situation, zu der die Theologie sprechen muß, ist die schöpferische Selbstbesinnung des Menschen in einer besonderen Geschichtsperiode. Theologie kümmert sich z. B. nicht um die politische Spaltung zwischen Ost und West, sondern um den religiösen und ethischen Sinn dieser Spaltung. Fundamentalismus und Orthodoxie lehnen das ab und verfehlen damit die eigentlich theologische Aufgabe.

Die sogenannte kerygmatische Theologie ist dem Fundamentalismus und der Orthodoxie insofern verwandt, als sie die unveränderliche Wahrheit des Kerygmas, der Botschaft oder Verkündigung, im Gegensatz zu den wechselnden Forderungen der Situation stark betont. Sie versucht, die Mängel des Fundamentalismus zu vermeiden, indem sie alles theologische Denken, auch das orthodoxe, dem Kriterium der Verkündigung unterstellt. Diese Verkündigung ist in der Bibel enthalten, aber nicht mit der Bibel identisch. Sie hat in der klassischen Überlieferung christlicher Theologie ihren Ausdruck gefunden, ist aber nicht identisch mit einer speziellen Form dieser Überlieferung. Die reformatorische Theologie und in unseren Tagen die neureformatorische Theologie Barths und seiner Schule sind Musterbeispiele kerygmatischer Theologie. Zu seiner Zeit wurde Luther heftig von den Orthodoxen von damals angegriffen, und heute geht es Barth und seinen Schülern mit den Fundamentalisten genau so. Daran sieht man, daß es nicht ganz zutreffend ist, Luther „orthodox" und Barth „neuorthodox" zu nennen. Luther war in Gefahr, orthodox zu werden, und das Gleiche gilt von Barth, aber sie wollten es beide nicht. Beiden geht es ernsthaft darum, die ewige Botschaft in Bibel und Tradition wieder zu entdecken und einer entstellten Tradition und einem mechanischen Mißbrauch der Bibel entgegenzusetzen. Luthers Kritik am römischen System der Vermittlung und der Heilsstufen, die Herausstellung der biblischen Kategorien „Gericht" und „Gnade", seine Wiederentdeckung der paulinischen Botschaft und gleichzeitig sein mutiges Hervorheben des ungleichen Wertes der biblischen Bücher waren echte kerygmatische Theologie. Barths Kritik an der neuprotestantisch-bürgerlichen Synthese von christlicher Botschaft und modernem Denken, seine Wiederentdeckung des christlichen Paradoxes und gleichzeitig die Freiheit seiner pneumatischen Auslegung des Römerbriefes und seine Annahme radikaler historischer Kritik waren echte kerygmatische Theologie. In beiden Fällen handelt es sich um das Herausstellen der ewigen Wahrheit gegenüber der menschlichen Situation und ihren Forderungen. In beiden Fällen hatte dieses Herausstellen prophetische, im Tiefsten erschütternde und umwandelnde Gewalt. Ohne solche kerygmatische Reaktionen könnte sich die Theologie in den Relativitäten der Situation verlieren, ja sie könnte selber zu einem Teil der Situation werden – wie z. B. der religiöse Nationalismus der „Deutschen Christen" oder der religiös gefärbte Fortschrittsglaube der sogenannten „Humanisten" in Amerika.

Und doch läßt sich die Situation aus der theologischen Arbeit nicht ausschalten. Luther war unbefangen genug, sein eigenes nominalistisches und Melanchthons humanistisches Denken bei der Formulierung seiner theologischen Lehren heranzuziehen. Aber das Problem der Situation war ihm doch nicht immer gegenwärtig genug, um ein Abgleiten in orthodoxe Denkformen zu verhindern. Auf diese Weise bereitete er der protestantischen Orthodoxie den Weg für die Zukunft. Barths Größe liegt darin, daß er sich immer wieder im Lichte der Situation korrigiert und ernstlich darauf bedacht ist, nicht sein eigener Schüler zu werden. Dabei ist ihm indes nicht immer gegenwärtig, daß er damit aufhört, rein kerygmatische Theologie zu treiben. Da er jede konkrete Wahrheit direkt von der höchsten Wahrheit abzuleiten versucht, wenn er z. B. die Pflicht, Hitler mit Krieg zu überziehen, direkt von der Auferstehung ableitet[1], fällt er auf ein Denken zurück, das man neuorthodox nennen kann und das alle Tendenzen zu einer Repristinationstheologie in Europa stärken mußte. Der Pol, der Situation heißt, kann in der Theologie nicht ohne gefährliche Konsequenzen vernachlässigt werden. Nur radikale Teilnahme an der Situation, an der Existenzdeutung des modernen Menschen, kann das gegenwärtige Schwanken der kerygmatischen Theologie zwischen prophetischer Freiheit und orthodoxer Fixierung überbrücken. Mit anderen Worten: Die kerygmatische Theologie bedarf der apologetischen Theologie als notwendiger Ergänzung.

2. Die apologetische Theologie und das Kerygma

Apologetische Theologie heißt: antwortende Theologie. Sie antwortet auf Fragen, die die Situation stellt, und sie antwortet in der Macht der ewigen Botschaft und mit den begrifflichen Mitteln, die die Situation liefert, um deren Fragen es sich handelt.

Der Begriff „apologetisch" stand in der Alten Kirche in sehr hohem Ansehen. Er hat dieses Ansehen eingebüßt. Den Grund dafür boten die Methoden, die das Christentum gegen Angriffe des modernen Humanismus, Naturalismus und Historismus zu verteidigen suchten. Eine besonders anfechtbare und abstoßende Form der Apologetik war das sogenannte *„argumentum ex ignorantia"*, mit dem man ver-

---

[1] Karl Barth, Ein Brief nach Großbritannien aus der Schweiz. Eine Schweizer Stimme. 1945.

Die apologetische Theologie und das Kerygma

suchte, Lücken in unserer wissenschaftlichen oder historischen Erkenntnis zu entdecken und dann Gott und seine Taten inmitten einer sonst völlig berechenbaren und „immanenten" Welt unterzubringen suchte. Jedesmal wenn die Wissenschaft einen Schritt weiter machte, mußte man wieder einen Stützpunkt aufgeben. Aber diese ununterbrochenen Rückzugsgefechte haben einige eifrige Apologeten trotz allem nicht entmutigt, in den allerneusten Entwicklungen der physikalischen und historischen Forschung wiederum neue Lücken zu finden, in denen sich Gott unterbringen läßt. Dieses würdelose Verfahren hat alles, was Apologetik heißt, in Verruf gebracht.

Im übrigen gibt es aber noch einen tieferen Grund für das Mißtrauen gegen apologetische Methoden, besonders auf seiten der kerygmatischen Theologen. Will man nämlich eine echte Antwort auf eine Frage geben, so muß man mit dem, der sie stellt, etwas Gemeinsames haben. Apologetik setzt gemeinsamen Boden voraus, wie unbestimmt dieser auch sein mag. Kerygmatische Theologen aber neigen dazu, jeden gemeinsamen Boden mit Menschen außerhalb ihres „theologischen Zirkels" abzuleugnen. Sie sind besorgt, solch gemeinsamer Boden könnte die Einzigartigkeit des Kerygmas zerstören. Sie verweisen auf die frühchristlichen Apologeten, die den gemeinsamen Boden in der Bejahung des *logos* sahen; sie verweisen auf die alexandrinische Schule, die ihn im Platonismus fand; sie verweisen auf Thomas von Aquino, der seine Theologie auf Aristoteles gründete; sie verweisen schließlich besonders auf den gemeinsamen Boden, den die apologetische Theologie mit der Philosophie der Aufklärung, mit der Romantik, mit dem Hegelianismus und Kantianismus, mit dem Humanismus und Naturalismus zu haben glaubte. Sie versuchen zu zeigen, daß das, was für gemeinsamen Boden gehalten wurde, in Wirklichkeit der Boden der „Situation" war, und daß die Theologie ihren eigenen Boden verlor, wenn sie sich in die Situation hineinbegab. Apologetische Theologie in allen diesen Formen, und das heißt praktisch alle nichtorthodoxe Theologie seit dem Anfang des 18. Jahrhunderts, ist für die Vertreter der modernen kerygmatischen Theologie ein Verrat am Kerygma, an der unwandelbaren Wahrheit. Wenn dies eine zutreffende Interpretation der Theologiegeschichte ist, dann ist die kerygmatische Theologie die einzig wahre Theologie.* Dann darf man sich auf die Situation überhaupt nicht einlassen, dann ist eine Antwort auf die Fragen, die sie stellt, nicht zu geben, wenigstens nicht in Begriffen, die als Antwort verstanden werden können. Dann muß die Botschaft den Menschen in ihrer jeweiligen Situation zugeschleudert werden wie ein Stein. Das ist unter gewissen psychologischen Voraussetzungen zweifellos eine sehr wirksame Methode der Predigt, z. B. bei Erweckungen; es kann sogar sehr wirkungsvoll sein, wenn aggressive theologische Ausdrücke gebraucht werden. Aber das ist kein Dienst an der theologischen Funktion der Kirche; außerdem ist es undurchführbar. Selbst die kerygmatische Theologie muß sich der begrifflichen Werkzeuge bedienen, die ihr die Zeit anbietet. Sie kann nicht einfach die Sätze der Bibel wiederholen. Und selbst wenn sie das versuchte, könnte sie an dem Problem, das durch die situationsbedingte Ausdrucksweise der verschiedenen biblischen Verfasser gestellt ist, nicht vorbeigehen. Das alles umfassende Ausdrucksmedium jeder Situation ist die Sprache, damals wie heute, und einfach deshalb kann die Theologie dem Situationsproblem nicht ausweichen. Die kerygmatische Theologie muß ihre ausschließliche Transzendenz aufgeben und den Versuch der apologetischen Theologie ernstnehmen, auf die Fragen zu antworten, die sich in der jeweiligen Situation stellen.

Andererseits wird die apologetische Theologie die Warnung nicht in den Wind schlagen dürfen, die mit der Existenz und dem Anspruch der kerygmatischen Theologie gegeben ist. Gründet sie sich nicht auf das Kerygma als auf die Substanz und das Kriterium jedes ihrer Sätze, dann gibt sie sich selbst auf. In den letzten zwei Jahrhunderten hat das Problem der Apologetik die theologische Arbeit bestimmt. „Die christliche Botschaft und der moderne Geist" — das ist seit dem Ende der klassischen Orthodoxie das Thema der Theologie schlechthin gewesen. Unermüdlich wurde die Frage behandelt, ob die christliche Verkündigung dem modernen Geist annehmbar gemacht werden könne, ohne daß sie dabei ihrer Einzigartigkeit und ihrer eigentlichen Substanz verlustig ginge. Die Mehrheit der Theologen hat an diese Möglichkeit geglaubt, eine Minderheit hat sie bestritten, sei es im Namen der christlichen Botschaft, sei es im Namen des modernen Geistes. Kein Zweifel: Die Stimmen, die den Kontrast, die *„Diastase"* betonten, klangen lauter und auch eindrücklicher; ein „Nein" klingt in der Regel kräftiger als ein „Ja". Trotzdem war es doch die ununterbrochene Arbeit derer, die an ein Zusammen, an eine Synthese glaubten, die die Theologie lebendig erhalten hat. Ohne sie wäre das traditionelle Christentum eng und abergläubisch geworden, und die allgemeine Kultur wäre ihren Weg gegangen ohne den „Pfahl im Fleisch", dessen sie bedarf: nämlich einer echten Theologie von geistigem Rang. Die heutzutage in neuorthodoxen Kreisen Mode gewordene summarische Verurteilung der theologischen Arbeit der letzten beiden Jahrhunderte ist grundverkehrt, wie Barth selbst das in seinem

Buch: „Die protestantische Theologie im 19. Jahrhundert" festgestellt hat. Trotzdem ist es notwendig, von Fall zu Fall danach zu fragen, ob die apologetische Methode die christliche Botschaft aufgelöst hat oder nicht. Es geht weiter darum, eine theologische Methode zu finden, bei der Botschaft und Situation auf eine solche Weise aufeinander bezogen sind, daß keine von beiden beeinträchtigt wird. Läßt sich eine solche Methode finden, dann kann die Frage nach dem Christentum und dem modernen Geist mit viel besseren Aussichten als bisher angegangen werden. Das folgende System ist ein Versuch, mit Hilfe der „Methode der Korrelation" Botschaft und Situation zu vereinigen. Es sucht die Fragen, die in der Situation enthalten sind, mit den Antworten, die in der Botschaft enthalten sind, in Korrelation zu bringen. Es leitet die Antworten nicht aus den Fragen ab, noch gibt es Antworten, die nichts mit der Frage zu tun haben. Es setzt Fragen und Antworten, Situation und Botschaft, menschliche Existenz und göttliche Selbstoffenbarung in Korrelation.

Zweifellos ist solch eine Methode kein Instrument, das willkürlich gehandhabt werden könnte. Sie ist weder ein Trick noch ein mechanischer Kunstgriff. Sie ist selbst eine theologische Aussage und wie alle theologischen Aussagen nur möglich mit Leidenschaft und Mut zum Wagnis. Und letztlich ist sie ein Teil des Systems selbst, das sich auf sie gründet. System und Methode gehören zusammen und müssen miteinander beurteilt werden. Dieses Urteil würde positiv sein, wenn in kommenden Generationen Theologen und Nichttheologen anerkennten, daß es ihnen behilflich war, die christliche Botschaft als Antwort auf die Fragen zu verstehen, die ihrer und jeder menschlichen Existenz zugrunde liegen.

B

DAS WESEN DER SYSTEMATISCHEN THEOLOGIE

1. Der theologische Zirkel

Es gibt Beweise genug, daß die Versuche nicht zum Ziel führen, die die Theologie als empirisch-induktive oder als metaphysisch-deduktive Wissenschaft oder als Kombination aus beidem entwerfen wollen. In jeder derartigen Theologie gibt es einen Punkt, an dem individuelle Erfahrung, traditionelle Wertung und persönliches Beteiligtsein den Ausschlag geben. Dieser Punkt bleibt den Verfassern solcher Theologien oft selbst verborgen, ist jedoch für diejenigen offensichtlich, die sie mit anderen Erfahrungen und anderer persönlicher Bindung betrachten. Wird der empirisch-induktive Weg beschritten, so muß man fragen, woher der Autor sein Material bekommt. Lautet die Antwort, daß er es von allen Seiten und aus allen möglichen Erfahrungen bekommt, so muß man fragen, welcher Realitäts- oder Erfahrungsbegriff die empirische Grundlage seiner Theologie ist. Wie auch die Antwort ausfallen mag, es liegt ein apriorischer Erfahrungsbegriff zugrunde. Dasselbe gilt vom metaphysisch-deduktiven Weg, wie er vom klassischen Idealismus beschritten wurde. Die letzten Prinzipien in der idealistischen Theologie sind rationaler Ausdruck dessen, was uns unbedingt angeht. Wie alles, was in die metaphysisch letzten Gründe vorstößt, sind sie zugleich von religiöser Bedeutung. Ein System, das aus ihnen abgeleitet wird, ist von der heimlichen Theologie in ihnen bestimmt.

Sowohl beim empirisch-induktiven als auch beim metaphysisch-deduktiven Weg, wie bei den sehr viel häufigeren Fällen ihrer Mischung kann man beobachten, daß das Apriori, das beide, die Empirie und die Metaphysik, bestimmt, in einer mystischen Erfahrung begründet ist. Sei es das „Sein an sich" der Scholastik oder die „universale Substanz" des Spinoza, das „Jenseits von Subjektivität und Objektivität" von W. James oder die „Identität von Geist und Natur" bei Schelling, das „Universum" Schleiermachers oder das „kosmische Ganze" Hockings, der „wertschaffende Prozeß" Whiteheads oder die „progressive Integration" Wiemans, der „absolute Geist" Hegels oder die „kosmische Person" Brightmans — all diese Begriffe beruhen auf einer unmittelbaren Erfahrung von einem letzten Sein und Sinn, deren man intuitiv gewahr werden kann. Wenn der Idealismus und der Naturalismus theologische Begriffe entwickeln, unterscheiden sie sich sehr wenig in ihrem Ausgangspunkt. Beide beruhen auf einem Identitätspunkt zwischen dem erfahrenden Subjekt und dem Unbedingten, das im religiösen Erlebnis oder im Welterlebnis erfahren wird. Die theologischen Vorstellungen der Idealisten wie der Naturalisten wurzeln in einem „mystischen Apriori", einem Erkennen von etwas, das die Kluft zwischen Subjekt und Objekt transzendiert. Und wenn im Verlauf eines wissenschaftlichen Prozesses dieses Apriori entdeckt wird, ist seine Entdeckung nur darum möglich, weil es von Anfang an darin gegenwärtig war. Das ist der Zirkel, dem kein Religionsphilosoph entgehen kann. Und es ist keineswegs ein *circulus vitiosus*, denn jedes Verständnis geistiger Dinge ist zirkulär.

Der theologische Zirkel

Der Zirkel jedoch, innerhalb dessen der Theologe arbeitet, ist enger als der des Religionsphilosophen. Er fügt dem „mystischen Apriori" das Kriterium der christlichen Botschaft hinzu. Der Religionsphilosoph will in seinen Begriffen allgemein und abstrakt bleiben, wie schon der Begriff „Religion" andeutet, der Theologe dagegen ist bewußt und mit Absicht spezifisch und konkret. Der Unterschied ist natürlich nicht absolut. Da die Erfahrungsgrundlage jeder Religionsphilosophie zum Teil durch die Kulturtradition bestimmt ist, zu der sie gehört (sogar die Mystik ist kulturell bedingt), umfaßt sie unweigerlich konkrete und spezielle Elemente. Der Philosoph versucht jedoch in seiner Eigenschaft als Philosoph von diesen Elementen zu abstrahieren und allgemeingültige Begriffe hinsichtlich der Religion zu schaffen. Der Theologe andererseits behauptet die Allgemeingültigkeit der christlichen Botschaft trotz ihres konkreten und speziellen Charakters. Er rechtfertigt diesen Anspruch nicht, indem er von der Konkretheit der Botschaft abstrahiert, sondern indem er ihre unwiederholbare Einzigartigkeit betont. Er betritt den theologischen Zirkel mit einer konkreten Überzeugung. Er betritt ihn als ein Glied der christlichen Kirche zur Erfüllung einer der wesentlichsten Funktionen der Kirche, nämlich ihres theologischen Selbstverständnisses.

Der Theologe will mehr sein als ein Religionsphilosoph. Er will die christliche Botschaft mit Hilfe seiner Methode allgemeingültig begründen. Das stellt ihn vor eine Alternative. Er kann die christliche Botschaft unter einen Religionsbegriff subsumieren. Dann gilt das Christentum als ein Beispiel religiösen Lebens neben anderen, gewiß als die höchste Religion, aber nicht als die endgültige und einzigartige. Eine solche Theologie hält sich außerhalb des theologischen Zirkels. Sie hält sich innerhalb des religionsphilosophischen Zirkels und seinen unbestimmten Horizonten, die eine Zukunft offen lassen für neue und vielleicht höhere Formen der Religion. Der Theologe bleibt trotz seines Wunsches, Theologe zu sein, Religionsphilosoph. Oder er wird wirklich Theologe, ein Interpret seiner Kirche und ihres Anspruchs auf Einmaligkeit und Allgemeingültigkeit. Dann betritt er den theologischen Zirkel und sollte zugeben, daß er es wirklich getan hat. Er sollte dann aufhören, den Anspruch zu erheben, seine Theologie auf empirisch-induktive oder metaphysisch-deduktive Weise gewonnen zu haben.

Aber selbst wenn sich der Theologe bewußt und offen auf den theologischen Zirkel eingelassen hat, steht er vor einem anderen ernsten Problem. Innerhalb des theologischen Zirkels muß er eine existentielle Entscheidung getroffen haben, er muß in der Situation des Glaubens stehen. Doch kann niemand von sich selbst sagen, daß er in der Glaubenssituation steht. Niemand kann sich selbst als Theologen bezeichnen, selbst wenn er zum Lehrer der Theologie berufen ist. Jeder Theologe ist sowohl ergriffen als auch entfremdet, er steht immer im Glauben *und* im Zweifel, er befindet sich innerhalb *und* außerhalb des theologischen Zirkels. Manchmal überwiegt die eine Seite, manchmal die andere, und er ist niemals sicher, welche Seite wirklich überwiegt. Daher kann nur ein Kriterium Anwendung finden: ein Mensch kann so lange Theologe sein, als er den Inhalt des theologischen Zirkels als das anerkennt, was ihn unbedingt angeht. Ob das der Fall ist, hängt nicht von seinem geistigen, moralischen oder emotionalen Zustand ab, auch nicht von der Intensität und Gewißheit des Glaubens oder von der Kraft der Wiedergeburt oder dem Grad der Heiligung. Vielmehr hängt es allein von seinem unbedingten Betroffensein durch die christliche Botschaft ab, sogar dann, wenn er geneigt ist, sie anzugreifen oder abzulehnen.

Dieses Verständnis der „theologischen Existenz" löst den Konflikt zwischen den orthodoxen und den pietistischen Theologen über die *theologia irregenitorum* (Theologie der Nichtwiedergeborenen). Die Pietisten haben gewußt, daß man ohne Glauben, Entscheidung, Bindung, ohne sich im theologischen Zirkel zu befinden, nicht Theologe sein kann. Sie haben jedoch die theologische Existenz mit der Erfahrung der Wiedergeburt gleichgesetzt. Die Orthodoxen haben dagegen protestiert aus dem Grund, weil niemand seiner Wiedergeburt gewiß sein kann, und weiter, weil es in der Theologie um objektive Sachverhalte geht, die von jedem Denker innerhalb und außerhalb des theologischen Zirkels gehandhabt werden können, soweit nur die geistigen Voraussetzungen gegeben sind. Heutzutage stehen die Orthodoxen und die Pietisten gemeinsam gegen die angeblich ungläubigen kritischen Theologen, während das Erbe des orthodoxen Objektivismus — der Absicht, wenn auch nicht der Leistung nach — von der empirischen Theologie übernommen wurde. Im Hinblick auf diesen immer wieder auflebenden Streit muß erneut festgestellt werden, daß der Theologe in den theologischen Zirkel gehört. Aber nur das ist das Kriterium seiner Zugehörigkeit: daß die christliche Botschaft ihn unbedingt angeht.

Die Lehre vom theologischen Zirkel hat eine methodische Konsequenz: weder die Einleitung noch ein anderer Teil des theologischen Systems ist die logische Grundlage für die anderen Teile. Jeder Teil hängt mit dem anderen zusammen. Die Einleitung setzt die Christologie und die Lehre von der Kirche voraus und umgekehrt. Die Anordnung richtet sich lediglich nach praktischen Gesichtspunkten.

2. Zwei formale Kriterien jeder Theologie

Die letzte Bemerkung bezieht sich ausdrücklich auch auf die Einleitung dieses Buches, die ein Versuch ist, Kriterien für jedes theologische Unternehmen zu liefern. Die Kriterien sind formal, da sie von den konkreten Einzelheiten des theologischen Systems absehen. Sie sind jedoch von der Ganzheit der christlichen Botschaft abgeleitet. Form und Inhalt können unterschieden, aber nicht voneinander getrennt werden (das ist der Grund, warum auch die formale Logik dem philosophischen Zirkel nicht entrinnen kann). Die formalen Kriterien sind nicht die Basis eines deduktiven Systems, sondern sie sind die methodischen Wächter an der Grenze der Theologie.

Wir haben den Ausdruck „was ihn unbedingt angeht" ohne Erklärung gebraucht. Es ist die abstrakte Übersetzung des großen Gebotes: „Der Herr, unser Gott, ist *ein* Gott. Und du sollst Gott, deinen Herrn, lieben von ganzem Herzen, von ganzer Seele, von ganzem Gemüte und von allen deinen Kräften." Das religiöse Betroffensein ist unbedingt und total, es macht alle anderen Arten von Betroffensein vorläufig. Das, was uns unbedingt angeht, ist von allen zufälligen Bedingungen der menschlichen Existenz unabhängig. Es ist total, kein Teil unser selbst und unserer Welt ist davon ausgeschlossen. Hier gibt es kein Ausweichen. Was uns unbedingt angeht, läßt keinen Augenblick der Gleichgültigkeit und des Vergessens zu. Es ist ein Gegenstand unendlicher Leidenschaft.

Das Wort „angehen" weist auf den „existentiellen" Charakter der religiösen Erfahrung hin. Wir können nicht angemessen vom „Gegenstand der Religion" sprechen, ohne gleichzeitig seinen Gegenstandscharakter zu verneinen. Das, was unbedingt ist, gibt sich selbst nur dem Zustand unbedingten Betroffenseins. Das Unbedingte ist kein „höchstes Ding", das wir in unverbindlicher Objektivität erörtern könnten. Es ist der Gegenstand völliger Hingabe, der auch die Aufgabe unserer Subjektivität fordert. Es ist das Objekt „unendlichen Interesses" (Kierkegaard), das uns zu *seinem* Objekt macht, wenn wir versuchen, es zu *unserm* Objekt zu machen. Aus diesem Grund haben wir Ausdrücke wie *„das* Höchste", *„das* Unbedingte", *„das* Universale", *„das* Unendliche" vermieden und haben von unbedingtem und totalem Betroffensein gesprochen. Selbstverständlich ist in jedem Betroffensein *etwas*, das betrifft, aber dieses „Etwas" sollte nicht als ein Gegenstand erscheinen, der *auch* erkannt und behandelt werden könnte, ohne daß er uns angeht. Darum ist dieses das erste formale Kriterium der Theologie: *Der Gegenstand der Theologie ist das, was* *uns unbedingt angeht. Nur solche Sätze sind theologisch, die sich mit einem Gegenstand beschäftigen, sofern er uns unbedingt angeht.*

Die negative Bedeutung dieses Satzes ist klar. Die Theologie muß sich auf das richten, was uns unbedingt angeht, und darf keine Rolle in der Arena vorläufiger Anliegen spielen. Die Theologie kann und soll keine Urteile über den ästhetischen Wert eines Kunstwerkes, über den wissenschaftlichen Wert einer physikalischen Theorie oder einer historischen Meinung, über die beste Methode medizinischer Heilung oder sozialen Wiederaufbaus, über die Lösung politischer oder internationaler Konflikte abgeben. Der Theologe als Theologe ist kein Sachverständiger in irgendwelchen Angelegenheiten von vorläufiger Bedeutung. Und umgekehrt, diejenigen, die Sachverständige in solchen Angelegenheiten sind, sollten als solche nicht den Anspruch erheben, auch in der Theologie Sachverständige zu sein. Das erste formale Prinzip der Theologie bewacht nicht nur die Grenzlinie zwischen unbedingtem und vorläufigem Betroffensein, es schützt die Theologie vor Übergriffen der Kulturgebiete ebenso wie diese vor Übergriffen der Theologie.

Aber das ist noch nicht die ganze Bedeutung des formalen Prinzips. Es kann zwar aus ihm nicht der Inhalt dessen, was uns unbedingt angeht, abgeleitet werden, aber es hat Konsequenzen für die Beziehungen zwischen dem, was uns bedingt angeht, und dem, was uns unbedingt angeht. Drei Beziehungen sind möglich: Die erste Beziehung ist gegenseitige Indifferenz, die zweite ist eine Beziehung, in der etwas Vorläufiges zu etwas Letztem, Unbedingten wird, und die dritte ist eine Beziehung, in der etwas Vorläufiges zum Träger dessen wird, was uns unbedingt angeht, ohne daß es selbst unbedingtes Gewicht erhält. Die erste Beziehung überwiegt im gewöhnlichen Leben mit seinem Hin und Her zwischen bedingten, bruchstückhaften, endlichen Situationen und Erfahrungen und solchen Augenblicken, in denen die Frage nach dem letzten Sinn des Lebens von uns Besitz ergreift. Eine solche Trennung widerspricht jedoch dem unbedingten und totalen Charakter des religiösen Anliegens. Sie stellt unser unbedingtes Anliegen auf gleiche Stufe mit bedingten Anliegen und beraubt es dadurch seiner Unbedingtheit. Eine solche Haltung widerspricht der Unbedingtheit der biblischen Gebote und des ersten theologischen Kriteriums. Die zweite Beziehung ist ihrem wirklichen Charakter nach götzendienerisch. Götzendienst ist die Erhebung von etwas Vorläufigem zu etwas Letztem und Unbedingtem. Etwas wesensmäßig Bedingtes wird als unbedingt genommen, etwas, das seinem Wesen nach ein Teil ist, erhält den Charakter von etwas Universalem, und etwas wesenhaft Endlichem wird unendliche Bedeutung verliehen. Das beste Beispiel dafür ist der heutige Götzendienst des religiösen Nationalismus. In der dritten Beziehung wird wie in der zweiten das Bedingte zum Träger des Unbedingten, aber das Bedingte wird nicht zu unbedingter Gültigkeit erhoben, noch wird es neben das Unbedingte gestellt, sondern in ihm und durch es hindurch verwirklicht sich das Unendliche. Von solcher Möglichkeit ist nichts ausgeschlossen. In jedem Vorläufigen und durch jedes Vorläufige hindurch kann das Letzte, Unbedingte sich verwirklichen. Wenn dies geschieht, wird das Vorläufige zu einem möglichen Gegenstand der Theologie. Die Theologie geht aber nur insofern damit um, als es ein Medium, ein Träger ist, der über sich selbst hinausweist.

Bilder, Gedichte und Musik können Gegenstand der Theologie werden, nicht unter dem Gesichtspunkt ihrer ästhetischen Form, sondern im Hinblick auf ihre Fähigkeit, durch ihre ästhetische Form gewisse Aspekte dessen auszudrücken, was uns unbedingt angeht. Physikalische, historische oder psychologische Einsichten können Gegenstand der Theologie werden, nicht wegen ihres Charakters als Formen der Erkenntnis, sondern wegen ihrer Fähigkeit, etwas von letzter Bedeutung zu enthüllen. Soziale Ideen und Handlungen, Gesetzesvorschläge und Verfahren, politische Programme und Entscheidungen können Gegenstand der Theologie werden, aber nicht hinsichtlich ihrer sozialen, gesetzlichen oder politischen Form, sondern im Hinblick auf ihre Fähigkeit, etwas uns unbedingt Angehendes durch ihre soziale, gesetzliche und politische Form zu verwirklichen. Persönlichkeitsprobleme und -entwicklungen, Erziehungsziele und -methoden, körperliche und geistige Heilungen können Gegenstand der Theologie werden, aber nicht unter dem Gesichtspunkt ihrer autonomen Form, sondern unter dem Gesichtspunkt ihrer Fähigkeit, durch ihre autonome Form etwas von letztem und unbedingtem Gewicht zu vermitteln.

Es entsteht nun die Frage: Was ist der Inhalt von dem, was uns unbedingt angeht? Die Antwort kann offensichtlich kein spezielles Objekt sein, nicht einmal Gott, denn auch das zweite Kriterium der Theologie muß formal und allgemein sein. Wenn mehr über die Natur dessen, was uns unbedingt angeht, ausgesagt werden soll, muß es von einer Analyse des Begriffs „was uns unbedingt angeht" abgeleitet werden. *Das, was uns unbedingt angeht, ist das, was über unser Sein oder Nichtsein entscheidet. Nur solche Sätze sind theologisch, die sich mit einem Gegenstand beschäftigen, sofern er über unser Sein oder Nichtsein entscheidet.* Das ist das zweite formale Kriterium der Theologie.

Nichts kann von unbedingter Bedeutung für uns sein, das nicht die

Macht hat, unser Sein zu bedrohen und zu retten. Der Ausdruck „Sein" bezeichnet in diesem Zusammenhang nicht Existenz in Raum und Zeit. Existenz ist fortgesetzt bedroht und gerettet durch Dinge und Ereignisse, die keine unbedingte Bedeutung für uns haben. Aber der Ausdruck „Sein" bedeutet das Ganze der menschlichen Wirklichkeit, die Struktur, den Sinn und das Ziel der Existenz. All dies ist bedroht, es kann verloren oder gerettet werden. „Sein oder Nichtsein" — so verstanden — ist ein Anliegen von unbedingter, totaler und unendlicher Bedeutung. Unbedingt betroffen sein heißt: Betroffensein in der Ganzheit unseres Seins, nicht in einem Teil, sei es im Willen, sei es im Gefühl. Das, was den Menschen unbedingt angeht, ist das, was sein „Sein" bedingt, aber selbst *über* allen Bedingungen steht. Es ist das, was über seine letzte Bestimmung jenseits aller Zufälligkeiten der Existenz entscheidet.

Das zweite formale Kriterium der Theologie handelt nicht von einem speziellen Inhalt, einem Symbol oder einer Lehre. Es bleibt formal und daher offen für Inhalte, die das, „was über Sein oder Nichtsein entscheidet", auszudrücken imstande sind. Gleichzeitig schließt es aus der Theologie Inhalte aus, die nicht die Macht haben, „über Sein oder Nichtsein zu entscheiden". Gleichviel, ob es ein Gott ist, den man als ein Seiendes neben anderem Seienden auffaßt (selbst, wenn es das „höchste Seiende" wäre), oder ein „Engel", der in einem himmlischen Bereich wohnte (der sogenannten „geistigen Sphäre" des Okkultismus), oder ein Mensch, der übernatürliche Kräfte besitzt (auch wenn er ein „Gottmensch" genannt wird) — keiner von diesen ist ein Gegenstand der Theologie, wenn er der Kritik des zweiten formalen Kriteriums der Theologie nicht standzuhalten vermag, wenn er für uns nicht eine Angelegenheit von Sein oder Nichtsein ist.

3. Theologie und Christentum

Theologie ist die methodische Auslegung der Inhalte des christlichen Glaubens. Das ist schon in den vorangegangenen Aussagen über den theologischen Zirkel und über die Theologie als Funktion der christlichen Kirche enthalten. Nun erhebt sich die Frage, ob es eine Theologie außerhalb des Christentums gibt, und wenn ja, ob die Idee der Theologie in der christlichen Theologie in vollkommener und endgültiger Weise erfüllt ist. Tatsächlich erhebt die christliche Theologie diesen Anspruch. Ist es jedoch mehr als ein bloßer Anspruch, mehr als ein natürlicher Ausdruck der Tatsache, daß der Theologe innerhalb des theologischen Zirkels arbeitet? Hat er Geltung auch jenseits der Peripherie dieses Zirkels? Es ist die Aufgabe der apologetischen Theologie, nachzuweisen, daß der christliche Anspruch auch vom Standpunkt außerhalb des theologischen Zirkels Geltung hat. Die apologetische Theologie muß zeigen, daß Strömungen in allen Religionen und Kulturen sich auf die christliche Antwort zubewegen. Das bezieht sich auf die Lehren wie auf die theologische Interpretation der Theologie.

Im weitesten Sinne des Wortes ist die Theologie, der *logos* oder das rationale Wort in bezug auf Gott, so alt wie die Religion. Das Denken durchdringt alle geistigen Tätigkeiten des Menschen. Der Mensch wäre ohne Worte, Gedanken, Begriffe kein geistiges Wesen. Dies gilt im besonderen auch in der Religion, der allumfassenden Funktion im geistigen Leben des Menschen. Es war ein Mißverständnis von Schleiermachers Religionsbegriff (Religion = Gefühl der schlechthinnigen Abhängigkeit) und ein Symptom religiöser Schwäche, als die Nachfolger Schleiermachers die Religion in den Bereich des Gefühls als einer psychologischen Funktion unter anderen versetzten. Die Verbannung der Religion in die nichtrationale Ecke der subjektiven Empfindungen, um die Bereiche des Denkens und Tuns frei von religiöser Einwirkung zu halten, war eine bequeme Art, den Konflikten zwischen religiöser Tradition und modernem Denken zu entgehen. Aber diese Methode war das Todesurteil für die Religion, das die Religion selbst nicht anerkannte und nicht anerkennen konnte.

Jeder Mythos enthält einen theologischen Gedanken, der herausgearbeitet werden kann und schon in früher Zeit herausgearbeitet wurde. Die priesterliche Zusammenfassung verschiedener Mythen eröffnet häufig tiefe theologische Einsichten. Mystische Spekulationen, z. B. der Vedanta-Hinduismus, vereinigen meditative Erhebung mit theologischer Durchdringung. Metaphysische Spekulationen, wie in der klassischen griechischen Philosophie, verbinden rationale Analyse mit theologischer Schau. Ethische, juristische und rituelle Auslegungen des göttlichen Gesetzes schaffen eine andere Form von Theologie auf dem Boden des prophetischen Monotheismus. All das ist „Theo-logie", *logos* vom *theos,* eine rationale Auslegung der religiösen Substanz der Riten, Symbole und Mythen.

Die christliche Theologie bildet davon keine Ausnahme. Sie tut dasselbe, doch in einer Art, die den Anspruch erhebt, *die* Theologie schlechthin zu sein. Der Grund für diesen Anspruch ist die christliche Lehre, daß der göttliche *logos* – das göttliche Offenbarungswort und die Wurzel alles menschlichen *logos* – Fleisch geworden, daß das

Prinzip der göttlichen Selbstoffenbarung in dem Ereignis „Jesus als der Christus" manifest geworden ist. Ist diese Botschaft wahr, dann hat die christliche Theologie ein Fundament erhalten, das das Fundament jeder anderen Theologie transzendiert und das selbst nicht transzendiert werden kann. Die christliche Theologie hat etwas erhalten, das absolut konkret und zugleich absolut universal ist. Kein Mythos, keine mystische Schau, kein metaphysisches Prinzip, kein heiliges Gesetz hat die Konkretheit eines persönlichen Lebens. Im Vergleich mit einem persönlichen Leben ist alles andere relativ abstrakt. Und doch hat keines dieser relativ abstrakten Fundamente der Theologie die Universalität des *logos,* der selbst das Prinzip der Universalität ist. Im Vergleich mit dem *logos* ist alles andere relativ partikular. Christliche Theologie ist *die* Theologie, insofern sie auf der Spannung zwischen dem absolut Konkreten und dem absolut Universalen beruht. Die priesterlichen und prophetischen Theologien können sehr konkret sein, doch fehlt ihnen die Universalität. Mystische und metaphysische Theologien können sehr universal sein, doch fehlt ihnen die Konkretheit.

Es erscheint paradox, wenn man sagt, daß nur dasjenige, was absolut konkret ist, auch absolut universal sein kann und umgekehrt; es beschreibt aber die Situation genau. Etwas, das rein abstrakt ist, hat eine begrenzte Universalität, da es auf die Wirklichkeiten beschränkt ist, von denen es abstrahiert worden ist. Etwas, das rein partikular ist, hat eine begrenzte Konkretheit, weil es andere Teilrealitäten ausschließen muß, um sich in seiner Konkretheit zu behaupten. Nur was die Kraft hat, alles Partikulare darzustellen, ist absolut konkret. Und nur, was die Kraft hat, alles Abstrakte darzustellen, ist absolut universal. Das führt zu einem Punkt, wo das absolut Konkrete und das absolut Universale identisch sind. Und das ist der Punkt, an dem die christliche Theologie einsetzt, der Punkt, der beschrieben wird als der „*logos,* der Fleisch wurde".

Die Logoslehre als die Lehre von der Identität des absolut Konkreten mit dem absolut Universalen ist nicht eine theologische Lehre unter anderen; sie ist die einzig mögliche Begründung einer christlichen Theologie, die den Anspruch erhebt, *die* Theologie zu sein. Es ist nicht nötig, das absolut Universale den *logos* zu nennen; andere Begriffe, die aus anderen Traditionen stammen, könnten diesen Begriff ersetzen. Dasselbe gilt von dem Begriff „Fleisch" mit seinen hellenistischen Anklängen. Jedoch kommt es darauf an, die Schau des Urchristentums zu akzeptieren, daß Jesus als der Christus alles Partikulare vertritt und die Identität zwischen dem absolut Konkreten und dem absolut Universalen darstellt. Sofern er absolut konkret ist, kann die Beziehung zu ihm eine völlig existentielle sein. Sofern er absolut universal ist, umfaßt die Beziehung zu ihm potentiell alle möglichen Beziehungen und kann daher unbedingt und unendlich sein. Der biblische Beleg für die eine Seite findet sich in den Briefen des Paulus, wenn er vom „Sein in Christus" spricht (2. Kor. 5, 17). Wir können nicht *in* etwas Partikularem sein, weil das Partikulare sich selbst von anderem Partikularen ausschließt. Wir können nur *in* dem sein, das zugleich absolut konkret und absolut universal ist. Der biblische Beleg für die universale Seite findet sich ebenfalls in den paulinischen Schriften, wenn Paulus von der Unterwerfung der kosmischen Mächte unter Christus spricht (Röm. 8). Nur was zugleich absolut universal und absolut konkret ist, kann den kosmischen Pluralismus bezwingen.

Es war nicht kosmologisches Interesse (Harnack), sondern eine Frage auf Leben und Tod für die Urkirche, die zur Verwendung der stoisch-philonischen Logoslehre führte, um die universale Bedeutung des Ereignisses „Jesus der Christus" auszudrücken. Damit verkündigte die Kirche ihren Glauben an den Sieg Christi über die dämonisch naturhaften Mächte, die den Polytheismus konstituieren und die Erlösung verhindern. Aus diesem Grunde kämpfte die Kirche verzweifelt gegen den Versuch des Arianismus, Christus zu einer der kosmischen Mächte — wenn auch der höchsten — zu machen, da er ihn damit sowohl seiner absoluten Universalität (er ist weniger als Gott) als auch seiner absoluten Konkretheit (er ist mehr als Mensch) beraubte. Der Halbgott Jesus der arianischen Theologie ist weder universal genug noch konkret genug, um die Basis der christlichen Theologie zu sein.

Es ist klar, daß diese Argumente die Behauptung des Glaubens, daß in Jesus dem Christus der *logos* Fleisch geworden ist, nicht beweisen. Sie zeigen jedoch, daß, falls diese Behauptung angenommen wird, die christliche Theologie ein Fundament hat, das tiefer ist als alles, was in der Religionsgeschichte als Grundlage einer Theologie betrachtet werden kann.

4. Theologie und Philosophie: Eine Frage

Die Theologie erhebt den Anspruch, einen besonderen Erkenntnisbereich darzustellen, der sich mit einem besonderen Gegenstand befaßt und eine besondere Methode anwendet. Dieser Anspruch verpflichtet den Theologen, Rechenschaft abzulegen, in welcher Weise er die

Theologie zu den anderen Arten von Erkenntnis in Beziehung setzt. Er muß zwei Fragen beantworten: Welche Beziehung besteht zwischen der Theologie und den Einzelwissenschaften und zwischen der Theologie und der Philosophie? Die erste Frage wurde indirekt durch die vorausgehenden Sätze über die formalen Kriterien der Theologie beantwortet. Wenn nur das, was uns unbedingt angeht, Gegenstand der Theologie ist, so hat sie nichts mit wissenschaftlichen Verfahren und Ergebnissen zu tun, und diese wiederum haben nichts mit Theologie zu tun. Die Theologie hat weder das Recht noch die Pflicht, gegenüber physikalischen oder historischen, soziologischen oder psychologischen Untersuchungen Vorbehalte zu machen. Und kein Ergebnis einer solchen Untersuchung kann direkt fördernd oder zerstörend für die Theologie sein. Der Beziehungspunkt von wissenschaftlicher Forschung und Theologie liegt in dem philosophischen Element, das sowohl die Wissenschaften als auch die Theologie enthalten. Daher verschmilzt die Frage nach der Beziehung von Theologie und Einzelwissenschaften mit der Frage nach der Beziehung von Theologie und Philosophie.

Die Schwierigkeit dieser Frage liegt zum Teil darin, daß es keine allgemein angenommene Definition von Philosophie gibt. Jede Philosophie schlägt eine Definition vor, die dem Interesse, dem Zweck und der Methode des Philosophen entspricht. Unter diesen Umständen kann der Theologe nur eine Definition von Philosophie vorschlagen, die weit genug ist, um die meisten bedeutenden Philosophien, die in der sogenannten Geschichte der Philosophie vorkommen, zu umfassen. Es wird daher vorgeschlagen, als Philosophie den Erkenntnisweg zur Wirklichkeit zu bezeichnen, auf dem die Wirklichkeit als solche Gegenstand des Erkennens ist. Wirklichkeit als solche oder Wirklichkeit als Ganzes ist nicht das Ganze der Wirklichkeit, sondern es ist die Struktur, die die Wirklichkeit zu einem Ganzen und daher zu einem möglichen Objekt der Erkenntnis macht. Das Wesen der Wirklichkeit als solcher zu erforschen bedeutet: jene Strukturen, Kategorien und Begriffe erforschen, die beim erkennenden Begegnen mit jedem Bereich der Wirklichkeit vorausgesetzt werden. Von diesem Gesichtspunkt aus ist die Philosophie definitionsgemäß kritisch. Sie sondert das vielfältige Material der Erfahrung von jenen Strukturen, die Erfahrung möglich machen. In dieser Hinsicht besteht kein Unterschied zwischen konstruktivem Idealismus und empirischem Realismus. Die Frage nach dem Charakter der allgemeinen Strukturen, die Erfahrung erst möglich machen, ist immer dieselbe. Es ist *die* philosophische Frage.

Diese kritische Definition von Philosophie ist bescheidener als jene philosophischen Versuche, ein vollständiges System der Wirklichkeit zu geben, das sowohl die Ergebnisse aller Einzelwissenschaften als auch die allgemeinen Strukturen vorwissenschaftlicher Erfahrung umfaßt. Ein solcher Versuch kann von „oben" oder von „unten" gemacht werden. Hegel arbeitete von „oben", als er die kategorialen Formen in seiner Logik mit dem seiner Zeit zur Verfügung stehenden Material wissenschaftlicher Erkenntnis erfüllte und das Material den Kategorien anpaßte. Wundt arbeitete von „unten", als er allgemeine und metaphysische Prinzipien aus dem verfügbaren wissenschaftlichen Material seiner Zeit abstrahierte und mit ihrer Hilfe das gesamte empirische Wissen ordnete. Aristoteles arbeitete sowohl von oben als von unten, als er metaphysische und naturwissenschaftliche Forschungen in gegenseitiger Wechselbeziehung durchführte. Das war auch das, was Leibniz vorschwebte, der eine universale Rechenmethode entwarf, um mit ihrer Hilfe die gesamte Wirklichkeit der mathematischen Analyse und Synthese zu unterwerfen. Aber in all diesen Fällen wurden die Grenzen des menschlichen Geistes, seine Endlichkeit, die ihn hindert, das Ganze zu erfassen, sichtbar. Kaum war das System fertig, als auch schon die wissenschaftliche Forschung seine Grenzen überschritt und es nach allen Richtungen hin zerriß. Nur die allgemeinen Prinzipien blieben übrig, sie wurden immer wieder diskutiert, in Frage gestellt, verwandelt, aber nie zerstört. Sie überstrahlten die Jahrhunderte, wurden von jeder Generation neu gedeutet, sie erwiesen sich als unerschöpflich und veralteten niemals. Diese Prinzipien sind der Gegenstand der Philosophie.

Andererseits ist diese Auffassung von Philosophie weniger bescheiden als der Versuch, die Philosophie auf Erkenntnislehre und Ethik zu reduzieren, worin das Ziel der Neukantianer und der ihnen verwandten Schulen im 19. Jahrhundert bestand. Sie ist auch weniger bescheiden als der Versuch, die Philosophie auf die formale Logik zu beschränken, wie es das Ziel des logischen Positivismus und ihm verwandter Schulen im 20. Jahrhundert war. Beide Versuche, der ontologischen Frage aus dem Wege zu gehen, blieben ohne Erfolg. Die späteren Anhänger der neukantischen Philosophie erkannten, daß jede Erkenntnistheorie Ontologie enthält. Das kann auch nicht anders sein. Da die Erkenntnis ein Akt ist, der selbst am Sein, oder genauer gesagt an einer „ontischen Beziehung" teilhat, so muß jede Analyse des Erkenntnisaktes auf eine Seinsauslegung bezogen werden (vergl. Nicolai Hartmann).

Auch das Wertproblem wies auf eine ontologische Grundlegung der Gültigkeit der Werturteile hin. Wenn die Werte kein *„fundamen-*

tum in re" haben (vergl. Platos Identifikation des Guten mit den Wesensstrukturen, den Ideen), schweben sie im luftleeren Raum einer transzendenten Geltung, oder sie sind pragmatischen Erprobungen, die zufällig und willkürlich sind, ausgesetzt; es sei denn, sie enthielten eine heimliche Wesensontologie. Es erübrigt sich, die pragmatisch-naturalistische Linie des philosophischen Denkens zu diskutieren, denn sie hat sich — trotz der antimetaphysischen Äußerungen einiger ihrer Anhänger — in ausgesprochen ontologischen Begriffen wie Leben, Wachstum, Prozeß, Erfahrung, Sein (im umfassendsten Sinne des Wortes verstanden) ausgedrückt. Jedoch ist es nötig, die oben vorgeschlagene ontologische Definition der Philosophie den radikalen Versuchen, welche die Philosophie auf semantische Logik reduzieren wollen, gegenüberzustellen. Die Frage ist, ob man durch die Ausschaltung beinahe aller traditionellen philosophischen Probleme — wie es der logische Positivismus tut — der Ontologie erfolgreich entrinnen kann. Man fühlt, daß eine solche Haltung einen zu hohen Preis zahlt: die Philosophie wird dadurch irrelevant. Doch darüber hinaus kann man noch folgendes Argument anführen. Wenn die Verengung der Philosophie auf Semantik oder Wissenschaftslehre eine Sache des Geschmacks ist, braucht sie nicht ernst genommen zu werden. Wenn sie jedoch in einer Analyse der menschlichen Erkenntnisgrenzen begründet ist, dann beruht sie wie jede Erkenntnistheorie auf ontologischen Voraussetzungen. Es bleibt immer mindestens ein Problem, über das der logische Positivismus, wie alle semantischen Philosophien, eine Entscheidung treffen muß: Welches ist die Beziehung der Zeichen, Symbole oder logischen Operationen zur Wirklichkeit? Jede Antwort auf diese Frage sagt auch etwas über die Struktur des Seins aus. Sie ist ontologisch. Und eine Philosophie, die so radikal kritisch gegenüber allen anderen Philosophien ist, sollte selbstkritisch genug sein, um ihre eigenen ontologischen Voraussetzungen zu sehen und aufzudecken.

Die Philosophie stellt die Frage nach der Wirklichkeit als solcher. Sie fragt nach der Struktur des Seins. Und sie antwortet in Kategorien, Strukturgesetzen und Allgemeinbegriffen. Sie muß die Antwort in ontologischen Begriffen geben. Die Ontologie ist kein spekulativer oder phantastischer Versuch, eine Welt hinter der Welt aufzubauen; sie ist die Analyse jener Strukturen des Seins, die wir in jeder Begegnung mit der Wirklichkeit vorfinden. Das war auch der ursprüngliche Sinn von Metaphysik; aber die Vorsilbe „*meta*" hat heute die unausrottbare Vorstellung hervorgerufen, als gehe es um eine Verdoppelung dieser Welt durch einen transzendenten Seinsbereich. Des-

Theologie und Philosophie: Eine Frage

halb ist es vielleicht weniger mißverständlich, wenn man von Ontologie statt von Metaphysik spricht.

Die Philosophie fragt notwendig nach der Wirklichkeit als solcher, es geht ihr um die Struktur des Seins. Die Theologie stellt notwendig dieselbe Frage, denn das, was uns unbedingt angeht, muß zur Wirklichkeit als solcher gehören, es muß zum Sein gehören. Sonst könnten wir ihm nicht begegnen, und es könnte uns nichts angehen. Es kann natürlich nicht ein Ding neben anderen Dingen sein, denn dann würde es uns nicht unbedingt angehen. Es muß der Grund unseres Seins sein, das, was über unser Sein oder Nichtsein entscheidet, die letzte und unbedingte Macht des Seins. Aber die Macht des Seins, sein unendlicher Grund oder das Sein-Selbst drückt sich in der Struktur des Seins aus. Deshalb können wir ihm begegnen, von ihm ergriffen werden, es erkennen und uns ihm zuwenden. Wenn die Theologie sich mit dem beschäftigt, was uns unbedingt angeht, dann setzt sie in jedem Satz die Struktur des Seins, seine Kategorien, Gesetze und Begriffe voraus. Die Theologie kann also der Frage nach dem Sein ebensowenig entgehen wie die Philosophie. Der Versuch des Biblizismus, nichtbiblische ontologische Ausdrücke zu vermeiden, ist ebenso zum Scheitern verurteilt wie entsprechende philosophische Versuche. Die Bibel selbst benutzt immer Kategorien und Begriffe, die die Struktur der Erfahrung beschreiben. Auf jeder Seite eines jeden religiösen oder theologischen Textes erscheinen diese Begriffe: Zeit, Raum, Ursache, Ding, Subjekt, Natur, Bewegung, Freiheit, Notwendigkeit, Leben, Wert, Erkenntnis, Erfahrung, Sein und Nichtsein. Der Biblizismus kann versuchen, die landläufige Bedeutung dieser Begriffe zu wahren, aber dann hört er auf, Theologie zu sein. Er muß dann die Tatsache umgehen, daß die philosophische Bedeutung dieser Kategorien die Sprache des täglichen Lebens seit vielen Jahrhunderten beeinflußt hat. Es ist überraschend, wie naiv theologische Biblizisten einen Ausdruck wie „Geschichte" gebrauchen, wenn sie vom Christentum als einer geschichtlichen Religion oder von Gott als dem „Herrn der Geschichte" sprechen. Sie vergessen, daß die Bedeutung, die sie mit dem Wort Geschichte verbinden, durch Jahrtausende der Geschichtsschreibung und der Geschichtsphilosophie geprägt wurde. Sie vergessen, daß geschichtliches Sein eine Weise des Seins zusätzlich zu anderem Sein ist, und daß, um es z. B. von dem Wort „Natur" zu unterscheiden, eine allgemeine Kenntnis von der Struktur des Seins vorausgesetzt wird. Sie vergessen, daß das Problem der Geschichte mit den Problemen von Zeit, Freiheit, Zufall, Zweck usw. verknüpft ist, und daß jeder dieser Begriffe eine Entwicklung ähnlich der des Geschichtsbegriffes durchgemacht hat. Der Theologe muß die Bedeutung der Begriffe, die er benutzt, ernstnehmen. Sie müssen ihm in ihrer ganzen Breite und Tiefe bekannt sein. Deshalb muß der systematische Theologe zum mindesten ein kritischer, wenn nicht sogar ein schöpferischer Philosoph sein.

Die Struktur des Seins und die Kategorien und Begriffe, die diese Struktur beschreiben, gehen jeden Philosophen und jeden Theologen mehr oder weniger ausdrücklich an. Weder der eine noch der andere kann die ontologische Frage vermeiden. Versuche auf beiden Seiten, diese Frage zu vermeiden, haben sich als vergeblich erwiesen. Angesichts dieser Lage wird die Frage um so drängender: Welches ist die Beziehung zwischen der ontologischen Frage, wie sie der Philosoph stellt und der ontologischen Frage, wie sie der Theologe stellt?

5. Theologie und Philosophie: Eine Antwort

Philosophie und Theologie stellen die Frage nach dem Sein. Aber sie fragen danach von verschiedenen Ausgangspunkten her. Die Philosophie beschäftigt sich mit der Struktur des Seins an sich, die Theologie mit dem Sinn des Seins für uns. Aus diesem Unterschied entstehen konvergierende und divergierende Tendenzen im Verhältnis zwischen Theologie und Philosophie.

Die erste Divergenz ist ein Unterschied in der Erkenntnishaltung des Philosophen und des Theologen. Obwohl er vom philosophischen *eros* getrieben wird, versucht der Philosoph doch, Distanz gegenüber dem Sein und seinen Strukturen einzunehmen. Er versucht, persönliche, soziale und historische Umstände auszuschalten, durch die eine objektive Betrachtung der Wirklichkeit beeinflußt werden könnte. Seine Leidenschaft ist die Leidenschaft für eine Wahrheit, die allgemein offen und allgemeiner Kritik unterworfen ist, die sich mit jeder neuen Einsicht wandelt, offen und mitteilbar ist. In all diesen Beziehungen fühlt sich der Philosoph vom Naturwissenschaftler, Historiker, Psychologen usw. nicht unterschieden. Er arbeitet mit ihnen zusammen. Das Material für seine kritische Analyse erhält er weitgehend durch die empirische Forschung. Wie alle Wissenschaften ihren Ursprung in der Philosophie haben, so tragen sie ihrerseits zur Philosophie bei; sie geben dem Philosophen neues und genau ausgearbeitetes Material an die Hand, das weit über das hinausgeht, was er von einer vorwissenschaftlichen Erkenntnis der Wirklichkeit erlangen kann. Natürlich kritisiert der Philosoph als Philosoph die Erkenntnis der Einzelwissenschaften nicht, noch erweitert er sie. Diese Erkenntnis bildet die Grundlage für seine Beschreibung der Kategorien, Strukturgesetze und Begriffe, die die Struktur des Seins konstituieren. In dieser Hinsicht ist der Philosoph vom Spezialwissenschaftler ebenso abhängig wie von seiner eigenen vorwissenschaftlichen Beobachtung der Wirklichkeit, oft sogar noch mehr. Dieser Wissenschaftsbezug (im weitesten Sinne des Wortes) stärkt die distanzierte Haltung des Philosophen. Selbst wenn es sich um die intuitiv-synthetische Seite seines Arbeitens handelt, versucht er, Einflüsse auszuschalten, die nicht ausschließlich von seinem Erkenntnisgegenstand her bestimmt sind[1].

Ganz im Gegensatz dazu ist der Theologe von seinem Erkenntnisgegenstand nicht abgerückt, sondern in ihn einbezogen. Er betrachtet seinen Gegenstand (der den Charakter eines Gegenstandes transzendiert) mit Leidenschaft, Furcht und Liebe. Das ist nicht der *eros* des Philosophen oder seine Leidenschaft für die objektive Wahrheit; es ist die Liebe, die *agape,* die die Heilswahrheit in persönlicher Entscheidung annimmt. Die Grundhaltung des Theologen ist Bindung an den Inhalt, den er erklärt. Distanzierung wäre ein Verleugnen des wahren Wesens seines Erkenntnisgegenstandes. Die Haltung des Theologen ist *existentiell.* Er ist in den Gegenstand seiner Erkenntnis einbezogen — mit seiner ganzen Existenz, mit seiner Endlichkeit und seiner Angst, mit seinen Selbstwidersprüchen und seiner Verzweiflung, mit den heilenden Kräften in ihm und in seiner sozialen Situation. Der Ernst jedes theologischen Satzes ergibt sich aus diesen existentiellen Elementen. Kurz, der Theologe ist durch seinen Glauben bestimmt. Jede Theologie hat zur Voraussetzung, daß sich der Theologe im theologischen Zirkel befindet. Das widerspricht dem offenen, unbegrenzten und wandelbaren Charakter der philosophischen Wahrheit. Es unterscheidet sich auch von der Weise, in der der Philosoph von der wissenschaftlichen Forschung abhängt. Der Theologe hat keine direkte Beziehung zum Wissenschaftler (einschließlich des Historikers, Soziologen und Psychologen). Er befaßt sich mit ihm nur, soweit es um philosophische Konsequenzen geht. Wenn er die existentielle Haltung aufgibt, wie es einige sogenannte empirische Theologen getan haben, kommt er notgedrungen zu Sätzen, deren Wahrheit von niemandem anerkannt wird, der nicht die existentiellen Voraussetzungen des angeblich empirischen Theologen teilt. Theologie ist notwendig existentiell, und keine Theologie kann dem theologischen Zirkel entrinnen.

---

[1] Der Begriff eines „philosophischen Glaubens" scheint von diesem Gesichtspunkt aus fragwürdig. Siehe Karl Jaspers, Der philosophische Glaube, 1948.

Die zweite Divergenz zwischen Theologie und Philosophie ist der Unterschied in ihren Quellen. Der Philosoph sieht auf das Ganze der Wirklichkeit, um in ihr die Gestalt der Wirklichkeit als eines Ganzen zu entdecken. Er versucht kraft seiner kognitiven Funktion in die Strukturen des Seins einzudringen. Er nimmt an — und die Wissenschaft bestätigt beständig diese Annahme —, daß eine Identität oder wenigstens eine Analogie zwischen objektiver und subjektiver Vernunft, zwischen dem *logos* der Wirklichkeit als ganzem und dem *logos*, der in ihm wirkt, besteht. Der *logos* ist also gemeinsam. Jedes vernünftige Wesen nimmt an ihm teil, benutzt ihn, um Fragen zu stellen und um die erhaltenen Antworten zu kritisieren. Es gibt keinen besonderen Ort, die Struktur des Seins zu entdecken, es gibt keinen besonderen Ort, an dem man stehen müßte, um die Kategorien der Erfahrung zu entdecken. Der Ort, von dem aus man schauen muß, ist allenthalben, der Standort ist überhaupt kein Ort. Er ist reine Vernunft.

Der Theologe andererseits muß Ausschau halten, wo das, was ihn unbedingt angeht, sich manifestiert, und er muß dort stehen, wo ihn diese Manifestation erreicht und ergreift. Seine Erkenntnisquelle ist nicht der universale *logos*, sondern der *logos*, der „Fleisch wurde", das heißt der *logos*, der sich in einem bestimmten historischen Ereignis manifestiert. Und das Medium, durch das er die Manifestation des *logos* erfährt, ist nicht die allgemeine Vernunft, sondern die Kirche, ihre Traditionen und ihre gegenwärtige Wirklichkeit. Er spricht in der Kirche über den Grund der Kirche, und er spricht, weil er durch die Macht dieses Grundes und durch die Gemeinschaft, die auf ihm sich aufbaut, ergriffen ist. Der konkrete *logos*, den er anschaut, wurde ihm durch gläubige Bindung zuteil und nicht, wie der universale *logos*, auf den der Philosoph schaut, durch rationale Distanzierung.

Die dritte Divergenz zwischen Philosophie und Theologie bezieht sich auf ihren beiderseitigen Inhalt. Selbst wenn sie über denselben Gegenstand sprechen, meinen sie etwas Verschiedenes. Der Philosoph beschäftigt sich mit den Kategorien des Seins in bezug auf den Stoff, der von ihnen seine Struktur erhält. Er befaßt sich mit der Kausalität in Physik und Psychologie. Er analysiert die biologische oder historische Zeit; er erörtert den astronomischen und ebenso den mikrokosmischen Raum. Er beschreibt das erkenntnistheoretische Subjekt und die Beziehung von Person und Gemeinschaft. Er gibt eine Darstellung der Wesenszüge des Lebens und Geistes in ihrer gegenseitigen Abhängigkeit und Selbständigkeit. Er legt die Grenzen von Natur und Geschichte fest und versucht, in die Ontologie und Logik des Seins und Nichtseins einzudringen. Es ließen sich noch unzählige andere Beispiele anführen. Alle würden die kosmologische Struktur der philosophischen Sätze widerspiegeln. Der Theologe jedoch bezieht dieselben Kategorien und Begriffe auf die Frage nach einem „Neuen Sein". Seine Aussagen haben soteriologischen Charakter. Er diskutiert die Kausalität in bezug auf eine „*prima causa*", den Grund der ganzen Reihe von Ursachen und Wirkungen; er befaßt sich mit der Zeit in bezug zur Ewigkeit und mit dem Raum in bezug zu des Menschen existentieller Heimatlosigkeit. Er spricht über die Selbstentfremdung des Subjekts, über das geistige Zentrum des persönlichen Lebens und über die Gemeinschaft als eine mögliche Verkörperung des „Neuen Seins". Er setzt die Strukturen des Lebens mit dem schöpferischen Grund des Lebens und die Strukturen des Geistes mit dem göttlichen Geist in Beziehung. Er spricht von dem Teilhaben der Natur an der „Heilsgeschichte" und über den Sieg des Seins über das Nichtsein. Auch hier wären die Beispiele unendlich zu vermehren. Sie zeigen die tiefe Kluft von Philosophie und Theologie in ihrem Inhalt.

Die Divergenz zwischen Philosophie und Theologie wird durch eine ebenso deutliche Konvergenz der beiden ausgeglichen. Auf beiden Seiten sind konvergierende Tendenzen am Werk. Der Philosoph, wie auch der Theologe, „existiert", und er kann über die Konkretheit seiner Existenz und über seine heimliche Theologie nicht hinwegspringen. Er ist von seiner psychologischen, soziologischen und historischen Situation bedingt. Und er lebt wie jedes menschliche Wesen in der Macht eines letzten Betroffenseins, ob er sich dessen voll bewußt ist oder nicht, ob er es wahrhaben will oder nicht. Es gibt keinen Grund, warum auch der wissenschaftliche Philosoph das nicht zugeben sollte, denn ohne ein letztes Betroffensein würde es seiner Philosophie an Leidenschaft, Ernsthaftigkeit und schöpferischer Kraft fehlen. Wohin wir auch blicken, wir finden überall in der Geschichte der Philosophie Ideen und Systeme, die den Anspruch erheben, von letzter Bedeutung für die menschliche Existenz zu sein. Gelegentlich enthüllt die Religionsphilosophie das, was hinter einem System als letztes Anliegen verborgen ist. Häufiger ist es die Art der ontologischen Prinzipien oder ein besonderer Abschnitt in einem System, wie z. B. die Erkenntnistheorie, Naturphilosophie, Politik und Ethik, Geschichtsphilosophie usw., die über das, was den Autor unbedingt angeht und seine versteckte Theologie am meisten zu enthüllen vermögen. Jeder schöpferische Philosoph ist ein heimlicher, oft sogar ausdrücklicher Theologe. Er ist Theologe in dem Maße, in dem seine existentielle Situation und das, was ihn unbedingt angeht, seine

Philosophie bestimmen. Er ist Theologe in dem Maße, in dem seine Intuition des universalen göttlichen *logos* durch eine partikulare Erscheinung des *logos* geformt ist. Solche partikulare Erscheinung des *logos* ist gebunden an einen bestimmten Ort und eine bestimmte Zeit, offenbart aber zugleich den Sinn des Ganzen. Und er ist Theologe in dem Maße, in dem der partikular erscheinende *logos* hingebende Teilnahme an einer besonderen Gemeinschaft ist. Es gibt kaum einen bedeutenden Philosophen, der nicht diese Zeichen eines Theologen aufweist. Aber der Philosoph will nicht Theologe sein. Er will dem universalen *logos* dienen. Er versucht, sich von seiner existentiellen Situation abzuwenden und einem Ort über allen Orten zuzuwenden. Der Widerstreit zwischen dem Streben, universal zu werden, und dem Schicksal, partikular zu bleiben, charakterisiert jede philosophische Existenz. Er ist ihre Last und ihre Größe.

Der Theologe trägt eine ähnliche Last. Anstatt sich von seiner existentiellen Situation und dem, was ihn unbedingt angeht, abzuwenden, wendet er sich beiden zu. Er tut das nicht, um ein Bekenntnis von ihnen abzulegen, sondern um die universale Geltung, die Logosstruktur dessen, was ihn unbedingt angeht, deutlich zu machen. Aber er kann das nur in einer Haltung des Abstandes gegenüber seiner existentiellen Situation und im Gehorsam gegenüber dem universalen *logos* tun. Das verpflichtet ihn, gegen jede Ausdrucksform dessen, was ihn unbedingt angeht, kritisch zu sein. Er kann keine Überlieferung und keine Autorität bejahen außer durch „Nein" und „Ja". Und es ist stets möglich, daß er nicht völlig vom „Nein" zum „Ja" übergehen kann. Er kann sich nicht dem Chor derer anschließen, die ungebrochen in der Bejahung leben. Er muß das Wagnis auf sich nehmen, daß er vielleicht über die Grenze des theologischen Zirkels getrieben werden könnte. Deshalb ist er den Frommen und Mächtigen in der Kirche verdächtig, obwohl sie selbst von dem Werk früherer Theologen, die in derselben Situation waren, leben. Weil die Theologie nicht nur dem konkreten, sondern auch dem universalen *logos* zu dienen hat, kann sie ein Stein des Anstoßes für die Kirche und eine dämonische Versuchung für den Theologen werden. Der Abstand, den jedes redliche theologische Arbeiten erfordert, kann die ebenso notwendige Verbundenheit des Glaubens zerstören. Diese Spannung ist Last und Größe aller theologischen Arbeit.

Dieser Dualismus von Divergenz und Konvergenz im Verhältnis von Theologie und Philosophie führt zu der doppelten Frage: Muß es notwendig einen Konflikt zwischen beiden geben, oder besteht die Möglichkeit einer Synthese beider? Beide Fragen müssen verneint wer-

Theologie und Philosophie: Eine Antwort

den. Es ist weder ein Konflikt nötig, noch ist eine Synthese möglich. Ein Konflikt setzt eine gemeinsame Basis, auf welcher gekämpft wird, voraus. Aber es gibt keine gemeinsame Basis zwischen Theologie und Philosophie. Wenn der Theologe und der Philosoph miteinander streiten, so geschieht das entweder auf einer philosophischen oder einer theologischen Basis. Die philosophische Basis besteht in der ontologischen Analyse der Seinsgestalt. Wenn der Theologe diese Analyse nötig hat, muß er sie entweder vom Philosophen übernehmen, oder er muß selbst Philosoph werden. Gewöhnlich tut er beides. Wenn er die philosophische Arena betritt, sind sowohl Widersprüche als auch Übereinstimmungen mit anderen Philosophen unvermeidbar. Aber das ereignet sich alles auf der philosophischen Ebene. Der Theologe hat nicht das Recht, im Namen dessen, was für ihn von letzter Bedeutung ist, oder von der Plattform des theologischen Zirkels aus zu einer philosophischen Ansicht Stellung zu nehmen. Er ist verpflichtet, im Namen des universalen *logos* und von dem Ort aus, der kein Ort ist: von der reinen Vernunft her, eine philosophische Entscheidung zu treffen. Es ist gegen die Ehre des Theologen, und es ist für den Philosophen unannehmbar, wenn in einer philosophischen Diskussion der Theologe plötzlich sich auf eine andere Autorität als die der reinen Vernunft beruft. Ein Streit auf der philosophischen Ebene ist ein Streit zwischen zwei Philosophen, von denen der eine außerdem noch ein Theologe ist, aber es ist niemals ein Streit zwischen Theologie und Philosophie.

Oft wird jedoch der Streit auf der theologischen Ebene ausgetragen. Der heimliche Theologe im Philosophen streitet mit dem Theologen von Beruf. Diese Situation kommt häufiger vor, als es die meisten Philosophen gewahr werden. Da sie ihre Begriffe mit der redlichen Absicht, nur dem universalen *logos* zu gehorchen, entwickelt haben, geben sie die existentiell bedingten Elemente in ihren Systemen nur ungern zu. Sie meinen, daß solche Elemente, obgleich sie ihrem Werk Farbe und Richtung geben, seinen Wahrheitswert mindern würden. In einer solchen Situation muß der Theologe den Widerstand des Philosophen gegen eine theologische Analyse seiner Ideen brechen. Er kann dies durch einen Hinweis auf die Geschichte der Philosophie, welche zeigt, daß in jedem Philosophen von Rang existentielle Leidenschaft (letztes Betroffensein) und rationale Kraft (Gehorsam gegen den universalen *logos*) miteinander vereinigt sind und daß der Wahrheitswert einer Philosophie von der Verschmelzung dieser beiden Elemente in jedem ihrer Begriffe abhängt. Die Einsicht in diese Situation ist gleichzeitig Einsicht in die Tatsache, daß zwei Philosophen, von denen der eine außerdem ein Theologe ist, miteinander streiten können und ebenso zwei Theologen, von denen der eine außerdem ein Philosoph ist. Das ist aber niemals ein Konflikt zwischen Philosophie und Theologie, weil es keine gemeinsame Basis für einen solchen Konflikt gibt. Der Philosoph mag den philosophischen Theologen überzeugen oder nicht, und der Theologe mag den theologischen Philosophen bekehren oder nicht. In keinem Falle steht der Theologe als solcher gegen den Philosophen als solchen und umgekehrt.

Ebenso wie kein Konflikt zwischen Theologie und Philosophie möglich ist, gibt es zwischen beiden auch keine Synthese — aus demselben Grunde. Eine gemeinsame Basis fehlt. Die Vorstellung einer Synthese zwischen Theologie und Philosophie hat zu dem Traum einer „christlichen Philosophie" geführt. Dieser Ausdruck ist zweideutig. Er kann eine Philosophie bedeuten, deren existentielle Basis das historische Christentum ist. In diesem Sinne ist alle moderne Philosophie christlich, auch dann, wenn sie humanistisch, atheistisch oder bewußt antichristlich ist. Kein Philosoph innerhalb der abendländisch-christlichen Kultur kann seine Abhängigkeit vom Christentum leugnen, ebensowenig wie ein griechischer Philosoph seine Abhängigkeit von der apollinisch-dionysischen Kultur hätte verbergen können, selbst dann nicht, wenn er ein radikaler Kritiker der homerischen Götter gewesen wäre. Die moderne Auffassung von Wirklichkeit und ihre philosophische Analyse unterscheiden sich von entsprechenden Versuchen in vorchristlicher Zeit, ganz gleich, ob man in seiner Existenz von dem Gott des Berges Zion oder von dem Christus auf Golgatha bestimmt wird oder nicht. Man begegnet der Wirklichkeit in ganz verschiedener Weise, die Erfahrung hat andere Dimensionen und Ausrichtungen als im kulturellen Klima Griechenlands. Niemand ist imstande, aus diesem Zauberkreis herauszuspringen. Nietzsche, der es versuchte, kündigte das Kommen des Antichrists an. Aber der Antichrist hängt von Christus ab, gegen den er sich erhebt. Die frühen Griechen, nach deren Kultur Nietzsche sich sehnte, hatten den Christus nicht zu bekämpfen, bereiteten vielmehr unbewußt sein Kommen vor, indem sie die Fragen schufen, auf die er die Antwort gab, und die Kategorien bereitstellten, in denen die Antwort zum Ausdruck gebracht werden konnte. Die moderne Philosophie ist nicht heidnisch. Der Atheismus und die antichristlichen Bewegungen sind ebenfalls nicht heidnisch. Sie sind antichristlich in christlichen Begriffen. Die Spuren der christlichen Tradition können nicht ausgelöscht werden, sie sind ein *„character indelebilis"*. Selbst das Heidentum des Nationalsozialismus war nicht

Theologie und Philosophie: Eine Antwort

wirklich ein Rückfall ins Heidentum (ebensowenig wie Bestialität eine Rückkehr zur Bestie ist).

Der Ausdruck „christliche Philosophie" ist aber oft in einem anderen Sinne gemeint. Er soll eine Philosophie bezeichnen, die nicht auf den universalen *logos* schaut, sondern auf vermeintliche oder wirkliche Forderungen einer christlichen Theologie. Das kann auf zweierlei Weise geschehen: entweder ernennen die kirchlichen Autoritäten oder ihre theologischen Denker einen Philosophen der Vergangenheit zu ihrem „philosophischen Heiligen", oder sie verlangen, daß die zeitgenössischen Philosophen ihre Philosophie unter bestimmten Bedingungen und mit einem bestimmten Ziel entwickeln. In beiden Fällen wird der philosophische *eros* getötet. Wenn Thomas von Aquino offiziell zu *dem* Philosophen der römisch-katholischen Kirche ernannt wird, dann hat er aufgehört, für die katholischen Philosophen in dem durch die Jahrhunderte fortschreitenden philosophischen Dialog ein echter Partner zu sein. Und wenn heute von den protestantischen Philosophen verlangt wird, sie sollen die Idee der Persönlichkeit als ihr höchstes ontologisches Prinzip bejahen, weil es dem Geist der Reformation am meisten entspricht, dann wird das Werk dieser Philosophen verstümmelt. Es gibt nichts im Himmel und auf Erden noch jenseits davon, dem sich der Philosoph unterwerfen müßte außer dem universalen *logos* des Seins, wie er sich ihm in der Erfahrung mitteilt. Aus diesem Grunde muß die Idee einer „christlichen Philosophie" in dem engeren Sinne einer Philosophie, die programmatisch christlich ist, abgelehnt werden. Die Tatsache, daß jede moderne Philosophie auf christlichem Boden erwachsen ist und Spuren der christlichen Kultur zeigt, in der sie lebt, hat nichts mit dem widerspruchsvollen Ideal einer „christlichen Philosophie" zu tun.

Das Christentum benötigt keine christliche Philosophie in diesem engeren Sinne des Wortes. Der christliche Anspruch, daß der in Jesus als dem Christus konkret gewordene *logos* zugleich der universale *logos* ist, schließt auch den weiteren Anspruch ein, daß, wo immer der *logos* am Werk ist, er mit der christlichen Botschaft übereinstimmt. Keine Philosophie, die dem universalen Logos gehorsam ist, kann im Widerspruch zu dem konkreten Logos stehen, dem Logos, der „Fleisch geworden ist".

C

DER AUFBAU DER THEOLOGIE

Theologie ist die methodische Auslegung des christlichen Glaubens. Diese Definition gilt für jede theologische Disziplin. Es ist daher nicht sehr glücklich, wenn der Name „Theologie" nur für die systematische Theologie verwendet wird. Exegese und Homiletik sind ebenso theologisch wie die Systematik, und die Systematik kann das Theologische ebenso verfehlen wie die anderen Disziplinen. Das Kriterium jeder theologischen Disziplin liegt darin, ob sie die christliche Botschaft als eine Aussage von letzter Bedeutung versteht.

Die Spannung zwischen dem universalen und dem konkreten Pol des christlichen Glaubens führt zur Einteilung der theologischen Arbeit in historische und konstruktive Gruppen der einzelnen Gebiete. Schon die Teilung des Neuen Testamentes in Evangelien, Apostelgeschichte und Briefe war davon ein Vorklang. Bemerkenswert ist jedoch, daß im 4. Evangelium eine vollständige Verschmelzung der historischen und konstruktiven Elemente vorhanden ist. Das deutet auf die Tatsache hin, daß in der christlichen Botschaft Geschichte theologisch und Theologie geschichtlich ist. Trotzdem ist aus Zweckmäßigkeitsgründen eine Teilung in historische und konstruktive Wissensgebiete nicht zu umgehen, da jedes von ihnen eine bestimmte nichttheologische Seite aufweist. Geschichtliche Theologie schließt Geschichtsforschung ein, systematische Theologie enthält philosophische Erörterungen. Aber in einem Punkt müssen der historische und der philosophische Theologe, die beide der theologischen Fakultät angehören, übereinstimmen: Sie müssen beide — mit ihrem jeweiligen Rüstzeug — der theologischen Aufgabe dienen, die christliche Botschaft auszulegen. Aber in ihrer Zusammenarbeit liegt noch mehr. Der historische Theologe setzt in seiner Arbeit unaufhörlich einen systematischen Gesichtspunkt voraus, sonst wäre er ein Religionshistoriker, kein historischer Theologe. Dieses Ineinander des historischen und des konstruktiven Elements ist ein ausschlaggebendes Merkmal der christlichen Theologie.

Die historische Theologie läßt sich in die biblischen Fächer, Kirchengeschichte, allgemeine Religions- und Kulturgeschichte aufteilen. Biblizistische Theologen neigen dazu, nur der ersten Gruppe vollen theologischen Rang zuzusprechen und die dritte Gruppe vollständig auszuschließen. Auch Barth betrachtet die Kirchengeschichte nur als Hilfswissenschaft. Das ist eine systematisch-theologische Auffassung, die, im Licht kritischer Prinzipien gesehen, falsch ist, denn alle drei Gruppen verbinden ein nichttheologisches mit einem theologischen Element. Zu den biblischen Fächern gehört viel nichttheologische Forschungsarbeit, in der Religions- und Kulturgeschichte kann eine radikal theologische Deutung dessen, was uns unbedingt angeht, vorliegen, und beides trifft auch für die Kirchengeschichte zu. Trotz der grundlegenden Bedeutung der biblischen Disziplinen ist es nicht zu rechtfertigen, den beiden anderen Gruppen vollgültigen theologischen Rang abzusprechen. Diese Behauptung wird von der Tatsache gestützt, daß die drei Gruppen weitgehend zusammenhängen. In mancher Hinsicht sind die biblischen Schriften nicht nur ein Teil der Kirchengeschichte, sondern auch der Religions- und Kulturgeschichte. Der Einfluß der nichtbiblischen Religionen und Kulturen auf die Bibel und auf die Kirchengeschichte ist zu deutlich, als daß er geleugnet werden könnte (siehe z. B. den Zeitraum zwischen den beiden Testamenten). Das Kriterium dafür, ob ein Fach theologisch ist oder nicht, liegt nicht in dessen angeblich übernatürlichem Ursprung, sondern in seiner Bedeutung für das, was uns unbedingt angeht.

Systematische Theologie ist schwerer aufzubauen als historische Theologie. Bevor ein befriedigender Aufbau des Systems möglich ist, müssen Wahrheitsfragen und Zweckmäßigkeitsfragen beantwortet werden. Das erste Problem entsteht dadurch, daß der in der klassischen Tradition vorhandene Abschnitt über „natürliche Theologie" durch eine allgemeine und autonome Religionsphilosophie ersetzt wurde (endgültig seit Schleiermacher). Aber während die „natürliche Theologie" sozusagen die Einleitung der Offenbarungstheologie war – in ihrem Lichte und unter ihrer Kontrolle geschaffen –, ist die Religionsphilosophie eine unabhängige Disziplin. Oder, genauer, Religionsphilosophie ist ein von der gesamten Philosophie abhängiger Teil und keineswegs eine theologische Disziplin. Schleiermacher war sich dieser Situation bewußt und sprach von theologischen „Lehnsätzen" aus der Ethik, wobei er unter Ethik Kulturphilosophie verstand[1]. Aber Schleiermacher beantwortete die Frage nach der Beziehung dieser philosophischen Lehnsätze zur theologischen Wahrheit nicht. Wenn die philosophische Wahrheit außerhalb des theologischen Zirkels liegt, wie kann sie die theologische Methode bestimmen? Wenn sie aber innerhalb des theologischen Zirkels liegt, ist sie nicht autonom,

---

[1] Friedrich Schleiermacher. Der christliche Glaube, § 3 ff.

und die Theologie brauchte sie nicht zu „entleihen". Dieses Problem hat alle jene modernen Theologen beunruhigt, die nicht an der traditionellen vorkritischen natürlichen Theologie festhielten (wie es die Katholiken und orthodoxen Protestanten tun), die aber auch nicht *jede* natürliche Theologie und die Religionsphilosophie ablehnten und ausschließlich an der Offenbarungstheologie festhielten (wie es die neuorthodoxen Theologen tun).

Die Lösung, die dem vorliegenden System zugrunde liegt und die nur mit Hilfe des ganzen Systems hinreichend erklärt werden kann, akzeptiert die philosophische und theologische Kritik an der natürlichen Theologie in ihrem herkömmlichen Sinn. Sie akzeptiert auch die neu-orthodoxe Kritik an einer allgemeinen Religionsphilosophie als Grundlage der systematischen Theologie. Zugleich versucht sie, den im Hintergrund der natürlichen Theologie und der Religionsphilosophie liegenden theologischen Motiven gerecht zu werden. Sie nimmt das philosophische Element in die Struktur des Systems selbst hinein als den Stoff, aus dem Fragen entwickelt werden. Die Fragen werden theologisch beantwortet. Das Problem „natürliche Theologie oder Religionsphilosophie" findet durch einen dritten Weg eine Antwort, nämlich durch die *Methode der Korrelation* (siehe Seite 73). Für den Aufbau der systematischen Theologie hat das zur Folge, daß Religionsphilosophie als besonderes Gebiet nicht in den Bereich der systematischen Theologie gehört. Diese Entscheidung bedeutet jedoch nicht, daß die Probleme, die gewöhnlich zur sogenannten Religionsphilosophie gehören, im theologischen Lehrplan außer Betracht bleiben sollen.

Ein zweites Problem im Aufbau der systematischen Theologie ist die Stellung der Apologetik. Die modernen Theologen haben sie gewöhnlich mit der Religionsphilosophie gleichgesetzt, während in der traditionellen Theologie der Abschnitt über natürliche Theologie viel apologetisches Material enthielt. Die Ablehnung dieser beiden Methoden macht eine dritte Lösung notwendig. Ein Beitrag zur Lösung liegt im zweiten Kapitel dieser Einleitung: „Die apologetische Theologie und das Kerygma" vor. Dort ist darauf hingewiesen, daß systematische Theologie „antwortende Theologie" ist. Sie muß die Fragen beantworten, die in der allgemeinmenschlichen und der besonderen geschichtlichen Situation liegen. Apologetik ist deshalb ein allgegenwärtiges Element und keine besondere Abteilung der systematischen Theologie. Die *Methode der Korrelation*, die in dem gegenwärtigen System angewandt wird, hebt ausdrücklich die entscheidende Rolle des apologetischen Elementes in der systematischen Theologie hervor.

Diese Lösung gilt ebenso für die ethischen Elemente in der systematischen Theologie. Erst nach der letzten orthodoxen Periode unter dem Einfluß der modernen Philosophie wurde die Ethik von der Dogmatik getrennt. Das positive Ergebnis war eine sehr viel reichere Entwicklung der theologischen Ethik, der negative Erfolg war ein ungelöster Konflikt mit der philosophischen Ethik. Trotz der Tatsache, daß einige theologische Fakultäten gut ausgebaute Abteilungen für christliche Ethik haben, macht sich heute eine Tendenz bemerkbar, die theologische Ethik in die Einheit des Systems zurückzunehmen. Diese Tendenz wurde von der neu-orthodoxen Bewegung, die eine unabhängige theologische Ethik ablehnt, unterstützt. Eine Theologie, die, wie das vorliegende System, den existentiellen Charakter der Theologie betont, muß diese Linie konsequent bis zu Ende verfolgen. Das ethische Element ist ein notwendiges und oft vorherrschendes Element in jedem theologischen Satz. Schon solche formalen Sätze wie die kritischen Prinzipien sind ein Hinweis auf die Entscheidung des ethischen Menschen über „Sein oder Nichtsein". Die Lehren von Endlichkeit und Existenz oder von Angst und Schuld sind ihrem Wesen nach ebenso ontologisch wie ethisch, und in den Kapiteln über „Die Kirche" und „Der Christ" ist das ethische Element im sozialen und persönlichen Sinne vorherrschend. Das sind nur Beispiele, die zeigen, daß eine „existentielle" Theologie die Ethik so weitgehend mit einbezieht, daß ein besonderer Abschnitt über theologische Ethik nicht notwendig ist. Trotzdem kann die Beibehaltung besonderer Abteilungen für christliche Ethik aus Zweckmäßigkeitsgründen gerechtfertigt sein.

Das dritte und bedeutendste Element der systematischen Theologie ist das dogmatische Element. Lange Zeit vertrat es mit seinem Namen die ganze systematische Theologie. „Dogmatik" ist die Darstellung der Lehrtradition für unsere gegenwärtige Lage. Das Wort „Dogmatik" betont die Wichtigkeit des formulierten und offiziell anerkannten Dogmas für die Arbeit des systematischen Theologen. Und in diesem Sinne ist die Terminologie gerechtfertigt, weil der Theologe eine Funktion der Kirche in der Kirche und für die Kirche ausübt. Und die Kirche ruht auf einer Grundlage, deren Formulierung in den Glaubensbekenntnissen gegeben ist und durch sie gehütet wird. Das Wort „Dogma" selbst hat ursprünglich diese Funktion ausgedrückt. In den spätgriechischen Philosophen-Schulen bezeichnet es die zur Tradition einer bestimmten Schule gehörenden Lehrmeinungen. Dogmata waren ganz bestimmte philosophische Lehrsätze. In diesem Sinne hatte auch die christliche Gemeinde ihre Dogmata. Doch hat das Wort eine andere

Bedeutung in der Geschichte des christlichen Denkens bekommen. Die Funktion der Glaubensbekenntnisse als Schutz gegen kirchenzerstörende Ketzereien machte ihre Annahme zu einer Sache, bei der es um Leben und Tod für das Christentum ging. Der Ketzer wurde als dämonischer Feind der christlichen Botschaft betrachtet. Mit der vollständigen Vereinigung von Kirche und Staat nach Konstantin wurden die Lehrgesetze der Kirche zugleich Zivilgesetze des Staates, und der Ketzer wurde als Verbrecher betrachtet. Die furchtbaren Folgen dieser Situation, das dämonische Vorgehen der katholischen wie der protestantischen Staaten und Kirchen gegen theologisch ehrliches Suchen nach Wahrheit und wissenschaftliche Autonomie haben die Worte „Dogma" und „Dogmatik" so weit in Mißkredit gebracht, daß es kaum mehr möglich ist, ihre eigentliche Bedeutung wiederherzustellen. Damit wird die Bedeutung der formulierten „Dogmata" für die systematische Theologie nicht herabgesetzt, aber es macht den Gebrauch des Ausdrucks „Dogmatik" unmöglich. „Systematische Theologie" erscheint als der angemessenste Ausdruck für eine Disziplin, die Apologetik, Dogmatik und Ethik umfaßt.

Ohne das, was man mit „praktischer Theologie" bezeichnet, ist der Aufbau der theologischen Arbeit nicht vollständig. Obwohl Schleiermacher sie als die Krone der Theologie pries, ist sie kein dritter Teil, der noch zu den historischen und systematischen Teilen hinzukommt. Sie ist die „technische Theorie", welche die beiden anderen auf das Leben der Kirche anwendbar macht. Eine technische Theorie beschreibt die zweckmäßigsten Mittel zur Erreichung eines gegebenen Zieles. Das Ziel der praktischen Theologie ist das Leben der Kirche. Während die Lehre der Kirche über ihr Wesen und ihre Aufgaben zu der systematischen Theologie gehören, beschäftigt sich die praktische Theologie mit den Einrichtungen, durch die das Wesen der Kirche verwirklicht und ihre Aufgaben durchgeführt werden. Sie befaßt sich mit ihnen nicht vom historischen Gesichtspunkt aus und gibt keine Darstellung von dem, was in der Kirche geschehen ist und noch geschieht, sondern sie betrachtet sie unter dem technischen Gesichtspunkt und fragt, wie am wirksamsten zu handeln sei. Wenn der praktische Theologe die Geschichte des protestantischen Chorals untersucht, arbeitet er im Bereich der historischen Theologie. Und wenn er einen Aufsatz über die ästhetische Funktion der Kirche schreibt, arbeitet er im Bereich der systematischen Theologie. Wenn er aber das Material und die Prinzipien, die er durch sein historisches oder systematisches Studium gewonnen hat, benutzt, um Vorschläge zum Choralsingen oder Entwürfe für Kirchenbauten zu machen, arbeitet er im Bereich der praktischen Theologie. Es ist der technische Gesichtspunkt, der die praktische von der theoretischen Theologie unterscheidet. Wie bei jeder Wirklichkeitserkenntnis findet auch in der Theologie eine Aufspaltung in reine und angewandte Erkenntnis statt. Und da die reinen Wissenschaften für das moderne Empfinden, im Gegensatz zur Antike, keinen höheren Wert als die technischen Wissenschaften besitzen, so steht auch die praktische Theologie mit der theoretischen Theologie auf einer Stufe. Und da schließlich ein unaufhörlicher Wissensaustausch zwischen den geistigen und den technischen Fortschritten auf allen wissenschaftlichen Gebieten stattfindet, so hängen auch praktische und theoretische Theologie zusammen. Das folgt auch aus dem existentiellen Charakter der Theologie, denn der Unterschied zwischen Theorie und Praxis verschwindet angesichts dessen, was uns unbedingt angeht.

Der Aufbau der praktischen Theologie ist in der Lehre von den Funktionen der Kirche enthalten. Jede Funktion der Kirche folgt notwendig aus ihrem Wesen. Sie hat ein bestimmtes Ziel, für dessen Erreichung Institutionen geschaffen sind, so gering sie auch entwickelt sein mögen. Jede Funktion benötigt eine praktische Disziplin, um die bestehenden Einrichtungen zu erklären, an ihnen Kritik zu üben, sie zu ändern und notfalls neue an ihre Stelle zu setzen. Die Theologie selbst ist eine solche Funktion, und ihre Verwirklichung in den Einrichtungen und im Leben der Kirche ist eines der vielen Anliegen der praktischen Theologie.

Ebenso wie die historische und systematische Theologie hat auch die praktische Theologie eine nichttheologische Seite. Um die Institutionen, die im Leben der Kirche hervorgetreten sind, zu erörtern, braucht der praktische Theologe: 1. unser heutiges Wissen von den allgemeinen psychologischen und soziologischen Strukturen des Menschen und der Gesellschaft; 2. ein praktisches und theoretisches Verständnis der psychologischen und soziologischen Situation besonderer Gruppen; und 3. eine Kenntnis der kulturellen Errungenschaften und Probleme innerhalb seines besonderen Interessengebietes: Erziehung, Kunst, Musik, Medizin, Politik, Wirtschaft, soziale Arbeit, Film, Rundfunk, Fernsehen usw.

Auf diese Art kann die praktische Theologie eine Brücke zwischen der christlichen Botschaft und der menschlichen Situation im allgemeinen und besonderen werden. Sie kann dem systematischen Theologen neue Fragen stellen, Fragen, die aus dem kulturellen Leben seiner Zeit entstehen, und sie kann den historischen Theologen dazu anregen, neue Forschungen unter Gesichtspunkten anzustellen, die sich aus dem tatsächlichen Bedürfnis seiner Zeitgenossen ergeben. Sie kann die Kirche vor Traditionalismus und Dogmatismus bewahren und die Gesellschaft dazu bringen, die Kirche ernst zu nehmen. Aber all das kann sie nur erreichen, wenn sie in Einheit mit der historischen und systematischen Theologie arbeitet und getrieben ist von Leidenschaft für das, was uns unbedingt angeht und was zugleich konkret und universal ist.

D

METHODE UND AUFBAU DER SYSTEMATISCHEN THEOLOGIE

1. Die Quellen der systematischen Theologie

Jede methodische Betrachtung leitet sich aus der tatsächlich geleisteten Erkenntnisarbeit ab. Methodische Besinnung ist stets Folge der Anwendung einer Methode, niemals geht sie ihr voraus. Diese Tatsache ist in heutigen Diskussionen über die „empirische" Methode in der Theologie oft übersehen worden. Die Anhänger dieser Methode machten sie zu einer Art Fetisch und hofften, daß sie bei jeder Erkenntnisweise und jedem Erkenntnisgegenstand sich bewähren würde. In Wirklichkeit hatten sie den Aufbau ihrer Theologie schon gefunden, ehe sie über die angewandte Methode nachdachten. Und die von ihnen beschriebene Methode könnte nur sehr künstlich und mit großer Schwierigkeit „empirisch" genannt werden. Die folgenden methodischen Betrachtungen beschreiben die in dem hier dargebotenen System tatsächlich angewandte Methode. Da die Methode von einem Vorverständnis des theologischen Gegenstandes, der christlichen Botschaft, hergeleitet ist, nimmt sie entscheidende Sätze des Systems voraus. Das ist ein unvermeidlicher Zirkel. Ob die „Methode der Korrelation" (der Name ist für die Sache nicht entscheidend) empirisch ist oder konstruktiv oder sonst etwas, ist unwichtig, solange sie ihrem Gegenstand angemessen ist.

Wenn es die Aufgabe der systematischen Theologie ist, die Inhalte des christlichen Glaubens zu erklären, erheben sich alsbald drei Fragen: Welches sind die Quellen der systematischen Theologie? Welches ist das Medium, durch das sie zugänglich werden? Nach welcher Norm werden die Quellen gehandhabt?

Die erste Antwort auf diese Fragen könnte die Bibel sein. Die Bibel ist die originale Urkunde von den Ereignissen, auf denen das Christentum beruht. Obwohl dies nicht geleugnet werden kann, ist die Antwort ungenügend. Wenn wir die Frage nach den Quellen der systematischen Theologie stellen, müssen wir die Behauptung des neuorthodoxen Biblizismus zurückweisen, wonach die Bibel die einzige Quelle ist. Die biblische Botschaft könnte nicht verstanden werden und hätte nicht aufgenommen werden können, wenn sie nicht in der Religion und Kultur der Menschheit vorbereitet gewesen wäre. Und die biblische Botschaft wäre nicht eine Botschaft für jeden Menschen, einschließlich des Theologen selbst geworden, ohne die Erfahrung der Kirche und eines jeden Christen. Deshalb darf man nicht das „Wort Gottes" oder den „Akt der Offenbarung" als Quelle der systematischen Theologie bezeichnen, ohne zugleich zu betonen, daß das „Wort Gottes" nicht auf die Worte eines Buches beschränkt ist und daß der „Akt der Offenbarung" nicht identisch ist mit der „Inspirierung" eines „Buches der Offenbarung", selbst dann nicht, wenn dies Buch das Dokument des entscheidenden „Wortes Gottes", die Erfüllung und das Kriterium aller Offenbarungen ist. Die biblische Botschaft umfaßt mehr (und auch weniger) als die biblischen Bücher. Deshalb hat die systematische Theologie noch weitere Quellen außer der Bibel.

Die Bibel ist jedoch die grundlegende Quelle der systematischen Theologie, weil sie die originale Urkunde von den Ereignissen ist, auf denen das Christentum beruht. Wenn wir für die Bibel das Wort „Urkunde" gebrauchen, müssen wir die juristische Bedeutung dieses Wortes ausschalten. Die Bibel ist kein juristisch abgefaßter, formulierter und verbriefter Bericht über einen göttlichen „Rechtsakt", auf Grund dessen Rechtsansprüche entschieden werden könnten. Der dokumentarische Charakter der Bibel beruht auf der Tatsache, daß sie das ursprüngliche Zeugnis derer enthält, die am Offenbarungsgeschehen teilhatten. Ihr Teilhaben bestand darin, daß sie von den Ereignissen ergriffen wurden, die eben dadurch Offenbarungsereignisse wurden. Die Inspiration der biblischen Schriftsteller besteht in ihrer aufnehmenden und schöpferischen Reaktion auf Ereignisse, die Offenbarungsereignisse werden konnten. Die Inspiration der Verfasser des Neuen Testamentes ist ihre Annahme Jesu als des Christus und mit ihm des Neuen Seins, von dem sie Zeugen wurden. Da es nur Offenbarung gibt, wenn jemand da ist, der sie als Offenbarung empfängt, so ist der Akt des Aufnehmens ein Teil des Offenbarungsgeschehens selbst. Die Bibel ist beides: ursprüngliches Ereignis und ursprüngliche Urkunde; sie bezeugt das, von dem sie ein Teil ist.

Das biblische Material als Quelle der systematischen Theologie wird auf eine methodische Weise vom historischen Theologen vermittelt.

Die Bibeltheologie erschließt in Zusammenhang mit den anderen Disziplinen der historischen Theologie die Bibel als grundlegende Quelle der systematischen Theologie. Aber wie sie das tut, ist keineswegs selbstverständlich. Der Bibeltheologe bietet uns, soweit er Theologe ist – und das schließt einen systematischen Standpunkt ein – keine reinen Fakten, er gibt uns theologisch gedeutete Fakten. Seine Exegese ist pneumatisch oder, wie wir es heute nennen würden, „existentiell". Er spricht von den Resultaten seiner wissenschaftlich-philologischen Interpretation als von etwas, das ihn unbedingt angeht. In seiner Arbeit an den biblischen Texten verbindet er die Philologie mit seiner Ehrfurcht vor dem Gegenstand. Es ist nicht leicht, beiden Gesichtspunkten gerecht zu werden. Ein Vergleich von einigen neueren wissenschaftlichen Kommentaren zum Römerbrief, z. B. von C. H. Dodd oder Sanday und Headlam mit Karl Barths pneumatisch-existentieller Interpretation macht die unüberbrückbare Kluft zwischen beiden Methoden deutlich. Alle Theologen, und besonders die systematischen Theologen, leiden unter dieser Situation. Die systematische Theologie braucht eine biblische Theologie, die ohne Einschränkung historisch-kritisch ist und die doch stets im Blick hat, daß es sich um etwas handelt, was uns unbedingt angeht. Es ist möglich, diese Forderung zu erfüllen, denn das, was uns unbedingt angeht, hängt nicht an einem besonderen Ergebnis der historischen und philologischen Forschung. Eine Theologie, die von im voraus feststehenden Ergebnissen der historischen Forschung abhängt, ist an etwas Bedingtes, das Unbedingtheit beansprucht, und damit an etwas Dämonisches gebunden. Der dämonische Charakter einer Forderung, die vom Historiker bestimmte Ergebnisse verlangt, wird darin sichtbar, daß sie seine wissenschaftliche Integrität zerstört. Ein Theologe, der ergriffen ist von dem, was ihn unbedingt angeht, ist befreit von dem Zwang zu jeder „heiligen Unehrlichkeit". Es ermöglicht ihm, sowohl radikale als auch konservative Bibelkritik zu akzeptieren. Nur solch freies historisches Arbeiten, verbunden mit einer existentiellen Haltung, kann dem systematischen Theologen die Bibel als seine grundlegende Quelle erschließen.

Die Entstehung der Bibel ist ein Ereignis in der Kirchengeschichte – ein Ereignis in einem relativ späten Stadium der ältesten Kirchengeschichte. Beim Gebrauch der Bibel als Quelle benutzt deshalb der Theologe eigentlich eine Schöpfung der Kirchengeschichte als Material. Er muß das jedoch bewußt tun. Die systematische Theologie hat eine direkte und klare Beziehung zur Kirchengeschichte. In diesem Punkt besteht ein echter Unterschied zwischen der katholischen und der protestantischen Auffassung, und jeder systematische Theologe muß sich hier entscheiden. Die Entscheidung ist für jeden, der durch die Autorität der Römischen Kirche gebunden ist, leicht. Sie ist auch leicht für diejenigen, die glauben, daß der Protestantismus radikalen Biblizismus bedeutet, und die diesen für eine theologisch mögliche Position halten. Aber die meisten Theologen in den nichtrömischen Kirchen sind nicht gewillt, diese Haltung einzunehmen. Sie sind sich klar darüber, daß die radikal biblizistische Haltung eine Selbsttäuschung ist. Es kann sich niemand über zwei Jahrtausende Kirchengeschichte hinwegsetzen. Jeder, der sich mit einem biblischen Text beschäftigt, wird in seinem religiösen Verständnis von dem Verständnis aller vorhergehenden Generationen geleitet. Selbst die Reformatoren waren von der römischen Tradition, gegen die sie protestierten, abhängig. Sie benutzten besondere Elemente der kirchlichen Tradition und griffen mit ihnen andere Elemente an, um damit die Entstellung, die sich der gesamten Tradition bemächtigt hatte, zu bekämpfen, aber sie sprangen nicht heraus aus der Tradition und in die Situation von Matthäus und Paulus hinein, und sie konnten es auch nicht. Die Reformatoren waren sich dieser Situation bewußt, und die systematisierende Orthodoxie war es auch noch. Jedoch der evangelische Biblizismus der Vergangenheit und der Gegenwart ist sich nicht klar darüber und schafft eine „Bibeltheologie", die in Wirklichkeit von bestimmten dogmatischen Entwicklungen der nachreformatorischen Zeit abhängig ist. Durch historische Untersuchungen ist der Unterschied zwischen der dogmatischen Haltung der evangelischen Kirchen, wie sie vor allem in Amerika existieren, und dem ursprünglichen Sinn der Bibeltexte leicht nachzuweisen. Die Kirchengeschichte kann nicht umgangen werden; deshalb ist es sowohl eine religiöse als auch eine wissenschaftliche Notwendigkeit, die Beziehung der systematischen Theologie zur kirchlichen Tradition offen und deutlich herauszustellen.

Ein anderer, für die meisten nichtrömischen Theologen nicht gangbarer Weg besteht in der Unterwerfung der systematischen Theologie unter die Entscheidungen von Konzilien und Päpsten. Die katholische Dogmatik benutzt solche überlieferten Lehrentscheidungen, die Rechtskraft erlangt haben (de fide), als die wahre Quelle der systematischen Theologie. Mit oder ohne nachträgliche Beweise setzt sie dogmatisch voraus, daß diese Lehren, deren Geltung durch das Kirchenrecht garantiert ist, im wesentlichen mit der biblischen Botschaft übereinstimmen. Die Arbeit der systematischen Theologie besteht in der getreuen und zugleich polemischen Interpretation der Glaubenssätze. Das ist der Grund für die dogmatische Sterilität der römisch-katholischen Theologie im Gegensatz zu ihrer liturgischen und ethischen

Produktivität und der großen Gelehrsamkeit, die sie auf den Gebieten der Kirchengeschichte, die von dogmatischen Verboten frei sind, entwickelt. Es ist für den ökumenischen Charakter der systematischen Theologie von Bedeutung, daß griechisch-orthodoxe Theologen trotz Anerkennung der Autorität der Tradition ihre Legalisierung durch päpstliche Autorität ablehnen. Das gibt der griechisch-orthodoxen Theologie schöpferische Möglichkeiten, von denen die römischen Theologen ausgeschlossen sind. Die protestantische Theologie protestiert im Namen des protestantischen Prinzips gegen die Gleichsetzung dessen, was uns unbedingt angeht, mit irgendeiner Schöpfung der Kirche. Das bezieht sich auch auf die biblischen Schriftsteller, insofern ihr Zeugnis für das, was uns unbedingt angeht, auch ein bedingter Ausdruck ihrer eigenen geistigen Situation ist. Die protestantische Theologie kann alles durch die Kirchengeschichte bereitgestellte Material benutzen. Sie kann griechische, römische, deutsche und moderne Begriffe und Vorstellungen bei der Auslegung der biblischen Botschaft heranziehen, sie kann von Protestentscheidungen der Sekten gegen die offizielle Theologie Gebrauch machen, aber sie ist an keine dieser Begriffe und Entscheidungen gebunden.

Ein besonderes Problem entsteht dadurch, daß niemand in der Lage ist, das ganze Material objektiv zu benutzen, weil die konfessionellen Strukturen als ein unbewußtes oder bewußtes Prinzip der Auswahl am Werk sind. Man kann das nicht umgehen, und es hat auch eine gute Seite. Das kirchliche und theologische Klima, in dem ein Theologe aufgewachsen ist, oder für das er sich später persönlich entschieden hat, vermittelt ihm Verständnis durch persönliche Vertrautheit. Ohne diese Vertrautheit ist es nicht möglich, das kirchengeschichtliche Material existentiell zu gebrauchen. Der systematische Theologe begegnet im konkreten Leben seiner Kirche, in ihrer Liturgie, ihren Liedern, ihren Predigten und Sakramenten dem, was ihn unbedingt angeht – dem Neuen Sein in Jesus als dem Christus. Deshalb ist die konfessionelle Tradition für den systematischen Theologen eine entscheidende Quelle, so ökumenisch er sie auch handhaben mag.

Die biblische Quelle wird dem systematischen Theologen durch eine kritische und existentielle biblische Theologie zugänglich. In derselben Weise wird ihm die Kirchengeschichte zugänglich durch eine historisch-kritische und existentielle „Geschichte der christlichen Theologie", der früher sogenannten „Dogmengeschichte" (ein Ausdruck, der freilich mehr enthält als „Geschichte der christlichen Theologie"). Die „Geschichte der christlichen Theologie" kann eine mit persönlicher Distanz verfaßte Beschreibung der Ideen theologischer Denker im Laufe der

Jahrhunderte sein. Einige der kritischen „Geschichten der christlichen Theologie" sind nicht weit entfernt von dieser Haltung. Der historische Theologe jedoch muß zeigen, daß zu allen Zeiten christliche Theologie sich um das bewegt hat, was uns unbedingt angeht. Die systematische Theologie bedarf einer „Geschichte der christlichen Theologie", die von einem radikal-kritischen und zugleich existentiell orientierten Standpunkt aus geschrieben ist.

Eine umfassendere Quelle der systematischen Theologie als alle bisher betrachteten ist das Material, das uns die Religions- und Kulturgeschichte an die Hand gibt. Ihr Einfluß auf den systematischen Theologen beginnt mit der Sprache, in der er spricht, und mit der kulturellen Erziehung, die ihm zuteil wurde. Sein geistiges Leben ist durch seine soziale und individuelle Begegnung mit der Wirklichkeit geformt. Diese Begegnung findet ihren Ausdruck in der Sprache, Dichtkunst, Philosophie, Religion usw. derjenigen Kulturtradition, in der er aufgewachsen ist und von der er in jedem Moment seines Lebens sowohl in seiner theologischen Arbeit als auch sonst Inhalte übernimmt. Außer dieser unmittelbaren und unvermeidlichen Berührung mit seiner Kultur und Religion beschäftigt sich der systematische Theologe mit ihnen direkt. Er bedient sich der Kultur und Religion absichtlich als Ausdrucksmittel; er weist auf sie hin zur Erhärtung seiner Behauptungen; er bekämpft sie als Widersprüche zur christlichen Botschaft und vor allem: Er formuliert die existentiellen Fragen, die in ihnen liegen und auf welche seine Theologie die Antwort sein will.

Angesichts der Tatsache, daß wir fortgesetzt und unaufhörlich kulturelle und religiöse Inhalte als Quelle der systematischen Theologie benutzen, erhebt sich die Frage: Wie ist es möglich, daß diese Inhalte in einer Weise der Verarbeitung zugänglich gemacht werden, die eine Parallele darstellt zu der Methode, durch welche der biblische Theologe das biblische Material zur Verfügung stellt und der Historiker der christlichen Theologie das dogmatische Material? Auf diese Frage gibt es bisher noch keine Antwort, da weder eine theologische Religionsgeschichte noch eine theologische Kulturgeschichte theoretisch begründet oder praktisch durchgeführt worden ist.

Eine theologische Religionsgeschichte sollte theologisch das Material deuten, das durch die Untersuchung und Analyse des vorreligiösen und religiösen Lebens der Menschheit bereitgestellt wurde. Sie sollte die Motive und Typen des religiösen Ausdrucks herausarbeiten und zeigen, wie sie aus dem religiösen Anliegen folgen, und daher notwendig in allen Religionen einschließlich des Christentums, soweit es eine Religion ist, auftreten. Eine theologische Religionsgeschichte sollte auch dämonische Entstellungen und neue Tendenzen in den Weltreligionen aufzeigen, die auf die christliche Lösung hinweisen und den Weg vorbereiten für die Annahme der christlichen Botschaft unter den Anhängern nichtchristlicher Religionen. Man könnte sagen, eine theologische Religionsgeschichte sollte gemäß dem missionarischen Prinzip getrieben werden, dem Prinzip des Neuen Seins in Jesus als dem Christus, das die Antwort ist auf die Frage, die offen und geheim von den Religionen der Menschheit gestellt wird. Einiges Material einer solchen theologischen Religionsgeschichte erscheint in dem hier gebotenen theologischen System.

Eine theologische Kulturgeschichte kann kein fortlaufender historischer Bericht sein (dasselbe gilt auch von der theologischen Religionsgeschichte). Es kann nur das sein, was ich gern eine „Theologie der Kultur" nenne[1]. Diese ist der Versuch, die Theologie hinter allem kulturellen Ausdruck zu analysieren und das unbedingte Betroffensein im Grunde einer Philosophie, eines politischen Systems, eines Kunststils oder einer Reihe ethischer oder sozialer Prinzipien zu entdecken. Diese Aufgabe ist mehr analytisch als synthetisch, mehr historisch als systematisch. Sie ist eine Vorbereitung für die Arbeit des systematischen Theologen. Gegenwärtig wird eine Theologie der Kultur von nichttheologischer Seite ununterbrochen hervorgebracht, von theologischer Seite jedoch weniger machtvoll. Sie ist zu einem wichtigen Teil kritischer Analysen der gegenwärtigen Weltsituation geworden sowie politischer und geistiger Bewegungen auf den verschiedensten Gebieten. Die theologische Analyse ist in Verbindung mit der Geschichte des modernen Denkens, der Kunst, der Wissenschaft, der sozialen Bewegungen, kurz der „Geistesgeschichte" getrieben worden. Sie sollte jedoch in einer mehr methodischen Form von den Theologen bearbeitet werden. Sie sollte als „Theologie der Kultur" in allen theologischen Lehrinstituten gelehrt werden, z. B. als theologische Geschichte der Philosophie, der Künste usw. Über die Methode einer solchen theologischen Analyse der Kultur könnte folgendes gesagt werden: Der Schlüssel zum theologischen Verständnis einer Kulturschöpfung ist ihr Stil. Stil ist ein Begriff aus dem Gebiet der Kunst, er kann jedoch in allen Kulturgebieten angewandt werden. Es gibt einen Stil des Denkens, der Politik, des sozialen Lebens usw. Der Stil einer Periode drückt sich in ihren Kulturformen aus, in der Wahl ihrer

---

[1] Paul Tillich, Über die Idee einer Theologie der Kultur, in: Kantstudien (Berlin, Pan-Verlag, Rolf Heise, 1920); siehe auch mein Buch: „Die religiöse Lage der Gegenwart", 1926.

Gegenstände, in der Haltung ihrer schöpferischen Persönlichkeiten, in ihren Einrichtungen und Sitten. Stilkunde ist im selben Maße Kunst wie Wissenschaft, und es bedarf religiöser Intuition, um in die Tiefe eines Stils zu schauen und auf die Ebene durchzudringen, wo die Beziehung zum Unbedingten in ihren treibenden Kräften sichtbar wird. Das jedoch sind die Forderungen, die an den theologischen Kulturhistoriker gestellt werden, und in Erfüllung dieser Aufgabe erschließt er der systematischen Theologie eine schöpferische Quelle.

Dieser Überblick über die Quellen der systematischen Theologie hat ihre beinahe unbegrenzte Fülle gezeigt: Bibel, Kirchengeschichte, Geschichte der Religion und Kultur. Überdies hat er deutlich gemacht, daß es Gradunterschiede in diesem ungeheuren Quellenmaterial gibt, entsprechend seiner näheren oder ferneren Beziehung zu dem zentralen Ereignis, auf dem der christliche Glaube beruht: der Erscheinung des Neuen Seins in Jesus als dem Christus. Aber zwei entscheidende Fragen sind noch nicht gestellt und beantwortet worden: die Frage nach dem Medium, durch welches das Material dem systematischen Theologen zugänglich wird, und die Frage nach der Norm, die er beim Auswerten der Quellen anwendet.

2. Erfahrung und systematische Theologie

Die Quellen der systematischen Theologie können nur für denjenigen zu Quellen werden, der an ihnen teilhat, das heißt: durch Erfahrung teilhat. Erfahrung ist das Medium, durch das die Quellen zu uns sprechen, durch das wir sie aufnehmen können. Die Frage der Erfahrung ist deshalb überall da eine zentrale Frage gewesen, wo es um Wesen und Methode der Theologie ging. Die Theologen der frühen franziskanischen Schule waren sich dessen bewußt, was heute der „existentielle" Bezug zur Wahrheit genannt wird. Für sie war Theologie praktisches Wissen, das auf einer Partizipation des erkennenden Subjekts an den geistigen Wirklichkeiten beruht, ein „Fühlen und Schmecken" *(haptus* und *gustus)* dessen, mit dem man zu tun hat. Alexander von Hales und Bonaventura waren im strengen Sinn „Erfahrungstheologen". Sie verwandten viel Mühe auf die Untersuchung der Eigenart der religiösen Erfahrung im Unterschied zu anderen Formen der Erfahrung. Hinter ihren Bemühungen stand das mystisch-augustinische Prinzip der unmittelbaren Erkenntnis des „Seins-Selbst", das zugleich die „Wahrheit-Selbst" ist *(esse ipsum — verum ipsum).* Während die herrschende Theologie unter der Führung von Thomas von Aquino und Duns Scotus die mystische Unmittelbarkeit der früheren Franziskaner durch distanzierte Analyse ersetzte, verlor die augustinisch-franziskanische Schule niemals ihre Kraft. Das Prinzip der Erfahrung wurde von den Sektenbewegungen der vorreformatorischen und reformatorischen Zeit bewahrt, die weithin mit dem Enthusiasmus der radikalen Franziskaner zusammenhingen. Ein evangelischer Schwärmer wie Thomas Münzer hat beinahe alle charakteristischen Züge von dem, was wir heute „existentielle Erfahrung" nennen, einschließlich der Elemente der Angst und Verzweiflung, der „Grenzsituation", der Erfahrung der Sinnlosigkeit; und andererseits hatte er die ekstatische Erfahrung der Macht des Heiligen Geistes, der ihn in den praktischen Entscheidungen seines persönlichen und sozialen Lebens trieb und führte. Obwohl der Sieg der kirchlichen und biblischen Autorität in allen europäischen Kirchen und das Erstarken der klassischen Orthodoxie das Erfahrungsprinzip unterdrückten, wurde es doch niemals vollständig beseitigt. Das Prinzip der Erfahrung erschien in voller Stärke wieder im europäischen Pietismus und bei den anglo-amerikanischen Independenten, im Methodismus und der Erweckungsbewegung. In diesen Formen überlebte es die Aufklärungszeit und fand seinen klassischen Ausdruck in Schleiermachers theologischer Methode.

Keine Theologie der Gegenwart sollte einer Auseinandersetzung mit Schleiermachers „Methode der Erfahrung" aus dem Wege gehen, sei es im zustimmenden oder ablehnenden Sinne. Einer der Gründe für die beunruhigende Wirkung der neu-orthodoxen Theologie lag in ihrem vollständigen Abgehen von Schleiermachers Methode und damit ihrer Verleugnung von zwei Jahrhunderten theologischer Entwicklung (einem Jahrhundert vor und einem Jahrhundert nach Schleiermacher). Es ist die entscheidende Frage der Theologie heute, ob oder bis zu welchem Grade diese Verleugnung gerechtfertigt ist. Sie wäre gewiß nicht gerechtfertigt, wenn sie nur auf einem falschen Schleiermacherverständnis beruhte. Aber es geht um mehr als das in dem neu-orthodoxen Urteil. Eine psychologische Deutung von Schleiermachers berühmter Definition der Religion ist falsch und sogar unfair, denn es wäre nicht schwer gewesen, sie zu vermeiden. Wenn Schleiermacher Religion definierte als das „Gefühl schlechthinniger Abhängigkeit", so war mit dem Wort „Gefühl" das unmittelbare Bewußtsein von etwas Unbedingtem im Sinne der augustinisch-franziskanischen Tradition gemeint. Diese Tradition war ihm religiös vermittelt worden durch seine Herrnhuter Erziehung, philosophisch durch Spinoza und Schelling. „Gefühl" bezieht sich in dieser Tradition nicht auf eine psychologische Funktion, sondern auf das Bewußtsein dessen, was Intellekt und Willen, Subjekt und Objekt überschreitet. „Abhängigkeit" war in Schleiermachers Definition auf der christlichen Ebene „teleologische" Abhängigkeit — eine Abhängigkeit, die sittlichen Charakter hat, die Freiheit einschließt und eine pantheistische und deterministische Deutung der Erfahrung des Unbedingten ausschließt. Schleiermachers „Gefühl schlechthinniger Abhängigkeit" kommt dem sehr nahe, was in diesem System Ergriffensein von dem, was unserem Sein Grund und Sinn gibt, genannt wird. So verstanden, steht es über fast aller üblichen Kritik, die dagegen gerichtet wurde[1].

Andererseits muß an Schleiermachers Methode in seiner „Glaubenslehre" Kritik geübt werden. Er versucht darin, alle Inhalte des christlichen Glaubens von dem abzuleiten, was er das „religiöse Bewußtsein" des Christen nennt. In ähnlicher Weise versuchten seine Schüler, vor allem die lutherische Erlanger Schule mit den Theologen Hofmann und Frank, ein ganzes System der Theologie aufzustellen, in dem sie die Inhalte von der Erfahrung des wiedergeborenen Christen ableiteten. Das war eine Illusion, wie Franks System klar beweist. Das Ereignis, auf das sich die Christenheit gründet (er nannte es „Jesus von Nazareth") ist nicht aus der Erfahrung abgeleitet, es ist *gegeben* in der Geschichte. Erfahrung ist nicht die Quelle, aus der die Inhalte der systematischen Theologie genommen werden können, sondern das Medium, durch das sie existentiell empfangen werden.

Eine andere Form von Erfahrungstheologie, die dieser Kritik nicht ausgesetzt ist, kommt aus dem amerikanischen Christentum. Sie unterscheidet sich von der kontinentalen Erfahrungstheologie durch ihre Verbindung mit dem philosophischen Empirismus und Pragmatismus. Sie versucht, eine „empirische Theologie" auf der Basis reiner Erfahrung im Sinne der philosophischen Empiristen zu schaffen. Für die Methode der systematischen Theologie hängt alles davon ab, in welchem Sinn der Begriff „Erfahrung" gebraucht wird. Eine sorgfältige Analyse der heutigen philosophischen und theologischen Diskussion zeigt, daß er in drei verschiedenen Weisen gebraucht wird: in ontologischem, wissenschaftlichem und mystischem Sinn. Der ontologische Sinn von Erfahrung ist eine Konsequenz des philosophischen Positivismus. Das positiv Gegebene ist nach dieser Theorie die einzige Wirklichkeit, von der wir sinnvoll sprechen können. Und positiv gegeben bedeutet: in der Erfahrung gegeben. Wirklichkeit ist identisch mit

---

[1] Es ist zu begrüßen, daß Barth Brunners Buch über Schleiermacher „Die Mystik und das Wort" (Tübingen, J. C. B. Mohr, 1924) gerade aus diesem Grunde abgelehnt hat.

Erfahrung. Der Pragmatismus, wie er von William James und teilweise von John Dewey entwickelt worden ist, deckt das philosophische Motiv auf, das hinter dieser Erhebung der Erfahrung zum höchsten ontologischen Rang steht. Das Motiv ist die Überwindung der Kluft zwischen ontologischem Subjekt und ontologischem Objekt; denn einmal aufgerissen, kann sie nicht wieder geschlossen werden, die Möglichkeit der Erkenntnis kann nicht erklärt werden, und die Einheit des Lebens und seiner Prozesse bleibt ein Geheimnis. Der dynamische Naturalismus der gegenwärtigen Philosophie enthält den ontologischen Begriff der Erfahrung, ob nun dieser Naturalismus mehr realistisch, idealistisch oder mystisch gefärbt ist.

Wenn Erfahrung in diesem Sinne als Quelle der systematischen Theologie gebraucht wird, kann in dem theologischen System nichts erscheinen, was die Gesamtheit der Erfahrung überschreitet. Ein göttliches Wesen im traditionellen Sinne ist in solch einer Theologie ausgeschlossen. Da andererseits das Ganze der Erfahrung nicht von letzter und unbedingter Bedeutung sein kann, muß eine besondere Erfahrung oder eine besondere Qualität der Erfahrungsganzheit die Quelle der systematischen Theologie sein. Zum Beispiel: Die wertschaffenden Prozesse *(value-producing processes,* Whitehead) oder die einigenden Prozesse *(uniting processes,* Wieman) oder der Charakter der Ganzheit *(character of wholeness,* Hocking) können die eigentlich religiöse Erfahrung genannt werden. Aber wenn man das tut, muß man eine Vorstellung davon haben, was eine religiöse Erfahrung ist, sonst könnte man sie nicht in der Erfahrungsgesamtheit erkennen. Das heißt, es muß eine Art von Erfahrung vorhanden sein, ein unmittelbares Teilhaben an der religiösen Wirklichkeit, die jeder theologischen Analyse der Wirklichkeit als eines Ganzen vorausgeht. Und das ist die tatsächliche Situation. Die Erfahrungstheologen, die den ontologischen Begriff der Erfahrung benutzen, leiten ihre Theologie nicht von dieser Erfahrung ab. Sie leiten sie von ihrem Teilhaben an einer konkreten religiösen Wirklichkeit ab, von ihrer religiösen Erfahrung im mystischen Sinn von Erfahrung. Und sie versuchen, die entsprechenden Elemente in der Erfahrungsgesamtheit zu entdecken. Sie suchen eine kosmologische Bestätigung ihres persönlichen religiösen Lebens.

Trotz dieses Zirkelschlusses hat die Erfahrungstheologie dieses Typs einen entscheidenden Beitrag zur systematischen Theologie geliefert. Sie hat gezeigt, daß die religiösen Objekte nicht Objekte unter anderen sind, sondern Ausdruck einer Qualität oder Dimension unserer allgemeinen Erfahrung. In diesem Punkt stimmt die amerikanische Erfahrungstheologie mit der kontinentalen phänomenologischen

Erfahrung und systematische Theologie

Theologie überein (z. B. Rudolf Otto und Max Scheler). Wo die Frage gestellt wird: „Was bedeutet das Heilige?" an Stelle der Frage: „Existiert Gott?" sind wir in der Gedankenlinie, in der Pragmatismus und Phänomenologie übereinstimmen[1].

Die zweite Bedeutung, in der der Begriff „Erfahrung" gebraucht wird, stammt aus der experimentell nachprüfbaren Erfahrung der Naturwissenschaften. Erfahrung in diesem Sinne konstituiert eine gegliederte und geordnete Welt. Sie bezeichnet nicht das Gegebene als solches, sondern das Gegebene in seiner erkennbaren Struktur. Sie vereinigt rationale Elemente mit solchen der Perzeption und ist das Ergebnis eines niemals endenden Prozesses des Experimentierens und Prüfens. Einige der Erfahrungstheologen versuchten, diese Methode der naturwissenschaftlichen Erfahrung auf die Theologie anzuwenden, aber es gelang ihnen nicht und konnte aus zwei Gründen niemals gelingen: Erstens, der Gegenstand der Theologie (nämlich das, was uns unbedingt angeht, und seine konkreten Ausdrucksformen) ist kein Gegenstand im Gesamt der wissenschaftlichen Erfahrung. Er kann nicht entdeckt werden durch distanzierte Beobachtung oder durch Schlußfolgerungen, die aus solchen Beobachtungen abgeleitet sind. Er kann nur gefunden werden in Akten der Hingabe und des Teilhabens. Zweitens, er kann nicht durch naturwissenschaftliche Beweisverfahren geprüft werden. In diesen Methoden hält sich der prüfende Mensch außerhalb der Prüf-Situation. Und wenn dies teilweise unmöglich ist, wie z. B. in der Mikrophysik, stellt er diesen Effekt bei seinen Auswertungen in Rechnung. Der Gegenstand der Theologie kann nur verifiziert werden in Partizipation, in der sich der forschende Theologe selbst aufs Spiel setzt. Diese Aufgabe ist niemals beendet, selbst nicht in der Erfahrung eines ganzen Lebens. Ein Element des Wagnisses bleibt und macht eine experimentelle Bestätigung in Raum und Zeit unmöglich.

Dies bestätigen uns die Ergebnisse derjenigen Theologen, die den wissenschaftlichen Erfahrungsbegriff gebrauchen. Wenn eine erkenntnistheoretische Analyse der Erfahrung zu umfassenden Begriffen führt wie „kosmische Person" (*cosmic person*, Brightman) oder „kosmischer Geist" (*cosmic mind*, Boodin) oder „schöpferischer Prozeß (Wieman), so sind diese Begriffe weder „wissenschaftlich" noch theologisch. Sie sind ontologisch. Sie beschreiben nicht ein Seiendes neben anderem Seienden, sie weisen auf eine Qualität des „Seins-Selbst" hin.

---

[1] Vgl. auch meine „Religionsphilosophie" im Lehrbuch der Philosophie von Max Dessoir (Berlin, Ullstein, 1925).

Dies wird nicht durch wissenschaftliche Erfahrung erreicht, sondern durch eine Schau, in der sich wissenschaftliche und nichtwissenschaftliche Elemente verbinden. Andererseits sind diese Begriffe nicht theologisch. Gewiß können und müssen sie von der systematischen Theologie gebraucht werden. Aber „die kosmische Person" und der „schöpferische Prozeß" sind von sich aus nichts, was uns unbedingt angeht. Sie sind philosophische Möglichkeiten, aber nicht mehr. Sie sind keine religiösen Notwendigkeiten, sie sind theoretisch, nicht existentiell. Wenn sie jedoch religiöse Bedeutung beanspruchen — eine echte Möglichkeit aller ontologischen Begriffe — ist ihre wissenschaftliche Funktion aufgegeben, und sie müssen theologisch als symbolische Ausdrucksformen dessen, was uns unbedingt angeht, diskutiert werden. Keinesfalls kann die wissenschaftliche Erfahrung als solche eine Grundlage und Quelle für die systematische Theologie abgeben.

Die mystische Erfahrung oder die Erfahrung durch Partizipation ist das wahre Problem der Erfahrungstheologie. Sie wird heimlich von dem ontologischen wie dem wissenschaftlichen Begriff der Erfahrung vorausgesetzt. Ohne Erfahrung durch Partizipation würde weder das Ganze der Erfahrung noch die einzelne Erfahrung irgend etwas über das Unbedingte offenbaren können. Aber die Frage ist: Was offenbart die Erfahrung durch Partizipation? Für die Reformatoren war die Erfahrung keine Quelle der Offenbarung. Der göttliche Geist bezeugt in uns die biblische Botschaft. Neue Offenbarungen gibt der göttliche Geist nicht. Es wird nichts Neues durch die Erfahrung der Macht des göttlichen Geistes in uns vermittelt. Während dies die Auffassung der Reformatoren ist, leiten die „Schwärmer" neue Offenbarungen von der Gegenwart des göttlichen Geistes ab. Für sie ist die Erfahrung des Menschen, der den göttlichen Geist besitzt, Quelle der religiösen Wahrheit und damit der systematischen Theologie. Der Buchstabe der Bibel und die Lehren der Kirche bleiben Buchstabe und Gesetz, wenn der Geist sie nicht dem einzelnen Christen auslegt. Die Erfahrung als inspirierende Gegenwart des göttlichen Geistes ist nach dieser Auffassung letztlich Quelle der Theologie.

Die Schwärmer der Reformationszeit dachten jedoch nicht an geistliche Erfahrungen, die über die christliche Botschaft hinausgingen. Sogar wenn sie, Joachim von Floris folgend, auf ein „drittes Zeitalter" in der Geschichte der Offenbarungen hofften (das Zeitalter des Geistes), beschreiben sie dieses nicht als nachchristliche Periode. Der Geist ist der Geist des Sohnes, der über das zweite Zeitalter, und der Geist des Vaters, der über das erste Zeitalter herrscht. Die dritte Periode ist eine Umwandlung der zweiten, aber ohne Wandlung der Substanz. Das war noch die Auffassung von Schleiermacher, aber es ist nicht mehr die der heutigen Erfahrungstheologie. Die Begegnung mit den großen nichtchristlichen Religionen, der Entwicklungsgedanke, die Offenheit für das Neue, die für die Methode des Pragmatismus bezeichnend ist, hatten zur Folge, daß die Erfahrung nicht nur zur hauptsächlichsten Quelle der systematischen Theologie, sondern eine unerschöpfliche Quelle wurde, aus der immer wieder neue Wahrheiten genommen werden können. Die Offenheit für neue Erfahrungen, die selbst über die Grenzen der christlichen Erfahrungen hinausgehen, ist heute die Haltung des Erfahrungstheologen. Er fühlt sich nicht an den Zirkel gebunden, dessen Zentrum das Ereignis Jesus als der Christus ist. Natürlich arbeitet er als Theologe auch in einem Zirkel, aber in einem Zirkel, dessen Peripherie dehnbar und dessen Mitte veränderlich ist. „Offene Erfahrung" ist für diese Form der Erfahrungstheologie Quelle der systematischen Theologie.

Entgegen diesen Vorstellungen wendet sich die Neu-Orthodoxie zurück zu den Reformatoren, und der evangelische Biblizismus geht zurück zu den reformatorischen Sekten. Beide bestreiten, daß eine religiöse Erfahrung, die über den christlichen Kreis hinausgeht, eine Quelle der systematischen Theologie sein könnte, und die Neu-Orthodoxie leugnet, daß die Erfahrung überhaupt eine Quelle der systematischen Theologie werden kann.

Wenn jedoch Erfahrung als das *Medium* angesehen wird, in dem die objektiven Quellen empfangen werden, dann ergibt sich folgende Position: Die christliche Theologie ist gegründet auf dem einzigartigen Ereignis: Jesus, der Christus, das trotz seiner unendlichen Bedeutung in seiner Konkretheit die Norm für jede religiöse Erfahrung bleibt. Dieses Ereignis ist der Erfahrung vorgegeben und nicht aus ihr abgeleitet. Deshalb *empfängt* die Erfahrung, aber sie schafft nicht neu. Ihre schöpferische Kraft ist auf die Umwandlung dessen beschränkt, was sie empfängt. Aber solche Umwandlung ist nicht beabsichtigt. Der Akt der Entgegennahme beabsichtigt das Entgegennehmen und nur dies. Wenn Umwandlung beabsichtigt ist, wird die Entgegennahme Fälschung. Der systematische Theologe ist an die christliche Botschaft gebunden, die er aus anderen Quellen als aus seiner Erfahrung herleiten muß und die er unter das Kriterium der Norm stellt (siehe nächstes Kapitel). Dadurch wird jede beabsichtigte Subjektivität ausgeschlossen, jedoch gibt es der Subjektivität des Theologen jenen Einfluß, den ein Medium auf das, was vermittelt wird, hat. Das Medium färbt die Darstellung und bestimmt die Deutung dessen, was es empfängt. Zwei Extreme müssen in diesem Prozeß vermieden werden:

Der Einfluß des Mediums — die Erfahrung des Theologen — sollte nicht so klein sein, daß das Ergebnis eine Wiederholung statt einer Umwandlung ist, und er sollte nicht so groß sein, daß das Ergebnis eine Neuschöpfung statt einer Umwandlung ist. Während der erste Fehler in verschiedenen früheren Perioden der „Geschichte der Theologie" vorherrschend war, wurde der zweite Fehler deutlicher sichtbar in der Moderne. Der letzte Grund für diesen Wandel ist ein Wandel in der theologischen Lehre vom Menschen. Die religiöse Erfahrung des Menschen könnte nur dann eine unabhängige Quelle der systematischen Theologie werden, wenn der Mensch eins wäre mit der Quelle aller religiösen Erfahrung, der Kraft des göttlichen Geistes in ihm selbst. Nur wenn sein Geist und der göttliche Geist in ihm eins wären, könnte seine Erfahrung den Charakter der Offenbarung haben. Solche Einheit ist in der modernen Lehre vom Menschen vorausgesetzt. Aber wie die Reformatoren den Schwärmern gegenüber es realistisch hervorgehoben haben, ist solche Einheit keine Tatsache. Sogar der Heilige muß hören auf das, was der göttliche Geist seinem Geist sagt, denn der Heilige ist gleichzeitig ein Sünder. Es kann Offenbarung durch ihn stattfinden, wie das durch die Propheten und Apostel geschah. Aber diese Offenbarung kommt gegen ihn und zu ihm und nicht von ihm. Die Einsicht in die menschliche Situation hebt jede Theologie auf, die aus der Erfahrung eine selbständige Quelle macht statt ein abhängiges Medium der systematischen Theologie.

3. Die Norm der systematischen Theologie

Bei der Erörterung der Quellen und des Mediums der systematischen Theologie blieb die entscheidende Frage unbeantwortet — die Frage nach dem Kriterium, dem die Quellen und das Medium der Erfahrung unterworfen werden müssen. Die Notwendigkeit eines solchen Kriteriums liegt auf der Hand in Anbetracht des Ausmaßes und der Vielfalt des Materials und in Anbetracht der Unbestimmtheit der Vermittlerfunktion der Erfahrung. Die Quellen und das Medium können ein theologisches System nur dann schaffen, wenn ihre Anwendung von einer Norm bestimmt wird.

Die Frage nach der Norm der christlichen Lehre entstand in der Kirchengeschichte schon sehr früh. Sie erhielt eine materiale und eine formale Antwort. In materialer Hinsicht schuf die Kirche eine Glaubensformel, die mit dem Taufbekenntnis zu Jesus als dem Christus identisch war und die Lehrnorm enthalten sollte. In formaler Hinsicht führte sie eine Hierarchie von Autoritäten ein — Bischöfe, Konzilien, den Papst —, die die Norm gegen häretische Entstellungen schützen sollte. In den katholischen Kirchen (römisch, griechisch, anglikanisch) überwog die zweite Antwort allmählich so stark, daß das Bedürfnis nach einer materialen Norm in den Hintergrund trat. In ihnen gehört das zur christlichen Lehre, was die Kirche durch die offiziellen Autoritäten als solche erklärt. Aus diesem Grunde fehlt ein organisierendes Prinzip auch in den sonst radikal organisierten scholastischen Systemen. Aus diesem Grunde wurde auch die Tradition letztlich mit den päpstlichen Entscheidungen gleichgesetzt (Konzil von Trient), und aus diesem Grunde hatte die Bibel so wenig Einfluß auf die spätere dogmatische Entwicklung der griechischen und römischen Kirchen.

Die Frage nach der Norm wurde im Protestantismus wieder brennend in dem Augenblick, als die kirchlichen Autoritäten ihre Stellung einbüßten. Eine formale und eine materiale Norm wurden eingeführt, nicht durch bewußte Auswahl, sondern wie im Urchristentum durch die Erfordernisse der Lage. Im Namen der materialen Norm, die er mit Paulus „Rechtfertigung durch den Glauben" nannte, und kraft der Autorität der biblischen, besonders der paulinischen Botschaft, durchbrach Luther das römische System. Rechtfertigung und Bibel in gegenseitiger Abhängigkeit voneinander waren die Normen der lutherischen Reformation. Im Kalvinismus wurde die Rechtfertigung mehr und mehr durch die Prädestination ersetzt, und die gegenseitige Abhängigkeit von materialer und formaler Norm trat gegenüber einem buchstabentreuen Verständnis der biblischen Autorität zurück. Aber das Problem und die Richtung seiner Lösung blieben unverändert.

Betrachten wir die gesamte Kirchengeschichte im Hinblick auf die Formulierung der materialen Norm durch die Reformatoren, so finden wir ähnliche Normen in allen Perioden. Während die Norm für die alte griechische Kirche die Befreiung des endlichen Menschen von Tod und Irrtum durch die Inkarnation des unsterblichen Lebens und der ewigen Wahrheit war, war sie für die römische Kirche die Rettung von Schuld und Zerrissenheit durch das wirkliche und sakramentale Opfer des Gottmenschen. Für den modernen Protestantismus trat an diese Stelle das Bild des „synoptischen Jesus" als Repräsentation des persönlichen und sozialen Ideals der menschlichen Existenz, und für den jüngsten Protestantismus die prophetische Botschaft vom Reich Gottes im Alten und Neuen Testament. Diese Symbole waren unbewußt oder bewußt Kriterien für die Art und Weise, wie die systematische Theologie ihre Quellen handhabte und das Erfahrungsmedium des Theologen beurteilte.

Das Wachsen dieser Normen ist ein historischer Prozeß, der trotz vieler bewußter Entscheidungen im allgemeinen unbewußt vor sich geht. Er vollzieht sich in der Begegnung der Kirche mit der christlichen Botschaft. Diese Begegnung ist in jeder Generation eine andere, und ihre Verschiedenheit wird in den aufeinanderfolgenden Perioden der Kirchengeschichte sichtbar. Die Norm ist gewachsene Norm, die nicht absichtlich gemacht ist. Sie tritt nicht als das Werk theologischer Reflexion in Erscheinung, sondern als Frucht des geistlichen Lebens der Kirche, denn die Kirche ist die „Heimat" der systematischen Theologie. Hier allein haben die Quellen und die Normen der Theologie ihre wirkliche Existenz. Nur an diesem Ort kann Erfahrung als Medium der systematischen Theologie vorkommen. Der einsame Leser der Bibel steht keineswegs außerhalb der Kirche. Ihm ist die Bibel gegeben worden, die durch Jahrhunderte von der Kirche zusammengetragen und bewahrt wurde. Durch die Tätigkeit der Kirche oder einiger Glieder der Kirche ist sie zu ihm gekommen, er nimmt sie auf in der Auslegung der Kirche, selbst wenn diese Auslegung nur in der Übersetzung in seine eigene Sprache besteht. Die Erfahrung des systematischen Theologen ist geformt durch die von der Kirche vermittelten Quellen. Und die konkreteste und naheste Quelle ist die Kirche selbst, in der er lebt, und ihre gemeinsame Erfahrung. Die Kirche ist für den systematischen Theologen der Arbeitsplatz. Sie ist es auch dann, wenn er im Protest gegen sie lebt und arbeitet. Der Protest ist eine Form der Gemeinschaft.

Die Norm, die im vorliegenden System als Kriterium benutzt wird, kann nur mit Zögern ausgesprochen werden. Um echte Norm zu sein, darf sie nicht Privatmeinung eines Theologen sein, sondern Ausdruck einer Begegnung der Kirche mit der christlichen Botschaft. Ob dies der Fall ist, kann nicht entschieden werden, solange man in dieser Begegnung selbst steht.

Die Norm der systematischen Theologie ist nicht identisch mit dem „kritischen Prinzip aller Theologie". Dieses ist eine negative Schutzmaßnahme, die Norm muß positiv und konstruktiv sein. Das kritische Prinzip ist abstrakt. Die Norm muß konkret sein. Das kritische Prinzip wurde unter dem Zwang der apologetischen Situation formuliert, um störende gegenseitige Einflüsse von Theologie und anderen Formen des Wissens zu verhindern. Die Norm muß unter dem Druck der dogmatischen Situation im modernen Protestantismus, der durch das

Die Norm der systematischen Theologie

Fehlen einer formalen Autorität und durch die Frage nach einem materialen Prinzip charakterisiert ist, formuliert werden.

Die Normen der systematischen Theologie, die im Laufe der Kirchengeschichte wirksam geworden sind, schließen sich nicht aus, sondern unterscheiden sich durch verschiedene Akzentsetzung. Die unten angegebene Norm ist in ihrer Akzentuierung von der der Reformatoren und der der modernen liberalen Theologie verschieden, stellt aber doch den Anspruch, dieselbe Substanz zu wahren und sie in einer der gegenwärtigen Situation und der biblischen Quelle besser entsprechenden Form herauszubringen.

Es ist keine Übertreibung, wenn man sagt, der heutige Mensch erfahre seine Situation als Zerrissenheit und Zwiespalt, Selbstzerstörung, Sinnlosigkeit und Verzweiflung in allen Lebensbereichen. Diese Erfahrung kommt in der bildenden Kunst und in der Literatur zum Ausdruck; in der Existenzphilosophie wird sie begrifflich erfaßt; in politischen Spaltungen aller Art wird sie aktuell, und in der Psychologie des Unbewußten wird sie analysiert. Sie hat der Theologie ein neues Verständnis der dämonisch-tragischen Strukturen des individuellen und sozialen Lebens vermittelt. Die Frage, die aus dieser Erfahrung sich erhebt, ist nicht wie in der Reformation die Frage nach dem gnädigen Gott und der Vergebung der Sünden, noch ist es wie in der alten griechischen Kirche die Frage nach der Endlichkeit, nach Tod und Irrtum. Es ist auch nicht die Frage nach dem persönlichen religiösen Leben oder nach der Verchristlichung von Kultur und Gesellschaft. Es ist die Frage nach einer Wirklichkeit, in der die Selbstentfremdung unserer Existenz überwunden wird, nach einer Wirklichkeit der Versöhnung und Wiedervereinigung, nach schöpferischer Kraft, Sinnhaftigkeit und Hoffnung. Eine solche Wirklichkeit wollen wir das „Neue Sein" nennen. Das ist ein Ausdruck, dessen Voraussetzungen und Folgerungen nur durch das ganze hier vorliegende System erklärt werden können. Er hat seinen Ursprung in dem, was Paulus „die neue Kreatur" nennt, und bezieht sich auf die Macht dieses „Neuen Seins", den dämonischen Zwiespalt in der „alten Wirklichkeit" in Seele, Gesellschaft und Universum zu überwinden. Wenn die christliche Botschaft als die Botschaft vom „Neuen Sein" verstanden wird, enthält sie die Antwort auf die in unserer gegenwärtigen und in jeder menschlichen Situation liegenden Frage.

Aber diese Antwort genügt nicht. Sie führt sofort zu der weiteren Frage: Wo wird das Neue Sein offenbar? Die systematische Theologie gibt darauf die Antwort: in Jesus dem Christus. Auch diese Antwort hat Voraussetzungen und Folgerungen, deren Entfaltung der Hauptzweck des ganzen Systems ist. Nur so viel soll hier gesagt werden, daß diese Formel das alte christliche Taufbekenntnis zu Jesus als dem Christus aufnimmt. Er, der der Christus ist, bringt den neuen Äon, die neue Wirklichkeit. Und es ist der Mensch Jesus, der in einer paradoxen Aussage der Christus genannt wird. Ohne dieses Paradox wäre das „Neue Sein" ein bloßes Ideal, keine Wirklichkeit und daher auch keine Antwort auf die in unserer menschlichen Situation beschlossene Frage.

Die materiale Norm der systematischen Theologie, die in dem vorliegenden System benutzt und als die für die gegenwärtige apologetische Situation angemessenste Norm angesehen wird, ist das „Neue Sein in Jesus als dem Christus". Wenn sie mit dem kritischen Prinzip aller Theologie verbunden wird, kann man sagen: Die materiale Norm der heutigen systematischen Theologie ist das Neue Sein in Jesus, dem Christus, als das, was uns unbedingt angeht. Diese Norm ist das Kriterium für die Handhabung aller Quellen der systematischen Theologie.

Es ist eine Frage von äußerster Wichtigkeit, in welcher Beziehung diese Norm zur grundlegenden Quelle, zur Bibel, steht. Wenn die Bibel selbst als die Norm der systematischen Theologie bezeichnet wird, so ist damit nichts Konkretes ausgesagt, denn die Bibel ist eine Sammlung religiöser Schriften, die im Lauf der Jahrhunderte zusammengetragen und redigiert wurden. Luther war sich dieser Situation in einer Weise bewußt, die ihn über die meisten protestantischen Theologen hinaushebt. Er stellte eine materiale Norm auf, nach der die biblischen Schriften ausgelegt und gewertet werden sollten, nämlich die Botschaft von Christus oder von der Rechtfertigung durch den Glauben. Im Lichte dieser Norm deutete und beurteilte er die biblischen Schriften. Ihr normativer Wert entspricht dem Grad, in dem sie Ausdruck der Norm sind, obgleich andererseits die Norm aus ihnen abgeleitet wurde. Die Bibel kann nur deshalb die Norm der systematischen Theologie genannt werden, weil die Norm aus ihr stammt. Aber diese Herleitung aus der Bibel ist ein Akt der Begegnung zwischen Kirche und biblischer Botschaft. Die aus der Bibel hergeleitete Norm ist gleichzeitig das Kriterium für die Handhabung der Bibel durch die systematische Theologie. Das war praktisch immer das Vorgehen der Theologie. Das Alte Testament war niemals direkt normativ. Es wurde am Neuen Testament gemessen, und das Neue Testament war niemals in all seinen Teilen von gleichem Einfluß. Der Einfluß von Paulus schwand in der nachapostolischen Zeit fast vollständig. Johannes trat an seine Stelle. Je mehr das Evangelium als „neues Gesetz" verstanden wurde, um so entscheidender wurden die Katholischen Briefe und die entsprechenden synoptischen Stellen. Immer wieder brach die paulinische Auffassung durch, mehr konservativ bei Augustin, mehr revolutionär bei den Reformatoren. Ein Übergewicht der synoptischen Evangelien über Paulus und Johannes kennzeichnet den modernen Protestantismus, und in allerneuester Zeit hat das Alte Testament in einer prophetischen Deutung das Neue Testament überschattet[1]. Die Bibel als Ganzes ist niemals Norm der systematischen Theologie gewesen. Die Norm war ein aus der Bibel hergeleitetes Prinzip, das in der Begegnung von Kirche und Bibel entstanden war.

Die Frage der Kanonizität der biblischen Schriften wird von hier aus beleuchtet. Die Kirche hat den Kanon ziemlich spät abgeschlossen, und es herrscht unter den christlichen Kirchen über die Zahl der zum biblischen Kanon gehörenden Bücher keineswegs Übereinstimmung. Wenn die katholische Kirche die alttestamentlichen Apokryphen als kanonische Bücher anerkannte und die protestantischen Kirchen sie verwarfen, lag der Grund für beide Urteile in der jeweils geltenden Norm der systematischen Theologie. Luther wollte sogar noch andere Bücher als nur die Apokryphen ausscheiden. Diese Situation zeigt, daß bei der Zusammenstellung des biblischen Kanons ein Element der Unbestimmtheit herrschte. Das bestätigt eindeutig, daß man zwischen der theologischen Norm einerseits und der Bibel als grundlegender Quelle, aus der die Norm abgeleitet wurde, andererseits unterscheiden muß. Die Norm entscheidet, welche Bücher zum Kanon gehören. Sie verweist manche Bücher an den Rand (die Antilegomena der alten Kirche). Es ist der göttliche Geist, der den Kanon geschaffen hat, und wie alle Dinge des Geistes kann der Kanon nicht gesetzlich und endgültig fixiert werden. Dadurch, daß der Kanon noch unabgeschlossen ist, erhält er der christlichen Kirche die Möglichkeit, daß der göttliche Geist in ihr immer wieder durchbricht.

Die Beziehung der Bibel als *der* Quelle der systematischen Theo-

---

[1] Die biblische Begründung des vorliegenden Systems zeigt sich im Wortlaut der materialen Norm: „das Neue Sein in Jesus als dem Christus". Das bezieht sich in erster Linie auf die paulinische Lehre vom Geist. Während Barths auf Paulus zurückgehender Protest gegen die liberale Theologie mit dem reformatorischen Protest in Einklang steht und sich auf die Lehre des Paulus von der Rechtfertigung durch den Glauben stützt — eine Lehre, die als Abwehr von Irrlehren gemeint war —, beruht der Paulinismus dieses Systems auf der mehr konstruktiven Lehre des Paulus von der Neuen Schöpfung in Christo, welche die prophetisch-eschatologische Botschaft vom „Neuen Äon" mit umfaßt.

logie zu der aus ihr abgeleiteten Norm eröffnet einen neuen Aspekt für die Frage des normativen Charakters der Kirchengeschichte. Hier muß ein Weg gefunden werden zwischen der römisch-katholischen Praxis, kirchliche Entscheidungen nicht nur als Quelle, sondern auch als tatsächliche Norm der systematischen Theologie zu handhaben, und der radikal-protestantischen Praxis, die Kirchengeschichte nicht nur ihres normativen Charakters, sondern sogar ihrer Funktion als Quelle zu berauben. Letzteres wurde bereits besprochen. Der normative Charakter der Kirchengeschichte ist in der Tatsache enthalten, daß die Norm, trotz ihrer Ableitung aus der Bibel, durch eine Begegnung von Kirche und biblischer Botschaft entstanden ist. Jede Periode der Kirchengeschichte – das ergibt sich stillschweigend daraus – liefert bewußt oder unbewußt durch ihre besondere Situation ihren Beitrag zur Aufstellung einer theologischen Norm. Darüber hinaus haben kirchliche Entscheidungen jedoch keinen unmittelbar normativen Charakter. Der systematische Theologe kann durch den Hinweis auf Kirchenväter, Konzilien, Glaubensbekenntnisse usw. für die von ihm angewandten Normen noch keine zwingende Kraft beanspruchen. Die Möglichkeit eines Irrtums all dieser Instanzen muß von der protestantischen Theologie genau so radikal festgehalten werden, wie Rom in seiner Lehre von der Unfehlbarkeit des Papstes am Gegenteil festhält. Der indirekt normative Charakter der kirchlichen Entscheidungen besteht in ihrer Funktion als Warnungstafeln, die auf die Gefahren für die christliche Botschaft aufmerksam machen, Gefahren, die früher einmal durch solche Entscheidungen überwunden worden sind. Sie bedeuten für den Theologen eine sehr ernsthafte Warnung, zugleich aber positive Hilfe. Nicht aber bestimmen sie autoritär die Richtung seines Arbeitens. Er wendet seine Norm auf das kirchengeschichtliche Material an ohne Rücksicht darauf, ob sie von mehr oder weniger maßgebenden Autoritäten gebilligt worden ist.

Einen noch weniger unmittelbaren Beitrag zur Norm der systematischen Theologie liefert die Religions- und Kulturgeschichte. Der Einfluß der Religion und Kultur auf die Norm der systematischen Theologie ist nur insofern zu bemerken, als die Begegnung von Kirche und biblischer Botschaft zum Teil durch die jeweilige religiöse und kulturelle Situation bedingt ist. Einen solchen Einfluß ausschalten oder leugnen zu wollen, liegt kein Grund vor. Die systematische Theologie ist nicht selbst die Botschaft. Während die Botschaft selbst jenseits unseres Begreifens liegt und unverfügbar ist, obgleich sie uns ergreifen und über uns verfügen kann, ist ihre theologische Auslegung eine Tat der Kirche und einzelner Menschen innerhalb der Kirche. Sie ist deshalb religiös und kulturell bedingt, und selbst ihre Norm und ihr Kriterium können nicht den Anspruch erheben, von der existentiellen Situation des Menschen unabhängig zu sein. Die Versuche des Biblizismus und der Orthodoxie, eine unbedingte Theologie zu schaffen, widerspricht dem richtigen und unerläßlichen Grundprinzip der neuorthodoxen Bewegung, daß „Gott im Himmel und der Mensch auf Erden ist" — selbst dann, wenn der Mensch ein systematischer Theologe ist. Aber „auf Erden sein" bedeutet nicht nur, persönliche Unzulänglichkeiten zu besitzen, es bedeutet auch, geschichtlich bedingt zu sein. Der Versuch der neu-orthodoxen Theologen, diesem Merkmal der Endlichkeit zu entgehen, ist ein Zeichen der religiösen Arroganz, die diese Theologen gerade bekämpfen.

Da die Norm der systematischen Theologie durch Begegnung der Kirche mit der biblischen Botschaft zustande kommt, kann sie als eine Schöpfung kollektiver Erfahrung der Kirche bezeichnet werden. Ein solcher Ausdruck birgt aber eine gefährliche Zweideutigkeit. Er könnte so verstanden werden, als schaffe die kollektive Erfahrung den Inhalt der Norm. Inhalt der Norm ist aber die biblische Botschaft. Kollektive wie individuelle Erfahrungen sind die Medien, durch die die Botschaft aufgenommen, gefärbt und ausgelegt wird. Die Norm entwickelt sich im Medium der Erfahrung, ist aber zugleich Kriterium der Erfahrung. Die Norm entscheidet über das Medium, in dem sie entsteht; sie richtet das schwache, lückenhafte, verzerrte Medium der religiösen Erfahrung, obwohl nur dieses unzulängliche Medium das Existentwerden einer Norm überhaupt ermöglicht.

4. Der rationale Charakter der systematischen Theologie

Die Fragen nach der Quelle, dem Medium und der Norm der systematischen Theologie stehen in enger Beziehung zu ihrer konkret-historischen Grundlage. Trotzdem ist die systematische Theologie keine historische Disziplin (wie Schleiermacher zu Unrecht behauptet hat)[1]; sie ist eine konstruktive Aufgabe. Nicht, was die christliche Botschaft im Denken der Vergangenheit war, erfahren wir aus der systematischen Theologie; vielmehr versucht sie, uns eine Auslegung der christlichen Botschaft zu geben, die auf unsere heutige Situation zutrifft. Das ergibt eine neue Frage: Wie weit hat die systematische Theologie rationalen Charakter? Ohne Frage muß die Vernunft in

---

[1] Kurze Darstellung des theologischen Studiums zum Gebrauche für Vorlesungen (2. Auflage 1830).

konstruktiver Weise beim Aufbau eines theologischen Systems mithelfen. Dennoch bestanden und bestehen über die Rolle der Vernunft in der systematischen Theologie allerlei Zweifel und Streitfragen.

Das erste Problem erhebt sich, wenn eine angemessene Definition von „rational" gesucht wird. Eine solche Definition ist jedoch nicht möglich ohne eine ausführliche Diskussion über die Vernunft in ihren verschiedenen Strukturen und Funktionen. Da eine solche Erörterung in dieser Einleitung unmöglich ist, müssen wir die folgenden Sätze vorausschicken. Es gibt eine Art von Erkenntnis, die dem Glauben innewohnt und die qualitativ ganz verschieden ist von der Erkenntnis, die zur technisch-wissenschaftlichen Arbeit des Theologen gehört. Solche Erkenntnis ist ihrem Wesen nach existentiell. Sie ist ein Teil des Glaubenslebens auch des geistig primitivsten Gläubigen. Jeder, der am Neuen Sein teil hat, nimmt auch an seiner Wahrheit teil. Vom Theologen wird aber außerdem verlangt, daß er nicht nur am Neuen Sein teilhat, sondern auch die Wahrheit dieses Neuen Seins in einer methodischen Weise zum Ausdruck bringen kann. Das Organ, mit dem wir den Inhalt des Glaubens aufnehmen, ist die Vernunft in all ihren Funktionen. Das Erlebnis, in dem dieses geschieht, kann „Ekstase der Vernunft" genannt werden. Vernunft in Ekstase ist Vernunft, die ergriffen wird von dem, was uns unbedingt angeht. Daraus folgt, daß die Vernunft nicht die Quelle der Theologie ist. Sie erzeugt den Glaubensinhalt nicht. Sie wird von ihm überwältigt, überfallen, erschüttert, wenn er in sie einbricht. Daraus folgt weiter, daß der Versuch, mit rationalen Argumenten den Glaubensinhalt zu erzeugen, wie es z. B. in den sogenannten Beweisen für das Dasein Gottes geschah, völlig fehlgeht. Der Glaubensinhalt bricht ekstatisch in die Vernunft ein und gibt sich ihr, doch ohne ihre Struktur außer Kraft zu setzen.

Aber die Situation ist nicht so, als ob der Akt des Empfangens ein rein formaler Akt ohne irgendwelchen Einfluß auf das Empfangene wäre. Das ist keineswegs der Fall. Inhalt und Form, Geben und Empfangen stehen in stärkerer dialektischer Beziehung zueinander, als die Worte es auszudrücken scheinen. An dieser Stelle erhebt sich eine Schwierigkeit. Sie zeigte sich schon bei der Formulierung der theologischen Norm. Diese Formulierung ist eine Sache der persönlichen und gemeinschaftlichen religiösen Erfahrung und zugleich des methodischen Urteils des Theologen. Die Norm wird in einem ekstatischen Akt von der Vernunft aufgenommen und mit dem Werkzeug der Logik begrifflich formuliert. Die traditionelle sowie die neu-orthodoxe Theologie unterscheiden sich in diesem Punkt nicht. Solange es Theologie gibt, kann diese Doppelseitigkeit nicht umgangen werden, und dies ist

Der rationale Charakter der systematischen Theologie

einer der Faktoren, welche die Theologie zu einem fragwürdigen Unternehmen machen. Das Problem könnte nur dann befriedigend gelöst werden, wenn die Vernunft des Menschen in vollständiger Harmonie mit dem Glaubensinhalt stünde, wenn der Mensch in völliger Theonomie lebte, das heißt, in der Fülle des Reiches Gottes. Eine der christlichen Grundwahrheiten, die die Theologie zu bezeugen hat, besteht darin, daß die Theologie selbst, wie alles menschliche Tun, den Widersprüchen der existentiellen Situation des Menschen unterworfen ist.

Obwohl das Problem des rationalen Charakters der systematischen Theologie letztlich ungelöst bleiben muß, können einige Richtlinien aufgestellt werden. Das erste Prinzip, das den rationalen Charakter der systematischen Theologie bestimmt, ist ein semantisches[1]. Es gibt Worte, die sowohl in der philosophischen und wissenschaftlichen Terminologie als auch in der Umgangssprache gebraucht werden. Wenn der Theologe diese Worte gebraucht, kann er meist voraussetzen, daß sich ihr Inhalt auf den Sprachbereich bezieht, dem sie entstammen. Das ist aber nicht immer der Fall. Es gibt Begriffe, die Jahrhunderte lang von der Theologie beansprucht wurden, obgleich sie zur selben Zeit ihren religiösen, philosophischen oder sonstigen Sinn beibehalten haben. Diese Situation zwingt den Theologen zu *semantischer Rationalität*. Es bleibt ein Ruhmesblatt der Scholastik, daß sie der Ort einer semantischen Klärung sowohl der philosophischen als auch der theologischen Begriffe geworden war. Es ist fast immer ein Mangel und manchmal sogar eine Schande für die moderne Theologie, daß ihre Begriffe ungeklärt und doppeldeutig bleiben. Es sei jedoch bemerkt, daß der chaotische Zustand der philosophischen und wissenschaftlichen Terminologie diese Situation mehr oder weniger unvermeidbar macht.

Das Prinzip der semantischen Rationalität darf nicht mit dem Versuch, mit mathematischen Zeichen ein logisches System aufzubauen, verwechselt werden. Im Bereich des geistigen Lebens können Worte niemals auf mathematische Zeichen oder Sätze auf mathematische Gleichungen reduziert werden. Die Macht von Worten, die geistige Wirklichkeiten bezeichnen, liegt in dem, was in ihnen mitschwingt. Entfernt man diese Untertöne, so bleibt ein totes Gerippe, das in keinem Wissensbereich irgendeine Bedeutung besitzt. Die logischen Positivisten sind im Recht, wenn sie solche Worte ablehnen. Braucht die Theologie einen Ausdruck wie „Geist", so sind Begriffsinhalte

---

[1] Semantik = Lehre von der Bedeutung der Wörter und Begriffe, sie spielt vor allem in der Philosophie des logischen Positivismus eine Rolle.

darin vorhanden, die auf psychologische und philosophische Auffassungen von Geist hinweisen, auf eine magische Weltanschauung, in der Atem und Geist dasselbe sind, auf mystisch-asketische Erfahrungen des Geistes — Geist als Gegensatz zu Materie und Fleisch — und schließlich auf die religiöse Erfahrung der göttlichen, den Menschengeist ergreifenden Macht. Das Prinzip der semantischen Rationalität verlangt nicht, daß diese Untertöne beiseite gelassen werden sollen, aber es verlangt, daß der Hauptinhalt herausgearbeitet und in Beziehung zu den Nebeninhalten gesetzt wird. So muß z. B. der göttliche Geist in seiner Beziehung zum menschlichen Geist untersucht werden, der primitiv-magische Sinn ist auszuschließen, mystische Nebeninhalte sind in ihrem Verhältnis zu personalistischen zu erörtern usw.

Ein anderes Beispiel ist der Begriff: das „Neue Sein". Der Begriff „Sein" hat metaphysische und logische Bedeutungsgehalte; in bezug auf Gott als das Sein-Selbst angewendet, enthält er mystische Elemente. „Neu" in Verbindung mit „Sein" hat Anklänge an Schöpfertum, Wiedergeburt, Eschatologie. Diese Elemente sind immer gegenwärtig, wenn ein Begriff wie „Neues Sein" auftaucht. Das Prinzip der semantischen Rationalität verlangt, daß alle Bedeutungen eines Wortes ganz bewußt aufeinander bezogen und einem leitenden Zentralbegriff zugeordnet werden. Wenn das Wort „Geschichte" gebraucht wird, stehen die verschiedenen Schichten des wissenschaftlichen Begriffs des Wortes Geschichte stärker im Vordergrund als bei den beiden vorhergehenden Beispielen. Aber die spezifisch moderne Auffassung der Geschichte als eines Fortschrittes, die spezifisch prophetische Betonung Gottes als desjenigen, der durch die Geschichte handelt, und die spezifisch christliche Hervorkehrung des geschichtlichen Charakters der Offenbarung verschmelzen mit den wissenschaftlichen Bedeutungsgehalten, wo immer Geschichte in einem theologischen Zusammenhang erörtert wird. Diese Beispiele illustrieren die ungeheure Wichtigkeit des Prinzips der semantischen Rationalität für den systematischen Theologen. Sie zeigen überdies, wie schwer es ist, dies Prinzip anzuwenden — eine Schwierigkeit, die auf die Tatsache zurückgeht, daß jeder bedeutende theologische Begriff verschiedene Bedeutungsebenen durchschneidet, von denen eine jede für den theologischen Sinngehalt einen Beitrag leistet.

Die semantische Situation macht es deutlich, daß die Sprache des Theologen keine heilige oder geoffenbarte Sprache sein kann. Er kann sich nicht auf die biblische Terminologie oder die Sprache der klassischen Theologie beschränken. Er könnte philosophische Begriffe gar nicht vermeiden, auch wenn er sich nur der biblischen Worte bediente, noch weniger könnte er sie vermeiden, wenn er nur die Ausdrücke der Reformatoren benutzte. Deshalb sollte er philosophische und wissenschaftliche Begriffe benutzen, so weit sie ihm für seine Aufgabe, die Inhalte des christlichen Glaubens zu erklären, hilfreich erscheinen. Wenn er das tut, muß er zwei Dinge beachten: semantische Klarheit und existentielle Unverfälschtheit. Er muß begriffliche Zweideutigkeit vermeiden, und er muß darauf sehen, daß die christliche Botschaft nicht durch das Eindringen antichristlicher Ideen im Gewande philosophischer, wissenschaftlicher oder dichterischer Terminologie entstellt werde.

Das zweite Prinzip, das den rationalen Charakter der Theologie bestimmt, ist *logische Rationalität*. Dies Prinzip bezieht sich zu allererst auf solche Strukturen, die für jedes sinnvolle Gespräch maßgebend und in der Disziplin der Logik formuliert sind. Die Theologie ist ebenso wie jede andere Wissenschaft von der formalen Logik abhängig. Das muß sowohl gegen philosophischen wie theologischen Protest festgehalten werden.

Der philosophische Protest gegen die alles beherrschende Stellung der formalen Logik ist im Namen des dialektischen Denkens erhoben worden. In der Dialektik fordern sich Ja und Nein, Bejahung und Verneinung gegenseitig. In der formalen Logik dagegen schließen sie sich aus. Es besteht jedoch kein wirklicher Konflikt zwischen Dialektik und formaler Logik. Die Dialektik folgt der Bewegung des Denkens oder der Bewegung der Wirklichkeit durch Ja und Nein, aber sie beschreibt sie in logisch korrekten Begriffen. Derselbe Begriff wird stets im selben Sinne gebraucht, und wenn die Begriffsbedeutung sich ändert, dann beschreibt der Dialektiker die innere Notwendigkeit, die in logisch korrekter Weise vom einen Begriff zum anderen führt. Die formale Logik wird nicht verletzt, wenn Hegel die Identität von Sein und Nichtsein beschreibt, indem er die absolute Leere des reinen Seins im reflexiven Denken aufzeigt. Ebensowenig ist es ein Widerspruch zur formalen Logik, wenn im Dogma von der Trinität das göttliche Leben als eine Dreiheit in der Einheit beschrieben wird. Die Lehre von der Trinität ist keineswegs die Bestätigung des logischen Unsinns, daß $3 = 1$ und $1 = 3$ ist; vielmehr erläutert sie in dialektischen Begriffen die innere Bewegung des göttlichen Lebens als ein ewiges Trennen von sich selbst und ein Zurückkehren zu sich selbst. Von der Theologie wird nicht verlangt, daß sie sinnlose Wortkombinationen oder echte logische Widersprüche akzeptiert. Dialektisches Denken bedeutet nicht, mit der Struktur des Denkens in Konflikt zu geraten. Die hinter dem logischen System von Aristoteles und seinen Nachfolgern stehende statische Ontologie wird durch das dialektische Denken in eine dynamische Ontologie umgewandelt; das geschah in weitem Ausmaß unter dem Einfluß von voluntaristischen und historischen, aus dem christlichen Existenzverhältnis stammenden Motiven. Diese Veränderung der Ontologie eröffnet neue Ausblicke für die Aufgabe der Logik bei der Beschreibung und beim Verständnis der Denkstruktur. Sie stellt die Frage nach der Beziehung zwischen Denkstruktur und Seinsstruktur neu.

Die theologische Dialektik verletzt den Grundsatz der logischen Rationalität nicht. Ebensowenig tun das die paradoxen Aussagen in Religion und Theologie. Wenn Paulus seine Situation als Apostel und die der Christen im allgemeinen durch eine Reihe von *Paradoxen* beschreibt, so will er damit nicht etwas Unlogisches aussagen; er hat vielmehr die Absicht, den angemessenen, verständlichen und daher logischen Ausdruck für die unendlichen Spannungen christlicher Existenz zu schaffen. Wenn Paulus von dem Paradox der Rechtfertigung des Sünders (in Luthers Formulierung *simul peccator et iustus*) und Johannes von dem *logos*, der Fleisch geworden ist (was später im Paradox des Chalcedonensischen Glaubensbekenntnisses formuliert wurde), sprechen, so wollen sie sich keineswegs in logischen Widersprüchen ergehen[1]. Vielmehr wollen sie der Überzeugung Ausdruck geben, daß Gottes Handeln über alle menschlichen Erwartungen und über alle menschlichen Vorbereitungen notwendig hinausgeht. Es transzendiert die endliche Vernunft, aber es zerstört sie nicht; denn Gott handelt durch den *logos* – jene transzendente und transzendierende Quelle der Logosstruktur des Denkens und Seins. Gott macht die Äußerungen seines eigenen *logos* nicht zunichte. Der Begriff „Paradox" sollte sorgfältig abgegrenzt, und die paradoxe Sprache sollte mit Vorsicht gebraucht werden. Paradox bedeutet „entgegen der Meinung", das soll heißen, entgegen der Meinung der endlichen Vernunft. Das Paradox weist auf die Tatsache hin, daß in Gottes Handeln die endliche Vernunft überhöht, aber nicht ausgelöscht wird; es umschreibt dieses Faktum in Begriffen, die – weit davon entfernt, logische Widersprüche zu sein – über den Bereich hinausweisen sollen, in dem die endliche Vernunft anwendbar ist. Das wird dadurch deutlich, daß alle biblischen und klassisch-theologischen Paradoxe ekstatischen Zuständen entspringen. Die Verwirrung beginnt, wenn

---

[1] Es ist falsch, wenn Brunner in seinem Buch: „Der Mittler" Ablehnung der logischen Rationalität zum Kriterium der christlichen Wahrheit macht. Diese „Ablehnung" ist weder von Kierkegaard noch vom Neuen Testament gemeint.

diese Paradoxe auf die Ebene echter logischer Widersprüche herabgezogen werden, und wenn von den Menschen verlangt wird, daß sie ihre Vernunft opfern und sinnlose Wortkombinationen als göttliche Weisheit bejahen sollen. Aber das Christentum fordert von niemandem solche intellektuellen „guten Werke", ebenso wenig, wie es die „künstlichen Werke" einer praktischen Askese verlangt. Schließlich gibt es nur ein echtes Paradox in der christlichen Botschaft — die Erscheinung dessen, der die Existenz unter den Bedingungen der Existenz überwindet. Fleischwerdung, Erlösung, Rechtfertigung usw. sind in diesem paradoxen Ereignis eingeschlossen. Es ist kein logischer Widerspruch, der es zum Paradox macht, sondern die Tatsache, daß es über alle menschlichen Erwartungen und Möglichkeiten hinausgeht. Es bricht in den Erfahrungszusammenhang der Wirklichkeit, aber es kann aus ihm nicht abgeleitet werden. Das Bejahen dieses Paradoxes ist nicht das Bejahen von etwas Absurdem, sondern es ist der Zustand des Ergriffenseins durch die Macht dessen, das in unsere Erfahrung von oben hereinbricht. Das Paradox in der Religion und in der Theologie steht nicht im Widerspruch zum Prinzip der logischen Rationalität. Das Paradox hat seinen logischen Ort.

Das dritte Prinzip, das den rationalen Charakter der systematischen Theologie bestimmt, ist das Prinzip der *methodischen Rationalität*. Es besagt, daß die Theologie einer Methode zu folgen hat, d. h. einem bestimmten Weg, ihre Behauptungen abzuleiten und darzulegen. Die Art der Methode hängt von vielen nichtrationalen Faktoren ab, aber wenn sie einmal begründet ist, muß sie rational und konsequent durchgeführt werden. Die konsequente Anwendung der methodischen Rationalität führt letztlich zum theologischen System. Wenn der Titel „Systematische Theologie" zu rechtfertigen ist, so sollte der systematische Theologe das System nicht fürchten. Es ist die Funktion der systematischen Form auf allen Gebieten methodischen Wissens, den logischen Zusammenhang der Erkenntnisaussagen zu gewährleisten. In diesem Sinne ist mancher sehr leidenschaftliche Systemgegner höchst systematisch, wenn man auf die Totalität seiner Aussagen blickt. Und es kommt oft vor, daß die Feinde der systematischen Form sehr ungehalten sind, wenn sie im Denken eines anderen eine Inkonsequenz finden. Andererseits ist es leicht, auch in den ausgewogensten Systemen Sprünge zu entdecken, weil das Leben beständig durch die systematische Hülle hindurchbricht. Man könnte sagen, in jedem System wird eine fragmentarische Lebenserfahrung konstruktiv ausgezogen und auch auf die Bereiche übertragen, wo die Lebenserfahrung fehlt. Und umgekehrt: In jedem Fragment liegt ein unentwickeltes System verborgen. Hegel erbaute sein imponierendes System auf seinen Fragment gebliebenen Jugendschriften, die sich mit der Dialektik des Lebens, einschließlich der Religion und des Staates beschäftigten. Das Blut seines Systems, sowie dessen ungeheure historische Folgen beruhen auf dieser fragmentarischen Schau der Existenz. Die Linien, die er später mit Hilfe seiner logischen Mittel auszog, waren bald überholt. Nietzsches viele Fragmente scheinen sich beständig zu widersprechen. Aber in ihnen allen steckt ein System, dessen dämonische Kraft im 20. Jahrhundert offenbar wurde. In jedem Fragment liegt ein System verborgen, und ein System ist ein entfaltetes Fragment.

Die systematische Form ist häufig von drei Gesichtspunkten aus angegriffen worden. Der erste Angriff beruht auf einer Verwechslung von „System" und „deduktivem System". Die Geschichte der Naturwissenschaften, der Philosophie und der Theologie zeigt, daß ein deduktives System sehr selten versucht worden ist, ausgenommen in der Mathematik. Spinoza machte den Versuch in seiner Ethik, die er *more geometrico* aufbaute, Leibniz schwebte der nicht zur Ausführung gelangte Plan vor, eine *mathesis universalis* zu schaffen, die den ganzen Kosmos in mathematischen Begriffen beschreiben sollte. Die klassische Physik, die ihre Prinzipien auf induktivem Wege gewonnen hatte, versuchte eine deduktive Systematik, aber wieder in mathematischen Begriffen. Mit Ausnahme von Raimundus Lullus hat die Theologie niemals versucht, ein deduktives System der christlichen Wahrheit aufzubauen. Ein solcher Versuch wäre auch im Hinblick auf den existentiellen Charakter der christlichen Wahrheit ein Widerspruch in sich selbst gewesen. Ein System ist ein Ganzes aus folgerichtigen, aber nicht deduktiven Sätzen.

Der zweite Vorwurf, den man dem System macht, besteht in der Behauptung, daß es sich weiterer Forschung verschließe. Hinter diesem Vorwurf steht die heftige Reaktion der Naturwissenschaften in der zweiten Hälfte des 19. Jahrhunderts gegen die romantische Naturphilosophie. Diese Reaktion hat jetzt ihre Kraft verloren. Sie sollte unsere Haltung weder gegenüber den wissenschaftlichen Errungenschaften der Naturphilosophie (z. B. der Lehre vom Menschen und der Psychologie des Unbewußten) noch gegenüber der systematischen Form auf allen Erkenntnisgebieten bestimmen. Es ist eine historische Tatsache, daß die großen Systeme die Forschung ebenso angeregt als gehemmt haben. Das System bringt Sinn in ein Ganzes von Fakten und Überlegungen, es zeigt ihre Voraussetzungen und Konsequenzen. Aus einer solchen Gesamtschau und den Schwierigkeiten ihrer Durchführung erwachsen neue Fragen. Die positiven und negativen Folgen der systematischen Betrachtungsweise für die empirische Forschung halten sich zum mindesten die Waage.

Der dritte Grund für die Feindschaft gegenüber dem System ist weitgehend gefühlsbedingt. Das System scheint wie ein Gefängnis zu sein, in dem die schöpferische Kraft geistigen Lebens erstickt. Die Entscheidung für ein System scheint zur Folge zu haben, daß das „Abenteuer der Ideen" unmöglich gemacht wird. Die Geschichte jedoch zeigt das Gegenteil. Die großen Schulen der griechischen Philosophie brachten viele schöpferisch tätige Schüler hervor, die das System der Schule annahmen und doch zugleich die Ideen ihrer Begründer fortbildeten. Dasselbe gilt von den theologischen Schulen des 19. Jahrhunderts. Die Geschichte des menschlichen Denkens ist die Geschichte der großen Systeme gewesen und ist sie immer noch.

Die Diskussion über den systematischen Charakter der systematischen Theologie und ihrer methodischen Rationalität soll mit der Unterscheidung dreier Begriffe abgeschlossen werden. Das System steht zwischen der „Summa" und dem Essay. Die „Summa" behandelt ausführlich alle aktuellen und viele latenten Probleme. Der Essay behandelt ausdrücklich nur ein aktuelles Problem. Das System behandelt eine Gruppe aktueller Probleme, die in einer bestimmten Situation eine Lösung verlangen. Im Mittelalter stand die „Summa" im Vordergrund, obwohl keineswegs ausschließlich. Zu Beginn der Neuzeit wurde der Essay vorherrschend, obwohl die systematische Richtung niemals zu existieren aufhörte. Heute ist angesichts des Chaos unseres geistigen Lebens und der Unmöglichkeit, eine „Summa" zu schaffen, das Bedürfnis nach systematischer Form erwachsen.

5. Die Methode der Korrelation

Das Prinzip der methodischen Rationalität verlangt, daß die systematische Theologie, wie alle wissenschaftliche Erfassung der Wirklichkeit, einer Methode folgt. Eine Methode ist ein Instrument (wörtlich: ein Umweg), das seinem Gegenstand entsprechen muß. Ob eine Methode angemessen ist, kann nicht von vornherein entschieden werden, es muß sich im Erkenntnisprozeß selbst immer wieder neu herausstellen. Methode und System bestimmen sich gegenseitig. Deshalb kann keine Methode den Anspruch erheben, für jeden Gegenstand zu passen. Methoden-Imperialismus ist genau so gefährlich wie politischer Imperialismus; wie dieser bricht er zusammen, wenn die selbständigen Elemente der Wirklichkeit gegen ihn revoltieren. Eine Methode ist kein indifferentes Netz, in dem die Wirklichkeit eingefangen wird; die Methode ist vielmehr ein Element der Wirklichkeit selbst. Mindestens in einer Hinsicht ist die Beschreibung einer Methode die Beschreibung eines entscheidenden Aspektes des Gegenstandes, auf den sie angewendet wird. Die Erkenntnisbeziehung selbst, ganz abgesehen von jedem speziellen Erkenntnisakt, offenbart sowohl etwas über das Objekt als über das erkennende Subjekt. Die Erkenntnisbeziehung in der Physik enthüllt den mathematischen Charakter der Objekte in Raum und Zeit. Die Erkenntnisbeziehung in der Biologie offenbart die Gestalt und den spontanen Charakter der Objekte in Raum und Zeit. Die Erkenntnisbeziehung in der Geschichtsschreibung zeigt den individuellen und wertbezogenen Charakter der Objekte im Raum und in der Zeit. Die Erkenntnisbeziehung in der Theologie offenbart den existentiellen und transzendierenden Charakter des Grundes der Objekte in Raum und Zeit. Deshalb kann keine Methode ohne vorherige Kenntnis des Gegenstandes, auf den sie angewendet werden soll, entwickelt werden. Für die systematische Theologie bedeutet dies, daß ihre Methode von einer vorhergehenden Kenntnis des Systems, das durch diese Methode aufgebaut werden soll, hergeleitet ist.

Die systematische Theologie benutzt die *Methode der Korrelation*. Sie hat das immer getan, manchmal mehr, manchmal weniger bewußt; sie muß es bewußt und ausdrücklich tun, besonders wenn der apologetische Gesichtspunkt vorherrschen soll. Die Methode der Korrelation erklärt die Inhalte des christlichen Glaubens durch existentielles Fragen und theologisches Antworten in wechselseitiger Abhängigkeit.

Der Begriff „Korrelation" kann auf dreierlei Weise gebraucht werden. Er kann die Entsprechung verschiedener Reihen von Daten bedeuten wie etwa bei statistischen Tabellen; er kann den logischen Zusammenhang von Begriffen bezeichnen wie etwa bei polaren Beziehungen; und er kann die reale gegenseitige Abhängigkeit von Dingen oder Ereignissen in Strukturganzheiten meinen. Wenn das Wort „Korrelation" in der Theologie gebraucht wird, wird es in allen drei Bedeutungen gebraucht. Es gibt Korrelation in dem Sinne der Entsprechung zwischen religiösen Symbolen und dem, was durch sie symbolisiert wird. Es gibt Korrelation im logischen Sinne zwischen Begriffen, die sich auf menschliche Bereiche und solche, die sich auf Göttliches beziehen. Und es besteht eine reale Korrelation zwischen dem Zustand des religiösen Ergriffenseins des Menschen und dem, was ihn ergreift. Die erste Bedeutung von Korrelation bezieht sich auf das zentrale Problem der religiösen Erkenntnis. Die zweite Bedeutung von Korrelation bestimmt die Aussagen über Gott und die Welt,

z. B. die Korrelation des Unendlichen und des Endlichen. Die dritte Bedeutung von Korrelation zielt auf die Beziehung zwischen Gott und Mensch im religiösen Erlebnis[1]. Die Anwendung des korrelativen Denkens in diesem dritten Sinn hat den Protest von Theologen wie Karl Barth hervorgerufen, die fürchten, daß irgendeine Art Beziehung zwischen Gott und Mensch Gott teilweise vom Menschen abhängig machen könnte. Aber obgleich Gott in dem Abgrund seines Seins[2] vom Menschen in keiner Weise abhängt, ist Gott in seiner Selbstoffenbarung gegenüber dem Menschen abhängig von der Weise, wie der Mensch diese Offenbarung empfängt. Das gilt sogar, wenn die Lehre von der Prädestination aufrecht erhalten wird, das heißt, wenn man glaubt, daß die Aufnahme der göttlichen Selbstoffenbarung von Gott vorherbestimmt und vollständig unabhängig von der menschlichen Freiheit ist. Die Gott-Mensch-Beziehung (und somit Gott und Mensch in ihrer Bezogenheit aufeinander) ändert sich je nach den Stufen der Offenbarungsgeschichte und der persönlichen Entwicklung. Es gibt eine wechselseitige Abhängigkeit zwischen „Gott für uns" und „Wir für Gott". Gottes Zorn und Gottes Gnade sind keine Gegensätze im „Herzen" Gottes (Luther), in der Tiefe seines Seins; sie sind Gegensätze in der Beziehung Gott-Mensch. Die Gott-Mensch-Beziehung ist eine Korrelation. Die „Begegnung zwischen Gott und dem Menschen" (Emil Brunner) bedeutet etwas Reales für beide Seiten. Es ist eine reale Korrelation im Sinne der dritten Bedeutung des Begriffs.

Die Beziehung zwischen Gott und Mensch ist eine Korrelation auch nach der Seite des Erkennens. Symbolisch gesprochen heißt das: Gott antwortet auf die Fragen des Menschen, und unter dem Eindruck von Gottes Antworten stellt der Mensch seine Fragen. Die Theologie formuliert die in der menschlichen Existenz beschlossenen Fragen, und die Theologie formuliert die in der göttlichen Selbstbekundung liegenden Antworten in Richtung der Fragen, die in der menschlichen Existenz liegen. Das ist ein Zirkel, der den Menschen zu einem Punkt treibt, wo Frage und Antwort nicht mehr voneinander getrennt sind. Dieser Punkt ist jedoch kein Moment in der Zeit. Er gehört zum essentiellen Sein des Menschen, zur Einheit seiner Endlichkeit mit der Unendlichkeit, in der er geschaffen wurde und von der er getrennt ist. Sein Vermögen, nach der Unendlichkeit, zu der er gehört, zu fragen, ist ein Symptom sowohl für die essentielle Einheit als auch für

---

[1] Luther: Glaubst du, so hast du!
[2] Calvin: In seiner Wesenheit.

die existentielle Getrenntheit des endlichen Menschen von der Unendlichkeit; in der Tatsache, daß er danach fragen muß, zeigt sich, daß er davon getrennt ist.

Die im Offenbarungsereignis liegenden Antworten sind nur sinnvoll, sofern sie in Korrelation stehen mit Fragen, die das Ganze unserer Existenz betreffen, also mit existentiellen Fragen. Nur wer die Erschütterung der Vergänglichkeit erfahren hat, die Angst, in der er seiner Endlichkeit gewahr wurde, die Drohung des Nichtseins, kann verstehen, was der Gottesgedanke meint. Nur wer die tragische Zweideutigkeit unserer geschichtlichen Existenz erfahren und den Sinn des Daseins völlig in Frage gestellt hat, kann begreifen, was das Symbol des Reiches Gottes aussagen will. Die Offenbarung beantwortet Fragen, die je und je gestellt worden sind, und immer wieder gestellt werden, da wir selbst diese Fragen *sind*. Der Mensch *ist* die Frage nach sich selbst, noch ehe er irgendeine Frage gestellt hat. Deshalb ist es nicht überraschend, daß die Grundfragen sehr früh in der Geschichte der Menschheit formuliert worden sind. Das zeigt jede Analyse des mythologischen Materials[1]. Ebensowenig überrascht es, daß dieselben Fragen in der frühen Kindheit auftauchen, wie jede Beobachtung von Kindern beweist. Menschsein bedeutet: nach dem eigenen Sein fragen und unter dem Eindruck der Antworten leben, die auf diese Frage gegeben werden. Und umgekehrt bedeutet Menschsein: Antworten auf die Frage nach dem eigenen Sein erhalten und Fragen unter dem Eindruck dieser Antworten stellen.

Beim Gebrauch der Methode der Korrelation schlägt die systematische Theologie folgenden Weg ein: Sie gibt eine Analyse der menschlichen Situation, aus der die existentiellen Fragen hervorgehen, und sie zeigt, daß die Symbole der christlichen Botschaft die Antworten auf diese Fragen sind. Die Analyse der menschlichen Situation erfolgt in Begriffen, die man heute „existentiell" nennt. Solche Analysen sind viel älter als der Existentialismus; sie sind in Wahrheit so alt wie das Nachdenken des Menschen über sich selbst, und sie sind in den verschiedensten Begriffssystemen seit den Anfängen der Philosophie zum Ausdruck gebracht worden. Wenn der Mensch die Welt betrachtete, fand er sich in ihr vor als ein Teil von ihr. Aber er merkte auch, daß er in der Welt der Gegenstände fremd war und unfähig, weiter als bis zu einer bestimmten Schicht wissenschaftlich in sie einzudringen. Und dann wurde er gewahr, daß er selbst die Tür zu den tieferen Schichten der Wirklichkeit ist; in seiner eigenen Existenz hatte er den

---

[1] Vergl. H. Gunkel, Die Sagen der Genesis (1901).

einzig möglichen Zugang zum Dasein selbst[1]. Das bedeutet nicht, daß der Mensch ein zugänglicheres Material für die wissenschaftliche Forschung ist als andere Objekte. Das Gegenteil ist der Fall. Vielmehr bedeutet es, daß die unmittelbare Erfahrung des eigenen Existierens etwas über das Wesen der Existenz im allgemeinen offenbart. Jeder, der in das Wesen seiner eigenen Endlichkeit eingedrungen ist, kann die Spuren der Endlichkeit in allem Existierenden entdecken. Und er kann die in seiner Endlichkeit liegende Frage so stellen, daß sie zugleich die in der Endlichkeit überhaupt enthaltene Frage ist. Damit entwirft er noch keine Lehre vom Menschen, er gibt einer Lehre von der Existenz Ausdruck, wie er sie an sich als Mensch erfahren hat. Wenn Calvin in den einleitenden Sätzen zu seiner „Institutio" unsere Kenntnis von Gott mit unserer Kenntnis vom Menschen in Beziehung setzt, spricht er nicht von der Lehre vom Menschen als solcher und von der Lehre von Gott als solcher. Er spricht von des Menschen Elend, das die existentielle Grundlage für sein Verständnis der Ehre Gottes darstellt, und von der Ehre Gottes, die die essentielle Grundlage für das Verständnis des menschlichen Elends abgibt. Der Mensch in seiner Existenz repräsentiert die gesamte Existenz und stellt die Frage, die ihm mit seiner Existenz gegeben ist. Als solcher ist er die eine Seite der Erkenntniskorrelation, von der Calvin spricht, die andere Seite ist die göttliche Majestät. In den Einleitungssätzen seines theologischen Systems bringt Calvin das Wesen der Methode der Korrelation zum Ausdruck[2].

Die Analyse der menschlichen Situation bedient sich des Materials, das die menschliche Selbstinterpretation auf allen Kulturgebieten verfügbar gemacht hat. Die Philosophie trägt dazu bei, ebenso die Dichtkunst, die dramatische und epische Literatur, die Psychotherapie und die Soziologie. Der Theologe ordnet diesen Wissensstoff in bezug auf die von der christlichen Botschaft gegebene Antwort. Im Lichte dieser Botschaft kann er seine Existenzanalyse machen, die tiefgründiger

[1] Vergl. Augustins Lehre von der Wahrheit, die in der menschlichen Seele wohnt und sie gleichzeitig transzendiert, weiterhin die mystische Identifikation des Seinsgrunds mit dem Grunde des Selbst, den Gebrauch psychologischer Kategorien, um Ontologisches auszudrücken, bei Paracelsus, Böhme, Schelling und in der „Lebensphilosophie" von Schopenhauer bis Bergson, und Heideggers Begriff des Daseins als die Form der menschlichen Existenz und den Zugang zur Ontologie.

[2] „Das Wissen von uns selbst ist nicht nur ein Antrieb, nach Gott zu suchen, sondern vielmehr eine beachtenswerte Hilfe, ihn zu finden. Andererseits ist klar, daß kein Mensch zu der wahren Kenntnis seiner selbst vordringen kann, der nicht vorher über das Wesen Gottes nachgedacht hat und dann zur Betrachtung seiner selbst herabgestiegen ist." (Calvin, Institutio, I. Buch.)

ist als die der meisten Philosophen. Trotzdem bleibt sie eine philosophische Analyse. Existenzanalyse, einschließlich der Entfaltung der in der Existenz liegenden Fragen, ist eine philosophische Aufgabe, selbst dann, wenn sie von einem Theologen — und sei es sogar ein Reformator wie Calvin — durchgeführt wird. Der Unterschied zwischen einem Philosophen, der kein Theologe ist, und einem Theologen, der bei der Existenzanalyse als Philosoph arbeitet, besteht nur darin, daß der erste eine Analyse zu geben versucht, die Teil einer größeren philosophischen Arbeit sein soll, während der zweite die Ergebnisse seiner Analyse mit den aus dem christlichen Glauben abgeleiteten theologischen Begriffen in Beziehung zu setzen versucht. Dadurch wird aber die philosophische Arbeit des Theologen keineswegs heteronom. Als Theologe entscheidet er nicht, was philosophische Wahrheit ist, und als Philosoph enthält er sich der Meinung über die theologische Wahrheit. Aber er kann nicht umhin, die menschliche Existenz und Existenz überhaupt in einer Weise zu sehen, daß die christlichen Symbole ihm sinnvoll und verständlich erscheinen. Seine Augen sind teilweise auf das gerichtet, was ihn unbedingt angeht, wie das auch bei jedem Philosophen der Fall ist. Trotzdem ist sein Sehakt autonom, denn er wird nur von dem Gegenstand bestimmt, der ihm in seiner Erfahrung gegeben ist. Wenn er etwas sieht, erwartet er nicht, es im Lichte seiner theologischen Antwort zu sehen. Er hält an dem fest, was er gesehen hat, und formuliert seine theologische Antwort neu. Er ist sicher, daß nichts von dem, was er sieht, den Kern seiner Antwort verändern könnte, denn dieser Kern ist der Logos des Seins, wie er in Jesus als dem Christus sich kundgetan hat. Wenn dies nicht seine Voraussetzung wäre, müßte er entweder seine philosophische Integrität oder sein theologisches Anliegen opfern.

Die christliche Botschaft gibt die Antworten auf die in der menschlichen Existenz liegenden Fragen. Die Antworten liegen in dem die Grundlage des Christentums bildenden Offenbarungsgeschehen, und die systematische Theologie nimmt sie entgegen *aus* den Quellen, *durch* das Medium, *unter* der Norm. Ihr Inhalt kann nicht aus den Fragen abgeleitet werden, das heißt aus einer Analyse der menschlichen Existenz. Sie werden *in* die menschliche Existenz „hineingesprochen" von jenseits der Existenz. Sonst wären es keine Antworten, denn die Frage ist die menschliche Existenz selbst. Jedoch ist die Beziehung noch verwickelter, da es sich um eine Korrelation handelt. Es besteht eine gegenseitige Abhängigkeit von Frage und Antwort. Inhaltlich hängen die christlichen Antworten von dem Offenbarungsgeschehen ab, in dem sie sichtbar werden; formal hängen sie von der Struktur der

Fragen ab, auf die sie Antwort sein sollen. Gott ist die Antwort auf die in der menschlichen Endlichkeit beschlossene Frage. Diese Antwort kann nicht aus der Existenzanalyse hergeleitet werden. Wenn jedoch der Begriff Gott in der systematischen Theologie in Korrelation mit der in der Existenz liegenden Bedrohung durch das Nichtsein erscheint, dann muß Gott die unendliche Macht des Seins genannt werden, die der Bedrohung durch das Nichts widersteht. In der klassischen Theologie ist dies das Sein-Selbst. Wenn die Angst als das Gewahrwerden der Endlichkeit verstanden wird, dann muß Gott der unendliche Grund des Mutes genannt werden. In der klassischen Theologie ist das die universale Vorsehung. Wenn der Begriff „Reich Gottes" in Korrelation mit dem Rätsel unserer geschichtlichen Existenz erscheint, dann muß „Reich Gottes" der Sinn, die Erfüllung und die Einheit der Geschichte genannt werden. In dieser Weise wird ein Verständnis der traditionellen Symbole des Christentums erreicht, die die Macht dieser Symbole bewahrt und sie für die in unserer gegenwärtigen Existenzanalyse erarbeiteten Fragen öffnet.

Die Methode der Korrelation tritt an die Stelle von drei anderen Methoden, die die christlichen Glaubensinhalte in einer unangemessenen Weise auf die geistige Existenz des Menschen beziehen. Die erste Methode kann die supranaturalistische genannt werden, denn sie betrachtet die christliche Botschaft als eine Summe geoffenbarter Wahrheiten, die wie Fremdkörper aus einer fremden Welt in die menschliche Situation hineingefallen sind. Es besteht eigentlich keine Vermittlung zur menschlichen Situation. Diese Wahrheiten schaffen selbst eine neue Situation, noch bevor sie empfangen werden können. Um die Göttlichkeit empfangen zu können, muß der Mensch aus seinem Menschsein heraustreten. In Begriffen der klassischen Häresien könnte man sagen, die supranaturalistische Methode hat doketisch-monophysitische Züge, besonders in ihrer Bewertung der Bibel als eines Buches übernatürlicher Orakel, das die Aufnahme durch den Menschen ganz außer Acht läßt. Der Mensch kann aber Antworten auf Fragen, die er niemals gestellt hat, nicht entgegennehmen. Er hat jedoch gefragt, und er fragt immer weiter — seine Existenz selbst und jede seiner geistigen Schöpfungen stellen diese Frage —, und die christliche Botschaft ist die Antwort auf seine Fragen.

Die zweite Methode, die abgelehnt werden muß, kann „naturalistisch" oder „humanistisch" genannt werden. Sie leitet die christliche Botschaft aus dem natürlichen Zustand des Menschen ab. Sie entwickelt die Antworten aus der menschlichen Existenz heraus und vergißt, daß die menschliche Existenz die Frage ist. Ein großer Teil der liberalen Theologie in den letzten zwei Jahrhunderten war humanistisch in diesem Sinne. Sie identifizierte die existentielle Natur des Menschen mit seiner essentiellen Natur und übersah den Bruch zwischen ihnen, der sich in der Lage des Menschen, seiner Selbstentfremdung und seinem Selbstwiderspruch ausdrückt. Theologisch bedeutete dies, daß der Inhalt des christlichen Glaubens als Schöpfung der religiösen Selbstverwirklichung des Menschen im fortschreitenden Prozeß der Religionsgeschichte gedeutet wurde. Fragen und Antworten lagen auf derselben Ebene menschlichen Schaffens. Alles wurde *vom* Menschen selbst gesprochen, nichts *zum* Menschen. Die Offenbarung aber wird *zum* Menschen gesprochen, sie ist kein Monolog des Menschen mit sich selbst.

(3) Die dritte abzulehnende Methode kann „dualistisch" genannt werden, da sie einen supranaturalistischen Überbau auf einem natürlichen Unterbau errichtet. Diese Methode ist sich mehr als die anderen des Problems bewußt, um das es bei der Methode der Korrelation geht. Sie macht damit ernst, daß es trotz der unendlichen Kluft zwischen dem menschlichen Geist und Gottes Geist eine positive Beziehung zwischen beiden geben muß. Sie versucht, diese Beziehung durch Errichtung eines theologischen Lehrgebäudes, das der Mensch durch eigene Anstrengung erreichen kann, oder mit dem widerspruchsvollen Begriff der „natürlichen Offenbarung" auszudrücken. Die sogenannten „Gottesbeweise" — ein anderer terminologischer Selbstwiderspruch — sind der wichtigste Teil der natürlichen Theologie. Diese Gottesbeweise sind richtig, sofern sie die menschliche Endlichkeit und die in der Endlichkeit enthaltene Frage analysieren. Sie sind falsch, sofern sie eine Antwort aus der Frage ableiten. Diese Mischung von Wahrem und Falschem in der natürlichen Theologie erklärt, warum es immer große Philosophen und Theologen gegeben hat, die die natürliche Theologie (besonders die Gottesbeweise) angegriffen und warum andere, ihnen Gleichrangige, sie verteidigt haben. Die Methode der Korrelation löst dieses historische und systematische Rätsel, indem sie die natürliche Theologie auf die Existenzanalyse beschränkt und die supranaturalistische Theologie auf die Antworten, die auf die existenziellen Fragen gegeben werden.

6. Das theologische System

Der Aufbau des theologischen Systems ergibt sich aus der Methode der Korrelation. Die Methode der Korrelation fordert, daß jeder Teil des Systems einen Abschnitt enthält, in dem die Frage durch eine

Das theologische System

Analyse der menschlichen Existenz und der Existenz überhaupt entfaltet und einen weiteren Abschnitt, in dem die theologische Antwort auf Grund der Quellen, des Mediums und der Norm der systematischen Theologie gegeben wird. Diese Einteilung muß durchgehend aufrecht erhalten werden. Sie ist das Rückgrat im Aufbau des vorliegenden Systems.

Man könnte weiterhin an einen Abschnitt denken, der zwischen den beiden Hauptabschnitten dadurch vermittelt, daß historische, soziologische und psychologische Stoffe im Lichte sowohl der existentiellen Fragen als auch der theologischen Antworten interpretiert werden[1]. Da aber dieses Material von den Quellen der systematischen Theologie nicht in der Weise benutzt wird, wie es historisch, soziologisch oder psychologisch zusammengehört, sondern gemäß seiner Bedeutung für das systematische Ergebnis, so gehört es zur theologischen Antwort und bildet keinen Abschnitt für sich allein.

In jedem der fünf Teile des Systems, die so aufgebaut sind, daß die Struktur der Existenz mit der Struktur der christlichen Botschaft in Korrelation steht, sind die beiden Unterteile folgendermaßen aufeinander bezogen: Sofern die Existenz des Menschen den Charakter des Selbstwiderspruchs oder der Entfremdung hat, wird eine doppelte Betrachtungsweise verlangt. Die eine Seite handelt von dem, was der Mensch essentiell ist und darum sein sollte, und die andere handelt von dem, was er in seiner selbstentfremdeten Existenz tatsächlich ist und was er nicht sein sollte. Das entspricht der christlichen Unterscheidung zwischen dem Bereich der Schöpfung und dem Bereich des Falls und der Erlösung. Deshalb muß ein Teil des Systems eine Analyse der Essenz des Menschen (in Verbindung mit der Essenz von allem, was Sein hat) sowie der Frage der menschlichen Endlichkeit und der Endlichkeit überhaupt geben, und er muß die Antwort geben, die Gott heißt. Dieser Teil wird deshalb „Sein und Gott" genannt. Ein zweiter Teil des Systems muß eine Analyse der existentiellen Selbstentfremdung des Menschen (zusammen mit den selbstzerstörerischen Zügen der Existenz im allgemeinen) bringen, und er muß die Frage, die aus dieser Situation heraus entsteht, analysieren und die Antwort geben, die Christus heißt. Dieser Teil wird deshalb „Existenz und Christus" genannt. Ein dritter Teil beruht auf der Tatsache, daß die Essenz- und Existenzmerkmale Abstraktionen sind und in Wirklichkeit in der komplexen und dynamischen Einheit erscheinen, die „Leben" genannt wird. Die Macht des wesenhaften Seins ist in zweideutiger Weise in

---
[1] In früheren Entwürfen, insbesondere in den Leitsätzen zu meinen Vorlesungen, war solch ein Abschnitt immer eingefügt.

allen existentiellen Verzerrungen gegenwärtig. Das Leben, das heißt das Sein in seiner Aktualität, zeigt in allen seinen Prozessen diesen Charakter. Deshalb muß dieser Teil des Systems eine Analyse vom lebendigen Menschen (in Verbindung mit dem Leben im allgemeinen) und von der Frage der Zweideutigkeit des Lebens geben, und er muß die Antwort geben, die „göttlicher Geist" heißt. Dieser Teil heißt daher: „Das Leben und der Geist". Diese drei Teile stellen den Hauptteil der systematischen Theologie dar. Sie umfassen die christlichen Antworten auf die Fragen der Existenz. Aber aus praktischen Gründen ist es nötig, von jedem Teil etwas abzuspalten und zu einem erkenntnistheoretischen Teil zusammenzufassen. Dieser Teil des Systems muß eine Analyse der menschlichen Vernunft, insbesondere seiner erkennenden Vernunft (in Verbindung mit der rationalen Struktur der Wirklichkeit als einem Ganzen) enthalten, und er muß die Frage der Endlichkeit, der Selbstentfremdung und der Zweideutigkeit der Vernunft analysieren, und er muß die Antwort geben, die Offenbarung heißt. Deshalb wird dieser Teil „Vernunft und Offenbarung" genannt.

Endlich hat das Leben eine Dimension, die „Geschichte" heißt. Es empfiehlt sich, das Material, das sich auf die geschichtliche Seite des Lebens bezieht, von dem Teil, der vom Leben im allgemeinen handelt, abzutrennen. Das entspricht der Tatsache, daß das Symbol „Reich Gottes" von dem trinitarischen Aufbau, der die zentralen Teile bestimmt, unabhängig ist. Dieser Teil des Systems muß eine Analyse der geschichtlichen Existenz des Menschen (in Verbindung mit der Natur des Geschichtlichen überhaupt) und die Frage der Zweideutigkeit *aller* Geschichte geben, und die Antwort muß „Reich Gottes" lauten. Dieser Teil wird „Geschichte und Reich Gottes" genannt.

Es wäre am zweckmäßigsten, mit dem Teil „Sein und Gott" anzufangen, weil dieser Teil die Grundstruktur des Seins entwirft und die Antwort auf die in dieser Struktur liegenden Fragen gibt — eine Antwort, die alle anderen Antworten bestimmt —, denn Theologie ist zuallererst die Lehre von Gott. Aber verschiedene Überlegungen machen es nötig, mit dem erkenntnistheoretischen Teil „Vernunft und Offenbarung" zu beginnen. Erstens — jeder Theologe wird gefragt: Worauf gründest du deine Behauptungen, welche Kriterien, welche Beweise hast du? Daraus folgt die Notwendigkeit, eine erkenntnistheoretische Antwort an den Anfang zu setzen. Zweitens — der Begriff der Vernunft in seinen verschiedenen Bedeutungen muß geklärt werden, ehe Sätze aufgestellt werden, deren Voraussetzung ist, daß die Vernunft sich selbst transzendiert. Drittens — die Lehre von der Offenbarung muß im voraus abgehandelt werden, denn sie wird in allen Teilen des Systems als letzte Quelle der christlichen Glaubensinhalte vorausgesetzt. Aus diesen drei Gründen muß der Teil „Vernunft und Offenbarung" das System einleiten, wie aus ebenso einsichtigen Gründen der Teil „Geschichte und Reich Gottes" das System beschließen muß. Man kann es nicht vermeiden, daß in jedem Teil Elemente der anderen entweder vorausgenommen oder wiederholt werden. In gewisser Weise enthält jeder Teil das Ganze, nur von einem verschiedenen Blickpunkt aus, denn das vorliegende System ist keineswegs deduktiv. Gerade die Tatsache, daß in jedem Teil die Frage von neuem entfaltet wird, macht eine kontinuierliche Deduktion unmöglich. Offenbarung ist nicht als System gegeben. Aber Offenbarung ist auch nicht irrational. Der systematische Theologe kann daher das, was alle möglichen Systeme transzendiert, nämlich die Selbstbekundung des göttlichen Geheimnisses, in systematischer Form auslegen.

ERSTER TEIL

VERNUNFT UND OFFENBARUNG

I. DIE VERNUNFT UND DIE FRAGE NACH DER OFFENBARUNG

A

DIE STRUKTUR DER VERNUNFT

1. Die zwei Begriffe von Vernunft

Erkenntnistheorie, die Wissenschaft vom Erkennen, ist ein Teil der Ontologie, der Wissenschaft vom Sein, denn Erkenntnis ist ein Geschehen innerhalb der Totalität des Geschehens. Jede erkenntnistheoretische Aussage ist implizit ontologisch. Daher wäre es richtiger, eine Analyse der Existenz mit der Frage nach dem Sein zu beginnen als mit dem Problem der Erkenntnis. Außerdem führt dieser Ansatz die Linie der herrschenden klassischen Tradition fort. Aber es gibt Situationen, die eine entgegengesetzte Reihenfolge notwendig machen, Situationen, in denen eine ontologische Tradition zweifelhaft geworden ist und die Frage auftaucht, ob die Mittel, die diese Tradition geschaffen haben, für ihr Scheitern verantwortlich sind. Dies war die Situation des antiken Probabilismus und Skeptizismus im Hinblick auf den Streit innerhalb der philosophischen Schulen. Es war die Situation Descartes' angesichts der sich auflösenden mittelalterlichen Tradition. Es war die Situation Humes und Kants im Hinblick auf die traditionelle Metaphysik. Es ist die ständige Situation der Theologie, die immer Rechenschaft über ihre Erkenntniswege geben muß, weil sie sich radikal von allen sonstigen Erkenntniswegen zu unterscheiden scheint. Wenn auch die Erkenntnistheorie der Ontologie in den erwähnten Beispielen vorausgeht, so wäre es dennoch ein Irrtum anzunehmen, daß die Erkenntnistheorie imstande sei, die Grundlegung des philosophischen oder theologischen Systems zu geben. Selbst wenn sie den anderen Teilen des Systems vorausgeht, so ist sie doch insofern von ihnen abhängig, als sie nur entwickelt werden kann, wenn sie diese direkt und indirekt voraussetzt. Unlängst haben die Neukantianer die Abhängigkeit der Erkenntnistheorie von der Ontologie erkannt und haben so dazu beigetragen, die Hochflut der Erkenntnistheorie – das Erbe aus der zweiten Hälfte des 19. Jahrhunderts – wieder einzudämmen. Die klassische Theologie hat stets gesehen, daß eine Lehre von der Offenbarung Lehren von Gott, Mensch und Christus voraussetzt. Sie hat gewußt, daß die erkenntnistheoretische Präambel abhängig ist von dem Ganzen des theologischen Systems. Neuere Versuche, die erkenntnistheoretischen und methodischen Überlegungen zu einer selbständigen Basis für die theologische Arbeit zu machen, haben sich als vergeblich erwiesen[1]. Darum muß der systematische Theologe — wenn er mit dem erkenntnistheoretischen Teil beginnt (der Lehre von Vernunft und Offenbarung) — klar die Voraussetzungen angeben, die er sowohl hinsichtlich der Vernunft als auch hinsichtlich der Offenbarung macht.

Es gehört zu den größten Schwächen eines großen Teils des theologischen Schrifttums und der religiösen Rede, daß das Wort „Vernunft" in einer unklaren und vagen Weise verwendet wird, zuweilen in anerkennendem, zumeist aber in geringschätzigem Sinn. Man kann zwar die populäre Rede einer solchen Ungenauigkeit wegen entschuldigen (obwohl sie religiöse Gefahren hat), aber es ist unentschuldbar, wenn ein Theologe Begriffe anwendet, ohne sie definiert oder genau beschrieben zu haben. Daher ist es unerläßlich, von Anfang an genau zu definieren, in welchem Sinn der Begriff „Vernunft" gebraucht werden soll.

Man kann zwischen einem ontologischen und einem technischen Begriff der Vernunft unterscheiden. Der erste herrscht in der klassischen Tradition von Parmenides bis Hegel vor; der zweite ist — obwohl er im vorphilosophischen und im philosophischen Denken immer gegenwärtig war — seit dem Zusammenbruch des klassischen deutschen Idealismus und unter der Einwirkung des englischen Empirismus zur Vorherrschaft gelangt[2]. Nach der klassischen philosophischen Tradition ist Vernunft die Struktur des Geistes, die es ihm ermöglicht, die Wirklichkeit zu ergreifen und umzuformen. Sie ist wirksam in den theoretischen und praktischen Funktionen des menschlichen Geistes. Selbst das emotionale Leben ist nicht in sich selbst irrational. Der Eros treibt den Geist zur Wahrheit (Plato). Die Liebe zur vollkommenen Form bewegt alle Dinge (Aristoteles). In der „Apathie" der Seele offenbart der Logos seine Gegenwärtigkeit (Stoa). Die Sehnsucht nach ihrem Ursprung erhebt Seele und Geist zu der in Worten nicht zu fassenden Quelle alles Sinns (Plotin). Der *appetitus* alles Endlichen treibt es hin zum Guten selbst (Thomas von Aquino). Die „intellektuelle Liebe" eint Intellekt und Gefühl im vernünftigsten Zustand des Geistes (Spinoza). Philosophie ist „Gottesdienst", ein Denken, das zu gleicher Zeit Leben und Freude in der „absoluten Wahrheit" ist (Hegel) usw. Die

---

[1] Vgl. Einleitung.
[2] Vgl. Max Horkheimer, The Eclipse of Reason (New York and Oxford: Oxford University Press, 1947).

Die zwei Begriffe von „Vernunft"

klassische Vernunft ist der *logos*, ob er nun in einer mehr intuitiven oder mehr kritischen Weise verstanden wird. Ihre kognitive Natur ist *eine* Funktion neben anderen. Die Vernunft ist erkennend und anschauend, theoretisch und praktisch, distanziert und leidenschaftlich, subjektiv und objektiv. Die Leugnung der Vernunft im klassischen Sinn ist unmenschlich, weil dies widergöttlich ist.

Aber der ontologische Begriff der Vernunft ist vom technischen Begriff der Vernunft nicht zu trennen, weil er ihn mitumfaßt. Trotzdem wird der ontologische Begriff zuweilen durch den technischen ersetzt. Die Vernunft wird dann auf die Fähigkeit des Berechnens und Argumentierens beschränkt. Nur die kognitive Funktion des klassischen Vernunftsbegriffs bleibt übrig und in ihr nur diejenigen Erkenntnisakte, die es mit der Entdeckung von Mitteln für Ziele zu tun haben. Während die Vernunft im Sinne des *logos* das Ziel aufzeigt und erst in zweiter Linie die Mittel, zeigt die Vernunft im technischen Sinn die Mittel auf, während sie von den Zielen annimmt, daß sie von „woandersher" gegeben sind. Das ist ungefährlich, solange die technische Vernunft mit der ontologischen Vernunft Hand in Hand geht und die technische Vernunft so gebraucht wird, daß sie die Forderungen der ontologischen Vernunft erfüllt. Diese Situation beherrschte die meisten vorphilosophischen und philosophischen Perioden der menschlichen Geschichte, obwohl immer die Gefahr bestand, daß die technische Vernunft sich von der ontologischen Vernunft ablöste. Seit der Mitte des 19. Jahrhunderts ist diese Gefahr zu einer beherrschenden Wirklichkeit geworden. Die Folge davon ist, daß die Ziele durch nichtrationale Kräfte entworfen werden, entweder durch gegebene Traditionen oder durch Willkürentscheidungen, die dem Machtwillen dienen. Die ontologische Vernunft hat aufgehört, ihre kontrollierende Funktion über Normen und Ziele auszuüben. Gleichzeitig wurden die nicht erkenntnismäßigen Seiten der Vernunft in die Belanglosigkeit bloßer Subjektivität verwiesen. In einigen Formen des logischen Positivismus weigert sich der Philosoph sogar, irgend etwas zu „verstehen", was die technische Vernunft überschreitet, und macht so seine Philosophie für Fragen von existentieller Bedeutung völlig irrelevant. Die technische Vernunft mag in logischer und methodischer Hinsicht noch so durchgebildet sein — wenn sie jedoch von der ontologischen Vernunft getrennt wird, entmenschlicht sie den Menschen. Und darüber hinaus verarmt die technische Vernunft, wenn sie nicht ständig von der ontologischen Vernunft genährt wird. Sogar der Mittel-Ziel-Struktur der technischen Vernunft liegen Einsichten in das Wesen der Dinge zugrunde, die selber nicht von der technischen Vernunft erfaßt werden können. Weder Gestaltprozesse noch Werte, noch Sinngehalte können ohne die ontologische Vernunft erfaßt werden. Die technische Vernunft reduziert sie auf etwas, das weniger ist als ihre wahre Realität. Natürlich kennt man manche Aspekte der menschlichen Natur durch Analyse der physiologischen und psychologischen Prozesse, und man kann die gefundenen Elemente benutzen, um den Menschen wie einen technischen Gegenstand zu kontrollieren. Behauptet man jedoch, auf diese Weise den Menschen zu erkennen, verfehlt man nicht nur sein Wesen, sondern auch entscheidende Wahrheiten über den Menschen innerhalb der Mittel-Ziel-Beziehung. Das gilt für jeden Bereich der Wirklichkeit. Die technische Vernunft hat immer eine wichtige Funktion, selbst in der systematischen Theologie. Aber die technische Vernunft ist nur als *ein* Element der ontologischen Vernunft und als ihr Mitarbeiter adäquat und sinnvoll. Die Theologie braucht sich nicht für oder gegen eine dieser beiden Vernunftbegriffe zu entscheiden. Sie gebraucht die Methoden der technischen Vernunft, die Mittel-Ziel-Beziehung, indem sie ein folgerichtiges, logisch sauberes Denkgebäude errichtet. Sie akzeptiert die Verfeinerung der Erkenntnismethoden, deren sich die technische Vernunft bedient. Aber sie lehnt die Verwechslung der technischen mit der ontologischen Vernunft ab. So z. B. darf die Theologie sich nicht von der technischen Vernunft unterstützen lassen, indem sie die Existenz eines Gottes zu beweisen sucht. Ein solcher Gott würde zur Mittel-Ziel-Beziehung gehören. Er wäre weniger als Gott. Andererseits wird die Theologie nicht erschüttert durch die Angriffe auf die christliche Botschaft, die von der technischen Vernunft her geschehen, denn diese Angriffe erreichen nicht die Ebene der Religion. Sie können den Aberglauben zerstören, aber den Glauben berühren sie nicht einmal. Die Theologie ist dankbar (oder sollte es sein) für die kritische Tätigkeit der technischen Vernunft, die aufzeigt, daß es ein solches „Ding" wie Gott innerhalb des Zusammenhangs der Mittel-Ziel-Beziehungen nicht gibt. Religiöse Objekte, die im Denkbereich der technischen Vernunft behandelt werden, sind Objekte des Aberglaubens und unterliegen damit vernichtender Kritik. Wo immer die technische Vernunft herrscht, ist Religion Aberglaube und wird entweder fälschlicherweise von der technischen Vernunft unterstützt oder mit Recht von ihr abgeschafft.

Obwohl die Theologie sich beständig bei ihrer systematischen Arbeit der technischen Vernunft bedient, so bleibt trotzdem die Frage ihrer Beziehung zur ontologischen Vernunft bestehen. Die traditionelle Frage der Beziehung der Vernunft zur Offenbarung sollte nicht auf der Ebene der technischen Vernunft erörtert werden, wo sie kein echtes

Problem darstellt, sondern auf der Ebene der ontologischen Vernunft, der Vernunft im Sinne des *logos*. Die technische Vernunft ist ein Werkzeug und kann wie jedes Werkzeug mehr oder weniger vollkommen sein und mehr oder weniger geschickt gebraucht werden. Aber in keinem Falle wird ein existentielles Problem aufgeworfen oder gelöst. Völlig anders liegen die Dinge hinsichtlich der ontologischen Vernunft. Es war der Fehler der idealistischen Philosophie, daß sie die Offenbarung mit der ontologischen Vernunft identifiziert hat, während sie den Anspruch der technischen Vernunft verwarf. Dies ist das eigentliche Wesen der idealistischen Religionsphilosophie. Im Gegensatz zum Idealismus muß die Theologie einerseits zeigen, daß die ontologische Vernunft als universaler *logos* des Seins dem Inhalt der Offenbarung nicht widerspricht. Sie muß andererseits darauf hinweisen, daß die Vernunft der Endlichkeit und der Entfremdung unterworfen ist. Im Zustand der Entfremdung ist sie von den zerstörerischen Strukturen der Existenz sowie von den heilenden Strukturen des Lebens abhängig. Auch sie kann teilnehmen an dem Neuen Sein. Ihre Erfüllung ist nicht eine Sache der Technik, sondern der „Erlösung". Daraus folgt, daß der Theologe die Vernunft von verschiedenen Gesichtspunkten aus betrachten muß. In der Theologie muß man nicht nur die ontologische von der technischen Vernunft unterscheiden, sondern auch die ontologische Vernunft in ihrer essentiellen Vollkommenheit von ihrer entfremdeten Form. Das religiöse Urteil z. B., daß die Vernunft „blind" sei, bezieht sich weder auf die technische Vernunft, die die meisten Dinge innerhalb ihres eigenen Bereiches sehr wohl sehen kann, noch auf die ontologische Vernunft in ihrer essentiellen Vollkommenheit, sondern es bezieht sich auf die Vernunft unter den Bedingungen der Existenz[1]. Und das Urteil, daß die Vernunft schwach sei, teilweise von der Blindheit befreit, teilweise in ihr verhaftet, bezieht sich auf die Vernunft im Leben und in der Geschichte. Werden diese Unterscheidungen nicht gemacht, so ist jede Aussage über die Vernunft ungenau und in gefährlicher Weise zweideutig.

2. Subjektive und objektive Vernunft

Die ontologische Vernunft kann definiert werden als die Struktur des Geistes, die ihn fähig macht, die Wirklichkeit zu ergreifen und umzugestalten. Seit Parmenides war es die Überzeugung aller Philosophen,

---

[1] Vgl. den platonischen Mythos von der Seele in ihrem ursprünglichen Zustand, die die „Ideen" oder ewigen Wesenheiten schaut.

daß der *logos,* das Wort, das die Wirklichkeit ergreift und umgestaltet, dies nur tun kann, weil die Wirklichkeit selber den Charakter des *logos* hat. Es hat sehr verschiedene Deutungen gegeben für die Beziehung zwischen der Logosstruktur des ergreifenden und umgestaltenden Selbst und der Logosstruktur der ergriffenen und umgestalteten Welt. Aber die Notwendigkeit, diese Beziehung zu erklären, ist fast widerspruchslos anerkannt worden. In der klassischen Beschreibung der Art und Weise, wie die subjektive und die objektive Vernunft — die rationale Struktur des Geistes und die rationale Struktur der Wirklichkeit — aufeinander bezogen sind, finden sich vier Haupttypen. Der erste Typus hält die subjektive Vernunft für eine Wirkung des Ganzen der Wirklichkeit auf einen ihrer Teile, nämlich auf den Geist. Er setzt voraus, daß die Wirklichkeit die Macht hat, einen vernünftigen Geist hervorzubringen, durch den sie sich selbst ergreifen und umgestalten kann. Diesen Standpunkt nimmt der Realismus ein, sei er nun naiv, kritisch oder dogmatisch, und er tut dies oft, ohne seine Grundvoraussetzung zu erkennen. Der zweite Typus betrachtet die objektive Vernunft als eine Schöpfung der subjektiven Vernunft auf der Grundlage einer unstrukturierten Materie, in der sie sich selbst verwirklicht. Diese Voraussetzung macht der Idealismus, ob eingeschränkt wie in der antiken Philosophie oder uneingeschränkt wie in der modernen Philosophie, und er tut dies oft, ohne die Tatsache zu erklären, wieso die Materie die rationalen Formen in sich aufnehmen kann. Der dritte Typus bejaht die ontologische Unabhängigkeit und zugleich die gegenseitige Abhängigkeit der subjektiven und der objektiven Vernunft und weist auf die gegenseitige Erfüllung der einen in der anderen hin. Dieser Standpunkt wird sowohl vom metaphysischen wie vom erkenntnistheoretischen Dualismus und Pluralismus vertreten, oft ohne die Frage nach einer zugrundeliegenden Einheit zwischen der subjektiven und der objektiven Vernunft zu stellen. Der vierte Typus spricht von einer zugrundeliegenden Identität, die sich in der rationalen Struktur der Wirklichkeit ausdrückt. Diese Auffassung wird vom Monismus vertreten, ob er die Identität nun als Sein oder als Erfahrung (Pragmatismus) beschreibt, oft ohne den Unterschied zwischen subjektiver und objektiver Vernunft zu erklären.

Der Theologe braucht über den Wahrheitsgrad dieser vier Typen keine Entscheidung zu treffen. Hingegen muß er, wenn er den Vernunftbegriff gebraucht, ihre gemeinsamen Voraussetzungen beachten. Indirekt haben die Theologen das immer getan. Sie haben von der Schöpfung durch den *logos* gesprochen oder von der geistigen Gegenwart Gottes in allem Wirklichen. Sie haben den Menschen wegen seiner vernünftigen Struktur das Ebenbild Gottes genannt und haben ihm die Aufgabe gestellt, die Welt zu ergreifen und umzugestalten.

Die subjektive Vernunft ist die Struktur des Geistes, die ihn befähigt, die Wirklichkeit auf Grund einer ihm entsprechenden Struktur der Wirklichkeit zu ergreifen und umzugestalten (wie diese Entsprechung auch immer erklärt werden mag). Das in dieser Definition gemeinte „Ergreifen" und „Umgestalten" gründet sich auf die Tatsache, daß sich die subjektive Vernunft immer in einem individuellen Selbst verwirklicht, das bezogen ist auf seine Umgebung und seine Welt in der Form des Empfangens und Reagierens. Der Geist empfängt und reagiert. Im rationalen Empfangen ergreift der Geist seine Welt, im rationalen Reagieren gestaltet der Geist seine Welt um. „Ergreifen" hat in diesem Zusammenhang die Bedeutung von in die Tiefe eindringen in die essentielle Natur eines Dinges oder eines Geschehens, es verstehen und ausdrücken. „Umgestalten" hat in diesem Zusammenhang die Bedeutung von Umwandlung eines vorgegebenen Materials in eine Struktur, die die Fähigkeit hat zu „sein".

Die ergreifende und die umgestaltende Seite der Vernunft schließen sich nicht aus. Jeder Akt rationalen Empfangens enthält einen Akt der Umgestaltung, und in jedem Akt vernünftigen Reagierens liegt zugleich ein Akt des Ergreifens. Wir formen die Wirklichkeit dementsprechend um, wie wir sie sehen, und wir sehen die Wirklichkeit so, wie wir sie umformen. Das Ergreifen und das Umgestalten der Welt hängen zusammen. Im Bereich der Erkenntnis bringt das 4. Evangelium das klar zum Ausdruck, wenn es davon spricht, daß die Wahrheit erkannt wird, indem sie getan wird[4]. Nur im handelnden Verwirklichen des Wahren manifestiert sich die Wahrheit. In ähnlicher Weise hat Karl Marx jede Theorie, die sich nicht auf den Willen gründet, die Wirklichkeit zu verwandeln, eine „Ideologie" genannt, d. h. einen Versuch, bestehende Übel durch eine theoretische Konstruktion, die sie rechtfertigt, zu erhalten. Das instrumentalistische Denken verdankt seinen Einfluß auf unsere Zeit weithin seiner Wertschätzung der Einheit von Handeln und Erkennen.

Während die kognitive Funktion der Vernunft einer besonderen Erörterung bedarf, ermöglicht das bereits Gesagte einen Überblick über das ganze Feld der ontologischen Vernunft. Auf beiden Seiten der Vernunft, der des Ergreifens und der des Umgestaltens, wird eine fundamentale Polarität sichtbar. Das beruht auf der Tatsache, daß in jedem rationalen Akt entweder ein emotionales oder ein formales

---

[1] Joh. 3, 21.

Element vorherrschend ist. Auf der empfangenden Seite der Vernunft finden wir eine Polarität zwischen der kognitiven und ästhetischen Funktion, und auf der reagierenden Seite der Vernunft finden wir eine Polarität zwischen der ordnenden und der gemeinschaftsbildenden Funktion. Aber diese Beschreibung des Vernunftfeldes ist nur eine vorläufige. Jede der genannten vier Funktionen enthält Übergangsstufen zu ihrem Gegenpol. Die Musik steht der kognitiven Funktion ferner als der Roman, und die technische Wissenschaft steht der ästhetischen Funktion ferner als die Biographie oder die Ontologie. Die persönliche Gemeinschaft steht der ordnenden Funktion ferner als die nationale Gemeinschaft, und das Handelsrecht steht der gemeinschaftsbildenden Funktion ferner als der Staat. Es wäre verfehlt, ein statisches System der Vernunftschöpfungen des menschlichen Geistes zu konstruieren. Es gibt zwischen ihnen keine scharfen Grenzen, und es gibt in ihrem Werden und in ihren Beziehungen viel historische Wandlung. Aber sie alle sind Schöpfungen der ontologischen Vernunft, und die Tatsache, daß in einigen von ihnen das emotionale Element entscheidender ist als in anderen, macht sie nicht weniger rational. Die Musik ist nicht weniger rational als die Mathematik, aber das emotionale Element in der Musik eröffnet eine Dimension der Wirklichkeit, die der Mathematik verschlossen ist. Gemeinschaft ist nicht weniger rational als Recht, aber das emotionale Element in der Gemeinschaft eröffnet eine Dimension der Wirklichkeit, die dem Recht verschlossen ist. Es gibt eine mathematische Qualität in der Musik und eine juristische Qualität in allen Gemeinschaftsbeziehungen, aber das ist nicht ihr Wesen. Sie haben ihre eigenen rationalen Strukturen. Das ist der Sinn von Pascals Worten: „Le cœur a ses raisons, que la raison ne connaît point[1]." Hier wird das Wort „raison" in einem doppelten Sinn gebraucht, einmal im Sinne der ästhetischen und gemeinschaftsbildenden Funktion der Vernunft und einmal im Sinne des technischen Begriffs der Vernunft.

Die subjektive Vernunft ist die rationale Struktur des Geistes, während die objektive Vernunft die rationale Struktur der Wirklichkeit ist, die der Geist ergreifen und derentsprechend er die Wirklichkeit umgestalten kann. Die Vernunft im Philosophen ergreift die Vernunft in der Natur. Die Vernunft im Künstler ergreift den Sinngehalt der Dinge. Die Vernunft im Gesetzgeber formt die Gesellschaft nach den Strukturen des sozialen Gleichgewichts. Die Vernunft in den Führern einer Gemeinschaft formt das Gemeinschaftsleben nach der Struktur

---

[1] Blaise Pascal, Pensées, 89 (nach der deutschen Ausgabe von W. Rüttenauer).

des organischen Aufbaus. Die subjektive Vernunft ist rational, insofern sie die rationale Struktur der Wirklichkeit im doppelten Prozeß von Empfangen und Reagieren zum Ausdruck bringt. Diese Relation zwischen subjektiver und objektiver Vernunft ist nichts Statisches, ganz gleich, ob sie ontologisch oder erkenntnistheoretisch beschrieben wird. Wie das Sein-Selbst, so verbindet auch die Vernunft in unauflöslicher Einheit dynamische mit statischen Elementen. Das gilt nicht nur für die subjektive, sondern auch für die objektive Vernunft. Sowohl die rationale Struktur des Geistes als auch die rationale Struktur der Wirklichkeit besitzen Dauer in der Verwandlung und wandeln sich in der Dauer. Daher besteht das Problem der aktuellen Vernunft nicht nur darin, Irrtümer und Fehler beim Ergreifen und Umgestalten der Wirklichkeit zu vermeiden, sondern auch darin, die dynamischen Kräfte der Vernunft in jedem Akt der subjektiven Vernunft wirksam werden zu lassen und in jeder Schöpfung der objektiven Vernunft wiederzufinden. Die Gefahr dieser Situation ist die, daß die Dynamik der schöpferischen Vernunft mit den Verzerrungen der Vernunft in der Existenz verwechselt wird. Das dynamische Element der Vernunft zwingt den Geist, dieses Wagnis auf sich zu nehmen. In jedem rationalen Akt sind drei Elemente enthalten: das statische Element der Vernunft, das dynamische Element der Vernunft und die existentielle Verzerrung von beiden. Daher kann es vorkommen, daß der Geist etwas als ein statisches Element der Vernunft verteidigt, was eine Verzerrung von ihr ist, oder etwas als verzerrt angreift, was ein dynamisches Element der Vernunft ist. Die akademische Kunst verteidigt das statische Element der ästhetischen Vernunft, aber manche Formen akademischer Kunst sind eine Verzerrung dessen, was einst schöpferisch und neu war und was seinerseits in seinen Anfängen als eine Verzerrung früherer akademischer Ideale angegriffen wurde. Der soziale Konservativismus ist eine Verzerrung von etwas, das einst Schöpfung war und was, als es einst sichtbar wurde, als eine Verzerrung früherer konservativer Ideale angegriffen wurde. Diese Gefahren können in keinem Prozeß der aktuellen Vernunft vermieden werden, weder im Geistigen noch in der Wirklichkeit.

Nunmehr muß die Frage nach dem Sinn des dynamischen Elements in der objektiven Vernunft gestellt werden. Es ist ein Problem, ob man von einem sich wandelnden Element innerhalb der Struktur der Wirklichkeit sprechen kann. Niemand wird bezweifeln, daß die Wirklichkeit dem Wandel unterworfen ist, aber es ist ein weitverbreiteter Glaube, daß Veränderung nur möglich ist, weil die Struktur der Wirklichkeit unveränderlich ist. Wenn das so wäre, dann wäre die rationale Struktur des Geistes selber unveränderlich, und der Vernunftprozeß hätte nur zwei Elemente — das statische Element und das Element der Verzerrung. Wenn nur die subjektive Vernunft dynamisch wäre, dann müßte man das dynamische Element der Vernunft überhaupt fallen lassen. Die objektive Vernunft schafft in der Wirklichkeit Strukturen des Seins. Sowohl das Leben als auch der Geist sind schöpferisch, aber nur diejenigen Dinge sind lebensfähig, die eine vernünftige Struktur enthalten. Lebende Wesen sind erfolgreiche Versuche der Natur, sich selbst in Übereinstimmung mit den Forderungen der objektiven Vernunft zu aktualisieren. Wenn sich die Natur diesen Forderungen nicht unterwirft, so sind ihre Produkte erfolglose Experimente. Das gleiche gilt von Rechtsformen und sozialen Beziehungen. Neue Schöpfungen innerhalb eines historischen Prozesses sind Versuche, die nur dann von Erfolg sein können, wenn sie den Forderungen der objektiven Vernunft genügen. Weder in der Natur noch in der Geschichte kann sich etwas am Leben erhalten, das der Vernunft widerspricht. Das Neue und das Alte in der Geschichte und in der Natur sind durch die Dynamik der objektiven Vernunft miteinander verbunden. Das Neue zerbricht nicht die vernünftige Struktur. Es kann das nicht tun, weil die objektive Vernunft der *logos* des Seins ist.

3. Die Tiefe der Vernunft

Tiefe der Vernunft bezeichnet etwas, das nicht selbst Vernunft ist, sondern ihr zugrundeliegt und durch sie offenbar wird. Sowohl in ihren objektiven als auch in ihren subjektiven Strukturen weist die Vernunft auf etwas hin, das in diesen Strukturen erscheint, das sie aber in Macht und Sinn übersteigt. Es ist kein anderes Gebiet der Vernunft, das entdeckt und zum Ausdruck gebracht werden könnte, sondern es ist das, was in jedem Akt der Vernunft zum Ausdruck kommt. Man könnte es die „Substanz" nennen, die in der Vernunftstruktur sichtbar wird, oder das „Sein-Selbst", das im *logos* des Seins offenbar wird, oder den „Grund", der in jeder Vernunftschöpfung schöpferisch ist, oder den „Abgrund", der durch keine Schöpfung, auch nicht durch ihre Totalität, ausschöpfbar ist, oder die „unendliche Potentialität von Sein und Sinn", die in die rationalen Strukturen des Seins und der Wirklichkeit eingeht, sie verwirklicht und umwandelt. Alle diese Begriffe, die auf das hinweisen, was der Vernunft zugrundeliegt, haben metaphorischen Charakter. (Das Wort „zugrundeliegen" ist selbst metaphorisch.) Das ist notwendig so, denn, wenn die

Begriffe in ihrem eigentlichen Sinn gebraucht würden, so gehörten sie zur Vernunft und träfen nicht das, was der Vernunft zugrundeliegt.

Während die Tiefe der Vernunft nur metaphorisch beschrieben werden kann, kann der Begriff selbst auf die verschiedenen Gebiete, in denen sich die Vernunft verwirklicht, angewandt werden. Im Erkenntnisbereich ist die Tiefe der Vernunft ihre Eigenschaft, durch die relativen Wahrheiten jedes Erkenntnisgebiets hindurch auf die Wahrheit selbst hinzuweisen, nämlich auf die unendliche Macht des Seins und auf das unbedingt Wirkliche. Im ästhetischen Bereich ist die Tiefe der Vernunft ihre Eigenschaft, durch jede Schöpfung der ästhetischen Einbildungskraft hindurch auf die Schönheit selbst hinzuweisen, nämlich auf einen unendlichen Sinn und eine höchste Bedeutung. Im Bereich des Rechts ist die Tiefe der Vernunft ihre Eigenschaft, durch jede Gestalt verwirklichter Gerechtigkeit hindurch auf die Gerechtigkeit selbst hinzuweisen, nämlich auf unendlichen Ernst und unbedingte Würde. Im Bereich der Gemeinschaft ist die Tiefe der Vernunft ihre Eigenschaft, durch jede Form wirklicher Liebe hindurch auf die Liebe selbst hinzuweisen, nämlich auf eine unendliche Fülle und eine letzte Einheit. Diese Dimension der Vernunft, die Tiefendimension, ist das Essentielle aller Vernunftfunktionen. Es ist ihre eigene Tiefe, die sie unerschöpflich macht und ihnen Größe gibt.

Die Tiefe der Vernunft ist dasjenige ihrer Merkmale, das zwei Funktionen des menschlichen Geistes erklärt: Mythos und Kultus, deren Vernunftcharakter weder bejaht noch verneint werden kann, weil Mythos und Kultus eine selbständige Struktur aufweisen, die weder auf andere Funktionen der Vernunft zurückgeführt, noch von vorrationalen psychologischen oder soziologischen Elementen abgeleitet werden kann. Weder ist der Mythos primitive Wissenschaft, noch der Kultus primitive Ethik. Ihr Gehalt offenbart in gleicher Weise wie das Verhalten der Menschen ihnen gegenüber, Elemente, die sowohl Wissenschaft wie Moral übersteigen, die auf das hinweisen, was uns unbedingt angeht. Diese Elemente sind im Grunde jedes rationalen Aktes enthalten, so daß sie im Prinzip keinen speziellen Ausdruck verlangen. In jedem Akt des Ergreifens der Wahrheit ist die Wahrheit selbst ergriffen, und in jedem Akt verwandelnder Liebe ist die Liebe selbst am Werk. Die Tiefe der Vernunft ist essentiell in der Vernunft offenbar. Aber unter den Bedingungen der Existenz ist sie in der Vernunft verborgen. Deshalb drückt sich die Vernunft unter den Bedingungen der Existenz im Mythos und Kultus aus. Es dürfte weder Mythos noch Kultus geben. Sie widersprechen der essentiellen Vernunft. Sie zeigen schon durch ihr Dasein den „gefallenen" Zustand einer Vernunft, die die unmittelbare Einheit mit ihrer eigenen Tiefe verloren hat. Die Vernunft drückt sich nur in ihrer eigenen Oberfläche aus und schneidet sich von ihrem eigenen Grund und Abgrund ab. Christentum und Aufklärung stimmen darin überein, daß es weder Mythos noch Kultus geben sollte, aber sie tun es von verschiedenen Voraussetzungen aus. Das Christentum hat die Vorstellung von einem Zustand ohne Mythos und Kultus, potentiell im „Anfang", aktuell am „Ende", fragmentarisch und vorwegnehmend im Fluß der Zeit. Die Aufklärung sieht das Ende von Mythos und Kultus in einer neuen Zukunft, wenn die Vernunfterkenntnis den Mythos besiegt und die Vernunftethik den Kultus erobert hat. Aufklärung und Rationalismus verwechseln den essentiellen Charakter der Vernunft mit dem Zustand der Vernunft in der Existenz. Ihrer essentiellen Natur nach ist die Vernunft in jedem ihrer Akte und Prozesse auf ihre eigene Tiefe hin transparent. In der Existenz ist diese Transparenz undurchsichtig und wird durch Mythos und Kultus ersetzt. Mythos und Kultus sind im höchsten Maße zweideutig. Daß unzählige Theorien sie definieren, erklären und wegerklären, ist ein Zeichen für diese Situation. Wenn wir die rein negativen Theorien außer Acht lassen, die zumeist psychologische und soziologische Erklärungen bieten und Konsequenzen des rationalistischen Verständnisses der Vernunft sind, werden wir zu folgender Alternative gedrängt: Entweder sind Mythos und Kultus besondere Bereiche der Vernunft neben anderen, oder sie stellen die Tiefe der Vernunft in symbolischen Formen dar. Faßt man sie als besondere Vernunftfunktionen auf, die zu den anderen hinzukommen, so befinden sie sich in einem nie endenden und unauflöslichen Konflikt mit den anderen Funktionen. Sie werden von ihnen verschlungen, indem sie in die Kategorien der irrationalen Gefühle eingeordnet oder für heteronome und destruktive Fremdkörper innerhalb der Vernunftstruktur gehalten werden. Wenn dagegen Mythos und Kultus als Ausdruck der Tiefe der Vernunft in metaphorischer Form aufgefaßt werden, dann liegen sie in einer Dimension, in der kein Eingriff in die eigentlichen Vernunftfunktionen möglich ist. Wo immer das ontologische Verständnis der Vernunft angenommen und die Tiefe der Vernunft verstanden wird, da fallen die Konflikte zwischen Mythos und Wissenschaft, zwischen Kultus und Ethik fort. Die Offenbarung zerstört nicht die Vernunft, vielmehr stellt die Vernunft selbst die Frage nach der Offenbarung.

B

DIE VERNUNFT IN DER EXISTENZ

1. Die Endlichkeit und die Zweideutigkeit der aktuellen Vernunft

Die Vernunft als Struktur des Geistes und der Wirklichkeit ist aktuell in den Prozessen des Seins, der Existenz und des Lebens. Das Sein ist endlich, die Existenz ist gespalten, und das Leben ist zweideutig. Die aktuelle Vernunft hat teil an diesen Merkmalen der Wirklichkeit. Sie hat teil an den Kategorien der Endlichkeit, den selbstzerstörerischen Konflikten, der Zweideutigkeit, und sie stellt die Frage nach dem, was jenseits der Gebundenheit an die Kategorien, jenseits des Konflikts liegt und was unzweideutig ist.

In klassischer Weise ist der Charakter der endlichen Vernunft von Nicolaus Cusanus und Immanuel Kant beschrieben worden. Nicolaus Cusanus spricht von der *docta ignorantia,* der „wissenden Unwissenheit", die die Endlichkeit der erkennenden Vernunft und ihre Unfähigkeit, ihren unendlichen Grund zu ergreifen, anerkennt. Aber indem der Mensch diese Situation erkennt, wird er zugleich des Unendlichen gewahr, das in jedem Endlichen gegenwärtig ist, obwohl es dieses unendlich transzendiert. Die Art, wie der unerschöpfliche Grund in allem Seienden gegenwärtig ist, nennt Cusanus die *„coincidentia oppositorum".* Das bedeutet: trotz ihrer Endlichkeit wird die Vernunft ihrer unendlichen Tiefe gewahr. Sie kann die Tiefe nicht in Form rationaler Erkenntnis ausdrücken *(ignorantia),* aber die Erkenntnis, daß dies unmöglich ist, ist wirkliche Erkenntnis *(docta).* Die Endlichkeit der Vernunft zeigt sich in der Unvollkommenheit ihres Denkens und Handelns. Aber diese Unvollkommenheit wurzelt in etwas Tieferem, der Endlichkeit, die essentiell zur Vernunft gehört, wie zu allem, was wirklich ist in Raum und Zeit. Die Struktur dieser Endlichkeit ist am tiefsten und umfassendsten in Kants „Kritiken" beschrieben worden[1].

---

[1] Es ist bedauerlich, daß Kant oft nur als erkenntnistheoretischer Idealist und ethischer Formalist interpretiert und — konsequenterweise — abgelehnt wird. Kant ist mehr als das. Seine Kategorienlehre ist eine Lehre von der menschlichen Endlichkeit. Seine Lehre vom kategorischen Imperativ ist eine Lehre von dem Element des Unbedingten in der Tiefe der praktischen Vernunft. Seine Lehre vom theologischen Prinzip in Kunst und Natur erweitert den Begriff der Vernunft über ihren erkennend-technischen Sinn hinaus zu dem hin, was wir die „ontologische Vernunft" genannt haben.

Die Kategorien der Erfahrung sind Kategorien der Endlichkeit. Sie befähigen die menschliche Vernunft nicht, die Wirklichkeit an sich zu ergreifen, aber sie befähigen den Menschen, seine Welt, die Totalität der Phänomene, die ihm erscheinen und die seine aktuelle Erfahrung konstituieren, zu erfassen. Die bedeutungsvollste Kategorie der Endlichkeit ist die Zeit. Endlich sein heißt: zeitlich sein. Die Vernunft kann nicht die Schranken der Zeitlichkeit durchbrechen und das Ewige erreichen, wie sie auch nicht die Schranken der Kausalität, des Raumes, der Substanz durchbrechen kann, um die erste Ursache, den absoluten Raum, die universale Substanz zu erreichen. An diesem Punkt ist die Situation genau die gleiche wie bei Nicolaus Cusanus: Im Analysieren der kategorialen Struktur der Vernunft entdeckt der Mensch die Endlichkeit, die ihn gefangen hält. Er entdeckt auch, daß seine Vernunft diese Gebundenheit nicht annimmt und daß sie versucht, das Unendliche mit den Kategorien der Endlichkeit, das wirklich Reale mit den Kategorien der Erfahrung zu erfassen, und daß sie notwendig damit scheitert. Der einzige Punkt, an dem das Gefängnis der Endlichkeit sich öffnet, ist der Bereich der sittlichen Erfahrung, weil in ihm etwas Unbedingtes in das Ganze der zeitlichen und kausalen Bedingungen einbricht, aber dieser Punkt, den Kant erreicht, ist nur ein Punkt, eine absolute Forderung, ein bloßes Gewahrwerden der Tiefe der Vernunft.

Kants „kritisches Nichtwissen" beschreibt die Endlichkeit der Vernunft ebenso klar wie die „wissende Unwissenheit" des Cusanus. Der Unterschied jedoch ist, daß die katholische Mystik in Nikolaus Cusanus auf eine intuitive Einung mit dem Grund und Abgrund der Vernunft hinweist, während die kritisch-protestantische Haltung Kants den Versuch der Vernunft, die Wirklichkeit selbst zu erreichen, auf den kategorischen Imperativ beschränkt. In der nachkantischen Metaphysik wurde die Bindung der Vernunft an die Kategorien der Endlichkeit vergessen, aber die Erhebung der Vernunft zu göttlicher Würde führte zu einer Entthronung und Mißachtung der Vernunft und ermöglichte den Sieg einer ihrer Funktionen über alle anderen. Der Sturz einer vergöttlichten Vernunft in der Periode nach Hegel trug in unserer Zeit entscheidend bei zum Sieg der technischen Vernunft und zum Verlust der Universalität und der Tiefe der ontologischen Vernunft.

Aber die Vernunft ist nicht nur endlich. Darüber hinaus ist sie wie alle Dinge und Ereignisse den Bedingungen der Existenz unterworfen. Sie widerspricht sich selbst und ist bedroht durch Zerrissenheit und Selbstzerstörung. Ihre Elemente bewegen sich gegeneinander. Aber dies ist nur die eine Seite des Bildes. Im aktuellen Leben der Vernunft ist ihre essentielle Struktur nie ganz verloren. Wäre sie verloren, so wäre die Vernunft genau so wie die Wirklichkeit im selben Augenblick, in dem beide ins Dasein treten, schon zerstört. Im aktuellen Leben der Vernunft sind essentielle und existentielle Kräfte, Kräfte der Schöpfung und Kräfte der Zerstörung, zugleich miteinander vereinigt und getrennt. Diese Konflikte innerhalb der aktuellen Vernunft sind der Anlaß für eine zu Recht bestehende theologische Kritik der Vernunft. Aber eine Anklage gegen die Vernunft als solche ist ein Symptom entweder für theologische Unwissenheit oder für theologische Arroganz. Andererseits ist ein Angriff auf die Theologie als solche im Namen der Vernunft ein Symptom rationalistischer Oberflächlichkeit oder rationalistischer Hybris. Die populär-religiösen und halbpopulär-theologischen Klagen über die Vernunft als solche sollten durch eine adäquate Beschreibung der inneren Konflikte der ontologischen Vernunft ersetzt werden. Solche Beschreibung sollte gleichzeitig die Vernunft zwingen, ihre eigene existentielle Lage anzuerkennen, aus der heraus die Frage nach der Offenbarung entsteht.

2. Der Konflikt innerhalb der aktuellen Vernunft und die Frage nach der Offenbarung

a) *Autonomie gegen Heteronomie.* — Unter den Bedingungen der Existenz kämpfen die Strukturelemente der Vernunft gegeneinander. Obwohl sie nie völlig voneinander getrennt sind, geraten sie in selbstzerstörerische Konflikte, die auf dem Boden der aktuellen Vernunft nicht gelöst werden können. Die populär-religiösen oder die theologischen Angriffe auf die Schwäche oder die Blindheit der Vernunft müssen durch die Beschreibung dieser Konflikte ersetzt werden. Die Selbstkritik der Vernunft im Lichte der Offenbarung dringt viel tiefer und ist weit rationaler als diese unscharfen und oft rein gefühlsmäßigen Angriffe. Die Polarität von Struktur und Tiefe innerhalb der Vernunft führt unter den Bedingungen der Existenz zum Konflikt zwischen der autonomen und der heteronomen Vernunft. Aus diesem Konflikt heraus entsteht die Frage nach der Theonomie. Aus der Polarität der statischen und der dynamischen Elemente der Vernunft entsteht unter den Bedingungen der Existenz der Konflikt zwischen Absolutheit und Relativität der Vernunft. Dieser Konflikt führt zu der Frage nach dem Konkret-Absoluten. Aus der Polarität zwischen den formalen und emotionalen Elementen der Vernunft entsteht unter den Bedingungen der Existenz der Konflikt zwischen Formalismus und Emotionalismus der Vernunft. Dieser Konflikt führt zu der Frage nach der Vereinigung von Klarheit und Geheimnis. In allen drei Fällen wird die Vernunft dazu getrieben, die Frage nach der Offenbarung zu stellen.

Die Vernunft, die ihre Struktur bejaht und aktualisiert, ohne auf ihre Tiefe zu achten, ist die autonome Vernunft. Autonomie bedeutet nicht die Freiheit des Individuums, sein eigenes Gesetz zu sein, wie theologische Schriftsteller oft behauptet haben, um auf diese Weise einen bequemen Sündenbock für ihre Angriffe auf eine autonome Kultur zu finden. Autonomie bedeutet den Gehorsam des Individuums gegenüber dem Vernunftgesetz, das es in sich selbst als einem vernünftigen Wesen findet. Der *Nomos* (Gesetz) des *Autós* (Selbst) ist nicht das Gesetz der Struktur der eigenen Person, er ist das Gesetz der subjektiv-objektiven Vernunft. Er ist das Gesetz, das in der Logosstruktur des Geistes und der Wirklichkeit enthalten ist. Indem die autonome Vernunft sich selbst in ihren verschiedenen Funktionen und ihren strukturellen Forderungen bejaht, gebraucht sie oder verwirft sie das, was nur zur Situation des Individuums als Individuum gehört. Sie widersteht der Gefahr, von der existentiellen Situation des Selbst und der Welt abhängig zu sein. Sie faßt diese Bedingungen als das Material auf, das die Vernunft ergreifen und nach ihren Strukturgesetzen umgestalten muß. Daher versucht die autonome Vernunft, sich von unbegriffenen Eindrücken und ungestalteten Strebungen freizuhalten. Ihre Unabhängigkeit ist das Gegenteil von Willkür, sie ist Gehorsam gegenüber ihrer eigenen essentiellen Struktur, dem Vernunftgesetz, das das Naturgesetz des Geistes und der Wirklichkeit ist, und das aus dem göttlichen Gesetz stammt, aus dem Grunde des Seins-Selbst. Dies gilt für alle Funktionen der ontologischen Vernunft.

Historisch gesehen, hat die autonome Vernunft in einem nie endenden Kampf mit der Heteronomie sich selbst befreit und behauptet. Die Heteronomie stellt entweder eine oder alle Funktionen der Vernunft unter ein fremdes *(heteros)* Gesetz *(nomos)*. Sie stellt „von außen" Forderungen auf, wie die Vernunft die Wirklichkeit ergreifen und gestalten soll. Aber dieses „außen" ist kein bloßes Außen. Es stellt gleichzeitig ein Element in der Vernunft selbst dar, nämlich die Tiefe der Vernunft. Das macht den Kampf zwischen Autonomie und Heteronomie gefährlich und tragisch. Es ist ein Konflikt in der Vernunft selbst. Solange die Vernunft vorrational ist, gibt es wohl eine verwirrende Menge von Sinneseindrücken, eine chaotische Menge von Instinkten, Strebungen, Zwängen, aber keine echte Heteronomie.

All dies liegt noch außerhalb der Vernunft, aber es ist kein Gesetz, unter das die Vernunft selbst sich beugen muß, es ist nicht Gesetz in irgendeinem rationalen Sinne. Das Problem der Heteronomie ist das Problem einer Autorität, deren Ziel es ist, die Vernunft, und das heißt: die Tiefe der Vernunft, gegen ihre autonome Verwirklichung zu repräsentieren. Die Grundlage eines solchen Anspruchs ist nicht die Überlegenheit an rationaler Macht, die viele Traditionen, Institutionen oder Persönlichkeiten offensichtlich haben. Die Grundlage echter Heteronomie ist der Anspruch, im Namen des Seinsgrundes und daher unbedingt und endgültig zu sprechen. Eine heteronome Autorität drückt sich gewöhnlich mythisch und kultisch aus, weil dies der direkte und intentionale Ausdruck der Tiefe der Vernunft ist. Auch unmythische und unrituelle Formen können Macht über das Bewußtsein gewinnen (z. B. politische Ideen). Die Heteronomie in diesem Sinne ist gewöhnlich die Reaktion gegen eine Autonomie, die ihre Tiefe verloren hat, die leer und machtlos geworden ist. Aber als Reaktion ist sie zerstörerisch, da sie der Vernunft das Recht der Autonomie abspricht und ihre Strukturgesetze von außen her zerstört.

Autonomie und Heteronomie wurzeln in der Theonomie, und beide gehen in die Irre, wenn ihre theonome Einheit zerbrochen wird. Theonomie ist nicht das Annehmen eines göttlichen Gesetzes, das der Vernunft von einer höchsten Autorität auferlegt ist; sie ist autonome Vernunft, die mit ihrer eigenen Tiefe verbunden ist. In einer theonomen Situation aktualisiert sich die Vernunft im Gehorsam gegen ihre Strukturgesetze und in der Macht ihres eigenen, unerschöpflichen Grundes. Weil Gott *(theos)* das Gesetz *(nomos)* sowohl für die Struktur wie den Grund der Vernunft ist, deshalb sind sie in ihm eins, und ihre Einheit manifestiert sich in einer theonomen Situation. Aber es gibt unter den Bedingungen der Existenz keine vollständige Theonomie. Beide Elemente, die essentiell in der Theonomie verbunden sind, kämpfen unter den Bedingungen der Existenz gegeneinander und suchen sich gegenseitig zu zerstören. In diesem Kampf drohen sie, die Vernunft selber zu zerstören. Daher entspringt das Verlangen nach einer Wiedervereinigung dessen, was immer in Zeit und Raum gespalten ist, aus der Vernunft selbst und nicht im Gegensatz zu ihr. Dieses Verlangen ist das Verlangen nach der Offenbarung.

Betrachtet man den Konflikt zwischen Autonomie und Heteronomie aus der Perspektive des Weltgeschehens, so hat man den Schlüssel für das theologische Verständnis sowohl der griechischen als auch der modernen Entwicklung und vieler anderer Probleme der Geistesgeschichte der Menschheit. Die Geschichte der griechischen Philosophie

z. B. kann man als eine Kurve darstellen, die mit der noch theonomen vorphilosophischen Periode (Mythologie und Kosmologie) beginnt, die sich fortsetzt in dem langsamen Aufkommen autonomer Vernunftstrukturen (Vorsokratiker), der klassischen Synthese von Gestalt und Tiefe (Plato), der Rationalisierung dieser Synthese in den verschiedenen Schulen (nach Aristoteles), der Verzweiflung der Vernunft in dem autonomen Versuch, eine Welt zu erschaffen, in der man leben kann (Skeptizismus), dem mystischen Transzendieren der Vernunft (Neuplatonismus), der Frage nach den Autoritäten der Vergangenheit und Gegenwart (die philosophischen Schulen und religiösen Sekten), der Schaffung einer neuen Theonomie unter christlichem Einfluß (Clemens und Origenes) und dem Eindringen heteronomer Elemente (Athanasius und Augustin). Während des hohen Mittelalters wurde eine Theonomie (Bonaventura) realisiert unter der Vorherrschaft heteronomer Elemente (Thomas). Gegen Ende des Mittelalters wurde die Heteronomie übermächtig (Inquisition), zum Teil als Reaktion gegen autonome Tendenzen in Kultur und Religion (Nominalismus), und zerstörte die mittelalterliche Theonomie. Im Zeitalter der Renaissance und der Reformation wurde der Konflikt noch heftiger. Die Renaissance, die in ihren neuplatonischen Anfängen (Nicolaus Cusanus, Ficino) einen theonomen Charakter hatte, wurde in ihrer späteren Entwicklung zunehmend autonom (Erasmus und Galilei). Umgekehrt entwickelte die Reformation, die in ihren Anfängen das Religiöse und das Kulturelle in der Autonomie mit Nachdruck verband (Luthers Vertrauen auf sein Gewissen und Luthers und Zwinglis Verbindung mit dem Humanismus), sehr bald eine Heteronomie, die in mancher Beziehung sogar die des späten Mittelalters übertraf (die protestantische Orthodoxie). Im 18. und 19. Jahrhundert gewann die Autonomie trotz einiger heteronomer Reste und Reaktionen einen fast durchgängigen Sieg. Orthodoxie und Fundamentalismus wurden in die Winkel des kulturellen Lebens verbannt und blieben dort unfruchtbar und unwirksam. Klassische und romantische Versuche, die Theonomie mit autonomen Mitteln wieder herzustellen (Hegel, Schelling), blieben erfolglos und riefen einerseits radikale autonome Reaktionen (Nachhegelianer) und andererseits starke heteronome Reaktionen (Erweckungsbewegung) hervor. Unter der Führung der technischen Vernunft besiegte die Autonomie alle Reaktionen, verlor dabei aber die Tiefendimension. Sie wurde flach, leer, ohne letzte Sinnerfüllung und führte bewußt oder unbewußt zur Verzweiflung. In dieser Situation füllten mächtige Heteronomien von politischem Charakter das Vakuum aus, das von einer Autonomie geschaffen worden war, die keine Tiefendimension besaß. Der doppelte Kampf gegen eine entleerte Autonomie und eine zerstörerische Heteronomie macht die Frage nach einer neuen Theonomie heute genau so dringlich wie am Ende der antiken Welt. Die Katastrophe der autonomen Vernunft ist vollständig. Weder Autonomie noch Heteronomie können eine Antwort geben.

b) *Relativismus gegen Absolutismus*. Ihrem Wesen nach vereint die Vernunft ein statisches und ein dynamisches Element. Das statische Element bewahrt die Vernunft davor, ihre Identität innerhalb des Lebensprozesses zu verlieren. Das dynamische Element ist die Macht der Vernunft, sich im Lebensprozeß zu aktualisieren, während ohne das statische Element die Vernunft nicht die Struktur des Lebens sein könnte. Unter den Bedingungen des Daseins werden beide Elemente auseinandergerissen und geraten in Konflikt miteinander.

Das statische Element der Vernunft kommt in zwei Formen des Absolutismus zum Ausdruck: dem Absolutismus der Tradition und dem Absolutismus der Revolution. Das dynamische Element der Vernunft kommt in zwei Formen des Relativismus zum Ausdruck: dem positivistischen Relativismus und dem zynischen Relativismus. Der Absolutismus der Tradition identifiziert das statische Element der Vernunft mit speziellen Traditionen, z. B. einer gesellschaftlich akzeptierten Moral, festgelegten politischen Formen, einer „akademischen" Kunst und philosophischen Prinzipien, die nicht in Frage gestellt werden. Diese Haltung wird für gewöhnlich konservativ genannt. Aber Konservativismus kann zweierlei bedeuten. Er kann die Bereitschaft sein, die statische Seite der Vernunft gegen eine ausschließliche Betonung der dynamischen Seite zu verteidigen, und er kann der Fanatismus sein, der dynamische Vernunftstrukturen für statische hält und sie zu absoluter Gültigkeit erhebt. Es ist aber in keinem konkreten Fall möglich, das statische Element vom dynamischen Element zu trennen, und jeder Versuch, das zu tun, führt schließlich zu einer Zerstörung der verabsolutierten Formen durch den Angriff anderer Formen, die im Prozeß der sich aktualisierenden Vernunft hervorbrechen. Solche Angriffe entstehen durch die Macht eines anderen Typus des Absolutismus, des revolutionären. Aber nachdem der Absolutismus durch einen revolutionären Angriff zerstört worden ist, verfestigt sich der Sieger in genau den gleichen absoluten Begriffen. Das ist fast unvermeidlich, weil der Angriff durch die Kraft eines absoluten Anspruchs von häufig utopischem Charakter zum Siege führte. Die revolutionäre Vernunft glaubt genau so fest wie der Traditionalismus, daß sie eine unwandelbare Wahrheit repräsentiert, aber ihr Glaube ist inkonsequent. Während der Absolutismus der Tradition auf vergangene Zeiten mit dem Anspruch hinweisen kann, daß er das aussagt, was immer schon gesagt worden ist, hat der Absolutismus der Revolution mindestens in einem Falle den Zusammenbruch eines solchen Anspruchs erfahren. Er hat den Sturz der Tradition durch seinen eigenen Sieg erlebt, und er sollte die Möglichkeit seines eigenen Endes ins Auge fassen. Aber er tut es nicht[1]. Darin wird deutlich, daß die beiden Typen des Absolutismus sich nicht gegenseitig ausschließen, sondern daß der eine den anderen hervorbringt.

Beide Typen stehen im Gegensatz zu verschiedenen Formen des Relativismus. Der Relativismus leugnet ein statisches Element in der Struktur der Vernunft oder betont das dynamische Element so sehr, daß für die Struktur der Vernunft kein Ort übrig bleibt. Der Relativismus kann positivistisch oder zynisch sein; der erste entspricht dem Absolutismus der Tradition, der zweite entspricht dem Absolutismus der Revolution. Der positivistische Relativismus nimmt, was „gegeben" ist, ohne nach absoluten Kriterien für dessen Wert zu fragen. In der Praxis kann er daher so konservativ wie irgend eine Art des Absolutismus der Tradition werden, aber auf einer anderen Basis und mit anderen Folgerungen. Der Rechtspositivismus in der Mitte des 19. Jahrhunderts z. B. war eine Reaktion gegen den revolutionären Absolutismus des 18. Jahrhunderts. Aber er selber war nicht absolutistisch. Er faßte das positive Recht der verschiedenen Völker und Zeitalter als lediglich gegeben auf, aber er ließ weder kritische Angriffe von seiten des Naturrechts zu, noch begründete er ein allgemeingültiges positives Recht als ewiges Recht. In ähnlicher Weise stellte der ästhetische Relativismus dieser Periode alle vorangegangenen Stilformen auf die gleiche Ebene, ohne irgend einer von ihnen im Hinblick auf ein klassisches Ideal den Vorrang zu geben. In der Sphäre der sozialen Beziehungen wurden die örtlichen Traditionen

---

[1] Der protestantische orthodoxe Absolutismus ist weniger konsequent als der katholische kirchliche Absolutismus. Schleiermachers Behauptung, daß „die Reformation noch fortgeht", ist die einzige konsequente protestantische Haltung. Es ist eine erstaunliche, obgleich anthropologisch recht aufschlußreiche Tatsache, daß in Amerika Gruppen, die einen sehr radikalen Absolutismus der Tradition repräsentieren, sich als „Töchter" oder „Söhne" der amerikanischen Revolution bezeichnen. Der russische Kommunismus hat nicht nur den Absolutismus seines revolutionären Angriffs bewahrt, sondern hat sich teilweise zu einem Absolutismus der Revolution entwickelt, indem er sich bewußt auf die Traditionen der vorrevolutionären Vergangenheit bezieht. Marx selber war, indem er den Übergangscharakter jedes Stadiums des revolutionären Prozesses betonte, in dieser Hinsicht viel konsequenter. Er hätte sagen können: „Die Revolution geht noch fort."

gepriesen und ihre abweichenden Entwicklungen ohne kritische Norm angenommen. Wichtiger als all dies ist der philosophische Positivismus. Seit der Zeit David Humes hat er sich nach vielen Richtungen hin entwickelt und hat in allen Lebensbereichen absolute Normen und Kriterien durch pragmatische Beurteilungen ersetzt. Die Wahrheit ist relativ zu einer Gruppe, einer konkreten Situation, einer Form des Lebens. In dieser Hinsicht stimmen die modernen Formen des Existentialismus mit den Prinzipien des pragmatischen Relativismus und mit einigen Formen der europäischen Lebensphilosophie in erstaunlichem Grade überein. Es ist die Tragik dieses Positivismus, daß er sich entweder in den konservativen Absolutismus oder in den zynischen Typ des Relativismus verwandelt. Nur in Ländern, wo die Reste früherer Absolutismen noch mächtig genug sind, solche Entwicklungen aufzuhalten, sind die selbstzerstörischen Folgen des Positivismus verborgen (England, Amerika).

Der zynische Relativismus ist gewöhnlich das Resultat einer Enttäuschung über den utopischen Absolutismus. Er gebraucht skeptische Argumente gegenüber absoluten Prinzipien, aber er zieht nicht eine der beiden möglichen Konsequenzen des radikalen Skeptizismus. Er wendet sich weder der Offenbarung zu, noch verläßt er die Bereiche des Denkens und Handelns, wie der antike Skeptizismus es oft getan hat. Der Zynismus ist eine Haltung der Überlegenheit oder der Indifferenz gegenüber jeder rationalen Struktur, sei sie statisch oder dynamisch. Der zynische Relativismus gebraucht die Vernunft nur zu dem Zwecke, um die Vernunft zu leugnen — ein Selbstwiderspruch, der „zynisch" akzeptiert wird. Die Vernunftkritik, die einige gültige Strukturen voraussetzt, ist nicht die Basis des zynischen Relativismus. Seine Basis ist der Unglaube an die Gültigkeit jedes Vernunftaktes, selbst wenn er rein kritisch ist. Der zynische Relativismus geht an seinen Selbstwidersprüchen nicht zugrunde. Seine Nemesis ist der leere Raum, den er produziert, das völlige Vakuum, in das neue Absolutismen einströmen.

Der „Kritizismus" ist ein Versuch, den Konflikt zwischen Absolutismus und Relativismus zu überwinden. Er ist eine Haltung, die sich nicht auf die sogenannte kritische Philosophie beschränkt, sondern sich auf die ganze Geschichte der Philosophie erstreckt und nicht nur auf sie allein. In allen Sphären der ontologischen Vernunft ist er wirksam. Er ist der Versuch, die statischen und die dynamischen Elemente der Vernunft zu vereinigen, indem er das statische Element des Inhalts entleert und es auf die reine Form reduziert. Ein Beispiel dafür ist der „kategorische Imperativ", der spezielle Forderungen ablehnt und die konkreten Einzelheiten den Zufällen der Situation überläßt. Der Kritizismus verbindet ein positivistisches mit einem revolutionären Element, indem er den Traditionalismus ebenso wie den Zynismus ausschließt. Sokrates und Kant repräsentieren die kritische Haltung in der Philosophie. Aber die Entwicklung ihrer Schulen beweist, daß die kritische Haltung mehr Postulat als Möglichkeit ist. In beiden Schulen herrschte entweder das statische oder das dynamische Element vor und vereitelte so den kritischen Versuch. Obwohl Platos frühe Dialoge kritisch waren, entwickelte sich der Platonismus in Richtung des Absolutismus. Obwohl der Hedonismus und der Zynismus den sokratischen Rationalismus übernahmen, entwickelten sie sich in Richtung des Relativismus. Kants klassische Nachfolger wurden reine Absolutisten, während der Neukantianismus den Relativismus eines unendlichen Prozesses betonte. Das ist kein Zufall. Die kritische Haltung täuschte sich selbst über ihre Leere, indem sie absolute, wenn auch angeblich inhaltlose Kriterien einführte. In diesen Kriterien spiegelte sich aber stets eine besondere Situation, z. B. die Athens im Peloponnesischen Krieg oder die des Sieges des bürgerlichen Geistes in West-Europa. Die von der kritischen Philosophie eingeführten Prinzipien waren zu konkret und daher zu relativ für ihren absoluten Anspruch. Und ihre Anwendung war zu absolutistisch; sie stellte eine besondere Lebensform dar, die mehr als nur relative Gültigkeit beanspruchte. Deshalb war der Kritizismus in der Antike genau wie in der modernen Welt unfähig, den Konflikt zwischen Absolutismus und Relativismus zu überwinden. Nur was zugleich absolut und konkret ist, kann das. Nur die Offenbarung kann es.

c) *Formalismus gegen Emotionalismus.* Ihrem Wesen nach vereinigt die Vernunft formale und emotionale Elemente. Das formale Element herrscht in der kognitiven und ordnenden Funktion der Vernunft vor und das emotionale Element in ihrer ästhetischen und gemeinschaftsbildenden Funktion. Ihrem Wesen nach vereinigt die Vernunft beide Elemente. Unter den Bedingungen der Existenz bricht die Einheit auseinander. Die Elemente bewegen sich gegeneinander und bringen Konflikte hervor, die so tief und zerstörerisch sind wie die Konflikte, über die schon gesprochen worden ist.

Formalismus entsteht immer dann, wenn in irgendeiner Vernunftfunktion das formale Element überbetont wird. „Beherrschendes Erkennen" und die ihm entsprechende formalisierte Logik repräsentieren, wenn sie als Vorbild aller Erkenntnis aufgefaßt werden, den Formalismus in der kognitiven Funktion der Vernunft. Beherrschendes Erkennen ist aber nur *eine* Seite der kognitiven Funktion der Vernunft, wenn auch ein wesentliches Element in jedem Erkenntnisakt. Aber der Versuch, das Ganze der kognitiven Funktion dem beherrschenden Erkennen unterzuordnen und jeden anderen Zugang zur Wahrheit zu leugnen, ist ein Ausdruck existentieller Zerspaltung. Er verhindert das Eindringen in diejenigen Dimensionen der Dinge und Ereignisse, die nur durch „einendes Erkennen" ergriffen werden können. Formalismus im Erkenntnisbereich ist Intellektualismus, d. h. der Gebrauch des Intellekts ohne *eros*. Gegen ihn sind emotionale Reaktionen bis zu einem gewissen Grade im Recht, wenn sie ein Erkennen fordern, das nicht nur beherrscht, sondern auch eint. Sie sind im Unrecht, wenn sie – ganz gleich um welches Erkenntnisgebiet es sich handelt – die Verpflichtung zum strengen, ernsthaften und technisch korrekten Denken vergessen.

In der ästhetischen Funktion der Vernunft ist der Formalismus eine Haltung, die in dem Schlagwort „l'art pour l'art" zum Ausdruck kommt, die Inhalt und Sinn des Kunstwerkes um seiner Form willen vernachlässigt. Der Ästhetizismus nimmt der Kunst ihren existentiellen Charakter, indem er unverbindliche Geschmacksurteile und raffinierte Kennerschaft an die Stelle der Einfühlung setzt. Es gibt keinen künstlerischen Ausdruck ohne schöpferische rationale Form, aber selbst in ihrer größten Verfeinerung bleibt die Form leer, wenn sich in ihr keine geistige Substanz ausdrückt. Auch das reichste und tiefste Kunstwerk kann für das geistige Leben zerstörerisch sein, wenn es im Sinne des Formalismus und Ästhetizismus aufgenommen wird. Die emotionalen Reaktionen der Menschen gegenüber dem Ästhetizismus sind meist falsch in ihrem ästhetischen Urteil, aber richtig in ihrer zugrundeliegenden Intention.

Der Formalismus im Bereich der ordnenden, insbesondere der gesetzgebenden Vernunft betont ausschließlich die strukturellen Notwendigkeiten der Gerechtigkeit, ohne die Frage nach der Angemessenheit einer juristischen Form in bezug auf die menschliche Wirklichkeit zu stellen, die sie gestalten soll. Die tragische Entfremdung zwischen Recht und Leben, die zu allen Zeiten beklagt wird, hat ihre Ursache nicht in dem bösen Willen derer, die das Gesetz erlassen und durchführen; es ist eine Konsequenz der Trennung der Form von der emotionalen Partizipation. Legalismus im Sinne eines juristischen Formalismus kann – wie gewisse Typen der Logik – zum Spiel der reinen Form werden, zwar folgerichtig in sich selbst, aber nicht aus dem Leben geschöpft. Wenn dennoch auf das Leben angewandt, kann dieses Spiel zur zerstörerischen Wirklichkeit werden. Formalismus, der mit Macht ausgerüstet ist, kann in einer sozialen Gruppe zu einem furchtbaren Mittel der Unterdrückung werden. Von hier aus gesehen sind juristischer Formalismus und totalitäre Unterdrückung eng verwandt. Gefühlsreaktionen gegen den juristischen Formalismus mißverstehen die strukturellen Notwendigkeiten des Rechts, aber sie empfinden instinktiv die Unangemessenheit des juristischen Formalismus gegenüber den Forderungen des Lebens.

In der gemeinschaftsbildenden Funktion der Vernunft bewahrt, gebraucht und verteidigt der Formalismus die konventionellen Formen, die das soziale und persönliche Leben geschaffen haben. Der Konventionalismus, wie man diese Haltung nennen kann, darf nicht mit dem Traditionalismus verwechselt werden. Der letztere erhebt einen absoluten Anspruch auf spezielle Traditionen oder Konventionen um ihres Inhalts und ihrer Bedeutung willen. Der Konventionalismus erhebt weder absoluten Anspruch auf die Konventionen, die er verteidigt, noch bewertet er sie im Hinblick auf ihren Inhalt und ihre Bedeutung. Der Konventionalismus bejaht die sozialen und persönlichen Formen als Formen. Der konventionelle Formalismus fordert automatischen Gehorsam gegenüber den einmal akzeptierten Verhaltensweisen. Seine erschreckende Macht in sozialen Beziehungen, in der Erziehung und in der Selbstdisziplin läßt ihn zu einer tragischen Macht in der gesamten Menschheitsgeschichte werden. Er versucht, die angeborene Vitalität und Kreativität jedes neuen Wesens und jeder neuen Generation zu zerstören. Er lähmt das Leben und ersetzt Liebe durch Gesetz. Er formt Persönlichkeiten und Gemeinschaften, indem er die geistige Substanz, die er formen soll, unterdrückt. Die Form zersört den Sinn. Gefühlsreaktionen gegen den konventionellen Formalismus sind im höchsten Maße explosiv und führen zu Katastrophen. Sie haben einen „blinden Fleck" in bezug auf die stützende, erhaltende und lenkende Macht der Konvention und Gewohnheit. Aber sie haben recht, wenn sie sich gegen deren formalistische Verzerrung leidenschaftlich und opferbereit auflehnen.

Der Formalismus kommt nicht nur in jeder Funktion der ontologischen Vernunft zum Vorschein, sondern auch in der Beziehung der Funktionen untereinander. Die Einheit der Vernunft wird zerstört durch ihre Aufteilung in Einzelgebiete, von denen jedes unter der Kontrolle von besonderen strukturellen Formen steht. Das gilt für die erkennende und ästhetische Vernunftfunktion und ihre gegenseitige Beziehung ebenso wie für die ordnende und gemeinschaftsbildende Vernunftfunktion und deren gegenseitige Beziehung. Die erkennende Funktion, die ihr ästhetisches Element verloren hat, ist getrennt von der ästhetischen Funktion, die ihr erkennendes Element verloren hat. In der essentiellen Vernunft sind diese beiden Elemente in verschiedenen

Graden miteinander verbunden. Das kommt zum Ausdruck in den verschiedensten Vernunftschöpfungen wie beispielsweise historischem Verstehen und metaphysischer Intuition auf der einen Seite, psychologischem Roman und philosophischer Dichtung auf der anderen Seite. Die Vereinigung der kognitiven und der ästhetischen Funktion findet ihren vollkommenen Ausdruck in der Mythologie, die ihrer beider Ursprung ist, von der sie sich befreien, um ihre eigenen Wege zu gehen, immer aber mit der Tendenz, zu ihr zurückzukehren. Die romantische Philosophie und Kunst des frühen 19. Jahrhunderts versuchte, die Einheit der kognitiven und der ästhetischen Funktion wiederherzustellen. Dieser Versuch ist von vielen zeitgenössischen Künstlern und Philosophen fortgesetzt worden – im Expressionismus, Neorealismus und Existentialismus. Sie alle wandten sich ab vom kognitiven und ästhetischen Formalismus und damit von der Trennung beider Funktionen. Sie versuchten sogar, beide in einem neuen Mythos zu vereinigen. Aber dabei scheiterten sie. Ein Mythos kann nicht geschaffen, die Einheit der rationalen Funktionen kann auf dem Boden der in sich zerfallenen Vernunft nicht erzwungen werden. Ein neuer Mythos ist Ausdruck der Einheit schaffenden Macht einer neuen Offenbarung, nicht das Produkt formalisierter Vernunft.

Auch die ordnende und die gemeinschaftsbildende Funktion der Vernunft sind auseinandergerissen, wenn der Formalismus in ihnen dominiert und die emotionale Seite unterdrückt wird. Die ordnende Vernunftfunktion – ihrer gemeinschaftsbildenden Elemente beraubt – ist losgerissen von der gemeinschaftsbildenden Vernunftfunktion, wenn diese ihre ordnenden Elemente verloren hat. In der essentiellen Vernunft sind beide Elemente in verschiedenen Graden und Übergängen miteinander verbunden, ähnlich der Art wie innerhalb eines umfassenden politisch-juristischen Gebildes freie Gruppen ein mehr oder weniger selbständiges Leben führen können. Die Einheit der ordnenden und gemeinschaftsbildenden Vernunftschöpfungen ist vollkommen in der Kultgemeinschaft sichtbar, die ihrer beider Ursprung ist, von der sie sich befreien, um ihre eigenen Wege zu gehen, immer aber mit der Tendenz, zu ihr zurückkehren. Alte und neue Romantiker sehnen sich nach einem Zustand, der das *corpus christianum* des idealisierten Mittelalters darstellt, oder, wenn dieser nicht wiederhergestellt werden kann, nach dem nationalen oder rassischen „Leib" oder dem „Leib" der Menschheit. Sie suchen eine Gemeinschaft, die der Träger eines nichtformalisierten Rechts werden kann[1]. Aber weder die

---

[1] Dies ist das eigentliche Problem der Weltorganisation, der die Menschheit heute zustrebt und die verfrüht in Angriff genommen wurde.

Menschheit als Organisation noch ein gemeinschaftlicher Kult als Funktion einer religiösen Weltgemeinschaft können Gesetz und Gemeinschaft in sich vereinigen. Diese Einheit kann weder durch eine formalisierte Verfassung noch durch unorganisierte Sympathien, Wünsche und Bewegungen geschaffen werden. Die Frage nach einer neuen und universalen Integration, in der Organisation und Gemeinschaft miteinander verbunden sind, ist die Frage nach der Offenbarung.

Endlich trennt die Formalisierung der Vernunft ihre ergreifende von ihrer umgestaltenden Seite. Dieser Konflikt wird gewöhnlich als der Konflikt zwischen Theorie und Praxis bezeichnet. Ein Ergreifen, welches das Element des Umgestaltens, und ein Umgestalten, das das Element des Ergreifens verloren hat, geraten in Konflikt miteinander. In der essentiellen Vernunft sind beide Elemente miteinander verbunden. Das viel mißbrauchte Wort „Erfahrung" hat eine Nebenbedeutung, die auf diese Einheit hinweist: Erfahrung vereinigt Einsicht und Handeln. In der Beziehung von Mythos und Kultus ist eine Trennung überhaupt unvorstellbar. Der Kultus setzt den Mythos voraus, auf dessen Grund sich das Drama zwischen Gott und Mensch abspielt, und der Mythos setzt den Kultus voraus, der seine aktuelle Darstellung ist. Von hier aus wird der fortgesetzte Kampf um die Wiedervereinigung zwischen Theorie und Praxis verständlich. Wenn Marx von der „Armut der Philosophie" sprach, so griff er damit eine Philosophie an, die die Welt erklärt, ohne sie zu verändern. Nietzsche griff in seinem Kampf gegen den Historismus eine Geschichtsschreibung an, die nicht auf unsere historische Existenz bezogen ist. Der religiöse Sozialismus berief sich auf die Einsicht des vierten Evangeliums, daß die Wahrheit getan werden muß, und er übernahm die Einsicht der ganzen biblischen Tradition, daß ohne lebendige Partizipation an der „neuen Wirklichkeit" deren Wesen nicht erkannt werden kann. Obwohl der Instrumentalismus vornehmlich in der Ebene der technischen Vernunft bleibt, weist er doch auf die innige Beziehung zwischen Handeln und Erkennen hin. Dennoch bleiben die Konflikte bestehen. Die Praxis leistet der Theorie Widerstand, weil sie sich ihr überlegen fühlt. Sie fordert einen Aktivismus, der jede theoretische Untersuchung abschneidet, ehe sie beendet ist. In der Praxis kann man sich nicht anders verhalten, denn man muß handeln, bevor man mit dem Denken zu Ende gekommen ist. Infolge der unendlichen Horizonte des Denkens kann das Denken nicht die Basis für eine sichere praktische Entscheidung abgeben. Außer im technischen Bereich, der keine existentielle Entscheidung fordert, muß man Entscheidungen auf der Grundlage entstellter und unvollständiger Erkenntnisse treffen.

Der Konflikt innerhalb der aktuellen Vernunft

Weder die Theorie noch die Praxis in ihrer Isolierung sind imstande, das Problem ihrer gegenseitigen Konflikte zu lösen. Nur eine Wahrheit, die durch die Endlosigkeit der theoretischen Möglichkeiten hindurchbricht, und nur ein Wert, der trotz der in jedem Handeln liegenden unendlichen Relativität durchbricht, können den Bruch zwischen den ergreifenden und umgestaltenden Funktionen der Vernunft überwinden. Die Frage nach einer solchen Wahrheit und nach einem solchen Wert ist die Frage nach der Offenbarung.

Die funktionellen Spaltungen in der Vernunft sind Konsequenzen ihrer Formalisierung. In allen Bereichen lehnt sich das emotionale Leben gegen die formale Vernunft auf. Aber diese Auflehnung ist vergeblich, weil sie rein „emotional" ist, d. h. ohne strukturelle Elemente. Wenn emotionales Leben bloßes Gefühl bleibt, so ist es machtlos gegenüber Intellektualismus und Ästhetizismus, gegenüber Legalismus und Konventionalismus. Obwohl es aber der Vernunft gegenüber machtlos ist, so kann es dennoch eine große zerstörerische Macht über den Geist gewinnen, im persönlichen und im sozialen Bereich. Emotion ohne rationale Strukturen führt zum Irrationalismus. Und Irrationalismus ist in doppelter Hinsicht zerstörerisch. Wenn er die formalisierte Vernunft angreift, dann muß er selbst insofern rationale Elemente haben, als er angreifen kann. Aber diese Elemente sind keiner rationalen Beurteilung unterworfen und erhalten ihre Kraft aus der Stärke der Emotion. Auch darin liegt noch Vernunft, aber eine Vernunft, die irrational getragen ist und die darum blind und fanatisch ist. Der Irrationalismus hat alle Eigenschaften des Dämonischen, sei es im religiösen oder im weltlichen Bereich. Wenn er andererseits sich jeder Struktur entleert und zum rein subjektiven Gefühl wird, so entsteht ein Vakuum, in das die entstellte Vernunft ohne rationale Kontrolle einbrechen kann[1]. Wenn die Vernunft ihre formalen Strukturen und damit zugleich ihre kritische Kraft preisgibt, so ist das Resultat nicht leere Sentimentalität, sondern das dämonische Hervorbrechen widervernünftiger Mächte, denen häufig alle Mittel der technischen Vernunft dienstbar gemacht werden. Diese Erfahrung treibt dazu, die Frage nach der Wiedervereinigung von Form und Emotion zu stellen. Das ist die Frage nach der Offenbarung. Die Vernunft widerspricht nicht der Offenbarung. Sie fragt nach der Offenbarung, denn Offenbarung bedeutet die Integration der in sich zwiespältigen Vernunft.

---

[1] Der leere Irrationalismus der deutschen Jugendbewegung war ein fruchtbarer Boden für den „rationalen Irrationalismus" der Nationalsozialisten.

C

DIE KOGNITIVE FUNKTION DER VERNUNFT UND DIE FRAGE NACH DER OFFENBARUNG

1. *Die ontologische Struktur der Erkenntnis*

Die systematische Theologie muß der kognitiven Funktion der ontologischen Vernunft besondere Beachtung schenken bei der Entfaltung des Offenbarungsbegriffs, denn die Offenbarung ist das Sichtbarwerden des Seinsgrundes für die menschliche Erkenntnis. Da die Theologie als solche keine eigene Erkenntnistheorie entwickeln kann, muß sie auf diejenigen Eigenschaften der kognitiven Funktion der Vernunft Bezug nehmen, die für das kognitive Element der Offenbarung wichtig sind. Die Theologie muß im besonderen die kognitive Funktion der Vernunft unter den Bedingungen der Existenz beschreiben. Aber eine Beschreibung der existentiellen Konflikte der Vernunft setzt ein Verständnis ihrer ontologischen Struktur voraus. Es ist die polare Struktur der Vernunft, die ihre existentiellen Konflikte möglich macht und sie zur Frage nach der Offenbarung treibt.

Erkennen ist eine Form der Einung. In jedem Erkenntnisakt werden der Erkennende und das Erkannte miteinander vereint, die Kluft zwischen Subjekt und Objekt wird überwunden. Das Subjekt „ergreift" das Objekt, gleicht es sich an und gleicht sich selber dem Objekt an. Aber die Erkenntniseinung hat einen eigentümlichen Charakter, es ist eine Einung durch Trennung. Distanz ist eine Bedingung der Erkenntniseinung. Um zu erkennen, muß man auf ein Ding „hinschauen", und, um auf die Dinge hinzuschauen, muß man „in der Distanz" sein. Kognitive Distanz ist die Voraussetzung für kognitive Einung. Die meisten Philosophen haben beide Seiten gesehen. Die alte Streitfrage, ob Gleiches durch Gleiches oder Ungleiches durch Ungleiches erkannt wird, ist der klassische Ausdruck für die Einsicht, daß Einung (die Gleichheit voraussetzt) und Distanz (die Ungleichheit voraussetzt) polare Elemente innerhalb des Erkenntnisprozesses sind. Die Einheit von Distanz und Einung ist das ontologische Problem der Erkenntnis. Weil Plato um sie wußte, konnte er den Mythos schauen, der von einer ursprünglichen Einheit der Seele mit den Wesenheiten (Ideen) spricht, von der Trennung der Seele von dem wahrhaft Wirklichen in der zeitlichen Existenz, von der Erinnerung an die Wesenheiten und von der Wiedervereinigung mit ihnen durch die verschiedenen Stufen der Erhebung der Seele durch Erkenntnis. Trotz der Entfremdung ist die Einheit nie völlig zerstört. Das einzelne Objekt ist als solches fremd, aber es enthält essentielle Strukturen, mit denen das erkennende Subjekt essentiell verbunden ist und an die es sich erinnern kann, wenn es auf die Dinge hinschaut. Dieses Motiv durchzieht die ganze Geschichte der Philosophie. Es erklärt die titanischen Versuche des menschlichen Denkens in allen Perioden, den Erkenntnisbezug verständlich zu machen — die Fremdheit zwischen Subjekt und Objekt und die dennoch bestehende Vereinigung im Erkennen. Während der Skeptizismus an der Möglichkeit verzweifelte, Subjekt und Objekt miteinander zu vereinen, entfernte der Kritizismus das Objekt als Ding an sich aus dem Bereich des tatsächlichen Erkennens, ohne zu erklären, wie die Erkenntnis die Wirklichkeit selber und nicht nur eine Erscheinung begreifen kann. Während der Positivismus den Unterschied zwischen Subjekt und Objekt völlig aufhob und der Idealismus sich für ihre Identität entschied, konnte keiner von beiden die Entfremdung von Subjekt und Objekt und die Möglichkeit des Irrtums erklären. Der Dualismus postulierte eine transzendente Einheit von Subjekt und Objekt in einem göttlichen Geist oder einer göttlichen Substanz, ohne die menschliche Partizipation an ihm zu erklären. Und doch war in jedem dieser Versuche das ontologische Erkenntnisproblem deutlich: die Einheit von Trennung und Vereinigung.

Die erkenntnistheoretische Situation wird existentiell bestätigt durch gewisse persönliche und soziale Verhaltensweisen zum Akt des Erkennens. Die Leidenschaft, zu erkennen um des Erkennens willen, die sich häufig in primitiven wie in differenzierten Formen findet, deutet darauf hin, daß ein Mangel, ein Vakuum ausgefüllt wird, wenn das Erkennen zum Ziel kommt. Etwas, das fremd war, das aber dennoch zu uns gehört, ist uns vertraut, ja ein Teil von uns selbst geworden. Nach Plato wird der erkennende *eros* aus Armut und Überfluß geboren. Er treibt uns zur Wiedervereinigung mit dem, wozu wir gehören und was zu uns gehört. In jedem Erkenntnisakt werden Mangel und Entfremdung überwunden.

Aber Erkenntnis ist mehr als Erfüllung, sie verwandelt und heilt. Das wäre unmöglich, wenn das erkennende Subjekt nur ein Spiegel des Objekts wäre und die Distanz zu ihm unüberwunden bliebe. Sokrates war sich dieser Situation bewußt, als er behauptete, das Tun des Guten folge aus dem Wissen um das Gute. Natürlich ist es eine ebenso leichte wie billige Feststellung, daß man um das Gute wissen kann, ohne es zu tun. Man sollte nicht Sokrates und Paulus konfrontieren, um zu beweisen, wieviel realistischer Paulus war. Es ist zum mindesten wahrscheinlich, daß Sokrates das wußte, was jedes Schulkind weiß — nämlich daß man oftmals gegen sein besseres Wissen handelt. Aber er wußte auch etwas, wovon selbst Philosophen und Theologen oft nichts wissen — daß wahre Erkenntnis Einung bedeutet und daher Offenheit, das zu empfangen, womit man sich vereinigt. Dies ist die Erkenntnis, von der Paulus auch spricht, die *Gnosis*, die im neutestamentlichen Griechisch zugleich kognitive, sexuelle und mystische Vereinigung bedeutet. In dieser Beziehung gibt es keinen Gegensatz zwischen Sokrates und Paulus. Wer Gott oder Christus so erkannt hat, daß er von ihm ergriffen und mit ihm vereint ist, der tut das Gute. Wer die essentielle Struktur der Dinge so kennt, daß er ihre Bedeutung und ihre Mächtigkeit erfahren hat, handelt danach. Er tut das Gute, selbst wenn er dafür sterben muß.

Gegenwärtig hat der Begriff der „Einsicht" die Bedeutung von *gnosis* erhalten; eine Erkenntnis ist gemeint, die verwandelt und heilt. Die Tiefenpsychologie schreibt der Einsicht heilende Kräfte zu und meint damit nicht eine distanzierte Kenntnis der psychoanalytischen Theorie oder der eigenen Vergangenheit im Lichte dieser Theorie, sondern eine Wiederholung der tatsächlichen Erfahrungen mit all den Schrecken und Qualen einer solchen Wiederholung. Einsicht in diesem Sinne ist eine Wiedervereinigung mit der eigenen Vergangenheit und insbesondere mit solchen Elementen in ihr, die einen zerstörenden Einfluß auf die Gegenwart haben. Solche kognitive Einung führt zu einer Wandlung, die ebenso radikal und schwierig ist wie die, die von Sokrates und Paulus vorausgesetzt und gefordert wurde. Für die meisten asiatischen Philosophen und Religionen ist die einende, heilende und verwandelnde Macht der Erkenntnis etwas Selbstverständliches. Ihr Problem, das nie völlig von ihnen gelöst wurde, ist das Element der Distanz, nicht das der Einung.

Eine andere existentielle Bestätigung der Interpretation der Erkenntnis als Einheit von Distanz und Einung ist die soziale Bewertung des Wissens in allen integrierten Menschengruppen. Man hält die Einsicht in die Prinzipien, auf denen das Leben der Gruppe ruht, sowie deren Annahme für eine unerläßliche Voraussetzung für das Leben der Gruppe. In dieser Hinsicht gibt es keinen Unterschied zwischen religiösen oder säkularen, demokratischen oder totalitären Gruppen. Der Nachdruck, der in allen sozialen Gruppen auf die Erkenntnis der beherrschenden Prinzipien gelegt wird, bleibt unverständlich, wenn der einende Charakter der Erkenntnis nicht erkannt wird. Manche Kritik am sogenannten Dogmatismus, die oft von Menschen vorgebracht wird, die nichts von ihren eigenen dogmatischen Voraussetzungen wissen, wurzelt in dem falschen Verständnis der Erkenntnis als eines distanzierten Wissens um Objekte, die vom Subjekt getrennt sind. Dogmatismus gegenüber solchen Gegenständen der Erkenntnis wäre in der Tat sinnlos. Aber wenn Erkenntnis eint, dann kommt viel darauf an, mit welchem Objekt man sich eint. Der Irrtum wird gefährlich, wenn er die erkennende Einung mit verzerrten und trügerischen Gegenständen ist. Die Angst, dem Irrtum zu verfallen, oder die Angst vor dem Irrtum, in den andere fallen könnten oder gefallen sind, die furchtbaren Reaktionen gegen den Irrtum in allen geschlossenen sozialen Gruppen, die Deutung des Irrtums als dämonischer Besessenheit – all dies ist nur verständlich, wenn Erkenntnis Einung bedeutet. Der Liberalismus und sein Protest gegen den Dogmatismus beruhen auf dem notwendigen Element der Distanz in der Erkenntnis. Distanz fordert Offenheit für Fragen, Untersuchungen und neue Antworten, selbst bis zu dem Punkt, wo es zur Auflösung einer sozialen Gruppe kommen kann. Unter den Bedingungen der Existenz gibt es keine endgültige Lösung dieses Konfliktes. Wie die Vernunft ganz allgemein in den Konflikt zwischen Absolutismus und Relativismus hineingezogen wird, so ist die erkennende Vernunft in jedem Erkenntnisakt dem Konflikt zwischen Einung und Trennung unterworfen. Aus diesem Konflikt entsteht die Frage nach einer Erkenntnis, die das Ruhen in existentieller Einung mit dem Offensein vereinigt, das aus kognitiver Distanz folgt. Diese Frage ist die Frage nach der Erkenntnis, die die Offenbarung gibt.

2. Erkenntnisbeziehungen

Das Element der Einung und das Element der Distanz sind in den verschiedenen Erkenntnisbereichen in verschiedenen Proportionen gemischt. Aber es gibt keine Erkenntnis, ohne daß beide Elemente vorhanden sind. Statistische Angaben liefern das Material für physikalische oder soziologische Erkenntnis, aber sie sind nicht selber Erkenntnis. Andächtige Meditationen enthalten Erkenntniselemente, aber sie sind nicht selber Erkenntnis.

Der Erkenntnistyp, der vor allem durch das Element der Distanz bestimmt ist, kann als beherrschendes Erkennen bezeichnet werden[1]. Im beherrschenden Erkennen wird die technische Vernunft aktuell. Beherrschendes Erkennen verbindet Subjekt und Objekt, um die Herr-

---

[1] Vgl. Max Scheler, Versuche zu einer Soziologie des Wissens (München 1924).

schaft des Subjekts über das Objekt aufzurichten. Es verwandelt das Objekt in ein völlig bedingtes und berechenbares „Ding" und beraubt es jeder subjektiven Qualität. Beherrschendes Erkennen schaut auf sein Objekt als auf etwas, das den Blick nicht zurückgeben kann. Selbstverständlich sind in jedem Erkenntnistyp Subjekt und Objekt logisch unterschieden. Es gibt immer ein Objekt, selbst in unserer Gotteserkenntnis. Aber das beherrschende Erkennen objektiviert nicht nur logisch (was unvermeidlich ist), sondern auch ontologisch und ethisch. Aber kein Ding ist bloßes Ding. Da alles, was ist, an der Selbst-Welt-Struktur des Seins teilhat, gibt es nichts, was nicht — wenn auch in begrenzter Weise — selbstbezogen ist. Das ermöglicht die Einung mit jedem Ding. Nichts ist *absolut* fremd. Bildlich gesprochen könnte man sagen: So wie wir auf die Dinge hinblicken, so blicken sie auf uns. Sie erwarten, daß wir sie aufnehmen, und sie ermöglichen es, daß wir in der erkennenden Vereinigung reicher werden. Die Dinge zeigen an, daß sie uns „interessieren" könnten, wenn wir in ihre tieferen Schichten eindringen und ihre spezielle Seinsmächtigkeit erfahren[1]. Zugleich schließt dies die Tatsache nicht aus, daß die Dinge im technischen Sinne Objekte sind, Dinge, die gebraucht und geformt werden, Mittel für Zwecke, die ihrem innersten Sinn (*telos*) fremd sind. Ein Metall interessiert uns. Es hat Elemente der Subjektivität und der Selbst-Bezogenheit. Anderseits ist es Material für zahllose Geräte und Zwecke. Während die Natur des Metalls einer überwältigenden Menge von objektivierender Erkenntnis und technischem Gebrauch Raum bietet, tut das die Natur des Menschen nicht. Der Mensch widersetzt sich der Objektivierung, und wenn sein Widerstand gegen sie zerbrochen ist, so ist der Mensch selbst zerbrochen. Die Beziehung zum Menschen ist durch das Element der Einung bestimmt, das Element der Distanz ist zweitrangig. Es fehlt zwar nicht: es gibt Schichten in der körperlichen, seelischen und geistigen Konstitution des Menschen, die vom beherrschenden Erkennen erfaßt werden können und müssen. Aber auf diese Weise kann weder die menschliche Natur erkannt werden, noch irgendeine individuelle Persönlichkeit in Vergangenheit oder Gegenwart, auch nicht das eigene Selbst. Ohne Einung gibt es keinen erkennenden Zugang zum Menschen. Im Gegensatz zum beherrschenden Erkennen kann diese Erkenntnis „einendes Erkennen" genannt werden. Einendes Erkennen ist weder aktuell noch potentiell durch die Mittel-Ziel-Beziehung be-

---

[1] Goethe fordert uns auf, darüber nachzudenken, wie „seiend" die Dinge sind, indem er auf die unvergleichbare Struktur hinweist, die ihre Seinsmächtigkeit ausmacht.

stimmt. Einendes Erkennen nimmt das Objekt in sich selbst, in die Einheit mit dem Subjekt auf. Das schließt ein emotionales Element ein, von dem sich das beherrschende Erkennen so weit wie möglich zu lösen versucht. Emotion ist die treibende Kraft für das einende Erkennen. Aber die treibende Kraft macht das, was sie treibt, nicht selbst emotional. Der Inhalt ist rational, etwas, das verifiziert werden kann, auf das man mit kritischer Vorsicht hinblickt. Dennoch kann nichts erkenntnismäßig begriffen werden ohne Emotion. Zwischen Subjekt und Objekt ist keine Einung möglich ohne emotionales Teilhaben.

Die Einheit von Einung und Trennung kommt im Begriff des „Verstehens" klar zum Ausdruck. Seine wörtliche Bedeutung: an dem Ort stehen, an dem das Objekt der Erkenntnis steht, schließt enge Partizipation ein. Im landläufigen Sinn weist Verstehen auf die Fähigkeit hin, den logischen Sinn einer Sache zu begreifen. Dieser Sinn ist jedoch zu eng, wenn es sich darum handelt, eine andere Person oder eine historische Gestalt, das Leben eines Tieres oder einen religiösen Text zu verstehen; das alles enthält eine Mischung von beherrschendem Erkennen und einendem Erkennen, von Einung und Distanz, von Partizipation und Analyse.

Die meisten Entartungen der Erkenntnis beruhen auf einer Mißachtung der Polarität innerhalb der kognitiven Vernunft. Diese Mißachtung ist nicht einfach ein Fehler, den man vermeiden könnte. Unter den Bedingungen der Existenz ist sie ein echter Konflikt. Eine Seite dieser Polarität ist die Spannung zwischen Dogmatismus und Kritizismus innerhalb der sozialen Gruppen. Aber der Konflikt hat noch andere Seiten. Das beherrschende Erkennen beansprucht eine Kontrolle über jede einzelne Wirklichkeitsschicht. An Leben, Geist, Persönlichkeit, Gemeinschaft, Sinnzusammenhänge, Werte, selbst an das, was den Menschen unbedingt angeht, wird in der Haltung der Objektivität, der Analyse, der Berechnung, des technischen Gebrauchs herangegangen. Die Macht, die hinter diesem Anspruch steht, gründet sich auf die Genauigkeit, die Nachweisbarkeit, die leichte öffentliche Zugänglichkeit des beherrschenden Erkennens und vor allem seinem überaus großen Erfolg in bestimmten Wirklichkeitsschichten. Es ist unmöglich, diesen Anspruch zu ignorieren oder auch nur einzuschränken. Das öffentliche Bewußtsein ist so durchsetzt mit seinen methodischen Forderungen und seinen erstaunlichen Resultaten, daß jeder Versuch, einendes Erkennen anzuwenden, äußerstem Mißtrauen begegnet. Eine Konsequenz dieser Haltung ist der rapide Verfall des geistigen und geistlichen Lebens, die Entfremdung von der Natur und, was am gefährlichsten ist, die Behandlung des menschlichen Wesens als Ding. In Psychologie und Soziologie, in Medizin und Philosophie ist der Mensch in die Elemente, aus denen er besteht und die sein Verhalten angeblich bestimmen, aufgelöst worden. Auf diese Weise haben sich Reichtümer an empirischer Erkenntnis angesammelt, und täglich werden sie durch neue Forschungsergebnisse vermehrt. Aber bei diesem Unternehmen hat der Mensch sich selbst verloren. Das, was nur durch Partizipation und Einung erkannt werden kann, wird nicht in Betracht gezogen. Der Mensch ist tatsächlich zu dem geworden, als was ihn das beherrschende Erkennen gesehen hat, ein Ding unter Dingen, ein Rad in der alles beherrschenden Produktions- und Konsumptionsmaschine, ein entmenschlichtes Objekt der Tyrannei oder ein genormtes Objekt der Instrumente zur öffentlichen Meinungsbildung. Die Entmenschlichung im Bereich der Erkenntnis hat tatsächliche Entmenschlichung in der Realität hervorgebracht.

Drei Hauptbewegungen haben versucht, der Flut des beherrschenden Erkennens Widerstand zu leisten: die Romantik, die Lebensphilosophie und der Existentialismus. Sie alle hatten zwar Augenblickserfolge, aber auf die Dauer haben sie versagt, weil sie das Problem des Kriteriums für Falsch und Wahr nicht lösen konnten. Die romantische Naturphilosophie hat Dichtung und Intuition von Symbolen mit Erkenntnis verwechselt. Sie hat die Fremdheit der Objektwelt, die Fremdheit, die nicht nur zwischen den niederen, sondern auch zwischen den höheren Schichten der Natur und dem Menschen besteht, ignoriert. Wenn Hegel die Natur „entfremdeten Geist" nannte, so lag für ihn der Nachdruck nicht auf „entfremdet", sondern auf „Geist", und das gab ihm die Möglichkeit, sich der Natur mit einendem Erkennen zu nähern. Der Versuch einer solchen Erkenntnis der Natur ist in einer weltgeschichtlich bedeutungsvollen Weise gescheitert. Keine romantische Naturphilosophie kann diesem Scheitern entgehen. Das gleiche gilt von einer Lebensphilosophie, die den Versuch macht, die Einung des Erkennens mit dem dynamischen Lebensprozeß herzustellen. Eine derartige Philosophie sieht, daß das Leben nicht ein Objekt des beherrschenden Erkennens ist und daß das Leben vernichtet werden muß, damit es der Mittel-Zweck-Struktur unterworfen werden kann und daß das Leben in seiner dynamischen Kreativität, in seinem *élan vital* (Bergson) nur für einendes Erkennen, für intuitive Partizipation und mystische Einung zugänglich ist. Dies aber wirft die Frage auf, die die Lebensphilosophie nie beantworten konnte: Wie kann intuitive Einung, in der das Leben seiner selbst gewahr wird, verifiziert werden? Wenn sie unausdrückbar ist, ist sie keine Erkenntnis. Wenn sie ausgedrückt werden kann, fällt sie unter das Kriterium der kognitiven Funktion der Vernunft, und ihre Anwendung erfordert Distanz, Analyse und Objektivierung. Die Beziehung zwischen einendem Erkennen und beherrschendem Erkennen ist weder von Bergson noch von irgendeinem anderen Lebensphilosophen aufgedeckt worden. Der Existentialismus versucht, das individuelle Selbst von der Beherrschung durch das beherrschende Erkennen zu befreien. Aber diese Freiheit wird mit Begriffen beschrieben, denen nicht nur ein Kriterium, sondern auch ein Inhalt fehlt. Der Existentialismus ist der verzweifeltste Versuch, der Macht des beherrschenden Erkennens und der objektivierten Welt, die die technische Vernunft hervorgebracht hat, zu entgehen. Er sagt „Nein" zu dieser Welt, aber, um zu irgend etwas „Ja" sagen zu können, muß er entweder vom beherrschenden Erkennen Gebrauch machen oder sich der Offenbarung aufschließen. Der Existentialismus muß sich genau so wie die Romantik und die Lebensphilosophie entweder der technischen Vernunft ausliefern oder die Frage nach der Offenbarung stellen. Die Offenbarung behauptet, die vollkommene Einung zu schaffen mit dem, was in der Offenbarung erscheint. Sie ist einendes Erkennen in seiner Vollendung. Aber zugleich behauptet sie, den Forderungen des beherrschenden Erkennens, der Distanzierung und der Analyse, zu genügen.

3. Verifizierung

Jeder Erkenntnisakt bemüht sich um Wahrheit. Da die Theologie den Anspruch erhebt, wahr zu sein, muß sie die Bedeutung des Wahrheitsbegriffes, das Wesen der geoffenbarten Wahrheit und ihre Beziehung zu anderen Formen der Wahrheit untersuchen. Wird eine solche Erörterung unterlassen, so kann der theologische Anspruch durch einen einfachen semantischen Kunstgriff zurückgewiesen werden, wie er vielfach von Naturalisten und Positivisten gebraucht wird. Sie behaupten, der Gebrauch des Begriffs „Wahrheit" sei auf empirisch beweisbare Aussagen beschränkt. Das Prädikat „wahr" soll entweder nur für analytische Sätze gelten oder für experimentell bestätigte Sätze. Eine solche terminologische Einengung der Begriffe „wahr" und „Wahrheit" ist möglich und ist eine Frage der Konvention. Aber sobald man sich darauf einigen würde, wäre das ein Bruch mit der gesamten abendländischen Tradition und würde die Schaffung eines neuen Begriffs für das, was die klassische, antike, mittelalterliche und moderne Literatur *alethes* oder *verum* genannt hat, erforderlich machen. Ist solch ein Bruch notwendig? Die Antwort hängt letztlich nicht von Zweckmäßigkeitsgründen ab, sondern vom Wesen der erkennenden Vernunft. Die moderne Philosophie spricht von wahr und falsch gewöhnlich als von Urteilsqualitäten. Urteile können die Wirklichkeit ergreifen oder verfehlen und dementsprechend wahr oder falsch sein. Doch die Wirklichkeit an sich ist, was sie ist; sie kann weder wahr noch falsch sein. Gewiß ist diese Auffassung möglich, aber man kann auch über sie hinausgehen. Wenn die Frage gestellt wird: „Was macht ein Urteil zu einem wahren Urteil?", so muß in der Antwort etwas über die Wirklichkeit selber ausgesagt werden. Es muß eine Erklärung für die Tatsache geben, daß die Wirklichkeit sich selbst dem erkennenden Akt so darbieten kann, daß ein falsches Urteil zustande kommen kann, und so, daß viele Beobachtungs- und Denkprozesse notwendig sind, um zu wahren Urteilen zu gelangen. Der Grund hierfür ist der, daß die Dinge ihr wahres Sein verbergen; es muß unter der Oberfläche der Sinneseindrücke, wechselnder Erscheinungen und unbegründeter Meinungen entdeckt werden. Diese Entdeckung vollzieht sich durch einen Prozeß vorläufiger Bejahungen, darauffolgender Verneinungen und endgültiger Bejahungen. Sie vollzieht sich durch ein „Ja" und „Nein", d. h. dialektisch. Die Oberfläche muß durchstoßen, die Tiefe des Erscheinenden erfaßt werden, nämlich die *ousia,* das Wesen der Dinge, das, was ihnen Seinsmächtigkeit gibt. Dies ist ihre Wahrheit, das wahrhaft Wirkliche im Unterschied zum scheinbar Wirklichen. Es könnte jedoch nicht als wahr bezeichnet werden, wenn es nicht wahr wäre *für* jemanden, nämlich für den Geist, der in der Macht des vernünftigen Wortes, des *logos,* die Ebene der Wirklichkeit erreicht, in der das wahrhaft Wirkliche „wohnt". Dieser Wahrheitsbegriff ist nicht gebunden an seinen sokratisch-platonischen Geburtsort. Wie auch immer die Terminologie sich ändern mag, wie auch immer die Beziehung zwischen wahrhafter und scheinbarer Wirklichkeit beschrieben, die Beziehung des Geistes zur Wirklichkeit verstanden werden mag, man kann dem Problem des wahrhaft Wirklichen nicht aus dem Wege gehen. Das scheinbar Wirkliche ist nicht unwirklich, aber es ist trügerisch, wenn es für das wahrhaft Wirkliche gehalten wird.

Man könnte sagen, der Begriff des wahren Seins sei das Resultat enttäuschter Erwartungen in unserer Begegnung mit der Wirklichkeit. Wir begegnen z. B. einem Menschen, und die Eindrücke, die wir von ihm empfangen, lassen in uns Erwartungen über sein zukünftiges Verhalten entstehen. Einige dieser Erwartungen werden sich als trügerisch erweisen und den Wunsch nach einem „tieferen" Verständnis seiner Persönlichkeit erwecken, mit dem verglichen das erste Verständnis „oberflächlich" war. Neue Erwartungen entstehen, erweisen sich wieder als zum Teil trügerisch und treiben uns zu der Frage nach einer noch tieferen Schicht seiner Persönlichkeit. Schließlich kann es uns gelingen, seine wirkliche, wahre Persönlichkeitsstruktur zu entdecken, sein Wesen und seine Seinsmächtigkeit, und wir werden nicht mehr getäuscht werden. Wir können noch überrascht werden; aber solche Überraschungen erwarten wir, wenn eine Person das Erkenntnisobjekt ist. Die Wahrheit eines Dinges ist diejenige Schicht seines Seins, deren Erkenntnis falsche Erwartungen und darauffolgende Enttäuschungen unmöglich macht. Daher ist die Wahrheit sowohl das Wesen der Dinge als auch der Erkenntnisakt, mit dem ihr Wesen ergriffen wird. Der Begriff Wahrheit ist wie der Begriff Vernunft subjektiv-objektiv. Ein Urteil ist wahr, weil es das wahre Sein ergreift und ausdrückt, und das wahrhaft Wirkliche wird zur Wahrheit, wenn es in einem wahren Urteil ergriffen und ausgedrückt wird.

Der Widerstand der gegenwärtigen Philosophie gegen den ontologischen Gebrauch des Begriffs Wahrheit beruht auf der Annahme, daß die Wahrheit sich nur im Bereich der empirischen Wissenschaft als wahr erweisen könne. Aussagen, die sich nicht durch das Experiment als wahr erweisen lassen, werden als Tautologien, Gefühlsausbrüche oder sinnlose Behauptungen angesehen. Diese Haltung enthält eine bedeutsame Wahrheit. Aussagen, die weder von unmittelbarer Evidenz sind, noch die Möglichkeit zur Verifizierung besitzen, haben keinen Erkenntniswert. Verifizierung bedeutet eine Methode, über die Wahrheit oder Falschheit eines Urteils zu entscheiden. Ohne eine solche Methode sind Urteile ein Ausdruck des subjektiven Zustandes einer Person, aber nicht Akte der erkennenden Vernunft. Die ständige Nachprüfbarkeit gehört zum Wesen der Wahrheit, hierin hat der Positivismus recht. Jede erkenntnismäßige Annahme (Hypothese) muß geprüft werden. Der sicherste Prüfstein ist das wiederholbare Experiment. Ein Erkenntnisbereich, in dem es angewandt werden kann, hat den Vorzug methodischer Genauigkeit und die Möglichkeit, eine Behauptung jeden Augenblick nachprüfen zu können. Aber es geht nicht an, die experimentelle Methode der Verifizierung zum ausschließlichen Werkzeug aller Verifizierung zu machen. Die Verifizierung kann sich im Lebensprozeß selbst ereignen. Verifizierung dieses Typs, die erfahrungsmäßig, aber nicht experimentell ist, hat den Vorzug, daß sie den Lebensprozeß nicht aufhalten und seine Einheit nicht zerreißen muß, wie es die experimentelle Methode der Verifizierung tun muß. Verifizierung nichtexperimentellen Charakters ist lebenswahrer, obwohl weniger exakt und bestimmt. Bei weitem der größte Teil aller Verifizierung ist Sache der Erfahrung. In einigen Fällen arbeiten experimentelle und erfahrungsmäßige Verifizierung zusammen. In anderen Fällen fehlt das experimentelle Element völlig.

Es ist offensichtlich, daß diese beiden Methoden der Verifizierung den beiden Erkenntnishaltungen, dem beherrschenden Erkennen und dem einenden Erkennen, entsprechen. Beherrschende Erkenntnis wird verifiziert durch die technische Beherrschung der Natur. Die technische Anwendung der wissenschaftlichen Erkenntnis ist ihr stärkster und eindrucksvollster Wahrheitsbeweis. In der Arbeit jeder Maschine vollzieht sich ein ständig sich wiederholendes Nachprüfen der Wahrheit der wissenschaftlichen Voraussetzungen, auf Grund deren sie konstruiert worden ist. Einende Erkenntnis erweist sich als wahr durch die schöpferische Vereinigung von zwei Wesen, dem des Erkennenden und dem des Erkannten. Dieser Test ist offensichtlich in keinem einzelnen Moment wiederholbar noch exakt. Der Lebensprozeß selbst liefert den Test. Deshalb ist dieser unbestimmt und vorläufig; es ist ein Moment des Risikos mit ihm verbunden. Künftige Stadien des gleichen Lebensprozesses können zeigen, daß das Risiko zu groß war. Dennoch müssen wir es eingehen. Die Verifikation durch Erfahrung muß immer von neuem versucht werden, ob sie durch experimentelle Tests unterstützt werden kann oder nicht.

Lebensprozesse sind der Gegenstand biologischer, psychologischer und soziologischer Forschung. In diesen Disziplinen ist ein großes Maß von beherrschendem Erkennen und experimentierender Verifizierung möglich und ständig am Werke. Wenn sich die Wissenschaftler mit den Lebensprozessen beschäftigen, so haben sie das Recht, sich um die möglichst weite Ausdehnung der experimentellen Methode zu bemühen. Aber diesen Versuchen sind Grenzen gesetzt, die nicht durch Unfähigkeit, sondern durch die Natur der Sache gegeben sind. Lebensprozesse haben den Charakter der Ganzheit, der Spontaneität und der Individualität. Experimente setzen Isolierung, Regelmäßigkeit und Allgemeinheit voraus. Daher sind nur einzelne Elemente des Lebensprozesses für die experimentierende Verifizierung offen, weil die Lebensprozesse als ganze nur einendem Erkennen zugänglich sind. Ärzte, Psychotherapeuten, Erzieher, Sozialreformer und politische Führer haben es mit der Seite des Lebensprozesses zu tun, die total, spontan und individuell ist. Sie können nur auf der Grundlage eines Wissens arbeiten, das sich aus der Zusammenarbeit von beherrschendem und einendem Erkennen ergibt. Die Wahrheit solcher Erkenntnis ist verifiziert teilweise durch experimentellen Test, teilweise durch Partizipation am individuellen Leben, um das man sich bemüht. Wenn „Erkennen durch Partizipation" Intuition genannt wird, dann ist der

Verifizierung

Erkenntniszugang zu jedem individuellen Lebensprozeß ein intuitiver. Intuition in diesem Sinn ist nicht irrational und ignoriert auch nicht, was experimentell verifiziert worden ist.

Im Bereich der historischen Erkenntnis wirken experimentelle und erfahrungsmäßige Methoden der Verifizierung zusammen. Die materiale Seite der historischen Forschung gründet sich auf Quellen, Überlieferungen und Dokumente, die sich gegenseitig in einer den experimentellen Methoden vergleichbaren Weise bestätigen oder als falsch erweisen. Das Auswählen und Interpretieren jedoch, ohne das es nie eine Geschichtsschreibung gegeben hat, beruht auf Partizipation durch Verstehen und Erklären. Ohne daß das Sein des Historikers sich mit dem seines Objekts vereint, ist keine Geschichtsschreibung von Bedeutung möglich. Aber mit dieser Einung haben die gleiche Periode und die gleiche historische Gestalt viele verschiedene geschichtlich bedeutsame Interpretationen erfahren, auf Grund des gleichen, als wahr erwiesenen Materials. In dieser Hinsicht bedeutet Verifikation erhellen, verständlich machen, ein sinnvolles und folgerichtiges Bild entwerfen. Die Aufgabe des Historikers ist es, „lebendig zu machen", was vergangen ist. Der Prüfstein seines Erkenntniserfolges, der Wahrheit seines Bildes, ist der, ob ihm dies gelungen ist oder nicht. Dieser Test ist kein endgültiger, und jede historische Arbeit ist ein Wagnis. Aber es *ist* ein Test, eine aus der Erfahrung, wenn auch nicht aus dem Experiment stammende Verifikation.

Das Erkenntnisobjekt der Philosophie sind Prinzipien und Normen, die die Struktur der subjektiven und objektiven Vernunft konstituieren. Rationalismus und Pragmatismus erörtern die Frage ihrer Verifikation so, daß beide das Element des einenden Erkennens zu übergehen versuchen. Der Rationalismus versucht, Prinzipien und Normen als selbstevident, universal und notwendig herauszuarbeiten. Seins- und Denkkategorien, Prinzipien des ästhetischen Ausdrucks, Normen für Recht und Gemeinschaft können apriorisch gewonnen werden, d. h. unter Ausschluß der Erfahrung. Die dafür anzuwendende Erkenntnismethode ist analog der mathematischen, deren Erkenntnisse entweder unmittelbar evident oder analytisch sind. Nach dieser Auffassung kann das analytische Denken Entscheidungen treffen über die rationale Struktur des Geistes und der Wirklichkeit.

Der Pragmatismus behauptet genau das Gegenteil. Er bezeichnet die sogenannten Prinzipien der Vernunft, die Kategorien und Normen, als Resultate angesammelter und erprobter Erfahrung, die radikalen Wandlungen durch künftige Erfahrung zugänglich und immer neuen Erprobungen unterworfen sind. Die Kategorien und Normen müssen ihre Fähigkeit erweisen, die empirischen Erkenntnisse, die ästhetischen Formen, die gesetzlichen Strukturen und die Gestalten der Gemeinschaft zu erklären und zu beurteilen. Wenn sie imstande sind, das zu tun, dann haben sie sich pragmatisch als wahr erwiesen.

Weder der Rationalismus noch der Pragmatismus bemerken in der Erkenntnis das Element der Partizipation. Keiner von beiden unterscheidet das einende Erkennen vom beherrschenden Erkennen. Beide sind weitgehend bestimmt durch die Haltung des beherrschenden Erkennens und nehmen an dessen Begrenztheit teil. Beiden gegenüber muß gesagt werden, daß die Verifizierung der Prinzipien der ontologischen Vernunft weder den Charakter rationaler Selbstevidenz noch den pragmatischer Nachprüfbarkeit hat. Die rationale Selbst-Evidenz kann nur einem Prinzip zugeschrieben werden, das nicht mehr enthält als die reine Form der Rationalität, z. B. Kants kategorischem Imperativ. Jedes konkrete Prinzip, jede Kategorie und Norm, die mehr ausdrückt als reine Rationalität, ist der Bewahrheitung durch Experiment oder Erfahrung unterworfen. Sie sind nicht in sich selbst evident, auch wenn sie ein Element der Selbstevidenz enthalten. Der Pragmatismus befindet sich in keiner besseren Situation. Ihm fehlt ein Kriterium. Wenn das erfolgreiche Funktionieren der Prinzipien „Kriterium" genannt wird, dann entsteht die Frage: „Was ist das Kriterium des Erfolges?" Diese Frage kann ihrerseits nicht durch Hinweis auf Erfolg, d. h. pragmatisch beantwortet werden, es sei denn in völlig formalistischer Weise.

Die Form, in der philosophische Systeme akzeptiert, erfahren und verifiziert worden sind, weist auf eine Methode der Verifizierung hin, die jenseits von Rationalismus und Pragmatismus liegt. Diese Systeme haben über das Denken vieler Menschen Macht gewonnen durch die Art, wie sie beherrschendes Erkennen und einendes Erkennen vereinigt haben. Vom Standpunkt des beherrschenden Erkennens und vom Standpunkt der rationalen Kritik und der pragmatischen Tests sind sie unzählige Male widerlegt worden. Und doch sind sie lebendig geblieben. Ihre Verifizierung liegt in ihrer Wirksamkeit im Lebensprozeß der Menschheit, in dem sie sich als unerschöpflich an Bedeutung und an schöpferischer Kraft erweisen. Solche Verifizierung ist sicherlich nicht exakt und bestimmt, aber bleibend und wirksam. Sie stößt aus dem historischen Prozeß das aus, was erschöpft und machtlos geworden ist und im Licht der reinen Rationalität keinen Bestand hat. Sie verbindet das pragmatische und das rationale Element und verfällt dabei weder in die Irrtümer des Pragmatismus noch in die des Rationalismus. Trotzdem ist selbst diese Weise der Verifizierung bedroht durch letztes Scheitern. Sie ist lebenswahrer als die mit ihr konkurrierenden Methoden. Aber sie trägt das radikale Wagnis des Lebens in sich. Ihre Bedeutung liegt in dem, was sie zu verifizieren versucht, aber nicht in einer sicheren Methode der Verifizierung.

In dieser Situation spiegelt sich ein grundlegender Konflikt innerhalb der kognitiven Funktion der Vernunft. Das Erkennen befindet sich in einem Dilemma: Beherrschendes Erkennen ist sicher, aber nicht unbedingt bedeutsam, während einendes Erkennen von unbedingter Bedeutsamkeit sein kann, aber keine Sicherheit gibt. Der bedrohliche Charakter dieses Dilemmas ist kaum erkannt und verstanden worden. Aber wenn er erkannt und nicht von vorläufigen und unvollständigen Verifizierungen überdeckt wird, so muß er entweder zu verzweifelter Resignation über die Wahrheit oder zur Frage nach der Offenbarung führen. Denn Offenbarung erhebt den Anspruch, eine Wahrheit zu geben, die gewiß ist und uns unbedingt angeht — eine Wahrheit, die die Unsicherheit solchen Wagnisses auf sich nimmt, zugleich aber über sie hinausgeht.

II. DIE WIRKLICHKEIT DER OFFENBARUNG

A

DER BEGRIFF DER OFFENBARUNG

1. Die Merkmale der Offenbarung

a) *Methodische Bemerkungen.* Das Ziel der sogenannten phänomenologischen Methode ist es, die Sinngebilde zu beschreiben, und dabei zunächst die Frage nach der Wirklichkeit, auf die sie sich beziehen, außer acht zu lassen[1]. Die Bedeutung dieses methodischen Ansatzes liegt in der Forderung, daß der Sinn eines Begriffs geklärt und umschrieben werden muß, bevor über seine Gültigkeit entschieden, bevor er angenommen oder abgelehnt werden kann. Besonders im religiösen Bereich hat man einen Begriff viel zu oft in seinem ungeklärten, vagen oder populären Sinne verstanden, so daß er sehr leicht ein Opfer unbilliger Ablehnung werden mußte. Die Theologie muß sich den phänomenologischen Zugang zu all ihren Grundbegriffen zu eigen machen und von ihren Kritikern zu allererst verlangen, daß sie sehen, was die kritisierten Begriffe bedeuten. Und ebenso muß sie von sich selber verlangen, ihre Begriffe genau zu beschreiben und sie mit logischer Konsequenz anzuwenden. Nur so vermeidet sie die Gefahr, logische Lücken mit erbaulichen Aussagen auszufüllen. Das vorliegende System beginnt daher in jedem seiner fünf Teile damit, den Sinn der Grundbegriffe zu beschreiben, bevor es deren Wahrheit erörtert.

Das Kriterium einer phänomenologischen Beschreibung ist, daß das von ihr gezeichnete Bild überzeugend wirkt, daß es für jeden, der bereit ist, darauf hinzublicken, anschaulich wird, daß die Beschreibung andere verwandte Begriffe erhellt und daß die Wirklichkeit, die von diesen Begriffen widergespiegelt werden soll, verständlich wird. Die Phänomenologie weist auf die Phänomene hin, wie sie „sich selber geben", ohne daß negative oder positive Vorurteile und Erklärungen sich dazwischenschieben. Aber die phänomenologische Methode läßt eine Frage unbeantwortet, die für ihre Gültigkeit von entscheidender

---

[1] Vgl. Edmund Husserl, Ideen zu einer reinen Phänomenologie und phänomenologischen Philosophie (1913).

Bedeutung ist: Wo und wem wird eine Idee offenbart? Der Phänomenologe antwortet: Nimm ein typisches Offenbarungsereignis als Beispiel, und sieh in ihm und durch sein Medium den universalen Begriff von Offenbarung. Diese Antwort erweist sich in dem Augenblick als unbefriedigend, in dem der phänomenologischen Intuition verschiedene und vielleicht einander widersprechende Beispiele von Offenbarung begegnen. Durch welches Kriterium soll sich die Wahl eines Beispiels leiten lassen? Diese Frage kann die Phänomenologie nicht beantworten. Hieraus ergibt sich folgendes: Die Phänomenologie gibt wohl für den Bereich der logischen Sinnzusammenhänge — und nach ihnen hatte Husserl, der Begründer der phänomenologischen Methode, ursprünglich gefragt — einen gültigen Maßstab ab, dagegen kann sie im Bereich der geistigen Realitäten, z. B. der Religion, nur ein partieller Maßstab sein[1].

Die Frage, nach welchen Gesichtspunkten ein Beispiel ausgewählt werden soll, kann nur dann beantwortet werden, wenn in die „reine" Phänomenologie ein kritisches Element eingeführt wird. Die Entscheidung über das Beispiel darf nicht dem Zufall überlassen bleiben. Wäre das Beispiel nichts anderes als das Exemplar einer Gattung, wie es im Bereich der Natur der Fall ist, so wäre das kein Problem. Aber das geistige Leben erschafft mehr als nur Exemplare, es erschafft einmalige Verkörperungen von etwas Universalem. Deshalb ist es von allergrößter Bedeutung, für welches Beispiel man sich entscheidet, um eine phänomenologische Beschreibung vom Sinn eines Begriffs wie dem der Offenbarung zu geben. Eine solche Entscheidung ist ihrer Form nach kritisch, ihrem Inhalt nach existentiell. Sie ist abhängig von einer Offenbarung, die man empfangen hat und die man für die vollkommene Offenbarung hält, und sie ist kritisch gegenüber anderen Offenbarungen. Dennoch wird der phänomenologische Ansatz beibehalten. Dies ist „kritische Phänomenologie"; sie verbindet ein intuitiv-deskriptives mit einem existentiell-kritischen Element.

Das existentiell-kritische Element ist das Kriterium, nach dem das Beispiel ausgewählt wird. Das intuitiv-deskriptive Element ist die Technik, mittels derer der im Beispiel liegende Sinn wiedergegeben wird. Der konkrete und einmalige Charakter des Beispiels (z. B. die Offenbarungsvision des Jesaja) steht in einem Spannungsverhältnis zu dem universalen Anspruch der phänomenologischen Beschreibung, daß der Sinn dieses Beispiels für jedes Beispiel Gültigkeit besitze.

---

[1] Vgl. Max Schelers phänomenologische Rechtfertigung des ganzen römisch-katholischen Systems in seinem Buch: „Vom Ewigen im Menschen" (Leipzig, 1923). Husserl lehnte diesen Versuch mit Recht ab.

Die Merkmale der Offenbarung

Diese Spannung ist unvermeidlich. Sie kann auf doppelte Weise gemildert werden: entweder durch einen Vergleich der verschiedenen Beispiele oder durch die Wahl eines Beispiels, in dem absolute Konkretheit und absolute Universalität miteinander verbunden sind. Der erste Weg führt indessen zu einer Abstraktion, die den Beispielen ihre Konkretheit nimmt und ihren Sinn auf einen leeren Allgemeinbegriff reduziert (z. B. eine Offenbarung, die weder jüdisch noch christlich, weder prophetisch noch mystisch ist). Das ist genau das, was die Phänomenologie zu überwinden beabsichtigte. Der zweite Weg stützt sich auf die Überzeugung, daß eine spezielle Offenbarung (z. B. die Anerkennung Jesu als des Christus durch Petrus) die normgebende Offenbarung und daher von universaler Gültigkeit sei. Der Begriff der Offenbarung wird von dem „klassischen" Beispiel abgeleitet, aber der Begriff, der von diesem Beispiel abgeleitet wird, gilt für jede Offenbarung, wie unvollkommen und verzerrt das Offenbarungsereignis tatsächlich auch sein mag. Jedes Beispiel von Offenbarung muß dann beurteilt werden auf Grund des gewonnenen phänomenologischen Begriffs, da dieser den Wesenscharakter von Offenbarung ausdrückt.

Die kritische Phänomenologie ist die Methode, die sich am besten dazu eignet, geistige und geistliche Sinninhalte gültig zu beschreiben. Bei der Untersuchung ihrer Grundbegriffe muß die Theologie sie anwenden.

b) *Offenbarung und Mysterium.* Das Wort Offenbarung hat von jeher die Bedeutung einer Manifestation von etwas Verborgenem gehabt, zu dem man auf den gewohnten Wegen keinen Zugang haben kann. In der Alltagssprache gibt es einen weiteren Gebrauch des Wortes, der einen ganz vagen Charakter hat: jemand offenbart einem Freunde einen verborgenen Gedanken; ein Zeuge offenbart die Umstände eines Verbrechens; ein Wissenschaftler offenbart eine neue Methode, die er seit langem ausprobiert hat; jemandem kommt eine Einsicht „wie eine Offenbarung". Aber in all diesen Fällen ist der Gehalt der Worte „offenbaren‘ oder „Offenbarung" abgeleitet von ihrem eigentlichen und engeren Sinn. Eine Offenbarung ist eine besondere und außergewöhnliche Manifestation, die den Schleier von etwas entfernt, was in einer besonderen und außergewöhnlichen Weise verborgen ist. Diese Verborgenheit wird oft Mysterium genannt, ein Wort, das ebenfalls einen engeren und einen weiteren Sinn hat. Im weiteren Sinne umfaßt es das „Geheimnis" der höheren Mathematik und das „Geheimnis" des Erfolgs. Im engeren Sinne, von dem diese Ausdrücke ihre Kraft erhalten, weist es auf etwas hin, das wesenhaft ein Mysterium ist, etwas, das sein eigentliches Wesen verlöre, würde es seinen Mysteriumcharakter aufgeben. „Mysterium" in diesem eigentlichen Sinn ist abgeleitet von *myein*, „die Augen schließen" oder „den Mund schließen". Wenn man gewöhnliche Erkenntnis erlangen will, muß man die Augen öffnen, um das Objekt zu ergreifen, und den Mund öffnen, um Gemeinschaft mit anderen zu haben und die eigenen Einsichten nachprüfen zu können. Ein echtes Mysterium aber wird erfahren in einer Haltung, die der Haltung des gewöhnlichen Erkennens genau entgegengesetzt ist. Die „Augen sind geschlossen", weil das echte Mysterium den Akt des Sehens transzendiert. Das Mysterium charakterisiert eine Dimension, die der Subjekt-Objekt-Beziehung „vorausgeht". Die gleiche Dimension ist im „Schließen des Mundes" angedeutet. Es ist unmöglich, die Erfahrung des Mysteriums in alltäglicher Sprache auszudrücken, weil diese Sprache aus dem Subjekt-Objekt-Schema erwachsen und an sie gebunden ist. Wenn das Mysterium sich in der Sprache des Alltags ausdrückt, so wird es notwendig mißverstanden, auf eine andere Dimension bezogen, entweiht. Das ist der Grund, warum der Verrat des Inhalts der Mysterienkulte eine Blasphemie darstellte, die mit dem Tode gesühnt werden mußte.

Was wesentlich geheimnisvoll ist, kann seinen Geheimnischarakter nicht verlieren, auch wenn es offenbart ist. Sonst wäre damit ein nur scheinbares und kein echtes Mysterium offenbart. Aber ist es nicht ein begrifflicher Widerspruch, von der Offenbarung einer Sache zu reden, die gerade *in* ihrer Offenbarung ein Mysterium bleibt? Gerade dieser scheinbare Widerspruch wird von der Religion und der Theologie behauptet. Wo immer diese beiden Behauptungen aufgestellt werden, daß Gott sich offenbart hat und daß er ein unendliches Mysterium für die ist, denen er sich offenbart hat, da ist indirekt dieses Unvereinbare ausgesprochen. Aber es ist kein wirklicher Widerspruch, denn die Offenbarung ist nicht irrational. Offenbarung von dem, was seinem Wesen nach ein Mysterium ist, bedeutet Manifestation von etwas, das innerhalb des Zusammenhangs der alltäglichen Erfahrung begegnet und doch den gewöhnlichen Erfahrungszusammenhang transzendiert. Man weiß mehr vom Mysterium, nachdem es sich in der Offenbarung manifestiert hat. Das Mysterium ist in die Erfahrung eingetreten, und unsere Beziehung zu ihm ist offenbar geworden. Obgleich in dieser Beziehung Erkenntniselemente enthalten sind, löst Offenbarung das Mysterium nicht auf, auch fügt es nichts der Totalität unseres alltäglichen Wissens, nämlich dem Wissen von der Subjekt-Objekt-Struktur der Wirklichkeit, hinzu.

Um den eigentlichen Gebrauch des Wortes Mysterium reinzuerhalten, muß ein falscher oder verwirrender Gebrauch vermieden werden. Das Wort Mysterium sollte nicht gebraucht werden für etwas, das aufhört, Mysterium zu sein, nachdem es offenbart worden ist. Nichts, was durch einen methodischen Erkenntniszugang entdeckt werden kann, sollte Mysterium genannt werden. Was heute nicht bekannt ist, morgen aber bekannt sein könnte, ist kein Mysterium. Ein anderer unrichtiger und verwirrender Gebrauch des Wortes ist verbunden mit dem Unterschied von beherrschendem Erkennen und einendem Erkennen. Solche Elemente der Wirklichkeit, zu denen man nicht durch beherrschendes Erkennen Zugang hat, wie Qualitäten, Gestalten, Sinnzusammenhänge, Werte, werden als Mysterium bezeichnet. Aber die Tatsache, daß sie einen anderen Erkenntnisweg erfordern, bedeutet nicht, daß sie ein Mysterium sind. Die Qualität einer Farbe oder der Sinn einer Idee oder die Natur eines Lebewesens ist nur dann ein Mysterium, wenn die Methode der quantitativen Analyse das Modell aller Erkenntnis ist. Eine solche Einengung der Erkenntnisfähigkeit läßt sich nicht rechtfertigen. Die Erkenntnis dieser Elemente der Wirklichkeit ist rational, obwohl sie nicht auf dem beherrschenden Erkennen beruht.

Das echte Mysterium erscheint erst da, wo die Vernunft über sich selbst hinaus zu ihrem „Grund und Abgrund" vorstößt, zu dem, was der Vernunft „vorausgeht", zu dem Faktum, daß „das Seiende ist und das Nicht-Seiende nicht ist" (Parmenides), zu der Urtatsache, daß etwas ist und nicht nichts ist. Wir können dies die „negative Seite" des Mysteriums nennen. Sie ist in allen Vernunftfunktionen gegenwärtig, sie wird sowohl in der subjektiven als auch in der objektiven Vernunft sichtbar. Das „Stigma" der Endlichkeit, das in allen Dingen und in der Totalität der Wirklichkeit erscheint, und der „Schock", der das Bewußtsein ergreift, wenn es der Bedrohung durch das Nichtsein begegnet, offenbaren die negative Seite des Mysteriums, das abgrundhafte Element im Grunde des Seins. Diese negative Seite ist immer potentiell gegenwärtig, und sie kann ebenso in der kognitiven Funktion der Vernunft wie in allen anderen Funktionen erlebt werden. Sie ist ein notwendiges Element in der Offenbarung. Ohne sie wäre das Mysterium kein Mysterium. Ohne das „ich vergehe" aus der Berufungsvision Jesajas kann Gott nicht erfahren werden (Jes. 6, 5). Ohne die „dunkle Nacht der Seele" kann der Mystiker das Mysterium des Grundes nicht erfahren.

Die positive Seite des Mysteriums — die die negative in sich einschließt — manifestiert sich in jeder Offenbarung. Hier erscheint das Mysterium als Grund und nicht nur als Abgrund. Es erscheint als die

Macht des Seins, die das Nicht-Sein überwindet. Es erscheint uns als etwas, das uns unbedingt angeht. Und es drückt sich aus in Symbolen und Mythen, die auf die Tiefe der Vernunft und ihr Mysterium hinweisen.

Offenbarung ist die Manifestation dessen, was uns unbedingt angeht. Das Mysterium, das offenbart wird, geht uns unbedingt an, weil es der Grund unseres Seins ist. Die Religionsgeschichte hat Offenbarungsereignisse immer als solche beschrieben, die erschüttern, verwandeln, Forderungen stellen und unbedingt bedeutungsvoll sind. Sie haben ihren Ursprung in göttlichen Quellen, in der Macht dessen, was heilig ist, und das deshalb einen unbedingten Anspruch an uns hat. Nur das Mysterium, das uns unbedingt angeht, erscheint in der Offenbarung. Ein großer Teil der Ideen, die sich von vermeintlichen Offenbarungen herleiten — Objekte und Ereignisse innerhalb der Subjekt-Objekt-Struktur der Wirklichkeit —, sind weder echtes Mysterium noch gründen sie sich auf echte Offenbarung. Das Wissen von Natur und Geschichte, von Individuen, ihrer Zukunft und ihrer Vergangenheit, von verborgenen Dingen und Ereignissen — all dies ist nicht eine Sache der Offenbarung, sondern von Beobachtung, Intuition und Schlußfolgerung. Wenn ein solches Wissen vorgibt, aus der Offenbarung zu stammen, so muß es den Methoden der Verifizierung unterworfen werden und muß je nach dem Ausgang dieser Untersuchung angenommen oder verworfen werden. Es liegt außerhalb der Offenbarung, weil es etwas ist, was uns weder unbedingt angeht noch echtes Mysterium ist.

Offenbarung als Offenbarung des Mysteriums ist immer nur Offenbarung für jemanden in einer konkreten Situation unbedingten Betroffenseins. Das kommt in allen Ereignissen, die traditionell als offenbarungsmächtig bezeichnet werden, klar zum Ausdruck. Es gibt keine „Offenbarung überhaupt". Die Offenbarung ergreift ein Individuum oder eine Gruppe, und zwar meistens eine Gruppe, durch ein Individuum; nur in dieser Korrelation hat sie offenbarende Macht. Offenbarungen, die außerhalb der konkreten Situation empfangen worden sind, sind nichts anderes als Berichte von Offenbarungen, von denen andere Gruppen versichern, daß sie sie empfangen haben. Die Kenntnis solcher Berichte und selbst ihr eingehendes Verständnis macht sie noch nicht zur Offenbarung für jemanden, der nicht zu der Gruppe gehört, die von der Offenbarung ergriffen worden ist. Es gibt keine Offenbarung, wenn es niemanden gibt, der sie als etwas empfängt, das ihn unbedingt angeht.

Die Offenbarung enthält stets ein subjektives und ein objektives Geschehen, die streng voneinander abhängen. Jemand ist von der

Die Merkmale der Offenbarung

Manifestation des Mysteriums ergriffen: das ist die subjektive Seite des Geschehens. Etwas geschieht, durch das das Mysterium der Offenbarung jemanden ergreift: das ist die objektive Seite. Diese beiden Seiten können nicht voneinander getrennt werden. Wenn nichts objektiv geschieht, so wird nichts offenbart. Wenn niemand das subjektiv empfängt, was objektiv geschieht, so verfehlt das Ereignis, etwas zu offenbaren. Das objektive Ereignis und die subjektive Aufnahme gehören beide zum Ganzen des Offenbarungsgeschehens. Es gibt keine Offenbarung ohne die empfangende Seite, und es gibt keine Offenbarung ohne die gebende Seite. Das Geheimnis erscheint objektiv in der Form dessen, was man gewöhnlich „Wunder" genannt hat. Es erscheint subjektiv in der Form dessen, was man zuweilen „Ekstase" genannt hat. Beide Begriffe müssen völlig neu verstanden werden.

c) *Offenbarung und Ekstase.* Gebraucht man das Wort Ekstase in einer theologischen Darstellung, so nimmt man damit ein noch größeres Wagnis auf sich, als wenn man das Wort Mysterium gebraucht; denn obwohl der Sinn des Begriffs Mysterium so vielfach entstellt ist, würden doch nur wenige zögern, vom göttlichen Mysterium zu sprechen — wenn sie überhaupt von Gott sprechen. Anders steht es mit der Ekstase. Die sogenannten ekstatischen Bewegungen haben diesen Begriff mit irreführenden Nebenbedeutungen belastet, obwohl Propheten und Apostel immer wieder in vielfältigen Begriffen von ihren ekstatischen Erfahrungen geredet haben. Der Begriff Ekstase muß von seinen entstellenden Nebenbedeutungen gereinigt und zu nüchternem theologischem Gebrauch wiederhergestellt werden. Erweist sich das als unmöglich, so wird die Sache, die mit diesem Wort beschrieben ist, aus unserem Horizont verschwinden, bis ein anderes Wort gefunden werden kann.

Ekstase (außerhalb seiner selbst stehen) weist auf einen Bewußtseinszustand hin, der außergewöhnlich ist in dem Sinne. daß das Bewußtsein seinen gewohnten Zustand transzendiert. Ekstase ist keine Negation der Vernunft. Sie ist der Bewußtseinszustand, in dem die Vernunft jenseits ihrer selbst ist, d. h. jenseits ihrer Subjekt-Objekt-Struktur. Wenn die Vernunft jenseits ihrer selbst ist, so bedeutet das nicht, daß sie sich verneint. Ekstatische Vernunft bleibt Vernunft; sie empfängt nichts Irrationales oder Antirationales — was nicht ohne Selbstzerstörung möglich wäre —, aber sie transzendiert die Grundbedingung der endlichen Rationalität, die Subjekt-Objekt-Struktur. Diesen Zustand versuchen die Mystiker durch Askese und Meditation zu erreichen. Aber sie wissen, daß diese nur Vorbereitung sind und daß die ekstatische Erfahrung ausschließlich durch die Manifestation des Mysteriums in einer Offenbarungssituation geschieht. Ekstase ereignet sich nur dann, wenn der Geist vom Mysterium, nämlich vom Grunde des Seins und Sinns, ergriffen ist. Und umgekehrt: Es gibt keine Offenbarung ohne Ekstase. Bestenfalls gibt es eine wissenschaftlich nachprüfbare Information. Die Ekstase des Propheten, von der die prophetische Literatur überall berichtet, weist darauf hin, daß die Erfahrung der Ekstase universale Bedeutung hat.

Der Begriff Ekstase wird häufig mit Enthusiasmus verwechselt. Diese Verwechslung läßt sich leicht verstehen. Das Wort „Enthusiasmus" bedeutet den Zustand, Gott in sich zu haben oder in Gott zu sein. In beiden Bedeutungen hat der enthusiastische Bewußtseinszustand ekstatische Eigenschaften, und die ursprüngliche Bedeutung dieser beiden Worte ist nicht grundlegend voneinander verschieden[1]. Aber das Wort Enthusiasmus hat die religiösen Nebenbedeutungen verloren, und man hat es verstanden als leidenschaftliche Unterstützung einer Idee, eines Wertes, einer Tendenz, eines menschlichen Wesens usw. Enthusiasmus hat nicht mehr die Bedeutung einer Beziehung zum Göttlichen, während in der Ekstase wenigstens bis zu einem gewissen Grade diese Bedeutung noch enthalten ist.

Heute ist der Sinn des Wortes Ekstase weitgehend durch religiöse Gruppen bestimmt, die von sich behaupten, besondere religiöse Erfahrungen zu haben: persönliche Inspirationen, außergewöhnliche geistliche Gaben, individuelle Offenbarungen, Erkenntnis esoterischer Mysterien. Solche Behauptungen sind so alt wie die Religion selber und sind immer Gegenstand des Staunens und kritischer Beurteilung gewesen. Es wäre falsch, diese Behauptungen von vornherein zurückzuweisen und zu leugnen, daß diese Gruppen echte Ekstase erfahren haben. Aber man sollte ihnen nicht erlauben, diesen Begriff zu usurpieren. Ekstase hat einen legitimen Platz in der Theologie, vor allem in der apologetischen Theologie.

Die sogenannten ekstatischen Bewegungen sind in fortwährender Gefahr — der sie ziemlich häufig erliegen —, religiöse Überreizung mit der Gegenwart des göttlichen Geistes oder mit dem Offenbarungsereignis zu verwechseln. In jeder echten Manifestation des Mysteriums geschieht etwas sowohl objektiv wie subjektiv. Im Zustand religiöser Überreizung geschieht etwas rein Subjektives, das häufig künstlich produziert wird. Deshalb hat er keine Offenbarungskraft. Aus sol-

---

[1] In der Reformationszeit wurden diejenigen Gruppen, die behaupteten, durch besondere geistliche Offenbarung geführt zu sein, „Enthusiasten" oder Schwärmer genannt.

chen subjektiven Erfahrungen kann weder eine praktische noch eine theoretische Deutung dessen, was uns unbedingt angeht, abgeleitet werden. Die religiöse Überreizung ist ein Bewußtseinszustand, der mit psychologischen Begriffen vollständig umschrieben werden kann. Obwohl auch die Ekstase eine psychologische Seite hat, übersteigt sie die psychologische Ebene. Sie offenbart etwas Gültiges über die Beziehung zwischen dem Mysterium des Seins und uns. Die Ekstase ist die Form, in der das, was uns unbedingt angeht, sich im ganzen unserer psychologischen Struktur manifestiert. Es kommt in ihr zur Erscheinung. Aber es kann nicht von ihr abgeleitet werden.

Die Bedrohung durch das Nichtsein, die das Bewußtsein ergreift, ruft den „ontologischen Schock" hervor. In ihm wird die negative Seite des Seinsgeheimnisses — sein abgründiges Element — erfahren. Der „Schock" weist auf einen Bewußtseinszustand hin, in dem das Bewußtsein aus seinem normalen Gleichgewicht herausgeworfen, in seiner Struktur erschüttert ist. Die Vernunft erreicht ihre Grenze, sie wird auf sich selbst zurückgeworfen und dann wieder in ihre Grenzsituation hineingetrieben. In der erkennenden Funktion kommt die Erfahrung des ontologischen Schocks durch die philosophische Grundfrage — die Frage nach Sein und Nichtsein zum Ausdruck. Diese Frage ist nicht ganz unmißverständlich in folgender Form gefragt worden: „Warum ist überhaupt etwas? Warum ist nicht nichts?" Die Form dieser Frage weist auf etwas hin, das dem Sein vorausgeht, von dem das Sein abgeleitet werden kann. Aber Sein kann nur von Sein abgeleitet werden. Der Sinn der Frage kann nur aus der Behauptung verstanden werden, daß das Sein das ursprüngliche Faktum ist, das sich nicht von irgend etwas anderem ableiten läßt. In diesem Sinne ist die Frage ein paradoxer Ausdruck des ontologischen Schocks und als solcher der Beginn aller echten Philosophie.

In der Offenbarung und in der ekstatischen Erfahrung, in der sie empfangen wird, wird der ontologische Schock zugleich wiederholt und überwunden. Er wiederholt sich in der vernichtenden Macht der göttlichen Gegenwart *(mysterium tremendum)* und in der erhebenden Macht der göttlichen Gegenwart *(mysterium fascinosum)*. Die Ekstase vereint die Erfahrung des Abgrundes, zu dem die Vernunft in all ihren Funktionen hingetrieben wird, mit der Erfahrung des Grundes, zu dem die Vernunft durch das Geheimnis ihrer eigenen Tiefe und der Tiefe des Seins hingetrieben wird.

Der ekstatische Zustand, in dem sich Offenbarung ereignet, zerstört nicht die rationale Struktur des Geistes. In der klassischen Literatur der großen Religionen stimmen alle Berichte über ekstatische Erfahrungen in diesem Punkt überein: Während dämonische Besessenheit die rationale Struktur des Bewußtseins zerstört, bewahrt und erhebt göttliche Ekstase das Bewußtsein, obwohl sie es transzendiert. Dämonische Besessenheit zerstört die ethischen und logischen Prinzipien der Vernunft, göttliche Ekstase bejaht sie. In vielen religiösen Quellen werden „dämonische Offenbarungen" entlarvt und verworfen, vor allem im Alten Testament. Eine Scheinoffenbarung, in der die Gerechtigkeit als das Prinzip der praktischen Vernunft verletzt wird, ist widergöttlich und wird daher als Lüge gebrandmarkt. Das Dämonische macht blind, es macht nicht offenbar. Im Zustand dämonischer Besessenheit ist der Geist nicht wirklich außer sich, sondern er ist in der Macht von partikularen Elementen seiner selbst, die sich in sein Zentrum drängen und es dadurch zerstören. Es gibt jedoch einen Punkt, in dem Ekstase und Besessenheit übereinstimmen. In beiden Fällen wird die normale Subjekt-Objekt-Struktur des Bewußtseins außer Kraft gesetzt. Aber während die göttliche Ekstase die Einheit des rationalen Bewußtseins nicht verletzt, wird sie durch die dämonische Besessenheit geschwächt oder zerstört.

Offensichtlich hat die Ekstase eine stark emotionale Seite. Aber es wäre ein Irrtum, die Ekstase auf ein rein emotionales Erlebnis zu reduzieren. In jeder ekstatischen Erfahrung werden alle ergreifenden und umgestaltenden Vernunftfunktionen über sich hinausgetrieben, und das Gleiche gilt vom Gefühl. Das Gefühl ist dem Geheimnis der Offenbarung und ihrer ekstatischen Aufnahme nicht näher als es die kognitive und die übrigen Vernunftfunktionen sind.

Im Hinblick auf ihr Erkentniselement wird Ekstase oft „Inspiration" genannt. Dieses Wort, von spirare, „atmen", abgeleitet, betont die reine Rezeptivität der erkennenden Vernunft in einer ekstatischen Erfahrung. Verwechslungen und Entstellungen haben den Begriff „Inspiration" fast ebenso unbrauchbar gemacht wie „Ekstase" und „Wunder". Inspiriertsein bedeutet dann in schöpferischer Stimmung sein oder von einer Idee ergriffen sein oder durch plötzliche Intuition das Verständnis für eine Sache gewinnen. Der entgegengesetzte Mißbrauch des Begriffs ist mit bestimmten Formen der Lehre von der Inspiration der biblischen Schriften verbunden. Inspiration wird verstanden als mechanischer Akt des Diktierens oder, in subtilerer Weise, als Akt mitteilender Information. Solchem Gebrauch von Inspiration liegt die Vorstellung zugrunde, daß die Vernunft von einem Wissen überfallen wird, das wie ein Fremdkörper ist, mit dem sie sich nicht vereinen kann, ein Fremdkörper, der die rationale Struktur des Bewußtseins zerstören würde, wenn er in ihm bleiben müßte. Tiefer gesehen ist eine mechanische oder irgendeine andere Form der nichtekstatischen Inspirationslehre dämonisch. Sie zerstört die rationale Struktur, die die Inspiration empfangen soll. Zweifellos kann durch Inspiration, wenn dies der Name für die kognitive Qualität der ekstatischen Erfahrung ist, keine Erkenntnis von endlichen Gegenständen oder Beziehungen vermittelt werden. Sie fügt dem Ganzen der Erkenntnis, das durch die Subjekt-Objekt-Struktur der Vernunft bestimmt ist, nichts hinzu. Die Inspiration eröffnet jedoch eine neue Dimension der Erkenntnis: die Dimension des Verstehens in bezug auf das, was uns unbedingt angeht, nämlich auf das Mysterium des Seins.

d) *Offenbarung und Wunder.* Das Wort „Wunder" bezeichnet nach der herkömmlichen Definition ein Ereignis, das den Naturgesetzen widerspricht. Diese Definition und die unzähligen, als unwahr erwiesenen Wundergeschichten aller Religionen haben den Begriff für die Theologie zu etwas Irreführendem und Gefährlichem gemacht. Aber ein Wort, das eine echte Erfahrung ausdrückt, kann nur fallen gelassen werden, wenn ein Ersatz zur Hand ist, und es scheint, daß bisher kein Ersatz gefunden wurde. Das Neue Testament gebraucht oft das griechische Wort *semeion*, „Zeichen", und will damit auf den religiösen Sinn der Wunder hinweisen. Aber das deutsche Wort „Zeichen" ohne qualifizierenden Zusatz kann den religiösen Sinn nicht zum Ausdruck bringen. Richtiger wäre es, das Wort „Ereignis" dem „Zeichen" hinzuzufügen und von *zeichengebenden Ereignissen* zu sprechen. Die ursprüngliche Bedeutung von Wunder, „das, was Verwunderung erregt", beschreibt in ganz adäquater Weise die objektive Seite der Offenbarungserfahrung. Aber diese Bedeutung ist verschlungen worden von der falschen Nebenbedeutung eines supranaturalen Eingreifens, das die natürliche Struktur der Ereignisse zerstört. Diese Assoziation wird vermieden durch den Ausdruck „zeichengebendes Ereignis".

Während das ursprüngliche, naive religiöse Bewußtsein Geschichten, die Staunen erregen, in Verbindung mit göttlichen Offenbarungen hinnimmt, ohne aus ihnen eine supranaturalistische Wundertheorie herzuleiten, machen naturalistische Zeiten die Verneinung der Naturgesetze zum Hauptpunkt der Wundergeschichten. Es entwickelt sich eine Art irrationaler Rationalismus, in dem der Grad der Absurdität in einer Wundererzählung zum Maßstab ihres religiösen Wertes gemacht wird. Je unmöglicher, desto mehr Offenbarungswert! Schon im Neuen Testament kann man feststellen, daß, je jünger die Tradition ist, desto mehr das widernatürliche Element gegenüber dem Zeichenelement hervorgehoben wird. Im nachapostolischen Zeitalter, als die apokryphen Evangelien entstanden, gab es der Absurdität gegenüber keine Hemmungen mehr. Heiden und Christen waren weniger daran interessiert, die Gegenwart des Göttlichen im umwandelnden und zeichengebenden Ereignis zu erfahren, als vielmehr an der Sensation, die sich durch widervernünftige Ereignisse für ihren rationalistischen Geist ergab. Dieser rationale Antirationalismus infizierte das späte Christentum und belastet noch heute das kirchliche und theologische Leben.

Die Manifestation des Seinsgeheimnisses zerstört nicht die Struktur des Seins, in der sie sich manifestiert. Die Ekstase, in der das Mysterium empfangen wird, zerstört nicht die rationale Struktur des Bewußtseins, von dem sie empfangen wird. Das zeichengebende Ereignis, das das Mysterium der Offenbarung vermittelt, zerstört nicht die rationale Struktur der Wirklichkeit, in der es erscheint. Wenn diese Kriterien zugrundegelegt werden, so kann eine sinnvolle Lehre von den zeichengebenden Ereignissen oder Wundern aufgebaut werden.

Man sollte das Wort „Wunder" nicht auf Ereignisse anwenden, die eine Zeitlang Verwunderung erregen, z. B. wissenschaftliche Entdeckungen, technische Schöpfungen, eindrucksvolle Werke der Kunst oder Politik, persönliche Leistungen usw. Sobald man sich an diese Dinge gewöhnt hat, hören sie auf, Verwunderung zu erregen, obwohl eine tiefe Bewunderung für sie bleiben und sogar wachsen kann. Ebenso wenig sind die Strukturen der Wirklichkeit, die Eigenschaften, das innere Telos der Dinge, Wunder, obwohl sie immer Objekte der Bewunderung sein werden. Es gibt ein Element der Verwunderung im Bewundern, aber es ist keine numinose Verwunderung; es weist nicht auf ein Wunder hin.

Wie die Ekstase den Schock des Nichtseins im Bewußtsein voraussetzt, so setzen die zeichengebenden Ereignisse das Stigma des Nichtseins in der Wirklichkeit voraus. Im Schock und im Stigma, die beide in genauer Korrelation zueinander stehen, erscheint die negative Seite des Seinsgeheimnisses. Das Wort Stigma weist hin auf Merkmale der Schande, etwa bei einem Verbrecher, und auf Merkmale der Gnade, etwa bei einem Heiligen. In beiden Fällen jedoch bezeichnet es etwas Negatives. Es gibt ein Stigma, das in allem Seienden erscheint, das Stigma der Endlichkeit und des unausweichlichen Nichtseins. Es ist auffallend, daß viele Wunderberichte die numinose Furcht beschreiben, von der diejenigen ergriffen werden, die die wunderbaren Ereignisse miterleben. Es ist das Gefühl, daß der sichere Boden der vertrauten Wirklichkeit unter ihren Füßen weggenommen wird. Die korrelativen Erfahrungen des Stigmas des Nichtseins in der Wirklich-

Die Merkmale der Offenbarung

keit und des Schocks des Nichtseins im Geist sind die Ursache solchen Gefühls. Obgleich solches Gefühl nicht in sich selbst Offenbarung ist, begleitet es jedes echte Offenbarungserlebnis.

Wunder können nicht als eine übernatürliche Durchbrechung der Naturprozesse gedeutet werden. Wenn eine solche Deutung richtig wäre, dann würde die Manifestation des Seinsgrundes die Struktur des Seins zerstören; Gott wäre in sich selbst zerspalten, wie es ja auch vom religiösen Dualismus behauptet wird. Ein solches Wunder würde man sinngemäßer als „dämonisch" bezeichnen, nicht weil es von „Dämonen" herrührt, sondern weil es eine Struktur der Destruktion aufweist. Es entspricht dem Zustand des „Besessenseins" und könnte als „Zauberei" bezeichnet werden. Die supranaturalistische Wundertheorie macht Gott zu einem Zauberer und zur Ursache der Besessenheit; sie verwechselt Gott mit dämonischen Strukturen im Bewußtsein und in der Wirklichkeit. Jedenfalls ist eine supranaturalistische Theologie als unhaltbar abzulehnen, die Modelle der Besessenheit und Zauberei benutzt, um das Wesen der Offenbarung zu beschreiben, und damit die subjektive und die objektive Vernunft der Zerstörung preisgibt.

Die zeichengebenden Ereignisse, in denen das Seinsgeheimnis sich manifestiert, bestehen in besonderen Konstellationen von Wirklichkeitselementen, die in Korrelation stehen zu besonderen Konstellationen von Bewußtseinselementen. Ein echtes Wunder ist zunächst ein Ereignis, das staunenerregend, ungewöhnlich, erschütternd ist, ohne der rationalen Struktur der Wirklichkeit zu widersprechen. Zweitens ist es ein auf das Seinsgeheimnis hinweisendes Ereignis, durch das eine Beziehung des Menschen zum Seinsgrund offenbar wird. Drittens ist es ein zeichengebendes Ereignis, das in Ekstase erfahren wird. Nur wenn diese drei Bedingungen erfüllt sind, kann man von einem echten Wunder sprechen. Was nicht erschüttert und nur Staunen erregt, hat keine Offenbarungsmacht. Was erschüttert, ohne auf das Seinsgeheimnis hinzuweisen, ist nicht Wunder, sondern Zauberei. Was nicht in Ekstase empfangen wird, ist der Bericht über ein geglaubtes Wunder, aber nicht selbst ein Wunder. Diese Tatsache wird vor allem in den synoptischen Aufzeichnungen der Wunder Jesu betont. Wunder geschehen nur an denen, für die sie zeichengebende Ereignisse sind, an denen, die sie im Glauben empfangen. Jesus lehnt es ab, „objektive" Wunder zu tun. Sie sind ein Widerspruch in sich selbst. Diese Korrelation ermöglicht es, die Worte, die Wunder beschreiben, und diejenigen, die Ekstasen beschreiben, untereinander auszutauschen. Man kann sagen, daß die Ekstase das Wunder des Bewußtseins und daß das Wunder die Ekstase der Wirklichkeit ist.

Da weder Ekstase noch Wunder die erkennende Vernunft zerstören, sind wissenschaftliche Analyse, psychologische und physikalische wie historische Untersuchung möglich und notwendig. Die Forschung kann und muß ohne Einschränkung weitergetrieben werden. Sie untergräbt den Aberglauben und die dämonischen Interpretationen der Offenbarung, der Ekstase und des Wunders. Naturwissenschaft, Psychologie und Geschichte sind Verbündete der Theologie im Kampf gegen die supranaturalistischen Entstellungen der echten Offenbarung. Wissenschaftliche Erklärung und historische Kritik schützen die Offenbarung; sie können sie nicht auflösen, denn die Offenbarung gehört einer Dimension der Wirklichkeit an, für die wissenschaftliche und historische Analysen nicht adäquat sind. Die Offenbarung ist die Manifestation der Tiefe der Vernunft und des Seinsgrundes. Sie weist hin auf das Mysterium der Existenz und auf das, was uns unbedingt angeht. Sie ist unabhängig von dem, was Naturwissenschaft und Geschichte über die Bedingungen aussagt, unter denen sie erscheint; und sie kann Wissenschaft und Geschichte nicht von sich abhängig machen. Es gibt keinen Widerspruch zwischen verschiedenen Dimensionen der Wirklichkeit. Die Vernunft empfängt die Offenbarung in Ekstase und Wunder; aber die Vernunft wird durch die Offenbarung nicht zerstört, wie auch die Offenbarung durch die Vernunft nicht entleert wird.

2. Die Medien der Offenbarung

a) *Die Natur als Medium der Offenbarung.* Es gibt keine Wirklichkeit, kein Ding und kein Ereignis, das nicht Träger des Seinsgeheimnisses werden und in die Offenbarungskorrelation eintreten kann. Nichts ist prinzipiell von der Offenbarung ausgeschlossen, weil sie nichts enthält, was auf besonderen Eigenschaften beruht. Keine Person und kein Ding sind als solche würdig, das zu repräsentieren, was uns unbedingt angeht. Andererseits hat jede Person und jedes Ding teil am Sein selbst, d. h. am Grund und Sinn des Seins. Ohne solche Partizipation hätte es keine Seinsmöglichkeit. Das ist der Grund, warum fast jede Seinsgestalt irgendwann einmal zum Medium der Offenbarung geworden ist.

Obwohl es nicht seine speziellen Eigenschaften sind, die den Offenbarungsträger zum Offenbarungsträger machen, so bestimmen sie doch die Richtung, in der ein Offenbarungsträger das Mysterium des Seins manifest macht. Potentiell kann ein Stein genau so wie eine Person

Die Medien der Offenbarung

Offenbarungsträger werden, sobald sie in die Offenbarungskonstellation eintreten. Doch besteht zwischen beiden ein Unterschied im Hinblick auf die Bedeutung und die Gültigkeit der Offenbarungen, deren Medien sie sind. Der Stein verkörpert eine sehr begrenzte Anzahl von Eigenschaften, die imstande sind, auf den Grund des Seins und Sinns hinzuweisen. Die Person verkörpert die zentralen Eigenschaften und dadurch implizit alle Eigenschaften, die auf das Mysterium der Existenz hinweisen können. Aber der Stein besitzt Eigenschaften, die in der Person nicht explizit verkörpert sind (die Macht der Dauer, des Widerstandes usw.). Solche Eigenschaften des Steins können bewirken, daß er im ganzen einer Offenbarung durch Personen oder durch geschichtliche Ereignisse eine helfende Rolle spielt. Von hier aus können sakramentale Elemente (Wasser, Wein, Öl usw.) als Offenbarungsmedien verstanden werden. Ihre unabhängige Funktion als Offenbarungsträger hat sich zu einer Hilfsfunktion verwandelt. Aber selbst in dieser Funktion ist ihre ursprünglich selbständige Macht noch erkennbar.

Die Medien der Offenbarung, die aus der Natur stammen, sind ebenso unzählbar wie die Naturobjekte selbst. Meer und Sterne, Pflanzen und Tiere, Körper und Seele des Menschen sind natürliche Medien der Offenbarung. Genauso zahlreich sind Naturereignisse, die in eine Offenbarungskonstellation eintreten können: die Himmelsbewegungen, der Wechsel von Tag und Nacht, Wachsen und Vergehen, Geburt und Tod, Naturkatastrophen, psychosomatische Vorgänge, z. B. der Reifungsprozeß, Krankheit, Geschlechtlichkeit, Gefahr. In all diesen Fällen hat nicht das Ding oder das Ereignis als solches Offenbarungscharakter; sie offenbaren das, was sie zum Medium oder Träger der Offenbarung macht[1].

---

[1] Um die sexuellen Riten und Symbole vieler Religionen beurteilen zu können, muß man sich vor Augen halten, daß nicht das Sexuelle als solches Offenbarung ist, sondern das Mysterium des Seins, das seine Beziehung zu uns durch das Medium des Sexuellen in besonderer Weise offenbart. Das erklärt und rechtfertigt den vielfachen Gebrauch sexueller Symbole im klassischen Christentum. Der Protestantismus, der mit Recht die Gefahr der Dämonisierung dieser Symbole erkannte, ist ihnen mit äußerstem Mißtrauen begegnet, hat dabei aber oft den medienhaften Charakter des Sexuellen in Offenbarungserlebnissen vergessen. Aber die Göttinnen der Liebe sind in erster Linie Göttinnen, die göttliche Macht und Würde ausstrahlen, und erst in zweiter Linie repräsentieren sie den sexuellen Bereich in seiner Tiefendimension. Indem der Protestantismus die sexuelle Symbolik verwirft, ist er nicht nur in Gefahr, viel symbolischen Reichtum preiszugeben, sondern auch den sexuellen Bereich loszulösen von dem Grunde des Seins und Sinns, in dem er verwurzelt ist und von dem er seine Weihe erhält.

Der Begriff der Offenbarung

Das tägliche Leben ist ein zweideutiges Gemisch von regulären und irregulären Ereignissen. In Offenbarungskonstellationen kann sowohl das Reguläre als auch das Irreguläre in extremer Form erlebt werden. Wenn das Reguläre Medium der Offenbarung wird, dann offenbart sich das Mysterium des Seins durch den rationalen Charakter von Geist und Wirklichkeit. Das Göttliche enthüllt seinen Logoscharakter, ohne damit aufzuhören, göttliches *Mysterium* zu sein. Wenn das Irreguläre Medium der Offenbarung ist, dann wird das Mysterium des Seins manifest durch die vorrationalen Elemente des Seins. Das Göttliche zeigt seinen Abgrundcharakter, ohne den Logoscharakter aufzuheben. Das Reguläre als Medium der Offenbarung bestimmt den sozialen und ethischen Typ der Religion. Kants Koordinierung des Sittengesetzes mit dem gestirnten Himmel ist ein Ausdruck für den Parallelismus des sittlichen und natürlichen Gesetzes und ihrer gemeinsamen Wurzel im göttlichen *logos*. Das Irreguläre als Medium der Offenbarung charakterisiert den paradoxen Typ der Religion. Wenn Kierkegaard als Symbol für das ständige Ausgeliefertsein den Schwimmer über der Tiefe des Ozeans gebraucht und den „Sprung" betont, der alles Geordnete und Rationale hinter sich läßt, so sind das klassische Ausdrucksweisen für diesen Religionstyp. Der gleiche Unterschied liegt dem gegenwärtigen Konflikt zwischen der Ritschlschen und der neuorthodoxen Theologie zugrunde.

Offenbarung durch die Medien der Natur ist nicht das gleiche wie natürliche Offenbarung. „Natürliche Offenbarung" (wenn es nicht Offenbarung durch Natur bedeuten soll) ist ein Widerspruch in sich; denn, wenn es natürliche Erkenntnis ist, dann ist es nicht Offenbarung, und wenn es Offenbarung ist, dann treibt es die Natur in Ekstase und Wunder über sich hinaus. Natürliche Erkenntnis über das Selbst und die Welt kann nicht zur Offenbarung des Seinsgrundes führen. Sie kann zur Frage nach dem Seinsgrund führen, und das ist es, was die sogenannte natürliche Theologie tun kann und tun muß. Es ist die Frage der Vernunft nach ihrem eigenen Grund und Abgrund. Sie wird durch die Vernunft gestellt, aber die Vernunft kann sie nicht beantworten. Die Offenbarung kann sie beantworten. Und diese Antwort beruht weder auf einer sogenannten natürlichen Offenbarung noch auf einer sogenannten natürlichen Theologie. Sie beruht auf wirklicher Offenbarung, auf Ekstase und zeichengebenden Ereignissen. „Natürliche Offenbarung" ist eine falsche Bezeichnung für das negative Element, das in jeder Offenbarungserfahrung gegenwärtig ist, nämlich die Erfahrung des Stigmas der Endlichkeit und des Schocks des Nichtseins.

Die Medien der Offenbarung

Bis hierher kann die erkennende Vernunft vorstoßen. Sie kann die Frage nach dem Mysterium im Grunde der Vernunft entfalten. Aber jeder Schritt hinter die Analyse dieser Situation ist entweder ein Argument ohne Schlüssigkeit oder ein Restbestand traditioneller Glaubensvorstellungen oder beides. Wenn Paulus von der götzendienerischen Verzerrung der potentiellen Erkenntnis Gottes aus der Natur spricht, so greift er die Heiden nicht wegen ihrer falschen Argumente an, sondern weil sie die durch das Medium der Natur möglichen Offenbarungen entstellt haben. In einem ekstatischen Erlebnis kann die Natur in einzelnen Bereichen oder im ganzen zum Medium der Offenbarung werden. Aber aus der Natur kann nicht im Wege des Argumentierens auf das Mysterium des Seins geschlossen werden. Selbst wenn das geschehen könnte, so dürfte man dennoch nicht von natürlicher Theologie und noch weniger von natürlicher Offenbarung sprechen.

b) *Geschichte, Gruppen und Individuen als Medien der Offenbarung.* Geschichtliche Ereignisse, Gruppen oder Individuen als solche sind nicht Medien der Offenbarung. Was ihnen Offenbarungsqualität gibt, ist die Offenbarungskonstellation, in die sie unter besonderen Bedingungen eintreten, nicht ihre historische Bedeutung oder ihre soziale oder persönliche Größe. Wenn die Geschichte in Form einer Korrelation von Ereignis und Ekstase über sich hinausdeutet, dann geschieht Offenbarung. Wenn Gruppen oder Personen transparent werden für den Grund des Seins und Sinns, dann geschieht Offenbarung. Aber daß sie geschieht, kann nicht vorausgesehen oder aus den Eigenschaften von Personen, Gruppen oder Ereignissen abgeleitet werden. Sie ist historisches, soziales und persönliches Schicksal. Sie steht unter dem leitenden Schaffen des göttlichen Lebens (s. unten S. 303 ff.).

Geschichtliche Offenbarung ist nicht Offenbarung *in* der Geschichte, sondern *durch* die Geschichte. Weil der Mensch essentiell ein geschichtliches Wesen ist, deshalb ereignet sich die Offenbarung, auch wenn ihr Medium ein Fels oder ein Baum ist, *in* der Geschichte. Aber die Geschichte hat nur dann Offenbarungsqualität, wenn ein besonderes Ereignis oder eine Abfolge von Ereignissen in ekstatischer Weise als Wunder erfahren werden. Solche Erlebnisse können sich mit großen schöpferischen oder zerstörerischen Ereignissen der nationalen Geschichte verbinden. Die politischen Ereignisse werden dann als göttliche Gaben, Gerichte, Verheißungen gedeutet und deshalb als etwas, was unbedingt angeht, und als eine Manifestation des Mysteriums des Seins.

Geschichte ist die Geschichte von Gruppen, die durch Persönlichkeiten repräsentiert und interpretiert werden. Beides, Gruppen und Persönlichkeiten, können in Verbindung mit historischen Ereignissen von Offenbarungscharakter zu Medien der Offenbarung werden. Diejenige Gruppe, die ihr historisches Schicksal ekstatisch erlebt, kann für andere Gruppen zum Medium der Offenbarung werden. Das war die Ahnung des jüdischen Prophetismus, als er alle Völker in den Segen Abrahams mit einschloß und in visionärer Schau alle Völker zum Berge Zion kommen sah, um den Gott Israels anzubeten. Die christliche Kirche ist sich stets ihrer Berufung bewußt gewesen, Offenbarungsträger für Völker und Individuen zu sein. In gleicher Weise können Persönlichkeiten, die im Zusammenhang mit Offenbarungsereignissen stehen, selber zu Medien der Offenbarung werden: entweder als Repräsentanten oder als Deuter dieser Ereignisse und manchmal als beides zugleich. Moses, David und Petrus sind sowohl Repräsentanten als auch Deuter von Offenbarungsereignissen. Cyrus repräsentiert ein Offenbarungsereignis, aber der zweite Jesaja deutet es. Der Missionar Paulus repräsentiert ein Offenbarungsereignis, aber der Theologe Paulus deutet es. In beiden Funktionen sind alle diese Männer Medien der geschichtlichen Offenbarung. Und sie alle weisen genauso wie die Ereignisse selbst auf etwas hin, was sie unendlich transzendiert, nämlich auf das, was uns unbedingt angeht.

Die Offenbarung durch Persönlichkeiten ist nicht beschränkt auf diejenigen, die die Geschichte repräsentieren oder deuten. Die Offenbarung kann sich durch jede Persönlichkeit ereignen, die transparent für den Seinsgrund ist. Obwohl der Prophet ein Medium der geschichtlichen Offenbarung ist, gibt es doch neben ihm noch andere personale Medien der Offenbarung. Der Priester, der die Sphäre des Heiligen verwaltet, der Heilige, der die Heiligkeit selber verkörpert, der gewöhnliche Gläubige, der durch den göttlichen Geist ergriffen ist, sie alle können Medien der Offenbarung für andere und für eine ganze Gruppe werden. Aber die priesterliche Funktion als solche hat keinen Offenbarungscharakter. Eine mechanisierte Handhabung religiöser Riten kann die Offenbarungsgegenwart der heiligen Wirklichkeit, deren Medium zu sein sie beansprucht, gänzlich ausschließen. Nur unter bestimmten Bedingungen offenbart die priesterliche Funktion das Mysterium des Seins. Das gleiche gilt vom Heiligen. Der Begriff des Heiligen ist mißverstanden und verzerrt worden, die Heiligkeit ist mit religiöser oder moralischer Vollkommenheit identifiziert worden. Aus diesem Grunde hat der Protestantismus die Lehre von den Heiligen aus der Theologie und damit die Wirklichkeit des Heiligen aus der Religion ausgestoßen. Aber Heiligsein ist nicht persönliche Vollkommenheit.

Die Medien der Offenbarung

Heilige sind Menschen, die transparent sind für den Seinsgrund, der durch sie offenbart wird, und die fähig sind, als Medien in die Offenbarungskonstellation einzutreten. Ihr Sein kann zu einem zeichengebenden Ereignis für andere werden. Dies ist die Wahrheit, die hinter der katholischen Praxis steht, von jedem Heiligen ein Wunder zu verlangen. Der Protestantismus läßt keinen Unterschied zu zwischen dem Heiligen und dem gewöhnlichen Gläubigen. Jeder Gläubige ist insofern ein Heiliger, als er zu der Gemeinschaft der Heiligen gehört, zu der neuen Wirklichkeit, die in ihrem Ursprung heilig ist; und jeder Heilige ist ein gewöhnlicher Gläubiger, sofern er zu denen gehört, die der Sündenvergebung bedürfen. Auf dieser Grundlage aber kann der Gläubige für andere zu einem Medium der Offenbarung werden und in *diesem* Sinn zu einem Heiligen. Sein Glaube und seine Liebe können Zeichen-Geschehnisse für diejenigen werden, die durch ihre Macht und ihre Kreativität ergriffen werden. Die protestantische Theologie muß das Problem der Heiligkeit neu durchdenken.

Die geschichtliche Offenbarung kann begleitet und unterstützt werden — und sie wird es für gewöhnlich — von der Offenbarung durch die Natur, weil die Natur die Grundlage ist, auf der die Geschichte sich bewegt, und ohne die sie keine Realität haben würde. Deshalb berichten uns Mythos und Heiligenlegenden, daß Naturkonstellationen mit Offenbarungscharakter an der geschichtlichen Offenbarung teilhaben. Die synoptischen Evangelien enthalten eine Fülle von Berichten, in denen Naturereignisse, die in die Offenbarungskonstellation eintraten, die Gegenwart des Reiches Gottes in Jesus als dem Christus bezeugen.

c) *Das Wort als Medium der Offenbarung und der Begriff des „inneren Wortes"*. Das Wort ist nicht nur für das Wesen der Offenbarung, sondern für fast jede theologische Lehre von so großer Wichtigkeit, daß die Entwicklung einer theologischen Semantik dringend notwendig ist. An mehreren Stellen innerhalb des theologischen Systems müssen semantische Fragen gestellt werden. Die rationale Struktur des Menschen kann nicht verstanden werden ohne das Wort, durch das er die rationale Struktur der Wirklichkeit ergreift. Die Offenbarung kann nicht verstanden werden ohne das Wort als Medium der Offenbarung. Die Gotteserkenntnis kann nicht anders beschrieben werden als durch die semantische Analyse des symbolischen Wortes. Die Symbole „Wort Gottes" und *logos* in ihren vielerlei Bedeutungen können nicht ohne Einblick in das Wesen des Wortes überhaupt verstanden werden. Die biblische Botschaft kann nicht ohne semantische und hermeneutische

Prinzipien interpretiert werden. Die kirchliche Predigt setzt ein Verständnis des Wortes voraus, das dessen Funktion als „Ausdruck" und als „Bezeichnung" umfaßt. Unter diesen Umständen darf es nicht wundernehmen, daß man den Versuch unternommen hatte, das Ganze der Theologie zu einer erweiterten Lehre vom „Wort Gottes" zu machen (Barth). Aber wenn das geschieht, muß das Wort entweder mit Offenbarung identifiziert und der Begriff Wort so weit gefaßt werden, daß jede göttliche Selbstmanifestation unter ihm subsumiert werden kann, oder die Offenbarung muß auf das *gesprochene* Wort beschränkt bleiben und das „Wort Gottes" buchstäblich statt symbolisch verstanden werden. Im ersten Fall geht der spezifische Sinn des Begriffs Wort verloren; im zweiten Fall bleibt der spezifische Sinn erhalten, aber es gibt keine *ohne Wort sich vollziehende* Selbstmanifestation Gottes. Das widerspricht jedoch nicht nur dem Sinn der göttlichen Macht, sondern auch der religiösen Symbolik in den biblischen und außerbiblischen Schriften, die, wenn sie die Erfahrung der göttlichen Gegenwart beschreiben, ebenso oft vom Sehen, Fühlen und Schmecken sprechen wie vom Hören. Daher kann das Wort nur dann zum allumfassenden Symbol der göttlichen Selbstmanifestation werden, wenn das „Wort Gottes" sowohl gesehen und geschmeckt als auch gehört wird. Die christliche Lehre von der Inkarnation des *logos* enthält das Paradox, daß das „Wort Gottes" zum Gegenstand des Anblicks und der Berührung geworden ist.

Die Offenbarung durch Worte darf nicht mit geoffenbarten Worten verwechselt werden. Menschliche Worte — sowohl die der sakralen wie die der profanen Sprache — entstehen im Prozeß der Menschheitsgeschichte und gründen sich auf der Erfahrungskorrelation zwischen Geist und Wirklichkeit. Das ekstatische Erlebnis der Offenbarung kann wie jedes andere Erlebnis zur Bildung und Umbildung einer Sprache beitragen. Aber es kann keine eigene Sprache erschaffen, die wie eine fremde Sprache gelernt werden müßte. Die Offenbarung gebraucht die Alltagssprache, genauso wie sie Natur und Geschichte, das psychische und das geistige Leben des Menschen als Medium der Offenbarung gebraucht. Die alltägliche Sprache, die die gewöhnliche Erfahrung des Geistes und der Wirklichkeit in ihrer kategorialen Struktur „ausdrückt" und „bezeichnet", wird zu einem Mittel, um die außergewöhnliche Erfahrung der Offenbarung auszudrücken und zu bezeichnen.

Das Wort vermittelt die selbstbezogene und auf direkte Weise unerreichbare Erfahrung eines Selbst einem anderen Selbst auf zweierlei Weise: durch „Ausdruck" und „Bezeichnung" Beides ist weithin miteinander verbunden, aber es gibt einen Ausdruckspol, bei dem die Bezeichnung fast fehlt, und es gibt einen Bezeichnungspol, bei dem der Ausdruck fast fehlt. Die bezeichnende Macht der Sprache ist ihre Fähigkeit, allgemeine Sinninhalte zu begreifen und zu vermitteln. Die Ausdruckskraft der Sprache ist ihre Fähigkeit, personale Zustände zu erhellen und mitzuteilen. Eine algebraische Gleichung hat einen fast ausschließlich bezeichnenden Charakter, ein Aufschrei hat einen fast ausschließlich expressiven Charakter. Aber selbst im Falle der mathematischen Gleichung kann die Befriedigung über die Evidenz des Resultats und die Angemessenheit der Methode zum Ausdruck kommen, und selbst im Falle des Aufschreis wird ein bestimmter Gefühlsinhalt bezeichnet. Fast alles Reden bewegt sich zwischen diesen beiden Polen.

Das Wort als Medium der Offenbarung deutet über den gewöhnlichen Gebrauch des Wortes sowohl in seiner Bezeichnungs- als auch in seiner Ausdrucksfunktion hinaus. In der Situation der Offenbarung bezeichnet die Sprache mit Hilfe des gewöhnlichen Wortsinns das, was über den gewöhnlichen Wortsinn hinausgeht, und drückt durch ihre Ausdruckskraft Dinge aus, die unaussprechlich sind. Das bedeutet nicht, daß, wenn das Wort zum Medium der Offenbarung wird, die logische Struktur der Alltagssprache zerstört wird. Sinnlose Wortverbindungen deuten nicht auf die Gegenwart des Göttlichen, obgleich sie eine große Ausdruckskraft haben können ohne rationalen Gehalt. Andererseits ist die Alltagssprache, selbst wenn sie es mit religiösen Gegenständen zu tun hat, nicht an sich Medium der Offenbarung. Sie besitzt nicht „Klang" und „Stimme", die das Unbedingte vernehmbar machen. Wenn die Alltagssprache vom Unbedingten spricht, vom Sein und Sinn, dann zieht sie es in die Ebene des Vorläufigen, Bedingten, Endlichen und erstickt auf diese Weise seine Offenbarungskraft. Dagegen vermittelt die Sprache als Medium der Offenbarung den „Klang" und die „Stimme" des göttlichen Mysteriums durch den Klang und die Stimme der menschlichen Sprache. Dank dieser Fähigkeit wird die Sprache zum „Wort Gottes". Wenn man eine optische Metapher zur Charakterisierung der Sprache heranziehen darf, so könnte man sagen, daß das „Wort Gottes" als das Wort der Offenbarung transparente Sprache ist. Etwas scheint (genauer: tönt) durch die alltägliche Sprache hindurch, nämlich die Selbstmanifestation der Tiefe des Seins und Sinns.

Offensichtlich ist das Wort als Medium der Offenbarung, das „Wort Gottes", nicht ein Wort, das zur Information über eine Wahrheit dient, die anders verborgen bleiben würde. Wenn es so wäre, wenn Offenbarung Information wäre, so bedürfte es keiner Transparenz der Sprache. Dann könnte die alltägliche Sprache, die keinen „Klang" des Unbedingten übermittelt, Information über „göttliche Dinge" abgeben.

Solche Information würde von erkenntnismäßigem und vielleicht ethischem Interesse sein, aber alle Merkmale der Offenbarung würden ihr fehlen. Sie hätte nicht die Macht, zu ergreifen, zu erschüttern und zu verwandeln, jene Macht, die wir dem „Worte Gottes" zusprechen.

Wenn das Wort als Medium der Offenbarung keine Information ist, dann kann es auch nicht außerhalb von Offenbarungsereignissen in der Natur, in der Geschichte und im Menschen gesprochen werden. Das Wort ist nicht *ein* Medium der Offenbarung, das zu anderen Medien hinzukommt; es ist ein notwendiges Element aller Offenbarungsformen. Weil der Mensch nur durch die Macht des Wortes Mensch ist, deshalb gibt es nichts wahrhaft Menschliches ohne das Wort, sei es als redendes oder als schweigendes Wort. Wenn die Propheten sprachen, dann sprachen sie über „die großen Taten Gottes", die Offenbarungsereignisse in der Geschichte Israels. Wenn die Apostel sprachen, dann sprachen sie über die „eine große Tat Gottes", das Offenbarungsereignis, das Jesus der Christus heißt. Wenn die Priester, die Seher und die Mystiker des Heidentums heilige Orakel gaben und heilige Schriften verfaßten, dann deuteten sie damit eine geistliche Wirklichkeit, die sich ihnen erst geöffnet hatte, nachdem sie die alltägliche Wirklichkeit hinter sich gelassen hatten. Das Sein geht dem Reden voraus, und die Offenbarungswirklichkeit geht dem Offenbarungswort voraus und bestimmt es. Eine Sammlung angeblicher Offenbarungen, die sich auf Glaube und Sitte beziehen, ohne ein Offenbarungsereignis, das sie deuten, ist ein Gesetzbuch mit göttlicher Autorisierung, aber es ist nicht das „Wort Gottes", und es hat keine offenbarerische Kraft. Weder die zehn Gebote noch das Doppelgebot der Liebe haben Offenbarungscharakter, wenn sie losgelöst sind von dem Bunde Gottes mit Israel oder vom Gegenwärtigsein des Reiches Gottes in Christus. Diese Gebote waren als Deutungen einer neuen Wirklichkeit gemeint und sollten als solche verstanden werden und nicht als Vorschriften, die sich gegen die alte Wirklichkeit richten. Sie sind Beschreibungen und nicht Gesetze. Das gleiche gilt von den Lehren. Es gibt keine geoffenbarten Lehren, aber es gibt Offenbarungsereignisse und -situationen, die mit lehrhaften Begriffen beschrieben werden können. Die kirchlichen Lehren sind sinnlos, wenn sie von der Offenbarungssituation, aus der heraus sie entstanden sind, losgelöst werden. Das „Wort Gottes" enthält weder geoffenbarte Gebote noch geoffenbarte Lehren, es begleitet und deutet Offenbarungssituationen.

Die Redewendung vom „inneren Wort" ist irreführend. Worte sind Verständigungsmittel. Das „innere Wort" wäre eine Art Selbstmitteilung, ein Monolog der Seele mit sich selbst. Aber der Begriff des „inneren Wortes" bedeutet das Reden Gottes in der Tiefe der Einzelseele.

Der Seele wird etwas gesagt, aber es wird weder mit gesprochenen noch mit schweigenden Worten gesagt. Es wird überhaupt nicht mit Worten gesagt. Es ist eine Bewegung der Seele in sich selbst. Das „innere Wort" drückt eine Negation des Wortes als Medium der Offenbarung aus. Ein Wort wird *zu* jemandem gesprochen; das „innere Wort" jedoch ist das Gewahrwerden dessen, was schon gegenwärtig ist, und was nicht gesagt zu werden braucht. Das gleiche gilt für die Redewendung „innere Offenbarung". Eine „innere Offenbarung" muß etwas offenbaren, was nicht schon Teil des inneren Menschen ist. Sonst wäre es nicht Offenbarung, sondern Erinnerung; etwas potentiell Gegenwärtiges würde aktuell und bewußt werden. In der Tat ist dies die Position der Mystiker, der Idealisten und der Spiritualisten, ob sie es selber wissen oder nicht. Aber der Mensch im Zustand der existentiellen Entfremdung kann die Botschaft vom Neuen Sein nicht durch Erinnerung empfangen. Sie muß zu ihm kommen, sie muß ihm gesagt werden, und das geschieht durch Offenbarung. Diese Kritik an der Lehre vom „inneren Wort" wird durch das leichte Umschlagen von Spiritualismus in Rationalismus geschichtlich bestätigt. Das „innere Wort" wurde mehr und mehr identifiziert mit logischen und ethischen Normen, die die rationale Struktur des Geistes und der Wirklichkeit konstituieren. Die Stimme der Offenbarung wurde ersetzt durch die Stimme unseres moralischen Gewissens, die uns nur daran erinnert, was wir schon von Natur wissen. Gegen die Lehre vom „inneren Wort" muß die christliche Theologie am Wort als Medium der Offenbarung festhalten, das in der Lehre vom Wort Gottes symbolisch zum Ausdruck kommt.

3. Die Dynamik der Offenbarung: Originale und abhängige Offenbarung

Die Offenbarungsgeschichte lehrt, daß ein Unterschied besteht zwischen originaler und abhängiger Offenbarung. Das folgt aus dem korrelativen Charakter der Offenbarung. Originale Offenbarung ist eine Offenbarung, die sich in einer Konstellation ereignet, die zuvor nicht existierte. Dieses Wunder und diese Ekstase sind zum erstenmal einander zugeordnet. Beide Seiten sind original. In der abhängigen Offenbarung bildet das Wunder und der erste Akt, in dem es als Wunder erfahren wurde, die gebende Seite, während die aufnehmende Seite sich in dem Grade wandelt, wie neue Individuen und neue Gruppen in die gleiche Offenbarungskonstellation eintreten.

Die originale Offenbarung kommt zu einer Gruppe durch einen individuellen Träger. Die Offenbarung kann nur in der Tiefe eines personhaften Lebens, in seinen Kämpfen, seinen Entscheidungen und seiner Selbsthingabe ursprünglich empfangen werden. Kein einzelner empfängt die Offenbarung für sich selbst. Er empfängt sie für seine Gruppe und indirekt für alle Gruppen, für die Menschheit als Ganzes. Das wird deutlich in der prophetischen Offenbarung, die immer den Charakter einer Berufung hat. Der Prophet ist der Mittler der Offenbarung für die Gruppe, die ihm anhängt — oft, nachdem sie ihn zunächst verworfen hat. Wir finden die gleiche Situation in den meisten Religionen und sogar in mystischen Gruppen. Ein Seher, ein Religionsstifter, ein Priester, ein Mystiker — das sind die Individuen, von denen die Gruppen, die in dieselbe Offenbarungskonstellation eintreten, ihre Offenbarung empfangen. Jesus ist Christus, sowohl, weil er potentiell der Christus war, als auch, weil er als Christus aufgenommen wurde. Ohne diese beiden Seiten wäre er nicht der Christus geworden. Das gilt nicht nur für die, die ihn zuerst aufnahmen, sondern auch für alle folgenden Generationen, die in eine Offenbarungskorrelation mit ihm eingetreten sind. Dennoch sind auch hier originale und abhängige Offenbarung unterschieden. Während Petrus dem Menschen Jesus, den er den Christus nannte, in originaler Offenbarungsekstase begegnete, trafen die folgenden Generationen auf den Jesus, der schon von Petrus und den Aposteln als der Christus aufgenommen worden war. So ereignet sich im Laufe der Kirchengeschichte immer neue Offenbarung, aber als abhängige Offenbarung. Das originale Wunder ist zusammen mit dem ersten Empfangen der ständige Bezugspunkt, während das, was die folgenden Generationen geistlich empfangen, ständig wechselt. Aber wenn eine Seite der Korrelation sich ändert, dann ändert sich die ganze Korrelation. Das ist Glaubenswahrheit und der unverrückbare Bezugspunkt für alle Perioden der Kirchengeschichte: „Jesus Christus derselbe gestern, heute und in Ewigkeit." Aber der Akt dieses Bezogenseins ist niemals der gleiche, sobald neue Generationen mit neuen Möglichkeiten des Aufnehmens in die Korrelation eintreten und sie verwandeln. Kein kirchlicher Traditionalismus und kein orthodoxer Biblizismus können dieser Situation der abhängigen Offenbarung entgehen. Damit ist die viel erörterte Frage beantwortet, ob die Kirchengeschichte Offenbarungskraft hat. Die Kirchengeschichte ist kein Ort originaler Offenbarungen neben der Offenbarung, auf die sie sich gründet. Vielmehr ist sie der Ort ständiger abhängiger Offenbarungen, und in ihnen stellt sich das Erkenntnis gebende Werk des Heiligen Geistes in der Kirche dar. Diese Seite wird oft „Erleuchtung" genannt und bezieht sich sowohl auf die Kirche als Ganzes als auch auf ihre einzelnen Glieder. Der Begriff „Erleuchtung" weist auf das Erkenntniselement in der Verwirklichung des Neuen Seins hin. Sie ist die kognitive Seite der Ekstase. Während unter „Inspiration" zumeist eine originale Offenbarung verstanden worden ist, hat man mit „Erleuchtung" das ausgedrückt, was wir „abhängige Offenbarung" nennen. Der göttliche Geist, der die Gläubigen als einzelne und als Gruppe erleuchtet, bringt ihre kognitive Vernunft in die Offenbarungskorrelation mit dem Ereignis, auf das sich das Christentum gründet.

Das führt zu einem weiteren Verständnis von Offenbarung im Leben des Christen. In jedem Augenblick, in dem der göttliche Geist den menschlichen Geist ergreift, erschüttert und umwandelt, wird die Situation abhängiger Offenbarung existent. In diesem Sinn ist jedes Gebet und jede Meditation, wenn sie ihren eigentlichen Sinn erfüllen, nämlich das Geschöpf mit seinem Schöpfungsgrund wieder zu vereinen, ein Stück Offenbarung. In jedem wirklichen Gebet sind die Zeichen der Offenbarung — Geheimnis, Wunder und Ekstase — gegenwärtig. Mit Gott zu reden und eine Antwort zu empfangen, ist ein ekstatisches und wunderbares Erlebnis; es transzendiert alle gewöhnlichen Strukturen der subjektiven und objektiven Vernunft. Es ist die Gegenwart des Mysteriums des Seins und eine Manifestation dessen, was uns unbedingt angeht. Wenn es auf die Ebene einer Zwiesprache zwischen zwei Wesen herabgezogen wird, ist es blasphemisch und lächerlich. Wenn es dagegen als „Erhebung des Herzens" verstanden wird, nämlich als Erhebung des personalen Zentrums zu Gott, dann ist es ein Offenbarungsereignis.

Diese Betrachtung schließt jede unexistentielle Auffassung der Offenbarung radikal aus. Sätze über eine vergangene Offenbarung haben den Charakter theoretischer Information, sie haben keine Offenbarungskraft. Nur durch autonomen Gebrauch des Intellekts oder durch heteronome Unterwerfung des Willens könnten sie als Wahrheit angenommen werden. Aber ein solches Annehmen wäre Menschenwerk, ein verdienstvolles Tun von jener Art, gegen das die Reformation einen Kampf auf Leben und Tod gekämpft hat. Ob es sich um originale oder um abhängige Offenbarung handelt, sie hat immer nur für diejenigen Offenbarungskraft, die an ihr teilhaben, die in die Offenbarungskorrelation eintreten.

Da sich die Offenbarungskorrelation durch jede neue Gruppe wandelt und das Gleiche in unendlich kleinem Maße durch jedes neue Individuum geschieht, das in sie eintritt, muß die Frage gestellt werden, ob diese Veränderung einen Punkt erreichen kann, wo die originale

Offenbarung sich erschöpft hat und abgelöst wird. Es ist die Frage nach dem möglichen Ende einer Offenbarungskorrelation, sei es, daß sie ihre Macht, neue Korrelationen zu schaffen, völlig verliert oder daß der unwandelbare Bezugspunkt völlig verschwindet. Beide Möglichkeiten haben sich unzählige Male in der Religionsgeschichte ereignet: In allen großen Religionen hat es sektenhafte und protestantische Bewegungen gegeben, die vorhandene religiöse Institutionen angegriffen haben, weil sie in ihnen einen absoluten Verrat an dem Sinn der originalen Offenbarung sahen, die sie noch als ihren Bezugspunkt anerkannten. Auf der anderen Seite haben Götter sogar aufgehört, unwandelbarer Bezugspunkt zu sein. Sie sind zu poetischen Symbolen und damit machtlos geworden, Offenbarungssituationen zu schaffen. Für die Christen hat Apollo keine Offenbarungsbedeutung. Dem Protestanten offenbart die Jungfrau Maria nichts. Die Offenbarung durch diese beiden Gestalten ist an ein Ende gelangt. Doch könnte man fragen, wie eine wirkliche Offenbarung an ein Ende gelangen kann. Wenn es Gott ist, der hinter jeder Offenbarung steht, wie kann etwas Göttliches aufhören zu sein? Und wenn es nicht Gott ist, der sich offenbart, warum gebraucht man dann den Begriff „Offenbarung"? Aber diese Alternative existiert nicht. Jede Offenbarung wird durch ein oder mehrere Medien der Offenbarung übermittelt. Keines dieser Medien hat in sich selbst Offenbarungskraft, aber unter den Bedingungen der Existenz erheben diese Medien den Anspruch, sie zu haben. Dieser Anspruch macht sie zu Götzen, und der Zusammenbruch dieses Anspruchs beraubt sie ihrer Macht. Die Offenbarungswahrheit, die sie einmal hatten, ist nicht verloren, wenn die Offenbarungskorrelation zu Ende ist, aber die götzendienerische Entartung ist überwunden. Das, was Offenbarung war, bleibt in umfassenderen und geläuterteren Offenbarungen als Element erhalten, und aller Offenbarungsgehalt ist potentiell gegenwärtig in der letztgültigen Offenbarung, die niemals an ein Ende gelangen kann, weil ihr Träger nichts für sich selbst beansprucht.

4. Die Offenbarungserkenntnis

Offenbarung ist die Manifestation des Mysteriums des Seins für die kognitive Funktion der menschlichen Vernunft. Sie vermittelt Erkenntnis — eine Erkenntnis jedoch, die nur in einer „Offenbarungssituation" empfangen werden kann, durch Ekstase und Wunder. Diese Korrelation weist auf den besonderen Charakter der „Offenbarungs-

Die Offenbarungserkenntnis

erkenntnis" hin[1]. Da die Offenbarungserkenntnis nicht aus der Offenbarungssituation herausgelöst werden kann, kann sie auch nicht in den Zusammenhang der gewöhnlichen Erfahrung als etwas Zusätzliches aufgenommen werden. Die Offenbarungserkenntnis vermehrt nicht unsere Erkenntnis über die Strukturen der Natur, der Geschichte und des Menschen. Wenn immer auf dieser Ebene ein Anspruch auf Erkenntnis erhoben wird, muß er der experimentellen Verifikation unterworfen werden. Wenn ein solcher Anspruch im Namen der Offenbarung oder irgend einer anderen Autorität erhoben wird, so muß er ignoriert werden, und die üblichen Methoden der Forschung und Verifikation müssen angewandt werden. Der Physiker wird durch die Offenbarungserkenntnis von der Schöpfung in seiner wissenschaftlichen Darstellung der natürlichen Struktur der Dinge weder bereichert noch ärmer gemacht. Der Historiker wird durch die Deutung der Geschichte als Offenbarungsgeschichte in seinen Forschungsergebnissen über Dokumente, Überlieferungen und die gegenseitige Abhängigkeit historischer Ereignisse weder bestätigt noch widerlegt. Der Psychologe kann durch keine, das menschliche Schicksal betreffende Offenbarungswahrheit in seiner Analyse der Dynamik der menschlichen Seele beeinflußt werden. Wenn die Offenbarungserkenntnis mit der natürlichen Erkenntnis in Widerspruch geriete, dann würde sie wissenschaftliche Ehrlichkeit und methodische Integrität zerstören. Sie wäre dämonische Besessenheit, nicht göttliche Offenbarung. Offenbarungserkenntnis ist Erkenntnis des Mysteriums des Seins in unserer Situation, nicht Information über die Natur der Dinge und ihre gegenseitige Beziehung. Deshalb kann die Offenbarungserkenntnis nur in der Offenbarungssituation empfangen werden, und sie kann — im Gegensatz zur gewöhnlichen Erkenntnis — nur denen vermittelt werden, die an dieser Situation teilhaben. Wer nicht in ihr steht, für den haben die gleichen Worte anderen Klang. Wenn etwa ein Philologe das Neue Testament liest und sein Inhalt ihm nichts bedeutet, was ihn unbedingt angeht, so mag er zwar imstande sein, den Text genau und korrekt zu interpretieren, aber die ekstatisch-offenbarerische Bedeutung der Worte und Sätze wird ihm verschlossen bleiben. Er mag wissenschaftlich einwandfrei von ihnen als Berichten über

---

[1] Man sollte nicht von „geoffenbarter Erkenntnis" sprechen, weil dieser Begriff den Eindruck erweckt, daß gewohnte Erkenntnisinhalte auf außergewöhnliche Weise mitgeteilt werden könnten. Durch solche Auffassung trennt man das Offenbarungsgeschehen von der Offenbarungserkenntnis. Das ist der Grundirrtum der meisten populären und vieler theologischer Deutungen der Offenbarung und der Erkenntnis, die durch sie vermittelt wird. Der Begriff „Offenbarungserkenntnis" betont die untrennbare Einheit der Erkenntnis und der Situation.

eine angebliche Offenbarung reden, aber er kann nicht von ihnen als Zeugen einer wirklichen Offenbarung reden. Seine Erkenntnis der Offenbarungsquellen ist unexistentiell. Als solche mag sie zum historisch-philologischen Verständnis der Dokumente viel beitragen, aber sie kann nichts beitragen zur Offenbarungserkenntnis, die durch die Dokumente vermittelt wird.

Offenbarungserkenntnis kann nicht mit gewöhnlicher Erkenntnis in Widerspruch geraten, ebenso kann gewöhnliche Erkenntnis nicht mit Offenbarungserkenntnis in Widerspruch geraten. Keine wissenschaftliche Theorie steht der Offenbarungswahrheit näher als irgendeine andere wissenschaftliche Theorie. Für die Theologie ist es ein Unheil, wenn die Theologen aus theologischen Gründen einer wissenschaftlichen Ansicht gegenüber anderen den Vorzug geben. Und es war beschämend für die Theologie, als sich die Theologen aus theologischen Gründen vor neuen wissenschaftlichen Theorien fürchteten, als sie versuchten, sich so lange wie möglich ihnen zu widersetzen, und schließlich kapitulierten, als sich ihr Widerstand als sinnlos erwiesen hatte. Dieser unangebrachte Widerstand der Theologen — von der Zeit Galileis bis zu der Zeit Darwins — war eine der Ursachen für die Kluft zwischen Religion und profaner Kultur während der letzten Jahrhunderte.

Die gleiche Situation besteht im Hinblick auf die historische Forschung. Die Theologen haben keinen Grund, sich vor historischen Forschungsergebnissen zu fürchten; denn die Offenbarungswahrheit liegt in einer Dimension, in der sie durch die Geschichtsschreibung weder bejaht noch verneint werden kann. Deshalb sollten die Theologen nicht aus theologischen Gründen einigen Resultaten der historischen Forschung vor anderen den Vorzug geben, und sie sollten sich nicht Resultaten widersetzen, die schließlich doch akzeptiert werden müssen, wenn die wissenschaftliche Ehrlichkeit nicht zerstört werden soll, selbst wenn es so aussieht, als ob sie die Offenbarungserkenntnis untergrüben. Historische Untersuchungen sollten die Theologen weder trösten noch verwirren. Obwohl die Offenbarungserkenntnis in erster Linie durch geschichtliche Ereignisse übermittelt wird, enthält sie doch keine faktischen Aussagen, und daher ist sie nicht der kritischen Analyse historischer Forschung ausgesetzt. Ihre Wahrheit unterliegt Kriterien, die innerhalb der Dimension der Offenbarungserkenntnis liegen.

Genauso kann auch die Psychologie, einschließlich der Tiefenpsychologie, der Psychosomatik und der Sozialpsychologie, nicht mit der Offenbarungserkenntnis in Widerspruch geraten. Die Offenbarung gewährt viele Einsichten in die menschliche Natur. Aber sie alle betreffen die Beziehung des Menschen zu dem, was ihn unbedingt angeht, zum Grund und Sinn des Seins. Es gibt keine geoffenbarte Psychologie, so wenig wie es eine geoffenbarte Geschichtsschreibung oder geoffenbarte Physik gibt. Es ist nicht Aufgabe der Theologie, die Wahrheit der Offenbarung dadurch zu schützen, daß sie die Freudschen Lehren über die Libido, Verdrängung und Sublimierung aus religiösen Gründen angreift, oder dadurch, daß sie die Jungsche Lehre vom Menschen im Namen der Offenbarungserkenntnis verteidigt.

Die Indifferenz der Offenbarungserkenntnis gegenüber allen Formen gewöhnlicher Erkenntnis hat jedoch eine Grenze, nämlich da, wo Offenbarungselemente in den Behauptungen der gewöhnlichen Erkenntnis versteckt liegen. Wenn unter dem Deckmantel der gewöhnlichen Erkenntnis Dinge, die uns unbedingt angehen, erörtert werden, dann muß die Theologie die Wahrheit der Offenbarung gegen die Angriffe von seiten entstellter Offenbarungen schützen, ob sie nun als echte Religionen oder als metaphysisch umgeformte Ideen erscheinen. Das ist jedoch ein religiöser Kampf in der Dimension der Offenbarungserkenntnis und kein Widerspruch zwischen Offenbarungserkenntnis und gewöhnlicher Erkenntnis.

Die Wahrheit der Offenbarung hängt nicht von Kriterien ab, die nicht selbst zur Offenbarung gehören. Die Offenbarungserkenntnis muß genau so wie die gewöhnliche Erkenntnis von ihren eigenen Kriterien aus beurteilt werden. Die Lehre von der normgebenden Offenbarung hat die Aufgabe, diese Kriterien zu entfalten (siehe die folgenden Abschnitte).

Die direkte oder indirekte Offenbarungserkenntnis ist Erkenntnis Gottes und daher analog oder symbolisch. Der Charakter dieser Erkenntnisform ist bedingt durch den Charakter der Beziehung zwischen Gott und der Welt und kann nur im Zusammenhang der Lehre von Gott erörtert werden. Aber zwei mögliche Mißverständnisse müssen bedacht und ausgeschaltet werden. Wenn die Offenbarungserkenntnis „analog" genannt wird, so bezieht sich das auf die klassische Lehre von der *analogia entis* zwischen dem Endlichen und dem Unendlichen. Ohne eine solche Analogie könnte nichts über Gott ausgesagt werden. Aber die *analogia entis* ist in keiner Weise imstande, eine natürliche Theologie zu schaffen. Sie ist keine Methode, die Wahrheit über Gott zu finden; sie ist die Form, in der jede Offenbarungserkenntnis ausgedrückt werden muß. In diesem Sinne weist die *analogia entis* wie das „religiöse Symbol" auf die Notwendigkeit hin, das aus der endlichen Wirklichkeit entnommene Material zu gebrauchen, um der kognitiven Funktion in der Offenbarung ihre Inhalte zu geben. Diese Notwendigkeit aber vermindert nicht den Erkenntniswert der Offenbarungserkenntnis. Die Redewendung „*nur* ein Symbol" sollte vermieden werden, weil nichtanaloge oder nichtsymbolische Erkenntnis über Gott einen geringeren Wahrheitsgrad hat als analoge oder symbolische Erkenntnis. Gebraucht man endliche Materialien in ihrer gewöhnlichen Bedeutung für die Offenbarungserkenntnis, so zerstört man dadurch den Sinn der Offenbarung und nimmt Gott seine Göttlichkeit.

B

AKTUELLE OFFENBARUNG

1. *Aktuelle und letztgültige Offenbarung*

Wir haben den Sinn von Offenbarung im Lichte der Kriterien des christlichen Offenbarungsverständnisses dargestellt. Diese Darstellung setzte voraus, daß sie alle möglichen und wirklichen Offenbarungen umfaßt, aber das Kriterium der Offenbarung ist noch nicht entwickelt worden. Wir wenden uns im folgenden der christlichen Verkündigung zu, nun aber nicht mehr indirekt wie in den vorhergehenden Kapiteln, sondern direkt und dogmatisch, im echten Sinne des Dogmas als der lehrmäßigen Grundlage einer besonderen philosophischen Schule oder religiösen Gemeinschaft.

Vom Standpunkt des theologischen Zirkels aus ist die aktuelle Offenbarung notwendig letztgültige Offenbarung, denn der Mensch, der durch eine Offenbarungserfahrung ergriffen ist, glaubt, daß sie die letzte Wahrheit über das Mysterium des Seins und seine Beziehung zu ihm enthält. Bleibt er trotzdem bereit, sich anderen originalen Offenbarungen, z. B. in anderen Konfessionen zu öffnen, so hat er bereits die eigene Offenbarungssituation verlassen und sieht sie aus der Distanz. Das, was ihm unbedingter Bezugspunkt war, ist nicht mehr die originale Offenbarung, die ihm in einer Offenbarungssituation — sei es in einer abhängigen, sei es in einer originalen — ergriffen hatte. Es ist auch möglich, daß jemand außerhalb jeder konkreten Offenbarungssituation steht und das Unbedingte jenseits aller Konkretheit sucht. So ist im Hinduismus die ekstatische Erfahrung der Brahman-Macht das Letztgültige und im Humanismus die heroische Unterwerfung unter das moralische Prinzip. Für beide Fälle ist eine konkrete Offenbarung, z. B. eine Manifestation Vishnus (im Hinduismus) oder das Bild Jesu als sittliches

Ideal (im Protestantismus), nichts Letztgültiges. Für den Hindu ist das mystische Erlebnis die letztgültige Offenbarung; und für den Humanisten gibt es weder aktuelle noch letztgültige Offenbarung, sondern nur sittliche Autonomie, die gefüllt ist durch den Eindruck des Bildes vom synoptischen Jesus.

Das Christentum erhebt den Anspruch, daß die Offenbarung in Jesus als dem Christus letztgültig sei. Diese Offenbarung begründet die christliche Kirche, und wo dieser Anspruch fehlt, hört das Christentum auf zu existieren, zum mindesten als manifeste, wenn auch nicht immer als latente Kirche. Das Wort „letztgültig" in dem Ausdruck „letztgültige Offenbarung" bedeutet mehr als *letzte*. Das Christentum hat oft behauptet und sollte jedenfalls behaupten, daß es eine fortdauernde abhängige Offenbarung in der Geschichte der Kirche gibt. In diesem Sinne ist die letztgültige Offenbarung nicht die letzte. Nur wenn *letzte* die letzte originale Offenbarung bedeutet, kann die letztgültige Offenbarung als letzte Offenbarung verstanden werden. Aber die letztgültige Offenbarung bedeutet mehr als letzte originale Offenbarung, Sie bedeutet die entscheidende, erfüllende, unüberholbare Offenbarung, das, was das Kriterium aller anderen Offenbarungen ist, daher sie auch *normgebende* Offenbarung genannt werden kann. In der Geschichte der christlichen Kirche kann es keine Offenbarung geben, deren Bezugspunkt nicht *Jesus der Christus* ist. Das ist der christliche Anspruch, und das ist die Grundlage einer christlichen Theologie.

Die Frage aber ist, wie ein solcher Anspruch gerechtfertigt werden kann, ob es Kriterien gibt, die die Offenbarung in Jesus dem Christus zur letztgültigen Offenbarung machen. Solche Kriterien können nicht von etwas abgeleitet werden, was außerhalb der Offenbarungssituation liegt. Aber innerhalb dieser Situation können sie entdeckt werden. Und dies Entdecken muß die Theologie leisten.

Die erste und wichtigste Antwort, die die Theologie auf die Frage nach der Letztgültigkeit der Offenbarung in Jesus als dem Christus geben muß, ist die folgende: Eine Offenbarung ist letztgültig und normgebend, wenn sie die Macht hat, sich selbst zu verneinen, ohne sich selbst zu verlieren. Dieses Paradox beruht auf der Tatsache, daß jede Offenbarung bedingt ist durch das Medium, in dem und durch das sie erscheint. Die Frage nach der letztgültigen Offenbarung ist die Frage nach einem Medium der Offenbarung, das seine eigenen endlichen Bedingungen überwindet, indem es sie und sich selbst mit ihnen opfert. Der Träger der letztgültigen Offenbarung muß seine Endlichkeit aufgeben — nicht nur sein Leben, sondern auch seine endliche Macht, seine Erkenntnis und Vollkommenheit. Indem er das tut, erweist er sich als der Träger der letztgültigen Offenbarung (klassisch ausgedrückt als der „Sohn Gottes"). Er wird völlig transparent für das Geheimnis, das er offenbart. Aber um sich völlig aufgeben zu können, muß er sich völlig besitzen. Und nur der kann sich völlig besitzen — und deshalb sich aufgeben —, der mit dem Grunde des Seins und Sinns ohne Entfremdung und ohne Entstellung verbunden ist. Im Bilde Jesu als des Christus sehen wir das Bild eines Menschen, der diese Eigenschaften besitzt, eines Menschen, der deshalb als das Medium der normgebenden Offenbarung bezeichnet werden kann.

In den biblischen Berichten über Jesus als den Christus wurde Jesus der Christus, weil er die dämonischen Mächte besiegte, die ihn selbst dämonisch machen wollten. Sie führten ihn in Versuchung, für sein endliches Sein Unbedingtheit zu beanspruchen. Diese Mächte, die oft durch seine eigenen Jünger repräsentiert wurden, wollten ihn überreden, als Medium der Offenbarung dem Selbstopfer auszuweichen. Sie wollten, daß er das Kreuz vermeide. Sie wollten ihn zum Gegenstand des Götzendienstes machen. Götzendienst ist die Verkehrung einer echten Offenbarung, die Erhebung des Mediums der Offenbarung zur Würde der Offenbarung selbst. Die wahren Propheten in Israel führten einen ständigen Kampf gegen diesen Götzendienst, der durch die falschen Propheten und ihre Anhänger unter den Priestern verteidigt wurde. Dieser Kampf ist die dynamische Macht in der Offenbarungsgeschichte. Sein klassisches Dokument ist das Alte Testament, und gerade deshalb ist das Alte Testament ein unablösbarer Bestandteil der Offenbarung Jesu als des Christus. Aber das Neue Testament und die Kirchengeschichte zeigen den gleichen Konflikt. In der Reformation griff der prophetische Geist ein dämonisch entartetes priesterliches System an und führte zur tiefsten Spaltung, die sich in der Entwicklung des Christentums ereignet hat.

Nach Paulus sind die dämonischen Mächte, die die Welt regieren und die Religion entstellen, im Kreuz Christi überwunden. Durch sein Kreuz opferte Jesus sich selbst als Medium der Offenbarung, nämlich als Messias, so wie die Jünger das Wort verstanden. Für uns bedeutet dies, daß, wenn wir ihm nachfolgen, wir frei sind von der Autorität alles Endlichen in ihm, von seiner besonderen Tradition, von seiner persönlichen Frömmigkeit, von seiner vielfach bedingten Weltanschauung, von jedem gesetzlichen Verständnis seiner Ethik. Nur als der Gekreuzigte ist er „voll der Gnade und der Wahrheit" und kein Gesetz. Nur als der, der sein Fleisch, d. h. seine historische Existenz, geopfert hat, ist er der Träger des göttlichen Geistes oder die neue Kreatur. Das sind die Paradoxien, in denen das Kriterium der letztgültigen Offenbarung manifest wird. Selbst Christus ist nur darum Christus, weil er nicht auf seiner Gottgleichheit bestand, sondern darauf verzichtete, sie als persönlichen Besitz zu haben. Nur auf dieser Grundlage kann die christliche Theologie die Letztgültigkeit der Offenbarung in Jesus als dem Christus behaupten. Der Anspruch einer endlichen Größe, von sich aus letztgültig zu sein, ist dämonisch. Jesus verwarf diese Möglichkeit als satanische Versuchung, und seine Worte im vierten Evangelium sprechen es deutlich aus, daß er nichts aus sich selbst, sondern alles von seinem Vater empfangen hatte. Er blieb transparent für das göttliche Geheimnis bis zu seinem Tode, der die vollendete Manifestation seiner Transparenz war. Damit wird einer Jesus-, nicht Christus-zentrierten Frömmigkeit und Theologie das Urteil gesprochen. Der Gegenstand von Frömmigkeit und Theologie ist Jesus als der Christus und nur als der Christus. Und er ist der Christus als der, der alles, was *nur* „Jesus" in ihm ist, zum Opfer bringt. Der entscheidende Zug seines Bildes ist die ständige Selbstpreisgabe des Jesus, der Jesus ist, an den Jesus, der der Christus ist.

Deshalb ist die letztgültige Offenbarung universal, ohne heteronom zu sein. Nur dann wäre sie heteronom, wenn sie als Endliches sich anderem Endlichen aufdrängte. Der unbedingte und universale Anspruch des Christentums beruht nicht auf seiner eigenen Überlegenheit gegenüber anderen Religionen. Ohne selbst etwas Letztgültiges zu sein, bezeugt das Christentum die letztgültige Offenbarung. Das Christentum als Christentum ist weder letztgültig noch normgebend. Aber das, wovon es Zeugnis ablegt, ist letztgültig und normgebend. Diese tiefe Dialektik des Christentums darf nicht zugunsten kirchlicher oder orthodoxer Selbstbejahungen vergessen werden. Ihnen gegenüber ist die sogenannte liberale Theologie im Recht, wenn sie bestreitet, daß irgendeine Religion als Religion Letztgültigkeit für sich beanspruchen kann. Ein Christentum, das nicht behauptet, daß Jesus von Nazareth Jesus als dem Christus zum Opfer gebracht worden ist, ist nur eine Religion unter anderen. Es hat keinen berechtigten Anspruch, die absolute Norm zu repräsentieren.

2. *Die letztgültige Offenbarung in Jesus als dem Christus*

Gemäß dem Zirkelcharakter der systematischen Theologie wird das Kriterium der letztgültigen Offenbarung abgeleitet von dem, was das Christentum als letztgültige Offenbarung ansieht, der Erscheinung Jesu als des Christus. Die Theologie sollte sich nicht davor fürchten, diesen Zirkel einzugestehen. Er bedeutet keine Unzulänglichkeit, vielmehr ist er der notwendige Ausdruck des existentiellen Charakters der Theologie. Er ermöglicht eine Darstellung der letztgültigen Offenbarung auf zweierlei Weise: erstens in Form eines abstrakten Prinzips, das das Kriterium jeder angeblichen und wirklichen Offenbarung ist, und zweitens in Form eines konkreten Bildes der letztgültigen Offenbarung. Im vorhergehenden Kapitel wurde das abstrakte Prinzip mit dem Ausblick auf das konkrete Bild herausgearbeitet. Das vorliegende Kapitel beschreibt die Aktualisierung des abstrakten Prinzips im Konkreten.

Alle Berichte und Interpretationen des Neuen Testaments, die von Jesus als dem Christus handeln, zeigen zwei auffallende Merkmale: daß er die Einheit mit Gott nie aufgibt und daß er alles opfert, was er aus dieser Einheit für sich hätte gewinnen können.

Der erste Punkt wird deutlich in den Evangelienberichten über die unlösbare Einheit seines Seins mit dem Grunde des Seins, obwohl er an den Zweideutigkeiten des menschlichen Lebens teilhat. Das Sein Jesu als des Christus ist in jedem Augenblick durch Gott bestimmt. In all seinen Äußerungen, seinen Worten, seinen Taten und seinen Leiden ist er transparent für das, was er als der Christus repräsentiert: das göttliche Geheimnis. Während die synoptischen Evangelien die Verteidigung dieser Einheit gegen dämonische Angriffe hervorheben, betont das vierte Evangelium die fundamentale Einheit zwischen Jesus und dem „Vater". Die Briefe sprechen von dem Sieg der Einheit über die Mächte der Trennung, obwohl zuweilen die Last und die Mühsal dieses Kampfes angedeutet sind. Aber es ist niemals eine moralische, intellektuelle oder emotionale Eigenschaft, die ihn zum Träger der letztgültigen Offenbarung macht. Wie es das ganze Neue Testament und, vorausschauend, auch viele alttestamentliche Stellen bezeugen, ist es die Gegenwart Gottes in ihm, die ihn zum Christus macht. Seine Worte, seine Taten und seine Leiden sind Ausdruck seiner Einheit mit Gott; sie sind der Ausdruck des Neuen Seins, das *sein* Sein ist.

Daß Jesus die Einheit mit Gott bewahrt, wird in dem zweiten Zug deutlich, den die Heilige Schrift immer wieder herausstellt, dem Sieg über jede Versuchung, aus seiner Einheit mit Gott etwas für seine eigene Person zu gewinnen. Er erliegt nicht der Versuchung, der er als *messias designatus* ausgesetzt ist; denn hätte er den Erfolg gewählt, so hätte er seine messianische Funktion verloren. Das Aufsichnehmen des Kreuzes während und am Ende seines Lebens ist der entscheidende Beweis für seine Einheit mit Gott, für seine völlige Transparenz gegenüber dem Seinsgrunde. Nur im Blick auf die Kreuzigung kann das vierte Evan-

Die letztgültige Offenbarung in Jesus als dem Christus

gelium ihn sagen lassen: „Wer an mich glaubt, der glaubt nicht an *mich*" (Joh. 12, 44). Nur dadurch, daß er sein Kreuz ständig auf sich nimmt, ist er „Der Geist", Geist im Sinne des paulinischen Wortes, nach dem wir ihn nicht mehr nach dem Fleisch, nämlich nach seiner historischen, individuellen Existenz kennen (2. Kor. 5, 16 und 2. Kor. 3, 17—18). Dieses Opfer ist das Ende aller Versuche, ihn als endliches Wesen anderen endlichen Wesen aufzubürden. Es ist das Ende der Jesus-Theologie. Jesus von Nazareth ist das Medium der letztgültigen Offenbarung, weil er sich völlig für Jesus als den Christus opfert. Er opfert nicht nur sein Leben, wie es viele Märtyrer und viele Durchschnittsmenschen getan haben, sondern er opfert auch alles in und an sich, was die Menschen zu ihm als „überwältigender Persönlichkeit" führen würde, anstatt sie an das in ihm hinzuführen, was größer ist als er. Das Offenbarungsereignis ist Jesus als der Christus[1].

Die letztgültige Offenbarung ereignet sich wie jede Offenbarung in einer Korrelation von Ekstase und Wunder. Jesus als der Christus ist das Wunder der letztgültigen Offenbarung, der Akt seiner Aufnahme durch die Jünger ist die Ekstase der letztgültigen Offenbarung. In seinem Auftreten ereignet sich die entscheidende Konstellation historischer (und durch Partizipation natürlicher) Kräfte. Sein Erscheinen ist der ekstatische Augenblick der menschlichen Geschichte und deshalb ihre Mitte, die aller möglichen und wirklichen Geschichte den Sinn gibt. Der „Kairos", der in ihm erfüllt war, ist die sinngebende Mitte der Geschichte. Aber er ist es nur für die, die ihn als letztgültige Offenbarung empfangen, nämlich als den Messias, den Christus, den Menschen von oben, den Sohn Gottes, den Geist, den *logos*, der Fleisch geworden ist — das Neue Sein. Alle diese Begriffe sind symbolische Variationen des Themas, das Petrus zuerst aussprach, als er zu Jesus sagte: „Du bist der Christus". Mit diesen Worten nahm ihn Petrus auf als das Medium der letztgültigen Offenbarung. Dieser Akt des Aufnehmens ist aber ein Teil der Offenbarung selbst. Jesus als der Christus, das Wunder der letztgültigen Offenbarung, und die Kirche, die ihn in ekstatischer Erfahrung als den Christus oder die letztgültige Offenbarung aufnimmt, gehören zusammen. Christus ist nicht der Christus ohne die Kirche, und die Kirche ist nicht die Kirche ohne den Christus. Die letztgültige Offenbarung ist wie jede Offenbarung korrelativ.

Die normgebende Offenbarung, die Offenbarung in Jesus als dem Christus, ist universal gültig, weil sie das Kriterium jeder Offenbarung enthält und *finis* oder *telos* (das innere Ziel) aller Offenbarungen

---

[1] Die volle Entwicklung der christologischen Gedanken wird im 2. Band gegeben werden.

ist. Die normgebende Offenbarung ist das Kriterium jeder vorangegangenen und jeder folgenden Offenbarung. Sie ist das Kriterium jeder Religion und jeder Kultur, nicht nur der Kultur und der Religion, in der sie erschienen ist. Sie ist gültig für die soziale Existenz jeder Menschengruppe und für die persönliche Existenz jedes einzelnen. Sie ist gültig für die Menschheit als solche und, in einer unbeschreibbaren Weise, hat sie auch einen Sinn für das Universum. Nichts weniger als dieses sollte die christliche Theologie behaupten. Wenn irgendein Element aus der universalen Gültigkeit der Botschaft Jesu als des Christus herausgelöst wird, wenn er nur in die Sphäre der persönlichen Vollendung oder nur in die Sphäre der Geschichte hineingenommen wird, dann ist er weniger als die letztgültige Offenbarung und ist weder der Christus noch das Neue Sein. Aber die christliche Theologie behauptet, daß er all dies ist, weil er die doppelte Probe der Endlichkeit bestanden hat: Er behielt die ununterbrochene Einheit mit dem Grunde des Seins, und er opferte sich als Jesus beständig an sich selbst als den Christus.

3. Die Offenbarungsgeschichte

Das Ereignis, das wir letztgültige Offenbarung genannt haben, ist kein isoliertes Ereignis. Es setzt eine Offenbarungsgeschichte voraus, durch die es vorbereitet und in der es aufgenommen wurde. Es hätte sich niemals ereignen können, wenn es nicht erwartet worden wäre, und es hätte nicht erwartet werden können, wenn nicht frühere Offenbarungen ihm vorausgegangen wären, auch wenn diese im Laufe der Zeit verzerrt wurden. Und es würde nicht die letztgültige Offenbarung gewesen sein, wenn es nicht als solche aufgenommen worden wäre, und es würde diesen Charakter verlieren, wenn es nicht fähig wäre, von jeder Gruppe an jedem Ort aufgenommen zu werden. Diese Geschichte der Vorbereitung und Aufnahme der letztgültigen Offenbarung kann Offenbarungsgeschichte genannt werden.

Offenbarungsgeschichte ist nicht dasselbe wie Religionsgeschichte. Sie ist auch nicht die Geschichte der jüdischen und christlichen Religion. Es gibt Offenbarungen außerhalb des spezifisch religiösen Bereichs, und es gibt vieles, was nicht Offenbarung ist, innerhalb des spezifisch religiösen Bereichs. Offenbarung richtet beide Bereiche. Offenbarungsgeschichte ist auch nicht die Geschichte aller Offenbarungen, die jemals stattgefunden haben. Eine solche Geschichte gibt es nicht, weil man von einem Offenbarungsereignis nur aus einer existentiellen Beziehung zu diesem Ereignis sprechen kann. Ein Geschichtsschreiber aller Offenbarungen würde ein Geschichtsschreiber der historischen Berichte über alle Offenbarungen, die jemals stattgefunden haben, sein. Offenbarungsgeschichte ist Geschichte, die im Lichte der letztgültigen Offenbarung gedeutet ist. Das Ereignis der letztgültigen Offenbarung ist Zentrum, Ziel und Ursprung jedes Offenbarungsereignisses, sei es in der Periode der Vorbereitung, sei es in der Periode der Aufnahme. Das trifft allerdings nur auf jemanden zu, der selbst von der letztgültigen Offenbarung existentiell betroffen ist und an ihr teilnimmt. Für ihn ist es eine wahre und notwendige Folge seiner Offenbarungserfahrung. Während die humanistische Theologie die Offenbarungsgeschichte mit Religions- und Kulturgeschichte gleichsetzt und damit den Begriff der letztgültigen Offenbarung ausscheidet, streicht die neu-orthodoxe Theologie und ihr verwandte liberale Richtungen (z. B. die Ritschlsche) die Offenbarungsgeschichte überhaupt, weil sie nur die letztgültige Offenbarung als Offenbarung gelten läßt. Sie behauptet: Es gibt nur eine Offenbarung, nämlich die in Jesus als dem Christus, worauf die humanistische Gruppe antwortet: Es gibt überall Offenbarung, und keine von ihnen ist letztgültig. Beide Ansichten müssen zurückgewiesen werden. Wenn eine Offenbarung nicht als letztgültig erfahren wird, ist sie nicht Offenbarung, sondern eine Reflexion aus Distanz und nicht eine Erfahrung durch Partizipation. Wenn aber auf der anderen Seite eine Offenbarung als letztgültig angesehen, gleichzeitig aber ihre Vorbereitung in der Geschichte geleugnet wird, dann ist das einmalige Offenbarungsereignis ein Fremdkörper. Er hat keinerlei Bezug zur menschlichen Existenz und Geschichte und kann deshalb nicht in das menschliche Leben hineingenommen werden. Entweder zerstört er das Leben oder wird von ihm wieder ausgestoßen. Offenbarungsgeschichte ist ein notwendiges Korrelat zur letztgültigen Offenbarung. Sie sollte weder mit Religionsgeschichte gleichgesetzt und damit entwertet, noch durch einen destruktiven Supranaturalismus eliminiert werden.

Die letztgültige Offenbarung teilt die Offenbarungsgeschichte in eine Periode der Vorbereitung und eine Periode der Aufnahme. Die Offenbarung der Vorbereitungsperiode ist universal. „Universal" in Verbindung mit Offenbarung kann in dreierlei Weise mißverstanden werden. Es kann mit „generell" verwechselt werden im Sinne eines generellen Schemas, das von allen speziellen Offenbarungsereignissen abstrahiert ist. Aber solch ein generelles Schema gibt es nicht. Offenbarung ereignet sich oder ereignet sich nicht, keinesfalls ereignet sie sich generell. Sie ist kein Strukturelement der Wirklichkeit. Das zweite Mißverständnis von „universal" beruht auf der Verwechslung von universaler Offenbarung mit natürlicher Offenbarung. Wie wir gesehen haben, gibt es keine natürliche Offenbarung. Man kann nur von Offenbarung *durch* die Natur sprechen. Und Offenbarung durch die Natur ist speziell und konkret, aber nicht universal. Das dritte Mißverständnis von „universal" entsteht durch die falsche Voraussetzung, daß sich Offenbarung immer und überall ereigne. Auch das kann nicht behauptet werden. Die Merkmale der Offenbarung und ihr existentieller Charakter sprechen dagegen. Allerdings muß die Möglichkeit solcher universaler Offenbarung eingeräumt werden. Die Verneinung dieser Möglichkeit würde ihren existentiellen Charakter verneinen und mehr noch, sie würde die letztgültige Offenbarung überhaupt unmöglich machen. „Universale Offenbarung" nennen wir diejenigen konkreten Offenbarungen, die in der Menschheitsgeschichte zu allen Zeiten vorkommen und unter dem Urteil der letztgültigen Offenbarung stehen.

Nur auf der breiten Basis universaler Offenbarung kann sich letztgültige Offenbarung ereignen und aufgenommen werden. Ohne die Symbole, die in der Vorbereitungsperiode der Offenbarung geschaffen wurden, würde die letztgültige Offenbarung nie verstehbar gewesen sein. Ohne die religiösen Erfahrungen der Vorbereitungsperiode hätte es keine Kategorien und Formen gegeben, mit denen die letztgültige Offenbarung hätte ergriffen werden können. Die biblische Terminologie ist voller Worte, deren Sinn und Nebenbedeutungen dem Hörer völlig unverständlich wären, wenn im Judentum und Heidentum keine vorbereitenden Offenbarungen stattgefunden hätten. Die Mission würde nie jemanden erreicht haben, wenn es keine Vorbereitung für die christliche Botschaft in der universalen Offenbarung gegeben hätte. Die Frage nach der letztgültigen Offenbarung hätte nie gestellt und daher auch nie eine Antwort auf diese Frage aufgenommen werden können. Wenn dagegen — von einem neu-orthodoxen Theologen zum Beispiel — behauptet würde, bei Gott sei kein Ding unmöglich, er sei in seiner Offenbarung nicht von den Entwicklungsstufen und Reifestadien der Menschen abhängig, so muß entgegnet werden, daß Gott *durch die Menschen* handelt, jeweils nach ihrer Natur und Aufnahmefähigkeit. Um sich zu offenbaren, ersetzt er nicht den Menschen durch ein anderes Geschöpf und das Stadium der Kindheit durch das Stadium der Reife. Er offenbart sich dem Menschen und rettet den Menschen und keine anderen Geschöpfe, die er sich erst für diesen Zweck schaffen müßte. Das würde ein Dämon tun, aber nicht Gott. Wenn jemand von einer Offenbarung behauptet, daß sie letztgültige Offenbarung sei und nicht gleichzeitig die Offenbarungsgeschichte bejaht, in der die letztgültige Offenbarung vorbereitet wurde, entmenschlicht er den Menschen und dämonisiert Gott.

Die Offenbarungsgeschichte

Auf dreierlei Weise wurde die letztgültige Offenbarung in der Offenbarungsgeschichte vorbereitet: durch Bewahrung, Kritik und Erwartung. Jede Offenbarungserfahrung verwandelt das Medium der Offenbarung in ein sakramentales Objekt, sei es ein Gegenstand der Natur, ein Mensch, ein historisches Ereignis, sei es ein heiliger Text. Die Funktion des Priesters ist es, die sakramentalen Objekte zu hüten, die Kraft der originalen Offenbarung lebendig zu halten und neue Individuen, neue Gruppen und neue Generationen in die Offenbarungssituation zu führen. Das symbolische Material, das jede spätere Offenbarung benutzt, umwandelt und bereichert, wird vom Priestertum bewahrt und überliefert. Kein Prophet könnte kraft einer neuen Offenbarung reden, kein Mystiker die Tiefe des göttlichen Grundes betrachten, in der Erscheinung des Christus könnte kein Sinn gefunden werden, wäre es nicht auf dem Boden einer sakramental-priesterlichen Substanz. Das sakramental-priesterliche Element in der universalen Offenbarung hat jedoch die Tendenz, den Unterschied zwischen Träger und Inhalt der Offenbarung zu verwischen. Es hat die Tendenz, den Träger und seine Vorzüge als Inhalt der Offenbarung zu betrachten. Es hat die Tendenz, dämonisch zu werden; denn das Dämonische ist gerade diese Erhebung von etwas Bedingtem zu unbedingter Würde. Gegen diese Tendenz richtet sich die zweite — die kritische — Stufe der vorbereitenden Offenbarung. Sie erscheint in drei Formen: der mystischen, der rationalen und der prophetischen. Die Mystik kritisiert die dämonisch entartete sakramental-priesterliche Substanz, indem sie jedes Medium der Offenbarung entwertet und den Versuch macht, die Seele ohne ein Medium direkt mit dem Grund des Seins in Verbindung zu bringen. In der Mystik geschieht Offenbarung in der Tiefe der Seele. Die objektive Seite ist dabei gleichgültig. Der antidämonische Kampf der Mystik hat auf weite Kreise der Menschheit stärkste Wirkung ausgeübt und übt sie noch aus. Aber die Fähigkeit der Mystik, die letztgültige Offenbarung vorzubereiten, ist bivalent. Die Mystik befreit zwar von den dämonischen Verzerrungen in der konkret-sakramentalen Sphäre, aber sie zahlt dafür einen zu hohen Preis. Sie zerstört den konkreten Charakter der Offenbarung und macht die Offenbarung dadurch irrelevant für die menschliche Situation. Sie erhebt den Menschen über alles, was ihn aktuell betrifft, und verneint sein Dasein in Raum und Zeit. Trotz dieser Bivalenz ist es die ständige Funktion der Mystik, auf den Abgrundcharakter des Seins-Selbst hinzuweisen und die dämonische Identifikation eines Endlichen mit dem Unendlichen zu verwerfen. Es ist bedauerlich, daß sowohl Anhänger der Kant-Ritschlschen Linie als auch Vertreter der Neu-Orthodoxie nur auf die möglichen und tatsächlichen

Mißbräuche der Mystik hinweisen, aber nicht ihre weltgeschichtliche Funktion anerkennen, nämlich die Funktion, die jeden konkreten Offenbarungsträger in Richtung auf das Mysterium, das sich in ihm manifestiert, transzendiert. Sogar die letztgültige Offenbarung bedarf des mystischen Korrektivs, um ihre eigenen endlichen Symbole zu transzendieren.

Die rationale Kritik scheint außerhalb der Offenbarungssituation zu stehen und daher keine Berechtigung zu haben, eine kritische Funktion an Offenbarungsereignissen auszuüben. Gewiß, Vernunft ist nicht offenbarungsmächtig. Es ist aber in jeder Vernunftschöpfung die Tiefe der Vernunft gegenwärtig und macht sich fühlbar in Form und Inhalt. Im Stil einer jeden Kulturschöpfung, in den ihr zugrunde liegenden Prinzipien, in ihren kritischen Äußerungen und ihren Forderungen gibt es offen und versteckt Elemente, die direkt oder indirekt zur Offenbarungsgeschichte beitragen. Die kulturellen Schöpfungen setzen Offenbarungsereignisse voraus und drücken sie konstruktiv oder kritisch aus. Xenophanes' und Heraklits Kritik an den homerischen Göttern und Platos philosophische Interpretation der apollinisch-dionysischen Substanz der griechischen Kultur sind Beispiele, wie rationale Kulturschöpfungen Einfluß auf die Offenbarungssituation haben. In Männern wie Plotin, Ekkehard, Cusanus, Spinoza und Böhme waren mystische und rationale Elemente vereinigt. Sie kritisierten und veränderten die sakramentalen Traditionen und schufen eine Situation, aus der heraus das Verlangen nach neuer Offenbarung hervorbrechen konnte. Aber nicht nur mystische und rationale Kritik können Hand in Hand gehen, auch prophetische Kritik kann sich mit rationaler Kritik verbinden. In den Propheten, Reformatoren und revolutionären Sektierern sind soziale und prophetische Elemente von ihrer Offenbarungserfahrung nicht zu trennen und sind oftmals das treibende Moment gewesen. Umgekehrt ist in profanen, politische Freiheit und soziale Gerechtigkeit fordernden Bewegungen die Erwartung einer neuen Offenbarungssituation oftmals die versteckt treibende Macht. Die universale Offenbarung enthält nicht nur mystische und prophetische Reaktionen gegen verzerrte sakramentale Formen und Systeme, sondern auch rationale Reaktionen, teils mit, teils ohne Verbindung mit ihnen. Weil das so ist, muß jede Theologie abgelehnt werden, die ausdrücklich die Vernunftschöpfungen, d. h. die gesamte menschliche Kultur, von einem indirekten Teilhaben an der Offenbarungsgeschichte ausschließt.

Entscheidend für die Entwicklung der universalen vorbereitenden Offenbarung wurde jedoch der prophetische Angriff auf den entarteten Sakramentalismus. Es wäre jedoch falsch, wenn man unter Prophetismus nur den Prophetismus des Alten Testaments oder den prophetischen Geist des Alten Testaments und Neuen Testaments verstünde. Prophetische Kritik und prophetische Verheißung finden sich in der ganzen Geschichte der Kirche, besonders in den monastischen Bewegungen, der Reformation und dem evangelischen Radikalismus (protestantische Sekten). Sie sind aber auch in religiösen Revolutionen und in Religionsgründungen außerhalb des Christentums wirksam, z. B. in der Religion Zarathustras, in einigen griechischen Mysterienkulten, im Islam und in vielen kleineren Reformbewegungen. Das, was sie untereinander verbindet und von der Mystik unterscheidet, ist die Konkretheit ihres Angriffs gegen ein vorhandenes sakramentales System. Sie ignorieren es nicht, sie erheben sich nicht darüber, und sie fordern keine mystische Einung mit dem Grund des Seins. Aber sie unterwerfen die konkreten Offenbarungsmedien, die konkreten sakramentalen Symbole und priesterlichen Systeme dem Urteil des göttlichen Gesetzes, dem, was sein soll, weil es das Gesetz Gottes ist. Der Prophetismus versucht, die Wirklichkeit kraft seines prophetischen Auftrags umzuformen. Er transzendiert die Wirklichkeit nicht, um zum göttlichen Abgrund zu gelangen. Er verspricht Erfüllung in der Zukunft (wie transzendent diese Zukunft auch immer verstanden werden mag) und weist nicht wie die Mystik auf eine Ewigkeit hin, die jedem Augenblick der Zeit gleich nahe ist.

Etwas Einmaliges verbindet die israelitische Prophetie von Moses, der der größte der Propheten genannt wird, bis hin zu Johannes dem Täufer, von dem gesagt wird, er sei der größte im alten Aeon. Die Offenbarung, die sich in den israelitischen Propheten ereignete, ist die unmittelbare, konkrete Vorbereitung der letztgültigen Offenbarung und kann von ihr nicht gelöst werden. Die universale Offenbarung als solche konnte die letztgültige Offenbarung nicht vorbereiten. Das konnte nur die von den alttestamentlichen Propheten kritisierte und umgewandelte universale Offenbarung. Da die letztgültige Offenbarung konkret ist, konnte sie auch nur in einer konkreten Entwicklung vorbereitet werden. Da aber jede Offenbarung dem Maßstab der letztgültigen Offenbarung unterworfen ist, muß dieser Maßstab, wenn auch fragmentarisch und vorausgeahnt, in der Vorstellung schon vorhanden gewesen und angewandt worden sein. Als die frühe Kirche Jesus als den Christus aufnahm, spielten Kriterien eine Rolle, wie sie etwa bei Deutero-Jesaja zum Ausdruck gekommen sind. Ohne Menschen, die in den Paradoxen der jüdischen Prophetie lebten, hätte das Paradox vom Kreuz nie verstanden und angenommen werden können. Darum ist es selbstverständlich, daß überall da, wo — von der frühen

Gnosis bis zum Nationalsozialismus — das Neue Testament vom Alten Testament getrennt wurde, das christologische Paradox und damit der Mittelpunkt des Neuen Testaments verlorenging. Letztgültige Offenbarung war nur noch ein Beispiel universaler Offenbarung. Damit wurde die Religion des Alten Testaments entwertet und zu einer der niederen Formen des Heidentums und zu einem Ausdruck des religiösen Nationalismus der Juden. Das ist aber ein völliges Mißverständnis. Das Alte Testament enthält zwar viel jüdischen Nationalismus; er wird aber gleichzeitig aufs stärkste bekämpft. Am religiösen Nationalismus werden die falschen Propheten erkannt. Die wahren Propheten warnen Israel im Namen des gerechten Gottes, der sein Volk um seiner Ungerechtigkeit willen verwerfen kann, ohne dabei seine Macht einzubüßen. Das wäre in einer polytheistischen Religion unmöglich. Der Gott der Gerechtigkeit ist universal, und jede Verletzung der Gerechtigkeit vernichtet den Anspruch seines Volkes auf ihn, auch wenn dieses Volk eine besondere Beziehung zu ihm hat. Der Begriff „auserwähltes Volk" ist nicht Ausdruck nationaler Anmaßung. Auserwählt sein enthält zugleich die ständige Bedrohung der Verwerfung und des Untergangs und die Forderung, den Untergang auf sich zu nehmen, um den „Bund" der Erwählung zu retten. Erwählung und Untergang sind so miteinander verbunden, daß kein endliches Wesen, keine Gruppe und kein einzelner mehr ist als ein Medium für das Mysterium des Seins. Ertragen aber Gruppen oder Einzelne diese Spannung, so wird ihr Untergang ihre Erfüllung. Das ist der Sinn prophetischer Verheißung, die über die prophetische Drohung hinausweist. Diese Verheißung ist nicht etwa mit dem Wort „Ende gut, alles gut" zu verwechseln. Empirisch gesprochen gibt es für das auserwählte Volk oder für den einzelnen, der zur letztgültigen Offenbarung auserwählt ist, kein „happy end". Aber Propheten sprechen nicht empirisch, sondern in Begriffen, die die Tiefe der Vernunft und ihre ekstatische Erfahrung ausdrücken.

Im Prozeß des prophetischen Kampfes mit entartetem Sakramentalismus werden Elemente der universalen Offenbarung aufgenommen, entwickelt und umgestaltet. Entstellte Begriffe werden entweder verworfen oder geläutert. Dieser Prozeß findet in allen Perioden der Geschichte Israels statt und hört auch im Neuen Testament und in der Geschichte der Kirche nicht auf. Er besteht im dynamischen Aufnehmen, Verwerfen und Umwandeln der vorbereitenden Offenbarung durch die letztgültige Offenbarung. Angesichts dieses Prozesses ist es unmöglich, das Alte Testament von der universalen Offenbarung zu trennen, wie es auch unmöglich ist, das Alte Testament anders anzusehen als die konkrete und einzigartige Vorbereitung auf die letztgültige Offenbarung. Es ist absurd, es als ein im voraus geschriebenes Dokument der Offenbarung in Christus zu betrachten und es gleichsam in ein zweites Neues Testament zu verwandeln. Aufnehmend, verwerfend, umwandelnd verhält sich das Alte Testament zur universalen Offenbarung, und das Neue Testament tut das gleiche mit der universalen Offenbarung und dem Alten Testament. Die Dynamik der Offenbarungsgeschichte widerlegt mechanistisch-supranaturale Theorien der Offenbarung und Inspiration.

Weder das jüdische Volk als ganzes noch die kleinen „heiligen Rest"-Gruppen, auf die von den Propheten oft hingewiesen wird, waren imstande, über die Identifizierung von Medium und Offenbarungsinhalt hinauszukommen. Die Geschichte Israels beweist, daß Gruppen Träger letztgültiger Offenbarung nicht sein können, weil sie als Gruppen zur vollkommenen Hingabe ihrer selbst nicht fähig sind. Ein Durchbruch zu völliger Selbstaufgabe kann nur in einem persönlichen Leben geschehen, oder es kann überhaupt nicht geschehen. Das Christentum behauptet, daß er geschehen ist, und läßt den Augenblick, da er geschehen ist, zur Mitte der Offenbarungsgeschichte und indirekt zur Mitte der Geschichte überhaupt werden.

Die Mitte der Offenbarungsgeschichte teilt den ganzen Offenbarungsprozeß in die Periode der Vorbereitung und die der Aufnahme. Mit dem Anfang der Kirche beginnt die Periode der Aufnahme. Nach christlichem Urteil sind alle Religionen und Kulturen außerhalb der Kirche noch in der Vorbereitungsperiode. Viele Gruppen und einzelne sind auch innerhalb der christlichen Kirchen nur auf einer Vorbereitungsstufe. Sie haben niemals die Botschaft der letztgültigen Offenbarung in ihrem wahren Sinn und in ihrer Mächtigkeit aufgenommen. Auch die christlichen Kirchen selbst sind in ihren Einrichtungen und Handlungen in dauernder Gefahr, auf die Vorbereitungsstufe zurückzusinken. Diese Gefahr hat sich immer wieder verwirklicht. Dennoch wurzelt die christliche Kirche in der letztgültigen Offenbarung, und es wird von ihr erwartet, daß sie diese Offenbarung in dauernden Akten der Aufnahme, Deutung und Verwirklichung weiterträgt. Das ist selbst ein Offenbarungsprozeß mit allen Merkmalen der Offenbarung. Auch die Gegenwart des göttlichen Geistes in der Kirche ist Offenbarung, sie ist jedoch abhängige Offenbarung mit allen Merkmalen abhängiger Offenbarung. Sie ist abhängig vom Ereignis der letztgültigen Offenbarung, von der sie zu allen Zeiten Sinn und Kraft erhält, obwohl die Art des Empfangens, des Deutens und Umwandelns in allen Perioden, Gruppen und Einzelnen immer wieder neue Offenbarungskorrelationen schafft. Offenbarungsaufnahme ist *Offenbarung*, obgleich der Geist, durch den die Offenbarung erfolgt, immer der Geist Jesu als des Christus ist. Die christliche Kirche nimmt ein Glaubenswagnis auf sich, wenn sie praktisch und theoretisch behauptet, daß diese Offenbarung nie zu Ende ist und die Kraft zur Reformation in sich birgt und daß keine neue Offenbarung, sei sie noch so original, über die letztgültige Offenbarung hinausgehen kann. Aus diesem Glauben heraus behauptet das Christentum, die Geschichte der originalen Offenbarung sei grundsätzlich abgeschlossen, obgleich sie sich noch unendlich an Orten fortsetzen kann, wo das Zentrum der Offenbarungsgeschichte bisher noch nicht anerkannt worden ist. Aber auch die Aufnahme letztgültiger Offenbarung bringt den Offenbarungsprozeß nicht zum Abschluß. Er dauert bis zum Ende der Geschichte.

4. *Offenbarung und Erlösung*

Offenbarungsgeschichte und Erlösungsgeschichte sind die gleiche Geschichte. Offenbarung kann nur aufgenommen werden im Gegenwärtigsein der Erlösung, und Erlösung kann nur geschehen in der Offenbarungskorrelation. Ein Einwand gegen diese Behauptungen könnte nur erhoben werden, wenn man einen intellektuellen, unexistentiellen Offenbarungsbegriff oder einen individualistischen, undynamischen Erlösungsbegriff zugrunde legt. Aber solche Begriffe und damit jeder Versuch, Offenbarung und Erlösung voneinander zu trennen, müssen von der systematischen Theologie radikal zurückgewiesen werden.

Wenn Offenbarung verstanden wird als Information über „göttliche Dinge", die zum Teil durch Gedankenoperationen, zum Teil durch Unterwerfung des Willens unter Autoritäten akzeptiert werden soll, dann kann es Offenbarung ohne Erlösung geben. Informationen können akzeptiert werden, ohne daß die Existenz dessen, der sie akzeptiert, verwandelt wird. Zu dieser Vorstellung von der Offenbarungssituation gehören weder Ekstase noch Wunder. Der göttliche Geist ist dabei überflüssig, oder er wird zu einem supranaturalen Übermittler und Lehrmeister objektiver, unexistentieller Wahrheiten. Die biblischen Berichte über Offenbarungssituationen stehen in ausdrücklichem Widerspruch zu dieser Deutung. Sie unterstützen eindeutig die Behauptung, daß Offenbarung und Erlösung nicht voneinander getrennt werden können. Moses mußte seine Schuhe ausziehen, ehe er den heiligen Boden der Offenbarungssituation betreten durfte. Jesaja mußte durch Berührung mit brennender Kohle von seinen Sünden gereinigt werden, bevor er seine Berufungsoffenbarung empfangen konnte. Petrus mußte seine ge-

Offenbarung und Erlösung

wohnte Umgebung verlassen und Jesus nachfolgen, ehe er seine ekstatische Aussage tun konnte, daß Jesus der Christus sei. Paulus mußte eine Revolution seines ganzen Seins erfahren, als er die Offenbarung, die ihn zum Christen und Apostel machte, empfing.

Aber man könnte einwenden, daß dies nur für die großen religiösen Persönlichkeiten gilt, die andere zu einer Offenbarungssituation hinführen, nachdem der Durchbruch in ihnen geschehen ist. Für die übrigen ist Offenbarung ein Wahrheitsschatz, den sie übernehmen und der für sie Heilsfolgen haben kann oder auch nicht. Wenn man diese Deutung annimmt, dann ist Offenbarungswahrheit unabhängig von der aufnehmenden Seite, und ihre erlösende Kraft für den einzelnen ist Sache seines persönlichen Schicksals; sie hat keine Bedeutung für die Offenbarung selbst. Eine solche Anschauung kommt autoritären kirchlichen oder lehrhaften Systemen sehr gelegen, die die Offenbarungsinhalte als ihren Besitz betrachten. In solchen Systemen werden geoffenbarte Wahrheiten autoritär gehütet und den Menschen als eine Art Fertigware verabreicht, die sie hinnehmen müssen. Autoritäre Systeme machen aus der Offenbarung einen Intellekts- und Willensakt; sie zerstören die existentielle Korrelation zwischen dem Offenbarungsereignis und denen, die es empfangen sollen. Deshalb stehen sie auch gegen die Identifizierung von Offenbarung und Erlösung, die ein existentielles Offenbarungsverständnis voraussetzt, d. h. ein schöpferisches und verwandelndes Teilhaben jedes Gläubigen an der Offenbarungskorrelation.

Ein anderes Argument gegen die Gleichsetzung von Offenbarung und Erlösung basiert auf einem Erlösungsbegriff, der die Erlösung von der Offenbarung abtrennen will. Wenn nach dieser Anschauung Erlösung verstanden wird als die letzte Erfüllung des Individuums jenseits von Zeit und Geschichte, dann kann Offenbarung, die sich in der Geschichte ereignet, nicht Erlösung sein. Versteht man Erlösung so, dann ist sie entweder total oder nicht existent. Da das Empfangen der Offenbarung unter den Bedingungen der Existenz immer fragmentarisch ist, hat die Offenbarung als solche keine erlösende Kraft, obwohl sie zu einem Werkzeug der Erlösung werden kann. Der geschichtslose Erlösungsbegriff muß ebenso zurückgewiesen werden wie der intellektualistische Offenbarungsbegriff. Worte wie Heil, Heilsgeschichte und Heiland sind abgeleitet von heilen. Heilen findet statt gegenüber Krankheit, dämonischer Besessenheit, Knechtschaft der Sünde und unbedingter Macht des Todes. Das Heil in diesem Sinne ereignet sich in Zeit und Geschichte, wie auch die Offenbarung sich in Zeit und Geschichte ereignet. Die Offenbarung hat einen unerschütterlichen objektiven Grund in dem Ereignis Jesu als des Christus, und die Erlösung gründet sich auf das gleiche Ereignis; denn dieses Ereignis vereint die letztgültige Macht der Erlösung mit der letztgültigen Wahrheit der Offenbarung. Offenbarung, die vom Menschen unter den Bedingungen der Existenz aufgenommen wird, ist immer fragmentarisch und ebenso das Heilen. Offenbarung und Erlösung sind letztgültig, vollkommen und unwandelbar in bezug auf das offenbarende und erlösende Ereignis; sie sind vorläufig, fragmentarisch und wandelbar in bezug auf die Personen, die die offenbarende Wahrheit und erlösende Macht empfangen. In den Begriffen der klassischen Theologie könnte man sagen, daß niemand Offenbarung empfangen kann außer vom göttlichen Geist und daß das Zentrum der Persönlichkeit verwandelt wird, wenn jemand vom göttlichen Geist ergriffen ist. Er hat Erlösungskräfte empfangen.

Noch ein weiteres Argument gegen diese Gleichsetzung von Erlösung und Offenbarung bleibt zu erörtern. Man kann fragen, ob ein Mensch, der die Erlösungskraft des Neuen Seins in Christus verloren hat, doch noch seine offenbarende Wahrheit empfangen kann. Möglicherweise wird er die Offenbarung als seine eigene Verdammung erfahren. In solcher Situation scheinen Offenbarung und Erlösung deutlich voneinander geschieden zu sein. Aber das ist nicht der Fall. Wie Luther immer wieder betonte, ist das Gefühl, verworfen zu sein, der erste und entscheidende Schritt auf die Erlösung hin. Es gehört grundlegend mit zur Erlösung und fehlt nie ganz. Und es sollte auch dann nicht fehlen, wenn man Erlösung am stärksten erfährt. So lange die Offenbarung als Gericht erfahren wird, ist auch die Erlösungskraft wirksam. Weder Sünde noch Verzweiflung als solche sind ein Beweis für das Fehlen der Erlösungskraft. Das Fehlen der Erlösungskraft drückt sich in der Flucht vor dem aus, was uns unbedingt angeht, und in Selbstgefälligkeit, die beidem, der erschütternden Macht der Offenbarung und der umwandelnden Kraft der Erlösung, Widerstand leistet.

Die Identität von Offenbarung und Erlösung führt zu einer weiteren Betrachtung. Im zeitlichen und geschichtlichen Prozeß sind Offenbarung und Erlösung zweideutig. Deshalb weist die christliche Botschaft auf eine letzte Erlösung hin, die unverlierbar ist, weil sie Wiedervereinigung mit dem Seinsgrund ist. Diese letzte Erlösung ist auch die letzte Offenbarung, die oft beschrieben wird als das „Schauen Gottes". Dann ist das Mysterium des Seins offenbar ohne den fragmentarischen und vorläufigen Charakter jeder Offenbarung. Das bezieht sich nicht auf das isolierte Individuum, denn Erfüllung ist universal. Eine begrenzte Erfüllung isolierter Einzelwesen wäre überhaupt keine Erfüllung, nicht einmal für diese Einzelwesen; denn kein Mensch ist von anderen Menschen und vom Ganzen der Wirklichkeit so abgeschlossen, daß er erlöst werden könnte, ohne daß gleichzeitig jeder Mensch und jedes Ding erlöst wird. Erlösung gibt es nur im Reiche Gottes, das das Universum umfaßt. Aber das Reich Gottes ist auch der Ort, an dem jedes Ding völlig transparent ist, damit das Göttliche durchscheinen kann. In seinem erfüllten Reich ist Gott alles in allem. Das ist das Symbol der letzten Offenbarung und der letzten Erlösung in völliger Einheit. Die Anerkennung oder Nichtanerkennung dieser Einheit ist der entscheidende Prüfstein für den Charakter einer Theologie.

C

DIE VERNUNFT IN DER LETZTGÜLTIGEN OFFENBARUNG

1. Die letztgültige Offenbarung überwindet den Konflikt zwischen Autonomie und Heteronomie

Die Offenbarung ist die Antwort auf die im existentiellen Konflikt der Vernunft enthaltenen Fragen. Nachdem wir den Begriff und die Aktualität der Offenbarung als solche und der letztgültigen Offenbarung insonderheit beschrieben haben, müssen wir zeigen, wie die letztgültige Offenbarung die Fragen beantwortet und den Konflikt der Vernunft in der Existenz überwindet.

Die Offenbarung überwindet den Konflikt zwischen Autonomie und Heteronomie, indem sie deren essentielle Einheit wieder herstellt. Wir haben die Bedeutung der drei Begriffe diskutiert: Autonomie, Heteronomie und Theonomie. Die Frage ist nun, wie durch die letztgültige Offenbarung Theonomie geschaffen wird. Die letztgültige Offenbarung enthält zwei für die Wiedervereinigung von Autonomie und Heteronomie entscheidende Elemente: die vollständige Transparenz des Seinsgrundes in dem, der der Träger der letztgültigen Offenbarung ist, und die völlige Selbstopferung des Mediums der Offenbarung. Das erste Element bewahrt die autonome Vernunft davor, ihre Tiefe zu verlieren, leer und dämonischen Einwirkungen zugänglich zu werden. Die Gegenwart des göttlichen Grundes, wie sie in Jesus als dem Christus offenbar geworden ist, gibt allen Formen rationalen Schaffens geistige Substanz. Sie gibt ihnen die Dimension der Tiefe und eint sie in Symbolen, die diese Tiefe in Riten und Mythen ausdrücken. Das andere Element der letztgültigen Offenbarung, die Selbstopferung des endlichen Mediums, hält die heteronome Vernunft davon ab, sich gegen die rationale Autonomie zu stellen. Heteronomie bedeutet Autorität, die durch ein endliches Wesen im Namen des Unendlichen beansprucht oder ausgeübt wird. Die letztgültige Offenbarung erhebt weder solch einen Anspruch, noch übt sie eine solche Macht aus. Wenn sie es täte, würde sie dämonisch werden und damit aufhören, letztgültige Offenbarung zu sein. Die letztgültige Offenbarung, weit entfernt davon, heteronom oder autoritär zu sein, macht frei.

Die Kirche als Gemeinschaft des Neuen Seins ist der Ort, wo die neue Theonomie sich verwirklicht. Aber sie strömt von dort in die Gesamtheit des menschlichen Kulturlebens und gibt dem geistigen Leben des Menschen einen geistlichen Mittelpunkt. In der Kirche, wie sie sein sollte, hat der Gegensatz von Heteronomie und Autonomie keinen Platz. Und im geistigen Leben des Menschen spielt der Gegensatz von Autonomie und Heteronomie keine Rolle, wenn das geistige Leben vom Unbedingten her integriert ist. Das trifft jedoch auf die menschliche Situation nicht zu. Die Kirche ist nicht nur die Gemeinschaft des Neuen Seins, sie ist auch eine soziologische Gruppe, die in die Konflikte der Existenz hineingezogen wird. Deshalb ist sie der fast unwiderstehlichen Versuchung ausgesetzt, heteronom zu werden und autonome Kritik zu unterdrücken. Dadurch erzeugt sie oft autonome Reaktionen in solchem Ausmaß, daß sie nicht nur die Kultur, sondern die Kirche selbst säkularisieren. Im Gegensatz dazu erhebt sich dann eine Hochflut von Heteronomie, und der *circulus vitiosus* beginnt von neuem. Aber die Kirche ist niemals ohne theonome Kräfte. Es hat in der Geschichte der Kirche Zeiten gegeben, in denen die Theonomie — wenn auch in beschränktem Umfang und anfällig für Zerstörung — mehr verwirklicht wurde als zu anderen Zeiten. Das heißt nicht, daß diese Zeiten moralisch besser, geistig tiefer oder in radikaler Weise auf den letzten Sinn gerichtet waren. Vielmehr bedeutet es, daß sie sich der „Tiefe der Vernunft", des Grundes der Autonomie, und der einigenden Mitte stärker bewußt waren. Ohne solches Bewußtsein wird alles geistige Leben oberflächlich, zerfällt und erzeugt einen leeren Raum, in den dämonische Kräfte eindringen können.

Theonome Zeiten sind solche, in denen rationale Autonomie in Recht und Erkenntnis, in Gemeinschaft und Kunst bewahrt ist. Wo Theonomie herrscht, wird nichts, was als wahr und richtig angesehen wird, geopfert. Theonome Zeiten kennen keinen Zwiespalt, sie sind heil und um eine Mitte orientiert. Ihre Sinnmitte ist weder ihre autonome Freiheit noch ihre heteronome Autorität, sondern die ekstatisch erlebte und symbolisch zum Ausdruck gebrachte Tiefe der Vernunft. Mythos und Kultus geben ihnen eine Einheit, die für alle geistigen Funktionen die sinngebende Mitte bildet. Die Kultur wird nicht von außen her durch die Kirche kontrolliert, sie wird auch nicht sich selbst überlassen, so daß die Gemeinschaft des Neuen Seins neben der Kultur bestände. Die Kultur, soweit sie schöpferisch ist, empfängt ihre Substanz und ihre Einheit von der Gemeinschaft des Neuen Seins, von dessen Symbolen und Leben.

Wo Theonomie eine religiöse und kulturelle Situation bestimmt — wenn auch fragmentarisch und zweideutig, z. B. im Früh- und Hochmittelalter —, ist die Vernunft weder der Offenbarung unterworfen, noch ist sie von ihr unabhängig. Die ästhetische Vernunft richtet sich weder nach kirchlichen oder politischen Vorschriften, noch schafft sie eine profane Kunst, die von der Tiefe ästhetischer Vernunft abgeschnitten ist. Durch ihre autonomen künstlerischen Formen weist sie auf das Neue Sein hin, das in der letztgültigen Offenbarung erschienen ist. In der Theonomie entwickelt die erkennende Vernunft nicht autoritär erzwungene Lehrgebäude, noch sucht sie Erkenntnis um der Erkenntnis willen, sie sucht vielmehr in allem Wahren einen Ausdruck für das letzte Wahre, die Wahrheit des Seins als Sein, die Wahrheit, die in der letztgültigen Offenbarung gegenwärtig ist. Die rechtsschöpferische Vernunft erstellt kein System heiliger und unantastbarer Gesetze, noch versteht sie das Recht in technisch-utilitaristischem Sinne, sie bezieht vielmehr sowohl die speziellen als auch die grundlegenden Gesetze einer Gesellschaft auf die Gerechtigkeit des Reiches Gottes und auf den *logos* des Seins, wie er in der letztgültigen Offenbarung manifest ist. Die soziale Vernunft akzeptiert weder durch geheiligte kirchliche oder politische Autoritäten aufgestellte Gemeinschaftsformen, noch überläßt sie die menschlichen Beziehungen ihrem eigenen Werden und Vergehen und damit dem Willen zur Macht oder der Libido; sie setzt sie zu der letzten und universalen Gemeinschaft in Beziehung, der Gemeinschaft der Liebe, in der der Wille zur Macht in schöpferische Kraft und die Libido in Agape verwandelt ist. Ganz allgemein gesprochen ist das der Sinn von Theonomie. Es ist die Aufgabe einer konstruktiven Kultur-Theologie, diese Prinzipien auf die konkreten Probleme unserer kulturellen Existenz anzuwenden. Die systematische Theologie muß sich auf die Aufstellung der Prinzipien beschränken.

In der Romantik wurde die Theonomie in mannigfaltiger Weise beschrieben; es entstanden zahlreiche Versuche, eine Theonomie im Sinne eines idealisierten Mittelalters wiederherzustellen. Auch der Katholizismus fordert eine neue Theonomie; was er aber in Wahrheit erstrebt, ist die Wiederherstellung einer kirchlichen Heteronomie. Der Protestantismus kann das mittelalterliche Vorbild weder in der romantischen noch in der römischen Form bejahen. Er muß nach vorn auf eine neue Theonomie schauen. Wenn er das jedoch tut, muß er wissen, was Theonomie bedeutet; das kann er aber aus dem Mittelalter lernen. Im Gegensatz zur Romantik indessen weiß der Protestantismus, daß eine neue Theonomie durch die autonome Vernunft nicht absichtlich geschaffen werden kann. Autonome Vernunft ist die eine Seite im Konflikt zwischen Autonomie und Heteronomie, sie kann daher diesen Konflikt nicht überwinden. Deshalb kann die romantische Frage nach der Theonomie nur durch die letztgültige Offenbarung und in Einheit mit der Kirche gelöst werden. Der Zusammenbruch der romantischen Kunst und Philosophie, der romantischen Ethik und Politik (in einer besonders anschaulichen Weise in der Mitte des 19. Jahrhunderts) zeigt, daß eine neue Theonomie keine Sache der Absicht und des guten Willens, sondern des historischen Schicksals und der Gnade ist. Sie ist eine Wirkung der letztgültigen Offenbarung, die von keiner Autonomie produziert und von keiner Heteronomie verhindert werden kann.

2. Die letztgültige Offenbarung überwindet den Konflikt zwischen Absolutismus und Relativismus

Die letztgültige Offenbarung vernichtet nicht die Vernunft, sie ist die Erfüllung der Vernunft. Sie befreit die Vernunft aus dem Konflikt zwischen Autonomie und Heteronomie, indem sie die Grundlage für eine neue Theonomie schafft, und sie befreit die Vernunft aus dem Konflikt zwischen Absolutismus und Relativismus, indem sie in der Form eines konkreten Absoluten erscheint. Im Neuen Sein, das in Jesus als dem Christus offenbar geworden ist, ist die konkreteste aller möglichen Formen von Konkretheit, ein personhaftes Leben, Träger dessen, was ohne Bedingung und Einschränkung absolut ist. Dieses konkrete personhafte Leben hat das vollbracht, was weder Kritizismus noch Pragmatismus erreichen konnten: die Vereinigung der widerstreitenden Pole der existentiellen Vernunft. Denn der Kritizismus täuscht sich, wenn er behauptet, seine Prinzipien seien nur formal und er sei frei von absolutistischen Elementen. Ebenso täuscht sich der Pragmatismus, wenn er im Hinblick auf seine völlige Offenheit für jede Möglichkeit glaubt, ohne absolutistische Elemente zu sein. Keiner von beiden faßt das Problem radikal genug, weil keiner von beiden die Lösung bringen kann. Die Lösung kann nur aus der Tiefe der Vernunft kommen, nicht von ihrer Struktur her. Sie kann nur von der normgebenden Offenbarung kommen.

Überwindung des Konfliktes zwischen Absolutismus und Relativismus

Die logische Form, in der das völlig Konkrete und das völlig Absolute eins sind, ist das Paradox. Alle biblischen und kirchlichen Aussagen über die letztgültige Offenbarung haben paradoxen Charakter. Sie übersteigen die gewöhnliche Meinung, nicht nur vorläufig, sondern endgültig. Sie können nicht mit dem Hinweis auf die Struktur der Vernunft, sondern nur auf die Tiefe der Vernunft zum Ausdruck gebracht werden. Wenn sie in unsere übliche Begriffssprache gefaßt werden, ergeben sich logische Widersprüche. Aber diese Widersprüche sind nicht selbst das Paradox, und es wird von niemandem verlangt, sie als Widersprüche einfach hinzunehmen. So etwas ist nicht nur unmöglich, sondern auch zerstörerisch. Das Paradox ist die Wirklichkeit, auf welche die Form des Widerspruchs hinweist, es ist die überraschende, geheimnisvolle und ekstatische Weise, in der sich das Mysterium des Seins in Zeit, Raum und unter den Bedingungen der Existenz in völliger geschichtlicher Konkretheit universal offenbart. Letztgültige Offenbarung ist kein logischer Widersinn, sie ist ein konkretes Geschehen, das auf der Ebene des Rationalen in kontradiktorischen Begriffen ausgedrückt werden muß[1].

Die konkrete Seite der letztgültigen Offenbarung erscheint in dem Bilde Jesu als des Christus. Der paradoxe christliche Anspruch besagt, daß dies Bild unbedingte und universale Gültigkeit besitzt, daß es den Angriffen des positivistischen oder zynischen Relativismus nicht ausgesetzt ist, daß es weder im traditionellen noch im revolutionären Sinne absolutistisch ist und daß es weder durch den kritischen noch durch den pragmatistischen Kompromiß erreicht werden kann. Es ist einzigartig und steht über allen widerstreitenden Elementen und Methoden der existentiellen Vernunft. Das bedeutet aber vor allem, daß kein Einzelzug dieses Bildes zu einem absoluten Gesetz gemacht werden kann. Die normgebende Offenbarung gibt uns keine absolute Ethik, keine absolute Lehren oder ein absolutes Ideal persönlichen und gemeinschaftlichen Lebens. Sie gibt uns Beispiele, die auf das, was absolut ist, hinweisen, aber die Beispiele sind in sich nicht absolut. Zum tragischen Charakter allen Lebens gehört es, daß die Kirche zwar auf dem konkret Absoluten begründet ist, aber beständig versucht, ihren paradoxen Sinn zu entstellen und das Paradox in einen kognitiven und moralischen

---

[1] Es ist nicht nur schlechte Theologie, sondern asketische Arroganz, wenn einige Theologen — seit Tertullian — in sinnlosen Wortkombinationen schwelgen und von allen wahren Christen verlangen, daß sie in einem Akt intellektueller Selbstzerstörung Unsinn als „göttlichen Sinn" bejahen sollen. Die „Torheit" des Kreuzes (Paulus) hat nichts zu tun mit dem angeblich guten, in Wirklichkeit aber dämonischen „Werk" der Opferung der Vernunft.

Absolutismus zu verwandeln. Relativistische Reaktionen sind die notwendige Folge. Wenn Jesus als der göttliche Lehrer der absoluten theoretischen und praktischen Wahrheit verstanden wird, ist der paradoxe Charakter seiner Erscheinung mißverstanden worden. Wenn er im Gegensatz zu diesem Mißverständnis als Religionsgründer angesehen wird, bedingt durch die Situation seiner Zeit und die Struktur seiner Persönlichkeit, wird er ebenfalls mißverstanden. Im ersten Fall wird seine Konkretheit preisgegeben, im zweiten Fall seine Absolutheit. In beiden Fällen ist das Paradox verschwunden. Das Neue Sein in Jesus als dem Christus ist das Paradox der letztgültigen Offenbarung. Die Worte Jesu und der Apostel weisen hin auf dieses Neue Sein; sie machen es durch Erzählungen, Gleichnisse, Symbole, paradoxe Beschreibungen und theologische Auslegungen sichtbar. Aber keine dieser Weisen, die Erfahrung der letztgültigen Offenbarung auszudrücken, ist selbst absolut und letztgültig. Sie sind alle bedingt, relativ, Änderungen und Ergänzungen bedürftig.

Die absolute Seite der letztgültigen Offenbarung, das, was unbedingt und unwandelbar in ihr ist, bedingt die vollständige Transparenz und die völlige Selbstopferung des Mediums, in dem sie erscheint. Jede konkrete Begebenheit in dem Ereignis Jesu als des Christus enthüllt diese Eigenschaften. Keine Situation, in der sich Jesus befand, und keine seiner Handlungen, mit der er der Situation begegnete, stellen einen dogmatischen oder moralischen Absolutismus dar. Sowohl Situation wie Handlung sind transparent und nicht bindend an sich. Obgleich potentiell absolut, werden sie geopfert in dem Augenblick, da sie sich ereignen. Wer Jesus den Christus zu einem Gesetzgeber absoluter Gesetze des Denkens oder des Handelns macht, bahnt den Weg für revolutionäre Angriffe einerseits und für relativistische Erweichungen andererseits, die beide berechtigt sein können. Und doch gibt es ein absolutes Gesetz, das sich vor dem Kriterium der Endgültigkeit behaupten kann, weil es im Akt der Selbstopferung nicht verneint, sondern erfüllt wird. Das Gesetz der Liebe ist das letztgültige Gesetz, weil es die Verneinung des Gesetzes ist; es ist absolut, weil es sich auf jedes Konkrete erstreckt. Das Paradox der letztgültigen Offenbarung, das den Widerstreit zwischen Absolutismus und Relativismus überwindet, heißt Liebe. Die Liebe Jesu als des Christus, welche die Manifestation der göttlichen Liebe — und nur dieser — ist, umfaßt alles Konkrete im Selbst und in der Welt. Liebe ist immer Liebe; das ist ihre statische und absolute Seite. Aber Liebe ist immer abhängig von dem, was geliebt wird, und deshalb ist sie unfähig, endliche Elemente einem endlichen Dasein im Namen eines angeblich Absoluten aufzuzwingen. Die

Absolutheit der Liebe besteht in ihrer Macht, in die konkrete Situation einzugehen und die konkrete Forderung zu entdecken, die sich aus der Situation ergibt. Deshalb kann die Liebe im Kampf um etwas Absolutes nie fanatisch oder unter dem Eindruck des Relativen nie zynisch werden. Das bezieht sich auf alles Schöpferische im Rahmen der Vernunft. Wo das Paradox der letztgültigen Offenbarung gegenwärtig ist, können sich keine Absolutheitsansprüche der Erkenntnis oder der Kunst, des Rechts oder der Gemeinschaft behaupten. Die Liebe besiegt sie, ohne dadurch Erkenntnisskepsis, ästhetisches Chaos, Gesetzlosigkeit oder Entfremdung zu erzeugen.

Die letztgültige Offenbarung macht Handeln möglich. In allem Handeln steckt etwas Paradoxes, es enthält immer einen Konflikt zwischen Absolutismus und Relativismus. Es beruht auf Entscheidung; aber sich für etwas als das Wahre oder Gute entscheiden, heißt zahllose andere Möglichkeiten ausschließen. Jede Entscheidung ist in irgendeiner Hinsicht dadurch absolutistisch, daß sie der skeptischen Versuchung der „epoché", der Zurückhaltung im Urteil und im Handeln, widersteht. Sie ist ein Wagnis, gegründet im Mut zum Sein, bedroht durch die ausgeschlossenen Möglichkeiten, von denen viele besser und wahrer als die gewählte gewesen sein können. Diese Möglichkeiten nehmen Rache, oft in zerstörerischer Weise, und die Flucht ins Nichthandeln wird zur Versuchung. Die letztgültige Offenbarung besiegt den Konflikt zwischen dem absolutistischen Charakter und dem relativistischen Schicksal jeder Entscheidung und Handlung. Sie zeigt, daß die richtige Entscheidung ihren Anspruch, die richtige Entscheidung zu sein, aufgeben muß. Es gibt keine richtigen Entscheidungen, nur Versuche, Niederlagen und Erfolge. Aber es gibt Entscheidungen, die aus der Liebe kommen und die unter Verzicht auf das Absolute nicht dem Relativen verfallen. Sie sind der Rache der ausgeschlossenen Möglichkeiten nicht ausgesetzt, weil sie ihnen geöffnet waren und für sie noch offen sind. Keine Entscheidung kann zunichte gemacht werden, keine Handlung ungeschehen. Aber die Liebe gibt selbst jenen Entscheidungen und Handlungen einen Sinn, die sich als falsch erwiesen haben. Die Fehler der Liebe führen nicht zu Resignation, sondern zu neuen Entscheidungen, jenseits von Absolutismus und Relativismus. Die letztgültige Offenbarung besiegt den Konflikt zwischen Absolutismus und Relativismus in wirklichen Entscheidungen. Die Liebe überwindet die Rache der ausgeschlossenen Möglichkeiten. Sie ist absolut als Liebe und relativ in jeder Liebesbeziehung.

Die Vernunft in der letztgültigen Offenbarung

3. Die letztgültige Offenbarung überwindet den Konflikt zwischen Formalismus und Emotionalismus

Wenn das Mysterium des Seins in einem Offenbarungserlebnis erscheint, ergreift es die ganze Person. Das bedeutet aber: die Tiefe der Vernunft ist sowohl nach ihrer formalen als auch nach ihrer emotionalen Seite gegenwärtig, und es besteht kein Konflikt zwischen diesen beiden Elementen. Das Mysterium des Seinsgrundes erscheint sowohl in seinen rationalen Formen als auch in unserer emotionalen Teilnahme an dem, was diese Formen trägt. Das bezieht sich auf alle Funktionen der Vernunft. Es soll hier nur auf die Erkenntnisfunktion Anwendung finden. Das Problem der erkennenden Vernunft liegt in dem Konflikt zwischen dem Element der Vereinigung und dem Element der Distanz in jedem Erkenntnisakt. Die technische Vernunft hat der Seite der Distanz ein ungeheures Übergewicht gegeben. Was durch die analysierende Vernunft nicht begriffen werden kann, wird dem Gefühl zugewiesen. Alle bedeutsamen Existenzprobleme werden aus dem Bereich des Wissens in den formlosen Bereich des Gefühls verwiesen. Aussagen über den Sinn des Lebens und die Tiefe der Vernunft wird jeder Wahrheitsgehalt abgesprochen. Nicht nur Mythos und Kultus, sondern auch ästhetische Einsichten und Gemeinschaftsbeziehungen werden von Vernunft und Erkenntnis ausgeschlossen. Sie werden als Gefühlsergüsse ohne Gültigkeit und Kriterien angesehen. Es gibt protestantische Theologen, die diese Trennung von Form und Emotion bejahen. In einer falschen Interpretation von Schleiermachers Theologie versetzen sie die Religion in den Bereich bloßen Gefühls. Aber damit leugnen sie die Macht der letztgültigen Offenbarung, die Kluft zwischen Form und emotionalem Leben, zwischen erkennender Distanz und Erkenntniseinung zu überbrücken.

Die frühen klassischen Theologen glaubten, daß die Macht der letztgültigen Offenbarung diese Kluft zu überwinden vermöge. Sie gebrauchten den Begriff „Gnosis", der sowohl erkennende wie mystische, wie sexuelle Vereinigung bedeutet. „Gnosis" widerspricht nicht der *episteme*, der distanzierten wissenschaftlichen Erkenntnis. Einen Konflikt gibt es deshalb nicht, weil derselbe *logos*, der die Philosophen und Gesetzgeber belehrt, auch die Quelle der letztgültigen Offenbarung ist und die christlichen Theologen belehrt. Diese Lösung der alexandrinischen Schule erscheint immer wieder in der Geschichte des christlichen Denkens, oft in veränderter Form, oft in polemischer Auseinandersetzung. Wo sie bejaht wird, sieht man in der letztgültigen Offenbarung die Überwindung des Konfliktes zwischen theologischer und allgemeinwissenschaftlicher Erkenntnis und damit indirekt des Konfliktes zwischen Emotion und Form. Wo immer die alexandrinische Lösung abgelehnt wird, vertieft sich der Konflikt beider und wird ein dauernder. Das ereignete sich in der mittelalterlichen Entwicklung von Duns Scotus bis Ockham, in einigen Formen der reformatorischen Theologie, bei Pascal und Kierkegaard, in der neu-orthodoxen Theologie und auf der Gegenseite im Naturalismus und Empirismus. In überraschendem Einverständnis leugnen orthodoxe Theologen und Rationalisten die Wiedervereinigung von Form und Emotion in der letztgültigen Offenbarung. Sie verneinen die heilende Macht der Offenbarung in den Konflikten der erkennenden Vernunft. Aber wenn die letztgültige Offenbarung nicht fähig ist, die Spaltungen der erkennenden Vernunft zu heilen, wie könnte sie die Spaltungen der Vernunft in irgendeiner ihrer Funktionen heilen? Es kann nicht gleichzeitig ein geheiltes Herz und einen ewig gespaltenen Verstand geben. Entweder umfaßt das Heilen auch die Erkenntnisfunktion, oder nichts wird geheilt. Es gehört zu den Verdiensten der Existenzphilosophie, daß sie bemüht ist, Distanz und Einung wieder miteinander zu verbinden. Gewiß liegt die Betonung auf Einung und Partizipation, aber die Distanz ist nicht ausgeschlossen, sonst wäre der Existentialismus keine Philosophie, sondern eine bloße Folge von Gefühlsausbrüchen.

Erkenntnis und Emotion widersprechen sich nicht wesenhaft. Im Gegenteil: Emotion kann die Augen öffnen. Tatsächlich jedoch finden emotionale Entstellungen der Wahrheit unaufhörlich statt. Leidenschaft, Libido, Wille zur Macht, Rationalisierung[1] und Ideologie sind die beständigen Feinde der Wahrheit. So ist es verständlich, wenn das Gefühl als solches als der Erzfeind der Erkenntnis bezeichnet wurde. Aber das hat zur Folge, daß man einen bedeutsamen Faktor im Erkenntnisprozeß auszuscheiden versucht. Der Anspruch der letztgültigen Offenbarung besteht darin, daß die Wahrheit selbst jenseits dieser Alternative steht. Nur das, was mit „unendlicher Leidenschaft" (Kierkegaard) ergriffen werden kann, ist identisch mit dem, was als Kriterium in jedem Akt rationaler Erkenntnis erscheint. Wenn das Christentum diesen Anspruch nicht erheben könnte, müßte es entweder abdanken, oder es würde ein Instrument zur Unterdrückung der Wahrheit werden. Das letzte Anliegen der letztgültigen Offenbarung ist ebenso radikal rational wie radikal emotional, und keine Seite kann ohne zerstörerische Folgen außer acht gelassen werden.

Wo die Konflikte der existentiellen Vernunft überwunden sind,

---

[1] Rationalisierung bedeutet hier die nachträgliche Rechtfertigung eines gegebenen Tatbestandes durch moralische oder Vernunftgründe.

kann man von „erlöster Vernunft" reden. Aktuelle Vernunft bedarf der Erlösung ebenso wie alle anderen Seiten der menschlichen Natur und der Wirklichkeit im allgemeinen. Die Vernunft ist von der heilenden Macht des Neuen Seins in Jesus als dem Christus nicht ausgeschlossen. Theonome Vernunft — jenseits des Konfliktes von Absolutismus und Relativismus, Formalismus und Emotionalismus —, das ist die Vernunft in der Offenbarung. Die Vernunft in der Offenbarung wird weder in ihrem Konfliktszustand bestätigt, noch wird ihre essentielle Struktur geleugnet. Aber ihre essentielle Struktur wird unter den Bedingungen der Existenz, zwar fragmentarisch, doch real und wirksam wiederhergestellt. Deshalb sollten Religion und Theologie die Vernunft als solche nicht angreifen, ebensowenig wie die Welt als solche oder den Menschen als solchen. Angriffe, die zwischen Essenz und Existenz nicht unterscheiden, treiben das Christentum ins manichäische Lager: Die negative Haltung mancher Theologie zur Vernunft ist mehr manichäisch als christlich.

Auf Grund dieser Verhältnisbestimmung von Vernunft, Offenbarung und Erlösung kann ein letztes Wort über das Wesen der Theologie gesagt werden. Theologie muß offensichtlich theonome Vernunft benutzen, um die christliche Botschaft zu erklären. Daraus folgt, daß der Konflikt zwischen der ergreifenden und umgestaltenden Aufgabe der Vernunft im theologischen Arbeiten überwunden ist. Niemand war sich dieser Tatsache mehr bewußt als die frühe franziskanische Schule, vertreten z. B. durch Alexander von Hales. Sie nannten die Theologie eine praktische Erkenntnis und wiesen damit auf dasselbe hin, was heute in angemessenerem Ausdruck „existentielle" Erkenntnis heißt. Es ist bedauerlich, daß seit den Tagen des Thomas v. Aquino diese Einsicht immer mehr verlorengegangen ist (zusammen mit dem allgemeinen Verlust der Theonomie in allen Bereichen des Lebens) und daß die Reformatoren ihre Wiederentdeckung des existentiellen Charakters der Theologie mit einer schlecht begründeten Verwerfung der Vernunft verknüpften. Wenn man verstanden hat, daß die Vernunft die Offenbarung aufnimmt und daß sie ein Gegenstand der Erlösung wie jedes andere Element der Wirklichkeit ist, mag eine Theologie, die sich der theonomen Vernunft bedient, wieder möglich sein.

D

DER URSPRUNG DER OFFENBARUNG

1. Gott und das Mysterium der Offenbarung

Die in der apologetischen Theologie benutzte Methode der Korrelation hat zur Folge, daß die Offenbarung von „unten" her, vom Menschen in der Offenbarungssituation, und nicht von „oben" her, vom göttlichen Grund der Offenbarung, zugänglich wird. Erst jetzt, nachdem Begriff und Aktualität der Offenbarung diskutiert worden sind, erhebt sich die Frage nach dem Ursprung der Offenbarung.

Der „Ursprung" der Offenbarung ist nicht ihre „Ursache" in dem kategorialen Sinn des Wortes Ursache. Er ist der „Grund des Seins", der sich kund tut im Dasein. Die Beziehung zwischen dem Grund des Seins und seinen Erscheinungsweisen in der Offenbarung kann nur symbolisch ausgedrückt werden, nämlich als Taten eines höchsten Wesens, das den Lauf der endlichen Ereignisse umformt. Das ist unvermeidlich. In derselben Weise kann die Beziehung zwischen dem Ursprung der Offenbarung und denen, die Offenbarung empfangen, nur in personalen Kategorien erfaßt werden; denn das, was eine Person letztlich und unbedingt angeht, kann nicht weniger als eine Person sein, obgleich es mehr sein kann und mehr sein muß als eine Person. Unter diesen Umständen muß der Theologe den symbolischen Charakter aller Begriffe betonen, die er für die Beschreibung der göttlichen Selbstoffenbarung verwendet, und er muß versuchen, Begriffe zu gebrauchen, die anzeigen, daß ihre Bedeutung keine gegenständliche ist. Ursprung ist solch ein Begriff. Er bewegt sich zwischen Ursache und Substanz und transzendiert sie beide. Ursprung deutet darauf hin, daß der Grund der Offenbarung weder eine Ursache ist, die getrennt ist von der Wirkung der Offenbarung, noch eine Substanz, die in der Wirkung aufgeht, sondern vielmehr Mysterium, das in der Offenbarung erscheint und das doch in seiner Erscheinung ein Mysterium bleibt.

Das religiöse Wort für das, was Grund des Seins genannt wird, ist Gott. Eine Hauptschwierigkeit besteht für jede systematische Theologie darin, daß sie in jedem ihrer Teile alle anderen Teile voraussetzt. Eine Lehre von Gott als Ursprung der Offenbarung setzt die Lehre von Sein und Gott voraus, die andererseits wieder von der Lehre von der Offenbarung abhängt. Deshalb ist es nötig, an dieser Stelle einige

Begriffe vorwegzunehmen, die vollständig nur im Zusammenhang mit der Lehre von Gott erklärt werden können.

Wenn wir das Symbol „Göttliches Leben" gebrauchen, was wir sicherlich müssen, setzen wir voraus, daß eine Analogie zwischen der Grundstruktur des Lebens, wie es von uns erfahren wird, und dem Grund des Seins, in dem das Leben wurzelt, besteht. Diese Analogie führt zur Anerkennung dreier Elemente, die in verschiedener Weise in allen Abschnitten der systematischen Theologie in Erscheinung treten und die Grundlage für das trinitarische Verständnis der letztgültigen Offenbarung sind.

Göttliches Leben ist die dynamische Einheit von Tiefe und Form. In der Sprache der Mystik wird die Tiefe des göttlichen Lebens, sein unerschöpflicher und unaussprechlicher Charakter, „Abgrund" genannt. In der Sprache der Philosophie wird die Form, das Sinn- und Strukturelement des göttlichen Lebens, „*logos*" genannt. In der Sprache der Religion wird die dynamische Einheit beider Elemente „Geist" genannt. Die Theologen müssen alle drei Ausdrücke verwenden, um auf den Ursprung der Offenbarung hinzuweisen. Es ist der abgründige Charakter des göttlichen Lebens, der die Offenbarung geheimnisvoll macht; es ist der logische Charakter des göttlichen Lebens, der die Offenbarung des Mysteriums möglich macht; und es ist der Geistcharakter des göttlichen Lebens, der die Korrelation von Wunder und Ekstase schafft, in der die Offenbarung empfangen werden kann. Jeder dieser drei auf den Ursprung der Offenbarung hinweisenden Begriffe muß verwandt werden. Wenn der abgründige Charakter des göttlichen Lebens übersehen wird, verwandelt ein rationalistischer Deismus die Offenbarung in Belehrung. Wenn der logische Charakter des göttlichen Lebens nicht beachtet wird, macht ein irrationaler Theismus die Offenbarung zum Prinzip heteronomer Unterwerfung. Wenn der Geistcharakter des göttlichen Lebens beiseite gelassen wird, ist eine Geschichte der Offenbarung unmöglich. Die Lehre von der Offenbarung ruht auf einem trinitarischen Verständnis des göttlichen Lebens und seiner Selbstoffenbarung.

Offenbarung und Erlösung sind Elemente von Gottes lenkendem Schaffen. Gott lenkt die Prozesse des individuellen, sozialen und universalen Lebens zu ihrer Erfüllung im Reiche Gottes hin. Offenbarungserfahrungen sind in die allgemeine Erfahrung eingebettet. Sie sind von ihr unterschieden, aber nicht getrennt. Weltgeschichte ist die Grundlage der Offenbarungsgeschichte, und in der Offenbarungsgeschichte enthüllt die Weltgeschichte ihr Mysterium.

2. Die letztgültige Offenbarung und das Wort Gottes

Die Lehre von der Offenbarung wird in der Tradition gewöhnlich als Lehre vom „Wort Gottes" entwickelt. Das ist möglich, wenn Wort als das Logoselement im Grund des Seins verstanden wird. Das ist die Interpretation, die die klassische Logoslehre ihm gegeben hat. Aber „Wort Gottes" wird oft halb wörtlich, halb symbolisch als ein gesprochenes Wort verstanden, und eine Theologie des Wortes wird als eine Theologie des gesprochenen Wortes dargeboten. Diese Intellektualisierung der Offenbarung widerspricht dem Sinn der Logoschristologie. Die Logoschristologie war nicht intellektualistisch, in Wirklichkeit war sie sogar eine Waffe gegen diese Gefahr. Wenn Jesus als der Christus der *logos* genannt wird, bedeutet *logos* eine Offenbarungswirklichkeit und nicht Offenbarungsworte. Wenn die Logoslehre ernst genommen wird, verhindert sie die Entwicklung einer Theologie des gesprochenen oder geschriebenen Wortes, die die Schwäche des Protestantismus ist[1].

Der Ausdruck „Wort Gottes" hat sechs verschiedene Bedeutungen. Wort ist vor allem anderen das Prinzip der göttlichen Selbstoffenbarung im Grunde des Seins selbst. Der Grund ist nicht nur ein Abgrund, in dem jede Form verschwindet, er ist auch die Quelle, aus der jede Form entspringt. Der Grund des Seins hat den Charakter der Selbstoffenbarung, er hat Logos-Charakter. Das ist nicht etwas, das zum göttlichen Leben noch hinzukäme, es ist das göttliche Leben selbst. Trotz seines abgründigen Charakters ist der Seinsgrund „*logikos*", er schließt seinen eigenen *logos* in sich.

Zweitens: Wort ist das Medium der Schöpfung, das dynamische Geistwort, das zwischen dem schweigenden Mysterium des Seinsabgrunds und der Fülle der konkreten, individualisierten, selbstbezogenen Wesen vermittelt. „Schöpfung durch das Wort" deutet im Gegensatz zum neuplatonischen Emanationsprozeß symbolisch auf die Freiheit

---

[1] Diese Behauptung ist eine vollkommene Umkehrung der Lehre der Ritschl-Schule, wonach die Aufnahme des Christentums durch den griechischen Geist eine Intellektualisierung des Christentums gebracht hat. Der griechische Geist als solcher kann nicht „intellektualistisch" genannt werden, nur seine begrenzten und entstellten Äußerungen. Von jeher bedeutet Erkenntnis „Einigung mit dem Unwandelbaren", mit dem „wahrhaft Wirklichen". Metaphysische Erkenntnis ist existentiell; sogar in einem Empiristen und Logiker wie Aristoteles steckt ein mystisches Element. Die Einschränkung der Erkenntnis auf distanzierte Beobachtung im Sinne des „beherrschenden Erkennens" ist nicht griechisch, sondern modern. Dieses Verständnis der griechischen Philosophie fordert eine Neuorientierung jener Art von Interpretation der Dogmengeschichte, deren klassischer Vertreter Harnack war.

des Schöpfers und auf die Freiheit des Geschöpfes hin. Die Selbstmitteilung des Seinsgrundes hat geistigen, nicht mechanischen Charakter.

Drittens: Wort ist Manifestation des göttlichen Lebens in der Geschichte der Offenbarung. Es ist das Wort, das von all denen empfangen wird, die in einer Offenbarungskorrelation stehen. Wenn Offenbarung das „Wort Gottes" genannt wird, so betont das die Tatsache, daß alle Offenbarung, so unpersönlich ihr Medium auch sein mag, sich an das Zentrum des Selbst wendet und Logos-Charakter haben muß, um von ihm empfangen zu werden. Die Ekstase der Offenbarung ist nicht „*alogos*" (irrational), obwohl sie nicht von der menschlichen Vernunft geschaffen ist. Sie ist eingegeben, ist Geist, und vereinigt den Abgrund und die Logoselemente in der Manifestation des Mysteriums.

Viertens: Wort ist die Manifestation des göttlichen Lebens in der letztgültigen Offenbarung. „Das Wort" ist ein Name für Jesus als den Christus. Der *logos*, das Prinzip aller göttlichen Manifestation, wird zu einem Seienden in der Geschichte unter den Bedingungen der Existenz. Es offenbart in dieser Form die grundlegende und entscheidende Beziehung des Seinsgrundes zu uns, symbolisch gesprochen: das Herz des göttlichen Lebens. „Das Wort" ist nicht die Summe der Worte, die Jesus gesprochen hat. Es ist das Sein des Christus, für das seine Worte und Taten ein Ausdruck sind. Hier zeigt sich die Unmöglichkeit, Wort mit Rede gleichzusetzen, so offensichtlich, daß man schwer verstehen kann, wie Theologen, die die Lehre von der Inkarnation bejahen, diese Konfusion aufrechterhalten können.

Fünftens: der Begriff Wort wird auf das Dokument der letztgültigen Offenbarung und ihre besondere Vorbereitung, nämlich die Bibel, angewandt. Aber wenn die Bibel das „Wort Gottes" genannt wird, ist theologische Konfusion beinahe unvermeidlich. Aus dieser Gleichsetzung ergeben sich dann solche Konsequenzen wie die Lehre von der Verbalinspiration, Unredlichkeit beim Umgang mit dem Bibeltext, ein „monophysitisches" Dogma von der Unfehlbarkeit eines Buches usw. Die Bibel ist „Wort Gottes" in einem doppelten Sinn. Sie ist die Urkunde der letztgültigen Offenbarung, und sie hat selbst teil an der letztgültigen Offenbarung, deren Urkunde sie ist. Wahrscheinlich hat nichts mehr zur Mißdeutung der biblischen Lehre vom Wort beigetragen als die Gleichsetzung von Wort und Bibel.

Sechstens: die Verkündigung der Kirche in ihrer Predigt und Lehre wird „das Wort" genannt. Soweit Wort die objektive Botschaft bedeutet, die der Kirche gegeben ist und zu ihr gesprochen werden sollte, ist es Wort in demselben Sinne, in dem die biblische Offenbarung oder jede andere Offenbarung Wort ist. Aber sofern Wort die aktuelle Predigt

Die letztgültige Offenbarung und das Wort Gottes

der Kirche bedeutet, kann es geschehen, daß es nur Worte sind und in keiner Weise „das Wort", d. h. bloße menschliche Rede ohne göttliche Offenbarung in ihr. „Das Wort" hängt nicht allein vom Sinn der Predigtworte ab, sondern von der inneren Mächtigkeit, mit der sie gesprochen werden. Und es hängt nicht nur vom Verständnis des Hörers allein ab, sondern auch davon, ob er den Inhalt existentiell aufnimmt. „Das Wort" hängt auch nicht vom Prediger oder Hörer allein ab, sondern von beiden in Korrelation. Diese vier Faktoren und ihre gegenseitige Abhängigkeit schaffen die „Konstellation", in der menschliche Worte „das Wort", die göttliche Selbstmanifestation, werden können. Sie *können*, aber sie brauchen es nicht zu werden. Deshalb gibt es für keine kirchliche Tätigkeit eine Gewißheit, daß sie Ausdruck des „Wortes" ist. Kein Geistlicher sollte mehr für sich in Anspruch nehmen als die Absicht, in seiner Predigt „das Wort" sprechen zu wollen. Er sollte niemals den Anspruch erheben, „das Wort" gesprochen zu haben oder es in Zukunft sprechen zu können; denn, da er keine Macht hat über die „Offenbarungskonstellation", hat er auch nicht die Macht, „das Wort" zu predigen. Es kann sein, daß er bloße Worte spricht, obwohl sie theologisch korrekt sein können. Und es kann sein, daß er „das Wort" spricht, obwohl seine Formulierungen theologisch unkorrekt sind. Schließlich braucht der Mittler der Offenbarung gar kein Pfarrer oder religiöser Lehrer zu sein, sondern einfach irgendein Mensch, dem wir begegnen und dessen Worte „das Wort" für uns in einer besonderen Konstellation werden.

Die vielen verschiedenen Bedeutungen des Ausdrucks „Wort" sind alle eins in der Bedeutung: „Gott ist offenbar" — offenbar in ihm selbst, in der Schöpfung, in der Offenbarungsgeschichte, in der letztgültigen Offenbarung, in der Bibel, in den Worten der Kirche und ihrer Glieder. „Gott offenbar" — das Geheimnis des göttlichen Abgrundes, das sich ausdrückt im göttlichen *logos* — das ist der Sinn des Symbols „Wort Gottes".

ZWEITER TEIL

SEIN UND GOTT

I. DAS SEIN
UND DIE FRAGE NACH GOTT

EINLEITUNG: DIE SEINSFRAGE

Die theologische Grundfrage ist die Frage nach Gott. Gott ist die Antwort auf die Frage, die im Sein beschlossen liegt. Das Problem Vernunft und Offenbarung ist, obwohl es zuerst behandelt wurde, dem Problem Sein und Gott nachgeordnet. Wie alles Andere hat die Vernunft Sein, partizipiert am Sein und ist logisch dem Sein untergeordnet. Deshalb mußten in der Analyse der Vernunft und ihrer existentiellen Konflikte Begriffe gebraucht werden, die aus der Seinsanalyse abgeleitet sind. Wenn wir von der Korrelation von Vernunft und Offenbarung zu der von Sein und Gott fortschreiten, bewegen wir uns zu einer fundamentaleren Betrachtung. Wir gehen von der erkenntnistheoretischen zur ontologischen Frage über. Die ontologische Frage lautet: Was ist das Sein selbst? Was ist das, das nicht ein besonderes Seiendes oder eine Gruppe von Seiendem ist, nicht etwas Konkretes oder etwas Abstraktes, sondern vielmehr etwas, das immer mitgedacht wird, indirekt und manchmal direkt, wenn von etwas ausgesagt wird, daß es *ist?* Philosophie stellt die Frage nach dem Sein als Sein. Sie untersucht den Charakter alles dessen, was ist, sofern es ist. Das ist ihre Grundaufgabe, und die Antwort, die sie hier gibt, bestimmt die Analyse aller besonderen Formen des Seins. Die Frage nach dem Sein als Sein ist „Erste Philosophie", oder wenn dieses Wort noch gebraucht werden könnte, „Metaphysik". Da aber falsche Nebenbedeutungen das Wort „Metaphysik" belasten, ist das Wort „Ontologie" vorzuziehen. Die ontologische Frage, die Frage nach dem Sein-Selbst, wird als ein „metaphysischer Schock" erlebt, als der Schock des möglichen Nichtseins. Dieser Schock ist oft durch die Frage ausgedrückt worden: „Warum *ist* etwas, warum *ist* nicht nichts? Aber in dieser Form ist die Frage sinnlos, denn jede mögliche Antwort wäre wieder Gegenstand der gleichen Frage in unendlicher Regression. Das Denken muß mit dem Sein beginnen; es kann nicht hinter das Sein zurückgehen, wie die Form der Frage selber zeigt. Wenn man fragt, warum nicht nichts *ist*, gibt man sogar dem Nichts ein Sein. Das Denken ist im Sein begründet, und es kann diese Basis nicht verlassen. Aber das Denken kann alles negieren, was ist. Und das Denken kann das Wesen und die Struktur des Seins beschreiben, das allem Seienden die Macht gibt, dem Nichtsein zu widerstehen. Mythologie, Kosmogonie und Metaphysik haben die Seinsfrage direkt und indirekt gestellt und versucht, sie zu beantworten. Sie ist die radikalste Frage, obwohl sie eher der Ausdruck eines Existenzzustandes als eine formulierte Frage ist. Wann immer dieser Zustand erfahren und diese Frage gestellt wird, verschwindet alles im Abgrund des möglichen Nichtseins; sogar ein Gott müßte verschwinden, wenn er nicht das Sein-Selbst wäre. Aber wenn alles Besondere und Bestimmte im Lichte der letzten Frage verschwindet, dann muß gefragt werden, wie eine Antwort möglich ist. Heißt das nicht, daß die Ontologie auf die leere Tautologie reduziert wird, daß Sein Sein ist? Ist nicht der Ausdruck „Seinsstruktur" ein Widerspruch in sich selbst, da er besagt, daß das, was jenseits jeder Struktur ist, selbst eine Struktur hat?

Ontologie ist möglich, weil es Begriffe gibt, die weniger universal als Sein sind, aber universaler als jeder andere ontologische Begriff, das heißt, universaler als jeder Begriff, der eine Sphäre des Seienden bezeichnet. Solche Begriffe wurden „Prinzipien" oder „Kategorien" oder „letzte Begriffe" genannt. Jahrtausende hat der menschliche Geist an ihrer Entdeckung, Ausarbeitung und Gliederung gearbeitet. Aber eine Übereinstimmung wurde nicht erreicht, wenn auch gewisse Begriffe in fast jeder Ontologie erscheinen. Der systematische Theologe kann und darf nicht in die ontologische Diskussion als solche eintreten. Aber er kann und muß diese zentralen Begriffe vom Gesichtspunkt ihrer theologischen Bedeutsamkeit aus betrachten. Eine solche Betrachtung, die für jeden Teil eines theologischen Systems erforderlich ist, kann freilich die ontologische Analyse mittelbar beeinflussen. Aber die Arena der ontologischen Diskussion ist nicht die theologische Arena, obwohl der Theologe mit ihr vertraut sein muß.

Man kann vier Schichten ontologischer Begriffe unterscheiden: 1. die ontologische Grundstruktur, die die Bedingung der ontologischen Frage ist; 2. die Elemente, die die ontologische Struktur konstituieren; 3. die Charakteristika des Seins, die die Bedingungen der Existenz sind, und 4. die Kategorien des Seins und Erkennens. Jede dieser Schichten erfordert eine besondere Analyse. An dieser Stelle sind nur ein paar Bemerkungen über ihren allgemeinen Charakter notwendig.

Die ontologische Frage setzt ein fragendes Subjekt und ein Objekt, nach dem die Frage gestellt wird, voraus, sie setzt die Subjekt-Objekt-Struktur des Seienden voraus, die wiederum die Selbst-Welt-Struktur als die fundamentale Gliederung des Seienden voraussetzt. Das Selbst, das eine Welt hat, zu der es gehört — diese höchst dialektische Struktur — geht logisch und erfahrungsmäßig jeder anderen Struktur voraus. In jeder ontologischen Arbeit sollte ihre Analyse der erste Schritt sein. Die zweite Schicht der ontologischen Analyse hat zu tun mit den Elementen, die die Grundstruktur des Seienden konstituieren. Sie teilen den polaren Charakter der Grundstruktur, und eben ihre Polarität macht sie zu Prinzipien, indem sie verhindert, daß sie zu höchsten Gattungsbegriffen werden. Man kann sich eine Sphäre der Natur neben oder außerhalb der Sphäre der Geschichte vorstellen, aber es gibt keine Sphäre der Dynamik ohne Form oder der Individualität ohne Universalität. Das Umgekehrte gilt ebenso. Jeder Pol ist sinnvoll nur insoweit, als er sich durch sich selbst auf den entgegengesetzten Pol bezieht. Drei fundamentale Elementen-Paare konstituieren die ontologische Grundstruktur: Individualisation und Partizipation, Dynamik und Form, Freiheit und Schicksal. In diesen drei Polaritäten drückt das erste Element die Selbstbezogenheit des Seienden aus, seine Macht, etwas für sich zu sein, während das zweite Element die gegenseitige Abhängigkeit des Seienden, seinen Charakter, Teil eines Universums des Seienden zu sein, ausdrückt.

Die dritte Schicht der ontologischen Begriffe drückt die Möglichkeit der Existenz und den Unterschied zwischen essentiellem und existentiellem Sein aus. In unserer Erfahrung wie in unserer Reflexion manifestiert sich das Sein in der Doppelheit von essentiellem und existentiellem Sein. Es gibt keine Ontologie, die diese zwei Aspekte ignorieren kann, ob sie in zwei Sphären hypostasiert werden (Plato) oder in der polaren Relation der Potentialität und Aktualität kombiniert werden (Aristoteles) oder einander gegenübergestellt werden (der späte Schelling, Kierkegaard, Heidegger) oder ob eins aus dem anderen abgeleitet wird, entweder die Existenz aus der Essenz (Spinoza, Hegel) oder die Essenz aus der Existenz (Dewey, Sartre). In allen diesen Ontologien wird die Doppelheit des essentiellen und existentiellen Seins gesehen und die Frage ihrer Beziehung zueinander und zum Sein-Selbst gestellt. Die Antwort ist durch die Polarität von Freiheit und Schicksal in der zweiten Schicht der ontologischen Analyse vorbereitet. Freiheit als solche ist aber nicht die Basis der Existenz, sondern vielmehr Freiheit

Einleitung: Die Seinsfrage

in Einheit mit Endlichkeit. Endliche Freiheit ist der Wendepunkt vom Sein zur Existenz. Deshalb ist es die Aufgabe der Ontologie in der dritten Schicht, Endlichkeit in ihrer Polarität mit dem Unendlichen und in ihrer Beziehung zu Freiheit und Schicksal, zu Sein und Nichtsein, zu Essenz und Existenz zu analysieren.

Die vierte Schicht hat mit denjenigen Begriffen zu tun, die traditionell Kategorien genannt werden, das heißt den Grundformen des Denkens und Seins. Sie partizipieren am Wesen der Endlichkeit und können Strukturen des endlichen Seins und Denkens genannt werden. Ihre Zahl und Gliederung zu bestimmen, ist eine der unendlichen Aufgaben der Philosophie. Vom theologischen Standpunkt aus müssen vier Hauptkategorien analysiert werden: Zeit, Raum, Kausalität und Substanz[1]. Kategorien wie Quantität und Qualität haben keine unmittelbare theologische Bedeutung und werden nicht besonders erörtert. Andere Begriffe wie Bewegung und Ruhe, oder Einheit und Mannigfaltigkeit, die oft „Kategorien" genannt worden sind, werden implizit in der zweiten Schicht der Analyse behandelt: Bewegung und Ruhe in Verbindung mit Dynamik und Form, Einheit und Mannigfaltigkeit in Verbindung mit Individualisation und Partizipation. Der polare Charakter dieser Begriffe stellt sie in die Schicht der Elemente der ontologischen Grundstruktur und nicht in die Schicht der Kategorien. Schließlich muß festgestellt werden, daß zwei der *transcendentalia* der Scholastik, das Wahre und das Gute *(verum, bonum)*, gewöhnlich in Verbindung mit Sein und dem Einen *(esse, unum)*, nicht zur reinen Ontologie gehören, weil sie nur in Beziehung auf ein urteilendes Subjekt Sinn haben. Ihre ontologische Grundlage wird jedoch in Verbindung mit der Doppelheit von Essenz und Existenz erörtert werden.

Da es das Ziel dieses Abschnittes des theologischen Systems ist, die Gottesfrage als die Frage zu entwickeln, die im Sein eingeschlossen liegt, ist der Begriff der *Endlichkeit* das Zentrum der folgenden Analyse, denn es ist die Endlichkeit des Seienden, die uns zu der Frage nach Gott treibt.

Zunächst jedoch muß etwas über den erkenntnistheoretischen Charakter aller ontologischen Begriffe gesagt werden. Ontologische Begriffe sind im strengen Sinn des Wortes *a priori*. Sie bestimmen das Wesen der Erfahrung. Sie sind gegenwärtig, wann immer etwas erfahren wird. *A priori* heißt nicht, daß ontologische Begriffe vor der Erfahrung ge-

---

[1] Wenn Zeit und Raum „Kategorien" genannt werden, so ist dies eine Abweichung von der Terminologie Kants, der Zeit und Raum Formen der Anschauung nennt. Aber die umfassendere Bedeutung von Kategorie wird allgemein anerkannt, sogar in den nachkantischen Schulen.

wußt sind, und der Begriff *a priori* sollte nicht angegriffen werden, als ob er dies bedeutet. Im Gegenteil, sie sind das Ergebnis einer kritischen Analyse der Erfahrung. Ebenso heißt *a priori* nicht, daß die ontologischen Begriffe eine statische und unveränderliche Struktur der Erfahrung konstituieren, die einmal entdeckt, für immer gültig ist. Die Struktur der Erfahrung kann sich in der Vergangenheit geändert haben und kann sich in der Zukunft ändern, aber wenn auch eine solche Möglichkeit nicht ausgeschlossen werden kann, so ist das kein Grund, dies als ein Argument gegen den *a priori*-Charakter der ontologischen Begriffe zu verwenden.

A priori sind diejenigen Begriffe, die in jeder aktuellen Erfahrung vorausgesetzt sind, da eben sie die Struktur der Erfahrung selbst konstituieren. Die Bedingungen der Erfahrung sind *a priori*. Wenn diese Bedingungen sich ändern — und mit ihnen die Struktur der Erfahrung —, so muß eine andere Gruppe von Bedingungen es ermöglichen, Erfahrung zu haben. Diese Situation wird solange bestehen, als es sinnvoll ist, von Erfahrung überhaupt zu sprechen. Solange es Erfahrung in irgendeiner umrissenen Bedeutung des Wortes gibt, gibt es eine Struktur der Erfahrung, die innerhalb des Prozesses des Erfahrens erkannt und kritisch ausgearbeitet werden kann. Die Prozeßphilosophie ist berechtigt in ihrem Versuch, alles, was statisch zu sein scheint, in Prozesse aufzulösen. Aber es wäre absurd, wenn sie versuchte, die Struktur des Prozesses in einen Prozeß aufzulösen. Das bedeutete einfach, daß das, was wir als Prozeß kennen, durch etwas anderes ersetzt würde, dessen Wesen zur Zeit unbekannt ist. Indes besitzt jede Prozeßphilosophie explizit oder implizit eine Ontologie, deren Charakter apriorisch ist.

Das ist auch die Antwort auf den historischen Relativismus, der die Möglichkeit einer ontologischen oder theologischen Lehre vom Menschen durch eine Beweisführung wie die folgende leugnet: Da die Natur des Menschen sich im Geschichtsprozeß wandelt, kann nichts ontologisch Bestimmtes oder theologisch Wesentliches über sie behauptet werden, und da die Lehre vom Menschen (d. h. seine Freiheit, seine Endlichkeit, seine existentielle Entfremdung, seine geschichtliche Kreativität) der Hauptzugang zur Ontologie und der Hauptbezugspunkt für die Theologie ist, sind weder Ontologie noch Theologie wirklich möglich. Eine solche Kritik wäre unwiderlegbar, wenn die ontologischen und theologischen Lehren vom Menschen den Anspruch erhöben, mit einer unveränderlichen Struktur, genannt menschliches Wesen, zu tun zu haben. Obwohl ein solcher Anspruch oft versucht wurde, ist er nicht notwendig. Das menschliche Wesen wandelt sich in der Geschichte.

Darin hat die Prozeßphilosophie recht. Aber das menschliche Wesen wandelt sich in der *Geschichte*. Wie sehr sich auch der Mensch wandeln mag, er bleibt immer das Wesen, das Geschichte hat, und die Struktur dieses Wesens ist der Gegenstand einer ontologischen und theologischen Lehre vom Menschen. Der geschichtliche Mensch ist ein Abkömmling von Wesen, die keine Geschichte hatten, und vielleicht wird es einmal Wesen geben, die Abkömmlinge des geschichtlichen Menschen sind und keine Geschichte mehr haben. Das heißt einfach, daß weder Tiere noch Übermenschen Gegenstand einer Lehre vom Menschen sind. Ontologie und Theologie haben zu tun mit dem geschichtlichen Menschen, wie er in der gegenwärtigen Erfahrung und in der geschichtlichen Erinnerung gegeben ist. Eine Anthropologie, die diese Grenzen überschreitet, empirisch zur Vergangenheit oder spekulativ zur Zukunft hin, ist keine Lehre vom Menschen. Sie ist eine Lehre von der biologischen Vorbereitung oder der biologischen Fortsetzung dessen, was in einem besonderen Stadium der allgemeinen Entwicklung der geschichtliche Mensch war und ist und vielleicht sein wird. In diesem Falle, wie in allen anderen, setzen Ontologie und Theologie ein relativ, aber nicht absolut statisches *a priori* und überwinden die Alternative von Absolutismus und Relativismus, die beide zu zerstören droht.

Dies stimmt überein mit einer machtvollen Tradition in der klassischen Ontologie und Theologie, die durch den Voluntarismus und Nominalismus vertreten wird. Sogar schon vor Duns Scotus haben Theologen einen statischen Gottesgedanken verworfen. Bei Duns Scotus und jeder von ihm beeinflußten Ontologie und Theologie — bis zu Bergson und Heidegger — wird im Seinsgrund letzte Indeterminiertheit gesehen. Gottes *potestas absoluta* ist eine ewige Drohung für jede gegebene Struktur der Dinge. Sie untergräbt jeden absoluten Apriorismus, aber sie beseitigt nicht die Ontologie und die Strukturen, die relativ *a priori* sind, mit denen es die Ontologie zu tun hat.

A

DIE ONTOLOGISCHE GRUNDSTRUKTUR: SELBST UND WELT

1. *Mensch, Selbst und Welt*

Jedes Seiende partizipiert an der Seinsstruktur, aber nur der Mensch wird dieser Struktur unmittelbar gewahr. Es gehört zum Charakter der Existenz, daß der Mensch der Natur entfremdet ist, daß er unfähig ist, sie auf die gleiche Weise zu verstehen, wie er den Menschen verstehen kann. Er kann das Verhalten alles Seienden beschreiben, aber er weiß nicht unmittelbar, was es für dieses Seiende bedeutet. Das ist die Wahrheit der behavioristischen Methode, letztlich eine tragische Wahrheit. Sie drückt die Fremdheit alles Seienden allem anderen Seienden gegenüber aus. Wir können anderem Seienden nur mit Analogiebegriffen uns nähern und daher nur indirekt und unsicher. Mythos und Dichtung haben versucht, diese Grenze unserer erkennenden Vernunft zu überwinden, aber das Erkennen selbst hat entweder resigniert oder die Welt (ausgenommen das erkennende Subjekt) in eine riesige Maschine umgeformt, von der alle lebenden Wesen, einschließlich der menschliche Körper, bloße Teile sind.

Aber es gibt noch eine dritte Möglichkeit, die darauf beruht, daß der Mensch als Wesen, in dem alle Seinsschichten geeint und zugänglich sind, verstanden wird. Die Ontologie in all ihren Formen hat bewußt oder unbewußt diese Möglichkeit benutzt. Der Mensch nimmt in der Ontologie eine überragende Stellung ein, nicht als ein wichtiger Gegenstand neben anderen Gegenständen, sondern als dasjenige Seiende, das die ontologische Frage stellt, und in dessen Selbstgewahrwerden die ontologische Antwort gefunden werden kann. Die alte Tradition — die in gleicher Weise durch Mythologie und Mystik, durch Dichtung und Metaphysik ausgedrückt ist —, daß die Prinzipien, die das Universum konstituieren, im Innern des Menschen gesucht werden müssen, wird mittelbar und unfreiwillig sogar durch die behavioristische Selbstbeschränkung bestätigt. In unserer Zeit haben uns Lebensphilosophen und Existentialisten an diese Wahrheit, die Ontologie möglich macht, erinnert. In dieser Hinsicht ist Heideggers Methode in „Sein und Zeit" charakteristisch. Er nennt das „Dasein" den Ort, an dem die Seinsstruktur offenbar wird. Aber was Dasein ist, erfährt der Mensch in sich selbst. Der Mensch kann sich selbst die ontologische Frage beantworten, weil er direkt und unmittelbar die Struktur des Seins und seine Elemente erfährt.

Dieser Ansatz muß jedoch gegen einen grundlegenden Irrtum geschützt werden. Er behauptet keineswegs, daß der Mensch als ein Gegenstand der Erkenntnis, physikalisch oder psychologisch, leichter zugänglich ist als nichtmenschliche Gegenstände. Gerade das Gegenteil wird behauptet. Der Mensch ist der schwierigste Gegenstand, dem im Erkenntnisprozeß begegnet werden kann. Worauf es ankommt, ist, daß der Mensch der Strukturen gewahr wird, die Erkennen möglich machen. Er lebt in ihnen und handelt durch sie. Sie sind ihm unmittelbar gegenwärtig. Sie sind er selbst. Jede Verwirrung in diesem Punkt hat destruktive Folgen. Die Grundstruktur des Seienden und aller seiner Elemente und die Bedingungen der Existenz verlieren ihren Sinn und ihre Wahrheit, wenn sie als Objekte unter anderen Objekten gesehen werden. Wird das Selbst als ein Ding unter Dingen betrachtet, so ist seine Existenz fragwürdig; wird die Freiheit als ein Ding unter Dingen gedacht, so ist ihre Existenz fragwürdig; wird die Freiheit als eine Qualität des Willens gedacht, so unterliegt sie gegenüber der Notwendigkeit; wird die Endlichkeit in Maßbegriffen verstanden, so hat sie keine Beziehung zum Unendlichen. Die Wahrheit aller ontologischen Begriffe ist ihre Macht, das auszudrücken, was die Subjekt-Objekt-Struktur erst möglich macht. Sie konstituieren diese Struktur, sie werden nicht von ihr beherrscht.

Der Mensch erfährt sich als jemand, der eine Welt hat, zu der er gehört. Die ontologische Grundstruktur ist abgeleitet von einer Analyse dieser komplexen dialektischen Beziehung. In jeder Erfahrung ist die Selbstbezogenheit implizit enthalten. Da gibt es etwas, das „hat", und etwas, das „gehabt wird", und beide sind eins. Die Frage ist nicht, ob „Selbste" existieren, die Frage ist, ob wir der Selbstbezogenheit gewahr sind. Solch Gewahrwerden kann man nur verneinen in einer Behauptung, die Selbstbezogenheit voraussetzt, denn wir erfahren Selbstbezogenheit sowohl in Akten der Verneinung als auch in Akten der Bejahung. Ein Selbst ist nicht ein Ding, dessen Existenz zweifelhaft ist; es ist ein Urphänomen, das logisch allen Fragen nach der Existenz vorausgeht.

Der Ausdruck „Selbst" ist umfassender als der Ausdruck „Ich". Er enthält sowohl die unterbewußte und die unbewußte Basis des seiner selbst bewußten Ichs als auch das Selbstbewußtsein (*cogitatio* im cartesianischen Sinn). Deshalb kann allen Lebewesen in gewissem Maße Selbstheit oder Selbstzentriertheit zugestanden werden und analog auch allen individuellen Gestalten, sogar im anorganischen Bereich. Wo immer die Reaktion auf einen Reiz abhängig von einem Strukturganzen ist, kann man sowohl bei Atomen als auch bei Tieren von Selbstzentriertheit sprechen. Der Mensch ist das voll entwickelte und völlig zentrierte Selbst. Er „besitzt" sich in der Form des Selbst-Bewußtseins.

Selbst sein heißt, von allem anderen getrennt sein, alles andere sich selbst gegenüber haben, es sehen können und auf es hin handeln können. Zugleich ist jedoch dieses Selbst gewahr, daß es zu dem gehört, auf das es blickt. Das Selbst ist „darin". Jedes Selbst hat eine Umgebung, in der es lebt, und das Ich-Selbst hat eine Welt, in der es lebt. Alle Dinge haben eine Umgebung, die *ihre* Umgebung ist. Nicht alles, was in dem Raum gefunden wird, in dem ein Tier lebt, gehört zu *seiner* Umgebung. Seine Umgebung besteht aus denjenigen Dingen, zu denen es eine handelnde Beziehung hat. Verschiedene Wesen innerhalb desselben gleichen Raumes haben verschiedene Umgebungen. Jedes Seiende *hat* eine Umgebung, obwohl es auch zu dieser Umgebung gehört. Es ist der Mangel aller Theorien, die das Verhalten eines Seienden nur als milieubedingt erklären, daß sie den besonderen Charakter der Umgebung nicht erklären können, wie sie dem besonderen Charakter des Seienden entspricht, das eine solche Umgebung hat. Selbst und Umgebung bestimmen einander.

Da der Mensch ein Ich-Selbst hat, transzendiert er jede mögliche Umgebung. Der Mensch hat Welt. Wie Umgebung ist Welt ein Korrelationsbegriff. Der Mensch *hat* Welt, wenn er auch zugleich in ihr *ist*. „Welt" ist nicht die Gesamtsumme alles Seienden — ein unvollziehbarer Begriff. Wie das griechische *kosmos* und das lateinische *universum* andeuten, ist „Welt" eine Einheit von Mannigfaltigkeit. Wenn wir sagen, daß der Mensch eine Welt hat, auf die er blickt, von der er getrennt ist und zu der er gehört, so denken wir an ein strukturiertes Ganzes, selbst wenn wir diese Welt in pluralistischen Begriffen beschreiben. Wenigstens in der Hinsicht ist das Ganze gegenüber dem Menschen *Eines*, daß es perspektivisch auf uns bezogen ist, wie diskontinuierlich es in sich auch sein mag. Jeder pluralistische Philosoph spricht von dem pluralistischen Charakter der Welt und verwirft so indirekt einen absoluten Pluralismus. Die Welt ist das Strukturganze, das alle Umgebungen einschließt und transzendiert, nicht nur die Umgebungen von Wesen, denen ein vollentwickeltes Selbst fehlt, sondern auch die Umgebungen, in denen der Mensch partiell lebt. Solange er menschlich ist, das heißt, solange er nicht *unter* das Menschsein „gefallen" ist (z. B. im Rausch oder Wahnsinn), ist der Mensch niemals völlig an seine Umgebung gebunden. Er transzendiert sie immer dadurch, daß er sie ergreift und nach universalen Normen und Ideen umformt. Selbst in der beschränktesten Umgebung besitzt der Mensch das Universum, er hat eine Welt. Die Sprache als die Fähigkeit, Universalien (Allgemeinbegriffe) zu gebrauchen, ist der Grundausdruck dafür, daß der Mensch die Umgebung transzendiert, daß er eine Welt hat. Das Ich-Selbst ist dasjenige Selbst, das sprechen kann und durch das Sprechen die Grenzen jeder gegebenen Situation überschreitet.

Wenn der Mensch auf seine Welt blickt, blickt er auf sich als einen unendlich kleinen Teil seiner Welt. Obgleich er das Zentrum der Perspektive ist, ist er auch ein Teil dessen, was in ihm zentriert ist, ein Teil des Universums. Diese Struktur ermöglicht es dem Menschen, sich selbst zu begegnen. Ohne seine Welt wäre das Selbst eine leere Form. Das Selbstbewußtsein hätte keinen Inhalt, denn jeder Inhalt, psychisch wie körperlich, liegt innerhalb des Universums. Es gibt kein Selbstbewußtsein ohne Weltbewußtsein, aber auch das Umgekehrte gilt. Weltbewußtsein ist nur möglich auf der Basis eines vollentwickelten Selbstbewußtseins. Der Mensch muß von seiner Welt völlig getrennt sein, um auf sie als Welt zu blicken. Sonst bliebe er milieugebunden. Die gegenseitige Abhängigkeit zwischen Ich-Selbst und Welt ist die ontologische Grundstruktur und schließt alles andere ein.

Beide Seiten der Polarität sind verloren, wenn *eine* der Seiten verloren ist. Das Selbst ohne Welt ist leer, die Welt ohne Selbst ist tot. Der subjektive Idealismus von Philosophen wie Fichte kann die Welt der Inhalte nicht erreichen, ohne daß das Ich einen irrationalen Sprung in sein Gegenteil, das Nicht-Ich, macht. Der objektive Realismus von Philosophen wie Hobbes kann die Form der Selbstbezogenheit nicht erreichen, ohne einen irrationalen Sprung von der Bewegung der Dinge in das Ich. Descartes versuchte verzweifelt und ohne Erfolg, die leere *cogitatio* des reinen Ichs mit der mechanischen Bewegung toter Körper zu vereinigen. Wenn immer die Selbst-Welt-Korrelation zerschnitten ist, ist eine Wiedervereinigung unmöglich. Andersits: Wird die Grundstruktur der Selbst-Welt-Bezogenheit bejaht, ist es möglich zu zeigen, wie diese Struktur aus dem Blickfeld des Erkennenden verschwinden kann infolge der Subjekt-Objekt-Struktur der Vernunft, die in der Selbst-Welt-Korrelation wurzelt und aus ihr herauswächst.

2. Das logische und das ontologische Objekt

Die Selbst-Welt-Polarität ist die Basis der Subjekt-Objekt-Struktur der Vernunft. Vor der Erörterung der Selbst-Welt-Polarität konnte in Teil I „Vernunft und Offenbarung" diese Struktur nur vorläufig erörtert werden. Die Beziehung zwischen der Selbst-Welt-Polarität und der Subjekt-Objekt-Struktur muß jetzt erklärt werden.

Wir haben die Welt als ein strukturiertes Ganzes beschrieben, und wir haben ihre Struktur „objektive Vernunft" genannt. Wir haben das Selbst beschrieben als eine Struktur der Selbstbezogenheit, und wir haben diese Struktur „subjektive Vernunft" genannt. Und wir haben gesagt, daß diese einander entsprechen, ohne jedoch eine besondere Deutung dieser Entsprechung zu geben. Die Vernunft macht das Selbst zum Selbst, nämlich zu einer selbstbezogenen Gestalt; und die Vernunft macht die Welt zur Welt, nämlich zu einem strukturierten Ganzen. Ohne Vernunft, ohne den *logos* des Seins wäre das Sein Chaos, das heißt, es wäre nicht Sein, sondern nur die Möglichkeit des Seins *(me on)*. Aber wo Vernunft ist, ist Selbst und Welt in gegenseitiger Abhängigkeit, ist Subjekt und Objekt.

Die Begriffe Subjekt und Objekt haben eine lange Geschichte, in der ihre Bedeutung nahezu den Platz gewechselt hat. Ursprünglich hieß subjektiv dasjenige, was unabhängiges Sein hat, eine „Hypostase" für sich. Objektiv hieß dasjenige, das im Geist als dessen Inhalt ist. Heute, besonders unter dem Einfluß der großen englischen Empiristen, wird das, was real ist, als objektives Sein bezeichnet, während das, was im Geist ist, als subjektives Sein bezeichnet wird. Wir müssen der heutigen Terminologie folgen, aber wir müssen über sie hinausgehen.

In der Erkenntnissphäre wird alles, auf das sich der Erkenntnisakt richtet, als Objekt betrachtet, sei es Gott oder ein Stein, sei es das eigene Selbst oder eine mathematische Definition. Im logischen Sinn ist alles, über das etwas ausgesagt wird, eben durch diese Tatsache ein Objekt. Der Theologe kann nicht umhin, Gott zu einem Objekt im logischen Sinne des Wortes zu machen, gerade wie der Liebende nicht umhin kann, den Geliebten zu einem Objekt der Erkenntnis und des Handelns zu machen. Die Gefahr der logischen Objektivierung ist, daß sie niemals rein logisch ist. Sie führt ontologische Voraussetzungen und Implikationen mit sich. Wenn Gott in die Subjekt-Objekt-Struktur des Seins gebracht wird, hört er auf, der Grund des Seins zu sein, und wird ein Seiendes unter anderen (vor allen Dingen ein Seiendes neben dem Subjekt, das ihn als ein Objekt betrachtet). Er hört auf, der Gott zu sein, der wirklich Gott ist. Religion und Theologie sind sich dieser Gefahr der religiösen Objektivierung bewußt. Sie versuchen auf verschiedene Weise, der unbeabsichtigten Blasphemie, die in dieser Situation enthalten ist, zu entrinnen. Die prophetische Religion leugnet, daß man Gott „sehen" kann, denn das Gesicht ist der Sinn, der am stärksten vergegenständlicht. Wenn es eine Erkenntnis Gottes gibt, so ist es Gott, der sich selbst durch den Menschen erkennt. Gott bleibt das Subjekt, selbst wenn er zum logischen Objekt wird (vgl. 1. Kor. 13, 12). Die Mystik versucht, dieses objektivierende Schema durch eine ekstatische Einung von Mensch und Gott zu überwinden, analog der erotischen Beziehung, die auf einen Augenblick hinstrebt, in dem der Unterschied zwischen Liebendem und Geliebtem ausgelöscht ist. Die Theologie muß sich immer daran erinnern, daß sie, wenn sie von Gott spricht, das zu einem Objekt macht, was der Subjekt-Objekt-Struktur zugrundeliegt, und daß sie deshalb in ihrem Reden von Gott die Anerkennung einschließen muß, daß sie Gott nicht zum Objekt machen kann.

Aber es gibt einen dritten Sinn, in dem das objektivierende Schema gebraucht wird. Etwas zu einem Objekt machen, kann heißen, es seiner subjektiven Elemente berauben, es zu etwas machen, das ein Objekt ist und nichts weiter als ein Objekt. Solch ein Objekt ist ein „Ding", etwas, das völlig *bedingt* ist. Daher ist es gegen unser Sprachgefühl, menschliche Wesen „Dinge" zu nennen. Sie sind mehr als Dinge und mehr als bloße Objekte. Sie sind „Selbste" und daher Träger von Subjektivität. Metaphysische Theorien wie auch soziale Institutionen, durch die Selbste in Dinge verwandelt werden, widerstreiten der Wahrheit und Gerechtigkeit, denn sie widerstreiten der ontologischen Grundstruktur des Seins, der Selbst-Welt-Polarität, in der jedes Seiende in wechselnden Graden der Annäherung an dem einen oder dem anderen Pol partizipiert. Die vollentwickelte menschliche Persönlichkeit stellt den einen Pol dar, das mechanische Werkzeug den anderen. Der Begriff „Ding" wird am richtigsten auf das Werkzeug angewandt. Ihm fehlt fast jede Subjektivität, aber nicht völlig. Seine konstitutiven Elemente, die aus der anorganischen Natur genommen sind, haben einmalige Strukturen, die nicht außer acht gelassen werden können, und es selbst hat eine künstlerische Form, in der sein Zweck sichtbar ausgedrückt ist — oder sollte sie haben. Selbst alltägliche Werkzeuge sind nicht bloß Dinge. Alles widerstrebt dem Schicksal, als bloßes Ding behandelt und angesehen zu werden, als ein Objekt, das keine Subjektivität hat. Das ist der Grund, weshalb die Ontologie nicht mit den Dingen beginnen und versuchen kann, die Struktur der Realität von ihnen abzuleiten. Was völlig bedingt ist, was keine Selbstheit und keine Subjektivität hat, kann nicht das Selbst und das Subjekt erklären. Wer dies zu tun versucht, muß heimlich in das Wesen der Objektivität eben die Subjektivität hineinschmuggeln, die er daraus ableiten will.

Nach Parmenides ist die ontologische Grundstruktur das Sein in Einheit mit dem Wort (dem *logos*), in dem es ergriffen wird. Subjektivität ist kein Epiphänomen, keine abgeleitete Erscheinung. Sie ist ein Urphänomen, wenngleich nur und immer in polarer Beziehung zur Objektivität. Die Art, in der der neue Naturalismus seine früheren Methoden der Reduktion verleugnet hat, z. B. alles auf physikalische Objekte und ihre Bewegungen zu reduzieren, verrät eine wachsende Einsicht in die Unmöglichkeit, die Subjektivität aus der Objektivität abzuleiten. Im praktischen Bereich verrät der weitverbreitete Widerstand gegen die objektivierenden Tendenzen in der industriellen Gesellschaft, zuerst in ihren kapitalisitischen und später in ihren totalitären Formen, wie sehr man sich darüber klar wird, daß es Entmenschlichung bedeutet, Zerstörung der dem Menschen wesentlichen Subjektivität, wenn der Mensch zu einem Teil, wenngleich der nützlichsten Maschine gemacht wird. Der vergangene und der gegenwärtige Existentialismus in all seinen Variationen ist einig in seinem Protest gegen die theoretischen und praktischen Formen der Preisgabe des Subjekts an das Objekt, des Selbst an das Ding. Gegen die Gefahr, das Subjekt an das Objekt auszuliefern, ist eine Ontologie geschützt, die mit der Selbst-Welt-Struktur des Seins und der Subjekt-Objekt-Struktur der Vernunft beginnt.

Auch gegen die entgegengesetzte Gefahr ist sie geschützt. Es ist ebenso unmöglich, das Objekt aus dem Subjekt abzuleiten, wie es unmöglich ist, das Subjekt vom Objekt abzuleiten. Der Idealismus in all seinen Formen hat entdeckt, daß es keinen Weg vom „absoluten Ich" zum Nicht-Ich gibt, vom absoluten Bewußtsein zum Unbewußten, vom absoluten Selbst zur Welt, vom reinen Subjekt zur objektiven Struktur der Wirklichkeit. In jedem Fall wird das, von dem man glaubt, daß es abgeleitet ist, heimlich in das hineingeschmuggelt, von dem es abgeleitet werden soll. Dieser Trick des deduzierenden Idealismus ist das genaue Gegenstück zu dem Trick des reduzierenden Naturalismus.

Die Einsicht in diese Situation war die Triebfeder für die verschiedenen Formen der Identitätsphilosophie. Aber diese Einsicht ging nicht weit genug. Die Subjekt-Objekt-Beziehung ist nicht die der Identität, aus der weder Subjektivität noch Objektivität abgeleitet werden kann. Die Beziehung ist die der Polarität. Die ontologische Grundstruktur kann nicht abgeleitet werden, sie muß akzeptiert werden. Die Frage: „Was geht der Dualität von Selbst und Welt, von Subjekt und Objekt voraus?" ist eine Frage, bei der die Vernunft in ihren eigenen Abgrund blickt — einen Abgrund, in dem Unterscheidung und Ableitung verschwinden. Nur die Offenbarung kann die Antwort geben.

B

DIE ONTOLOGISCHEN ELEMENTE

1. Individualisation und Partizipation

Nach Plato ist die Idee der Verschiedenheit „über alle Dinge gebreitet". Aristoteles konnte individuelles Seiendes das *telos,* das innere Ziel des Prozesses der Aktualisierung nennen. Nach Leibniz können keine völlig gleichen Dinge existieren, da gerade ihre Differenzierung voneinander ihre unabhängige Existenz ermöglicht. In den biblischen Schöpfungsgeschichten schafft Gott individuelle Wesen und nicht Universalien, er schafft Adam und Eva und nicht die Ideen: „Mann" und „Weib". Trotz seines ontologischen Realismus nimmt sogar der Neuplatonismus die Lehre an, daß es Ideen nicht nur von den Gattungen, sondern auch von den Individuen gibt (Archetypen). Individualisation ist kein Charakteristikum einer Sondersphäre des Seienden, es ist ein ontologisches Element und deshalb eine Qualität alles Seienden. Individualisation ist in jedem Selbst enthalten und konstituiert es. Und da Analogien zu Selbstheit in jedem Seienden vorliegen, so ist Individualisation ein Charakter alles Seienden. Schon der Ausdruck „Individuum" weist auf die gegenseitige Abhängigkeit von Selbstbezogenheit und Individualisation hin. Ein zentriertes Selbst kann nicht geteilt werden. Es kann zerstört werden, oder es kann gewisser Teile beraubt werden, aus denen neue selbstzentrierte Wesen hervorgehen (z. B. die Regeneration der Gestalt in einigen niederen Tieren). Im letzteren Fall hat entweder das alte Selbst aufgehört zu existieren und ist durch neue Selbste ersetzt worden, oder das alte Selbst bleibt, um der neuen Selbste willen verringert an Ausdehnung und an Macht. Aber in keinem Fall wird das Zentrum selbst geteilt. Das ist so unmöglich wie die Teilung eines mathematischen Punktes. Selbstheit und Individualisation sind begrifflich verschieden, aber aktuell untrennbar.

Der Mensch ist nicht nur das völlig selbstzentrierte Wesen, er ist auch das völlig individualisierte Wesen. Und er ist das eine, weil er das andere ist. Die Gattung ist vorherrschend in allen nichtmenschlichen Wesen, selbst in den höchstentwickelten Tieren; das Individuum in der außermenschlichen Natur ist wesensmäßig ein Exemplar, das in individueller Weise die universalen Charakteristika der Gattung aufweist. Wenn auch Individualisation einer Pflanze oder eines Tieres selbst im kleinsten Teil seines zentrierten Ganzen zum Ausdruck kommt, so haben Tiere und Pflanzen nur Bedeutung in Zusammenhang mit Personen oder einmaligen geschichtlichen Ereignissen (z. B. das Pferd Alexanders des Großen oder der Baum Buddhas). Die Individualität eines nichtmenschlichen Seienden gewinnt Bedeutung, wenn es in die Prozesse des menschlichen Lebens einbezogen wird, aber nur dann. Anders ist es beim Menschen. Selbst in kollektivistischen Gesellschaften ist das Individuum als der Träger und als das letzte Ziel des Kollektivs schließlich von größerer Bedeutung als die Gattung. Selbst der despotischste Staat erhebt den Anspruch, um des Wohles der einzelnen Untertanen willen da zu sein. Das Recht basiert schon seinem Wesen nach auf der Wertung des Individuums als eines einzigartigen, unauswechselbaren, unverletzlichen Wesens, das deshalb geschützt und zugleich verantwortlich gemacht werden muß. Das Individuum ist vor dem Recht eine Person. Die ursprüngliche Bedeutung des Wortes „Person" *(persona, prosopon)* weist auf die Maske des Schauspielers hin, durch die seine bestimmte Rolle charakterisiert ist.

Historisch wurde dies nicht immer von den Rechtssystemen anerkannt. In vielen Kulturen erkennt das Recht nicht jeden als Person an. Für die Wertung jedes Menschen als einer Person wurde die anatomische Gleichheit nicht als genügende Grundlage angesehen. Sklaven, Kindern und Frauen wurde die Würde der Person abgesprochen. In vielen Kulturen erreichten sie nicht die volle Individualisation, weil sie nicht fähig waren, voll an der Kultur zu partizipieren. Und umgekehrt, sie waren nicht fähig, voll zu partizipieren, weil sie nicht völlig individualisiert waren. Der Prozeß der Emanzipation begann nicht eher, bevor nicht die stoischen Philosophen erfolgreich für die Lehre kämpften, daß jedes menschliche Wesen am universalen *logos* teilnimmt. Und die Einzigartigkeit einer jeden Person wurde nicht eher anerkannt, bevor nicht die christliche Kirche die Universalität der Erlösung verkündete und lehrte, daß jedes menschliche Wesen potentiell daran teilnimmt. Diese Entwicklung illustriert die strenge gegenseitige Abhängigkeit von Individualisation und Partizipation.

Das individuelle Selbst partizipiert an seiner Umgebung oder im Fall der völligen Individualisation an seiner Welt. Ein individuelles Blatt partizipiert an den natürlichen Kräften, die auf es wirken und auf die es wirkt. Das ist der Grund, weshalb Philosophen wie Nikolaus Cusanus und Leibniz behauptet haben, daß das ganze Universum in jedem Individuum gegenwärtig ist, wenngleich begrenzt durch Endlichkeit. In dem Seienden gibt es mikrokosmische Qualitäten, aber nur der Mensch *ist* ein Mikrokosmos. In ihm ist die Welt nicht nur indirekt und unbewußt gegenwärtig, sondern direkt und in einer bewußten Begegnung. Der Mensch partizipiert am Universum durch die rationale Struktur des Geistes und der Wirklichkeit. Milieumäßig betrachtet, partizipiert er an einem sehr kleinen Ausschnitt der Wirklichkeit, in mancher Hinsicht wird er durch manche Tiere, z. B. durch Zugvögel, übertroffen. Kosmisch betrachtet partizipiert er am Universum, weil ihm die universalen Strukturen, Formen und Gesetze offen sind und mit ihnen alles, was durch sie ergriffen und umgestaltet werden kann. Aktuell ist die Partizipation des Menschen immer begrenzt. Potentiell gibt es keine Grenzen, die er nicht überschreiten könnte. Die Universalien machen den Menschen universal, die Sprache beweist, daß er Mikrokosmos ist. Durch die Universalien partizipiert der Mensch an den entferntesten Sternen und der entferntesten Vergangenheit. Das ist die ontologische Basis für die Behauptung, daß Erkenntnis Einung ist und daß sie in dem *eros* wurzelt, der die Elemente wiedervereint, die wesensmäßig, zu einander gehören.

Erreicht die Individualisation die vollkommene Form, die wir „Person" nennen, so erreicht die Partizipation die vollkommene Form, die wir „Gemeinschaft" nennen. Der Mensch partizipiert an allen Schichten des Lebens, aber er partizipiert völlig nur an jener Schicht des Lebens, die er selbst ist — er hat Gemeinschaft nur mit Personen. Gemeinschaft ist Partizipation an einem anderen vollständig selbstzentrierten und vollständig individualisierten Selbst. In diesem Sinne ist Gemeinschaft nicht etwas, das ein Individuum haben oder nicht haben kann. Partizipation ist wesentlich für das Individuum, nicht zufällig. Kein Individuum existiert ohne Partizipation, und kein personales Sein existiert ohne ein gemeinschaftliches Sein. Die Person als das vollentwickelte individuelle Selbst ist unmöglich ohne andere vollentwickelte Selbste. Wenn es nicht dem Widerstand anderer Selbste begegnete, würde jedes Selbst versuchen, sich absolut zu setzen. Aber der Widerstand jedes anderen Selbst ist unbedingt. Ein Individuum kann die ganze Welt der Objekte erobern, aber es kann keine andere Person erobern, ohne sie als Person zu zerstören. Das Individuum entdeckt sich durch diesen Widerstand. Will es die andere Person nicht zerstören, muß es in Gemeinschaft mit ihr treten. Im Widerstand der anderen Person wird die Person geboren. Deshalb gibt es keine Person ohne eine Begegnung mit anderen Personen. Personen können nur in der Gemeinschaft persönlichen Begegnens wachsen. Individualisation und Partizipation sind in allen Schichten des Seins gegenseitig voneinander abhängig.

Der Begriff der Partizipation hat viele Funktionen. Ein Symbol partizipiert an der Wirklichkeit, die es symbolisiert; der Erkennende partizipiert am Erkannten; der Liebende partizipiert am Geliebten; das Existierende partizipiert an den Essenzen, die es zu dem machen, was es ist. Das Individuum partizipiert am Schicksal der Trennung und der Schuld; der Christ partizipiert am Neuen Sein, wie es offenbar ist in Jesus dem Christus. In Polarität mit Individualisation ist Partizipation die Basis für die Kategorie der Beziehung als ontologischem Grundelement. Ohne Individualisation existiert nichts, das in Beziehung sein kann. Ohne Partizipation hätte die Kategorie der Beziehung keine Basis in der Realität. Jede Beziehung schließt eine Art Partizipation ein. Das gilt selbst für Gleichgültigkeit und Feindseligkeit. Nichts kann einen feindselig machen, an dem man nicht irgendwie partizipiert, vielleicht in der Form des davon Ausgeschlossenseins. Und nichts kann die Haltung der Gleichgültigkeit hervorrufen, was nicht — wenn auch in noch so geringem Grade — irgendwie „Gültigkeit" für uns hat. Das Element der Partizipation gewährleistet die Einheit einer zerrissenen Welt und ermöglicht ein universales System von Beziehungen.

Die Polarität von Individualisation und Partizipation löst das Problem des Nominalismus und Realismus, das die westliche Kultur erschüttert und fast zerrissen hat. Nach dem Nominalismus hat nur das Individuum ontologische Realität, Universalien sind Wortzeichen, die auf Ähnlichkeiten zwischen individuellen Dingen hinweisen. Erkenntnis ist daher nicht Partizipation. Es ist ein äußerlicher Akt des Ergreifens und Beherrschens von Dingen. Beherrschendes Erkennen ist der erkenntnistheoretische Ausdruck einer nominalistischen Ontologie, Empirismus und Positivismus sind ihre logischen Folgen. Aber ein reiner Nominalismus ist unhaltbar. Selbst der Empirist muß anerkennen, daß alles, was durch Erkenntnis zu erreichen ist, die Struktur des „Erkennbaren" haben muß. Und diese Struktur schließt per definitionem eine gegenseitige Partizipation des Erkennenden und des Erkannten ein. Ein radikaler Nominalismus kann den Erkenntnisprozeß nicht verständlich machen.

Die Philosophie des mittelalterlichen Realismus muß der gleichen Analyse unterworfen werden. Das Wort weist darauf hin, daß die Universalien, die Wesensstrukturen der Dinge, das wirklich Reale in ihnen sind[1].

---

[1] Das Wort „Realismus" bedeutet heute fast das, was „Nominalismus" im Mittelalter bedeutete, wogegen der „Realismus" des Mittelalters fast genau das bezeichnet, was wir heute „Idealismus" nennen. Ich möchte vorschlagen, daß man, wenn immer man vom klassischen Realismus spricht, ihn „mystischen Realismus" nennen sollte.

Der mittelalterliche Realismus, den man auch mystischen Realismus nennen kann, betont die Partizipation gegenüber der Individualisation, die Partizipation des Individuums am Universalen und die Partizipation des Erkennenden am Erkannten. In dieser Hinsicht hat der Realismus recht und kann Erkenntnis verständlich machen. Aber er hat unrecht, wenn er eine zweite Realität hinter der empirischen Realität errichtet und aus der Struktur der Partizipation eine Seinsschicht macht, in der Individualität und Persönlichkeit verschwinden.

2. Dynamik und Form

Sein ist nicht zu trennen von der Logik des Seins, der Struktur, die es zu dem macht, was es ist, und die der Vernunft die Macht gibt, es zu ergreifen und umzugestalten. „Etwas sein" heißt: eine Form haben. Gemäß der Polarität von Individualisation und Partizipation gibt es besondere und allgemeine Formen, aber im aktuellen Sein sind sie nie getrennt. Durch ihre Einheit wird jedes Seiende zu einem bestimmten Seienden. Was immer seine Form verliert, verliert sein Sein. Form sollte nicht in Gegensatz zu Inhalt gestellt werden. Die Form, die ein Ding zu dem macht, was es ist, ist sein Inhalt, seine *essentia*, seine bestimmte Seinsmächtigkeit. Die Form eines Baumes ist das, was ihn zum Baum macht, was ihm ebenso den allgemeinen Charakter der Baumheit gibt wie die besondere und einmalige Form eines individuellen Baumes.

Die Trennung von Form und Inhalt wird zum Problem in den Schöpfungen der Kultur. Hier werden gegebene Materialien, Dinge oder Ereignisse, die ihre natürliche Form haben, durch die rationalen Funktionen des Menschen umgeformt. Eine Landschaft hat eine natürliche Form, die zugleich ihr Inhalt ist. Der Künstler benützt die natürliche Form einer Landschaft als Material für eine künstlerische Schöpfung, deren Inhalt nicht das Material ist, sondern vielmehr das, was aus dem Material gemacht wurde. Es ist nicht die Frage, ob eine bestimmte Form einem bestimmten Material angemessen ist. Es ist die Frage, ob eine kulturelle Schöpfung der Ausdruck einer geistigen Substanz ist oder ob sie eine bloße Form ohne eine solche Substanz ist. Jede Art Material kann durch jede Form gestaltet werden, solange die Form echt ist, das heißt, solange sie ein unmittelbarer Ausdruck der Grunderfahrung ist, aus der heraus der Künstler lebt, in Einheit mit seinem Zeitalter wie im Widerstreit zu ihm. Wenn er solche Formen nicht verwendet und statt dessen Formen, die aufgehört haben, ausdrucksvoll zu sein, ist der Künstler Formalist, gleichgültig, ob die Formen traditionell oder revolutionär sind. Ein revolutionärer Stil kann ebenso formalistisch werden wie ein konservativer Stil. Das Kriterium ist die Ausdruckskraft einer Form und nicht ein besonderer Stil.

Das polare Element zu Form ist Dynamik. Dynamik ist ein Begriff mit einer reichen Geschichte und vielen Nebenbedeutungen und Implikationen. Der problematische Charakter dieses Begriffes und aller Begriffe, die damit zusammenhängen, ist der Tatsache zu verdanken, daß alles, was in Begriffe gefaßt werden kann, Sein haben muß, und daß es kein Sein ohne Form gibt. Dynamik kann daher nicht gedacht werden als etwas, das ist, noch kann es gedacht werden als etwas, das nicht ist. Es ist das *me on*, die Potentialität des Seins, die Nichtsein ist im Gegensatz zu Dingen, die Form haben, und Seinsmächtigkeit im Gegensatz zum reinen Nichtsein. Dieser höchst dialektische Begriff ist keine Erfindung der Philosophen. Er liegt den meisten Mythologien zugrunde und ist angedeutet im Chaos, in dem Tohuwabohu, der Nacht, der Leere, die der Schöpfung vorausgeht. Er erscheint in metaphysischen Spekulationen als Ungrund (Böhme), Wille (Schopenhauer), Wille zur Macht (Nietzsche), das Unbewußte (Hartmann, Freud), *élan vital* (Bergson), Drang (Scheler, Jung). Keiner dieser Begriffe darf als Begriff genommen werden. Jeder weist symbolisch auf das, was nicht benannt werden kann. Könnte es genau benannt werden, wäre es ein geformtes Seiendes neben anderem Seienden statt eines ontologischen Elementes in polarem Gegensatz zum Element der Form. Deshalb ist es unangebracht, diese Begriffe auf Grund ihrer wörtlichen Bedeutung zu kritisieren. Schopenhauers „Wille" ist nicht die psychologische Funktion, die „Wille" genannt wird, und das „Unbewußte" Hartmanns und Freuds ist nicht ein „Raum", der beschrieben werden könnte, als wäre er ein Keller, angefüllt mit Dingen, die einmal zu den oberen Räumen gehört haben, in denen die Sonne des Bewußtseins scheint. Das Unbewußte ist bloße Potentialität, und es sollte nicht nach dem Bild des Aktuellen gemalt werden. Die anderen Beschreibungen „dessen, was noch kein Sein hat", müssen in der gleichen Weise verstanden werden, das heißt, in Analogie.

In der griechischen Philosophie war das Nichtsein oder die Materie ein letztes Prinzip, das Prinzip des Widerstandes gegen die Form. Die christliche Theologie indes hat versucht, dem Nichtsein seine Selbständigkeit zu nehmen und ihm einen Ort in der Tiefe des göttlichen Lebens zu geben. Die Lehre von Gott als *actus purus* hinderte den Thomismus daran, das Problem zu lösen, aber die protestantische Mystik, die Motive von Duns Scotus und Luther verwendete, versuchte, ein dynamisches Element in das Bild des göttlichen Lebens einzuführen. Die

Spätromantik sowie die Lebens- und Prozeßphilosophie sind dieser Linie gefolgt, wenngleich immer in der Gefahr, die Göttlichkeit des Göttlichen zu verlieren in ihren Versuchen, den statischen Gott des *actus purus* in den lebendigen Gott zu transformieren. Es ist jedoch deutlich, daß jede Ontologie, die das dynamische Element in der Seinsstruktur unterdrückt, das Wesen eines Lebensprozesses nicht erklären und vom göttlichen Leben nicht sinnvoll sprechen kann.

Die Polarität von Dynamik und Form erscheint in der unmittelbaren Erfahrung des Menschen als die polare Struktur von Vitalität und Intentionalität. Beide Begriffe bedürfen der Rechtfertigung und Erklärung. Vitalität ist die Macht, die ein lebendiges Wesen am Leben erhält und wachsen läßt. *Élan vital* ist das schöpferische Drängen der lebendigen Substanz in allem, was lebt, zu neuen Formen. Der engere Gebrauch dieses Wortes ist jedoch häufiger. Gewöhnlich spricht man von der Vitalität von Menschen, aber nicht von der Vitalität von Tieren oder Pflanzen. Der Sinn des Wortes Vitalität wird durch seinen polaren Gegensatz gefärbt. Die Vitalität im vollen Sinne des Wortes ist menschlich, weil der Mensch Intentionalität besitzt. Das dynamische Element im Menschen ist nach allen Richtungen hin offen, es wird durch keine a priori begrenzende Struktur festgelegt. Der Mensch ist fähig, eine Welt jenseits der gegebenen Welt zu schaffen, er schafft die technischen und geistigen Bereiche. Die Dynamik des untermenschlichen Lebens bleibt innerhalb der Grenzen der natürlichen Notwendigkeit, trotz der unendlichen Varianten, die es hervorbringt, und trotz der neuen Formen, die durch den Evolutionsprozeß geschaffen werden. Die Dynamik greift nur im Menschen über die Natur hinaus. Das ist seine Vitalität, und deshalb hat allein der Mensch Vitalität im vollen Sinn des Wortes.

Die Vitalität des Menschen lebt im Gegensatz zu seiner Intentionalität und ist durch sie bedingt. Auf der menschlichen Ebene ist Form die rationale Struktur der subjektiven Vernunft, wenn sie in einem Lebensprozeß aktualisiert wird. Man könnte diesen Pol „Rationalität" nennen, aber Rationalität bedeutet Vernunft haben, nicht: Vernunft aktualisieren. Man könnte es „Geistigkeit" nennen, aber Geistigkeit bedeutet Einheit von Form und Dynamik in den sittlichen und kulturellen Akten des Menschen. Deshalb schlagen wir den Gebrauch des Wortes „Intentionalität" vor, der bedeutet: Bezug haben zu Sinnstrukturen, in Universalien leben, Wirklichkeit ergreifen und umgestalten. In diesem Zusammenhang bedeutet „Intention" nicht den Willen, der sich auf ein Ziel richtet, sondern bedeutet: die innere Gerichtetheit auf etwas objektiv Gültiges. Die Dynamik des Menschen, seine schöpferische Vitalität ist nicht richtungslose, chaotische, in sich eingeschlossene Aktivität. Sie ist gerichtet, geformt, sie transzendiert sich selbst in Richtung auf sinnvolle Inhalte. Es gibt keine Vitalität als solche und keine Intentionalität als solche. Sie sind voneinander abhängig wie die anderen polaren Elemente.

Der dynamische Charakter des Seins schließt die Tendenz alles Seienden ein, sich zu transzendieren und neue Formen zu schaffen. Zugleich tendiert alles dahin, seine eigene Form zu bewahren als die Basis der Selbsttranszendenz. Es strebt nach Einung von Identität und Verschiedenheit, Ruhe und Bewegung, Bewahrung und Wechsel. Deshalb ist es unmöglich, vom Sein ohne vom Werden zu reden. Werden ist genau so ursprünglich in der Struktur des Seins wie das, was im Werdensprozeß unverändert bleibt. Und umgekehrt wäre Werden unmöglich, wenn nichts in ihm bewahrt bliebe.

Eine Prozeßphilosophie, die die beharrende Identität dessen opfert, was im Prozeß steht, opfert den Prozeß selbst, seine Kontinuität, die Beziehung des Bedingten zu seinen Bedingungen, das innere Ziel *(telos)*, das den Prozeß zu einem Ganzen macht. Bergson hatte recht, wenn er den *élan vital*, die universale Tendenz zur Selbsttranszendenz, mit Dauer, Kontinuität und Selbstbewahrung im zeitlichen Fluß kombinierte.

Das Wachstum des Individuums ist das deutlichste Beispiel der Selbsttranszendenz, die auf Selbstbewahrung basiert. Es zeigt sehr deutlich die gegenseitige Abhängigkeit der beiden Pole. Wachstumshemmung führt zur Selbstzerstörung. Ein Beispiel dafür ist die biologische Entwicklung von niederen oder weniger komplexen Formen des Lebens zu höheren und komplexeren Formen. Gerade dies Beispiel hat mehr als alles andere die Prozeß-Philosophie und die Philosophie der schöpferischen Entwicklung inspiriert.

Selbstbewahrung und Selbsttranszendenz werden vom Menschen unmittelbar in ihm selbst erfahren. Wir hatten gesehen, daß das Selbst in der untermenschlichen Schicht unvollkommen ist und in Korrelation zu einer Umgebung steht, während in der menschlichen Schicht das Selbst vollkommen ist und in Korrelation zu Welt steht. In der gleichen Weise ist Selbsttranszendenz in der untermenschlichen Schicht durch eine Konstellation von Bedingungen begrenzt; dagegen ist Selbsttranszendenz auf der menschlichen Ebene nur durch die Struktur begrenzt, die den Menschen zu dem macht, was er ist: ein vollendetes Selbst, das Welt hat. Nur wenn der Mensch sich selbst als Mensch konserviert, hat er die Möglichkeit, jede gegebene Situation zu überschreiten. Er kann sich unter dieser Voraussetzung grenzenlos in allen Richtungen transzendieren.

Seine Kreativität bricht durch den biologischen Bereich durch, zu dem er gehört, und schafft neue Bereiche, die auf einer nichtmenschlichen Ebene niemals erreicht werden können. Der Mensch ist fähig, eine neue Welt technischer Werkzeuge und eine Welt kultureller Formen zu schaffen. In beiden Fällen kommt etwas Neues zustande durch die ergreifende und umformende Aktivität des Menschen. Der Mensch verwendet das Material, das von der Natur gegeben wird, um technische Formen zu schaffen, die die Natur transzendieren, und er schafft kulturelle Formen, die Gültigkeit und Sinn haben. Während er in den Formen lebt, die er selbst schafft, schafft er sich selbst durch sie um. Er ist nicht nur ein Werkzeug für ihre Schöpfung, er ist zugleich ihr Träger und das Ergebnis ihrer umformenden Wirkung auf ihn selbst. Seine Selbsttranszendenz in dieser Richtung ist unbegrenzt, während die biologische Selbsttranszendenz in ihm ihre Grenze erreicht hat. Jeder Schritt über diese biologische Struktur hinaus, die Intentionalität und Geschichtlichkeit ermöglicht, wäre ein Rückschritt, wäre Mißwuchs und eine Zerstörung der Macht des Menschen zu unbegrenzter kultureller Selbsttranszendenz. Der „Übermensch" in einem biologischen Sinn wäre weniger als Mensch, denn der Mensch hat Freiheit, und Freiheit kann biologisch nicht überboten werden.

3. Freiheit und Schicksal

Die dritte ontologische Polarität ist die von Freiheit und Schicksal, in der die Beschreibung der ontologischen Grundstruktur und ihrer Elemente ihre Erfüllung und ihren Wendepunkt erreicht. Freiheit in Polarität mit Schicksal ist das Strukturelement, das Existenz ermöglicht, da es die essentielle Notwendigkeit des Seins transzendiert, ohne es zu zerstören. Im Hinblick auf die ungeheure Rolle, die das Freiheitsproblem in der Geschichte der Theologie gespielt hat, überrascht es, wie wenig moderne Theologen Sinn und Wesen der Freiheit ontologisch untersucht haben, oder auch wie wenig sie die Ergebnisse früherer Untersuchungen benutzt haben, denn für die Theologie ist der Begriff der Freiheit ebenso wichtig wie der Begriff der Vernunft. Offenbarung kann ohne einen Begriff der Freiheit nicht verstanden werden. Der Mensch ist Mensch, weil er Freiheit hat, aber er hat Freiheit nur in polarer Abhängigkeit von Schicksal. Der Ausdruck „Schicksal" ist in diesem Zusammenhang ungewöhnlich. Gewöhnlich spricht man von Freiheit und Notwendigkeit. Jedoch ist Notwendigkeit eine Kategorie und kein Element. Ihr Gegensatz ist Möglichkeit, nicht Freiheit. Wenn immer Freiheit und Notwendigkeit einander gegenübergestellt werden, wird Notwendigkeit verstanden als mechanistische Determiniertheit und Freiheit als indeterministische Kontingenz. Keine dieser Interpretationen faßt die Seinsstruktur, wie sie unmittelbar erfahren wird in dem einen Wesen, das die Möglichkeit hat, sie zu erfahren, weil es frei ist: nämlich im Menschen. Der Mensch erfährt die Struktur des Individuums als Träger der Freiheit innerhalb der größeren Strukturen, zu denen die individuelle Struktur gehört. Das Schicksal weist auf diese Situation des Menschen hin: Er steht der Welt gegenüber und gehört ihr gleichzeitig an.

Die methodische Verkehrung vieler ontologischer Untersuchungen wird an der Freiheitslehre deutlicher als an irgendeiner anderen Stelle. Die traditionelle Erörterung über Determinismus und Indeterminismus bleibt notwendig ohne Ergebnis, da sie sich auf einer sekundären Ebene bewegt, verglichen mit der Ebene, auf der die Polarität von Freiheit und Schicksal liegt. Beide miteinander streitenden Parteien setzen voraus, daß es ein *Ding* unter anderen Dingen gibt, das „Wille" genannt wird, das die Qualität der Freiheit haben kann oder nicht. Aber per definitionem ist ein *Ding* ein völlig determiniertes Objekt, das keine Freiheit hat. Die *Freiheit* eines *Dinges* ist ein Widerspruch in sich. Deshalb hat der Determinismus in einer solchen Diskussion immer recht; aber er hat nur deswegen recht, weil er die Tautologie ausdrückt, daß ein Ding ein Ding ist. Der Indeterminismus protestiert gegen die deterministische These und weist auf die Tatsache hin, daß das moralische und erkennende Bewußtsein die Macht verantwortlicher Entscheidung voraussetzt. Wenn er jedoch die Konsequenz zieht und Freiheit einem Objekt beilegt oder einer Funktion, die „Wille" genannt wird, verfällt der Indeterminismus einem begrifflichen Widerspruch und unterliegt unausweichlich der deterministischen Tautologie. Die indeterministische Freiheit ist die Negation der deterministischen Notwendigkeit. Die Negation der Notwendigkeit konstituiert aber niemals die Freiheit, wie sie in der Erfahrung gegeben ist. Der Indeterminismus behauptet etwas völlig Kontingentes, eine Entscheidung ohne Motivation, einen unverständlichen Zufall, der in keiner Weise dem moralischen und erkennenden Bewußtsein gerecht wird, um dessentwillen es erfunden wurde. Determinismus wie Indeterminismus sind theoretisch unmöglich, weil sie ihrem Wesen nach den Anspruch verneinen, Wahrheit auszudrücken. Wahrheit setzt eine Entscheidung für das Wahre gegen das Falsche voraus. Sowohl Determinismus wie Indeterminismus machen eine solche Entscheidung unverständlich.

Freiheit ist nicht die Freiheit einer Funktion (des „Willens"), sondern des Menschen, das heißt desjenigen Seienden, das kein Ding, sondern ein vollendetes Selbst und eine rationale Person ist. Man kann natürlich das persönliche Zentrum „Wille" nennen und es für die Ganzheit des Selbst einsetzen. Voluntaristische Psychologien sprechen für ein solches Vorgehen. Aber es hat sich als irreführend herausgestellt, wie die Auswegslosigkeit der traditionellen Kontroverse über Freiheit zeigt. Man sollte von der Freiheit des *Menschen* sprechen und darauf hinweisen, daß jeder Teil und jede Funktion, die den Menschen als persönliches Selbst konstituieren, an seiner Freiheit partizipieren. Das schließt sogar die Zellen seines Körpers ein, insoweit sie an der Konstituierung seines persönlichen Zentrums teilhaben. Das, was nicht vom Zentrum her bestimmt ist, das, was vom Gesamtprozeß des Selbst isoliert ist, entweder durch natürliche oder künstliche Trennung (z. B. Krankheit oder eine Laboratoriumssituation), wird bestimmt durch den Reiz-Reaktionsmechanismus oder durch die Dynamik der Beziehung zwischen dem Unbewußten und dem Bewußten. Es ist jedoch unmöglich, Determiniertheit des Ganzen einschließlich seiner nichtgetrennten Teile von der Determiniertheit seiner isolierten Teile abzuleiten. Ontologisch geht das Ganze den Teilen voraus und gibt ihnen den Charakter als Teil dieses besonderen Ganzen. Determiniertheit isolierter Teile im Lichte der Freiheit des Ganzen, nämlich als eine partielle Desintegration des Ganzen zu verstehen, ist möglich, aber das Umgekehrte ist nicht möglich.

Freiheit wird als Erwägung, Entscheidung und Verantwortung erfahren. Die Etymologie jedes dieser Worte ist aufschlußreich. Erwägung weist auf den Akt des Abwägens von Argumenten und Motiven hin. Die Person, die wägt, steht über den Motiven. Solange sie wägt, ist sie nicht mit irgendeinem der Motive identisch, sondern von ihnen frei. Zu sagen, daß immer das stärkere Motiv siegt, ist eine leere Tautologie, da die Probe, durch die ein Motiv als stärker erwiesen wird, einfach die ist, daß es siegt. Die selbstzentrierte Person wägt und reagiert als ein Ganzes auf den Kampf der Motive mit ihrem persönlichen Zentrum. Diese Reaktion wird „Entscheidung" genannt. Das Wort Entscheidung schließt das Bild des „Scheidens" ein. Eine Entscheidung scheidet Möglichkeiten aus, nämlich reale Möglichkeiten. Nur weil es reale Möglichkeiten waren, war das Ausscheiden notwendig. Die Person, die das „Scheiden" vornimmt, muß über dem stehen, was von ihr ausgeschieden wird. Ihr persönliches Zentrum hat Möglichkeiten, aber es ist nicht identisch mit irgendeiner dieser Möglichkeiten. Das Wort Verantwortung deutet auf die Verpflichtung der Person, die Freiheit besitzt, zu antworten, wenn sie über ihre Entscheidungen befragt wird. Sie kann nicht jemand anderes bitten, für sie zu antworten. Sie allein muß antworten; denn ihre Akte sind weder durch etwas außerhalb ihrer oder durch irgendeinen Teil, sondern durch die selbstzentrierte Gesamtheit ihres Seins determiniert. Jeder von uns ist verantwortlich für das, was durch das Zentrum seines Selbst geschehen ist, den Sitz und das Organ seiner Freiheit.

Im Lichte dieser Analyse der Freiheit wird der Sinn von Schicksal verständlich. Unser Schicksal ist das, aus dem unsere Entscheidungen hervorgehen; es ist die unbestimmt breite Basis unseres selbstzentrierten Selbst, es ist die Konkretheit unseres Seins, die all unsere Entscheidungen zu *unseren* Entscheidungen macht. Wenn ich eine Entscheidung treffe, so ist das, was entscheidet, die konkrete Totalität alles dessen, was mein Sein konstituiert, aber nicht ein erkenntnistheoretisches Subjekt. Zu dieser Totalität gehören Körperstruktur, psychische Strebungen, geistiger Charakter, außerdem die Gemeinschaften, zu denen ich gehöre, die nichterinnerte und die erinnerte Vergangenheit, die Umgebung, die mich geformt hat, die Welt, die mich geprägt hat. Es gehören dazu auch alle meine früheren Entscheidungen. Schicksal ist nicht eine fremde Macht, die determiniert, was mir geschehen soll. Ich bin es selbst, und zwar geformt durch Natur, Geschichte und mich selbst. Mein Schicksal ist die Basis meiner Freiheit, meine Freiheit partizipiert an der Formung meines Schicksals.

Nur wer Freiheit hat, hat Schicksal. Dinge haben kein Schicksal, weil sie keine Freiheit haben. Gott hat kein Schicksal, weil er Freiheit *ist*. Das Wort Schicksal weist auf etwas, das jemandem geschehen wird, es hat eine eschatologische Färbung. Das qualifiziert es, in Polarität zur Freiheit zu stehen. Es weist nicht auf den Gegensatz von Freiheit hin, sondern vielmehr auf ihre Bedingungen und Grenzen.

Da Freiheit und Schicksal eine ontologische Polarität konstituieren, muß alles, was am Sein partizipiert, an dieser Polarität partizipieren. Aber der Mensch, der ein vollendetes Selbst und eine Welt hat, ist das einzige Seiende, das frei im Sinne von Erwägung, Entscheidung und Verantwortung ist. Deshalb kann nur in Analogie Freiheit und Schicksal auf untermenschliche Natur angewandt werden; das entspricht der Situation in bezug auf die ontologische Grundstruktur und die anderen ontologischen Polaritäten.

Analog können wir von der Polarität von Spontaneität und Gesetz sprechen. Ein Akt, der im handelnden Selbst entspringt, ist spontan. Eine Reaktion auf einen Reiz ist spontan, wenn sie von dem Zentrum und der Ganzheit eines Wesens kommt. Dies bezieht sich nicht nur auf

Lebewesen, sondern auch auf anorganische Gestalten, die gemäß ihrer individuellen Struktur reagieren. Spontaneität steht in wechselseitiger Abhängigkeit mit Gesetz. Gesetz ermöglicht Spontaneität, und Gesetz ist Gesetz nur, weil es spontane Reaktionen kontrolliert. Der Ausdruck Gesetz ist in dieser Hinsicht aufschlußreich. Er ist aus der sozialen Sphäre abgeleitet und bezeichnet eine durchsetzbare Regel, durch die eine soziale Gruppe geordnet und beherrscht wird. Die sittlichen Prinzipien sind solche „Naturgesetze", gegründet auf Vernunft und gültig trotz allen Wandels ihrer Interpretation. Wird der Begriff des Naturgesetzes naturwissenschaftlich verwandt, bezeichnet er die strukturelle Determiniertheit von Dingen und Geschehnissen. Die Natur unterliegt den Naturgesetzen in anderer Weise als der Mensch; in der Natur ist Spontaneität mit Gesetz, im Menschen ist Freiheit mit Schicksal vereint. Die Naturgesetze beseitigen nicht die Reaktionen zentrierter Gestalten, aber sie bestimmen die Grenzen, die sie nicht überschreiten können. Jedes Seiende agiert und reagiert gemäß dem Gesetz seiner eigenen Struktur und gemäß den Gesetzen der größeren Einheiten, zu denen es gehört, aber es gehört nicht in der Weise zu ihnen, daß seine Spontaneität zerstört wird. Außer im Falle der abstrakten Gleichungen der Makrophysik hat es die Berechnung mit Wahrscheinlichkeit, *nicht* mit einem determinierten Mechanismus zu tun. Die Wahrscheinlichkeit mag überwältigend groß sein, aber sie ist nicht zwingend. Die Analogie zur Freiheit in allem Seienden macht eine absolute Determination unmöglich. Die Naturgesetze sind Gesetze für zentrierte Einheiten mit spontanen Reaktionen. Die Polarität von Freiheit und Schicksal ist gültig für alles, was ist.

C

SEIN UND ENDLICHKEIT

1. Sein und Nichtsein

Die Seinsfrage wird erzeugt durch den „Schock des Nichtseins". Nur der Mensch kann die ontologische Frage stellen, weil nur er über die Grenzen seines eigenen Seins und jedes anderen Seienden hinaussehen kann. Vom Standpunkt des möglichen Nichtseins betrachtet ist Sein

ein Mysterium. Der Mensch kann diesen Standpunkt einnehmen, weil er frei ist, jede gegebene Realität zu transzendieren. Er ist nicht an Sein gebunden, er kann das Nichts in den Blick nehmen, er kann die ontologische Frage stellen. Tut er das aber, dann muß er auch die Frage stellen nach dem, was das Mysterium des Seins schafft, er muß das Mysterium des Nichtseins betrachten. Beide Fragen sind seit dem Anfang des menschlichen Denkens miteinander verbunden, zunächst in mythologischen, dann in kosmogonischen und schließlich in philosophischen Begriffen. Außerordentlich eindrucksvoll ist es, wie die frühen griechischen Philosophen, vor allem Parmenides, mit der Frage des Nichtseins rangen. Parmenides begriff, daß man dem Nichtsein, wenn man von ihm spricht, eine Art von Sein verleiht, das seinem Charakter als der Negation des Seins widerspricht. Deshalb schloß er es von allem rationalen Denken aus. Aber indem er das tat, machte er das Reich des Werdens unverständlich und rief die atomistische Lösung hervor, die Nichtsein mit dem leeren Raum gleichsetzte und ihm so eine Art von Sein verlieh. Was für eine Art von Sein müssen wir dem Nichtsein beilegen? Diese Frage hat niemals aufgehört, den philosophischen Geist zu faszinieren und zur Verzweiflung zu treiben.

Es gibt zwei mögliche Wege, die Frage des Nichtseins zu vermeiden: den logischen und den ontologischen. Man kann fragen, ob das Nichtsein überhaupt mehr als der Inhalt eines logischen Urteils ist — ein Urteil, in dem eine mögliche oder reale Behauptung verneint wird. Man kann behaupten, daß Nichtsein ein negatives Urteil bar jeder ontologischen Bedeutung ist. Darauf müssen wir antworten, daß jede logische Struktur, die mehr ist als bloß ein Spiel mit möglichen Beziehungen, in einer ontologischen Struktur wurzelt. Eben die Tatsache einer logischen Verneinung setzt einen Typus eines Wesens voraus, das die unmittelbar gegebene Situation durch Erwartungen, die enttäuscht werden können, transzendiert. Ein erwartetes Ereignis tritt nicht ein. Das heißt, daß das Urteil bezüglich dieser Situation falsch war, die notwendigen Bedingungen für das Eintreten des erwarteten Ereignisses waren nicht existent. So enttäuscht, schafft die Erwartung die Unterscheidung zwischen Sein und Nichtsein. Aber wie ist eine solche Erwartung überhaupt möglich? Was ist die Struktur eines Wesens, das die gegebene Situation transzendieren und in Irrtum verfallen kann? Die Antwort ist, daß der Mensch, der dieses Wesen ist, von seinem Sein in einer Weise getrennt sein muß, die ihn befähigt, es als etwas Fremdes und Fragwürdiges zu sehen. Und so ist es in der Tat. Denn der Mensch partizipiert nicht nur am Sein, sondern auch am Nichtsein. Deshalb eben beweist die Struktur, die negative Urteile ermöglicht, den ontologischen Charakter des Nichtseins. Wenn der Mensch nicht am Nichtsein partizipierte, wären negative Urteile nicht möglich, ja, wären überhaupt Urteile irgendwelcher Art nicht möglich. Das Mysterium des Nichtseins kann nicht dadurch gelöst werden, daß es in eine Art logischen Urteils umgeformt wird. Der ontologische Versuch, dem Mysterium des Nichtseins auszuweichen, folgt der Taktik, es seines dialektischen Charakters zu berauben. Wenn Sein und Nichts in absoluten Gegensatz gestellt werden, wird das Nichtsein in jeder Beziehung vom Sein ausgeschlossen, und das bedeutet, daß die ganze Wirklichkeit ausgeschlossen ist und nur das Sein-Selbst übrig bleibt. Es kann keine Welt geben, wenn es nicht eine dialektische Partizipation des Nichtseins am Sein gibt. Es ist kein Zufall, daß geschichtlich die jüngste Wiederentdeckung der ontologischen Frage von der vorsokratischen Philosophie geleitet und systematisch auf das Problem des Nichtseins ein überwältigender Nachdruck gelegt wurde[1].

Das Mysterium des Nichtseins verlangt eine dialektische Behandlung. Der Genius der griechischen Sprache hat eine Möglichkeit geschaffen, den dialektischen Begriff des Nichtseins vom undialektischen zu unterscheiden, indem er den ersten *me on* und den zweiten *ouk on* nannte. *Ouk on* ist das „Nichts", das überhaupt keine Beziehung zum Sein hat; *me on* ist das Nichts, das eine dialektische Beziehung zum Sein hat. Die platonische Schule identifizierte *me on* mit dem, was noch kein Sein hat, aber was Sein werden kann, wenn es geeint wird mit den Wesenheiten oder Ideen. Das Mysterium des Nichtseins war jedoch nicht beseitigt, denn trotz seiner Nichtigkeit wurde dem Nichtsein die Macht zugeschrieben, einer vollkommenen Einung mit den Ideen zu widerstreben. Die *meontische* Materie des Platonismus zeigt das dualistische Element, das allem Heidentum zugrundeliegt und das der letzte Grund der tragischen Deutung des Lebens ist.

Das Christentum hat den Begriff der *meontischen* Materie auf Grund der Lehre der *creatio ex nihilo* verworfen. Materie ist kein zweites Prinzip neben Gott. Das *nihil*, aus dem Gott schafft, ist *ouk on*, die undialektische Negation des Seins. Aber die christlichen Theologen mußten sich mit dem dialektischen Problem des Nichtseins an verschiedenen Stellen auseinandersetzen. Als Augustin und viele Theologen und Mystiker, die ihm folgten, Sünde „Nichtsein" nannten, setzten sie ein Stück der platonischen Tradition fort. Sie meinten mit dieser Behaup-

---

[1] Siehe Heideggers Beziehung zu Parmenides und die Rolle des Nichtseins sowohl in seiner Philosophie wie in der seiner existentialistischen Schüler.

tung nicht, daß Sünde keine Realität hat oder daß sie ein Mangel an vollkommener Realisierung ist, wie oft von Kritikern ihre Ansichten falsch dargestellt wurden. Sie meinten, daß die Sünde keinen positiven ontologischen Rang hat, wobei sie gleichzeitig das Nichtsein als Widerstand gegen das Sein und Perversion des Seins interpretierten. Die Lehre von der Geschöpflichkeit des Menschen ist ein anderer Punkt in der Lehre vom Menschen, wo Nichtsein seinen dialektischen Charakter zeigt. Aus Nichts geschaffen sein bedeutet, zum Nichts zurückkehren zu müssen. Das Stigma des aus dem Nichts Hervorgegangenseins ist jedem Geschöpf aufgedrückt. Das ist der Grund, weshalb das Christentum die Lehre des Arius vom *logos* als dem höchsten der Geschöpfe zurückweisen mußte. Als solches hätte er nicht ewiges Leben bringen können. Und das ist auch der Grund, weshalb das Christentum die Lehre von der natürlichen Unsterblichkeit verwerfen und statt dessen die Lehre vom ewigen Leben behaupten muß, das von Gott als Macht des Seins-Selbst geschenkt wird.

Ein dritter Punkt, an dem sich die Theologen mit dem dialektischen Problem des Nichtseins auseinandersetzen mußten, ist die Lehre von Gott. Hier muß sofort festgestellt werden, daß es geschichtlich nicht die Theologie der *via negativa* war, die die christlichen Denker zu der Frage nach Gott und dem Nichtsein trieb. Das Nichtsein der negativen Theologie bedeutet, daß Gott nichts Spezielles ist, daß er über jedes konkrete Prädikat erhaben ist. „Nichts-sein" ist identisch mit „alles-sein", es ist das Sein-Selbst. Im Gegensatz dazu ist die dialektische Frage des Nichtseins ein Problem der positiven Theologie. Wenn Gott der lebendige Gott genannt wird, wenn er der Grund des schöpferischen Lebensprozesses ist, wenn Geschichte für ihn Bedeutung hat, wenn es kein negatives Prinzip neben ihm gibt, das für das Böse und die Sünde verantwortlich ist, wie kann man dann vermeiden, eine dialektische Negativität in Gott selbst zu setzen? Solche Fragen zwangen die Theologen, das Nichtsein dialektisch mit dem Sein-Selbst und folglich mit Gott in Beziehung zu setzen. Böhmes „Ungrund", Schellings „erste Potenz", Hegels „Antithese", das „Kontingente" und das „Gegebene in Gott", Berdjajews „meontische Freiheit" — all das sind Beispiele für den Einfluß, den das Problem des dialektischen Nichtseins auf die christliche Lehre von Gott ausgeübt hat.

In unseren Tagen ist, wie Helmut Kuhn es formuliert hat, der philosophische Existentialismus dem Nichts begegnet, und zwar in einer tiefen und radikalen Weise. Er hat das Nichtsein dem Sein übergeordnet und dem Nichtsein eine Positivität und eine Macht gegeben, die dem Sinn des Wortes Nichtsein widerspricht. Heideggers „nichtendes Nichts" beschreibt die Situation des Menschen als durch Nichtsein in einer letztlich unausweichbaren Weise bedroht, nämlich durch den Tod. Die Vorwegnahme des Nichts im Tod gibt der menschlichen Existenz ihren existentiellen Charakter. Sartre schließt im Nichtsein nicht nur die Drohung des Nichts, sondern auch die Drohung der Sinnlosigkeit ein. Der Existentialismus selbst hat keinen Weg zur Überwindung dieser Drohung. Der einzige Weg, damit fertig zu werden, liegt im Akt des Mutes, sie auf sich zu nehmen. Wie dieser Überblick zeigt, ist das dialektische Problem des Nichtseins unvermeidlich. Es ist das Problem der Endlichkeit. Endlichkeit eint Sein mit dialektischem Nichtsein. Die Endlichkeit des Menschen oder seine Geschöpflichkeit ist ohne den Begriff des dialektischen Nichtseins unverständlich.

2. Das Endliche und das Unendliche

Sein durch Nichtsein begrenzt ist Endlichkeit. Nichtsein erscheint als das „Noch nicht" des Seins und als das „Nicht mehr" des Seins. Es bedroht das, was Sein hat, mit dem Ende des Seins. Das gilt von allem, was ist, ausgenommen der Macht des Seins-Selbst. Als die Macht des Seins kann das Sein-Selbst keinen Anfang und kein Ende haben. Sonst wäre es erstanden aus dem Nichtsein. Aber Nichtsein ist nichts außer in Beziehung zum Sein. Sein geht dem Nichtsein ontologisch voraus, wie das Wort „nicht sein" selber anzeigt. Sein ist der Anfang ohne Anfang, das Ende ohne Ende. Es ist sein eigener Anfang und sein eigenes Ende, die Ursprungsmacht in allem, was ist. Aber alles, das an der Macht des Seins partizipiert, ist „gemischt" mit Nichtsein. Es kommt vom Nichts, und es geht zum Nichts. Es ist endlich.

Sowohl die ontologische Grundstruktur als auch die ontologischen Elemente charakterisieren Endlichkeit. Selbstheit, Individualität, Dynamik und Freiheit – sie alle schließen Mannigfaltigkeit, Bestimmtheit, Differenzierung und Begrenzung ein. Etwas sein heißt: etwas anderes nicht sein. Hier und jetzt im Prozeß des Werdens sein heißt: nicht dort und dann sein. Alle Kategorien des Denkens und der Realität drücken diese Situation aus. Etwas sein heißt: endlich sein.

Endlichkeit wird auf der menschlichen Ebene erfahren; Nichtsein wird erfahren als die Bedrohtheit des Seins. Das Ende wird vorweggenommen. Der Prozeß der Selbsttranszendenz ist in jędem seiner Momente zweideutig. Er ist gleichzeitig ein Zunehmen und Abnehmen der Seinsmächtigkeit. Um seine Endlichkeit zu erfahren, muß der Mensch vom Standpunkt einer potentiellen Unendlichkeit auf sich selbst blicken. Um der Bewegung auf den Tod hin gewahr zu werden, muß der Mensch sein endliches Sein als Ganzes überblicken, er muß auf gewisse Weise darüber hinaus sein. Er muß auch fähig sein, sich Unendlichkeit vorzustellen, und er ist dazu fähig, wenn auch nicht in konkreten Begriffen, sondern nur als abstrakte Möglichkeit. Das endliche Selbst steht einer Welt gegenüber, das endliche Individuum hat die Macht universaler Partizipation. Die Vitalität des Menschen ist mit einer wesensmäßig unbegrenzten Intentionalität verbunden, als endliche Freiheit ist der Mensch in einem umfassenden Schicksal eingeschlossen. Alle Strukturen der Endlichkeit zwingen das endliche Sein, sich selbst zu transzendieren und aus eben diesem Grund seiner selbst als endlich gewahr zu werden.

Gemäß dieser Analyse ist die Unendlichkeit auf die Endlichkeit in anderer Weise bezogen, als die übrigen polaren Elemente aufeinander bezogen sind. Der negative Charakter des Begriffs „unendlich" zeigt an, daß er im Akt der Selbsttranszendenz des endlichen Wesens konzipiert ist. Unendlichkeit ist ein Leitbegriff, kein konstitutiver. Er leitet den Geist an, seine eigenen unbegrenzten Möglichkeiten zu erfahren, aber er begründet nicht die Existenz eines unendlichen Seins. Auf dieser Basis ist es möglich, die klassischen Antinomien hinsichtlich des endlichen und unendlichen Charakters der Welt zu verstehen. Selbst eine physikalische Lehre von der Endlichkeit des Raumes kann den Geist nicht davon abhalten, zu fragen, was hinter dem endlichen Raum liegt. Das ist zwar eine in sich widersprüchliche Frage, man kann ihr aber nicht ausweichen. Andererseits kann man unmöglich sagen, daß die Welt unendlich ist, weil die Unendlichkeit niemals als Objekt gegeben ist. Unendlichkeit ist ein Postulat, kein Ding. Das ist die Bündigkeit von Kants Lösung der Antinomien zwischen dem unendlichen und endlichen Charakter von Zeit und Raum. Da weder Zeit noch Raum Dinge, sondern beide Formen der erscheinenden Dinge sind, ist es möglich, jede endliche Zeit und jeden endlichen Raum ohne Ausnahme zu transzendieren. Aber dies begründet nicht die Existenz eines unendlichen Dinges in einer unendlichen Zeit und in einem unendlichen Raum. Der menschliche Geist kann endlos weitergehen, indem er alles Endliche in der makrokosmischen oder mikrokosmischen Richtung transzendiert. Aber der Geist selbst bleibt an die Endlichkeit seines individuellen Trägers gebunden. Unendlichkeit ist: sich selbst grenzenlos transzendierende Endlichkeit.

Die Macht der unendlichen Selbsttranszendenz ist ein Ausdruck dessen, daß der Mensch zu dem gehört, was jenseits des Nichtseins liegt, nämlich zum Sein-Selbst. Die potentielle Gegenwart des Unendlichen (als unbegrenzte Selbsttranszendenz) ist die Negation des negativen Elements der Endlichkeit. Es ist die Negation des Nichtseins. Die Tatsache, daß der Mensch niemals befriedigt ist durch irgendein Stadium seiner endlichen Entwicklung, die Tatsache, daß nichts Endliches ihn halten kann, obwohl Endlichkeit sein Schicksal ist, zeigt die unlösliche Beziehung alles Endlichen zum Sein-Selbst. Sein-Selbst ist nicht Unendlichkeit, es ist das, was jenseits der Polarität von Endlichkeit und unendlicher Selbsttranszendenz liegt. Das Sein-Selbst manifestiert sich dem endlichen Sein in dem unendlichen Streben des Endlichen über sich hinaus. Aber das Sein-Selbst kann nicht mit Unendlichkeit identifiziert werden. Es geht dem Endlichen und der unendlichen Negation des Endlichen voraus.

Endlichkeit, wenn sie ihrer selbst gewahr wird, ist Angst. Wie die Endlichkeit ist Angst eine ontologische Qualität. Sie kann nicht abgeleitet werden, sie kann nur gesehen und beschrieben werden. Die Gelegenheiten, in denen Angst erregt wird, müssen von der Angst selbst getrennt werden. Als eine ontologische Qualität ist Angst allgegenwärtig wie Endlichkeit. Angst ist unabhängig von irgendeinem besonderen Gegenstand, der sie erzeugen könnte, sie ist nur abhängig von der Drohung des Nichtseins — das mit Endlichkeit identisch ist. In diesem Sinne ist mit Recht gesagt worden, daß der Gegenstand der Angst das „Nichts" ist — doch das Nichts ist kein „Objekt". Objekte werden gefürchtet. Eine Gefahr, ein Schmerz, ein Feind können gefürchtet werden, aber Furcht kann durch Handeln überwunden werden. Die Angst kann nicht überwunden werden, denn kein endliches Sein kann seine Endlichkeit überwinden. Angst ist immer gegenwärtig, wenngleich sie oft latent ist. Daher kann sie immer und in jedem Augenblick manifest werden, selbst in Situationen, in denen nichts gefürchtet zu werden braucht[1].

Die Wiederentdeckung des Sinnes der Angst durch die vereinten Bemühungen der Existentialphilosophie, der Tiefenpsychologie, der Neurologie und der Kunst ist eine der Errungenschaften des 20. Jahrhunderts. Es ist deutlich geworden, daß Furcht als auf ein bestimmtes Objekt gerichtet und Angst als Gewahrwerden der Endlichkeit zwei völlig verschiedene Begriffe sind. Angst ist ontologisch, Furcht psychologisch[2]. Angst ist ein ontologischer Begriff, weil sie Endlichkeit von

---

[1] Die Psychotherapie kann die ontologische Angst nicht beseitigen, weil sie die Struktur der Endlichkeit nicht ändern kann. Aber sie kann Zwangsformen der Angst beseitigen und kann die Häufigkeit und Intensität der jeweiligen Furcht entfernen. Sie kann die *Angst* an die „richtige Stelle" rücken.

[2] Das englische Wort *anxiety* hat die Bedeutung von Angst erst im letzten

„innen" ausdrückt. Hier muß gesagt werden, daß es keinen Grund dafür gibt, Begriffe, die von „außen" genommen sind, denen von „innen" vorzuziehen. Der Selbst-Welt-Struktur entsprechend sind beide Typen in gleicher Weise gültig. Das Selbst, das seiner selbst gewahr wird, und das Selbst, das auf seine Welt blickt (einschließlich seiner selbst), sind gleich bedeutungsvoll für die Beschreibung der ontologischen Struktur. Angst ist das Gewahrwerden der eigenen Endlichkeit. Die Tatsache, daß die Angst einen stark emotionalen Charakter hat, beseitigt nicht ihre enthüllende Kraft. Das emotionale Element zeigt nur an, daß die Totalität des endlichen Seins an der Endlichkeit teilnimmt und die Drohung des Nichts erlebt. Es ist darum angemessen, eine Beschreibung der Endlichkeit sowohl von außen als von innen zu geben und dabei auf die speziellen Formen des angstvollen Gewahrwerdens hinzuweisen, die den speziellen Formen der Endlichkeit, die gerade betrachtet werden, entspricht.

3. Endlichkeit und die Kategorien

Kategorien sind die Formen, in denen der Geist die Wirklichkeit ergreift und umgestaltet. Von etwas vernünftig sprechen heißt: von etwas mit Hilfe der kategorialen Formen sprechen; denn Kategorien sind beides: Formen des Sprechens und Formen des Seins. Die Kategorien müssen von den logischen Formen unterschieden werden, die die Rede bestimmen, die aber nur indirekt auf die Wirklichkeit selbst bezogen sind. Die logischen Formen sind formal in dem Sinn, daß sie von dem Inhalt abstrahieren, auf den sich die Rede bezieht. Die Kategorien jedoch sind Formen, die den Inhalt bestimmen. Sie sind ontologisch und daher in allem gegenwärtig. Der Geist kann die Wirklichkeit durch die kategorialen Formen erfahren. Diese Formen werden sowohl im religiösen als auch im profanen Reden gebraucht. Sie erscheinen direkt oder indirekt in jedem Gedanken über Gott und Welt, Mensch und Natur. Sie sind allgegenwärtig, selbst in dem Bereich, von dem sie *per definitionem* ausgeschlossen sind, das heißt: dem Bereich des „Unbedingten". Deshalb muß die systematische Theologie sie behandeln, natürlich nicht als entwickeltes Kategoriensystem, aber in einer Weise, die ihre Be-

---

Jahrzehnt erhalten. Beide, Angst wie *anxiety,* leiten sich ab von dem lateinischen Wort *angustiae,* das „Enge" bedeutet. Die Angst wird erfahren in der Beengung durch das drohende Nichts. Deshalb darf *anxiety* nicht durch das Wort *„dread"* ersetzt werden, das auf eine plötzliche Reaktion auf eine Gefahr hinweist, aber nicht auf die ontologische Situation, dem Nichts gegenüberzustehen.

deutung für die Gottesfrage zeigt, die Frage, zu der die ganze ontologische Analyse hinführt.

Durch ihre doppelte Beziehung zum Sein und zum Nichtsein enthüllen die Kategorien ihren ontologischen Charakter. Sie drücken Sein aus, aber zugleich drücken sie Nichtsein aus, dem alles, was ist, unterworfen ist. Die Kategorien sind Formen der Endlichkeit; als solche vereinen sie ein positives und ein negatives Element. Die Analyse dieser Doppelheit ist die ontologische Aufgabe, die den Weg für die theologische Frage vorbereitet, die Frage nach Gott. Wenn wir die vier Hauptkategorien behandeln — Zeit, Raum, Kausalität, Substanz — müssen wir in jedem Fall nicht nur das positive und negative Element „von außen", nämlich in Beziehung zur Welt, betrachten, sondern müssen sie auch „von innen", nämlich in Beziehung zum Selbst, betrachten. Jede Kategorie drückt nicht nur eine Einheit von Sein und Nichtsein, sondern auch eine Einheit von Angst und Mut aus.

Zeit ist die zentrale Kategorie der Endlichkeit. Ihr geheimnisvoller Charakter hat jeden Philosophen fasziniert und in Schwierigkeiten gebracht. Einige Philosophen betonen das negative Element, andere das positive. Die ersteren weisen auf die Vergänglichkeit alles Zeitlichen hin und auf die Unmöglichkeit, den gegenwärtigen Augenblick festzulegen innerhalb eines Zeitflusses, der niemals stillsteht. Sie weisen hin auf die Bewegung der Zeit aus einer Vergangenheit, die nicht mehr ist, auf eine Zukunft, die noch nicht ist, durch eine Gegenwart, die nichts ist als die sich verschiebende Grenzlinie zwischen Vergangenheit und Zukunft. Sein heißt: gegenwärtig sein. Aber wenn die Gegenwart eine Illusion ist, dann wird das Sein vom Nichtsein besiegt.

Diejenigen, die das positive Element in der Zeit betonen, weisen auf den schöpferischen Charakter des Zeitprozesses hin, auf seine Gerichtetheit und Unumkehrbarkeit, auf das Neue, das in ihm „gezeitigt" wird. Aber keine der Gruppen hat ihre ausschließliche Betonung aufrechterhalten können. Es ist unmöglich, die Gegenwart eine Illusion zu nennen, denn nur in der Macht einer erfahrenen Gegenwart können Vergangenheit und Zukunft und die Bewegung von der einen zur anderen gemessen werden. Andererseits ist es unmöglich, die Tatsache zu übersehen, daß die Zeit „verschlingt", was sie geschaffen hat, daß das Neue alt wird und verschwindet und die schöpferische Entwicklung in jedem Augenblick von zerstörerischem Verfall begleitet ist. Die Ontologie kann nur ein Gleichgewicht zwischen dem positiven und dem negativen Charakter der Zeit feststellen. Eine Entscheidung hinsichtlich des Sinnes der Zeit kann aus einer Analyse der Zeit nicht abgeleitet werden.

Wie wir im unmittelbaren Gewahrwerden unserer selbst erfahren, eint die Zeit die Angst der Vergänglichkeit mit dem Mut einer selbstbejahenden Gegenwart. Das melancholische Gewahrwerden der Richtung des Seins zum Nichtsein, ein Thema, das die Literatur aller Völker erfüllt, ist am aktuellsten in der Vorwegnahme des eigenen Todes. Was hier bedeutsam ist, ist nicht die Todesfurcht, d. h. der Augenblick des Sterbens. Es ist die Angst, sterben zu müssen, die den ontologischen Charakter der Zeit enthüllt. In der Angst des Sterbenmüssens wird das Nichtsein von „innen" erfahren. Diese Angst ist potentiell gegenwärtig in jedem Augenblick. Sie durchdringt das Ganze des menschlichen Seins. Sie formt Seele und Körper und bestimmt das geistige Leben; sie gehört zum geschöpflichen Charakter des Seins und ist keine Folge der Entfremdung. Sie ist aktuell in „Adam" (d. h. der essentiellen Natur des Menschen) wie in „Christus" (d. h. der neuen Wirklichkeit des Menschen). Der biblische Bericht weist hin auf die tiefe Angst des Sterbenmüssens in dem, der der Christus genannt wurde. Angst vor der Vergänglichkeit, vor dem Ausgeliefertsein an die negative Seite der Zeitlichkeit, wurzelt in der Seinsstruktur und nicht in einer Verzerrung dieser Struktur.

Diese Angst, die von unserer Zeitlichkeit verursacht ist, kann nur ertragen werden, weil sie ausgeglichen wird durch einen Mut, der die Zeitlichkeit bejaht. Ohne diesen Mut würde sich der Mensch dem vernichtenden Charakter der Zeit ausliefern, er würde darauf verzichten, Gegenwart zu haben. Aber der Mensch bejaht den gegenwärtigen Augenblick, wenn er für die Analyse auch unreal erscheint, und er verteidigt ihn gegen die Angst, die seine Vergänglichkeit in ihm erregt. Er bejaht die Gegenwart durch einen ontologischen Mut, der ebenso echt ist wie seine Angst über den Zeitprozeß. Dieser Mut ist wirksam in allen Lebewesen, aber er ist radikal und bewußt wirksam nur im Menschen, der fähig ist, sein Ende vorwegzunehmen. Deshalb braucht der Mensch den größten Mut, um seine Angst auf sich nehmen zu können. Er ist das mutigste aller Wesen, weil er die tiefste Angst zu besiegen hat. Es ist für ihn am schwersten, die Gegenwart zu bejahen, weil er sich eine Zukunft vorstellen kann, die noch nicht seine eigene ist, und sich an eine Vergangenheit erinnern kann, die nicht mehr seine eigene ist. Er muß seine Gegenwart gegen die Vorstellung einer unendlichen Vergangenheit und einer unendlichen Zukunft verteidigen; er ist von beiden ausgeschlossen. Daher muß der Mensch die Frage nach der letzten Grundlage seines ontologischen Mutes stellen.

Gegenwart bedeutet: sich selbst etwas gegenüber zu haben, und gegenüber ist ein räumlicher Begriff (gegen-wärtig). Gegenwart ist nicht nur auf Zeit, sondern auch auf Raum bezogen. Zeit schafft

Gegenwart durch ihre Einung mit dem Raum. In dieser Einung kommt die Zeit zum Stillstand, weil etwas da ist, auf dem sie stehen kann. Wie die Zeit vereint der Raum Sein mit Nichtsein, Angst mit Mut. Wie die Zeit ist der Raum zweideutigen Wertungen unterworfen, denn er ist eine Kategorie der Endlichkeit. Sein heißt: Raum haben. Jedes Sein strebt danach, für sich Raum zu schaffen und zu erhalten. Das bedeutet vor allem einen physischen Ort — den Körper, ein Stück Boden, ein Heim, eine Stadt, ein Land, die Welt. Es bedeutet auch einen sozialen Raum — einen Beruf, eine Einflußsphäre, eine Gruppe, eine geschichtliche Periode, einen Ort in Erinnerung und Vorwegnahme, einen Ort innerhalb einer Kultur. Keinen Raum haben heißt: nicht sein. So ist in allen Lebenssphären das Streben nach Raum eine ontologische Notwendigkeit. Es ist eine Folge des räumlichen Charakters des endlichen Seins und eine Wesensqualität des Menschen. Es ist Endlichkeit, nicht Schuld.

Aber räumlich sein heißt auch: dem Nichtsein unterworfen sein. Kein endliches Sein besitzt einen Raum, der endgültig sein eigen ist. Kein endliches Sein kann sich auf den Raum verlassen; denn es muß nicht nur damit rechnen, daß es diesen oder jenen Raum verliert, weil es ein „Pilger auf Erden" ist, sondern schließlich auch damit, daß es jeden Ort verliert, den es gehabt hat, oder gehabt haben könnte, wie das von Hiob und den Psalmisten gebrauchte mächtige Symbol es ausdrückt: „Ihre Stätte kennet sie nicht mehr." Es gibt keine notwendige Beziehung zwischen irgendeinem Ort und dem Seienden, das sich diesen Ort verschafft hat. Endlichkeit heißt: keinen bestimmten Ort haben, es heißt: jeden Ort schließlich verlieren und damit sein Sein verlieren. Dieser Drohung des Nichtseins kann man nicht mit Hilfe einer Flucht in die Zeit ohne Raum entrinnen. Ohne Raum gibt es kein Gegenwärtigsein und keine Gegenwart. Und umgekehrt schließt der Verlust des Raumes den Verlust der zeitlichen Gegenwart und damit den Verlust des Seins ein.

Keinen bestimmten und keinen endgültigen Raum haben, heißt: letzte Unsicherheit. Endlich sein heißt: unsicher sein. Das erfährt der Mensch in der Sorge für das Morgen, und er bringt es in den ängstlichen Versuchen zum Ausdruck, sich einen sicheren Raum — physisch und sozial — zu schaffen. Jeder Lebensprozeß versucht das. In bestimmten Perioden und in bestimmten sozialen und psychologischen Situationen wird das Streben nach Sicherheit vorherrschend. Die Menschen schaffen Sicherheitssysteme, um ihren Raum zu schützen. Aber sie können ihre Angst nur unterdrücken, sie können sie nicht bannen, denn diese Angst nimmt den endgültigen Verlust des Raumes vorweg.

Andererseits ist die Angst des Menschen, seinen Raum zu verlieren, durch den Mut ausgeglichen, mit dem er die Gegenwart bejaht und mit ihr den Raum. Jedes Ding bejaht den Raum, den es innerhalb des Universums einnimmt. So lang es lebt, widersteht es erfolgreich der Drohung des Keinen-Platz-habens. Es sieht den Ereignissen mutig entgegen, in denen das Keinen-Platz-haben eine aktuelle Drohung wird. Es nimmt die ontologische Unsicherheit auf sich und erreicht durch dieses Auf-sich-nehmen Sicherheit. Dennoch kann es nicht der Frage entgehen, wie solch ein Mut möglich ist. Wie kann ein Wesen den Mut finden, den vorläufigen wie den endgültigen Verlust des Raumes auf sich zu nehmen?

Auch die Kausalität hat einen direkten Bezug auf die religiöse Symbolik und auf die theologische Interpretation. Wie Zeit und Raum ist Kausalität zweideutig. Sie drückt sowohl Sein wie Nichtsein aus. Sie bejaht die Macht zu sein, indem sie auf das hinweist, was einem Ding oder Ereignis als seine Quelle voraufgeht. Wenn etwas kausal erklärt wird, wird seine Realität bejaht, und die Macht seines Widerstandes gegen das Nichtsein wird verständlich. Nach Ursachen suchen heißt: nach der Seinsmächtigkeit eines Dinges suchen.

Dieser bejahende Sinn der Kausalität ist jedoch die Kehrseite ihres negativen Sinnes. Die Frage nach der Ursache eines Dinges oder Ereignisses setzt voraus, daß es keine eigene Macht besitzt, ins Sein zu kommen. Dinge und Ereignisse haben keine Aseität. Diese gilt nur für Gott. Endliche Dinge sind nicht selbstverursacht, sie sind ins Sein „geworfen" (Heidegger). Die Frage: „Woher?" ist universal. Kinder und Philosophen fragen so. Aber die Frage kann nicht beantwortet werden, denn jede Antwort, jede Behauptung über die Ursache von etwas unterliegt wieder der gleichen Frage in unendlicher Regression. Diese Regression kann nicht einmal durch einen Gott aufgehalten werden, von dem geglaubt wird, er sei die letzte Antwort. Denn dieser Gott müßte sich selbst fragen: „Von wo komme ich selbst?" (Kant). Selbst ein höchstes Wesen muß die Frage nach seiner eigenen Ursache stellen und damit nach seinem partiellen Nichtsein. Kausalität drückt die Unfähigkeit jedes Dinges aus, auf sich selbst zu ruhen. In unserem Denken treibt jedes Ding über sich selbst zu seiner Ursache, und die Ursache treibt über sich hinaus zu ihrer Ursache und so ins Unendliche. Kausalität drückt machtvoll den Abgrund des Nichtseins in jedem Ding aus.

Das Kausalschema darf nicht mit einem deterministischen Schema gleichgesetzt werden. Kausalität wird weder durch die Indeterminiertheit subatomarer Prozesse beseitigt noch durch den schöpferischen Charakter biologischer und psychologischer Prozesse. Nichts geschieht in diesen Sphären ohne eine voraufgehende Situation oder Konstellation, die ihre Ursache ist. Nichts hat die Macht, von sich selbst abzuhängen ohne einen Kausalnexus, nichts ist absolut. Wenn wir auf ein Ding sehen und fragen, was es ist, müssen wir darüber hinaussehen und danach fragen, welches seine Ursachen sind.

Die Angst, in der Kausalität erfahren wird, ist die, nicht in, von und durch sich selbst zu sein, nicht „Aseität" zu haben, die die Theologie traditionsgemäß Gott beilegt. Der Mensch ist Geschöpf. Sein Sein ist kontingent, es hat keine Notwendigkeit durch sich selbst, und deshalb erkennt der Mensch, daß er die Beute des Nichtseins ist. Die gleiche Kontingenz, die den Menschen in die Existenz geworfen hat, kann ihn aus ihr hinausstoßen. In dieser Hinsicht sind Kausalität und kontingentes Sein das Gleiche. Die Tatsache, daß der Mensch kausal determiniert ist, macht sein Sein in bezug auf ihn selbst kontingent. Die Angst, in der er dieser Situation gewahr wird, ist die Angst über den Mangel an Notwendigkeit seines Seins. Er könnte auch nicht sein! Warum ist er dann? Es gibt keine vernünftige Antwort darauf. Das ist die Angst, die in dem Gewahrwerden der Kausalität als einer Kategorie der Endlichkeit steckt.

Der Mut nimmt die „Geworfenheit", die Kontingenz auf sich. Der Mensch, der diesen Mut besitzt, sieht nicht über sich hinaus auf das, woher er kommt, sondern er ruht in sich. Der Mut überwindet die Angst über die kausale Abhängigkeit alles Endlichen. Ohne diesen Mut wäre kein Leben möglich, aber die Frage, wie dieser Mut möglich ist, bleibt offen. Wie kann ein Wesen, das vom Kausalnexus und seinen Zufälligkeiten abhängig ist, diese Abhängigkeit auf sich nehmen und zugleich sich eine Notwendigkeit zusprechen, die dieser Abhängigkeit widerspricht?

Die vierte Kategorie, die die Verflochtenheit des Seins und Nichtseins in jedem Endlichen beschreibt, ist Substanz. Im Gegensatz zur Kausalität weist Substanz auf etwas, das dem Fluß der Erscheinung zugrunde liegt, etwas, das relativ statisch und in sich selbst gegründet ist. Es gibt keine Substanz ohne Akzidentien. Akzidentien empfangen ihre ontologische Macht durch die Substanz, zu der sie gehören. Aber die Substanz ist nicht über die Akzidentien hinaus, in denen sie sich ausdrückt. So wird sowohl in der Substanz wie in den Akzidentien das positive Element durch das negative Element balanciert.

Auch von den Funktions- oder Prozeßphilosophen kann das Substanzproblem nicht umgangen werden, weil die Fragen nach dem, was Funktionen *hat,* oder dem, was im Prozeß *steht,* nicht zum Schweigen gebracht werden können. Das Ersetzen statischer durch dynamische

Begriffe beseitigt nicht die Frage nach dem, was Veränderung dadurch, daß es sich relativ nicht verändert, möglich macht. In jeder Begegnung von Geist und Realität ist Substanz als Kategorie wirksam; sie ist gegenwärtig, wenn immer man von einem *Etwas* spricht.

Deshalb ist alles Endliche von Anbeginn an von der Angst erfüllt, daß seine Substanz verlorengehen könnte. Diese Angst bezieht sich auf die beständige Veränderung wie auf den endgültigen Verlust der Substanz. Jede Veränderung offenbart das relative Nichtsein dessen, was sich verändert. Die veränderliche Realität entbehrt der Substantialität, der Seinsmächtigkeit, des Widerstandes gegen das Nichtsein. Diese Angst ist es, die die Griechen dazu trieb, eindringlich und unaufhörlich die Frage nach dem Unwandelbaren zu stellen. Diese Frage mit der an sich richtigen Behauptung zu erledigen, daß das Statische weder eine logische noch eine ontologische Priorität gegenüber dem Dynamischen habe, ist nicht gerechtfertigt. Denn diese Angst des Wechsels ist Angst über die im Wechsel enthaltene Drohung des Nichtseins. In allen großen Wandlungen des persönlichen und sozialen Lebens, die eine Art von individuellem oder sozialem Schwindel erzeugen, zeigt sich ein Gefühl dafür, daß der Grund, auf dem die Person oder die Gruppe stand, schwindet, daß die Identität der Gruppe oder des Selbst im Schwinden ist. Diese Angst erreicht ihre radikalste Form in der Vorwegnahme des endgültigen Verlustes der Substanz und damit auch der Akzidentien. Die menschliche Erfahrung des Sterbenmüssens nimmt den völligen Verlust der Identität mit sich selbst vorweg. Die Frage nach einer unsterblichen Substanz der Seele drückt die tiefe Angst aus, die mit dieser Vorwegnahme verbunden ist.

Die Frage nach dem Unwandelbaren in unserem Sein sowie die Frage nach dem Unwandelbaren im Sein-Selbst ist ein Ausdruck der Angst, Substanz und Identität zu verlieren. Es ist ungerechtfertigt, diese Frage mit der richtigen Behauptung abzutun, daß die Beweise für die sogenannte Unsterblichkeit der Seele falsch sind. Sicherlich sind sie Versuche, der im Substanzbegriff enthaltenen Frage zu entgehen, dadurch, daß man die endlose Fortsetzung dessen behauptet, was wesenhaft endlich ist. Und dennoch kann die Frage nach der unwandelbaren Substanz nicht zum Schweigen gebracht werden. Sie drückt die Angst aus, die in dem immer drohenden Verlust der Substanz enthalten ist, das heißt der Identität mit sich selbst und der Macht, das eigene Selbst zu erhalten.

Der Mut nimmt die Drohung auf sich, die individuelle Substanz und die Substanz des Seins im allgemeinen zu verlieren. Der Mensch legt etwas, das sich letztlich als zufällig erweist, Substantialität bei:

einem schöpferischen Werk, einer Liebesbeziehung, einer konkreten Situation, sich selbst. Das ist keine Selbsterhöhung des Endlichen, sondern vielmehr der Mut, das Endliche zu bejahen, die eigene Angst auf sich zu nehmen. Die Frage aber bleibt, wie solch ein Mut möglich ist. Wie kann ein endliches Wesen, das dem unausweichlichen Verlust seiner Substanz entgegensieht, diesen Verlust auf sich nehmen?

Die vier Kategorien sind vier Aspekte der Endlichkeit in ihren positiven und negativen Elementen. Sie drücken die Einheit von Sein und Nichtsein in allem Endlichen aus. Sie stellen die Frage nach dem Mut, der die Angst des Nichtseins auf sich nimmt. Die Frage nach Gott ist die Frage nach der Möglichkeit dieses Mutes.

4. Endlichkeit und die ontologischen Elemente

Endlichkeit ist aktuell nicht nur in den Kategorien, sondern auch in den ontologischen Elementen. Ihr polarer Charakter macht sie für die Drohung des Nichtseins empfänglich. In jeder Polarität wird jeder Pol durch den anderen sowohl begrenzt als auch aufrechterhalten. Ein vollkommenes Gleichgewicht zwischen ihnen setzt ein ausgewogenes Ganzes voraus. Aber ein solches Ganzes ist nicht gegeben. Es gibt besondere Strukturen, in denen unter dem Druck der Endlichkeit die Polarität zur Spannung wird. Spannung bezieht sich auf die Tendenz der Elemente, innerhalb einer Einheit auseinander zu streben und sich in entgegengesetzten Richtungen zu bewegen. Für Heraklit steht alles in einer inneren Spannung wie ein gespannter Bogen, denn in allem gibt es eine Tendenz nach unten (zur Erde), ausgeglichen durch eine Tendenz nach oben (zum Feuer). Nach seiner Ansicht ist überhaupt nichts durch einen Prozeß, der sich nur in einer Richtung bewegt, hervorgegangen, alles ist eine umfassende, aber vergängliche Einheit von zwei einander entgegengesetzten Prozessen. Dinge sind hypostasierte Spannungen.

Unsere eigene ontologische Spannung bemerken wir in der Angst, unsere ontologische Struktur zu verlieren dadurch, daß wir das eine oder andere polare Element verlieren und infolgedessen die Polarität als Ganzes. Diese Angst ist nicht die gleiche wie diejenige, die in Zusammenhang mit den Kategorien erwähnt wurde, nämlich die Angst des schlechthinnigen Nichtseins. Es ist die Angst, nicht zu sein, was wir *essentiell* sind. Es ist die Angst vor der Auflösung und dem Ins-Nichtsein-Fallen durch existentielle Zerreißung. Es ist die Angst vor dem Zerbrechen der ontologischen Spannungen und der daraus folgenden Zerstörung der ontologischen Struktur.

Endlichkeit und die ontologischen Elemente

Das kann von jedem der polaren Elemente her gesehen werden. Endliche Individualisation schafft eine dynamische Spannung mit endlicher Partizipation; die Möglichkeit besteht, daß ihre Einheit zerbricht, Selbstbezogenheit schafft die Drohung einer Einsamkeit, in der Welt und Gemeinschaft verloren werden. Andererseits schafft das In-der-Welt-sein und die Partizipation an der Welt die Drohung einer vollkommenen Kollektivierung, eines Verlustes der Individualität und Subjektivität, wobei das Selbst seine Selbstbezogenheit verliert und zu einem bloßen Teil eines umfassenden Ganzen umgeformt wird. Der Mensch in seiner Endlichkeit ist dieser zweifachen Drohung angstvoll gewahr. Angstvoll erfährt er das Schwanken von möglicher Einsamkeit zur Kollektivität und von möglicher Kollektivität zur Einsamkeit. Er schwankt angstvoll zwischen Individualisation und Partizipation, der Tatsache bewußt, daß er aufhört zu sein, wenn einer der Pole verloren wird; denn der Verlust eines der Pole bedeutet den Verlust beider.

Die Spannung zwischen endlicher Individualisation und endlicher Partizipation ist die Basis vieler psychologischer und soziologischer Probleme, und aus diesem Grund ist sie ein sehr wichtiger Gegenstand der Forschung für die Tiefenpsychologie und die Tiefensoziologie. Die Philosophie hat oft die Frage der essentiellen Einsamkeit und ihre Beziehung zum existentiellen Alleinsein übersehen. Sie hat auch die Frage des essentiellen Zugehörigseins und seiner Beziehung zur existentiellen Unterwerfung an das Kollektiv übersehen.

Endlichkeit gibt auch der Polarität von Dynamik und Form eine Spannung, die die Drohung eines möglichen Zerbrechens und die Angst vor dieser Drohung hervorruft. Dynamik treibt zur Form, in der Sein aktuell ist und die Macht hat, dem Nichtsein zu widerstehen. Aber zugleich ist die Dynamik bedroht, weil sie in starren Formen verlorengehen kann. Wenn sie dann versucht, durch sie durchzubrechen, kann Chaos entstehen, und damit würden beide Pole — Form und Dynamik — verlorengehen.

Die menschliche Vitalität will sich in kulturellen Schöpfungen, Formen und Institutionen durch Ausübung schöpferischer Intentionalität verkörpern. Aber jede Verkörperung gefährdet die vitale Macht gerade dadurch, daß sie ihr aktuelles Sein gibt. Der Mensch ist in Angst vor der Drohung einer endgültigen Form, in der seine Vitalität verlorengehen würde, und er ist in Angst vor der Drohung chaotischer Formlosigkeit, in der Vitalität wie Intentionalität verlorengehen würden.

Für diese Spannung gibt es reiche Zeugnisse in der Literatur von der griechischen Tragödie bis auf den heutigen Tag, aber von der Philosophie, außer von der „Lebensphilosophie", oder von der Theologie, außer von einigen protestantischen Mystikern, ist ihr nicht genügend Aufmerksamkeit geschenkt worden. Die Philosophie hat die rationale Struktur der Dinge betont, hat aber den schöpferischen Prozeß vernachlässigt, durch den Dinge und Ereignisse ins Sein kommen. Die Theologie hat das göttliche „Gesetz" betont und hat schöpferische Vitalität mit destruktiver Trennung von Vitalität und Intentionalität verwechselt. Der philosophische Rationalismus und der theologische Legalismus haben eine volle Einsicht in die Spannung von Form und Dynamik verhindert.

Schließlich erzeugt die Endlichkeit in der Polarität von Freiheit und Schicksal eine Spannung und ruft damit die Drohung eines möglichen Zerbrechens und die daraus folgende Angst hervor. Der Mensch ist bedroht vom Verlust der Freiheit durch die Notwendigkeiten, die in seinem Schicksal liegen, und er ist gleichermaßen bedroht von dem Verlust seines Schicksals durch die Zufälligkeiten, die in seiner Freiheit liegen. Er ist beständig in Gefahr, seine Freiheit bewahren zu wollen, dadurch, daß er willkürlich seinem Schicksal trotzt, und sein Schicksal retten zu wollen, dadurch, daß er seine Freiheit aufgibt. Er kommt in Bedrängnis durch die Forderung, Entscheidungen zu treffen, weil er einsieht, daß er seins- und erkenntnismäßig mit seinem Schicksal eins sein müßte, um die rechte Entscheidung treffen zu können. Und er fürchtet sich, sein Schicksal ohne Vorbehalte auf sich zu nehmen, weil er einsieht, daß seine Entscheidung partiell sein wird, daß er nur einen Teil seines Schicksals auf sich nehmen kann und daß er in eine Richtung getrieben wird, die nicht aus seinem echten Schicksal folgt. So versucht er, seine Freiheit durch Willkür zu retten, und ist dann in Gefahr, sowohl seine Freiheit wie sein Schicksal zu verlieren.

Der traditionelle Streit zwischen Determinismus und Indeterminismus über die Freiheit des „Willens" ist eine „objektivierte" Form der ontologischen Spannung zwischen Freiheit und Schicksal. Beide Partner in diesem Streit verteidigen ein ontologisches Element, ohne welches das Sein nicht begriffen werden könnte. Deshalb haben sie recht in dem, was sie bejahen, aber unrecht in dem, was sie verneinen. Der Determinist sieht nicht, daß, wenn er den Determinismus wahr nennt, er die Freiheit der Entscheidung zwischen wahr und falsch voraussetzt, und der Indeterminist sieht nicht, daß konkrete Entscheidungen unmöglich sind, wenn nicht die Freiheit in die Breite eines Schicksals eingebettet ist. Praktisch handeln die Menschen immer so, als ob sie einander als frei und als bedingt zugleich betrachten. Niemand behandelt einen Menschen entweder als einen bloßen Schauplatz einer Serie zufälliger Akte oder als einen Mechanismus, in dem berechenbare Wirkungen aus berechneten Ursachen folgen. Der Mensch betrachtet den Menschen — sich selbst eingeschlossen — immer als Einheit von Freiheit und Schicksal. Die Tatsache, daß — wenn der endliche Mensch mit dem Verlust der einen Seite der Polarität bedroht ist, er auch mit dem Verlust der anderen Seite bedroht ist — bestätigt den Wesenscharakter der ontologischen Polarität.

Sein Schicksal verlieren heißt: den Sinn seines Seins verlieren. Schicksal ist nicht ein sinnloses Fatum. Es ist Notwendigkeit vereint mit Sinn. Die Drohung der möglichen Sinnlosigkeit ist ebenso eine soziale wie individuelle Realität. Es gibt Perioden im sozialen wie im persönlichen Leben, in denen diese Drohung besonders akut ist. Unsere gegenwärtige Situation ist durch ein tiefes und verzweifeltes Gefühl der Sinnlosigkeit gekennzeichnet. Einzelmenschen und Gruppen haben jeden Glauben an ihr Schicksal, den sie vielleicht hatten, wie jede Liebe zu ihm, verloren. Die Frage „Wozu?" wird zynisch beiseitegeschoben. Die essentielle Angst des Menschen über den möglichen Verlust seines Schicksals ist in existentielle Verzweiflung über das Schicksal als solches übergegangen. In dieser Linie liegt es, daß Freiheit absolut gesetzt und vom Schicksal getrennt ist, wie z. B. bei Sartre. Aber absolute Freiheit in einem endlichen Sein wird Willkür und verfällt biologischen und psychologischen Notwendigkeiten. Der Verlust eines sinnvollen Schicksals schließt auch den Verlust der Freiheit mit ein.

Endlichkeit ist die Möglichkeit, die eigene ontologische Struktur zu verlieren und damit das eigene Selbst. Aber das ist eine Möglichkeit, keine Notwendigkeit. Endlich sein heißt: bedroht sein. Aber eine Drohung ist Möglichkeit, keine Tatsache. Die Angst der Endlichkeit ist nicht die Verzweiflung der Selbstzerstörung. Das Christentum sieht in dem Bild Jesu als des Christus ein menschliches Leben, in dem alle Formen der Angst gegenwärtig sind, aber in dem alle Formen der Verzweiflung fehlen. Im Lichte dieses Bildes ist es möglich, „essentielle" Endlichkeit von „existentieller" Verzerrung zu unterscheiden und ontologische Angst von der Angst der Schuld [1].

---

[1] Der in diesem Kapitel erörterte Stoff ist keineswegs vollständig. Dichterische, wissenschaftliche und religiöse Psychologie haben eine fast unübersehbare Menge an Material zugänglich gemacht bezüglich Endlichkeit und Angst. Der Zweck dieser Analyse ist nur, eine ontologische Beschreibung der Strukturen zu geben, die allen diesen Tatsachen zugrundeliegen, und auf einige hauptsächliche Bestätigungen der Analyse hinzuweisen.

5. Essentielles und existentielles Sein

Endlichkeit in Korrelation mit Unendlichkeit ist im gleichen Sinne wie die Grundstruktur und die polaren Elemente eine Eigenschaft des Seienden. Sie charakterisiert das Seiende in seinem essentiellen Wesen. Seiendes schließt Nichtsein ein; die Kategorien der Endlichkeit zeigen dies an. Seiendes ist essentiell bedroht durch Zerreißung und Selbstzerstörung. Die Spannungen der ontologischen Elemente unter der Bedingung der Endlichkeit zeigen dies an. Aber Seiendes ist nicht essentiell in einem Zustand der Zerreißung und der Selbstzerstörung. Die Spannung zwischen den Elementen führt nicht mit Notwendigkeit zum angedrohten Bruch. Da zur ontologischen Struktur des Seins die Polarität von Freiheit und Schicksal gehört, kann im Seienden nichts geschehen, das nicht vermittelt ist durch die Einheit von Freiheit und Schicksal. Natürlich ist der Bruch der ontologischen Spannungen nichts Zufälliges; er ist universal und abhängig vom Schicksal. Aber andererseits ist er nichts strukturell Notwendiges; er ist vermittelt durch Freiheit.

Philosophisches und theologisches Denken können daher nicht vermeiden, einen Unterschied zwischen essentiellem und existentiellem Sein zu machen. In jeder Philosophie findet sich, manchmal nur indirekt, eine Andeutung dieser Unterscheidung. Wann immer das Ideale gegen das Reale gestellt wird, Wahrheit gegen Irrtum, das Gute gegen das Böse, ist eine Verzerrung des essentiellen Seins vorausgesetzt. Es kommt nicht darauf an, wie das Auftreten einer solchen Verzerrung kausal erklärt wird. Wenn sie als Verzerrung anerkannt wird — und selbst der radikalste Determinist klagt seinen Gegner einer (unbewußten) Verzerrung der Wahrheit an, die er selbst verteidigt —, wird die Frage nach der Möglichkeit einer solchen Verzerrung in ontologischen Begriffen gestellt. Wie kann das Ganze des Seienden seine eigene Verzerrung in sich schließen? Diese Frage ist immer gegenwärtig, auch wenn sie nicht immer gestellt wird. Aber wenn sie gestellt wird, weist jede Antwort offen oder versteckt auf die klassische Unterscheidung zwischen dem Essentiellen und dem Existentiellen hin.

Beide Begriffe sind sehr zweideutig. Essenz kann das Wesen eines Dinges ohne irgendeine Bewertung bedeuten, es kann die Allgemeinbegriffe bedeuten, die ein Ding charakterisieren, es kann die Ideen bedeuten, an denen die existierenden Dinge partizipieren, es kann die Norm bedeuten, nach der ein Ding beurteilt werden muß, es kann die ursprüngliche Güte alles Geschaffenen bedeuten, und es kann die Modelle aller Dinge im göttlichen Geist bedeuten. Die Grundzweideutigkeit indes liegt in dem Schwanken der Bedeutung zwischen einem empirischen und einem wertenden Sinn. Essenz als das Wesen eines Dings oder als Qualität, an der ein Ding partizipiert, oder als Allgemeinbegriff hat keinen wertenden Charakter. Es ist ein logisches Ideal, das durch Abstraktion oder Intuition ohne Einmischung von Wertungen erreicht werden kann. Essenz kann aber auch Wertung ausdrücken. Wie kann das gleiche Wort beide Bedeutungen umfassen? Warum hat diese Zweideutigkeit in der Philosophie seit Plato angedauert? Die Antwort auf beide Fragen liegt in dem zweideutigen Charakter der Existenz, die zugleich Sein ausdrückt und ihm widerspricht – Essenz als das, was ein Ding zu dem macht, *was* es ist *(ousia),* hat einen rein logischen Charakter; Essenz als das, was in einer unvollkommenen und verzerrten Weise in einem Ding erscheint, trägt den Stempel des Wertes. Essenz gibt dem, was existiert, Sein *und* richtet es zugleich. Sie gibt allem die Seinsmächtigkeit, und zugleich steht sie dagegen als forderndes Gesetz. Wo Essenz und Existenz geeint sind, gibt es weder Gesetz noch richtendes Urteil. Aber Existenz ist nicht mit Essenz geeint, deshalb steht das Gesetz gegen alles Seiende, und das Gericht vollzieht sich in Selbstzerstörung.

Existenz wird ebenfalls in verschiedener Bedeutung gebraucht. Sie kann die Möglichkeit bedeuten, ein Ding innerhalb des Ganzen des Seienden zu finden, sie kann die Aktualität dessen bedeuten, was in der Sphäre der Essenzen potentiell ist, sie kann die „gefallene Welt" bedeuten, und sie kann einen Denktyp bedeuten, der seiner existentiellen Bedingungen gewahr ist oder der die Essenz ganz verwirft. Wiederum rechtfertigt eine unvermeidliche Zweideutigkeit den Gebrauch dieses einen Wortes in so verschiedenen Bedeutungen. Was immer existiert, d. h. aus der bloßen Potentialität „heraussteht", ist mehr, als es im Stadium der bloßen Potentialität wäre, und weniger, als es in der Macht seines essentiellen Wesens sein könnte. Bei einigen Philosophen, vor allem bei Plato, herrscht das negative Urteil über die Existenz vor. Das Gute ist identisch mit dem Essentiellen, und die Existenz fügt nichts hinzu. Bei anderen Philosophen, vor allem bei Ockham, herrscht das positive Urteil vor. Alle Realität existiert, und das Essentielle ist nicht mehr als der Reflex der Existenz im menschlichen Geist. Das Gute ist der Selbstausdruck des höchsten Existierenden – Gottes –, und es wird den anderen Existierenden von außen auferlegt.

Die christliche Theologie hat immer den Unterschied zwischen essentiellem und existentiellem Sein verwendet und einen Mittelweg zwischen Plato und Ockham gesucht. Das ist nicht überraschend. Im Gegensatz zu Plato betont das Christentum die Existenz als Schöpfung durch Gott, nicht durch einen Demiurgen. Existenz ist die Verwirklichung der Kreatur. Im Gegensatz zu Ockham hat das Christentum den Riß zwischen der geschaffenen Güte der Dinge und ihrer verzerrten Existenz betont. Aber das Gute wird nicht als ein willkürliches Gebot betrachtet, das durch ein allmächtiges Existierendes (Gott) allem anderen Existierenden auferlegt wird. Es ist die essentielle Struktur des Seienden.

Das Christentum muß den mittleren Weg wählen, wo immer es mit dem Seinsproblem zu tun hat. Und es *hat* mit dem Seinsproblem zu tun, denn wenn auch Essenz und Existenz philosophische Begriffe sind, so gehen doch die Erfahrung und die Vision, die hinter ihnen stehen, der Philosophie voraus. Sie erschienen in der Mythologie und Dichtkunst, lange bevor die Philosophie sie rational behandelt hat. Infolgedessen gibt die Theologie ihre Unabhängigkeit nicht auf, wenn sie philosophische Termini gebraucht, die den Termini analog sind, die die Religion jahrhundertelang in der vorrationalen Bildsprache gebraucht hat.

Die vorstehenden Betrachtungen sind vorläufig und dienen nur der Begriffsbestimmung. Eine vollständige Erörterung der Beziehung der Essenz zur Existenz ist identisch mit dem gesamten theologischen System. Die Unterscheidung zwischen Essenz und Existenz, religiös gesprochen: die Unterscheidung zwischen der geschaffenen und der wirklichen Welt, ist das Rückgrat des ganzen theologischen Denkgebäudes. In jedem Teil des theologischen Systems muß sie ausgearbeitet werden.

D

MENSCHLICHE ENDLICHKEIT UND DIE FRAGE NACH GOTT

1. Die Möglichkeit der Frage nach Gott und der sogenannte ontologische Gottesbeweis

Es ist eine bemerkenswerte Tatsache, daß viele Jahrhunderte hindurch die führenden Theologen und Philosophen sich fast gleichmäßig teilten in solche, die die Beweise für die Existenz Gottes angriffen, und in solche, die sie verteidigten. Keine Gruppe errang endgültig den Sieg über die andere. Diese Situation läßt nur eine Erklärung zu: Die eine Gruppe griff nicht das an, was die andere verteidigte. Sie waren nicht durch einen Streit um die gleiche Sache getrennt. Sie kämpften um verschiedene Dinge, die sie mit den gleichen Begriffen ausdrückten. Diejenigen, welche die Beweise für die Existenz Gottes angriffen, kritisierten deren Form als logischer Beweis; diejenigen, die sie verteidigten, verteidigten ihren inneren Sinn.

Mit gutem Recht kann man behaupten, daß die Beweise als Beweise unzulänglich sind. Sowohl der Begriff der Existenz als auch die Methode des logischen Schlußverfahrens sind der Idee Gottes unangemessen. Der Begriff „Existenz Gottes" widerspricht, wie auch immer er definiert werden mag, der Idee eines schöpferischen Grundes jenseits von Essenz und Existenz. Der Grund des Seins kann weder innerhalb der Totalität des Seienden gefunden werden, noch kann der Grund der Essenz und Existenz an den Spannungen und Zerreißungen partizipieren, die für den Übergang von der Essenz zur Existenz charakteristisch sind. Die Scholastiker hatten recht, als sie behaupteten, daß in Gott kein Unterschied ist zwischen Essenz und Existenz. Aber sie verkehrten ihre Einsicht, wenn sie trotz dieser Behauptung von der Existenz Gottes sprachen und sie logisch zu beweisen suchten. Tatsächlich meinten sie nicht die „Existenz". Sie meinten die Realität, die Gültigkeit, die Wahrheit der Gottesidee, einer Idee, die nicht die Nebenbedeutung von einem *Etwas* oder einem *Jemand* hat, der existieren kann oder nicht. Und doch ist das die Art, in der heute die Gottesidee in wissenschaftlichen wie in populären Diskussionen über die Existenz Gottes verstanden wird. Es wäre ein großer Sieg für die christliche Apologetik, wenn die Worte „Gott" und „Existenz" endgültig getrennt würden, außer in dem Paradox, daß Gott unter den Bedingungen der Existenz manifest wird, das heißt in der Erscheinung des Christus. Gott existiert nicht. Er ist das Sein-Selbst jenseits von Essenz und Existenz. Deshalb: Beweisen wollen, daß Gott existiert, heißt – ihn leugnen.

Ebenso widerspricht der Gottesidee die Methode des logischen Schlußverfahrens. Jeder Beweis leitet Schlüsse ab von etwas, das gegeben ist, auf etwas, das gesucht wird. In den Beweisen für die Existenz Gottes ist die Welt gegeben, und Gott wird gesucht. Einige Merkmale der Welt machen den Schluß auf Gott notwendig. Gott wird von der Welt abgeleitet. Das heißt nicht, daß Gott von der Welt abhängig ist. Thomas von Aquino hat recht, wenn er eine solche Interpretation ablehnt und behauptet, daß das, was an sich das Erste ist, für unsere Erkenntnis das Letzte sein kann. Aber wenn wir Gott von der Welt ableiten, kann er nicht dasjenige sein, was die Welt unendlich transzendiert. Er ist ein Glied in der Kette, das durch korrekte Schlußfolgerung entdeckt wird. Er ist die einigende Kraft zwischen der *res cogitans* und der *res extensa* (Descartes) oder das Ende der kausalen Regression als Antwort auf die Frage „Woher?" (Thomas von Aquino), oder die teleologische Intelligenz, die die sinnvollen Prozesse der Wirklichkeit leitet, wenn sie nicht überhaupt mit diesen Prozessen identisch ist (Whitehead). In jedem dieser Fälle ist Gott „Welt", ein fehlender Teil dessen, von dem er in Schlußfolgerungen abgeleitet wird. Dies widerspricht der Idee Gottes ebenso gründlich wie der Begriff der Existenz, wenn er auf Gott angewandt wird. Die Beweise für die Existenz Gottes sind weder Beweise noch führen sie zur Existenz Gottes. Sie sind Ausdruck der *Frage* nach Gott, die in der menschlichen Endlichkeit beschlossen liegt. Diese Frage ist ihre Wahrheit, jede Antwort, die sie geben, ist unwahr. Das ist der Sinn, in dem die Theologie diese Beweise, die den festen Bestand jeder natürlichen Theologie bilden, behandeln muß. Sie muß sie ihres Beweischarakters entkleiden und muß die Kombination der Worte „Existenz" und „Gott" beseitigen. Ist dies vollzogen, so wird aus der natürlichen Theologie die Ausarbeitung der Frage nach Gott; sie hört auf, die Antwort auf diese Frage zu sein. Die folgenden Interpretationen müssen in diesem Sinn verstanden werden. Die Beweise für die Existenz Gottes analysieren die menschliche Situation so, daß die Frage nach Gott möglich und notwendig wird.

Die Frage nach Gott ist möglich, weil in der Frage nach Gott ein Bewußtsein um Gott gegenwärtig ist. Dies Bewußtsein geht der Frage voraus. Es ist nicht das Ergebnis der Beweisführung, sondern ihre Voraussetzung. Das zeigt aber, daß der „Beweis" überhaupt kein Beweis ist. Der sogenannte ontologische Beweis deutet auf die ontologische Struktur der Endlichkeit. Er zeigt, daß der Mensch, indem er seiner Endlichkeit gewahr wird, gleichzeitig der Unendlichkeit gewahr wird. Der Mensch weiß, daß er endlich ist und daß er ausgeschlossen ist von einer Unendlichkeit, die trotzdem zu ihm gehört. Er ist seiner potentiellen Unendlichkeit gewahr und zugleich seiner aktuellen Endlichkeit. Wäre er das, was er essentiell ist, wäre seine Potentialität mit seiner Aktualität identisch, so könnte die Frage nach dem Unendlichen nicht entstehen. Mythologisch gesprochen war Adam vor dem Fall in einer essentiellen, wenn auch unerprobten und unentschiedenen Einheit mit Gott. Aber das ist weder die Situation des Menschen, noch die Situation von irgend etwas, das existiert. Der Mensch muß nach dem Unendlichen fragen, von dem er entfremdet ist, obgleich es zu ihm gehört; er muß fragen nach dem, was ihm den Mut gibt, seine Angst auf sich zu nehmen. Und er kann diese doppelte Frage stellen, weil das Bewußtsein seiner potentiellen Unendlichkeit in dem Bewußtsein seiner Endlichkeit eingeschlossen ist.

Der ontologische Beweis in seinen verschiedenen Formen beschreibt die Weise, in der die Unendlichkeit in der Endlichkeit potentiell gegenwärtig ist. Soweit er Beschreibung, d. h. soweit er Analyse und nicht Beweis ist, ist er gültig. In jedem Endlichen ist ein Element gegenwärtig, das das Endliche transzendiert. Das zeigt sich sowohl in theoretischen als auch in praktischen Erfahrungen. Die theoretische Seite ist von Augustin herausgearbeitet worden, die praktische Seite von Kant, und hinter beiden steht Plato. Keine Seite hat einen Beweis für die Realität Gottes geliefert, aber alle Entwürfe haben die Gegenwart von etwas Unbedingtem innerhalb des Selbst und der Welt aufgezeigt. Wäre ein solches Element nicht gegenwärtig, so hätte weder die Gottesfrage gestellt werden können, noch hätte eine Antwort, nicht einmal die Antwort der Offenbarung, aufgenommen werden können.

Das unbedingte Element erscheint in den theoretischen (ergreifenden) Funktionen der Vernunft als *verum ipsum*, das Wahre an sich, als die Norm aller Annäherungen an die Wahrheit. Das unbedingte Element erscheint in den praktischen (umgestaltenden) Funktionen der Vernunft als *bonum ipsum*, das Gute an sich, als die Norm aller Annäherungen an das Gute. Beides sind Manifestationen des *esse ipsum*, des Seins-Selbst als des Grundes und Abgrundes alles dessen, was ist.

Augustin hat in seiner Widerlegung der Skepsis gezeigt, daß der Skeptiker durch seine Leugnung der Möglichkeit eines wahren Urteils das absolute Element in der Wahrheit anerkennt und betont. Er wird Skeptiker, gerade weil er nach einer Absolutheit strebt, von der er ausgeschlossen ist. *Veritas ipsa* wird von niemandem leidenschaftlicher anerkannt und gesucht als vom Skeptiker. Kant hat auf analoge Weise gezeigt, daß der Relativismus Anerkennung der unbedingten Gültigkeit der ethischen Forderung des kategorischen Imperativs voraussetzt. *Bonum ipsum* ist von jedem Urteil über die *bona* unabhängig. Bis zu diesem Punkt können Augustin und Kant nicht widerlegt werden, weil sie keine Schlüsse ziehen; sie weisen auf das unbedingte Element in jeder Begegnung mit der Wirklichkeit. Aber sowohl Augustin als auch Kant gehen über diese gesicherte Analyse hinaus. Sie leiten von ihr einen Gottesbegriff ab, der mehr ist als *esse ipsum*, *verum ipsum* und *bonum ipsum*, mehr als eine analytische Dimension in der Struktur der Wirklichkeit. Augustin identifiziert *verum ipsum* einfach mit dem Gott der Kirche, und Kant versucht, einen Gesetzgeber und einen Garanten der Koordination von Tugend und Glückseligkeit aus dem unbedingten Charakter des ethischen Gebotes abzuleiten. In beiden Fällen ist der Ausgangspunkt richtig, aber die Schlußfolgerung falsch: Die Erfahrung des unbedingten Elements in der Begegnung des Menschen mit der Wirklichkeit wird für die Begründung eines „unbedingten Seienden" innerhalb der Wirklichkeit verwendet.

Die Behauptung Anselms, Gott sei ein notwendiger Gedanke und daher müsse diese Idee sowohl objektive als auch subjektive Realität haben, ist gültig insoweit, als das Denken strukturell ein unbedingtes Element enthält, das Subjektivität und Objektivität transzendiert, nämlich einen Punkt, der die Idee der Wahrheit ermöglicht. Diese Behauptung ist jedoch falsch, wenn dies unbedingte Element als höchstes Wesen, Gott genannt, verstanden wird. Die Existenz eines solchen höchsten Wesens ist in der Idee der Wahrheit nicht enthalten.

Das gleiche muß von den vielen Formen des moralischen Beweises gesagt werden. Sie sind insofern gültig, als sie ontologische Analysen (nicht Beweise) in moralischer Verkleidung sind, das heißt, ontologische Analysen des unbedingten Elements im sittlichen Imperativ. Der Begriff der sittlichen Weltordnung, der oft in diesem Zusammenhang gebraucht worden ist, versucht, den unbedingten Charakter des sittlichen Gebots angesichts der ihm anscheinend widersprechenden Natur- und Geschichtsprozesse auszudrücken. Er weist auf die Grundlage der sittlichen Prinzipien im Grund des Seins, im Sein-Selbst, hin. Aber auf diesem Wege kann ein „göttlicher Koordinator" nicht abgeleitet werden. Die ontologische Basis der sittlichen Prinzipien und ihr unbedingter Charakter können nicht zur Begründung eines höchsten Wesens gebraucht werden. *Bonum ipsum* schließt die Existenz eines höchsten Wesens nicht ein.

Die Grenzen des ontologischen Beweises sind deutlich, aber für die Philosophie und die Theologie ist nichts wichtiger als die Wahrheit, die er enthält: die Anerkennung des unbedingten Elements in der Struktur von Vernunft und Wirklichkeit. Von dieser Einsicht hängt die Idee einer theonomen Kultur und mit ihr die Möglichkeit einer Religionsphilosophie ab. Eine Religionsphilosophie, die nicht mit etwas Unbedingtem beginnt, wird Gott nie erreichen. Der moderne Säkularismus wurzelt weithin in der Tatsache, daß in der Struktur der Vernunft und der Wirklichkeit das unbedingte Element nicht mehr gesehen und daher die Gottesidee dem menschlichen Geist wie ein Fremdkörper aufgezwungen wurde. Dies erzeugte zunächst heteronome Unterwerfung und danach autonome Ablehnung. Die Zerstörung des ontologischen Beweises als Beweis ist nicht gefährlich. Was gefährlich ist, ist die Zerstörung eines Weges, der die Frage nach Gott möglich macht. Dieser Weg ist der Sinn und die Wahrheit des ontologischen Beweises.

2. Die Notwendigkeit der Frage nach Gott und die sogenannten kosmologischen Gottesbeweise

Die Frage nach Gott *kann* gestellt werden, weil im Akt des Fragens ein unbedingtes Element enthalten ist. Die Frage nach Gott *muß* gestellt werden, weil die Drohung des Nichtseins, die der Mensch als Angst erfährt, ihn zu der Frage nach dem Sein treibt, das das Nichtsein besiegt, und nach dem Mut, der die Angst besiegt. Diese Frage ist die kosmologische Frage nach Gott.

Die sogenannten kosmologischen und teleologischen Beweise für die Existenz Gottes sind die traditionelle und inadäquate Form dieser Frage. In all ihren Variationen schließen diese Beweise von besonderen Charakteristika der Welt auf die Existenz eines höchsten Wesens. Sie sind gültig, soweit sie eine Analyse der Realität geben, die anzeigt, daß die kosmologische Gottesfrage unausweichlich ist. Sie sind nicht gültig, wenn sie behaupten, daß die Existenz eines höchsten Wesens die logische Schlußfolgerung ihrer Analyse ist, denn es ist logisch ebenso wie existentiell unmöglich, Mut von Angst abzuleiten.

Die kosmologische Methode der Beweisführung für die Existenz Gottes ist zwei Hauptwege gegangen. Sie schloß aus der Endlichkeit des Seienden auf ein unendlich Seiendes (kosmologischer Beweis im engeren Sinn) und von der Endlichkeit des Sinnes zu einem Träger unendlichen Sinnes (teleologischer Beweis im traditionellen Sinn). In beiden Fällen entspringt die kosmologische Frage aus der Drohung des Nichtseins gegen Sein und Sinn. Die Frage nach Gott würde nicht entstehen, wenn es die logische oder noologische (sich auf Sinn beziehende) Drohung des Nichtseins nicht gäbe, denn dann wäre die Existenz gesichert, religiös gesprochen: Gott wäre in ihr gegenwärtig.

Die erste Form des kosmologischen Beweises ist durch die kategoriale Struktur der Endlichkeit bestimmt. Aus der endlosen Kette von Ursachen und Wirkungen kommt er zu der Schlußfolgerung, daß es eine erste Ursache gibt, und aus der Kontingenz aller Substanzen wird gefolgert, daß es eine notwendige Substanz gibt. Aber Ursache und Substanz sind Kategorien der Endlichkeit. „Erste Ursache" ist eine hypostasierte Frage, keine Aussage über ein Seiendes, das die Kausalkette beginnt. Solch ein Seiendes wäre selbst Teil der Kausalkette und würde wiederum die Frage nach der Ursache notwendig machen. Ebenso ist die „notwendige Substanz" eine hypostasierte Frage, keine Aussage über ein Seiendes, das allen Substanzen die Substantialität verleiht. Solch ein Seiendes wäre selbst eine Substanz mit Akzidentien und eröffnete wiederum die Frage nach der Substantialität selbst. Beide Kategorien verlieren ihren kategorialen Charakter, wenn sie auf Gott angewendet werden. „Erste Ursache" und „notwendige Substanz" sind Symbole, die die Frage ausdrücken, die mit der Endlichkeit gestellt ist, die Frage nach dem, was die Endlichkeit und die Kategorien transzendiert, die Frage nach dem Sein-Selbst, das das Nichtsein umfaßt und besiegt, die Frage nach Gott.

Die kosmologische Frage nach Gott ist die Frage nach dem, was letztlich den Mut ermöglicht, einen Mut, der die Angst der kategorialen Endlichkeit auf sich nimmt und überwindet. Wir haben das labile Gleichgewicht zwischen Mut und Angst in bezug auf Zeit, Raum, Kausalität und Substanz analysiert. In jedem Fall kamen wir schließlich zu der Frage, wie der Mut möglich ist, der der Drohung des Nichtseins, die in diesen Kategorien indirekt enthalten ist, widersteht. Endliches Sein ist Mut zum Sein, aber es kann den Mut gegen die letzte Drohung des Nichtseins nicht aufrechterhalten. Es bedarf einer Basis für den letzten Mut. Das endliche Sein ist ein Fragezeichen. Es stellt die Frage nach dem „ewigen Jetzt", in dem das Zeitliche und das Räumliche gleichzeitig bejaht und überwunden werden. Es stellt die Frage nach dem „Grund des Seins", in dem das Kausale und das Substantielle gleichzeitig bejaht und verneint werden. Auf dem Wege der Kosmologie können diese Fragen nicht beantwortet, aber auf diesem Weg können und müssen ihre Wurzeln in der Struktur der Endlichkeit analysiert werden.

Die Basis für den sogenannten teleologischen Beweis für die Existenz Gottes ist die Drohung gegen die endliche Struktur des Seins, d. h. gegen die Einheit seiner polaren Elemente. Das *telos*, von dem dieser Beweis seinen Namen erhalten hat, ist das „innere Ziel", die sinnvolle verstehbare Struktur der Wirklichkeit. Diese Struktur wird als Sprungbrett zu der Schlußfolgerung benutzt, daß endliche Ziele *(teloi)* ein unendliches Ziel über allen Zielen voraussetzen und daß endliches, von Nichtsein bedrohtes Sinnerleben eine unendliche und unbedrohte Ursache alles Sinnes voraussetzen. Als logisches Argument ist diese Schlußfolgerung so ungültig wie die anderen kosmologischen Argumente. Als Fragestellung ist sie nicht nur gültig, sondern unausweichlich und, wie die Geschichte zeigt, höchst eindrucksvoll. Die Angst der Sinnlosigkeit ist die typisch menschliche Form der ontologischen Angst. Sie ist die Form der Angst, die nur ein solches Seiendes haben kann, in dessen Wesen Freiheit und Schicksal geeint sind. Die Drohung, diese Einheit zu verlieren, treibt den Menschen zu der Frage nach einem unendlichen, unbedrohten Grund des Sinnes, sie treibt ihn zu der Frage nach Gott. Der teleologische Beweis formuliert die Frage nach dem

Grund des Sinnes, wie der kosmologische Beweis die Frage nach dem Grund des Seins formuliert. Im Gegensatz zum ontologischen Beweis jedoch sind beide in einem weiteren Sinn kosmologisch.

Die Aufgabe einer theologischen Behandlung der traditionellen Beweise für die Existenz Gottes ist zweifach: die Frage nach Gott zu entwickeln, die sie ausdrücken, und die Unfähigkeit der „Beweise" bloßzustellen, die Frage nach Gott zu beantworten. Diese Beweise bringen die ontologische Analyse zu einem Abschluß, indem sie zeigen, daß die Frage nach Gott in der endlichen Struktur des Seins implizit enthalten ist. Indem sie diese Aufgabe erfüllen, akzeptieren sie teilweise und verwerfen sie teilweise die traditionelle natürliche Theologie und treiben die Vernunft zu der Frage nach der Offenbarung.

II. DIE WIRKLICHKEIT GOTTES

A

GOTT ALS IDEE

1. Eine phänomenologische Beschreibung

a) *Gott und „was uns unbedingt angeht".* — Gott ist die Antwort auf die Frage, die in der Endlichkeit des Menschen liegt, er ist der Name für das, was den Menschen unbedingt angeht. Das heißt nicht, daß es zunächst ein Wesen gibt, das Gott genannt wird, und dann die Forderung, daß es den Menschen unbedingt angehen soll. Es heißt, daß das, was einen Menschen unbedingt angeht, für ihn zum Gott (oder Götzen) wird, und es heißt, daß nur das ihn unbedingt angehen kann, was für ihn Gott (oder Götze) ist. Der Ausdruck: „das, was unbedingt angeht", weist auf eine Spannung in der menschlichen Erfahrung hin. Auf der einen Seite ist es unmöglich, daß uns etwas angeht, dem nicht konkret begegnet werden kann, sei es im Bereich der Wirklichkeit, sei es im Bereich der Einbildung. Universalbegriffe können nur durch ihre Macht, konkrete Erfahrungen zu repräsentieren, zu dem werden, was unbedingt angeht. Je konkreter ein Ding ist, desto leichter kann es ein entscheidendes Anliegen für uns werden. Das völlig Konkrete, die individuelle Person, ist das Objekt des leidenschaftlichsten Anliegens, des Anliegens der Liebe. Anderseits muß das, was unbedingt angeht, alles, was uns vorläufig und konkret angeht, transzendieren. Es muß den ganzen Bereich des Endlichen transzendieren, um die Antwort auf die Frage zu sein, die in der Endlichkeit liegt. Aber indem das religiöse Anliegen das Endliche transzendiert, verliert es die Konkretheit einer Beziehung zwischen endlichen Wesen. Es hat die Tendenz, nicht nur absolut, sondern auch abstrakt zu werden und damit Reaktionen des konkreten Elements hervorzurufen. Das ist die unausweichliche innere Spannung in der Gottesidee. Der Konflikt zwischen Konkretheit und Unbedingtheit des religiösen Anliegens ist aktuell, wo immer Gott erfahren und diese Erfahrung ausgedrückt wird, vom primitiven Gebet bis zum kompliziertesten theologischen System. Er ist der Schlüssel zum Verständnis der Dynamik der Religionsgeschichte, und er ist das Grundproblem jeder Lehre von Gott, von der frühesten priesterlichen Weisheit bis zu den diffizilsten Erörterungen über das trinitarische Dogma.

Eine phänomenologische Beschreibung der Gottesidee in jeder Religion, einschließlich der christlichen, bietet die folgende Definiton vom Sinn des Begriffes Gott: Götter sind Wesen, die den Bereich der gewöhnlichen Erfahrung in Macht und Wort transzendieren, Wesen, zu denen die Menschen Beziehungen haben, die die gewöhnlichen Beziehungen an Intensität und Bedeutsamkeit übertreffen. Eine Erörterung jedes Elementes dieser Grundbeschreibung ergibt ein volles phänomenologisches Bild der Gottesidee, und dies ist das Werkzeug, mit dem eine Interpretation des Wesens und der Entwicklung der Phänomene, die „religiös" genannt werden, vorgenommen werden soll.

Götter sind „Wesen". Sie werden erfahren, benannt und definiert in konkreten, anschaulichen Begriffen durch den erschöpfenden Gebrauch aller ontologischen Elemente und Kategorien der Endlichkeit. Götter sind „Substanzen", verursacht und verursachend, aktiv und passiv, erinnernd und vorwegnehmend, entstehend und vergehend in Zeit und Raum. Obwohl sie „höchste Wesen" genannt werden, sind sie an Macht und Bedeutung begrenzt. Sie sind durch andere Götter oder durch den Widerstand anderer Wesen und Prinzipien, z. B. durch Materie und Schicksal, begrenzt. Die Werte, die sie repräsentieren, begrenzen einander und vernichten sich sogar häufig. Die Götter sind dem Irrtum ausgesetzt, dem Mitleid, dem Zorn, der Feindseligkeit und der Angst. Sie sind Abbilder der menschlichen Natur oder untermenschlicher Mächte, die in eine übermenschliche Sphäre emporgehoben sind. Diese Tatsache ist die Grundlage aller „Projektions"-Theorien, die besagen, daß die Götter einfach Bildprojektionen der Elemente der Endlichkeit, natürlicher und menschlicher Elemente sind. Diese Theorien beachten nicht, daß eine Projektion immer eine Projektion *auf* etwas ist, eine Wand, einen Schirm, ein anderes Seiendes, ein anderes Gebiet. Zweifellos ist es absurd, den Bildschirm, auf den das Bild projiziert wird, mit der Projektion selbst zu identifizieren. Ein Schirm wird nicht projiziert, er empfängt die Projektion. Die Sphäre, in die die göttlichen Bilder projiziert werden, ist nicht selbst eine Projektion. Sie ist das Unbedingte in Sein und Sinn. Sie ist das, was uns unbedingt angeht.

Deshalb tragen nicht nur die Bilder der Götter alle Charakteristika der Endlichkeit — dies macht sie zu Bildern und gibt ihnen Konkretheit —, sondern sie haben auch Charakteristika, in denen die kategoriale Endlichkeit radikal transzendiert wird. Ihre zeitlichen Begrenzungen werden überwunden; sie werden trotz der Tatsache, daß mit

Eine phänomenologische Beschreibung

ihrem Erscheinen und Verschwinden gerechnet wird, „Unsterbliche" genannt. Ihre räumliche Begrenztheit wird negiert, wenn sie multi- oder omnipräsent handeln; dennoch gehören sie an einen bestimmten Ort, mit dem sie eng verbunden sind. Ihre Einordnung in die Kette der Ursachen und Wirkungen wird geleugnet, denn trotz ihrer Abhängigkeit von anderen göttlichen Mächten und von dem Einfluß, den endliche Wesen auf sie haben, wird ihnen überwältigende oder absolute Macht zugeschrieben. In konkreten Fällen beweisen sie Allwissenheit und Vollkommenheit trotz der Kämpfe und des Verrates, die unter den Göttern selbst vor sich gehen. Sie transzendieren ihre eigene Endlichkeit in der Macht ihres Seins und der Ausdruckskraft ihres Wesens. Das Element der Unbedingtheit ist in beständiger Spannung mit dem Element der Konkretheit.

Die Geschichte der Religion ist voll von menschlichen Versuchen, an der göttlichen Macht zu partizipieren und sie für menschliche Zwecke zu verwenden. Das ist der Punkt, an dem das magische Weltbild in die religiöse Praxis eingeht und technische Werkzeuge zum wirksamen Gebrauch der göttlichen Macht liefert. Magie bezieht sich in Theorie und Praxis auf die Beziehungen endlicher Wesen zueinander; sie nimmt an, daß es direkte, physisch nicht vermittelte Sympathien und Einflüsse zwischen Wesen in der „psychischen" Schicht gibt, das heißt in der Schicht, die das Vitale, das Unterbewußte und das Emotionale umfaßt. Soweit die Götter endliche Wesen sind, sind magische Beziehungen nach beiden Richtungen möglich — vom Menschen zu den Göttern und von den Göttern zu den Menschen —, und sie sind die Basis für die menschliche Partizipation an der göttlichen Macht.

Nichtmagische personalistische Weltanschauungen betonen persönliche Beziehung zur göttlichen Macht, der man sich durch Gebet bemächtigt, das heißt durch einen Appell an das persönliche Zentrum des göttlichen Wesens. Der Gott antwortet in freier Entscheidung. Er kann seine Macht gebrauchen, um den Gebetswunsch zu erfüllen oder nicht. Auf jeden Fall bleibt er frei, und Versuche, ihn zu einer bestimmten Handlung zu zwingen, werden als magisch betrachtet. In diesem Zusammenhang gesehen illustriert jedes Bittgebet die Spannung zwischen dem konkreten und dem unbedingten Element in der Gottesidee. Theologen haben gemeint, das Bittgebet sollte durch das Dankgebet ersetzt werden, damit magische Anklänge vermieden werden (Ritschl). Aber das tatsächliche religiöse Leben reagiert heftig gegen eine solche Forderung. Die Menschen versuchen immer wieder, sich Gottes Gunst zu bemächtigen. Sie verlangen einen konkreten Gott, einen Gott, mit dem man verkehren kann.

Gott als Idee

Ein dritter Versuch, sich Gottes Macht verfügbar zu machen, ist der der mystischen Partizipation, der weder magisch noch personalistisch ist. Ihr Hauptmerkmal ist die Entwertung der göttlichen Wesen und ihrer Macht gegenüber der unbedingten Macht, dem Abgrund des Seins-Selbst. Die Hindulehre, daß die Götter zittern, wenn ein Heiliger Askese übt, ist dafür ein Beispiel, nämlich für die Spannung zwischen begrenzter Macht und der letzten unbegrenzten Macht, die die Götter ausdrücken und zugleich verbergen. Die gleiche Spannung besteht im Konflikt zwischen der unpersönlichen Brahman-Macht und dem Gott Brahma, mit dem der Mensch in persönlicher Beziehung stehen kann.

Die Götter sind nicht nur an Macht überlegen, sondern auch an Bedeutung. Sie verkörpern das Wahre und das Gute. Sie verkörpern konkrete Werte, und als Götter beanspruchen sie dafür Absolutheit. Der Imperialismus der Götter, der aus dieser Situation folgt, ist die Basis aller anderen Imperialismen. Imperialismus ist niemals der Ausdruck eines Willens zur Macht als solcher. Er ist immer ein Kampf um den absoluten Sieg eines besonderen Wertes oder Wertsystems, das durch einen besonderen Gott oder eine Hierarchie von Göttern repräsentiert wird. Die Unbedingtheit des religiösen Anliegens führt dazu, daß für spezielle Werte und Sinngehalte Universalität beansprucht wird. Andererseits führt die Konkretheit des religiösen Anliegens zur Aufspaltung in verschiedene Werte und Normen. Diese Spannung ist unauflösbar. Die Unterordnung konkreter Werte unter einen von ihnen erzeugt antiimperialistische Reaktionen auf seiten der anderen. Die gleichrangige Einordnung aller konkreten Werte macht das religiöse Anliegen unverbindlich und nimmt ihm seine Unbedingtheit. Der Konflikt zwischen diesen Elementen ist überall gegenwärtig, wo Religion lebendig ist.

Wir haben die Gottesidee auf der Grundlage der Beziehung des Menschen zum Göttlichen erörtert und diese Beziehung für die phänomenologische Beschreibung des Wesens der Götter benutzt. Daraus geht zwingend hervor, daß die Götter keine Objekte im Erfahrungszusammenhang des Universums sind. Sie sind Ausdruck für das, was den Menschen unbedingt angeht und die Spaltung zwischen Subjektivität und Objektivität transzendiert. Es mag hier noch einmal betont werden, daß die Erfahrung dessen, was unbedingt angeht, nichts Subjektives ist, sondern jenseits von Subjektivität und Objektivität steht.

Wenn das Wort „existentiell" auf eine Partizipation hinweist, die sowohl Subjektivität wie Objektivität transzendiert, dann wird die Beziehung des Menschen zu den Göttern mit Recht „existentiell" genannt. Der Mensch kann von den Göttern nicht mit Distanz sprechen. In dem Augenblick, in dem er das versucht, hat er den Gott verloren und hat nur ein Objekt mehr innerhalb der Welt der Objekte.

b) *Gott und die Idee des Heiligen.* — Die Sphäre der Götter ist die Sphäre der Heiligkeit. Ein heiliger Bereich wird errichtet, wo immer das Göttliche manifest ist. Alles, was in die göttliche Sphäre gebracht wird, ist geweiht. Das Göttliche ist das Heilige.

Heiligkeit ist ein Phänomen der Erfahrung, sie ist der phänomenologischen Beschreibung zugänglich. Die Idee des Heiligen ist die beste Eingangstür in das Verständnis der Religion, und sie ist die beste Grundlage für eine Philosophie der Religion. Das Heilige und das Göttliche müssen korrelativ interpretiert werden. Eine Lehre von Gott, die die Kategorie der Heiligkeit nicht enthält, ist nicht nur unheilig, sondern auch unwahr. Eine solche Lehre verwandelt die Götter in profane Objekte, deren Existenz mit Recht vom Naturalismus geleugnet wird. Andererseits macht eine Lehre vom Heiligen, die es nicht als die Sphäre des Göttlichen interpretiert, das Heilige zu etwas Ästhetisch-Emotionalem. Das ist die Gefahr solcher Theologien wie der von Schleiermacher und von Rudolf Otto. Beide Fehler können durch eine Lehre von Gott vermieden werden, die den Sinn dessen, was uns unbedingt angeht, analysiert und die daraus sowohl den Sinn des Begriffs Gott wie den Sinn des Begriffs Heiligkeit ableitet.

Das Heilige ist die Qualität dessen, was den Menschen unbedingt angeht. Nur das, was heilig ist, kann den Menschen unbedingt angehen, und nur das, was den Menschen unbedingt angeht, hat die Qualität der Heiligkeit.

Die phänomenologische Beschreibung des Heiligen in Rudolf Ottos klassischem Buch „Das Heilige" zeigt die gegenseitige Abhängigkeit der Idee des Heiligen und der Idee des Göttlichen. Wenn Otto die Erfahrung des Heiligen numinos nennt, interpretiert er das Heilige als die Gegenwart des Göttlichen. Wenn er den geheimnisvollen Charakter des Heiligen hervorhebt, will er darauf hinweisen, daß das Heilige die Subjekt-Objekt-Struktur der Wirklichkeit transzendiert. Wenn er das Mysterium des Heiligen als *tremendum* und *fascinosum* beschreibt, drückt er die Erfahrung des Unbedingten in dem Doppelsinn von Grund und Abgrund des Seins aus. Das wird zwar nicht unmittelbar in Ottos rein phänomenologischer Analyse behauptet, die man übrigens niemals psychologisch nennen sollte. Jedoch ist es indirekt in seiner Analyse enthalten und sollte über Ottos eigene Absicht hinaus ausgefaltet werden.

Solch ein Begriff des Heiligen eröffnet dem theologischen Verständnis große Teile der Religionsgeschichte, indem es die Zweideutigkeit des Begriffs des Heiligen in jeder religiösen Schicht aufweist. Das Heilige kann außer durch heilige Gegenstände nicht in Erscheinung treten. Aber heilige Gegenstände sind nicht an sich heilig. Sie sind heilig nur dadurch, daß sie sich negieren, indem sie auf das Göttliche hinweisen, dessen Medium sie sind. Wenn sie Heiligkeit für sich beanspruchen, werden sie dämonisch. Sie sind noch heilig, aber ihre Heiligkeit ist widergöttlich. Ein Volk, das sich als heilig betrachtet, ist insofern im Recht, als alle Dinge und also auch ein Volk auf das Göttliche hinweisen können, aber das Volk ist insofern im Unrecht, wenn es sich als heilig an sich betrachtet. Unzählige Dinge – eigentlich alle Dinge – haben die Macht, in einem mittelbaren Sinn heilig zu werden. Sie können auf etwas über sich hinausweisen. Aber wenn sie sich als heilig an sich betrachten, werden sie dämonisch. Das geschieht ständig im wirklichen Leben der meisten Religionen. Das, was des Menschen höchstes Anliegen repräsentiert, hat die Tendenz, selbst zum höchsten Anliegen zu werden. Die Träger des Heiligen werden zu Götzen.

Gerechtigkeit ist das Kriterium, das die abgöttische Heiligkeit richtet. Im Namen der Gerechtigkeit greifen die Propheten die dämonischen Formen der Heiligkeit an. Im Namen der Dike kritisieren die griechischen Philosophen einen dämonisch entarteten Kult. Im Namen der Gerechtigkeit, die Gott dem Gläubigen gibt, zerstören die Reformatoren ein System heiliger Dinge und Akte, die Heiligkeit für sich beanspruchen. Im Namen der sozialen Gerechtigkeit bekämpfen die modernen revolutionären Bewegungen heilige Institutionen, die soziale Ungerechtigkeit beschützen. In all diesen Fällen ist es dämonische Heiligkeit, nicht Heiligkeit als solche, die angegriffen wird.

Im Hinblick auf jeden dieser Fälle muß jedoch gesagt werden, daß in dem Maße, in dem der antidämonische Kampf geschichtlich siegreich war, der Sinn von heilig verwandelt wurde. Das Heilige wurde das Gerechte, das moralisch Gute, gewöhnlich mit asketischer Nebenbedeutung. Das göttliche Gebot, heilig zu sein, wie Gott heilig ist, wurde als eine Forderung moralischer Vollkommenheit interpretiert. Und da moralische Vollkommenheit ein Ideal und keine Realität ist, verschwand der Begriff des Heiligen als gegenwärtig und schließlich das Heilige selbst, sowohl innerhalb als auch außerhalb der religiösen Sphäre. Die Tatsache, daß es keine „Heiligen" im klassischen Sinn auf protestantischem Boden gibt, unterstützte diese Entwicklung in der modernen Welt. Eines der Kennzeichen unserer gegenwärtigen

Situation ist, daß der Sinn des Heiligen in der liturgischen Praxis wie in der theologischen Theorie wiederentdeckt worden ist, wenn auch in der Populärsprache Heiligkeit noch immer mit moralischer Vollkommenheit identifiziert wird.

Der Begriff des Heiligen steht im Gegensatz zu zwei anderen Begriffen, dem Unreinen und dem Profanen. In dem klassischen 6. Kapitel von Jesaja muß der Prophet durch eine glühende Kohle gereinigt werden, bevor er die Manifestation des Heiligen ertragen kann. Das Heilige und das Unreine scheinen sich gegenseitig auszuschließen. Jedoch ist dieser Gegensatz nicht ohne Zweideutigkeit. Bevor das Unreine den Sinn des Unmoralischen erhielt, bezeichnete es etwas Dämonisches, etwas, das Tabus und numinosen Schrecken erzeugte. Göttliche und dämonische Heiligkeit waren nicht unterschieden, bis sie unter der Einwirkung der prophetischen Kritik in radikalen Gegensatz traten. Aber wenn das Heilige völlig mit dem Reinen identifiziert wird und wenn das dämonische Element völlig ausgeschieden wird, dann nähert sich das Heilige dem Profanen. Das moralische Gesetz ersetzt das *tremendum* und *fascinosum* der Heiligkeit. Das Heilige verliert seine Tiefe, sein Mysterium, seinen numinosen Charakter.

Das gilt nicht für Luther und viele seiner Nachfolger. Die dämonischen Elemente in Luthers Gotteslehre, seine gelegentliche Identifikation des Zornes Gottes mit Satan, das halb göttliche, halb dämonische Bild, das er von Gottes Handeln in Natur und Geschichte gibt — all das zeigt die Größe und die Gefahr von Luthers Verständnis des Heiligen. Die Erfahrung, die er beschreibt, ist gewißlich numinos, ein *tremendum* und *fascinosum*, aber sie ist nicht gegen dämonische Entstellung geschützt und gegen ein Wiederauferstehen des Unreinen innerhalb des Heiligen.

Bei Calvin und seinen Schülern herrscht die entgegengesetzte Tendenz vor. Furcht vor dem Dämonischen durchdringt die Lehre Calvins von der göttlichen Heiligkeit. Im späten Calvinismus entwickelt sich eine fast neurotische Angst vor dem Unreinen. Höchst bezeichnend für diese Tendenz ist das Wort „Puritaner". Das Heilige ist das Reine, Reinheit wird zur Heiligkeit. Das bedeutet das Ende des numinosen Charakters des Heiligen. Das *tremendum* wird zur Furcht vor dem Gesetz und dem Gericht, das *fascinosum* wird zum Stolz der Selbstbeherrschung und Verdrängung. In der Zweideutigkeit des Gegensatzes zwischen dem Heiligen und dem Unreinen wurzeln viele theologischen Probleme und viele tiefenpsychologischen Phänomene.

Der zweite Gegensatz zum Heiligen ist das Profane. Das Wort „profan" ist ausdrucksvoller als das für den gleichen Zweck gebrauchte

Wort „säkular". Profan bedeutet „außerhalb der Tore des Heiligen".
Im Englischen hat das Wort profan die Nebenbedeutung von unrein
erhalten. Das ist nicht so im Deutschen, wie auch das englische Wort
säkular keine direkte Beziehung zu Unreinheit hat. Das Profane oder
Säkulare ist die Welt dessen, was uns nur bedingt angeht. Es ist die
Sphäre, in der das, was uns unbedingt angeht, nicht erscheint. Dem
Profanen fehlt die Dimension des Heiligen. Alle endlichen Beziehungen sind an sich profan, keine ist heilig. Das Heilige und das Profane
scheinen einander auszuschließen. Aber auch dieser Gegensatz ist zweideutig. Das Heilige umfaßt sich und das Profane genau so, wie das
Göttliche sich und das Dämonische umfaßt. Das Profane und das Heilige können nicht voneinander getrennt werden. Das Profane kann der
Träger des Heiligen werden. Das Göttliche kann in ihm manifest
werden. Nichts ist essentiell und unabänderlich profan. Alles hat die
Dimension der Tiefe, und in dem Augenblick, in dem diese Dimension sich zeigt, zeigt sich auch das Heilige. Alles Profane ist potentiell
heilig, ist offen für Weihe.

Überdies muß und kann das Heilige nur durch das Profane ausgedrückt werden, denn allein durch das Endliche kann sich das Unendliche ausdrücken. In heiligen Gegenständen wird das Heilige manifest, aber das Heilige kann nur in dem erscheinen, was in anderer Beziehung profan ist. Das Heilige stellt seinem Wesen nach keine Sondersphäre neben der profanen dar. Die Tatsache, daß es sich als eine
Sondersphäre unter den Bedingungen der Existenz etabliert, ist der
treffendste Ausdruck für existentielle Zerreißung. Sie ist das Herzstück
dessen, was das klassische Christentum „Sünde" genannt hat. Sünde
ist die unversöhnliche Dualität des unbedingten und der vorläufigen
Anliegen, des Unendlichen und des Endlichen, des Heiligen und des
Profanen. Sünde ist der Zustand, in dem das Heilige und das Profane
getrennt sind, miteinander kämpfen und sich gegenseitig zu besiegen
suchen. Es ist der Zustand, in dem Gott nicht „alles in allem" ist, der
Zustand, in dem Gott zu allen anderen Dingen hinzukommt. Die
Geschichte der Religion und Kultur ist die ständige Bestätigung für
diese Analyse des Heiligen und seiner Beziehung zum Unreinen und
Profanen.

2. Typologische Betrachtungen

a) *Typologie und Religionsgeschichte.* — Das Unbedingte kann nur
durch das Konkrete erscheinen, durch das, was vorläufig und vergänglich ist. Das ist der Grund dafür, daß die Gottesidee eine Geschichte

hat und daß diese Geschichte das Grundelement der Religionsgeschichte ist, sie bestimmt und zugleich von ihr bestimmt wird. Um die Gottesidee zu verstehen, muß der Theologe auf ihre Geschichte blicken, selbst wenn er seine Gotteslehre von dem ableitet, was er als die letztgültige Offenbarung betrachtet; denn die letztgültige Offenbarung setzt auf der Seite derjenigen, die sie empfangen, Einsicht in den Sinn von „Gott" voraus. Der Theologe muß diesen Sinn im Lichte der letztgültigen Offenbarung klären und deuten, zugleich aber auch im Lichte des Materials, das in der Religionsgeschichte gegeben ist. Das bezieht sich auch auf die Geschichte des Christentums, soweit sie Religionsgeschichte ist, und auf die Geschichte der menschlichen Kultur, insofern sie eine religiöse Substanz hat.

Der systematische Theologe kann keinen Überblick über die Religionsgeschichte geben, und er kann auch in der Kulturgeschichte keine allgemeine Linie religiösen Fortschritts aufzeigen. Eine solche Linie gibt es nicht. In der Religionsgeschichte wie in der Kulturgeschichte wird jeder Gewinn auf der einen Seite von einem Verlust auf der anderen Seite begleitet. Spricht der Theologe von letztgültiger Offenbarung, so betrachtet er ihr Erscheinen als einen wirklichen Fortschritt über die vorbereitende Offenbarung hinaus; aber er sollte die Offenbarung, in der er persönlich steht, gegenüber der letztgültigen Offenbarung niemals Fortschritt nennen. Die letztgültige Offenbarung steht dem Fortschritt und Rückschritt gegenüber und richtet beide gleich streng. Deshalb muß der Theologe, wenn er von den Elementen des Fortschritts in der Religionsgeschichte spricht, sich auf solche Entwicklungen beziehen, in denen der Widerstreit zwischen dem Unbedingten und dem Konkreten in der Gottesidee überwunden ist — wenn auch fragmentarisch. Derartige Entwicklungen gehen immer und überall vor sich und bringen die verschiedensten Ausdruckstypen, in denen der Sinn von Gott ergriffen und gedeutet wird, hervor. Da diese Entwicklungen fragmentarisch bleiben, sind Fortschritt und Rückschritt in ihnen gemischt, und eine Interpretation der Religionsgeschichte im Sinne des Fortschritts kann aus ihnen nicht abgeleitet werden.

Möglich ist nur eine Beschreibung typischer Prozesse und Strukturen. Typen sind Idealstrukturen, denen die konkreten Dinge oder Ereignisse nur nahe kommen, ohne sie jemals zu erreichen. Es gibt nichts Geschichtliches, das einen speziellen Typ vollkommen repräsentiert, aber alles Geschichtliche ist einem bestimmten Typ näher oder ferner. Jedes besondere Ereignis ist für unser Verständnis zugänglich durch den Typ, zu dem es gehört. Das geschichtliche Verständnis schwankt zwischen der Anschauung des Speziellen und der Analyse des Typischen. Ohne Bezug auf den Typus kann das Spezielle nicht beschrieben werden. Ohne das spezielle Ereignis, in dem er erscheint, ist der Typ unreal. Die Typologie kann die Geschichtsschreibung nicht ersetzen, die Geschichtsschreibung kann ohne Typologie nichts beschreiben.

Die Entwicklung der Gottesidee hat zwei voneinander abhängige Ursachen: die Spannung innerhalb der Gottesidee selbst und die allgemeinen Faktoren, die die Bewegung der Geschichte bestimmen (z. B. ökonomische, politische und kulturelle Faktoren). Die Entwicklung der Gottesidee ist kein dialektischer Faden, der unabhängig von der Universalgeschichte rein aus dem, was uns unbedingt angeht, herausgesponnen werden könnte. Andererseits kann weder das Entstehen noch die Entwicklung der Gottesidee aus sozialen und kulturellen Faktoren erklärt werden unabhängig von der gegebenen Struktur dessen, was uns unbedingt angeht. Historische Kräfte bestimmen die Erscheinung einer Gottesidee, aber nicht ihr Wesen; sie bestimmen ihre wechselnden Manifestationen, nicht ihre unwandelbare Natur. Die soziale Situation eines Zeitalters bedingt die Gottesidee, aber sie erzeugt sie nicht. Eine feudale Gesellschaftsordnung z. B. bedingt eine hierarchische Erfahrung und Verehrung Gottes und eine hierarchische Gotteslehre. Aber die Gottesidee ist vor und nach dem feudalen Zeitalter in der Geschichte gegenwärtig. Sie ist in allen Zeitaltern gegenwärtig, unabhängig von ihnen in ihrem Wesen, abhängig von ihnen in ihrer Existenz. Von dieser Regel ist der christliche Theologe nicht ausgenommen. Wie eifrig er auch versuchen mag, sein Zeitalter zu transzendieren, sein Gottesbegriff bleibt an sein Zeitalter gebunden. Aber die Tatsache, daß er von der Gottesidee ergriffen wird, ist nicht an das jeweilige Zeitalter gebunden.

Um eine Religionsgeschichte und eine Typologie der Gottesidee ausarbeiten zu können, muß man schon einen Gottesbegriff haben. Ist dieser Begriff zu eng, so erhebt sich die Frage, ob es Religionen gibt, die keinen Gott haben, und es ist z. B. im Hinblick auf den ursprünglichen Buddhismus schwierig, diese Frage nicht positiv zu beantworten. Ist der Gottesbegriff zu weit, so erhebt sich die Frage, ob es einen Gott gibt, der nicht Gegenstand irgendeiner Religion ist, und im Hinblick auf gewisse moralische oder logische Gottesvorstellungen ist es schwierig, diese Frage nicht positiv zu beantworten. Beide Male ist jedoch der vorausgesetzte Gottesbegriff inadäquat. Wird Gott verstanden als das, was den Menschen unbedingt angeht, so hat der frühe Buddhismus ebenso wie der Vedanta-Hinduismus einen Gottesbegriff, und auch moralische oder logische Gottesvorstellungen sind insofern als gültig anzusehen, als sie das unbedingte Anliegen ausdrücken. Sonst sind sie philosophische Möglichkeiten, nicht aber der Gott der Religion.

Theologische Interpretationen der Religionsgeschichte werden oft getrübt durch das einmalige spezielle Bild, das jede Religion bietet und das leicht im Lichte der letztgültigen Offenbarung zu kritisieren ist. Man sollte aber zunächst die typischen Strukturen einer nichtchristlichen Religion herausarbeiten und mit den typischen Strukturen des Christentums vergleichen, sofern es eine historische Religion ist. Das ist der einzig saubere und methodisch richtige Weg, die Religionsgeschichte systematisch zu behandeln. Wenn das geschehen ist, kann man den letzten Schritt tun: das Christentum und die nichtchristlichen Religionen können und müssen dem Kriterium der letztgültigen Offenbarung unterworfen werden. Es ist bedauerlich und nicht überzeugend, wenn die christliche Apologetik mit einer Kritik der geschichtlichen Religionen beginnt, ohne zu versuchen, die typologischen Analogien zwischen ihnen und dem Christentum zu verstehen und ohne das Element der universalen vorbereitenden Offenbarung zu betonen, das sie in sich tragen[1].

Der allgemeine Umriß der typologischen Analyse der Religionsgeschichte folgt der Spannung in den Elementen der Gottesidee. Die Konkretheit dessen, was den Menschen unbedingt angeht, treibt ihn zu polytheistischen Gestalten; die Reaktion des absoluten Elements gegen diese treibt ihn zu monotheistischen Gestalten, und die Notwendigkeit eines Gleichgewichts zwischen dem Konkreten und Absoluten treibt ihn zu trinitarischen Gestalten. Jedoch gibt es noch einen anderen Faktor, der die typologischen Strukturen der Gottesidee bestimmt, nämlich den Unterschied zwischen dem Heiligen und dem Profanen. Wir sahen, daß alles Profane in die Sphäre des Heiligen eintreten und daß das Heilige profanisiert werden kann. Das heißt einerseits, daß profane Dinge, Ereignisse und Bereiche zu etwas werden können, das unbedingt angeht, daß sie göttliche Mächte werden können. Und das heißt andererseits, daß göttliche Mächte zu profanen Objekten reduziert werden können, daß sie ihren religiösen Charakter verlieren. Beide Entwicklungen können durch die gesamte Religions-

---

[1] Vgl. z. B. Brunners Art, die Religionsgeschichte in seinem Buch „Offenbarung und Vernunft" zu behandeln. Natürlich kann er in Anspruch nehmen, daß er in der Linie von Deuterojesaja und Calvin steht. Aber die äußerst polemische Situation, in der diese zwei Männer sprachen, macht sie zu fragwürdigen Führern für ein theologisches Verständnis universaler Offenbarung und der Religionsgeschichte. Paulus und die frühe Kirche sind hier bessere Führer.

und Kulturgeschichte verfolgt werden, woraus hervorgeht, daß trotz ihrer existentiellen Trennung eine essentielle Einheit des Heiligen und Profanen besteht. Das bedeutet, daß die ontologischen Begriffe und die Begriffe von Gott voneinander abhängen. Jeder ontologische Begriff hat eine typische Manifestation des Göttlichen als Hintergrund, und jeder Gottesbegriff enthüllt spezielle ontologische Voraussetzungen. Darum muß der systematische Theologe die religiöse Substanz der ontologischen Grundbegriffe ebenso analysieren wie die ontologischen Konsequenzen der verschiedenen Typen der Gottesidee. Die religiöse Typologie muß bis in ihre profanen Transformationen und Folgerungen fortgeführt werden.

b) *Typen des Polytheismus.* — Polytheismus ist ein qualitativer und kein quantitativer Begriff. Er ist nicht der Glaube an eine Vielzahl von Göttern, sondern das Fehlen eines Unbedingten, das über sie hinausgeht und sie einigt. Jeder der polytheistischen Götter erhebt in der konkreten Situation, in der er erscheint, den Anspruch auf Unbedingtheit. Er mißachtet ähnliche Ansprüche, die von anderen Göttern in anderen Situationen erhoben werden. Das führt zu einander widerstreitenden Ansprüchen und droht die Einheit von Selbst und Welt zu zerreißen. Das dämonische Element im Polytheismus hat seine Wurzel in dem Anspruch eines jeden dieser Götter, unbedingt zu sein, obgleich keiner von ihnen für einen solchen Anspruch die universale Basis besitzt. Ein *absoluter* Polytheismus ist unmöglich. Das Prinzip der Unbedingtheit steht immer gegen das Prinzip der Konkretheit.

Das wird deutlich in jedem der Haupttypen des Polytheismus sichtbar — dem universalistischen, dem mythologischen und dem dualistischen. Im universalistischen Typ sind die besonderen göttlichen Wesen, zum Beispiel die Gottheiten von Orten und Bereichen und die numinosen Kräfte in Dingen und Personen Verkörperungen einer universalen, alles durchdringenden heiligen Macht *(mana),* die hinter allen Dingen verborgen ist und zugleich durch sie manifest wird. Diese substantielle Einheit des Heiligen verhindert das Entstehen eines vollständigen Polytheismus. Aber diese Einheit ist keine wirkliche Einheit. Sie transzendiert nicht die Mannigfaltigkeit, in die sie aufgespalten ist, und sie kann diese unzähligen Erscheinungen nicht beherrschen. Sie ist unter diese Erscheinungen zerstreut und widerspricht in ihnen sich selbst. Einige Formen des Pansakramentalismus, der Romantik und des Pantheismus sind Abkömmlinge dieses Typus des Polytheismus. Er macht die Spannung zwischen dem Konkreten und dem Unbedingten sehr deutlich, aber er reicht nicht hinab zu voller Konkretheit oder hinauf zu voller Unbedingtheit.

Im mythologischen Typ des Polytheismus ist die göttliche Kraft in individuellen Gottheiten von relativ fest umrissenem Charakter konzentriert, die weite Seins- und Wertbereiche repräsentieren. Und doch transzendieren die mythischen Götter den Bereich, den sie beherrschen, und stehen zu anderen Göttern gleichen Charakters in der Beziehung der Verwandtschaft, der Feindschaft, der Liebe und des Kampfes. Dieser Typ des Polytheismus wird durch die großen Mythologien repräsentiert. Im universalistischen Typ sind die göttlichen Wesen nicht genügend fest umrissen und individualisiert, um zum Gegenstand von Geschichten zu werden, wogegen im dualistischen Typ der Mythos in eine dramatische Interpretation der Geschichte umgeformt wird. Im Monotheismus dagegen ist der Mythos gebrochen durch den radikalen Nachdruck auf dem Element der Unbedingtheit in der Gottesidee. Es ist wahr, daß der gebrochene Mythos noch Mythos ist, und es ist wahr, daß es keine Möglichkeit von Gott zu reden gibt außer in mythologischen Begriffen, aber das Mythische als eine Kategorie der religiösen Intuition ist etwas Anderes als die ungebrochene Mythologie des mythischen Stadiums des Polytheismus.

Die Spannung in der Gottesidee spiegelt sich in den mythologischen Symbolen dieses Stadiums wider. Das konkrete Interesse zwingt die religiöse Phantasie, die göttlichen Mächte zu personifizieren, denn den Menschen geht radikal nur das an, dem er auf gleicher Ebene begegnen kann. Deshalb ist die Ich-Du-Beziehung zwischen Gott und Mensch grundlegend für die religiöse Erfahrung. Nichts kann den Menschen unbedingt angehen, was weniger ist als er selbst, also etwas Unpersönliches. Das erklärt die Tatsache, daß alle göttlichen Mächte — Steine und Sterne, Pflanzen und Tiere, Geister und Engel und jeder der großen mythischen Götter personhaften Charakter besitzen. Damit ist auch die Tatsache erklärt, daß es in allen Religionen die Idee des persönlichen Gottes gibt und daß diese Idee aller philosophischen Kritik widersteht.

Die Idee des persönlichen Gottes weist auf das konkrete Element im religiösen Anliegen hin, aber das religiöse Anliegen ist nicht nur konkret, sondern auch unbedingt, und das bringt ein anderes Element in die mythologische Bilderwelt. Die Götter sind zugleich unterpersönlich und überpersönlich. Die Tiergötter sind keine vergöttlichten Bestien, sie sind Ausdruck dessen, was den Menschen unbedingt angeht, symbolisiert in verschiedenen Formen der animalischen Vitalität. Diese animalische Vitalität vertritt eine transhumane göttlich-dämonische Vitalität. Die Sterne als Götter sind keine vergöttlichten Himmelskörper, sie sind Ausdruck dessen, was den Menschen unbedingt angeht, symbolisiert in der Ordnung der Sterne und in ihrer schöpferischen und zerstörerischen Macht. Der untermenschlich-übermenschliche Charakter der mythologischen Götter ist ein Protest gegen die Beschränkung der göttlichen Macht auf menschliches Maß. In dem Augenblick, in dem dieser Protest seine Wirksamkeit verliert, werden die Götter zu glorifizierten Menschen. Sie werden individuelle Personen, die keine göttliche Unbedingtheit besitzen. Diese Entwicklung kann ebenso an der Religion Homers wie am modernen humanistischen Theismus studiert werden. Vollkommen vermenschlichte Götter sind keine Götter mehr. Sie sind idealisierte Menschen. Sie haben keine numinose Kraft. Das *fascinosum* und *tremendum* ist verschwunden. Daher schafft die Religion immer wieder göttliche Wesen, die ihren Personcharakter in jeder Hinsicht transzendieren und sprengen. Sie sind unterpersönliche oder transpersönliche „Personen" — eine paradoxe Wortkombination, die die Spannung zwischen dem konkreten und dem unbedingten Element im religiösen Anliegen und in jeder Gottesidee widerspiegelt.

Propheten und Philosophen haben die Unmoral vieler Mythen angegriffen. Solche Angriffe sind nur teilweise berechtigt. Die Beziehungen der mythologischen Götter sind transmoralisch, sie sind ontologisch, sie beziehen sich auf Seinsstrukturen und nicht auf Wertkonflikte. Die Konflikte zwischen den Göttern stammen aus dem unbedingten Anspruch, den jeder dieser Götter stellt. Sie sind dämonisch, aber sie sind nicht unmoralisch.

Der mythologische Typ des Polytheismus könnte ohne monotheistische Tendenzen nicht leben. Das wird sichtbar in der Tatsache, daß der Gott, der in einer konkreten Situation angerufen wird, alle Charakteristika der Unbedingtheit erhält. Im Augenblick des Gebetes ist der Gott, zu dem ein Mensch betet, das Unbedingte, der Herr des Himmels und der Erde. Das gilt trotz der Tatsache, daß im nächsten Gebet ein anderer Gott dieselbe Rolle übernimmt. Die Möglichkeit solcher Erfahrungen der Ausschließlichkeit in bezug auf einen der Götter zeigt, daß der Mensch ein Gefühl für die Identität des Göttlichen trotz der Aufspaltung in eine Vielzahl der Götter und der zwischen ihnen bestehenden Unterschiede besitzt. Ein anderer Weg, um den Konflikt der mythologischen Götter zu überwinden, ist die hierarchische Organisation des göttlichen Bereichs, die oft im religiös-politischen oder national-politischen Interesse von Priestern unternommen wird. Das ist zwar unzulänglich, bereitet aber den Weg für den monarchischen Typ des Monotheismus vor. Schließlich muß man auf die Tatsache hinweisen, daß in einem voll entwickelten Polytheismus wie dem Griechenlands die Götter selber einem höheren Prinzip unterworfen sind, dem Fatum, das sie vermitteln, dem gegenüber sie aber machtlos sind. Auf diese Weise ist die Willkür ihrer individuellen Natur begrenzt und zugleich der Weg zum abstrakten Typ des Monotheismus vorbereitet.

Der dritte Typ des Polytheismus ist der dualistische, der auf der Zweideutigkeit im Begriff des Heiligen und auf dem Konflikt zwischen göttlicher und dämonischer Heiligkeit beruht. Im universalistischen Typ ist es immer mit Gefahr verbunden, wenn sich der Mensch dem Heiligen nähert. Diese Tatsache zeigt, daß im Wesen des Göttlichen auch zerstörerische Elemente enthalten sind. Das *tremendum* wie das *fascinosum* können jedoch das Schöpferische wie das Zerstörerische anzeigen. Das „göttliche Feuer" schafft sowohl Leben als auch Asche. Wenn das religiöse Bewußtsein zwischen guten und bösen Geistern unterscheidet, führt es einen Dualismus in die Sphäre des Heiligen ein, durch den es versucht, die Zweideutigkeit der numinosen Wesen zu überwinden. Aber als Träger der göttlichen Macht sind die bösen Geister nicht nur böse, und als Individuen mit einem göttlichen Anspruch sind die guten Geister nicht nur gut. Der universalistische Typ des Polytheismus bemerkt die Zweideutigkeit in der Sphäre des Heiligen, aber überwindet sie nicht.

Das gilt auch vom mythologischen Typ. Die Götter, die gerade an der Herrschaft sind, berauben die anderen göttlichen Wesen ihrer Macht. Die dämonischen Kräfte der Vergangenheit werden niedergehalten. Aber die siegreichen Götter selber sind von alten oder neuen göttlichen Mächten bedroht. Sie sind nicht unbedingt, und deshalb sind sie partiell dämonisch. Die Zweideutigkeit in der Sphäre des Heiligen wird durch die großen Mythologien nicht überwunden.

Der radikalste Versuch, das Göttliche vom Dämonischen zu trennen, ist der religiöse Dualismus. Obwohl er seinen klassischen Ausdruck in der Religion des Zarathustra gefunden hat und in einer abgeleiteten und rationalisierten Form im Manichäismus, erscheinen dualistische Elemente in vielen anderen Religionen, einschließlich dem Christentum. Der religiöse Dualismus konzentriert die göttliche Heiligkeit in einer Sphäre und die dämonische Heiligkeit in einer anderen Sphäre. Beide Götter sind schöpferisch, und verschiedene Bereiche der Wirklichkeit gehören zu der einen oder der anderen Sphäre. Manche Dinge sind von Natur böse, weil sie vom bösen Gott geschaffen wurden oder weil sie von einem letzten Prinzip des Bösen abhängig sind.

Die Zweideutigkeit in der Sphäre der Heiligkeit ist zur radikalen Spaltung geworden.

Dieser Typ des Polytheismus ist jedoch noch weniger fähig als die anderen, ohne monotheistische Elemente zu existieren. Gerade die Tatsache, daß der eine Gott „gut" genannt wird, gibt ihm einen göttlichen Charakter, der höher ist als der des bösen Gottes; denn Gott als der Ausdruck dessen, was den Menschen unbedingt angeht, ist das Höchste nicht nur an Macht, sondern auch an Wert. Der böse Gott ist Gott nur in begrenzter Weise. Der Dualismus sieht den letzten Sieg der göttlichen Heiligkeit über die dämonische voraus. Das bedeutet, daß die göttliche Heiligkeit essentiell überlegen ist, oder, wie der späte Parsismus gelehrt hat, daß es ein letztes Prinzip über den kämpfenden Mächten gibt, nämlich das Gute, das sich und seinen Gegensatz umfaßt. In dieser Form hat der dualistische Polytheismus den Gott der Geschichte vorausgeahnt, den Gott des exklusiven und trinitarischen Monotheismus.

c) *Typen des Monotheismus.* — Der Polytheismus könnte nicht existieren, wenn er nicht monotheistische Elemente enthielte. Aber in jedem Typ des Polytheismus herrscht das konkrete Element in der Gottesidee über das Element der Unbedingtheit. Im Monotheismus ist das Gegenteil der Fall. Die göttlichen Mächte des Polytheismus sind einer höchsten göttlichen Macht unterworfen. Ebensowenig wie einen absoluten Polytheismus gibt es jedoch einen absoluten Monotheismus. Das konkrete Element in der Gottesidee kann nicht zerstört werden.

Der monarchische Monotheismus liegt auf der Grenzlinie zwischen Polytheismus und Monotheismus. Der Gott-Monarch herrscht über die Hierarchie niederer Götter und gottähnlicher Wesen. Er repräsentiert Macht und Wert der Hierarchie. Sein Ende wäre das Ende aller, die von ihm beherrscht werden. Durch seine Macht werden die Konflikte unter den Göttern vermindert, er bestimmt die Wertordnung. Deshalb kann er leicht mit dem Unbedingten in Sein und Wert gleichgesetzt werden, was z. B. die Stoiker taten, als sie Zeus mit dem ontologisch Unbedingten gleichsetzten. Andererseits ist er nicht vor Angriffen anderer göttlicher Mächte sicher. Wie jeder Monarch ist er durch Revolution oder Angriff von außen bedroht. Der monarchische Monotheismus ist zu tief in den Polytheismus verwickelt, um sich vollständig von ihm zu befreien. Trotzdem finden sich nicht nur in vielen nichtchristlichen Religionen, sondern auch im Christentum selbst Elemente des monarchischen Monotheismus. Der „Herr der Heerscharen", von dem das Alte Testament und die christliche Liturgie oft sprechen, ist ein Monarch, der über himmlische Wesen, Engel und Geister, herrscht. Zu manchen Zeiten in der christlichen Geschichte wurden einzelne dieser Gestalten der Souveränität des höchsten Gottes gefährlich[1].

Der zweite Typ des Monotheismus ist der mystische. Mystischer Monotheismus transzendiert alle Sphären des Seins und Wertes und deren göttliche Repräsentanten zugunsten des göttlichen Grundes und Abgrundes, aus dem sie kommen und in den sie verschwinden. Alle Konflikte zwischen den Göttern, zwischen dem Göttlichen und dem Dämonischen, zwischen Göttern und Dingen werden überwunden in dem Unbedingten, das sie alle transzendiert. Das Element der Unbedingtheit verschlingt das Element der Konkretheit. Die ontologische Struktur mit ihren Polaritäten, die die Götter in allen Formen des Polytheismus bestimmen, hat keine Gültigkeit für das transzendente „Eine", das Prinzip des mystischen Monotheismus. Der Imperialismus der mythologischen Götter bricht zusammen; daher können keine dämonischen Ansprüche von irgend etwas Endlichem mehr erhoben werden. Die Macht des Seins in seiner Vollkommenheit und die Gesamtheit der Strukturen und Werte werden ohne Differenzierung und Widersprüche im Grunde des Seins und Sinnes, in der Quelle aller Werte, geschaut.

Und doch kann selbst diese radikalste Negation des konkreten Elementes in der Gottesidee die Frage nach der Konkretheit nicht unterdrücken. Der mystische Monotheismus schließt göttliche Mächte nicht aus, in denen das Letzte sich zeitlich verkörpert. Und einmal zugelassen, können die Götter ihre verlorene Bedeutung wiedergewinnen, besonders für solche Menschen, die nicht fähig sind, das *Unbedingte* in seinen konkreten Manifestationen zu erkennen und zu ergreifen. Die Geschichte des mystischen Monotheismus in Indien und Europa hat gezeigt, daß der mystische Monotheismus für Polytheismus zugänglich ist, und daß er in der Masse des Volkes leicht von ihm überwältigt wird.

Der Monotheismus kann dem Polytheismus radikal nur in der Form des exklusiven Monotheismus widerstehen, der durch die Erhöhung eines konkreten Gottes zu Unbedingtheit und Universalität ohne Verlust seiner Konkretheit und ohne einen dämonischen Anspruch geschaffen wird. Eine solche Möglichkeit widerspricht jeder Erwartung, die aus der Religionsgeschichte abgeleitet werden kann. Sie ist das Ergebnis einer überraschenden Konstellation von objek-

---

[1] Vgl. die Warnung vor dem Engelkult im Neuen Testament.

tiven und subjektiven Faktoren in Israel, insbesondere in der prophetischen Linie seiner Religion. Theologisch gesprochen gehört der exklusive Monotheismus zur letztgültigen Offenbarung, denn er ist eine unmittelbare Vorbereitung darauf.

Der Gott Israels ist der konkrete Gott, der sein Volk aus Ägypten führte, „der Gott Abrahams, Isaaks und Jakobs". Zugleich beansprucht er, der Gott zu sein, der die Götter der Völker richtet, vor dem die Völker der Welt wie „ein Tropfen am Eimer" sind. Dieser Gott, der zugleich konkret und absolut ist, ist ein eifersüchtiger Gott, er kann keinen göttlichen Anspruch neben seinem eigenen dulden. Ein solcher Anspruch könnte dämonisch genannt werden, der Anspruch irgendeines Bedingten auf Unbedingtheit. Aber das gilt nicht für Israel. Jahwe beansprucht keine Universalität im Namen einer besonderen Qualität oder im Namen seines Volkes und dessen besonderen Eigenschaften. Sein Anspruch ist nicht imperialistisch, denn er wird im Namen desjenigen Prinzips erhoben, das Unbedingtheit und Universalität in sich schließt – des Prinzips der Gerechtigkeit. Die Beziehung des Gottes Israels zu seinem Volk gründet in einem Bund. Der Bund verlangt Gerechtigkeit, nämlich das Halten der Gebote, und er bedroht die Verletzung der Gerechtigkeit mit Verwerfung und Vernichtung. Das heißt, daß Gott von seinem Volk und seiner eigenen individuellen Natur unabhängig ist. Wenn sein Volk den Bund bricht, bleibt Gott selbst unberührt davon. Er beweist seine Universalität durch die Vernichtung seines Volkes im Namen der Prinzipien, die für alle Völker gelten – der Prinzipien der Gerechtigkeit. Dies untergräbt die Basis des Polytheismus. Prophetismus bricht durch die dämonischen Züge der Gottesidee durch und ist der kritische Wächter, der das Heilige schützt gegen die Versuchung der Träger des Heiligen, für sich Absolutheit zu beanspruchen. Das protestantische Prinzip ist die Wiederaufnahme des prophetischen Prinzips als Angriff gegen eine sich selbst verabsolutierende und infolgedessen dämonisch entartete Kirche. Propheten wie Reformatoren verkündeten die radikalen Prinzipien des exklusiven Monotheismus.

Wie der Gott des mystischen Monotheismus ist der Gott des exklusiven Monotheismus in Gefahr, das konkrete Element in der Gottesidee zu verlieren. Seine Unbedingtheit und Universalität neigen dazu, seinen Charakter als lebendiger Gott zu verschlingen. Die persönlichen Züge in seinem Bild werden als Anthropomorphismen, die seiner Unbedingtheit widersprechen, entfernt. Und die geschichtlichen Züge seines Charakters werden als zufällig und im Widerspruch zu seiner Universalität vergessen. Er kann mit dem Gott des mystischen

Monotheismus oder mit der Umformung dieses Gottes in das philosophisch Absolute verschmolzen werden. Aber eines kann nicht geschehen. Es kann keinen Rückfall in den Polytheismus geben. Während der mystische Monotheismus und seine philosophischen Umformungen alles Endliche zusammenfassen und es in ihrer Gottesidee verneinen, wendet sich der exklusive Monotheismus gegen jedes Endliche, das sich selbst unendlich macht – ohne das Endliche als solches zu verneinen. Trotzdem braucht der exklusive Monotheismus einen Ausdruck für das konkrete Element dessen, was den Menschen unbedingt angeht. Damit stellt sich das trinitarische Problem.

Beim trinitarischen Monotheismus geht es nicht um die Zahl drei. Er ist eine qualitative und keine quantitative Symbolisierung Gottes. Er ist ein Versuch, vom *lebendigen* Gott zu reden, dem Gott, in dem das Unbedingte und das Konkrete geeint sind. Die Zahl drei hat an sich keine besondere Bedeutung, wenn sie auch einer adäquaten Beschreibung der Lebensprozesse am nächsten kommt. Selbst in der Geschichte der christlichen Trinitätslehre gab es Schwankungen zwischen einer trinitarischen und binitarischen Richtung (der Streit über die Stellung des Heiligen Geistes) und zwischen Trinität und Quaternität (die Frage der Beziehung des Vaters zu der gemeinsamen göttlichen Substanz der drei *personae*). Das trinitarische Problem hat nichts zu tun mit der Trickfrage, wie eines drei und drei eines sein kann. Die Antwort auf dies Problem gibt jeder Lebensprozeß. Das trinitarische Problem ist das Problem der Einheit zwischen Unbedingtheit und Konkretheit im lebendigen Gott. Trinitarischer Monotheismus ist konkreter Monotheismus, die Bejahung des lebendigen Gottes.

Das trinitarische Problem ist ein immer wiederkehrender Zug in der Religionsgeschichte. Jeder Typ des Monotheismus sieht sich diesem Problem gegenüber und gibt direkt oder indirekt Antworten darauf. Im monarchischen Monotheismus konkretisiert sich der höchste Gott in vielfältigen Inkarnationen, in der Entsendung niederer Gottheiten und in der Schaffung von Halbgöttern. All das ist nicht paradox, denn die höchsten Götter des monarchischen Monotheismus sind keine letzten Größen. In einigen Fällen erreicht der monarchische Monotheismus trinitätsähnliche Formen: Eine Vatergottheit, eine Muttergottheit und eine Kindgottheit sind im gleichen Mythos und im gleichen Kult geeint. Eine tiefere Vorbereitung auf das echte trinitarische Denken ist die Partizipation eines Gottes am menschlichen Schicksal, an Leiden und Tod, trotz der Unbedingtheit der Macht, die er ausübt und mit der er Schuld und Tod besiegt. Dies eröffnet den Weg zu den Göttern der spätantiken Mysterienkulte, in denen ein Gott, dessen Unbedingtheit anerkannt ist, für den Eingeweihten radikal konkret wird. Diese Kulte beeinflußten die frühe Kirche nicht nur durch ihre rituellen Formen, sondern auch durch Ansätze zu trinitarischem Denken.

Der mystische Monotheismus verleiht der Tendenz zum trinitarischen Monotheismus klassischen Ausdruck in der Unterscheidung des Gottes Brahma vom Brahman-Prinzip. Das letztere repräsentiert das Element der Unbedingtheit in der radikalsten Weise, der erstere ist ein konkreter Gott, geeint mit Shiwa und Vishnu in einer göttlichen Trias. Auch hier ist wiederum die Zahl drei nicht wichtig. Das, worauf es ankommt, ist die Unterscheidung des Brahman-Atman, des Absoluten, von den konkreten Göttern der Hindufrömmigkeit. Die Frage des ontologischen Ranges dieser drei Gottheiten und ihrer Beziehung zum Brahman-Prinzip ist eine echt trinitarische Frage, analog der Frage des Origenes nach dem ontologischen Rang des *logos* und des Geistes in bezug auf den Abgrund des göttlichen Wesens. Trotzdem besteht zwischen ihnen ein entscheidender Unterschied, dadurch bewirkt, daß das Christentum auf dem Hintergrund des exklusiven Monotheismus des Alten Testaments steht.

Im exklusiven Monotheismus entwickelt sich eine abstrakte Transzendenz des Göttlichen. Es ist nicht die Transzendenz des unendlichen Abgrundes, in dem alles Konkrete verschwindet, wie im mystischen Monotheismus, vielmehr ist es die Transzendenz des absolut Heiligen, die alle konkreten Manifestationen des Göttlichen entleert. Aber da das konkrete Element sein Recht verlangt, erscheinen vermittelnde Mächte von dreifachem Charakter und stellen das trinitarische Problem. Die erste Gruppe dieser Mittler wird von den hypostasierten göttlichen Eigenschaften wie Weisheit, Wort, Herrlichkeit gebildet. Die zweite Gruppe sind die Engel, die göttlichen Sendboten, die besondere göttliche Funktionen repräsentieren. Das dritte ist die göttlich-menschliche Gestalt, durch die Gott die Erfüllung der Geschichte bewirkt, der Messias. In all diesen wird jetzt der Gott, der absolut transzendent und unnahbar geworden war, konkret und gegenwärtig in Zeit und Raum. Die Bedeutung dieser Mittler wächst, wenn die Distanz zwischen Gott und Mensch zunimmt; und in dem Maße, in dem diese an Bedeutung zunehmen, wird das trinitarische Problem akuter und drängender. Wenn das frühe Christentum Jesus von Nazareth den Messias nennt und ihn mit dem göttlichen *logos* gleichsetzt, wird das trinitarische Problem zum Zentralproblem der religiösen Existenz. Das Grundmotiv und die verschiedenen Formen des trinitarischen Monotheismus werden im trinitarischen Dogma der christlichen Kirche wirksam. Aber die christliche Lösung ist auf das Paradox gegründet, daß der Messias, der Mittler zwischen Gott und Mensch, identisch ist mit einem persönlichen menschlichen Leben, dessen Name Jesus von Nazareth ist. Mit dieser Behauptung wird das trinitarische Problem Teil des christologischen Problems.

d) *Philosophische Umformungen.* — In unseren grundlegenden Sätzen über die Beziehung der Theologie zur Philosophie[1] machten wir die folgende Unterscheidung zwischen der theologischen und der philosophischen Haltung: Theologie handelt existentiell von dem Sinn des Seins, Philosophie handelt theoretisch von der Struktur des Seins. Aber die Theologie kann sich nur durch die ontologischen Elemente und Kategorien ausdrücken, mit denen die Philosophie zu tun hat, während die Philosophie die Seinsstruktur nur in dem Maße entdecken kann, in dem das Sein-Selbst in einer existentiellen Erfahrung manifest wurde. Ein Beispiel dafür ist die Gottesidee. Gewisse fundamentale Behauptungen über das Wesen des Seins sind indirekt enthalten in den verschiedenen Typen, durch die der Mensch das symbolisiert, was ihn unbedingt angeht. Solche Behauptungen können durch die philosophische Analyse herausgearbeitet werden. Sie zeigen dann bestimmte Analogien zu dem speziellen Typus der Gottesidee, der ihnen zugrunde liegt. Daher können sie als theoretische Umformungen von Offenbarungserlebnissen angesehen werden. Wenn dies richtig ist, kann die Theologie diese Behauptungen in einer doppelten Weise behandeln. Sie kann ihre philosophische Wahrheit auf rein philosophischem Boden erörtern, und sie kann sich mit ihnen als Ausdruck dessen, was den Menschen unbedingt angeht, auf religiösem Boden auseinandersetzen. Im ersten Fall sind allein philosophische Argumente gültig, im zweiten Fall ist allein das existentielle Zeugnis maßgebend. Die folgende Analyse entwickelt diesen Unterschied, der von fundamentaler apologetischer Wichtigkeit ist.

Wie im Abschnitt über die formalen Kriterien der Theologie gezeigt wurde[2], geht den Menschen dasjenige unbedingt an, was über sein Sein und den Sinn seines Seins entscheidet. Dieses Letzte ist für die Philosophie das Sein-Selbst, *esse ipsum*, über das das Denken nicht hinausgehen kann. Es ist die Macht des Seins, an der alles Seiende teilhat. Das Sein-Selbst ist ein notwendiger Begriff für jeden Philosophen, auch für diejenigen, die ihn verwerfen. Denn sie verwerfen ihn mit Argumenten, die einem bestimmten Seinsverständnis entnom-

---

[1] Vgl. Einleitung S. 25—37.
[2] Vgl. Einleitung S. 19—22.

men sind. Auf Grund seiner Auflösung der Universalien erhebt der Nominalismus Einwände gegen den Begriff einer universalen Seinsmacht oder den Begriff des Seins-Selbst. Aber der Nominalismus muß selbst über das Sein die Behauptung aufstellen, daß seine Erkenntnismethode dem Wesen des Seins am meisten adäquat ist. Wenn das Sein radikal individualisiert ist, wenn es keine umfassenden Strukturen und Essenzen aufweist, dann ist auch dies ein Charakter des Seins, der universal gültig ist. Die Frage lautet dann nicht, ob man vom Sein-Selbst sprechen kann, sondern was sein Wesen ist und wie es erkenntnismäßig erreicht werden kann.

Das gleiche Argument gilt gegen die Versuche mancher logischer Positivisten, die Frage des Seins aus der Philosophie zu entfernen und sie Gefühl und Kunst zu überlassen. Der logische Positivismus setzt voraus, daß sein Verdikt gegen die Philosophie und seine Verwerfung fast aller bisherigen Philosophen nicht auf Willkür beruhen, sondern daß sie ein *fundamentum in re* haben. Damit macht er aber die stillschweigende Voraussetzung, daß das Sein-Selbst nur in denjenigen seiner Manifestationen erreicht werden kann, die der wissenschaftlichen Analyse und Verifikation offen stehen. Alles andere kann vielleicht den nichterkennenden Funktionen des Geistes offenstehen, aber diese Funktionen können keine Erkenntnis liefern. Deshalb hat das Sein einen Charakter, der den logischen Positivismus zur besten oder sogar einzigen Erkenntnismethode macht. Wenn die logischen Positivisten einmal genau so inquisitorisch auf ihre verborgenen ontologischen Behauptungen blicken wollten, wie sie auf die offene Ontologie der klassischen Philosophen blicken, könnten sie die Frage des Seins-Selbst nicht mehr abweisen.

Die Spannung in der Gottesidee wird verwandelt in die fundamentale philosophische Frage, wie von dem Sein-Selbst, wenn es in seiner Absolutheit genommen wird, die Relativitäten der Wirklichkeit abgeleitet werden können. Die Macht des Seins muß jedes Seiende, das an ihm partizipiert, transzendieren. Das ist das Motiv, welches das philosophische Denken zum Absoluten treibt, zur Negation jeden Inhalts, zu dem transnumerischen „Einen", zur reinen Identität. Andererseits ist die Macht des Seins die Macht von allem, was ist, sofern es *ist*. Dies ist das Motiv, das das philosophische Denken zu pluralistischen Prinzipien treibt, zu Beschreibungen des Seins als Beziehung oder Prozeß, zur Idee der Differenz. Die doppelte Bewegung des philosophischen Denkens vom Relativen zum Absoluten und vom Absoluten zum Relativen und die vielen Versuche, zwischen den beiden Bewegungen ein Gleichgewicht zu finden, bestimmen einen großen Teil des philosophischen Denkens während seiner ganzen Geschichte. Diese Versuche repräsentieren eine theoretische Umformung der Spannung innerhalb der Gottesidee und innerhalb dessen, was den Menschen letztlich angeht. Und diese Spannung ist schließlich der Ausdruck der Grundsituation des Menschen: Der Mensch ist endlich und transzendiert dennoch zur gleichen Zeit seine Endlichkeit.

In seiner philosophischen Umformung erscheint der universalistische Typ des Polytheismus als monistischer Naturalismus. *Deus sive natura* ist ein Ausdruck des universalistischen Gefühls für die allesdurchdringende Gegenwärtigkeit des Göttlichen. Aber es ist ein Ausdruck, in dem der numinose Charakter des universalistischen Gottesbegriffs durch den profanen Charakter des monistischen Naturbegriffs ersetzt worden ist. Trotzdem enthüllt gerade die Tatsache, daß die Worte „Gott" und „Natur" ausgewechselt werden können, den religiösen Hintergrund des monistischen Naturalismus.

In seiner philosophischen Umformung erscheint der mythologische Typ des Polytheismus als pluralistischer Naturalismus. Der Pluralismus der letzten Prinzipien, um die diese Philosophie ringt — sei es in der Form der Lebensphilosophie oder als Pragmatismus oder als Prozeßphilosophie — verwirft die monistische Tendenz sowohl des universalistischen Polytheismus wie des monistischen Naturalismus. Er ist Naturalismus, entsprechend der Tatsache, daß die Götter des mythologischen Typs die Natur nicht radikal transzendieren. Aber er ist ein Naturalismus, der für das Kontingente und das Neue offen ist, gerade wie die Götter des entsprechenden Typs irrational handeln und neue Göttergestalten in endloser Folge erzeugen. Aber wie wir sahen, daß ein absoluter Polytheismus unmöglich ist, so ist auch ein absoluter Pluralismus unmöglich. Die Einheit des Seins-Selbst und die Einheit des Göttlichen drängen das philosophische Bewußtsein ebenso stark wie das religiöse Bewußtsein in Richtung auf ein monistisches und monotheistisches Absolutes hin. Die Welt, die als pluralistisch vorgestellt wird, ist wenigstens in dieser Hinsicht eine Einheit, daß sie als Welt erkannt werden kann, nämlich als eine geordnete Einheit, trotz ihrer pluralistischen Züge.

In seiner philosophischen Umformung erscheint der dualistische Typ des Polytheismus als metaphysischer Dualismus. Die griechische Lehre von der Materie (dem *me on* oder Nichtsein), die der Form Widerstand leistet, stellt zwei letzte ontologische Prinzipien auf, auch wenn das zweite als das beschrieben wird, das keine ontologische Realität hat. Das, was der Seinsstruktur widersteht, kann nicht jeder ontologischen Macht beraubt sein. Diese Umformung des religiösen Dualismus in der griechischen Philosophie entspricht der tragischen Interpretation der Existenz in der griechischen Kunst und Dichtung. Die moderne Philosophie ist bewußt oder unbewußt abhängig von der biblischen Schöpfungslehre, in der der religiöse Dualismus verworfen wird. Aber der dualistische Typ des Polytheismus ist sogar im christlichen Zeitalter in Philosophie umgeformt worden. Die Dualität ist nicht die zwischen Form und Materie, sondern die zwischen Natur und Freiheit (Kantianismus) oder zwischen dem irrationalen Willen und der rationalen Idee (Böhme, Schelling, Schopenhauer) oder dem Gegenständlichen und dem Personhaften (philosophischer Theismus) oder dem Mechanischen und dem Schöpferischen (Nietzsche, Bergson, Berdjajew). Das Motiv hinter diesen Dualismen ist das Problem des Bösen, wodurch deutlich wird, daß hinter diesen metaphysischen Formen des Dualismus derselbe Zwiespalt liegt, der den religiösen Dualismus charakterisiert.

In seiner philosophischen Umformung erscheint der monarchische Monotheismus als gradualistische Metaphysik. Die religiöse Hierarchie wird umgeformt in eine Hierarchie der Seinsmächte („die große Kette des Seins"). Seit Plato sein *Symposion* und Aristoteles seine *Metaphysik* schrieb, hat dieser Denktyp die westliche Welt vielfältig beeinflußt. Das Absolute ist das Höchste in einer Skala relativer Seinsgrade (Plotin, Dionysius, die Scholastiker). Je näher ein Ding oder eine Realitätssphäre dem Absoluten ist, desto mehr Sein ist darin verkörpert. Gott ist das höchste Sein. Die Begriffe „Grade des Seins", „mehr seiend", „weniger seiend" sind nur dann sinnvoll, wenn Sein nicht das Prädikat eines Existentialurteils ist, sondern vielmehr, wenn Sein „Seinsmächtigkeit" bedeutet. Leibniz' Monadologie ist ein Hauptbeispiel für das hierarchische Denken in der modernen Philosophie. Der Grad der Klarheit ihres Bewußtseins bestimmt den ontologischen Status einer Monade, von der niedersten Seinsform bis zu Gott als der Zentralmonade. Die romantische Naturphilosophie wendet das hierarchische Prinzip auf die verschiedenen Schichten der natürlichen und geistigen Welt an. Es ist ein Triumph des hierarchischen Denkens, daß die Evolutionsphilosophen seit Hegels Zeit die früher statischen Seinsgrade als Maßstab des Fortschritts in ihren Entwicklungsschemen gebraucht haben.

In seiner philosophischen Umformung erscheint der mystische Monotheismus als idealistischer Monismus. Die Verwandtschaft des universalistischen Polytheismus und des mystischen Monotheismus wiederholt sich in der Verwandtschaft des naturalistischen Monismus und idealistischen Monismus. Der Unterschied ist der, daß im idealistischen

Monismus die Einheit des Seins in seinem Grund gesehen wird, in der Grundidentität, in der alle Mannigfaltigkeit verschwindet, wogegen im naturalistischen Monismus der Prozeß selber einschließlich all seiner Varianten als die letzte Einheit betrachtet wird. Man könnte sagen, daß der naturalistische Monismus niemals das Absolute wirklich erreicht, weil das Absolute nicht in der Natur gefunden werden kann, wogegen der idealistische Monismus niemals die Mannigfaltigkeit wirklich erreicht, weil die Mannigfaltigkeit nicht von etwas außerhalb der Natur abgeleitet werden kann. In der Terminologie der Religionsphilosophie werden beide Formen des Monismus pantheistisch genannt. „Pantheist" ist ein „Ketzeretikett" schlimmster Art geworden. Ehe es aggressiv angewendet wird, sollte es definiert werden. Pantheismus bedeutet nicht, hat niemals bedeutet und sollte niemals bedeuten, daß alles, was ist, Gott ist. Wenn Gott mit der Natur identifiziert wird *(deus sive natura)*, ist es nicht die Totalität der natürlichen Objekte, die Gott genannt wird, sondern vielmehr die schöpferische Kraft und Einheit der Natur, die absolute Substanz, die in allem gegenwärtig ist. Und wenn Gott mit dem Absoluten des idealistischen Monismus identifiziert wird, ist es die essentielle Struktur des Seins, die Essenz aller Essenzen, die Gott genannt wird. Der Pantheismus ist die Lehre, daß Gott die Substanz oder Essenz aller Dinge ist, nicht die sinnlose Behauptung, daß Gott die Totalität der Dinge ist. Das pantheistische Element in der klassischen Lehre von Gott, daß Gott *ipsum esse*, Sein-Selbst, ist, ist für eine christliche Lehre von Gott ebenso notwendig wie das mystische Element der göttlichen Gegenwärtigkeit. Die Gefahr, die mit diesen Elementen der Mystik und des Pantheismus verknüpft ist, wird durch den exklusiven Monotheismus und seine philosophischen Analogien überwunden.

In seiner philosophischen Umformung erscheint der exklusive Monotheismus als metaphysischer Realismus. „Realismus" ist in der Philosophie zum Ehrenzeichen geworden im umgekehrten Verhältnis, wie „Idealismus" ein Abzeichen der Unehre wurde. Aber wenige Realisten machen sich klar, daß das Pathos des Realismus letztlich im prophetischen Pathos wurzelt, in der Art, wie die Propheten das Göttliche von der Mischung mit dem Weltlichen und damit auch das Weltliche von der Mischung mit dem Göttlichen befreien. Erst auf diesem Boden war es möglich, die Wirklichkeit „realistisch" zu betrachten. Dieser Vorgang hatte zur Folge, daß der Realismus aufhörte, theistisch zu denken. Gott gehört nicht in die Wirklichkeit, auf die der philosophische Realismus bezogen ist. Das bedeutet nicht, daß Gott geleugnet wird, er wird einfach als ein Grenzbegriff an den Rand der Realität gedrängt wie im Deismus. Er wird vom Realen, mit dem es der Mensch zu tun hat, entfernt — die wirksamste Form tatsächlicher Leugnung. Der Realismus leugnet nicht den Bereich der Essenzen, von dem der Idealismus ausgeht, aber er betrachtet sie als bloße Werkzeuge, um realistisch mit der Realität in Denken und Handeln umzugehen. Er legt ihnen keine Seinsmächtigkeit zu, und infolgedessen streitet er ihnen die Macht ab, das Reale zu richten. Der Realismus wird unvermeidlich zum Positivismus und Pragmatismus, wenn er nicht zum dialektischen Realismus fortschreitet, dem philosophischen Analogon des trinitarischen Monotheismus.

In seiner philosophischen Umformung erscheint der trinitarische Monotheismus, wie wir eben sagten, als dialektischer Realismus. In mancher Hinsicht ist alles Denken dialektisch. Es bewegt sich durch „Ja" und „Nein" und wiederum „Ja". Es ist immer ein Dialog, ob er unter verschiedenen Subjekten oder in einem Subjekt vor sich geht. Aber die dialektische Methode geht darüber hinaus. Sie setzt voraus, daß die Realität selbst sich durch „Ja" und „Nein" bewegt, durch das Positive, Negative und wiederum Positive. Die dialektische Methode versucht, die Bewegung der Realität wiederzugeben. Sie ist der logische Ausdruck einer Lebensphilosophie; denn das Leben bewegt sich durch Selbstbejahung, Aus-sich-heraus-Gehen und Zu-sich-zurück-Kehren. Niemand kann Hegels dialektische Methode verstehen, der nicht deren Wurzeln in der Analyse des „Lebens" in Hegels Frühschriften kennt, von den theologischen Jugendschriften bis zur Phänomenologie des Geistes. Der dialektische Realismus versucht, die strukturelle Einheit von allem innerhalb des Absoluten mit der unbestimmten und unvollendeten Mannigfaltigkeit des Realen zu einen. Er versucht zu zeigen, daß das Konkrete in der Tiefe des Absoluten gegenwärtig ist.

Diese kurzen Andeutungen sind dazu bestimmt, die Tatsache darzulegen, daß die Spannung in der religiösen Idee sich nicht nur in den verschiedenen Typen der Gottesidee darstellt, sondern auch in den verschiedenen Formen, in denen die Philosophie das Absolute auffaßt. Die Umformung der religiösen Symbole in metaphysische Begriffe ist nicht ein bewußter Akt. Er ist die gewöhnlich unbewußte Wirkung ursprünglicher Offenbarungserfahrung auf die Art, wie eine Philosophie der Welt begegnet. Dieser Ursprung der letzten philosophischen Begriffe erklärt die Tatsache, daß sie — sowohl bestätigend, als auch kritisierend — ungeheuren Einfluß auf die Entwicklung der Gottesidee hatten und noch haben. Sie sind ein Element der Religionsgeschichte, weil ihre eigene Grundlage religiös ist. Die Theologie muß auf die letzten philosophischen Begriffe auf zwei Weisen eingehen. Sie muß ihre theoretische Gültigkeit untersuchen — eine philosophische Frage — und sie muß ihre existentielle Bedeutung suchen — eine religiöse Frage.

B

GOTT UND WELT

1. *Gott als Sein*

a) *Gott als Sein und das endliche Sein.* — Das Sein Gottes ist das Sein-Selbst. Das Sein Gottes kann nicht verstanden werden als die Existenz eines Seienden neben oder über anderem Seienden. Wenn Gott ein Seiendes wäre, so wäre er den Kategorien der Endlichkeit unterworfen, besonders Raum und Substanz. Selbst wenn er das „höchste Wesen" im Sinne von „vollkommenstem und mächtigstem Wesen" genannt würde, wäre diese Situation nicht anders. Auf Gott angewandt, werden Superlative Diminutive. Scheinbar erheben sie ihn über alle Wesen, in Wahrheit aber stellen sie ihn auf die gleiche Stufe mit ihnen. Viele Theologen, die den Ausdruck „höchstes Wesen" gebraucht haben, meinten im Grunde etwas anderes. Sie haben das Höchste als das Absolute beschrieben, als das, was auf einer Höhe steht, die für jedes andere Wesen qualitativ unerreichbar ist — auch für das höchste Wesen. Sobald dem höchsten Wesen unendliche Macht oder unbedingte Macht und Bedeutung zugeschrieben wird, hat es aufgehört, ein Wesen zu sein, und ist das Sein-Selbst geworden. Manche Irrtümer in der Lehre von Gott und manche Schwächen der Apologetik hätten vermieden werden können, wenn Gott zuerst als das Sein-Selbst oder als Grund des Seins verstanden worden wäre. Ein anderer Ausdruck für Sein-Selbst ist Seinsmächtigkeit. Plato wußte, daß Sein auf die Macht hindeutet, die allem Sein innewohnt, nämlich auf die Macht, dem Nichtsein Widerstand zu leisten, ein Wissen, das durch die Nominalisten und ihre modernen Anhänger verloren ging. Anstatt zu sagen, daß Gott vor allem das Sein-Selbst ist, kann man daher auch sagen, daß er die unendliche Seinsmächtigkeit in allem und über allem ist. Eine Theologie, die als ersten Schritt einer Lehre von Gott Gott und Seinsmächtigkeit nicht gleichzusetzen wagt, fällt in monarchischen Monotheismus zurück. Denn, wenn Gott nicht das Sein-Selbst ist, dann ist er dem Sein untergeordnet, wie der Zeus der griechischen Religion vom Fatum abhängig ist. Die Struktur des Seins-Selbst wäre dann sein Fatum, wie es das Fatum aller anderen Dinge ist. Aber Gott ist sein eigenes Schicksal. Er ist „durch sich selbst", er besitzt „Aseität". Und das kann nur dann von ihm gesagt werden, wenn er Seinsmächtigkeit ist, wenn er das Sein-Selbst ist.

Als das Sein-Selbst steht Gott jenseits des Gegensatzes von essentiellem und existentiellem Sein. Wir haben von dem Übergang des essentiellen Seins in die Existenz gesprochen. Dieser Übergang setzt voraus, daß das Sein mit sich selbst in Widerspruch geraten und sich verlieren kann. Aber nur von einem Seienden, nicht vom Sein-Selbst kann das ausgesagt werden. Denn das Sein-Selbst kann nicht dem Nichtsein verfallen. Darin ist es von jedem Seienden unterschieden. Die klassische Theologie hatte recht, wenn sie ausdrücklich lehrte, daß Gott jenseits von Essenz und Existenz steht. In anderen Worten: Das Sein-Selbst ist jenseits der Spaltung von Essenz und Existenz, der alles Endliche unterworfen ist.

Aus diesem Grunde ist es auch falsch, wenn man von Gott als universaler Essenz spricht, oder davon, daß er existiere. Wenn Gott als universale Essenz, als die Form aller Formen verstanden wird, wird er mit der Totalität und Einheit alles Endlichen gleichgesetzt. Aber dann ist er nicht mehr das, was dem Endlichen die Macht zu sein gibt. Seine schöpferische Kraft hätte er in ein System von Formen verströmt und wäre an diese Formen gebunden. Das ist der eigentliche Sinn von Pantheismus.

Andererseits ergeben sich erhebliche Schwierigkeiten, wenn man versucht, von Gott als existierend zu sprechen. Als Thomas von Aquino versuchte, die Existenz Gottes zu beweisen und gleichzeitig den Satz aufrecht zu erhalten, daß Gott jenseits von Essenz und Existenz steht, war er gezwungen, zwei Arten von göttlicher Existenz zu unterscheiden: eine, die identisch mit Essenz ist, und eine andere, die es nicht ist. Aber eine Existenz Gottes, die nicht mit seiner Essenz eins ist, widerspricht der Idee Gottes. Er wäre dann ein Wesen, dessen Existenz seine essentielle Potentialität nicht erfüllt. Sein und Noch-nicht-sein wären dann in ihm gemischt, wie sie es in allem Endlichen sind. Gott würde aufhören, Gott zu sein, nämlich der Grund von Sein und Sinn. In Wahrheit hat sich folgendes zugetragen: Thomas mußte zwei verschiedene Überlieferungen vereinigen: die augustinische, in der die göttliche Existenz in der göttlichen Essenz enthalten ist, und die aristotelische, die die Existenz Gottes von der Existenz der Welt ableitet und dann den Schluß zieht, daß seine Existenz mit seiner Essenz identisch ist. Man kann die Frage nach der Existenz Gottes weder stellen noch beantworten. Wird sie gestellt, dann muß sie nach dem fragen, was seinem Wesen nach über die Existenz hinausgeht, und darum muß die

Antwort — sei sie nun verneinend oder bejahend — durch ihre bloße Form Gott als Gott verneinen. Es ist ebenso Atheismus, die Existenz Gottes zu behaupten, wie es Atheismus ist, sie zu leugnen. Gott ist das Sein-Selbst, nicht ein Seiendes. Auf dieser Basis kann der erste Schritt zur Lösung des Problems getan werden, das für gewöhnlich als „Immanenz und Transzendenz Gottes" erörtert wird. Als die Macht des Seins transzendiert Gott jedes Seiende und die Totalität alles Seienden, die Welt. Das Sein-Selbst steht jenseits von Endlichkeit und Unendlichkeit. Ein nur unendliches Sein wäre begrenzt durch das Endliche, und die wahre Macht des Seins würde weder im Endlichen noch im Unendlichen liegen. Sicherlich: Das Sein-Selbst transzendiert jedes endliche Sein unendlich. Es gibt kein Verhältnis und keine graduellen Unterschiede zwischen dem Endlichen und dem Unendlichen, nur einen absoluten Bruch, einen unendlichen „Sprung". Andererseits partizipiert alles Endliche am Sein-Selbst und seiner Unendlichkeit. Sonst hätte es keine Seinsmächtigkeit. Es würde vom Nichtsein verschlungen werden oder gar nicht erst aus dem Nichtsein hervorgebrochen sein. Diese doppelte Relation aller Wesen zum Sein-Selbst gibt dem Sein-Selbst einen doppelten Charakter. Wenn wir das Sein-Selbst als schöpferisch bezeichnen, weisen wir damit auf die Tatsache hin, daß jedes Ding an der unendlichen Seinsmächtigkeit partizipiert. Wenn wir es als abgründig bezeichnen, so weisen wir darauf hin, daß jedes Ding nur in endlicher Weise an der Seinsmacht partizipiert und daß alle Wesen durch ihren schöpferischen Grund unendlich transzendiert werden.

Der Mensch ist an die Kategorien der Endlichkeit gebunden. Um die Beziehung von Sein und Seiendem auszudrücken, ist er auf die beiden Kategorien Kausalität und Substanz verwiesen. Die Art, wie das Sein Grund von Seiendem ist, kann so verstanden werden, daß das Sein-Selbst die Ursache des endlich Seienden oder daß es seine Substanz ist. Die erste Deutung wurde in Fortführung der thomistischen Überlieferung von Leibniz entwickelt, die zweite in Fortsetzung der mystischen Überlieferung von Spinoza. Beide Deutungen sind unmöglich. Im Gegensatz zum idealistischen Denken, das Gott mit der universalen Essenz des Seins gleichsetzt, begründet Spinoza einen naturalistischen Pantheismus, der die endliche Freiheit und die Freiheit Gottes gegenüber dem Endlichen leugnet. Gott geht mit Notwendigkeit im endlichen Sein auf. Der Pantheismus sagt nicht — das muß immer wieder betont werden — daß Gott alles ist. Er sagt vielmehr, daß Gott die Substanz von allem ist und daß kein Endliches substantielle Unabhängigkeit und subjektive Freiheit hat.

Darum hat das Christentum, das die endliche Freiheit im Menschen und die Spontaneität im nicht-menschlichen Bereich behauptet, die Kategorie der Substanz zugunsten der Kategorie der Kausalität verworfen und auf diese Weise das Verhältnis der Macht des Seins zum Seienden, das an ihr partizipiert, auszudrücken versucht. Kausalität scheint Gott von der Welt zu trennen und zugleich die Welt abhängig von Gott zu machen in der Art, wie eine Ursache von ihrer Wirkung getrennt ist. Aber die Kategorie der Kausalität kann nicht leisten, was sie leisten soll, denn Ursache und Wirkung schließen einander ein und bilden eine Reihe, die in beiden Richtungen endlos ist. Was an einem Pole dieser Reihe Ursache ist, ist Wirkung am anderen und umgekehrt. Wird Gott zur Ursache gemacht, so gehört er in diese Reihe und muß sozusagen nach der Ursache seiner selbst fragen. Um das zu vermeiden und Gott aus der Reihe von Ursache und Wirkung herauszunehmen, wird er „erste Ursache" genannt und als absoluter Anfang beschrieben. Das bedeutet aber, daß die Kategorie der Kausalität gleichzeitig angewandt und aufgehoben wird. Kausalität wird nicht als Kategorie, sondern als Symbol gebraucht. Wo das aber geschieht, verschwindet der Unterschied zwischen Substanz und Kausalität. Ist nämlich Gott die Ursache der Reihe von Ursachen und Wirkungen, dann ist er die Substanz, die dem ganzen Prozeß des Werdens zugrunde liegt. Indessen darf dieses „Zugrunde-Liegen" nicht den Charakter einer Substanz haben, die ihren eigenen Akzidentien zugrunde liegt und vollständig durch sie ausgedrückt wird. Es ist ein Zugrunde-Liegen, bei dem Substanz und Akzidentien ihre Freiheit voneinander behalten. Und das bedeutet: Substanz wird nicht als Kategorie, sondern als Symbol gebraucht. Symbolisch genommen ist kein Unterschied zwischen *prima causa* und *ultima substantia.* Beide weisen auf das hin, was in einem gleichfalls symbolischen Ausdruck der „schöpferische und abgründige Grund des Seins" genannt werden kann. Dadurch ist sowohl der naturalistische Pantheismus, der sich auf die Kategorie der Substanz gründet, als auch der rationalistische Theismus, der sich auf die Kategorie der Kausalität gründet, überwunden.

Da Gott der Grund des Seins ist, ist er auch der Grund der Struktur des Seins. Er ist dieser Struktur nicht unterworfen, die Struktur ist in ihm gegründet. Er *ist* diese Struktur, und es ist unmöglich, über ihn zu sprechen, es sei denn unter dieser Struktur. Der Zugang zu Gott muß dadurch errungen werden, daß man die Struktur-Elemente des Seins-Selbst erkennt. Diese Elemente machen ihn zu einem lebendigen Gott, einem Gott, der den Menschen konkret angehen kann. Sie ermächtigen uns, Symbole zu gebrauchen, von denen wir wissen, daß sie auf den Grund der Wirklichkeit hindeuten.

b) *Gott als Sein und das Wissen von Gott.* — Der Satz, daß Gott das Sein-Selbst ist, ist ein nicht-symbolischer Satz. Er weist nicht über sich selbst hinaus. Was er sagt, meint er direkt und eigentlich. Wenn wir von der Wirklichkeit Gottes sprechen, behaupten wir in erster Linie, daß er nicht Gott wäre, wenn er nicht das Sein-Selbst wäre. Andere Aussagen über Gott können, wenn sie theologisch sein sollen, nur auf dieser Basis gemacht werden. Für die religiöse Verkündigung sind solche Begriffe selbstverständlich ausgeschlossen, aber sie sind sinngemäß in ihr enthalten. Es ist die Aufgabe des Theologen, das, was indirekt im religiösen Denken und Ausdruck enthalten ist, begrifflich auszusprechen. Um das zu können, muß Theologie mit dem abstraktesten und gänzlich unsymbolischen Satz beginnen, nämlich damit, daß Gott das Sein-Selbst oder das Absolute ist.

Über diese Aussage hinaus kann allerdings nichts über Gott als Gott gesagt werden, was nicht symbolisch wäre. Wie wir bereits gesehen haben, ist Gott als das Sein-Selbst der Grund der ontologischen Struktur des Seins, ohne selbst dieser Struktur unterworfen zu sein. Er *ist* diese Struktur, das heißt, er hat die Macht, die Struktur von allem, was am Sein teilhat, zu bestimmen. Wenn daher irgend etwas über Gott ausgesagt wird, was über diese erste Aussage hinausgeht, ist das nicht mehr eine direkte und eigentliche Aussage. Sie ist indirekt und deutet auf etwas jenseits ihrer selbst hin — sie ist symbolisch.

Der allgemeine Charakter des Symbols ist bereits beschrieben worden. Besonders wichtig ist die Einsicht, daß Symbol und Zeichen grundsätzlich verschieden sind. Während das Zeichen nicht notwendig verbunden ist mit dem, worauf es hindeutet, partizipiert das Symbol an der Wirklichkeit dessen, für das es Symbol ist. Ein Zeichen kann willkürlich vertauscht werden, je nach Zweckmäßigkeit, aber Symbole nicht. Ihre Gültigkeit ist abhängig von der Wechselbeziehung zwischen dem, was sie symbolisieren, und den Personen, die das Symbol aufnehmen. Darum kann das religiöse Symbol nur dann ein wahres Symbol sein, wenn es an der Mächtigkeit des Göttlichen partizipiert, auf das es hindeutet.

Es kann kein Zweifel bestehen, daß jede konkrete Aussage über Gott symbolisch sein muß; denn eine konkrete Aussage ist eine solche, die einen begrenzten Ausschnitt der endlichen Erfahrung benutzt, um etwas über Gott auszusagen. Sie geht dabei über die Grenzen dieses Ausschnitts hinaus und schließt ihn doch zugleich ein. Der Ausschnitt der endlichen Wirklichkeit, der zum Träger einer konkreten Aussage über Gott wird, wird zugleich bejaht und verneint. Er wird zum Symbol, denn ein symbolischer Ausdruck ist ein solcher, dessen gewöhnlicher

Sinn durch das, auf das er hindeutet, verneint wird. Aber er wird nicht nur verneint, sondern auch bejaht — als symbolisches Material für das Unendliche.

Nunmehr muß die entscheidende Frage gestellt werden: Kann ein Ausschnitt endlicher Wirklichkeit Grundlage werden für eine Aussage über das, was unendlich ist? Die Antwort ist: Sie kann es, weil das, was unendlich ist, das Sein-Selbst ist und weil alles Seiende am Sein-Selbst partizipiert. Die *analogia entis* ist nicht die Eigenart einer fragwürdigen Theologie, die durch Schlußfolgerungen vom Endlichen auf das Unendliche Gotteserkenntnis zu gewinnen sucht. Die *analogia entis* gibt uns allein das Recht, überhaupt von Gott zu sprechen. Sie beruht auf der Tatsache, daß Gott als Sein-Selbst verstanden werden muß.

Die Wahrheit eines religiösen Symbols hat nichts mit der Wahrheit der empirischen Behauptungen zu tun, die in ihm enthalten sind, seien sie physikalisch, psychologisch oder historisch. Ein religiöses Symbol ist *echt*, wenn es die Korrelation von Offenbarung und Mensch adäquat ausdrückt. Ein religiöses Symbol ist *wahr*, wenn es die Korrelation von *letztgültiger* Offenbarung und Mensch adäquat ausdrückt. Religiöse Symbole sterben nur, wenn die Korrelation, deren adäquater Ausdruck sie sind, aufhört. Das geschieht, wenn die Offenbarungssituation sich wandelt und frühere Symbole veralten. Die Religionsgeschichte ist bis zum heutigen Tag voll von abgestorbenen Symbolen, die nicht durch wissenschaftliche Kritik, sondern durch religiöse Kritik zerstört worden sind. Die Unterscheidung von echten und wahren Symbolen ist von großer Bedeutung für die positive und negative Wertung der Religionsgeschichte.

Die Theologie als solche hat weder die Verpflichtung noch die Macht, religiöse Symbole zu bejahen oder zu verneinen. Ihre Aufgabe ist, sie den theologischen Grundsätzen und Methoden entsprechend auszulegen. Im Verlauf der Auslegung kann jedoch zweierlei eintreten: Die Theologie kann innerhalb des theologischen Zirkels Widersprüche zwischen den Symbolen entdecken, und die Theologie kann nicht nur als Theologie, sondern auch als Religion sprechen. Im ersten Fall kann die Theologie auf religiöse Gefahren und theologische Irrtümer hinweisen, die sich aus dem Gebrauch gewisser Symbole ergeben. Im zweiten Fall kann die Theologie zur Prophetie werden und in dieser Rolle zu einem Wandel der Offenbarungs-Situation beitragen.

Religiöse Symbole sind zweischneidig. Sie sind einerseits auf das Unendliche ausgerichtet, das sie symbolisieren, und andererseits auf das Endliche, durch das sie es symbolisieren. Sie zwingen das Unendliche in die Endlichkeit hinab und das Endliche hinauf zur Unendlichkeit.

Gott als Sein

Sie öffnen das Göttliche dem Menschlichen und das Menschliche dem Göttlichen. Wird Gott zum Beispiel als „Vater" symbolisiert, wird er in das menschliche Verwandtschaftsverhältnis von Vater und Kind herabgeholt. Zugleich aber wird dieses menschliche Verhältnis als Urbild eines Verhältnisses von Gott und Mensch geweiht. Gebraucht man das Wort „Vater" als Symbol für Gott, so wird die Vaterschaft in ihrer theonomen, sakramentalen Tiefe gesehen. Man kann nicht willkürlich ein Stück Profanwirklichkeit zu einem religiösen Symbol „machen", nicht einmal das kollektive Unbewußte, die große Quelle des Symbolschaffens. Wenn ein Ausschnitt der Wirklichkeit als Symbol für Gott gebraucht wird, so ist damit der Bereich der Wirklichkeit, aus dem es genommen ist, gleichsam in den Bereich des Heiligen gehoben. Er ist nicht mehr profan. Er ist theonom geworden. Wenn Gott „König" genannt wird, ist etwas ausgesagt nicht nur über Gott, sondern auch über den heiligen Charakter des Königtums. Wenn Gottes Werk „Heilen" genannt wird, so sagt das nicht nur etwas über Gott aus, sondern betont nachdrücklich den theonomen Charakter alles Heilens. Wenn Gottes Selbst-Offenbarung „das Wort" genannt wird, so symbolisiert das nicht nur Gottes Beziehung zum Menschen, sondern betont die Heiligkeit aller Worte als Ausdruck des Geistes. Diese Beispiele könnten vermehrt werden. Es ist daher nicht überraschend, daß in einer profanen Kultur sowohl die Symbole für Gott als auch der theonome Charakter des Materials, aus dem die Symbole abgeleitet worden sind, verschwinden.

Ein letztes Wort der Warnung muß hier hinzugefügt werden angesichts der Tatsache, daß für viele Menschen der bloße Ausdruck „symbolisch" die Nebenbedeutung des Nicht-Wirklichen hat. Das ist teils verursacht durch die Verwechslung von Zeichen und Symbol, teils durch die Gleichsetzung von Realität überhaupt mit empirischer Realität. Beide Gründe für die negative Wertung des Symbols sind im Vorhergehenden entkräftet worden. Es bleibt aber die Tatsache, daß einige theologische Bewegungen wie der protestantische Hegelianismus und der katholische Modernismus den symbolischen Charakter der religiösen Sprache so gedeutet haben, daß damit ihre Bedeutung als Wirklichkeit, ihr Ernst und ihre geistige Stoßkraft aufgehoben wurde. Das war nicht der Fall in den klassischen Abhandlungen über die „Namen Gottes", in denen der symbolische Charakter aller Aussagen über Gott nachdrücklich betont und religiös erklärt wurde. Ihre Absicht war, Gott und all seinen Beziehungen zum Menschen *mehr* Wirklichkeit und Mächtigkeit zu geben, als eine nichtsymbolische und darum leicht abergläubische Auslegung ihnen geben könnte. Die religiöse Sprache ist notwendig symbolisch. Das schwächt ihre Wirklichkeitskraft nicht ab, sondern steigert sie.

2. Gott als der Lebendige

a) *Gott als Sein und Gott als Leben.* — Leben ist der Prozeß, in dem potentielles Sein zu aktuellem Sein wird. Es ist die Aktualisierung der Strukturelemente des Seins in ihrer Einheit und ihrer Spannung. Diese Elemente bewegen sich in jedem Lebensprozeß divergierend und konvergierend. Sie trennen und vereinigen sich zugleich. Das Leben hört auf, wenn Trennung ohne Vereinigung und Vereinigung ohne Trennung erfolgt. Sowohl völlige Identität als auch völlige Trennung vernichten das Leben. Wenn wir Gott den „lebendigen Gott" nennen, verneinen wir damit, daß er die reine Identität des Seins als Sein ist und zugleich, daß es eine endgültige Trennung eines Seienden von seinem Sein geben kann. Wir behaupten, daß er der ewige Prozeß ist, in dem sich fortgesetzt Trennung vollzieht und durch Wiedervereinigung überwunden wird. In diesem Sinne lebt Gott. Nicht vieles wird in der Bibel und vor allem im Alten Testament so nachdrücklich über Gott ausgesagt wie die Wahrheit, daß Gott ein lebendiger Gott ist. Die meisten der sogenannten Anthropomorphismen des biblischen Gottesbildes kennzeichnen ihn als „den Lebendigen". Seine Handlungen, seine Leidenschaften, seine Gedanken, sein Voraussehen, sein Dulden und seine Freude, seine persönlichen Beziehungen und sein Planen — all dies macht ihn zu einem lebendigen Gott und unterscheidet ihn vom reinen Absoluten, vom Sein-Selbst.

Leben ist die Aktualisierung des Seins oder genauer: der Prozeß, in dem potentielles Sein zu aktuellem Sein wird. Aber in Gott als Gott gibt es keinen Unterschied zwischen Potentialität und Aktualität. Darum ist es unmöglich, von Gott als dem Lebendigen im eigentlichen, nicht-symbolischen Sinne des Wortes „Leben" zu sprechen. Von Gott als dem Lebendigen müssen wir in symbolischen Begriffen reden. Jedes wahre Symbol partizipiert jedoch an der Wirklichkeit, die es symbolisiert. Gott lebt, sofern er der Grund des Lebens ist[1]. Von allen Symbolen sind die anthropomorphen Gott am meisten angemessen. Nur durch sie kann er für den Menschen der lebendige Gott sein. Aber auch bei der primitivsten Gottesanschauung sollte ein Gefühl dafür lebendig sein und ist es meist auch, daß die Aussagen über Gott ein Mysterium betreffen, durch welches sie uneigentlich, sich selbst transzendierend, symbolisch werden. Die religiöse Unterweisung sollte dieses Gefühl ver-

---

[1] Der das Auge gemacht hat, sollte der nicht sehen? (Ps. 94, 9.)

tiefen, ohne die Gottesnamen ihrer Wirklichkeit und Kraft zu berauben. Eine besonders überraschende Eigenart der Prophetenworte des Alten Testamentes ist es, daß sie einerseits immer konkret und anthropomorph sind, andererseits aber das Geheimnis des göttlichen Grundes bewahren. Sie behandeln niemals das Sein als Sein oder das Absolute als Absolutes, und doch machen sie Gott niemals zu einem Wesen neben anderen Wesen, zu etwas Bedingtem. Nichts ist unangebrachter und geschmackloser als der Versuch, die konkreten Symbole der Bibel in weniger konkrete und weniger machtvolle Symbole zu übertragen. Die Theologie sollte die konkreten Symbole nicht abschwächen, aber sie ist verpflichtet, sie genau zu untersuchen und in abstrakten, ontologischen Begriffen auszudeuten. Der Versuch, sich bei der theologischen Arbeit auf halb-abstrakte oder halb-konkrete Begriffe zu beschränken, die weder dem existentiellen Anliegen noch der erkennenden Analyse gerecht werden, ist verwirrend und falsch.

Die ontologische Struktur des Seins liefert das Material für die Symbole, die auf das göttliche Leben hinweisen. Jedoch bedeutet das nicht, daß eine Lehre von Gott aus einem ontologischen System abgeleitet werden kann. Das göttliche Leben enthüllt sich uns im Offenbarungserlebnis. Die Theologie kann nichts tun, als die existentielle Offenbarungserkenntnis theoretisch zu entwickeln und zu systematisieren, indem sie die Symbole interpretiert.

Während die Kategorien, sofern man sie als Symbole auffaßt, die Beziehung von Gott und dem Geschaffenen ausdrücken, können die polaren Elemente des Seins für die Symbolisierung des göttlichen Lebens selbst gebraucht werden. Der polare Charakter der ontologischen Elemente ist gegründet im göttlichen Leben, aber das göttliche Leben ist dieser Polarität nicht unterworfen. Innerhalb des göttlichen Lebens schließt jedes ontologische Element das ihm polare Element ohne Spannung und ohne Drohung der Auflösung ein, denn Gott ist das Sein-Selbst. Jedoch besteht hinsichtlich der Fähigkeit, das göttliche Leben zu symbolisieren, in jeder Polarität ein Unterschied zwischen den Elementen der ersten und der zweiten Reihe. Die Elemente der Individualisation, der Dynamik und der Freiheit repräsentieren innerhalb der Polarität, zu der sie gehören, die Selbst- oder Subjekt-Seite der ontologischen Grundstruktur. Die Elemente der Partizipation, der Form und des Schicksals repräsentieren innerhalb der Polarität, zu der sie gehören, die Welt- oder Objekt-Seite der ontologischen Grundstruktur. Beide haben ihre Wurzel im göttlichen Leben. Aber die erste Reihe bestimmt die Analogie von Gott und dem Menschen, die der Ursprung aller Symbolisierung ist. Der Mensch ist ein Selbst, das eine Welt hat. Als ein

Selbst ist er eine individuelle Person, die aber an allem teilhat. Er ist ein Träger dynamischer, über sich selbst hinausgehender Kräfte, aber innerhalb seiner eigenen Form und der seiner Welt. Er ist Freiheit, die ein spezielles Schicksal hat und am allgemeinen Schicksal teilnimmt. Darum symbolisiert der Mensch das, was ihn unbedingt angeht, in Begriffen, die seinem eigenen Sein entnommen sind. Von der Subjekt-Seite der Polaritäten nimmt er — oder genauer: empfängt er — das Material, durch das er das göttliche Leben symbolisiert. Er sieht das göttliche Leben als persönlich, dynamisch und frei an. Anders kann er es nicht ansehen, denn Gott ist das, was den Menschen unbedingt angeht, und steht darum in Analogie zu dem, was der Mensch selbst ist. Aber der religiöse Glaube, theologisch gesprochen, der Mensch in seiner Offenbarungskorrelation, ist sich immer bewußt, daß die Symbole der Subjektivität auch die objektive Seite enthalten. Gott wird Person genannt, aber er ist nicht endliche Person gegenüber endlichen Personen, sondern er partizipiert unendlich an allem, was ist. Gott wird dynamisch genannt, aber er ist dynamisch, nicht in Spannung zur Form, sondern in unbedingter Einheit mit der Form, so daß seine Selbsttranszendenz niemals in Spannung gerät mit seiner Selbstbewahrung. Gott wird frei genannt, aber er ist frei nicht in Willkür, sondern so, daß er selbst sein Schicksal ist und die essentiellen Strukturen des Seins die Verwirklichung seiner Freiheit sind. Obgleich die Symbole, die für das göttliche Leben gebraucht werden, der Analogie von Gott und Mensch entnommen sind, enthalten sie zugleich auch die Unbedingtheit Gottes, eine Unbedingtheit, in der die Polaritäten des Seins im Sein-Selbst aufgehoben sind.

Die grundlegende ontologische Struktur von Selbst und Welt liefert kein symbolisches Material für die Erkenntnis Gottes. Gott kann nicht ein Selbst genannt werden, denn der Begriff des Selbst enthält Trennung von und Gegensatz zu allem, was nicht Selbst ist. Gott kann nicht Welt genannt werden, nicht einmal indirekt. Beide: Selbst und Welt haben ihre Wurzel im göttlichen Leben, können aber nicht Symbole für das göttliche Leben werden. Jedoch die Elemente, die die ontologische Grundstruktur konstituieren, können Symbole werden, weil sie nicht von Arten des Seins (Selbst und Welt) sprechen, sondern von Eigenschaften des Seins, die — auf alles Seiende angewandt — in ihrem eigentlichen Sinne gültig sind und — auf das Sein-Selbst angewandt — in ihrem symbolischen Sinne Geltung haben.

b) *Das göttliche Leben und die ontologischen Elemente.* — Die durch die ontologischen Elemente geschaffenen Symbole bieten für die Lehre von Gott vielerlei Probleme. Es ist notwendig, in jedem besonderen

Fall zwischen dem eigentlichen Sinn der Begriffe und ihrem symbolischen Sinn zu unterscheiden. Ebenso notwendig ist es aber auch, die eine Seite der ontologischen Polarität gegen die andere im Gleichgewicht zu halten, ohne die Symbol-Mächtigkeit beider zu reduzieren. Die Geschichte des theologischen Denkens ist ein ununterbrochener Beweis für die Schwierigkeit, die Wichtigkeit und die Gefahr dieser Situation. Das zeigt sich, wenn wir die Symbolmächtigkeit der Polarität von Individualisation und Partizipation betrachten. Das Symbol „persönlicher Gott" ist unbedingt fundamental, weil eine existentielle Beziehung eine Beziehung von Person zu Person ist. Den Menschen kann nichts unbedingt angehen, was nicht personhaft ist. Weil aber Person *(persona, prosopon)* Individualität einschließt, entsteht die Frage, in welchem Sinne Gott ein Individuum genannt werden kann. Ist es sinnvoll, ihn „das absolute Individuum" zu nennen? Die Antwort lautet, es ist dann sinnvoll, wenn er gleichzeitig als der „absolut Partizipierende" bezeichnet wird. Der eine Begriff kann ohne den anderen nicht verwandt werden. Das bedeutet, daß sowohl Individualisation als auch Partizipation im Grund des göttlichen Lebens ihre Wurzeln haben und daß Gott beiden Begriffen gleich „nahe" ist und doch beide transzendiert.

Hieraus ergibt sich die Lösung der Schwierigkeiten, die im Wort „Persönlicher Gott" enthalten sind. „Persönlicher Gott" bedeutet nicht, daß Gott eine Person ist. Es bedeutet, daß Gott der Grund alles Personhaften ist und in sich die ontologische Macht des Personhaften trägt. Er ist nicht eine Person, aber er ist auch nicht weniger als eine Person. Es sollte nicht vergessen werden, daß die klassische Theologie den Begriff *persona* für die trinitarischen Hypostasen gebrauchte, nicht aber für Gott selbst. Gott wurde erst im 19. Jahrhundert eine Person im Zusammenhang mit Kants Unterscheidung der durch physikalische Gesetze beherrschten Natur und der durch moralische Gesetze beherrschten Person. Der übliche Theismus hat Gott zu einer himmlischen, ganz vollkommenen Person gemacht, die über Welt und Menschheit thront. Der Protest des Atheismus gegen eine solche höchste Person ist berechtigt. Es gibt keine Anzeichen für ihr Dasein, noch kann sie jemanden unbedingt angehen. Gott ist nicht Gott ohne universale Partizipation. Das Symbol „Persönlicher Gott" ist irreführend.

Gott ist sowohl das Prinzip der Partizipation als auch der Individualisation. Das göttliche Leben partizipiert an jedem Leben als sein Grund und sein Ziel. Gott partizipiert an allem, was ist. Er hat Gemeinschaft mit ihm und nimmt an seinem Schicksal teil. Solche Sätze sind in hohem Grade symbolisch. Sie können fälschlich so verstanden werden, daß es etwas neben Gott gibt, an dem er von außen partizipiert. In Wahrheit schafft Gottes Partizipation das, woran sie partizipiert. Plato gebraucht das Wort *parousia* für das Anwesendsein der Wesenheiten in der zeitlichen Existenz. Dieses Wort wird später gebraucht für das erste und zweite Erscheinen des transzendenten Christus in der Welt. *Par-ousia* bedeutet: „Nahe-bei-Sein", „Mit-Sein" — aber auf der Basis des Abwesend-Seins, des Getrennt-Seins. Ebenso ist Gottes Partizipation nicht eine räumliche oder zeitliche Anwesenheit. Sie ist nicht kategorial, sondern symbolisch. Sie ist die *par-ousia*, das „Mit-Sein" dessen, was weder hier noch dort ist. Auf Gott angewandt sind Partizipation und Gemeinschaft ebenso symbolisch wie Individualisation und Person. Während der aktive religiöse Verkehr zwischen Gott und Mensch vom Symbol des persönlichen Gottes abhängig ist, drückt das Symbol der universalen Partizipation die passive Erfahrung der göttlichen Gegenwart als Allgegenwart aus.

Die Polarität von Dynamik und Form schafft die materiale Basis für eine Gruppe von Symbolen, die für jede heutige Lehre von Gott zentral sind. Potentialität, Vitalität und Selbsttranszendenz sind im Begriff „Dynamik" angedeutet, während der Begriff „Form" Aktualität, Intentionalität und Selbstbewahrung umfaßt.

Potentialität und Aktualität erscheinen innerhalb der klassischen Theologie in der berühmten Formel, daß Gott *actus purus* ist, die reine Form, in der alles Potentielle aktuell wird und die die ewige innere Anschauung ihrer selbst durch die göttliche Fülle *(pleroma)* ist. In dieser Formel wird die dynamische Seite der Dynamik-Form-Polarität von der Form-Seite verschlungen. Reine Aktualität, das heißt Aktualität frei von jedem Element der Potentialität, ist ein erstarrtes Resultat ohne Lebendigkeit. Leben schließt die Trennung von Potentialität und Aktualität ein. Das Wesen des Lebens ist Aktualisierung, nicht Aktualität. Ein Gott, der *actus purus* ist, ist kein lebendiger Gott. Es ist interessant, daß sogar die Theologen, die den Begriff *actus purus* angewandt haben, in der Regel von Gott in den dynamischen Symbolen des Alten Testaments und der christlichen Erfahrung sprechen. Einige Denker sind durch diese Situation — teils unter dem Einfluß von Luthers dynamischem Gottesbegriff, teils durch das Nachdenken über das Problem des Bösen — dazu gebracht worden, die Dynamik in Gott nachdrücklich zu betonen und die Stabilisierung der Dynamik in reine Aktualität zu verwerfen. Sie versuchen, zwischen zwei Elementen in Gott zu unterscheiden, und behaupten, daß, soweit Gott ein lebendiger Gott ist, diese beiden Elemente in Spannung bleiben müssen. Ob das erste Element der „Ungrund" oder die „Natur in Gott" (Böhme), die „erste Potenz" (Schelling) oder der „Wille" (Schopenhauer), das in Gott „Gegebene"

(Brightman), die „meontische Freiheit" (Berdjajew) oder das „Kontingente" (Hartshorne) genannt wird — in all diesen Fällen ist es Ausdruck dessen, was wir mit „Dynamik" bezeichnet haben, und ein Versuch zu verhüten, daß die in Gott vorhandene Dynamik in reine Aktualität verwandelt wird.

Die theologische Kritik an diesen Versuchen ist leicht, wenn die Begriffe in wörtlichem Sinne verwandt werden, denn dann machen sie Gott endlich, von einem Fatum oder Zufällen abhängig, die nicht er selbst sind. Der endliche Gott aber, wörtlich verstanden, wäre ein begrenzter Gott, ein polytheistischer Gott. Das ist aber nicht die Weise, wie diese Begriffe ausgelegt werden müssen. Sie deuten symbolisch auf eine Qualität des göttlichen Lebens hin, die dem analog ist, was als Dynamik in der ontologischen Struktur erscheint. Die göttliche Kreativität, Gottes Partizipation an der Geschichte, sein über sich selbst Hinausgehen wurzeln in diesem dynamischen Element. Dieses schließt ein „Noch nicht" ein, das jedoch innerhalb des göttlichen Lebens immer durch ein „Bereits" im Gleichgewicht gehalten wird. Das „Noch nicht" ist kein absolutes „Noch nicht". Es kann auch als das negative Element im Grund des Seins bezeichnet werden, das in seiner Negativität im göttlichen Lebensprozeß überwunden wird. Diese Negativität ist die Basis des negativen Elements in der Kreatur. Während es in Gott überwunden ist, ist es im Geschöpf nicht überwunden, sondern als mögliche Zerspaltung wirksam.

Diese Aussagen enthalten die Ablehnung einer nicht-symbolischen, ontologischen Lehre von Gott als dem Werdenden. Wenn wir sagen, daß Sein als Leben aktualisiert wird, dann ist das Element der Selbsttranszendenz Gottes sichtlich und betont darin enthalten, aber als symbolisches Element und in Gleichgewicht mit Form. Sein umfaßt Werden und Ruhe, Werden als Ausdruck der Dynamik und Ruhe als Ausdruck der Form. Wenn wir sagen, daß Gott das Sein-Selbst ist, so enthält das sowohl Ruhe als auch Werden, sowohl statische als auch dynamische Elemente. Jedoch würde es das Gleichgewicht zwischen Dynamik und Form aufheben, wenn man von einem „werdenden" Gott spräche. Dadurch würde Gott einer Entwicklung unterworfen, die Fatum-Charakter hat. Gott wäre einer Zukunft mit Zufallscharakter preisgegeben. In beiden Fällen ist die Göttlichkeit Gottes verloren. Der grundlegende Irrtum dieser Lehren ist ihr metaphysisch-konstruktiver Charakter. Sie wenden die ontologischen Elemente in nicht-symbolischer Weise auf Gott an und führen zu religiös anstößigen und theologisch unhaltbaren Konsequenzen.

Wird das Element der Form in der Dynamik-Form-Polarität symbolisch für das göttliche Leben verwandt, so drückt es die Aktualisierung seiner Potentialitäten aus. Das göttliche Leben verbindet unabdingbar Möglichkeit mit Erfüllung. Keine der beiden Seiten bedroht die andere, noch besteht die Drohung der Spaltung. Man könnte sagen, daß Gott nicht aufhören kann, Gott zu sein. Sein über sich selbst Hinausgehen vermindert oder zerstört seine Göttlichkeit nicht. Sie ist verbunden mit dem ewigen Ruhen Gottes in sich selbst.

Die göttliche „Form" muß analog zu dem, was auf der menschlichen Ebene Intentionalität genannt wurde, gedacht werden. Intentionalität steht in polarer Spannung mit Vitalität. Der Polarität von Intentionalität und Vitalität entspricht in der klassischen Theologie die Polarität von Intellekt und Wille in Gott. Thomas von Aquino mußte den Willen in Gott dem Intellekt unterordnen, als er den aristotelischen *actus purus* als grundlegenden Wesenszug Gottes übernahm. Im Gegensatz dazu beginnt die Linie des theologischen Denkens, die den Pol der Dynamik in Gott zu erhalten versucht, mit Duns Scotus, der den Willen in Gott über den Intellekt stellte. Natürlich drücken sowohl Willen als auch Intellekt — auf Gott angewandt — mehr aus als die geistigen Akte des Wollens und Verstehens, wie sie sich in der menschlichen Erfahrung zeigen. Sie sind Symbole sowohl für die göttliche Dynamik als auch für die göttliche Form. Daher ist es nicht eine Frage metaphysischer Psychologie, ob Thomas oder Duns Scotus im Recht ist. Es ist eine Frage, in welcher Weise psychologische Begriffe als Symbole für das göttliche Leben angewandt werden müssen. In bezug auf diese Frage ist schon seit mehr als einem Jahrhundert die Entscheidung zugunsten des dynamischen Elements getroffen worden. Lebensphilosophie, Existentialphilosophie und Entwicklungsphilosophie stimmen hierin überein. Der Protestantismus hat gewichtige Gründe zu dieser Entscheidung beigesteuert, aber die Theologie muß darauf achten, daß die neuentstandene Betonung des Dynamik-Charakters das Gleichgewicht mit der früheren (vorherrschend katholischen) Betonung des Form-Charakters des göttlichen Lebens nicht verliert.

Betrachten wir nun die Polarität von Freiheit und Schicksal, so finden wir, daß in der Bibel kaum ein Wort gesagt wird, das nicht direkt oder indirekt auf Gottes Freiheit hindeutet. In Freiheit schafft Gott, in Freiheit verkehrt Gott mit Welt und Mensch, in Freiheit rettet Gott und bringt Gott zur Erfüllung. Seine Freiheit ist Freiheit von allem, was vor ihm oder neben ihm sein könnte. Das Chaos kann ihn nicht hindern, das Wort zu sprechen, das aus der Finsternis Licht macht. Die bösen Taten der Menschen können ihn nicht hindern, seine Pläne durchzuführen. Die guten Taten der Menschen können

Gott als der Lebendige

ihn nicht zwingen, sie zu belohnen. Die Struktur des Seins kann ihn nicht hindern, sich zu offenbaren usw. Die klassische Theologie hat in abstrakteren Begriffen von der Aseität Gottes gesprochen, von seinem „a se", Aus-Sich-Selbst-Hergeleitetsein. Es gibt keinen Grund, der vor ihm war und Bedingung seiner Freiheit sein könnte. Weder das Chaos noch das Nichtsein hat die Macht, ihn zu begrenzen oder ihm Widerstand zu leisten. Aber Aseität bedeutet auch, daß in Gott nichts gegeben ist, was nicht zugleich durch seine Freiheit bejaht würde. Betrachtet man das nicht-symbolisch, so führt es zu einer Frage, die nicht beantwortet werden kann, zu der Frage, ob die Struktur der Freiheit, weil sie Gottes Freiheit konstituiert, nicht selbst etwas Gegebenes ist, angesichts dessen Gott keine Freiheit hat. Die Antwort kann nur sein, daß Freiheit wie die anderen ontologischen Begriffe symbolisch und als existentielle Korrelation zwischen Mensch und Gott verstanden werden muß. So betrachtet, bedeutet Freiheit, daß das, was den Menschen unbedingt angeht, keineswegs abhängig ist vom Menschen oder irgendeinem endlichen Wesen oder irgendeinem endlichen Bezug. Nur das Unbedingte kann Ausdruck dessen sein, was uns unbedingt angeht. Ein bedingter Gott ist kein Gott.

Kann der Begriff Schicksal symbolisch auf das göttliche Leben angewandt werden? Die Götter des Polytheismus haben ein Schicksal — oder genauer: ein Fatum —, denn sie sind nicht unbedingt. Aber kann man sagen, daß der, welcher unbedingt und absolut ist, Schicksal in derselben Weise hat, in der er Freiheit hat? Ist es möglich, dem Sein-Selbst Schicksal zuzuschreiben? Es ist möglich, wenn man voraussetzt, daß der Nebensinn einer schicksalbestimmenden Macht über Gott vermieden wird, und hinzufügt, daß Gott sein eigenes Schicksal ist und in ihm Freiheit und Schicksal eins sind. Es kann eingewendet werden, daß diese Wahrheit angemessener ausgedrückt wird, wenn man Schicksal durch Notwendigkeit ersetzt, natürlich nicht im Sinne mechanischer Notwendigkeit, sondern struktureller Notwendigkeit, oder wenn man von Gott als seinem eigenen Gesetz spricht. Solche Worte haben ihre Bedeutung als Erklärungen, aber es fehlen ihnen zwei begriffliche Elemente, die im Worte „Schicksal" vorhanden sind. Es fehlt ihnen das Mysterium dessen, was jeder Struktur und jedem Gesetz vorangeht, das Mysterium des Seins-Selbst. Und es fehlt ihnen die Beziehung zur Geschichte, die im Begriff Schicksal enthalten ist. Wenn wir sagen: „Gott ist sein eigenes Schicksal", deuten wir sowohl auf das unendliche Mysterium des Seins hin als auch auf die Partizipation Gottes am Werden und an der Geschichte.

c) *Gott als Geist und die trinitarischen Prinzipien.* — Geist ist Einheit der ontologischen Elemente und als solche das *telos* des Lebens[1]. Sein verwirklicht sich als Leben und erfüllt sich als Geist. Das Wort *telos* drückt die Beziehung von Leben und Geist genauer aus als die Worte: „Zweck" oder „Ziel". Es drückt die innere Richtung des Lebens zum Geist hin aus, den Drang des Lebens, Geist zu werden, sich selbst als Geist zu vollenden. Das Wort *telos* bezeichnet ein inneres, essentielles, notwendiges Ziel, das, wodurch ein Wesen seine eigene Natur vollendet. Gott als der Lebendige ist Gott in sich selbst vollendet und darum Geist. Gott ist Geist. Das ist das umfassendste, direkteste und uneingeschränkteste Symbol für das göttliche Leben. Es hat nicht nötig, gegen ein anderes Symbol ins Gleichgewicht gebracht zu werden, denn es schließt alle ontologischen Elemente bereits ein.

Geist ist die lebendige Einheit der ontologischen Elemente. Alle Polaritäten sind im Leben des Geistes wirksam. Geist ist Einheit von Seinsmächtigkeit und Seinssinn. Seinsmächtigkeit enthält zentrierte Person, selbsttranszendierende Vitalität und Freiheit der Selbstbestimmung. Seinssinn enthält allgemeines Teilhaben, die Formen und Strukturen der Wirklichkeit und das begrenzende und lenkende Schicksal. Das Leben in seiner Erfüllung als Geist umfaßt Leidenschaft wie Wahrheit, Begierde wie Hingabe, Wille zur Macht wie Gerechtigkeit. Wird eine dieser Seiten von ihrem Korrelat verschlungen, so bleibt entweder ein abstraktes Gesetz oder eine chaotische Bewegung übrig. Geist steht nicht im Gegensatz zum Körper. Leben als Geist transzendiert die Zweiteilung in Körper und Geist, wie auch die Dreiteilung in Körper, Seele und Geist. Geist ist weder ein „Teil" des Menschen, noch eine besondere Funktion. Er ist die allumfassende Funktion, an der alle Elemente der Person teilnehmen. Als Menschen kennen wir geistiges Leben nur im Menschen, denn nur in ihm finden wir eine vollendete Seinsstruktur.

Der Satz, daß Gott Geist ist, bedeutet, daß Leben als Geist das alles umfassende Symbol für das göttliche Leben ist. Es enthält alle ontologischen Elemente. Gott ist dem einen Teil des Seins oder einer besonderen Funktion des Seins nicht näher als einer anderen. Als Geist ist er der schöpferischen Finsternis des Unbewußten ebenso nahe wie der kritischen Helle der erkennenden Vernunft. Geist ist die Macht, durch die der Sinn lebt, und er ist der Sinn, der der Macht Richtung gibt. Gott als Geist ist die letzte Einheit von Macht und Sinn. Im Gegensatz zu Nietzsche, der die beiden Aussagen, daß Gott Geist ist

---

[1] Vgl. Teil IV (Band III): „Das Leben und der Geist".

Gott als der Lebendige

und daß Gott tot ist, gleichsetzte, müssen wir sagen, daß Gott der Lebendige ist, weil er Geist ist.

Jede Diskussion über das christliche Trinitätsdogma muß mit der christologischen Aussage, daß Jesus der Christus ist, beginnen. Die christliche Trinitätslehre ist eine Konsequenz des christologischen Dogmas. Die Situation ist eine andere, wenn wir in erster Linie nicht die Frage nach den christlichen Lehren stellen, sondern nach den Voraussetzungen dieser Lehren im Gottesgedanken. Dann müssen wir über die trinitarischen Prinzipien sprechen und würden dabei besser mit dem Geist beginnen als mit dem *logos*. Gott ist Geist, und jede trinitarische Aussage muß von diesem grundlegenden Satz abgeleitet werden.

Gottes Leben ist Leben als Geist. Die trinitarischen Prinzipien sind Elemente innerhalb des göttlichen Lebensprozesses. Die menschliche Anschauung des Göttlichen hat immer zwischen dem Abgrund des Göttlichen (dem Macht-Element) und der Fülle seines Inhalts (dem Sinn-Element), zwischen der göttlichen Tiefe und dem göttlichen *logos* unterschieden. Das erste Prinzip ist die Basis der Gottheit, das, was Gott zu Gott macht. Es ist die Basis seiner Majestät, die unnahbare Intensität seines Seins, der unerschöpfliche Grund des Seins, aus dem alles entspringt. Es ist die Seinsmächtigkeit, die dem Nichtsein unbegrenzten Widerstand leistet, und allem, was ist, Macht verleiht zu sein. Während der vergangenen Jahrhunderte haben theologischer und philosophischer Rationalismus den Gottesgedanken dieses ersten Prinzips beraubt und Gott dadurch seiner Göttlichkeit entkleidet. Er ist ein hypostasiertes moralisches Ideal geworden oder ein anderer Name für Einheit des Universums. Die Macht Gottes, die ihn zu Gott macht, ist verschwunden.

Der klassische Begriff des *logos* ist für das zweite Prinzip, das des Sinnes und der Struktur, am angemessensten. Es verbindet die sinnvolle Struktur mit Kreativität. Lange vor der christlichen Zeitrechnung, bei Heraklit, erhielt *logos* die Bedeutung eines metaphysischen Prinzips. Nach Parmenides können Sein und *logos* des Seins nicht getrennt werden. Der *logos* enthüllt den göttlichen Grund, seine Unendlichkeit und seine Dunkelheit, er macht seine Fülle unterscheidbar, begrenzt, endlich. Der *logos* ist der Spiegel der göttlichen Tiefe genannt worden, das Prinzip von Gottes Selbstobjektivierung. Im *logos* spricht Gott sein „Wort", sowohl in sich selbst als auch über sich selbst hinaus. Ohne das zweite Prinzip wäre das erste Prinzip Chaos und ein brennendes Feuer, nicht aber der schöpferische Grund. Ohne das zweite Prinzip wäre Gott dämonisch, absolut verborgen, das „nackte Absolute" (Luther).

Als Aktualisierung der beiden anderen Prinzipien ist der göttliche

Geist das dritte Prinzip. Sowohl Macht als auch Sinn sind in ihm enthalten und vereinigt. Er macht beide schöpferisch. Das dritte Prinzip ist in einer Hinsicht das Ganze (Gott *ist* Geist) und in anderer Hinsicht ein besonderes Prinzip (Gott *hat* den Geist, wie er den *logos* hat). Es ist der Geist, in dem Gott „aus sich selbst heraus" geht. Der Geist kommt aus dem göttlichen Grund. Er verleiht Aktualität dem, was im göttlichen Grunde potentiell ist und im göttlichen *logos* aussprechbar wird. Durch den Geist wird die göttliche Fülle aus dem göttlichen Grund herausgesetzt und wieder mit dem göttlichen Grund vereinigt. Das Endliche erscheint als Endliches im Prozeß des göttlichen Lebens, aber es wird mit dem Unendlichen im gleichen Prozeß wieder vereinigt. Das göttliche Leben ist unendliches Mysterium, aber nicht unendliche Leere. Es ist der Grund allen Überflusses und fließt selbst über.

Eine Betrachtung der Trinitäts-Prinzipien ist nicht schon christliche Trinitätslehre. Es ist Vorbereitung dafür, mehr nicht. Das Trinitätsdogma selbst kann nur erörtert werden, wenn zuvor das christologische Dogma entwickelt worden ist. Aber die Prinzipien der Trinität werden sichtbar, wo immer man sinnvoll von Gott als dem Lebendigen spricht.

Das göttliche Leben ist unendlich, aber so, daß das Endliche als Bejahtes und Verneintes zu ihm gehört. Darum ist es ungenau, Gott mit dem Unendlichen zu identifizieren. Das kann auf einigen Stufen der Untersuchung geschehen. Wenn der Mensch und seine Welt als endlich beschrieben werden, ist Gott im Gegensatz dazu unendlich. Aber die Untersuchung muß nach beiden Richtungen über diese Stufe hinausgehen. Der Mensch wird seiner Endlichkeit gewahr, weil er die Fähigkeit hat, sie zu transzendieren und von außen auf sie hinzublicken. Ohne dieses Gewahrwerden könnte er sich nicht sterblich nennen. Andererseits wäre das, was unendlich ist, nicht unendlich, wenn es durch das Endliche begrenzt wäre. Gott ist unendlich, weil er das Endliche (und damit das Element des Nichtseins, das zur Endlichkeit gehört) in sich mit seiner Unendlichkeit vereinigt. Eine der Funktionen des Symbols „göttliches Leben" ist es, auf diesen Sachverhalt hinzuweisen.

3. Gott als der Schaffende

Einleitung: Schöpfung und Endlichkeit. — Das göttliche Leben ist schöpferisch und verwirklicht sich selbst in unerschöpflicher Fülle. Göttliches Leben und göttliches Schaffen sind nicht zweierlei. Gott ist schöpferisch, weil er Gott ist. Deshalb ist die Frage sinnlos, ob Schöpfung ein notwendiger oder ein zufälliger Akt Gottes ist. Für Gott ist nichts notwendig in dem Sinne, daß er von einer über ihm stehenden Notwendigkeit abhängig wäre. In seiner Aseität liegt, daß er alles, was er ist, durch sich selbst ist. Er „schafft sich selbst" in Ewigkeit. Dieser paradoxe Satz beschreibt die Freiheit Gottes. Ebensowenig ist Schöpfung zufällig. Sie ist kein Ereignis im Leben Gottes, denn sie ist mit seinem Leben identisch. Schöpfung ist nicht nur Gottes Freiheit, sondern auch sein Schicksal. Aber sie ist kein Fatum: sie ist weder Notwendigkeit noch ein zufälliges Ereignis, das ihn bestimmt.

Die Lehre von der Schöpfung ist nicht die Geschichte eines Ereignisses, das irgendwann einmal stattgefunden hat. Sie ist vielmehr die grundlegende Aussage über die Beziehung zwischen Gott und der Welt. Sie ist das Korrelat zur Analyse der Endlichkeit des Menschen. Sie beantwortet die Frage, die in der Endlichkeit des Menschen und in der Endlichkeit überhaupt enthalten ist. Gibt man diese Antwort, so zeigt sich, daß der Sinn von Endlichkeit Geschöpflichkeit ist. Die Lehre von der Schöpfung ist die Antwort auf die Frage, die im Wesen des Geschöpfes als Geschöpf liegt. Diese Frage wird ständig gestellt, und ihre Antwort ist in der essentiellen Natur des Menschen gegeben. Frage und Antwort liegen jenseits von Potentialität und Aktualität wie alles im Prozeß göttlichen Lebens. Die Frage ist aktuell gestellt in der existentiellen Situation des Menschen, aber nicht in ihr beantwortet. Es gehört zum Charakter der Existenz, daß der Mensch die Frage nach seiner Endlichkeit stellt, ohne daß er eine Antwort erhält. Daraus folgt, daß, selbst wenn es so etwas wie natürliche Theologie gäbe, sie nicht zur Wahrheit über das göttliche Schaffen und über des Menschen Geschöpflichkeit vordringen könnte. Die Lehre von der Schöpfung beschreibt kein einmaliges Ereignis. Sie deutet auf die Situation der Geschöpflichkeit und ihr Korrelat, das göttliche Schaffen.

Da das göttliche Leben seinem Wesen nach schöpferisch ist, müssen wir alle drei Modi der Zeit gebrauchen, um dies zu symbolisieren. Gott *hat* die Welt geschaffen, er *ist* schöpferisch im gegenwärtigen Moment, und er *wird* in schöpferischem Sinne sein Telos erfüllen. Darum müssen wir von ursprünglichem Schaffen, erhaltendem Schaffen und lenkendem Schaffen sprechen. Damit ist gesagt, daß nicht nur die Erhaltung der Welt, sondern auch die Vorsehung in die Lehre von der göttlichen Schöpfung hineingehört.

a) *Gottes ursprüngliches Schaffen.* — 1. SCHÖPFUNG UND NICHTSEIN. Die klassische christliche Lehre von der Schöpfung gebraucht den Ausdruck: „*creatio ex nihilo*". Die erste Aufgabe der Theologie ist eine Interpretation dieser Worte. Ihr Sinn ist offenbar eine kritische Verneinung. Für Gott ist nichts „vorgegeben", das ihn in seiner Schöpfermacht beeinflußt oder das seinem schöpferischen Telos Widerstand leistet. In der Lehre von der *creatio ex nihilo* wehrt sich das Christentum gegen jede Art von Dualismus. Das, was den Menschen unbedingt angeht, kann nur das sein, wovon er unbedingt abhängig ist. Zwei Unbedingtheiten heben sich gegenseitig auf. Dieser negative Sinn der *creatio ex nihilo* ist klar und entscheidend für jede christliche Erfahrung und Aussage. Er ist das Unterscheidungsmerkmal zwischen Heidentum — selbst in seiner feinsten Form — und Christentum — selbst in seiner primitivsten Form.

Jedoch entsteht die Frage, ob der Begriff „ex nihilo" nicht mehr meint als die Abwehr des Dualismus. Das Wort „ex" scheint sich auf den Ursprung des Geschaffenen zu beziehen. Das „Nichts" ist das, woher es kommt. Nun kann „nichts" zweierlei bedeuten. Es kann das absolute Nichtsein bedeuten *(ouk on)*, oder es kann das relative Nichtsein bedeuten *(me on)*. Wenn das *ex nihilo* letzteres bedeutete, so würde damit eine Erneuerung der griechischen Lehre von Materie und Form gegeben sein, gegen die es gerichtet ist. Wenn das *ex nihilo* die absolute Negation des Seienden bedeutete, dann könnte es nicht der Ursprung des Geschaffenen sein. Trotzdem sagt der Begriff *ex nihilo* etwas fundamental Wichtiges über das Geschaffene aus, nämlich, daß es das, was man „das Erbteil des Nichtseins" nennen könnte, auf sich nehmen muß. Geschöpflichkeit schließt Nichtsein ein, aber Geschöpflichkeit ist mehr als Nichtsein. Es trägt die Macht des Seins in sich, und die Macht des Seins ist seine Teilnahme am Sein-Selbst, am schöpferischen Grund des Seins. Geschöpf sein schließt beides in sich: das Erbteil des Nichtseins (die Angst) und das Erbteil des Seins (den Mut). Es enthält aber kein fremdes Erbe, das in einer halb-göttlichen Macht seinen Ursprung hätte, die im Widerstreit mit dem Sein-Selbst wäre.

Die Lehre von der Schöpfung aus dem Nichts drückt zwei fundamentale Wahrheiten aus. Die erste besagt, daß der tragische Charakter der Existenz nicht im schöpferischen Grund des Seins wurzelt, er gehört also nicht zur essentiellen Natur der Dinge. Endlichkeit als solche ist nicht tragisch; deshalb wird das Tragische nicht dadurch überwunden, daß man das Endliche soweit als möglich vermeidet, d. h. durch ontologische Askese. Das Tragische wird allein durch die Gegenwart des Seins-Selbst innerhalb des endlichen Seins überwunden[1]. Die zweite in dieser Lehre enthaltene Wahrheit besagt, daß es ein Element des Nichtseins in der Geschöpflichkeit gibt; von da aus verstehen wir die natür-

---

[1] Christliche Askese ist mehr funktional als ontologisch, sie dient der Selbstdisziplin und der Selbsthingabe, erstrebt aber nicht die Flucht aus der Endlichkeit.

liche Notwendigkeit des Todes und die Möglichkeit — wenn auch nicht Notwendigkeit — des Tragischen.

Zwei zentrale theologische Lehren sind in der Lehre von der Schöpfung begründet: nämlich die Lehre von der Inkarnation und die Lehre von der Eschatologie. Gott kann innerhalb der Endlichkeit nur dann erscheinen, wenn das Endliche als solches nicht im Widerstreit mit ihm ist. Und die Geschichte kann im Eschaton nur dann ihre Erfüllung finden, wenn die Erlösung nicht Erhebung über die Endlichkeit voraussetzt. Die Formel *creatio ex nihilo* ist kein Titel einer Geschichte. Es ist die klassische Formel, in der die Beziehung zwischen Gott und der Welt ausgesagt wird.

2. Schöpfung, Essenz und Existenz. — Im nicänischen Glaubensbekenntnis wird Gott der Schöpfer alles Sichtbaren und Unsichtbaren genannt. Wie der eben erörterte Satz hat auch diese Aussage zu allererst eine Schutzfunktion. Er ist gegen die platonische Lehre gerichtet, die besagt, daß der Schöpfer-Gott von den ewigen Wesenheiten oder Ideen abhängig ist, von den Mächten des Seins, die ein Ding zu dem machen, was es ist. Diese ewigen Mächte des Seins werden oft in einer Weise verehrt, die allein Gott zukommt. Sie gleichen den Engeln der Tradition des mittleren Ostens, die oft entthronte Götter sind und Gegenstand eines Kults wurden. Das geschah sogar im Christentum, wie das Neue Testament zeigt. Der Neuplatonismus und mit ihm manche christliche Theologen lehrten, daß die Wesenheiten Ideen im Geiste Gottes sind: sie sind die Vorbilder, nach denen Gott schafft. Sie sind aber selbst von Gottes innerer Schöpfermacht abhängig; sie sind nicht unabhängig von ihm und stehen nicht in irgendeiner Nische des Himmels als Modell für sein schöpferisches Tun. Die Wesensmächte des Seins gehören zum göttlichen Leben, in dem sie wurzeln, von Gott geschaffen, der alles, was er ist, „durch sich selbst" ist.

Im göttlichen Leben gibt es keinen Unterschied zwischen Potentialität und Aktualität. Dadurch ist eines der schwierigsten Probleme, das mit der Ontologie der Wesenheiten im Zusammenhang steht, gelöst, nämlich die Frage, wie die Wesenheiten auf das allgemeine einerseits und auf das einzelne andererseits bezogen sind. Je individueller der Begriff der Wesenheiten gefaßt wird, um so mehr stellen sie ein Duplikat der Wirklichkeit dar. Das wird in der Lehre der späteren Platoniker radikal durchgeführt, insofern es bei ihnen eine Idee jedes einzelnen Dinges im göttlichen Geiste gibt. Damit verlieren die Ideen die Funktion, die sie in der ursprünglichen Konzeption hatten, nämlich das ewig Wahre im Strom der Wirklichkeit zu beschreiben. Es ist verständlich, daß der Nominalismus diese Verdoppelung der Welt aufhob und das Sein nur den individuellen Dingen zubilligte; aber der Nominalismus kann die Macht der Universalien nicht bestreiten, die in jedem einzelnen Exemplar wiedererscheinen und seine Art wie sein Werden bestimmen. Und selbst im einzelnen, besonders im einzelnen Menschen, gibt es ein inneres Telos, das die verschiedenen Momente seines Lebensprozesses transzendiert.

Der schöpferische Prozeß des göttlichen Lebens geht der Unterscheidung in Essenz und Existenz voraus. In der schöpferischen Schau Gottes ist das Individuelle als Ganzes gegenwärtig, sowohl in seinem wesensmäßigen Sein und inneren Telos als auch zugleich in der unendlichen Fülle aller einzelnen Momente seines Lebensprozesses. Das ist symbolisch gesagt, da es für uns unmöglich ist, einen Begriff oder auch nur eine Vorstellung von dem zu haben, was zum göttlichen Leben gehört. Das Geheimnis des Seins jenseits von Essenz und Existenz ist verborgen im Geheimnis der Schöpfermacht göttlichen Lebens.

Aber das Sein des Menschen ist nicht nur verborgen im schöpferischen Grund göttlichen Lebens, es ist sich und anderem Leben offenbar innerhalb des Ganzen der Wirklichkeit. Der Mensch existiert, und seine Existenz ist von seiner Essenz unterschieden. Der Mensch und die übrige Wirklichkeit sind nicht nur „innerhalb" des Prozesses göttlichen Lebens, sondern auch „außerhalb". Der Mensch ist gegründet in ihm, aber er ist nicht festgehalten in seinem Grund. Er hat den Grund verlassen, um „auf sich selbst" zu stehen, um zu verwirklichen, was er wesensmäßig ist, um *„endliche Freiheit"* zu sein. Das ist der Punkt, an dem die Lehre von der Schöpfung und die Lehre vom Fall zusammentreffen. Es ist der schwierigste und im höchsten Grade dialektische Punkt in der Lehre von der Schöpfung. Und es ist, wie jede existentielle Analyse der menschlichen Situation zeigt, der geheimnisvollste Punkt innerhalb der menschlichen Erfahrung. Vollkommen entfaltete Geschöpflichkeit ist gefallene Geschöpflichkeit. Das Geschöpf hat seine Freiheit verwirklicht, insofern es außerhalb des schöpferischen Grundes göttlichen Lebens lebt. Das ist der Unterschied zwischen dem Sein innerhalb und außerhalb des göttlichen Lebens. „Innerhalb" und „außerhalb" sind räumliche Symbole, aber was sie aussagen, ist nicht räumlich. Sie beziehen sich mehr auf etwas Qualitatives als auf etwas Quantitatives. Außerhalb des göttlichen Lebens sein bedeutet: in aktualisierter Freiheit zu stehen, in einer Existenz, die nicht mehr mit der Essenz eins ist. Von der einen Seite her betrachtet ist das die Vollendung der Schöpfung. Von der anderen Seite her betrachtet ist es der Anfang des Falls. Freiheit und Schicksal sind Korrelate. Der Punkt, in dem Schöpfung und Fall zusammentreffen, ist ebenso Schicksal wie Freiheit. Die Tatsache, daß dieses Zusammentreffen eine allgemeinmenschliche Situation ist, beweist, daß es keine Sache persönlicher Zufälligkeit sein kann, weder bei „Adam" noch bei irgend jemand sonst. Die Tatsache, daß die Existenz von der Einheit mit der Essenz geschieden wird, ist keine essentielle Notwendigkeit, ist vielmehr die Verwirklichung ontologischer Freiheit, verbunden mit ontologischem Schicksal.

Jeder Theologe, der den Mut hat, der zweifachen Wahrheit ins Gesicht zu sehen, daß nichts Zufälliges Gott begegnen kann und daß der Zustand der Existenz der des Gefallenseins ist, muß der Folgerung zustimmen, daß die Vollendung der Schöpfung und der Anfang des Falls ein und dasselbe sind. Die Theologen, die nicht bereit sind, die biblische Schöpfungsgeschichte und die Geschichte vom Sündenfall als Berichte von zwei wirklichen Ereignissen zu interpretieren, müßten die Konsequenz ziehen und das Geheimnis dorthin verlegen, wo es hingehört — in die Einheit von Freiheit und Schicksal im Grunde des Seins. Die supralapsarischen Kalvinisten, die behaupteten, daß Adam durch göttlichen Beschluß gefallen ist, hatten den Mut, diese Situation zu bejahen. Aber sie hatten nicht die Einsicht, ihre Erkenntnis so zu formulieren, daß der scheinbar dämonische Charakter dieses Beschlusses vermieden wurde.

Um nun die Untersuchung zusammenzufassen: Geschöpf sein heißt beides: wurzeln im schöpferischen Grund des göttlichen Lebens und sich selbst verwirklichen in Freiheit. Die Schöpfung findet ihre Erfüllung in der geschöpflichen Selbstverwirklichung, die zugleich Freiheit und Schicksal ist. Aber diese Erfüllung geschieht durch Trennung vom schöpferischen Grund, durch einen Bruch zwischen Essenz und Existenz. Kreatürliche Freiheit ist der Punkt, an dem Schöpfung und Sündenfall zusammenfallen.

Das ist der Hintergrund dessen, was wir „menschliches Schöpfertum" nennen. Wenn Schöpfertum bedeutet, etwas Neues in das Sein zu bringen, dann ist der Mensch schöpferisch in jeder Hinsicht — in bezug auf sich selbst und seine Welt, in bezug auf das Sein und in bezug auf den Sinn. Wenn jedoch Schöpfertum bedeutet, das zum Sein zu bringen, was vorher kein Sein hatte, dann unterscheiden sich göttliches und menschliches Schöpfertum aufs schärfste. Der Mensch schafft neue Synthesen aus dem vorgegebenen Stoff. Diese Schöpfung ist in Wirklichkeit Umwandlung. Gott schafft den Stoff, aus dem die neuen Synthesen gebildet werden können. Gott schafft den Menschen, er gibt dem Menschen die Kraft, sich selbst und seine Welt umzuwandeln. Der Mensch kann nur das umwandeln, was ihm gegeben wurde. Gottes Schöpfertum ist ursprünglich und essentiell. Und darüber hinaus ist in jedem Akt menschlichen Schöpfertums das Element der Scheidung vom schöpferischen Grund wirksam. Menschliches Schöpfertum ist zweideutig.

3. SCHÖPFUNG UND KATEGORIEN. — Der Vorrang der Zeit als einer Kategorie der Endlichkeit kommt in der Tatsache zum Ausdruck, daß die Frage nach der Schöpfung und den Kategorien gewöhnlich als Frage nach der Beziehung zwischen der Schöpfung und der Zeit erörtert wird. Wenn die Schöpfung als ein vergangenes Ereignis dargestellt wird, ist es verständlich, wenn man fragt, was vor sich ging, ehe dieses Ereignis stattfand. Diese Frage ist jedoch absurd; sie ist aus philosophischen wie aus religiösen Gründen abgelehnt worden, sowohl mit Beweisen als auch mit „heiligem Zorn" (Luther). Aber die Absurdität liegt nicht in der Frage als solcher, sie liegt in ihrer Voraussetzung: die Schöpfung sei ein Ereignis in der Vergangenheit. Diese Voraussetzung unterwirft die Schöpfung der Zeit, und die Zeit enthält notwendig ein „Vorher" und ein „Nachher". Die traditionelle theologische Fassung lautet daher seit Augustin, daß die Zeit zugleich *mit* der Welt geschaffen wurde, deren grundlegende kategoriale Form sie ist. Manche Theologen jedoch haben den Verdacht, daß diese Formulierung eine ewige Schöpfung in sich schließt, daß Schöpfung ewig ist wie Gott, wenn auch die einzelnen Schöpfungen zeitlich sind. Sie bejahen Schöpfung *in* der Zeit, während sie verneinen, daß es eine Zeit vor der Schöpfung gibt. Für diese Auffassung ist in der Gegenwart Karl Barth ein Beispiel. Sie scheint jedoch von der Augustins nur in Worten, nicht aber der Sache nach abzuweichen.

Die Antwort auf die Frage nach Schöpfung und Zeit muß vom schöpferischen Charakter des göttlichen Lebens hergeleitet werden. Wenn das Endliche in den Prozeß des göttlichen Lebens hineingenommen wird, sind die Formen der Endlichkeit (die Kategorien) ebenfalls in ihm gegenwärtig. Das göttliche Leben schließt Zeitlichkeit ein, ist ihr aber nicht unterworfen. Die göttliche Ewigkeit enthält die Zeit und geht zugleich über sie hinaus. Die Zeit des göttlichen Lebens wird nicht durch das negative Element der kreatürlichen Zeit bestimmt, sondern durch den Modus der Gegenwart, nicht durch das „nicht mehr" und durch das „noch nicht" unserer Zeit. Unsere Zeit, die Zeit, die durch das Nichtsein bestimmt ist, ist die Zeit der Existenz. Sie setzt die Scheidung der Existenz von der Essenz und die existentielle Getrenntheit der einzelnen Zeitmomente, die essentiell im göttlichen Leben geeint sind, voraus.

Die Zeit hat also in bezug auf die Schöpfung einen doppelten Charakter. Sie gehört zum schöpferischen Prozeß des göttlichen Lebens

Gott als der Schaffende

ebenso wie zu dem Punkt der Schöpfung, der mit dem Fall zusammentrifft. Die Zeit hat Anteil am Schicksal alles Geschaffenen: nämlich gegründet zu sein im göttlichen Grunde, jenseits von Essenz und Existenz, und getrennt zu sein vom göttlichen Grunde durch die Freiheit und das Schicksal der Kreatürlichkeit. Wenn man also von der Zeit vor der Schöpfung spricht, so kann damit nur die göttliche Zeit gemeint sein, die kein „Vorher" ist in irgendeinem Sinn zeitlicher Existenz. Und wenn man von der Schöpfung *in* der Zeit spricht, so kann das nur bedeuten: die Umwandlung der zum göttlichen Leben gehörigen Zeit in die zur kreatürlichen Existenz gehörige Zeit. Es ist richtiger, von der Schöpfung *mit* der Zeit zu sprechen; denn die Zeit ist die Form der Endlichkeit im schöpferischen Grund des göttlichen Lebens ebenso wie in der kreatürlichen Existenz.

Analoge Feststellungen können in bezug auf die anderen Kategorien gemacht werden. Sie alle sind im schöpferischen Grund des göttlichen Lebens gegenwärtig, jedoch auf eine Weise, die nur symbolisch dargestellt werden kann. Und sie alle sind zugleich in der Art gegenwärtig, wie wir sie in unserer Existenz aktualisierter Freiheit erfahren, in der Erfüllung und der Selbst-Entfremdung des kreatürlichen Seins.

4. DAS GESCHÖPF. — Wenn wir daran festhalten, daß die Erfüllung der Schöpfung die Verwirklichung endlicher Freiheit ist, behaupten wir damit, daß der Mensch das Telos der Schöpfung sei. Von keinem anderen bekannten Wesen kann man sagen, daß in ihm endliche Freiheit verwirklicht sei. In anderen Wesen gibt es Vorformen der Freiheit, wie etwa Gestalt und Spontaneität, aber es fehlt ihnen die Macht, die Kette von Reiz und Reaktionen in Überlegung und Entscheidung zu durchbrechen. Kein anderes Wesen hat ein vollständiges Selbst und eine vollständige Welt. Kein anderes Wesen ist der Endlichkeit auf Grund des Bewußtseins potentieller Unendlichkeit gewahr. Wenn ein anderes Wesen zu finden wäre, das trotz biologischer Andersartigkeit diese Eigenschaften hätte, so wäre es menschlich. Und wenn es unter den Menschen ein Wesen gleicher biologischer Art gäbe, aber ohne die erwähnten Eigenschaften, könnte es nicht „Mensch" genannt werden. Aber beide Fälle sind reine Phantasie, da biologische Struktur und ontologischer Charakter nicht zu trennen sind.

Der Mensch als Geschöpf ist das „Ebenbild Gottes" genannt worden. Dieser biblische Ausdruck ist so verschieden interpretiert worden wie die ganze christliche Lehre vom Menschen. Die Erörterung darüber wurde durch die Tatsache erschwert, daß der biblische Bericht zwei Begriffe für diese Vorstellung gebraucht, die als *„imago"* und *„simili-*

tudo" übersetzt worden sind. Diese wurden in ihrer Bedeutung unterschieden (Irenäus). Von *„imago"* nahm man an, daß es auf die natürliche Beschaffenheit des Menschen hinweise, von *„similitudo",* daß damit die besondere göttliche Gabe gemeint sei, das *donum superadditum,* das Adam die Macht gab, mit Gott verbunden zu sein. Der Protestantismus, der den ontologischen Dualismus zwischen Natur und Übernatur verneinte, lehnte das *donum superadditum* ab und damit auch die Unterscheidung zwischen *imago* und *similitudo.* Der Mensch in seiner reinen Natur ist nicht nur das Ebenbild Gottes, er hat auch die Kraft zur Gemeinschaft mit Gott und deshalb zum rechten Verhalten gegen andere Geschöpfe und gegen sich selbst *(iustitia originalis).* Mit dem Fall ging diese Kraft verloren. Der Mensch ist geschieden von Gott, und er hat keine Freiheit zurückzukehren. Für die römisch-katholische Lehre ist die Kraft der Gemeinschaft mit Gott nur geschwächt und eine gewisse Freiheit zur Rückkehr zu Gott geblieben. Der Unterschied zwischen Protestantismus und Katholizismus ist hier abhängig von einer ganzen Reihe von Entscheidungen, fundamental vom Verständnis der Gnade. Wenn Gnade eine übernatürliche Substanz ist, dann ist die katholische Position folgerichtig. Wenn sie aber Vergebung ist, die im Zentrum der Persönlichkeit empfangen wird, ist die protestantische Position notwendig. Die Kritik am ontologischen Supranaturalismus in den vorhergehenden Kapiteln enthält die Abweisung der katholischen Lehre.

Aber trotz vieler Diskussionen bleiben zwei Probleme auf protestantischem Boden: Was bedeutet „Ebenbild Gottes"? Und was heißt „Der Mensch ist von Natur gut"? Eine adäquate Behandlung des ersten Problems macht es erforderlich, eine Verwechslung zwischen Ebenbild Gottes und Beziehung zu Gott auszuschalten. Sicherlich kann der Mensch nur darum Gemeinschaft mit Gott haben, weil er „zu seinem Bilde" geschaffen wurde, aber das bedeutet nicht, daß „Ebenbild" durch Gemeinschaft mit Gott definiert werden kann. Der Mensch ist das Ebenbild Gottes in dem, worin er sich von allen anderen Geschöpfen unterscheidet, nämlich in seiner vernünftigen Struktur. Natürlich ist der Begriff „vernünftig" vielen Mißdeutungen unterworfen. „Vernünftig" kann definiert werden als technische Vernunft im Sinne von Beweis und Kalkulation. Dann ist die aristotelische Definition des Menschen als *„animal rationale"* ebenso falsch wie die Gleichsetzung des „Ebenbildes Gottes" im Menschen mit seiner vernünftigen Natur. Aber Vernunft ist die Struktur der Freiheit und schließt potentielle Unendlichkeit in sich. Der Mensch ist das „Ebenbild Gottes", weil in ihm die ontologischen Elemente vollkommen und auf kreatürlicher Basis geeint sind, ebenso wie sie in Gott als dem schöpferischen Grund vollkommen und geeint sind. Der Mensch ist das „Ebenbild Gottes", weil sein *logos* analog ist dem göttlichen *logos*, so daß der göttliche *logos* als Mensch erscheinen kann, ohne daß die Menschlichkeit des Menschen zerstört wird.

Die zweite häufig erörterte und verschieden beantwortete Frage innerhalb der protestantischen Theologie ist die Frage nach dem kreatürlichen Gutsein des Menschen. Die Theologen der alten Kirche billigten Adam als dem Vertreter der essentiellen Natur des Menschen alle Vollkommenheiten zu, die sonst für Christus oder den Menschen in seiner eschatologischen Erfüllung vorbehalten waren. Solch eine Darstellung machte den Fall gänzlich unverständlich. Deshalb nimmt die gegenwärtige Theologie bei Adam richtigerweise eine Art träumender Unschuld an, einen Zustand der Kindheit vor Kampf und Entscheidung. Diese Interpretation des „Urstandes" des Menschen läßt den Fall verständlich und sein Eintreten existentiell unvermeidlich erscheinen. Sie enthält weit mehr symbolische Wahrheit als das »Lob Adams« vor dem Fall. Das kreatürliche Gutsein des Menschen besteht darin, daß er die Möglichkeit hat, sich selbst zu aktualisieren und dadurch selbständig zu werden, auch gegenüber Gott. Deshalb ist es unangemessen, nach Adams wirklichem Zustand vor dem Fall zu fragen, z. B. ob er sterblich oder unsterblich war, ob er in Gemeinschaft mit Gott war oder nicht, ob er im Stande der Gerechtigkeit war oder nicht. Das Wort „war" setzt Verwirklichung in der Zeit voraus. Aber das ist genau das, was man von dem Zustand der reinen Potentialität nicht aussagen kann. Dies gilt selbst dann, wenn wir ein psychologisches Symbol wählen und vom Stand der träumenden Unschuld sprechen oder wenn wir ein theologisches Symbol gebrauchen und von einem Zustand der Geborgenheit im Grunde des göttlichen Lebens reden. Man kann von einem „war" nur sprechen, nachdem Adam zur Selbst-Verwirklichung durch Freiheit und Schicksal geschritten ist.

Der Mensch ist das Geschöpf, in dem die ontologischen Elemente vollzählig vorhanden sind. Sie sind unvollkommen vorhanden in allen anderen Geschöpfen, die man aus diesem Grunde „untermenschlich" nennt. Untermenschlich bedeutet nicht: weniger vollkommen als der Mensch. Im Gegenteil, der Mensch als das wesensmäßig bedrohte Geschöpf kann sich mit der natürlichen Vollkommenheit der untermenschlichen Geschöpfe nicht messen. Das Untermenschliche weist auf eine andere ontologische Ebene, nicht auf einen anderen Grad von Vollkommenheit hin. Weiter muß die Frage gestellt werden, ob es übermenschliche Wesen im ontologischen Sinne gibt. Sowohl die religiöse Phantasie als auch die philosophische Konstruktion (Neuplatonismus,

Leibniz) hat eine bejahende Antwort hierauf gegeben. In diesen Versuchen stellte man sich das Universum als bevölkert mit Geistern, Engeln und höheren Monaden vor. Ob solche Wesen, falls sie existieren, „übermenschlich" genannt werden sollten, hängt von der Auffassung des einzelnen über den letzten Sinn von Freiheit und Geschichte ab. Wenn die Engel, nach Paulus, Einblick in das Geheimnis der Erlösung haben möchten, dann sind sie sicher keine höheren Wesen als die, die dies Geheimnis in ihrer eigenen Erlösung erfahren. Die richtigste Lösung dieser Frage hat Thomas von Aquino gegeben, wenn er sagt, daß die Engel die Polarität von Individualisation und Partizipation transzendieren. In unserer Terminologie könnten wir sagen, daß die Engel konkret-poetische Symbole der Ideen oder Seinsmächte sind. Sie sind nichts Seiendes, aber sie partizipieren an allem, was ist. Manifestationen dieser Mächte im menschlichen Bewußtsein (Epiphanien) schaffen den Mythos und mit ihm Religionen und Kulturen. In der christlichen Ära sind diese Seinsmächte dem Christus untergeordnet. Sie müssen ihm dienen, obwohl sie oft gegen ihn aufbegehren[1].

Eine letzte Frage muß noch gestellt werden, nämlich: Wie partizipiert der Mensch an der untermenschlichen Kreatur und umgekehrt? Die klassische Antwort sagt, daß der Mensch der Mikrokosmos ist, weil in ihm alle Ebenen der Wirklichkeit gegenwärtig sind. In den Mythen vom „Ur-Menschen", dem „Menschen von oben" (vgl. besonders die persische Tradition und 1. Kor. 15) und in ähnlichen philosophischen Vorstellungen (vgl. Paracelsus, Böhme, Schelling) wird die gegenseitige Partizipation von Mensch und Natur symbolisch ausgedrückt. Der Mythos vom Fluch über die Natur und ihrer möglichen Teilnahme an der Erlösung zielt in derselben Richtung. All dies ist in einer Kultur, die durch Nominalismus und Individualismus bestimmt ist, schwer zu verstehen. Aber es gehört zu einem Erbe, das der abendländische Geist zurückzugewinnen im Begriff ist. Das Problem ist äußerst dringlich, wenn die christliche Theologie sich mit dem Sündenfall und dem Heil der Welt befaßt. Bezieht sich „Welt" allein auf die Menschheit? Und, wenn ja, kann die Menschheit von anderem Seienden geschieden werden? Wo ist die Grenze in der allgemeinen biologischen Entwicklung? Wo ist die Grenze in der Entwicklung des einzelnen Menschen? Ist es möglich, die Natur, zu der er durch seinen Körper gehört, von der Gesamtnatur abzusondern? Gehört der Bereich des Unbewußten in der

---

[1] Ihre Wiederentdeckung von psychologischer Seite her als Archetypen des kollektiven Unbewußten und die neue Interpretation des Dämonischen in der Theologie und der Literatur haben zum Verständnis dieser Mächte des Seins beigetragen, die keine Wesen, sondern Strukturen sind.

Persönlichkeit des Menschen zur Natur oder zum Menschen? Läßt das kollektive Unbewußte zu, daß das Individuum von den anderen Individuen und vom Ganzen der lebendigen Substanz isoliert wird? Diese Fragen zeigen, daß das Element der Partizipation in der Polarität von Individualisation und Partizipation viel ernsthafter erörtert werden muß im Hinblick auf die gegenseitige Partizipation von Natur und Mensch. Hier sollte die Theologie vom modernen Naturalismus lernen, der in dieser Hinsicht uns den Weg zu einer halbvergessenen theologischen Wahrheit weisen kann. Was im Mikrokosmos geschieht, geschieht durch die gegenseitige Partizipation auch im Makrokosmos, denn das Sein-Selbst ist nur eines.

b) *Gottes erhaltendes Schaffen.* — Der Mensch aktualisiert seine endliche Freiheit in Einheit mit dem Ganzen der Wirklichkeit. Diese [*conservatio*] Aktualisierung gibt ihm die Möglichkeit, auf sich selbst zu stehen, und die Möglichkeit, der Rückkehr in den Grund des Seins Widerstand zu leisten. Aber zugleich bleibt die aktualisierte Freiheit beständig abhängig von ihrem schöpferischen Grund. Nur in der Macht des Seins-Selbst ist das Geschöpf fähig, dem Nichtsein zu widerstehen. Kreatürliche Existenz enthält einen zweifachen Widerstand: den Widerstand gegen das Nichtsein ebenso wie den Widerstand gegen den Grund des Seins, in dem es wurzelt und von dem es abhängig ist. Traditionsgemäß wird die Beziehung Gottes zum Geschöpf in seiner aktualisierten Freiheit die Erhaltung der Welt genannt. Das Symbol der „Erhaltung" setzt eine gewisse Unabhängigkeit dessen, was erhalten wird, voraus und ebenso die Notwendigkeit des Schutzes gegen Bedrohung. Die Lehre von der Erhaltung der Welt ist die Tür, durch die sich deistische Begriffe leicht in das theologische System einschleichen. Die Welt wird darin als selbständige Gestalt aufgefaßt, die sich nach ihren eigenen Gesetzen bewegt. Danach hat Gott die Welt „am Anfang" geschaffen und ihr die Naturgesetze gegeben. Aber nach diesem Anfang greift er entweder überhaupt nicht mehr ein (konsequenter Deismus) oder nur gelegentlich durch Wunder und Offenbarung (theistischer Deismus), oder er handelt in unaufhörlicher gegenseitiger Beziehung (konsequenter Theismus). In diesen drei Fällen wäre es nicht richtig, von erhaltender Schöpfung zu reden. [*falsch*]

Seit der Zeit Augustins hat es eine andere Interpretation von der Erhaltung der Welt gegeben. Erhaltung ist dauerndes Schaffen, in dem Gott von Ewigkeit her Dinge und Zeit miteinander schafft. Dies ist das einzig angemessene Verständnis der Erhaltung. Es wurde von den Reformatoren übernommen, von Luther machtvoll zum Ausdruck gebracht und von Calvin radikal herausgearbeitet, der eine Warnung gegen die deistische Gefahr, die er voraussahnte, hinzufügte. Dieser Linie des Denkens muß man folgen und sie zu einer Verteidigungslinie gegen die heutige halb deistische, halb theistische Form machen, bei der Gott als ein Wesen neben der Welt aufgefaßt wird. Gott ist wesensmäßig schöpferisch, und darum ist er schöpferisch in jedem Augenblick zeitlicher Existenz und verleiht Seinsmächtigkeit allem, was aus dem schöpferischen Grund göttlichen Lebens hervorgeht. Jedoch gibt es einen entscheidenden Unterschied zwischen ursprünglicher und erhaltender Schöpfung. Die letztere bezieht sich auf die vorhandenen Strukturen der Wirklichkeit, auf das, was innerhalb des Wechsels dauert, auf das Regelmäßige und Berechenbare in den Dingen. Ohne dieses statische Element wäre das endliche Sein nicht imstande, sich mit sich selbst oder einen Gegenstand mit einem anderen zu identifizieren. Ohne dieses statische Element wäre weder Erwartung noch Handeln für die Zukunft, noch ein Standort möglich, und deshalb wäre das Sein überhaupt unmöglich. Der Glaube an Gottes erhaltende Schöpfermacht ist der Glaube an die ununterbrochene Dauer der Wirklichkeitsstruktur als der Basis für Sein und Handeln.

Die Hauptströmung der modernen Weltanschauung schloß eine Erkenntnis von Gottes erhaltender Schöpfermacht völlig aus. Die Natur wurde als ein System meßbarer und berechenbarer Gesetze, die in sich selbst ruhen, ohne Anfang und Ende, aufgefaßt. Die „wohlgegründete Erde" war ein sicherer Ort innerhalb eines gesicherten Universums. Obwohl niemand geleugnet hätte, daß jedes einzelne Seiende vom Nichtsein bedroht war, schien das Universum als Ganzes jenseits solcher Bedrohung. Demzufolge konnte man sagen: „*deus sive natura*", eine Formel, die besagt, daß der Name „Gott" nicht mehr enthält, als was schon im Namen „Natur" liegt. Man kann solche Vorstellungen „pantheistisch" nennen; aber, wenn man das tut, muß man sich klarmachen, daß sie sich nicht wesentlich unterscheiden von einem Deismus, der Gott an den Rand der Wirklichkeit drängt und der Welt dieselbe Selbständigkeit zuweist, die sie im naturalistischen Pantheismus hat. Das Symbol von Gottes erhaltendem Schaffen ist in beiden Fällen verschwunden. Heute geht die Hauptlinie der modernen Weltanschauung in umgekehrter Richtung. Die Grundlagen des in sich ruhenden Universums sind erschüttert. Die Fragen nach seinem Anfang und seinem Ende sind für das theoretische Denken bedeutungsvoll geworden und weisen auf das Element des Nichtseins im Universum als Ganzem. Zugleich wurde die Überzeugung, in einer letztlich sicheren Welt zu leben, durch die Katastrophen des 20. Jahrhunderts und ihren

Ausdruck in Existenzphilosophie und Literatur zerstört. Das Symbol von Gottes erhaltendem Schaffen erhielt neue Kraft und Bedeutung.

Die Frage, ob die Beziehung zwischen Gott und der Welt als Immanenz oder Transzendenz verstanden werden sollte, wird gewöhnlich mit einem „sowohl — als auch" beantwortet. Solch eine Antwort löst das Problem in keiner Weise, obwohl sie richtig ist. Immanenz und Transzendenz sind Raumsymbole. Gott ist „in" oder „über" der Welt oder beides. Die Frage bleibt: Was bedeutet das in nicht-räumlichen Begriffen? Sicher ist Gott weder in einem anderen noch in demselben Raum wie die Welt. Er ist der schöpferische Grund der Raumstruktur der Welt, aber er ist nicht an diese Struktur gebunden, weder im positiven noch im negativen Sinne. Das Raum-Symbol zielt auf eine qualitative Beziehung: Gott ist der Welt immanent als ihr dauernder schöpferischer Grund, und er ist der Welt transzendent durch Freiheit. Beides, die unendliche göttliche Freiheit und die endliche menschliche Freiheit machen die Welt transzendent für Gott und Gott transzendent für die Welt. Dem religiösen Interesse an der göttlichen Transzendenz wird nicht Genüge getan, wenn man — mit Recht — die unendliche Überlegenheit des Unendlichen über das Endliche verteidigt. Diese Transzendenz widerspricht der „*coincidentia oppositorum*", dem Zusammengehören des Gegensätzlichen, nicht, sondern bestätigt es vielmehr. Das Unendliche ist in jedem Endlichen gegenwärtig, sowohl im Stein als auch im Genius. Die Transzendenz, die von der religiösen Erfahrung gefordert wird, ist der Bezug von Freiheit zu Freiheit, der in jeder persönlichen Begegnung aktuell ist. Gewiß, das Heilige ist das „Ganz Andere". Aber die Andersheit wird nicht wirklich als Andersheit erfaßt, wenn sie im ästhetisch-erkennenden Bereiche bleibt und nicht als Andersheit des göttlichen „Du" erfahren wird, dessen Freiheit mit meiner Freiheit in Widerspruch geraten kann. Der Sinn der Raumsymbole für die göttliche Transzendenz ist die Möglichkeit des Widerspruchs und der Versöhnung zwischen unendlicher und endlicher Freiheit.

c) *Gottes lenkendes Schaffen.* — 1. Schöpfung und Zweck. — Der „Zweck der Schöpfung" ist ein so vieldeutiger Begriff, daß er vermieden werden sollte. Die Schöpfung hat keinen Zweck außer sich selbst. Vom Standpunkt des Geschöpfes ist der Zweck der Schöpfung das Geschöpf und die Verwirklichung seiner Möglichkeiten. Vom Standpunkt des Schöpfers aus ist der Zweck der Schöpfung die Ausübung seiner Schöpfermacht, die keinen Zweck hat außer sich selbst, da das göttliche Leben seinem Wesen nach schöpferisch ist. Wenn „die

Ehre Gottes" als Zweck der Schöpfung bezeichnet wird, wie es in der kalvinistischen Theologie geschieht, so muß man vor allem den höchst symbolischen Charakter einer solchen Aussage verstehen. Kein kalvinistischer Theologe wird zugeben, daß Gott irgend etwas fehlt, was er sich von dem Geschöpf, das er geschaffen hat, geben lassen muß. Solch eine Vorstellung wird als heidnisch abgewiesen. Als Schöpfer der Welt ist Gott selber die einzige Ursache der Herrlichkeit, die er durch seine Schöpfung schaffen möchte. Aber wenn er die einzige Ursache seiner Herrlichkeit ist, bedarf er der Welt nicht, daß sie ihm Ehre gebe. Er besitzt sie in Ewigkeit in sich selbst. In der lutherischen Theologie ist es Gottes Absicht, eine Liebesgemeinschaft mit seinen Geschöpfen zu haben. Gott schafft die Welt, weil die göttliche Liebe einen Gegenstand der Liebe will. Hierin ist wieder die stillschweigende Voraussetzung enthalten, daß Gott etwas nötig hätte, was er ohne die Schöpfung nicht hätte. Gegenseitige Liebe ist voneinander abhängige Liebe. Jedoch gibt es nach der Lehre Luthers nichts, was die erschaffene Welt Gott geben könnte. Er ist es allein, der gibt.

Der Begriff „Zweck der Schöpfung" sollte durch „Telos der Schöpfung" ersetzt werden, nämlich aktuelle Erfüllung dessen, was in Gott jenseits von Potentialität und Aktualität ist. Das lenkende Schaffen Gottes treibt jede Kreatur in der Richtung auf solche Erfüllung in der Form des „dennoch". Dieses lenkende Schaffen Gottes muß zur ursprünglichen und erhaltenden Schöpfung hinzukommen. Es ist *die* Seite des göttlichen Schaffens, die auf die Zukunft bezogen ist. Der traditionelle Begriff für lenkendes Schaffen ist „Vorsehung".

2. SCHICKSAL UND VORSEHUNG. — Vorsehung ist ein paradoxer Begriff. Glaube an die Vorsehung ist Glaube „dennoch", trotz der Dunkelheit des Schicksals und der Sinnlosigkeit der Existenz. Der Begriff *pronoia* (Vorsehung) erscheint bei Plato im Zusammenhang einer Philosophie, die die Dunkelheit übermenschlichen und übergöttlichen Fatums mit Hilfe des Begriffes des Guten als letzter Macht des Seins und Erkennens überwunden hat. Der Glaube an die Vorsehung in der Geschichte ist der Triumph der prophetischen Interpretation der Geschichte — einer Interpretation, die der historischen Existenz Sinn verleiht trotz niemals endender Erfahrungen der Sinnlosigkeit. In der spätantiken Welt besiegte das Fatum die Vorsehung und errichtete die Herrschaft der Angst unter den Massen; aber das Christentum betonte den Sieg des Christus über die Mächte von Fatum und Angst gerade dann, als sie ihn am Kreuz scheinbar überwältigt hatten. Hier wurde der Glaube an die Vorsehung endgültig begründet.

Gott als der Schaffende

Innerhalb des christlichen Zeitalters hat jedoch eine Entwicklung stattgefunden, durch die es zu einer Umwandlung der Vorsehung in ein rationales Prinzip auf Kosten ihres paradoxen Charakters kam. Obwohl der Mensch die Gründe für das Wirken der Vorsehung Gottes nicht kennt, betonte man, daß es Gründe gibt, die Gott weiß, und daß der Mensch fähig ist, an diesem Wissen wenigstens fragmentarisch teilzunehmen. In der modernen Philosophie ging die Entwicklung noch über diesen Punkt hinaus. Die Philosophie versuchte, sich selber auf den Thron Gottes zu setzen und die Gründe für Gottes providentielles Handeln genau zu bestimmen. Das geschah in drei Formen: der teleologischen, der harmonistischen und der dialektischen Form.

Der teleologische Weg ist ein Versuch, den Beweis dafür zu erbringen, daß alle Dinge so geplant und geordnet sind, daß sie dem Zweck von Gottes Tun dienen, und dieser Zweck ist das Glück des Menschen. Eine sorgfältige Analyse alles Teleologischen in Natur und Mensch erbringt unzählige Beweise für das Wirken der göttlichen Vorsehung. Da jedoch das Glück des Menschen letztes Kriterium ist, hat jedes Naturereignis, das das Gegenteil menschlichen Glücks offenbart, eine katastrophale Wirkung auf diesen teleologischen Optimismus.

Der zweite Weg, die Vorsehung in rationalen Begriffen zu erfassen, ist der harmonistische. Die meisten Philosophen der Aufklärung wandten direkt oder indirekt diese Methode an. In ihrem Denken bedeutet jedoch Harmonie nicht, daß alles „Süße und Licht" sei. Es bedeutet vielmehr, daß ein Gesetz der Harmonie „hinter dem Rücken" der Menschen und ihrer egoistischen Absichten am Werke ist. Die Marktgesetze, wie sie die klassische Nationalökonomie entwickelt hat, sind das Musterbeispiel dieser Art säkularisierter Vorsehung. Aber das Prinzip ist in allen Bereichen des Lebens wirksam geworden. Der Liberalismus, die Lehre von der individuellen Freiheit, ist ein rationales System der Vorsehung. Das Gesetz der Harmonie ordnet die unzähligen sich widerstreitenden Interessen, Absichten und Tätigkeiten aller einzelnen ohne Dazutun des Menschen. Selbst der Protestantismus benutzt das Prinzip der Harmonie, wenn er die Bibel allen Christen zugänglich macht und den kirchlichen Autoritäten das Recht, Mittler zu sein, abspricht. Hinter der protestantischen Lehre, daß die Bibel sich selbst auslegt *(scriptura sui ipsius interpres),* liegt ein früh-liberaler Glaube an die Harmonie, der selbst eine rationalisierte Form des Glaubens an die Vorsehung ist. Der Fortschritts-Optimismus des 19. Jahrhunderts ist eine direkte Folgeerscheinung der allgemeinen Annahme des Prinzips der Harmonie.

Die dritte Form des rationalen Vorsehungsbegriffs, die historische

Dialektik, ist tiefer und pessimistischer als die beiden anderen. Sie weiß um die Tiefe des Negativen in Sein und Existenz. Das gilt sowohl von ihrer idealistischen wie von ihrer realistischen Form. Hegel führt Nichtsein und Widerspruch in den Prozeß der göttlichen Selbstverwirklichung ein. Marx sieht in der Entmenschlichung und Selbstentfremdung der historischen Existenz die Widerlegung des liberalen Glaubens an eine automatische Harmonie. Das Schicksal erscheint jetzt erneut als der dunkle Hintergrund einer rationalisierten Vorsehung und als deren dauernde Bedrohung. Indessen führt die Dialektik zur Synthese, sowohl logisch als auch tatsächlich. Die Vorsehung siegt noch, sowohl bei Hegel als auch bei Marx. Bei Hegel siegt sie in seiner eigenen Zeit, bei Marx wird sie in einer noch unbestimmten Zukunft siegen. Bei keinem von beiden gewährt die Vorsehung jedoch Trost für den einzelnen. Marx kennt keine Erfüllung des individuellen Schicksals, außer in der Kollektiv-Erfüllung, während Hegel die Geschichte gar nicht als Ort individuellen Glückes betrachtet, weder in der Vergangenheit noch in der Gegenwart oder Zukunft.

Die Katastrophen des 20. Jahrhunderts haben sogar diesen begrenzten Glauben an eine „rationale Vorsehung" erschüttert. Das Schicksal überschattet die christliche Welt, wie es die antike Welt vor 2000 Jahren überschattet hat. Der Einzelmensch fragt leidenschaftlich, wie ihm die Möglichkeit erhalten bleiben könnte, an eine persönliche Erfüllung zu glauben, trotz aller Negativität seiner historischen Existenz. Und die Frage nach der historischen Existenz ist wieder ein Kampf mit der Dunkelheit des Schicksals geworden, derselbe Kampf, in dem ursprünglich das Christentum den Sieg errang.

3. DER SINN VON VORSEHUNG. — Vorsehung bedeutet ein Voraus-Sehen *(providere)*, das ein Voraus-Ordnen ist („nach etwas sehen"). Diese Doppelbedeutung enthält ein zwiespältiges Empfinden gegenüber der Vorsehung, und dem entsprechen auch die verschiedenen Interpretationen des Begriffs. Betont man das Element der Voraus-Sicht, dann wird Gott zum allwissenden Zuschauer, der weiß, was geschehen wird, der aber die Freiheit seiner Geschöpfe nicht stört. Wird das Element des Voraus-Ordnens betont, dann wird Gott zu einem Planer, der alles, was geschehen wird, ordnete, „ehe der Welt Grund gelegt war"; alle natürlichen und historischen Prozesse sind dann nichts anderes als die Ausführung dieses überzeitlichen göttlichen Plans. Bei der ersten Auffassung bauen die Geschöpfe ihre Welt selber, und Gott bleibt Zuschauer; bei der zweiten sind die Geschöpfe Räder in einem universalen Mechanismus, und Gott ist es allein, der handelt. Beide

Auffassungen von Vorsehung müssen abgelehnt werden. Die Vorsehung ist ein beständiges Handeln Gottes. Er ist niemals Zuschauer, immer lenkt er alles und jedes zu seiner Erfüllung hin. Aber er tut es durch die Freiheit des Menschen und durch die Spontaneität der lebenden Wesen. Die Vorsehung wirkt durch die polaren Elemente des Seins. Sie wirkt unter den Bedingungen individueller, sozialer und universaler Existenz, durch Endlichkeit, Nichtsein und Angst, durch die gegenseitigen Konflikte alles Endlichen, durch seinen Widerstand gegen das göttliche Tun und durch die zerstörerischen Folgen solchen Widerstandes. Alle existentiellen Bedingungen sind in Gottes lenkendem Schaffen enthalten. Sie werden weder vermehrt oder vermindert in ihrer Kraft, noch werden sie aufgehoben. Vorsehung ist keine Einmischung; sie ist Schöpfung. Sie bedient sich aller Möglichkeiten, sowohl der Freiheit als auch des Schicksals und leitet alles schöpferisch auf seine Vollendung hin. Vorsehung ist eine Qualität jeder Konstellation von Bedingungen, eine Qualität, die in Richtung der Erfüllung „treibt" oder „lockt". Vorsehung ist das göttlich Bedingende, das in jeder Gruppe endlicher Bedingungen und in der Totalität endlicher Bedingungen gegenwärtig ist. Sie ist kein zusätzlicher Faktor, kein wunderhaftes physisches oder geistiges Eingreifen im Sinne des Supranaturalismus. Sie ist die Qualität der inneren Ausrichtung in jeder Situation. Der Mensch, der an die Vorsehung glaubt, glaubt nicht, daß ein besonderes göttliches Handeln die Gegebenheiten der Endlichkeit und Entfremdung ändern wird. Er glaubt und versichert mit dem Mut des Glaubens, daß keine Situation die Erfüllung seines letzten Schicksals vereiteln, daß „nichts ihn scheiden mag von der Liebe Gottes, die in Christo Jesu ist, unserm Herrn" (Röm. 8, 39).

Was für den einzelnen gilt, gilt auch für die Geschichte. Der Glaube an die Vorsehung in der Geschichte bedeutet die Gewißheit, daß die Geschichte in jedem ihrer Augenblicke, in Zeiten des Fortschritts und Zeiten der Katastrophen, an der letzten Erfüllung kreatürlicher Existenz mitwirkt, obwohl sich diese Erfüllung nicht in einer etwaigen Zukunft in Raum und Zeit ereignen wird.

Gottes lenkendes Schaffen ist die Antwort auf die Frage nach dem Sinn des Gebets, besonders des Bitt- und Fürbittgebets. Keines dieser Gebete kann bedeuten, daß man von Gott erwartet, er solle bereit sein, in existentielle Gegebenheiten einzugreifen. Beide bedeuten, daß man Gott bittet, die gegebene Situation in Richtung ihrer Erfüllung zu lenken. Die Gebete sind ein Element in dieser Situation, ein sehr machtvoller Faktor, wenn es echte Gebete sind. Als ein Element der Gesamtsituation des Menschen gehört das Gebet zu den Bedingungen, die Gottes lenkendes Schaffen benutzt, aber die Art, wie er es benutzt, kann die völlige Verwerfung des Gebetswunsches sein. Der verborgene Gehalt jedes Gebets ist die Hingabe an Gott, und dieser Gehalt ist immer entscheidend. Jedes ernste Gebet hat Macht, nicht wegen der Intensität, mit der eine Bitte darin geäußert wird, sondern wegen des Glaubens, den ein Mensch an Gottes lenkendes Schaffen hat — ein Glaube, der die existentielle Situation verwandelt.

4. VORSEHUNG IM EINZELLEBEN UND IN DER GESCHICHTE. — Die Vorsehung bezieht sich ebenso auf den einzelnen wie auf die Geschichte. Die besondere Vorsehung *(providentia specialis)* gibt dem einzelnen die Gewißheit, daß unter allen Umständen, in jeder Art von Gegebenheiten, der göttliche „Faktor" wirksam und daß daher der Weg zu einer letzten Erfüllung für ihn offen ist. In der spätantiken Welt war die persönliche Vorsehung praktisch der Sinn von Vorsehung überhaupt. In einer Zeit, in der für den einzelnen die Geschichte nichts anderes bedeutete als Zufall und Schicksal *(tyche* und *heimarmene),* eine Macht über ihm, die er nicht ändern und zu der er nichts beitragen konnte, war der Glaube an eine individuelle Vorsehung eine Befreiung, und dieser befreiende Glaube wurde in den meisten Philosophenschulen gepflegt. Das Einzige, was ein Mensch tun konnte, war, seine Situation hinzunehmen und sie durch diese Hinnahme in stoischem Mut, in skeptischer Resignation oder in mystischer Erhebung zu transzendieren. Im Christentum ist die Vorsehung ein Element der Ich-Du-Beziehung zwischen Gott und Mensch, sie enthält die Innigkeit des Glaubens an liebevollen Schutz und persönliche Führung. Sie gibt dem einzelnen das Gefühl transzendenter Geborgenheit inmitten der Ungesichertheit in Natur und Geschichte. Sie ist Vertrauen zum göttlich Bedingenden in jeder Konstellation endlicher Bedingungen. Das ist die Größe des Vorsehungsglaubens, aber auch seine Gefahr. Vertrauen zu der göttlichen Führung kann zu der Überzeugung werden, daß Gott die Bedingungen einer Situation ändern muß, um das göttlich Bedingende wirksam werden zu lassen. Und wenn das nicht geschieht, brechen Vertrauen und Glaube zusammen. Aber es ist das Paradox des Glaubens an die Vorsehung, daß gerade dann, wenn die Bedingungen einer Situation den Glaubenden vernichten, das göttlich Bedingende ihm eine Gewißheit schenkt, die die Vernichtung transzendiert.

Das Christentum hat mehr getan als den Sinn der speziellen Vorsehung zu verwandeln. In der Nachfolge des Judentums hat es den Glauben an die geschichtliche Vorsehung hinzugefügt. Das war für die antike Welt unmöglich, aber für den jüdischen Prophetismus war es eine Realität, und für das Christentum ist es eine Notwendigkeit, denn Gott errichtet sein Reich durch die Geschichte. Das Erlebnis der großen Weltreiche mit ihrer schicksalhaften Macht erschütterte das jüdische und christliche Vertrauen zu Gottes geschichtlicher Vorsehung nicht. Die Reiche sind nur Stufen im welthistorischen Prozeß, dessen Erfüllung die Herrschaft Gottes durch Israel oder durch den Christus ist. Dieser Glaube ist nicht weniger paradox als der Glaube des einzelnen Menschen an Gottes lenkendes Schaffen in seinem Leben. Und überall da, wo der paradoxe Charakter der geschichtlichen Vorsehung vergessen wird, wo geschichtliche Vorsehung mit besonderen Ereignissen oder besonderen Erwartungen verknüpft wird, seien es religiöse oder weltliche, folgt die Enttäuschung ebenso unausweichlich wie im Leben des einzelnen. Die falsche Auffassung von der geschichtlichen Vorsehung, die die Erfüllung der Geschichte innerhalb der Geschichte selbst erwartet, ist utopisch. Das, was die Geschichte erfüllt, transzendiert sie ebenso wie das, was das Leben des einzelnen erfüllt, dessen Leben transzendiert. Der Glaube an die Vorsehung ist paradox. Er ist ein „Dennoch". Wird das nicht verstanden, bricht der Glaube an die Vorsehung zusammen und reißt den Glauben an Gott und an den Sinn des Lebens und der Geschichte mit sich. Zynismus ist die Folge falschen und daher enttäuschten Vertrauens auf die individuelle oder geschichtliche Vorsehung.

5. DIE THEODIZEE. — Der paradoxe Charakter des Glaubens an die Vorsehung ist die Antwort auf die Frage nach der Theodizee. Der Glaube an Gottes lenkendes Schaffen wird immer von neuem in Frage gestellt durch die menschliche Erfahrung einer Welt, in der sehr viele Menschen durch die Gegebenheiten der menschlichen Situation von einer auch nur vorläufigen und teilweisen Erfüllung ausgeschlossen zu sein scheinen. Früher Tod, verheerende soziale Lage, Schwachsinn und Geisteskrankheit, die unverminderten Schrecken der geschichtlichen Existenz — all dies scheint den Glauben an das Fatum weit mehr zu bestätigen als den Glauben an die Vorsehung. Wie kann ein allmächtiger Gott gerechtfertigt werden *(theo-dike)* im Hinblick auf Wirklichkeiten, in denen auch nicht der geringste Sinn entdeckt werden kann?

Bei der Theodizee geht es zunächst um das physische Übel, um Leiden und Tod usw., dann um das moralisch Böse, um Sünde, Selbstzerstörung usw. Die Antwort ist: Das physische Übel ist die natürliche Folge kreatürlicher Endlichkeit. Das moralische Übel ist die tragische Folge kreatürlicher Freiheit. Schöpfung ist die Schöpfung endlicher Freiheit; sie ist Schöpfung des Lebens mit seiner Größe und mit seiner

Gefahr. Gott lebt, und sein Leben ist schöpferisch. Wenn Gott in sich schöpferisch ist, kann er nichts schaffen, was das Gegenteil von ihm ist, er kann nicht den Tod schaffen. Er kann nicht Objekte schaffen, die nichts als bloße Objekte sind. Er muß das schaffen, was Subjektivität und Objektivität verbindet — das Leben, das, was Freiheit besitzt und damit den Gefahren der Freiheit ausgesetzt ist. Die Schöpfung endlicher Freiheit ist das Wagnis, das das göttliche Schaffen auf sich nimmt. Dies ist der erste Schritt auf dem Wege zu einer Antwort auf die Frage nach der Theodizee.

Jedoch ist damit die Frage nicht beantwortet, warum einige Wesen von jeglicher Art Erfüllung scheinbar ausgeschlossen sind, sogar vom freien Widerstand gegen ihre Erfüllung. Hierbei muß zuerst gefragt werden, von wem und unter welchen Bedingungen diese Zentralfrage der Theodizee gestellt werden kann. Alle theologischen Aussagen sind existentiell; sie schließen die Existenz des Menschen ein, der die Aussage macht oder die Frage stellt. Die kreatürliche Existenz, von der die Theologie redet, ist *meine* kreatürliche Existenz, und nur auf dieser Basis ist die Erörterung der Kreatürlichkeit überhaupt sinnvoll. Diese existentielle Korrelation wird aufgegeben, wenn die Frage nach der Theodizee im Hinblick auf andere Personen als den Fragenden gestellt wird. Die Situation ist hier dieselbe, wie sie schon bei der Frage nach der Prädestination entstand, wenn nämlich die Prädestination auf andere Personen angewandt wird als den Fragenden selbst. Ein Mensch kann mit dem paradoxen Vertrauen des Glaubens sagen: „Nichts kann *mich* scheiden von der Liebe Gottes" (Röm. 8), aber er kann nicht mit Vollmacht sagen, ob andere Personen von der Liebe Gottes oder von der letzten Erfüllung geschieden sind oder nicht. Kein Mensch kann außerhalb der Glaubenskorrelation ein allgemeines oder persönliches Urteil darüber abgeben.

Wenn wir die Frage nach der Erfüllung anderer Personen beantworten wollen und mit ihr die Frage nach der Theodizee und der Prädestination, so müssen wir den Punkt suchen, an dem das Schicksal anderer zu unserem eigenen Schicksal wird. Und dieser Punkt ist nicht schwer zu finden. Es ist die Partizipation ihres Seins an unserem Sein. Das Prinzip der Partizipation bedeutet, daß es bei jeder persönlichen Erfüllung zugleich um universale Erfüllung geht. Die eine kann von der anderen nicht getrennt werden. Das Schicksal des einzelnen kann nicht vom Schicksal des Ganzen, an dem es teilhat, getrennt werden. Man könnte von einer stellvertretenden Erfüllung oder Nicht-Erfüllung sprechen; aber darüber hinaus muß man auf die schöpferische Einheit von Individualisation und Partizipation in der Tiefe des göttlichen Lebens hinweisen. Die Frage nach der Theodizee findet ihre endgültige Antwort im Mysterium des schöpferischen Grundes. Die Scheidung der Menschheit in erfüllte und nichterfüllte einzelne oder in Objekte der Prädestination entweder zum Heil oder zur Verdammnis ist existentiell und daher theologisch unmöglich. Solch eine Scheidung widerspricht der letzten Einheit von Individualisation und Partizipation im schöpferischen Grund des göttlichen Lebens.

Das Prinzip der Partizipation führt uns einen Schritt weiter. Von Gott selbst wird gesagt, daß er an den negativen Zügen kreatürlicher Existenz partizipiert. Diese Auffassung wird sowohl vom mystischen als auch vom christologischen Denken unterstützt. Trotzdem muß sie mit Vorbehalten geäußert werden. Der ursprüngliche Patripassianismus (die Lehre, daß Gott-Vater in Christus gelitten hat) wurde mit Recht von der alten Kirche abgelehnt. Gott als das Sein-Selbst transzendiert das Nichtsein absolut. Andererseits umschließt Gott als schöpferisches Leben auch das Endliche und mit ihm das Nichtsein, wenn auch das Nichtsein in Ewigkeit überwunden und das Endliche in Ewigkeit mit der Unendlichkeit des göttlichen Lebens wiedervereinigt ist. Deshalb ist es sinnvoll, von einer Partizipation des göttlichen Lebens an der Negativität des kreatürlichen Lebens zu reden. Dies ist die letzte Antwort auf die Frage nach der Theodizee. Die Gewißheit von Gottes lenkendem Schaffen beruht auf der Gewißheit, daß Gott der Grund des Seins und des Sinnes ist. Das Vertrauen jedes Geschöpfes, sein Mut zum Sein, wurzelt im Glauben an Gott als seinen schöpferischen Grund.

4. Gott in Beziehung

a) *Die göttliche Heiligkeit und das Geschaffene.* — „Beziehung" ist eine grundlegende ontologische Kategorie. Sie gilt sowohl für die Korrelation der ontologischen Elemente als auch für die Wechselbeziehung alles Endlichen. Es erhebt sich die spezifisch theologische Frage: Kann Gott in Beziehung sein? Und wenn ja, in welchem Sinn? Gott als das Sein-Selbst ist der Grund jeder Beziehung. Im göttlichen Leben sind alle Beziehungen begründet, aber der Unterscheidung von Potentialität und Aktualität nicht unterworfen. Aber sie sind nicht Beziehungen Gottes zu etwas außer ihm. Sie sind die inneren Beziehungen des göttlichen Lebens. Diese inneren Beziehungen sind natürlich nicht bedingt durch die Aktualisierung der endlichen Freiheit. Die Frage ist aber, ob es auch äußere Beziehungen zwischen Gott und dem Geschaffenen gibt. Die Lehre von der Schöpfung behauptet, daß Gott in jedem Augenblick der schöpferische Grund von allem ist. In diesem Sinne gibt es keine geschöpfliche Selbständigkeit, von der eine äußere Beziehung zwischen Gott und dem Geschöpf abgeleitet werden könnte. Wenn man sagt: „Gott ist in Beziehung", so ist das genau so eine symbolische Aussage wie die, daß Gott ein lebendiger Gott ist. Und jede besondere Beziehung hat teil an diesem symbolischen Charakter. Jede Beziehung, in der Gott Objekt für ein Subjekt wird, im Erkennen und im Handeln, muß gleichzeitig bejaht und verneint werden. Sie muß bejaht werden, weil der Mensch ein zentriertes Selbst ist, das auf Objekte gerichtet ist. Sie muß verneint werden, weil Gott niemals Objekt für menschliches Erkennen oder Handeln werden kann. Darum redet die mystische Theologie innerhalb und außerhalb des Christentums davon, daß Gott sich durch den Menschen selbst erkennt und selbst liebt. Das bedeutet, daß Gott, auch wenn er Objekt wird, trotzdem Subjekt bleibt.

Die Unnahbarkeit Gottes und die Unmöglichkeit, im eigentlichen Sinn eine Beziehung zu ihm zu haben, ist in dem Wort Heiligkeit ausgedrückt. Gott ist essentiell heilig, und jede Beziehung zu ihm bringt zum Bewußtsein, daß es paradox ist, zum Heiligen eine Beziehung zu haben. Gott kann nicht Objekt des Erkennens oder Partner des Handelns werden. Wenn wir von der Ich-Du-Beziehung zwischen Gott und Mensch reden müssen, so umfaßt das Du das Ich und folglich die ganze Beziehung. Wäre es anders, so wäre die Ich-Du-Beziehung zu Gott eine eigentliche und keine symbolische Beziehung und das Ich könnte sich aus der Beziehung zum göttlichen Du zurückziehen. Aber es gibt keinen Ort, an den der Mensch sich vor dem göttlichen Du zurückziehen kann, denn es schließt das Ich ein und ist dem Ich näher als das Ich sich selbst. Letztlich ist es eine Beleidigung der göttlichen Heiligkeit, von Gott so zu reden, wie wir es von Objekten tun, deren Existenz oder Nicht-Existenz zur Diskussion steht. Es ist eine Beleidigung der göttlichen Heiligkeit, Gott als Partner gemeinsamen Handelns anzusehen oder als höhere Macht, die man durch Riten und Gebete beeinflußt. Die Heiligkeit Gottes macht es unmöglich, ihn in den Ich-Welt-Zusammenhang und die Subjekt-Objekt-Korrelation hereinzuziehen. Er ist selbst Grund und Sinn dieser Korrelation, nicht ein Element innerhalb derselben. Die Heiligkeit Gottes verlangt, daß wir in der Beziehung zu ihm die Totalität endlicher Beziehungen hinter uns lassen und eine Beziehung eingehen, die im eigentlichen Sinne des Wortes überhaupt keine Beziehung ist. Wir können alle unsere Beziehungen in die Sphäre des Heiligen hineintragen. Wir können jedes Endliche (einschließlich seiner inneren und äußeren Beziehungen) in die Sphäre des Heiligen erheben. Aber um das zu tun, müssen wir zuvor alle endlichen Beziehungen transzendieren. Die Theologie, die ihrem Wesen nach immer in Gefahr ist, Gott in die Erkenntnisbeziehung der Subjekt-Objekt-Struktur des Seienden hereinzuziehen, sollte über sich selbst zu Gericht sitzen und unnachgiebig auf die Heiligkeit Gottes und sein unerreichbares Wesen hinweisen.

Symbole für die überschwengliche Heiligkeit Gottes sind „Majestät" und „Ehre". Sie treten am meisten hervor im exklusiven Monotheismus des Alten Testaments und des Calvinismus. Für Calvin und seine Anhänger ist die Ehre Gottes der Zweck von Schöpfung und Fall, von Verdammung und Erlösung. Die Majestät Gottes schließt die Freiheit des Geschöpfes aus und verdunkelt die göttliche Liebe. Das war und ist ein Korrektiv des sentimentalen Bildes von einem Gott, der der Erfüllung menschlicher Wünsche dient. Zugleich aber war und ist es Gegenstand berechtigter Kritik. Eine Bejahung der Ehre Gottes auf Kosten der göttlichen Liebe ehrt ihn nicht wirklich. Und eine tyrannische Majestät ist nicht echte Majestät. Majestät und Ehre dürfen nicht von den anderen Eigenschaften des göttlichen Lebens getrennt werden. Gottes Heiligkeit ist keine Eigenschaft an und für sich. Sie ist die Qualität, die alle anderen Qualitäten zu göttlichen erhebt. Seine Macht ist heilige Macht; seine Liebe ist heilige Liebe. Die Menschen sind niemals bloß Mittel zum Zweck der göttlichen Ehre. Sie sind auch ihr Ziel. Weil die Menschen im göttlichen Leben ihre Wurzel haben und in dasselbe zurückkehren sollen, partizipieren sie an seiner Ehre. Im Lobpreis der göttlichen Majestät ist der Lobpreis des Schicksals alles Geschaffenen enthalten. Aus diesem Grunde spielt der Lobpreis Gottes eine so entscheidende Rolle in allen Liturgien, Kirchenliedern und Gebeten. Sicher preist der Mensch nicht sich selbst, wenn er Gottes Majestät preist. Aber er preist die Ehre, an der er durch seinen Lobpreis teilhat.

b) *Die Macht Gottes und das Geschaffene.* — 1. Der Sinn des Begriffs Allmacht. Gott ist die Seinsmächtigkeit, die dem Nichtsein Widerstand leistet und es überwindet. In Beziehung zum Geschaffenen wird die göttliche Macht durch das Symbol der Allmacht ausgedrückt. Der allmächtige Gott ist das erste Thema des christlichen Glaubensbekenntnisses. Die Allmacht Gottes trennt den exklusiven Monotheismus von aller Religion, in der Gott weniger als Sein-Selbst oder Seinsmächtigkeit ist. Nur der allmächtige Gott kann das sein, was den Menschen unbedingt angeht. Ein sehr mächtiger Gott könnte zwar den Anspruch erheben, das zu sein, was uns unbedingt angeht. Aber er ist es nicht, und sein Anspruch wird zunichte; denn er kann dem Nichtsein nicht Widerstand leisten und daher nicht den letzten Mut schenken, der die Angst besiegt. Das Bekenntnis im Credo zu „Gott, dem allmächtigen

Vater" ist Ausdruck des christlichen Bewußtseins, daß die Angst des Nichtseins im göttlichen Leben für ewig überwunden ist. Das Symbol der Allmacht gibt die erste und grundlegende Antwort auf die in der Endlichkeit enthaltene Frage. Darum beginnen die meisten liturgischen und freien Gebete mit der Anrufung „Allmächtiger Gott".

Das ist der religiöse Sinn von Allmacht. Wie aber kann Allmacht theologisch ausgedrückt werden? Im gewöhnlichen Sprachgebrauch ist Allmacht die Eigenschaft eines höchsten Wesens, das imstande ist zu tun, was es will. Diese Vorstellung muß sowohl religiös als auch theologisch zurückgewiesen werden. Sie macht Gott zu einem Wesen neben anderen, einem Wesen, das sich selbst fragt, welche unter zahllosen Möglichkeiten es verwirklichen soll. Sie unterwirft Gott der Spaltung zwischen Potentialität und Aktualität — einer Spaltung, die das Endliche charakterisiert. Sie führt zu absurden Fragen nach der Macht Gottes und verwendet dabei Begriffe, die logisch sich widersprechende Möglichkeiten enthalten. Im Gegensatz zu solcher Karikatur von Gottes Allmacht haben Luther, Calvin und andere Allmacht so ausgelegt, als bedeute sie die göttliche Macht, durch die Gott in jedem Augenblick in allem und durch alles schöpferisch wird. Der allmächtige Gott ist der allwirkende Gott. In solcher Deutung liegt jedoch eine Schwierigkeit. Sie führt zur Gleichsetzung der göttlichen Macht mit aktuellen Geschehnissen in Raum und Zeit und unterdrückt damit das transzendente Element in Gottes Allmacht. Sinnentsprechend sollte man göttliche Allmacht definieren als Seinsmächtigkeit, die dem Nichtsein in all seinen Formen Widerstand leistet und die im schöpferischen Prozeß allenthalben offenbar wird.

Glaube an den allmächtigen Gott ist die Antwort auf die Frage nach dem Mut, der stark genug ist, die Angst der Endlichkeit zu besiegen. Letzter Mut gründet sich auf Teilhaben an letzter Seinsmächtigkeit. Wo die Anrufung „Allmächtiger Gott" ernst genommen wird, da ist ein Sieg über die Drohung des Nicht-Seins erlebt und ein Ja zur Existenz ausgesprochen. Weder Endlichkeit noch Angst verschwindet, aber sie werden in die Unendlichkeit und den Mut hineingenommen. Nur so kann das Symbol der Allmacht verstanden werden. Wird Allmacht zur Eigenschaft eines höchsten Wesens gemacht, das imstande ist, zu tun, was es will, so wird sie magisch und absurd.

Allmacht in Beziehung zur *Zeit* ist Ewigkeit. Allmacht in Beziehung zum *Raum* ist Allgegenwart. Allmacht in Beziehung auf die *Subjekt-Objekt-Struktur* ist Allwissenheit. Diese Symbole müssen nunmehr gedeutet werden. *Kausalität* und *Substanz* sind schon im Zusammenhang mit der Lehre von Gott als dem schöpferischen Grund des Seins besprochen worden. In dieser Lehre enthält und transzendiert der Begriff „schöpferisch" den der Kausalität und der Begriff „Grund" den der Substanz. Ihre Interpretation wurde vor die der drei anderen Symbole gestellt, weil das göttliche Schaffen logisch der Beziehung Gottes zum Geschaffenen vorausgeht.

2. DER SINN DES BEGRIFFS EWIGKEIT. Ewigkeit ist ein echt religiöses Wort. Es nimmt die Stelle einer Wortbildung wie Allzeitlichkeit, die in Analogie zu Allgegenwart und Allwissenheit gebildet wäre, ein. Der Grund für diese Besonderheit ist wohl der, daß Zeit in einem vorzüglichen Sinn die Kategorie der Endlichkeit ist. Nur das ist göttlich, was den Mut gibt, die Angst der Zeitlichkeit auf sich zu nehmen. In der Anrufung „Ewiger Gott" wird das Teilhaben an dem erlebt, durch den das Ausgeliefertsein an die Zeit überwunden ist.

Der Gedanke der Ewigkeit muß gegen zwei falsche Deutungen geschützt werden. Ewigkeit ist weder Zeitlosigkeit noch Endlosigkeit der Zeit. Der Sinn von *olamim* im Hebräischen und von *aiones* im Griechischen ist nicht Zeitlosigkeit, sondern die Kraft, alle Zeitmomente zu umgreifen. Weil die Zeit im Grunde des göttlichen Lebens geschaffen wurde, steht Gott in essentieller Beziehung zu ihr. Insofern alles Göttliche die Spaltung zwischen Potentialität und Aktualität transzendiert, muß dies auch von der Zeit als einem Element göttlichen Lebens gesagt werden. In Gott sind die Momente der Zeit nicht von einander getrennt. Die Gegenwart wird nicht von Vergangenheit und Zukunft verschlungen. Doch schließt das Ewige das Zeitliche in sich ein. Ewigkeit ist die transzendente Einheit der getrennten Momente existentieller Zeit. Ewigkeit kann nicht verstanden werden als Gleichzeitigkeit alles Wirklichen. Gleichzeitigkeit würde die verschiedenen Modi der Zeit aufheben. Aber Zeit ohne Modi ist Zeitlosigkeit. Es wäre dann kein Unterschied zwischen Ewigkeit und der zeitlosen Gültigkeit eines mathematischen Satzes. Wenn wir Gott einen lebendigen Gott nennen, behaupten wir, daß er Zeitlichkeit und damit eine Beziehung zu den Modi der Zeit in sich begreift. Selbst Plato konnte die Zeitlichkeit aus der Ewigkeit nicht ausschließen. Er nennt Zeit das sich bewegende Bild der Ewigkeit. Er hätte das nicht sagen können, wenn er Ewigkeit als Zeitlosigkeit aufgefaßt hätte. Ewigkeit schließt bei Plato Zeit ein, wenn es auch nur die Zeit der in sich zurückkehrenden Kreisbewegung ist. Hegel wurde aus logischen Gründen von Trendelenburg und aus religiösen Gründen von Kierkegaard kritisiert, weil er die Bewegung in das Gebiet der logischen Formen eingeführt hat. Aber bei Hegel sind die logischen Formen, deren Bewegung er beschreibt, Seinsmächtigkeiten. Sie sind nicht aktuelle Mächte, aber sie sind das, was in Natur und Geschichte aktualisiert wird. Hegel weist hin auf eine zeitliche Bewegtheit des Absoluten, von dem die Zeit, wie wir sie kennen, zugleich Abbild und Entstellung ist. Dennoch war Kierkegaards Kritik berechtigt, weil Hegel nicht daran dachte, daß die Situation des Menschen mit ihrer entstellten Zeitlichkeit seinen Versuch einer endgültigen und vollständigen Geschichtsinterpretation zunichte macht. Aber sein Gedanke einer dialektischen Bewegung innerhalb des Absoluten stimmt mit dem echten Sinn von Ewigkeit überein. Ewigkeit ist nicht Zeitlosigkeit.

Und Ewigkeit ist nicht Endlosigkeit der Zeit. Endlose Zeit, von Hegel korrekt als „schlechte Unendlichkeit" bezeichnet, ist die endlose, ständige Wiederholung der Zeitlichkeit. Die zerteilten Augenblicke der Zeit durch die Forderung ihrer endlosen Wiederholung zu unendlicher Bedeutung zu erheben, ist Götzendienst in seiner sublimsten Form. Ewigkeit in diesem Sinne wäre für jedes endliche Wesen identisch mit Verdammung, was immer auch der Inhalt einer niemals endenden Zeit wäre (vgl. die Sage vom Ewigen Juden). Für Gott würde das die Unterwerfung unter eine Macht über ihm bedeuten, nämlich unter die Struktur der zerteilten Zeitlichkeit. Es würde ihn seiner Ewigkeit berauben und ihn zu einem immer lebenden Wesen untergöttlichen Charakters machen. Ewigkeit ist nicht Endlosigkeit der Zeit.

Auf Grund dieser Betrachtungen und der Behauptung, daß Ewigkeit Zeitlichkeit einschließt, muß nun die Frage gestellt werden: Welche Beziehung besteht zwischen Ewigkeit und den Modi der Zeit? Eine Antwort darauf verlangt die Anwendung der einzigen Analogie zu Ewigkeit, die in der menschlichen Erfahrung vorhanden ist, nämlich der Einheit von erinnerter Vergangenheit und vorweggenommener Zukunft in der Erfahrung der Gegenwart. Durch solch eine Analogie nähert man sich symbolisch dem Sinn von Ewigkeit. Dem Überwiegen der Gegenwart in der zeitlichen Erfahrung entsprechend muß Ewigkeit zunächst als ewige Gegenwart symbolisiert werden *(nunc aeternum)*. Dieses *nunc aeternum* ist aber nicht Gleichzeitigkeit oder die Ablehnung der selbständigen Bedeutung von Vergangenheit und Zukunft. Die ewige Gegenwart bewegt sich von der Vergangenheit zur Zukunft, hört dabei aber nie auf, Gegenwart zu sein. Die Zukunft ist nur dann echte Zukunft, wenn sie offen bleibt, wenn Neues sich ereignen und wenn man sie erwarten kann. Aus diesem Grunde fühlte Bergson sich veranlaßt, auf dem absoluten Offensein der Zukunft zu bestehen, und ging darin so weit, daß er Gott vom Unvorhergesehenen, das geschehen könnte, abhängig machte. Aber durch seine Lehre vom absoluten Offensein der Zukunft entwertete Bergson die Gegenwart, indem er ihr die Möglichkeit der Erwartung nahm. Ein Gott, der nicht in der Lage ist, jede mögliche Zukunft vorwegzunehmen, ist vom absoluten Zufall abhängig und kann nicht Grund letzten Mutes sein. Dieser Gott wäre selbst der Angst vor dem Unbekannten unterworfen. Er wäre nicht das Sein-Selbst. Daher ist nur ein relatives, nicht ein absolutes Offensein für die Zukunft ein Charakteristikum der Ewigkeit. Das Neue liegt jenseits von Potentialität und Aktualität im göttlichen Leben. Es wird als Neues in Zeit und Geschichte aktualisiert. Ohne das Element der Offenheit wäre Geschichte nicht schöpferisch. Sie würde aufhören, Geschichte zu sein. Andererseits wäre ohne das, was das Offensein begrenzt, die Geschichte ohne Richtung und Ziel. Auch dadurch würde sie aufhören, Geschichte zu sein.

Gottes Ewigkeit ist auch nicht abhängig von der Vollendung der Vergangenheit. Für Gott ist die Vergangenheit nicht abgeschlossen, weil er durch sie die Zukunft schafft, und im Erschaffen der Zukunft schafft er die Vergangenheit neu. Wäre Vergangenheit nur die Gesamtsumme dessen, was geschehen ist, so wäre eine solche Behauptung sinnlos. Aber die Vergangenheit schließt ihre eigenen Potentialitäten ein. Die Potentialitäten, die in der Zukunft Aktualitäten werden sollen, entscheiden nicht nur die Zukunft, sondern auch die Vergangenheit. Die Vergangenheit wird durch alles Neue, was geschieht, etwas anderes. Ihr Gesicht verändert sich. Auf diese Tatsache gründet sich der Wert einer geschichtlichen Deutung der Vergangenheit. Die in der Vergangenheit enthaltenen Potentialitäten werden jedoch nicht offenbar, ehe sie die Zukunft bestimmt haben. Sie können sie bestimmen durch eine neue Deutung dessen, was historisch erinnert ist. Oder sie können sie bestimmen durch Entwicklungen, die diese oder jene verborgene Potentialität wirksam machen. Von der Ewigkeit her gesehen sind sowohl Vergangenheit wie Zukunft offen. Die schaffende Kraft, die in die Zukunft führt, formt auch die Vergangenheit um. Wenn Ewigkeit in Einheit mit Gottes Kreativität verstanden wird, so schließt das Ewige Vergangenheit und Zukunft ein, ohne ihnen ihren besonderen Charakter als Modi der Zeit zu nehmen.

Der Glaube an den ewigen Gott ist Grundlage für den Mut, der die Negativitäten des Zeitprozesses überwindet. Sowohl die Angst vor der Vergangenheit als auch die Angst vor der Zukunft verlieren ihre Macht. Die Angst vor der Vergangenheit wird besiegt durch die Freiheit, die Gott gegenüber der Vergangenheit und ihren Möglichkeiten besitzt. Die Angst vor der Zukunft wird besiegt dadurch, daß das Neue von der Einheit des göttlichen Lebens abhängig ist. Die zerteilten Augenblicke der Zeit sind im Ewigen eins. Hierin und nicht in der Lehre von der Unsterblichkeit der Seele ist die Gewißheit vom Teilhaben des Menschen am ewigen Leben verankert. Die Hoffnung auf ein ewiges Leben ist nicht auf eine Substanz-Qualität der Seele des Menschen begründet, sondern auf sein Teilhaben an der Ewigkeit des göttlichen Lebens.

3. DER SINN DES BEGRIFFS ALLGEGENWART. Gottes Beziehung zum Raum muß ebenso wie seine Beziehung zur Zeit in Qualitätsbegriffen gedeutet werden. Gott ist weder endlos im Raum ausgedehnt noch durch einen bestimmten Raum begrenzt, auch ist er nicht raumlos. Eine Theologie, die zu pantheistischen Formulierungen neigt, zieht die erste Möglichkeit vor, während eine Theologie mit deistischen Tendenzen die zweite Möglichkeit wählt. Allgegenwart kann nicht als Ausdehnung der göttlichen Substanz durch alle Räume gedeutet werden; denn man unterwirft damit Gott einer zerteilten Räumlichkeit und stellt ihn sozusagen neben sich selbst, wobei man das persönliche Zentrum des göttlichen Lebens opfert. Das muß ebenso abgelehnt werden wie der Versuch, ihn der endlosen Wiederholung zerteilter Zeitlichkeit zu unterwerfen. Man kann Allgegenwart auch deuten als die Lehre, daß Gott persönlich an einem genau umschriebenen Ort (im Himmel) anwesend ist und doch zugleich an jedem Ort (auf der Erde und in der Unterwelt) wirkend gegenwärtig ist. Beides aber widerspricht dem Gottesgedanken. Die Raumsymbole „oben" und „unten" dürfen keinesfalls wörtlich genommen werden. Wenn Luther sagt, „die rechte Hand Gottes" sei nicht an einem umschriebenen Ort *(locus circumscriptus),* sondern überall, da Gottes Macht und Kreativität an jedem Ort wirksam sei, zerstört er damit die herkömmliche Deutung von Gottes Allgegenwart und lehrt mit Nikolaus Cusanus, daß Gott in allem ist, sowohl im Zentrum als auch an der Peripherie. Seitdem die moderne Astronomie eine Schau des Universums durchgesetzt hat, die für die Dreiteilung des Raumes in Himmel, Erde und Unterwelt keine Möglichkeit gibt, muß die Theologie den symbolischen Charakter dieser Raumvorstellungen nachdrücklich betonen, obwohl Bibel und Kultus diese Vorstellung wörtlich nehmen. Fast jedes christliche Dogma ist von diesen Symbolen her gestaltet worden. Sie bedürfen einer Neuformulierung aus der Erkenntnis des einheitlichen Weltraumes. „Gott ist im Himmel" bedeutet, daß sein Leben von der Existenz des Geschaffenen qualitativ verschieden ist, aber es bedeutet nicht, daß er an einem besonderen Ort lebt oder von einem besonderen Ort herabsteigt.

Schließlich aber ist Allgegenwart nicht Raumlosigkeit. Wir müssen für das göttliche Leben das Gebundensein an einen Punkt ebenso ablehnen wie die Gleichzeitigkeit und Zeitlosigkeit. Gott schafft im Grunde seines Lebens die Ausdehnung, in der alles Räumliche seine Wurzeln hat. Aber Gott ist dieser Ausdehnung nicht unterworfen. Er transzendiert sie und partizipiert an ihr. Gottes Allgegenwart ist sein schöpferisches Teilhaben an der räumlichen Existenz des von ihm Geschaffenen.

Man hat gemeint, daß Gott auf Grund seines Geistseins eine Beziehung zur Zeit, aber nicht zum Raum hat. Es wird geltend gemacht, daß Ausdehnung körperliche Existenz kennzeichnet, die von Gott nicht behauptet werden kann, auch im symbolischen Sinne nicht. Solch ein Argument hat jedoch seine Grundlage in einer falschen Ontologie. Natürlich kann man nicht sagen, daß Gott körperlich ist. Aber wenn gesagt wird, daß er Geist ist, sind darin die ontologischen Elemente der Vitalität und Persönlichkeit enthalten und mit ihnen die Partizipation körperlicher Existenz am göttlichen Leben. Sowohl Vitalität wie Persönlichkeit haben eine körperliche Grundlage. Darum ist es berechtigt, daß die christliche Kunst den leiblich auferstandenen Christus in die Trinität einschließt. Darum zieht das Christentum das Symbol der Auferstehung anderen Symbolen des ewigen Lebens vor. Darum haben einige christliche Mystiker und Philosophen nachdrücklich behauptet, daß „Leiblichkeit das Ende der Wege Gottes ist" (Oetinger). Das ist eine notwendige Konsequenz der christlichen Schöpfungslehre mit ihrer Ablehnung der griechischen Lehre von der Materie als widergeistigem Prinzip. Nur auf dieser Grundlage kann die ewige Gegenwart Gottes behauptet werden, denn Gegenwart verbindet Zeit und Raum[1].

Gottes Allgegenwart überwindet die Angst, keinen Raum für das eigene Selbst zu haben. Sie gibt den Mut, die Unsicherheiten und Ängste der räumlichen Existenz auf sich zu nehmen. In der Gewißheit des allgegenwärtigen Gottes sind wir immer zu Hause und doch nicht zu Hause, sind wir verwurzelt und entwurzelt zugleich, ruhen und wandern wir, haben wir einen Ort und doch keinen Ort, sind wir an einem Ort bekannt und doch an keinem Ort bekannt.

Und in der Gewißheit des allgegenwärtigen Gottes sind wir immer im Heiligtum. Sind wir auch am diesseitigsten Ort der Welt, so sind wir doch an einem heiligen Ort, und der heiligste Ort bleibt diesseitig, wenn wir ihn mit unserem eigentlichen Ort im Grunde des göttlichen Lebens vergleichen. Wann immer Allgegenwart erlebt wird, läßt sie den Unterschied zwischen Heiligem und Profanem verschwinden. Die Gegenwart Gottes im Sakrament ist eine Konsequenz seiner Allgegen-

---

[1] Das lateinische Wort praesentia wie das deutsche Wort Gegenwart enthalten eine Raumvorstellung von „etwas, das vor einem steht".

wart. Sie ist eine tatsächliche Bekundung seiner Allgegenwart in Abhängigkeit von der Offenbarungsgeschichte und den dadurch geschaffenen konkreten Symbolen. Seine Gegenwart im Sakrament ist nicht die Erscheinung von irgend jemandem, der für gewöhnlich abwesend ist und gelegentlich kommt. Wenn man die göttliche Gegenwart immer erfahren könnte, würde es keinen Unterschied zwischen heiligen und weltlichen Orten geben. Im göttlichen Leben existiert dieser Unterschied nicht.

4. DER SINN DES BEGRIFFS ALLWISSENHEIT. Das Symbol der Allwissenheit bringt den Geistcharakter der göttlichen Allmacht und Allgegenwart zum Ausdruck. Es bezieht sich auf die Subjekt-Objekt-Struktur der Wirklichkeit und weist hin auf das Teilhaben Gottes an dieser Struktur und auf sein Transzendieren dieser Struktur.

Die Theologie muß zunächst versuchen, die Absurdität in der Deutung von Allwissenheit zu beseitigen. Allwissenheit ist nicht eine Fähigkeit eines höchsten Wesens, das angeblich alle vergangenen, gegenwärtigen und zukünftigen Objekte kennt und darüber hinaus alles weiß, was hätte geschehen können, wenn das, was geschehen ist, nicht geschehen wäre. Die Absurdität einer solchen Vorstellung ist begründet in der Unmöglichkeit, Gott in das Subjekt-Objekt-Schema einzuordnen, obgleich diese Struktur im göttlichen Leben ihre Wurzeln hat. Spricht man daher vom göttlichen Wissen und vom unbedingten Charakter des göttlichen Wissens, so spricht man symbolisch und deutet an, daß Gott nicht in einer naturhaften Art gegenwärtig ist, sondern in geistiger Weise. Nichts befindet sich außerhalb der geistigen Einheit des göttlichen Lebens. Nichts ist fremd, dunkel, verborgen, isoliert oder unzugänglich. Nichts fällt aus der Logosstruktur des Seins heraus. Das dynamische Element kann die Einheit der Form nicht zerbrechen. Der göttliche Abgrund kann die rationale Qualität des göttlichen Lebens nicht verschlingen.

Diese Gewißheit hat Folgen für die persönliche und kulturelle Existenz des Menschen. Im persönlichen Leben bedeutet sie, daß es im menschlichen Wesen keine absolute Dunkelheit gibt. Es ist nichts absolut Verborgenes darin. Das Verborgene, das Dunkle, das Unbewußte ist in Gottes geistigem Leben gegenwärtig. Ein Entrinnen gibt es nicht. Andererseits aber wird die Angst vor dem Dunklen und dem Verborgenen durch den Glauben an die göttliche Allwissenheit überwunden. Sie schließt ein letztes Gespaltensein aus. Sie schließt zwar nicht die Vielheit der Mächte und Formen aus, wohl aber eine Spaltung des Seins, das die Dinge fremd und beziehungslos zueinander macht. Daher ist die göttliche Allwissenheit eine logische (wenn auch nicht immer bewußte) Begründung des Glaubens daran, daß das Wirkliche für menschliches Erkennen offen ist. Wir erkennen, weil wir an der göttlichen Erkenntnis partizipieren. Die Wahrheit ist nicht so absolut entfernt, daß wir sie mit unserem endlichen Verstand nicht erreichen könnten, da ja das göttliche Leben, aus dessen Wurzeln wir kommen, alle Wahrheit in sich enthält. Im Symbol göttlicher Allwissenheit erfahren wir den fragmentarischen Charakter jedes endlichen Wissens, aber wir verneinen nicht unser Teilhaben an der Wahrheit selbst. Wir erfahren auch die Gebrochenheit jedes endlichen Sinnes, aber nicht als Grund letzter Sinnlosigkeit. Der Zweifel an Wahrheit und Sinn, der das Schicksal alles Endlichen ist, ist in dem Glauben an die göttliche Allwissenheit aufgehoben.

c) *Die Liebe Gottes und das Geschaffene.* — 1. DIE BEDEUTUNG DER GÖTTLICHEN LIEBE. — Liebe ist ein ontologischer Begriff. Ihr Gefühlselement geht aus ihrer ontologischen Natur hervor. Es ist falsch, Liebe von ihrer Gefühlsseite her zu definieren. Das führt notwendig zu sentimentalen Fehldeutungen des Sinnes der Liebe und stellt ihre symbolische Anwendung auf das göttliche Leben in Frage. Aber Gott ist die Liebe. Und da Gott das Sein-Selbst ist, muß man sagen, daß das Sein-Selbst Liebe ist. Das ist jedoch nur zu verstehen, weil die Aktualität des Seins Leben ist. Der Prozeß des göttlichen Lebens hat den Charakter der Liebe. Entsprechend der ontologischen Polarität von Individualisation und Partizipation vereinigt jeder Lebensprozeß eine Tendenz zur Trennung mit einer Tendenz zur Wiedervereinigung. Das ontologische Wesen der Liebe ist die ununterbrochene Einheit dieser beiden Tendenzen. Die Liebe hat emotionalen Charakter, insofern sie als Lebenserfüllung ins Bewußtsein tritt. Wiedervereinigung setzt Trennung voraus. Wo keine Individualisation vorhanden ist, fehlt die Liebe, und Liebe kann vollkommen realisiert werden nur, wo völlige Individualisation vorliegt — im Menschen. Aber das Individuum sehnt sich danach, zu der Einheit zurückzukehren, zu der es gehört, an der es durch sein ontologisches Wesen partizipiert. Diese Sehnsucht nach Wiedervereinigung ist ein Element in jeder Liebe, und ihre Verwirklichung, auch wenn sie immer fragmentarisch bleibt, wird als Seligkeit erfahren.

Wenn wir sagen, Gott *ist* Liebe, wenden wir die Erfahrung von Trennung und Wiedervereinigung auf das göttliche Leben an. Wie im Falle von Leben und Geist spricht man symbolisch von Gott als Liebe. Gott ist Liebe, aber jenseits von Potentialität und Aktualität. Das bedeutet, daß sie für das endliche Verstehen Mysterium ist. Das Neue

Testament verwendet für die göttliche Liebe das Wort *agape*. Es gebraucht aber dasselbe Wort auch für die Liebe des Menschen zum Menschen und zu Gott. In den verschiedenen Beziehungen der Liebe muß es etwas Gemeinsames geben, wenn dasselbe Wort auf sie angewandt werden kann. Um das zu entdecken, vergleichen wir kurz die übrigen Qualitäten der Liebe mit der *agape*-Qualität der Liebe. Liebe als Libido ist die Bewegung des Bedürftigen zu dem hin, was das Bedürfnis erfüllt. Liebe als *philia* ist die Bewegung von Gleichem zur Vereinigung mit Gleichem. Liebe als *eros* ist die Bewegung dessen, was geringer in Sein und Sinn ist, zu dem, was höher ist. In allen drei Qualitäten lebt ein Element des Begehrens. Das steht nicht in Widerspruch zur erschaffenen Güte des Seins, denn Trennung und Sehnsucht nach Wiedervereinigung von Wesen und Wesen liegt in der geschaffenen Natur der Dinge. Es gibt aber eine Qualität der Liebe, die die bisher genannten Qualitäten transzendiert, nämlich das Begehren nach der letzten Erfüllung. Alle Liebe außer der *agape* ist abhängig von zufälligen Eigenschaften. Sie ist abhängig von Abneigung und Anziehung, von Leidenschaft und Sympathie. Die *agape* ist von all dem unabhängig. Sie bejaht den andern bedingungslos, das heißt, sie sieht ab von seinen edleren oder niedrigeren, angenehmen oder unangenehmen Eigenschaften. Die *agape* vereint den Liebenden und den Geliebten um des Bildes willen, das Gott von beiden in ihrer Vollendung hat. Daher ist die *agape* allumfassend. Niemand, zu dem eine konkrete Beziehung real möglich ist („der Nächste"), ist davon ausgeschlossen. Auch wird niemand bevorzugt. Die *agape* nimmt den andern trotz seines Widerstandes an. Sie leidet und vergibt. Sie sucht die persönliche Vollendung des andern.

Aus dem, was über Gottes schöpferische Vorsehung gesagt wurde, geht klar hervor, warum in dem Satz, daß Gott die Liebe ist, die *agape*-Qualität der Liebe gemeint ist. Gott wirkt hin auf die Vollendung alles Geschaffenen und darauf, alles Getrennte und Zerrissene in der Einheit des Lebens zu vereinigen. Da die *agape* für gewöhnlich (wenngleich nicht immer und nicht notwendig) mit den anderen Qualitäten der Liebe verbunden ist, ist es natürlich, daß die religiöse Sprache diese Qualitäten zur Symbolisierung der göttlichen Liebe verwendet hat. Wo immer die Sprache der Frömmigkeit von Gottes Sehnsucht nach seinem Geschöpf redet und wo immer die Mystik sagt, daß Gott den Menschen nötig hat, wird das Libido-Element in den Begriff der göttlichen Liebe aufgenommen, doch in poetisch-religiöser Symbolik, denn Gott bedarf keines Dinges. Wenn die biblische Sprache sagt, daß die Jünger die Freunde Gottes oder des Christus sind, wird das *philia*-

Element in die Vorstellung von Gottes Liebe aufgenommen, obgleich im eigentlichen Sinn Gott und Mensch nicht auf gleicher Stufe stehen. Wird Gott in der religiösen und theologischen Sprache als die Kraft bezeichnet, die zum *eschaton,* d. h. zur letzten Erfüllung drängt, zu dem Moment, in dem Gott „alles in allem" ist, so nimmt das die *eros*-Qualität der Liebe auf, nämlich das Streben nach dem summum bonum. Aber sie kann nur mit dem *eros* verglichen, nicht mit ihm gleichgesetzt werden, da Gott in seinem ewigen Sein Erfüllung und Nichterfüllung transzendiert. Die drei Qualitäten der Liebe tragen zur Symbolisierung der göttlichen Liebe bei, aber das grundlegende Symbol ist *agape.*

Die *agape* zwischen Menschen und die *agape* Gottes zum Menschen entsprechen einander, weil die eine der Grund der anderen ist. Dagegen ist es schwierig, von einer *agape* des Menschen zu Gott zu reden. Der Mensch liebt Gott nicht in dem Sinne, daß er Gottes Erfüllung will. Er liebt ihn nicht in der Form des „Dennoch", der Vergebung, wie in der *agape* den Menschen gegenüber. Wenn das Neue Testament trotzdem das Wort *agape* für die Liebe zu Gott benutzt, so ist damit Liebe im allgemeinen Sinne gemeint und die freiwillige Vereinigung des menschlichen mit dem göttlichen Willen betont. Das lateinische Wort *dilectio* deutet auf das Moment der Wahl im Akt der Liebe hin und damit auf den Entscheidungscharakter der Liebe zu Gott. Doch ist auch dieses Wort unzulänglich, denn die Liebe, die der Mensch zu Gott hat, hat *eros*-Qualität. Sie enthält die Erhebung vom Niedrigeren zum Höheren, von geringeren Gütern zum höchsten Gut. Wenn man auch von einem unüberbrückbaren Konflikt zwischen *eros* und *agape* spricht, so wird das die Theologen nicht davon abhalten, Gott als das höchste Gut für den Menschen zu bezeichnen und zu sagen, daß sich der Mensch nach Erfüllung seines Seins in Gott sehnt. Wenn *eros* und *agape* reine Gegensätze sind, dann ist Liebe zu Gott unmöglich.

Es ist gesagt worden, daß die Liebe des Menschen zu Gott die Liebe ist, mit der Gott sich selbst liebt. Das bringt die Wahrheit zum Ausdruck, daß Gott selbst das Subjekt ist, wo er als Objekt erscheint, und deutet direkt auf eine göttliche Selbstliebe hin und in Analogie dazu indirekt auf eine von Gott geforderte Selbstliebe des Menschen. Wo immer das Verhältnis der Personen der Trinität als Liebe beschrieben wird *(amans, amatus, amor*-Augustin), geht es um die Feststellung, daß Gott sich selbst liebt. Die trinitarischen Unterscheidungen (Trennung und Wiedervereinigung) machen es möglich, von einer Liebe zu sprechen, mit der Gott sich selbst liebt. Solche Liebe ist unmöglich ohne Trennung von sich selbst. Es sind aber nicht nur die trinitarischen Symbole, die von einer Trennung und Wiedervereinigung in Gott reden.

Es ist auch die Unendlichkeit der endlichen Formen, die im Prozeß des göttlichen Lebens gesondert und wiedervereinigt sind. Göttliches Leben ist die Liebe, mit der Gott sich selbst liebt. Er liebt sich, indem er sich von sich trennt und wiedervereinigt. In der Schöpfung endlicher Freiheit, das heißt in der Freiheit des Menschen, erreicht die Trennung ihren Höhepunkt. Sie kann zum Widerspruch werden und ist zum Widerspruch geworden. Es ist der Triumph der göttlichen Liebe, das wieder mit sich zu vereinigen, was von ihm entfremdet und in Widerspruch mit ihm geraten ist: die Kreatur.

Das macht es auch möglich, den Begriff *agape* auf die Liebe anzuwenden, mit der der Mensch sich selbst liebt, nämlich sich selbst als Ebenbild des göttlichen Lebens. Der Mensch liebt sich selbst in allen Qualitäten der Liebe. Er bejaht sich in *libido, philia* und *eros*. Keine dieser Formen der Selbstliebe an und für sich ist zu verwerfen. Sie werden nur verwerflich, wenn sie nicht unter dem Kriterium der *agape* stehen. Ohne dieses Kriterium wird die wahre Selbstliebe zur Selbstsucht. Und Selbstsucht ist immer mit Selbstverachtung und mit Haß gegen sich selbst verbunden. Die Unterscheidung zwischen diesen beiden sich widersprechenden Formen der Selbstliebe ist fundamental für die Ethik. Die eine ist das Abbild der Liebe, mit der Gott sich selbst liebt, die andere widerspricht dieser Liebe. Die Liebe, mit der Gott sich selbst liebt, umfaßt alles Geschaffene. So schließt auch die wahre Liebe des Menschen zu sich selbst alles ein, womit er existentiell verbunden ist.

2. DIE LIEBE GOTTES UND DIE GERECHTIGKEIT GOTTES. — Gerechtigkeit ist die Seite der Liebe, die dem Subjekt und dem Objekt in der Liebesbeziehung ihr Recht gibt. Liebe zerstört weder die Freiheit des Geliebten noch die Struktur seiner Persönlichkeit oder seine soziale Existenz. Liebe als die Wiedervereinigung des Getrennten entstellt oder zerstört nicht, was sie wiedervereinigen will. Es gibt eine Liebe, die chaotische Selbstverschwendung ist oder chaotisches Sichaufdrängen. Man findet sie in gewissen Formen der romantischen Liebe. Erich Fromm spricht in diesem Zusammenhang von „symbiotischer" Liebe. Nietzsche hat recht, wenn er betont, daß eine Liebesbeziehung nur dann schöpferisch ist, wenn ein selbständiges Selbst in eine Liebesbeziehung mit einem anderen unabhängigen Selbst tritt. Göttliche Liebe schließt Gerechtigkeit ein, die die Freiheit und den einmaligen Charakter des Geliebten anerkennt und bewahrt. Sie läßt dem Menschen Gerechtigkeit widerfahren und leitet ihn zugleich zur Vollkommenheit hin. Sie zwingt ihn nicht in die Vollendung, aber sie verläßt ihn auch nicht. Sie zieht ihn an und ruft ihn in die Wiedervereinigung.

Gerechtigkeit aber bejaht nicht nur, sie leistet auch Widerstand und verurteilt. Daraus hat man einen wesenhaften Konflikt zwischen Liebe und Gerechtigkeit in Gott abgeleitet. Jüdisch-christliche Gespräche haben oft unter dieser Annahme gelitten. Sie ist auch verantwortlich für zahlreiche Angriffe auf den Liebesgedanken des Christentums im Namen politischer Forderungen. Das gleiche gilt andererseits für Angriffe des christlichen Pazifismus auf den politischen Gebrauch der Macht.

In welcher Beziehung steht die göttliche Liebe zur Macht Gottes? Besteht ein Konflikt zwischen der göttlichen Liebe und dem, was göttlicher Zorn genannt wird? Diese Fragen können nur beantwortet werden, wenn man, wie wir es versucht haben, Liebe ontologisch deutet und sich über den symbolischen Charakter aller Aussagen über Gott klar ist. Doch werden in der systematischen Theologie spezielle Antworten verlangt, und wenn sie sich schon nicht in die aktuellen Probleme der Sozialethik einlassen kann, so muß sie doch zeigen, daß alle Aussagen theologischer Ethik bewußt oder unbewußt auf Aussagen über Gott beruhen.

Es ist nicht die göttliche Macht als solche, von der man behauptet, daß sie in Konflikt mit der göttlichen Liebe steht. Die göttliche Macht ist die Macht des Seins-Selbst, und das Sein-Selbst ist aktuell im göttlichen Leben, dessen Wesen Liebe ist. Ein Konflikt zwischen Macht und Liebe kann nur unter den Bedingungen der Existenz gedacht werden. In der Existenz sind Gerechtigkeit und Liebe bedroht, und darum steht Existenz unter dem „göttlichen Zorn", aber das göttliche Urteil ist nicht ein besonderer Akt, der neben der göttlichen Liebe stände. Es ist die Macht der Liebe selbst, die das zerstört, was gegen die Liebe steht. „Verdammung" ist nicht Verneinung der Liebe, sondern Verneinung dessen, was die Liebe verneint. Sie ist ein Akt der Liebe, ohne den das Nichtsein über das Sein triumphieren würde. Sie überläßt das, was der Liebe Widerstand leistet, sich selbst und damit unentrinnbarer Selbstzerstörung. Der ontologische Charakter der Liebe löst das Problem der Beziehung zwischen Liebe und Gerechtigkeit. Verurteilung ist ein Akt der Liebe, die das, was der Liebe Widerstand leistet, der Selbstzerstörung überantwortet.

Das wiederum gibt der Theologie die Möglichkeit, das Symbol des Zornes Gottes zu gebrauchen. Lange Zeit hatte man das Gefühl, daß man mit solch einem Symbol Gott menschliche Affekte zuschriebe, wie es die heidnische Mythologie tut, wenn sie den Zorn der Götter beschreibt. Wenn der Begriff des Zornes Gottes unsymbolisch genommen wird, ist solche Kritik gerechtfertigt. Symbolisch genommen ist der

Begriff notwendig. Der „Zorn Gottes" ist weder ein Affekt, der mit seiner Liebe stritte, noch die Ursache von Handlungen, die aus der Vorsehung herausfallen. Er ist das Gefühlssymbol für das Tun der Liebe, die verwirft und der Selbstzerstörung überläßt, was sich ihr widersetzt. Die Erfahrung des „Zornes Gottes" ist ein Bewußtwerden der selbstzerstörerischen Natur des Bösen, nämlich bei solcher Haltung und in solchen Akten, in denen das endliche Geschöpf sich vom Seinsgrund trennt und sich Gottes auf Wiedervereinigung zielender Liebe widersetzt. Solch eine Erfahrung ist Wirklichkeit, und das Symbol des Zornes Gottes ist nicht zu vermeiden.

Das Gericht, bei dem es um „Verdammung" und „Zorn Gottes" geht, hat eine eschatologische Bedeutung. Es erhebt sich die Frage, ob die Liebe Gottes eine Grenze hat. Die biblischen Worte über das jüngste Gericht und die Symbole der ewigen Verdammnis oder des ewigen Todes weisen auf eine solche Grenze hin, doch muß man zwischen Ewigkeit und endloser Dauer unterscheiden. Ewigkeit als Eigenschaft des göttlichen Lebens kann nicht Attribut eines Wesens werden, das durch Verdammung vom göttlichen Leben getrennt ist. Wo die göttliche Liebe aufhört, hört das Sein auf. „Verdammung" kann nur bedeuten, daß das Geschaffene dem Nichtsein überlassen wird, das es selbst erwählt hat. Das Symbol ewiger Tod sagt noch mehr aus: es muß als Selbst-Ausschluß vom ewigen Leben, folglich vom Sein gedeutet werden. Spricht man jedoch von einem endlosen Zustand der Verdammnis, so macht man das, was seinem Wesen nach nicht zeitlich ist, zeitlich. Der Begriff endlose Verdammnis ist ein Widerspruch in sich. Ein Individuum mit Selbstbewußtsein ist seinem Wesen nach zeitlich. Selbstbewußtsein als Möglichkeit, Glück wie Leiden zu erfahren, schließt Zeitlichkeit ein. In der Einheit des göttlichen Lebens ist Zeitlichkeit mit Ewigkeit vereint. Wird Zeitlichkeit von der Ewigkeit völlig getrennt, so ist sie reines Nichtsein und kann nicht die Form für Erfahrungen werden, auch nicht die des Leidens und der Verzweiflung.

Es stimmt zweifellos, daß endliche Freiheit nicht zur Einheit mit Gott gezwungen werden kann, denn diese Einheit ist eine Einheit der Liebe. Endliches Sein kann sich von Gott getrennt halten, es kann der Wiedervereinigung mit Gott unbegrenzten Widerstand leisten. Ein Wesen, das endliche Freiheit ist, kann zu Selbstzerstörung und äußerster Verzweiflung getrieben werden. Aber sogar das ist das Werk göttlicher Liebe, wie die Inschrift, die Dante über den Eingang zur Hölle geschrieben sah, andeutet (Canto III). Die Hölle hat Sein nur, insofern sie teilhat an der Einheit der göttlichen Liebe. Sie ist nicht die Grenze der göttlichen Liebe. Die einzige vorläufige Grenze der göttlichen Liebe ist der Widerstand der endlichen Kreatur.

Der höchste Ausdruck für die Einheit von Liebe und Gerechtigkeit in Gott ist das Symbol der Rechtfertigung. Es weist hin auf die unbedingte Gültigkeit der Forderungen der Gerechtigkeit, zugleich aber auf einen göttlichen Akt, in dem Liebe die selbstzerstörerischen Folgen der Verletzung der Gerechtigkeit überwindet. Die ontologische Einheit von Liebe und Gerechtigkeit erscheint in der letztgültigen Offenbarung als Rechtfertigung des Sünders. Die göttliche Liebe in Beziehung zum ungerechten Geschöpf ist Gnade.

3. DIE LIEBE GOTTES ALS GNADE UND PRÄDESTINATION. — Der Begriff Gnade *(gratia, charis)* bestimmt alle Beziehungen zwischen Gott und dem Menschen in der Weise, daß sie aus der göttlichen Freiheit stammen und unabhängig von den Taten oder Wünschen der Kreatur sind. Es gibt zwei Grundformen der Gnade. Die eine besteht in Gottes dreifacher Schöpfermacht, die andere in seinem rettenden Handeln. Die erste Form der Gnade ist einfach und direkt. Sie verschafft allem Seienden Partizipation am Sein und verleiht jedem Wesen diese einzigartige Partizipation. Die zweite ist paradox. Sie gibt Erfüllung dem, was von der Quelle der Erfüllung getrennt ist, und nimmt an, was unannehmbar ist. Man kann noch eine dritte Form der Gnade unterscheiden, die zwischen den beiden anderen vermittelt, weil sie Elemente beider in sich vereinigt. Das ist Gottes Vorsehungsgnade, die sowohl kreative als auch rettende Gnade ist. Denn das Ziel für Gottes ordnendes und vorausschauendes Schaffen ist die Vollendung der Kreatur, trotz ihres Widerstandes. Der klassische Begriff für diese Form der Gnade ist zuvorkommende Gnade *(gratia praeveniens)*. Durch die Entwicklung in Natur und Geschichte bereitet sie die Annahme der rettenden Gnade vor.

Aber nicht jeder ist bereit, sie anzunehmen. Hier entsteht das Problem der Beziehung von göttlicher Liebe zum ewigen Schicksal des Menschen, das in der Frage der Prädestination zum Ausdruck kommt. Eine volle Diskussion des Prädestinationsgedankens ist an dieser Stelle unmöglich, aber da er Konsequenzen für die Lehre von der göttlichen Liebe hat, ist eine kurze Darstellung notwendig. Es ist vor allem notwendig, die Lehre von der „doppelten Prädestination" abzulehnen, da sie sowohl der göttlichen Liebe als auch der göttlichen Macht widerspricht. Ontologisch ist „ewige Verdammnis" ein Widerspruch in sich. Er verewigt eine Spaltung im Sein-Selbst, durch die das Dämonische, für das diese Spaltung charakteristisch ist, erreichen würde, mit Gott gleich ewig zu sein. Damit bräche das Nichtsein in das Reich des Seins und der Liebe ein. Doppelte Prädestination ist kein echtes religiöses Symbol, sondern nur eine logische Folgerung, die sich aus dem religiösen Gedanken der Prädestination ergibt. Sie ist aber wie alle logischen Folgerungen, die nicht aus den Wurzeln existentieller Partizipation kommen, für die Theologie falsch. Es gibt keine existentielle Partizipation an der „ewigen Verdammnis" anderer, wohl aber eine existentielle Erfahrung von der Drohung, sich selbst vom ewigen Leben auszuschließen. Daraus leitet sich das Symbol der Verdammnis her. Prädestination als religiöses Korrelat zur „Rechtfertigung allein durch den Glauben" muß wie die Vorsehung im Licht der ontologischen Polarität von Freiheit und Schicksal betrachtet werden. Prädestination ist Vorsehung in Hinsicht auf unser ewiges Schicksal. Sie hat nichts mit Determination im Sinne deterministischer Metaphysik zu tun, über deren unzulänglichen und veralteten Charakter bereits gesprochen wurde. Die Vorstellung der Prädestination steht auch nicht in Beziehung zum Indeterminismus, vielmehr ermöglicht sie eine symbolische Deutung der Beziehung Gottes zur Kreatur. Dafür wäre allerdings ein Denken in zwei Ebenen erforderlich: und zwar wären ontologische Elemente und eigentliche Kategorien auf der geschöpflichen Ebene anzuwenden, und Kategorien, die zugleich bejaht und verneint werden, für Gottes Beziehungen zum Geschaffenen. Das Wort Prädestination – wenn es wörtlich genommen wird – schließt Kausalität und Determination ein, und mit Gott in Verbindung gebracht, macht es ihn zur physischen oder psychologischen determinierenden Ursache. Darum muß das Wort symbolisch gebraucht werden zur Verdeutlichung der existentiellen Erfahrung, daß in der Beziehung zu Gott sein Handeln immer an erster Stelle steht und daß allein das Hinschauen auf Gottes Handeln die Gewißheit eigener Erfüllung schenkt. So gesehen ist Prädestination vollendete Bejahung der Liebe Gottes und nicht ihre Verneinung.

Die Liebe Gottes ist die endgültige Antwort auf alle Fragen der menschlichen Existenz, auch auf die Fragen, die sich aus der Endlichkeit, der drohenden Spaltung und der Entfremdung ergeben. Diese Antwort kann jedoch nur durch die Manifestation der Liebe Gottes unter den Bedingungen der Existenz gegeben werden. Es ist die Antwort der Christologie, die in der Lehre von der Liebe Gottes systematisch begründet ist. Dennoch könnte über diese Grundlage nicht gesprochen werden, wenn der Mensch die christologische Antwort nicht erhalten hätte. Was aber in der Existenz an erster Stelle steht, kann in der Systematik an letzter Stelle stehen und umgekehrt. Diese Wahrheit gilt auch für die Lehre von der Trinität. Ihre logische Grundlage in der Struktur des Lebens ist bereits besprochen, ihre existentielle Grundlage in der Erscheinung Jesu als des Christus aber ist bisher nicht erörtert worden. Nur eine solche Erörterung würde eine umfassende Lehre von der Trinität ermöglichen.

d) *Gott als der Herr und Vater.* — Die Symbole Leben, Geist, Macht, Liebe, Gnade usw., im Andachtsleben auf Gott angewandt, sind Elemente der beiden Hauptsymbole für die Ich-Du-Beziehung zu Gott, nämlich zu Gott als dem Herrn und zu Gott als dem Vater. Die anderen Symbole für diesen Ich-Du-Charakter werden durch diese beiden repräsentiert. Symbole wie König, Richter oder der Höchste gehören zum Symbolbereich Gottes als des Herrn, Symbole wie Schöpfer, Helfer, Heiland gehören zum Symbolbereich Gottes als des Vaters. Es besteht kein Widerspruch zwischen diesen beiden Symbolen oder Symbolbereichen. In der Anrede an Gott „mein Herr" ist zugleich das Vater-Element enthalten. In der Anrede an Gott „Vater im Himmel" ist zugleich das Herr-Element enthalten. Beide Elemente sind untrennbar. Schon der Versuch einer stärkeren Betonung des einen gegenüber dem anderen zerstört den Sinn beider. Der Herr, der nicht Vater ist, ist dämonisch, der Vater, der nicht Herr ist, ist sentimental. Die Theologie ist beiden Irrtümern verfallen.

Gott als der Herr und die sich darauf beziehenden Symbole drücken die heilige Macht Gottes aus. „Herr" ist vor allem Symbol für die unerreichbare Majestät Gottes, für den unendlichen Abstand zwischen ihm und dem Geschöpf, für seine Herrlichkeit. „Herr" ist aber auch ein den *logos* des Seins und die Struktur der Realität repräsentierendes Symbol. Diese Struktur erscheint in der existentiellen Entfremdung des Menschen als göttliches Gesetz und als Ausdruck göttlichen Willens. Schließlich ist „Herr" das Symbol für Gottes Herrschaft über die gesamte Wirklichkeit und entspricht dem inneren Telos der Schöpfung, der letzten Vollendung des Geschaffenen. In dieser dreifachen Beziehung also wird Gott „Herr" genannt. Einige Theologen gebrauchen das Symbol Herr so, daß sie damit alle jene Symbole ausschließen, welche die einende Liebe Gottes zum Ausdruck bringen. Aber der Gott, der nur „Herr" ist, wird leicht zum despotischen Herrscher, der seinen Untertanen Gesetze auferlegt und heteronomen Gehorsam sowie blindes Befolgen seiner Gebote verlangt. Dann hätte der Gehorsam gegen Gott das Übergewicht gewonnen über die Liebe zu Gott. Der Mensch wäre durch Gericht und Drohungen zerbrochen, noch bevor er angenommen ist, weil die Autonomie seines Verstandes und sein Wille zerbrochen wären. Der Herr, der nur „Herr" ist, würde das erschaffene Wesen seiner

Geschöpfe vernichten, um sie zu retten. Das wäre eine autoritäre Verzerrung des Symbols Gottes als des Herrn. Aber diese Verzerrung ist fast unvermeidlich, solange Gott nicht auch als der „Vater" verstanden wird.

Während der Vorstellung vom „Herrn" die Beziehung des Menschen zu Gott als heiliger Macht zugrunde liegt, kommt in der Vorstellung vom „Vater" die Beziehung des Menschen zu Gott als heiliger Liebe zum Ausdruck. Das Symbol Herr drückt den Abstand aus, das Symbol Vater die Einheit. „Vater" ist Symbol für Gott als schöpferischen Grund des Seins, des menschlichen Seins. Gott als Vater ist der Ursprung, von dem der Mensch dauernd abhängt, weil er für ewig im göttlichen Grunde wurzelt. „Vater" ist ferner Symbol für Gott, der den Menschen durch sein erhaltendes Schaffen bewahrt und durch sein lenkendes Schaffen zur Vollendung führt. Schließlich ist „Vater" Symbol für Gott, der den Menschen durch Gnade gerecht macht und ihn annimmt, obwohl er unannehmbar ist. In mancher Theologie und vielfach auch im landläufigen Denken wird beim Symbol Vater oft vergessen, daß dieser Vater Gott der Herr ist. Übersieht man diese Seite in Gott, so ist er ein freundlicher Vater, der den Menschen ihre Bitten erfüllt und allen vergibt, die Vergebung wünschen. Damit stünde Gott in einer familiären Beziehung zu den Menschen. Sünde wäre ein privater Akt, mit dem man jemanden verletzt, der gern bereit ist, zu vergeben, weil er selbst Vergebung braucht, wie z. B. jeder menschliche Vater. Gott steht aber nicht in privater Beziehung zum Menschen, weder in familiärer noch in pädagogischer. Er vertritt die universale Ordnung des Seins und kann nicht als freundlicher Vater handeln, der sentimentale Liebe zu seinen Kindern hat. Gerechtigkeit und Gericht sind wesentliche Bestandteile seiner Vergebung. Die Behauptung, die Auffassung des Paulus vom Kreuz Christi und seine Lehre von der Versöhnung stünden in Widerspruch zur schlichten Bitte um Vergebung im Gebet des Herrn, ist aus einem sentimentalen Verständnis der Liebe Gottes hervorgegangen. Diese Behauptung ist falsch. Das Bewußtsein der Schuld kann nicht durch die einfache Zusicherung der Vergebung überwunden werden. Der Mensch kann an eine Vergebung nur glauben, wenn zugleich der Gerechtigkeit Genüge getan und ein Ja zur Schuld gesprochen wird. Gott muß Herr und Richter bleiben trotz der einenden Kraft seiner Liebe. Die Symbole Herr und Vater ergänzen einander. Das gilt sowohl theologisch wie psychologisch. Wäre er nur der „Herr", so könnte er den Menschen nicht unbedingt angehen. Wäre er nur der „Vater", könnte er den Menschen ebenfalls nicht unbedingt angehen. Der Herr, der nur „Herr" ist, ruft einen berechtigten, ja revolutionären Widerstand hervor, der nur durch Drohungen gebrochen werden kann. Durch Brechen des Widerstandes und Unterdrückung aber wird eine Demut erzeugt, die der Würde und Freiheit des Menschen nicht entspricht. Andererseits erweckt der Vater, der nur „Vater" ist, eine Verehrung, die leicht in den Wunsch nach Selbständigkeit umschlägt, eine Dankbarkeit, die leicht Gleichgültigkeit wird, eine sentimentale Liebe, die sich leicht in Verachtung verkehrt, und ein naives Vertrauen, das sich leicht in Enttäuschung verwandelt. Die Kritik der Psychologie und Soziologie an den personalistischen Symbolen für die Beziehung des Menschen zu Gott muß von den Theologen ernst genommen werden. Es muß anerkannt werden, daß die beiden zentralen Symbole Herr und Vater Steine des Anstoßes für manche Menschen sind, weil Theologen und Prediger unwillig waren, auf die oft schockierenden Einsichten in die psychologischen Konsequenzen des traditionellen Gebrauchs dieser Symbole zu achten. Immer wieder muß betont werden, daß diese Symbole und alle anderen symbolischen Beschreibungen des göttlichen Lebens und unserer Beziehung zu ihm zwei Seiten haben. Einmal sind sie bestimmt durch die transzendente Realität, die sie zum Ausdruck bringen, zum anderen durch die Situation derjenigen, für die sie auf diese Realität hinweisen. Die Theologie muß beide Seiten betrachten und die Symbole so deuten, daß eine schöpferische Korrelation zwischen ihnen hergestellt werden kann.

„Herr" und „Vater" sind zentrale Symbole für die Ich-Du-Beziehung zu Gott. Doch ist die Ich-Du-Beziehung zu Gott nicht die einzige, denn Gott ist das Sein-Selbst. Anrufungen wie „Allmächtiger Gott" lassen die unwiderstehliche Macht von Gottes Schöpfermacht spüren. Anrufungen wie „Ewiger Gott" zeigen den unveränderlichen Grund alles Lebens. Daneben werden in der Meditation Symbole gebraucht, die die Ich-Du-Beziehung weniger zutage treten lassen, obgleich sie immer darin enthalten ist. Die Kontemplation über das Mysterium des göttlichen Grundes, das Betrachten der Unendlichkeit des göttlichen Lebens, das Anschauen des Wunders göttlicher Kreativität, die Anbetung des unerschöpflichen Sinns göttlicher Selbstoffenbarung sind ein berechtigter Ausdruck für das Verhältnis des Menschen zu Gott, obwohl diese Erfahrungen keine ausgesprochene Ich-Du-Beziehung enthalten. Ein Gebet, das sich anfangs an Gott den Herrn und Vater richtet, wird oft zu einer Kontemplation über das Mysterium des göttlichen Grundes. Umgekehrt kann eine Meditation über das Mysterium Gottes mit einem Gebet zu Gott als dem Herrn und Vater schließen.

Noch einmal wollen wir es sehr deutlich sagen: Die Möglichkeit des

Gebrauchs der Symbole „Herr" und „Vater" ohne Auflehnung, Unterwürfigkeit oder ideologische Täuschung ist uns geschenkt durch die Offenbarung dieses Herrn und Vaters als Sohn und Bruder unter den Bedingungen der Existenz. Die letzte Frage der Lehre von Gott ist daher die Frage nach einer Lehre von der Existenz und vom Christus.

INHALTSVERZEICHNIS

EINLEITUNG

A Der Standpunkt

  1. Botschaft und Situation 9
  2. Die apologetische Theologie und das Kerygma 12

B Das Wesen der systematischen Theologie

  1. Der theologische Zirkel 15
  2. Zwei formale Kriterien jeder Theologie 19
  3. Theologie und Christentum 22
  4. Theologie und Philosophie: Eine Frage 25
  5. Theologie und Philosophie: Eine Antwort 30

C Der Aufbau der Theologie 38

D Methode und Aufbau der systematischen Theologie

  1. Die Quellen der systematischen Theologie 44
  2. Erfahrung und systematische Theologie 51
  3. Die Norm der systematischen Theologie 58
  4. Der rationale Charakter der systematischen Theologie . . . 65
  5. Die Methode der Korrelation 73
  6. Das theologische System 80

ERSTER TEIL: VERNUNFT UND OFFENBARUNG

I. Die Vernunft und die Frage nach der Offenbarung

A Die Struktur der Vernunft

  1. Die zwei Begriffe von Vernunft 87
  2. Subjektive und objektive Vernunft 91
  3. Die Tiefe der Vernunft 96

B Die Vernunft in der Existenz

  1. Die Endlichkeit und die Zweideutigkeit der aktuellen Vernunft . 99
  2. Der Konflikt innerhalb der aktuellen Vernunft und die Frage nach
    der Offenbarung 101
    a) Autonomie gegen Heteronomie 101
    b) Relativismus gegen Absolutismus 105
    c) Formalismus gegen Emotionalismus 108

C Die kognitive Funktion der Vernunft und die Frage nach der Offenbarung

  1. Die ontologische Struktur der Erkenntnis 114
  2. Erkenntnisbeziehungen 117
  3. Verifizierung 121

Inhaltsverzeichnis

II. Die Wirklichkeit der Offenbarung

A Der Begriff der Offenbarung

1. Die Merkmale der Offenbarung 129
   a) Methodische Vorbemerkungen 129
   b) Offenbarung und Mysterium 131
   c) Offenbarung und Ekstase 135
   d) Offenbarung und Wunder 139
2. Die Medien der Offenbarung 142
3. Die Dynamik der Offenbarung: Originale und abhängige Offenbarung 151
4. Die Offenbarungserkenntnis 154

B Aktuelle Offenbarung

1. Aktuelle und letztgültige Offenbarung 158
2. Die letztgültige Offenbarung in Jesus als dem Christus 161
3. Die Offenbarungsgeschichte 164
4. Offenbarung und Erlösung 172

C Die Vernunft in der letztgültigen Offenbarung

1. Die letztgültige Offenbarung überwindet den Konflikt zwischen Autonomie und Heteronomie 175
2. Die letztgültige Offenbarung überwindet den Konflikt zwischen Absolutismus und Relativismus 178
3. Die letztgültige Offenbarung überwindet den Konflikt zwischen Formalismus und Emotionalismus 182

D Der Ursprung der Offenbarung

1. Gott und das Mysterium der Offenbarung 185
2. Die letztgültige Offenbarung und das Wort Gottes 187

ZWEITER TEIL: SEIN UND GOTT

I. Das Sein und die Frage nach Gott
Einleitung: Die Seinsfrage 193

A Die ontologische Grundstruktur Selbst und Welt

1. Mensch, Selbst und Welt 199
2. Das logische und das ontologische Objekt 202

B Die ontologischen Elemente

1. Individualisation und Partizipation 206
2. Dynamik und Form 210
3. Freiheit und Schicksal 214

Inhaltsverzeichnis

C Sein und Endlichkeit

1. Sein und Nichtsein 218
2. Das Endliche und das Unendliche 222
3. Endlichkeit und die Kategorien 225
4. Endlichkeit und die ontologischen Elemente 232
5. Essentielles und existentielles Sein 236

D Menschliche Endlichkeit und die Frage nach Gott

1. Die Möglichkeit der Frage nach Gott und der sogenannte ontologische Gottesbeweis 238
2. Die Notwendigkeit der Frage nach Gott und die sogenannten kosmologischen Gottesbeweise 243

II. Die Wirklichkeit Gottes

A Gott als Idee

1. Eine phänomenologische Beschreibung 247
    a) Gott und „was uns unbedingt angeht" 247
    b) Gott und die Idee des Heiligen 251
2. Typologische Betrachtungen 254
    a) Typologie und Religionsgeschichte 254
    b) Typen des Polytheismus 258
    c) Typen des Monotheismus 262
    d) Philosophische Umformungen 267

B Gott und Welt

1. Gott als Sein 273
    a) Gott als Sein und das endliche Sein 273
    b) Gott als Sein und das Wissen von Gott 277
2. Gott als der Lebendige 280
    a) Gott als Sein und Gott als Leben 280
    b) Das göttliche Leben und die ontologischen Elemente 282
    c) Gott als Geist und die trinitarischen Prinzipien 288
3. Gott als der Schaffende 290
    Einleitung: Schöpfung und Endlichkeit 290
    a) Gottes ursprüngliches Schaffen 291
    b) Gottes erhaltendes Schaffen 301
    c) Gottes lenkendes Schaffen 303
        1. Schöpfung und Zweck 303
        2. Schicksal und Vorsehung 304
        3. Der Sinn von Vorsehung 306
        4. Vorsehung im Einzelleben und in der Geschichte 308
        5. Die Theodizee 309
4. Gott in Beziehung 311
    a) Die göttliche Heiligkeit und das Geschaffene 311
    b) Die Macht Gottes und das Geschaffene 313

Inhaltsverzeichnis

    1. Der Sinn des Begriffs Allmacht 313
    2. Der Sinn des Begriffs Ewigkeit 315
    3. Der Sinn des Begriffs Allgegenwart 318
    4. Der Sinn des Begriffs Allwissenheit 320
  c) Die Liebe Gottes und das Geschaffene 321
    1. Die Bedeutung der göttlichen Liebe 321
    2. Die Liebe Gottes und die Gerechtigkeit Gottes 324
    3. Die Liebe Gottes als Gnade und Prädestination . . . 327
  d) Gott als der Herr und Vater 329

Personen- und Sachregister 333

Paul Tillich
Systematische Theologie II

Paul Tillich

Systematische Theologie

II

Walter de Gruyter · Berlin · New York
1987

Übersetzung der amerikanischen Ausgabe des Buches „Systematic Theology, Volume II" von Paul Tillich, erschienen bei The University of Chicago Press, Chicago, Illinois, 1957.
Die Übersetzung ins Deutsche wurde von Renate Albrecht und Gertraut Stöber vorgenommen und vom Autor selbst durchgesehen und überarbeitet. Die vom englischen Text abweichenden Stellen gehen auf Veranlassung des Autors selbst zurück.

Der Theologischen Fakultät
des
Union Theological Seminary
in New York gewidmet

VORREDE

Von so vielen Seiten bin ich seit langem gedrängt worden, den zweiten Band meiner Systematischen Theologie zu veröffentlichen, daß ich fürchte, sein Erscheinen wird eine Art „Antiklimax" darstellen. Es wird für alle die eine Enttäuschung sein, die mit dem zweiten Band das Erscheinen aller fehlenden Teile des Systems erwartet haben. Eine Zeitlang teilte auch ich diese Erwartung. Aber als ich mit Schreiben angefangen hatte, merkte ich, daß ein solches Vorhaben das Erscheinen des Buches auf ungewisse Zeit hinausschieben und das Buch einen unhandlichen Umfang erhalten würde. So kam ich mit dem Verlag überein, den dritten Teil des Systems: „Die Existenz und der Christus" als zweiten Band herauszubringen und den vierten und fünften Teil: „Das Leben und der Geist" und „Die Geschichte und das Reich Gottes" zu einem dritten Bande zu vereinigen, der – wie ich hoffe – in einer nicht zu fernen Zukunft erscheinen wird.

Die im vorliegenden Band erörterten Probleme sind das Herz einer jeden christlichen Theologie: die Entfremdung des Menschen und die Lehre vom Christus. Daher ist es gerechtfertigt, daß sie in einem eigenen Band als Mitte des Systems behandelt werden. Dieser Band ist kleiner als der erste und der geplante dritte, aber er enthält den größten der fünf Teile des Systems.

Der Inhalt dieses Buches bildet den ersten Teil der von mir an der Universität Aberdeen, Schottland, gehaltenen „Gifford-Lectures". Der zweite Teil der „Gifford-Lectures" behandelt den vierten Teil des Systems. Die Vorbereitung der „Gifford-Lectures" bedeutete einen großen Schritt vorwärts auf dem Wege zu einer endgültigen Formulierung der Probleme und ihrer Lösungen. Ich möchte an dieser Stelle meinen tiefen Dank für die Ehre aussprechen, die mir durch die Einladung zu den „Gifford-Lectures" zuteil wurde. Natürlich ist ein Buch etwas anderes als eine Reihe von Vorlesungen, besonders wenn das Buch nur ein Teil eines größeren Ganzen ist. Die Vorlesungen mußten bedeutend erweitert und – veranlaßt durch das eigene kritische Wiederlesen – teilweise umgeschrieben werden. Aber die Grundideen sind unverändert geblieben. Die Veröffentlichung des zweiten Teils der „Gifford-Lectures" wird im dritten Band folgen.

Vorrede

An dieser Stelle möchte ich einige Worte zu der auf diesen Band zu erwartenden Kritik sagen. Ich erwarte wertvolle Kritik an dem Inhalt meiner Gedanken, wie es nach dem Erscheinen des ersten Bandes und meiner kleineren Bücher der Fall war. Gleichgültig, ob ich den Kritiken zustimmen kann oder nicht, ich werde sie als wertvollen Beitrag zu der ständigen theologischen Diskussion zwischen den Theologen und im Inneren jedes einzelnen Theologen betrachten. Aber ich kann keine Kritik als fruchtbar ansehen, die behauptet, ich hätte die Substanz der christlichen Botschaft preisgegeben, *nur* deshalb, weil ich eine Terminologie benutze, die sich bewußt von der biblischen oder kirchlichen Sprache entfernt. Ohne solche Neuformulierung würde ich es für überflüssig halten, ein theologisches System zu entwickeln.

Das Buch ist der theologischen Fakultät des Union Theological Seminary gewidmet. Das rechtfertigt sich nicht nur durch die Tatsache, daß das Seminar mich aufnahm, als ich 1933 als deutscher Flüchtling nach Amerika kam; nicht nur durch die Art, wie die Fakultät und Verwaltung mir eine Fülle von Gelegenheiten zum Lehren, Schreiben und vor allem zum Lernen gaben, nicht nur durch die außerordentlich freundschaftliche Zusammenarbeit in mehr als 22 Jahren akademischer und persönlicher Beziehungen, sondern auch deshalb, weil der Inhalt dieses Bandes ein Zentrum theologischer Diskussionen mit Studenten und der Fakultät in all diesen Jahren war. Alle, die an diesen Diskussionen teilnahmen, werden ihren Einfluß auf die Formulierungen in diesem Buch wiedererkennen.

Cambridge (Massachusetts), im Winter 1957/58

Paul Tillich

EINLEITUNG

A

DER ZWEITE BAND DER SYSTEMATISCHEN THEOLOGIE
IN SEINER BEZIEHUNG ZUM ERSTEN BAND UND ZUM GANZEN
DES SYSTEMS

Von einem System verlangt man, daß es in all seinen Teilen ein zusammenhängendes Ganzes bildet. Die Frage ist daher berechtigt, ob zwei Bände ein und desselben Systems, deren Niederschrift sieben Jahre auseinanderliegt, noch den geforderten inneren Zusammenhang haben können. Der Zusammenhang ist gewährleistet, wenn — trotz mancher veränderter Lösungen einzelner Probleme — die systematische Struktur des Ganzen unverändert geblieben ist. Die vielen durch den ersten Band veranlaßten Kritiken und die in der Zwischenzeit neu entwickelten Gedanken haben die Grundstruktur des Systems nicht geändert, wenngleich sie gewiß in vieler Hinsicht Form und Inhalt beeinflußt haben. Wenn das theologische System deduktiv wäre, wie z. B. das mathematische System, in dem eine Behauptung aus der anderen mit Notwendigkeit folgt, dann würde jede gedankliche Änderung im einzelnen schädigend für das Ganze sein. Aber die Theologie ist nicht systematisch im Sinne der Mathematik, und das vorliegende System ist so aufgebaut, daß es ausdrücklich solche Gefahren vermeidet: Nachdem die zentrale theologische Antwort zu jeder Grundfrage gegeben worden ist, kehrt der Gedankengang zurück zu der existentiellen Frage, zu der die theologische Antwort gegeben worden ist. Daher brauchen neue Antworten auf alte oder neue Fragen die Einheit zwischen den früheren und späteren Teilen des Systems nicht notwendig zu zerreißen. Es ist eine dynamische Einheit, die für neue Einsichten geöffnet bleibt, auch nachdem das Ganze formuliert ist.

Der dritte Teil des Systems — identisch mit dem zweiten Band — macht in diesem Punkt keine Ausnahme. Der Übergang vom zweiten Teil „Sein und Gott" zum dritten Teil „Die Existenz und der Christus" ist kein logisch notwendiger oder deduktiver Schritt vom Sein zur Existenz oder von Gott zum Christus. Der Übergang von der Essenz zur

Einleitung

Existenz ist „irrational", der Weg von Gott zum Christus ist „paradox". Die genaue Bedeutung dieser Ausdrücke soll später erörtert werden. Hier sollen sie nur die Offenheit des dargestellten Systems unterstreichen. — Der Übergang vom essentiellen zum existentiellen Sein kann nicht als notwendig verstanden werden. Aber in der Auffassung der klassischen Theologie und all derjenigen Philosophen, Künstler und Schriftsteller, die die menschliche Situation und ihre Konflikte ernst nehmen, hat die gesamte Wirklichkeit den Übergang vom Essentiellen zum Existentiellen vollzogen. Daher spiegelt der Sprung vom ersten zum zweiten Band den Sprung von der essentiellen Natur des Menschen zu seiner existentiellen Verzerrung. Um aber Verzerrung verstehen zu können, muß man wissen, was unverzerrtes oder essentielles Sein ist. Deshalb kann die Entfremdung in der Existenz, die der Gegenstand dieses Buches ist, nur verstanden werden, wenn man das Wesen der Endlichkeit kennt, das im ersten Band, in dem Teil „Sein und Gott", entwickelt wurde. Um weiterhin die Antworten auf die in der Entfremdung und Zweideutigkeit enthaltenen Fragen verstehen zu können, muß man sowohl die Antwort auf die in der Endlichkeit enthaltene Frage kennen als auch die theologische Methode, durch die Frage und Antwort aufeinander bezogen sind. Das bedeutet nicht, daß man den zweiten Band nicht verstehen kann, ohne vorher den ersten gelesen zu haben, denn in jedem Teil des Systems sind die Fragen von neuem entwickelt und die theologischen Begriffe als Antworten auf diese Fragen bezogen. Überdies wird dem Leser des zweiten Bandes das Verständnis durch teilweise Rekapitulation und Neuformulierung mancher Gedankengänge aus dem ersten Band erleichtert.

Der vierte Teil des Systems „Das Leben und der Geist" wird dem dritten Teil „Die Existenz und der Christus" folgen. Er wird die Verflochtenheit essentieller Endlichkeit und existentieller Entfremdung in den Zweideutigkeiten des Lebens beschreiben. Die Antwort auf die Zweideutigkeiten des Lebens ist: „Der göttliche Geist". Aber diese Antwort ist unvollständig. Das Leben bleibt zweideutig, solange es Leben gibt. Die in der Zweideutigkeit des Lebens enthaltene Frage treibt zu der weiteren Frage, wohin sich das Leben bewegt. Das ist das Problem der Geschichte. Systematisch ausgedrückt: Geschichte ist die auf die Zukunft gerichtete Dimension des Lebens. Daher ist das Problem der Geschichte ein Teil des Lebens-Problems. Aber aus praktischen Erwägungen empfiehlt es sich, die Besprechung des Geschichts-Problems von der Besprechung des allgemeinen Lebens-Problems abzutrennen und die letzte Antwort, nämlich „Ewiges Leben" als Antwort auf die Zweideutigkeiten und Probleme zu geben, die in der geschichtlichen Existenz des

Menschen liegen. Aus diesen Gründen wurde ein fünfter Teil „Die Geschichte und das Reich Gottes" zugefügt, obwohl, genau genommen, der darin behandelte Stoff zu dem Kapitel über das Leben gehört. Diese Abtrennung entspricht den praktischen Gesichtspunkten, die den ersten Teil „Vernunft und Offenbarung" verlangt haben, obwohl, systematisch gesehen, das Material allen anderen Teilen zugehört. Darin zeigt sich auf neue Weise der nicht-deduktive Charakter des Systems.

Der nicht-deduktive Charakter des Systems schließt die wechselseitige Abhängigkeit der einzelnen Teile nicht aus. Der zweite Band ist nicht nur vom ersten abhängig, sondern macht erst sein volles Verständnis möglich. In den ersten Teilen ist vieles vorausgenommen, was erst später vollständig behandelt werden kann. Ein System hat ebenso wie die biologischen Prozesse zirkulären Charakter. Das ist für den, der mitten im Zirkel christlichen Lebens steht, selbstverständlich. Für den Außenstehenden können die Lücken in der systematischen Form verwirrend sein. Aber es muß betont werden: „Nicht-systematisch" bedeutet nicht: ohne inneren Zusammenhang. Es bedeutet nur „nicht-deduktiv". Denn Leben in seiner schöpferischen Dynamik und überwältigenden Fülle kann nicht deduziert werden.

B

NEUFORMULIERUNG EINIGER IM ERSTEN BAND
GEGEBENER ANTWORTEN

1. *Jenseits von Naturalismus und Supranaturalismus*

Der Schlußteil der Einleitung soll solche Ergebnisse des ersten Bandes wiederholen und teilweise neu formulieren, die für die Entwicklung der Gedanken des zweiten Bandes grundlegend sind. Das ist notwendig, weil in der Zwischenzeit in öffentlichen und privaten Diskussionen Fragen aufgetaucht sind, die zuerst beantwortet werden müssen. In keinem dieser Fälle hat sich die Substanz meines früheren Denkens geändert, aber manche Formulierungen haben sich als unzulänglich in bezug auf Klarheit, Durcharbeitung und Betonung erwiesen.

Vor allem hat die Lehre von Gott im zweiten Teil des Systems „Sein und Gott" Kritik hervorgerufen. Da die Gottesidee Grundlage und Zentrum jedes theologischen Denkens darstellt, ist solche Kritik überaus wichtig und erwünscht. Für viele war der Stein des Anstoßes der Begriff „Sein", angewandt auf Gott, insbesondere die Behauptung, daß als erstes über Gott ausgesagt werden muß, daß er das Sein-Selbst oder das Sein als Sein ist. Ehe ich auf diesen Einwand direkt eingehe, möchte ich in einer anderen Terminologie meine grundlegende Konzeption der Lehre von Gott entwickeln. Diese Konzeption ist in der Überschrift des Kapitels „Jenseits von Naturalismus und Supranaturalismus" angedeutet. Der Weg, auf dem man den Gegensatz von Naturalismus und Supranaturalismus in der Gottesidee überwinden kann, ist, je nachdem, ob man von der Natur des Endlichen oder von der Erfahrung des Unendlichen ausgeht, als „selbsttranszendierend" oder als „ekstatisch" zu kennzeichnen. Um diese beiden Worte verständlich zu machen, müssen wir drei Weisen unterscheiden, wie der Begriff „Gott" interpretiert worden ist. Die erste Weise trennt Gott als ein Seiendes – als das höchste Seiende – von allem anderen Seienden, neben und über dem er existiert. Als solches hat er das Universum in einem bestimmten Zeitpunkt ins Sein gebracht (vor fünftausend oder fünf Billionen Jahren), regiert es nach einem festen Plan, führt es einem Ziel zu, greift in seine regelmäßigen Abläufe ein, um den kreatürlichen Widerstand zu brechen und den göttlichen Zweck zu erreichen, der durch eine Endkatastrophe erreicht werden wird. In diesem Rahmen muß das göttlich-menschliche Drama gesehen werden. Gewiß ist diese Beschreibung eine primitive Form des Supranaturalismus, sie bestimmt aber das religiöse Leben und seine Symbole weit mehr als jede sublimere Form.

Das Hauptargument gegen den Supranaturalismus ist, daß er durch Anwendung der endlichen Kategorien auf Gott Gott selbst endlich macht. In bezug auf den Raum wird eine übernatürliche göttliche Welt neben die natürliche menschliche Welt gesetzt; in bezug auf die Zeit wird ein Anfang und ein Ende von Gottes Schaffen behauptet; in bezug auf die Kausalität wird Gott zu *einer* Ursache neben anderen Ursachen; in bezug auf die Substanz wird er selbst zu einer Substanz neben anderen. Gegen diese Art von Supranaturalismus verteidigt der Naturalismus indirekt das wahre Anliegen der Religion: die Unendlichkeit des Unendlichen und die Unverletzlichkeit der geschaffenen Strukturen des Endlichen. Die Theologie muß sich die anti-supranaturalistische Kritik des Naturalismus zu eigen machen.

Die zweite Weise, den Begriff Gott zu deuten, identifiziert ihn mit dem Universum, entweder mit seiner „Essenz" oder mit speziellen Kräften des Universums. Gott ist dann der Name für Macht und Sinn der Wirklichkeit. Er ist nicht identisch mit der Totalität aller Dinge. Keine Philosophie und kein Mythos hat jemals eine solche Absurdität behauptet. Aber er wird verstanden als Symbol für die Einheit, Harmonie und Macht des Seins. Er ist das dynamische und schöpferische Zentrum der Wirklichkeit. Der Ausdruck *deus sive natura,* den Männer wie Scotus Erigena und Spinoza gebraucht haben, besagt nicht, daß Gott mit der Natur identisch sei, vielmehr bedeutet er, daß Gott die *natura naturans,* die schöpferische Natur und der schöpferische Grund alles Natürlichen ist. Im modernen Naturalismus ist der religiöse Gehalt dieser Aussagen beinahe verschwunden, besonders bei den philosophierenden Naturwissenschaftlern, die Natur im Sinne eines mechanistischen Materialismus verstehen. Dagegen wird, wo es sich um eine umfassende Lebensphilosophie handelt, die die Natur als den Ort schöpferischer Dynamik auffaßt, die religiöse Form des Naturalismus wieder bedeutsam.

Das Hauptargument gegen jede Form des Naturalismus ist, daß er den unendlichen Abstand zwischen dem Ganzen der endlichen Dinge von ihrem unendlichen Grund leugnet. Daraus folgt die Austauschbarkeit der Begriffe „Gott" und „Universum", durch die das Wort Gott überflüssig wird. Diese sprachliche Situation enthüllt das Unvermögen des Naturalismus, ein entscheidendes Moment in der Erfahrung des Heiligen zu verstehen: den Abstand des endlichen Menschen vom Heiligen in all seinen Manifestationen. Der Naturalismus hat für diese Erfahrungen keinen Platz.

Diese Kritik des supranaturalistischen und naturalistischen Gottesbegriffes zwingt zu einem Weg, der das Hin- und Herschwanken zwischen den beiden unbefriedigenden und religiös gefährlichen Lösungen vermeidet. Ein solcher Weg ist nicht neu. Theologen vom Range eines Augustin, Thomas, Luther, Zwingli, Calvin und Schleiermacher sind ihn gegangen, wenn auch nicht konsequent bis zu Ende. Dieser dritte Weg stimmt mit dem naturalistischen in der Behauptung überein, daß Gott nicht Gott wäre, wenn er nicht der schöpferische Grund von allem Seienden wäre, mit anderen Worten, daß er die unendliche und unbedingte Macht des Seins oder — radikal abstrakt ausgedrückt — das Sein-Selbst ist. Damit ist Gott weder „neben" noch „über" dem Seienden, er ist jedem Seienden näher als dieses sich selbst. Er ist sein schöpferischer Grund, hier und jetzt, immer und überall.

Bis zu diesem Punkt kann auch der Naturalismus, zumindest in einigen seiner Formen, mitgehen. Dann trennen sich die Wege. An diesem Punkt werden die beiden Begriffe „selbst-transzendierend" und „ekstatisch", mit denen ich den dritten Weg charakterisierte, bedeutungsvoll. Der Begriff selbst-transzendierend hat zwei Elemente: „transzendieren" und „selbst". Gott ist transzendent gegenüber allem, dessen Grund und Abgrund er ist. Er steht *gegen* die Welt, sofern die Welt gegen ihn steht,

Einleitung

er steht *zu* der Welt, sofern er die Welt zu sich hinzieht. Diese gegenseitige Freiheit voneinander und füreinander ist die allein sinnvolle Weise, in der die Silbe „supra" in dem Wort „Supranaturalismus" gebraucht werden darf. Und nur im Sinne ihrer gegenseitigen *Freiheit* können wir das Wort transzendent auf die Beziehung zwischen Gott und Welt anwenden. Wenn wir Gott in diesem Sinne transzendent nennen, so bedeutet das nicht, daß wir eine Überwelt für das Göttliche etablieren. Es bedeutet vielmehr, daß die endliche Welt in ihrer innersten Natur über sich hinausweist, daß sie selbst-transzendierend ist.

Damit ist auch verständlich geworden, warum die Silbe „selbst" in selbst-transzendierend notwendig ist. Die eine Wirklichkeit, der wir begegnen, wird von uns in verschiedenen Dimensionen, die aufeinander hinweisen, erfahren. Die Endlichkeit des Endlichen verweist auf die Unendlichkeit des Unendlichen. Die Wirklichkeit geht über sich hinaus, um in einer neuen Dimension zu sich zurückzukehren. Das ist das, was „selbst-transzendieren" bedeutet. Die unmittelbare Erfahrung des Selbst-Transzendierens ist die Begegnung mit dem Heiligen — eine Begegnung, die ekstatischen Charakter hat. Das Wort „ekstatisch" deutet auf die Erfahrung des Heiligen hin; es ist eine Erfahrung, die jede gewöhnliche Erfahrung transzendiert, ohne ihr damit zu widersprechen. Ekstase als Bewußseinszustand ist das genaue Korrelat zum Selbsttranszendieren als Charakter der Wirklichkeit. Das so gewonnene Verständnis der Gottesidee ist weder naturalistisch noch supranaturalistisch. Es liegt dem ganzen hier gebotenen theologischen System zugrunde.

Wenn wir auf der Basis der so gewonnenen Gottesidee fragen: „Was bedeutet es, daß Gott, der Grund von allem, was ist, gegen die Welt und zu der Welt steht", müssen wir uns auf diejenige Qualität des Seienden berufen, die in dem Wort „endliche Freiheit" ausgedrückt ist. Es ist eine Qualität, die wir direkt nur in uns selbst erfahren. Die traditionelle Diskussion zwischen der naturalistischen und supranaturalistischen Gottesidee gebraucht die Präpositionen „in" und „über". Beide Worte sind aus dem räumlichen Bereich genommen und daher unfähig, die wahre Beziehung zwischen Gott und der Welt zum Ausdruck zu bringen — eine Beziehung, die gewiß nicht räumlich ist. Die Gottesidee des dritten Weges ersetzt die räumliche Vorstellung — wenigstens im Bereich des theologischen Denkens — durch den Begriff der endlichen Freiheit. Die göttliche Transzendenz ist identisch mit der Freiheit des Geschöpfs, sich von der essentiellen Einheit mit dem schöpferischen Grund seines Seins abzukehren. Eine solche Freiheit setzt zwei Eigenschaften des Geschöpfs voraus: erstens, daß es von seinem schöpferischen Grund frei ist, zwei-

Jenseits von Naturalismus und Supranaturalismus

tens, daß es substantiell mit ihm geeint bleibt. Ohne diese Einheit würde das Geschöpf unfähig sein zu „sein". Es ist die endliche Freiheit des Geschaffenen und nicht die Idee eines höchsten Wesens neben der Welt, die den Pantheismus unmöglich macht, ganz gleich, ob die Beziehung von Gott und Welt in deistischen oder theistischen Begriffen beschrieben wird.

Die Konsequenzen dieser Gottesidee für die christologisch wichtigen Begriffe Offenbarung und Wunder sind ausführlich im ersten Band unter dem Titel „Vernunft und Offenbarung" entwickelt worden. Sie brauchen hier nicht wiederholt zu werden; sie zeigen jedoch die weitreichende Bedeutung einer ekstatischen Interpretation der Beziehung zwischen Gott und Welt.

Ein anderes Problem ist seit dem Erscheinen des ersten Bandes in das Zentrum des philosophischen Interesses an der Religion gerückt. Es ist das Problem der symbolischen Gotteserkenntnis. Wenn Gott als der Grund des Seins alles, was ist, unendlich transzendiert, so hat das zwei Konsequenzen. Erstens: Was auch immer man über ein endliches Seiendes weiß, ist Wissen über Gott, denn jedes Ding wurzelt in ihm als seinem Grund. Zweitens: Alles, was man über ein endliches Seiendes aussagt, kann man nicht für eine Aussage über Gott verwenden, denn er ist – wie man gesagt hat – „das ganz Andere". Die Einheit dieser beiden gegensätzlichen Aussagen ist gegeben in der analogen oder symbolischen Gotteserkenntnis. Ein religiöses Symbol benutzt das Material der gewöhnlichen Erfahrung, wenn es etwas über Gott aussagt. Das geschieht in der Weise, daß der gewöhnliche Sinn des symbolischen Materials gleichzeitig bejaht und verneint wird. Jedes religiöse Symbol verneint sich in seiner wörtlichen Bedeutung, aber bejaht sich in seiner selbst-transzendierenden Bedeutung. Es ist kein Zeichen, das auf etwas, zu dem es keine innere Beziehung hat, hinweist, sondern es repräsentiert Macht und Bedeutung dessen, was es symbolisiert, durch Partizipation. Das Symbol partizipiert an der Macht der Wirklichkeit, die es symbolisiert. Deshalb sollte man nie sagen: „*nur* ein Symbol". Wenn man es tut, verwechselt man Symbol und Zeichen. Aus dem Gesagten folgt, daß alles, was die Religion über Gott, über seine Eigenschaften, sein Handeln und seine Manifestationen aussagt, symbolischen Charakter hat und daß man den Sinn des Begriffs Gott völlig verfehlt, wenn man die symbolische Ausdrucksweise wörtlich versteht.

Dieser Aussage gegenüber erhebt sich die Frage (und sie hat sich tatsächlich in der öffentlichen Diskussion erhoben), ob es einen Punkt gibt, wo eine nicht-symbolische Aussage über Gott gemacht werden muß. Eine solche Aussage gibt es: Alles, was über Gott gesagt werden kann, ist symbolisch. Diese Behauptung ist eine Aussage über Gott, die selbst nicht symbolisch ist. Sonst würden wir in einen Zirkelschluß geraten. Andererseits: Wenn wir auch nur *eine* nicht-symbolische Aussage über Gott machen, scheint seine Transzendenz gefährdet zu sein. Diese dialektische Schwierigkeit spiegelt die menschliche Situation in ihrer Beziehung zum göttlichen Grund des Seins. Obwohl der Mensch aktuell vom Unendlichen geschieden ist, kann er doch etwas von ihm wissen, weil er potentiell an ihm partizipiert. Das zeigt sich daran, daß uns etwas unbedingt angehen kann — eine allgemein menschliche Möglichkeit —, gleichgültig, was der Inhalt dieses unbedingten Anliegens ist. Hier ist der Punkt, an dem wir nicht-symbolisch über Gott reden, allerdings in der Form des Fragens nach ihm. In dem Augenblick jedoch, in dem wir über diesen Punkt hinausgehen, findet die Verschmelzung einer symbolischen mit einer nicht-symbolischen Aussage statt. Wenn wir sagen: „Gott ist das Unendliche oder das Unbedingte oder das Sein-Selbst", sprechen wir zugleich rational und ekstatisch. Das beschreibt genau die Grenzlinie, an der symbolische und nicht-symbolische Rede zusammenfallen. Bis zu dieser Grenze ist jede Aussage nicht-symbolisch (im Sinne *religiöser* Symbolik). Jenseits dieser Grenze ist jede Aussage symbolisch (im Sinne *religiöser* Symbolik). Die Grenzlinie selbst ist beides: nicht-symbolisch und symbolisch. Diese dialektische Situation ist der begriffliche Ausdruck für die existentielle Situation des Menschen. Sie ist die Bedingung für seine religiöse Existenz und seine Möglichkeit, Offenbarung zu empfangen.

2. *Der Seinsbegriff in der Systematischen Theologie*

Wenn eine Lehre von Gott damit begonnen wird, Gott als Sein-Selbst zu bezeichnen, so ist der Seinsbegriff in die Systematische Theologie eingeführt. So war es schon in den frühesten Perioden der christlichen Theologie, und so ist es in der ganzen Geschichte des christlichen Denkens. Im vorliegenden System erscheint der Seinsbegriff an drei Stellen: in der Lehre von Gott, wo Gott „das Sein als Sein" oder „der Grund und die Macht des Seins" genannt wird; in der Lehre vom Menschen, wo durchgängig das „essentielle" und „existentielle" Sein des Menschen unterschieden wird; und schließlich in der Lehre vom Christus, in der er die Manifestation des „Neuen Seins" genannt wird.

Obgleich die klassische Theologie stets den Begriff „Sein" gebraucht hat, ist er von nominalistischen Philosophen und personalistischen Theologen verworfen worden. Angesichts der vorherrschenden Rolle, die er im vorliegenden System spielt, muß auf diese Kritiken eingegangen und müssen gleichzeitig die verschiedenen Weisen erörtert werden, in denen der Begriff „Sein" gebraucht wird.

Die Kritik der Nominalisten und ihrer positivistischen Nachfolger gründet sich auf die Voraussetzung, daß der Begriff des Seins die höchstmögliche Abstraktion darstellt. Er wird als die Gattung verstanden, der alle anderen Gattungen in bezug auf Allgemeinheit und Grad der Abstraktion untergeordnet sind. Wenn das der Weg wäre, auf dem der Begriff des Seins erreicht wird, dann könnte der Nominalismus mit Recht den Seinsbegriff wie alle anderen Allgemeinbegriffe deuten, nämlich als Verständigungsmittel, die auf Partikulares hinweisen, aber selbst keine Realität haben. Nur das vollständig Partikulare, „das Ding hier und jetzt", hat Realität. Nach dieser Auffassung sind Allgemeinbegriffe Mittel zur Verständigung, haben aber kein eigenes Sein. Der Begriff „Sein als solches" bezeichnet dann nichts Reales. Gott — wenn er existiert — könnte nur als Individuum existieren und könnte vielleicht das individuellste aller Individuen genannt werden.

Auf diese Argumentation muß erwidert werden, daß der Seinsbegriff nicht den Charakter hat, den ihm der Nominalismus beilegt. Das Sein ist nicht die höchste Abstraktion, obwohl seine Erfassung die Fähigkeit radikaler Abstraktion verlangt. Im Seinsbegriff spiegelt sich die Erfahrung des Gegensatzes von Sein und Nichtsein. Darum kann Sein beschrieben werden als die Macht des Seins, die dem Übergang ins Nichtsein widersteht. Aus diesem Grunde nannten die mittelalterlichen Philosophen das Sein das grundlegende *transzendentale*, das, was jenseits von allgemein und partikular liegt. In diesem Sinne haben Philosophen wie Parmenides in Griechenland und Shankara in Indien „Sein" verstanden, und in diesem Sinne ist seine Bedeutung von heutigen Existenzphilosophen, z. B. Heidegger und Marcel, wiederentdeckt worden. Dieser Seinsbegriff liegt jenseits des Konflikts von Nominalismus und Realismus. Dasselbe Wort, das der leerste aller Begriffe ist, wenn es als Abstraktion genommen wird, ist der erfüllteste und sinnvollste aller Begriffe, wenn es als die Macht des Seins in allem, was Sein hat, verstanden wird.

Keine Philosophie kann die Bedeutung des Seinsbegriffes in dem zuletzt beschriebenen Sinne unterdrücken. Er ist oft verborgen als heimliche Voraussetzung oder versteckt durch Formeln, die ihn scheinbar beseitigen, aber trotzdem ist er der Begriff, der allen Grundbegriffen der Philosophie zugrunde liegt. Denn „Sein" bleibt Inhalt, Mysterium und ewige Aporie des Denkens. Keine Theologie kann den Seinsbegriff im Sinne von Macht des Seins unterdrücken. Man kann nicht Gott und

Einleitung

das Sein trennen. In dem Augenblick, in dem man sagt, daß Gott *ist* oder daß er Sein hat, erhebt sich die Frage, wie man seine Beziehung zum Sein verstehen soll. Die einzig mögliche Antwort ist, daß Gott das Sein-Selbst ist im Sinne von Seinsmächtigkeit oder der Macht, Nichtsein zu besiegen.

Das Hauptargument der personalistischen Theologie gegen den Gebrauch des Begriffs Sein entstammt der menschlichen Erfahrung des Heiligen als Person, wie sie in den personhaften Göttergestalten und in der Ich-Du-Beziehung des Menschen zu Gott im religiösen Leben zum Ausdruck kommt. Ein solcher Personalismus findet sich in ausgesprochenem Maße in der biblischen Religion. Im Gegensatz zu vielen asiatischen Religionen und zur christlichen Mystik wird von ihr die Frage nach dem Sein nicht gestellt. Ich verweise auf die ausführlichere Behandlung dieses Problems in meiner kleinen Schrift „Biblische Religion und die Frage nach dem Sein" (Stuttgart 1956). Darin ist der radikale Gegensatz von biblischem Personalismus und philosophischer Ontologie kompromißlos herausgearbeitet, und es wird betont, daß in der biblischen Literatur keine ontologische Untersuchung vorkommt. Dennoch habe ich die ontologische Frage gestellt. Sicherlich gibt es in der Bibel keine ausgesprochen ontologischen Gedankengänge, aber es gibt darin andererseits auch kein Symbol und keinen theologischen Begriff, die nicht ontologische Probleme enthalten. Nur durch künstliche Barrieren kann der menschliche Geist davon abgehalten werden, die Frage nach dem Sein Gottes zu stellen. Das Sein Gottes ist überpersönlich. Aber „überpersönlich" ist nicht „unpersönlich", und ich möchte alle, die sich vor dem Hinausgehen über die personalistische Symbolsprache fürchten, auffordern, einmal — wenn auch nur für einen Moment — an die Worte Jesu zu denken, in denen er sagt, daß jedes Haar auf unserem Kopf gezählt ist. (Und wir können in moderner Sprache hinzufügen: auch jedes der Atome und Elektronen, die unseren Körper und das gesamte Universum konstituieren.) Nimmt man solche Aussagen wörtlich, so werden sie absurd. In Wirklichkeit ist das Wort Jesu eine Aussage, die so viel potentielle Ontologie enthält, wie das System Spinozas aktuelle Ontologie enthält. Wenn man es vermeiden wollte, die in der Bibel vorhandene potentielle Ontologie aktuell werden zu lassen (innerhalb des theologischen Zirkels), würde man die Theologie auf eine Wiederholung und Systematisierung von Bibelworten reduzieren. Es würde dann unmöglich sein, Christus den *logos* zu nennen.

Im letzten Kapitel meines Buches „Der Mut zum Sein" (Stuttgart 1953) habe ich von „Gott über dem Gott des Theismus" gesprochen. Diese Formulierung ist im Sinne einer pantheistischen oder mystischen

Aussage mißverstanden worden. Es ist zunächst einmal keine dogmatische, sondern eine apologetische Aussage: Sie nimmt den radikalen Zweifel, wie ihn viele Menschen erleben, ernst, und sie soll ihnen den Mut der Selbstbejahung geben, selbst in der Situation radikalen Zweifelns. In einem solchen Zustand schwindet der Gott der Kirchensprache. Aber eines bleibt: die Ernsthaftigkeit des Zweifels, in dem noch in der Sinnlosigkeit Sinn bejaht wird. Die Quelle dieser Sinnbejahung in der Sinnlosigkeit, der Gewißheit im Zweifel, ist nicht der Gott des traditionellen Theismus, sondern der „Gott über Gott", die Macht des Seins, die auch noch in denen wirkt, die keinen Namen für sie haben, nicht einmal den Namen Gott. Das ist eine Antwort für die Menschen, die nach einer Botschaft inmitten ihrer Erfahrung des Nichts und im Zusammenbruch ihres Mutes zum Sein verlangen. Aber solch ein extremer Punkt ist kein Raum, in dem man leben kann. Die dialektischen Aussagen, die eine extreme Situation hervorruft, sind Kriterium der Wahrheit, geben aber keine Basis ab, auf der die Wahrheit als Ganzes aufgebaut werden könnte.

3. Unabhängigkeit und Wechselwirkung von existentiellen Fragen und theologischen Antworten

Die in dem vorliegenden theologischen System angewandte und in der methodischen Einführung des ersten Bandes beschriebene Methode wurde „Methode der Korrelation" genannt – Korrelation nämlich zwischen existentiellen Fragen und theologischen Antworten. „Korrelation" ist in der wissenschaftlichen Sprache ein Wort mit verschiedenen Bedeutungen. Es wird hier verstanden im Sinne gegenseitiger Abhängigkeit zweier unabhängiger Faktoren. Aber es wird nicht in dem logischen Sinne von quantitativer oder qualitativer Koordinierung von Elementen ohne kausale Beziehung verstanden, sondern als Einheit von *Abhängigkeit* und *Unabhängigkeit* zwischen existentiellen Fragen und theologischen Antworten. Da diese Art der Beziehung vielfach diskutiert worden ist, möchte ich versuchen, einiges Klärende über sie zu sagen.

Die gegenseitige *Unabhängigkeit* von Frage und Antwort bedeutet, daß es unmöglich ist, die Frage von der Antwort und die Antwort von der Frage abzuleiten. Die existentielle Frage, nämlich der Mensch in den Konflikten seiner existentiellen Situation, ist nicht die Quelle der Offenbarungsantwort, wie sie durch die Theologie formuliert wird. Man kann die göttliche Selbstmanifestation nicht aus einer Analyse der menschlichen Situation ableiten. Gott spricht in die menschliche Situation hinein — ablehnend und bejahend. Der theologische Supranaturalismus — beispielsweise die gegenwärtige neu-orthodoxe Theologie — hat recht, wenn er behauptet, daß der Mensch Gott nicht aus eigener Kraft erreichen kann. Der Mensch ist die Frage, aber er ist nicht die Antwort. Aber es ist ebenso falsch, die in der menschlichen Existenz enthaltene Frage aus der Offenbarungsantwort herzuleiten. Das ist unmöglich, weil die Offenbarungsantwort als sinnlos empfunden würde, wenn sie nicht Antwort auf eine zuvor gestellte Frage wäre. Wir können keine Antwort verstehen, die nicht Antwort auf eine Frage ist, die wir gefragt haben. (Diese Erkenntnis hat wichtige Konsequenzen für die religiöse Erziehung.) Eine solche Antwort wird als töricht empfunden, als unverständliche Wortkombination, aber nicht als Offenbarungserfahrung. Die Frage, die der Mensch stellt, ist er selbst. Er stellt die Frage, ob er sie ausspricht oder nicht. Er kann sie nicht umgehen, denn sein Sein selbst *ist* die Frage. Als Fragender nach seiner Existenz ist er auf sich allein gestellt. Er fragt „aus der Tiefe", und diese Tiefe — ist er selbst.

Der Naturalismus hält an der Auffassung fest, daß die existentielle Frage eine menschliche Frage ist, und hierin hat er recht. Der Mensch als Mensch kennt die Frage nach Gott. Er ist von Gott entfremdet, aber nicht von ihm abgeschnitten. Das gibt dem, was traditionsgemäß „natürliche Theologie" genannt wird, eine begrenzte Berechtigung. Natürliche Theologie ist sinnvoll, soweit sie eine Analyse der menschlichen Situation gibt und aus ihr die Frage nach Gott entwickelt. Die traditionellen Beweise für die Existenz Gottes geben teilweise eine solche Analyse, sie beschreiben den abhängigen, vergänglichen und bedingten Charakter der menschlichen Existenz in ihrer Endlichkeit. Wenn sie aber zu Schlüssen kommen, so versuchen sie, theologische Behauptungen aus der Analyse der menschlichen Endlichkeit abzuleiten, und das ist ein unmöglicher Versuch. Keiner der Schlüsse, die die Existenz Gottes beweisen sollen, ist stichhaltig. Der Wert der Gottesbeweise reicht genauso weit wie ihre Analyse der menschlichen Situation, aber nicht darüber hinaus. Denn Gott wird offenbar nur durch Gott. Existentielle Fragen und theologische Antworten sind unabhängig voneinander. Dies ist die erste Aussage der Methode der Korrelation.

Das zweite und schwierigere Problem bezieht sich auf die gegenseitige *Abhängigkeit* der Fragen und Antworten. Korrelation bedeutet, daß Frage und Antwort nicht nur voneinander unabhängig, sondern auch voneinander abhängig sind. Dieses Problem wurde in der klassischen Theologie akut (in der Scholastik so gut wie in der protestantischen Orthodoxie), wenn immer man den Einfluß des Unterbaus der natürlichen Theologie auf den Überbau der Offenbarungstheologie diskutierte und umgekehrt. Seit Schleiermacher spielte es auch dann eine Rolle, wenn die Religionsphilosophie als Eingangstür für ein theologisches System benutzt wurde und sich das Problem erhob, inwieweit die Tür die Struktur des Hauses bestimmt oder das Haus die Tür. Sogar die antimetaphysischen Ritschlianer konnten diesem Problem nicht entgehen. Und das berühmte „Nein" von Karl Barth gegen jede natürliche Theologie, ja sogar gegen jeden Versuch des Menschen, die Frage nach Gott zu stellen, ist im letzten Grunde eine Selbsttäuschung.

Das Problem der gegenseitigen Abhängigkeit von existentiellen Fragen und theologischen Antworten kann nur innerhalb dessen gelöst werden, was wir im Einleitungsteil zum ersten Band den „theologischen Zirkel" genannt haben. Der Theologe ist als Theologe an eine konkrete Erscheinung dessen, was ihn unbedingt angeht, gebunden; religiös gesprochen: Er ist an eine spezielle Offenbarungserfahrung gebunden. Auf der Basis dieser konkreten Erfahrung erwachsen seine Aussagen mit universalem Anspruch, z. B. die christliche Behauptung, daß der Christus der *logos* sei. Der theologische Zirkel sollte nicht als Kreis, sondern als Ellipse mit zwei Brennpunkten vorgestellt werden. Der eine Brennpunkt stellt die existentielle Frage dar und der andere die theologische Antwort. Beide stehen im Raum derselben religiösen Grundhaltung, aber sie sind nicht identisch. Das Material für die existentielle Frage entstammt dem Ganzen der menschlichen Erfahrungen und ihren mannigfaltigen Ausdrucksformen. Es erstreckt sich auf Vergangenheit und Gegenwart, auf Alltagssprache und Literatur, auf Kunst und Philosophie, auf Wissenschaft und Psychologie. Es erstreckt sich auf Mythos und Liturgie, auf religiöse Traditionen und Gegenwartserfahrungen. All dies ist — soweit es die menschliche existentielle Situation widerspiegelt — das Material, ohne das die existentielle Frage nicht formuliert werden kann. Die Wahl des Materials für die Formulierung der Frage ist die Aufgabe des systematischen Theologen.

Um diese Aufgabe zu erfüllen, muß er an der menschlichen Situation teilhaben, nicht nur aktuell, wie das immer der Fall ist, sondern auch in bewußter Identifikation. Er muß die menschliche Endlichkeit, die auch seine eigene Endlichkeit ist, übernehmen, und er muß die Angst der Endlichkeit so in sich hineinnehmen, als ob er niemals die Offenbarungsantwort „Ewigkeit" erhalten hätte. Er muß die menschliche Entfremdung, die auch seine eigene Entfremdung ist, übernehmen, und er muß die Angst der Schuld wieder durchleben, als ob er niemals die Offenbarungsantwort „Vergebung" erhalten hätte. Der Theologe darf nicht bei der theologischen Antwort, die er verkündet, verharren. Er kann sie in überzeugender Weise nur geben, wenn er mit seinem ganzen

Sein in der Situation der menschlichen Frage steht. Mit dieser Forderung schützt die Methode der Korrelation den Theologen vor dem arroganten Anspruch, über Offenbarungswahrheiten verfügen zu können. Wenn der Theologe die Antwort formuliert, muß er zugleich um sie kämpfen.

Während das Material der Frage Ausdruck für die allgemein menschliche Situation ist, wird die Form der Frage durch das ganze theologische System und die darin gegebenen Antworten geprägt. Die in der menschlichen Endlichkeit enthaltene Frage ist schon ausgerichtet auf die Antwort: das Ewige. Die in der menschlichen Entfremdung enthaltene Frage ist schon ausgerichtet auf die Antwort: Vergebung. Diese Gerichtetheit der Fragen vermindert nicht ihren Ernst, aber sie gibt ihnen ihre Form, die durch das ganze theologische System bestimmt ist. Das System ist der Rahmen, innerhalb dessen die Korrelation zwischen existentiellen Fragen und theologischen Antworten sich abspielt. Dies ist die eine Seite, nämlich die Abhängigkeit der Frage von der Antwort.

Die andere Seite der Korrelation ist der Einfluß der existentiellen Fragen auf die theologischen Antworten. Zunächst muß wiederholt werden: Die Antworten können nicht aus den Fragen abgeleitet werden. Die Substanz der Antworten — die Offenbarung — ist unabhängig von den Fragen. Wenn aber die Theologie auf die in der menschlichen Entfremdung liegende Frage die Antwort gibt, die „der Christus" heißt, so tut sie das in ganz verschiedener Weise, je nachdem, ob sie auf die existentiellen Konflikte des jüdischen Legalismus antwortet oder auf die existentielle Verzweiflung des griechischen Skeptizismus oder auf die Drohung des Nihilismus, wie er in der Literatur und Psychologie des 20. Jahrhunderts zum Ausdruck kommt. Und trotzdem: Die Frage erzeugt nicht die Antwort. Die Antwort „der Christus" kann nicht vom Menschen erzeugt werden, aber der Mensch kann sie aufnehmen und gemäß der Art, wie er gefragt hat, zum Ausdruck bringen.

Die Methode der Korrelation ist vor Verfälschung nicht geschützt. Keine theologische Methode ist es. Die Antwort kann die Frage in einem solchen Maße entstellen, daß die Ernsthaftigkeit der existentiellen Situation verlorengeht. Und die Frage kann die Antwort in einem solchen Maße entstellen, daß der Offenbarungscharakter der Antwort zerstört wird. Die Theologie ist wie alle Unternehmungen des menschlichen Geistes zweideutig. Aber das ist kein Einwand gegen die Theologie oder gegen die Methode der Korrelation. Als Methode ist sie so alt wie die Theologie selbst. Wir haben mit der Methode der Korrelation keine neue Methode eingeführt, sondern vielmehr den Sinn der apologetischen Theologie herauszuarbeiten versucht.

DRITTER TEIL

DIE EXISTENZ UND DER CHRISTUS

I. DIE EXISTENZ UND DIE ERWARTUNG DES CHRISTUS

A

EXISTENZ UND EXISTENTIALISMUS

1. *Die Etymologie des Begriffs „Existenz"*

Wer immer heute Worte wie „Existenz", „existentiell" oder „Existentialismus" gebraucht, muß sagen, wie er diese Begriffe verstanden haben will und welche Gründe er dafür hat. Er muß sich die Zweideutigkeiten, die teils vermeidbar, teils unvermeidbar sind, vor Augen halten, mit denen diese Worte belastet sind. Weiter muß er zeigen, auf welche Gedanken und Haltungen der Vergangenheit und Gegenwart er diese Begriffe anwendet. Die Versuche solcher Begriffserklärung sind zahlreich und widerspruchsvoll. Deshalb kann keiner dieser Versuche als endgültige Lösung betrachtet werden. Wenn eine Theologie die Korrelation von Existenz und dem Christus zu ihrem Zentralthema macht, muß sie den Gebrauch des Wortes „Existenz" rechtfertigen und seine philologische und historische Ableitung geben.

Eine der Möglichkeiten, ein viel mißbrauchtes Wort zu klären, ist die etymologische Betrachtung, der Rückgang auf seinen ursprünglichen Sinn. Dieses Verfahren wurde zu allen Zeiten der Geschichte des menschlichen Denkens befolgt, aber es wurde von manchen Forschern so übertrieben gehandhabt, daß sich eine Reaktion dagegen erhob. Die heutigen wie die alten Nominalisten betrachten ein Wort als konventionelles Zeichen, dessen Bedeutung sich in der Art erschöpft, wie es in einer bestimmten Gruppe zu einer bestimmten Zeit gebraucht wird. Wäre das der Fall, müßten viele Worte als unwiederbringlich verloren angesehen und durch andere ersetzt werden. Aber die nominalistische Voraussetzung – daß Worte *nur* konventionelle Zeichen sind – muß zurückgewiesen werden. Worte sind das Ergebnis einer Begegnung des menschlichen Geistes mit der Wirklichkeit. Deshalb sind sie nicht nur Zeichen, sondern auch Symbole und können nicht, wie es bei konventionellen Zeichen möglich ist, durch andere Zeichen ersetzt werden. Darum können Worte „gerettet" werden. Ohne diese Möglichkeit hätte man für den religiösen und kulturellen Bereich neue Sprachen erfinden müssen. Es ist eine wichtige Aufgabe der Theologie, die genuine Macht der klassischen theologischen Begriffe zurückzugewinnen. Das ist möglich, wenn man auf die ursprüngliche Begegnung des menschlichen Geistes mit der Wirklichkeit, die diese Begriffe schuf, zurückzugehen versucht.

Die ursprüngliche Bedeutung von „existieren" — im Lateinischen *existere* — ist „heraussstehen". Man fragt sofort: woraus heraussstehen? Die generelle Antwort auf die Frage, woraus wir heraussstehen, lautet: Wir stehen aus dem Nichtsein heraus. „Die Dinge existieren", das bedeutet: Die Dinge haben Sein, sie stehen heraus aus dem Nichts. Nun haben wir von den griechischen Philosophen gelernt (und sie haben es von der Klarheit und Differenziertheit der griechischen Sprache gelernt), daß Nichtsein in zweierlei Weise verstanden werden kann: als *ouk on*, d. h. absolutes Nichtsein, und als *me on*, d. h. relatives Nichtsein. Existieren — heraussstehen — hat einen Bezug zu beiden Bedeutungen.

Wenn wir sagen, daß etwas existiert, meinen wir, daß es, mittelbar oder unmittelbar, im Bereich der Wirklichkeit vorgefunden werden kann. Es steht heraus aus der Leere des absoluten Nichtseins. Aber die Metapher „heraussstehen" bezieht sich auch auf ihr logisches Gegenteil „darinstehen". Nur das, was in gewisser Hinsicht darinsteht, kann heraussstehen. Derjenige, der heraussteht, erhebt sich über das durchschnittliche Niveau (im Englischen: er ist „outstanding"). Wenn wir sagen, daß alles, was existiert, aus dem absoluten Nichtsein „heraussteht", sagen wir, daß es gleichzeitig in beidem, dem Sein und dem Nichtsein, steht. Es steht nicht vollständig aus dem Nichtsein heraus. Wie wir in dem Kapitel über die Endlichkeit (Teil I) gesagt haben, ist es ein Endliches, eine Mischung von Sein und Nichtsein. Existieren heißt dann: heraussstehen aus dem *eigenen* Nichtsein.

Doch ist diese Aussage noch ungenügend, weil sie die Frage: „Wie kann etwas aus seinem eigenen Nichtsein heraussstehen?" nicht beantwortet. Um diese Frage zu beantworten, muß man den Unterschied von potentiellem und aktuellem Sein in Betracht ziehen. Vieles nimmt an möglichem Sein teil, das kein wirkliches Sein hat. Sofern es potentielles Sein hat, befindet es sich im Stand relativen Nichtseins. Es ist Noch-nicht-Seiendes, aber es ist nicht nichts. Potentialität ist der Stand realer Möglichkeit, die mehr ist als logische Möglichkeit. Potentialität ist die „Macht zu sein", die, metaphorisch gesprochen, diese Macht noch nicht ausgeübt hat. Die „Macht zu sein" ist noch latent, sie ist noch nicht manifest geworden. Wenn wir sagen, daß etwas existiert, sagen wir damit, daß es den Zustand der reinen Potentialität verlassen hat und aktuell geworden ist. Es steht aus der reinen Potentialität, aus dem relativen Nichtsein heraus. Um aktuell zu werden, muß es das relative Nichtsein, den Zustand des *me on* überwinden. Aber wiederum: Es kann nicht völlig heraus. Es muß zur gleichen Zeit herausstehen und darinstehen. Alles Aktuelle steht heraus aus der reinen Potentialität, aber es bleibt auch darin. Niemals läßt es seine Macht des Seins völlig in den Zustand der Existenz hineinströmen. Es erschöpft niemals seine Potentialitäten ganz. Als Endliches steht es im absoluten Nichtsein und steht zugleich heraus aus ihm. Als Aktuelles steht es im relativen Nichtsein — in der Potentialität — und steht zugleich heraus aus ihm.

Fassen wir unsere etymologischen Bemerkungen zusammen, so können wir sagen: Existieren kann bedeuten: herausstehen aus dem absoluten Nichtsein und doch in ihm verbleiben; dann bedeutet es endliches Sein, die Einheit von Sein und Nichtsein. Und existieren kann bedeuten: herausstehen aus dem relativen Nichtsein und doch in ihm verbleiben; dann bedeutet es aktuelles Sein. Ob wir die eine oder die andere Bedeutung von Nichtsein meinen — existieren heißt stets: herausstehen aus dem Nichtsein.

2. Das Aufkommen des Existentialismus

Etymologische Untersuchungen können nur Möglichkeiten aufzeigen, aber sie lösen kein Problem. Die zweite Antwort auf die Frage: „Woraus steht das Existierende heraus?" zeigt uns einen Zwiespalt in der Wirklichkeit — die Kluft zwischen Potentialität und Aktualität. Hier sehen wir den ersten Schritt zum Existentialismus. In allem Seienden begegnen wir jenem Zwiespalt: Es gibt Strukturen, die keine Existenz haben, und Dinge, die auf Grund solcher Strukturen zur Existenz gekommen sind. „Baumheit" zum Beispiel existiert nicht, obwohl sie am Sein teilhat. Aber der Baum in meinem Garten existiert. Er steht heraus aus der reinen Potentialität der Baumheit. Aber er steht heraus, d. h. er existiert nur, weil er teilhat an der Seinsmacht „Baumheit", die jeden Baum zu einem Baum und nichts anderem werden läßt.

Diese Spaltung in der ganzen Wirklichkeit, die sich in dem Begriff „Existenz" ausdrückt, ist eine der frühesten Entdeckungen des menschlichen Denkens. Schon lange vor Plato entdeckte das vorphilosophische und philosophische Denken zwei Ebenen der Wirklichkeit. Wir können sie die *essentielle* und die *existentielle* Ebene nennen. Die Orphiker, die Pythagoräer, Anaximander, Heraklit und Parmenides wurden dadurch zu Philosophen, daß sie in der Welt, der sie begegneten, keine letzte Wirklichkeit fanden. Aber nur bei Plato wurde der Gegensatz zwischen dem essentiellen und dem existentiellen Sein zu einem ontologischen und ethischen Problem. Die Existenz ist für Plato der Bereich des bloßen Meinens, des Irrtums und des Übels. Es fehlt ihm wahre Realität. Wahres Sein ist essentielles Sein, und es ist gegenwärtig im Bereich der ewigen Ideen, d. h. der Wesenheiten. Um essentielles Sein zu erlangen, muß sich der Mensch über die Existenz erheben. Er muß zum Essentiellen zurückkehren, von dem er in die Existenz gefallen ist. Gemäß dieser Anschauung wird die Existenz des Menschen, sein Herausstehen aus der Potentialität, als Abfall von dem, was er essentiell ist, verstanden. Das Potentielle ist das Essentielle, und Existenz, Herausstehen aus der Potentialität, ist Verlust des wahren Wesens. Aber es ist nicht völliger Verlust: Der Mensch hört nicht auf, Mensch zu sein. Essentielles und Existentielles sind in ihm gemischt, wie die Erinnerung an das Wesenhafte in jedem Menschen zeigt.

Diese Betrachtungsweise der Existenz bestimmte die spätantike Welt trotz des Versuches von Aristoteles, den Zwiespalt zwischen Essenz und Existenz durch seine Lehre von der Zusammengehörigkeit von Form und Materie in allen Dingen aufzuheben. Aber Aristoteles' Protest konnte keinen Erfolg haben, teils wegen der soziologischen Situation in der Spätantike und teils, weil Aristoteles selbst in seiner Metaphysik das Ganze der Wirklichkeit in Gegensatz stellte zu dem Leben Gottes, nämlich seiner ewigen Selbst-Anschauung. Das Teilhaben am Leben Gottes erfordert die Erhebung des Geistes in den *actus purus* des göttlichen Seins, das von allem, in dem sich Materie oder Nichtsein findet, geschieden ist.

Die scholastischen Philosophen einschließlich der platonischen Franziskaner und der aristotelischen Dominikaner erkannten den Gegensatz zwischen Essenz und Existenz für die Welt an, aber nicht für Gott. In Gott gibt es keinen Unterschied zwischen essentiellem und existentiellem Sein. Damit ist gesagt, daß der Zwiespalt keine letzte Gültigkeit besitzt und daß er für den Grund des Seins-Selbst ohne Bedeutung ist. Gott ist ewig, was er ist. Das war schon in dem Aristotelischen Satz ausgedrückt: Gott ist *actus purus*, er ist ohne Potentialität. Aus dieser Behauptung hätte logischerweise die Leugnung des lebendigen Gottes der Bibel folgen müssen. Das war aber nicht die Absicht der Scholastiker. Die Betonung des göttlichen Willens stand dem entgegen. Wenn Gott als Wille charakterisiert wird, ist der Terminus *actus purus* offensichtlich unangemessen. Wille schließt Potentialität ein. Der eigentliche Sinn der scholastischen Lehre würde sich am besten in dem Satz ausdrücken lassen, daß die Begriffe Essenz und Existenz und ihre Einheit auf Gott *symbolisch* angewandt werden müssen. Er ist nicht dem Konflikt zwischen Essenz und Existenz unterworfen. Er ist kein Seiendes neben anderem Seienden. Wäre er es, dann würde seine essentielle Natur ihn transzendieren, wie es bei allen endlichen Wesen der Fall ist. Er ist aber auch nicht die Essenz aller Essenzen, die universale Essenz; denn das würde ihn der Fähigkeit der Selbstverwirklichung berauben. Seine Existenz, sein Heraustehen aus der Essenz, ist ein Ausdruck seiner Essenz. Er aktualisiert sich essentiell. Er allein ist „vollkommen", ein Wort, das seinem tiefsten Sinn nach ein Wesen definiert, das jenseits der Spaltung zwischen Essenz und Existenz steht. Der Mensch und seine Welt sind der Spaltung unterworfen. Ihre Existenz steht gegen ihre Essenz, sie ist „Abfall". An diesem Punkt treffen sich die platonische und die christliche Bewertung der Existenz.

Diese Haltung änderte sich, als in der Renaissance und in der Aufklärung ein neues Existenzgefühl aufkam. Mehr und mehr wurde die Kluft zwischen Essenz und Existenz geschlossen. Die Existenz wurde der Ort, an dem der Mensch das Universum beherrschen und formen soll. Die existierenden Dinge waren sein Material. Heraustehen aus dem essentiellen Sein war kein „Abfall", sondern der Weg zur Verwirklichung und Erfüllung der eigenen Möglichkeiten. In ihrer philosophischen Form kann diese Haltung Essentialismus genannt werden. In ihr ist die Existenz gewissermaßen in die Essenz aufgenommen worden.

Die existierenden Dinge und Ereignisse sind die Verwirklichung des essentiellen Seins in progressiver Entwicklung. Es gibt wohl vorläufige Mängel, aber keinen existentiellen Riß, wie es im Mythos vom „Fall" zum Ausdruck kommt. In der Existenz ist der Mensch das, was er auch in der Essenz ist — der Mikrokosmos, in dem die Kräfte des Universums geeint sind, der Träger der kritischen und der konstruktiven Vernunft, der Erbauer seiner Welt und der Schöpfer seiner selbst, der seine Potentialität aktualisiert. Man nimmt an, daß Erziehung und politische Organisation es dahin bringen werden, daß das Zurückbleiben der Existenz allmählich überwunden wird.

Diese Beschreibung kennzeichnet den Geist vieler Philosophen der Renaissance und der ganzen Aufklärung. Aber in keiner Periode wurde der Essentialismus vollständig durchgeführt. Das ereignete sich erst in einer Philosophie, die ausgesprochen im Gegensatz zur Aufklärung stand und stark von der Romantik beeinflußt war, nämlich in der deutschen klassischen Philosophie und in ihr vor allem im Hegelschen System. Das hatte seinen Grund nicht nur in dem allumfassenden und systematischen Charakter der Hegelschen Philosophie, es war auch darin begründet, daß Hegel das existentialistische Problem erkannte und versuchte, existentielle Elemente in seine universale Zusammenschau der Essenzen mit hineinzunehmen. Er stellte das Nichtsein in das Zentrum seiner Dialektik. Er betonte die Rolle von Leidenschaft und Interesse in der Geschichte; er schuf Begriffe wie Entfremdung und „unglückliches Bewußtsein"; er machte die Freiheit zum Ziel des universalen Prozesses der Existenz; und er versuchte sogar, das christliche Paradox mit in den Rahmen seines Systems einzufügen. Und es gelang ihm, die existentiellen Elemente davon abzuhalten, die essentielle Struktur seines Denkens zu unterminieren. Das Nichtsein ist in der Totalität seines Systems überwunden; die Geschichte ist an ihr Ende gekommen; die Freiheit ist wirklich geworden, und das Paradox des Christus hat seinen paradoxen Charakter verloren. Die Existenz wird deduziert als die logisch notwendige Folge der Essenz. Es gibt keine Kluft und keinen Sprung vom einen zum anderen. Dieser Charakter des Hegelschen Systems machte es zu einem Wendepunkt in dem langen Kampf zwischen Essentialismus und Existentialismus. Hegel ist der klassische Essentialist, weil er auf das Universum die scholastische Lehre anwandte, daß Gott jenseits von Essenz und Existenz ist. Die Kluft ist überwunden, aber nicht nur ewig in Gott, sondern auch historisch im Menschen. Die Welt ist der Prozeß der göttlichen Selbstverwirklichung. Es gibt keinen Zwiespalt, keine letzte Unsicherheit, kein Wagnis und keine Gefahr des Selbst-Verlusts, wenn sich die Essenz in der Existenz aktualisiert. Hegels berühmte These „Alles, was ist, ist vernünftig" ist nicht absurder Optimismus in bezug auf die Vernünftigkeit der Menschen. Hegel glaubte keineswegs, daß der Mensch vernünftig und glücklich sei. Aber es ist Hegels Glaube, daß die vernünftige oder essentielle Struktur des Seins sich vorsehungsgemäß im Prozeß des Universums verwirklicht. Die Welt ist die Selbstverwirklichung des göttlichen Geistes, die Existenz ist Ausdruck der Essenz und nicht des Abfalls von ihr.

3. Der Protest des Existentialismus gegen den Essentialismus

Als Protest gegen Hegels vollendeten Essentialismus kam im 19. Jahrhundert der Existentialismus auf. Die Existentialisten, von denen einige Hegels Schüler waren, kritisierten nicht einzelne Züge in Hegels Denken. Sie wollten ihn nicht verbessern. Sie griffen die essentialistische Idee als solche an und mit ihr die ganze moderne Haltung des Menschen zu sich selbst und zu seiner Welt. Ihr Angriff war ein Protest gegen die Selbstinterpretation des Menschen in der modernen industriellen Gesellschaft.

Der Protest des Existentialismus gegen den Essentialismus

Der direkte Angriff auf Hegel kam von verschiedenen Seiten. In der systematischen Theologie können wir uns mit den einzelnen Kritikern wie Schelling, Schopenhauer, Kierkegaard oder Marx nicht befassen. Es genügt festzustellen, daß in den Jahrzehnten von 1830 bis 1850 das historische Schicksal und das kulturelle Selbstverständnis der westlichen Welt des 20. Jahrhunderts vorbereitet wurden. Die systematische Theologie muß jedoch den Charakter der existentialistischen Revolution zeigen und den Begriff der Existenz, der von ihr entwickelt wurde, mit den religiösen Symbolen vergleichen, die sich auf die menschliche Situation beziehen.

Das Gemeinsame in allen existentialistischen Angriffen ist die Behauptung, daß die existentielle Situation des Menschen ein Zustand der Entfremdung ist — Entfremdung von seiner essentiellen Natur. Auch Hegel wußte um die Entfremdung, aber er glaubte, daß sie schon überwunden und daß der Mensch mit seinem wahren Sein versöhnt sei. Nach der Meinung aller Existentialisten ist dies Hegels Grundirrtum. Versöhnung ist eine Sache der Erwartung und Hoffnung, aber nicht der Realität. Die Welt ist nicht versöhnt, weder im Individuum — wie Kierkegaard zeigt — noch in der Gesellschaft — wie Marx zeigt — noch im Leben als solchem — wie Schopenhauer und Nietzsche zeigen. Existenz ist Entfremdung und nicht Versöhnung. Sie ist Entmenschlichung und nicht der Ausdruck essentieller Menschlichkeit. Sie ist der Prozeß, in dem der Mensch zu einem Ding wird und aufhört, Person zu sein. Die Geschichte ist nicht göttliche Selbst-Manifestation, sondern eine Kette unversöhnter Konflikte, die den Menschen mit Selbst-Zerstörung bedrohen. Die Existenz des Individuums ist angefüllt mit Angst und bedroht durch Sinnlosigkeit. In dieser Beschreibung der menschlichen Situation stimmen alle Existentialisten überein und sind deshalb Gegner des Hegelschen Essentialismus. Sie sehen in ihm einen Versuch, den wahren Zustand des Menschen zu verbergen.

Man hat zwischen atheistischem und theistischem Existentialismus unterschieden. Gewiß gibt es Existentialisten, die man „atheistisch" nennen könnte, und es gibt andere, die man „theistisch" nennen könnte. Aber es gibt weder atheistischen noch theistischen Existentialismus. Denn der Existentialismus *analysiert* nur, was es bedeutet zu „existieren". Darin steht er im Gegensatz zu essentialistischen Beschreibungen. Er entwickelt die Frage, die durch die Existenz gestellt ist, aber er versucht nicht, eine Antwort zu geben, weder in atheistischen noch in theistischen Begriffen. Wenn immer die Existentialisten Antworten geben, tun sie es aus einer religiösen oder quasireligiösen Tradition heraus, die nicht aus ihrer existentialistischen Analyse abgeleitet werden kann. Pascals Antworten stammten aus der augustinischen Tradition, Kierkegaards aus der lutherischen, Marcels aus der thomistischen, Dostojewskis aus der griechisch-orthodoxen. Oder die Antworten werden aus humanistischen Traditionen hergeleitet, so bei Marx, Nietzsche, Heidegger, Jaspers und Sartre. Keiner dieser Männer konnte Antworten aus seinen Fragen heraus entwickeln. Die Antworten der Humanisten stammen aus verborgenen religiösen Quellen. Sie sind Sache des Glaubens oder eines letzten Anliegens, wenn auch in säkularer Verkleidung. Daher ist die Unterscheidung zwischen atheistischem und theistischem Existentialismus falsch. Existentialismus ist eine Analyse der menschlichen Situation. Und die Antworten auf die in der menschlichen Situation enthaltenen Fragen sind religiös — sei es offen oder versteckt.

4. *Existentielles und existentialistisches Denken*

Für eine weitere philologische Klärung erscheint es notwendig, zwischen „existentiell" und „existentialistisch" zu unterscheiden. Das erste bezieht sich auf eine menschliche Haltung, das zweite auf eine philosophische Schule. Das Gegenteil von existentiell ist distanziert, das Gegenteil von existentialistisch ist essentialistisch. Im existentiellen Denken ist der Denkende im Denkakt mit dem Objekt geeint. Im nichtexistentiellen Denken bleibt der Denkende vom Objekt distanziert. Ihrer Natur nach ist die Theologie existentiell, die Wissenschaft nichtexistentiell. Die Philosophie vereinigt beide Elemente. Ihrer Absicht nach ist sie nicht-existentiell, in Wirklichkeit jedoch ist sie eine ständig wechselnde Kombination von Elementen der Einung und der Distanz. Daher sind alle Versuche zum Scheitern verurteilt, die eine sogenannte „wissenschaftliche Philosophie" begründen wollen.

Existentiell ist nicht existentialistisch; die beiden Begriffe berühren sich aber in ihrer gemeinsamen Wurzel — der „Existenz". Man kann sagen: Essentielle Strukturen können in der Haltung der Distanz erkannt werden, existentielle Situationen aber nur in einem Akt der Einung. Diese Behauptung muß jedoch erheblich eingeschränkt werden. Es gibt ein Element der Einung bei der Konstruktion geometrischer Figuren und ein Element der Distanz bei der Beobachtung der eigenen Angst und Entfremdung. Die Logiker und Mathematiker werden vom Eros getrieben, und die existentialistischen Theologen, die die Existenz analysieren, entdecken Strukturen in der Haltung der Distanz, selbst wenn es Strukturen der Destruktion sind. Und zwischen diesen Polen gibt es viele Mischungen von Distanz und Einung, so in der Biologie, Geschichte und Psychologie. Trotzdem — eine Erkenntnishaltung, in der das Element der Einung vorherrscht, nennen wir „existentiell". Und da das Element der Einung im existentiellen Denken vorherrscht, sind die treffendsten existentialistischen Analysen von Schriftstellern, Dichtern und Malern gegeben worden. Aber selbst sie konnten einer irrelevanten Subjektivität nur dadurch entgehen, daß sie sich distanzierter Beobachtung unterzogen. So ist z. B. das Material, das die Psychotherapie lieferte, überall in die existentialistische Literatur und Kunst eingegangen. Einung und Distanz sind Pole, keine Alternativen. Es gibt keine existentialistische Analyse ohne einen bestimmten Grad nichtexistentieller Distanz.

5. Existentialismus und christliche Theologie

Das Christentum behauptet, daß Jesus der Christus ist. Der Christus, der Messias, ist der, von dem gesagt wird, daß er den „neuen Äon" bringt, die universale Erneuerung, die neue Wirklichkeit. Neue Wirklichkeit setzt eine alte Wirklichkeit voraus, und diese alte Wirklichkeit ist nach den Aussagen der Propheten und Apokalyptiker der Zustand der Entfremdung des Menschen und seiner Welt von Gott. Die entfremdete Welt wird von den Strukturen des Bösen beherrscht, symbolisiert als dämonische Mächte. Sie beherrschen die Einzelseele, die Nationen und sogar die Natur. Sie erzeugen die Angst in all ihren Formen. Es ist die Funktion des Messias, sie zu besiegen und eine Wirklichkeit zu begründen, in der die Strukturen der Destruktion überwunden sind.

Der Existentialismus hat den „alten Äon" beschrieben, nämlich die Situation des Menschen und seiner Welt im Zustand der Entfremdung. Darum ist der Existentialismus ein natürlicher Bundesgenosse des Christentums. Kant hat einmal gesagt, daß die Mathematik ein Glücksfall der menschlichen Vernunft sei. Im selben Sinne könnte man sagen, daß der Existentialismus ein Glücksfall der christlichen Theologie sei. Er half, die klassische christliche Interpretation der menschlichen Existenz wiederzuentdecken. Theologische Versuche in derselben Richtung würden nicht die gleiche Wirkung gehabt haben. Diesen positiven Beitrag leistete nicht nur die existentialistische Philosophie, sondern auch die analytische Psychologie, die neuere Literatur, Dichtung und Kunst. In ihnen allen gibt es ein reiches Material, das der Theologe bei seinem Versuch gebrauchen kann, Christus als die Antwort auf die Frage zu verstehen, die in der menschlichen Existenz selbst gegeben ist. In früheren Jahrhunderten unterzogen sich vor allem die monastischen

Theologen dieser Aufgabe. Sie analysierten sich und die anderen Glieder ihrer Gruppe so eingehend, daß es heute wenige Beschreibungen der menschlichen Entfremdung gibt, die sie nicht vorweggenommen haben. Die kirchliche Buß- und Andachtsliteratur ist voll davon. Diese Tradition ging jedoch verloren unter dem Einfluß der Bewußtseins-Philosophie und -Theologie, deren Hauptvertreter der Cartesianismus und Calvinismus sind. Ungeachtet ihrer Unterschiede waren beide Bundesgenossen in der Unterdrückung der unbewußten und halbbewußten Seiten der menschlichen Natur und verhinderten dadurch ein volles Verständnis der existentiellen Situation des Menschen (trotz Calvins Lehre von der totalen Verderbtheit des Menschen und des Augustinischen Einflusses auf die Cartesianische Schule). Der Existentialismus und die heutige Theologie sollten sich in ihrem Bemühen verbinden, die durch die Bewußtseinsphilosophie unterdrückten Elemente der menschlichen Natur wieder ans Licht zu bringen.

Der systematische Theologe kann eine solche Aufgabe nicht allein leisten. Er braucht die Hilfe der Träger der existentialistischen Bewegung in allen Kulturgebieten. Er braucht vor allem die Hilfe der Praktiker der Existenzerforschung, z. B. Geistliche, Erzieher, Psychoanalytiker und psychologische Berater. Der Theologe muß die traditionellen religiösen Symbole und theologischen Begriffe im Lichte des Materials, das er von den Genannten erhält, neu interpretieren. Er muß sich vor Augen halten, daß Worte wie „Sünde" und „Gericht" nicht an innerer Wahrheit verloren haben, wohl aber an ihrer Fähigkeit, diese Wahrheit auszudrücken. Das kann sich nur ändern, wenn solche Worte neu gefüllt werden mit den Einsichten in die menschliche Natur, die uns durch den Existentialismus (einschließlich der Tiefenpsychologie) vermittelt sind. In diesem Sinne hat der biblizistische Theologe recht, wenn er betont, daß die meisten Einsichten des Existentialismus in der Bibel zu finden sind. Und der Katholik hat recht, wenn er darauf hinweist, daß die Kirchenväter schon um sie wußten. Aber die Frage ist nicht, ob etwas irgendwo gefunden werden kann, sondern ob eine Periode reif genug ist, verlorene Wahrheiten wiederzuentdecken. Wer z. B. den Prediger Salomo oder das Buch Hiob mit Augen liest, die durch die existentialistischen Analysen geöffnet sind, der wird mehr in ihnen sehen, als es ihm vorher möglich gewesen wäre. Dasselbe gilt von vielen anderen Stellen des Alten und Neuen Testaments.

Der Existentialismus ist als zu pessimistisch kritisiert worden. Das Vorherrschen von Begriffen wie: Nichtsein, Endlichkeit, Angst, Schuld, Sinnlosigkeit und Verzweiflung scheinen eine solche Kritik zu rechtfertigen. In derselben Weise ist freilich auch die Bibel kritisiert worden, z. B.

Das Symbol des „Falls" und die westliche Philosophie

Paulus' Beschreibung der menschlichen Situation in Römer 1 und 7 und die gesamte biblische Lehre von der Sünde. Man hat sie pessimistisch genannt, weil man sie aus dem Zusammenhang mit der biblischen Gnadenlehre riß. Man sollte das Wort „Pessimismus" in Verbindung mit Beschreibungen der menschlichen Natur überhaupt vermeiden, denn es drückt eine Stimmung aus, ist aber kein Begriff. Systematisch gesehen sind die existentiellen Elemente nur die eine Seite des menschlichen Daseins. Sie sind immer mit essentiellen Elementen gemischt, sonst würden sie nicht existieren können. Essentielle so gut wie existentielle Elemente sind Abstraktionen von der konkreten vieldeutigen Aktualität des Seins, dem „Leben", dem Thema des IV. Teils der Systematischen Theologie. Für die vorhergehende Analyse sind jedoch Abstraktionen unvermeidlich. Und ihr oft einseitig positiver oder einseitig negativer Charakter ist an der Stelle der Analyse, an der sie erscheinen, gerechtfertigt. Der Fortgang des Systems allein kann die notwendige Korrektur bringen.

B

DER ÜBERGANG VON DER ESSENZ ZUR EXISTENZ UND DAS SYMBOL DES „FALLS"

1. *Das Symbol des „Falls" und die westliche Philosophie*

Das Symbol des „Falls" ist ein entscheidender Bestandteil der christlichen Tradition. Obwohl es gewöhnlich mit der biblischen Geschichte vom Fall Adams verbunden ist, hat es eine viel umfassendere anthropologische Bedeutung. Die literalistische* Bibelauslegung leistete dem Christentum einen schlechten Dienst durch die Gleichsetzung des Symbols des „Falls" mit der wörtlich aufgefaßten Genesisgeschichte. Die Theologie hätte es heute nicht nötig, die literalistische Bibelauslegung ernst zu nehmen, wenn sie nicht dem hemmenden Einfluß des Literalismus auf die apologetische Arbeit der Kirche ständig entgegentreten müßte. Die Theologie muß klar und unzweideutig den „Fall" als Symbol für die universale menschliche Situation darstellen, nicht als Titel einer Geschichte, die sich einmal ereignet haben soll.

---

* Die Worte Literalismus und literalistisch sind unübersetzbar. Sie bezeichnen eine theologische Haltung, die Symbole wörtlich nimmt und sie dadurch ins Abergläubische und Absurde verkehrt.

Um diese Deutung klar herauszustellen, wird im vorliegenden System der Ausdruck „Übergang von der Essenz zur Existenz" gebraucht. Er ist sozusagen eine „halbe Entmythologisierung" des Mythos vom Fall. Das Element des Legendären im Sinne des „Es war einmal" ist ausgeschieden. Aber die Entmythologisierung ist nicht vollständig, denn der Ausdruck „Übergang von der Essenz zur Existenz" enthält noch ein zeitliches Element. Und wenn wir im Zeitschema von Gott-Mensch-Beziehungen sprechen, sprechen wir mythisch, selbst wenn abstrakte Begriffe wie Essenz und Existenz an Stelle mythischer Gestalten gebraucht werden. Völlige Entmythologisierung ist unmöglich, wenn etwas über den Übergang von der Essenz zur Existenz ausgesagt werden soll.

Als Plato den Übergang von der Essenz zur Existenz beschrieb, sprach er in mythischer Form vom „Fall der Seele". Er wußte, daß Existenz nichts essentiell Notwendiges, aber daß sie ein Faktum ist. Hätte er Existenz als eine logische Konsequenz von Essenz verstanden, so hätte er Existenz in Essenz aufgelöst. Symbolisch gesprochen: Die Sünde müßte als zur Schöpfung gehörig, als notwendige Konsequenz der menschlichen Natur angesehen werden. Aber die Sünde gehört nicht zur Schöpfung; der Übergang von der Essenz zur Existenz ist ein Faktum, aber nicht eine ableitbare dialektische Notwendigkeit.

In diesem Punkte stehen sowohl der Idealismus als auch der Naturalismus im Widerspruch zum christlichen (und auch platonischen) Symbol des Falls. Der Essentialismus in Hegels System war idealistisch durchgeführt. Wie in jeder Form von Idealismus wird der „Fall" reduziert auf den Unterschied zwischen Idealität und Realität, und die Realität wird dann als ein Zuschreiten auf das Ideale hin gesehen. Der Fall ist kein Bruch, sondern mangelhafte Erfüllung. Die Geschichte nähert sich ihrer Erfüllung, oder sie ist im gegenwärtigen Moment schon im Prinzip erfüllt. Das Christentum und der Existentialismus betrachten die fortschrittliche (oder revolutionäre) Form des idealistischen Glaubens als Utopismus und ihre konservative Form als Ideologie. Beide sind Selbsttäuschung und Götzendienst, denn beide nehmen die Macht des Selbstwiderspruchs im Menschen und die dämonischen Strukturen in der Geschichte nicht ernst.

Der Fall im Sinne des Übergangs von der Essenz zur Existenz wird nicht nur vom Idealismus geleugnet, sondern auch von der entgegengesetzten Seite her — vom Naturalismus. Konsequenter Naturalismus nimmt die Existenz hin, ohne nach der Ursache ihrer Negativität zu fragen. Er versucht nicht, die Frage zu beantworten, warum der Mensch seine Negativität als etwas erfährt, das nicht sein sollte und wofür er verantwortlich ist. Symbole wie „der Fall", Beschreibungen der menschlichen Negativität in Begriffen wie „Entfremdung" und „Mensch im Selbstwiderspruch" werden mit Nachdruck, ja mit Zynismus zurückgewiesen. „Der Mensch ist nicht selbstentfremdet", hörte ich einen naturalistischen Philosophen sagen. Die Naturalisten entgehen der Resignation oder dem Zynismus gewöhnlich dadurch, daß sie Elemente des Idealismus entweder in der Form seiner Fortschrittsphilosophie oder in der mehr realistischen Form des Stoizismus aufnehmen. In beiden Formen wird der reine Naturalismus transzendiert, aber das Symbol vom Fall wird nicht erreicht, nicht einmal im antiken Stoizismus mit seinem Glauben an die Entartung der geschichtlichen Existenz des Menschen und an die Spaltung der Menschheit in Toren und Weise. Der Neo-Stoizismus ist mit so viel idealistischen Elementen durchsetzt, daß er die volle Tiefe des christlichen Realismus nicht erreicht.

Wenn ein christliches Symbol wie das vom Fall mit Philosophien wie dem Idealismus, dem Naturalismus oder dem Neo-Stoizismus konfrontiert wird, fragt man sich, ob es überhaupt möglich ist, Ideen, die auf verschiedenen Ebenen liegen — eine auf der Ebene des religiösen Symbolismus, die andere auf der Ebene der philosophischen Begriffe —, miteinander in Beziehung zu setzen. Wir haben im ersten Band in den Kapiteln über Philosophie und Theologie auseinandergesetzt, daß die verschiedenen Ebenen, auf denen die beiden liegen, sich gegenseitig durchdringen. Wenn der Idealist oder Naturalist sagt: „Der Mensch ist nicht selbstentfremdet", so fällt er ein existentielles Urteil über das, was uns unbedingt angeht, und da er sein Urteil begrifflich formuliert, ist er ein Theologe. Und wenn der Theologe sagt, daß die Existenz von der Essenz entfremdet ist, so gibt er nicht nur ein Existentialurteil ab, sondern, da er es in ontologischen Begriffen formuliert, ist er auch ein Philosoph. Der Philosoph kann existentielle Entscheidungen und der Theologe kann ontologische Begriffe nicht vermeiden. Obgleich ihre Absichten entgegengesetzt sind, ist doch ihr tatsächliches Vorgehen vergleichbar. Das rechtfertigt unsere Gegenüberstellung des Symbols vom Fall mit dem westlichen Denken und die Forderung, Existentialismus und Theologie in Korrelation zu setzen.

2. Die Voraussetzungen für den Übergang vom essentiellen zum existentiellen Sein

Wenn die Genesisgeschichte Kap. 1—3 als Mythos verstanden wird, kann sie unsere Beschreibung des Überganges vom essentiellen zum existentiellen Sein leiten. Sie ist der tiefsinnigste und reichste Ausdruck

Der Übergang von der Essenz zur Existenz und das Symbol des „Falls"

für das Bewußtsein des Menschen um seine existentielle Entfremdung. Zugleich liefert sie das Schema, in dem der Übergang von der Essenz zur Existenz behandelt werden kann. Die Erzählung stellt dar: erstens die Voraussetzungen für den Fall, zweitens seine Motive, drittens das Ereignis selbst, und viertens seine Folgen. Das ist auch die Reihenfolge und das Schema dieses und der folgenden Kapitel.

In dem Teil „Sein und Gott" (Band I) wurde die Polarität von Freiheit und Schicksal in bezug zum Sein als solchem und in bezug zum menschlichen Sein erörtert. Auf der Grundlage der dort gegebenen Lösung können wir die Frage beantworten, wie der Übergang von der Essenz zur Existenz möglich ist. Der Mensch hat Freiheit im Gegensatz zu allen anderen Lebewesen, die nur Analogien zur Freiheit haben, aber nicht Freiheit selbst. Der Mensch ist frei, insofern er Sprache hat. Durch seine Sprache besitzt er die Allgemeinbegriffe, die ihn von der Knechtschaft unter die konkrete Situation befreien, der selbst das höchste Tier unterworfen ist. Der Mensch ist frei, insofern er nach der Welt, der er begegnet — einschließlich seiner selbst —, fragen kann und insofern er in immer tiefere und tiefere Schichten der Wirklichkeit eindringen kann. Der Mensch ist frei, insofern er unbedingte sittliche und logische Befehle vernehmen kann — beide ein Zeichen dafür, daß er die Bedingungen, die jedes endliche Seiende determinieren, transzendieren kann. Der Mensch ist frei, insofern er die Macht hat, zu überlegen und zu entscheiden und dadurch den Reiz-Reaktionsmechanismus zu durchbrechen. Der Mensch ist frei, insofern er spielen und eine Phantasiewelt jenseits der Realwelt errichten kann, an die alle anderen Wesen gebunden sind. Der Mensch ist frei, insofern er die Fähigkeit hat, Welten über der gegebenen Welt zu bauen: die Welt der technischen Werkzeuge und Produkte, die Welt des künstlerischen Ausdrucks, die Welt der theoretischen Strukturen und praktischen Organisationen. Schließlich ist der Mensch frei, insofern er die Macht hat, sich selbst und seiner essentiellen Natur zu widersprechen. Der Mensch ist sogar frei von seiner Freiheit, d. h. er kann unter seine Mensschlichkeit herabfallen.

In demselben Abschnitt des ersten Bandes beschrieben wir das Wissen des Menschen um seine Endlichkeit und um Endlichkeit überhaupt, und wir analysierten die Situation der Zugehörigkeit des Endlichen zum Unendlichen, verbunden mit Ausgeschlossensein des Endlichen vom Unendlichen. Darauf beruht die zweite Voraussetzung für den Fall: Die Freiheit des Menschen ist *endliche* Freiheit. Alle Potentialitäten, die seine Freiheit konstituieren, sind durch den Gegenpol, sein Schicksal, begrenzt. Nur Gott ist sein eigenes Schicksal; er transzendiert die Polarität von Freiheit und Schicksal. Im Menschen schränken sich Freiheit und Schicksal gegenseitig ein. Das gilt von jedem Akt menschlicher Freiheit. Auch die Freiheit des Selbstwiderspruchs ist eingeschränkt durch Schicksal. Und es gilt auch von der letzten Qualität der menschlichen Freiheit, nämlich der Preisgabe der Freiheit. Und Schicksal ist nicht nur persönliches Schicksal des einzelnen Menschen. Die endliche Freiheit ist eingebettet in den Rahmen eines universalen Schicksals. Es gibt keinen individuellen „Fall". Das zeigt auch die Genesiserzählung: Adam *und* Eva *und* die Natur — vertreten durch die Schlange — sind am Fall beteiligt.

Die traditionelle Theologie leitete die Möglichkeit des Falls von Adams „potuit peccare" — seiner *Freiheit zur Sünde* ab. Aber diese Freiheit wurde nicht von der Freiheitsstruktur des Menschen als solcher abgeleitet. Sie wurde im Gegenteil oft als eine fragwürdige göttliche Gabe betrachtet. Calvin sah in der *Freiheit zur Sünde* eine Schwäche des Menschen, die tragisch ist im Hinblick auf das menschliche Glück: Sie bedeutet für die meisten Menschen ewige Verdammnis. Eine solche Wertung der Freiheit des Menschen zur Sünde ist nur im Hinblick auf die Lehre verständlich, daß Gott seine Ehre nicht nur durch die Rettung, sondern auch durch die Verdammung der Menschen offenbaren wollte. Gegen diese Wertung ist zu sagen, daß die Möglichkeit der Abwendung von Gott eine Qualität der Struktur der Freiheit als solcher ist. Die Möglichkeit des Falls beruht auf allen Eigenschaften der menschlichen Freiheit in ihrer Einheit. Symbolisch gesprochen: Es ist das Ebenbild Gottes im Menschen, das die Möglichkeit des Falls schafft. Nur das Wesen, das Ebenbild Gottes ist, hat die Macht, sich von Gott zu trennen. Die Größe und die Schwäche des Menschen haben ein und dieselbe Wurzel. Selbst Gott kann die eine nicht ohne die andere aufheben. Hätte der Mensch diese Freiheit nicht erhalten, so wäre er ein Ding unter Dingen, unfähig, der göttlichen Ehre zu dienen, weder als Geretteter noch als Verdammter. Deshalb muß die Lehre vom Fall immer behandelt werden als eine Lehre vom Fall des Menschen, wenngleich der Fall auch als kosmisches Ereignis gesehen werden muß.

3. *Träumende Unschuld und Versuchung*

Nachdem wir erörtert haben, welche Voraussetzungen den Übergang von der Essenz zur Existenz möglich machen, stellen wir die Frage nach den Motiven. Um diese Frage beantworten zu können, müssen wir eine Vorstellung vom Zustand des Seienden haben, in dem die Motive wirken sollen. Die Schwierigkeit solcher Beschreibung beruht darauf, daß das essentielle Sein kein Stadium der menschlichen Entwicklung ist, dessen Charakteristika uns direkt zugänglich wären. Die essentielle Natur des Menschen ist zwar in allen Entwicklungsstadien gegenwärtig, aber stets in existentieller Verzerrung. Im Mythos und im Dogma ist die essentielle Natur des Menschen in die Vergangenheit projiziert. Sie erscheint als eine Geschichte vor der Geschichte, symbolisiert als goldenes Zeitalter oder Paradies. In psychologischen Begriffen kann man den essentiellen Zustand als „träumende Unschuld" bezeichnen. Beide Worte weisen auf etwas hin, das der aktuellen Existenz vorausgeht. „Träumende Unschuld" hat Potentialität, aber keine Aktualität. Sie hat keinen Ort, sie ist *ou topos* (utopia). Sie hat keine Zeit, sie geht der Zeitlichkeit voraus, sie ist übergeschichtlich. Träumen ist ein Zustand des Bewußtseins, der zugleich wirklich und unwirklich ist, genau wie Potentialität Wirklichkeit und Nichtwirklichkeit ist. Der Traum hat zwar aktuelle Objekte, aber als Bilder. Im Moment des Aufwachens verschwinden die Bilder als Bilder, kehren jedoch als erlebte Realitäten wieder. Gewiß, die Wirklichkeit ist verschieden von den Bildern des Traumes, aber nicht absolut verschieden. Aus diesem Grunde ist die Metapher „träumen" geeignet, den Zustand des essentiellen Seins zu beschreiben.

Das Wort Unschuld weist gleichfalls auf nicht-aktualisierte Potentialität hin. Man ist unschuldig nur im Hinblick auf etwas, das — wenn es aktualisiert wird — den Zustand der Unschuld beendet. Das Wort Unschuld kann bedeuten: Mangel an aktueller Erfahrung, Fehlen von persönlicher Verantwortlichkeit und Nichtvorhandensein moralischer Schuld. In dem hier gebrauchten metaphorischen Sinn sind alle drei Bedeutungen enthalten. Unschuld kennzeichnet den Zustand vor der Aktualität, vor der Existenz und vor der Geschichte.

Die Metapher „träumende Unschuld" ruft Assoziationen konkreter menschlicher Erfahrungen hervor. Man denkt an die frühen Stadien der Kindheitsentwicklung. Das beste Beispiel ist das Erwachen des sexuellen Bewußtseins im Kind. Bis zu einem gewissen Zeitpunkt ist das Kind völlig unbewußt in bezug auf seine sexuellen Potentialitäten. In dem schwierigen Schritt des Übergangs von der Potentialität zur Aktualität kommt es zu einem Erwachen, in dem Erfahrung, Verantwortungsgefühl und Schuld erworben werden und der Zustand der träumenden Unschuld verloren geht. So ist es auch in der Genesisgeschichte beschrieben, wo sexuelle Bewußtheit die erste Folge der verlorenen Unschuld ist. Die Analogie zwischen der psychologischen Entwicklung des Kindes und der metaphorischen Beschreibung des essentiellen Seins als „träumende Unschuld" darf nicht zu der falschen Behauptung führen, daß das neugeborene Kind sich im Stadium der Sündlosigkeit befinde. Jedes Leben steht zu allen Zeiten unter den Bedingungen der Existenz. Das Wort „Unschuld" sowie das Wort „träumen" gebrauchen wir nicht in ihrer eigentlichen, sondern in analoger Bedeutung. In dieser können uns die beiden Worte auf psychologische Weise den Zustand des essentiellen oder potentiellen Seins verständlich machen.

Der Zustand der träumenden Unschuld treibt über sich hinaus. Die Möglichkeit des Übergangs zur Existenz wird als Versuchung erfahren. Versuchung ist unvermeidlich, denn der Zustand der träumenden Unschuld ist der Zustand der Unentschiedenheit. Er ist keineswegs Vollkommenheit. Orthodoxe Theologen haben Adam vor dem Fall absolute Vollkommenheit zugesprochen und ihn dem Christus gleichgestellt. Eine solche Lehre ist nicht nur absurd, sie macht auch den Fall völlig unverständlich. Reine Potentialität (träumende Unschuld) ist nicht Vollkommenheit. Nur die bewußte Einheit von Existenz und Essenz ist Vollkommenheit. Gott ist vollkommen, weil er jenseits von Essenz und Existenz steht. Das Symbol „Adam vor dem Fall" muß als unentschiedene Potentialität verstanden werden.

Wenn wir fragen: Was ist das, was die träumende Unschuld über sich hinaustreibt?, müssen wir, um antworten zu können, den Begriff „endliche Freiheit" genauer analysieren. Der Mensch ist nicht nur endlich wie jede Kreatur, sondern er ist sich auch seiner Endlichkeit bewußt. Und dieses Bewußtsein ist „Angst". Im letzten Jahrzehnt hat in Amerika der Begriff „anxiety" eine ähnliche Bedeutung erhalten wie das deutsche und dänische Wort Angst, das seinerseits vom Lateinischen *angustiae* (Enge) abgeleitet ist. Durch Kierkegaard ist das Wort Angst zu einem Zentralbegriff des Existentialismus geworden. Es enthält die Erfahrung des Menschen, endlich zu sein — eine Mischung aus Sein und Nichtsein, stets bedroht durch absolutes Nichtsein. Alle Geschöpfe sind von der Angst getrieben, denn Endlichkeit und Angst sind das gleiche. Im Menschen ist Freiheit mit Angst verbunden. Man könnte daher die Freiheit des Menschen „sich ängstigende Freiheit" nennen. Diese Angst ist eine der treibenden Kräfte, die den Übergang von der Essenz zur Existenz verursachen, wie Kierkegaard in seinem Fragment über die Angst tiefsinnig gezeigt hat.

Wenn man diesen Gedanken weiterführt und die Struktur der endlichen Freiheit analysiert, kann man in zwei Weisen Motive für den Übergang vom Essentiellen zum Existentiellen zeigen. Die Genesiserzählung enthält ein Element, das oft übersehen wurde: das göttliche Verbot, vom Baum der Erkenntnis zu essen. Jeder Befehl setzt voraus, daß das, was befohlen wird, noch nicht erfüllt ist. Das göttliche Verbot setzt eine Art Spaltung zwischen Schöpfer und Geschöpf voraus, eine Spaltung, die ein Gebot nötig macht, selbst wenn es nur gegeben wird, um den Gehorsam des Geschöpfes zu prüfen. Dieser Zwiespalt ist der wichtigste Punkt in der Interpretation des Falls, denn er setzt eine Sünde voraus, die noch nicht Sünde ist, aber auch keine Unschuld mehr ist. Es ist der Wunsch der Sünde. Ich möchte vorschlagen, diesen Wunsch zur Sünde „erregte Freiheit" zu nennen. Im Stadium der träumenden Unschuld sind Freiheit und Schicksal in Harmonie miteinander, aber keines von beiden ist aktualisiert. Ihre Einheit ist essentiell oder potentiell, sie ist endlich und daher offen für Spannung und Zerreißung — genau wie die Unschuld vor der Versuchung. Die Spannung entsteht in dem Augenblick, in dem die endliche Freiheit ihrer selbst bewußt wird und danach verlangt, aktuell zu werden. Dies ist der Augenblick der erregten Freiheit. Aber mit der erregten Freiheit setzt eine Reaktion ein, die aus der Einheit von Freiheit und Schicksal folgt. Die träumende Unschuld will sich bewahren. Diese Reaktion wird in der Geschichte der Bibel durch das göttliche Verbot symbolisiert, das sich gegen die Aktualisierunng der potentiellen Freiheit und gegen das Erlangen von Erkenntnis und Macht richtet. Der Mensch befindet sich in dem Konflikt zwischen dem Wunsch, seine Freiheit zu aktualisieren, und der Forderung, seine träumende Unschuld zu bewahren. Kraft seiner endlichen Freiheit entscheidet er sich für die Aktualisierung.

Dieselbe Analyse kann sozusagen auch von innen her vorgenommen werden, nämlich von der Angst her, in der der Mensch sich seiner endlichen Freiheit bewußt wird. In diesem Moment erlebt er seine Freiheit als Gefahr. Er erlebt eine doppelte Angst — die Angst, sich zu verlieren durch Selbstverwirklichung, und die Angst, sich zu verlieren durch Nichtverwirklichung. Er steht in der Alternative, entweder seine träumende Unschuld zu bewahren, ohne wirkliches Dasein zu erleben, oder seine Unschuld zu verlieren und Erkenntnis, Macht und Schuld dafür einzutauschen. Die Angst dieser Situation wird als Versuchung erlebt. Der Mensch entscheidet sich für die Selbstverwirklichung und beendet damit den Zustand der träumenden Unschuld.

Auch hier ist es die sexuelle Unschuld, deren psychologische Beschreibung dem oben geschilderten Zustand am meisten analog ist. Der Mensch im heranreifenden Alter wird durch die Angst getrieben, sich selbst zu verlieren, sowohl durch seine sexuelle Verwirklichung als auch durch seine sexuelle Nichtverwirklichung. Auf der einen Seite bestärkt ihn die Macht der gesellschaftlichen Tabus in der Angst, seine Unschuld zu verlieren und durch die Verwirklichung seiner Möglichkeiten schuldig zu werden. Auf der anderen Seite hat er Angst davor, sich seine Unschuld zu erhalten und damit durch Nichtverwirklichung seine sexuellen Möglichkeiten zu opfern. Gewöhnlich entscheidet er sich für die Verwirklichung, wie es allgemeines menschliches Schicksal ist. Ausnahmen, z. B. bewußte Askese, schränken die Analogie bis zu einem gewissen Grade ein, aber sie beseitigen sie nicht.

Die hier gegebene Analyse der Versuchung hat nichts zu tun mit dem Konflikt zwischen der körperlichen und geistigen Seite des Menschen, aus dem man das Motiv für den Fall abgeleitet hat. Die hier vertretene Lehre vom Menschen betont die monistische gegen jede dualistische Auffassung der menschlichen Natur. Der Mensch ist ein Ganzes, dessen essentielles Wesen als träumende Unschuld charakterisiert ist, dessen endliche Freiheit den Übergang von der Essenz zur Existenz möglich macht, dessen „erregte Freiheit" ihn zwischen zwei Ängste stellt, die ihn mit dem Verlust seiner selbst bedrohen und dessen Entscheidung gegen die Selbstbewahrung zugunsten der Selbstverwirklichung fällt. Mythologisch gesprochen: Die Frucht des Baumes der Versuchung ist zugleich sinnlich und geistig.

4. Das moralische und das tragische Element im Übergang vom essentiellen zum existentiellen Sein

Der Übergang von der Essenz zur Existenz ist das ursprüngliche Faktum. Es ist nicht das erste Faktum in einem zeitlichen Sinn oder ein Faktum neben anderen; es ist das, was jedem Faktum Realität verleiht. Es ist wirklich in jeder Wirklichkeit. Das bedeutet, daß der Übergang von der Essenz zur Existenz eine universale Qualität des endlichen Seins ist. Der Übergang ist kein Ereignis in der Vergangenheit, denn er geht allem, was sich in Zeit und Raum ereignet, ontologisch voraus. Er konstituiert die Bedingungen zeitlicher und räumlicher Existenz, und er ist manifest in der Art, in der in jedem Individuum der Übergang von träumender Unschuld zu schuldhafter Verwirklichung sich vollzieht.

Wenn der Übergang von der Essenz zur Existenz mythologisch ausgedrückt wird — wie es die religiöse Sprache tun muß —, dann wird er als ein Ereignis in der Vergangenheit beschrieben, obwohl er sich in allen drei Modi der Zeit vollzieht. Das Ereignis, das in der Vergangenheit einmal stattgefunden haben soll und auf das sich die traditionelle Theologie beruft, ist der Sündenfall, wie er in der Genesis berichtet wird. Vielleicht ist kein literarischer Text so verschieden interpretiert worden wie das 3. Kapitel der Genesis. Das rührt teils von seiner Einzigartigkeit — selbst innerhalb der biblischen Literatur — her, teils von seiner psychologischen Tiefe, teils von seiner religiösen Kraft. Es schildert in mythologischer Sprache den Übergang von der Essenz zur Existenz als einmalige Begebenheit, die sich vor langer Zeit einmal an einem bestimmten Ort an bestimmten Personen ereignete, zuerst an Eva, dann an Adam. Gott erscheint selbst als individuelle Person in Zeit und Raum in der typischen Rolle des Vaters. Die ganze Erzählung hat einen psychologisch-ethischen Charakter und ist aus den alltäglichen Erfahrungen der damaligen Menschen unter ihren besonderen kulturellen und sozialen Verhältnissen erwachsen. Trotzdem beansprucht sie universale Geltung.

Die dominierenden psychologischen und ethischen Aspekte schließen andere Elemente in der Erzählung nicht aus: Die Schlange ist repräsentativ für die Dynamik der Natur; wichtig ist ferner der magische Charakter der beiden Bäume, das Erwachen des sexuellen Bewußtseins, der Fluch über die Nachkommenschaft Adams, über den Leib der Frau, die Tiere und die Erde. Diese Züge zeigen, daß sich hinter der psychologisch-ethischen Form der Erzählung ein *kosmischer* Mythos verbirgt und daß die durch die Propheten vollzogene „Entmythologisierung" die mythologischen Elemente nicht entfernt, sondern nur dem ethischen Aspekt untergeordnet hat. Der kosmische Mythos erscheint in der Bibel wieder: in der Form des Kampfes der göttlichen und dämonischen Mächte, in der Beschreibung des Chaos und der Gestalten des Abgrundes, er erscheint auch im Mythos vom Fall der Engel und in der Deutung der Schlange als Verkörperung eines gefallenen Engels. Diese Beispiele machen deutlich, daß der Fall Adams kosmische Voraussetzungen und Konsequenzen hat. Am konsequentesten wird die Idee des kosmischen Falls durchgeführt im Mythos vom transzendenten Fall der Seelen. Während er wahrscheinlich aus dem Orphismus stammt, wird er zuerst von Plato in den Gegensatz von Essenz und Existenz überführt. In christlichem Gewande erscheint er bei Origines, in humanistischem bei Kant, und er findet sich auch sonst bei Philosophen und Theologen in christlicher Zeit. Sie alle haben erkannt, daß die Existenz nicht abgeleitet werden kann von einem einmaligen Erlebnis in Zeit und Raum. Sie haben erkannt, daß Existenz eine universale Dimension hat.

Wenn man die zuletzt beschriebene kosmisch-transzendente Idee des Falls von der in der Paradiesgeschichte enthaltenen ethisch-psychologischen Idee des Falls unterscheidet, so muß man zugleich feststellen, daß die Ideen nie getrennt vorkommen. Wir hatten gezeigt, wie in der Erzählung vom Fall Adams kosmische Kräfte mit im Spiel sind. Und es ist nicht schwer zu zeigen, daß im Mythos vom transzendenten Fall und seinen begrifflichen Ausformungen das ethische Element dem kosmischen die Waage hält: Es ist die geistige *hybris* der Geschöpfe, ob Engel oder Geister oder Seelen, die sie zur Abwendung von Gott treibt.

Der Mythos vom transzendenten Fall ist nicht ausgesprochen biblisch, er steht aber auch nicht im Widerspruch zur Bibel. Er bestätigt einerseits das ethisch-psychologische Element des Falls und betont andererseits den kosmischen Aspekt, den wir in der biblischen Literatur finden. Das dem Mythos vom transzendenten Fall zugrundeliegende Motiv ist der tragisch-universale Charakter der Existenz. Der Sinn des Mythos ist, daß der Übergang vom essentiellen zum existentiellen Sein im Charakter der Existenz selbst liegt. Der individuelle Akt existentieller Entfremdung ist kein isolierter Akt eines isolierten Individuums. Es ist ein Akt der Freiheit, der in die Breite eines universalen Schicksals eingebettet ist. In jedem individuellen Akt verwirklicht sich der entfremdete Charakter des Seins. Jede moralische Entscheidung ist ein Akt individueller Freiheit *und* universalen Schicksals zugleich. Beide Formen des Mythos vom Fall sind daher gerechtfertigt: Die Existenz wurzelt in der Freiheit *und* im tragischen Schicksal. Wenn man die eine oder andere Seite leugnet, wird die menschliche Situation unverständlich. Ihre Einheit ist das Problem der Lehre vom Menschen.

Keine Lehre ist seit dem 18. Jahrhundert heftiger angegriffen worden als die im Genesismythos enthaltene Lehre von der Erbsünde. Vom Beginn der Aufklärung bis zum gegenwärtigen Abflauen des Naturalismus steht der Kampf gegen die Erbsündenlehre im Vordergrund der Auseinandersetzung zwischen Humanismus und Christentum. Es sind zwei Gründe, die die Heftigkeit erklären, mit der das moderne Bewußtsein gegen die Lehre von der Erbsünde gekämpft hat. Erstens wurde der Mythos von Angreifern und Verteidigern wörtlich verstanden und war daher für ein aufgeklärtes, historisch-kritisches Denken unannehmbar. Zweitens schien die Lehre von der Erbsünde eine negative Bewertung des Menschen zu enthalten, und das widersprach radikal dem modernen Lebens- und Weltgefühl, wie es sich in der industriellen Gesellschaft entwickelt hatte. Man fürchtete, daß die negative Bewertung der menschlichen Existenz den starken Impuls des modernen Menschen zur technischen, politischen und erzieherischen Umformung von Welt und Gesellschaft schwächen würde. Und man fürchtete und fürchtet noch, daß eine negative Bewertung der menschlichen Moral und des menschlichen Intellekts autoritäre und totalitäre Folgen nach sich ziehen könnte. Die Theologie muß — wie sie es in den meisten Fällen getan hat — die historisch-kritische Haltung gegenüber dem biblischen und kirchlichen Mythos akzeptieren, und sie muß weiterhin ausdrücklich darauf bestehen, daß der Mensch in seiner essentiellen Natur positiv bewertet wird. Die Theologie muß sich auf die Seite des klassischen Humanismus stellen, der die geschaffene Vollkommenheit des Menschen gegen naturalistische oder existentialistische Verneinung der menschlichen Größe und Würde verteidigt. Aber gleichzeitig muß die Theologie die Lehre von der Erbsünde neu interpretieren, indem sie die existentielle Selbstentfremdung des Menschen darstellt und die existentialistischen Analysen der menschlichen Situation zu Hilfe nimmt. Auf diese Weise muß sie eine realistische Lehre vom Menschen entwickeln, in der das moralische und das tragische Element sich die Waage halten. Dabei kann es geschehen, daß diese Aufgabe die Ausmerzung solcher Begriffe wie „Erbsünde" aus dem theologischen Wortschatz verlangt. An ihre Stelle sollte eine Beschreibung der gegenseitigen Durchdringung von moralischen und tragischen Elementen in der menschlichen Situation treten.

Die empirische Basis für eine solche Beschreibung ist heute sehr groß. Die analytische Psychologie und die analytische Soziologie haben gezeigt, wie Schicksal und Freiheit, Tragik und Verantwortlichkeit in jedem Menschen von frühester Jugend an und in jeder sozialen und politischen Gruppe in der ganzen Geschichte der Menschheit ineinander verwoben sind. Die christliche Kirche hat in ihrer Beschreibung der menschlichen Situation das Gleichgewicht der beiden Seiten betont, wenn auch häufig in unangemessener Sprache und mit widersprechenden Standpunkten. Augustin kämpfte für einen Weg zwischen Manichäismus und Pelagianismus. Luther lehnte Erasmus ab, wurde aber seinerseits durch Flacius Illyricus in halb-manichäischer Weise interpretiert. Die Jansenisten wurden von den Jesuiten beschuldigt, die Rationalität des Menschen zerstört zu haben. Die liberale Theologie wird durch die Neu-Orthodoxie und durch eine gewisse, manichäische Züge aufweisende Richtung des Existentialismus (z. B. Sartre, Kafka) kritisiert. Das Christentum kann diesen Spannungen nicht ausweichen. Es muß zugleich die tragische Universalität der Entfremdung und die persönliche Verantwortlichkeit des Menschen anerkennen.

5. *Schöpfung und Fall*

Die Einheit des moralischen und des tragischen Elements in der menschlichen Situation führt zu der Frage nach der Beziehung des Menschen zum Universum, und das heißt nach der Frage des Verhältnisses

Schöpfung und Fall

von Fall und Schöpfung. Sowohl im nichtbiblischen als auch im biblischen Mythos wird der Mensch als verantwortlich für den Fall angesehen, obwohl andererseits der Fall als ein kosmisches Ereignis begriffen wird, als universaler Übergang von essentieller Einheit zu existentieller Entfremdung. In den Mythen trifft der Mensch selbst die Entscheidung und empfängt dafür den göttlichen Fluch, aber übermenschliche und untermenschliche Gestalten beeinflussen seine Entscheidung. In der Genesiserzählung ist es die Schlange, die die Dynamik der Natur repräsentiert — im Menschen selbst und in seiner Umgebung. Aber für sich allein ist die Schlange ohne Macht. Nur durch den Menschen ereignet sich der Übergang von der Essenz zur Existenz. In späterer Zeit wurde das Symbol der rebellierenden Engel mit dem Symbol der Schlange verbunden. Aber auch das geschah nicht in der Absicht, den Menschen von seiner Verantwortlichkeit zu entbinden, denn der Fall Luzifers ist, obwohl er die Versuchung des Menschen zur Folge hat, nicht die Ursache seines Falls. Der Mythos vom Fall der Engel vermag das Rätsel der Existenz nicht zu lösen. Er führt zu dem noch dunkleren Rätsel, wie die „seligen Geister", die in Ewigkeit die göttliche Herrlichkeit schauen, zu der Versuchung kommen konnten, sich von Gott abzuwenden. Es vertieft daher die Schwierigkeiten, wenn man mit dem Fall der Engel den Fall des Menschen zu interpretieren versucht. Die Lehre von den Engeln und Dämonen enthält jedoch eine Wahrheit: Engel und Dämonen sind mythologische Namen für überindividuelle Strukturen des Guten und überindividuelle Strukturen des Bösen. Sie sind konstruktive und destruktive Seinsmächte, die ineinander verwoben sind und in denselben Personen, derselben sozialen Gruppe und derselben historischen Situation miteinander kämpfen. Sie sind keine Einzelwesen, sondern Seinsmächte, die von der Gesamtstruktur der Existenz abhängig und in die Zweideutigkeit des Lebens verflochten sind. Sie sind ein mythischer Ausdruck für die Tatsache, daß die Freiheit des Menschen in die Breite eines universalen Schicksals eingebettet ist und daß daher der Übergang von der Essenz zur Existenz nicht nur moralischen, sondern auch tragischen Charakter hat. Daraus entsteht notwendig die Frage: In welchem Verhältnis steht der Mensch hinsichtlich des Falles zur Natur? Hat die Natur am Fall teil und, wenn ja, in derselben Weise wie der Mensch? Und daraus erwächst die weitere Frage: In welchem Verhältnis stehen Schöpfung und Fall zueinander?

Die literalistische Bibelauslegung muß auf diese Fragen die Antwort geben: Der Fall des Menschen hat die Strukturen der Natur verändert. Der göttliche Fluch über Adam und Eva schließt die Veränderung der

Der Übergang von der Essenz zur Existenz und das Symbol des „Falls"

Natur im Menschen und außerhalb seiner ein. Wenn wir eine solche Auslegung als absurd ablehnen, was bedeutet dann der Ausdruck „gefallene Welt"? Wenn man von den Strukturen der Natur behauptet, daß sie immer fundamental die gleichen waren, kann man dann behaupten, daß die Natur — einschließlich der Natur im Menschen — an der existentiellen Entfremdung des Menschen teilhat? Ist die Natur durch den Menschen verdorben worden? Hat diese Wortkombination überhaupt einen Sinn?

Die erste Antwort auf diese Frage ist, daß der Übergang von der Essenz zur Existenz kein Ereignis in Raum und Zeit ist, sondern die transhistorische Qualität aller Ereignisse in Raum und Zeit. Das gilt in gleicher Weise von Mensch *und* Natur. „Adam vor dem Fall" und „die Natur vor dem Fluch" sind Potentialitäten. Sie sind keine aktuellen Zustände. Aktuell findet sich der Mensch stets im Zustand der Existenz ebenso wie das ganze Universum, und es hat nie eine Zeit gegeben, in der dies anders war. Die Vorstellung, daß der Mensch und die Natur zunächst gut waren und in einem bestimmten Zeitpunkt böse wurden, ist absurd und kann weder aus der Erfahrung noch aus der Offenbarung begründet werden.

Aus diesen Erwägungen heraus erhebt sich die Frage, ob man nicht die Vorstellung einer gefallenen Welt aufgeben und einen radikalen Trennungsstrich zwischen Natur und Mensch ziehen sollte. Ist es nicht realistischer, wenn man allein dem Menschen die Fähigkeit, schuldig zu werden, zuschreibt und die Natur als unschuldig ansieht? Diese Ansicht wird von vielen vertreten, weil sie ein schwieriges Problem einfach löst. Aber diese Lösung ist zu einfach, um wahr zu sein. Sie beachtet in der Situation des Menschen nicht das tragische Element, das Element des Schicksals. Wenn Entfremdung nur auf den verantwortlichen Entscheidungen des Individuums beruhte, dann läge es in der eigenen Entscheidung jedes einzelnen, seiner essentiellen Natur zu widersprechen oder nicht. Es gäbe keinen Grund, zu bestreiten, daß die Menschen die Sünde völlig meiden könnten und daß es Menschen gegeben hat, die ohne Sünde waren. Dies war die pelagianische Auffassung, obwohl selbst Pelagius zugeben mußte, daß böse Beispiele die Entscheidungen freier und verantwortlicher Individuen beeinflussen. Es gibt bei ihm jedoch keine „Knechtschaft des Willens". Das tragische Element in der Situation des Menschen, das schon von frühesten Kindheitstagen an sichtbar ist, wird unbeachtet gelassen. Im Christentum haben Männer wie Augustin, Luther und Calvin die pelagianische Auffassung abgelehnt. Pelagianische Vorstellungen wurden bereits von der frühen Kirche verworfen, und halb-pelagianische Ideen, die im Mittelalter stärker hervortraten, wurden von den Reformatoren bekämpft. Die neo-pelagianischen Vorstellungen des gegenwärtigen moralistischen Protestantismus werden von neu-orthodoxen und existentialistischen Theologen angegriffen. Das Christentum weiß von der tragischen Universalität der existentiellen Entfremdung und kann diese Erkenntnis niemals aufgeben.

Das bedeutet jedoch: Das Christentum muß die idealistische Auffassung, daß der schuldige Mensch von der unschuldigen Natur scharf zu trennen ist, ablehnen. Heute fällt uns eine solche Ablehnung verhältnismäßig leicht, weil sie uns durch die modernen Einsichten in die Entwicklung des Menschen und seine Beziehung zur Natur (in ihm und außer ihm) nahegelegt wird. Erstens kann gezeigt werden, daß in der Entwicklung der Menschheit keine absolute Diskontinuität besteht zwischen tierischer Gebundenheit und menschlicher Freiheit. Es gibt wohl Sprünge zwischen gewissen Stadien, aber es gibt ebenfalls eine langsame und kontinuierliche Veränderung. Es ist unmöglich zu sagen, an welchem Punkt des Entwicklungsprozesses die tierische Natur durch das ersetzt wird, was wir als menschliche Natur heute kennen und was qualitativ von der tierischen Natur verschieden ist. Die Möglichkeit, daß beide Naturen in ein und demselben Lebewesen miteinander in Widerstreit standen, kann nicht geleugnet werden. Zweitens kann man nicht entscheiden, an welchem Punkt der Individualentwicklung die Verantwortlichkeit anfängt und an welchem Punkt sie aufhört. Die Gesetzgebung setzt diesen Zeitpunkt ziemlich spät an. Und auch im reifen Menschen gibt es Grenzen für seine Verantwortlichkeit, die oft so augenfällig sind, daß sie sowohl von der allgemeinen Sitte als auch vom Gesetz anerkannt werden. „Verantwortlichkeit" setzt die voll entwickelte Fähigkeit einer Person voraus zu „antworten". Es gibt aber viele Zustände abgeschwächter Zentriertheit, verursacht durch Müdigkeit, Krankheit, Trunkenheit, neurotischen Zwang und Psychosen. All dies hebt die Verantwortlichkeit nicht auf, aber es zeigt das Element des Schicksals in jedem Akt der Freiheit. Drittens müssen wir das Unbewußte und seine bestimmende Macht auf die bewußten Entscheidungen in Betracht ziehen. Die Art und Weise, wie das geschieht, ist in der existentialistischen Literatur der Gegenwart und Vergangenheit ebenso wie in der heutigen psychoanalytischen Literatur eingehend beschrieben worden. Eine der auffälligsten Tatsachen in der Dynamik der menschlichen Persönlichkeit ist die Verdrängung der wahren Motive des eigenen Handelns aus dem Bewußtsein. Die Motive sind körperliche und psychische Strebungen, die oft ganz verschieden sind von dem, was als bewußter Grund der Entscheidung angegeben wird. Eine solche Entscheidung ist zwar frei, aber es ist eine Freiheit innerhalb der Grenzen des Schicksals. Viertens muß die soziale Dimension der unbewußten Triebe in Betracht gezogen werden. Der Begriff „das kollektive Unbewußte" weist auf die Realität dieser Dimension hin. Das zentrierte Selbst ist nicht nur abhängig von den Einflüssen der sozialen Umgebung, die wahrgenommen werden können, sondern auch von solchen, die in einer Gesellschaft wirksam sind, ohne gewußt und formuliert zu werden. All dies zeigt, daß es nur eine halbe Wahrheit ist, wenn man behauptet, der sich entscheidende Mensch sei in seiner Entscheidung frei. Biologische, psychologische und soziologische Mächte sind in jeder individuellen Entscheidung wirksam. Die Welt selbst wirkt durch uns als einen ihrer Teile.

An diesem Punkt könnte eingewendet werden, daß die vorausgegangenen Betrachtungen den manichäischen Standpunkt stützen, der gegenüber der Betonung der moralischen Freiheit im Pelagianismus das Element des tragischen Schicksals betont. Das ist aber nicht der Fall. Moralische Freiheit hat nur dann eine pelagianische Färbung, wenn sie getrennt ist vom tragischen Schicksal, und tragisches Schicksal wird nur dann manichäisch mißverstanden, wenn es getrennt ist von moralischer Freiheit. Moralische Freiheit und tragisches Schicksal gehören zusammen. Freiheit ist nicht die Freiheit im Sinne des Indeterminismus. Das würde jede moralische Entscheidung zu einem Zufall machen, der in gar keiner Beziehung zu der handelnden Person stünde. Aber Freiheit ist die Möglichkeit eines totalen und zentrierten Aktes der Person, ein Akt, in dem alle Strebungen und Einflüsse, die des Menschen Schicksal konstituieren, in die zentrierte Einheit einer Entscheidung gebracht sind. Keine dieser Strebungen allein bestimmt die Entscheidung. Sie wirken in Einheit mit allen anderen durch das Entscheidung gebende Zentrum hindurch. (Nur in Fällen von Persönlichkeitszerfall ist der Mensch von isolierten Zwängen bestimmt.) Auf diese Weise partizipiert die Welt als Ganze an jedem Akt menschlicher Freiheit. Sie repräsentiert die Seite des Schicksals im Akt der Freiheit.

Umgekehrt gibt es Analogien zur Freiheit in allen Teilen des Universums. Von den atomaren Strukturen bis hin zu den höchsten Tieren gibt es Ganzheits-Reaktionen, die man in der Dimension des organischen Lebens spontan nennen könnte. Natürlich sind in der nichtmenschlichen Natur strukturierte und spontane Reaktionen nicht verantwortliche Akte, die Schuld konstituieren könnten. Trotzdem ist es nicht angebracht, der Natur das Eigenschaftswort „unschuldig" beizulegen, denn es ist aus logischen Gründen nicht richtig, da von Unschuld zu sprechen, wo die Möglichkeit, schuldig zu werden, nicht besteht.

Ebenso wie es in der Natur Analogien zur menschlichen Freiheit gibt, finden sich auch in jedem Teil des Universums Analogien zu gut und böse. In diesem Zusammenhang denke man an Jesaja, der im Hinblick auf den neuen Äon von dem Frieden in der Natur sprach, der im alten Äon verloren ist. In diesem Sinn jedenfalls schrieb er der Natur keine Unschuld zu. Auch der Verfasser von Genesis 3, der uns berichtet, daß die Erde verflucht ist, würde sie nicht als unschuldig bezeichnen können, ebensowenig Paulus, der in Röm. 8 von der Kreatur sagt, daß sie „der Eitelkeit unterworfen ist". Gewiß handelt es sich bei den angeführten Stellen um poetisch-mythische Ausdrucksweisen. Das ist auch nicht anders möglich, denn nur poetische Einfühlung ist imstande, in das innere Leben der Natur einzudringen. Und trotzdem sind diese Aussagen ihrem inneren Gehalt nach realistisch und gewiß realistischer als der moralische Utopismus, der den schuldigen Menschen mit der unschuldigen Natur konfrontiert. Wie die Natur im Menschen an seinem Guten und Bösen teilhat, so zeigt auch die außermenschliche Natur Analogien zum Guten und Bösen. Die Handlungen des Menschen erstrecken sich hinein in die Natur, und die Natur erstreckt sich hinein in den Menschen. Sie können nicht voneinander geschieden werden. Deshalb ist es nicht nur möglich, sondern auch notwendig, den Ausdruck „gefallene Welt" zu gebrauchen und den Begriff Existenz als Gegensatz zu Essenz auf das Universum wie auf den Menschen anzuwenden.

Die tragische Universalität der Existenz: das Element des Schicksals in der menschlichen Freiheit und das Symbol „gefallene Welt" lassen die Frage auftauchen, ob Sünde ontologisch notwendig oder ob sie eine Sache persönlicher Verantwortlichkeit und Schuld ist. Scheint die voraufgehende Beschreibung nicht die Realität des Falls und das Phänomen der Entfremdung „wegzuontologisieren"? Diese Fragen werden noch dringender, wenn man behauptet (und man muß es behaupten), daß es trotz der logischen Unterschiedenheit einen Punkt gibt, an dem Schöpfung und Fall koinzidieren.

Einige Kritiker des ersten Bandes der Systematischen Theologie, vor allem Reinhold Niebuhr in seinem Beitrag zu dem Buch „The Theology of Paul Tillich", haben so gefragt. Eine Antwort kann nur durch eine Auslegung des Satzes, daß Schöpfung und Fall koinzidieren, gegeben werden. Schöpfung und Fall koinzidieren, insofern es keinen Moment in Raum und Zeit gibt, an dem das Potentielle der ursprünglichen Schöpfung als solches aktuell wird. Diese Behauptung folgt notwendig, wenn man die literalistische Interpretation der Paradiesgeschichte ablehnt. Es gab kein „Utopia" in der Vergangenheit, wie es kein „Utopia" in der Zukunft gibt. Verwirklichte Schöpfung und entfremdete Existenz sind materialiter identisch. Nur wer der literalistischen Bibelauslegung folgt, hat das theologische Recht, diese Behauptung zu verneinen. Wer jedoch zugibt, daß es niemals einen historischen Zustand essentieller Vollkommenheit gegeben hat, sollte den Konsequenzen dieser Aussage nicht ausweichen. Sie wird noch einsichtiger, wenn man das Symbol der Schöpfung auf den gesamten zeitlichen Prozeß anwendet. Wenn Gott hier und jetzt schafft, dann partizipiert alles, was er geschaffen hat, an dem Übergang von der Essenz zur Existenz. Er schafft das neugeborene Kind, aber, wenn es geschaffen ist, verfällt es dem Zustand existentieller Entfremdung. Das ist der Punkt, wo Schöpfung und Fall koinzidieren. Es ist jedoch keine formale, sondern eine materiale Koinzidenz, denn das reifer werdende Kind bejaht die Entfremdung in Akten der Freiheit, die Verantwortung und Schuld einschließen. Die Schöpfung ist gut, aber sie ist reine Potentialität. Wird sie aktualisiert, so verfällt sie durch Freiheit und Schicksal der universalen Entfremdung. Das Zögern vieler Kritiker, diese realistischen Einsichten zu akzeptieren, hat seinen Grund in ihrer an sich berechtigten Furcht, die Sünde könnte wie in den rein essentialistischen Systemen zur essentiellen Notwendigkeit werden. Gegenüber diesen Systemen muß die Theologie darauf bestehen, daß der Sprung von der Essenz zur Existenz den Charakter des Sprunges und nicht den struktureller Notwendigkeit hat. Trotz ihrer tragischen Universalität kann die Existenz nicht aus der Essenz abgeleitet werden.

C

DIE MERKMALE DER MENSCHLICHEN ENTFREMDUNG UND DER BEGRIFF DER SÜNDE

1. *Entfremdung und Sünde*

Der Zustand der Existenz ist der Zustand der Entfremdung. Der Mensch ist entfremdet vom Grund des Seins, von den anderen Wesen und von sich selbst. Der Übergang von der Essenz zur Existenz endet in persönlicher Schuld und universaler Tragik. Es ist daher notwendig, eine Beschreibung der existentiellen Entfremdung und ihrer selbstzerstörerischen Folgen zu geben. Aber bevor dies in Angriff genommen

Entfremdung und Sünde

werden kann, muß die schon aufgetauchte Frage beantwortet werden: In welcher Beziehung steht der Begriff Entfremdung zu dem traditionellen Begriff Sünde?

Entfremdung als philosophischer Begriff wurde von Hegel eingeführt und vor allem in seiner Lehre von der Natur als entfremdetem Geist gebraucht. Aber Hegel entdeckte den Begriff Entfremdung, lange ehe er seine Naturphilosophie schrieb. In seinen frühen Fragmenten beschrieb er Lebensprozesse als eine ursprüngliche Einheit. Sie wird jedoch durch Spaltung in Subjektivität und Objektivität zerrissen und Liebe wird in Gesetz verwandelt. Es ist dieser Begriff von Entfremdung und nicht der seiner Naturphilosophie, den einige seiner Schüler gegen Hegel gebraucht haben, in erster Linie Marx. Sie verwarfen Hegels Behauptung, daß die Entfremdung durch Versöhnung im menschlichen Geist und in der Geschichte überwunden ist. Demgegenüber behaupten sie: Das Individuum ist entfremdet und nicht versöhnt, die Gesellschaft ist entfremdet und nicht versöhnt, die Existenz ist Entfremdung. Unter dem Impuls dieser Einsicht wurden sie Revolutionäre und richteten ihren Protest gegen die Welt, wie sie existierte. Sie wurden Existentialisten lange vor Beginn des 20. Jahrhunderts.

In dem Sinne, in dem der Begriff Entfremdung von den Anti-Hegelianern gebraucht wurde, war er eine Beschreibung der menschlichen Situation: Der Mensch als ein Existierender ist nicht, was er essentiell ist und darum sein sollte. Er ist von seinem wahren Sein entfremdet. Die Tiefe des Begriffs „Entfremdung" liegt darin, daß man essentiell zu dem gehört, wovon man entfremdet ist. Der Mensch ist seinem wahren Sein nicht fremd. Es ist sein Sein, von dem er nicht loskommen kann, auch wenn er es möchte – wie er sich auch von Gott nicht losmachen kann, da er zu Gott gehört.

Entfremdung ist kein biblischer Begriff, aber er ist in den meisten biblischen Beschreibungen der menschlichen Situation enthalten, so z. B. in der Erzählung von der Austreibung aus dem Paradies, von der Feindschaft zwischen Mensch und Natur, von der tödlichen Entzweiung zwischen Bruder und Bruder, von der Entfremdung einer Nation von der anderen durch die Sprachverwirrung und in den immer wiederkehrenden Klagen der Propheten über die Könige und das Volk, die sich fremden Göttern zugewandt haben. Der Begriff Entfremdung steckt auch in dem Gedanken des Paulus, daß der Mensch das Bild Gottes in das Bild der Götzen verkehrt hat, steckt in seiner klassischen Beschreibung des inneren Widerstreits des Menschen in Röm. 7, steckt in der großen Anklage Röm. 1, wo Feindschaft zwischen Mensch und Mensch und Verzerrung der natürlichen Begierden genannt werden. Diese Beschreibungen der menschlichen Situation entsprechen genau dem, was wir als Entfremdung bezeichnet haben.

Und doch kann der Begriff „Entfremdung" nicht den Begriff „Sünde" ersetzen. Das Wort Sünde ist jedoch oft in einer Weise gebraucht worden, die wenig mit seiner ursprünglichen biblischen Bedeutung zu tun hat. Paulus spricht meist von „Sünde" in der Einzahl und ohne Artikel. Er betrachtet sie als eine quasi-persönliche Macht, die die Welt regiert. Aber in den christlichen Kirchen — den protestantischen wie den katholischen — wird Sünde vorwiegend in der Mehrzahl gebraucht. „Sünden" sind Abweichungen vom Moralgesetz. Eine solche Auffassung hat wenig zu tun mit Sünde im Sinne einer Situation der Entfremdung von dem, wozu man gehört — Gott, die Welt, das eigene Selbst. Deshalb wollen wir Sünde in der Perspektive der Entfremdung betrachten. Schon das Wort „Entfremdung" enthält ein *religiöses* Verständnis von dem, was Sünde ist.

Trotzdem darf das Wort „Sünde" nicht aufgegeben werden, denn es drückt etwas aus, was in dem Wort „Entfremdung" nicht enthalten ist. Das Wort Sünde enthält das persönlich-aktive sich Wegwenden von dem, wozu man gehört. Es bringt den persönlichen Entscheidungscharakter der Entfremdung zum Ausdruck. Es betont die persönliche Freiheit und Schuld im Gegensatz zur tragischen Schuld und dem universalen Schicksal der Entfremdung. Das Wort Sünde kann und muß „gerettet" werden, nicht nur, weil es in der klassischen Literatur und in der Liturgie beständig vorkommt, sondern vielmehr, weil es in aller Schärfe auf das Element der persönlichen Verantwortung im Phänomen der Entfremdung hinweist. Entfremdung ist nicht ein Zustand von Dingen, sondern eine Sache persönlicher Freiheit *und* universalen Schicksals. Aus diesem Grunde muß das Wort Sünde beibehalten werden, nachdem es religiös neu interpretiert worden ist. Ein Werkzeug für diese Neuinterpretation ist der Begriff „Entfremdung".

Eine Neuinterpretation verlangt auch der Begriff „Erbsünde". Aber in diesem Fall kann die Neuinterpretation mit der Verwerfung des Begriffs identisch sein. Er bringt den universalen, schicksalhaften Charakter der Entfremdung zum Ausdruck. Aber er ist mit absurden Vorstellungen wörtlicher Auslegung so belastet, daß er nicht mehr gebraucht werden sollte.

Wenn man von „Sünden" spricht und damit spezielle Handlungen meint, die als sündig angesehen werden, sollte man sich immer der Tatsache bewußt sein, daß „Sünden" die Manifestationen von „Sünde" sind. Nicht daß sie Ungehorsam gegen ein Gesetz ist, macht eine Handlung sündig, sondern daß sie Ausdruck der Entfremdung des Menschen von Gott, vom Nächsten und von sich selbst ist. Deshalb nennt Paulus alles Sünde, was nicht aus dem Glauben, nämlich aus der Einheit mit Gott, kommt. Und in einem anderen Zusammenhang faßt er ebenso wie Jesus alle Gesetze in dem einen Gesetz der Liebe, durch die die Entfremdung besiegt wird, zusammen. Liebe als Drang zur Wiedervereinigung des Getrennten ist das Gegenteil der Entfremdung. Im Glauben und in der Liebe ist die Sünde besiegt, denn Entfremdung ist durch Wiedervereinigung überwunden.

2. *Entfremdung als Unglaube*

In der Augsburgischen Konfession ist Sünde beschrieben als der Zustand des Menschen *„sine fide erga deum et cum concupiscentia"* (ohne Glauben an Gott und mit Konkupiszenz [Begehren]). Man könnte den beiden Charakteristika noch ein drittes hinzufügen, nämlich *hybris*, die geistige Sünde des Hochmuts oder der Selbstüberhebung, die nach Augustin und Luther der sinnlichen Sünde vorausgeht. Das ergibt drei Begriffe als Merkmale der menschlichen Entfremdung: Unglaube, Konkupiszenz und *hybris*. Jeder von ihnen bedarf einer Neuinterpretation, wenn die menschliche Situation richtig verstanden werden soll.

Unglaube ist nach der Auffassung der Reformatoren nicht der Unwille oder die Unfähigkeit, an die Lehren der Kirche zu glauben, sondern er ist, wie auch der Glaube, ein Akt der ganzen Person, der praktische, theoretische und emotionale Elemente einschließt. Das Wort Glaube sollte unterschieden werden von Fürwahrhalten entsprechend der englischen Unterscheidung von *faith* und *belief*. Fürwahrhalten ist die Annahme von Behauptungen, die keine Evidenz haben. Etwas nicht für wahr halten heißt demgemäß, solche Behauptungen ablehnen. Unglaube ist etwas völlig anderes. Unglaube bedeutet für den protestantischen Christen den Akt, in dem der Mensch sich in seiner Ganzheit von Gott abwendet. In seiner existentiellen Selbstverwirklichung wendet er sich seiner Welt und sich selbst zu und verliert seine essentielle Einheit mit dem Grunde von Selbst und Welt. Wie oben gezeigt, geschieht das als persönliche Schuld und tragisches Schicksal. Indem sich der Mensch aktualisiert, wendet er sich in seiner Ganzheit, mit Vernunft, Wille und Gefühl, von Gott ab und sich selbst zu. Im Akt des Unglaubens wird die Erkenntnis-Einheit mit Gott zerrissen. Man sollte das nicht „Gottesleugnung" nennen, denn nicht nur die aktive Leugnung, sondern schon die Frage nach Gott setzt voraus, daß die Erkenntnis-Einheit mit ihm verloren ist. Wer nach Gott fragt, ist schon entfremdet von Gott —

wenn auch nicht von ihm abgeschnitten. Unglaube ist ferner die Trennung des menschlichen Willens von Gottes Willen. Man sollte das nicht Ungehorsam nennen, denn Befehle, Gehorsam und Ungehorsam setzen schon die Trennung des Willens von Gottes Willen voraus. Wer ein Gesetz braucht, das ihm sagt, wie er handeln oder nicht handeln soll, ist schon entfremdet von der Quelle des Gesetzes, die Gehorsam verlangt. Unglaube ist ferner die Abkehr von der Teilnahme an der Seligkeit des göttlichen Lebens und die Hinwendung zu der Lust eines von Gott getrennten Lebens. Man sollte das nicht mit Selbstliebe bezeichnen, denn um ein Selbst zu haben, das sich selbst lieben kann, muß das Selbst schon das göttliche Zentrum verlassen haben, zu dem es gehört und in dem Selbstliebe und Liebe zu Gott eins sind.

All dies ist mit dem Begriff „Unglaube" gemeint. Er ist das erste Merkmal der Entfremdung und rechtfertigt das Wort „Entfremdung". Der menschliche Unglaube ist die Entfremdung von Gott. Das ist das religiöse Verständnis von Sünde — wie es von den Reformatoren neu entdeckt worden und im protestantischen Leben und Denken wieder verlorengegangen ist.

Wenn Unglaube verstanden wird als Entfremdung von Gott im innersten Zentrum des Menschen, dann kann die protestantische Theologie die Lehre Augustins, daß Sünde abgefallene Liebe von Gott und Hinwendung zu sich selbst ist, annehmen. Unglaube ist letztlich identisch mit Nicht-Liebe; beides bezieht sich auf die Entfremdung des Menschen von Gott. Bei Augustin ist Sünde die Liebe, die sich auf endliche Güter um ihrer selbst willen richtet und nicht um des höchsten Gutes willen. Selbstliebe und Weltliebe sind berechtigt, wenn sie alles Endliche als Manifestation des Unendlichen bejahen und sich um des Unendlichen willen mit dem Endlichen einigen möchten. Selbstliebe und Weltliebe sind falsch, wenn sie nicht durch das Endliche hindurch in den unendlichen Grund vorstoßen. Wenn sie sich vom unendlichen Grund abkehren und bei den endlichen Manifestationen verharren, sind sie Unglaube. Die Zerreißung der essentiellen Einheit mit Gott ist der grundlegende Charakter der Sünde. Sie ist Entfremdung im Glauben wie in der Liebe.

Es gibt jedoch einen Unterschied zwischen Sünde als Zerreißung des Glaubens und Sünde als Zerreißung der Liebe. Im Begriff des Glaubens ist ein Element des „trotzdem" enthalten; es ist der Mut, die Botschaft zu akzeptieren, daß man trotz der Entfremdung versöhnt ist. Wenn die Frage nach dem Paradox der Rechtfertigung im Vordergrund steht — wie bei den Reformatoren, die sie leidenschaftlich und voller Verzweiflung stellten —, dann hat der Glaube den Vorrang. Wiedervereinigung des von Gott Entfremdeten ist dann „Versöhnung". Sie hat den Charakter des „trotzdem". Es ist *Gott,* der will, daß wir mit ihm versöhnt sind. Aus diesem Grunde hält der Protestantismus am Primat des Glaubens fest, sowohl in der Lehre von der Sünde als auch in der Lehre von der Erlösung.

Bei Augustin wird die Einheit von Gott und Mensch durch die mystische Macht der Gnade, vermittelt durch die Kirche und die Sakramente, wiederhergestellt. Gnade als Eingießung der Liebe ist die Macht, die die Entfremdung besiegt. Deshalb hat für Augustin und die katholische Kirche die Liebe den Primat sowohl in der Lehre von der Sünde als auch in der Lehre von der Erlösung. Bei den Reformatoren wird die Entfremdung besiegt durch die persönliche Versöhnung mit Gott *und* die aus dieser Versöhnung folgende Liebe. Bei Augustin wird die Entfremdung besiegt durch die eingegossene Liebe Gottes *und* den Glauben, der von der katholischen Kirche lehrmäßig festgelegt ist. Aber trotz dieses großen Unterschiedes gibt es einen Punkt, an dem die beiden Lehren konvergieren. Sie betonen beide den religiösen Charakter der Sünde, ein Charakter, auf den der Ausdruck Entfremdung hinweist. Sünde ist eine Sache unserer Beziehung zu Gott und nicht zu kirchlichen, moralischen und sozialen Autoritäten. Sünde ist ein religiöser Begriff, nicht deshalb, weil er in religiösen Zusammenhängen gebraucht wird, sondern weil er auf die Beziehung des Menschen zu Gott hinweist – auf Entfremdung und mögliche Wiedervereinigung.

3. *Entfremdung als hybris*

In der Entfremdung lebt der Mensch außerhalb des göttlichen Zentrums, zu dem sein eigenes Zentrum essentiell gehört. Er ist das Zentrum seiner selbst und seiner Welt geworden. Die Möglichkeit, sein essentielles Zentrum zu verlassen, ist dadurch gegeben, daß er das einzige voll zentrierte Wesen ist. Er allein hat nicht nur Bewußtsein – einen hohen, aber nicht vollkommenen Grad von Zentriertheit –, sondern Selbstbewußtsein, d. h. vollkommene Zentriertheit. Diese strukturelle Zentriertheit verleiht dem Menschen seine Größe und Würde und macht ihn zum „Ebenbild Gottes". Sie macht ihn fähig, sich selbst und seine Welt zu transzendieren, auf beides hinzuschauen und sich selbst als das Zentrum anzusehen, in dem alle Teile seiner Welt konvergieren.

Aber diese Größe des Menschen ist gleichzeitig seine Versuchung. Der Mensch ist versucht, sich selbst existentiell zum Zentrum seiner selbst und seiner Welt zu machen. Wenn er sich und seine Welt betrachtet, erfährt er seine Freiheit und mit ihr seine potentielle Unendlichkeit. Er erfährt, daß er an keine spezielle Situation oder eines ihrer Elemente gebunden ist. Aber er weiß gleichzeitig, daß er endlich ist. Diese Situation veranlaßte die Griechen, die Menschen „die Sterblichen" zu nennen und die potentielle Unendlichkeit des Menschen als Attribut den Göttern zuzuschreiben und sie darum als „die Unsterblichen" zu bezeichnen. Der Mensch konnte nur deshalb die Bilder der unsterblichen Götter schaffen, weil er seiner eigenen potentiellen Unendlichkeit gewahr wurde. Sein Stehen zwischen aktueller Endlichkeit und potentieller Unendlichkeit befähigte ihn dazu, die Menschen und nur die Menschen die Sterblichen zu nennen (obwohl alle Lebewesen sterben müssen) und die göttlichen Abbilder des Menschen die Unsterblichen zu nennen. Wenn der Mensch die Situation, daß er von der Unendlichkeit der Götter ausgeschlossen ist, nicht anerkennt, verfällt er der *hybris*. Er erhebt sich über die Grenzen seines endlichen Seins und ruft dadurch den göttlichen Zorn hervor, der ihn zerstört. Das ist das Leitmotiv der griechischen Tragödie.

Das Wort *hybris* kann nicht adäquat übersetzt werden, obwohl die Sache, die es meint, nicht nur in der griechischen Tragödie, sondern auch im Alten Testament beschrieben ist. *Hybris* ist am deutlichsten im Versprechen der Schlange zum Ausdruck gebracht, die Eva verheißt, daß sie Gott gleich sein werde, wenn sie vom Baum der Erkenntnis ißt. *Hybris* ist die Selbsterhebung des Menschen in die Sphäre des Göttlichen. Es ist die Größe des Menschen, daß er zu solcher Selbstüberhebung fähig ist. In der griechischen Tragödie repräsentieren menschliche *hybris* nicht kleine, häßliche und durchschnittliche Menschen, sondern Heroen, die groß, schön und überdurchschnittlich und Träger von Macht und Wert sind. Daher drohen die Propheten des Alten Testaments vor allem den Großen des Volkes — den Königen, Priestern, Richtern, den Wohlhabenden und Wohlgestalteten. Aber sie drohen auch dem ganzen Volke, dem Volke, das sie als das größte, als das auserwählte ansehen — dem Volk Israel. Durch die ihr innewohnende Dynamik treibt menschliche Größe zur *hybris*. Nur verhältnismäßig wenige Menschen sind groß in der Tragödie der menschlichen Geschichte. Aber jedes menschliche Wesen partizipiert an der Größe und wird durch die wenigen repräsentiert. Die Größe des Menschen liegt in seiner potentiellen Unendlichkeit, und hier liegt die Versuchung zur *hybris*, der er universell erliegt, durch Freiheit und Schicksal. Deshalb sollte man *hybris* nicht mit Stolz übersetzen. Stolz ist eine moralische Eigenschaft, das Gegenteil von Bescheidenheit. *Hybris* ist keine spezielle Charaktereigenschaft.

Sie ist universal menschlich, sie kann in Akten der Bescheidenheit ebenso hervorbrechen wie in Akten des Stolzes. Trotzdem ist es möglich, den Sinn von Stolz so zu erweitern, daß er *hybris* mit einschließt. Es ist jedoch weniger irreführend, wenn man statt dessen die Übersetzung „Selbstüberhebung" für *hybris* gebraucht.

Hybris ist auch die „geistliche Sünde" des Menschen genannt worden, und alle anderen Sünden sind von ihr abgeleitet worden. Denn *hybris* ist nicht eine Form der Sünde neben anderen. Sie ist das Ganze der Sünde, die andere Seite des Unglaubens oder der Abwendung vom göttlichen Zentrum, zu dem der Mensch gehört. Diese Abwendung ist gleichzeitig Zuwendung zu sich selbst als dem Zentrum des eigenen Selbst. Es ist kein Akt nur eines Teils des Menschen, beispielsweise seines Geistes. Das gesamte Leben des Menschen, einschließlich seines sinnlichen, ist geistig. Und es ist in dieser Totalität seines persönlichen Seins, in der er sich zum Zentrum seiner Welt macht. Dies ist seine *hybris*, seine „geistliche Sünde". Ihr Hauptsymptom ist, daß der Mensch seine Endlichkeit nicht anerkennen will. Er identifiziert Teilwahrheiten mit der letzten Wahrheit, wie es z. B. Hegel tat, als er den Anspruch erhob, ein endgültiges System aller möglichen Wahrheit geschaffen zu haben. Die existentialistischen und die naturalistischen Reaktionen gegen sein System und die aus diesen Angriffen folgende Katastrophe waren die Antwort auf seine metaphysische *hybris*, mit der er die Endlichkeit des Menschen ignoriert hatte. In ähnlicher Weise haben manche Menschen ihr begrenztes Gutsein absolut gesetzt, z. B. die Pharisäer und ihre christlichen und weltlichen Nachfolger. Auch hier folgte der *hybris* tragische Selbstzerstörung, wie die Katastrophen des Judaismus, des Puritanismus und des bürgerlichen Moralismus gezeigt haben. In ähnlicher Weise identifiziert der Mensch sein kulturelles Schaffen mit dem göttlichen Schaffen. Er schreibt seinen endlichen kulturellen Schöpfungen unendliche Bedeutsamkeit zu und macht sie dadurch zu Götzen, nämlich zu Gegenständen unendlichen Anliegens. Aber die göttliche Antwort auf die kulturelle *hybris* bleibt nicht aus. Sie erscheint als Zerstörung und Untergang jeder großen Kultur im Lauf der Geschichte.

Diese Beispiele entstammen Formen der *hybris*, die historische Bedeutung haben und über individuelles Schicksal hinausgehen. Sie zeigen den universal menschlichen Zug der Selbstüberhebung. Aber Selbstüberhebung einer Gruppe geschieht als Selbstüberhebung von einzelnen. Jeder einzelne innerhalb und außerhalb der Gruppe verfällt der *hybris*. Alle Menschen haben den versteckten Wunsch, „zu sein wie Gott", und sie zeigen es in ihrer Selbst-Einschätzung und Selbst-Bejahung. Keiner ist willens, seine Endlichkeit im konkreten Fall anzuerkennen, nämlich seine Schwäche und seine Irrtümer, sein Unwissen und seine Unsicherheit, seine Einsamkeit und seine Angst. Und ist der Mensch schließlich doch bereit, sie anzuerkennen, so macht er aus seiner Bereitschaft ein neues Instrument der *hybris*. Eine dämonische Macht treibt den Menschen dazu, natürliche Selbstbejahung mit zerstörerischer Selbstüberhebung zu verwechseln.

4. *Entfremdung als Konkupiszenz*

Alle Akte, in denen sich der Mensch existentiell bejaht, haben zwei Seiten. Die eine Seite ist der Drang des Menschen, sein Zentrum vom göttlichen Zentrum zu entfernen (Unglaube), die andere, sich selbst zum Zentrum seines Selbst und seiner Welt zu machen *(hybris)*. Dabei erhebt sich die Frage, warum der Mensch versucht ist, in sich selbst das Zentrum zu suchen. Die Antwort darauf lautet: weil es ihm die Möglichkeit gibt, die ganze Welt in sich hineinzuziehen. Es hebt ihn über sein Teil-sein hinaus und macht ihn auf der Basis seines Teil-seins universal. Das ist die Versuchung des Menschen in seiner Stellung zwischen Endlichkeit und Unendlichkeit. Jeder einzelne hat, weil er geschieden ist vom Ganzen, den Wunsch, mit dem Ganzen wiedervereinigt zu werden. Seine „Armut" läßt ihn nach Überfluß suchen. (Das ist die Wurzel der Liebe in all ihren Formen.) Die Möglichkeit, unbegrenzten Überfluß zu erlangen, wird zur Versuchung für den Menschen, der ein Selbst ist und eine Welt hat. Der klassische Name für diesen Wunsch ist „Konkupiszenz" — die unbegrenzte Sehnsucht, das Ganze der Wirklichkeit dem eigenen Selbst einzuverleiben. Konkupiszenz bezieht sich auf alle möglichen Beziehungen des Menschen zu sich und seiner Welt. Sie bezieht sich auf physischen Hunger ebenso wie auf sexuelle Befriedigung, Erkenntnis, Macht, Wissen, materiellen Reichtum und geistige Werte. Aber dieser allumfassende Sinn von Konkupiszenz ist oft auf eine engere Bedeutung beschränkt worden, nämlich auf das Streben nach sexueller Lust. Sogar Theologen wie Augustin und Luther hatten die Tendenz, Konkupiszenz mit sexueller Begierde zu identifizieren. Das ist bei Augustin verständlich, der niemals die hellenistische und besonders die neuplatonische Abwertung des Sexuellen überwand. Aber es ist inkonsequent und schwer begreiflich, daß Reste dieser Tradition noch in der Theologie und Ethik der Reformatoren enthalten sind. Nicht immer weisen sie scharf genug die unprotestantische Lehre zurück, daß die Erbsünde in der sexuellen Lust des Fortpflanzungsaktes wurzele. Wenn Konkupiszenz in diesem eingeschränkten Sinn gebraucht wird, ist das Wort unfähig, den Zustand allgemeiner Entfremdung zu beschreiben und sollte ganz fallen gelassen werden. Aber die Zweideutigkeit des Wortes Konkupiszenz ist, wie so vieles andere, Ausdruck dafür, daß das Christentum gegenüber dem Sexuellen eine zweideutige Haltung einnimmt. Der Kirche ist es niemals gelungen, mit diesem zentralen ethischen und religiösen Problem fertig zu werden. Wenn wir die eigentliche, umfassendere Bedeutung von Konkupiszenz wieder betonen, kann das eine wertvolle Hilfe sein, diese Situation zu überwinden.

Die Lehre von der Konkupiszenz wird — wenn dieser Begriff in seinem allumfassenden Sinn verstanden wird — durch das viele Material und die tiefen Einsichten gestützt, die uns die existentialistische Literatur, Kunst, Philosophie und Psychologie liefern. Es genügt, einige Beispiele zu geben, die Konkupiszenz teils in symbolischen Figuren, teils in Analysen zum Ausdruck bringen. Wenn Kierkegaard die Figur des Kaisers Nero beschreibt, nimmt er ein frühchristliches Motiv auf und benutzt es für eine Psychologie der Konkupiszenz. Nero verkörpert die dämonischen Konsequenzen unbegrenzter Macht, er repräsentiert das partikulare Individuum, dem es gelungen ist, das Universum in sich hineinzuziehen und zwar auf solche Weise, daß es die Macht besitzt, sich alles zu eigen zu machen, was es will. Kierkegaard beschreibt die völlige innere Leere dieser Situation, die dazu führt, jedem den Tod zu bringen, dem Nero begegnet, schließlich sogar ihm selbst. In einer ähnlichen Weise deutet Kierkegaard Mozarts „Don Juan" und schafft von sich aus die Figur von Johannes, dem Verführer. Hier zeigt er mit der gleichen psychologischen Eindringlichkeit die Leere und Verzweiflung des unbegrenzten sexuellen Strebens, das eine schöpferische Vereinigung in Liebe mit dem sexuellen Partner verhindert. Wie im Symbol des Nero ist auch hier der selbstzerstörerische Charakter der Konkupiszenz sichtbar. Man kann noch auf ein drittes Beispiel hinweisen: die Figur von Goethes Faust, dessen grenzenloses Streben auf Erkenntnis gerichtet ist, dem beide — Macht und Sexualität — untergeordnet sind. Um „alles zu erkennen", schließt Faust den Pakt mit dem Teufel. Es ist dieses „Alles", nicht die Erkenntnis als solche, die die dämonische Versuchung schafft. Erkenntnis als solche ist — genau wie Macht und Sexualität — nicht Ausdruck der Konkupiszenz, wohl aber die Begierde, das Universum erkennend in das eigene Selbst und die eigene endliche Partikularität hineinzuziehen.

Es ist der *grenzenlose* Charakter der Begierde nach Erkenntnis, Sexualität und Macht, der jene zu Symptomen der Konkupiszenz macht. In zwei Begriffsanalysen der Konkupiszenz ist dieser Charakter herausgearbeitet worden: einmal bei Freud in seiner Analyse der *„libido"* und das andere Mal bei Nietzsche in seiner Analyse des „Willens zur Macht". Beide Begriffe haben dazu beigetragen, daß die christliche Schau der menschlichen Situation wiederentdeckt wurde. Aber beide sehen nicht den Gegensatz zwischen dem essentiellen und existentiellen Sein des Menschen, sie kennen ausschließlich seinen existentiellen Zustand und beschreiben ihn als Konkupiszenz, ohne irgend eine Bezugnahme auf den essentiellen *eros* des Menschen, der auf einen bestimmten Inhalt gerichtet ist.

libido ist bei Freud die unbegrenzte Begierde des Menschen, seine biologischen, besonders seine sexuellen Spannungen loszuwerden und durch die Lösung dieser Spannungen Lust zu gewinnen. Freud hat gezeigt, daß Libido-Elemente in den höchsten geistigen Erlebnissen und Handlungen des Menschen gegenwärtig sind, und er hat dadurch Einsichten wiederentdeckt, die schon im frühen und späten Mittelalter in der monastischen Tradition der Selbsterforschung gefunden waren. Freuds Betonung dieser Elemente, die bei ihm von den sexuellen Instinkten nicht geschieden werden können, ist berechtigt und stimmt mit dem Realismus der christlichen Deutung der menschlichen Situation überein. Seine Einsicht sollte nicht im Namen pseudochristlicher unehrlicher Tabus gegen die Sexualität abgelehnt werden. Freud ist in seinem ehrlichen Realismus christlicher als die Prediger dieser Tabus. Er beschreibt unter einem bestimmten Gesichtswinkel genau das, was Konkupiszenz bedeutet. Das kommt besonders in der Art und Weise zum Ausdruck, in der Freud die Folgen der Konkupiszenz und ihrer nie befriedigten Begierde beschreibt. Wenn er von dem „Todestrieb" spricht, beschreibt er den Wunsch, der Qual nie befriedigter *libido* zu entgehen. Wie jedes höhere Wesen wünscht der Mensch, auf eine niedere Ebene des Lebens, von der er herkommt, zurückzukehren. Die Qual, die das Leben auf einer höheren Ebene mit sich bringt, treibt ihn zurück zu der niederen Ebene. Es ist die niemals befriedigte *libido*, die – ob unterdrückt oder nicht unterdrückt – im Menschen den Wunsch schafft, sich selbst loszuwerden. Mit diesen Beobachtungen des menschlichen „Unbehagens" gegenüber seiner schöpferischen Kraft hat Freud tiefer in die menschliche Situation geblickt als viele seiner Nachfolger und Kritiker. Bis zu diesem Punkt kann eine theologische Interpretation der menschlichen Entfremdung mit Freuds Analyse übereinstimmen.

Aber die Theologie kann Freuds Lehre von der *libido* als Interpretation der Konkupiszenz nicht für ausreichend erklären. Freud sieht nicht, daß seine Beschreibung der menschlichen Natur nur für den Menschen in seiner existentiellen Situation, aber nicht in seiner essentiellen

Natur gilt. Die *Endlosigkeit* der *libido* ist ein Merkmal der menschlichen Entfremdung. Sie widerspricht seiner essentiellen oder geschaffenen Vollkommenheit. In der essentiellen Beziehung des Menschen zu sich selbst und zu seiner Welt ist *libido* nicht Konkupiszenz. Sie ist nicht die unendliche Begierde, das Universum in die partikulare Existenz hineinzuziehen, sondern sie ist ein Element der Liebe — geeint mit den anderen Qualitäten der Liebe: *eros, philia, agape*. Die Liebe schließt das Begehren nicht aus. Sie enthält die *libido* als Element in sich. Aber die *libido*, die mit der Liebe geeint ist, ist nicht unendlich. Sie ist wie alle Liebe auf ein bestimmtes Subjekt gerichtet, mit dem sie den Träger der Liebe vereinigen möchte. Liebe will den anderen, ob in Form der *libido*, des *eros*, der *philia* oder der *agape*. Konkupiszenz oder verzerrte *libido* will durch den anderen eigene Lust gewinnen, aber sie ist nicht auf den anderen gerichtet. Das ist der Gegensatz zwischen *libido* als Liebe und *libido* als Konkupiszenz. Freud machte diesen Unterschied nicht auf Grund seiner puritanischen Haltung gegenüber der Sexualität. Nur durch Unterdrückung und Sublimierung der *libido* kann der Mensch schöpferisch werden. In Freuds Denken gibt es keinen schöpferischen *eros*, der die Sexualität einschließt. Im Vergleich mit einem Manne wie Luther ist Freuds Grundansicht der menschlichen Natur asketisch. Für ihn ist Verdrängung der Weg zur Schöpfung. Im originalen Protestantismus ist der Unterschied von der geschaffenen und der gefallenen Natur des Menschen scharf herausgearbeitet. Während die Freudsche Kombination von *libido* und Todestrieb auf die gefallene Natur des Menschen zutrifft, ist sie keine wahre Beschreibung des Menschen als solchen — nämlich seiner essentiellen oder geschaffenen Natur. Denn der Mensch hat von Natur den Wunsch zu einer Liebe, die sich mit dem Gegenstand der Liebe um seiner selbst willen vereinigt und darum konkret und begrenzt ist. Solche Liebe ist nicht Konkupiszenz, obwohl das Element der *libido* auch in ihr gegenwärtig ist.

Die Analyse von Freuds Begriff der *libido* hat uns wichtige Einsichten in die Natur der Konkupiszenz und ihr Gegenteil vermittelt. Ein anderer für die christliche Theologie wichtiger Begriff ist Nietzsches „Wille zur Macht". Einer der Wege, mit denen er das gegenwärtige Denken beeinflußt hat, führt über Tiefenpsychologen wie Adler, die die menschliche *libido* als Machtstreben und nicht als Sexualität interpretiert haben. Aber auch auf direktem Wege hat Nietzsches Lehre vom „Willen zur Macht" das zeitgenössische Denken beeinflußt, vor allem in der Politik und in der Sozialtheorie. „Wille zur Macht" ist teils ein Begriff, teils ein Symbol. In dem Ausdruck „Wille zur Macht" bedeutet weder Wille einen bewußten psychologischen Akt noch Macht die

Herrschaft des Menschen über andere Menschen. Der bewußte Wille, Macht über andere Menschen zu erlangen, wurzelt in dem unbewußten Wunsch, die eigene Macht des Seins zu bejahen. „Wille zur Macht" ist ein ontologisches Symbol für die natürliche Selbstbejahung des Menschen, insofern der Mensch an der Macht des Seins teilhat. Aber „Wille zur Macht" ist nicht allein auf den Menschen beschränkt, er ist eine Qualität von allem, was ist. Er gehört zur Vollkommenheit der Schöpfung und ist ein ausdrucksvolles Symbol für die dynamische Selbstverwirklichung alles Lebendigen.

Aber wie Freuds Lehre von der *libido,* so ist auch Nietzsches Lehre vom „Willen zur Macht" dadurch beeinträchtigt, daß zwischen der essentiellen Selbstbejahung des Menschen und seinem existentiellen und unbegrenzten Streben nach Macht nicht unterschieden wird. Nietzsche folgte Schopenhauers Lehre vom Willen als der grenzenlos treibenden Kraft in allem Lebendigen, die im Asketen den Wunsch hervorruft, durch Selbst-Verneinung des Willens zur Ruhe zu kommen. In diesem Punkt ist die Analogie zwischen Freud und Schopenhauer offensichtlich. In beiden Fällen ist es der unendliche, niemals befriedigte Trieb, der zur Selbstverneinung führt. Nietzsche versucht, diesen Trieb dadurch zu überwinden, daß er emphatisch einen Mut verkündet, der die Negativität des Seins in sich hineinnimmt. Darin ist er vom Stoizismus und Protestantismus beeinflußt. Aber im Gegensatz zu diesen beiden kennt er kein kritisches Prinzip, dem der Wille zur Macht zu unterwerfen ist. Dieser ist grenzenlos und hat dämonisch-zerstörerische Züge. Er ist ein anderes Symbol der Konkupiszenz. Weder die *libido* an sich noch der Wille zur Macht an sich sind für die Konkupiszenz charakteristisch. Beide werden Manifestationen der Konkupiszenz, wenn sie nicht mit Liebe geeint und daher nicht auf ein bestimmtes Objekt gerichtet sind.

5. Entfremdung als Faktum und als Akt

Die klassische Theologie hat zwischen Erbsünde und aktueller Sünde unterschieden. Nach ihr ist die Ursache der Erbsünde Adams Ungehorsam und die dadurch in jedem menschlichen Wesen geschaffene sündige Anlage. Adams Fall hat die ganze Menschheit verdorben. Der Weg dazu wurde auf verschiedene Weise beschrieben, aber das Ergebnis, nämlich die Entfremdung der Menschheit, wurde allgemein anerkannt. Wegen der allgemeinen Entfremdung kann niemand der Sünde entrinnen. Entfremdung hat den Charakter universalen menschlichen Schicksals. Es ist jedoch nicht einzusehen und in seiner wörtlichen Fassung absurd, den allgemeinen Zustand des Menschen von einem völlig freien Handeln Adams abzuleiten. Diese Theorie gibt einem menschlichen Wesen eine Ausnahmestellung, indem es ihm den universalen menschlichen Charakter nimmt und ihm Freiheit ohne Schicksal zuschreibt (wie in ähnlicher Weise manche Formen der Christologie dem Christus Schicksal ohne Freiheit zuschreiben). Das eine jedoch entmenschlicht Adam, das andere den Christus. Adam muß als der essentielle Mensch angesehen werden und als Symbol für den Übergang von der Essenz zur Existenz. Erbsünde ist universales Schicksal, dem jeder Mensch untersteht. Wenn Augustin von einer „massa perditionis" sprach, brachte er damit im Gegensatz zu Pelagius zum Ausdruck, daß der Mensch in seiner Entfremdung ein soziales Wesen ist und nicht zu einem isolierten Subjekt freier Entscheidungen gemacht werden kann. Die Einheit von Freiheit und Schicksal muß in der Beschreibung jeder menschlichen Situation erhalten bleiben.

Sünde ist ein universales Faktum, noch bevor sie zu einem individuellen Akt wird, oder genauer gesagt: Sünde als individueller Akt aktualisiert das universale Faktum der Entfremdung. Als individueller Akt ist Sünde eine Sache der Freiheit, Verantwortlichkeit und persönlichen Schuld. Aber diese Freiheit ist in das universale Schicksal der Entfremdung auf solche Weise eingebettet, daß jeder freie Akt das Schicksal der Entfremdung enthält, und umgekehrt, daß das Schicksal der Entfremdung durch jeden freien Akt verwirklicht wird. Daher ist es unmöglich, Sünde als Faktum von Sünde als Akt zu trennen. Sie sind ineinander verwoben, und ihre Einheit wird von jedem unmittelbar erfahren, der sich schuldig fühlt. Selbst wenn man die volle Verantwortung für einen Akt der Entfremdung auf sich nimmt, ist man doch gewahr, daß dieser Akt vom Zustand des eigenen Seins abhängig ist und daß dieser geformt ist durch das eigene Schicksal einschließlich der früheren freien Akte und einschließlich des Schicksals der Menschheit als Ganzer.

Entfremdung als Faktum ist oft deterministisch interpretiert worden, physikalisch durch einen mechanistischen Determinismus, biologisch durch Theorien der Dekadenz der Lebenskraft, psychologisch als die zwingende Kraft des Unbewußten, soziologisch als die Folge der Klassenherrschaft, kulturell als das Fehlen kultureller Anpassung. Keine dieser Erklärungen rechnet mit dem unentrinnbaren Bewußtsein der persönlichen Verantwortlichkeit. Aber jede dieser Theorien trägt etwas zum Verständnis des Elementes Schicksal in der menschlichen Situation bei. Darum muß die christliche Theologie jede dieser Theorien beurteilen, positiv und negativ. Deterministische Theorien vernei-

Die Merkmale der menschlichen Entfremdung

nen nicht notwendig die persönliche Verantwortung des Menschen. Das beweist der Determinist selbst, wenn er unter religiösem oder politischem Zwang seine deterministische Überzeugung widerrufen soll. In dieser Situation fühlt er seine Verantwortlichkeit, ob er widersteht oder sich unterwirft. Und es ist diese Erfahrung, auf die es bei der Beschreibung der menschlichen Situation ankommt, nicht aber eine hypothetische Erklärung der Ursachen seiner Entscheidung. Die Lehre von der Universalität der Entfremdung hebt das menschliche Schuldbewußtsein nicht auf, aber sie befreit den Menschen von der unrealistischen Behauptung, daß er in jedem Moment die unbestimmte Freiheit habe, sich zu entscheiden, wie immer er will, zum Guten oder zum Bösen, für Gott oder gegen Gott.

Daher hat die christliche Kirche schon in biblischer Zeit zwischen Todsünden und läßlichen Sünden unterschieden, je nach ihrer Schwere. Später fügte sie noch Hauptsünden (peccatum capitale) hinzu, zog aber immer einen scharfen Trennungsstrich zwischen Sünden vor und nach der Taufe. Diese Unterschiede sind entscheidend für die Haltung des Priesters gegenüber dem einzelnen Christen beim Spenden der Sakramente und für die Erwartung, die der einzelne Christ im Hinblick auf sein ewiges Schicksal hat. Denn die verschiedenen Arten der Sünde entsprechen den verschiedenen Arten der Gnade in diesem und dem zukünftigen Leben. Solche Erwägungen sind sowohl nach der begrifflichen Seite hin als auch hinsichtlich ihrer praktischen Durchführung von großem Interesse für die erzieherischen und psychologischen Aufgaben der katholischen Kirche. Die Kirche prüft den Grad persönlicher Partizipation und Schuld einer sündigen Handlung, und sie hat durchaus recht, wenn sie die Unterschiede der Schuld abwägt — ebenso wie der Richter Verantwortlichkeit und Strafe abwägt. Aber das ganze Schema der Quantitäten und Relativitäten wird irreligiös, wenn es auf die Beziehung des Menschen zu Gott angewandt wird. Der Protestantismus sieht das Problem in einem anderen Licht. Für ihn gibt es nur *die* Sünde, nämlich die Abkehr von Gott, und *die* Gnade, nämlich die Wiedervereinigung mit Gott. Das sind qualitative und absolute, aber nicht quantitave und relative Kategorien. Sünde ist Entfremdung, Gnade ist Wiedervereinigung. Genauer: Weil Gottes versöhnende Gnade unbedingt ist, hat es der Mensch nicht nötig, auf seine eigene Situation und auf die Grade seiner Schuld zu schauen. Er hat die Gewißheit totaler Vergebung in der Situation totaler Schuld. Dieses Verständnis von Sünde und Gnade in der Beziehung des Menschen zu Gott ist die tröstende Kraft des Protestantismus. Sie verleiht dem einzelnen eine Gewißheit, die der katholische Standpunkt niemals geben kann. Der Protestantismus muß aber beachten, daß der absolute Charakter von Sünde und Gnade ihm die psychologischen Einsichten und die erzieherische Anpassungsfähigkeit der katholischen Position versperrte. Er ist oft in einen rigorosen Moralismus ausgeartet, der genau das Gegenteil der ursprünglichen protestantischen Absicht darstellt. Der Zusammenbruch dieses Moralismus unter dem Einfluß der Tiefenpsychologie sollte dazu führen, die katholischen Einsichten in die unendliche Komplexität des menschlichen geistigen Lebens wiederzugewinnen und die relativen Elemente — so gut wie die absoluten — in Sünde und Gnade nicht zu vernachlässigen. Die neu entstehende psychologisch-beratende Tätigkeit des protestantischen Geistlichen ist in dieser Richtung ein wichtiger Schritt.

6. Individuelle und kollektive Entfremdung

Die bisherige Beschreibung der Entfremdung befaßte sich ausschließlich mit der Einzelperson, ihrer Freiheit und ihrem Schicksal, ihrer möglichen Schuld und Versöhnung. Die Ereignisse der jüngsten Vergangenheit — vor allem die politischen — haben die Frage nach einer Kollektivschuld auftauchen lassen. Diese Frage ist nicht völlig neu, denn immer haben sich einzelne Herrscher, ganze herrschende Klassen und Bewegungen gegen die essentielle Natur des Menschen vergangen und Unheil über die Gemeinschaft, zu der sie gehörten, gebracht. Judentum und Christentum haben stets die persönliche Schuld des einzelnen betont, konnten jedoch das Problem nicht übersehen, das beispielsweise durch das Leiden der Kinder für die Sünden ihrer Eltern gestellt ist. Gesellschaftliche Verfemung unschuldiger Nachkommen von moralisch verurteilten Eltern hat es im christlichen Zeitalter immer gegeben. Und später sind ganze Völker wegen der Verbrechen ihrer Herrscher und viele einzelne, die durch ihre Herrscher zu Verbrechen gezwungen wurden, moralisch verdammt worden. Es wurde von der ganzen Nation ein Schuldbekenntnis verlangt einschließlich derer, die der herrschenden Gruppe Widerstand geleistet und wegen ihres Widerstandes gelitten haben.

Der letzte Punkt zeigt, daß zwischen der Schuld einer Person und der einer sozialen Gruppe ein fundamentaler Unterschied besteht. Im Gegensatz zum zentrierten Individuum, das wir „Person" nennen, hat die soziale Gruppe kein natürliches, entscheidendes Zentrum. Eine soziale Gruppe ist eine Machtstruktur, und in jeder Machtstruktur bestimmen gewisse Einzelpersonen die Handlungen aller, die Teil dieser Gruppe sind. Darin liegt immer die Möglichkeit zu Konflikten innerhalb der Gruppe, selbst dann, wenn die Gruppe als Ganze einheitlich handelt. Eine soziale Gruppe als solche ist nicht entfremdet und als solche nicht versöhnt. Es gibt keine Kollektivschuld. Es gibt wohl das universale Schicksal der Menschheit, das in einer besonderen Gruppe zum besonderen Schicksal wird, ohne jedoch damit seine Universalität zu verlieren. Jeder einzelne partizipiert an diesem Schicksal, ohne sich davon befreien zu können.

Und Schicksal ist untrennbar verknüpft mit Freiheit. Deshalb hat die persönliche Schuld Einfluß auf das Gesamtschicksal der Menschheit und auf das besondere Schicksal der sozialen Gruppe, zu der die Person gehört. Der einzelne ist nicht schuldig an den Verbrechen, die andere Glieder seiner Gruppe begangen haben, wenn er sie nicht selbst begangen hat. Die Einwohner einer Stadt sind nicht schuldig an den Verbrechen, die in ihrer Stadt begangen werden, sie sind jedoch in dem Sinn schuldig, daß sie teilhaben an dem Schicksal der Menschheit als Ganzer und an dem Schicksal ihrer Stadt im besonderen; denn ihre Handlungen, in denen Freiheit und Schicksal geeint sind, haben zu dem Gesamtschicksal beigetragen. Sie sind schuldig nicht an den Verbrechen, die innerhalb ihrer Gemeinschaft begangen wurden; sie sind schuldig, weil sie zu dem Schicksal beigetragen haben, in dem sich diese Verbrechen ereignen konnten. In diesem indirekten Sinne sind sogar in einem Volke die Opfer der Tyrannei mit schuldig an der Tyrannei. Aber in der gleichen Weise gilt das auch für die Angehörigen anderer Völker und für die Menschheit als Ganze. Für das Schicksal einzelner oder einzelner Völker ist negativ und positiv die Menschheit als Ganze mitverantwortlich.

Wenn solche Gedankengänge Allgemeingut würden, dann würden sie siegreiche Nationen davon abhalten, ihren Sieg im Namen einer proklamierten Kollektivschuld der besiegten Nation auszubeuten. Und sie würden jeden einzelnen innerhalb der besiegten Nation veranlassen, seinen Teil der Verantwortung für das Schicksal seiner Nation auf sich zu nehmen, selbst wenn er als Folge seines Widerstandes gegen die Verbrechen gelitten hat, die von der Nation begangen worden sind. Denn er hat, wenn auch vielleicht unwissend oder unwillig, trotzdem verantwortlich mitgeholfen, die Bedingungen zu schaffen, die zu dem tatsächlichen Verbrechen geführt haben.

D

EXISTENTIELLE SELBST-ZERSTÖRUNG UND DIE LEHRE VOM ÜBEL

1. *Selbst-Verlust und Welt-Verlust im Zustand der Entfremdung*

Der Mensch und seine Welt befinden sich im Zustand existentieller Entfremdung: im Unglauben, in der *hybris*, in der Konkupiszenz. Jedes Merkmal des entfremdeten Zustandes widerspricht dem essentiellen Sein des Menschen, seiner potentiellen Vollkommenheit. Es widerspricht der geschaffenen Struktur, sowohl des Menschen wie seiner Welt und ihren gegenseitigen Beziehungen. Selbst-Widerspruch aber treibt zur Selbstzerstörung. Die Elemente des essentiellen Seins, die sich gegeneinander bewegen, haben die Tendenz, sich gegenseitig und das Ganze, zu dem sie gehören, zu vernichten. Zerstörung unter den Bedingungen existentieller Entfremdung wird nicht durch äußere Kräfte herbeigeführt. Sie ist nicht das Werk besonderer göttlicher oder dämonischer Eingriffe, sondern sie ist begründet in der Struktur der Entfremdung selbst. Man könnte eine solche Struktur mit einem scheinbar paradoxen Ausdruck „Struktur der Destruktion" bezeichnen und damit auf die Tatsache hinweisen, daß Destruktion kein unabhängiges Sein hat, sondern von einer Struktur abhängig ist, innerhalb derer sie wirkt. Hier wie überall im Ganzen des Seins ist Nichtsein abhängig von Sein, das Negative vom Positiven, Tod vom Leben. Daher hat auch die Destruktion Strukturen. Sie zielt auf das Chaos hin, aber solange das Chaos nicht erreicht ist, ist die Zerstörung an die geschaffenen Strukturen gebunden, und wenn das Chaos erreicht ist, dann sind beide — Struktur und Destruktion — verschwunden.

Wie früher gezeigt, ist die Grundstruktur des endlichen Seins die Polarität von Selbst und Welt. Nur im Menschen ist diese Polarität voll erreicht. Nur der Mensch hat ein vollständig zentriertes Selbst und ein strukturiertes Universum, zu dem er gehört und auf das er gleichzeitig hinschauen kann. Alle anderen Lebewesen unserer Erfahrungswelt sind nur teilweise zentriert und daher an ihre Umgebung gebunden. Auch der Mensch hat eine Umgebung, aber er hat sie als Teil seiner Welt. Er kann sie transzendieren, und er transzendiert sie mit jedem Wort, das er spricht. Er hat die Freiheit, seine Welt zu einem Objekt der Betrachtung zu machen, und er hat die Freiheit, sich selbst zu einem Objekt der Betrachtung zu machen. In dieser Situation endlicher Freiheit kann er sich und seine Welt verlieren, und der Verlust des einen schließt notwendig auch den Verlust des anderen ein. Das ist die Grundstruktur der Destruktion, die alle anderen in sich schließt. Die Analyse dieser Struktur ist der erste Schritt für das Verständnis dessen, was oft als „Übel" beschrieben worden ist.

Der Ausdruck Übel kann in einem weiteren und einem engeren Sinne gebraucht werden. Der weitere Sinn erstreckt sich über alles Negative und umschließt Entfremdung und Destruktion – die existentielle Situation in all ihren Elementen. Wenn das Wort in diesem Sinn gebraucht wird, dann ist Sünde ein Übel unter anderen. Sie wird dann „moralisches Übel" genannt, nämlich, die Negation des moralisch Guten. Einer der Gründe, Übel im weiteren Sinne zu gebrauchen, ist die Tatsache, daß Sünde in zwei Funktionen auftreten kann, einmal als Grund der Selbst-Destruktion und das andere Mal als ein Element der Selbst-Destruktion. So bestraft z. B. in der Sprache der Bibel Gott den Sünder, indem er ihn in mehr Sünde hineinstößt. In solcher Aussage ist Sünde sowohl Grund des Übels als auch das Übel selbst. Man sollte jedoch nicht vergessen, daß selbst in diesem Falle die Sünde wegen ihrer selbstzerstörerischen Folgen ein Übel genannt wird.

Im Sinne des früher Gesagten erscheint es angemessener, das Wort Übel im engeren Sinne zu gebrauchen, nämlich als Folge des Zustandes der Entfremdung. Dann ist es möglich, zwischen der Lehre von der Sünde und der Lehre vom Übel zu unterscheiden. In diesem Sinn soll das Wort Übel im folgenden benutzt werden.

Dieser Sprachgebrauch hat den Vorteil, die Begriffe zu klären, die sich auf das Problem der Theodizee beziehen. Wenn man gefragt wird, wie ein liebender und allmächtiger Gott das Übel zulassen könne, so kann man nicht direkt antworten. Man muß zuerst die Frage beantworten: „Wie kann Gott die Sünde zulassen?" Diese Frage beantwortet sich aber selbst in dem Moment, in dem sie gestellt wird; denn wäre die Sünde nicht zugelassen, so wäre auch Freiheit nicht zugelassen. Das aber würde die dem Menschen eigene Natur – seine endliche Freiheit – zunichte machen. Erst nach dieser Antwort ist es möglich, die in der universalen Entfremdung enthaltene Struktur der Destruktion zu beschreiben.

Selbst-Verlust ist das erste und grundlegende Merkmal des Übels und bedeutet Verlust des eigenen bestimmenden Zentrums. Selbst-Verlust ist die Auflösung des zentrierten Selbst durch zerstörerische Kräfte, die nicht mehr zur Einheit gebracht werden können. Solange sie zentriert sind, konstituieren sie die Person als ein Ganzes. Wenn sie sich gegeneinander bewegen, spalten sie die Person. Je weiter die Spaltung geht, umso mehr ist das Sein des Menschen als Menschen bedroht. Das zentrierte Selbst des Menschen kann zerbrochen werden, und mit dem Verlust des Selbst verliert der Mensch auch seine Welt.

Selbst-Verlust als Verlust des bestimmenden Zentrums im Menschen geschieht in moralischen und psychopathologischen Konflikten, sowohl unabhängig voneinander als auch in gegenseitiger Beeinflussung. Das furchtbare Erlebnis des „in Stücke Brechens" ergreift vom ganzen Menschen Besitz. In dem Maße, in dem sich das ereignet, fällt auch die Welt in Stücke. Sie hört auf, Welt zu sein im Sinne eines sinnvollen Ganzen. Die Dinge sprechen nicht mehr zum Menschen, sie verlieren ihre Fähigkeit, zu einer sinnvollen Begegnung mit ihm zu kommen, weil der Mensch selbst diese Fähigkeit verloren hat. In extremen Fällen wird die völlige Unwirklichkeit der Welt erlebt, nichts bleibt außer dem Erlebnis des eigenen leeren Selbst. Solche Erfahrungen sind extrem, aber extreme Situationen enthüllen Möglichkeiten der gewöhnlichen Situation. Möglichkeiten der Zerreißung sind immer im Menschen gegenwärtig. Der Mensch kann seine vollkommene Zentriertheit nicht als selbstverständlich betrachten. Wenn die Inhalte sich gegeneinander bewegen und keine Einheit gefunden wird, kann die Zentriertheit des Selbst zerbrechen. Je mehr das begrenzte Selbst durch *hybris* und Konkupiszenz getrieben wird, sich selbst zum Zentrum aller Dinge zu machen, desto mehr hört es auf, Zentrum von irgend etwas zu sein. Es verliert sich, weil es alle Inhalte verliert, und es verliert alle Inhalte, weil es sich selbst verliert. Der Mensch hört auf, eine Welt zu haben — in Korrelation zu seinem Selbst —, er wird ein Teil seiner Umgebung, unfähig, ins Welthafte durchzubrechen, unfähig, sich selbst von der Welt abzugrenzen. Er wird ein Teil und verliert die Möglichkeiten, dem Ganzen und sich selbst gegenüber zu stehen.

In dieser Beschreibung ist die grundlegende Kritik der psychologischen „Umwelt-Theorie" enthalten. Diese Theorie gibt angeblich eine Deutung der essentiellen Natur des Menschen, in Wirklichkeit aber eine Beschreibung der existentiellen Entfremdung des Menschen. Essentiell hat der Mensch eine Welt, weil er ein vollzentriertes Selbst hat. Er kann jede gegebene Umgebung in Richtung auf seine Welt transzendieren. Nur wenn Selbst und Welt sich für ihn auflösen, verfällt er der Knechtschaft der Umgebung. Die wahre Umgebung des Menschen ist das Universum, der Inbegriff aller schöpferischen Möglichkeiten. Jede besondere Umgebung — die jeder Mensch als endliches Wesen hat — ist menschlich nur, wenn er sie als Repräsentation des Universums erleben kann. Nur der radikal selbstentfremdete Mensch wird durch die „Umwelt-Theorie" richtig beschrieben.

2. Der Konflikt der ontologischen Polaritäten im Zustand der Entfremdung

a) Die Trennung von Freiheit und Schicksal. Die gegenseitige Abhängigkeit von Selbst-Verlust und Welt-Verlust im Zustand der Entfremdung zeigt sich in dem wechselseitigen Verlust der polaren Elemente des Seins. Das erste Elementenpaar ist das von Freiheit und Schicksal. Im essentiellen Sein, dem Zustand der träumenden Unschuld, liegen Freiheit und Schicksal ineinander, wohl unterschieden, aber nicht getrennt; in Spannung, aber nicht in Konflikt. Sie wurzeln im Grunde des Seins, der ihrer beider Quelle und das Prinzip ihrer polaren Einheit ist. Im Moment der „erregten Freiheit" beginnt ein Prozeß, in dem sich Freiheit von Schicksal scheidet. Sie wird zu Willkür. In willkürlichen Akten versucht die Freiheit, sich vom Schicksal zu trennen. Unter der Herrschaft von *hybris* und Konkupiszenz hört die Freiheit auf, die Objekte zu ergreifen, die ihr vom Schicksal gegeben sind. Sie versucht, eine unendliche Vielzahl von Inhalten zu ergreifen. Denn wenn der Mensch sich selbst zum Zentrum des Universums macht, verliert seine Freiheit ihre bestimmten Inhalte. Unbestimmt und willkürlich richtet sie sich auf zufällige Objekte, Personen und Dinge, die durch andere von gleicher Zufälligkeit ersetzt werden könnten. Der Existentialismus, unterstützt durch die Tiefenpsychologie, hat uns die Dialektik dieser Situation als Ruhelosigkeit, Leere und damit verbundene Sinnlosigkeit beschrieben. Wenn keine wesensmäßige Beziehung zwischen einem frei handelnden Menschen und seinen Gegenständen besteht, so ist keine Entscheidung einer anderen vorzuziehen, es bestehen keine sinnvollen Bezüge zu Dingen oder Personen, und das Handeln wird nicht von einem bestimmten Ziel her bestimmt, dem sich die anderen Ziele unterordnen. Die Zeichen des Schicksals bleiben unbemerkt oder werden mißachtet. Das ist sicherlich die Beschreibung einer extremen Situation, aber in ihrem Radikalismus kann sie eine grundlegende Tendenz des Zustandes in der Situation der allgemeinen Entfremdung offenbar machen.

In dem Maße, in dem Freiheit in Willkür umschlägt, verkehrt sich Schicksal in mechanische Notwendigkeit. Wenn die Freiheit des Menschen nicht durch sein Schicksal geleitet wird, wenn sie zu einer Reihe zufälliger und willkürlicher Akte geworden ist, gerät sie unter die Herrschaft von Kräften, die sich gegeneinander bewegen, ohne von einem Zentrum her bestimmt zu sein. Was frei zu sein scheint, erweist sich als durch innere Zwänge und äußere Ursachen bedingt. Teile des Selbst drängen sich ins Zentrum und bestimmen es, ohne mit den anderen Tei-

Der Konflikt der ontologischen Polaritäten im Zustand der Entfremdung

len geeint zu sein. Ein zufälliges Motiv ersetzt das Zentrum, dessen Funktion es sein sollte, die Motive zu einer zentralen Entscheidung zusammenzufassen. Aber es ist unfähig, das zu tun. Eine solche Beschreibung deckt sich mit dem, was die klassische Theologie „Knechtschaft des Willens" genannt hat. Im Hinblick auf diese „Struktur der Destruktion" könnte man sagen: Der Mensch hat seine Freiheit gebraucht, um sie zu vergeuden, und es ist sein Schicksal, sein Schicksal zu verlieren.

Die Verkehrung von Freiheit in Willkür und von Schicksal in mechanische Notwendigkeit spiegelt sich in der traditionellen Kontroverse von Indeterminismus und Determinismus. Ebenso wie die Umwelt-Theorie sind Indeterminismus und Determinismus Theorien, die die essentielle Natur des Menschen mit den Charakteristika der entfremdeten Natur beschreiben. Der Indeterminismus macht die menschliche Freiheit zu einer Sache des Zufalls, und damit hebt er die Verantwortlichkeit des Menschen auf, die er gerade gegen den Determinismus retten will. Und der Determinismus opfert die menschliche Freiheit der mechanischen Notwendigkeit und verwandelt dadurch den Menschen in ein völlig bedingtes Ding, das als solches kein Schicksal hat — nicht einmal das, eine *wahre* Theorie des Determinismus zu besitzen. Denn unter der Herrschaft mechanischer Notwendigkeit gibt es weder Wahrheit noch Schicksal. Indeterminismus und Determinismus sind in bezug auf Freiheit und Schicksal Spiegelbilder der menschlichen Entfremdung.

b) Die Trennung von Dynamik und Form. Jedes Lebewesen (und in Analogie jedes Seiende) strebt über sich und die Form, durch die es Sein hat, hinaus. In der essentiellen Natur des Menschen sind Dynamik und Form geeint. Auch dann, wenn eine gegebene Form transzendiert wird, geschieht dies zu einer umfassenderen Form hin. Im essentiellen Sein wird die Einheit von Form und Dynamik niemals zerrissen. Fragmentarisch kann man diese Einheit bei Menschen sehen, in denen Gnade wirksam ist, sowohl im profanen als auch im religiösen Bereich. Sie sind Symbole der Wiedervereinigung von Dynamik und Form. Ihr Gegenteil, Menschen ohne Gnade, sind Symbole der Zerreißung jener Einheit. Unter der Herrschaft von *hybris* und Konkupiszenz wird der Mensch nach allen Richtungen auseinandergetrieben, ohne ein bestimmtes Ziel oder einen bestimmten Inhalt. Seine Dynamik ist in formloses Verlangen nach Selbst-Transzendenz verkehrt. Es ist nicht die Sehnsucht nach der neuen Form, die die Selbst-Transzendenz des Menschen antreibt, sondern die Dynamik als solche ist Ziel seines Verlangens. Man könnte von einer „Versuchung des Neuen" sprechen, die an sich ein notwendiges Element in aller schöpferischen Selbstverwirklichung ist, in der Verkehrung aber das Schöpferische dem Neuen opfert. Wenn die Form fehlt, wird nichts Reales mehr geschaffen, denn nichts ist real ohne Form.

Jedoch ist Form ohne Dynamik gleichfalls zerstörerisch. Wenn eine Form von den dynamischen Kräften, von denen sie geschaffen wurde, losgelöst und anderen Lebensprozessen aufgedrängt wird, dann wird sie ein fremdes Gesetz. Sie unterdrückt die schöpferischen Kräfte, produziert entweder unschöpferischen Legalismus oder läßt rebellierende dynamische Kräfte ausbrechen, die zum Chaos und nicht selten in Reaktion dazu zu stärkerer Unterdrückung führen. Solche Erfahrungen gehören zur menschlichen Situation im persönlichen wie im sozialen Leben, in der Religion wie in der Kultur. In allen Bereichen besteht eine beständige Flucht von Gesetz zu Chaos und von Chaos zu Gesetz. Und es besteht ein beständiges Zerbrechen von Vitalität durch Form und von Form durch Vitalität. Wenn aber die eine Seite verschwindet, verschwindet auch die andere Seite. Reine Dynamik und bloße Vitalität enden schließlich in Chaos und Leere. Sie verlieren sich in ihrer Loslösung von der Form. Und Form, Struktur und Gesetz enden in Erstarrung und Leere. Sie verlieren sich in ihrer Loslösung von der Dynamik.

Aus dieser Betrachtung folgt die grundsätzliche Kritik an allen Lehren vom Menschen, die die essentielle Natur des Menschen als reine Dynamik oder als reine Form darstellen. Wir haben bereits auf einige von ihnen bei Abhandlung der Lehre von der Konkupiszenz hingewiesen. Alle Darstellungen, die den Menschen wesensmäßig als unbegrenzte *Libido* oder unbegrenzten Willen zur Macht verstehen, haben nicht die essentielle Natur des Menschen zum Gegenstand, sondern den Zustand existentieller Entfremdung. Die Unfähigkeit, eine Form zu erreichen, mit der die Dynamik der menschlichen Natur vorläufig oder bleibend in Harmonie steht, ist ein Ausdruck der Entfremdung des Menschen von sich selbst und von der essentiellen Einheit von Dynamik und Form. Dieselbe Kritik gilt auch für alle die Deutungen der menschlichen Natur, die den Menschen seiner Dynamik berauben und sein wahres Sein auf ein System logischer, moralischer und ästhetischer Formen reduzieren. Alle Arten „akademischer" Philosophie, Ethik und Kunst opfern die Dynamik der Form. Unterwerfung unter ein Gesetz ersetzt schöpferische Freiheit — ein charakteristisches Merkmal menschlicher Entfremdung.

Beide Typen der Lehre vom Menschen — der dynamische und der formale — beschreiben den existentiellen Zustand des Menschen. Darin liegt ihre Wahrheit, aber auch die Grenze ihrer Wahrheit.

Der Konflikt der ontologischen Polaritäten im Zustand der Entfremdung

c) *Die Trennung von Individualisation und Partizipation.* Das Leben in all seinen Formen drängt zur Individualisation. Aber niemals verliert es das Element der Partizipation ganz. Denn die beiden Pole hängen voneinander ab. Je mehr individualisiert ein Seiendes ist, desto mehr ist es der Partizipation fähig. Der Mensch als das völlig individualisierte Wesen nimmt an seiner Welt in ihrer Ganzheit teil durch Wahrnehmung, Einbildungskraft und Handeln. Im Prinzip gibt es für seine Partizipation keine Grenzen, denn er ist das völlig zentrierte Selbst. Im Zustand der Entfremdung ist der Mensch in sich selbst eingeschlossen und von seiner Welt abgeschnitten. Gleichzeitig verfällt er der Macht der Objekte, die die Tendenz haben, ihn in ein bloßes Objekt ohne Selbst zu verwandeln. Wenn sich Subjektivität von Objektivität trennt, verschlingen die Objekte die leere Schale der Subjektivität.

Die geschilderte Situation ist vielfach soziologisch und psychologisch beschrieben worden. Alle diese Beschreibungen haben überzeugend gezeigt, daß die Einsamkeit des isolierten Individuums es unweigerlich ins Kollektiv treibt und umgekehrt das Kollektiv-Dasein das Individuum noch einsamer macht. Da diese Beschreibungen auf eine besondere historische Situation Bezug nehmen — in erster Linie auf unsere eigene —, erwecken sie den Eindruck, als ob die geschilderte Situation durch bestimmte soziologische und historische Bedingungen hervorgerufen wäre und sich grundsätzlich ändern würde, wenn sich diese Bedingungen änderten. Gewiß enthüllen besondere historische Situationen besondere Elemente der existentiellen Situation des Menschen, aber sie enthüllen sie nur, sie schaffen sie nicht. Die Gefahr der Entpersönlichung oder „Objektivierung" besteht vorzüglich in der westlichen industriellen Gesellschaft, sie ist aber nicht auf diese Gesellschaft beschränkt. Analoge Gefahren bestehen überall, denn die Loslösung der Individualisation von der Partizipation ist ein Merkmal allgemeiner Entfremdung. Sie gehört zur Struktur der Destruktion und ist ein Grundcharakter aller Geschichte. Die Trennung von Individualisation und Partizipation zeigt sich auch in manchen Formen idealistischer Erkenntnistheorie. Der Mensch wird in ihr auf ein erkenntnistheoretisches Subjekt reduziert, das die Wirklichkeit wahrnimmt, analysiert und kontrolliert. Im Erkenntnisakt gibt es keine Partizipation des Subjekts am Objekt. Es gibt keinen Eros, von dem getrieben das Subjekt sich dem Objekt nähert und durch den das Objekt sich dem Subjekt öffnet. In einigen höchst abstrakten Schichten des Erkennens, z. B. in der Physik, ist das unvermeidlich, aber wenn es alle Arten der Erkenntnis bestimmt, ist es ein Symptom der Entfremdung. Und da der Mensch auch ein Teil seiner Welt ist und als solcher Objekt seines Erkennens, wird er selbst zum

Objekt unter Objekten. Er wird Teil eines physikalisch berechenbaren Ganzen und damit selbst berechenbar. Das ist der Fall — ob die psychische Schicht im Menschen physiologisch und chemisch erklärt wird oder ob sie als ein unabhängiger psychologischer Mechanismus beschrieben wird. In beiden Fällen hat eine theoretische Objektivierung Platz gegriffen, die verhängnisvolle Konsequenzen für das reale Leben hat. Der Mensch wird vom Menschen behandelt, als ob er reines Objekt sei. Die Situation der Entfremdung spiegelt sich sowohl in der theoretischen als auch in der praktischen Objektwerdung des Menschen. Sie ist eine Struktur der Destruktion, eine Quelle des Übels.

3. *Endlichkeit und Entfremdung*

a) Tod, Endlichkeit und Schuld. Sofern der Mensch von dem Grund des Seins entfremdet ist, verfällt er der Herrschaft der Endlichkeit. Er ist dem Todes-Schicksal, das sein natürliches Schicksal ist, preisgegeben. Er kommt vom Nichts und kehrt zurück zum Nichts und wird von der Angst gejagt, sterben zu müssen. Das ist die erste Antwort, die auf die Frage nach dem Zusammenhang von Sünde und Tod gegeben werden muß. Die Menschen der Bibel wissen, daß der Mensch von Natur sterblich ist. Die Lehre von der Unsterblichkeit als einer natürlichen Qualität des Menschen ist nicht christlich, nicht einmal platonisch. Plato läßt Sokrates hinter die Beweise für die Unsterblichkeit der Seele, die er in dem Gespräch kurz vor seinem Tode entwickelt, ein Fragezeichen setzen. Das, was Plato unter ewigem Leben verstand, hat wenig Ähnlichkeit mit dem, was der populäre Glaube sich unter einem „Leben nach dem Tode" vorstellt. Plato spricht von der Partizipation der Seele am ewigen Reich der Wesenheiten (Ideen), von ihrem Fall aus diesem Reich und ihrer möglichen Rückkehr, obwohl es nicht ein Reich in irgendeinem räumlichen oder zeitlichen Sinn ist.

In der biblischen Erzählung vom Paradies wird eine andere Deutung der Beziehung von Fall und Tod gegeben, eine Deutung, die noch weniger mit der populären Anschauung von Unsterblichkeit zu tun hat. Nach der Genesis ist der Mensch vom Staub genommen und wird wieder zu Staub. Er hat Unsterblichkeit nur so lange, als es ihm erlaubt ist, vom Baum des Lebens zu essen, dem Baum, der die göttliche Nahrung oder die Nahrung des ewigen Lebens trägt. Dieser Symbolismus ist eindeutig: Partizipation am Ewigen macht den Menschen ewig. Loslösung vom Ewigen überläßt ihn seiner natürlichen Endlichkeit. Mit diesen Ideen stimmt die Auffassung der frühen Kirchenväter überein, die die sakramentale Speise des Abendmahls „Medizin der Unsterblichkeit" nannten. In gleicher Weise konzentriert die Ostkirche ihre Predigt vom Christus auf die Auferstehung als dem Augenblick, in dem ewiges Leben denen zuteil wird, die sonst ihrer natürlichen Sterblichkeit überlassen wären. In der Entfremdung ist der Mensch seiner endlichen Natur, seinem Sterbenmüssen preisgegeben. Die Sünde schafft nicht den Tod, sondern gibt ihm Macht, die nur durch das Teilhaben am Ewigen besiegt werden kann. Die Auffassung, daß der „Fall" die physiologische oder psychologische Struktur des Menschen (und sogar der Natur) verändert habe, ist absurd und unbiblisch.

Wenn der Mensch seinem Sterbenmüssen überlassen ist, dann verwandelt sich seine essentielle Angst vor dem Nichtsein in den Schrecken vor dem Tod. Angst vor dem Nichtsein ist in jedem Endlichen gegenwärtig. Sie ist bewußt oder unbewußt im gesamten Lebensprozeß wirksam. Wie das Schlagen des Herzens ist sie immer da, obwohl sie dem Menschen nicht immer zum Bewußtsein kommt. Sie gehört zu dem potentiellen Zustand der träumenden Unschuld und ebenso zu der erprobten und bewußt gewählten Einheit mit Gott, wie sie in dem Bilde Jesu als des Christus zum Ausdruck kommt. Die dramatische Schilderung der Todesangst Jesu bestätigt den universalen Charakter der Beziehung von Endlichkeit und Angst.

Unter den Bedingungen der Entfremdung erhält die Angst — vor allem durch das Element der Schuld — noch andere Züge. Der Verlust der potentiellen Ewigkeit wird als etwas erfahren, für das man verantwortlich ist trotz der universalen tragischen Wirklichkeit dieses Verlustes. Die Sünde ist der Stachel des Todes, nicht seine physikalische Ursache. Die Sünde verwandelt das angstvolle Bewußtsein um das Sterbenmüssen in das schmerzvolle Erkennen der verlorenen Ewigkeit. Aus diesem Grunde kann die Angst vor dem Sterbenmüssen zu dem Wunsch führen, das eigene Selbst loszuwerden. Man sehnt sich nach Auflösung, um dem Tod in seiner zwiefachen Natur — als Ende des Lebens und als Schuld — zu entgehen. Unter den Bedingungen der Entfremdung ist Todesangst noch mehr als Angst vor Vernichtung. Die Entfremdung macht den Tod zu einem Übel, zu einer Struktur der Destruktion.

Die Umwandlung essentieller Endlichkeit in existentielles Übel ist ein allgemeines Symptom der Entfremdung. Sie ist in den meisten zeitgenössischen Analysen der menschlichen Situation beschrieben worden, sowohl von christlicher als auch von nichtchristlicher Seite, besonders machtvoll aber in der existentialistischen Literatur. Solche Beschreibungen können von der Theologie akzeptiert werden, solange eine scharfe Unterscheidung von Endlichkeit und Entfremdung aufrechterhalten wird. Wenn das nicht der Fall ist, müssen sie — gleichgültig, wie wertvoll ihr Material im einzelnen sein mag — im Licht der Lehre von der Schöpfung und der Unterscheidung zwischen essentiellem und existentiellem Sein abgelehnt werden.

b) Entfremdung, Zeit und Raum. Keine Beschreibung der Strukturen des Übels kann erschöpfend sein. Die Seiten der Weltliteratur sind voll von solchen Beschreibungen, überall und zu jeder Zeit. Neue Entdeckungen über das Wirken des Übels werden ständig gemacht. Die Bibel ist voll von Einsichten in das Wirken des Übels, aber auch die Literatur anderer Religionen und die Werke der Profanliteratur sind es. Die Theologie muß um die vielfältigen Formen des Übels wissen, wenn sie sie auch nicht alle im einzelnen erwähnen kann. Sie muß ihre Grundstrukturen aufzeigen. Als Strukturen des Übels sind sie Strukturen der Destruktion. Sie leben zwar von positiven Strukturen der Endlichkeit, bringen aber das destruktive Element hinzu und verwandeln sie in ähnlicher Weise, wie die Schuld die Angst vor dem Tode verwandelt.

Die Kategorien der Endlichkeit — Zeit, Raum, Kausalität und Substanz — sind gültig in der gesamten Schöpfung. Aber ihre Funktion ändert sich unter den Bedingungen der Existenz. In den Kategorien wird die Einheit von Sein und Nichtsein in allem Endlichen offenbar. Deshalb produzieren sie Angst. Diese Angst kann in den Mut hineingenommen werden, der „ja" zum endlichen Sein sagt in der Gewißheit, daß die Macht des Seins-Selbst dem Nichtsein überlegen ist. Aber im Zustand der Entfremdung geht die Teilnahme an der Macht des Seins-Selbst verloren. Unter den Bedingungen der Existenz will sich der Mensch der Herrschaft der Kategorien entziehen, und da das unmöglich ist, wird er zur Verzweiflung getrieben.

Wenn der Fluß der Zeit ohne das „ewige Jetzt" erfahren wird, dann wird sie nur als Vergänglichkeit erlebt, die jede wirkliche Gegenwart ausschließt. Sie wird — wie die Mythen der Zeit-Götter zeigen — als eine dämonische Macht erlebt, die das von ihr Geschaffene vernichtet. Die Versuche des Menschen, ihr zu widerstehen, bleiben erfolglos. Der Mensch versucht, die kleine Spanne Zeit, die ihm gegeben ist, zu verlängern; er versucht, den Augenblick mit so viel vergänglichen Dingen wie nur möglich zu füllen; er versucht, sich in der Zukunft, die nicht mehr seine ist, ein Denkmal zu setzen; er schafft sich in der Phantasie eine Fortsetzung seiner Zeit nach dem Ende seiner Zeit, eine Endlosigkeit ohne Ewigkeit.

Dies sind Formen des menschlichen Widerstandes gegen die letzte Bedrohung des Nichtseins, die mit der Zeitkategorie gegeben ist. Der Zusammenbruch dieses Widerstandes in seinen vielen Formen ist ein Element der Struktur der Verzweiflung. Es ist nicht die Erfahrung der Zeit als solche, die Verzweiflung produziert, es ist vielmehr die Niederlage, die der Mensch in seinem Widerstand gegen die Zeit erlebt. Dieser Widerstand stammt aus seinem essentiellen Zugehörigsein zum Ewigen, seinem davon Ausgeschlossensein im Zustand der Entfremdung und seinem Wunsch, die vergänglichen Zeitmomente seiner Zeit in dauernde Gegenwart zu verwandeln. Die existentielle Unwilligkeit des Menschen, seine Zeitlichkeit zu bejahen, macht die Zeit für ihn zu einer dämonischen Struktur der Destruktion.

Wenn der Raum ohne das „ewige Hier" erfahren wird, dann wird er nur als räumliche Kontingenz erlebt: Der Mensch hat keinen Ort, zu dem er wesensmäßig gehört. Der Mensch ist weiter nichts als ein Spielball göttlich-dämonischer Mächte (Heraklit), er hat keine innere Verbindung zu dem physikalischen, soziologischen oder psychologischen Ort, auf dem er steht. Der Mensch versucht jedoch, sich dieser Situation zu entziehen. Er versucht, sich im absoluten Sinne einen eigenen Ort zu schaffen. In allen Sehnsüchten nach einem endgültigen „Zuhause" ist dieser Wunsch wirksam. Aber es gelingt dem Menschen nicht; er bleibt ein „Pilger auf Erden", und schließlich trifft auf ihn das Wort aus Hiob zu: „Seine Stätte kennet ihn nicht mehr." Und wenn der Mensch versucht, sich einen Raum zu schaffen, der alle möglichen Räume in sich aufnimmt, sei es in Wirklichkeit, sei es in der Phantasie, dann ersetzt er die Dimension des „ewigen Hier" durch die Dimension des „universalen Hier". Er versucht, dem räumlichen Nebeneinander, das zu seiner Endlichkeit gehört, zu entgehen, und da es ihm nicht gelingt, wird er in Verzweiflung über seine letzte Wurzellosigkeit gestoßen.

Ähnliche Beobachtungen können in bezug auf die anderen Kategorien gemacht werden. So z. B. versucht der Mensch in seinem Widerstand gegen die endlose Kette von Ursachen, in der er nur eine unter vielen ist, sich zur absoluten Ursache zu machen. Oder er versucht, dem Schwinden seines selbständigen Seins, seiner Substanz, Widerstand zu leisten. Diese Versuche sind ein Ausdruck dafür, daß der Mensch um seine potentielle Unendlichkeit weiß. Aber seine Versuche schlagen notwendig fehl. Ohne die Macht des Seins-Selbst kann sich der Mensch weder in bezug auf Kausalität noch in bezug auf Substanz gegen das Element des Nichtseins behaupten, und sein Versagen in diesem Widerstand ist ein anderes Element in der Struktur der Verzweiflung.

c) Entfremdung, Leiden und Einsamkeit. Die Konflikte in den ontologischen Polaritäten und die Veränderung im Erleben der Endlichkeitskategorien unter den Bedingungen der Entfremdung haben entscheidende Folgen für die menschliche Situation. Zwei charakteristische Beispiele sollen dafür gegeben werden: Leiden und Einsamkeit. Das erste bezieht sich auf den Menschen persönlich, das zweite auf seine Beziehung zu den anderen. Leiden und Einsamkeit können — obwohl sie etwas Verschiedenes sind — nicht voneinander getrennt werden.

Leiden ist gleich dem Tode ein Element der Endlichkeit. Es fehlt auch nicht im Zustand der träumenden Unschuld. Aber da ist es hineingenommen in das reine Glücksgefühl des Seins. Unter den Bedingungen der Existenz ist der Mensch von diesem Glücksgefühl abgeschnitten, das Leiden ergreift ihn in zerstörerischer Weise und wird zu einer Struktur der Destruktion — zu einem Übel. Für das Verständnis des Christentums und der Religionen des Ostens, vor allem des Buddhismus, ist es entscheidend, daß im Christentum Leiden als Element essentieller Endlichkeit von Leiden als Element existentieller Entfremdung unterschieden wird. Wenn, wie im Buddhismus, diese Unterscheidung nicht gemacht wird, sind Endlichkeit und Übel identisch. Erlösung ist dann Erlösung von der Endlichkeit und vom Leiden, das mit ihr verknüpft ist. Aber sie ist nicht wie im Christentum Erlösung von der Entfremdung, durch die Leiden in eine Struktur der Destruktion verkehrt wird. Die buddhistische Interpretation des Leidens hat insofern recht, als sie das Leiden vom „Willen zum Sein" ableitet. Das Leiden wird daher besiegt, wenn das Verlangen des Willens, etwas Partikulares zu sein, negiert wird. Im Christentum wird gefordert, daß man das Leiden als ein Element der Endlichkeit mit Mut auf sich nimmt und die Endlichkeit trotz des mit ihr gegebenen Leidens bejaht. Nur das existenzbedingte, zerstörerische Leiden wird verneint, und seine Aufhebung ist Gegenstand der eschatologischen Erwartung. Das Christentum weiß, daß der Sieg über das zerstörerische Leiden in Raum und Zeit nur teilweise errungen werden kann. Ob man aber für diesen bruchstückhaften Sieg kämpft oder nicht — darin besteht, wie der Vergleich zeigt, der Unterschied zwischen den westlichen und östlichen Kulturen. Und aus diesem Unterschied ergibt sich eine verschiedene Bewertung der Individualität, der Persönlichkeit, der Gemeinschaft und der Geschichte. Er hat in der Tat das historische Schicksal der Menschheit bestimmt.

Die Unterscheidung zwischen Leiden als Ausdruck der Endlichkeit einerseits und als Folge der Entfremdung andererseits gilt trotz der Tatsache, daß die beiden Arten des Leidens niemals scharf auseinandergehalten werden können. Die Zweideutigkeit, die das Leben als solches

Endlichkeit und Entfremdung

charakterisiert, läßt eine scharfe Trennung nicht zu. Es ist jedoch möglich, von einem Typus des Leidens zu sprechen, in dem Sinn erlebt werden kann, im Gegensatz zum sinnlosen Leiden. Leiden ist sinnvoll, insoweit es zu Maßnahmen treibt, die dem Schutz und der Heilung dessen dienen, der davon betroffen ist. Ferner kann Leiden die Grenzen und Möglichkeiten eines lebenden Wesens zeigen. Ob das Leiden diese Funktion erfüllt oder nicht, hängt teils von dem objektiven Charakter des Leidens, teils von der Weise ab, wie es vom leidenden Subjekt getragen wird. Es gibt Formen von Leiden, die dem Menschen die Möglichkeit nehmen, überhaupt als Subjekt zu handeln, z. B. im Falle zerstörerischer Psychosen, entmenschlichender äußerer Bedingungen oder radikaler Herabminderung körperlichen Widerstands. Das Leben ist voller Beispiele für sinnloses Leiden. Es folgt aus den Konflikten, die die Selbstverwirklichung jedes Wesens in der Begegnung mit anderen Wesen innerhalb der Existenz schafft.

Eine der Ursachen für sinnloses Leiden – die Hauptursache – ist das „Alleinsein" des Individuums, seine Sehnsucht, es durch Vereinigung mit anderen zu überwinden und die Feindseligkeit, die aus der Zurückstoßung dieses Begehrens folgt. Auch hier ist es nötig, zwischen essentiellen und existentiellen Strukturen des Alleinseins zu unterscheiden. Jedes Lebewesen ist strukturell zentriert; der Mensch jedoch ist das vollständig zentrierte Selbst. Diese Zentriertheit schneidet ihn vom Ganzen der Wirklichkeit ab. Er ist allein in dieser Welt, und das um so mehr, je mehr er seiner selbst bewußt ist. Andererseits ermöglicht ihm seine völlige Zentriertheit, an seiner Welt unbegrenzt zu partizipieren; und die Liebe, die Kraft der Wiedervereinigung des Getrennten, treibt ihn zu realer Partizipation. Im Stande des wesenhaften Seins ist die Partizipation zwar durch Endlichkeit begrenzt, aber da, wo sie gesucht wird, wird sie gefunden. Daß der Mensch in essentieller Endlichkeit allein ist, folgt aus der vollständigen Zentriertheit des Menschen und könnte als essentielle Einsamkeit charakterisiert werden. Solche Einsamkeit ist die Bedingung dafür, daß das eine Selbst dem anderen Selbst begegnen kann. Nur wer fähig ist, Einsamkeit zu haben, kann auch Gemeinschaft haben. Denn in der Einsamkeit erfährt der Mensch die Dimension des Unbedingten, die Voraussetzung jeder tieferen Gemeinschaft. In der Entfremdung ist der Mensch von der Dimension des Unbedingten abgeschnitten, er ist sich allein überlassen, er ist in existentieller Vereinsamung. Und da solche Vereinsamung unerträglich ist, drängt sie den Menschen zu einer unechten Partizipation: Er gibt sein einsames Selbst preis und opfert es dem Kollektiv.

Diese Selbstpreisgabe bedeutet nicht, daß ein Individuum sich einem anderen in Liebe hingibt, sondern daß es von dem verschlungen wird, dem sich alle preisgegeben haben: dem Kollektiv. Unter dieser Drohung sucht der einzelne weiter nach einem anderen einzelnen, von dem er jedoch ganz oder teilweise zurückgewiesen wird, ist doch der andere auch nur ein vereinsamter einzelner, unfähig, Gemeinschaft zu geben, weil unfähig, Einsamkeit zu haben. Aus solch wechselseitiger Zurückweisung folgt Feindseligkeit, nicht nur gegen den Zurückweisenden, sondern auch gegen das eigene Selbst. Auf diese Weise wird Einsamkeit in Vereinsamung verkehrt und damit in eine Quelle vielfachen Leidens.

Wo die Unterscheidung zwischen essentieller Einsamkeit und existentieller Vereinsamung nicht gemacht wird, wird Erlösung aus der Vereinsamung durch Auflösung des einzelnen in eine undifferenzierte Substanz gesucht. Dieser Lösung, die von der radikalen Mystik gelehrt wird, entspricht die Antwort, die der Buddhismus auf das Problem des Leidens gibt. In der letzten Einheit ist Vereinsamung aufgehoben, aber auch Einsamkeit und Gemeinschaft. Denn das zentrierte individuelle Selbst ist aufgelöst. Dieser Vergleich zeigt, wie wichtig es für das christliche Verständnis von Übel und Erlösung ist, zwischen essentieller Einsamkeit und existentieller Vereinsamung zu unterscheiden.

d) Entfremdung, Zweifel und Sinnlosigkeit. Endlichkeit schließt Zweifel ein, da nur das Ganze die Wahrheit ist. Aber kein endliches Wesen hat das Ganze. Daher bedeutet es Bejahung unserer Endlichkeit, wenn wir erkennen, daß der Zweifel zum Wesen des Menschen gehört. Die träumende Unschuld enthält die Möglichkeit des Zweifels. Deshalb konnte die Schlange des Paradieses-Mythos den Zweifel des Menschen herauslocken.

Essentieller Zweifel steckt im methodisch-wissenschaftlichen Zweifel wie in der Ungewißheit über das eigene Selbst, die eigene Welt und den letzten Sinn beider. Jede Frage zeugt sowohl von einem Haben, ohne das die Frage unmöglich wäre, als auch von einem Nichthaben, ohne das keine Frage nötig wäre. Die Situation essentiellen Zweifels gehört zur Größe des Menschen selbst. Sie gibt dem Menschen die Möglichkeit, die Wirklichkeit zu analysieren und zu beherrschen.

Zweifel ist ein Ausdruck der allgemeinen Unsicherheit des menschlichen Seins: der Kontingenz seines Seins [des Faktums, daß er nicht durch sich selbst ist, sondern „ins Sein geworfen" (Heidegger)], des Fehlens eines notwendigen Ortes und einer notwendigen Gegenwart. Diese Unsicherheit zeigt sich auch bei der Wahl menschlicher Beziehungen. Sie zeigt sich in der Unbestimmtheit des Gefühls und im Wagnis einer jeden Entscheidung. Schließlich erscheint sie im Zweifel an sich selbst und an der Welt als solcher, sie erscheint als Zweifel am Sein als Sein. Alle diese Formen von Unsicherheit und Ungewißheit gehören zur essentiellen Endlichkeit des Menschen, zum Wesen des Geschaffenen, sofern es geschaffen ist. Aber sie sind hineingenommen in die Dimension des Ewigen. In ihr gibt es eine letzte Sicherheit und Gewißheit, die die vorläufigen Unsicherheiten und Ungewißheiten, einschließlich der durch sie hervorgerufenen Angst, zwar nicht beseitigt, aber in sich hineinnimmt. Wenn im Zustand der Entfremdung die Einheit mit dem Ewigen zerrissen ist, wird die Unsicherheit absolut und treibt zur Verzweiflung. Auch der Zweifel wird absolut und treibt den Menschen in einen Zustand, in dem er sich weigert, überhaupt eine Wahrheit anzunehmen. Die Struktur der Endlichkeit ist zu einer Struktur existentieller Zerstörung, Endlichkeit ist zu Übel geworden.

Der zerstörerische Charakter der *existentiellen* Unsicherheit und des *existentiellen* Zweifels zeigt sich in der Weise, wie der Mensch der Verzweiflung zu entgehen versucht. Er versucht es, indem er eine endliche Sicherheit oder Gewißheit verabsolutiert. Der drohende Zusammenbruch führt zu Verteidigungsmaßnahmen, die teils brutal, teils fanatisch, teils unsauber sind, auf jeden Fall aber ungenügend und zerstörerisch, denn es gibt in der Endlichkeit weder Sicherheit noch Gewißheit. Daher richtet sich zerstörerischer Haß gegen diejenigen, durch die die falsche Sicherheit und falsche Gewißheit bedroht werden. Krieg und Verfolgung sind teilweise von hier aus zu verstehen. Aber all das hilft auf die Dauer dem in seiner falschen Sicherheit bedrohten Subjekt nicht. Es wird zwischen Ruhelosigkeit, Leere, Zynismus und Sinnlosigkeit hin- und hergeworfen. Um dieser Situation zu entgehen, sucht der Mensch seinen Zweifel nicht durch eine wahre oder scheinhafte Antwort zu überwinden, sondern durch Indifferenz gegenüber jeder Frage und jeder Antwort. Er opfert sein höchstes Menschenrecht und hört auf, selbst unter der Sinnlosigkeit zu leiden. Er ist nicht mehr in der Lage, die Sinnhaftigkeit der Frage nach dem Sinn zu erleben.

In der heutigen Soziologie und Psychologie ist die Frage aufgetaucht, wieweit die Strukturen der Destruktion allgemein menschlich und wieweit sie historisch bedingt sind. Die Antwort darauf ist, daß sie in der Geschichte nur erscheinen können, weil sie eine Qualität der Existenz sind. Aber die Weise, in der sie erscheinen, ist von der geschichtlichen Situation abhängig. In der Geschichte tauchen immer neue Formen des Übels auf, aber sie sind nur möglich, weil es universale Strukturen der Endlichkeit und der Entfremdung gibt. Soziologische und existentialistische Analysen des Menschen in der industriellen Gesellschaft zeigen Selbst-Verlust und Welt-Verlust, Mechanisierung und Objektivierung,

Vereinsamung und Hingabe ans Kollektiv, Erfahrung der Leere und Sinnlosigkeit. Soweit solche Analysen den tatsächlichen Zustand beschreiben, sind sie von größter theologischer Bedeutung. Sie werden jedoch falsch und gefährlich, wenn sie die konkrete Situation *ausschließlich* von soziologischen Faktoren ableiten. Solche Ableitungen führen zu dem Glauben, daß Änderungen in der Struktur einer Gesellschaft die existentielle Situation des Menschen ändern können. Dieser Glaube liegt jeder Form von Utopismus zugrunde. In Wahrheit gibt es in allen Perioden der Geschichte Strukturen der Destruktion, und sie zeigen viele Züge, die den besonderen Strukturen unserer Periode analog sind. Entfremdung vom essentiellen Sein ist der universale Charakter der menschlichen Existenz. Aus ihr folgen die besonderen Übel jeder Periode.

4. *Der Sinn der Verzweiflung und ihre Symbole*

a) Verzweiflung und das Problem des Selbstmordes. Entfremdung in ihren selbstzerstörerischen Konsequenzen treibt zur Verzweiflung. In ihr treffen alle Elemente des Übels, die wir aufgewiesen haben, zusammen: Angst, Schuld, Sinnverlust. Darum ist sie mehr als ein psychologisches Problem, obwohl sie das auch ist. Und sie ist mehr als ein ethisches Problem, obwohl sie das auch ist. Sie ist, wie Kierkegaard in der Nachfolge von Paulus und Luther gezeigt hat, eines der wichtigsten Eingangstore für das Verständnis der menschlichen Situation. In der Verzweiflung – nicht im Tod – gelangt der Mensch an das Ende seiner Möglichkeiten. Das englische Wort *despair* bedeutet „ohne Hoffnung" und drückt eine Situation aus, in der es keinen Ausweg gibt. Im Deutschen weist das Wort Verzweiflung auf Zweifel hin. Die Vorsilbe „ver" drückt radikalen Zweifel aus. Die eindrucksvollste Beschreibung der Verzweiflung hat Kierkegaard in seinem Buch „Die Krankheit zum Tode" gegeben, die Krankheit nämlich, von der es keine Heilung gibt. Die katholische Kirche rechnet die Verzweiflung zu den Todsünden. Und Paulus spricht von einer Traurigkeit, die zum Tode führt.

Verzweiflung ist der Zustand unausweichlichen Konflikts. Sie ist der Konflikt zwischen dem, was der Mensch potentiell ist und darum sein sollte, und dem, was der Mensch aktuell ist. Die Qual der Verzweiflung ist das Gefühl, daß man für den Verlust des Sinnes der eigenen Existenz selbst verantwortlich ist und doch unfähig, ihn wiederzugewinnen. Man ist gebunden an sich selbst und muß den Konflikt mit sich selbst tragen. Man kann nicht entrinnen, weil man dem Selbst nicht entrinnen kann. In dieser Situation erhebt sich die Frage, ob Selbstmord der Weg ist, sich von sich selbst zu befreien. Der Selbstmord hat eine viel größere allgemein-menschliche Bedeutung, als die verhältnismäßig kleine Zahl von aktuellen Selbstmorden anzeigt. Erstens hat jeder Lebensprozeß eine Tendenz zur Selbstauslöschung in sich, zur Rückkehr in ein konfliktloseres Sein (vgl. Freuds Lehre vom Todestrieb). Zweitens besteht in jedem Moment unüberwindlichen und sinnlosen Schmerzes der Wunsch, dem Schmerz dadurch zu entrinnen, daß man sich selbst entrinnt. Drittens erscheint in der Situation der Verzweiflung das Bild des Selbstmordes als Versuchung. Viertens gibt es Situationen, in denen der unbewußte Wille zum Leben unterhöhlt ist und ein psychischer Selbstmord in Form von Widerstandslosigkeit gegen drohende Vernichtung Platz greift. Fünftens verkünden große Kulturen die Selbstverneinung des Willens im Sinne von Entleerung des Lebens von allen Inhalten um der letzten Erfüllung willen.

In Anbetracht dieser Tatsachen sollte die Frage der Selbst-Verneinung des Lebens ernster genommen werden, als es die christliche Theologie für gewöhnlich tut. Der äußere Akt des Selbstmordes sollte nicht für sich betrachtet und moralisch und religiös verdammt werden. Dahinter liegt die abergläubische Vorstellung, daß Selbstmord den Menschen von der rettenden Gnade endgültig ausschließt. Statt dessen sollten der innere Hang zur Selbstverneinung in jedem Menschen und die seelischen Formen der Selbstzerstörung von Seelsorge und Predigt beachtet werden.

Die entscheidende und theologisch schwierigste Frage ist jedoch: Warum kann der Selbstmord nicht als ein Entkommen aus der Verzweiflung angesehen werden? Offenbar ist dies kein Problem für diejenigen, die glauben, daß das Leben nach dem Tode unter den Bedingungen der Endlichkeit weitergeht. Aber wo im Gegensatz dazu der Tod ernst genommen wird, kann man nicht leugnen, daß Selbstmord die Bedingungen der Verzweiflung auf der Ebene der endlichen Existenz beseitigt. Man muß jedoch fragen, ob auf dieser Ebene überhaupt eine Antwort möglich ist. Sicherlich nicht, wenn man in Betracht zieht, daß in der Verzweiflung Schuld wirksam ist und daß Schuld eine Beziehung zum Unbedingten ausdrückt. Darum ist Selbstmord kein endgültiger Ausweg. Er befreit uns nicht von dem Gericht, das vom Ewigen her kommt. Kein persönliches Problem von unbedingtem Gewicht ist im Zeitlichen lösbar, es wurzelt im Ewigen und verlangt eine Lösung in bezug zum Ewigen. Selbstmord (ganz gleich, ob leiblicher, seelischer oder metaphysischer) ist ein Weg, der Situation der Verzweiflung auf der zeitlichen Ebene zu entgehen. Aber er ist kein Ausweg in bezug zum Ewigen.

b) Das Symbol des „Zornes Gottes". Die Erfahrung der Verzweiflung spiegelt sich im Symbol des Zornes Gottes. Dieses Symbol hat bei den christlichen Theologen widersprechende Reaktionen hervorgerufen. Die Kritiker des Symbols machten geltend, daß im Heidentum der Begriff „Zorn der Götter" die Vorstellung eines endlichen Gottes voraussetzt, der Affekten unterworfen ist. Das kann mit dem christlichen Gottesbegriff nicht vereinigt werden. Wenn das Symbol beibehalten werden soll, muß es neu interpretiert, andernfalls muß es ausgeschieden werden. Letzteres tat Albrecht Ritschl, nicht nur im Namen der Göttlichkeit des Göttlichen, sondern auch im Namen der göttlichen Liebe, die er als das Wesen Gottes auffaßte. Wenn man vom Zorn Gottes spricht, setzt man in Gott einen Zwiespalt zwischen Zorn und Liebe voraus. Gott ist sozusagen in seinem Zorn gefangen, und darum muß sich die Liebe aus diesem Konflikt einen Ausweg suchen. Das versöhnende Werk Christi wird dann konstruiert als die Lösung, die Gott in die Lage setzt, das, was seinen Zorn erregt hat, zu vergeben. Ein solcher Gedankengang, der häufig in quantitativen und mechanistischen Kategorien durchgeführt wurde, beleidigt die Majestät Gottes. Deshalb interpretierte Ritschl die neutestamentlichen Stellen, in denen vom Zorn Gottes die Rede ist, so, daß sie sich auf das Jüngste Gericht beziehen. Der Zorn Gottes ist dann Ausdruck der verurteilenden Seite des End-Gerichts. Demgegenüber kann man fragen, ob die Erfahrung der Verzweiflung nicht das Symbol des Zornes Gottes rechtfertigt. Es wäre dann Ausdruck für ein notwendiges Element in der Beziehung zwischen Gott und Mensch. Man kann sich auf Luther berufen, der einen existentiellen Zugang zu diesem Problem aufzeigte, als er sagte: „Wie du an ihn glaubst, so hast du ihn." In der Erfahrung der Schuld ist Gott die Drohung letzter Vernichtung. Sein Angesicht hat dämonische Züge. In der Erfahrung der Versöhnung dagegen zeigt sich, daß die Erfahrung des Zornes Gottes der Weg war, auf dem sich die göttliche Liebe des Menschen annahm. Die göttliche Liebe steht gegen das, was gegen die Liebe steht. Sie überläßt es der Selbstzerstörung, um die zu retten, in denen es zerstört wird. Das ist die einzige Weise, in der die Liebe in dem, der sie zurückstößt, wirken kann. Indem sie dem Menschen die selbstzerstörerischen Konsequenzen seiner Verwerfung der Liebe zeigt, handelt die Liebe ihrer eigenen Natur gemäß, obgleich der Mensch, der dies erlebt, es als Drohung gegen sein Dasein erfährt. Er sieht Gott als den Gott des Zornes, und diese Sicht ist berechtigt, wenn auch als vorläufige, nicht als letzte Erfahrung. Aber die theoretische Erkenntnis, daß die Erfahrung Gottes als zorniger Gott nicht die endgültige Erfahrung Gottes ist, macht die Wirklichkeit der Bedrohung nicht ungültig. Nur Glaube an Vergebung kann das Bild des zornigen Gottes in das Bild des Gottes der Liebe verwandeln.

c) Das Symbol der Verdammnis. Die Erfahrung der Verzweiflung ist auch im Symbol der Verdammnis ausgedrückt. Gewöhnlich spricht man von „ewiger Verdammnis". Aber „ewige Verdammnis" ist eine theologisch unhaltbare Kombination von Worten. Ewigkeit ist das Gegenteil von Verdammnis. Nur Gott ist ewig. Ewig ist aber nicht „endlos". Im Sinne von „endlos" verstanden, würde der Ausdruck „ewige Verdammnis" bedeuten, daß dem Endlosigkeit zugeschrieben wird, was seiner Natur nach ein Ende hat, nämlich dem endlichen Menschen. Die Zeit jedoch, die der Mensch hat, geht mit ihm zu Ende. Aber die, die an der Ewigkeit Gottes teilnehmen, haben trotz der Grenzen ihrer Endlichkeit die Verzweiflung und damit die Erfahrung der Verdammnis überwunden. Darum sollte man den Ausdruck „ewige Verdammnis" im theologischen Wörterbuch streichen. Statt dessen sollte man von der Verdammnis als der Trennung vom Ewigen sprechen. Das scheint im Begriff „ewiger Tod" angedeutet zu sein, denn dieser Ausdruck kann nicht bedeuten „endloser Tod", da Tod nicht die Qualität der Dauer hat. Verzweiflung ist der Zustand, in dem der Mensch erlebt, daß er von der Ewigkeit, zu der er bestimmt ist, ausgeschlossen ist. Verzweiflung deutet über die Grenzen der Zeitlichkeit hinaus und deutet hin auf die Situation, in der der Mensch substantiell gebunden bleibt an das göttliche Leben, ohne aber im zentralen Akt der göttlichen Liebe mit ihm vereinigt zu sein. Weder die Erfahrung noch die Sprache erlauben uns, mehr darüber zu sagen, denn das Negative kann erfahren und benannt werden nur, wenn es verbunden ist mit dem Positiven. Selbst im Zustand der Trennung wirkt Gott in uns, auch wenn sein Wirken den Charakter des Zerstörens hat. Der Mensch ist niemals vom Grund seines Seins abgeschnitten, nicht einmal im Zustand der Verdammnis.

E

DIE FRAGE NACH DEM NEUEN SEIN
UND DER SINN DES CHRISTUS-SYMBOLS

1. *Existenz als Schicksal oder die „Knechtschaft des Willens"*

In jedem Akt existentieller Selbstverwirklichung sind Freiheit und Schicksal vereinigt. Existenz ist sowohl Faktum als auch Akt. Daraus folgt, daß kein Akt innerhalb des Ganzen der existentiellen Entfremdung die existentielle Entfremdung überwinden kann. Das Schicksal hält die Freiheit gefangen. Das ist ausgedrückt in der Lehre von der „Knechtschaft des Willens", wie sie Luther in seinem Streit mit Erasmus entwickelt hat. Früher schon hatten Paulus gegen das Judentum und Augustin gegen Pelagius den gleichen Kampf gekämpft. Oft wurde der Sinn des Anti-Pelagianismus falsch verstanden; er wurde mit philosophischem Determinismus verwechselt. Die anti-pelagianischen Theologen wurden beschuldigt, die menschliche Freiheit geopfert und den Menschen zu einem Objekt unter Objekten gemacht zu haben. In der Tat nähert sich die Ausdrucksweise mancher Theologen (selbst des Paulus) dem Manichäismus an, und manche anti-pelagianischen Theologen können gegen die Anklage des Krypto-Manichäismus überhaupt nicht verteidigt werden. Aber die anti-pelagianische Haltung führt nicht notwendig zu manichäischen Tendenzen; denn die Lehre von der „Knechtschaft des Willens" setzt die Lehre von der Freiheit des Willens voraus. Nur was essentiell frei ist, kann in existentielle Knechtschaft fallen. In der uns bekannten Welt kann das Wort „Knechtschaft des Willens" nur auf den Menschen angewandt werden. Die Natur hat zwar Spontaneität und Zentriertheit, aber sie hat keine Freiheit. Daher kann sie auch nicht in die „Knechtschaft des Willens" fallen. Nur der Mensch – weil er endliche Freiheit ist – steht unter den Zwängen existentieller Entfremdung.

Daher hat Erasmus in seiner Verteidigung der essentiellen Willensfreiheit recht. Er weist hin auf die moralische Verantwortlichkeit, die den Menschen zum Menschen macht. Er übersieht aber, daß sie weder von Luther noch von den anderen Anhängern der These von der „Knechtschaft des Willens" geleugnet wurde. Sie leugneten nicht, daß es der Mensch ist, d. h. ein Wesen mit endlicher Freiheit, das der Gegenstand der Erlösung ist; sie glaubten aber, daß der, der erlöst wird, ein Sünder ist, dessen Freiheit existentiell verknechtet ist. Die Gnade schafft nicht ein neues Wesen, das unverbunden mit dem ist, das der Gnade bedarf. Gnade zerstört nicht die essentielle Freiheit, aber sie tut das, was die Freiheit unter den Bedingungen der Existenz nicht tun kann: sie eint das Entfremdete.

Die „Knechtschaft des Willens" ist ein universales Faktum. Sie ist die Unfähigkeit des Menschen, durch den Bann seiner Entfremdung durchzubrechen. Trotz der Macht seiner endlichen Freiheit ist er nicht imstande, die Vereinigung mit Gott zu erreichen. Im Bereich seiner endlichen Beziehungen bleiben die Entscheidungen des Menschen Akte seiner endlichen Freiheit. Sie schaffen aber nicht die Wiedervereinigung mit Gott, sie bleiben im Bereich der *justitia civilis,* der bürgerlichen Gerechtigkeit, der moralischen und gesetzlichen Normen. Hier hat der Mensch eine begrenzte Freiheit. Aber in seiner Beziehung zu Gott kann er nichts ohne Gott tun. Er muß empfangen, um handeln zu können. Neues Sein ist die Voraussetzung für neues Handeln. Der Baum produziert die Früchte und nicht umgekehrt. Der Mensch kann seine Zwänge nicht beherrschen außer durch die Macht dessen, der die Zwänge von der Wurzel her umwandelt. Diese *psychologische* Wahrheit ist auch eine *religiöse* Wahrheit: die Wahrheit von der Lehre der „Knechtschaft des Willens". Alle Versuche, aus eigener Kraft die existentielle Entfremdung zu überwinden, führen zu tragischem Mißlingen. Und sie sind ohne Freude. Deshalb ist für Luther das Gesetz nicht erfüllt, wenn es nicht freudig erfüllt wird. Denn das Gesetz ist unserem Sein nichts Fremdes. Es ist unser Sein selbst, ausgedrückt in der Form des Gebotes. Und Erfüllung des eigenen Seins ist Freude. Paulus stellt den Gehorsam des Kindes in Gegensatz zum Gehorsam des Sklaven. Wenn wir aber wie Kinder handeln wollen, müssen wir vorher den Stand der Kindschaft erhalten haben. Die Vereinigung mit Gott muß vorangegangen sein. Nur ein Neues Sein kann neues Handeln schaffen.

2. Wege der Selbst-Erlösung und ihr Scheitern

a) Selbst-Erlösung und Religion. Das Prinzip, daß das Sein dem Handeln vorausgeht, enthält eine grundlegende Kritik an der Religionsgeschichte. Obgleich die Religion zu den Funktionen des geistigen Lebens gehört und darum im Zusammenhang mit dem Problem des Lebens im allgemeinen abgehandelt werden muß, müssen wir schon hier, wo wir es nur mit der Existenz zu tun haben, auf sie Bezug nehmen. Denn Religion ist nicht nur eine Funktion des Lebens neben anderen, sondern sie ist auch diejenige Funktion, in der die Zweideutigkeiten des Lebens durch den göttlichen Geist überwunden werden. Deshalb ist sie diejenige Sphäre, in der die Frage nach dem Neuen Sein gestellt wird — einem Sein, das den Zwiespalt zwischen essentiellem und existentiellem Sein überwindet. Die Frage nach der Erlösung kann nur gestellt werden, wenn Erlösung — und sei sie noch so fragmentarisch — bereits am Werk ist. Reine Verzweiflung — der Zustand ohne Hoffnung — kann nicht nach etwas suchen, das über ihn hinausgeht. Die Frage nach dem Neuen Sein setzt die Gegenwart des Neuen Seins voraus, ebenso wie die Frage nach der Wahrheit die Gegenwart der Wahrheit voraussetzt. Dieser notwendige Zirkel wiederholt, was schon im methodischen Teil über die gegenseitige Abhängigkeit aller Teile des theologischen

Systems gesagt wurde. Der theologische Zirkel ist eine Konsequenz des nicht-deduktiven, existentiellen Charakters der Theologie. Für unsere augenblickliche Absicht bedeutet das, daß wir uns mit dem Begriff der Religion beschäftigen müssen, bevor wir zu der Stelle des Systems gekommen sind, an der die Religion abgehandelt werden muß. Sowohl die Frage nach dem Christus als auch die Versuche der Selbsterlösung sind Phänomene der religiösen Sphäre. Es ist ebenso falsch, Religion mit Offenbarung gleichzusetzen, wie es falsch ist, Religion mit dem Versuch der Selbsterlösung gleichzusetzen. Religion ist — wie alles Leben — zweideutig. Sie ist auf Offenbarung gegründet, wandelt sich aber dann in Versuche zur Selbsterlösung. Die Religion verzerrt das, was sie empfangen hat. Das ist ihre Tragik.

b) Legalistische Wege der Selbst-Erlösung. Einen breiten und wichtigen Raum nehmen in der Religionsgeschichte die legalistischen Wege der Selbst-Erlösung ein. Gesetzes-Gehorsam ist noch kein Legalismus. Mit dieser Behauptung hat das Judentum recht. Das Gesetz ist vor allem göttliches Geschenk; es zeigt dem Menschen seine essentielle Natur, seine wahre Beziehung zu Gott, zum Nächsten und zu sich selbst. In der existentiellen Entfremdung offenbart es die wahre Natur des Menschen. Aber die Form, in der es das tut, sind Gebote und müssen es sein, weil der Mensch von dem, was er sein sollte, entfremdet ist. Wo jedoch Gebote sind, da entsteht die Versuchung zum Legalismus. Er ist eine fast unwiderstehliche Versuchung. Wenn der Mensch sieht, was er sein sollte, wird er von der Angst getrieben, sein wahres Sein zu verlieren; er glaubt, daß seine eigene Kraft ihn befähige, sein essentielles Sein zu verwirklichen, er vergißt die „Knechtschaft des Willens" — er versucht, das wiederzuerlangen, was er verloren hat. Aber diese Situation der Entfremdung, in der das Gesetz zum Gebot wird, ist gerade diejenige Situation, in der das Gesetz nicht erfüllt werden kann. Die Bedingungen der Existenz machen das fordernde Gesetz notwendig und seine Erfüllung unmöglich. Das gilt von jedem einzelnen Gebot sowie vom allumfassenden Gesetz — dem Gesetz der Liebe. Auch die Liebe wird im Zustand der Entfremdung notwendig zum Gebot. Aber die Liebe kann nicht geboten werden, selbst dann nicht, wenn sie nicht als Gefühl mißverstanden wird. Sie kann nicht geboten werden, weil sie die Macht jener Wiedervereinigung ist, die dem Gebot vorausgeht und es erfüllt, noch bevor es gegeben ist.

Wo immer der Legalismus als ein Weg zur Selbst-Erlösung versucht wurde, hat er zur Katastrophe geführt. In allen Formen des Legalismus wird etwas, was gut ist, d. h. der wesenhaften menschlichen Natur entspricht, verzerrt. Sicherlich: der Legalismus beruht letztlich auf der Erfahrung einer Offenbarung, die empfangen und ernst genommen wurde. Die Größe des Legalismus ist seine unbedingte Ernsthaftigkeit, die noch im Gehorsam gegen das bürgerliche und konventionelle Gesetz sichtbar ist. Aber die Unfähigkeit des Legalismus, die Wiedervereinigung des Existierenden mit dem Wesenhaften zu erreichen, nimmt ihm die Möglichkeit, zum Heilsweg zu werden. Oft führt er zu der Haltung einer kompromißhaften Halb-Ernsthaftigkeit oder zu einer Verwerfung des Gesetzes oder zur Verzweiflung — und vielleicht durch Verzweiflung zu der Frage nach einem Neuen Sein.

c) Asketische Wege der Selbst-Erlösung. Zwischen dem Legalismus und seinem Gegenteil, der Mystik, steht die Askese. Ein asketisches Element findet man in allen Formen des Legalismus. In dem Bestreben, nicht der Gesetzlosigkeit zu verfallen, versucht der Asket, das Begehren selbst auszulöschen, soweit es in den Grenzen endlicher Existenz möglich ist.

Der Begriff Askese wird in verschiedenem Sinne gebraucht. Er bezeichnet Selbstbeschränkung aus Gehorsam gegenüber dem göttlichen Gesetz. Solche Disziplin ist ein notwendiges Element in jedem Akt moralischer Selbstverwirklichung. Sie setzt der nie ruhenden *Libido* Grenzen und veranlaßt den Menschen, seine Endlichkeit zu akzeptieren. Disziplin ist eine Forderung der Weisheit und der Liebe.

Askese kann aber auch eine Selbstbeschränkung bedeuten, die nicht von der Sache her gefordert ist, sondern die als Übung zur Selbstdisziplin gebraucht wird. Solche Askese ist immer in der Gefahr, zum Mittel der Selbst-Erlösung zu werden. Der freiwillige Verzicht auf etwas objektiv Gutes wird oft als ein religiöser Sieg angesehen.

Eine ähnliche Gefahr besteht, wenn man asketische Selbstbeschränkung gegenüber einem endlichen Gut übt mit dem Ziel, dafür ein anderes endliches Gut einzutauschen. Diese Haltung hat man „innerweltliche Askese" genannt. Sie wurde in bezug auf Arbeit, Vergnügen, Gelderwerb usw. von den protestantischen Puritanern geübt. Der Lohn für Verzicht auf weltliche Befriedigung war die technische und ökonomische Beherrschung von Natur und Gesellschaft, die als göttlicher Segen gewertet wurde. Obwohl sich nach der protestantischen Lehre der Mensch den göttlichen Segen durch asketische Selbstbeschränkung nicht verdienen kann, ist es psychologisch verständlich, daß die Puritaner die asketische Disziplin als eine Ursache des göttlichen Segens auffaßten. Die puritanische Auffassung war einer der Wege, auf dem Askese als Möglichkeit der Selbst-Erlösung in die protestantischen Kirchen eindrang, obgleich der Protestantismus lehrmäßig den Versuch zur Selbst-Erlösung radikal verwirft.

Die Form der Askese, die man „ontologische Askese" nennen könnte, gründet sich auf die ontologische Entwertung des materiellen Seins: Nach ihr ist das materielle Sein ein Abfall vom Seinsgrund. Endlichkeit und Fall werden identisch gesetzt, so daß die endliche Welt von ihrer tragischen Situation nicht erlöst werden kann. Der einzige Weg zu ihrer Erlösung ist die völlige Negation der Endlichkeit: Das Selbst muß von den mannigfaltigen Inhalten der uns begegnenden Welt entleert werden. Asketische Selbst-Erlösung in diesem Sinn erscheint vor allem in der religiösen Mystik. Hier wird Selbst-Erlösung durch mystische Erhebung über die Wirklichkeit versucht.

Die asketischen Methoden der Selbst-Erlösung versagen, da sie die Wiedervereinigung mit dem Unendlichen durch bewußte Akte der Selbst-Negation erzwingen wollen. Die Gegenstände der Konkupiszenz verschwinden im Menschen nicht wirklich, sie sind gegenwärtig, wenn auch in Form der Verdrängung. Deshalb erscheinen sie oft in übermäßig vergrößerten Phantasien oder in Verkleidungen, z. B. als Herrschsucht, Fanatismus, als sado-masochistische und selbstmörderische Tendenzen. Die mittelalterliche Kunst und Literatur gibt dafür viele Beispiele in ihrer Darstellung des Lebens der Asketen.

Als ein Element des Lebensprozesses ist Askese notwendig; als ein Versuch der Selbst-Erlösung ist Askese ein Irrweg.

d) Mystische Wege der Selbst-Erlösung. Wir müssen die mystischen Versuche der Selbst-Erlösung noch direkt behandeln. Da protestantische Theologen die Mystik oft bezichtigen, nichts als ein Weg zur Selbst-Erlösung zu sein, ist es notwendig, die verschiedenen Bedeutungen des Begriffs „mystisch" aufzuzeigen. Das Mystische als Kategorie ist identisch mit der Gegenwart des Göttlichen in jeder religiösen Erfahrung. In diesem Sinne ist das Mystische das Herz aller Religion. Eine Religion, die nicht sagen kann: „Gott ist gegenwärtig", wird zu einem System moralischer und lehrhafter Regeln, die an sich nicht religiös sind, selbst dann nicht, wenn sie ursprünglich aus Offenbarungserlebnissen herrühren. Das Mystische als „erlebte Gegenwart Gottes" ist ein wesentliches Element einer jeden Religion und hat an sich nichts mit Selbst-Erlösung zu tun.

Selbst-Erlösung liegt jedoch dann vor, wenn man durch körperliche und geistige Übungen Einigung mit Gott zu erlangen versucht. Solche Methoden finden sich in den meisten östlichen und einigen westlichen Formen der Mystik. In diesem Sinne ist die Mystik zum großen Teil —

Wege der Selbst-Erlösung und ihr Scheitern

wenn auch nicht vollständig — ein Versuch der Selbst-Erlösung, ein Bemühen, alle Sphären des endlichen Seins zu transzendieren, um das Endliche mit dem Unendlichen wieder zu vereinigen. Aber dieser Versuch mißlingt wie alle Versuche der Selbst-Erlösung. Eine wirkliche Vereinigung des Mystikers mit Gott wird nicht erreicht. Aber auch wenn sie erreicht würde, könnte sie die Entfremdung der alltäglichen Existenz nicht überwinden. Lange Strecken der „Dürre der Seele" folgen Momenten der Ekstase, und die menschliche Situation im allgemeinen bleibt, wie sie war, weil die Bedingungen der Existenz nicht verwandelt sind.

Die *klassische* Mystik verneint jedoch die Möglichkeit der Selbst-Erlösung im letzten Stadium der Ekstase. Trotz aller Vorbereitungen kann die ekstatische Einigung mit dem Unbedingten nicht erzwungen werden. Sie ist eine Gabe, die ausbleiben kann. Diese Haltung der großen Mystiker zur Selbst-Erlösung sollte die protestantischen Kritiker der Mystik, Ritschlianer oder Neu-Orthodoxe, dazu zwingen, ihre Kritik zu revidieren. Wenn die Theologen ihr Augenmerk mehr auf die Grenzen richteten, die die Mystiker selbst gesehen haben, würden sie die große Tradition der Mystik positiver bewerten müssen. Sie würden dann verstehen, daß es so etwas wie „getaufte Mystik" gibt, eine religiöse Haltung, in der die mystische Erfahrung eine Konsequenz der Erscheinung des Neuen Seins ist und nicht eine Methode, es zu produzieren. Solche Mystik gebraucht konkrete Symbole und unterscheidet sich darin von der abstrakten Mystik, z. B. Indiens. Sie liegt in der Linie der paulinischen Erfahrung des „Seins in Christo", d. h. der Teilnahme an der geistlichen Kraft des Neuen Seins im Christus. Im Prinzip ist eine solche Mystik frei von der Gefahr der Selbst-Erlösung, wenngleich sie tatsächlich nicht gegen Rückfälle gesichert ist. Denn Selbst-Erlösung ist eine Versuchung aller Religionsformen, und Rückfälle erscheinen auch in der christlichen Kirche.

e) Sakramentale, doktrinelle und emotionale Wege der Selbst-Erlösung. Außer den legalistischen, asketischen und mystischen Wegen der Selbst-Erlösung müssen der sakramentale, der doktrinelle und der emotionale Weg erwähnt werden.

Obwohl der sakramentale Weg für die katholische Kirche und der doktrinelle für die protestantische Kirche, besonders für die lutherische, charakteristisch ist, können wir beide zusammen behandeln. Im Katholizismus gibt es soviel doktrinelle und im lutherischen Protestantismus soviel sakramentale Selbst-Erlösung, daß eine gemeinsame Behandlung möglich ist. In beiden Fällen wird eine besondere Manifestation des

Neuen Seins, sei sie visuell oder verbal, in ein rituelles oder intellektuelles Handeln verkehrt, das die existentielle Entfremdung durch den bloßen Vollzug dieses Handelns besiegen soll. Erlösung ist nach dieser Auffassung abhängig entweder von dem sakramentalen Akt, den der Priester vollzieht und an dem der Christ teilnimmt, oder von der „reinen Lehre", die die Kirche formuliert hat und die der Gläubige akzeptieren muß. Im Katholizismus ist solch sakramentale Werkgerechtigkeit verständlich, weil die katholische Kirche selbst eine Synthese von Selbst-Erlösung und Erlösung durch Gott predigt. Im Protestantismus wurde das pelagianische Element der Selbst-Erlösung ausgeschieden, kam aber in der Orthodoxie und im Pietismus wieder zum Durchbruch. Die klassische Orthodoxie begründete eine Art „Sakramentalismus der reinen Lehre". In der Formel „Gehorsam gegenüber Gottes Wort" wurde Gehorsam gegenüber dem Buchstaben der Bibel verlangt, und da der Sinn der Bibel nicht ohne weiteres einsichtig ist, verlangte man Gehorsam für eine spezielle, in einer gewissen Periode gültige Bibelauslegung. Diesen Anspruch stellt noch heute in Amerika der Fundamentalismus. Das führte in vielen Fällen, insbesondere in einer Zeit, in der sich ein kritisches Bewußtsein entwickelte, zu intellektueller Askese oder zur Preisgabe der kritischen Fähigkeit. Moralische und intellektuelle Askese entsprechen sich.

Nachdem wir gezeigt haben, daß in Theorie und Praxis die sakramentale und die doktrinelle Form der Selbst-Erlösung miteinander verflochten sind, können wir jetzt ihre Schwächen getrennt behandeln. Sakramentale Selbst-Erlösung ist die verzerrte Form des echten sakramentalen Erlebnisses. Die sakramentale Gegenwart des Göttlichen, die nicht abhängig ist von den sogenannten Sakramenten im liturgischen Sinn, steht ihrer Natur nach im Gegensatz zur Selbst-Erlösung. Aber trotzdem können sich in die religiöse Praxis Elemente der Selbst-Erlösung einschleichen und den ursprünglichen Sinn entstellen. Man sieht dann in dem bloßen Vollzug der Riten oder in der bloßen Teilnahme an den Sakramenten erlösende Wirkung. Das Sakrament ist jedoch ein Geschenk, und als solches steht es im Gegensatz zur Selbst-Erlösung; aber die Art und Weise, in der es gebraucht wird, öffnet der Verkehrung seines Sinnes Tür und Tor. Die oft gestellte angstvolle Frage, ob man das wirklich vollzogen hat, was vollzogen werden sollte, oder ob der Ritus in der richtigen Form und Haltung vollzogen wurde, zeigt, daß die Einigung mit der Quelle des sakramentalen Akts ausblieb. Sakramentale Selbst-Erlösung ist nicht nur ein unmöglicher Begriff, sie ist de facto nicht vollziehbar. Sie kann niemals die Wiedervereinigung mit Gott bringen.

Wege der Selbst-Erlösung und ihr Scheitern

Dasselbe gilt auch für die doktrinelle Selbst-Erlösung. Im lutherischen Protestantismus war die Formel „Rechtfertigung durch den Glauben" teilweise dafür verantwortlich, daß die Lehre zu einem Werkzeug der Selbst-Erlösung wurde. Der Glaube — in Wahrheit der Zustand, in dem der Mensch durch das Unbedingte ergriffen ist — wurde zum Glauben an eine Lehre verzerrt. Auf diese Weise wurde der Glaube, der in Wahrheit das Empfangen der Botschaft, von Gott angenommen zu sein, ist, zu einem theoretisch-intellektuellen Urteil. Aber die Forderung, solch ein Urteil abzugeben, führt zu weiteren Fragen: Glaube ich wirklich? Ist mein Glaube nicht nur die zeitweilige Unterdrückung von Zweifel und intellektueller Redlichkeit? Und wenn ich nicht wirklich glaube, gehe ich dann der Erlösung verlustig? Die furchtbaren inneren Kämpfe zwischen dem Willen, wahrhaftig zu sein, und dem Willen, erlöst zu werden, zeigen, daß die doktrinelle Selbst-Erlösung notwendig scheitern muß.

Im Gegensatz zu der sakramentalen und doktrinellen Form der Selbst-Erlösung steht die emotionale Form der Selbst-Erlösung. So z. B. verlangt der Pietismus eine radikale persönliche Hingabe, die das Bekehrungserlebnis und die Überantwortung des ganzen Lebens zur Voraussetzung hat. Die Versuchung der Selbst-Erlösung lebt im Pietismus und in den Erweckungsbewegungen aller Schattierungen; beide rufen den Wunsch nach Emotionen wach, die nicht echt, sondern künstlich produziert sind. Häufig geschieht das durch Evangelisten und durch künstliche Ausrichtung der eigenen emotionalen Möglichkeiten auf Bekehrungs- und Heiligungserfahrungen. In dieser Situation wird die göttliche Erlösungstat durch Akte der Selbst-Erlösung verdorben.

Die persönliche Begegnung mit Gott und die Wiedervereinigung mit ihm sind das Herzstück aller echten Religion. Solche Begegnung setzt die Gegenwart einer Macht voraus, die umwandelt und den Menschen von allen vorläufigen Anliegen abkehrt und ihn hinwendet zu dem, was ihn unbedingt angeht. In ihrer verzerrten Form jedoch wird „Frömmigkeit" zu einem Werkzeug, mit dem man eine Wandlung in sich selbst erreichen will. Aber alles, was dem geistigen Leben des Menschen vom Menschen selbst oder von anderen aufgezwungen wird, bleibt künstlich, erzeugt Angst, Fanatismus und steigert die Betriebsamkeit frommen Tuns. Darin offenbart sich der Mißerfolg des pietistischen Weges der Selbst-Erlösung.

Alle Formen der Selbst-Erlösung verkehren den wahren Weg der Erlösung. Aber die allgemeine Regel, daß das Negative von der Verkehrung des Positiven lebt, gilt auch in diesem Fall. Sie zeigt, wie unangemessen eine Theologie ist, die die Religion mit dem menschlichen

Versuch der Selbst-Erlösung gleichsetzt und sie vom Zustand des Menschen in seiner Entfremdung ableitet. In Wirklichkeit ist selbst die Erkenntnis der eigenen Entfremdung und der Wunsch nach Erlösung das Wirken erlösender Kräfte im Menschen, mit anderen Worten Offenbarungserfahrung. Dasselbe gilt von den verschiedenen Weisen der Selbst-Erlösung. Legalismus beruht auf dem Offenbarungserlebnis, in dem das Gesetz empfangen wurde; Askese auf dem Bewußtsein, daß das Unendliche das Endliche richtet; Mystik auf der Erfahrung eines letzten Grundes in Sein und Sinn; sakramentale Selbst-Erlösung auf der Gabe sakramentaler Gegenwart; doktrinelle Selbst-Erlösung auf der Gabe geoffenbarter Wahrheit; emotionale Selbst-Erlösung auf der umwandelnden Macht des Heiligen. Ohne diese Voraussetzungen könnte der Mensch den Versuch der Selbst-Erlösung überhaupt nicht beginnen. *Falsa religio* ist nicht mit speziellen historischen Religionen identisch, sondern mit den Versuchen der Selbst-Erlösung in jeder Religion, sogar im Christentum.

3. Ungeschichtliche und geschichtliche Erwartungen des Neuen Seins

Das Verlangen nach einem Neuen Sein ist universal, weil die menschliche Entfremdung universal ist. Das Verlangen nach dem Neuen Sein ist in allen Religionen zu finden. Sogar in den wenigen Fällen einer völlig autonomen Kultur wie in Griechenland, Rom und der westlichen Moderne gibt es utopische Erwartungen einer neuen Wirklichkeit. Die religiöse Substanz ist selbst in der profanen Form wirksam. Die Art, in der nach dem Neuen Sein gefragt wird, wechselt von Religion zu Religion und von Kultur zu Kultur. Man kann jedoch zwei Haupttypen unterscheiden, die polar zueinander gehören und darum teils divergieren, teils konvergieren. Der entscheidende Unterschied liegt in der Rolle, die sie der Geschichte zuweisen: Das Neue Sein kann *jenseits der Geschichte* gesucht, und es kann als das Ziel *der Geschichte* verstanden werden. Der erste Typ ist wesentlich ungeschichtlich, der zweite Typ ist wesentlich geschichtlich.

Die polytheistischen Religionen sind vorwiegend ungeschichtlich. Die mystischen Reaktionen gegen den Polytheismus im Brahmanismus und Buddhismus und die humanistischen Reaktionen gegen den Polytheismus im klassischen Griechentum sind jedoch ebenfalls ungeschichtlich. In diesen wie in jenen ist das Göttliche in *jeder* Periode der Geschichte gleich nah und gleich fern. Gewiß beginnt die Erlösung *in* der Geschichte, weil der Mensch in der Geschichte lebt. Aber die Erlösung geschieht nicht *durch* die Geschichte. Wenn die Geschichte überhaupt in Betracht gezogen wird, so als Kreislauf, als ständige Wiederholung. Es wird durch sie nichts Neues geschaffen. Das Neue Sein ist nicht das Ziel der Geschichte; es ist die göttliche Macht, die in vielerlei Gestalt erscheint. Sie erscheint in den Epiphanien der Götter, in den Visionen von Asketen und Sehern, in göttlichen Inkarnationen, in Orakeln und mystischen Erlebnissen. Solche Manifestationen des Göttlichen werden von einzelnen erfahren, sie können Jüngern und Anhängern mitgeteilt werden, sie werden aber nie Gruppen gegeben. Eine Gruppe als Gruppe, ganz gleich, ob eine Familie oder die Menschheit als Ganze, hat an den Wirkungen des Neuen Seins nicht teil. Das Elend der Menschheit wird in der Geschichte nicht verändert, nur einzelne sind fähig, die Gesamtheit der Existenz zu transzendieren – Dinge, Menschen und Götter. Diese Auffassung führt in den *mystischen* Religionen zur Verneinung alles dessen, was ist. Das Neue Sein ist die Bejahung des Seinsgrundes allein. Man könnte sagen, daß der Preis, der für das Neue Sein gezahlt wird, die Verneinung alles Seienden ist. Der Unterschied im Lebensgefühl zwischen Ost und West hat hier seine tiefsten Wurzeln.

Im Westen sind Religion und Kultur durch den geschichtlichen Typ bestimmt. Man findet den geschichtlichen Typ im alten Persien, im Judentum, im Christentum, im Islam und auch in einer säkularisierten Form in manchen Richtungen des modernen Humanismus. Um eine Metapher zu gebrauchen: Das Neue Sein wird in der Horizontalen und nicht in der Vertikalen erwartet. Das Seiende wird in seiner Essenz bejaht, da es als schöpfungsmäßig gut angesehen wird. Seine essentielle Vollkommenheit ist durch seine existentielle Entfremdung nicht aufgehoben, sondern nur verzerrt. Die Erwartung des Neuen Seins ist die Erwartung einer Wirklichkeit, in der die Entfremdung überwunden ist. Das geschieht *in* einem Geschichtsprozeß und *durch* einen Geschichtsprozeß, der einmalig, unwiederholbar und nicht umkehrbar ist. Träger dieses Prozesses sind historische Gruppen: Familien, Nationen, die Kirche. Insofern Einzelmenschen Träger dieses Prozesses sind, sind sie es in Verbindung mit historischen Gruppen. – Es gibt vielerlei Weisen, in denen man innerhalb dieser Auffassung die Verwirklichung des Neuen Seins erwartet. Man erwartet sie im langsamen Fortschritt, in unterschiedlichen Schritten, im Zentrum der Geschichte oder am Ende, wenn die Geschichte in die Ewigkeit erhoben wird. Verschiedene Möglichkeiten können verbunden werden. Im Christentum geschieht das entscheidende Ereignis in der Mitte der Geschichte, und durch dieses Ereignis erhält die Geschichte ihr *Zentrum*. Aber das Christentum kennt auch das „noch nicht" der Erfüllung; es kennt neue Offenbarungsmöglichkeiten in jedem Augenblick der Geschichte. Jedoch kann keine dieser Möglichkeiten über das hinausgehen, was schon im *Zentrum* enthalten ist. Das liegt im Titel „der Christus", dem Namen, den das Christentum dem Träger des Neuen Seins beilegte.

4. Das Symbol des „Christus", sein geschichtlicher und trans-geschichtlicher Sinn

Die Geschichte des Symbols „Messias" oder „Christus" zeigt, daß sein Ursprung Christentum und Judentum transzendiert und damit die Universalität der Erwartung des Neuen Seins bestätigt. Wenn das Christentum dies Symbol für das Ereignis gebraucht, das es für das zentrale Ereignis der Geschichte hält, übernimmt es (ebenso wie die alttestamentliche Religion vorher) eine große Menge symbolischen Materials aus den sozialen Strukturen der semitischen und ägyptischen Welt, insbesondere Symbole, die sich auf die politische Institution des Königtums beziehen. In Ägypten kommt die Qualität des „Gesalbten" dem König zu. Er besiegt seine Feinde und stellt Friede und Gerechtigkeit her. Je mehr der politische Sinn dieser Idee transzendiert wurde, desto mehr wurde der König in die religiöse Symbolsphäre erhoben. Zahlreiche mythologische Züge wurden ihm verliehen. Aber der Messias blieb immer auf die Geschichte bezogen, d. h. auf eine historische Gruppe, auf ihre Vergangenheit und Zukunft. Der Messias rettet nicht Individuen auf einem Heilsweg, der sie aus ihrer geschichtlichen Existenz herausführt, sondern er verwandelt die historische Szene selbst. Das Individuum tritt in eine neue Wirklichkeit ein, die Natur und Gesellschaft umfaßt. Im messianischen Denken verlangt das Neue Sein nicht die Opferung des endlichen Seins; das Neue Sein bringt allem endlichen Sein Erfüllung, indem es seine Entfremdung überwindet.

Der streng geschichtliche Charakter der messianischen Idee ermöglichte es, die messianische Funktion einem Volk, einer kleinen Gruppe in einem Volk (dem Rest), einer sozialen Klasse (dem Proletariat) usw. zu übertragen. Und es war weiterhin möglich, die messianische Gestalt mit anderen Gestalten zu verschmelzen, z. B. mit dem „Knecht Jahwes", dem „Menschensohn" oder dem „Menschen von oben". Und noch etwas weit Wichtigeres war möglich: Der geschichtliche Typ der Erwartung des Neuen Seins konnte den ungeschichtlichen Typ in sich aufnehmen. Das Christentum muß zeigen — und hat immer zu zeigen versucht —, daß der geschichtliche Typ der Erwartung des Neuen Seins sich selbst und den ungeschichtlichen Typ umfaßt, während der ungeschichtliche Typ un-

Das Symbol des „Christus", sein geschichtlicher und trans-geschichtlicher Sinn

fähig ist, den geschichtlichen Typ zu umfassen. In dieser Hinsicht konnte das Christentum den Anspruch erheben, eine universale Form der messianischen Idee zu vertreten. Wenn das Christentum Universalität beansprucht, behauptet es indirekt, daß die verschiedenen Formen, in denen das Verlangen nach dem Neuen Sein im Laufe der Geschichte erschien, in Jesus als dem Christus erfüllt worden sind. Um universal gültig zu sein, mußte das Christentum die horizontale Richtung der Erwartung des Neuen Seins mit der vertikalen vereinigen. Für diese Aufgabe war die christliche Theologie mit den begrifflichen Mitteln des späten Judentums ausgerüstet. In der Zeit nach dem Exil schuf die jüdische Frömmigkeit Symbole, die geschichtliche und trans-geschichtliche Elemente vereinigten und die auf das Ereignis „Jesus von Nazareth" in einer universalen Weise angewandt werden konnten: In der apokalyptischen Literatur ist der Messias zu kosmischer Bedeutung erhoben; von dem Gesetz wird gesagt, daß es ewige Gültigkeit hat, und die göttliche Weisheit, die neben Gott steht, ist ein Prinzip der Schöpfung und Erlösung; andere göttliche Qualitäten haben eine Art ontologischer Selbständigkeit, wenn auch unter Gott selbst; die Gestalt des Menschensohnes weist hin auf die Transzendenz, obgleich der Menschensohn geschichtliche Funktionen ausübt. Demgegenüber betont das Johannesevangelium nachdrücklich die vertikale Linie: in der Logoslehre, in seinen Aussagen über den trans-geschichtlichen Charakter Jesu und in der Lehre, daß Gericht und Heil hier und jetzt in ihm gegenwärtig sind. Das Zurücktreten des eschatologischen Bewußtseins im frühen Christentum führte zu einer beinahe ausschließlichen Betonung der individuellen Erlösung. Das ist schon bei Paulus sichtbar, dessen Christusmystik und Geist-Lehre den Weg bereiteten, auf dem der ungeschichtliche Typ ins Christentum eindringen konnte. Unter diesen Umständen ist es nicht verwunderlich, daß die horizontale Linie des Alten Testamentes in Gefahr kam, von der vertikalen Linie des Hellenismus ausgelöscht zu werden. In der Gnosis, in der die verschiedensten religiösen Motive sich mischten, wurde diese Gefahr Wirklichkeit. Die voneinander abhängigen Symbole „Schöpfung" und „Vollendung" schwanden. In dieser Situation wurde das Christentum gezwungen, in einem Kampf auf Tod und Leben das Alte Testament der Kirche zu erhalten und damit den geschichtlichen Typ der Erwartung des Neuen Seins. Die Kirche traf diese Entscheidung und rettete den geschichtlichen Charakter des Christentums. Er muß in allen Zeitaltern verteidigt werden, aber in einer solchen Weise, daß die universale Bedeutung des Christentums nicht verlorengeht und das Christentum nicht zu einer zufälligen historischen Bewegung von bedingter Geltung gemacht wird.

5. Der Begriff des Paradoxes in der christlichen Theologie

Die christliche Behauptung, daß das Neue Sein in Jesus als dem Christus erschienen ist, ist paradox. Sie ist das einzige, allumfassende Paradox des Christentums. Wo immer das Wort „paradox" gebraucht wird, ist zuvor eine semantische Untersuchung notwendig. Das Wort paradox ist so weitgehend mißbraucht worden, daß seine Anwendung auf das christliche Ereignis Verwirrung und Ressentiment hervorruft. Das „Paradoxe" muß von folgenden Begriffen unterschieden werden: vom Dialektisch-Rationalen, vom Irrationalen, vom Absurden und vom Sinnlosen. Und das „Paradoxe" sollte auch nicht verwechselt werden mit den Angriffen auf das Reflektiv-Rationale, sofern darunter die technische Vernunft (vgl. Band I, Teil I) verstanden wird, die nicht nur den Gesetzen der formalen Logik folgt (wie es alles Denken tun muß), sondern darüber hinaus behauptet, daß es nur diejenigen Dimensionen des Seins gibt, die mit dem Werkzeug der formalen Logik allein zu erfassen sind. Diese Angriffe sind im Unrecht, wenn sie die Aufhebung der formalen Logik verlangen, denn selbst zur Zerstörung der formalen Logik bedarf es formaler Logik. Sie sind jedoch im Recht, wenn sie die Beschränkung der formalen Logik auf ihren legalen Ort verlangen. Das Paradoxe hat nichts mit diesen Angriffen zu tun, denn es ist von der Anwendung formaler Logik nicht befreit. In dieser Hinsicht nimmt es im Bereich des Denkens keine Ausnahmestellung ein.

Das Paradoxe ist oft mit dem Dialektischen verwechselt worden. Aber dialektisches Denken ist rational und nicht paradox. Die Dialektik sieht auf die Wirklichkeit nicht nur von außen, sie geht sozusagen in sie hinein und partizipiert an ihren inneren Spannungen. Diese Spannungen können zunächst in *gegensätzlichen* Begriffen erscheinen, sie müssen aber bis an ihre Wurzeln in den tieferen Schichten der Wirklichkeit verfolgt werden. In der dialektischen Beschreibung treibt ein Element des Begriffes zum anderen Element. In diesem Sinne bestimmt das Dialektische alle Lebensprozesse und muß in der Biologie, Psychologie und Soziologie angewandt werden. Die Beschreibung der Spannungen in lebendigen Organismen, neurotischen Konflikten und Klassenkämpfen ist dialektisch. Wenn man über Gott als den „Lebendigen Gott" symbolisch etwas aussagt, so muß es in dialektischer Form geschehen. Gottes Leben hat den Charakter alles Lebens: über sich hinauszugehen und zu sich zurückzukehren. Das ist in den trinitarischen Symbolen ausgedrückt. Und es muß mit Nachdruck festgehalten werden: Trinitarisches Denken ist dialektisch und in diesem Sinne rational, aber nicht paradox. Das Dialektische in Gott bezieht sich auf die Be-

Der Begriff des Paradoxes in der christlichen Theologie

ziehung zwischen dem Endlichen und Unendlichen in ihm. Gott ist unendlich, sofern er der schöpferische Grund des Endlichen ist und in Ewigkeit die endlichen Möglichkeiten in sich schafft. Das Endliche begrenzt ihn nicht, es gehört zu dem ewigen Prozeß seines Lebens. Diese Aussagen sind dialektisch und rational, doch weisen sie zugleich, wie alle Aussagen der Theologie, auf das Mysterium des ewigen Grundes des Seins hin. Die begrifflichen Mittel der Theologie sind dialektisch und rational; sie sind aber nicht „mysteriös", obwohl sie sich auf das göttliche Mysterium beziehen.

Das Paradoxe ist auch nicht das Irrationale. Irrational ist der Übergang von der Essenz zur Existenz, vom Potentiellen zum Aktuellen, von der träumenden Unschuld zur existentiellen Schuld und Tragik. Dieser Übergang unterliegt allem Wirklichen. Obgleich er universal ist, kann er nicht rational abgeleitet werden. Er ist irrational, aber nicht paradox. Er ist das ursprüngliche Faktum, das hingenommen werden muß, obwohl es der essentiellen Struktur alles Geschaffenen widerspricht.

Es wäre überflüssig, das Wort „paradox" mit dem Wort „absurd" zu konfrontieren, wenn nicht der berühmte Satz: *credo quia absurdum*, der fälschlich Tertullian zugeschrieben wird, Anlaß zu Verwechslungen böte und paradox mit absurd gleichgesetzt würde. Wortverbindungen logisch miteinander verträglicher Worte sind absurd, wenn sie der sinnvollen Ordnung der Wirklichkeit widersprechen. Aus diesem Grunde steht das Absurde in der Nähe des Grotesken und Lächerlichen. Wir haben das Wort absurd schon mehrmals benutzt, um die literalistische Deutung der Symbole und ihre grotesken Konsequenzen zu bekämpfen. Solche Absurditäten haben nichts mit dem Paradox der christlichen Botschaft zu tun.

Endlich ist das Paradoxe nicht das Sinnlose. Auch dies zu erwähnen, sollte unnötig sein. Unglücklicherweise gibt es aber Theologen, die sich mit Vorliebe im Produzieren von sinnlosen Sätzen ergehen und im Namen des christlichen Glaubens darauf bestehen, daß man diese Sätze annehmen soll. Solche Theologen rechtfertigen ihr Verfahren mit der Berufung darauf, daß die göttliche Wahrheit über der menschlichen Vernunft steht. Ihnen muß man entgegnen: Die göttliche Wahrheit läßt sich nicht in sinnlosen Sätzen ausdrücken. Jedermann kann jederzeit und ohne Ende sinnlose Sätze formulieren. Aber das Paradox ist nicht Unsinn.

Man könnte fragen, ob nicht „Mysterium" ein Begriff ist, der mit „Paradox" verglichen werden müßte. Aber das ist nicht der Fall. Das Mysterium des Göttlichen steht hinter allem Reden von Gott. Mysterium gründet in der Natur des Göttlichen selbst, seiner Unendlichkeit und Ewigkeit, seinem unbedingten Charakter und seinem Hinausgehen über die Subjekt-Objekt-Struktur der Wirklichkeit. Dieses Mysterium des Göttlichen ist die Grundvoraussetzung aller Theologie. Aber es schließt den „*logos von theos*" nicht aus und damit auch nicht Theologie. Der „*logos von theos*" muß in rationalen, dialektischen, paradoxen Begriffen ausgedrückt werden. Aber der „*theos*", das göttliche Mysterium, transzendiert sie alle. Die Theologen, die eine sinnlose Wortkombination auf die andere häufen, sind dem göttlichen Mysterium nicht näher als die, die mit den Mitteln der Vernunft sich von der semantischen Form der religiösen Begriffe Rechenschaft ablegen, vorausgesetzt, daß beide Gruppen das letzte Mysterium des Seins anerkennen.

Nach dieser negativen Diskussion des Begriffes „paradox" müssen wir nun die Frage nach seinem positiven Sinn beantworten. Man kann ausgehen von dem wörtlichen Sinn des Begriffs. Paradox ist, was der *doxa*, der Meinung, widerspricht, die auf die alltägliche Erfahrung — sowohl ihre empirischen wie ihre rationalen Elemente — gegründet ist. Das christliche Paradox steht gegen diese Meinung, die abgeleitet ist von der existentiellen Situation des Menschen, insbesondere den natürlich-vernünftigen Erwartungen in ihr. Das „Ärgernis", das der paradoxe Charakter der christlichen Botschaft erregt, richtet sich nicht gegen die Gesetze der verständlichen Rede, sondern gegen das alltägliche Verständnis des Menschen von sich selbst, seiner Welt und dem, was beiden zugrundeliegt. Es ist ein Ärgernis, das sich gegen das unerschütterte Vertrauen des Menschen zu sich selbst und gegen seine Versuche der Selbst-Erlösung richtet. Gegenüber allen drei Haltungen ist die Offenbarung des Neuen Seins im Christus Gericht und Verheißung. Die Erscheinung des Neuen Seins unter den Bedingungen der Existenz, sie richtend und überwindend, ist das Paradox der christlichen Botschaft. Es ist das einzige Paradox und die Quelle aller paradoxen Aussagen des Christentums. Die paradoxe Behauptung z. B., daß der Christ „simul peccator, simul justus" ist, ist kein Paradox neben dem christologischen Paradox, daß Jesus der Christus ist. Historisch und systematisch ist alles andere im Christentum Bestätigung der schlichten Behauptung, daß Jesus der Christus ist. Sie ist nicht dialektisch und nicht irrational, nicht absurd und nicht sinnlos — sie ist paradox, d. h. gegen die Selbstbeurteilungen und gegen die Erwartungen des Menschen gerichtet. Das Paradox ist der Ausdruck für eine neue Wirklichkeit und kein logisches Spiel mit Widersprüchen.

6. Gott, Mensch und das Symbol des „Christus"

Das richtige Verständnis des Paradoxen ist wesentlich für das Verständnis der Funktion des Christus als Träger des Neuen Seins und dessen Beziehung zu Gott, Mensch und Welt. Ein Begriff, der oft für Christus gebraucht wird, ist der des „Mittlers". Mittlergottheiten erscheinen in dem Moment in der Geschichte der Religionen, in dem der höchste Gott abstrakt geworden ist und sich vom Menschen entfernt hat. Sie finden sich im Heidentum wie im Judentum und drücken den Wunsch des Menschen aus, das Unbedingte in einer konkreten Manifestation zu erfahren. Im Heidentum können die Mittler-Gottheiten zu selbständigen Göttern werden, im Judentum sind sie Jahwe unterworfen. „Mittler sein" bedeutet im Christentum, eine Brücke bilden über die unendliche Kluft zwischen dem Unendlichen und dem Endlichen, zwischen dem Unbedingten und dem Bedingten. Aber die Mittlerfunktion schließt noch mehr in sich, als das Unbedingte konkret zu machen. Vermittlung ist Wiedervereinigung. Der Mittler hat eine erlösende Funktion, er ist der Erlöser. Natürlich ist er der Erlöser nicht durch sich selbst, sondern durch göttliche Bestimmung, so daß Vermittlung und Erlösung unmittelbar von Gott kommen. Der Erlöser befreit Gott nicht von der Notwendigkeit zu verdammen. Alles Vermitteln und Erlösen kommt von Gott selbst. Gott ist immer das Subjekt, nicht das Objekt von Vermittlung und Erlösung. Er hat es nicht nötig, sich mit dem Menschen zu versöhnen, aber er fordert den Menschen auf, sich mit ihm zu versöhnen.

Wenn darum der Christus als Mittler und Erlöser erwartet wird, ist er keine dritte Wirklichkeit zwischen Gott und dem Menschen. Er ist derjenige, der Gott den Menschen gegenüber repräsentiert. Er repräsentiert nicht den Menschen Gott gegenüber. Er zeigt vielmehr, was Gott wünscht, daß der Mensch sei. Er zeigt denen, die unter den Bedingungen der Existenz leben, was der Mensch essentiell ist und darum sein sollte. Es ist unangemessen und führt zu einer falschen Christologie, wenn man sagt, daß der Mittler eine ontologische Realität neben Gott und Mensch sei. Nur ein Halb-Gott könnte das sein, der gleichzeitig ein Halb-Mensch wäre. Solch ein drittes Wesen könnte weder Gott den Menschen gegenüber repräsentieren, noch könnte es das wesenhafte Menschsein ausdrücken. Aber der Mittler repräsentiert das wesenhafte Menschsein; und damit repräsentiert er Gott. Anders ausgedrückt: Er repräsentiert das Bild Gottes, das ursprünglich im Menschen verkörpert ist, aber er tut es unter den Bedingungen der Entfremdung zwischen Gott und Mensch. Das Paradox der christlichen

Botschaft besteht nicht darin, daß das wesenhafte Menschsein die Einheit von Gott und Mensch umfaßt. Das gehört zur Dialektik zwischen dem Endlichen und dem Unendlichen. Das Paradox der christlichen Botschaft besteht darin, daß in *einem personhaften Leben das Bild wesenhaften Menschseins unter den Bedingungen der Existenz erschienen ist, ohne von ihnen überwältigt zu werden.* Man könnte von wesenhafter Gott-Mensch-Einheit in der Existenz sprechen, aber die Klarheit des Gedanken ist besser gewährleistet, wenn man einfach von wesenhaftem Menschsein unter den Bedingungen der Existenz spricht.

Ein anderer Begriff, der vom christlichen Paradox her einer Untersuchung bedarf, ist der der „Inkarnation". Die Tatsache, daß es kein biblischer Ausdruck ist, könnte als Argument gegen seinen Gebrauch als religiöses Symbol dienen, aber nicht als Argument gegen seinen Gebrauch als theologischen Begriff. Wenn Inkarnation zur Interpretation des Ereignisses, auf das das Christentum gegründet ist, dienen soll, ist es zuvor nötig, den Begriff sorgfältig theologisch zu untersuchen und abzugrenzen. Die erste auftauchende Frage ist offensichtlich: Wer ist das Subjekt der Inkarnation? Darauf lautet die Antwort gewöhnlich: Gott, oft noch mit dem Zusatz „Gott ist Mensch geworden", und beide Antworten werden als das Paradox der christlichen Botschaft hingestellt. Aber die Behauptung, daß „Gott Mensch geworden ist", ist nicht paradox, sondern sinnlos. Es ist eine Kombination von Worten, die nur dann einen Sinn geben, wenn sie nicht das meinen, was die Worte sagen. Das Wort Gott ist Ausdruck für eine letzte Wirklichkeit, und selbst der konsequenteste Scotist mußte zugeben, daß das einzige, was Gott nicht tun kann, ist, aufzuhören, Gott zu sein. Aber das ist genau das, was die Formel „Gott ist Mensch geworden" ausdrückt. Selbst wenn man von Gott als werdendem Gott spricht, bleibt er noch in jedem Augenblick Gott. Er kann nicht zu etwas werden, was nicht Gott ist. Deshalb ist es besser, von einer göttlichen Hypostase zu sprechen, die Mensch wurde, und auf die biblischen Ausdrücke „Sohn Gottes", „Geistlicher Mensch" oder „Mensch von oben" zurückzugreifen. Und doch ist jede dieser Bezeichnungen theologisch gefährlich aus zwei Gründen: Sie können polytheistisch interpretiert werden, und ihre „Inkarnation" kann als Transmutation eines göttlichen Wesens in ein menschliches Wesen verstanden werden. Wenn „Inkarnation" so verstanden wird, ist sie weit entfernt davon, ein charakteristisch christlicher Begriff zu sein. Im Gegenteil, sie ist ein Charakteristikum des Heidentums, insofern im Heidentum kein Gott über seine Endlichkeit hinausgekommen ist. Aus diesem Grunde hatte die mythologische Phantasie innerhalb des Polytheismus keine Schwierigkeiten, göttliche Wesen in Naturobjekte oder menschliche Wesen zu verwandeln. Der uneingeschränkte Gebrauch des Ausdrucks „Inkarnation" im Christentum kann heidnische oder zumindest abergläubische Assoziationen hervorrufen.

Eine modifizierte Interpretation des Wortes „Inkarnation" müßte der johanneischen Aussage folgen, daß der *Logos* Fleisch wurde. „*Logos*" ist das Prinzip der göttlichen Selbstmanifestation in Gott und im Universum, in der Natur und in der Geschichte. Das Wort „Fleisch" bezieht sich nicht auf eine materielle Substanz, sondern bedeutet: „historische Existenz." Das Wort „wurde" weist auf das Paradox hin, daß Gott an dem teilhat, was von ihm entfremdet ist und ihn zurückgewiesen hat. Es handelt sich hier nicht um einen Verwandlungsmythos, sondern um die Botschaft, daß Gottes erlösende Teilnahme an der menschlichen Situation in einem personhaften Leben offenbar geworden ist. Wenn „Inkarnation" in diesem Sinne gebraucht wird, kann das christliche Paradox durch „Inkarnation" ausgedrückt werden. Aber es wäre nicht weise, das zu tun, wenn es sich als unmöglich herausstellen würde, den Begriff vor abergläubischen Assoziationen zu schützen.

Das Problem der Christuserwartung schließt eine Frage ein, die von vielen Theologen sorgfältig vermieden wird, obwohl sie bewußt oder unbewußt in den meisten modernen Menschen lebendig ist. Sie lautet: Wie soll man das Symbol des Christus verstehen angesichts der ungeheuren Dimensionen des Universums, des heliozentrischen Systems der Planeten, des winzigen Teiles des Universums, auf dem sich die menschliche Geschichte abspielt, und der Möglichkeit anderer Welten, in denen göttliche Selbstmanifestationen stattfinden und aufgenommen werden können? Solche Fragen werden besonders wichtig, wenn man in Betracht zieht, daß die biblische und ihr verwandte Erwartungen das Kommen des Messias in einen kosmischen Rahmen stellen. Das Universum soll in einem neuen Äon wiedergeboren werden. Der Träger des Neuen Seins hat dann nicht nur die Funktion, die Individuen zu erlösen und ihre geschichtliche Existenz zu verwandeln, sondern auch das Universum zu erneuern. In dieser Sicht ist der einzelne und die Menschheit als Ganze von den Mächten des Universums abhängig, und daher ist eine Erlösung des Menschen ohne Erlösung der Natur undenkbar und umgekehrt.

Die grundlegende Antwort auf diese Fragen ist schon gegeben im Begriff des wesenhaften Menschseins, das unter den Bedingungen existentieller Entfremdung in einem personhaften Leben erscheint. Das beschränkt die Bedeutung des Christus auf die historische Menschheit.

Der Mensch, in dem das wesenhafte Menschsein in der Existenz erschienen ist, repräsentiert – oder genauer: er schafft den Sinn der *menschlichen* Geschichte. Im Christus ist die ewige Beziehung Gottes zum Menschen offenbar. Diese grundlegende Antwort besagt gleichzeitig, daß das Universum in anderen Bereichen und zu anderen Zeiten für weitere göttliche Manifestationen offen ist. Solche Möglichkeiten können nicht geleugnet werden, aber ihre Realität kann weder bewiesen noch widerlegt werden. Inkarnation ist einmalig für die besondere Gruppe, in der sie sich ereignet, aber sie ist nicht einmalig in dem Sinne, daß andere einmalige Inkarnationen in anderen Welten ausgeschlossen sind. Der Mensch kann nicht den Anspruch erheben, daß zur Überwindung der existentiellen Entfremdung das Unendliche sich dem Endlichen nur einmal schenkt und daß die Menschheit allein der Ort der Inkarnation ist. Obwohl Hypothesen über geistige Wesen in anderen Welten und Gottes Beziehung zu ihnen nicht verifiziert werden können, sind sie doch wichtig, weil sie uns solche Begriffe wie „Mittler", „Erlöser", „Inkarnation", „Messias" und „Neuer Äon" verstehen lehren.

Vielleicht kann man noch einen Schritt weiter gehen. Die gegenseitige Abhängigkeit von allem einzelnen in der Totalität des Seins enthält die Aussage, daß die Natur an der Geschichte partizipiert und daher auch das Universum an der Erlösung partizipieren muß. Wenn es also „nichtmenschliche Welten" gibt, in denen Entfremdung nicht nur besteht, sondern auch bewußt erlebt wird, dann können solche Welten nicht ohne eine in ihnen wirkende erlösende Macht sein. Selbstzerstörung wäre sonst die unausweichliche Folge. Wenn erlösende Kräfte überhaupt an irgend einem Ort erschienen sind, müssen sie an allen Orten wirksam sein. Die Erwartung des Messias als Träger des Neuen Seins setzt voraus, daß „Gott das Universum liebt", auch wenn er seine Liebe in der Erscheinung des Christus für den geschichtlichen Menschen allein aktualisiert hat.

In den letzten Abschnitten haben wir beschrieben: die Erwartung des Neuen Seins, den Sinn des Symbols Christus, und wir haben verschiedene Begriffe erörtert, in denen die Theologie die Erwartung des Neuen Seins ausgedrückt hat. Wir haben jedoch noch nicht von der aktuellen Erscheinung des Christus in Jesus gesprochen, obwohl sie nach der Methode des theologischen Zirkels bei der Beschreibung der Erwartung vorausgesetzt werden muß. Wir wenden uns nun dem Ereignis zu, das – wie die christliche Botschaft bekundet – die Erwartungen erfüllt hat, nämlich dem Ereignis, das „Jesus, der Christus" genannt wird.

II. DIE WIRKLICHKEIT DES CHRISTUS

A

JESUS ALS DER CHRISTUS

1. *Der Name „Jesus Christus"*

Das Christentum ist, was es ist, durch die Behauptung, daß Jesus von Nazareth, der der Christus genannt worden ist, wirklich der Christus ist. Und das heißt, er ist der, der den neuen Stand der Dinge, das Neue Sein, bringt. Wo immer die Behauptung, daß Jesus der Christus ist, bejaht wird, da ist christliche Botschaft. Wo immer diese Behauptung verneint wird, da fehlt die christliche Botschaft. Das Christentum wurde geboren nicht in dem Augenblick, in dem der Mensch „Jesus" geboren wurde, sondern als einer seiner Jünger zu ihm sagte: „Du bist der Christus." Und das Christentum wird so lange leben, als es Menschen gibt, die diese Aussage wiederholen. Denn das Ereignis, auf dem das Christentum ruht, hat zwei Seiten: das Faktum Jesus von Nazareth und die Aufnahme dieses Faktums durch die, die ihn als den Christus anerkannten. Der erste, der ihn der frühen Überlieferung nach aufnahm, hieß Simon Petrus. Das wird in einer Erzählung berichtet, die sich in Caesarea Philippi ereignete und den Wendepunkt im Gesamtaufriß des Markusevangeliums darstellt. Der Augenblick, in dem die Jünger Jesus als den Christus aufnehmen, ist auch der Augenblick, in dem ausgesprochen wird, daß die großen geschichtlichen Mächte, Staat und Religion, ihn verwerfen. Das gibt dem Bericht seine symbolische Kraft. Er, der der „Christus" ist, muß sterben, weil er der „Christus" ist. Und seine Jünger müssen das Paradox begreifen, daß der, von dem sie glauben, daß er die existentielle Entfremdung überwindet, an ihr und ihren selbstzerstörerischen Konsequenzen zugrunde gehen muß.

Die erste Aufgabe, die die Christologie zu leisten hat, ist die Deutung des Namens „Jesus Christus" im Lichte des Berichtes von Caesarea Philippi. Es muß deutlich gemacht werden, daß Jesus Christus nicht ein Eigenname ist, der aus einem ersten und einem zweiten Namen besteht. Er ist vielmehr die Verbindung von einem Eigennamen — dem Namen eines bestimmten Menschen, der in den Jahren 1—30 in Nazareth lebte – mit dem Titel „der Christus", einem Titel, der aus der mythischen Tradition stammt und auf eine besondere Gestalt, den Träger einer besonderen Funktion, hindeutet. „Der Christus" – hebräisch der Messias – ist der von Gott „Gesalbte", der dazu bestimmt ist, die Herrschaft Gottes in Israel und in der Welt aufzurichten. Darum muß der Name „Jesus Christus" verstanden werden als „Jesus, der der Christus genannt wird" oder „Jesus, der der Christus ist" oder „Jesus als der Christus" oder „Jesus der Christus". Aus dem jeweiligen Zusammenhang ergibt sich, welche dieser interpretierenden Bezeichnungen anzuwenden ist. Aber eine von ihnen sollte immer angewandt werden, um den ursprünglichen Sinn des Namens „Jesus Christus" lebendig zu erhalten – nicht nur im theologischen Denken, sondern auch in der kirchlichen Praxis. Die kirchliche Predigt und Unterweisung muß ständig von neuem das Paradox betonen, daß der Mensch Jesus „Christus" genannt wird – ein Paradox, das oft verlorengeht, wenn in Liturgie und Homiletik „Jesus Christus" als Eigenname gebraucht wird. „Jesus Christus" bedeutet, ursprünglich und bleibend: „Jesus, der der Christus ist".

2. Das christliche Ereignis als Faktum und Aufnahme

Jesus als der Christus ist sowohl ein historisches Faktum als auch der Gegenstand gläubiger Aufnahme. Das Ereignis, auf dem das Christentum beruht, wird nicht verstanden, wenn nicht beide Seiten geltend gemacht werden. Viele theologische Mißverständnisse hätten vermieden werden können, wenn man das getan hätte. Denn die christliche Theologie verliert ihren Halt, wenn sie eine dieser Seiten ignoriert. Wenn die Theologie das historische Faktum ignoriert, auf das der Name Jesus von Nazareth hinweist, dann ignoriert sie damit die grundlegende christliche Aussage, daß die wesenhafte Gott-Mensch-Einheit in der Existenz erschienen ist und sich den Bedingungen der Existenz unterworfen hat, ohne von ihnen überwunden zu werden. Gäbe es kein personhaftes Leben, in dem die existentielle Entfremdung überwunden ist, dann würde das Neue Sein eine Forderung und eine Erwartung sein und nicht Wirklichkeit in Raum und Zeit. Nur wenn die Existenz in *einem* Punkt überwunden ist – in einem personhaften Leben, das die Existenz als Ganzes repräsentiert –, dann ist sie im Prinzip überwunden, und Prinzip bedeutet „Anfang" wie „tragende Kraft". Das ist der Grund dafür, daß die christliche Theologie auf der Anerkennung der historischen Faktizität des Jesus von Nazareth bestehen muß. Aus diesem Grunde setzte sich die Kirche gegen konkurrierende religiöse Bewegungen der ersten Jahrhunderte durch. Es ist der Grund dafür, daß die Kirche einen leidenschaftlichen Kampf mit den gnostisch-doketischen Elementen in ihr selbst führen mußte, Elemente, die in das Christentum sehr früh — schon im Neuen Testament — eindrangen. Und das ist der Grund, warum jeder, der die historische Erforschung des Neuen Testamentes und ihre kritischen Methoden ernst nimmt, in den Verdacht doketischer Anschauungen gerät, wie sehr er auch die faktische Seite der Botschaft von Jesus dem Christus betonen mag.

Trotzdem aber muß die andere Seite, nämlich daß Jesus *als der Christus aufgenommen wurde,* ebenso stark betont werden. Ohne diese gläubige Aufnahme wäre er nicht der Christus geworden, nämlich die Manifestation des Neuen Seins in Raum und Zeit. Hätte Jesus sein Bild nicht den Seelen seiner Jünger und durch sie allen folgenden Generationen als der Christus eingeprägt, dann würde man sich des Menschen Jesus von Nazareth vielleicht als einer historisch und religiös bedeutsamen Person erinnern. Als solche würde er zur Vorbereitungsperiode der Offenbarungsgeschichte gehören. Er wäre dann eine prophetische Vorwegnahme des Neuen Seins, aber nicht die letztgültige Manifestation des Neuen Seins selbst. Er wäre nicht der Christus geworden, auch dann nicht, wenn er selbst den Anspruch erhoben hätte, der Christus zu sein. Die aufnehmende Seite des christlichen Ereignisses ist von ebenso großer Bedeutung wie die faktische Seite. Und nur aus ihrer Einheit geht das Ereignis hervor, auf dem das Christentum gegründet ist. In der Symbolik der Kirche ist Christus das Haupt der Kirche und diese sein Leib. In diesem Sinne gehören die faktische und die aufnehmende Seite notwendig zusammen.

3. *Die Geschichte und der Christus*

Wenn der Christus ohne die, die ihn als den Christus aufnehmen, nicht der Christus ist, was würde es dann für die Gültigkeit der christlichen Botschaft bedeuten, wenn die Kontinuität der Kirche als der Gruppe, die ihn als den Christus aufnimmt, unterbrochen oder zerstört werden würde? Man könnte sich vorstellen — und heute mehr denn je zuvor —, daß die geschichtliche Tradition, deren Mitte Jesus ist, vollständig zusammenbrechen würde. Man könnte sich vorstellen, daß eine totale Katastrophe und ein völlig neuer Anfang des Menschengeschlechts keine Erinnerung an das Ereignis „Jesus der Christus" hinterlassen würde. Kann eine solche Möglichkeit — die man nicht bestreiten kann — die Behauptung, daß Jesus der Christus sei, zunichte machen, oder verbietet der christliche Glaube eine solche Spekulation? Das letztere ist für diejenigen unmöglich geworden, die es heute begriffen haben, daß diese Möglichkeit eine wirkliche Drohung geworden ist! Nachdem die Menschheit die Macht erlangt hat, sich selbst zu vernichten, läßt sich diese Frage nicht mehr zurückdrängen. Würde der Selbstmord der Menschheit eine Widerlegung der christlichen Botschaft sein?

Das Neue Testament weiß um das Problem der historischen Kontinuität, und es weist darauf hin, daß, so lange es eine Menschheitsgeschichte gibt, nämlich bis zum Ende der Welt, das Neue Sein in Jesus als dem Christus gegenwärtig und wirksam ist. Jesus der Christus wird „alle Tage bis ans Ende der Welt" bei denen sein, die an ihn glauben. Die „Pforten der Hölle", die dämonischen Mächte, werden seine Kirche nicht überwältigen. Und vor dem Ende wird er seine „tausendjährige Herrschaft" aufrichten und wird wiederkehren als der Richter aller Wesen. Wie können solche Aussagen in Zusammenhang gebracht werden mit der Möglichkeit, daß die Menschheit sich morgen selbst zerstört? Und auch, wenn menschliche Wesen übrig bleiben würden, die aber nicht mehr in der historischen Tradition stünden, in der Jesus der Christus erschienen ist, müßte man fragen: Was bedeuten die biblischen Aussagen angesichts einer solchen Entwicklung? Die Frage läßt sich nicht dadurch aus der Welt schaffen, daß man Gott befiehlt, solche Katastrophen nicht zuzulassen. Denn die Struktur des Universums weist eindeutig darauf hin, daß die Lebensbedingungen auf der Erde zeitlich begrenzt sind und die menschlichen Lebensbedingungen erst recht. Wenn man die wörtliche Deutung der eschatologischen Symbole ablehnt, muß man die Beziehung Jesu als des Christus zur menschlichen Geschichte neu durchdenken.

Wir sind auf ein ähnliches Problem gestoßen, als wir die Beziehung der Christusidee zum Universum in seiner *räumlichen* Unermeßlichkeit erörterten. Bei der gegenwärtigen Frage geht es um die Bedeutung der Wirklichkeit Jesu als des Christus für die zukünftige Geschichte in ihrer zeitlichen Unermeßlichkeit. Wir haben die erste Frage beantwortet, indem wir sagten, daß die Beziehung der wesenhaften Gott-Mensch-Einheit zur menschlichen Existenz andere Beziehungen Gottes zu anderen Teilen des existierenden Universums nicht ausschließt. Der Christus ist „Gott für uns"! Aber Gott ist nicht nur für uns, er ist Gott für alles, was geschaffen ist. Man muß sagen, daß Jesus als der Christus in analoger Weise in der *geschichtlichen* Entwicklung steht, deren Zentrum er ist und deren Anfang und Ende er bestimmt. Diese Entwicklung beginnt in dem Augenblick, in dem menschliche Wesen der Entfremdung verfallen und die Frage nach dem Neuen Sein stellen. Offensichtlich kann ein solcher Anfang nicht durch die historische Forschung festgestellt werden, sondern es kann von ihm, wie es in der Bibel und anderen religiösen Dokumenten geschieht, nur in der Form von Legenden und Mythen gesprochen werden. Entsprechend diesem Anfang ist das Ende der Augenblick, in dem die Kontinuität derjenigen Geschichte, deren Mitte Jesus als der Christus ist, abgerissen ist. Wie sich dieses Ende ereignen wird — oder welche Ursachen dazu führen werden —, darüber läßt sich empirisch nichts ausmachen. Man kann aber sagen, daß das, was einst geschichtliche Menschheit war, verschwinden oder total umgeformt werden wird. Die Ursache für ihr Verschwinden kann historisch, biologisch oder physikalisch sein. Der Glaube lebt aus der Gewißheit, daß für die geschichtliche Menschheit in ihrer einmaligen, kontinuierlichen Entwicklung hier und jetzt Christus die Mitte ist. Aber der Glaube kann nicht über das zukünftige Schicksal der geschichtlichen Menschheit und die Art und Weise urteilen, in der sie zu ihrem Ende kommen wird. Jesus ist der Christus *für uns*, nämlich für diejenigen, die an der historischen Kontinuität teilhaben, deren Sinn er bestimmt. Diese existentielle Grenze ist keine Begrenzung seiner Bedeutung, aber sie läßt andere Wege für die göttliche Selbst-Manifestation vor und nach dem historischen Kontinuum, in dem wir stehen, offen.

4. Die Leben-Jesu-Forschung und ihr Scheitern

Seit dem Augenblick, in dem die wissenschaftliche Methode historischer Forschung auf die biblischen Texte angewandt wurde, verschärften sich theologische Probleme, die immer im Hintergrund gestanden haben, in einem früheren Perioden der Kirchengeschichte unbekannten Maße. Die historische Methode vereint analytisch-kritische und hypothetisch-konstruktive Elemente. Für das durchschnittliche christliche Bewußtsein, das durch die orthodoxe Lehre von der Verbalinspiration geprägt ist, war das erste Element eindrucksvoller als das zweite. Man sah in dem Begriff „Kritik" nur das negative Element, zumal das ganze Unternehmen oft „historische Kritik" oder „höhere Kritik" oder, mit Bezug auf eine moderne Methode, „Formkritik" genannt wurde. An sich bedeutet der Begriff „historische Kritik" nichts anderes als historische Forschung. Jede historische Forschung betrachtet ihre Quellen kritisch und scheidet das, was höhere Wahrscheinlichkeit hat, von dem, was geringere Wahrscheinlichkeit hat, und von dem, was ganz unwahrscheinlich ist. Niemand zweifelt an der Gültigkeit dieser Methode, da sie dauernd durch ihren Erfolg bestätigt wird. Und niemand erhebt im

Ernst Einwände, wenn schöne Legenden und tief verwurzelte Vorurteile durch sie zerstört werden. Aber die Bibelforschung wurde von Anfang an verdächtigt. Es hatte den Anschein, daß sich ihre Kritik nicht nur auf die historischen Quellen erstreckte, sondern sich auch gegen die Offenbarung selbst wandte. Historische Forschung und Ablehnung der biblischen Autorität wurden identifiziert. Damit war stillschweigend vorausgesetzt, daß die Offenbarung nicht nur den Offenbarungs*inhalt* umfaßt, sondern auch die historische *Form*, in der sie erscheint. Das schien besonders von den Fakten zu gelten, die den „historischen Jesus" betreffen. Da die biblische Offenbarung wesenhaft geschichtliche Offenbarung ist, schien es unmöglich zu sein, in den biblischen Texten den Offenbarungsinhalt von den historischen Berichten zu trennen. Die historische Kritik schien den Glauben selbst auszuhöhlen.

Aber die kritische Aufgabe der historischen Forschung ist die weniger wichtige Seite der Methode. Viel wichtiger ist die hypothetisch-konstruktive Seite, die die treibende Kraft des ganzen Unternehmens war. Es war ein echt religiöses Bedürfnis, hinter den ausschmückenden und überdeckenden Traditionen, die fast so alt sind wie die Sache selbst, die Wirklichkeit des Mannes Jesus von Nazareth zu entdecken. So begann man, nach dem „historischen Jesus" zu forschen. Die Motive dieses Forschens waren religiös und wissenschaftlich zugleich. Der Versuch war mutig und bedeutungsvoll in vielen Beziehungen. Seine theologischen Konsequenzen waren zahlreich und wichtig. Aber hinsichtlich seiner Grundintention war der Versuch der historischen Kritik, die empirische Wahrheit über Jesus von Nazareth zu finden, zum Scheitern verurteilt. Der historische Jesus, nämlich der Jesus hinter den Symbolen, in denen er als der Christus aufgenommen wurde, erschien nicht nur nicht, sondern er verschwand mehr und mehr bei jedem neuen Schritt. Die Geschichte der Versuche, ein Leben Jesu zu schreiben, wie Albert Schweitzer sie in seinem Frühwerk „Geschichte der Leben-Jesu-Forschung" dargeboten hat, ist immer noch gültig. Sein eigener konstruktiver Versuch ist fragwürdig. Sowohl konservative wie liberale Gelehrte sind vorsichtiger geworden, aber die methodische Situation hat sich nicht geändert. Das wurde offenbar, als Rudolf Bultmanns kühnes Programm einer „Entmythologisierung des Neuen Testaments" in allen theologischen Lagern einen Sturm heraufbeschwor und auf den Schlummer der Barthianer in bezug auf das historische Problem ein erstauntes Erwachen folgte. Aber das Ergebnis des neuen – und sehr alten – Fragens ist nicht ein Bild des sogenannten historischen Jesus, sondern die Erkenntnis, daß es hinter dem biblischen Bild kein anderes gibt, das man wissenschaftlich wahrscheinlich machen könnte.

Die Leben-Jesu-Forschung und ihr Scheitern

Diese Situation ist nicht das Zeichen einer nur vorläufigen Unzulänglichkeit der historischen Forschung, die eines Tages überwunden sein wird. Ihre Ursachen liegen in der Natur der Quellen selbst. Die Berichte über Jesus von Nazareth handeln von Jesus *als dem Christus,* sie sind von Menschen aufgezeichnet, die ihn als den Christus aufgenommen haben. Deshalb muß man, wenn man den wirklichen Jesus finden will, der hinter dem Bilde Jesu als des Christus steht, die Elemente, die zur faktischen Seite des Christusereignisses gehören, von den Elementen, die zur aufnehmenden Seite gehören, trennen. Das führt dann zu dem Versuch, ein „Leben Jesu" zu schreiben, und unzählige solcher Versuche sind gemacht worden. In vielen von ihnen sind wissenschaftliche Redlichkeit, fromme Hingabe und theologisches Interesse gleichzeitig am Werk gewesen. In anderen wurde uninteressierte Objektivität und in wieder anderen haßerfüllte Ablehnung der Tradition sichtbar. Aber keine dieser Schilderungen kann für sich in Anspruch nehmen, ein wahrscheinliches Bild des Lebens Jesu gezeichnet zu haben. Das Ergebnis der ungeheuren wissenschaftlichen Mühe, mit der man sich zweihundert Jahre lang dieser Aufgabe gewidmet hat, ist im wesentlichen negativ. Bestenfalls sind es mehr oder weniger wahrscheinliche Behauptungen, die weder die Annahme noch die Ablehnung des christlichen Glaubens begründen können.

Im Hinblick auf diese Situation hat es Versuche gegeben, das Bild des historischen Jesus auf das Wesentliche zu reduzieren. Man hat versucht, die „Gestalt" herauszuarbeiten und die Einzelzüge für den Zweifel offen zu lassen. Aber das ist kein Ausweg. Die historische Forschung kann kein Bild der wesentlichen Züge entwerfen, nachdem sie alle Einzelzüge, weil fragwürdig, eliminiert hat. Das Wesensbild ist abhängig von den Einzelzügen. Das hat zur Folge, daß die Bilder des historischen Jesus, die vorsichtig auf eine Darstellung seines Lebensablaufs verzichten, immer noch so stark voneinander abweichen wie jene, in denen man sich eine solche Selbstbeschränkung nicht auferlegt.

Die Abhängigkeit des Bildes von den Einzelzügen wird z. B. deutlich, wenn man die Frage stellt, ob Jesus den Titel „Menschensohn" auf sich selbst anwandte und wenn ja, in welchem Sinne. Jede Antwort, die auf diese Frage gegeben wird, ist eine mehr oder weniger wahrscheinliche Hypothese, aber der Charakter des „Wesensbildes" des historischen Jesus hängt entscheidend von dieser Antwort ab. An solch einem Beispiel wird deutlich, wie unmöglich es ist, eine Schilderung des „Lebens Jesu" dadurch zu ersetzen, daß man die „Gestalt Jesu" zu zeichnen versucht.

Das führt zu einem anderen Problem: Wer nicht mit der methodischen Seite der historischen Forschung vertraut ist und ihre Konsequenzen für die christliche Lehre fürchtet, neigt dazu, die historische Forschung im allgemeinen und die Erforschung der biblischen Texte im besonderen mit der Behauptung anzugreifen, daß die Methode selbst ein theologisches Vorurteil enthalte. Und daher bestreitet er, daß die historische Methode über objektive wisenschaftliche Kriterien verfügt. Eine solche Behauptung kann jedoch im Hinblick auf das ungeheure historische Material, das entdeckt und empirisch verifiziert ist, nicht aufrecht erhalten werden. Es ist bezeichnend für die kritische Methode, daß sie ständige Selbstkritik übt, um sich von jedem bewußten oder unbewußten Vorurteil freizuhalten. Obwohl dieser Versuch nie restlos gelingt, stellt er doch eine erhebliche Sicherung dar.

Ein Beispiel, das häufig in diesem Zusammenhang angeführt wird, ist die Behandlung der neutestamentlichen Wunder. Die historische Methode untersucht die Wundergeschichten weder in der Annahme, daß sie sich ereignet haben, weil sie sich in den Berichten über den Christus finden, noch in der Annahme, daß sie sich nicht ereignet haben, weil sie den Naturgesetzen widersprechen würden. Die historische Methode fragt, welchen Grad von Glaubwürdigkeit die Berichte in jedem einzelnen Fall haben, inwieweit sie von älteren Quellen abhängig sind, inwieweit sie von der Leichtgläubigkeit einer bestimmten Zeit beeinflußt sind, in welchem Maße sie von anderen, unabhängigen Quellen bestätigt werden, in welchem Stil sie geschrieben und mit welcher Absicht sie in dem Gesamtzusammenhang gebraucht werden. Alle diese Fragen können auf „objektive" Weise beantwortet werden, ohne daß negative oder positive Vorurteile sich einmischen. Der Historiker kann auf diesem Wege zwar nie zu völlig gesicherten Aussagen gelangen, aber seine Ergebnisse können einen hohen Grad von Wahrscheinlichkeit erreichen. Es würde jedoch einen Sprung auf eine andere Ebene bedeuten, wenn der Historiker — wie an einem späteren Punkt noch gezeigt werden soll — durch ein Glaubensurteil historische Wahrscheinlichkeit in positive oder negative historische Gewißheit umdeutete. Dieser klare Tatbestand ist oft durch den Hinweis verdunkelt worden, daß man, um den Sinn eines Textes zu verstehen, bis zu einem gewissen Grade von den Begriffen und Kategorien abhängig ist, die man mitbringt, wenn man Texte und Berichte deutet. Man übersieht jedoch bei diesem Einwand, daß die Deutung nicht ausschließlich von ihnen bestimmt ist; es gibt philologische Probleme, die objektiv gelöst werden können. Sicherlich: *Verstehen* fordert Teilnahme an dem, was verstanden werden soll. Aber dieses „existentielle" Verstehen darf niemals das Urteil des Historikers beeinträchtigen, sofern es sich um Fakten und ursächliche Beziehungen handelt. Sobald Fragen erörtert werden, wie etwa die Entwicklung der synoptischen Überlieferung oder die mythologischen und legendären Elemente des Neuen Testaments, befindet sich der, der den Inhalt der biblischen Botschaft als sein unbedingtes Anliegen betrachtet, in genau der gleichen Lage wie der, der ihr gegenüber indifferent ist. Für beide gelten die gleichen Kriterien der historischen Wahrscheinlichkeit, und beide müssen sie mit der gleichen Strenge gebrauchen, auch wenn sie dadurch in ihren eigenen religiösen oder philosophischen Überzeugungen oder Vorurteilen angegriffen werden. Dabei kann es geschehen, daß Überzeugungen, die unsere Augen für einzelne Fakten blind machen, sie für andere öffnen. Aber dieses Geöffnetwerden der Augen ist eine persönliche Erfahrung, die nicht zum methodischen Prinzip gemacht werden kann. Es gibt nur *ein* sinnvolles methodisches Vorgehen, nämlich auf den Gegenstand selbst zu blicken und nicht auf das eigene Hinblicken auf den Gegenstand. Tatsächlich wird zwar ein solches Hinblicken von vielen psychologischen, soziologischen und historischen Fakten bestimmt. Aber diese Faktoren müssen bewußt eliminiert werden, wenn man ein Faktum objektiv in den Blick bekommen will. Das Urteil darüber, was Jesus von sich selbst dachte, muß unabhängig von der Tatsache sein, ob jemand Christ oder Nicht-Christ ist. Es muß sich auf Berichte und ihre vermutliche historische Gültigkeit stützen. Das setzt freilich voraus, daß der Inhalt des christlichen Glaubens unabhängig von diesem Urteil ist.

In der Suche nach dem historischen Jesus lag die Absicht, ein Minimum an zuverlässigen Fakten über den Menschen Jesus von Nazareth aufzufinden, um damit ein sicheres Fundament für den christlichen Glauben zu gewinnen. Dieser Versuch ist gescheitert[1]. Die historische Forschung ermöglichte es zwar, Feststellungen über Jesus mit mehr oder weniger großer Wahrscheinlichkeit zu treffen. Auf der Basis dieser Wahrscheinlichkeiten entwarf sie verschiedene „Leben Jesu". Aber diese ähnelten mehr einem Roman als einer Biographie. Jedenfalls waren sie nicht imstande, ein sicheres Fundament für den christlichen Glauben zu geben. Das Christsein gründet sich nicht auf die Bejahung eines historischen Romans. Es gründet sich darauf, daß Menschen, die in keiner Weise an der Biographie des Messias interessiert waren, von dem messianischen Charakter Jesu Zeugnis ablegten.

---

[1] Diese Situation hat sich auch nicht durch die Entdeckung der Schriftrollen vom Toten Meer geändert, obgleich sie in der Öffentlichkeit viel Aufsehen erregten. Sie haben vielen die Augen für das Problem der biblischen Forschung geöffnet, indem sie zeigten, daß durch ihre Entdeckung die theologische Situation in keiner Weise geändert wurde.

Die Einsicht in diese Situation führte dazu, daß einige Theologen jeden Versuch, ein „Leben" oder eine „Gestalt" des historischen Jesus zu rekonstruieren, aufgaben und sich auf die Interpretation der „Worte Jesu" beschränkten. Die Mehrzahl dieser Worte — wenn auch nicht alle — bezieht sich nicht unmittelbar auf seine Person und kann daher aus dem biographischen Zusammenhang herausgelöst werden. Ihre Bedeutung hängt nicht davon ab, ob Jesus sie gesagt hat. Aus diesem Grunde ist die Wahrheit der Worte, die zu Recht oder Unrecht als „Worte Jesu" überliefert werden, unabhängig von der Unlösbarkeit des biographischen Problems. Auch daß die meisten Worte Jesu Parallelen in der damaligen jüdischen Literatur haben, ist kein Argument gegen ihre Gültigkeit. Es ist nicht einmal ein Argument gegen ihre Einzigartigkeit und Eindruckskraft, wie sie z. B. aus der Bergpredigt, den Gleichnissen und den Gesprächen Jesu sowohl mit seinen Feinden wie mit seinen Anhängern herausleuchten.

Eine Theologie, die die Worte Jesu zur geschichtlichen Grundlage des christlichen Glaubens machen will, kann das auf zweierlei Weise tun: Sie kann die Worte Jesu als „Lehren Jesu" oder als „Botschaft Jesu" behandeln. Sofern sie als Lehren Jesu aufgefaßt werden, versteht man sie als Erklärungen des Sittengesetzes oder als ursprüngliche Einsichten in die Natur des Menschen. Jesu Lehren haben dann keine Beziehung zu der konkreten Situation, in die hinein sie gesprochen wurden. Als solche gehören sie zum Gesetz, zur Prophetie oder zur Weisheitsliteratur, wie wir sie im Alten Testament finden. Sicherlich, sie übertreffen diese drei an Tiefe und Macht. Aber sie sind qualitativ nicht verschieden. Wenn sich die historische Forschung auf die „Lehren Jesu" zurückzieht, bringt sie Jesus auf das Niveau des Alten Testaments zurück und verneint damit indirekt seinen Anspruch, die alttestamentliche Situation überwunden zu haben.

Die andere Weise, in der die historische Forschung die Worte Jesu zu ihrer theologischen Grundlage macht, ist tiefer als die erste. Sie wendet sich dagegen, die Worte Jesu als allgemeine Regeln für das menschliche Verhalten zu verstehen, als Regeln, denen man sich unterwerfen muß. Und sie bestreitet, daß sie universal seien und daher von der Situation, in der sie gesprochen wurden, abstrahiert werden können. Statt dessen weist diese Auffassung auf Jesu Botschaft hin, daß das Reich Gottes „nahe herbeigekommen" ist und daß jeder, der darnach trachtet, sich für oder gegen das Reich Gottes entscheiden muß. Danach sind die Worte Jesu nicht allgemeine Regeln, sondern konkrete Forderungen. Eine solche Interpretation des historischen Jesus, wie sie vor allem von Rudolf Bultmann vertreten wird, identifiziert die Bedeutung Jesu mit der seiner Botschaft: Jesus ruft zu einer Entscheidung auf, nämlich zu einer Entscheidung für Gott. Und diese Entscheidung bedeutet zugleich das Aufsichnehmen des Kreuzes, so wie Jesus sein Kreuz auf sich genommen hat. Das historisch Unmögliche, ein Entwurf der Gestalt oder des Lebens Jesu, wird auf geistreiche Weise dadurch vermieden, daß man das unmittelbar Gegebene, nämlich seine Botschaft vom Reich Gottes und dessen Forderungen beschreibt und zugleich das Paradox des Kreuzes Christi bejaht. Aber selbst diese Methode kann kein Fundament für den christlichen Glauben liefern. Sie zeigt nicht, wie die Forderung, sich für das Reich Gottes zu entscheiden, erfüllt werden kann. Die Situation, sich entscheiden zu müssen, bleibt immer eine Situation, die unter dem Gesetz steht. Diese Situation hat den Boden des Alten Testaments, aus dem die Frage nach dem Christus erwuchs, noch nicht verlassen. Man könnte diese Theologie „existentiellen Liberalismus" nennen im Gegensatz zum „legalistischen Liberalismus" der vorher skizzierten Theologie. Aber keine dieser Methoden kann die Frage beantworten, was uns in den Stand setzt, die Lehre Jesu zu befolgen oder uns für das Reich Gottes zu entscheiden. Die Antwort auf diese Frage muß aus einer neuen Wirklichkeit kommen, die – nach der christlichen Botschaft – das Neue Sein in Jesus als dem Christus ist. Aber wenn man das bejaht, dann ist es unmöglich, sich von dem Sein des Christus auf seine Worte zurückzuziehen. Und damit ist der letzte Weg versperrt, der versucht, durch historische Forschung ein Fundament für den christlichen Glauben zu gewinnen.

Dieses Ergebnis wäre sehr wahrscheinlich leichter akzeptiert worden, wenn es keine sprachliche Verwirrung über die Bedeutung des Ausdrucks „historischer Jesus" gegeben hätte. Erstens wurde dieser Begriff benutzt für die Ergebnisse der historischen Forschung, sofern sie Wesen und Leben der Person Jesus von Nazareth betreffen. Wie alles historische Wissen ist unser Wissen über diese Person fragmentarisch und hypothetisch. Die historische Forschung unterwirft die Berichte methodischer Skepsis und verändert dadurch beständig unser Bild des historischen Jesus sowohl in seinen Einzelzügen wie im Gesamtbild. Das Ziel der historischen Forschung ist ein hoher Grad von Wahrscheinlichkeit, der aber in vielen Fällen unerreichbar ist.

Zweitens wird der Begriff „historischer Jesus" gebraucht, um das faktische Element in dem Ereignis „Jesus als der Christus" zu bezeichnen. Wenn der Ausdruck in diesem Sinn verstanden wird, dann entsteht daraus eine Glaubensfrage und nicht eine Frage der historischen Forschung. Denn würde man das faktische Element im christlichen Ereignis leugnen, so würde man damit das Fundament des Christentums überhaupt leugnen. Die methodische Skepsis in der historischen Forschung schließt keine Verneinung des Faktischen in dem christlichen Ereignis ein. Sicherlich kann der Glaube nicht einmal den Namen „Jesus" als den Namen dessen garantieren, der der Christus ist. Auch das gehört zu den Ungewißheiten der historischen Erkenntnis. Aber der Glaube garantiert, daß in dem persönlichen Leben, das das Neue Testament im Bilde Jesu als des Christus zeichnet, die Wirklichkeit tatsächlich verwandelt wurde. Das ist das unveräußerliche faktische Element in dem Christusereignis. Es gibt keine fruchtbare und ehrliche Diskussion, wenn diese beiden Bedeutungen des Ausdrucks „historischer Jesus" nicht klar voneinander unterschieden werden.

5. *Historische Forschung und Theologie*

Wenn der Versuch der historischen Forschung, das Fundament für den christlichen Glauben und der Theologie zu finden, ein Fehlschlag war, so erhebt sich die Frage, ob die historische Forschung eine andere Bedeutung für das Christentum hat. Das ist zweifellos der Fall. Die historische Behandlung der biblischen Literatur ist eines der großen Ereignisse in der Geschichte des Christentums, ja von Religion und Kultur überhaupt. Sie ist eine der Leistungen, auf die der Protestantismus stolz sein kann. Es war ein Ausdruck des protestantischen Mutes, als die Theologen die heiligen Schriften ihrer eigenen Kirche der kritischen Analyse durch die historische Methode unterwarfen. Es scheint, daß keine andere Religion mit solcher Kühnheit vorging und ein solches Wagnis auf sich nahm: zweifellos nicht Islam, orthodoxes Judentum und römischer Katholizismus. Dieser Mut des Protestantismus wurde belohnt, denn der Protestantismus allein war imstande, in den Strom des allgemeinen historischen Bewußtseins einzutreten und sich nicht in eine geistige Winkelexistenz zwingen zu lassen, die ihm jeden Einfluß auf die schöpferische Entwicklung des geistigen Lebens genommen hätte. Der Protestantismus ließ sich – mit Ausnahme seiner fundamentalistischen Gruppen – nicht in jene unbewußte Unehrlichkeit hineintreiben, die die Ergebnisse der historischen Forschung nicht etwa auf Grund der Evidenz, sondern auf Grund eines dogmatischen Vorurteils verwirft. Zur Überraschung vieler überstanden die protestantischen Gruppen, die dieses Wagnis auf sich nahmen, die verschiedenen Krisen, in die sie durch die radikale historische Kritik gerieten. Immer mehr setzte sich die Überzeugung durch, daß die christliche Behauptung, Jesus sei der Christus, nicht im Widerspruch steht zu einer kompromißlosen historischen Ehrlichkeit.

Historische Forschung und Theologie

Die Theologie hat gelernt, zwischen den empirisch-historischen, den legendären und den mythischen Elementen innerhalb der biblischen Erzählungen beider Testamente zu unterscheiden. Für diese verschiedenen Formen des sprachlichen Ausdrucks entdeckte sie Kriterien und wandte sie mit methodischer Exaktheit an. Naturgemäß hatte die Unterscheidung der drei sprachlichen Ausdrucksformen wichtige Konsequenzen für die Arbeit des systematischen Theologen. Sie hinderte ihn daran, historischen Behauptungen, ob sie größere oder geringere Wahrscheinlichkeit hatten, dogmatische Gültigkeit zu verleihen. Wenn der Theologe historische Entscheidungen trifft, dann kann er es nur als Historiker tun, nicht als Interpret des christlichen Glaubens. Er kann historisch wahrscheinlichen Urteilen keine dogmatische Gültigkeit geben. Was auch immer der Glaube in seiner eigenen Dimension tut, er kann historische Feststellungen nicht beiseite schieben. Er kann weder das historisch Unwahrscheinliche wahrscheinlich machen, noch das Wahrscheinliche unwahrscheinlich, noch das Wahrscheinliche oder Unwahrscheinliche sicher. Die Gewißheit des Glaubens schließt keine Gewißheit über Fragen der historischen Forschung ein. Diese Einsicht hat sich heute durchgesetzt und ist der größte Beitrag, den die historische Forschung für die systematische Theologie geleistet hat. Aber er ist nicht der einzige; ein anderer ist das Verständnis für Wesen und Entwicklung der christologischen Symbole.

Indem die historische Forschung den Unterschied zwischen historischen, legendären und mythischen Elementen in den Evangelienberichten feststellte, lieferte sie der systematischen Theologie ein Werkzeug, mit dessen Hilfe die christologischen Symbole der Bibel interpretiert werden konnten. Die systematische Theologie kann sich dieser Aufgabe nicht entziehen, denn mit Hilfe dieser Symbole hat die Theologie von Anfang an versucht, die Christusbotschaft begrifflich zu erfassen. Im Neuen Testament werden vorzugsweise folgende christologischen Symbole gebraucht: Sohn Davids, Menschensohn, Messias, Sohn Gottes, Kyrios, Logos. Man kann vier Erscheinungsweisen dieser Symbole unterscheiden. Sie wachsen heraus aus einer spezifischen religiösen und kulturellen Situation; sie werden für einzelne oder Gruppen zum Ausdruck ihres existentiellen Selbstverständnisses; sie werden in dieser Funktion vom Christentum übernommen und umgestaltet; sie verlieren dabei oft ihren existentiell-symbolischen Sinn und werden auf das Niveau eines abergläubischen Supranaturalismus herabgedrückt. Diese vier Stufen können in jedem einzelnen Fall aufgewiesen werden.

Wenn Jesus von sich selber spricht, gebraucht er in allen vier Evangelien vorzugsweise das Symbol „Menschensohn". Es gehört einer Tradition an, die auf das parsistische Symbol des „Urmenschen" zurückweist und die sowohl im Buche Daniel in der Beschreibung des „Menschensohnes, der vor Gott steht", als auch bei Paulus in der Vorstellung vom „Menschen von oben", dem „ersten Menschen" oder „geistlichen Menschen" wiederkehrt. Diese Tradition gibt den Rahmen für das Symbol „Menschensohn". In der apokalyptischen Tradition seit Daniel zeigt sich — als zweite Stufe — ein vertieftes existentielles Verständnis des Symbols. Es deutet auf die Entfremdung hin, die Gott und Mensch trennt, auf die Herrschaft dämonischer Mächte in der entfremdeten Welt und auf die Hoffnung, daß der „Menschensohn" die gegengöttlichen Kräfte überwinden wird. Wenn nun, auf der dritten Stufe, das Symbol des Menschensohnes von Jesus auf sich selbst angewandt wird, verändert sich sein Charakter entscheidend, obgleich der traditionelle Rahmen und die existentielle Bedeutung des Symbols bewahrt bleiben. Das Maß dieser Veränderung wird deutlich, wenn in dem Prozeß Jesu der Hohepriester die Anklage der Blasphemie erhebt, weil Jesus die Weissagung vom Kommen des Menschensohnes auf den Wolken des Himmels auf sich selbst bezieht. Auf der vierten Stufe wird das Symbol wörtlich genommen. Man stellt sich ein transzendentes Wesen vor, das zu irgendeiner Zeit von einem himmlischen Ort herabgesandt und in einen Menschen verwandelt wurde. Auf diese Weise wird aus einem wahren und machtvollen Symbol etwas Absurdes, und der Christus wird zu einem Halbgott, zu einem Wesen, das zwischen Gott und Mensch steht.

Das Symbol „Sohn Gottes" durchläuft, sofern es auf Jesus angewandt wird, die gleichen vier Stufen. In der Sprache der Bibel bedeutet „Sohnschaft" eine innige Beziehung zwischen Vater und Sohn. Eine solche Beziehung zu Gott hat der Mensch in seiner essentiellen Natur, in seiner „träumenden Unschuld". Israel ist durch seine Erwählung zur Sohnschaft in diese Beziehung eingetreten. Im Heidentum sind bestimmte göttliche oder halbgöttliche Gestalten Söhne eines Gottes. Obwohl diese beiden Arten, das Symbol „Sohn Gottes" zu gebrauchen, sehr voneinander abweichen, haben sie doch das eine gemeinsam: die Voraussetzung, daß das Wesen des Menschen eine Vater-Sohn-Beziehung zwischen Gott und dem Menschen zuläßt. Aber diese Beziehung ist verlorengegangen durch die Entfremdung des Menschen von Gott, durch seine *hybris* und durch seine Abwendung von Gott. Die Gottessohnschaft hat aufgehört, universal zu sein. Nur durch bestimmte göttliche Akte kann sie wiederhergestellt werden. Das Christentum sieht im Christus den „eingeborenen Sohn Gottes" und bringt ihn damit in Gegensatz zu allen anderen Menschen und ihrer verlorenen

Gottessohnschaft. „Sohn Gottes" wird zum Titel für den Einen, in dem die essentielle Einheit von Gott und Mensch unter den Bedingungen der Existenz erschienen ist. Das essentiell Universale wird zu etwas existentiell Einmaligem. Aber diese Einmaligkeit hat keinen exklusiven Charakter. Jeder, der am Neuen Sein teilhat, das in Jesus dem Christus verwirklicht ist, empfängt die Macht, selbst ein Kind Gottes zu werden. Der „Sohn" stellt den Kind-Charakter jedes Menschen in seiner Beziehung zu Gott wieder her, einen Charakter, der wesenhaft zum Menschen gehört. So verstanden transzendiert das Symbol „Sohn Gottes" sowohl den jüdischen wie den heidnischen Gebrauch des Wortes." Sohn Gottes heißt: die essentielle Einheit zwischen Gott und Mensch unter den Bedingungen der Existenz repräsentieren und diese Einheit in all denen, die am Sein des Sohnes Gottes teilhaben, wiederherstellen. Das Symbol wird jedoch entstellt, wenn es wörtlich verstanden wird und eine menschliche Familiensituation in das innere Leben Gottes hineinprojiziert wird. Man wird oft gefragt, ob man glaubt, daß „Jesus der Sohn Gottes war". Wer diese Frage stellt, ist der Meinung, daß er wisse, was der Begriff „Sohn Gottes" bedeutet, und daß das einzige Problem ist, ob diese wohlbekannte Bezeichnung auf den Menschen Jesus von Nazareth angewandt werden kann. Wenn die Frage so gestellt wird, kann man sie nicht beantworten, weil sowohl eine bejahende wie eine verneinende Antwort falsch sein würde. Die einzige Möglichkeit, die Frage zu beantworten, ist, eine Gegenfrage zu stellen, nämlich: Was meinst du damit, wenn du den Begriff „Sohn Gottes" gebrauchst? Erhält man auf diese Frage eine literalistische Antwort, dann muß man sie als abergläubisch zurückweisen. Erhält man eine Antwort, die den symbolischen Charakter des Begriffs „Sohn Gottes" bejaht, dann kann man über die Bedeutung dieses Symbols diskutieren. Viel Unheil ist im Christentum dadurch entstanden, daß man das Symbol „Sohn Gottes" literalistisch mißverstanden hat.

Wir haben uns bereits mit dem Symbol „Messias" oder „Christus" beschäftigt. Aber wir müssen erneut das Symbol im Hinblick auf die oben beschriebenen vier Stufen der Entwicklung der christologischen Symbole interpretieren. Auf der ersten Stufe erhebt sich die geschichtlich-übergeschichtliche Gestalt, durch die Jahwe seine Königsherrschaft in Israel und durch Israel in der ganzen Welt aufrichten wird. Das Schillern zwischen dem innergeschichtlichen und übergeschichtlichen Charakter des Messias und seines Reiches gehört zum Wesen dieses Symbols, jedoch so, daß in der prophetischen Periode die geschichtliche Betonung überwog und in der apokalyptischen Periode das übergeschichtliche Element entscheidend wurde. Auf der zweiten Stufe finden wir die Erfahrung der existentiellen menschlichen Situation und des existentiellen Zustandes der Welt. Die Weltreiche sind voll von Ungerechtigkeit und Elend. Sie stehen unter dämonischer Herrschaft. Der Messias wird als der erwartet, der ihre Herrschaft bricht. Diese Seite der messianischen Idee wurde in der Spätzeit des Judentums zunehmend betont. Sie fand ihren stärksten Ausdruck in den apokalyptischen Schriften. Der gesamte gegenwärtige Äon, einzelne, die Gesellschaft und selbst die Natur, sind verdorben. Man sehnt sich nach einem neuen Äon, einem neuen allumfassenden Zustand der Dinge. Es ist der Messias, der ihn mit göttlicher Macht bringen wird. Diese Motive sind nicht auf das Judentum beschränkt. Sie haben ihre Wurzeln in Persien und klingen überall in der antiken Welt an. Die dritte Stufe ist die Aufnahme und Umformung dieser Symbolgruppe im Christentum: Der Messias, der den neuen Äon bringen soll, wird von den Mächten des alten Äons besiegt. Die Niederlage des Messias am Kreuz ist die radikale Umformung des Messias-Symbols. Sie ist so radikal, daß aus diesem Grunde das Judentum den messianischen Charakter Jesu bis auf den heutigen Tag leugnet. Ein besiegter Messias ist kein Messias. Auf der vierten Stufe findet sich die literalistische Entstellung des messianischen Paradoxes. Sie beginnt damit, daß der Titel „der Christus" zum Teil eines Eigennamens wird und aufhört, die symbolische Bezeichnung für eine Funktion zu sein. „Christus" wird zu einem Individuum mit übernatürlichen Kräften, das durch ein freiwilliges Opfer es Gott ermöglichte, die zu erretten, die an den Christus glauben.

Als letztes Beispiel für die Entwicklung der christologischen Symbole sei das Begriffs-Symbol des *logos* behandelt. Für die christologische Arbeit der Kirche wurde es das entscheidende Werkzeug. Die Logos-Idee vereinigte seit der späteren Stoa kosmologisch-rationale und religiös-mystische Elemente. Der *logos* ist rationale Struktur und schöpferische Macht. Die sinnvolle Struktur des Universums wird durch den *logos* vermittelt. Das ist die erste Stufe in der Betrachtung des Logossymbols. Auf der zweiten Stufe erscheint der existentielle Hintergrund dieser Idee. Schon Heraklit, der Schöpfer der Logoslehre, spricht sie aus, wenn er den universalen *logos* und seine Gesetze in Gegensatz stellt zur Torheit der Vielen und der Unordnung in der Gesellschaft. Die Stoa übernahm dieses Motiv und wies auf den unüberbrückbaren Gegensatz hin zwischen dem Weisen, der am *logos* partizipiert, und der Masse der Toren, die vom *logos* getrennt sind, aber ihm näherzukommen trachten. Das Motiv, das Philo zu seiner Logoslehre führte, ist das unerreichbare Mysterium Gottes, das nach einem vermittelnden Prinzip zwischen Gott und dem Menschen verlangt. Im Christentum sind –

nach dem Vorbild des Johannesevangeliums — beide Motive wirksam. Der *logos* offenbart das Mysterium und bringt die Wiedervereinigung des Entfremdeten, indem er als geschichtliche Wirklichkeit in einem personhaften Leben erscheint. Auf der dritten Stufe wird das Symbol des *logos* vom Christentum aufgenommen und umgeformt. Das universale Prinzip der göttlichen Selbstmanifestation, der *logos,* ist in einem individuellen Wesen qualitativ gegenwärtig. Der Träger des *logos* unterwirft sich den Bedingungen der Existenz und besiegt die existentielle Entfremdung. Die Teilnahme am universalen *logos* ist jetzt abhängig von der Teilnahme an einer geschichtlichen Person, in der der *logos* in die Existenz eingegangen ist. Das Christentum ersetzt den Weisen der Stoa durch den Träger des Geistes. Der Christ als Träger des Geistes weiß um seine Torheit, weiß aber auch, daß sie durch die „Torheit des Kreuzes", d. h. durch den Christus, überwunden ist. Auch hier gibt es eine vierte Stufe, die Re-Mythologisierung des begrifflichen Symbols *logos* zu einem Mythos der Metamorphose: Ein göttliches Wesen verwandelt sich in den Menschen Jesus von Nazareth. Der Begriff Inkarnation wird oft in dieser Weise mißverstanden, und es gibt künstlerische Darstellungen des trinitarischen Symbols, die eine solche Re-Mythologisierung unterstützen, indem sie den historischen Jesus undialektisch zur zweiten Person der Trinität machen. Die traditionelle Theologie protestierte gegen solche Mythologisierung und wies die Vorstellung zurück, daß der *logos* den Himmel verlassen habe, als er in die Geschichte einging.

Gegen solche Absurditäten hat es immer eine „Entmythologisierung" gegeben und wird es immer geben müssen. Die historische Arbeit am Neuen Testament hat durch den Aufweis der historischen Entwicklung der christologischen Symbole ihren theologischen Gebrauch wieder möglich gemacht. Das ist einer der großen indirekten Beiträge der wissenschaftlichen Forschung für Theologie und Glauben. Weder der Glaube noch die Theologie *gründen* sich auf diese Einsichten, aber beide werden durch sie gegen Aberglauben und Absurdität *geschützt.*

6. *Glaube und historische Skepsis*

Die vorangegangene Darstellung der historischen Methode führte zu einer negativen und einer positiven Behauptung. Die negative Behauptung besagt, daß die historische Forschung das Fundament des christlichen Glaubens weder geben noch nehmen kann. Die positive Behauptung besagt, daß die historische Forschung die christliche Theologie beeinflußt hat und beeinflussen muß: erstens, indem sie die drei Schichten der biblischen Berichte, die historische, die legendäre und die mythische unterscheiden lehrt; zweitens, indem sie die verschiedenen Entwicklungsstufen der christologischen wie auch der anderen für die Systematik wichtigen Symbole aufzeigt; und schließlich, indem sie ein präzises philologisches und historisches Verständnis der biblischen Schriften durch die besten Methoden ermöglicht, die von der Geschichtswissenschaft entwickelt worden sind.

Trotzdem müssen wir uns noch einmal einer Frage zuwenden, die oft mit religiöser Angst gestellt wird. Bringt nicht die historische Forschung eine gefährliche Unsicherheit in das Denken und Leben der Kirche und jedes einzelnen Christen? Muß die historische Forschung nicht zu einer völligen Skepsis gegenüber den biblischen Berichten führen? Wäre es nicht grundsätzlich möglich, daß die historische Kritik zu der Behauptung gelangt, daß der Mensch Jesus von Nazareth niemals gelebt hat? Ist nicht gerade das von einigen (wenn auch nur wenigen und nicht sehr bedeutenden) Gelehrten behauptet worden? Und obgleich so etwas nie mit absoluter Sicherheit behauptet werden kann, wäre es nicht eine Bedrohung des christlichen Glaubens, wenn die Nicht-Existenz Jesu wissenschaftlich wahrscheinlich gemacht werden könnte, ganz gleich, wie gering der Grad der Wahrscheinlichkeit ist? Als Erwiderung darauf wollen wir zunächst einige unzureichende und irreführende Antworten zurückweisen. Es überzeugt nicht, wenn man darauf hinweist, daß bis jetzt die historische Forschung noch keine zwingenden Beweise für eine solche Skepsis gefunden hat. Gewiß, bis jetzt hat sie es noch nicht getan! Aber es bleibt die Beunruhigung, ob es ihr nicht irgendwann in der Zukunft gelingen könnte! Auf einem solchen unsicheren Grunde kann der Glaube nicht ruhen; die Antwort des „Noch nicht" ist ungenügend. Eine zweite Antwort ist zwar nicht falsch, aber irreführend. Sie besagt, daß das historische Fundament des Christentums ein Element des christlichen Glaubens selbst ist und daß dieser Glaube von der historischen Kritik nicht angetastet werden kann. Er kann – so wird behauptet – die Existenz Jesu von Nazareth verbürgen, zum mindesten die wesentlichen Züge seines biblischen Bildes. Wir müssen diese Antwort sorgfältig analysieren, denn sie ist zweideutig. Wir müssen fragen: Was kann der Glaube verbürgen? Und die Antwort ist, daß der Glaube nur sein eigenes Fundament verbürgen kann, nämlich das Erscheinen jener Wirklichkeit, die den Glauben erzeugt hat. Diese Wirklichkeit ist das Neue Sein, das die existentielle Entfremdung überwindet und dadurch den Glauben ermöglicht. Nur das kann der Glaube verbürgen, und zwar darum, weil seine eigene Existenz identisch mit der Gegenwart des Neuen Seins ist. Der Glaube selbst ist die unmittelbare (nicht durch Schlußfolgerungen vermittelte) Evidenz des Neuen Seins in und unter den Bedingungen der Existenz. Genau das wird durch den Glauben verbürgt. Keine historische Kritik kann die unmittelbare Gewißheit in Frage stellen, die diejenigen haben, die sich selbst in den Stand des Glaubens versetzt wissen. Man fühlt sich an die augustinisch-cartesianische Widerlegung der radikalen Skepsis erinnert. Sowohl Augustin als auch Descartes sehen in der Unmittelbarkeit des Selbstbewußtseins die Garantie der Wahrheit. In Analogie dazu muß man sagen, daß unmittelbare Teilnahme und nicht historische Beweisführung die Wirklichkeit des Ereignisses verbürgt, auf dem das Christentum beruht. Die gläubige Teilnahme verbürgt die Existenz eines personhaften Lebens, in dem das Neue Sein das alte Sein verwandelt hat. Aber sie garantiert nicht, daß der Name dessen, in dem das geschah, Jesus von Nazareth war. Der historische Zweifel an der Existenz und dem Leben eines Menschen mit diesem Namen läßt sich durch Glauben nicht beseitigen. Er könnte einen anderen Namen gehabt haben. (Das ist eine historisch absurde, aber logisch notwendige Konsequenz der historischen Methode.) Aber der Glaube sagt, daß — was auch immer sein Name war — das Neue Sein in diesem Menschen gegenwärtig war und ist!

Aber an diesem Punkt erhebt sich eine wichtige Frage. Wie kann das Neue Sein, das „der Christus" genannt wird, die Wirklichkeit verwandeln, wenn alle konkreten Züge in dem Bild des Christus zweifelhaft sind? Kierkegaard zieht die Konsequenz, daß für den Glauben die Botschaft genügt, daß in den Jahren 1—30 Gott seinen Sohn gesandt habe. Aber demgegenüber ist zu sagen, daß ohne die *Konkretheit* des neutestamentlichen Bildes das Neue Sein eine leere Abstraktion wäre. Nur wenn die Existenz konkret und in ihren mannigfaltigen Aspekten überwunden ist, ist sie wirklich überwunden. Die Kraft, die die Gemeinschaft des Neuen Seins geschaffen und erhalten hat, ist nicht die abstrakte Aussage, daß das Neue Sein erschienen ist. Die umwandelnde Kraft ist das Bild dessen, in dem das Neue Sein erschienen ist. Kein einzelner Zug dieses Bildes läßt sich mit Sicherheit verifizieren. Aber wir haben die Gewißheit, daß das Neue Sein, das durch dieses Bild wirkt, die Kraft hat, uns zu verwandeln. Damit ist zugleich gesagt, daß hier eine *analogia imaginis* vorliegt, nämlich eine Analogie zwischen dem Bild und dem wirklichen persönlichen Leben, aus dem heraus es entstanden ist. Diese Wirklichkeit war es, die das Bild schuf, als sie den Jüngern begegnete. Und es war und ist noch immer dieses Bild, das die verwandelnde Macht des Neuen Seins ausstrahlt. Man kann den hier vorgeschlagenen Begriff der *analogia imaginis* vergleichen mit der *analogia entis* — wenn man diese nicht als eine Methode versteht, Gott zu erkennen, sondern als einen Weg, und zwar den einzigen Weg, von Gott zu reden. In beiden Fällen ist es unmöglich, hinter die Analogie vorzustoßen und direkt auszusagen, was nur indirekt ausgesagt werden kann. Indirekt heißt hier: Unsere Gotteserkenntnis ist symbolisch, unsere Erkenntnis von Jesus ist vermittelt durch den Glauben. Aber dieser symbolische und indirekte Charakter unserer Erkenntnis schwächt ihren Wahrheitswert nicht ab. Denn in beiden Fällen ist das, was uns als Material für unsere indirekte Erkenntnis gegeben ist, abhängig vom Gegenstand unserer Erkenntnis. Das symbolische Material, mit dessen Hilfe wir von Gott sprechen, ist ein Ausdruck der göttlichen Selbstmanifestation; und das vermittelte Material, das uns im biblischen Bild vom Christus gegeben ist, ist das Ergebnis der Aufnahme des Neuen Seins durch die ersten Zeugen. Das konkret biblische Material kann im Hinblick auf seine empirische Faktizität durch den Glauben nicht verbürgt werden; es ist jedoch garantiert als ein angemessener Ausdruck der verwandelnden Kraft des Neuen Seins in Jesus als dem Christus. Nur in diesem Sinne verbürgt der Glaube das biblische Bild Jesu. Und es läßt sich zeigen, daß es dieses Bild war, das die Kirche stiftete, und nicht eine hypothetische Beschreibung dessen, was hinter dem biblischen Bild liegen mag. Aber das Bild hat diese schöpferische Kraft nur, weil die Kraft des Neuen Seins in ihm und durch es ausgedrückt ist. Diese Überlegung führt hin zu der Unterscheidung zwischen einem erfundenen Bild und einem Realbild. Ein Bild, erfunden von den Zeitgenossen Jesu, würde deren unverwandelte Existenz und ihre Hoffnung auf das Neue Sein ausgedrückt haben, aber nicht das Neue Sein selbst. Es wäre ohne umwandelnde Kraft.

Das Wort „Bild" kann noch zu einer anderen Analogie führen. Ein Bild läßt sich auf verschiedene Weise herstellen. Erstens: Man kann eine Photographie oder einen Film machen. Das entspricht der kritischen Methode derer, die hinter das biblische Bild des Christus dringen wollen mit der Absicht, den „historischen Jesus" zu entdecken. Aber auch eine gute Photographie ist nicht ohne subjektive Elemente, und niemand wird leugnen, daß jede empirische Beschreibung einer historischen Gestalt solche Elemente in sich hat. Zweitens: Man kann das neutestamentliche Bild auf die entgegengesetzte Weise interpretieren, indem man es als die Projektion der Erfahrungen und Ideale der tiefsten religiösen Geister im augusteischen Zeitalter versteht. Dieser Deutung entspricht der idealistische Kunststil. Drittens: Es gibt die Möglichkeit eines „expressionistischen" Portraits. „Expressionistisch" wird hier ein Stil genannt, der jenseits der Alternative naturalistisch-idealistisch steht. Expressionismus in diesem Sinn ist der vorherrschende Stil in der Geschichte der Kunst, besonders der religiösen Kunst. Der expressionistische Maler versucht, in die tiefsten Schichten der Person, die er malt, einzudringen. Aber er kann es nur durch innere Teilnahme am Wesen und an der Wirklichkeit dessen, den er malen will. Auf diese Weise schafft er weder eine Photographie oder eine naturalistische Nachahmung noch eine Idealisierung, sondern einen Ausdruck des innersten Wesens seines Gegenstandes. Diese dritte Art ist gemeint, wenn wir den Begriff „Realbild" in bezug auf die Evangelienberichte von Jesus gebrauchen. Mit Adolf Schlatter können wir dann sagen, daß wir niemanden so gut kennen wie Jesus. Im Gegensatz zu allen anderen menschlichen Beziehungen vollzieht sich die Teilnahme an ihm nicht auf der Ebene zufälliger menschlicher Individualität (auf dieser Ebene kann völlige Teilnahme niemals erreicht werden), sondern in der Weise der Teilnahme des Menschen an Gott — einer Teilnahme, die trotz des Mysteriums, das die Beziehung jeder Person zu Gott umhüllt, eine Universalität hat, die jedem zugänglich ist. Natürlich kennen wir im Hinblick auf die historische Dokumentation viele Menschen besser als Jesus. Aber im Hinblick auf unsere Teilnahme an seinem Sein kennen wir niemanden besser, weil sein Sein das Neue Sein und daher universal gültig für jedes menschliche Wesen ist.

Ein interessantes Argument gegen den hier skizzierten Standpunkt muß noch erwähnt werden. Es beruht auf der Voraussetzung, daß Glaube als Glaube ein Wagnis enthält. Man fragt dann: Warum soll man nicht in das Wagnis des Glaubens das Wagnis der historischen Unsicherheit hineinnehmen? Die Behauptung, Jesus sei der Christus, ist ein Akt des Glaubens und darum ein Akt des wagenden Mutes. Sie ist nicht ein willkürlicher Sprung ins Dunkle, sondern eine Entscheidung, in der Elemente unmittelbarer Teilnahme und daher Gewißheit vermischt sind mit Elementen von Fremdheit und daher von Ungewißheit und Zweifel. Zweifel ist nicht das Gegenteil von Glaube; er ist ein Element des Glaubens, und daher gibt es keinen Glauben ohne Wagnis. Das alles ist richtig, aber das Wagnis des Glaubens liegt in einer anderen Dimension als das Risiko, unsichere historische Fakten für wahr zu halten. Daher darf man dieses Risiko nicht als einen Teil des Glaubenswagnisses bezeichnen. Das Wagnis des Glaubens ist dies, daß er möglicherweise ein falsches Symbol für das, was uns unbedingt angeht, setzen kann, ein Symbol, das nicht wirklich das Letztgültige ausdrückt (wie z. B. der Gott Dionysos oder die Nation). Das Wagnis des Glaubens ist existentiell; es bezieht sich auf die Ganzheit unseres Seins, während das Risiko historischer Urteile theoretisch ist und damit rechnen muß, daß sie ständig von neuen wissenschaftlichen Erkenntnissen überholt werden. Hier geht es um zwei verschiedene Dimensionen, die nicht miteinander vermengt werden sollten. Ein falscher Glaube vermag den Sinn eines menschlichen Lebens zu zerstören, ein falsches historisches Urteil nicht. Daher ist es irreführend, das Wort „Wagnis" für beide Dimensionen im gleichen Sinne zu verwenden.

7. Das biblische Zeugnis für Jesus als den Christus

Das Neue Testament ist das Dokument, in dem das Bild von Jesus als dem Christus in seiner ursprünglichen und grundlegenden Form erscheint. Alle anderen Dokumente, von den Kirchenvätern bis hin zu den Schriften moderner Theologen, sind von ihm abhängig. Das Neue Testament ist selbst ein integrierender Bestandteil des Ereignisses, das es bezeugt. Es *repräsentiert* die *aufnehmende* Seite jenes Ereignisses und *bezeugt* seine *faktische* Seite. Das Neue Testament als Ganzes ist das grundlegende Dokument des Ereignisses, auf dem der christliche Glaube ruht. Alle seine Teile stimmen in der Behauptung überein, daß Jesus der Christus ist. Für die Absicht der liberalen Theologie, das zu entdecken, was hinter den biblischen Berichten von Jesus als dem Christus steht, waren die drei ersten Evangelien der bei weitem wichtigste Teil des Neuen Testaments. In dem Augenblick jedoch, in dem man erkennt, daß der christliche Glaube sich nicht auf ein solches Fundament bauen läßt, werden das Johannesevangelium und die Episteln genauso wichtig wie die Synoptiker. Dann sieht man, daß es in dem entscheidenden Punkt, nämlich in der Behauptung, daß Jesus der Christus ist, keinen Widerspruch zwischen ihnen gibt. Der Unterschied zwischen den synoptischen Evangelien und den anderen neutestamentlichen Schriften — einschließlich des Johannesevangeliums — ist der, daß die ersteren das Bild zeichnen, auf dem die Behauptung, Jesus sei der Christus, beruht, während die letzteren die Ausarbeitung dieser Behauptung und ihrer Konsequenzen für das christliche Leben und Denken sind. Diese Unterscheidung ist keine grundsätzliche, sie setzt nur die Akzente anders. Harnack hatte daher unrecht, als er das *Evangelium Jesu* in Gegensatz stellte zum *Evangelium von Jesus*. Zwischen dem Evangelium des synoptischen Jesus und dem Evangelium von Jesus in den Paulinischen Briefen gibt es keinen substantiellen Unterschied. Die historische Kritik kann mit einem gewissen Grad von Wahrscheinlichkeit den Paulinischen Einfluß bei den Synoptikern aufweisen. Aber je erfolgreicher das geschieht, desto weniger bleibt von dem synoptischen Bild von Jesus als dem Christus übrig. Das Bild des synoptischen Jesus und die paulinische Botschaft vom Christus widersprechen sich nicht. Das Neue Testament ist sich einig in seinem Zeugnis für Jesus als den Christus, und dieses Zeugnis allein ist das Fundament der christlichen Kirche.

B

DAS NEUE SEIN IN JESUS ALS DEM CHRISTUS

1. *Das Neue Sein und der neue Äon*

In eschatologischer Symbolsprache ist der Christus der, der den neuen Äon bringt. Als Petrus Jesus „den Christus" nannte, erwartete er das Kommen eines neuen Standes der Dinge durch ihn. Diese Erwartung liegt im Titel „der Christus" beschlossen. Aber das, was die Jünger erwartet hatten, erfüllte sich nicht. Der Stand der Dinge — in der Natur wie in der Geschichte — blieb unverändert, und der, von dem man geglaubt hatte, daß er den neuen Äon bringen würde, wurde durch die Mächte des alten Äons zerbrochen. Das bedeutete für die Jünger, daß sie entweder den Zusammenbruch ihrer Hoffnung hinnehmen oder deren Inhalt radikal verwandeln mußten. Sie wählten den zweiten Weg und setzten das Neue Sein mit dem Sein Jesu als des Gekreuzigten gleich. Die synoptischen Berichte wollen zeigen, daß Jesus selbst darin vorangegangen war und seinen messianischen Anspruch mit der Voraussicht seines gewaltsamen Todes vereinigt hatte. Die gleichen Berichte zeigen, daß die Jünger zunächst dieser Verbindung Widerstand leisteten. Erst die Erfahrungen, die als Ostern und Pfingsten beschrieben werden, haben ihren Glauben an den paradoxen Charakter des messianischen Anspruchs geschaffen, und es war Paulus, der den theologischen Rahmen gab, innerhalb dessen das Paradox verstanden und gerechtfertigt werden konnte. Einer der Wege zur Lösung des Problems war die Unterscheidung zwischen dem ersten und dem zweiten Kommen des Christus. Der neue Stand der Dinge wird mit dem zweiten Kommen, nämlich der Wiederkunft des Christus in Herrlichkeit, geschaffen werden. In der Periode zwischen dem ersten und dem zweiten Kommen ist das Neue Sein nur in *ihm* gegenwärtig, nicht in der Welt. Er *ist* das Reich Gottes. In ihm hat sich die eschatologische Erwartung im

Prinzip erfüllt. Diejenigen, die an ihm teilhaben, haben am Neuen Sein teil, wenn auch unter den Bedingungen der existentiellen Situation und daher nur fragmentarisch und in Erwartung.

Das Neue Sein ist das essentielle Sein unter den Bedingungen der Existenz, das Sein, in dem die Kluft zwischen Essenz und Existenz überwunden ist. Paulus gebraucht für diesen Gedanken den Begriff „Neue Kreatur": Wer „in" Christus ist, ist eine „neue Kreatur". Das „in" ist eine Präposition, die Teilhaben ausdrückt. Wer an dem Neusein des Seins, das in Christus ist, teilhat, ist eine neue Kreatur geworden. Das geschieht durch einen schöpferischen Akt. Ebenso wie – nach der synoptischen Theologie – Jesus als der Christus eine Schöpfung des Heiligen Geistes ist, so ist auch der, der am Christus teilhat, durch den Heiligen Geist eine neue Kreatur geworden. Die Entfremdung seines existentiellen von seinem essentiellen Sein ist im Prinzip (Prinzip im Sinne von „Anfang und Kraft") überwunden. Der Begriff „Neues Sein" wie er hier gebraucht wird, weist auf die Kluft zwischen essentiellem und existentiellem Sein hin und ist das Prinzip, das diesem ganzen theologischen System zugrunde liegt. Das Neue Sein ist neu, insofern es die unverzerrte Manifestation des essentiellen Seins unter den Bedingungen der Existenz ist. In doppelter Hinsicht ist es neu: Es ist neu gegenüber dem nur potentiellen Charakter des essentiellen Seins, und es ist neu gegenüber dem entfremdeten Charakter des existentiellen Seins. Es ist in der Existenz und überwindet die Entfremdung der Existenz.

Der gleiche Gedanke läßt sich auch noch anders ausdrücken. Das Neue Sein ist neu, insofern es der Sieg ist über die Situation unter dem Gesetz – die alte Situation. Das Gesetz ist das essentielle Sein des Menschen, das *gegen* seine Existenz steht, indem es gebietet und richtet. In dem Maße, in dem das essentielle Sein in die Existenz des Menschen hineingenommen und in ihr verwirklicht wird, hat das Gesetz aufgehört, Gesetz für ihn zu sein. Wo Neues Sein ist, gibt es kein Gebot und kein Gericht. Wenn wir daher Jesus als den Christus das Neue Sein nennen, dann sagen wir mit Paulus, daß der Christus das Ende des Gesetzes ist.

In eschatologischer Symbolsprache läßt sich das auch so ausdrücken, daß der Christus das Ende der Existenz ist. Er ist das Ende der Existenz, deren Kennzeichen Entfremdung, Konflikt und Selbstzerstörung sind. Der biblische Glaube, daß die Hoffnung der Menschheit auf eine neue Wirklichkeit in Jesus als dem Christus sich erfüllt hat, folgt unmittelbar aus der Überzeugung, daß in ihm das Neue Sein gegenwärtig ist. Sein Erscheinen ist verwirklichte Eschatologie (Dodd). Es ist die Erfüllung im Prinzip, es ist die Manifestation des Neuen Seins als

Anfang und tragende Kraft. Und doch ist es *verwirklichte* Eschatologie, insofern als kein anderes Prinzip der Erfüllung mehr erwartet werden kann. In ihm ist das erschienen, was Erfüllung qualitativ bedeutet.

Mit der gleichen Einschränkung kann man sagen, daß im Christus die Geschichte an ihr Ende gekommen ist, nämlich daß ihre vorbereitende Periode ihr Ziel erreicht hat. In der Beziehung des Menschen zu Gott kann die Geschichte nichts hervorbringen, was nicht im Neuen Sein in Jesus als dem Christus schon enthalten wäre. — Die Behauptung, daß der Christus das „Ende" der Geschichte ist, scheint im Lichte der Geschichte der letzten zweitausend Jahre absurd zu sein. Sie ist jedoch nicht absurd, wenn man versteht, daß „Ende" einen doppelten Sinn hat, nämlich „Aufhören" und „Ziel". Im Sinne des „Aufhörens" ist die Geschichte noch nicht an ihr Ende gekommen. Sie geht weiter und zeigt alle Charakteristika der existentiellen Entfremdung. Sie ist der Ort, an dem die endliche Freiheit am Werk ist und die existentielle Verzerrung sowie die Zweideutigkeiten des menschlichen Lebens bewirkt. Im Sinne von „Ziel" ist die Geschichte qualitativ an ihr Ende gekommen, nämlich im Erscheinen des Neuen Seins als geschichtlicher Wirklichkeit. Quantitativ betrachtet aber ist die Verwirklichung des Neuen Seins in der Geschichte noch nicht an ihr Ende gekommen, denn sie ist in die Verzerrungen und Zweideutigkeiten der Existenz hineingezogen. Das Hin und Her zwischen dem „schon" und dem „noch nicht" der Erfüllung ist in der Unterscheidung des ersten und des zweiten Kommens des Christus symbolisiert. Diese Spannung gehört unabtrennbar zur christlichen Existenz.

2. Das Neue Sein in einem personhaften Leben

Das Neue Sein hat in einem personhaften Leben volle Gestalt gewonnen. Auf keine andere Weise hätte es sich der Menschheit ganz offenbaren können, denn nur in einem personhaften Leben ist die Macht des Seins verwirklicht. Nur die Person ist ein vollkommen entwickeltes Selbst, das der Welt, zu der es gehört, gegenübersteht. Nur in der Person sind die Polaritäten des Seins vollkommen aktuell. Nur die Person ist ganz individualisiert, und eben darum ist sie fähig, „Welt" zu haben und an ihr zu partizipieren. Nur die Person hat die unbegrenzte Macht der Selbsttranszendenz, und eben darum hat sie die vollkommene Struktur, die Struktur der Rationalität. Nur die Person hat Freiheit, und eben darum hat sie Schicksal. Nur die Person ist endliche Freiheit und hat damit die Macht, sich von sich selbst zu entfremden und zu sich selbst zurückzukehren. Von keinem anderen Wesen kann all dieses gesagt werden. Und nur in einem solchen Wesen kann das Neue Sein erscheinen. Nur wo die Existenz am radikalsten Existenz ist — in dem, der endliche Freiheit ist —, kann die Existenz überwunden werden.

Aber was dem Menschen widerfährt, widerfährt indirekt allen Lebensbereichen, denn im Menschen sind alle Schichten des Seins gegenwärtig. Er gehört zum physikalischen, biologischen und psychologischen Bereich und ist ihren mannigfaltigen Gesetzen und den vielerlei Beziehungen zwischen ihnen unterworfen. Aus diesem Grunde nannten die Renaissancephilosophen den Menschen einen „Mikrokosmos". Er ist in sich selbst ein Universum. Was in ihm geschieht, geschieht darum in Form wechselseitiger Teilnahme im Universum. Das ist qualitativ, nicht quantitativ gemeint. Quantitativ ist der Einfluß des Menschen auf das Universum unmeßbar gering. Qualitativ ist die Veränderung *einer* Seinsform an *einem* Ort des Universums unendlich bedeutungsvoll für das Universum als Ganzes. Darum hat ein Ereignis im Zentrum eines Selbst universale Wichtigkeit; und umgekehrt: Ein Ereignis von universaler Bedeutung, die Erscheinung des „Neuen Seins", war nur in einem personhaften Leben möglich.

3. *Die Manifestation des Neuen Seins in Jesus als dem Christus*

Jesus als der Christus ist der Träger des Neuen Seins in der Totalität seines Seins, nicht in einzelnen seiner Äußerungen. Es ist sein Sein, das ihn zum Christus macht, weil es die Qualität des Neuen Seins jenseits der Spaltung zwischen essentiellem und existentiellem Sein hat. Daraus folgt, daß weder seine Worte noch seine Taten noch seine Leiden noch das, was man sein „inneres Leben" nennt, ihn zum Christus machen. Das alles sind Manifestationen des Neuen Seins, das sein Sein ist, aber dieses, sein *Sein*, geht allen Manifestationen voraus und transzendiert sie. Diese Behauptung kann als kritische Waffe dienen gegen verschiedene falsche Wege, ihn als den Christus zu beschreiben.

Die erste Manifestation, in dem das Sein Jesu sich als das des Christus erweist, sind seine Worte. Das Wort ist der Träger des geistigen Lebens. Die Bedeutung des gesprochenen Wortes für die neutestamentliche Religion kann nicht hoch genug eingeschätzt werden. Die Worte Jesu werden, um nur zwei Beispiele unter vielen zu zitieren, „Leben" genannt, und es wird gesagt, daß, wer ihm nachfolgen will, seine Worte halten muß. Vor allem aber wird er selbst „das Wort" genannt. Daran wird deutlich, daß es nicht seine Worte sind, die ihn zum Christus machen, sondern sein Sein. Sein Sein wird metaphorisch „das Wort" genannt, weil es die letztgültige Selbstmanifestation Gottes für die Menschheit ist. Es drückt sich zwar *auch* in seinen Worten aus, aber als „das Wort" ist er mehr als alle Worte, die er gesprochen hat. Diese Behauptung bildet die grundlegende Kritik an einer Theologie, die die Worte Jesu von seinem Sein abtrennt und ihn zu einem Lehrer, einem Prediger oder einem Propheten macht. Solche theologischen Tendenzen sind so alt wie die Kirche und bestimmten den alten und modernen Rationalismus. Sie standen im Vordergrund der sogenannten liberalen Theologie des 19. Jahrhunderts. Aber größer als ihre theologische Bedeutung ist ihr Einfluß auf das populäre Denken. In der Frömmigkeit des täglichen Lebens spielen sie eine ungeheure Rolle, vor allem in den Kreisen, für die das Christentum zu einem System konventioneller Regeln geworden ist, die von einem göttlichen Lehrer aufgestellt wurden. In der religiösen Erziehung spricht man gern von den „Lehren Jesu" und macht sie zur Grundlage der christlichen Unterweisung. Das ist nicht unbedingt falsch, weil der Begriff „Lehre Jesu" — den man besser im Singular braucht — sich decken kann mit seiner prophetischen Botschaft, daß das Reich Gottes in ihm gegenwärtig ist. Gewöhnlich jedoch wird der Begriff (zumeist im Plural) für lehrhafte Aussagen gebraucht, die Jesus über Gott, den Menschen und vor allem über das gemacht hat, was vom Menschen gefordert wird. Auf diese Weise wird Jesus zu einem theologischen und moralischen Gesetzgeber gemacht. Diese Auffassung ist offensichtlich ein Rückfall in den legalistischen Typ der Selbst-Erlösung. Gegenüber einer solchen Theologie und ihrem populären Verständnis muß man an dem Prinzip festhalten, daß das Sein dem Reden vorausgeht. Nur deshalb haben die Worte Jesu die Macht, das Neue Sein zu schaffen, weil Jesus als der Christus „das Wort" *ist,* und nur in der Macht des Neuen Seins können seine Worte in die Wirklichkeit umgesetzt werden.

Das zweite, in dem das Neue Sein des Christus sich manifestiert, ist sein Handeln. Auch das hat man von seinem Sein losgelöst und als Beispiel aufgefaßt, das nachgeahmt werden muß. Jesus wird nicht als Gesetzgeber, sondern selbst als das neue Gesetz betrachtet. Auch diese Auffassung läßt sich teilweise rechtfertigen. Wenn Jesus als der Christus die essentielle Einheit zwischen Gott und dem Menschen darstellt, die unter den Bedingungen der existentiellen Entfremdung erscheint, dann wird jeder Mensch aufgefordert, die „Form des Christus" anzunehmen. Am Neuen Sein teilzuhaben ist gleichbedeutend mit *zu sein wie Christus.* In diesem Sinn *ist* der Christus das neue Gesetz, und ihm gleich zu sein, wird indirekt gefordert. Eine solche Interpretation führt unvermeidbar zu bedenklichen Konsequenzen. Unter der *imitatio Christi* versteht man dann das Bemühen, das eigene Leben in eine Kopie des Lebens Jesu mit allen konkreten Zügen des biblischen Bildes zu verwandeln. Aber dies widerspricht dem Sinn, den diese Züge in dem Bild Jesu als des Christus haben. Sie sollen das Neue Sein, das sein Sein ist, transparent machen. Als solche weisen sie über ihre Kontingenz hinaus und sind keine Beispiele zur Nachahmung. Sie würden sonst ihre Transparenz verlieren und zu rituellen oder asketischen Vorschriften werden. Wenn das Wort „imitatio" überhaupt gebraucht wird, dann sollte es bedeuten, daß wir, in unserer Konkretheit, aufgefordert werden, am Neuen Sein teilzuhaben und uns durch das Neue Sein umformen zu lassen, nicht jenseits, sondern innerhalb der Zufälligkeiten unseres Lebens. Nicht durch sein Handeln, sondern durch das Sein, aus dem sein Handeln erwächst, wird Jesus zum Christus. Wird er als das neue Gesetz und als Gegenstand der Nachahmung verstanden, dann ist es fast unvermeidlich, daß auch das Neue Sein den Charakter der Kopie oder der Nachahmung annimmt. Daher zögerte der Protestantismus mit Recht, diese Begriffe anzuwenden, nachdem der römische Katholizismus sie offenkundig mißbraucht hatte. Und der Protestantismus sollte sich allen Versuchen des Pietismus und der Erweckungsbewegungen widersetzen, die darauf abzielen, das Handeln des Christus von seinem Sein zu trennen und in ein Gesetz zu verwandeln.

Die dritte Manifestation des Neuen Seins in Jesus als dem Christus ist sein Leiden. Es schließt seinen gewaltsamen Tod ein und ist eine Konsequenz des unausweichlichen Konflikts zwischen den Kräften der existentiellen Entfremdung und dem Träger des Neuen Seins, durch das die Existenz überwunden wird. Nur dadurch konnte Jesus der Christus werden, daß er Leiden und Tod auf sich nahm, denn nur auf diese Weise konnte er vollkommen an der Existenz teilhaben und alle Kräfte der Entfremdung, die ihn von Gott loslösen wollten, besiegen. Die Bedeutung, die das Kreuz im neutestamentlichen Bilde Jesu als des Christus hat, veranlaßte orthodoxe Theologen, Leiden und Tod von seinem Sein zu trennen und sie zur entscheidenden Funktion des Christus innerhalb des Rahmens einer Opfertheorie zu erklären. Das ist teilweise berechtigt, denn ohne daß er sich als partikulares Individuum, das unter den Bedingungen der Existenz steht, ständig zum Opfer bringt, für sich als den Träger des Neuen Seins, hätte er nicht der Christus werden können. Er bestätigt seinen Charakter als Christus gerade dadurch, daß *er sich als Jesus preisgibt an sich als den Christus.*

Aber man darf diese Opferfunktion nicht von seinem Sein trennen, dessen Manifestation sie ist. Das ist jedoch in Sühnetheorien, z. B. der des Anselm von Canterbury, geschehen. Für ihn ist der Opfertod des Christus das *opus supererogatorium,* das es Gott ermöglicht, den Konflikt zwischen seiner Liebe und seinem Zorn zu überwinden. Es ist hier nicht der Platz, uns mit der Sühnetheorie des Anselm als solcher auseinanderzusetzen, wohl aber müssen wir die Konsequenzen betrachten, die diese Theorie für die Deutung des Christus hat. Zwar wird seine „göttliche Natur" im Sinne des Dogmas stets vorausgesetzt. Aber sein Sein wird nur als die Voraussetzung für seinen Tod und dessen Auswirkung auf Gott und den Menschen verstanden. Es wird nicht verstanden als *der* entscheidende Faktor, als das, was ihn zum Christus macht, und als das, woraus Leiden und Tod sich notwendigerweise ergeben. Aber das Leiden am Kreuz ist nicht etwas Zusätzliches, was von seiner Gesamterscheinung als Träger der Gott-Mensch-Einheit unter den Bedingungen der Existenz abgetrennt werden kann; es gehört notwendig zu seiner Erscheinung. Wie seine Worte und sein Handeln, so ist das Leiden Jesu als des Christus eine Manifestation des Neuen Seins in ihm. Es ist eine absurde Abstraktion, wenn Anselm behauptet, daß Jesus Gott zwar unbedingten Gehorsam schuldete, aber nicht Leiden und Tod — als ob die Einheit zwischen Gott und dem Christus unter den Bedingungen der Existenz hätte aufrecht erhalten werden können, ohne daß Jesus sein Leiden- und Sterbenmüssen ständig auf sich genommen hätte.

Auf Grund dieser Überlegungen müssen wir die rationalistische Abtrennung der *Worte* Jesu von seinem Sein, die pietistische Abtrennung seines *Handelns* von seinem Sein und die orthodoxe Abtrennung seines *Leidens* von seinem Sein zurückweisen. Wir müssen sein Sein als das Neue Sein verstehen und seine Äußerungen als Manifestationen seines Charakters als des Christus.

Ein Versuch, in dieser Richtung weiterzudenken, wurde von Theologen wie Wilhelm Herrmann unternommen, der in das „innere Leben" Jesu: seine Beziehung zu Gott, zu den Menschen und zu sich selbst eindringen wollte. Das geschah in Verbindung mit der Suche nach dem „historischen Jesus". Sicherlich verwirklicht sich das Neue Sein in einem personhaften Leben in inneren Vorgängen, die nicht von außen her erkennbar sind, obschon sie alle Äußerungen dieses Lebens bestimmen. Man kann darum einen Zugang zum „inneren Leben" einer Person nur gewinnen, wenn man Schlußfolgerungen aus diesen Äußerungen zieht. Aber solche Schlußfolgerungen sind immer zweifelhaft, und das gilt besonders im Falle Jesu, nicht nur wegen des Charakters der uns vorliegenden Berichte, sondern auch, weil die Einzigartigkeit seines Seins Analogieschlüsse fragwürdig macht. Es ist bezeichnend, daß die biblischen Berichte über Jesus nicht psychologisieren. Vielleicht könnte man sagen, daß sie ontologisieren. Sie reden vom göttlichen Geist in ihm oder von seinem Einssein mit dem Vater. Sie reden von seinem Widerstand gegen dämonische Versuchungen, von seiner geduldigen und doch kritischen Liebe zu den Jüngern und Sündern. Sie reden von seiner Erfahrung der Einsamkeit und dem Erlebnis der Sinnlosigkeit und von seiner Angst vor dem gewaltsamen Tode, der ihn bedrohte. Aber all dies ist weder Psychologie noch die Beschreibung einer Charakterstruktur. Es ist auch nicht der Versuch, in das „innere Leben" Jesu einzudringen. Unsere Berichte geben keine psychologische Beschreibung seiner Entwicklung, seiner Frömmigkeit oder seiner inneren Konflikte. Sie zeigen nur die Gegenwart des Neuen Seins in ihm unter den Bedingungen der Existenz. Natürlich vollzieht sich alles, was in einer Person vor sich geht, innerhalb ihrer psychologischen Struktur. Wenn z. B. die neutestamentlichen Schriftsteller von der Angst Jesu vor dem Sterbenmüssen berichten, wollen sie damit zeigen, wie völlig er an der menschlichen Endlichkeit teilhat. Sie wollen nicht eine besondere Form von Angst zeigen, sondern die existentielle Angst alles Endlichen und ihre Überwindung. Ohne die Überwindung der existentiellen Angst hätte er nicht der Messias sein können. In all den angeführten Fällen wird eine Situation beschrieben, in der das Neue Sein Mächten der Entfremdung begegnet, nicht aber eine spezielle psychologische Reaktion. Daher ist der Versuch, in das „innere Leben" Jesu einzudringen, um seine messianischen Qualitäten aufzuzeigen, ein Fehlschlag.

An diesem Punkt sei daran erinnert, daß das Wort „Sein", wenn auf Gott angewandt, umschrieben wurde als „Macht des Seins" oder, negativ ausgedrückt, als die Macht, dem Nichtsein zu widerstehen. In analoger Weise deutet der Begriff „Neues Sein", wenn er auf Jesus als den Christus angewandt wird, auf die Macht in ihm hin, die existentielle Entfremdung zu überwinden, oder, negativ ausgedrückt, auf die Macht, den Kräften der Entfremdung zu widerstehen. *Das Neue Sein in Jesus als dem Christus erfahren* heißt, die Macht in ihm erfahren, die die existentielle Entfremdung in ihm selbst und in jedem, der an ihm teilhat, überwindet. Das Wort „Sein" weist darauf hin, daß diese Macht nicht eine Sache des guten Willens ist, sondern ein Geschenk. Damit ist gesagt, daß sie jedem Willensakt vorausgeht und dessen Charakter bestimmt. In diesem Sinne kann man sagen, daß der Begriff des Neuen Seins das Wesen der Gnade sichtbar macht. Während der Realismus in Gefahr war, die Gnade magisch zu interpretieren, war der Nominalismus in Gefahr, den Begriff der Gnade völlig zu verlieren. Ohne ein wirkliches Verständnis dessen, was „Sein" und „die Macht des Seins" bedeuten, ist es unmöglich, sinnvoll von Gnade zu reden.

4. Das Neue Sein in Jesus dem Christus als die Überwindung der Entfremdung

a) Das Neue Sein im Christus und die Merkmale der Entfremdung. In allen konkreten Einzelheiten bezeugt das biblische Bild von Jesus als dem Christus seinen Charakter als Träger des Neuen Seins oder als den einen, in dem der Konflikt zwischen der essentiellen Einheit von Gott und Mensch und der existentiellen Entfremdung des Menschen überwunden ist. In jedem Zug widerspricht das Bild Jesu als des Christus (nicht nur in den Evangelienberichten, sondern auch in den Episteln) den Merkmalen der Entfremdung, die wir in der Analyse der existentiellen Situation des Menschen herausgearbeitet haben. Das ist nicht überraschend, denn die Analyse selbst beruhte teilweise auf der Gegenüberstellung der existentiellen Situation des Menschen und des Bildes des Neuen Seins im Christus.

Im biblischen Bilde Jesu als des Christus finden wir trotz aller Spannungen keine Entfremdung zwischen ihm und Gott und daher auch nicht zwischen ihm und sich selbst und zwischen ihm und der Welt. Der paradoxe Charakter seines Seins liegt in der Tatsache, daß er, obwohl er endliche Freiheit ist und unter den Bedingungen von Raum und Zeit steht, vom Grunde seines Seins nicht entfremdet ist. Wir finden keine Züge des Unglaubens, d. h. der Wegwendung seines persönlichen Zentrums vom göttlichen Zentrum. Selbst in der extremen Situation der Verzweiflung über sein messianisches Werk schreit er zu seinem Gott, der ihn verlassen hat. Ebenso zeigt das biblische Bild keinen Zug von *hybris* oder Selbst-Erhöhung, obwohl sich Jesus seiner messianischen Berufung bewußt ist. In dem entscheidenden Augenblick, in dem Petrus ihn zum ersten Mal den Christus nennt, verbindet er die Annahme dieses Titels mit der Annahme seines gewaltsamen Todes, und er verbindet damit die Warnung an seine Jünger, seine messianische Funktion geheim zu halten. Das gleiche sagt Paulus in seinem christologischen Hymnus (Philipper 2), wo er die göttliche Gestalt des transzendenten Christus mit der Annahme der Knechtsgestalt verbindet. Das Johannesevangelium gibt hierfür die theologische Begründung in dem Satz, der Jesus zugeschrieben wird: „Wer an mich glaubt, glaubt nicht an mich, sondern an den, der mich gesandt hat." Und das Bild Jesu als des

Christus zeigt auch keinen Zug von Konkupiszenz. Das kommt zum Ausdruck in der Geschichte von der Versuchung in der Wüste. Hier wird sein natürliches Verlangen nach Nahrung, Erfolg seiner Mission und Macht über die Menschen vom Satan benutzt, um Jesus zu Fall zu bringen. Als der Christus hätte Jesus sich diese Wünsche erfüllen können. Aber dann wäre er der dämonischen Versuchung zum Opfer gefallen und hätte aufgehört, der Christus zu sein.

Die Überwindung der Entfremdung durch das Neue Sein in Jesus als dem Christus sollte nicht mit dem Begriff „Sündlosigkeit Jesu" beschrieben werden. Das ist ein negativer Ausdruck und wird im Neuen Testament nur gebraucht, um Jesu Sieg über seine Versuchung zu zeigen, die Versuchung, sich den zerstörerischen Kräften der Entfremdung zu unterwerfen (vgl. den Brief an die Hebräer). Es gibt im Neuen Testament weder eine Aufzählung bestimmter Sünden, die er nicht begangen hat, noch eine biographische Beschreibung der Zweideutigkeiten des Lebens, in denen er sich als unzweideutig gut bewies. Er lehnt es ab, daß das Wort „gut" auf ihn angewandt wird, weil niemand gut sein kann, der es nicht auf Grund seiner Einheit mit Gott ist. Damit rückt er das Problem an den richtigen Platz. Sein Gutsein ist Gutsein nur, insofern er an dem Gutsein Gottes teilhat. Wie jeder Mensch war auch Jesus endliche Freiheit. Wäre er das nicht gewesen, dann wäre er uns nicht gleich gewesen und hätte nicht für uns der Christus werden können. Gott allein ist jenseits von Freiheit und Schicksal. In ihm allein sind die Spannungen dieser und aller anderen Polaritäten in Ewigkeit überwunden. In Jesus sind sie aktuell und müssen in ständigem Kampf vor dem Auseinanderbrechen bewahrt werden. Der Begriff „Sündlosigkeit" ist eine Rationalisierung des biblischen Bildes dessen, der die Mächte der existentiellen Entfremdung in der Existenz besiegt hat. Schon im Neuen Testament erscheinen Rationalisierungen auch an anderen Stellen, z. B. in einigen Wundergeschichten — der Geschichte vom leeren Grab, der Jungfrauengeburt, der leiblichen Himmelfahrt usw. Ob die Rationalisierungen in Geschichten oder Begriffen vorkommen, sie haben immer den gleichen Charakter: Eine gläubige Aussage über den Christus (und später auch über seine Jünger) wird auf das Niveau naturwissenschaftlicher Absurditäten herabgedrückt. Eine religiöse Aussage von existentiell-symbolischem Charakter wird in eine theoretische Aussage von rational-objektivierendem Charakter verkehrt.

Das biblische Bild des Christus betont drei Dinge: erstens die völlige Endlichkeit des Christus, zweitens die Echtheit der Versuchungen, die aus ihr erwachsen, drittens den Sieg über die Versuchungen, die seine Beziehung zu Gott zerrissen und seine messianische Funktion zerstört

Das Neue Sein in Jesus dem Christus als die Überwindung der Entfremdung

hätten. Über diese drei Punkte hinaus, die auf Grund der Erfahrung der Jünger sein Bild charakterisieren, ist keine Untersuchung möglich und sinnvoll, besonders nicht, wenn „Sünde" korrekterweise im Singular gebraucht wird.

b) Die Echtheit der Versuchungen Jesu. Da Jesus als der Christus endliche Freiheit ist, ist er realer Versuchung ausgesetzt. *Möglichkeit* ist Versuchung. Und Jesus würde nicht die wesenhafte Gott-Mensch-Einheit repräsentieren ohne die Möglichkeit echter Versuchung. Die monophysitische Tendenz, die sich durch die ganze Kirchengeschichte sowohl in der Theologie wie im populären Christentum hindurchzieht, hat dazu geführt, daß der ernsthafte Charakter der Versuchungen des Christus oft geleugnet wird. Man konnte sich mit dem wahren Menschsein Jesu als endlicher Freiheit nicht abfinden und daher mit der Möglichkeit, daß er der Versuchung erliegen würde. Ohne es zu wollen, beraubte man Jesus seiner realen Endlichkeit und sprach ihm eine göttliche Transzendenz jenseits von Freiheit und Schicksal zu. Die Kirche war — wenn auch nie ganz erfolgreich — im Recht, wenn sie die monophysitische Verzerrung des Christus-Bildes zurückwies.

Wenn man jedoch an der Behauptung festhält, daß die biblischen Berichte auf echte Versuchungen hinweisen, dann muß man sich mit einem Problem auseinandersetzen, das für die Lehre vom Menschen im allgemeinen und die Lehre vom Übergang von der Essenz zur Existenz wichtig ist. Der Fall des Menschen aus der träumenden Unschuld in die Selbstverwirklichung und Entfremdung wirft das gleiche anthropologische Problem auf wie der Sieg des Christus über die existentielle Entfremdung. Man muß fragen: Unter welchen Bedingungen kommt es zu einer echten Versuchung? Ist nicht eine der Bedingungen ein Begehren nach dem, was versucherisch ist? Aber wenn es ein solches Begehren gibt, ist dann nicht die Entfremdung früher da als die Entscheidung, der Versuchung nachzugeben oder nicht nachzugeben? Es unterliegt keinem Zweifel, daß unter den Bedingungen der Existenz dies die menschliche Situation ist. Vom Beginn unseres Lebens an treibt unser Begehren uns vorwärts, und Möglichkeiten der Erfüllung tauchen auf. Diese Möglichkeiten werden zur Versuchung, sobald ein Verbot (wie in der Paradiesgeschichte) uns zur Überlegung und Entscheidung zwingt. Die Frage ist dann, wie wir dieses Begehren bewerten sollen, sei es das Begehren Adams nach Erkenntnis und Macht, wie es die Paradiesgeschichte erzählt, oder sei es das Begehren Jesu nach Ehre und Macht in der Versuchungsgeschichte. Die Antwort läßt sich von unserer Analyse der Konkupiszenz her geben. Der Unterschied zwischen der natürlichen

Selbsttranszendenz, die das Verlangen nach Wiedervereinigung mit allem Seienden enthält, und seiner Verzerrung als Konkupiszenz, die nicht die Wiedervereinigung mit dem anderen will, sondern die Ausbeutung des anderen durch Macht und Lust, ist entscheidend für die Bewertung des Begehrens im Zustand der Versuchung. Ohne Begehren kann es nicht zur Versuchung kommen, aber die Versuchung besteht darin, daß das Begehren sich in Konkupiszenz verwandeln will. Das Verbot stellt die Bedingungen auf, die den Übergang vom Begehren zur Konkupiszenz verhindern sollen. In der Paradiesgeschichte werden diese Bedingungen nicht gegeben. Es wird nicht gesagt, daß das Verlangen nach Erkenntnis und Macht gerechtfertigt ist, solange es nicht zur Konkupiszenz wird. Man kann nur eine Andeutung aus der Beziehung entnehmen, die Adam zu den Früchten des Lebensbaumes hat, zu denen er erst zugelassen war und von denen er dann ausgeschlossen wird: Er soll keine Ewigkeit ohne Gott haben. Ebenso kann man daraus die Analogie ableiten, daß er keine Erkenntnis ohne Gott haben soll. Das Begehren an sich ist nicht böse (die Frucht ist gut zum Essen), aber da die Bedingungen für seine rechtmäßige Erfüllung nicht erfüllt werden, wird aus dem Akt des Essens ein Akt der Konkupiszenz. In der Geschichte der Versuchung Jesu wird auf die Bedingungen für eine berechtigte Erfüllung seiner Wünsche zum mindesten hingewiesen. Sie sind in den alttestamentlichen Zitaten gegeben, mit denen Jesus den Satan zurückweist. Und wir finden genau die gleiche Bedingung, die in der Paradiesgeschichte erscheint: Es ist falsch, die Gegenstände auch berechtigter Wünsche ohne Gott haben zu wollen. Jesus hätte sie haben können, aber das hätte bedeutet, daß er damit seine messianische Sendung aufgegeben hätte. Der erste Schritt zur Lösung des Problems, das durch die Echtheit der Versuchungen des Christus aufgeworfen wird, ist die Unterscheidung zwischen Begehren und Konkupiszenz.

Der zweite Schritt muß die Frage behandeln, wie das Begehren überhaupt im Zustand der ungebrochenen Einheit mit Gott möglich ist. „Begehren" setzt Unerfülltsein voraus. Wenn aber der Mensch, der in wesenhafter Einheit mit Gott stand (Adam), und der Mensch, der in aktueller Einheit mit Gott unter den Bedingungen der Entfremdung stand (der Christus), versucht werden auf Grund ihres Begehrens nach endlicher Erfüllung, dann können Begehren und Einheit mit Gott sich nicht widersprechen. Daraus folgt, daß das Leben in der Einheit mit Gott wie alles Leben unter der Polarität von Unerfülltheit und Erfülltheit steht und darum niemals ohne die Gefährdungen ist, die aus dieser Spannung (Dynamik und Form) folgen. Für das Problem der Versuchung bedeutet das, daß die Einheit mit Gott nicht die Verneinung des Begehrens nach Wiedervereinigung des Endlichen mit dem Endlichen fordert. Aber wo Einheit mit Gott vorliegt, wird das Endliche nicht neben dieser Einheit, sondern innerhalb ihrer begehrt. Die Versuchung, die im Begehren wurzelt, besteht darin, daß das Endliche neben Gott gewünscht wird und daß das Begehren Konkupiszenz wird. Das ist die Struktur, die das Begehren sogar für den Christus zu einer echten Versuchung werden läßt.

Wir müssen jedoch noch einen dritten Schritt tun, um die Fragen zu beantworten, die sich aus der Echtheit der Versuchungen Jesu ergeben. Die Bedenken gegen Betrachtungen wie die vorhergehende stammen aus der Furcht, daß sie Jesu Sieg über die Versuchungen als zufällig erscheinen lassen. Wäre das der Fall, dann wäre die Erlösung der Menschheit von der zufälligen Entscheidung eines einzelnen Menschen abhängig. Ein solches Argument jedoch läßt die Polarität zwischen Freiheit und Schicksal außer acht. Die Universalität der existentiellen Entfremdung und die Einzigartigkeit des Sieges über die Entfremdung gehören beide sowohl zur Freiheit wie zum Schicksal. Wenn der Christus sich entscheidet, den Versuchungen nicht nachzugeben, so ist das ein Akt seiner endlichen Freiheit in Analogie zu der Entscheidung eines jeden, der endliche Freiheit ist, d. h. eines jeden Menschen. Als freie Entscheidung ist sie ein Akt seiner ganzen Person und wurzelt im Zentrum seines Selbst. Zugleich ist sie — wie für jeden, der endliche Freiheit ist — eine Konsequenz seines Schicksals. Seine Freiheit war eingebettet in sein Schicksal. Freiheit ohne Schicksal ist bloßer Zufall, und Schicksal ohne Freiheit ist bloße Notwendigkeit. Aber menschliche Freiheit und folglich auch die Freiheit Jesu als des Christus kann nicht vom Schicksal getrennt werden und ist darum weder Zufall noch Notwendigkeit.

Das Element des Schicksals im Bilde des Christus wird im Neuen Testament erstaunlich ernst genommen. Die Abstammung Jesu und seine leibliche Existenz sind in den synoptischen Evangelien Gegenstand der Spekulation und der Forschung. Er ist nicht isoliert. Er ist das zentrale Glied in der Reihe der göttlichen Offenbarungen. Die Bedeutung, die seiner Mutter zugesprochen wird, wird nicht dadurch herabgesetzt, daß sie ihn nicht versteht. Die biblischen Berichte zeigen viele Faktoren auf, die dazu beitragen, das Schicksal des Menschen zu bestimmen. Was Jesus widerfährt, ist immer sowohl eine Konsequenz seines Schicksals als auch ein Akt seiner Freiheit. Überall, wo das Neue Testament sich auf die alttestamentlichen Prophezeiungen beruft, wird das Element des Schicksals deutlich zum Ausdruck gebracht. Die Erscheinung Jesu als des Christus und sein Widerstand gegen die Versuchungen beruhen sowohl auf seiner eigenen Entscheidung als auch auf göttlicher Bestimmung. Hinter diese Einheit können wir nicht zurückgehen — weder im Falle Jesu noch im Falle irgendeines anderen Menschen.

Diese Einsicht gibt eine negative Antwort auf die Frage, ob die Erlösung der Menschheit von der zufälligen Entscheidung eines einzelnen Menschen abhängig war. Die Entscheidungen Jesu, in denen er der echten Versuchung widerstand, stehen wie jede menschliche Entscheidung unter Gottes lenkendem Schaffen (Vorsehung). Und Gottes lenkendes Schaffen schafft im Falle des Menschen durch die menschliche Freiheit hindurch. Das menschliche Schicksal ist von Gott bestimmt, aber Gott wirkt durch die menschliche Selbstbestimmung, durch seine endliche Freiheit. In dieser Beziehung sind die „Geschichte der Erlösung" und die „Geschichte des Erlösers" letztlich in gleicher Weise bestimmt wie die Geschichte im allgemeinen und die Geschichte jedes einzelnen Menschen. Das gilt auch für den Zustand der Entfremdung, in dem die Menschheit sich befindet. Niemand kann im Ernst den absurden Gedanken verfechten, daß die Ursache der universalen menschlichen Situation die zufällige Entscheidung eines individuellen Menschen war. Es gibt keinen indeterminierten Zufall, weder in der negativen noch in der positiven Situation der Menschheit, aber es gibt die Einheit von Freiheit und Schicksal unter Gottes lenkendem Schaffen.

c) Die Merkmale seiner Endlichkeit. Die Echtheit der Versuchung des Christus beruht darauf, daß er endliche Freiheit ist. Es ist bemerkenswert, bis zu welchem Grade das biblische Bild von Jesus als dem Christus seine Endlichkeit betont. Als endliches Wesen ist er den Zufälligkeiten alles dessen unterworfen, was nicht durch sich selbst, sondern in die Existenz „geworfen" ist. Er muß sterben, und er erfährt die Angst des Sterben-Müssens. Diese Angst wird von den Evangelisten auf eine höchst lebendige Weise beschrieben. Sie wird weder gemildert durch die Erwartung der Auferstehung „nach drei Tagen" noch durch Märtyrerekstase noch durch Heroismus, wie er im Ideal der Weisen beschrieben ist. Jesus erlebt wie jeder Mensch das drohende Ende, die nahen Grenzen seines Lebens. Wie alle endlichen Wesen erlebt er das Fehlen eines gesicherten Ortes, in dem er wurzelt. Von Geburt an ist er in seiner Welt fremd und heimatlos. Er ist körperlich, sozial und geistig ungesichert, er lebt in Armut, und er wird von seinem Volk verstoßen. In der Beziehung zu anderen Menschen wird seine Endlichkeit manifest in seiner Einsamkeit sowohl gegenüber den Massen als auch gegenüber seinen Verwandten und Jüngern. Er ringt darum, sich verständlich zu machen, aber während seines Lebens ohne Erfolg. Sein immer wiederkehrendes Verlangen nach Alleinsein beweist, daß viele Stunden seines alltäglichen Lebens durch verschiedene endliche Anliegen, die sich aus seiner Begegnung mit der Welt ergaben, ausgefüllt waren. Gleichzeitig ist er aufs tiefste betroffen vom Elend der Massen und jedes Menschen, der sich an ihn wendet. Er nimmt sie an, obwohl er von ihnen verworfen werden wird. Er erfährt die Spannungen, die aus der Selbst-Bezogenheit jeder endlichen Person herrühren, und die Unmöglichkeit, in das Zentrum eines anderen einzudringen und es zu ändern.

In der Beziehung zur Wirklichkeit selbst, Dingen wie Personen, bleibt sein Urteil unsicher, er ist vor Irrtum nicht geschützt, seine Macht ist begrenzt, und er ist den Wechselfällen des Lebens ausgesetzt. Wenn das Johannesevangelium von ihm sagt, daß er die Wahrheit *ist,* so heißt das nicht, daß er Allwissenheit oder absolute Gewißheit *hat.* Er *ist* die Wahrheit insofern, als sein Sein — das Neue Sein in ihm — die Unwahrheit existentieller Entfremdung besiegt. Aber die „Wahrheit sein" ist nicht das gleiche, wie die Wahrheit über alle endlichen Gegenstände und Situationen wissen. Endlichkeit schließt die Möglichkeit des Irrtums ein, und Irrtum gehört zur Teilnahme des Christus an der menschlichen Endlichkeit. Irrtum ist sichtbar in seiner antiken Weltanschauung, in seinem Urteil über Menschen, in seiner Deutung des historischen Augenblicks, in seinen eschatologischen Vorstellungen. Und die Teilnahme an der Endlichkeit zeigt sich ferner in der Echtheit seiner Versuchungen, die Mangel und Begehren voraussetzen, im Zweifel an seinem eigenen Werk, der zum Ausdruck kommt in seinem Zögern, den messianischen Titel anzunehmen, und in seinem Gefühl, daß am Kreuz sein Werk zerbrochen sei.

All das gehört zur Endlichkeit Jesu als des Christus und hat seinen Platz innerhalb der Totalität seines Bildes. Seine Endlichkeit ist *ein* Element unter anderen. Aber diese Seite muß einer Theologie gegenüber betont werden, die ihm verborgene Allmacht, Allwissenheit, Allgegenwart und Ewigkeit zuschreibt. Diese Attribute berauben ihn echter Endlichkeit und echter Teilnahme an der menschlichen Situation.

d) Seine Teilnahme an der tragischen Zweideutigkeit des Lebens. Jede Begegnung Jesu mit der Wirklichkeit — mit Situationen, mit Gruppen oder mit Individuen — ist praktischer und theoretischer Unsicherheit ausgeliefert. Diese Unsicherheit hat ihre Ursache nicht nur in der Endlichkeit des Einzelmenschen, sondern auch in der Zweideutigkeit dessen, was dem Menschen begegnet. „Leben" ist gekennzeichnet durch Zweideutigkeit, und eine der Zweideutigkeiten ist die von Größe und Tragik (die ich in Band III behandeln werde). Daraus erwächst das

Problem, wie der Träger des Neuen Seins in das tragische Element des Lebens einbezogen ist. In welcher Beziehung steht er zur Zweideutigkeit der tragischen Schuld? Welches ist seine Beziehung zu den tragischen Konsequenzen, die seine Handlungen und seine Entscheidungen für die haben, die für ihn oder gegen ihn sind, oder für die, die weder das eine noch das andere sind?

Das erste und historisch bedeutsamste Beispiel in diesem Zusammenhang ist der Konflikt Jesu mit den Führern seines Volkes. Auf christlicher Seite vertritt man im allgemeinen die Ansicht, ihre Feindschaft gegen ihn sei unzweideutig ihre religiöse und moralische Schuld. Sie entschieden sich gegen ihn, obwohl sie sich für ihn hätten entscheiden können. Aber gerade in diesem „können" liegt das Problem. Es schließt das tragische Element aus, das universal zur Existenz gehört. Es löst die Führer aus dem Zusammenhang der Menschheit heraus und macht sie zu Repräsentanten des unzweideutig Bösen. Aber es gibt nichts unzweideutig Böses. Das wird auch von Jesus in bezug auf seine Feinde anerkannt. Er bittet für sie um Vergebung, da „sie nicht wissen, was sie tun". Er geht in ihre Häuser als Gast, er fühlt sich mit ihnen als zum Hause Israel gehörig. Die Pharisäer waren die Frommen ihrer Zeit, sie repräsentierten das Gesetz Gottes, die vorbereitende Offenbarung, ohne die die letztgültige Offenbarung nicht hätte geschehen können. Wenn die Christen das tragische Element in der Begegnung zwischen Jesus und den Juden (und ähnlich zwischen Paulus und den Juden) leugnen, machen sie sich einer tiefen Ungerechtigkeit schuldig. Und diese Ungerechtigkeit ließ schon frühzeitig einen christlichen Anti-Judaismus entstehen, der eine der ständigen Quellen des modernen Antisemitismus ist. Es ist bedauerlich, daß auch heute noch ein großer Teil der christlichen Unterweisung bewußt oder unbewußt für diese Art anti-jüdischen Fühlens verantwortlich ist. Ändern kann sich das nur, wenn wir offen zugeben, daß der Konflikt zwischen Jesus und seinen Feinden ein tragischer war. Das bedeutet, daß Jesus insofern dem tragischen Element der Schuld unterworfen war, als er seine Feinde unausweichlich schuldig werden ließ. Dieses Element der Schuld berührte nicht seine persönliche Beziehung zu Gott. Es schuf keine Entfremdung zwischen ihm und Gott. Es spaltete nicht das Zentrum seiner Person. Aber es ist ein Ausdruck seiner Teilnahme an der menschlichen Situation und der Zweideutigkeit alles Lebens. Es war eine tiefe Einsicht in das tragische Element der Schuld, als Kierkegaard die Frage stellte, ob man das Recht habe, sich für die Wahrheit töten zu lassen. Wer das tut, muß wissen, daß er tragisch für die Schuld derer verantwortlich wird, die ihn töten.

Das Neue Sein in Jesus dem Christus als die Überwindung der Entfremdung

Viele beunruhigende Fragen sind schon im neutestamentlichen Zeitalter über die Beziehung von Jesus zu Judas gestellt worden. Jesus selbst weist in den Berichten über den Judasverrat auf eins dieser Probleme hin. Auf der einen Seite bejaht er die durch die Vorsehung bewirkte Notwendigkeit der Tat des Judas — nämlich die Erfüllung der alttestamentlichen Prophezeiungen —, und auf der anderen Seite betont er die Schwere der persönlichen Schuld des Judas. Das tragische und das moralische Element in der Schuld des Judas werden von Jesus in gleicher Stärke betont. Aber neben diesem allgemein tragischen Element in der Schuld des Judas gibt es noch ein spezielles. Der Verrat setzt voraus, daß Judas zu dem engen Kreis der Jünger gehörte. Und das hätte nicht sein können ohne den Willen Jesu. Andeutend haben wir auf diesen Punkt schon hingewiesen, als wir von der Irrtumsmöglichkeit in seiner Menschenbeurteilung sprachen, die untrennbar mit dem endlichen Dasein gegeben ist. Direkt müssen wir nun sagen, daß, wie die Geschichte in den Berichten steht (und nur damit haben wir es hier zu tun), der Unschuldige tragisch schuldig wird gegenüber dem, der an seinem Tode mitwirkt. Wenn man den Gedanken ernst nimmt, daß der Träger des Neuen Seins an den Zweideutigkeiten des Lebens teilhat, dann sollte man nicht versuchen, solchen Konsequenzen aus dem Wege zu gehen. Wäre Jesus als der Christus ein über die Erde wandelnder Gott, so wäre er weder endlich noch der Tragik unterworfen. Er würde das letzte Gericht bringen und damit ein unzweideutiges Urteil. In der symbolischen Sprache der Bibel aber gehört das Gericht zu seinem „zweiten Kommen" und ist verbunden mit der Verwandlung der Wirklichkeit als Ganzer. Der Christus des biblischen Bildes nimmt die Konsequenzen seiner tragischen Verwobenheit in die menschliche Situation auf sich. Und weil seine Beziehung zu den Pharisäern und zu Judas tragische Elemente hat, ist die erlösende Kraft in ihm auch für die vorhanden, die an seinem Tode schuldig sind, auch für Judas.

e) Seine ungebrochene Einheit mit Gott. Der Sieg des Neuen Seins über die existentielle Entfremdung hebt Endlichkeit und Angst, Zweideutigkeit und Tragik nicht auf, wohl aber werden durch diesen Sieg die Negativitäten der Existenz in die ungebrochene Einheit mit Gott hineingenommen. Die Angst vor dem Sterbenmüssen hat nicht aufgehört, sie ist hineingenommen in das Teilhaben am „Willen Gottes", d. h. an seinem lenkenden Schaffen. Jesu Heimatlosigkeit und Ungesichertheit im Hinblick auf einen physischen, sozialen und geistigen Ort wird nicht geringer, sondern verstärkt sich bis zum letzten Augenblick seines Lebens. Aber Jesus akzeptiert die Heimatlosigkeit in der Gewißheit einer ewigen Heimat, eines „transzendenten Ortes", der in Wirklichkeit kein Ort ist, sondern der ewige Grund jedes Ortes und jedes Augenblicks. Seine vergeblichen Bemühungen, sich denen verständlich zu machen, zu denen er kommt, werden nicht erfolgreich. Aber er nimmt die an, die ihn verwerfen. Wenn die horizontale Linie, die von einem Wesen zum anderen geht, versperrt ist, dann kann die vertikale Linie der einenden Liebe, die über Gott geht, wirksam werden. Aus seiner Einheit mit Gott dringt Jesus durch zu denen, die von ihm und voneinander durch endliche Selbstbezogenheit und Selbstverschließung geschieden sind. Ebenso sind Irrtum und Zweifel hineingenommen in sein Teilhaben am göttlichen Leben und an der göttlichen Wahrheit. Darum finden wir in dem Bilde Jesu als des Christus keine Anzeichen dafür, daß der Zweifel unterdrückt wird. Wer nicht imstande ist, seine Zweifel heraufzuheben in die Wahrheit, die jede endliche Wahrheit transzendiert, muß diese Zweifel unterdrücken. Ein solcher Mensch wird notgedrungen fanatisch. Aber das biblische Bild zeigt keine Züge von Fanatismus. Jesus beansprucht für eine Überzeugung, die in die Sphäre des Endlichen gehört, keine absolute Gewißheit. Er wendet sich gegen die fanatische Haltung der Jünger gegenüber denen, die ihm nicht nachfolgen. In der Vollmacht einer Gewißheit, die Gewißheit und Ungewißheit im religiösen wie im profanen Leben transzendiert, nimmt er die Ungewißheit an als ein Element der Endlichkeit. Das gilt auch für den Zweifel an seinem eigenen Werk — dem Zweifel, der am intensivsten am Kreuz durchbricht, der aber seine Einheit mit Gott nicht zerstört.

Das ist das Bild des Neuen Seins in Jesus als dem Christus. Es ist nicht das Bild eines göttlich-menschlichen Automaten, der keine ernsthafte Versuchung kennt, keinen echten inneren Konflikt und kein tragisches Verflochtensein in die Zweideutigkeiten des Lebens. Statt dessen ist es das Bild eines personhaften Lebens, das allen Konsequenzen der existentiellen Entfremdung unterworfen ist, worin aber Entfremdung überwunden ist und die ungebrochene Einheit mit Gott erhalten bleibt. In diese Einheit nimmt Jesus die Negativitäten der Existenz hinein, ohne sie aufzuheben. Das geschieht, indem er sie in der Macht dieser Einheit transzendiert. Das ist das Neue Sein, wie es in dem biblischen Bild von Jesus als dem Christus erscheint.

5. Die geschichtliche Dimension des Neuen Seins

Es gibt kein personhaftes Leben ohne die Begegnung von Person zu Person innerhalb einer Gemeinschaft, und es gibt keine Gemeinschaft

Die geschichtliche Dimension des Neuen Seins

ohne die geschichtliche Dimension von Vergangenheit und Zukunft. Im biblischen Bilde von Jesus als dem Christus tritt die geschichtliche Dimension deutlich hervor. Wenn auch sein personhaftes Leben als das Kriterium gilt, durch das Vergangenheit und Zukunft gerichtet werden, so ist es doch kein isoliertes Leben, und das Neue Sein, das die Qualität seines Seins ist, bleibt nicht beschränkt auf sein Sein. Die geschichtliche Dimension, in der Jesus gesehen wird, bezieht sich zunächst auf die vorbereitenden Manifestationen des Neuen Seins, ferner auf die Gemeinschaft, die er stiftet, und auf die Manifestationen des Neuen Seins, die in ihr empfangen werden.

Die neutestamentlichen Berichte nehmen die Abstammung Jesu von den Trägern der vorbereitenden Offenbarung ernst. Die in anderer Hinsicht fragwürdigen und sich widersprechenden Geschlechtsregister Jesu haben aus diesem Grunde symbolischen Wert, genauso wie das Symbol „Sohn Davids" und das Interesse der Berichte an der Gestalt seiner Mutter. All das weist auf die geschichtliche Dimension der Vergangenheit hin. In der Wahl der zwölf Apostel wird die Vergangenheit der zwölf Stämme Israels symbolisch verbunden mit der Zukunft der Kirche. Während jedoch das Interesse des synoptischen Bildes sich vor allem auf die Vergangenheit richtet, gilt das des Johannesevangeliums vorwiegend der Zukunft. Aus dem Gesagten geht hervor, daß das biblische Bild nicht verantwortlich für eine Theologie zu machen ist, die im Namen der „Einzigartigkeit" Jesu als des Christus ihn von allem abschneidet, was vor dem Jahr 1 und nach dem Jahr 30 geschah. Eine solche Theologie leugnet die Kontinuität der Selbstmanifestationen Gottes in der Geschichte nicht nur für die vorchristliche Ära, sondern auch für die Gegenwart und Zukunft der christlichen Ära. Und es wird daraus gefolgert, daß der heutige Christ an der Macht des Neuen Seins nur teilhaben kann, wenn er zwei Jahrtausende christlicher Tradition überspringt, um die Jahre 1–30 zu erreichen. Aber dieser Sprung ist eine Illusion, denn die Tatsache, daß jemand ein Christ ist und daß er Jesus den Christus nennt, ist in der Kontinuität begründet, die die Macht des Neuen Seins durch die Geschichte hindurch lebendig erhält. Die protestantischen Theologen sollten sich nicht durch ein antikatholisches Vorurteil daran hindern lassen, diese Tatsache anzuerkennen. Die Erscheinung des Christus in einer Einzelperson setzt die Gemeinschaft voraus, aus der er kommt und die er schafft. Das Kriterium beider ist das Bild Jesu als des Christen. Aber ohne sie hätte dieses Kriterium niemals geschichtliche Wirklichkeit werden können.

6. Sich widersprechende Elemente im Bilde Jesu als des Christus

In den vorangegangenen Abschnitten haben wir von *dem* Bilde Jesu als des Christus gesprochen und die Unterschiede und Gegensätze innerhalb des biblischen Bildes außer acht gelassen. Nunmehr müssen wir fragen, ob es tatsächlich ein einheitliches Bild im Neuen Testament gibt oder ob die sich widersprechenden Auffassungen der verschiedenen neutestamentlichen Schriftsteller die Darstellung eines solchen Bildes unmöglich machen. Die Frage verlangt zunächst eine historische, dann eine systematische Antwort. Die historische Antwort lag zum Teil schon in der vorangegangenen Feststellung, daß alle Teile des Neuen Testaments in der Behauptung übereinstimmen, daß Jesus der Christus ist. Das ist notwendig so, weil das Neue Testament das Buch derjenigen Gemeinschaft ist, deren Grundlage die Annahme Jesu als des Christus ist. Aber mit dieser Feststellung wird die Frage noch nicht erschöpfend beantwortet, denn es gibt verschiedene und in gewissem Sinne sich widersprechende Weisen, die Behauptung, daß Jesus der Christus ist, zu interpretieren. Entweder kann man das Teilhaben des Neuen Seins *an* den Bedingungen der Existenz betonen oder den Sieg des Neuen Seins *über* die Bedingungen der Existenz. Offensichtlich ist das erste die synoptische, das zweite die johanneische Linie. Es geht hier nicht um die Frage, ob es möglich ist, durch eine Kombination beider Bilder ein harmonisches geschichtliches Bild zu gewinnen. Die historische Forschung hat diese Frage fast einstimmig im negativen Sinn beantwortet. Die Frage ist vielmehr, ob solche Gegensätze, nachdem sie dem Gläubigen bewußt geworden sind, den Eindruck des biblischen Bildes von Jesus als dem Träger des Neuen Seins gefährden können. Der Kontrast zwischen der synoptischen Betonung der Teilnahme Jesu an den Negativitäten der Existenz und der johanneischen Betonung des Sieges des Christus über diese Negativitäten führt keineswegs zu einem exklusiven Gegensatz. Rein empirisch kann man zeigen, daß es in den Synoptikern Geschichten und Symbole der Herrlichkeit Jesu als des Christus gibt und im Johannesevangelium Geschichten und Symbole der Niedrigkeit Jesu als des Christus. Dennoch ist die systematische Frage unvermeidlich.

Ein anderer Konflikt im neutestamentlichen Christusbild ergibt sich aus der Tatsache, daß bei den Synoptikern die Worte Jesu sich auf das Reich Gottes und im Johannesevangelium auf ihn selbst beziehen. Auch hier kann man rein empirisch den Gegensatz abschwächen. Bei den Synoptikern fehlt das messianische Selbstbewußtsein Jesu als des Christus keineswegs. Vor allem enthalten sie keine Andeutung, daß Jesus sich mit der übrigen Menschheit in bezug auf die Entfremdung von Gott auf eine Stufe stellt. Er geht in die entfremdete Existenz ein und nimmt ihre tragischen und selbstzerstörerischen Konsequenzen auf sich, aber er identifiziert sich nicht mit ihr. Es gehört zum Charakter dessen, der eine ungebrochene Einheit mit Gott hat, daß er den Unterschied zwischen sich und denen, die diese Gemeinschaft nicht haben, fühlt. Trotzdem bleibt der Gegensatz zwischen der Art, in der Jesus bei den Synoptikern und bei Johannes spricht, so groß, daß er ein systematisches Problem aufwirft.

Ein drittes Problem taucht sowohl bei den Synoptikern als auch bei Johannes auf. Es betrifft die Rolle, die Jesus sich selbst innerhalb des eschatologischen Geschehens zuweist. An diesem Punkt gibt es Unterschiede in den einander folgenden Schichten der synoptischen Tradition wie auch im Johannesevangelium. Bei den Synoptikern erscheint Jesus teils nur als der prophetische Verkünder des kommenden Reiches und teils als die zentrale Gestalt innerhalb des eschatologischen Dramas: Er muß sterben für die Sünden des Volkes und auferstehen; er erfüllt die eschatologischen Prophezeiungen des Alten Testaments; er wird auf den Wolken des Himmels wiederkehren und die Welt richten; er wird das eschatologische Mahl mit seinen Jüngern halten. Bei Johannes wiederholt Jesus diese eschatologischen Aussagen, zum Teil jedoch transformiert er sie in Aussagen über eschatologische Prozesse, die sich schon jetzt vollziehen und über Gericht und Erlösung entscheiden. Wieder muß man sagen, daß weder bei Johannes noch bei den Synoptikern die Gegensätze ausschließliche sind. Aber sie sind stark genug, um eine systematische Erörterung zu verlangen.

Die erstaunliche Tatsache, daß diese Gegensätze jahrhundertelang nicht empfunden worden sind, ist zum großen Teil in dem vorherrschenden Einfluß des Johannesevangeliums und in der kryptomonophysitischen Tendenz der Kirche begründet. Für Luther ist das Johannesevangelium noch das „Hauptevangelium", obwohl er andererseits die Niedrigkeit des Christus betont. Wie viele andere Christen las auch er die Worte des synoptischen „Jesus Christus" so, als ob sie Worte des johanneischen „Christus Jesus" wären — trotz ihrer Unvereinbarkeit. Diese Situation existiert nicht mehr. Die Gegensätze werden von vielen Christen gesehen, und man kann nicht von ihnen verlangen, daß sie ihre Augen davor verschließen. Die Antwort auf das systematische Problem lautet, daß man unterscheiden muß zwischen dem symbolischen Rahmen, in dem das Bild Jesu als des Christus erscheint, und der Substanz, in der die Macht des Neuen Seins gegenwärtig ist. Wir haben die verschiedenen Symbole, mit denen das Faktum „Jesus" interpretiert wurde (von denen eins „der Christus" ist), aufgezählt und erörtert. Diese Symbole sind keine Hinzufügung zu einem sonst schon fertigen Bild. Sie sind der bestimmende Rahmen, innerhalb dessen die Darstellung gegeben wird. Das Symbol „Menschensohn" z. B. entspricht dem eschatologischen Rahmen. Das Symbol „Messias" entspricht den Stellen, in denen von der Heil- und Predigttätigkeit Jesu berichtet wird. Das Symbol „Sohn Gottes" und das Begriffs-Symbol *logos* entsprechen der Art des Redens und Handelns Jesu bei Johannes. Immer aber bleibt die Substanz unangetastet. Sie scheint durch die Reden und Erzählungen als die Macht des Neuen Seins in einer dreifachen Bedeutung: erstens und entscheidend als die ungebrochene Einheit Jesu mit Gott; zweitens als die Größe eines personhaften Lebens, in dem diese Einheit gegenüber allen Angriffen aus der entfremdeten Existenz aufrecht erhalten wird; drittens als die sich selbst hingebende Liebe, die die göttliche Liebe repräsentiert und verwirklicht, indem sie die existentielle Selbstzerstörung auf sich nimmt. Es gibt keine Stelle in den Evangelien – und Episteln –, die dieser dreifachen Manifestation des Neuen Seins im biblischen Bilde Jesu als des Christus widerspräche.

C

DIE BEDEUTUNG DES CHRISTOLOGISCHEN DOGMAS

1. Wesen und Funktion des christologischen Dogmas

Das christologische Problem war in dem Augenblick gestellt, in dem der Mensch nach dem Neuen Sein fragte, d. h. in dem er seiner existentiellen Situation bewußt wurde und danach fragte, ob diese Situation durch einen neuen Stand der Dinge überwunden werden könne. Vorbereitend erschien das christologische Problem in den prophetischen und apokalyptischen Erwartungen, soweit sie mit dem Symbol des Messias oder des Menschensohnes verbunden waren. Die Grundlagen für eine formulierte Christologie wurden durch die Art und Weise gelegt, in der die neutestamentlichen Verfasser die christologischen Symbole auf Jesus als den Christus anwandten. Die wichtigsten dieser Symbole sind in dem Abschnitt über die historische Erforschung der biblischen Schriften besprochen worden, nämlich die Symbole: Menschensohn, Sohn Gottes, Christus, *logos*. Sie wurden jedesmal vier Betrachtungen unterworfen, deren vierte die literalistische Mißdeutung der Symbole zeigte. Die Gefahr des Literalismus war einer der Gründe, der die frühe Kirche veranlaßte, die christologischen Symbole in Begriffe zu fassen, die von der griechischen Philosophie geliefert wurden. Besser als alle anderen eignete sich dazu der Logos-Begriff, der schon zum Begriffs-Symbol geworden war. Darum wurde die Christologie der frühen Kirche Logos-Christologie. Es ist unberechtigt, die Kirchenväter für ihren Gebrauch der griechischen Begriffe zu tadeln. Sie hatten keine anderen Begriffe zur Verfügung! Ob diese Begriffe für eine Interpretation der christlichen Botschaft angemessen sind oder nicht, ist eine bleibende Frage der Theologie. Jedenfalls ist es falsch, wenn man es von vornherein verurteilt, daß die frühe Kirche sich der griechischen Begriffssprache bedient hat; es blieb ihr keine andere Möglichkeit.

Die dogmatische Arbeit der frühen Kirche hatte ihr Zentrum in der Schöpfung des christologischen Dogmas. Alle anderen dogmatischen Aussagen, vor allem die über Gott und den Menschen, über den Geist und die Trinität, geben die Voraussetzung oder sind die Konsequenzen des christologischen Dogmas. Das Taufbekenntnis, in dem bekannt wird, daß Jesus der Christus ist, ist gleichsam der Text, zu dem das christologische Dogma der Kommentar ist. Alle Angriffe auf die christlichen Dogmen wenden sich direkt oder indirekt gegen das christologische Dogma. Einige dieser Angriffe richten sich gegen die Substanz, nämlich das Taufbekenntnis, andere gegen die Form, die durch die griechischen Begriffe bestimmt ist. Um sowohl das Dogma als auch die dagegen gerichteten Angriffe richtig beurteilen zu können, muß man den Charakter und die Funktion dogmatischer Aussagen verstehen.

Manche Kritik am christologischen Dogma und am Dogma an sich wäre unterblieben, wenn die Kritiker eingesehen hätten, daß Dogmen nicht aus Freude an sogenannter Spekulation geschaffen werden. Obwohl der kognitive Eros bei der Formulierung der Dogmen nicht ausgeschaltet ist, sind die Dogmen in erster Linie, wie Luther sagt, „schützende Lehren". Sie haben den Sinn, die Substanz der christlichen Botschaft gegen Entstellungen — von außerhalb oder von innerhalb der Kirche — zu schützen. Wenn man das verstanden hat und zugibt, daß der politische Mißbrauch der Dogmen als Staatsgesetz eine dämonische Entstellung ihres ursprünglichen Sinnes ist, kann man, ohne autoritäre Konsequenzen fürchten zu müssen, dem Dogma im allgemeinen und dem christologischen Dogma im besonderen eine positive Bedeutung zubilligen. Es bleiben jedoch zwei weitere Fragen: Inwieweit gelang es dem Dogma, den echten Sinn der christlichen Botschaft gegen wirkliche oder drohende Entstellungen zu bewahren? Und wie erfolgreich war die begriffliche Formulierung der christlichen Symbole? Während die erste Frage weitgehend positiv beantwortet werden kann, muß die zweite weitgehend negativ entschieden werden. Das christologische Dogma rettete die Kirche, aber mit unzulänglichen begrifflichen Mitteln. Die Unzulänglichkeit dieser begrifflichen Mittel hat zwei Gründe. Teilweise liegt sie an der Unangemessenheit *jedes* menschlichen Begriffs, der versucht, die Botschaft des Neuen Seins in Jesus als dem Christus auszudrücken, teilweise liegt sie an den speziellen Schwierigkeiten der griechischen Begriffe, die zwar universale Geltung haben, aber dennoch von der konkreten religiösen — durch die göttlichen Gestalten Apollo und Dionysos bestimmten — Situation abhängig sind. Solche Kritik steht im Gegensatz zu der von Harnack, seinen Vorgängern und seinen Nachfolgern, die behaupteten, daß der Gebrauch der griechischen Begriffe in der frühen Kirche unvermeidlich zu einer Intellektualisierung des Evangeliums führen mußte. Diesem Urteil lag die Auffassung zugrunde, daß die griechische Philosophie — sowohl in ihrer klassischen als auch in ihrer hellenistischen Periode — ihrem Wesen nach intellektualistisch war. Das ist aber weder für die eine noch für die andere Periode zutreffend. In der archaischen und klassischen Zeit war die Philosophie etwas, das den Menschen existentiell anging, genauso wie die Tragödie und die Mysterienkulte. Sie suchte leidenschaftlich auf begrifflichem Wege nach dem Unveränderlichen in der theoretischen, praktischen und religiösen Sphäre. Weder Sokrates noch Zeno, der Stoiker, noch Plotin noch die Neuplatoniker können als Intellektualisten bezeichnet werden, und auf die hellenistische Periode angewandt, ist das Wort intellektualistisch geradezu absurd. Die Philosophenschulen der Spätantike waren als Kultgemeinschaften organisiert. Sie nannten ihre Grundvoraussetzungen „Dogmen". Sie behaupteten die göttliche Inspiration ihrer Gründer, und sie forderten die Annahme der Dogmen von ihren Mitgliedern. Wenn man daher die griechische Begriffssprache gebrauchte, so ist das keineswegs gleichbedeutend mit einer Intellektualisierung der christlichen Botschaft.

Der andere Einwand, daß damit eine Hellenisierung der christlichen Botschaft verbunden sei, hat dagegen mehr Gewicht. Man kann mit gewissem Recht behaupten, daß das christologische Dogma einen hellenistischen Charakter hat. Aber das konnte nicht ausbleiben in Anbetracht der kirchlichen Mission in der hellenistischen Welt. Um überhaupt verstanden zu werden, mußte die Kirche die aus den verschiedensten Quellen stammenden, jedoch am Ende der Antike miteinander verschmolzenen Denk- und Lebensformen des Hellenismus benutzen. Drei dieser Quellen wurden für die christliche Kirche besonders bedeut-

sam: die Mysterienkulte, die Philosophenschulen und der Römische
Staat. Das Christentum paßte sich allen dreien an; es wurde ein Mysterienkult, eine Philosophenschule und ein gesetzliches System. Und doch hörte es nicht auf, eine Gemeinschaft zu sein, die sich auf die Botschaft, daß Jesus der Christus ist, gründete. Es blieb „Kirche" in hellenistischen Denk- und Lebensformen. Es identifizierte sich mit keiner von ihnen, es formte sie um und verhielt sich sogar seiner eigenen Umformung gegenüber kritisch. Trotz langer Perioden eines konservativen Traditionalismus war die Kirche fähig, sich zu radikaler Selbstkritik aufzuraffen und die von ihr geschaffenen Formen kritischer Betrachtung zu unterwerfen.

Das christologische Dogma bedient sich griechischer Begriffe, die ihrerseits wie der Begriff des *logos* eine hellenistische Umformung in der hellenistischen Periode durchgemacht hatten. Dieser Prozeß setzte sich fort, erweitert durch die nun stattfindende Christianisierung der Begriffe. Aber auch in dieser christianisierten Form gaben die Begriffe, wie im praktischen Gebiet die Institutionen, der christlichen Theologie ein ständiges Problem auf. So müssen beispielsweise bei der Erörterung des christologischen Dogmas folgende Fragen gestellt werden: Erfüllt die dogmatische Aussage ihre Aufgabe, erstens, die Botschaft von Jesus dem Christus vor Entstellungen zu bewahren, und zweitens, einen begrifflich klaren Ausdruck des Sinnes dieser Botschaft zu geben? Eine dogmatische Aussage kann gegenüber dieser Forderung in zweifacher Hinsicht versagen: in ihrer Substanz und in ihrer begrifflichen Form. Ein Beispiel für das erste sind die halb-monophysitischen Veränderungen im Chalzedonensischen Glaubensbekenntnis seit der Mitte des 6. Jahrhunderts. Dabei waren es nicht die griechischen Begriffe, die eine Entstellung der ursprünglichen Botschaft verursachten, sondern der Einfluß eines starken Stroms magisch-abergläubischer Frömmigkeit auf den Konzilien. Ein Beispiel für die unangemessene begriffliche Form gibt uns das Bekenntnis von Chalzedon selbst. Seiner Absicht nach drückte es den echten Sinn der christlichen Botschaft aus, und tatsächlich rettete es das Christentum vor einer völligen Beseitigung des menschlichen Bildes Jesu. Aber es konnte die Aufgabe mit den zur Verfügung stehenden begrifflichen Mitteln nur lösen durch eine Anhäufung machtvoller Paradoxe. Es gelang ihm nicht, eine konstruktive Interpretation zu geben, obwohl gerade das beabsichtigt war. Dennoch sollte die Theologie nicht die ihr notwendigen begrifflichen Mittel verwerfen, auch wenn sie unzulänglich sind. Die Theologie muß frei von den Begriffen und frei für die Begriffe sein, die sie gebraucht. Sie muß frei sein mit ihrer Substanz von jeder begrifflichen Form, und sie muß frei sein, die

Die Bedeutung des christologischen Dogmas

Substanz mit jedem begrifflichen Werkzeug auszudrücken, das angemessener ist als diejenigen, die ihr von der kirchlichen Tradition geliefert werden.

2. Probleme und Gefahren in der Entwicklung des christologischen Dogmas

Die zwei Gefahren, die jede christologische Aussage bedrohen, folgen unmittelbar aus der Behauptung, daß Jesus der Christus ist. Der Versuch, diese Behauptung begrifflich zu interpretieren, kann entweder zu einer Verneinung des Christuscharakters in Jesus als dem Christus oder zu einer Verneinung des Jesuscharakters in Jesus als dem Christus führen. Die Christologie muß einen Weg auf dem schmalen Pfad zwischen beiden Abwegen finden. Und sie muß wissen, daß ihr das nie vollständig gelingen wird, da sie hier an das göttliche Mysterium rührt, das auch noch in seiner Manifestation Mysterium bleibt.

In der traditionellen Begriffssprache ist das Problem als die Beziehung der „göttlichen Natur" zur „menschlichen Natur" in Jesus erörtert worden. Jede Verkleinerung seiner „menschlichen Natur" würde dem Christus seine totale Teilnahme an den Bedingungen der Existenz nehmen. Und jede Verkleinerung seiner „göttlichen Natur" würde den Christus seines totalen Sieges über die exstientielle Entfremdung berauben. In beiden Fällen hätte er nicht der Bringer des Neuen Seins sein können. Sein Sein würde weniger als das Neue Sein gewesen sein. Daher erhob sich das Problem, wie die Einheit einer vollständig menschlichen und einer vollständig göttlichen Natur zu denken sei. Dies Problem ist niemals angemessen gelöst worden, nicht einmal in den Grenzen des menschlich Möglichen. Die Lehre von den zwei Naturen in Christus ist zwar in der Fragestellung richtig, nicht aber in der Anwendung der begrifflichen Mittel. Der grundlegende Fehler liegt in dem Begriff „Natur". Auf den Menschen angewandt ist der Begriff „Natur" zweideutig, auf Gott angewandt ist er falsch. Dies erklärt das unausweichliche und endgültige Scheitern der Konzilien, auch denen von Nizäa und Chalzedon trotz ihrer großen geschichtlichen Bedeutung, die ihnen dadurch zukommt, daß sie die substantielle Wahrheit der christlichen Botschaft gerettet haben. Die Entscheidung von Nizäa – von Athanasius verteidigt als eine Sache von Leben und Tod für die Existenz der Kirche – macht es unmöglich, die göttliche Macht des Christus in Offenbarung und Erlösung zu bestreiten. In der Terminologie der nizänischen Kontroverse ist die Macht des Christus die Macht des göttlichen *logos*, des Prinzips der göttlichen Selbst-Manifestation. Das führt zu der weiteren Frage, ob die göttliche Macht des *logos* der des Vaters gleich oder geringer ist. Wenn die erste These bejaht wird, scheint der Unterschied zwischen dem Vater und dem Sohn zu verschwinden — wie es im Sabellianismus der Fall war. Wenn die zweite These bejaht wird, ist der *logos* — wenn auch das größte unter allen geschaffenen Wesen — selbst ein Geschaffenes und daher unfähig, das Geschaffene zu erlösen. Letzteres ist die arianische Auffassung. Ihr gegenüber behauptete Athanasius mit Recht, daß nur der Gott, der wirklich Gott ist, das Neue Sein schaffen kann; kein Halbgott vermag es. Der Begriff *homo ousios* (von gleicher Macht des Seins) sollte diesen Gedanken zum Ausdruck bringen. Aber dagegen konnten die Arianer geltend machen: Wird damit nicht das Bild des Jesus der Geschichte vollkommen unverständlich? Es war für Athanasius und seine Anhänger (z. B. Marcellus) schwer, darauf zu antworten.

Die nizänische Formel ist oft als die grundlegende trinitarische Aussage der Kirche angesehen und von den christologischen Entscheidungen des 5. Jahrhunderts scharf unterschieden worden. Das ist jedoch irreführend. Die Wurzeln der Trinitätslehre liegen in dem Erlebnis der verschiedenen Manifestationen des Göttlichen. Wir haben zu zeigen versucht, daß die Idee des lebendigen Gottes eine Unterscheidung zwischen dem Abgrund-Element und dem Form-Element und ihrer geistigen Einheit in Gott verlangt. Daraus erklären sich die vielfältigen Formen, in denen der trinitarische Symbolismus in der Religionsgeschichte erscheint. Die christliche Lehre von der Trinität fügte dem trinitarischen Denken ein entscheidendes Element hinzu: die Beziehung des Christus zum *logos*. Das führte zu der spezifisch christlichen Problematik der Trinitätslehre. Aber die Entscheidung in Nizäa hatte letztlich christologische Wurzeln, wenn sie auch zum trinitarischen Dogma den wichtigsten Beitrag leistete. In gleicher Weise war die Bekräftigung und Erweiterung des Nizänums im Konzil von Konstantinopel (381) eine christologische Aussage. Es wurde die Bejahung der Göttlichkeit des Heiligen Geistes der Bejahung der Göttlichkeit des *logos* hinzugefügt. Und das war christologisch notwendig: Denn, wenn das Sein Jesu als des Christus das Neue Sein ist, kann es nicht das menschliche Geistesleben Jesu sein, das ihn zum Christus macht, sondern es muß der göttliche Geist sein, der gleich dem *logos* nicht weniger als Gott sein kann. Wenn auch die endgültige Diskussion der trinitarischen Lehre erst nach der Abhandlung der Lehre vom Geist (Teil IV) erfolgt, so kann doch hier schon gesagt werden, daß die trinitarischen Symbole leer werden, wenn man sie von ihren Erfahrungswurzeln abschneidet, nämlich der

Die Bedeutung des christologischen Dogmas

Erfahrung des lebendigen Gottes und der Erfahrung des Neuen Seins im Christus. Sowohl Luther als auch Augustin hatten ein deutliches Gefühl für diese Situation. Augustin fand, daß die Unterscheidung der drei trinitarischen *personae* (nicht Personen im modernen Sinn) ohne jeden Inhalt ist und benutzt wird, „nicht um etwas Bestimmtes auszusagen, sondern um nicht zu schweigen". Und in der Tat sind Ausdrücke wie „nicht gezeugt", „in Ewigkeit gezeugt", „ausgehend vom Vater" nichtssagend. Sie sind kein Material für echte Symbole, und Luther fand, daß ein Wort wie Trinität seltsam und beinahe lächerlich ist, aber hier wie auch in anderen Fällen kein besseres Wort zur Verfügung stünde. Da er die existentiellen Wurzeln der trinitarischen Idee kannte, verwarf er eine Theologie, die aus der trinitarischen Dialektik eine Art Zahlenspiel machte. Das trinitarische Dogma muß als ein tragender Teil des christologischen Dogmas verstanden werden. Die Entscheidung von Nizäa diente nicht einer leeren trinitarischen Spekulation, sondern sie rettete das Christentum vor einem Rückfall in die Verehrung von Halbgöttern. Sie verwarf eine Deutung der Person Jesu, die ihn seiner Macht beraubt hätte, das Neue Sein zu schaffen.

Die Entscheidung, daß Gott selbst und kein Halbgott in dem Menschen Jesus von Nazareth gegenwärtig war, konnte zum Verlust des Jesuscharakters in Jesus als dem Christus führen oder, in der traditionellen Terminologie, zur Verneinung seiner vollen menschlichen Natur. Und diese Gefahr drohte immer wieder in der alten Kirche. Der populären und monastischen Frömmigkeit war nicht Genüge getan mit der Botschaft, daß die ewige Einheit von Gott und Mensch unter den Bedingungen der Entfremdung erschienen ist. Diese Art Frömmigkeit verlangte „mehr". Sie wünschte einen Gott, der auf der Erde wandelte, an der Geschichte teilhatte, aber nicht in die Konflikte der Existenz und in die Zweideutigkeit des Lebens verwickelt war. Die populäre Frömmigkeit wünschte statt des Paradoxes ein „Wunder". Sie verlangte ein Ereignis, analog allen anderen Ereignissen in Raum und Zeit, ein „objektives" Geschehen in einem supranaturalen Sinn. Damit war jedem möglichen Aberglauben Tür und Tor geöffnet. Das Christentum geriet in Gefahr, von der Flutwelle einer Sekundärreligion, für die der Monophysitismus die theologische Rechtfertigung gab, verschlungen zu werden. Die Gefahr wurde besonders akut in Ländern wie Ägypten, das zum Teil aus diesem Grunde eine leichte Beute des bilderstürmenden Islams wurde. Dem hätte erfolgreicher begegnet werden können, wenn die Sekundärreligion nicht kräftige Unterstützung im Mönchstum gefunden hätte. Und Vertreter der Mönche hatten oft entscheidenden Einfluß auf die Synoden. Die Feindschaft der Asketen gegen alles „Natürliche", nicht nur in seiner existentiellen Verzerrung, sondern auch in seiner essentiellen Vollkommenheit, machte sie zu fanatischen Gegnern einer Theologie, die die totale Teilnahme des Christus an der menschlichen Situation betonte. In dem großen Bischof Kyrillos von Alexandria fand die populäre und monastische Frömmigkeit einen theologisch vorsichtigen und politisch geschickten Verteidiger. Die monophysitische Tendenz würde sich in einer theologisch akzeptablen Form in der ganzen Kirche durchgesetzt haben, wenn es nicht eine, wenigstens teilweise, siegreiche Opposition gegeben hätte.

Die Opposition kam von solchen Theologen, die die Partizipation Jesu an der existentiellen Situation des Menschen ernst nahmen. Und sie kam auch von Führern der Kirche, wie Papst Leo von Rom, der, seiner westlichen Tradition zufolge, den historisch-dynamischen Charakter des Neuen Seins im Christus gegenüber dem statisch-hierarchischen Charakter im Osten verteidigte. Diese Opposition war zum großen Teil siegreich im Konzil von Chalzedon — trotz der Mängel der chalzedonensischen Formel. Ihr Sieg verhinderte es, daß der Jesuscharakter des Christus völlig verlorenging, ungeachtet der späteren erfolgreichen Versuche des Ostens, die Entscheidung von Chalzedon im Sinne von Kyrillos umzuformen. Die Autorität von Chalzedon war zu gut fundiert, und der Geist von Chalzedon entsprach zu sehr den Grundtendenzen der westlichen Frömmigkeit (wie sie sich auch später im Protestantismus zeigten), um ganz beseitigt zu werden.

In den zwei großen Entscheidungen der frühen Kirche geschah ein Doppeltes: Das Ereignis Jesus als der Christus wurde so gedeutet, daß sowohl sein Christus-Charakter als auch sein Jesus-Charakter erhalten blieb. Und dies geschah trotz der ganz unangemessenen begrifflichen Mittel.

3. Die christologische Aufgabe der gegenwärtigen Theologie

Die Konsequenzen, die aus dem Vorhergehenden gezogen werden müssen, liegen auf der Hand, bedürfen aber konkreter Ausarbeitung. Die protestantische Theologie muß die katholische Tradition insoweit übernehmen, als sie sich auf die Substanz der zwei großen Entscheidungen der frühen Kirche gründet. Aber die protestantische Theologie muß darüber hinaus neue Formen zu finden suchen, in denen die christologische Substanz der Vergangenheit zum Ausdruck kommen kann. Die vorangegangenen christologischen Kapitel sollten ein solcher Versuch sein. Sie nehmen sowohl gegenüber den orthodoxen als auch

Die Bedeutung des christologischen Dogmas

den liberalen Christologien der letzten Jahrhunderte eine kritische Haltung ein. Die Entwicklung der protestantischen Orthodoxie — in ihrer klassischen und ihrer späteren Periode — zeigt die Unmöglichkeit einer verständlichen Lösung des christologischen Problems mit den Mitteln der klassischen Terminologie. Es war das Verdienst der liberalen Theologie, durch historisch-kritische Untersuchungen zu zeigen (z. B. Harnacks Dogmengeschichte), daß alle Versuche, das christologische Problem mit den Begriffen der Zweinaturenlehre zu lösen, sich in unausweichliche Widersprüche und Absurditäten verstrickten. Aber der Liberalismus selbst trug nicht viel zur Christologie in systematischer Hinsicht bei. Indem er behauptete: „Jesus gehört nicht in das Evangelium, das von Jesus verkündet wird", eliminierte er den Christus-Charakter des Ereignisses „Jesus der Christus". Selbst Historiker wie Albert Schweitzer, die den eschatologischen Charakter der Botschaft Jesu und seine Selbstinterpretation als zentrale Figur in dem eschatologischen Schema betonen, benutzten das eschatologische Element für ihre eigene Christologie nicht. Sie merzten es aus, weil sie es als einen Komplex fremdartiger Phantasien, geboren aus apokalyptischer Ekstase, ansahen. Der Christus-Charakter schwand zugunsten des Jesus-Charakters. Man täte jedoch der liberalen Theologie unrecht, wenn man sie mit dem Arianismus identifizierte. Ihr Bild von Jesus war nicht das eines Halbgottes. Vielmehr ist es das Bild eines Menschen, in dem Gott in einer einzigartigen Weise offenbar wurde. Aber es ist nicht das Bild eines Menschen, dessen Sein das Neue Sein ist und der daher imstande ist, die existentielle Entfremdung zu besiegen. Weder die orthodoxen noch die liberalen Methoden der protestantischen Theologie sind geeignet für die christologische Aufgabe, die der protestantischen Kirche heute gestellt ist.

Die frühe Kirche wußte, daß die Christologie ein existentiell notwendiges, nicht ein theoretisch interessantes Anliegen der Kirche ist. Das letzte Kriterium der Christologie ist selbst existentiell. Es ist soteriologisch, d. h. durch die Frage nach der Erlösung bestimmt: „Je Größeres wir über Christus aussagen, desto größer ist die Erlösung, die wir von ihm erwarten können." Dieses Wort eines apostolischen Vaters gilt für alles christologische Denken. Verschiedenheiten tauchen allerdings auf, wenn man versucht, eine Definition von „groß" in bezug auf den Christus zu geben. Im monophysitischen Denken in allen seinen Schattierungen — von der frühen Kirche bis zur Gegenwart — wird Großes vom Christus ausgesagt: seine Niedrigkeit, nämlich seine Teilnahme an Endlichkeit und Tragik, ist verschlungen von seiner Göttlichkeit — seiner Macht, existentielle Entfremdung zu überwinden. Diese Betonung

158

Die christologische Aufgabe der gegenwärtigen Theologie

der „göttlichen Natur" erhält dann das Prädikat „hohe Christologie". Wie „hoch" aber die Prädikate sein mögen, die man auf den Christus häuft, das Ergebnis ist eine Christologie, die von geringem Wert ist, weil sie das Paradox zugunsten eines supranaturalen Mirakels zerstört. Erlösung kann aber nur von dem kommen, der voll an der menschlichen Situation partizipiert, nicht von einem auf Erden wandelnden Gott, der in jeder Hinsicht verschieden von uns ist. Das protestantische Prinzip, nach dem Gott dem Niedrigsten so nahe ist wie dem Höchsten und nach dem Erlösung nicht die Versetzung des Menschen von der materiellen in eine sogenannte spirituelle Welt ist, verlangt eine „niedrige" Christologie – die in Wahrheit die eigentlich hohe Christologie ist. An diesem Kriterium sollte der vorangegangene Versuch einer Christologie gemessen werden.

Wir haben schon Bezug genommen auf den Begriff Natur, wie er in den Ausdrücken „göttliche Natur" und „menschliche Natur" gebraucht wird, und wir haben darauf hingewiesen, daß der Ausdruck „menschliche Natur" zweideutig und der Ausdruck „göttliche Natur" unangemessen ist. „Menschliche Natur" kann bedeuten: die essentielle oder geschaffene Natur des Menschen; es kann bedeuten: die existentielle oder entfremdete Natur des Menschen; und es kann bedeuten: die zweideutige Einheit beider. Wenn wir den Ausdruck „menschliche Natur" auf Jesus als den Christus anwenden, müssen wir sagen, daß er eine vollkommene „menschliche Natur" im ersten Sinne des Wortes besitzt. Als Geschöpf ist er endliche Freiheit wie jedes menschliche Wesen. In bezug auf den zweiten Sinn des Ausdrucks „menschliche Natur" müssen wir sagen, daß er die existentielle Natur des Menschen zwar als eine reale Möglichkeit besitzt, d. h. daß Versuchung als Möglichkeit besteht, aber aus der Einheit mit Gott heraus ständig überwunden wird. Daraus folgt, daß „menschliche Natur" im dritten Sinne Jesus als dem Christus nur insoweit zuerkannt werden kann, als er an den tragischen Zweideutigkeiten des Lebens teilhat. Unter diesen Umständen sollte man es unterlassen, den Ausdruck „menschliche Natur" überhaupt in bezug auf Jesus als den Christus anzuwenden. Man sollte ihn durch eine Beschreibung der Spannungen seines Seins – so wie wir es versucht haben – ersetzen.

In einer Kultur, in der „Natur" der allumfassende Begriff war, war der Ausdruck „menschliche Natur" für Christus adäquat. Menschen, Götter und alle anderen Wesen, die das Universum konstituieren, gehören dann zur Natur, zu dem, was durch sich selbst wächst. Wenn Gott als der verstanden wird, der alles Geschaffene transzendiert – qualitativ und unendlich –, kann der Ausdruck „göttliche Natur" nur bedeuten: das, was Gott zu Gott macht; das, was man denken muß, wenn man Gott denkt. In diesem Sinn bedeutet das Wort „Natur" Essenz. Aber Gott hat keine Essenz, die von seiner Existenz getrennt wäre. Er ist jenseits von Essenz und Existenz. Er ist das, was er ist, ewig durch sich selbst. Dies könnte man Gottes „essentielle Natur" nennen. Aber dann muß man hinzufügen, daß es zu Gottes Essenz gehört, jede Essenz zu transzendieren. Ein konkreterer Ausdruck dieses Gedankens ist es, wenn man sagt, daß Gott ewig schöpferisch ist, daß er durch sich selbst die Welt schafft und mit der Welt sich selbst. Es gibt keine göttliche Natur, die etwas anderes wäre als der Akt, in dem er ewig sich selbst schafft.

Diese Analyse zeigt deutlich, daß der Ausdruck „göttliche Natur" fragwürdig ist und auf den Christus nicht in sinnvoller Weise angewandt werden kann, denn der Christus (der Jesus von Nazareth ist) ist nicht jenseits von Essenz und Existenz. Wenn er es wäre, könnte er keine lebendige Person sein, die in einer begrenzten Periode der Zeit lebt, die geboren wird und sterben muß, die endlich ist, unter Versuchungen steht und tragisch in die Existenz hineingezogen ist. Die Behauptung, daß Jesus als der Christus die persönliche Einheit einer göttlichen und menschlichen Natur ist, muß durch die Aussage ersetzt werden, daß in Jesus als dem Christus die ewige Einheit von Gott und Mensch historische Wirklichkeit geworden ist. In seinem Sein ist das Neue Sein wirklich, und das Neue Sein ist die wiederhergestellte Einheit zwischen Gott und Mensch. Wir lassen daher den unangemessenen Ausdruck „göttliche Natur" fallen und ersetzen ihn durch den Begriff: „ewige Gott-Mensch-Einheit". Ein solcher Begriff drückt an Stelle statischer Form dynamische Beziehung aus. Die Einzigartigkeit dieser Beziehung ist dadurch nicht beeinträchtigt, daß sie dynamischen Charakter hat. Statt der „zwei Naturen", die wie zwei Blöcke nebeneinander liegen und deren Einheit in keiner Weise verstanden werden kann, eröffnen uns Relationsbegriffe ein wirkliches Verständnis für das dynamische Bild Jesu als des Christus.

In dem Ausdruck „ewige Gott-Mensch-Einheit" ist das Wort „ewig" der Relation hinzugefügt. „Ewig" drückt den allgemeinen Hintergrund des einzigartigen geschichtlichen Ereignisses aus. Dieses Ereignis hätte nicht Wirklichkeit werden können, wenn nicht schon eine ewige Einheit von Gott und Mensch im göttlichen Leben bestünde. Die Einheit von Christus und Gott erscheint in den evangelischen Geschichten in konkreter Anschaulichkeit. Abstrakte Definitionen des Wesens dieser Einheit sind ebenso unmöglich wie psychologische Beschreibungen. Wir können nur sagen, daß eine Gemeinschaft zwischen Gott und dem Zen-

Die christologische Aufgabe der gegenwärtigen Theologie

trum eines personenhaften Lebens vorliegt, die alle Äußerungen dieses Lebens bestimmt und den Versuchungen zur Zerreißung widersteht. Die Frage erhebt sich jedoch, ob der Ersatz der Zweinaturenlehre durch dynamische Relationsbegriffe nicht die Idee der Inkarnation aufhebt. Ist nicht die Anwendung von Relationsbegriffen ein Rückschritt von einer Christologie der Inkarnation zu einer Christologie der Adoption? Zunächst kann man darauf erwidern, daß sowohl die Inkarnations- als auch die Adoptions-Christologie biblische Wurzeln haben und aus diesen und auch anderen Gründen einen genuinen Platz im christlichen Denken einnehmen. Aber darüber hinaus muß man sagen, daß keine ohne die andere wirklich durchgehalten werden kann. Die Adoptionsidee, die besagt, daß sich Gott durch seinen Geist den Menschen Jesus von Nazareth zum Messias erwählt hat, führt zu der Frage: Warum gerade ihn? Und diese Frage führt zurück zu der Polarität von Freiheit und Schicksal, die die ungebrochene Einheit zwischen ihm und Gott schuf. Die Geschichte von der Jungfrauengeburt verlegt diese Einheit schon in den Anfang seines Lebens und sogar noch weiter zurück zu seinen Vorfahren. Das Symbol seiner Präexistenz deutet auf die ewige Wurzel jener Einheit hin, und der Satz vom *logos,* der *sarx,* nämlich geschichtliche Realität wurde, liegt dem Symbol der Inkarnation zugrunde. Die Inkarnations-Christologie war nötig, um die Adoptions-Christologie verständlich zu machen. Aber ebenso notwendig braucht die Inkarnations-Christologie die Adoptions-Christologie, um durchgehalten werden zu können. Der Ausdruck „Inkarnation" ist ebenso wie der Ausdruck „göttliche Natur" mit dem Heidentum verknüpft. Da die Götter zum Universum gehören, können sie leicht alle Formen im Universum annehmen; endlose Metamorphosen sind möglich. Wenn jedoch das Christentum den Begriff „Inkarnation" gebraucht, so versucht es damit, das Paradox auszudrücken, daß der, der das Universum transzendiert, im Universum und unter seinen Bedingungen erscheint. In diesem Sinne ist jede Christologie Inkarnations-Christologie. Aber die Untertöne des Wortes Inkarnation können schwer von heidnischen Transmutations-Mythen unterschieden werden. Wenn das *egeneto* in dem johanneischen Satz „*logos sarx egeneto*" (das Wort wurde Fleisch) gepreßt wird, sind wir mitten in einer Metamorphosen-Mythologie. Und es ist nur natürlich, daß sich die Frage erhebt, wie etwas, das zu etwas anderem wird, doch noch dasselbe bleiben kann, was es war. Oder verließ der *logos* seinen himmlischen Thron, als Jesus von Nazareth geboren wurde? Hier ersetzt Absurdität das Denken, und der Glaube wird zur Annahme von Absurditäten. Die Inkarnation des *logos* ist nicht seine Metamorphose, sondern seine volle

Manifestation in einem personhaften Leben. Aber Manifestation in einem personhaften Leben ist ein dynamischer Prozeß, der auch Spannungen, Wagnis, Gefahren einschließt und der durch Freiheit und Schicksal bestimmt ist. Das ist das Element des Adoptionismus, ohne das die Inkarnationslehre das Bild des Christus unwirklich machen würde. Er würde seiner endlichen Freiheit beraubt sein, denn ein verwandeltes göttliches Wesen hätte nicht die Freiheit, anders zu sein als göttlich. Er würde nicht ernsthaft versucht worden sein. Die Verbindung von Elementen der Adoptions- und der Inkarnationslehre liegt im Geist des Protestantismus. Er leugnet nicht den Gedanken der Inkarnation, aber er scheidet die heidnisch-supranaturalistischen Elemente aus. So wie der Protestantismus die Rechtfertigung des Sünders lehrt, so fordert er eine Christologie der Teilnahme des Christus an der sündigen Existenz. Das christologische Paradox und das Paradox der Rechtfertigung des Sünders sind ein und dasselbe Paradox. Es ist das Paradox, daß Gott eine Welt annimmt, die ihn verwirft.

Einige Züge der hier gegebenen christologischen Position ähneln der von Schleiermacher in seiner „Glaubenslehre". Schleiermacher ersetzt die Zweinaturenlehre durch eine Lehre von einer göttlich-menschlichen Beziehung. Er spricht von einem Gottes-Bewußtsein in Jesus, dessen Stärke das Gottes-Bewußtsein aller anderen Menschen übersteigt. Er beschreibt Jesus als das *Urbild* dessen, was der Mensch wesenhaft ist und wovon er abgefallen ist. Die Ähnlichkeit zwischen Schleiermachers und der hier vorgetragenen Christologie ist deutlich, aber es ist keine Identität. Der Begriff „wesenhafte Gott-Mensch-Einheit" betont beide Seiten der Beziehung gleichmäßig. Sie ist eine objektive Struktur und kein Zustand des Menschen. Sie hat ontologischen Charakter, während Schleiermachers „Gottes-Bewußtsein" anthropologischen Charakter hat. Der Ausdruck *Urbild* — auf Jesus angewandt — hat nicht den gleichen Gehalt wie der Ausdruck „Neues Sein". Im Wort Urbild ist wesenhaftes Menschsein im Gegensatz zu menschlicher Existenz ausgedrückt. Im Ausdruck „Neues Sein" ist auch die Teilnahme dessen, der Urbild ist, an der Existenz entscheidend. Das Neue Sein ist neu gegenüber der entfremdeten Existenz, sofern es die Entfremdung überwindet, und es ist neu gegenüber der Essenz, sofern es in die Aktualität eingeht. Im Wort Urbild ist dieses Eingehen nicht angedeutet, wohl aber im Begriff des Neuen Seins. Aber dieser Unterschied sollte die Tatsache nicht verdecken, daß ähnliche Probleme und Lösungen notwendig aufkommen, wenn die protestantische Theologie einen Weg sucht, der jenseits des Gegensatzes von orthodoxer und liberaler Christologie liegt. Das war Schleiermachers und das ist unsere gegenwärtige Situation.

D

DIE UNIVERSALE BEDEUTUNG DES EREIGNISSES JESUS ALS DER CHRISTUS

1. *Die Einzigartigkeit und die Universalität des Ereignisses*

Christologie ist eine Funktion der Soteriologie. Das Problem der Soteriologie schafft die christologische Frage und weist in die Richtung, in der die christologische Antwort gegeben werden muß. Denn es ist die Funktion des Christus, das Neue Sein zu bringen und damit die Erlösung vom alten Sein, nämlich von Entfremdung und Selbstzerstörung. Dieses Kriterium war in allen christologischen Erörterungen vorausgesetzt, aber wir müssen es noch direkt behandeln. Wir müssen fragen, in welchem Sinne und auf welche Weise Jesus als der Christus der Erlöser ist, oder genauer: in welchem Sinne das einzigartige Ereignis Jesus als der Christus für jedes menschliche Wesen und indirekt auch für das Universum Bedeutung hat.

Das biblische Bild von Jesus ist das Bild eines einzigartigen Ereignisses. Jesus erscheint zwar als ein Individuum wie alle anderen, aber einzigartig in seinem Schicksal und in jedem Zug seines Wesens. Es war die Konkretheit und unvergleichbare Einzigartigkeit des „realen" Bildes, die dem Christentum seine Überlegenheit über Mysterienkulte und gnostische Visionen gab. Ein reales individuelles Leben scheint durch alle Beschreibungen des biblischen Bildes hindurch. Im Vergleich dazu bleiben alle göttlichen Gestalten der Mysterienkulte abstrakt. Sie sind gegenüber einem wirklich gelebten Leben farblos, ohne historisches Schicksal und ohne die Spannungen endlicher Freiheit. Das Bild Jesu als des Christus besiegte sie durch die Macht einer konkreten Wirklichkeit.

Und doch war es nicht das Anliegen des Neuen Testamentes, uns die Geschichte eines einzigartigen Menschen zu erzählen. Es hatte die Absicht, das Bild dessen zu zeichnen, der der Christus ist und der aus diesem Grunde universale Bedeutung hat. In diesem Bild des Christus verschwinden jedoch die konkreten Züge nicht, sondern sie sind das Mittel, ihn als den Christus zu zeigen. Jeder Zug der neutestamentlichen Berichte ist transparent für das Neue Sein, das *sein* Sein ist. In jeder seiner konkreten Äußerungen erscheint seine universale Bedeutung.

Die universale Bedeutung des Ereignisses Jesus als der Christus

Wir haben in den früheren Kapiteln zwischen historischen, legendären und mythischen Elementen in den biblischen Berichten unterschieden. Diese Unterscheidung hilft uns, in der Individualität Jesu als des Christus seine Universalität zu sehen. Wir müssen das biblische Material von drei Gesichtspunkten aus betrachten. Der eine Gesichtspunkt ist gegeben durch die geschichtlichen Berichte, die von den Verfassern ausgewählt wurden als Antworten auf konkrete Probleme der ersten Gemeinden. Daraus entstand das, was man den „anekdotischen" Charakter der Evangelienberichte genannt hat. Der zweite Gesichtspunkt ist gegeben durch die legendäre Form der Geschichten, die ihre universale Bedeutung betont. Der dritte Gesichtspunkt ist gegeben durch symbolische und mythische Elemente, die dem Ereignis Jesus der Christus kosmische Bedeutung geben. Die drei Gesichtspunkte decken sich oft, aber der dritte ist der entscheidende für das christologische Denken. Er liefert das Material, aus dem die Glaubensbekenntnisse geformt sind. Wenn man die kosmische Bedeutung Jesu als des Christus auf der Grundlage der biblischen Literatur beschreiben will, muß man sich in erster Linie an das symbolische Element in den Berichten halten und kann dann die historischen und legendären Erzählungen als ergänzendes Material dazunehmen.

Symbole und Mythen lassen jedoch ein Problem entstehen, das besonders in der Debatte über die Entmythologisierung des Neuen Testamentes zum Ausdruck kam. Obwohl in dieser Debatte manches überholt ist, hat sie doch Bedeutung für die ganze christliche Geschichte und für die Religionsgeschichte im allgemeinen. In unserer früheren Betrachtung des Wesens der historischen Forschung kamen wir zu dem Ergebnis, daß die christologischen Symbole das Gefäß waren, in dem das historische Faktum Jesus von Nazareth von denen aufgenommen wurde, die in ihm den Christus sahen. Die Symbole müssen als Symbole verstanden werden; wenn man sie wörtlich versteht, verlieren sie ihren Sinn. Unsere in den früheren Kapiteln vorgenommene Erörterung der christlichen Symbole war der Versuch einer Entmythologisierung und Entliteralisierung. Entmythologisierung kann zweierlei bedeuten. Wenn man diesen Doppelsinn nicht beachtet, führt die Diskussion zu den Mißverständnissen, die die gegenwärtige Debatte charakterisieren. Entmythologisierung kann bedeuten: Kampf gegen die literalistische Mißdeutung von Symbolen und Mythen. Das ist eine stets notwendige Aufgabe der christlichen Theologie. Sie bewahrt das Christentum davor, in einem Meer abergläubischer „Objektivationen" des Heiligen zu versinken. Aber Entmythologisierung kann auch bedeuten: Ausscheidung des Mythos als Form religiöser Aussage und sein Ersatz durch Wissenschaft und Moral. In diesem Sinne muß Entmythologisierung abgelehnt werden. Sie würde die Religion ihrer Sprache berauben, sie würde die Erfahrung des Heiligen zum Schweigen bringen. Symbole und Mythen dürfen nicht deswegen kritisiert werden, weil sie Symbole und Mythen sind. Sie müssen daraufhin untersucht werden, ob sie die Macht haben, das auszudrücken, was sie ausdrücken sollen, in unserem Falle das Neue Sein in Jesus als dem Christus.

Mit diesen Voraussetzungen gehen wir nun an die Symbole und Mythen heran, in denen die universale Bedeutung Jesu als des Christus ausgedrückt ist. Jedes dieser Symbole zeigt ihn als den Träger des Neuen Seins in einer besonderen Beziehung zur Existenz. Aus systematischen Gründen kann man — wie es schon das Neue Testament tat — zwei Symbole als die zentralen herausstellen. Sie entsprechen den zwei grundlegenden Beziehungen des Christus zur existentiellen Entfremdung und haben die Entwicklung des christologischen Dogmas und die Konflikte, die damit verbunden waren, bestimmt. Die erste Beziehung des Christus zur Existenz ist seine Unterwerfung unter die Existenz, die zweite ist sein Sieg über sie. Alle anderen Beziehungen zur Existenz hängen direkt oder indirekt von diesen beiden ab. Jede der beiden ist durch ein zentrales Symbol ausgedrückt: die Unterwerfung unter die Existenz im Symbol „das Kreuz des Christus", der Sieg über die Existenz im Symbol „die Auferstehung des Christus".

2. Die zentralen Symbole der universalen Bedeutung Jesu als des Christus und ihre Beziehung zueinander

Das „Kreuz des Christus" und die „Auferstehung des Christus" sind voneinander abhängige Symbole. Sie können nicht voneinander getrennt werden, ohne daß sie ihren Sinn verlieren. Das „Kreuz des Christus" ist das Kreuz dessen, der den Tod und die existentielle Entfremdung überwunden hat. Sonst wäre es nur ein weiteres tragisches Ereignis in der langen Geschichte menschlicher Tragik. Und die „Auferstehung des Christus" ist die Auferstehung dessen, der sich als Christus dem Tod und der existentiellen Entfremdung unterworfen hat. Sonst würde sie nur eine fragwürdige Wundergeschichte mehr sein.

Wenn Kreuz und Auferstehung voneinander abhängig sind, so müssen sie beide sowohl Realität als auch Symbol sein. In beiden Fällen hat sich etwas Reales in der Existenz ereignet. Aber es besteht ein qualitativer Unterschied zwischen den beiden Symbolen. Während die Berichte vom Kreuz sich sehr wahrscheinlich auf ein Ereignis beziehen, das im vollen Licht der Geschichte stattgefunden hat, breiten die Auferstehungsberichte den Schleier eines tiefen Geheimnisses über das Ereignis. Das eine ist ein Faktum von höchster historischer Wahrscheinlichkeit, das andere ein geheimnisvolles Erlebnis weniger Menschen. Man kann daher fragen, ob dieser qualitative Unterschied nicht eine wirkliche gegenseitige Abhängigkeit der beiden Symbole unmöglich macht. Ist es nicht vielleicht angemessener, dem Vorschlag derjenigen Theologen zu folgen, die die „Auferstehung des Christus" als eine symbolische Ausdeutung des „Kreuzes des Christus" ohne objektive Realität ansehen?

Das Neue Testament legt einerseits ungeheuren Wert auf die objektive Seite der Auferstehung, andererseits erhebt es das objektive Ereignis, auf das sich die Kreuzigungsgeschichten beziehen, zu universaler symbolischer Bedeutung. Man könnte sagen, daß im Bewußtsein der Jünger und der Verfasser des Neuen Testaments das Kreuz beides ist: Ereignis und Symbol, und daß die Auferstehung beides ist: Symbol und Ereignis. Gewiß wird das Kreuz Jesu als etwas betrachtet, das sich in Raum und Zeit ereignet hat. Aber als das Kreuz Jesu, der der Christus ist, ist es ein Symbol und Teil eines Mythos. Es ist der Mythos von dem Bringer des neuen Äons, der den Tod eines Verbrechers unter den Mächten des alten Äons erleidet. Das Kreuz, was immer seine historischen Umstände gewesen sein mögen, ist ein Symbol, das auf ein Faktum gegründet ist.

Aber dasselbe gilt von der Auferstehung. Auferstehung von Göttern und Halbgöttern ist ein bekanntes mythologisches Symbol. Es spielt eine große Rolle in solchen Mysterienkulten, in denen mystische Partizipation an Tod und Auferstehung des Gottes im Zentrum des Ritus steht. Im Spätjudentum entwickelte sich der Glaube an die zukünftige Auferstehung der Märtyrer. In dem Moment, in dem man in Jesus den Christus sah und seine messianische Würde mit einem schimpflichen Tod in Verbindung gebracht wurde — sei es in der Erwartung, sei es in der Rückerinnerung —, war es unvermeidlich, daß die Idee der Auferstehung auf ihn angewandt wurde. Die Behauptung der Jünger, daß dem Symbol ein Ereignis zugrunde liegt, war zum Teil eine Konsequenz ihres Glaubens an Jesus als den Christus. Aber dieser Glaube wurde durch ein Ereignis bestätigt, das über den mythischen Symbolismus der Mysterienkulte hinausführte, genauso wie das konkrete Bild Jesu als des Christus über die mythischen Bilder der Mysteriengötter hinausführte. Der Charakter dieses Ereignisses bleibt in Dunkelheit trotz seiner poetischen Rationalisierung durch die Ostergeschichte. Aber

Die zentralen Symbole der universalen Bedeutung Jesu als des Christus

eines ist offensichtlich: In den Tagen, in denen die Gewißheit der Auferstehung jenes kleine, zerstreute und verzweifelnde Häuflein seiner Anhänger ergriff, wurde die Kirche geboren; und da der Christus nicht der Christus ist ohne die Kirche, ist Jesus in diesem Augenblick zum Christus geworden. Die Gewißheit, daß er, der Bringer des neuen Äons, nicht endgültig den Mächten des alten Äons unterliegen kann, machte das Auferstehungserlebnis zum entscheidenden Prüfstein des Christus-Charakters Jesu von Nazareth. Ein reales Erlebnis machte es den Jüngern möglich, das ihnen wohl bekannte Symbol der Auferstehung auf Jesus anzuwenden und ihn damit endgültig als den Christus anzuerkennen. Sie nannten das Ereignis, das sie erlebt hatten „die Auferstehung des Christus", eine Kombination von Ereignis und Symbol.

Öfters ist der Versuch gemacht worden, beide Ereignisse — Kreuz und Auferstehung — als faktische Ereignisse, ohne Betrachtung ihres Symbolcharakters zu beschreiben. Das ist verständlich, insofern die Bedeutung beider Symbole auf der Verbindung von Faktum und Symbol beruht. Ohne das faktische Element würde der Christus nicht an der Existenz teilgenommen haben und hätte darum nicht der Christus sein können. Aber das Faktische — isoliert vom Symbolischen — hat, wie wir in den früheren Kapiteln gezeigt haben, kein Interesse für den Glauben. Es kann niemals die Basis von Glauben oder Theologie sein.

Wenn man sich das vor Augen hält, kann man sagen, daß das historische Ereignis, das der Kreuzigungsgeschichte zugrunde liegt, mit relativer Klarheit durch die verschiedenen, obwohl sich oft widersprechenden legendären Berichte hindurchscheint. Auch wenn man die Passionsgeschichte eine Kultlegende nennt, leugnet man nicht das zugrunde liegende Faktum. Dieses Faktum ist die Selbsthingabe dessen, der der Christus genannt wird und der die letzte Konsequenz existentieller Selbstzerstörung, Leiden und Tod, auf sich genommen hat. Alles andere ist Sache historischer Wahrscheinlichkeit und abhängig von den Ergebnissen wissenschaftlicher Arbeit.

Das Ereignis, das dem Symbol der Auferstehung zugrunde liegt, muß in analoger Weise behandelt werden. Das faktische Element gehört notwendig zum Symbol der Auferstehung, wie es zum Symbol des Kreuzes gehört. Die historische Forschung ist im Recht, wenn sie dieses faktische Element aus dem legendären und mythologischen Material herauszuarbeiten sucht. Sie kann jedoch niemals mehr als eine wahrscheinliche Antwort geben. Aber der Glaube an die „Auferstehung des Christus" ist weder im positiven noch im negativen Sinne davon abhängig. Der Glaube verbürgt die Gewißheit, daß der Christus über die existentielle Entfremdung und ihre letzte Konsequenz, den Tod, triumphiert. Und der Glaube *kann* diese Gewißheit geben, weil er selbst auf sie gegründet ist. Der Glaube an die Auferstehung gründet sich auf das Ergriffensein durch die Macht des Neuen Seins, durch die die zerstörerische Macht der Entfremdung überwunden worden ist. Es ist die Gewißheit, die der Christ und die Kirche von ihrem eigenen Siege über die existentielle Entfremdung haben, auf die sich die Gewißheit der Auferstehung des Christus gründet, aber es ist nicht historische Überzeugung oder Anerkennung biblischer Autorität, die diese Gewißheit schaffen. Über diesen Punkt hinaus gibt es keine Gewißheit, sondern nur Wahrscheinlichkeit von geringem oder hohem Grad.

Drei Theorien gibt es, die das Ereignis der Auferstehung zu erklären versuchen. Die primitivste und gleichzeitig poetisch schönste ist die physikalische. Sie ist in der Geschichte vom leeren Grab dargestellt, das die Frauen am Ostermorgen fanden. Die Quellen dieser Geschichte sind spät und fragwürdig, und es gibt keinen Hinweis auf sie in der frühesten Überlieferung über das Ereignis der Auferstehung. Theologisch gesprochen ist es eine Rationalisierung des Auferstehungsereignisses, wenn es mit physikalischen Kategorien gedeutet wird und wenn über das Faktum der Auferstehung die Anwesenheit oder Abwesenheit eines raumerfüllenden Körpers an einem bestimmten Platz entscheidet. Bei solcher Deutung erhebt sich sofort die absurde Frage: Was geschah mit den Molekülen, aus denen der Leichnam Jesu von Nazareth bestand? In dieser Frage wird die Absurdität fast zur Blasphemie.

Ein zweiter Versuch, in die faktische Seite des Auferstehungsereignisses einzudringen, ist der spiritistische. Er stützt sich auf die Erscheinungen des Auferstandenen, wie sie bei Paulus berichtet werden. Die spiritistische Deutung erklärt sie als Manifestationen der Seele des Menschen Jesus für seine Anhänger analog den Selbstmanifestationen der Seelen Verstorbener bei spiritistischen Sitzungen. Es ist einleuchtend, daß dies nicht die Auferstehung des Christus ist, sondern ein Versuch, die allgemeine Unsterblichkeit der Seele experimentell zu beweisen, nämlich ihre Fähigkeit, sich nach dem Tode den Lebenden zu zeigen. Ob spiritistische Erfahrungen Realität haben oder nicht, sie können die faktische Seite der Auferstehung des Christus nicht erklären. Denn seine Auferstehung wird als das Wiedererscheinen der ganzen Person einschließlich seiner Körperlichkeit beschrieben. Und diese Erfahrung hat keine Ähnlichkeit mit dem angeblichen Erscheinen körperloser Geister (Gespenster).

Der dritte Versuch, die Auferstehung des Christus verständlich zu machen, ist der psychologische. Es ist die leichteste und heute üblichste Art, das faktische Element der Auferstehung zu beschreiben. Danach ist

Die zentralen Symbole der universalen Bedeutung Jesu als des Christus

Auferstehung ein Ereignis im Bewußtsein der Jünger Jesu. Paulus' Schilderungen der Auferstehungserlebnisse (einschließlich seines eigenen) leistet der psychologischen Deutung Vorschub. Paulus will jedoch in keiner Weise nahelegen, daß das Auferstehungsereignis rein psychologisch zu erklären ist. Wenn er eine Reihe von Personen nennt, denen Auferstehungserscheinungen zuteil wurden, so meint er nicht, daß diese Erlebnisse von psychologischen Faktoren im Bewußtsein der Betreffenden produziert waren, z. B. durch Erinnerungen an den historischen Jesus. Die psychologische Theorie ignoriert den Gegensatz, in dem das Ereignis zu allem steht, was in den Jüngern psychologisch vorlag. Sie verneint die Realität des Ereignisses.

Wir müssen von neuem fragen: Was ist diese Realität? Um sie in den Blick zu bekommen, müssen wir auf das Negative schauen, das durch sie überwunden wurde. Dies Negative ist gewiß nicht der Tod eines einzelnen Menschen, wie bedeutend er auch sein mag. Deshalb kann die Wiederbelebung eines bestimmten Menschen oder sein Wiedererscheinen als individueller Geist nicht das Ereignis der Auferstehung sein. Das Negative, das in der Auferstehung überwunden wird, ist der Tod dessen, *der der Träger des Neuen Seins* ist. Das Ereignis der Auferstehung ist die *Erfahrung* einiger seiner Anhänger und einiger seiner größten Gegner (z. B. Paulus), daß sein Tod sie nicht von ihm getrennt hat. Er war mit ihnen, und zwar anders als jemand, an den man sich nur lebhaft erinnert, von dem man aber weiß, daß er der Vergangenheit angehört. Und das war entscheidend. Ein Jesus, der nur noch der Vergangenheit angehörte, hätte nicht der Träger des Neuen Seins sein können. Aber sein Sein hatte sich den Jüngern unauslöschlich eingeprägt. In dieser Spannung ereignete sich etwas Einzigartiges. In einer ekstatischen Erfahrung verschmolz das konkrete Bild Jesu von Nazareth unlösbar mit der Realität des Neuen Seins: Er ist gegenwärtig, wo immer das Neue Sein gegenwärtig ist. Der Tod vermochte es nicht, ihn in die Vergangenheit zu stoßen. Aber diese Gegenwart ist nicht die Gegenwart eines Toten, der wiederbelebt und verwandelt wäre, sie ist nicht das Wiederauftauchen der Seele eines Verstorbenen — vielmehr hat sie den Charakter spiritueller Gegenwart. Der Christus ist „der Geist", und wir kennen ihn jetzt nur, weil er der Geist ist. In dieser Weise ist das konkret-individuelle Leben des Menschen Jesus von Nazareth über seine Vergänglichkeit in die ewige Gegenwart Gottes hinaufgehoben. Das erlebten zuerst einige seiner Anhänger, die während seiner Hinrichtung nach Galiläa geflohen waren. Dann erlebten es viele andere, dann erlebte es Paulus, und dann erleben es alle, die seine lebendige Gegenwart hier und jetzt erleben. Das ist das Ereignis. Es wurde interpretiert durch das Symbol „Auferstehung", das den Denkformen jener Zeit entsprach.

Die hier vorgetragene Theorie, die das der „Auferstehung" zugrunde liegende Ereignis zu fassen sucht, hält sich sowohl von physikalischen als auch spiritistischen Deutungen frei. Statt dessen bringt sie eine Beschreibung, die sich eng an die älteste Quelle (1. Kor. 15) anschließt. Sie stellt in den Mittelpunkt der Analyse den religiösen Sinn von Auferstehung, nämlich die Erfahrung der Jünger und aller ihrer Nachfolger bis auf den heutigen Tag, daß die Macht des Neuen Seins in Jesus als dem Christus sie aus Negativität und Verzweiflung befreite. Diese Erfahrung enthält die ekstatische Bejahung der unzerstörbaren Einheit des Neuen Seins mit seinem Träger Jesus von Nazareth. Sie gehören zusammen in Ewigkeit. Im Gegensatz zu der physikalischen, spiritistischen und psychologischen Theorie könnte man die hier beschriebene „Restitutionstheorie" nennen. Nach ihr ist Auferstehung die Restitution Jesu zum „Christus", eine Restitution, die in der nie verlorenen Einheit zwischen Jesus und Gott wurzelt und im Bewußtsein seiner Jünger sich ereignet hat. Historisch kann es wohl sein, daß die Restitution Jesu zur Würde des Christus im Bewußtsein der Jünger der Geschichte der Anerkennung Jesu als des Christus durch Petrus vorausgeht. Die Caesarea-Philippi-Geschichte mag ein Reflex der Auferstehungsgeschichte sein. Aber selbst wenn das der Fall sein sollte, muß die These aufrechterhalten werden, daß die Erfahrung des Neuen Seins in Jesus der Begegnung mit dem Auferstandenen vorausging.

Obwohl es meine Überzeugung ist, daß die Restitutionstheorie den Tatsachen am nächsten kommt, muß sie als Theorie angesehen werden. Sie gehört in den Bereich der Wahrscheinlichkeit und hat nicht die Gewißheit des Glaubens. Der Glaube gibt die Gewißheit, daß das Bild des Christus in den Evangelien ein personhaftes Leben ist, in dem das Neue Sein in seiner Fülle erschienen ist, und daß der Tod Jesu von Nazareth nicht imstande war, das Neue Sein von dem zu trennen, der sein Träger war. Wenn die Anhänger der physikalischen oder spiritistischen Auferstehungstheorie die Lösung der Restitutionstheorie ablehnen, so können sie nicht im Namen des Glaubens aufgefordert werden, sie anzunehmen. Sie könnten aber zugeben, daß die Auffassung des Neuen Testaments und besonders des Apostels Paulus mit seinem nichtliteralistischen Bericht der Restitutionstheorie nicht widerspricht.

3. Symbole, die das Symbol „das Kreuz des Christus" unterstützen

Die Geschichte vom „Kreuz des Christus" ist kein Bericht über ein isoliertes Ereignis in seinem Leben, sondern das Ereignis, auf das die Geschichte seines Lebens ausgerichtet ist und durch das andere Ereignisse ihren Sinn erhalten. Ihr Sinn ist, daß er, der der Christus ist, sich den äußersten Negativitäten der Existenz unterwirft, obwohl diese Negativitäten ihn nicht von seiner Einheit mit Gott zu scheiden vermögen. So finden wir im Neuen Testament noch andere Symbole, die auf das zentrale Kreuzessymbol hinweisen und es unterstützen.

Die Unterwerfung seiner selbst unter die Bedingungen der Existenz ist in mythischer Weise bei Paulus (Philipper 2) ausgedrückt: Der präexistente Christus gab seine göttliche Form auf, wurde ein Sklave und starb den Tod eines Sklaven. Präexistenz und Selbsthingabe sind in diesem Symbolismus verknüpft. Er unterstützt das zentrale Symbol des Kreuzes, aber er darf nicht literalistisch verzerrt werden. Der gleiche Gedanke ist in legendärer Form ausgedrückt in den Geschichten von der Geburt des Christus in Bethlehem, von seiner Krippe, von seiner Flucht nach Ägypten und der frühen Bedrohung seines Lebens durch die politischen Mächte.

Der symbolische Sinn des Kreuzes wird auch vorbereitet und ergänzt durch die Beschreibungen der Unterwerfung unter die Endlichkeit und ihre Kategorien. In vielen dieser Beschreibungen, die von der Spannung zwischen seiner messianischen Würde und der Niedrigkeit seiner historischen Existenz handeln, ist das Unterworfensein unter die Kategorien der Endlichkeit klar zum Ausdruck gebracht. In der Gethsemaneszene, in der Beschreibung seines Todes und Begräbnisses kommt all dies zu seinem Höhepunkt, und es ist zusammengefaßt im Symbol des Kreuzes. Darum sollte das Kreuz nicht von dem, was in ihm zusammengefaßt ist, getrennt werden.

Ob diese unterstützenden Symbole mythisch, legendär, historisch oder eine Mischung davon sind, — sie sind nicht in sich selbst wichtig. Sie sind nur wichtig in ihrer Fähigkeit zu zeigen, daß der Träger des Neuen Seins sich den zerstörerischen Mächten des alten Seins unterworfen hat. Sie sind Symbole für das Paradox der Erscheinung ewiger Gott-Mensch-Einheit in der existentiellen Entfremdung. Es ist eines der größten Charakteristika des zweiten Artikels im Apostolischen Glaubensbekenntnis, daß Symbole der Unterwerfung neben Symbolen des Sieges aufgezählt sind. In dieser Doppelheit drückt sich die Grundstruktur aus, in der die universale Bedeutung Jesu als des Christus gesehen werden muß.

4. Symbole, die das Symbol „die Auferstehung des Christus" unterstützen

Wie die Geschichte vom Kreuz, so ist auch die Geschichte von der Auferstehung des Christus kein Bericht über ein isoliertes Ereignis nach seinem Tod. Sie erzählt das Ereignis, das in einer langen Reihe anderer Ereignisse schon vorweggenommen wurde und das gleichzeitig deren Bestätigung ist. Auferstehung und alle mit ihr zusammenhängenden historischen, legendären und mythischen Symbole zeigen den Sieg des Neuen Seins in Jesus als dem Christus über die existentielle Entfremdung, der er sich unterworfen hat. Das ist die universale Bedeutung dieser Symbole. Ebenso wie bei der Erörterung der Symbole der Unterwerfung müssen wir auch hier mit dem mythischen Symbol der Präexistenz beginnen, aber das der Postexistenz hinzunehmen. Während das Symbol der Präexistenz im Zusammenhang mit den Symbolen der Unterwerfung Vorbedingung für die transzendente Selbsterniedrigung des Christus ist, muß es im Zusammenhang mit der Auferstehung in seiner eigenen Bedeutung und als ein unterstützendes Symbol für die Auferstehung betrachtet werden. Die Präexistenz ist Ausdruck dafür, daß das Neue Sein – historisch gegenwärtig in dem Ereignis Jesus der Christus – im Ewigen wurzelt. Wenn im Johannesevangelium Jesus sagt, daß er schon vor Abraham ist, so kann dies nicht horizontal verstanden werden, wie die Juden es in dieser Erzählung unvermeidlich taten, sondern es muß vertikal verstanden werden. Das folgt aus der Logoslehre des Johannesevangeliums. Sie betont die Gegenwart des ewigen Prinzips der göttlichen Selbstmanifestation in Jesus von Nazareth.

Das Symbol der Postexistenz ist das Korrelat zum Symbol der Präexistenz, es liegt auch in der vertikalen Dimension, nicht als die ewige Voraussetzung der historischen Erscheinung des Neuen Seins, wohl aber als seine ewige Bestätigung. Die speziellen Symbole, die sich auf die Postexistenz beziehen, sollen später erörtert werden. An diesem Punkt ist es notwendig, vor einem Literalismus zu warnen, der Präexistenz und Postexistenz als Stadien in der jenseitigen Geschichte eines göttlichen Wesens auffaßt, das von einem himmlischen Platz herabsteigt und zu ihm wieder hinaufsteigt. Herabsteigen und hinaufsteigen sind räumliche Metaphern, die auf die Dimension des Ewigen hinweisen. Herabsteigen bedeutet die Unterwerfung des Trägers des Neuen Seins *unter* die Existenz; hinaufsteigen bedeutet den Sieg des Trägers des Neuen Seins *über* die Exsitenz.

Während die Geburt Jesu in Bethlehem zu den Symbolen gehört, die

Symbole, die das Symbol „die Auferstehung des Christus" unterstützen

das Symbol des Kreuzes unterstützen, gehört die jungfräuliche Geburt zu den Symbolen, die das Symbol der Auferstehung unterstützen. In der jungfräulichen Geburt soll zum Ausdruck kommen, daß der göttliche Geist, der den Menschen Jesus von Nazareth zum Messias machte, ihn schon vorher als sein Gefäß geschaffen hat. Daher ist die rettende Gegenwart des Neuen Seins unabhängig von historischen Zufälligkeiten und allein abhängig von Gott. Dieses Motiv ist dasselbe, das zur Logoschristologie führte, obwohl es zu einer anderen Linie des Denkens gehört. Das faktische Element in diesem Symbol ist, daß historisches Schicksal den Träger des Neuen Seins schon vor seiner Geburt bestimmt. Aber die Geschichte selbst ist ein Mythos, dessen symbolischer Wert ernstlich in Frage gestellt werden muß. Sie tendiert in die doketisch-monophysitische Richtung des christlichen Denkens und ist ein wichtiger Schritt in dieser Richtung. Wenn man die Teilnahme des menschlichen Vaters in der Zeugung des Messias ausschließt, beraubt man ihn der vollen Partizipation an der menschlichen Situation.

Eine symbolisch klare Vorwegnahme der Auferstehung ist die Geschichte von der Verklärung Jesu auf dem Berg und seine Unterhaltung mit Moses und Elias. Die biblischen Berichte sind voll von Wundererzählungen, unter denen einige als Hinweise auf das Erscheinen des neuen Standes der Dinge gedeutet sind. Wenn die Jünger Johannes des Täufers Jesus fragen, ob er der Messias ist, weist Jesus auf seine Wunder als Symptome hin, die das Kommen des neuen Äons ankündigen. In den Wundern, die Jesus tut, werden Übel existentieller Selbstzerstörung überwunden. Sie sind nicht endgültig überwunden, denn die Menschen, an denen sich das Wunder ereignet, bleiben allen Übeln: Krankheit, Tod und Unglück ausgesetzt. Aber was ihnen begegnete, war eine Vorwegnahme des Sieges des Neuen Seins über existentielle Selbstzerstörung, z. B. über geistige und körperliche Krankheit, über Katastrophen und Mangel, Verzweiflung und sinnlosen Tod.

Die Wunder Jesu würden diese Funktion nicht gehabt haben, wenn er sie getan hätte, um seine messianische Macht zu zeigen. Wenn er aus diesem Motiv dazu aufgefordert wurde, sah er diese Aufforderung als dämonische Versuchung an, sei es, daß sie von der Seite seiner Feinde kam, sei es, daß er sich vom Satan versucht fühlte. Er tat Wunder nur, weil er ganz am Elend der menschlichen Situation teilhatte und es besiegen wollte, wo immer sich eine Gelegenheit dazu bot. In einer besonderen Weise zeigen die Berichte von Heilungen, daß das Neue Sein in ihm der geistigen Besessenheit und ihren körperlichen Folgen überlegen war. Er erscheint als der Sieger über die Dämonen, d. h. über individuelle Strukturen der Destruktion. Diese Idee wurde von Paulus und der frühen Kirche weitergeführt. Die heilende Macht des Neuen Seins ist vor allem die Macht über die versklavenden Strukturen des Bösen. In späteren Perioden übersah die christliche Lehre und Predigt oft diese grundlegende Bedeutung der Wundergeschichten und betonte statt dessen ihren Mirakelcharakter. Das ist eine der unglücklichen Folgen davon, daß die traditionelle Theologie die Beziehung zwischen Gott und Welt in einen supranaturalistischen Rahmen spannte. Aber Gottes Gegenwart und Macht sollten nicht in einem supranaturalen Eingreifen in den gewöhnlichen Weltlauf gesehen werden, sondern in der Macht des Neuen Seins, die selbstzerstörerischen Folgen existentieller Entfremdung zu überwinden. Wenn die Wunder Jesu in diesem Sinne aufgefaßt werden, gehören sie zu den Symbolen des Sieges und ergänzen das zentrale Symbol der Auferstehung.

Der Sinn des Wunders im allgemeinen wurde schon im ersten Band erörtert und kann hier nicht wiederholt werden. Dort sind Wunder beschrieben als eine ekstatisch erlebte Konstellation von Faktoren, die auf den göttlichen Grund des Seins hinweisen. Diese Definition ist formuliert auf der Grundlage der neutestamentlichen Wundergeschichten und ihrer Beurteilung im Neuen Testament selbst. Jedoch ist es zu verstehen, daß legendäre und mythische Elemente leicht in die Berichte von echten Wundern eindrangen. Und noch leichter verständlich ist es, daß bereits im Neuen Testament ein Rationalisierungsprozeß begann, in dem der Wunsch zum Ausdruck kam, die naturwidrigen Elemente in den Wundererzählungen zu betonen, statt auf die Macht hinzuweisen, die die existentielle Zerstörung besiegt.

Wir müssen nun eine zusammenhängende Gruppe von Symbolen betrachten, die dem reichen Feld des eschatologischen Symbolismus entnommen sind und die das Symbol „Auferstehung" im Hinblick auf deren Konsequenzen für den Christus, für seine Kirche und für die Welt ergänzen. Sie beginnen mit dem Symbol der Himmelfahrt des Christus. In einer Hinsicht ist die Geschichte eine Verdoppelung der Auferstehungsgeschichte. In anderer Hinsicht ist sie davon verschieden, denn es kommt in ihr eine Endgültigkeit zum Ausdruck, die sie deutlich von den übrigen Auferstehungserfahrungen abhebt. Der Christus scheidet aus der historischen Existenz aus. Aber dieses Ausscheiden bedeutet zugleich seine geistige Gegenwart, die gebunden ist an die Konkretheit seines persönlichen Bildes. Die Himmelfahrt ist ein anderer Ausdruck für die Realität, die im Symbol der Auferstehung ausgedrückt ist. Wenn man die Himmelfahrt literalistisch auffaßt, führt die räumliche Metapher zur Absurdität. Dasselbe gilt von dem Symbol „Christus, sitzend zur Rechten Gottes". Luther bereits empfand diese Absurdität. Er

Symbole, die das Symbol „die Auferstehung des Christus" unterstützen

identifizierte die „Rechte Gottes" mit der göttlichen Allmacht, mit der Macht Gottes, alles in allem zu wirken. „Christus sitzend zur Rechten Gottes" bedeutet dann, daß Gottes Schaffen von dem Wirken des Neuen Seins in Christus nicht getrennt ist: Das letzte Ziel der drei Wege des göttlichen Schaffens (ursprüngliches Schaffen, erhaltendes Schaffen und leitendes Schaffen, vgl. Band I) ist die Verwirklichung des Neuen Seins in Jesus als dem Christus.

Mit der Teilnahme des Neuen Seins am göttlichen Schaffen ist unmittelbar ein anderes Symbol verknüpft „die Herrschaft des Christus über die Kirche durch den Geist". Aus diesem Symbol leitet die Kirche ihre weltumspannenden Ansprüche ab: Jesus als der Christus wirkt fort und fort in der Kirche, denn sein Sein ist das Neue Sein, auf das die Kirche gegründet ist.

Ein weiteres Symbol, eng verbunden mit dem vorigen, ist das Symbol von „Christus als dem Herrn der Geschichte". Er, der der Christus ist und den neuen Äon gebracht hat, ist der Herr des neuen Äons. Geschichte ist die Schöpfung des Neuen in jedem Moment. Aber das letztgültig Neue, auf das sich die Geschichte hinbewegt, ist das Neue Sein, es ist das „Ende der Geschichte", nämlich das Ende der vorbereitenden Periode der Geschichte und ihr letztes Ziel. Wenn man fragt, welche Realität hinter dem Symbol der „Herrschaft des Christus in der Geschichte" steht, so kann die Antwort nur lauten: Durch die göttliche Vorsehung wird das Neue Sein in der Geschichte und durch die Geschichte verwirklicht. Diese Verwirklichung ist unter den Zweideutigkeiten des Lebens nur fragmentarisch; sie steht aber immer unter dem Kriterium des Seins Jesu als des Christus. Das Symbol des „Christus als des Herrn der Geschichte" bedeutet weder ein Eingreifen von außen in die Geschichte durch ein himmlisches Wesen noch die Umwandlung der Geschichte in das Reich Gottes; es bedeutet vielmehr die Gewißheit, daß sich in der Geschichte nichts ereignen kann, was das Wirken des Neuen Seins unmöglich macht und daß alles, was sich ereignet, der Verwirklichung des Neuen Seins dienen muß.

Es gibt schließlich eine Gruppe unmittelbar eschatologischer Symbole. Eines von ihnen, die Erwartung einer kommenden Periode, (die als eine Periode von tausend Jahren symbolisiert wird), hat in der traditionellen Theologie wenig Beachtung gefunden. Das ist teilweise darin begründet, daß das Symbol in der biblischen Literatur keinen hervorragenden Platz einnimmt, teilweise darin, daß es seit der montanistischen Revolution gegen den kirchlichen Konservatismus zum Gegenstand einer scharfen Kontroverse geworden ist. (Vgl. den Angriff der radikalen Franziskaner auf die hierarchisch fixierte Kirche des

13. Jahrhunderts.) Aber das Symbol muß in der Theologie ernst genommen werden, weil es für die christliche Interpretation der Geschichte entscheidend ist. Im Gegensatz zu einer letzten Katastrophe im Sinne der apokalyptischen Visionen ist das tausendjährige Reich eine Fortsetzung der prophetischen Tradition, die die Erfüllung der Geschichte *in* der Geschichte sieht. Doch steht das Symbol nicht für eine endgültige Erfüllung. Im tausendjährigen Reich ist die dämonische Macht gebannt, aber nicht zerstört; sie wird wiederkehren. In weniger mythologischer Sprache könnte man sagen, das Dämonische kann an einem bestimmten Ort und zu einer bestimmten Zeit besiegt werden, aber nicht total und universal. Die Erwartung des tausendjährigen Reiches war Anlaß für die Entstehung vieler utopischer Bewegungen. In Wahrheit ist es eine Warnung gegen den Utopismus: Das Dämonische ist nur für eine gewisse Zeit unterdrückt, aber es ist nicht tot.

Das Symbol „das zweite Kommen" oder „die Parusie des Christus" hat zwei Funktionen. Erstens drückt es in einer besonderen Weise aus, daß Jesus der Christus ist, d. h., daß er von niemand anderem im Lauf der kommenden Geschichte übertroffen werden kann. Obwohl das indirekt in der christologischen Aussage liegt, muß es besonders betont werden für die, die von einer neuen und überlegenen religiösen Erfahrung reden und die darum denken, daß man die Zukunft offen halten muß, selbst Jesus als dem Christus gegenüber. Dies Problem war dem Verfasser des Johannesevangeliums nicht unbekannt. Er leugnete zwar nicht die Fortsetzung religiöser Erfahrungen nach der Auferstehung des Christus. Er läßt den Christus sagen, daß der Geist in alle Wahrheit führen wird. Aber er spricht sofort die Warnung aus, daß das, was der Geist eingibt, nicht vom Geist selbst kommt, sondern vom Christus, der es seinerseits nicht von sich selbst hat, sondern vom Vater. Es ist also die erste Funktion des Symbols vom „zweiten Kommen des Christus", die Erwartung einer höheren Manifestation des Neuen Seins auszuschließen. Aber das Symbol hat noch eine andere Funktion. Es soll die jüdische Kritik beantworten, die behauptet, daß Jesus nicht der Messias sein kann, da er den neuen Äon nicht gebracht hat und der alte Stand der Dinge unverändert ist. Daraus zieht die jüdische Theologie den Schluß, daß wir noch auf das Kommen des Messias warten müssen. Das Christentum gibt zu, daß wir noch in einer Periode des Wartens sind. Das zeigt sich schon darin, daß nach christlicher Auffassung mit dem Wachsen der Macht des Reiches Gottes auch die Macht des dämonischen Reiches stärker und destruktiver wird. Im Gegensatz zum Judentum behauptet das Christentum aber, daß die Macht des Dämonischen im Prinzip dadurch gebrochen wurde, daß der Christus, der

Symbole, die das Symbol „die Auferstehung des Christus" unterstützen

Träger des Neuen Seins, in Jesus von Nazareth erschienen ist. Sein Sein ist das Neue Sein. Und das Neue Sein, d. h. der Sieg über den alten Äon, ist lebendig in denen, die an ihm teilhaben, und in der Kirche, sofern sie in ihm gegründet ist. Das Symbol des „zweiten Kommens des Christus" ergänzt das Symbol der Auferstehung. Es stellt den Christen in einen Zeitraum zwischen zwei *kairoi*, d. h. zwischen zwei Zeitmomente, in denen das Ewige in das Zeitliche einbricht, zwischen ein „schon" und ein „noch nicht". Es unterwirft ihn den unendlichen Spannungen dieser Situation, sowohl in seiner persönlichen als auch in seiner historischen Existenz.

Das „Jüngste Gericht" ist eines der dramatischsten eschatologischen Symbole. Es hat die Maler und Dichter aller Zeiten inspiriert und tiefe, oft auch neurotische Angst im Bewußtsein und Unterbewußtsein der Gläubigen hervorgerufen. Es hat, wie Luther aus seiner frühen Erfahrung berichtet, in ihm das Bild des Christus als Heiler und Retter zerstört und in das Bild eines mitleidlosen Richters verwandelt, vor dem man zu fliehen sucht. Und der moderne Mensch flieht nicht nur zu den Heiligen, sondern auch zu den Psychoanalytikern und Skeptikern. Es ist wichtig, sich an diesem Punkt klar zu machen, daß das Neue Testament selbst eine Art Entmythologisierung vorgenommen hat. Das Johannesevangelium lehnt das mythische Symbol des „Jüngsten Gerichts" nicht ab, es beschreibt aber die faktische Seite als die Krisis, die die Menschen erleben, wenn sie dem Neuen Sein begegnen und es entweder annehmen oder verwerfen. Es ist ein immanentes Gericht, das immer in der Geschichte vorhanden ist, selbst da, wo der Name Jesus unbekannt ist, wo jedoch die Macht des Neuen Seins, die sein Sein ist, wirksam oder unwirksam ist (Matth. 25). Da dieses immanente Gericht sich unter den Bedingungen der Existenz ereignet, ist es den Zweideutigkeiten des Lebens unterworfen und verlangt daher ein Symbol als Ausdruck für die endgültige Ausscheidung der zweideutigen Elemente aus der Wirklichkeit oder ihre Läuterung und Erhebung in die transzendente Einheit des Reiches Gottes.

Damit ist die Erörterung derjenigen Symbole abgeschlossen, die das zentrale Symbol der Auferstehung des Christus unterstützen. Jedes dieser Symbole ist literalistisch verzerrt worden und in absurder und nichtexistentieller Weise verkündet und daher von vielen abgelehnt worden. Die Mächtigkeit dieser Symbole muß wieder gezeigt werden. Das ist möglich, wenn man ihre kosmische und existentielle Bedeutung herausarbeitet und deutlich macht, daß ein Symbol einerseits reale Dinge und Ereignisse als Material benutzt und andererseits an der Macht dessen, was es symbolisiert, teilnimmt. Daher können Symbole nicht willkürlich durch andere ersetzt werden. Sie müssen gedeutet werden, solange sie lebendig sind. Sie können sterben, und es mag sein, daß einige der in den vorigen Kapiteln abgehandelten Symbole bereits gestorben sind. Schon sehr lange stehen sie unter teils berechtigten, teils unberechtigten Angriffen. Der Theologe kann kein Urteil darüber abgeben, ob die Symbole, die er interpretiert, noch lebensfähig sind. Das Urteil darüber vollzieht sich vielmehr im Leben der Kirche und hat tiefe Wurzeln im kollektiven Unbewußten. Es vollzieht sich im liturgischen Bereich, im persönlichen Andachtsleben, in Predigt und Unterweisung, im Handeln der Kirche gegenüber der Welt und in der stillen Kontemplation ihrer Glieder. Es vollzieht sich als historisches Schicksal und daher letztlich durch das göttliche Schaffen selbst in seiner Einheit mit der Macht des Neuen Seins im Christus. Das Neue Sein ist nicht abhängig von bestimmten Symbolen, mit denen es ausgedrückt wird. Es hat die Macht, von jeder Form zu befreien, in der es erscheint.

E

DAS NEUE SEIN IN JESUS ALS DEM CHRISTUS ALS DIE MACHT DER ERLÖSUNG

1. *Erlösung und das Neue Sein*

Die theologische Tradition unterscheidet zwischen der Person und dem Werk des Christus. Die Person ist Gegenstand der Christologie, das Werk ist Gegenstand der Soteriologie. Dieses Schema ist hier aufgegeben und ersetzt durch die Lehre vom Neuen Sein in Jesus als dem Christus in seiner universalen Bedeutung. Das frühere Schema war unbefriedigend und theologisch gefährlich. Es erweckte den Eindruck, als ob die Person Jesu als des Christus abgesehen von seinem Werk betrachtet werden könnte. Als Folge dieser Trennung von Person und Werk geht die Korrelation zwischen ihm und denen, für die er der Christus wurde, verloren. Gleichzeitig wurde das Werk mißverstanden als ein Akt der Person, die auch ohne ihr Werk der Christus gewesen wäre. Dies ist einer der Gründe, daß das Werk der Wiederversöhnung mit Gott als eine Art priesterliche Technik verstanden wurde, die von Jesus bis zum Opfer seiner selbst ausgeübt worden war. Viele der halbmechanistischen Mißverständnisse in der Erlösungslehre hät-

Erlösung und das Neue Sein

ten vermieden werden können, wenn man das Prinzip angenommen hätte, daß das Sein des Christus sein Werk und sein Werk sein Sein ist. Mit Hilfe dieses Prinzips können wir die traditionelle Einteilung des Werkes Christi in sein prophetisches, priesterliches und königliches Amt beseitigen. Man unterschied diese Ämter so, daß sein prophetisches Amt in seinen Worten, sein priesterliches Amt in seinem Selbstopfer und sein königliches Amt in seiner Herrschaft über Welt und Kirche gefunden wird. Unter gewissen Bedingungen können solche Unterscheidungen homiletisch und liturgisch nützlich sein. Aber die Bedeutung Jesu als des Christus ist sein Sein, und die prophetischen, priesterlichen und königlichen Elemente darin sind, neben anderen, unmittelbare Wirkungen seines Seins. Sie sind keine speziellen „Ämter" oder Funktionen seines „Werkes". Jesus als der Christus ist der Erlöser durch die unmittelbare Wirkung seines Seins als Neues Sein.

Der Begriff Erlösung hat so viele Beziehungen, wie es negative Zustände gibt, die der Erlösung bedürfen. Man kann jedoch unter diesen Negativitäten das vollendete Negative von dem unterscheiden, was zu ihm führt. Das vollendete Negative ist „Verdammnis" oder „ewiger Tod", d. h. der Verlust des inneren *telos* (innere Erfüllung), das Ausgeschlossensein von der universalen Einheit im Reich Gottes und im Ewigen Leben. In der überwiegenden Mehrzahl der Fälle, in denen die Worte „Erlösung" und „Erlöstsein" gebraucht werden, ist Erlösung von der vollendeten Negativität gemeint. Das ungeheure Gewicht des Problems der Erlösung beruht auf dieser Deutung des Begriffs Erlösung. Die Frage der Erlösung ist die Frage von „Sein oder Nichtsein".

Die verschiedene Weise, in der das *telos* – das ewige Leben – verloren oder gewonnen wird, entscheidet über engere Bedeutungen des Begriffs Erlösung. Für die frühe griechische Kirche waren Tod und Irrtum das, wovon man Erlösung suchte. In der römisch-katholischen Kirche wird Erlösung verstanden als Erlösung von der Schuld und ihren Folgen in diesem und dem nächsten Leben (Fegefeuer und Hölle). Im klassischen Protestantismus versteht man unter Erlösung die Befreiung vom Gesetz, d. h. von seiner angsterzeugenden und verdammenden Macht. Im Pietismus und den Erweckungsbewegungen bedeutet Erlösung die Überwindung des gottlosen Zustandes durch Bekehrung und Umwandlung derer, die bekehrt wurden. Im asketischen und liberalen Protestantismus ist Erlösung die Überwindung spezieller Sünden und stetige moralische Vervollkommnung. Erlösung als die Frage der Gewinnung des ewigen Lebens ist in den letztgenannten Gruppen in den Hintergrund gedrängt, wenn auch nicht verschwunden (außer im sogenannten Humanismus).

Das Neue Sein als die Macht der Erlösung

Wenn das Christentum die Erlösung von Jesus als dem Christus ableitet, so ist damit nicht gesagt, daß die übrige Geschichte ohne Kräfte der Erlösung ist. Wir haben das Problem der universalen Erlösung in dem Abschnitt über die Offenbarung besprochen; wir haben dort behauptet, daß es eine konkrete Offenbarungsgeschichte an allen Orten und zu allen Zeiten gibt und daß ihre Mitte Jesus der Christus ist. Wir haben ferner unterschieden zwischen einer vorbereitenden und einer aufnehmenden Offenbarung. Vor allem aber haben wir behauptet, daß, wo Offenbarung ist, auch Erlösung ist. Offenbarung ist die ekstatische Manifestation des Seinsgrundes in Ereignissen, Personen und Gegenständen. Solche Manifestationen haben gleichzeitig eine erschütternde, umwandelnde und erlösende Kraft. In ihnen ist die Macht des Seins gegenwärtig. Sicherlich, sie ist nur in einer vorbereitenden, fragmentarischen Weise gegenwärtig und offen für dämonische Verzerrung. Aber sie *ist* gegenwärtig und bringt Erlösung, wo sie ernsthaft aufgenommen wird. Von diesen erlösenden Kräften hängt das Leben der Menschheit ab, sie hindern die selbstzerstörerischen Strukturen der Existenz daran, die Menschheit in völlige Vernichtung zu stürzen. Das gilt von Einzelmenschen wie von Gruppen und ist die Grundlage für eine positive Entwicklung der Kulturen und Religionen der Menschheit. Die Idee einer universalen Erlösungsgeschichte kann jedoch erst vollständig in den Teilen der Systematischen Theologie entwickelt werden, die vom „Leben und dem Geist" und von der „Geschichte und dem Reich *Gottes*" handeln (Band III).

Dieses Verständnis der Erlösungsgeschichte schließt eine unbiblische — obschon oft von der Kirche vertretene — Auffassung von Erlösung aus. Nach dieser ist Erlösung entweder total oder nicht-existent. Totale Erlösung ist identisch mit dem Stand derer, die nach ihrem Tod in die göttliche Seligkeit aufgenommen werden, und sie ist das Gegenteil von totaler Verdammnis zu immerwährender Qual oder ewigem Tod. Wenn Erlösung zum ewigen Leben in diesem Sinn von der Begegnung mit dem Christus und dem Empfang seiner erlösenden Kraft abhängig gemacht wird, kann nur eine kleine Zahl von Menschen überhaupt Erlösung erlangen. Die anderen sind entweder durch einen vorzeitlichen göttlichen Beschluß oder durch das Schicksal, das durch Adams Fall über sie kam, und durch persönliche Schuld zum Ausschluß vom ewigen Leben verurteilt. Einige Theologien versuchten, dieser absurd-dämonischen Idee zu entgehen; das ist jedoch unmöglich, wenn die absolute Alternative von Verdammnis und Erlösung vorausgesetzt ist. Wenn dagegen Erlösung durch das Neue Sein als heilende und rettende Macht in aller Geschichte verstanden wird, ist das Problem auf eine andere

Ebene gehoben. In gewissem Grade nehmen alle Menschen an der Erlösung *durch* das Neue Sein teil. Wäre das nicht der Fall, würden sie ihr Sein verlieren. Die selbstzerstörerischen Folgen der Entfremdung würden sie zerstören. Andererseits ist niemand völlig erlöst, auch die nicht, die der heilenden Macht in Jesus als dem Christus begegnet sind. An dieser Stelle treibt der Begriff Erlösung zu den eschatologischen Symbolen, vor allem zu dem Symbol der kosmischen Erlösung und der Frage nach der Beziehung des Ewigen zum Zeitlichen unter dem Symbol der Zukunft.

Wir fragen jetzt noch einmal, was der spezielle Charakter der Erlösung durch Jesus als den Christus im Verhältnis zu den erlösenden Kräften ist, die überall in der Geschichte erscheinen. Die Antwort kann nicht lauten, daß der Christus im Gegensatz zu ihnen steht, sondern sie muß lauten, daß er ihr Kriterium ist. Auch Heidentum und Judentum sind nicht ohne erlösende Kräfte, und auch im Christentum ist die Erlösung relativ und fragmentarisch. Der Unterschied ist nur, daß das Ereignis, auf das sich die christliche Botschaft gründet, die Kraft der Erlösung unbegrenzt und in Vollkommenheit in sich trägt. In ihm kommt das zu vollkommener Darstellung, was an erlösenden Kräften in der Geschichte der Menschheit vorhanden ist. Es ist das letzte Kriterium für alles, was Erlösung heißt.

2. *Der Christus als Erlöser und Mittler*

Das Wort Erlösung deckt als der umfassende Begriff Worte wie Rettung, Heilung, Mittlerschaft, Loskauf. Jeder dieser Begriffe bringt eine spezielle Seite der Erlösung zum Ausdruck. Die Worte Rettung und Heilung sind beide enthalten im lateinischen *salvatio* (engl. salvation). Wenn von Rettung die Rede ist, denkt man sowohl an die Entfremdung als auch an ihre selbstzerstörerischen Konsequenzen. Wenn von Heilung die Rede ist, denkt man an den Zwiespalt im einzelnen und indirekt auch in der Gesellschaft und in der Natur. Das Wort Heilung als eine Seite der Erlösung ist besonders wichtig für das Verständnis des Neuen Seins in der Situation unserer Zeit. Wenn man das Wort Heilung verwendet, was für Predigt und Unterricht durchaus zu empfehlen ist, kann man es beschreiben als Überwindung des Zwiespaltes in der menschlichen Situation. Die heilende Kraft des Neuen Seins überwindet den Zwiespalt zwischen Gott und Mensch, dem Menschen und seiner Welt und dem Menschen und sich selbst. Für die Zusammenarbeit von Kirche und Theologie mit Medizinern und Psychologen ist dieses Verständnis von Erlösung von fundamentaler Bedeutung.

Das Neue Sein als die Macht der Erlösung

Ein Begriff, der vielfach auf den Christus angewandt wurde, ist der Begriff „Mittler". Die Idee einer Mittlerschaft zwischen Gott und Mensch hat tiefe Wurzeln in der Geschichte der Religion. Sowohl geschichtliche als auch ungeschichtliche Religionstypen gebrauchen Mittlergottheiten, die die Kluft zwischen den Menschen und den höchsten Göttern, die zunehmend transzendent und abstrakt geworden sind, überbrücken sollen. Das religiöse Bewußtsein, das Ergriffensein von dem, was uns unbedingt angeht, umschließt beides: die unbedingte Transzendenz des Gottes und die Konkretheit, die es möglich macht, ihm zu begegnen. Die Mittlergottheiten sind aus dieser Spannung heraus entstanden. Sie machen das transzendente Göttliche für den Menschen erreichbar, und sie erheben den Menschen zum transzendenten Göttlichen. Sie vereinigen in sich die Unendlichkeit des transzendenten Göttlichen mit der Endlichkeit des Menschen. Dies ist aber nur das eine Element in der Mittleridee; ein weiteres Element ist die Funktion des Mittlers, das, was entfremdet ist, wiederzuvereinigen. Er ist der Mittler, insofern er die Versöhnung mit Gott bringt. Er vertritt Gott gegenüber den Menschen. Beide Elemente der Mittleridee werden auf Jesus als den Christus angewandt. In seinem Antlitz sehen wir das Antlitz Gottes, und in ihm erfahren wir den Versöhnungswillen Gottes. In beiderlei Hinsicht ist er der Mittler.

Der Begriff Mittler ist nicht ohne theologische Schwierigkeiten. Man kann aus ihm entnehmen, daß der Mittler eine dritte Realität ist, von der beide, Gott und Mensch, hinsichtlich der Offenbarung und Versöhnung abhängen. Diese Deutung kann weder vom christologischen noch vom soteriologischen Standpunkt aus aufrechterhalten werden. Eine dritte Art des Seins zwischen Gott und Mensch wäre die eines Halbgottes. Und gerade das wurde in der arianischen Häresie zurückgewiesen. Im Christus ist die wesenhafte Gott-Mensch-Einheit unter den Bedingungen der Existenz erschienen. Der Mittler ist kein Halbgott. Diese Aussage war die erste große antihäretische Entscheidung des Christentums; es war die Behauptung, daß es zwischen Gott und Mensch keine dritte Realität gibt. Das muß in der Soteriologie besonders betont werden. Wenn der Mittler eine dritte Realität zwischen Gott und Mensch wäre, dann wäre Gott in seinem rettenden Handeln von ihm abhängig. Er brauchte jemanden, um versöhnt werden zu können. Das führt zu dem Typus der Versöhnungslehre, nach der es Gott ist, der versöhnt werden muß. Aber die Botschaft des Christentums sagt, daß Gott, der in Ewigkeit versöhnt ist, will, daß *wir* mit *ihm* versöhnt werden. Es ist Gott, der sich uns offenbart und uns durch den Mittler mit sich versöhnt. Gott ist immer derjenige, der handelt, und der Mittler ist derjenige, in dem und durch den Gott handelt. Wenn man das verstanden hat, kann man den Begriff Mittler verwenden, sonst sollte man ihn fallen lassen.

Eine ähnliche Schwierigkeit besteht in bezug auf den Begriff Loskauf (im Englischen *redemption* und als Person *redeemer*). Das Wort Loskauf erweckt die Vorstellung von jemandem, der den Menschen in seiner Gewalt hat, nämlich Satan, und dem für seine Befreiung ein Lösegeld bezahlt werden muß. Diese Vorstellung ist keineswegs vorherrschend, aber sie ist nicht völlig verschwunden. Der Symbolismus, daß der Mensch von dämonischen Mächten befreit werden muß, spielt eine große Rolle, sowohl in der Bibel als auch in den traditionellen Versöhnungslehren. Deshalb ist es berechtigt, das Wort Loskauf überhaupt zu verwenden. Aber es ist sprachlich, genau wie das Wort Mittler, nicht ungefährlich. Es kann die Vorstellung erwecken, daß den widergöttlichen Kräften ein Preis gezahlt werden muß, ehe Gott imstande ist, den Menschen von den Banden der Entfremdung zu befreien. Damit kommen wir zu den verschiedenen Versöhnungstheorien und ihren Symbolen.

3. *Versöhnungstheorien*

Die Lehre von der Versöhnung beschreibt die Wirkung des Neuen Seins in Jesus dem Christus auf alle die, die im Zustand der Entfremdung davon ergriffen sind. Diese Definition weist auf zwei Seiten in der Versöhnung hin, einerseits auf die Manifestation des Neuen Seins, von der die Versöhnung ausgeht, und andererseits auf das, was sich im Menschen in der Versöhnung vollzieht. Entsprechend dieser Definition ist Versöhnung immer beides: göttliches Handeln und menschliches Antworten. Das göttliche Handeln überwindet die Entfremdung zwischen Gott und Mensch, soweit sie eine Sache menschlicher Schuld ist. In der Versöhnung wird die menschliche Schuld als das, was den Menschen von Gott trennt, beseitigt. Aber dieses göttliche Handeln ist nur dann wirksam, wenn der Mensch antwortet und die Tilgung der Schuld, d. h. das göttliche Angebot der Versöhnung, trotz des trennenden Schuldbewußtseins annimmt. Versöhnung hat darum naturgemäß eine objektive und eine subjektive Seite. Die subjektive Seite macht die Versöhnung zum Teil vom Zustand des Menschen abhängig. Die Unbestimmtheit, die dadurch in die Lehre von der Versöhnung kam, war ein Grund dafür, daß sich die Kirche instinktiv weigerte, die Lehre von der Versöhnung in feste dogmatische Begriffe zu gießen, wie sie es im Falle des christologischen Dogmas getan hatte. Das ermöglichte die Entwicklung verschiedener Typen der Lehre von der Versöhnung, die von der Kirche anerkannt werden konnten und deren jede ihre Stärke und ihre Schwäche hat.

Die Typen unterscheiden sich dadurch, daß sie entweder vorwiegend subjektiv, vorwiegend objektiv oder eine Mischung von beidem sind. Das entspricht dem subjektiv-objektiven Charakter der Versöhnung. In einem radikalen Sinne objektiv ist die Lehre von Origines. Nach ihm wird der Mensch aus der Knechtschaft von Schuld und Selbstzerstörung durch einen Handel zwischen Gott, Satan und dem Christus befreit, wobei Satan betrogen wird. Satan erhielt scheinbar Macht über Christus, aber er hatte nicht das Recht, diese Macht über den Unschuldigen auszuüben. Als er es dennoch tat, kam er ins Unrecht und verlor seine Macht, nicht nur über den Christus, sondern auch über die, die zu Christus gehören. Diese Idee des Origines kann sich auf eine Gruppe von Bibelstellen berufen, in denen der Sieg des Christus über die dämonischen Mächte verkündet wird. Die Idee ist heute wieder aufgenommen worden, besonders in einem Buch von Aulén mit dem Titel *Christus Victor*. Aber sie nimmt der Versöhnungslehre jede Beziehung zur menschlichen Erfahrung. Ein kosmisches Drama — bei Origines beinahe eine Komödie — spielt sich über den Köpfen der Menschen ab, und der Bericht dieses Dramas gibt dem Menschen die Gewißheit, daß er von den dämonischen Mächten befreit ist. Das ist aber nicht der ursprüngliche Sinn der objektiven Erlösungsidee. In Paulus' triumphierenden Versen, die vom Sieg der Liebe Gottes in Christus über die dämonischen Mächte reden, ist die menschliche Erfahrung der göttlichen Liebe vorausgesetzt. Erst auf Grund dieser Erfahrung wird vom Sieg des Christus über die dämonischen Mächte gesprochen. Ohne das *Erlebnis* des Sieges über die Entfremdung zwischen Gott und Mensch hätten weder Paulus noch Origines das Symbol *Christus Victor* gebrauchen können.

Es ist interessant, die konkreten Symbole der objektiven Versöhnungslehre selbst zu untersuchen. Der „Betrug Satans" hat eine tiefe metaphysische Dimension; er weist auf die Wahrheit hin, daß das Negative vom Positiven lebt, auch wenn es das Positive verzerrt. Wenn es das Positive vollständig besiegte, würde es sich selbst zerstören; Satan kann den Christus nicht in seiner Macht behalten, weil der Christus als der Träger des Neuen Seins das Positive in der Existenz repräsentiert. Der „Betrug Satans" ist ein weitverbreitetes Motiv in der Religionsgeschichte, weil Satan als das Prinzip des Negativen kein unabhängiges ontologisches Sein hat.

Die Welt, in die das Christentum kam, war mit Angst vor dämonischen Mächten erfüllt. Man sah in ihnen sowohl Quellen des Übels als auch Werkzeuge der Strafe (letzteres ein mythischer Ausdruck für den selbstzerstörerischen Charakter der existentiellen Entfremdung). Diese dämonischen Mächte hindern die Seele daran, sich wieder mit Gott zu vereinigen. Sie halten sie in Knechtschaft und in der Herrschaft existentieller Selbstzerstörung. Die christliche Botschaft war die Botschaft der Befreiung von der dämonischen Knechtschaft. Versöhnung ist Befreiung. Aber Befreiung von jenen bösen und zugleich strafenden Mächten ist nur möglich, wenn sich etwas ereignet, und zwar nicht nur objektiv, sondern auch subjektiv. Das subjektive Element ist die *Erfahrung* der inneren Mächtigkeit dessen, der äußerlich von den dämonischen Mächten überwunden ist – des Christus. Ohne die *Erfahrung* des Neuen Seins in Jesus als dem Christus würde seine versöhnende Unterwerfung unter die Mächte der Entfremdung nicht imstande gewesen sein, die Furcht vor den Dämonen zu besiegen. Daher ist es nicht verwunderlich, daß Abaelard eine Theorie entwickelt hat, in der er die subjektive Seite der Versöhnung in den Vordergrund stellte, ohne jedoch die objektive Seite zu leugnen.

Der befreiende Eindruck, den das Bild des gekreuzigten Christus auf die Menschen macht, ist der Eindruck seiner sich selbst hingebenden Liebe. Diese Liebe erweckt im Menschen die antwortende Liebe, die gewiß ist, daß in Gott Liebe und nicht Zorn das letzte Wort hat. Das genügt aber nicht, dem Menschen die Angst der Schuld und das Gefühl verdienter Bestrafung zu nehmen. Die verletzte Gerechtigkeit kann nicht durch die bloße Botschaft von der göttlichen Liebe wiederhergestellt werden. Denn Liebe wird zur Schwäche und Sentimentalität, wenn sie nicht Gerechtigkeit einschließt. Eine Botschaft von der göttlichen Liebe, die die Botschaft von der göttlichen Gerechtigkeit verletzt, könnte dem Menschen kein gutes Gewissen geben. Man kann hier die Praxis der Tiefenpsychologie als Parallele heranziehen, die den Patienten dazu auffordert, durch die Qual der existentiellen Einsicht in sein Sein hindurchzugehen, bevor sie ihm Heilung versprechen kann. Sofern die subjektive Beschreibung der Versöhnung an dieser Einsicht vorbeiging, konnte sie von der christlichen Theologie nicht als ausreichend angenommen werden.

Die Tatsache, daß Anselm dieser psychologischen Situation Rechnung trug, ist der Hauptgrund, warum seine Lehre die wirksamste zum mindesten im westlichen Christentum wurde. Der Form nach gehört sie vornehmlich zum objektiven Typus. Sie beginnt mit der Spannung von Zorn und Liebe in Gott und zeigt, daß das Werk des Christus es Gott möglich macht, Barmherzigkeit zu üben, ohne dabei die Forderung der Gerechtigkeit zu verletzen. Der unendliche Wert von Christi Leiden gibt Gott Genugtuung und macht es unnötig, den Menschen für das unendliche Gewicht seiner Sünden zu strafen. Nur der „Gott-Mensch" konnte das leisten, weil er als Mensch imstande war, zu leiden und als Gott nicht für seine eigenen Sünden leiden muß. Für den gläubigen Christen heißt das, daß das Schuldbewußtsein in seinem unbedingten Ernst und die Unentrinnbarkeit der Strafe anerkannt werden, zugleich aber der Christus durch die unendliche Tiefe und den unendlichen Wert seines Leidens die Strafe auf sich genommen hat. Wenn immer er betet, daß Gott ihm um des unschuldigen Leidens und Todes Christi willen seine Sünden vergeben möge, bestätigt er, daß er selbst unendliche Strafe verdient hat und daß er durch das stellvertretende Leiden Christi von Schuld und Strafe befreit ist.

Dieser Punkt gab der Versöhnungslehre des Anselm ihre starke psychologische Wirkung und hielt sie lebendig trotz ihrer veralteten legalistischen Terminologie und ihrer quantitativen Bemessung von Schuld und Strafe. Die Entdeckung eines oft tief verborgenen Schuldgefühls durch die Psychoanalyse hat uns einen wertvollen Schlüssel zur Erklärung der gewaltigen Wirkung der Anselmschen Theorie auf persönliche Frömmigkeit, Kirchenlieder, Liturgien, Lehre und Predigt gegeben. Ein System von Symbolen, das dem einzelnen den Mut gibt, sich anzunehmen, obwohl es ihm bewußt ist, daß er unannehmbar ist, hat alle Chancen, selbst angenommen zu werden.

Eine Kritik der Anselmschen Theorie ist bereits bei der Erörterung der beiden Begriffe Mittlerschaft und Loskauf gegeben worden. Wir haben auch kritisch auf die legalistischen und quantitativen Kategorien hingewiesen, die Anselm in seiner Beschreibung der objektiven Seite der Versöhnung gebraucht. Eine noch grundsätzlichere Kritik ist die des Thomas v. Aquino, der geltend macht, daß die subjektive Seite der Versöhnung bei Anselm völlig fehlt. Thomas fügt den Gedanken hinzu, daß der Christ an dem partizipiert, was dem Haupt des Leibes, dem Christus, geschieht. Damit ist auf etwas hingewiesen, was, vollends durchgeführt, den Gedanken der Stellvertretung durch den Gedanken der Partizipation ersetzen und damit die objektive und die subjektive Seite der Versöhnungslehre zum Ausgleich bringen würde.

4. *Prinzipien für eine künftige Lehre von der Versöhnung*

Die indirekte und direkte Kritik der grundlegenden Typen der Versöhnungslehre macht es möglich, Prinzipien aufzustellen, die die Weiterentwicklung der Versöhnungslehre — oder was künftig in der Theologie an ihre Stelle tritt — bestimmen sollten.

Das erste und all-entscheidende Prinzip lautet: Versöhnung ist ein Werk Gottes und Gottes allein. Damit ist zugleich ausgesagt, daß Gott — wenn er die Schuld, die zwischen ihm und dem Menschen steht, austilgt — in diesem Handeln nicht von Christus abhängig ist, sondern daß der Christus als der Träger des Neuen Seins das versöhnende Handeln Gottes den Menschen vermittelt.

Das zweite Prinzip der Lehre von der Versöhnung lautet: Es besteht kein Widerspruch zwischen Gottes versöhnender Liebe und Gottes vergeltender Gerechtigkeit. Die Gerechtigkeit Gottes ist kein spezieller Akt der Bestrafung, die nach der Schuld der Sünder berechnet wird. Gottes Gerechtigkeit ist vielmehr der Akt, durch den er den selbstzerstörerischen Folgen existentieller Entfremdung ihren Lauf läßt. Er kann sie nicht aufheben, weil sie zur Struktur des Seins selbst gehören, und Gott würde aufhören, Gott zu sein — das einzige, was ihm nicht möglich ist —, wenn er diese Folgen aufhöbe. Vor allem aber würde er aufhören, Liebe zu sein, denn Gerechtigkeit ist die strukturelle Form der Liebe. Ohne Gerechtigkeit wäre Liebe bloße Sentimentalität. Ausübung der Gerechtigkeit ist das Wirken der Liebe, der echten Liebe, die dem widersteht und das zerbricht, was gegen die Liebe steht. Aus diesem Grunde kann es in Gott keinen Konflikt zwischen Liebe und Gerechtigkeit geben.

Das dritte Prinzip der Lehre von der Versöhnung lautet: Die göttliche Vergebung der Schuld und das Erlassen der Bestrafung bedeuten nicht, daß Gott die Realität und Tiefe der Entfremdung übersieht. Man findet den Gedanken, daß Gott die Sünde einfach übersieht, im theologischen Liberalismus und Humanismus. Er wird oft durch die Bitte im Vaterunser gestützt, in der göttliches und menschliches Vergeben verglichen werden. Dieser Vergleich zwischen göttlichen und menschlichen Dingen ist wie alle Vergleiche (man denke an die Parabeln Jesu) bis zu einem bestimmten Punkt berechtigt, aber falsch, wenn man über diesen Punkt hinausgeht. Während die Analogie ohne weiteres deutlich ist — Gemeinschaft trotz Entfremdung —, muß der Unterschied herausgearbeitet werden. In allen menschlichen Beziehungen ist der, der vergibt, selbst schuldig, und zwar nicht nur ganz allgemein, sondern auch in der konkreten Situation, in der er vergibt. Menschliche Vergebung sollte immer wechselseitig sein, auch wenn es nicht ausgesprochen wird. Aber Gott steht für die Weltordnung, die durch die Losreißung von Gott verletzt ist. Seine Vergebung liegt nicht auf der subjektiven Ebene menschlichen Vergebens.

Das Neue Sein als die Macht der Erlösung

Das vierte Prinzip der Lehre von der Versöhnung lautet: Gottes versöhnendes Handeln muß verstanden werden als seine Teilnahme an der existentiellen Entfremdung und ihren selbstzerstörerischen Folgen. Er kann diese Folgen nicht einfach aufheben, denn sie gehören zu seiner Gerechtigkeit, aber er kann sie auf sich nehmen und ihnen dadurch einen anderen Sinn geben. An dieser Stelle sind wir im Herzen der Lehre von der Versöhnung und von Gottes Beziehung zu Mensch und Welt. Das Problem dabei ist: Was bedeutet die Aussage, daß Gott das Leiden der Welt auf sich nimmt? Was bedeutet es – wie man den Gedanken auch ausdrücken kann –, daß Gott in die existentielle Entfremdung eingeht? Zunächst müssen wir sagen, daß dies eine hochsymbolische Art der Rede ist, die aber den biblischen Schriftstellern nicht fremd ist. Die Bibel spricht von Gottes „Geduld", Gottes „Reue", Gottes „Mühe mit der menschlichen Sünde", „Gott, der seinen Sohn nicht schont", und es gibt noch andere Aussprüche dieser Art. Sie enthüllen eine innere Freiheit, konkret über Gottes Beziehungen zur Welt zu sprechen, die für die Theologie naturgemäß beunruhigend ist. Wenn wir mehr als den symbolischen Satz: „Gott nimmt das Leiden der Welt auf sich" sagen wollen, müssen wir hinzufügen, daß das Leiden Gottes seiner ewigen Seligkeit nicht widerspricht. Denn Gottes Seligkeit ist begründet in seiner Aseität (seinem Durch-Sich-Selbst-Sein). Gottes Aseität ist das, was ihn über den Gegensatz von Schicksal und Freiheit hinaushebt. Andererseits müssen wir verweisen auf die Abschnitte über „Gott als den Lebendigen". Es hieß dort: Das Element des Nichtseins ist im göttlichen Leben in Ewigkeit überwunden. Dies Element des Nichtseins – von innen gesehen – ist das Leiden, das Gott auf sich nimmt, indem er an der existentiellen Entfremdung oder dem Zustand der nicht überwundenen Negativität teilnimmt. An dieser Stelle fallen die Lehre vom lebendigen Gott und die Lehre von der Versöhnung zusammen.

Das fünfte Prinzip der Lehre von der Versöhnung lautet: Im Kreuz des Christus wird die göttliche Teilnahme an der existentiellen Entfremdung manifest. Noch einmal muß betont werden, daß es die entscheidende Entstellung der Lehre von der Versöhnung ist, wenn man statt von „manifest werden" von „möglich werden" spricht. Andererseits bedeutet „manifest werden" nicht bloß „bekannt werden". Manifestationen sind *wirksame* Äußerungen, nicht nur Mitteilungen. Es ereignet sich etwas in einer Manifestation, etwas, das Wirkungen und Folgen hat. Das Kreuz des Christus ist eine Manifestation in diesem Sinne. Es ist Offenbarung durch Verwirklichung. Es ist nicht die einzige, aber die zentrale Verwirklichung und das Kriterium für alle anderen Manifestationen von Gottes Teilnahme am Leiden der Welt. Das schuldige Gewissen, das auf das Kreuz blickt, sieht Gottes versöhnendes Handeln im Kreuz und durch das Kreuz; es sieht, daß Gott die zerstörerischen Konsequenzen auf sich selbst nimmt. Die liturgische Sprache gewinnt Trost in Schuld und Tod durch das „Verdienst Christi", durch sein „kostbares Blut" und sein „unschuldiges Leiden" und deutet damit auf den hin, in dem Gottes versöhnendes Handeln manifest ist. Aber weder die liturgische Sprache noch das schlechte Gewissen unterscheidet im Akt des Glaubens zwischen den Ausdrücken *„durch* das Kreuz" und *„im* Kreuz". Die Theologie jedoch *muß* eine Unterscheidung zwischen beiden machen. Das Kreuz ist nicht die Ursache, sondern die wirksame Manifestation davon, daß Gott die Folgen der menschlichen Schuld auf sich nimmt.

Das sechste Prinzip der Lehre von der Versöhnung lautet: Durch die Teilnahme am Neuen Sein, das das Sein Jesu als des Christus ist, hat der Mensch teil am versöhnenden Handeln Gottes. Er partizipiert am Leiden Gottes, der die Folgen der existentiellen Entfremdung auf sich selbst nimmt oder, konkreter ausgedrückt, er partizipiert am Leiden des Christus. Daraus folgt eine Bewertung des Begriffs „stellvertretendes Leiden". Es ist ein sehr irreführender Ausdruck und sollte besser in der Theologie vermieden werden. Gott nimmt am Leiden in der existentiellen Entfremdung teil, aber sein Leiden ist kein Ersatz für das Leiden des Geschöpfes. Ebensowenig ist das Leiden des Christus ein Ersatz für das Leiden des Menschen. Jedoch ist das Leiden Gottes, sowohl universal als auch im Christus, die Macht, die den Prozeß der kreatürlichen Selbstzerstörung durch Teilnahme und Wandlung überwindet. Nicht Ersatz, sondern freie Teilnahme ist der Charakter des göttlichen Leidens.

5. *Der dreifache Charakter der Erlösung*

a) *Erlösung als Teilnahme am Neuen Sein (Wiedergeburt).* Im Lichte des Prinzips der Partizipation und auf dem Hintergrund der Lehre von der Versöhnung müssen nun die drei Seiten der Erlösung erörtert werden, in denen das Wirken des göttlichen Versöhnungsaktes auf den Menschen zum Ausdruck kommt. Es sind: Teilnahme, Annahme, Umwandlung, in klassischen Begriffen: Wiedergeburt, Rechtfertigung, Heiligung.

Die erlösende Macht des Neuen Seins in Jesus als dem Christus ist davon abhängig, daß der Mensch an ihm teilhat. Die Macht des Neuen

Seins muß von ihm, der noch in der Knechtschaft des Alten Seins ist, Besitz ergreifen. Die Beschreibung des psychologischen und geistigen Vorgangs, in dem dies geschieht, gehört zu dem Teil der Systematischen Theologie, den wir „das Leben und der Geist" genannt haben (Band 3). An dieser Stelle ist es nicht die menschliche Reaktion, die zum Gegenstand der Betrachtung gemacht werden muß, sondern die objektive Seite, d. h. die Beziehung des Neuen Seins zu denen, die davon ergriffen sind. Diese Beziehung kann beschrieben werden als die göttliche Macht, die den Menschen ergreift und in sich hineinzieht.

Der klassische Ausdruck für diesen Zustand ist „neue Geburt", „Wiedergeburt", „neue Kreatur". Die Merkmale des Neuen Seins sind das Gegenteil von denen der Entfremdung: Glaube statt Unglaube, Hingabe statt *hybris*, Liebe statt Konkupiszenz. Nach der üblichen Terminologie sind es Bezeichnungen für subjektive Vorgänge, für das Wirken des Heiligen Geistes in der einzelnen Seele. Das ist aber nicht die einzige Weise, in der die vor-neutestamentlichen und neutestamentlichen Quellen den Begriff Wiedergeburt gebrauchen. Wiedergeburt ist ein Zustand der Dinge ganz allgemein. Sie ist der neue Stand der Dinge, der neue Äon, den der Christus bringt. Der einzelne „tritt ein" und nimmt dadurch an ihm teil und ist durch diese Teilnahme wiedergeboren. Die objektive Wirklichkeit des Neuen Seins geht der subjektiven Teilnahme an ihm voraus. Die Aufforderung zur Bekehrung ist vor allem die Botschaft von einer neuen Wirklichkeit, der man sich zuwenden soll. Im Hinblick auf ihre Gegenwart soll man sich wegwenden von der alten Wirklichkeit, dem Stand der Entfremdung, in dem man gelebt hat. Wenn Wiedergeburt und Bekehrung in dieser Weise verstanden werden, haben sie wenig gemein mit dem Versuch, gefühlsmäßige Emotionen zu erregen. Wiedergeburt ist der Zustand, in dem man in die neue Wirklichkeit hineingenommen ist — es ist die Wirklichkeit, die in Jesus dem Christus manifest wurde. Die subjektiven Folgen davon sind fragmentarisch und zweideutig und können nie die Grundlage für die Teilnahme am Neuen Sein im Christus abgeben. Wohl aber ist der Glaube, der Jesus als den Träger des Neuen Seins annimmt, diese Grundlage. Dies führt zu der zweiten Beziehung, die das Neue Sein zu denen hat, die von ihm ergriffen sind.

b) *Erlösung als die Annahme des Neuen Seins (Rechtfertigung)*. Die Frage, ob Rechtfertigung oder Wiedergeburt vorangehen, wird von den verschiedenen Typen protestantischer Frömmigkeit verschieden beantwortet. Die Lutherische Tradition betont die Rechtfertigung, die pietistische und methodistische die Wiedergeburt. Wie man sich zwischen den beiden Auffassungen entscheidet, hängt teils von der Definition der Begriffe ab, teils aber von den verschiedenen religiösen Erfahrungen. Wiedergeburt kann als aktuelle Umwandlung definiert werden. Wenn man das tut, ist sie mit Heiligung identisch und muß an die zweite Stelle rücken; denn der Sinn des versöhnenden Handelns Gottes ist, daß die Erlösung des Menschen nicht vom Stand seiner religiösen Entwicklung abhängig ist. Aber Wiedergeburt kann auch definiert werden als Teilnahme an der objektiven Macht des Neuen Seins — so fragmentarisch diese Teilnahme auch sein mag. Wenn sie in dieser Weise definiert wird, so geht Wiedergeburt der Rechtfertigung voran, denn Rechtfertigung setzt Glauben voraus, den Zustand, in dem der Mensch von der göttlichen Gegenwart ergriffen ist. Glaube, rechtfertigender Glaube, ist kein menschlicher Akt, obwohl er sich im Menschen ereignet. Glaube ist das Werk des göttlichen Geistes, der Macht, die das Neue Sein stiftet — zuerst im Christus, dann in einzelnen Nachfolgern und dann in der Kirche. Es war zum Schaden für die protestantische Theologie, als Melanchthon die Aufnahme des Heiligen Geistes vom Akt des Glaubens trennte. In diesem Moment wurde der Glaube zu einem intellektuellen Werk des Menschen, das auch möglich ist ohne Teilnahme am Neuen Sein. Darum sollte man Wiedergeburt — sofern man sie als Teilnahme am Neuen Sein definiert — vor die Rechtfertigung stellen.

Die Rechtfertigung bringt das Element des „trotzdem" in den Erlösungsprozeß. Sie ist die unmittelbare Folge der Versöhnungslehre und das Herz und Zentrum der Erlösung. Wie die Wiedergeburt ist die Rechtfertigung zuerst ein objektives Ereignis und dann ein subjektives Aufnehmen. Rechtfertigung im objektiven Sinn ist der aus der Ewigkeit kommende Akt Gottes, in dem er diejenigen, die in Wirklichkeit von ihm entfremdet sind, annimmt. Es ist der Akt der Sündenvergebung, durch die er sie in die Einheit mit ihm zurücknimmt. *Justificatio, dikaiosis* (Rechtfertigung) bedeuten wörtlich „gerecht machen", den Menschen zu dem machen, was er wesenhaft ist und von dem er entfremdet ist. Wenn das Wort Rechtfertigung in diesem Sinne gebraucht wird, ist es mit Heiligung identisch. Aber die paulinische Lehre von der Rechtfertigung durch Gnade *(sola gratia, sola fide)* hat dem Wort eine Bedeutung gegeben, die es an den anderen Pol von Heiligung stellt. Rechtfertigung ist ein Akt Gottes, der in keiner Weise vom Menschen abhängt, ein Akt, in dem Gott den annimmt, der unannehmbar ist. In der paradoxen Formel: *simul peccator simul iustus*, die das Kernstück der Reformation darstellt, ist der „Trotzdem"-Charakter entscheidend für alle Seiten der christlichen Botschaft, der Rettung aus Schuld und Verzweiflung. Rechtfertigung im Sinne von Vergebung der Sünden ist in Wahrheit der einzige Weg, auf dem die Angst der Schuld überwunden werden kann. Sie macht es dem Menschen möglich, von sich und seinem Zustand der Entfremdung und Selbstzerstörung wegzublicken und auf Gott und sein rechtfertigendes Handeln zu schauen. Wer auf sich selbst blickt und den Versuch macht, seine Beziehung zu Gott an seiner eigenen größeren oder geringeren Vollkommenheit zu messen, verstärkt die Entfremdung und mit ihr die Angst der Schuld. In der Besprechung der Selbst-Erlösung und ihres Scheiterns haben wir die negative Grundlage für diese Behauptung gelegt. Für Luther war die Erfahrung, daß der Mensch keinen Beitrag zur Versöhnung leisten kann, so wichtig, daß Melanchthon die forensische Formel für die Lehre von der Rechtfertigung aus Luthers Erfahrung ableitete. Er verglich Gott mit einem Richter, der auf Grund einer freien Entscheidung einen Schuldigen trotz seiner Schuld freigibt. Das ist jedoch eine Formulierung der Rechtfertigungslehre, die die subjektive Seite, den aufnehmenden Glauben, außer acht läßt. Es gibt zwar im Menschen nichts, das Gott veranlassen könnte, ihn anzunehmen, aber gerade das ist es, was der Mensch annehmen muß. Er muß bejahen, daß er von Gott bejaht ist; er muß die Bejahung bejahen. Und die Frage ist, wie solche Bejahung möglich ist trotz des Schuldgefühls, das den Menschen Gott gegenüber feindlich macht. Traditionell antwortet man auf diese Frage: „um Christi willen". Diese Antwort ist im vorhergehenden näher erläutert worden. Sie besagt, daß man hineingezogen wird in die Kraft des Neuen Seins im Christus, die den Glauben möglich macht. Daraus folgt die Wiederherstellung der Einheit von Gott und Mensch, wie fragmentarisch sie auch verwirklicht sein möge. Bejahen, daß man bejaht ist — das ist das Paradox der Erlösung, ohne das es keine Erlösung, sondern nur Verzweiflung geben würde.

Ein Wort muß noch über den Ausdruck „Rechtfertigung aus Gnade durch Glauben" gesagt werden. Man spricht oft in abgekürzter Form von „Rechtfertigung durch Glauben". Diese Abkürzung ist gefährlich, denn sie erweckt den Anschein, als ob Glaube ein Akt des Menschen sei, durch den er Rechtfertigung verdient. Eine solche Auffassung wäre eine völlige und verhängnisvolle Entstellung der Lehre von der Rechtfertigung. Der Grund für die Rechtfertigung ist Gott allein („aus Gnade"), aber der Glaube, daß man bejaht ist, ist bildlich gesprochen der Kanal, durch den die Gnade dem Menschen vermittelt wird („durch Glauben"). Der *articulus stantis et cadentis ecclesiae* (der Artikel, mit dem die Kirche steht und fällt) muß rein erhalten bleiben, auch in der Formulierung „Rechtfertigung aus Gnade durch Glauben".

Der dreifache Charakter der Erlösung

c) *Erlösung als Umwandlung durch das Neue Sein (Heiligung).* Vom Standpunkt des göttlichen Handelns aus sind Wiedergeburt und Rechtfertigung ein und derselbe Akt. Beide beschreiben die Wiedervereinigung dessen, was entfremdet ist: Wiedergeburt als Ausdruck für die aktuelle Wiedervereinigung, Rechtfertigung als Ausdruck für den paradoxen Charakter dieser Wiedervereinigung (vereinigt, obwohl getrennt). Heiligung unterscheidet sich von den beiden anderen, wie ein Prozeß von dem Ereignis verschieden ist, in dem er in Bewegung gesetzt wurde. Die scharfe Unterscheidung, die die Reformation zwischen den beiden Begriffen „Rechtfertigung" und „Heiligung" machte, wurzelt nicht in der ursprünglichen Bedeutung der beiden Worte. „Rechtfertigung" bedeutet wörtlich „gerechtmachen", und „Heiligung" kann bedeuten „aufgenommensein in die Gemeinschaft der Heiligen", nämlich in die Gemeinschaft derer, die von der Macht des Neuen Seins ergriffen sind. Die Unterscheidung zwischen den beiden Begriffen ist nicht in ihrer wörtlichen Bedeutung begründet, sondern in der kirchengeschichtlichen Entwicklung, vor allem in der Wiederentdeckung der paulinischen Verkündigung in der Reformation.

Heiligung ist der Prozeß, in dem die Macht des Neuen Seins den einzelnen und die Gemeinschaft umformt — innerhalb und außerhalb der Kirche. Sowohl der individuelle Christ als auch die Kirche, sowohl das religiöse als auch das profane Leben sind Gegenstände der heiligenden Funktion des göttlichen Geistes, der das Neue Sein in der Geschichte verwirklicht. Aber diese Betrachtungen überschreiten den Rahmen dieses Teils der Systematischen Theologie. Sie gehören zum vierten und fünften Teil des Systems „Das Leben und der Geist" und „Die Geschichte und das Reich Gottes".

Damit ist die Darstellung des dritten Teils der Systematischen Theologie „Die Existenz und der Christus" beendigt. Der Sache nach ist jedoch weder die Lehre vom Menschen noch die Lehre vom Christus in diesem Teil erschöpft. Das menschliche Sein enthält nicht nur essentielle Vollkommenheit und existentielle Entfremdung, es enthält auch die Zweideutigkeiten von Leben und Geschichte. Ohne die Darstellung von Leben und Geschichte und ihrer Beziehung zum göttlichen Geist und zum Reich Gottes bleibt alles Bisherige abstrakt. Der Christus ist kein isoliertes Ereignis im Sinne des „es war einmal", sondern er ist die Macht des Neuen Seins, das in aller vorhergehenden Geschichte seine letztgültige Manifestation in Jesus als dem Christus vorbereitet und in aller folgenden Geschichte aufgenommen und verwirklicht wird. Unsere Behauptung, daß der Christus nicht der Christus ohne die Kirche ist, macht die Lehren vom Geist und vom Reich Gottes zu notwendigen

Teilen der Christologie. Nur äußere Zweckmäßigkeit rechtfertigt eine Abtrennung. Es ist meine Hoffnung, daß einige der Probleme, die in diesem Teil unbeantwortet bleiben, in den folgenden Teilen eine Antwort finden.

INHALTSVERZEICHNIS

VORREDE

EINLEITUNG

A *Der zweite Band der Systematischen Theologie in seiner Beziehung zum ersten Band und zum Ganzen des Systems*

B *Neuformulierung einiger im ersten Band gegebener Antworten*
1. Jenseits von Naturalismus und Supranaturalismus 11
2. Der Seinsbegriff in der Systematischen Theologie 16
3. Unabhängigkeit und Wechselwirkung von existentiellen Fragen und theologischen Antworten 19

DRITTER TEIL: DIE EXISTENZ UND DER CHRISTUS

I. Die Existenz und die Erwartung des Christus

A *Existenz und Existentialismus*
1. Die Etymologie des Begriffs „Existenz" 25
2. Das Aufkommen des Existentialismus 27
3. Der Protest des Existentialismus gegen den Essentialismus . . . 30
4. Existentielles und existentialistisches Denken 32
5. Existentialismus und christliche Theologie 33

B *Der Übergang von der Essenz zur Existenz und das Symbol des „Falls"*
1. Das Symbol des „Falls" und die westliche Philosophie 35
2. Die Voraussetzungen für den Übergang vom essentiellen zum existentiellen Sein 37
3. Träumende Unschuld und Versuchung 39
4. Das moralische und das tragische Element im Übergang vom essentiellen zum existentiellen Sein 43
5. Schöpfung und Fall 46

C *Die Merkmale der menschlichen Entfremdung und der Begriff der Sünde*
1. Entfremdung und Sünde 52
2. Entfremdung als Unglaube 55
3. Entfremdung als *hybris* 57

Inhaltsverzeichnis

    4. Entfremdung als Konkupiszenz 60
    5. Entfremdung als Faktum und als Akt 64
    6. Individuelle und kollektive Entfremdung 67

D *Existentielle Selbst-Zerstörung und die Lehre vom Übel*

    1. Selbst-Verlust und Welt-Verlust im Zustand der Entfremdung . . 69
    2. Der Konflikt der ontologischen Polaritäten im Zustand der Entfremdung
        a) Die Trennung von Freiheit und Schicksal 72
        b) Die Trennung von Dynamik und Form 73
        c) Die Trennung von Individualisation und Partizipation 75
    3. Endlichkeit und Entfremdung
        a) Tod, Endlichkeit und Schuld 76
        b) Entfremdung, Zeit und Raum 78
        c) Entfremdung, Leiden und Einsamkeit 80
        d) Entfremdung, Zweifel und Sinnlosigkeit 82
    4. Der Sinn der Verzweiflung und ihre Symbole
        a) Verzweiflung und das Problem des Selbstmordes 84
        b) Das Symbol des „Zornes Gottes" 86
        c) Das Symbol der Verdammnis 87

E *Die Frage nach dem Neuen Sein und der Sinn des Christus-Symbols*

    1. Existenz als Schicksal oder die „Knechtschaft des Willens" . . . 87
    2. Wege der Selbst-Erlösung und ihr Scheitern
        a) Selbst-Erlösung und Religion 89
        b) Legalistische Wege der Selbst-Erlösung 90
        c) Asketische Wege der Selbst-Erlösung 91
        d) Mystische Wege der Selbst-Erlösung 92
        e) Sakramentale, doktrinelle und emotionale Wege der Selbst-Erlösung 93
    3. Ungeschichtliche und geschichtliche Erwartungen des Neuen Seins 96
    4. Das Symbol des „Christus", sein geschichtlicher und transgeschichtlicher Sinn 98
    5. Der Begriff des Paradoxes in der christlichen Theologie 100
    6. Gott, Mensch und das Symbol des „Christus" 103

II. Die Wirklichkeit des Christus

A *Jesus als der Christus*

    1. Der Name „Jesus Christus" 107
    2. Das christliche Ereignis als Faktum und Aufnahme 108
    3. Die Geschichte und der Christus 109

Inhaltsverzeichnis

4. Die Leben-Jesu-Forschung und ihr Scheitern 111
5. Historische Forschung und Theologie 118
6. Glaube und historische Skepsis 123
7. Das biblische Zeugnis für Jesus als den Christus 128

B *Das Neue Sein in Jesus als dem Christus*

1. Das Neue Sein und der neue Äon 129
2. Das Neue Sein in einem personhaften Leben 131
3. Die Manifestation des Neuen Seins in Jesus als dem Christus . . 132
4. Das Neue Sein in Jesus als dem Christus als die Überwindung der Entfremdung
   a) Das Neue Sein in Jesus als dem Christus und die Merkmale der Entfremdung 137
   b) Die Echtheit der Versuchungen Jesu 139
   c) Die Merkmale seiner Endlichkeit 142
   d) Seine Teilnahme an der tragischen Zweideutigkeit des Lebens . 143
   e) Seine ungebrochene Einheit mit Gott 145
5. Die geschichtliche Dimension des Neuen Seins 146
6. Sich widersprechende Elemente im Bilde Jesu als des Christus . . 148

C *Die Bedeutung des christologischen Dogmas*

1. Wesen und Funktion des christologischen Dogmas 150
2. Probleme und Gefahren in der Entwicklung des christologischen Dogmas 154
3. Die christologische Aufgabe der gegenwärtigen Theologie 157

D *Die universale Bedeutung des Ereignisses Jesu als des Christus*

1. Die Einzigartigkeit und die Universalität des Ereignisses 163
2. Die zentralen Symbole der universalen Bedeutung Jesu als des Christus und ihre Beziehungen zueinander 165
3. Symbole, die das Symbol „das Kreuz des Christus" unterstützen 171
4. Symbole, die das Symbol „die Auferstehung des Christus" unterstützen 172

E *Das Neue Sein in Jesus als dem Christus als die Macht der Erlösung*

1. Erlösung und das Neue Sein 178
2. Der Christus als Erlöser und Mittler 181
3. Versöhnungstheorien 183
4. Prinzipien für eine künftige Lehre von der Versöhnung 186
5. Der dreifache Charakter der Erlösung
   a) Erlösung als Teilnahme am Neuen Sein (Wiedergeburt) . . . 189
   b) Erlösung als die Annahme des Neuen Seins (Rechtfertigung) . . 190
   c) Erlösung als Umwandlung durch das Neue Sein (Heiligung) . . 193

de Gruyter Lehrbücher – Theologie

WERNER H. SCHMIDT
Einführung in das Alte Testament
3., verbesserte Auflage
Oktav. X, 394 Seiten. 1985. Gebunden DM 48,–

GEORG FOHRER
Geschichte der israelitischen Religion
Oktav. XVI, 435 Seiten. 1969. Gebunden DM 54,–

JOHANN MAIER
Geschichte der jüdischen Religion
Von der Zeit Alexanders des Großen bis zur Aufklärung mit einem
Ausblick auf das 19./20. Jahrhundert
Oktav. XX, 641 Seiten. 1972. Gebunden DM 78,–

BO REICKE
Neutestamentliche Zeitgeschichte
Die biblische Welt 500 v. Chr. bis 100 n. Chr.
3., verbesserte Auflage
Oktav. X, 351 Seiten inkl. 5 Tafeln. 1982. Gebunden DM 48,–

HELMUT KÖSTER
Einführung in das Neue Testament
im Rahmen der Religionsgeschichte und Kulturgeschichte
der hellenistischen und römischen Zeit
Oktav. XX, 802 Seiten. Mit 1 Faltkarte. 1980. Gebunden DM 78,–

WALTER SCHMITHALS
Einleitung in die drei ersten Evangelien
Oktav. XII, 494 Seiten. 1985. Gebunden DM 58,–

PHILIPP VIELHAUER
Geschichte der urchristlichen Literatur
Einleitung in das Neue Testament,
die Apokryphen und die Apostolischen Väter
Oktav. XXII, 814 Seiten. Durchgesehener Nachdruck. 1978. Gebunden DM 82,–

ERNST HAENCHEN
Der Weg Jesu
Eine Erklärung des Markusevangeliums und der kanonischen Parallelen
2., durchgesehene und verbesserte Auflage
Oktav. XVI, 594 Seiten. 1968. Gebunden DM 62,–

Preisänderungen vorbehalten

Walter de Gruyter Berlin · New York

de Gruyter Lehrbücher — Theologie

DIETRICH RÖSSLER
Grundriß der Praktischen Theologie
Oktav. XIII, 573 Seiten. 1986. Gebunden DM 68,–

Konfessionskunde
Herausgegeben von Friedrich Heyer
Mit Beiträgen von H. Chadwick, H. Dombois, K. Chr. Felmy, G. Gassmann, W. Hage, W. Küppers, M. Lienhard, F. v. Lilienfeld, D. Müller, D. Reimer, M. Schmidt, K. Schmidt-Clausen und H. Stahl
Oktav. XVI, 864 Seiten. 1977. Gebunden DM 98,–

WOLFGANG TRILLHAAS
Dogmatik
4. Auflage
Oktav. XVI, 543 Seiten. 1980. Gebunden DM 68,–

WOLFGANG TRILLHAAS
Ethik
3., neu bearbeitete und erweiterte Auflage
Oktav. XX, 578 Seiten. 1970. Gebunden DM 68,–

WOLFGANG TRILLHAAS
Religionsphilosophie
Oktav. X, 278 Seiten. 1972. Gebunden DM 48,–

LEONHARDT FENDT
Homiletik
2. Auflage, neu bearbeitet von Bernhard Klaus
Oktav. X, 147 Seiten. 1970. Gebunden DM 28,–

HELMUTH KITTEL
Evangelische Religionspädagogik
Oktav. XVIII, 489 Seiten. 1970. Gebunden DM 62,–

GEO WIDENGREN
Religionsphänomenologie
Oktav. XVI, 684 Seiten. 1969. Gebunden DM 76,–

Preisänderungen vorbehalten

Walter de Gruyter **Berlin · New York**

Helga Czysewski, März 1989

Paul Tillich
Systematische Theologie III

Paul Tillich

Systematische Theologie

III

Walter de Gruyter · Berlin · New York
1987

Der hier vorgelegte Band III ist ein unveränderter photomechanischer Nachdruck der 1984 im Evangelischen Verlagswerk, Frankfurt am Main, erschienenen 4. Auflage.

Übersetzung der amerikanischen Ausgabe des Buches „Systematic Theology, Volume III, Life and Spirit, History and the Kingdom of God" von Paul Tillich, erschienen bei The University of Chicago Press, Chicago, Illinois, 1963.
Die deutsche Übersetzung besorgten Renate Albrecht und Dr. Ingeborg Henel.

CIP-Titelaufnahme der Deutschen Bibliothek

Tillich, Paul:
Systematische Theologie / Paul Tillich. – Berlin; New York: de Gruyter.
  Einheitssacht.: Systematic Theology [dt.]
  früher im Evang. Verl.-Werk, Stuttgart,
  Frankfurt am Main

3. [Die dt. Übertr. besorgten Renate Albrecht u. Ingeborg Henel]. – 4. Aufl., unveränd. photomechan. Nachdr. – 1987
ISBN 3-11-011461-5

© 1966 by Walter de Gruyter & Co., Berlin.
Printed in Germany.
Ohne ausdrückliche Genehmigung des Verlages ist es nicht gestattet, dieses Buch oder Teile daraus auf photomechanischem Wege (Photokopie, Mikrokopie) zu vervielfältigen.
Satz und Druck: J. F. Steinkopf Druck+Buch GmbH, Stuttgart.
Einband: Lüderitz & Bauer, Berlin.

Für Hannah,
die Gefährtin meines Lebens

VORWORT ZUR DEUTSCHEN AUSGABE

Wenn Paul Tillich das Erscheinen der deutschen Ausgabe des dritten Bandes seiner „Systematischen Theologie" noch erlebt hätte, wäre es für ihn selbstverständlich gewesen, dafür ein eigenes Vorwort zu schreiben. Und dies um so mehr, als er die Übertragung dieser beiden letzten Teile der Systematik in die deutsche Sprache in allen Einzelheiten verfolgt, kontrolliert, verbessert und zum Teil sogar selbst diktiert hatte. Vor Jahren äußerte er dem Verlag gegenüber die Hoffnung, den dritten Band der „Systematischen Theologie" anschließend an die englische Niederschrift selbst ins Deutsche übertragen zu können. Daß dies bei Paul Tillich, der bis in seine letzten Lebenstage hinein viele akademische, öffentliche und persönliche Verpflichtungen zu erfüllen hatte, nicht mehr möglich sein würde, war zu erwarten. Er war in erster Linie ein Mann des Gesprächs. Und mit den Freunden Paul Tillichs sind wir dankbar, daß es ihm vergönnt war, die „Systematische Theologie" überhaupt zu vollenden und darüber hinaus die deutsche Ausgabe vorbereiten zu helfen. Die Übersetzung der englisch geschriebenen Arbeiten Paul Tillichs – und seit er nach den USA emigriert war, schrieb er fast nur noch englisch – in die deutsche Sprache war von Anfang an mit erheblichen Schwierigkeiten verbunden. Da er in Amerika gezwungen war, nicht nur sein Denken dem Geist der englischen Sprache anzupassen, sondern auch für die unvergleichliche Eigenart seiner Gedankenführung eine eigene Terminologie zu schaffen, war bei der Übersetzung ins Deutsche ein Rückgriff auf seine früheren deutschen Formulierungen ebenso unmöglich wie das wörtliche Übertragen des englischen Textes in die deutsche Sprache. Nach verschiedenen Versuchen Anfang der fünfziger Jahre war schließlich eine Methode entwickelt worden, die es ermöglichte, einwandfreie, autorisierte deutsche Texte zu schaffen. Seit dem Jahre 1956 wurden dem Autor alle Übersetzungen vorgelesen, die bestehenden Probleme mit ihm diskutiert, und auf diese Weise wurde dann der deutsche Text neu erarbeitet. Dabei ergab es sich häufig, daß der Autor Formulierungen fand, die vom englischen Original zwar abweichen, jedoch ganz seinen Intentionen und dem Stand seines Denkens entsprechen. Auch bei der Übersetzungsarbeit des vorliegenden Bandes bewährte sich, trotz vermehrter Schwierigkeiten, diese Methode.

Vorwort

Tillichs Dank – und das wäre in erster Linie der Inhalt seines deutschen Vorworts gewesen – und der Dank des Verlags gilt vor allem den beiden Übersetzerinnen, *Frau Renate Albrecht, Düren,* und *Frau Dr. Ingeborg C. Henel, New Haven,* die in aufopfernder Mühe und großer Hingabe den deutschen Text in engster Verbindung mit dem Autor erarbeitet haben. Die Übertragung jedes der beiden Teile hat seine eigene Geschichte. An der Übersetzung des vierten Teils (Frau Renate Albrecht) hat Paul Tillich selbst starken Anteil. Frau Albrecht war längere Zeit bei Professor Tillich in East Hampton, um dort, mit ihm zusammen, die deutsche Übersetzung zu erarbeiten. Soweit Abweichungen vom englischen Original vorliegen, handelt es sich um Neuformulierungen des Autors sebst. Die Übersetzung des fünften Teils (Frau Dr. Ingeborg C. Henel) ist ganz in den USA und damit in räumlicher Nähe zu Paul Tillich entstanden. Auch dieser Teil ist mit dem Autor durchgearbeitet und in der Gesamtheit von ihm autorisiert worden. Außerdem wurden hier – meist stilistische – Revisionen, die Mrs. Joan Brewster und Mr. William Crout für die englische Ausgabe vorgeschlagen hatten, berücksichtigt, nachdem sie mit Prof. Tillich besprochen und von ihm gebilligt worden waren.

Außer den Genannten hat der Verlag zu danken:

Herrn *Prof. Dr. Walter Leibrecht* für hilfreiche Ratschläge bei der Lösung einiger schwerer Übersetzungsprobleme, Herrn Univ.-Dozent *Dr. Gotthold Müller* für die Prüfung der Korrekturen unter theologischen Gesichtspunkten, *Frau Dr. Nina Baring* für Mitarbeit bei der Übersetzung, *Frau Gertraut Stöber* und *Herrn Karl-Heinz Werner* für ihre mühevolle Mitarbeit an Problemen der Textgestaltung, *Frau Hildegard Behrmann* für ihre Mithilfe beim Korrekturenlesen und nicht zuletzt *Herrn Siegfried Müller* für die Erstellung des umfangreichen Sachregisters.

Wir wissen, daß Theologen wie Laien in den deutschsprechenden Ländern auf diesen abschließenden Teil der Systematischen Theologie seit Jahren warten, und wir glauben, daß alle, die sich in dieses Werk vertiefen, in ihren Erwartungen nicht enttäuscht werden.

Stuttgart, 20. August 1966
(am 80. Geburtstag des Autors)

Evangelisches Verlagswerk GmbH

VORREDE

Mit dem dritten Band ist meine „Systematische Theologie" beendet. Der letzte Band erscheint sechs Jahre nach dem zweiten, der seinerseits sechs Jahre nach dem ersten erschienen ist. Die langen Pausen zwischen den Daten der Veröffentlichung waren nicht nur durch die qualitative und quantitative Größe des Gegenstandes verursacht, sondern auch durch Anforderungen an mich in Verbindung mit meiner Tätigkeit als akademischer Lehrer. Zu diesen gehörte die Entfaltung einzelner Probleme in kleineren, nicht speziell theologischen Büchern und die Darstellung meiner Gedanken in vielen Vorlesungen und Diskussionen in Amerika wie in Europa. Ich hielt diese Anforderungen für gerechtfertigt und versuchte, sie zu erfüllen, obgleich es die Fertigstellung des Hauptwerkes um Jahre verzögerte.

Aber schließlich erschien im Hinblick auf mein Alter eine weitere Verzögerung nicht erlaubt, obgleich ich fühlte, daß man an ein Buch, das so viele problematische Gegenstände zum Thema hat, nie genügend Arbeit gewandt hat. Dennoch muß zu einer bestimmten Zeit ein Autor seine Endlichkeit bejahen und damit die Unabgeschlossenheit des Abgeschlossenen. Ein Antrieb, den Abschluß zu beschleunigen, kam von den Doktoranden, die über meine Theologie schrieben und die mich seit Jahren gebeten hatten, ihnen das noch unfertige Manuskript des dritten Bandes zugänglich zu machen. Obgleich ich ihnen oft nachgab, mußte diese zweifelhafte Methode aufhören; außerdem mußte eine große Zahl von Nachfragen nach dem dritten Band schließlich befriedigt werden. Meine Freunde und ich hatten oft gefürchtet, daß das System ein Fragment bleiben würde. Das ist nicht geschehen, obgleich es selbst in seinen besten Teilen fragmentarisch und oft inadäquat und fragwürdig bleibt. Doch zeigt es das Stadium, das mein theologisches Denken erreicht hat. Aber ein System sollte nicht nur ein Punkt sein, an dem man angekommen ist, sondern auch ein Punkt, von dem man weitergeht. Es sollte wie eine Station auf dem endlosen Weg zur Wahrheit sein, an dem die vorläufige Wahrheit Gestalt geworden ist.

East Hampton, Long Island.　　　　　　　　　　*Paul Tillich*
Im August 1963

EINLEITUNG

Die Frage „Warum ein System?" ist nicht wieder verstummt, seitdem der erste Teil meiner „Systematischen Theologie" erschienen ist. In einem der Bücher, die meine Theologie einer Kritik unterziehen, „The System and the Gospel" von Kenneth Hamilton, ist das System als solches – und nicht etwa Einzelheiten – als der entscheidende Irrtum meiner Theologie bezeichnet worden. Eine solche Kritik müßte sich zweifellos gegen alle theologischen Systeme richten, die im Laufe der Geschichte entstanden sind, die von Origenes, Gregorius und Johannes Damascenus über Bonaventura, Thomas und Ockham bis hin zu Calvin, Johann Gerhard und Schleiermacher und unzähligen anderen. Es lassen sich viele Gründe für die Abneigung gegen die systematisch-konstruktive Form in der Theologie anführen. Einer dieser Gründe ist die Verwechslung eines deduktiv quasi-mathematischen Systems (wie z. B. dem von Lullus im Mittelalter oder dem von Spinoza in neuerer Zeit) mit der systematischen Form als solcher. Es gibt aber nur ganz wenige Beispiele deduktiver Systeme, und auch in ihnen bleibt die deduktive Form äußerlich gegenüber der ihnen zugrunde liegenden Erfahrung. Spinozas System ist ebenso prophetisch und mystisch wie metaphysisch. Es gibt aber noch andere Gründe, die gegen das System als solches angeführt werden. Man sagt, die systematische Form der Theologie sei ein Versuch, die Offenbarungserlebnisse zu rationalisieren. Aber diese Behauptung verwechselt die berechtigte Forderung nach einem logischen, in sich widerspruchsfreien Aufbau mit dem unberechtigten Anspruch, theologische Aussagen aus Quellen herzuleiten, die nichts mit Offenbarungserfahrungen zu tun haben. Für mich hat die systematisch-konstruktive Form immer folgendes bedeutet: Zunächst zwang sie mich, konsequent zu sein, d. h. in sich logisch und widerspruchsfrei. Echte Konsequenz ist eine der schwierigsten Aufgaben für die Theologie (wie wahrscheinlich für jede andere Wissenschaft auch, die die Wirklichkeit zu erfassen sucht), und es gibt wohl niemanden, der dieser Aufgabe voll gerecht würde. Aber wenn man neue Aussagen macht, so muß man auf die früheren zurückblicken und prüfen, ob beide miteinander vereinbar sind. Zweitens und überraschenderweise wurde für mich die systematische Form ein Instrument, mit dessen Hilfe es mir möglich wurde, Beziehungen zwischen Symbolen und Begriffen zu entdecken, die mir auf andere Weise verborgen geblieben wären. Schließlich führte mich der systematische Aufbau dazu, den Gegenstand der Theologie in seiner Ganzheit zu begreifen, d. h. als „Gestalt", in der viele Einzelheiten und Elemente durch übergreifende Prinzipien und gegenseitige Abhängigkeit miteinander verbunden sind.

Die Betonung der systematischen Form bedeutet nicht, daß man den vorläufigen und keineswegs endgültigen Charakter eines speziellen Systems verneint. Neue organisierende Prinzipien tauchen auf, und vernachlässigte Elemente erlangen zentrale Bedeutung. Die Methode kann verfeinert oder völlig verändert werden, und das alles kann eine neue Konzeption des Ganzen zur Folge haben. Das ist auch der Rhythmus, in dem die Geschichte des christlichen Denkens durch die Jahrhunderte verlaufen ist. Die Systeme sind Kristallisationspunkte, auf die die Erörterung gewisser Probleme zuläuft und von denen gleichzeitig neue Probleme und ihre Behandlung ausgehen. Ich hoffe, daß das vorliegende System – wie begrenzt es auch sein mag – diese Funktion erfüllt.

Ein besonderes Charakteristikum dieser drei Bände, das oft beobachtet und oft kritisiert wurde, ist die in ihnen angewandte Sprache und die Art, in der sie gebraucht wird. Sie weicht von der üblichen Art ab, nämlich bestimmte Behauptungen durch geeignete Bibelzitate zu belegen. Ich habe auch nicht die weit befriedigendere Methode angewandt, das theologische System direkt auf der Basis einer sogenannten biblischen Theologie aufzubauen, obgleich der Einfluß der biblischen Gedanken in jedem Teil des Systems vorhanden ist. Statt dessen habe ich die philosophische und psychologische Terminologie bevorzugt und gelegentlich soziologische und naturwissenschaftliche Theorien herangezogen. Ein solches Vorgehen scheint mir für eine Theologie angemessener zu sein, welche versucht, in verständlicher Sprache zu einer breiten Gruppe Gebildeter und geistig offener Theologiestudenten zu sprechen, für die die traditionelle Sprache irrelevant geworden ist. Ich bin mir der Gefahr, daß dabei die Substanz der christlichen Botschaft verlorengehen könnte, wohl bewußt. Aber trotzdem muß dies Wagnis eingegangen werden. Wenn man einmal die Zusammenhänge so sieht, muß man in der eingeschlagenen Richtung weiterarbeiten; Gefahren sind kein Grund, ernsthaften Forderungen aus dem Weg zu gehen. Oft scheint es, als ob zur Zeit die katholische Kirche für das Verlangen nach einer Reformation aufgeschlossener sei als die Kirchen der Reformation. Die drei Bücher meiner „Systematischen Theologie" hätten nicht geschrieben werden können, wenn ich nicht davon überzeugt wäre, daß das Ereignis, aus dem das Christentum geboren wurde, zentrale Bedeutung für die ganze Menschheit hat – sowohl vor wie nach dem Ereignis. Aber die Weise, in der das Ereignis verstanden und aufgenommen werden kann, ändert sich mit den wechselnden Zeitumständen in allen Perioden der Geschichte. Meine „Systematische Theologie" wäre aber auch nicht geschrieben worden, wenn ich nicht während des größten Teils meines Lebens versucht hätte, in den Sinn der christlichen Symbole einzudringen, die für uns in der heutigen kulturellen Situation zunehmend problematischer geworden sind. Da Gespaltenheit zwischen einem Glauben, der für die Kultur unannehmbar ist, und einer Kultur, die für den Glauben unannehmbar ist, für mich nicht möglich war, mußte ich den Versuch machen, die Symbole des Glaubens durch Ausdrucksformen unserer Kultur zu interpretieren. Das Ergebnis dieses Versuchs sind meine drei Bände der „Systematischen Theologie".

Mehrere Bücher und Artikel, die meiner Theologie kritisch gegenüberstehen, sind erschienen, bevor dieser letzte Band beendet war. Ich meinte jedoch, auf direkte Antworten verzichten zu sollen, weil dieser Band sonst zu viel polemisches Material enthalten hätte und weil ich meinte, daß der Band selbst, besonders die Lehre vom Geist, indirekt Antwort auf vieles der vorgebrachten Kritik enthält. Auf einen weiteren Teil der Kritik hätte ich nur durch Wiederholung meiner Gedanken aus den ersten beiden Bänden antworten können. Und in einigen Fällen, wo sich der traditionelle Supranaturalismus oder Christozentrismus zu Wort meldete, hätte ich nur antworten können: Nein!

„Lange nachdem ich die Kapitel über das Leben und seine Zweideutigkeiten geschrieben hatte, begegnete mir das Buch von Teilhard de Chardin: „Die Stellung des Menschen im Kosmos". Es ermutigte mich sehr, daß ein anerkannter Naturwissenschafter Gedanken über die Dimensionen und Prozesse des Lebens entwickelt hatte, die den meinen sehr ähnlich sind. Obwohl ich seine stark optimistische Ansicht über die Zukunft nicht teilen kann, hat mich seine Beschreibung der Evolutionsprozesse in der Natur überzeugt. Ohne Zweifel kann die Theologie nicht auf einer naturwissenschaftlichen Theorie aufgebaut werden. Aber sie muß ihr Verständnis vom Menschen in Beziehung setzen zum Verstehen der Natur überhaupt, denn der Mensch ist ein Teil der Natur, und in jeder Aussage über den Menschen sind Aussagen über die Natur im ganzen enthalten.

Die Kapitel dieses Buches, die von den Dimensionen und Zweideutigkeiten des Lebens handeln, sprechen das explizit aus, was in jeder Theologie – selbst in der antiphilosophischsten – implizit enthalten ist. Selbst wenn die Theologen Fragen über die Beziehung des Menschen zur Natur und zum Universum vermieden, so würden diese Fragen von den Menschen doch ständig gestellt, zum Teil aus existentieller Not, zum Teil aus dem Bemühen um intellektuelle Redlichkeit. Wenn keine Antwort gegeben wird, kann das ein Stein des Anstoßes für das ganze religiöse Leben eines Menschen werden. Das sind die Gründe, warum

Einleitung

ich es gewagt habe, vom theologischen Gesichtspunkt aus eine Philosophie des Lebens zu entwickeln, obwohl ich mir des damit verbundenen Risikos bewußt war.

Ein System ist keine *summa*, und das vorliegende System ist nicht einmal vollständig. Einige Themen sind weniger ausführlich behandelt worden als andere, z. B. die Erlösung, die Trinität und die einzelnen Sakramente. Aber ich hoffe, daß es nicht zu viele Probleme gibt, die ganz übergangen wurden. Meine Auswahl war in den meisten Fällen von der aktuellen Problemsituation abhängig, wie sie sich in der heutigen theologischen Debatte spiegelt. Dieser Faktor ist auch für die Darstellung einiger Fragen und Antworten verantwortlich, bei der ich mich der traditionellen Terminologie bedient habe, während für andere Darstellungen neue Wege des Denkens und der Sprache versucht wurden. Die zweite Methode habe ich in einigen der eschatologischen Kapitel angewandt, die das System beschließen und zum Ausgangspunkt des Systems zurückkehren – im Sinne von Röm.11, 36: „Denn von ihm und durch ihn und zu ihm sind alle Dinge." In diesen Kapiteln wird der Versuch gemacht – nicht das Mysterium des „zu ihm" aufzulösen –, sondern es so zu deuten, daß eine sinnvolle Alternative zu den primitiven und oft abergläubischen Vorstellungen vom *eschaton* gegeben wird, ganz gleich ob das *eschaton* mehr individuell oder mehr universal gedacht wird.

Die kirchengeschichtliche Situation, aus der mein System hervorgegangen ist, ist durch Ereignisse charakterisiert, die die religiöse Bedeutung alles nur traditionell Theologischen weit überschreiten. Am wichtigsten ist die Begegnung der geschichtlichen Religionen mit dem Säkularismus und den „quasi-Religionen", die dem Säkularismus entstammen[1]. Eine Theologie, die sich nicht ernsthaft mit der Kritik an der Religion durch das säkulare Denken, insbesondere durch spezielle Formen des säkularen Glaubens wie den liberalen Humanismus, den Nationalismus und den Sozialismus, beschäftigt, würde *a-kairos* sein. Sie würde die Forderung des geschichtlichen Augenblicks nicht erfüllen. Ein anderes wichtiges Charakteristikum der gegenwärtigen Situation ist der weniger dramatische, aber immer wichtiger werdende Austausch zwischen den geschichtlichen Religionen, der teilweise durch die gemeinsame Front aller Religionen gegen die auf sie eindringenden säkularen Kräfte bedingt ist, teilweise durch die Überwindung des räumlichen Abstandes zwischen den verschiedenen religiösen Zentren durch die

---

[1] Vgl. meine Schrift „Das Christentum und die Begegnung der Weltreligionen". Stuttgart. Evangelisches Verlagswerk 1963.

moderne Technik. Wieder muß ich sagen, daß eine christliche Theologie, die nicht imstande ist, mit den anderen Religionen in einen schöpferischen Dialog einzutreten, ihre weltgeschichtliche Chance verpaßt und provinziell bleibt. Schließlich sollte die protestantische systematische Theologie auf die gegenwärtige positive Beziehung zwischen Katholizismus und Protestantismus eingehen. Sie sollte beachten, daß die Reformation nicht nur ein religiöser Gewinn, sondern auch ein religiöser Verlust war. Obwohl mein System ausgesprochen protestantisch ist in seiner Betonung des „protestantischen Prinzips", erhebt es doch gleichzeitig die Forderung, daß das „protestantische Prinzip" mit der „katholischen Substanz" geeint werden muß. Das habe ich in dem Teil über die Kirche, einem der längsten des Systems, ausführlich dargestellt. Jetzt ist ein *kairos*, ein Augenblick voller Möglichkeiten für die protestantisch-katholischen Beziehungen, und die protestantische Theologie muß sich dessen bewußt werden und bleiben.

Seit den zwanziger Jahren unseres Jahrhunderts sind verschiedene Systeme protestantischer Theologie entwickelt worden, einige über eine ganze Periode von drei Jahrzehnten und mehr hinweg. (Auch ich betrachte meine Vorlesung über „Systematische Theologie" in Marburg im Jahre 1924 als den Anfang meiner Arbeit an dem vorliegenden System). Meine Methode ist sehr verschieden von denen der ihr unmittelbar vorangehenden Periode. Das gilt besonders für den amerikanischen Protestantismus, in dem auf der einen Seite philosophische Kritik und auf der anderen konfessioneller Traditionalismus das Aufkommen einer konstruktiven systematischen Theologie verhinderten. Diese Situation hat sich erheblich geändert. Die weltgeschichtlichen Ereignisse und die beunruhigende, historisch-kritische Methode der Bibelerforschung haben die protestantische Theologie dazu gezwungen, ihre gesamte Tradition zu revidieren. Und das kann nur durch „systematische Konstruktion" geleistet werden.

VIERTER TEIL

DAS LEBEN UND DER GEIST

I. DAS LEBEN, SEINE ZWEIDEUTIGKEITEN UND DIE FRAGE NACH UNZWEIDEUTIGEM LEBEN

A

DIE VIELDIMENSIONALE EINHEIT DES LEBENS

1. Das Leben: Essenz und Existenz

Die Tatsache, daß in einem gewöhnlichen Lexikon unter dem Stichwort „Leben" mehr als zehn verschiedene Bedeutungen aufgeführt sind, macht es verständlich, warum viele Philosophen zögern, das Wort „Leben" überhaupt zu gebrauchen und warum andere es auf den Bereich von lebenden Wesen beschränken, womit sie zugleich den Gegensatz von Leben und Tod herausstellen. Andrerseits gab es in Europa an der Wende vom 19. zum 20. Jahrhundert eine große philosophische Schule, die „Lebensphilosophie". Zu ihr gehörten Männer wie Nietzsche, Dilthey, Bergson, Simmel und Scheler, und sie beeinflußte noch eine Reihe anderer Philosophen, insbesondere die Existentialisten. Zur gleichen Zeit entstand in Amerika die „Prozeßphilosophie", die ihren Vorläufer im Pragmatismus, vertreten durch James und Dewey, hatte und zur vollen Höhe durch Whitehead und seine Schule geführt wurde. Der Begriff „Prozeß" ist weniger doppelsinnig als der Begriff „Leben", aber auch inhaltsärmer. Der lebende und der tote Körper sind beide in gleicher Weise „Prozessen" unterworfen, aber in der Wirklichkeit des Todes verneint das Leben sich selbst. Wenn in Ausdrücken wie „wiedergeborenes Leben" oder „ewiges Leben" das Wort Leben eine besondere Betonung erhält, dann deutet es auf den Sieg über diese Verneinung hin. Vielleicht könnte man sogar sagen, daß die Worte, die die verschiedenen Sprachen für „Leben" geschaffen haben, aus der Erfahrung des Todes herrühren.

Leben ist die „Aktualisierung des Seins" (Aristoteles). Dieser Lebensbegriff vereinigt zwei Hauptqualitäten des Seins, die meinem ganzen theologischen System zugrunde liegen. Die beiden Qualitäten sind das „Essentielle" und das „Existentielle". Aber nur diejenige Essenz, die

die Potentialität hat, aktuell zu werden, ist Teil des Lebens. Potentialität ist diejenige Weise des Seins, die die Macht *(dynamis)* hat, aktuell zu werden (z. B. die Potentialität eines jeden Baumes ist seine „Baumheit", die bewirkt, daß er sich als Baum entfaltet). Es gibt andere Essenzen, die diese Macht nicht haben; dazu gehören die geometrischen Formen (z. B. das Dreieck). Diejenigen Formen, die aktuell werden, unterwerfen sich den Bedingungen der Existenz – der Endlichkeit, der Entfremdung, dem Konflikt usw. Das bedeutet nicht, daß sie damit ihren essentiellen Charakter verlieren (Bäume bleiben Bäume), aber es bedeutet, daß sie unter die Struktur der Existenz fallen und dem Wachstum, dem Verfall und dem Tod unterworfen sind. Ich gebrauche das Wort „Leben" als Ausdruck für eine „Mischung" von essentiellen und existentiellen Strukturen. Philosophiegeschichtlich könnte man sagen, daß ich die aristotelische Unterscheidung von *dynamis* (Potentialität) und *energeia* (Aktualität) existentialistisch gebrauche. Damit bin ich nicht weit von Aristoteles' eigener Auffassung entfernt, der die dauernde ontologische Spannung zwischen Materie und Form in allem, was existiert, betont.

Dieser ontologische Lebensbegriff liegt dem universalen Lebensbegriff zugrunde, wie ihn die „Lebensphilosophen" verstanden haben. Wenn die Aktualisierung des Potentiellen eine Strukturbedingung aller Wesen ist und diese Aktualisierung „Leben" genannt wird, dann führt dies automatisch zum universalen Lebensbegriff, der alles Seiende umfaßt. Folgerichtig muß das Entstehen und Vergehen von Sternen und Felsen ebenfalls „Lebensprozeß" genannt werden. Der universale Lebensbegriff befreit das Wort „Leben" von seiner Bindung an den organischen Bereich und erweitert es zu einem Fundamentalbegriff, der in einem theologischen System verwendet werden kann, allerdings nur, wenn er existentiell interpretiert wird. Der Ausdruck „Prozeß" kann nicht existentiell interpretiert werden, obwohl es in manchen Fällen hilfreich ist, von „Lebensprozessen" zu reden.

Der ontologische Lebensbegriff verlangt zwei Betrachtungsweisen, die „essentialistische" und die „existentialistische". Die erste handelt von der Einheit und Mannigfaltigkeit des Lebens in seiner essentiellen Struktur. Sie beschreibt das, was man die „vieldimensionale Einheit des Lebens" nennen könnte. Nur wenn diese Einheit und die Beziehung der Dimensionen und Bereiche verstanden werden, können wir die existentiellen Zweideutigkeiten aller Lebensprozesse richtig analysieren und die Frage nach unzweideutigem oder ewigem Leben angemessen stellen.

2. Gegen den Begriff „Schicht"

Die Mannigfaltigkeit des Seienden hat von jeher den menschlichen Geist veranlaßt, nach der Einheit in der Mannigfaltigkeit zu suchen, weil der Mensch die ihm begegnende Mannigfaltigkeit der Dinge nur mit Hilfe einender Prinzipien verstehen kann. Eines der universalsten Prinzipien ist das Prinzip der hierarchischen Ordnung, in der alle Gattungen und Arten und durch sie jedes einzelne Ding ihren eigenen Ort haben. Diese Art, in das scheinbare Chaos der Wirklichkeit Ordnung zu bringen, unterscheidet Grade und Schichten des Seins. Ontologische Qualitäten, z. B. ein „höherer Grad von Universalität" oder eine „reichere Entfaltung der Potentialität", bestimmen den Ort, der einer Seinsschicht zugewiesen wird. Das alte Wort „Hierarchie" (ursprünglich: heilige Ordnung von Mächten, aufgebaut nach ihrer sakramentalen Bedeutsamkeit) ist für diese Art des Denkens der charakteristischste Ausdruck. Hierarchie kann sowohl auf irdische Herrschaftsverhältnisse wie auf Gattungen und Arten in der Natur angewandt werden, z. B. auf das Anorganische, das Organische, das Psychische usw. In dieser Sicht ist die Wirklichkeit eine Pyramide von Schichten, die in vertikaler Richtung aufeinanderfolgen. Die Höhe der jeweiligen Schicht richtet sich nach ihrer Seinsmächtigkeit und ihrem Wertgrad. Dieses Bild, das dem Herrschaftsaufbau entnommen ist, gibt den höheren Schichten zwar eine höhere Qualität aber eine geringere Quantität an Exemplaren. Die Spitze ist monarchisch, ganz gleich ob der Monarch ein Priester, ein Kaiser, ein Gott oder der Gott des Monotheismus ist.

Der Ausdruck „Schicht" ist eine Metapher, die die Gleichheit aller Objekte, die sich in einer bestimmten Schicht befinden, betont. Sie sind auf eine gemeinsame Ebene gebracht, auf der sie festgehalten werden, und es gibt keine organische Bewegung von einer Schicht zur anderen; die höhere Schicht ist nicht in der niederen enthalten und die niedere nicht in der höheren. Die Schichten stehen oft in Konflikt miteinander, sei es, daß die eine die andere beherrscht oder gegen sie revoltiert. In der Geschichte des Denkens (und auch der sozialen Strukturen) ist die wesenhafte Unabhängigkeit der einzelnen Schichten voneinander zwar modifiziert worden, z. B. bei Thomas von Aquinos Definition von Natur und Gnade, wonach die Gnade die Natur nicht verneint, sondern erfüllt. Aber die Weise, in der die Gnade, durch die die Natur erfüllt wird, beschrieben ist, zeigt, daß das hierarchische System nicht gebrochen ist. Erst durch Nikolaus Cusanus' Formel von der *coincidentia oppositorum* (z. B. des Unendlichen mit dem Endlichen) und durch Luthers Prinzip der Rechtfertigung des Sünders (der Heilige wird ein

Sünder genannt und der Sünder ein Heiliger, wenn er von Gott angenommen wird) verlor das hierarchische Prinzip seine Macht und wurde außer Kraft gesetzt. Im religiösen Bereich wurde es durch die Lehre vom „allgemeinen Priestertum aller Gläubigen" und im sozial-politischen Bereich durch das demokratische Prinzip der Gleichheit der menschlichen Natur in jedem einzelnen Menschen ersetzt. Sowohl das protestantische als auch das demokratische Prinzip negieren die voneinander unabhängigen und hierarchisch aufgebauten Schichten von Seinsmächtigkeiten.

Die Metapher „Schicht" verrät ihre Mängel, wenn die Beziehung zwischen verschiedenen Schichten untersucht wird. Die Wahl der Metapher hat weitreichende Konsequenzen für unsere ganze kulturelle Situation. Und umgekehrt enthüllt die Wahl einer Metapher die Eigenart einer kulturellen Situation. Die Frage der Beziehung des Organischen zum Anorganischen führt zu dem immer wiederkehrenden Problem, ob biologische Prozesse durch mathematisch-physikalische Methoden voll erklärt werden können, oder ob ein teleologisches Prinzip eingeführt werden muß, das die innere Gerichtetheit des organischen Wachstums erklärt. Wenn die Metapher „Schicht" das Feld beherrscht, verschlingt entweder das Anorganische das Organische, oder die anorganischen Prozesse werden durch eine ihnen fremde „vitalistische" Kraft erklärt – ein Gedanke, der verständlicherweise bei den Physikern und ihren biologischen Anhängern auf leidenschaftlichen und berechtigten Protest stößt.

Eine andere Folge des Gebrauchs der Metapher „Schicht" zeigt sich, wenn man die Beziehung des Organischen zum Geistigen untersucht. Gewöhnlich wird diese Beziehung als Beziehung von Körper und Geist aufgefaßt. Wenn Körper und Geist Schichten darstellen, kann man das Problem ihrer Beziehung zueinander nur so lösen, daß man das Geistige auf das Körperliche zurückführt (Biologismus und Psychologismus) oder daß man den geistigen Fähigkeiten Einwirkung auf die biologischen und psychischen Prozesse zuschreibt. Die letzte Behauptung ruft leidenschaftlichen und berechtigten Widerstand bei den Biologen und Psychologen hervor. Sie bekämpfen die Einführung einer „Seele" als einer eigenständigen Substanz, der eine selbständige Kausalität zukommt.

Eine dritte Folge des Gebrauchs der Metapher „Schicht" zeigt sich, wenn wir die Beziehung von Religion und Kultur zu erklären suchen. Wenn man z. B. sagt, daß die Kultur die Schicht sei, in der der Mensch selbst schöpferisch ist, während die Religion die Schicht sei, in der er die göttliche Selbstmanifestation empfängt, womit der Religion Autorität über die Kultur zugestanden wird, dann sind, wie die Geschichte lehrt, zerstörerische Konflikte zwischen Religion und Kultur unausbleiblich. Unter diesem Aspekt versucht die Religion als die höhere Schicht, die Kultur oder einige ihrer Funktionen zu beherrschen, z. B. Wissenschaft, Kunst, Ethik oder Politik. Diese Unterdrückung der autonomen kulturellen Funktionen hat oft zu revolutionären Reaktionen geführt, wobei die Kultur versucht hat, die Religion zu absorbieren und sie den Normen der autonomen Vernunft zu unterwerfen. Auch hier zeigt sich wieder, daß der Gebrauch der Metapher „Schicht" nicht nur eine Frage der Angemessenheit oder Unangemessenheit ist, sondern auch eine Frage der Entscheidung über Probleme der menschlichen Existenz.

Dieses Beispiel führt uns zu der Frage, ob die Beziehung zwischen Gott und Mensch (einschließlich seiner Welt) – wie im religiösen Dualismus und theologischen Supranaturalismus – durch die Unterscheidung zweier Schichten, der göttlichen und der menschlichen, beschrieben werden kann. Wenn man zu einer Antwort auf diese Frage gelangen will, ist es nützlich, eine Entmythologisierung der religiösen Sprache zu versuchen. Entmythologisierung richtet sich nicht gegen mythologische Vorstellungen als solche, sondern gegen die supranaturalistische Methode, die den Mythos literalistisch[1] versteht. Die Unzahl abergläubischer Konsequenzen, die ein solcher Supranaturalismus hat, zeigt deutlich, wie gefährlich die Metapher „Schicht" für das theologische Denken ist.

3. Dimensionen, Bereiche, Grade

Die vorangegangenen Betrachtungen führen zu der Einsicht, daß die Metapher „Schicht" (und auch ähnliche Metaphern wie „Ebene") bei der Beschreibung von Lebensprozessen vermieden werden muß. Ich schlage daher vor, statt dessen die Metapher „Dimension" zu gebrauchen und in Verbindung mit ihr die Begriffe „Bereich" und „Grad". Das Wichtige ist jedoch nicht der Ersatz der einen Metapher durch eine andere, sondern die veränderte Sicht der Wirklichkeit, die sich in der Wahl der anderen Metapher ausdrückt.

Die Metapher „Dimension" ist ebenfalls der räumlichen Sphäre entnommen, aber sie beschreibt die Verschiedenheit der Seinsbereiche in einer solchen Weise, daß diese nicht in Konflikt miteinander geraten können. Die Dimensionen des Raumes treffen sich in ein und dem-

---

[1] Die Worte Literalismus und literalistisch sind unübersetzbar. Sie bezeichnen eine theologische Haltung, die Symbole wörtlich nimmt und sie dadurch ins Abergläubische und Absurde verkehrt.

Die vieldimensionale Einheit des Lebens

selben Punkt. Sie kreuzen sich, ohne sich zu stören. Wenn die Metapher Schicht durch die Metapher Dimension ersetzt wird, haben wir es deshalb mit einer Begegnung mit der Wirklichkeit zu tun, in der die Einheit des Lebens jenseits seiner Konflikte sichtbar wird. Die Konflikte werden keineswegs verneint, aber sie sind nicht durch die Hierarchie der Schichten verursacht. Sie sind die Folge der Zweideutigkeit aller Lebensprozesse und daher überwindbar, ohne daß eine angebliche Schicht durch eine andere zerstört würde. Diese Konflikte setzen die Lehre von der vieldimensionalen Einheit des Lebens nicht außer Kraft.

Ein Grund für den Gebrauch der Metapher Schicht ist das Faktum, daß es weite Bereiche der Wirklichkeit gibt, in denen gewisse Charakteristika des Lebens nicht sichtbar sind, z. B. die ungeheure Masse anorganischer Materie, in der keine Spuren organischen Lebens angetroffen werden, und die vielen Formen organischen Lebens, in denen weder die psychische noch die geistige Dimension sichtbar ist. Kann man die Metapher „Dimension" auf solche Fälle anwenden? Ich glaube, man kann es. Sie kann auf die Tatsache hinweisen, daß gewisse Dimensionen des Lebens, auch wenn sie nicht in Erscheinung treten, dennoch potentiell vorhanden sind. Die Unterscheidung des Potentiellen vom Aktuellen impliziert, daß alle Dimensionen stets gegenwärtig sind, wenn nicht aktuell, so doch potentiell. Die Aktualisierung einer Dimension ist von Bedingungen abhängig, die nicht immer gegeben sind. Die erste Bedingung für die Aktualisierung einer Dimension (außer der der anorganischen) ist, daß andere sich bereits aktualisiert haben müssen. So ist z. B. die Aktualisierung der organischen Dimension nicht möglich ohne die vorausgegangene Aktualisierung der anorganischen, und die Dimension des Geistigen würde potentiell bleiben ohne die vorausgegangene Aktualisierung des Organischen. Aber das ist nur eine der Bedingungen. Die andere ist, daß in dem Bereich, der durch die bereits erfolgte Aktualisierung einer Dimension charakterisiert ist, bestimmte Konstellationen entstehen müssen, die die Aktualisierung einer neuen Dimension ermöglichen. Milliarden von Jahren hat es auf der Erde bedurft, bevor der anorganische Bereich die Entstehung von Wesen begünstigte, die unter der Herrschaft der organischen Dimension stehen, und weitere Millionen von Jahren mußten vergehen, bis der organische Bereich die Erscheinung eines Wesens mit Sprache begünstigte. Und wieder dauerte es Tausende von Jahren, bis das sprachbegabte Wesen zu dem geschichtlichen Menschen wurde, in dem wir uns selbst erkennen. In all diesen Fällen wurden potentielle Dimensionen aktuell, weil Bedingungen für die Aktualisierung dessen gegeben waren, was bereits potentiell vorhanden war.

Dimensionen, Bereiche, Grade

Wir wollen den Begriff „Bereich" für ein Gebiet des Lebens verwenden, in dem eine bestimmte Dimension vorherrscht. „Bereich" ist ebenso wie „Schicht" und „Dimension" eine Metapher, aber sie ist nicht eigentlich eine räumliche Metapher, sondern eher eine soziologische. Man spricht von dem Herrscher in einem Bereich, und gerade diese Wortbeziehung macht die Metapher anwendbar, weil – metaphorisch gesprochen – ein Bereich ein Ausschnitt der Wirklichkeit ist, in dem eine spezielle Dimension vorherrschend ist und den Charakter eines jeden Exemplars bestimmt, das ihr angehört, sei es den eines Menschen oder eines Atoms. In diesem Sinne spricht man beispielsweise vom vegetativen Bereich, vom animalischen Bereich oder vom geschichtlichen Bereich. In allen sind alle Dimensionen potentiell gegenwärtig, und einige sind aktualisiert. Im Menschen sind alle Dimensionen aktualisiert, aber seinen besonderen Charakter erhält der menschliche Bereich durch die Dimensionen des Geistigen und des Geschichtlichen. Im Atom ist nur eine und zwar die anorganische Dimension aktualisiert, aber alle anderen sind potentiell vorhanden. Symbolisch ausgedrückt könnte man sagen: „Als Gott das Atom schuf, da schuf er potentiell den Menschen – und mit ihm alle anderen Dimensionen des Lebens." Sie sind alle in jedem Bereich gegenwärtig, teils nur potentiell, teils (oder ganz) aktuell. Unter den Dimensionen, die aktualisiert sind, charakterisiert eine den jeweiligen Bereich, während die anderen, die auch in ihm aktualisiert sind, nur die Bedingung dafür abgeben, daß sich die bestimmende Dimension aktualisieren kann. Diese selbst ist keine Bedingung für die vorausgehenden. Das Anorganische kann aktualisiert sein ohne die gleichzeitige Aktualisierung des Organischen, aber das Umgekehrte ist nicht möglich.

Die letzte Bemerkung führt zu der Frage, ob es Wertunterschiede zwischen den verschiedenen Dimensionen gibt. Die Frage muß bejaht werden, denn das, was zu seiner Voraussetzung etwas anderes hat, dem es etwas weiteres zufügt, ist um dieses reicher. Der geschichtliche Mensch bringt die geschichtliche Dimension zu allen anderen Dimensionen hinzu, die in seinem Sein als Voraussetzung enthalten sind. Er nimmt daher wertmäßig die höchste Stelle ein, vorausgesetzt, daß das Kriterium für ein solches Werturteil die Kraft eines Individuums ist, eine größtmögliche Zahl von Potentialitäten zu aktualisieren. Das ist ein ontologisches Kriterium, gemäß der Regel, daß Werturteile auf Qualitäten der bewerteten Gegenstände beruhen müssen. Es ist ein Kriterium, daß nicht mit dem der „Vollkommenheit" verwechselt werden darf. Der Mensch ist das höchste Wesen in unserem Erfahrungsbereich, aber er ist keineswegs das vollkommenste Wesen. Die letzte Betrachtung zeigt, daß die Verwerfung der Metapher „Schicht" nicht die Leugnung von Werturteilen zur Folge hat – Werte hier als Grade der Seinsmächtigkeit verstanden.

4. Die Dimensionen des Lebens und ihre gegenseitigen Beziehungen

a) Die Dimensionen im anorganischen und organischen Bereich. – Wir haben verschiedene Bereiche der Wirklichkeit und ihr Bestimmtsein durch spezifische Dimensionen erwähnt, z. B. die anorganische, die organische, die geschichtliche. Wir müssen nun fragen, welches das Prinzip ist, nach dem man eine Dimension des Lebens als Dimension definieren kann. Als erstes muß gesagt werden: Es gibt keine bestimmte Zahl von Dimensionen, denn Dimensionen werden nach wandelbaren Kriterien bestimmt. Man ist berechtigt, von einer besonderen Dimension zu sprechen, wenn die phänomenologische Beschreibung irgendeines Gebietes der begegnenden Wirklichkeit einheitliche kategoriale und andere Strukturen aufweist. Eine phänomenologische Beschreibung gibt die Wirklichkeit so wieder, wie sie sich darbietet, bevor näher auf theoretische Erklärungen oder Ableitungen eingegangen wird. In vielen Fällen hat diejenige Begegnung zwischen Geist und Wirklichkeit, aus der die Sprache hervorgeht, den Weg zu einer späteren phänomenologischen Betrachtung vorbereitet. In anderen Fällen führt die phänomenologische Betrachtung zur Entdeckung einer neuen Dimension des Lebens oder umgekehrt zur Reduktion von zwei oder mehr der bisher aufgestellten Dimensionen auf eine. Unter diesen Gesichtspunkten können verschiedene Dimensionen des Lebens beschrieben werden, ohne daß damit endgültige Aussagen gemacht werden sollen. Vielmehr ist es die Absicht einer Erörterung der Dimensionen im Zusammenhang eines theologischen Systems, die vieldimensionale Einheit des Lebens zu zeigen und den Ursprung und die Folgen der Zweideutigkeiten aller Lebensprozesse konkret zu bestimmen.

Der besondere Charakter einer Dimension, die diesen Namen verdient, zeigt sich in der Art, wie unter ihrer Vorherrschaft die Kategorien Zeit, Raum, Kausalität und Substanz eine besondere Prägung erhalten. Die vier genannten Kategorien haben universale Gültigkeit für alles, was existiert. Aber das bedeutet nicht, daß es nur *eine* Zeit, *einen* Raum, *eine* Kausalität und *eine* Substanz gibt. Denn die Kategorien ändern ihren Charakter unter der Vorherrschaft einer jeden Dimension. Anorganischer Raum und organischer Raum sind verschiedene Räume. Psychologische Zeit und geschichtliche Zeit sind verschiedene Zeiten, und anorganische Kausalität und geistige Kausalität sind verschiedene Kausalitäten. Das bedeutet jedoch nicht, daß die Kategorien als das, was sie unter der Vorherrschaft einer niederen Dimension sind, unter der Vorherrschaft einer höheren Dimension verschwinden, vielmehr kehren sie in der Kategorie der höheren Dimension als eines ihrer Elemente wieder, z. B. geht die anorganische Substanz nicht in der organischen Substanz verloren, und die physikalische Zeit wird nicht in der geschichtlichen Zeit verneint; das gleiche gilt von Kausalität und Raum. In der geschichtlichen Zeit oder in der geschichtlichen Kausalität z. B. sind alle vorangegangenen Formen von Zeit oder Kausalität gegenwärtig, aber sie haben nicht dieselbe Funktion wie zuvor. Sie schaffen die Basis, die Geschichte überhaupt erst möglich macht, aber das Geschichtliche als solches ist nicht durch sie determiniert (die geschichtliche Kausalität ist komplexer als die physikalische Kausalität, aber die physikalische Kausalität ist nicht außer Kraft gesetzt[1]). Eine solche Betrachtungsweise gibt ein sicheres Fundament ab für die Ablehnung jeder reduktionistischen Ontologie, sei sie naturalistisch oder idealistisch.

In Übereinstimmung mit der Tradition nennen wir die anorganische die erste Dimension. Der verneinende Begriff „anorganisch" weist schon auf die Unbestimmtheit des Gebietes hin, das von diesem Begriff umfaßt wird. Es könnte vielleicht möglich und angemessen sein, mehr als eine Dimension im anorganischen Bereich zu unterscheiden, wie es z. B. früher üblich war und teils für gewisse Zwecke noch ist, die Unterteilung in Chemie und Physik vorzunehmen, obwohl die Unterscheidung zwischen ihnen immer mehr in den Hintergrund tritt und die Erkenntnis ihrer Einheit wächst. Auch gibt es Anzeichen dafür, daß sowohl vom Makrokosmos als auch vom Mikrokosmos als von speziellen Dimensionen gesprochen werden könnte. Ob jedoch das Anorganische als *ein* Bereich anzusprechen ist oder nicht – es bleibt das Faktum bestehen, daß es sich phänomenologisch von den Bereichen unterscheidet, die durch andere Dimensionen bestimmt sind.

Die religiöse Bedeutung des Anorganischen ist unermeßlich, obwohl die Theologie es bisher noch kaum beachtet hat. In den meisten theologischen Erörterungen wird der allgemeine Begriff „Natur" für die verschiedensten Dimensionen des „Natürlichen" benutzt. Dies ist einer der Gründe dafür, daß der quantitativ so riesige Bereich des Anorganischen eine so starke anti-religiöse Wirkung auf die Menschen gehabt hat – sowohl in der Antike wie in der Moderne. Eine „Theologie des Anorganischen" fehlt bis zum heutigen Tage. Nach dem Prinzip der vieldi-

---

[1] Eine ausführlichere Darstellung dieses Gedankengangs findet sich in Teil V, S. 367 ff.

mensionalen Einheit des Lebens muß das Anorganische in die vorliegende Betrachtung der Lebensprozesse und ihrer Zweideutigkeiten mit einbezogen werden. Nach der bisherigen Tradition pflegte das Problem des Anorganischen als das Problem der Materie erörtert zu werden. Der Begriff „Materie" hat eine ontologische und eine naturwissenschaftliche Bedeutung. Naturwissenschaftlich betrachtet ist Materie dasjenige, was den anorganischen Prozessen zugrunde liegt. Wenn jedoch das Ganze der Wirklichkeit auf anorganische Prozesse reduziert wird, so ist das Ergebnis eine nicht-wissenschaftliche ontologische Theorie, Materialismus oder reduktionistischer Naturalismus genannt. Die spezielle Behauptung dieser Theorie ist nicht etwa die These, daß Materie in allem Existierenden ist – das muß jede Metaphysik einschließlich aller Formen von Positivismus zugeben –, sondern daß die Materie, die wir unter der Dimension des Anorganischen antreffen, die einzige Art von Materie sei.

In der anorganischen Dimension sind die Potentialitäten in solchen Dingen aktualisiert, die der physikalischen Analyse unterworfen, bzw. in raum-zeitlichen Beziehungen gemessen werden können. Wie bereits angedeutet, haben solche Messungen ihre Grenzen im Bereich des sehr Kleinen und des sehr Großen, des Mikro- und des Makrokosmos. Hier reichen Zeit, Raum und Kausalität im physikalischen Sinne und die auf ihnen beruhende Logik nicht aus, um die Phänomene hinreichend zu beschreiben. Wenn man dem Prinzip Hegels folgt, daß unter gewissen Bedingungen Quantität in Qualität umschlägt, so kann man die Dimensionen des Subatomaren, des Astronomischen und des Dazwischenliegenden – die der alltäglichen menschlichen Begegnung mit der Wirklichkeit – unterscheiden. Wenn man jedoch den Umschlag von Quantität in Qualität verneint, so spricht man von *einer* Dimension im anorganischen Bereich und betrachtet das Gebiet der alltäglichen Begegnung mit der Wirklichkeit als einen Sonderfall des Mikro- oder des Makrokosmos.

Die spezifischen Charakteristika der Dimension des Anorganischen kommen zum Vorschein, wenn man die Charakteristika des Anorganischen mit denen der anderen Dimensionen vergleicht. Vor allem werden diese Charakteristika in ihrer Beziehung zu den Kategorien (vgl. die Kategorienlehre im fünften Teil) und zu den allgemeinen Lebensprozessen deutlich. Das Anorganische hat eine bevorzugte Stellung unter den Dimensionen, insofern es die erste Bedingung für die Aktualisierung jeder anderen Dimension ist. Darum würden alle anderen Seinsgebiete sich auflösen, wenn ihre erste Bedingung, nämlich die Konstellation anorganischer Strukturen, verschwände – biblisch ausgedrückt

„ . . . daß du wieder zu Erde werdest, davon du genommen bist."
(Gen. 3, 19). Diese Tatsache ist auch der Grund für Theorien wie den oben erwähnten „reduktionistischen Naturalismus" oder den „reduktionistischen Materialismus", die Materie mit anorganischer Materie identifizieren. Materialismus im eben geschilderten Sinne ist eine „Ontologie des Todes."

Die Dimension des Organischen ist für jede Philosophie des Lebens von so zentraler Wichtigkeit, daß schon rein sprachlich die fundamentale Bedeutung von „Leben" *organisches* Leben ist. Aber „organisches Leben" umfaßt noch deutlicher als der anorganische Bereich mehrere Dimensionen. Der strukturelle Unterschied zwischen einem typischen Exemplar des vegetativen und einem solchen des animalischen Bereichs macht es ratsam, trotz der Unbestimmtheit der Grenzen im organischen Bereich zwei Dimensionen zu unterscheiden. Eine solche Unterscheidung ist berechtigt, weil in dem Bereich, der durch die animalische Dimension bestimmt ist, eine andere Dimension zur Erscheinung kommt – die Dimension des Bewußtseins, einschließlich seines ihm zugeordneten Elements des Unbewußten oder kurz: des Psychischen. Die organische Dimension ist durch Gestalten charakterisiert, die auf sich selbst bezogen sind, sich selbst zu erhalten suchen, über sich hinauswachsen und sich fortpflanzen.

Das theologische Problem, das sich aus den Unterschieden zwischen der organischen und der anorganischen Dimension ergibt, wurde durch die Evolutionstheorie und durch die ungerechtfertigten Angriffe der traditionellen Theologie auf sie akut. Der strittige Punkt ist nicht nur das Problem, wie der Übergang vom Anorganischen zum Organischen zu denken sei, sondern auch die Frage, was für eine Bedeutung die Evolutionslehre für die Lehre vom Menschen hat. Einige Theologen benutzten unser Unwissen über die Entstehung des Organischen aus dem Anorganischen als Grundlage eines Beweises für die Existenz Gottes. Sie behaupteten, die Entstehung der „ersten Zelle" könne nur durch ein spezielles Eingreifen Gottes verständlich gemacht werden. Die Biologie muß eine solche Erklärung, die mit supranaturaler Kausalität arbeitet, naturgemäß ablehnen. Sie versucht, unsere Erkenntnis von der Entstehung organischen Lebens und ihrer Bedingungen immer mehr zu erweitern, und dieser Versuch hat zweifellos große Erfolge erzielt. Die Frage nach dem Ursprung der Arten ist schwerwiegender. Hier geraten zwei Auffassungen miteinander in Widerspruch: die aristotelische und die evolutionistische. Die erste betont die Ewigkeit der Arten, nämlich in ihrer Potentialität *(dynamis)*, die zweite betont die Bedingungen, die zu ihrer Entstehung geführt haben, nämlich in ihrer Aktualität *(ener-*

geia). Der Widerspruch der beiden Auffassungen löst sich auf, wenn man sagt: Die Dimension des Organischen ist potentiell im Anorganischen gegenwärtig; wann sie sich aktualisiert, hängt von einer Konstellation von Bedingungen ab. Es ist die Aufgabe der Biologie und der Biochemie, diese Bedingungen aufzufinden.

Eine ähnliche Lösung kann für ein weiteres Problem gefunden werden: das Problem des Übergangs von der vegetativen zur animalischen Dimension, speziell des Phänomens des Psychischen im Individuum. Auch hier hilft uns für die Lösung des Problems die Unterscheidung von potentiell und aktuell. Potentiell ist das Psychische in jeder Dimension gegenwärtig, aktuell erscheint es erst in der animalischen Dimension. Man hat versucht, das Psychische auch im vegetativen Bereich aufzufinden, aber sein Vorhandensein kann hier weder verneint noch bejaht werden, da es auf keine Weise verifiziert werden kann, weder durch intuitives Teilhaben noch durch Analogieschlüsse auf Grund von Erfahrungen, die der Mensch in sich selber findet. Im Hinblick auf diesen Sachverhalt ist es klüger, das Psychische nur auf die Bereiche anzuwenden, wo Analogieschlüsse es im hohen Grad wahrscheinlich machen und eine starke Einfühlung möglich ist, z. B. bei höheren Tieren.

Unter besonderen Bedingungen bringt die Dimension des Psychischen eine weitere Dimension zur Verwirklichung, die des Geistigen. Soweit die menschliche Erfahrung reicht, ist dies nur im Menschen geschehen. Die Frage, ob sich das Geistige noch an irgendeiner anderen Stelle im Universum aktualisiert hat, kann bis jetzt weder positiv noch negativ beantwortet werden [1].

b) Der Geist als eine Dimension des Lebens. – In den semitischen und den indogermanischen Sprachen gehen die Worte für „Geist" auf ein Wort für „Atem" zurück. Es war die Erfahrung des Atmens, besonders aber das Erlöschen des Atmens beim Tode, die die Menschen zu der Frage trieb: Was hält das Lebendige am Leben? Und die Antwort lautete: der Atem. Wo Atem ist, da ist Lebenskraft. Wo Atem aufhört, da erlischt das Leben.

Als die Kraft des Lebens darf der Geist nicht mit dem anorganischen Substrat, das durch ihn beseelt wird, identifiziert werden. Er ist vielmehr die Macht der Beseelung selbst und nicht ein Teil, der dem anorganischen System hinzugefügt wird. Trotzdem gab es philosophische Entwicklungen, verbunden mit mystischen und asketischen Tendenzen

---

[1] Auf die theologische Bedeutung dieses Problems habe ich in Bd. II, S. 105 f. aufmerksam gemacht.

der Spätantike, die Geist und Körper trennten. In der Moderne erreichten diese Entwicklungen ihren Höhepunkt bei Descartes und vor allem im englischen Empirismus. In ihm wurde das Wort „spirit" durch das Wort „mind" ersetzt, und das Wort „mind" erhielt mehr und mehr die Bedeutung von Intellekt. In diesem Prozeß verschwand das Element der Kraft, das mit dem ursprünglichen Geist-Begriff verbunden war, und schließlich wurde das Wort für Geist (spirit) selbst aufgegeben. Man kann es in der gegenwärtigen Diskussion im englischen Sprachbereich kaum mehr gebrauchen. Trotz verschiedener Versuche, es wieder einzuführen, kann es sich nicht mehr gegen das Wort „mind" durchsetzen. Unter diesen Umständen ist es kaum möglich, das Wort „spirit" im anthropologischen Sinn wieder einzuführen. Nur in der religiösen Sphäre wird das Wort gebraucht, dann aber mit einem großen „S" geschrieben und bedeutet „Geist Gottes". Das ist interessant, weil es zeigt, daß es unmöglich ist, den göttlichen Geist des Elementes der Kraft zu berauben – der göttliche Geist ist schöpferisch. Der Satz „Gott ist Geist" kann im Englischen weder durch den Satz „God is mind" noch „God is intellect" wiedergegeben werden.

In allen modernen Sprachen besteht die theologische Notwendigkeit, Geist als eine Dimension des Lebens neu zu verstehen, denn jeder religiöse Ausdruck ist ein Symbol, das Material aus der gewöhnlichen Erfahrung verwendet; und das Symbol kann nicht verstanden werden, wenn man das Symbol-Material nicht versteht. (Das Symbol „Vater", angewandt auf Gott, ist ohne Sinn für jemanden, der nicht weiß, was Vater bedeutet.) Es ist nicht unwahrscheinlich, daß das Symbol „Heiliger Geist" wenigstens zum Teil deswegen aus dem lebendigen Bewußtsein der Christenheit verschwunden ist, weil man nicht mehr versteht, was menschlicher Geist ist.

Aber es gibt andere Ursachen für die Schwierigkeiten im Gebrauch des Wortes „Geist". Wenn man z. B. vom Geist einer Nation oder vom Geist einer Gesetzgebung oder vom Geist eines Kunststils spricht, meint man den essentiellen Charakter dessen, was in diesen Manifestationen ausgedrückt ist. Die Beziehung auf seinen ursprünglichen Sinn, die das Wort „Geist" hier hat, beruht auf der Tatsache, daß es sich in diesen Fällen um eine Selbstmanifestation menschlicher Gruppen handelt und eine solche immer von der Dimension des Geistes und seinen verschiedenen Funktionen bedingt ist.

Eine Verwirrung stiftet der Gebrauch des Wortes Geist, wenn man von einer „geistigen Welt" spricht, besonders wenn man dabei an etwas wie die platonische Ideenwelt denkt. Hier aber muß scharf unterschieden werden: das Leben in der Welt der Ideen ist geistiges Leben, aber die Welt der Ideen kann nicht „geistige Welt" genannt werden. Sie ist „essentielle Welt" oder „Wesens-Welt", die Ideen sind Potentialitäten des Lebens, aber nicht selber Leben, während der Geist eine Dimension des Lebens ist. Mythisch gesprochen könnte man sagen, daß es im Paradies der träumenden Unschuld potentiell, aber nicht aktuell Geist gibt. Adam vor dem Fall ist potentiell, aber nicht aktuell geistig (und geschichtlich).

Eine weitere Quelle semantischer Verwirrung ist der Gebrauch der Worte „Geist" und „Geister" für individuelle körperlose Wesen. Er ist deshalb irreführend, weil eine solche Bezeichnung die Existenz eines Geist-Bereichs voraussetzt, der von den übrigen Bereichen des Lebens getrennt ist. Der Geist wird dann eine Art anorganischer Materie und verliert seinen Charakter als eine Dimension des Lebens, die potentiell oder aktuell in allem Leben gegenwärtig ist. Diese Problematik wird deutlich bei den sogenannten „spiritistischen" Gruppen, die den Versuch machen, mit den „Geistern" der Verstorbenen in Verbindung zu treten und sie zu physikalischen Äußerungen zu veranlassen (Geräusche, Worte, körperliche Bewegungen und visuelle Erscheinungen). Wer behauptet, solche Erfahrungen gemacht zu haben, schreibt „Geistern" die Möglichkeit physikalischer Kausalität zu. Die Art, in der ihre Manifestationen beschrieben werden, postuliert eine veränderte psychophysische Existenz menschlicher Wesen nach ihrem Tod. Wenn es jedoch eine solche Existenz gäbe, wäre sie weder im religiösen Sinne geistbestimmt, noch hätte sie etwas mit dem zu tun, was das Christentum „Ewiges Leben" nennt. Genau wie die Frage der „übersinnlichen Wahrnehmung" sind die spiritistischen Phänomene eine Sache empirischer Forschung, deren Ergebnis – ob es positiv oder negativ ausfällt – keinerlei Bedeutung für das Problem des menschlichen Geistes und seines Verhältnisses zum göttlichen Geist hat.

Es ist interessant, daß in der englischen Sprache das Wort „spirited" den Sinn von lebendig, vital, kraftvoll usw. erhalten hat, der in dem Wort „spirit" liegt. Es wird gebraucht, um Platos Begriff des *thymoeides* zu übersetzen, einer Funktion der Seele, die zwischen Rationalität und Sensualität liegt und der Tugend des Mutes entspricht, die ihrerseits die Aristokratie des Schwertes charakterisiert. In alledem zeigt sich, daß Geist und Kraft nicht im Gegensatz zueinander stehen, sondern daß Kraft eines der beiden Elemente des Geistes ist – das andere ist „Leben im Sinn".

Da die Dimension des Geistes für uns nur im Menschen erscheint, ist es notwendig, den Begriff Geist mit anderen Begriffen zu vergleichen, die in der Lehre vom Menschen gebraucht werden, vor allem

Die Dimensionen des Lebens

mit den Begriffen „Seele" und „Vernunft". Das Wort Seele hat ein ähnliches Geschick erlitten wie das Wort „spirit" im Englischen. Das gilt vor allen Dingen in der Psychologie, d. h. der Wissenschaft von der Seele. Die moderne Psychologie ist eine „Psychologie ohne Seele". Einer der Gründe für den Verlust des Seelenbegriffs ist die Ablehnung der Idee einer unsterblichen Seelensubstanz in der Erkenntnistheorie seit Hume und Kant. Jedoch ist das Wort Seele in der Dichtung und im täglichen Leben gebräuchlich geblieben und bezeichnet oft den Sitz der Gefühle und der Leidenschaften. In der heutigen Lehre vom Menschen werden viele der Phänomene, die früher der Seele zugeschrieben wurden, in der Persönlichkeits-Psychologie behandelt. Jedenfalls muß man sagen, daß das Wort Seele, während es noch in der liturgischen, biblischen und dichterischen Sprache seinen Platz hat, seinen Nutzen für die allgemeine wie auch für die theologische Beschreibung des Menschen verloren hat.

Der Begriff der Vernunft ist im ersten Teil des Systems in dem Teil „Vernunft und Offenbarung" ausführlich behandelt worden. Dort wurde der Unterschied zwischen technischer oder formaler und ontologischer Vernunft betont. Hier handelt es sich um die Frage nach dem Verhältnis beider Bedeutungen von Vernunft zum Geist. Vernunft im Sinne von *logos* ist die sinnvolle Form, nach der die Wirklichkeit in all ihren Dimensionen und der Geist in all seinen Funktionen strukturiert sind. Es gibt Vernunft in der Bewegung eines Elektrons wie in den ersten Worten eines Kindes, wie in jeder Schöpfung des Geistes. Der Geist als eine Dimension des Lebens umfaßt mehr als Vernunft. Er umfaßt *eros*, Leidenschaft, Gefühl, aber ohne Vernunftstruktur wäre er nicht fähig, irgend etwas zu schaffen. Vernunft im Sinne der technischen Vernunft, z. B. im Sinne wissenschaftlicher Beweisführung, ist eine der Fähigkeiten des menschlichen Geistes in der kognitiven Sphäre. Sie ist ein Werkzeug für die wissenschaftliche Analyse und die technische Beherrschung der Wirklichkeit.

Obgleich diese semantischen Erwägungen keineswegs vollständig sind, können sie hier genügen, um auf den Gebrauch gewisser zentraler Begriffe in den folgenden Kapiteln vorzubereiten und um – ob durch Zustimmung oder Widerspruch – größere Exaktheit im Gebrauch anthropologischer Begriff in theologischen Gedankengängen zu bewirken.

c) Die Dimension des Geistes in ihrem Verhältnis zu den vorausgehenden Dimensionen. – Zwei Fragen müssen zunächst behandelt werden. Die erste bezieht sich auf das Verhältnis des Geistes zu der psychischen und der biologischen Dimension, die zweite betrifft die Dimension, die der Dimension des Geistes in der Reihe der Verwirklichungen folgt: die geschichtliche Dimension. An dieser Stelle kann die geschichtliche Dimension nur vorläufig behandelt werden. Die ausführliche Betrachtung kann erst im letzten Teil des Systems erfolgen, in dem Abschnitt „Geschichte und Reich Gottes". Hier müssen wir vor allem auf die erste Frage eingehen: das Verhältnis des Geistes zur Dimension des Psychischen.

Das Auftreten einer neuen Dimension des Lebens hängt von einer bestimmten Konstellation von Bedingungen in der vorausgehenden Dimension ab. Eine bestimmte Konstellation von Bedingungen ermöglicht, daß im Anorganischen das Organische erscheint. Und eine bestimmte Konstellation von Bedingungen ermöglicht, daß im Organischen die Dimension des Psychischen sich aktualisiert. Auf die gleiche Weise ermöglichen bestimmte Konstellationen, daß die Dimension des Geistes sich aktualisiert. Die Ausdrücke „ermöglichen" und „Konstellation von Bedingungen" für das Aktuell-werden einer Dimension sind entscheidend in diesen Ausführungen. Die Frage ist nicht, wie die Bedingungen zustande gekommen sind – das ist eine Sache des Zusammenwirkens von Freiheit und Schicksal unter dem lenkenden Schaffen Gottes, d. h. der göttlichen Vorsehung. Die Frage ist vielmehr, wie die Aktualisierung des Potentiellen aus der besonderen Konstellation von Bedingungen erfolgt.

Um diese Frage zu beantworten, müssen wir die geschichtliche Dimension vorwegnehmend erörtern. Diese letzte und allumfassende Dimension des Lebens kommt nur im Menschen zu ihrer vollen Aktualisierung. Im Menschen als dem Träger des Geistes sind die Bedingungen für sie geschaffen. Aber die Dimension des Geschichtlichen zeigt sich in allen Bereichen des Lebens – wenn auch unter der Vorherrschaft anderer Dimensionen. Dieser universale Charakter der Dimension des Geschichtlichen ist es, der in der Lebens- und Prozeßphilosophie dazu geführt hat, die Kategorie des „Werdens" zum höchsten ontologischen Rang zu erheben. Aber man muß daran festhalten, daß der Anspruch auf diesen Rang allein der Kategorie des Seins zukommt, denn während das „Werden" relatives Nicht-Sein *(me on)* einschließt und zugleich überwindet, ist das Sein als solches die Verneinung des absoluten Nicht-Seins *(ouk on)*. Wenn diese Behauptung vorgegeben ist, kann man einräumen, daß „Werden" und „Prozeß" universale Qualitäten des Lebens sind. Fraglich bleibt jedoch, ob die Worte „Werden" und „Prozeß" ausreichen, um die vorwärtstreibende Kraft des Lebens als ganzem auszudrücken. Sie bringen etwas nicht zum Ausdruck, wodurch alles Leben charakterisiert ist, nämlich die Schaffung des Neuen. Und gerade dies ist machtvoll gegenwärtig in der geschichtlichen Dimension, die in jedem Bereich des Lebens – wenn auch oft unterdrückt – aktuell ist, denn die geschichtliche Dimension ist diejenige, unter deren Vorherrschaft das Neue geschaffen wird.

Nach dieser vorläufigen Bemerkung über die geschichtliche Dimension wenden wir uns der Beantwortung der gestellten Frage zu: Die Aktualisierung einer Dimension ist ein Ereignis in der Geschichte des Universums, aber es ist kein Ereignis, das auf einen bestimmten Punkt in Raum und Zeit festgelegt werden kann. In langen Zeiten des Übergangs haben die Dimensionen innerhalb eines Bereiches – metaphorisch gesprochen – miteinander gerungen. Ganz offensichtlich gilt das für den Übergang vom Anorganischen zum Organischen, vom Pflanzlichen zum Tierischen, vom Biologischen zum Psychischen. Und es gilt ebenso für den Übergang vom Psychischen zum Geistigen. Wenn wir den Menschen als den Organismus definieren, in dem die Dimension des Geistes vorherrscht, können wir keinen bestimmten Punkt aufweisen, an dem der Mensch auf der Erde erschienen ist. Es ist sehr wahrscheinlich, daß lange Zeit sich der Kampf der Dimensionen in Tierkörpern abgespielt hat, die anatomisch und physiologisch dem uns bekannten geschichtlichen Menschen ähnlich waren, bis schließlich die Bedingungen für jenen Sprung gegeben waren, der die Herrschaft der Dimension des Geistes begründete. Aber wir müssen noch einen Schritt weitergehen. Der gleiche Kampf der Dimensionen, der schließlich die scharfe Trennung zwischen Lebewesen, die Sprache haben, und solchen, die keine haben, schuf, geht auch heute noch weiter. In jedem menschlichen Wesen spielt er sich ab als der immerwährende Kampf um die Vorherrschaft des Geistes. Aber der Mensch kann nicht „nicht Mensch" sein, wie das Tier nicht „nicht Tier" sein kann. Der Mensch kann bis zu einem gewissen Grade jenen schöpferischen Akt verfehlen, in dem die Vorherrschaft des Psychischen durch die Vorherrschaft des Geistes besiegt wird. Wie wir sehen werden, ist dies das Problem des moralischen Aktes.

Diese Betrachtungen führen folgerichtig zur Ablehnung der Lehre, nach der Gott an einer bestimmten Stelle des Entwicklungsprozesses einem sonst vollkommen ausgebildeten menschlichen Körper eine „unsterbliche Seele" hinzufügte und ihn mit dieser Seele zum Träger des Geistes machte. Dieser Gedanke und verbunden mit ihm die Metapher „Schicht" und eine entsprechende supranaturalistische Lehre vom Menschen zerreißen die vieldimensionale Einheit des Lebens, vor allem die Einheit des Psychischen und des Geistigen, und machen damit eine Psychologie der Persönlichkeit unmöglich. Anstatt den Geist von dem ihn bedingenden psychischen Bereich zu trennen, sollten wir versuchen, den Vorgang zu beschreiben, durch den der Geist aus einer Konstellation bedingender psychischer Faktoren hervorgeht. Jeder Akt des Geistes gründet sich auf ein vorgegebenes psychisches Material und setzt einen Sprung voraus, der nur für ein völlig zentriertes Selbst möglich ist, und das heißt für ein Wesen, das frei ist.

Das Verhältnis des Geistes zum psychisch vorgegebenen Material läßt sich sowohl im Erkenntnisakt als auch im moralischen Akt beobachten. Jeder geistige Akt, dessen Ziel Erkenntnis ist, beruht auf Sinneseindrücken, auf bewußt und unbewußt bejahten wissenschaftlichen Traditionen und Erfahrungen, auf unbewußten und bewußten autoritären Einflüssen, auf Willens- und Gefühlselementen, die immer gegenwärtig sind. Ohne dieses Material würde das Denken ohne Inhalt sein. Um aber dieses Material in Erkenntnis umzusetzen, muß Verschiedenes mit ihm vorgenommen werden. Das Material muß geordnet, einiges ausgeschieden, anderes hinzugenommen werden, und es muß nach den Regeln methodischer Kriterien und der Logik verknüpft und bereinigt werden. Dies alles wird vom Zentrum der Person geleistet, das keineswegs mit irgendeinem einzelnen psychischen Element identisch ist. Erst die Freiheit des Zentrums von dem psychischen Material macht den Erkenntnisakt möglich. Ein solcher Akt ist eine Manifestation des Geistes. Wir sagten, daß das Person-Zentrum weder mit irgendeinem der psychischen Elemente identisch, noch daß es ein weiteres, zu ihnen hinzukommendes Element ist. Wäre das der Fall, dann würde das Person-Zentrum selbst zum psychischen Material gehören und könnte nicht der Träger des Geistes sein. Aber andrerseits steht das Person-Zentrum dem psychischen Material nicht fremd gegenüber. Es ist *sein* Zentrum, aber erhoben in die Dimension des Geistes. Im Bereich der höheren Tiere ist das psychische Zentrum ein im Gleichgewicht befindliches organisches Ganzes, das von der äußeren Situation abhängt, aber nicht mechanisch, sondern spontan auf sie reagiert. In einem Lebensprozeß, der von der Dimension des Geistes beherrscht ist, trägt das Psychische seinen eigenen Inhalt zu der Ganzheit des Person-Zentrums bei. Diesen eignet sich das Person-Zentrum durch Überlegung und Entscheidung an. In diesem Vorgang aktualisiert es seine eigenen Potentialitäten, und indem es das tut, transzendiert es sich selbst. Diesem Phänomen kann man in jedem Erkenntnisakt begegnen.

Dieselbe Situation liegt beim moralischen Akt vor. Auch hier ist eine Menge psychischen Materials im psychischen Zentrum geeint; Triebe, Neigungen, Wünsche, mehr oder weniger zwanghafte Neigungen, sittliche Erfahrungen, ethische Traditionen und autoritäre Einflüsse, Beziehungen zu anderen Menschen und soziale Bedingungen. Der moralische Akt ist aber nicht die „Resultante" der einzelnen sich gegenseitig begrenzenden Vektoren. Das zentrierte Selbst ist es, das sich als ein personales Selbst manifestiert und die einzelnen Elemente unterscheidet, voneinander trennt, verwirft oder auswählt und miteinander verbindet und auf diese Weise sie alle transzendiert. Der Akt, oder genauer, der ganze Komplex der Akte, in dem sich das ereignet, hat den Charakter der Freiheit – Freiheit nicht in dem falschen Sinn eines indeterminierten Willküraktes, sondern im Sinne einer Ganzheits-Reaktion eines zentrierten Selbst, das abwägt und entscheidet. Solche Freiheit ist mit Schicksal verbunden, und zwar in der Weise, daß das psychische Material, das in den moralischen Akt einbezogen ist, den Pol des Schicksals repräsentiert, während das abwägende und entscheidende Selbst den Pol der Freiheit repräsentiert – Schicksal und Freiheit hier im Sinne der ontologischen Polarität verstanden[1].

Diese Beschreibung geistiger Akte widerlegt zwei falsche Auffassungen: erstens die dualistische Gegenüberstellung von Geistigem und Psychischem und zweitens die Reduktion des Geistigen auf einen psychischen Reaktionsmechanismus. Das Prinzip der vieldimensionalen Einheit verlangt die Ablehnung sowohl des Dualismus als auch des psychologistischen und biologistischen Monismus. Nietzsche drückt im Zarathustra die innere Dialektik im Verhältnis des Geistes zu den vorausgehenden Dimensionen des Lebens aus, wenn er vom Geist sagt: „Geist ist Leben, das selber ins Leben schneidet; an der eignen Qual mehrt es sich das eigne Wissen."

d) Normen und Werte in der Dimension des Geistes. – Als wir das Verhältnis des Geistes zu seinen psychischen Voraussetzungen erörterten, haben wir mehrfach das Wort „Freiheit" gebraucht. Es beschrieb die Weise, in der der Geist sich gegenüber dem psychischen Material verhält. Solche Freiheit ist nur möglich, weil es Normen gibt, denen sich der Geist unterwirft. Er unterwirft sich ihnen, um frei zu sein – frei innerhalb der Grenzen, die ihm durch das psychische und biologische Schicksal gesetzt sind. Freiheit und Unterwerfung unter gültige Normen sind ein und dasselbe. Daraus erwächst die Frage: Was ist der Ursprung dieser Normen?

Auf diese Frage können drei Antworten gegeben werden. Jede von

---

[1] Vgl. Bd. I, S. 214 ff.

ihnen hat in Vergangenheit und Gegenwart eine Rolle gespielt. Es sind die Antworten des Pragmatismus, der Wertphilosophie und der Ontologie. Wenn sie sich in mancher Hinsicht auch widersprechen, schließen sie sich doch nicht gegenseitig aus. Jede leistet einen wichtigen Beitrag zur Lösung des Problems, aber die ontologische Antwort ist die entscheidende und kehrt in den beiden anderen Antworten wieder, ganz gleich, ob die Vertreter dieser Antworten darum wissen oder nicht. Nach der pragmatischen Theorie über die Herkunft der Normen hat das Leben seinen Maßstab in sich selbst. Es braucht sich nicht zu transzendieren, um über sich zu urteilen. Die Normen des Geistes sind dem Leben des Geistes immanent. Diese Auffassung stimmt mit unserer Lehre von der vieldimensionalen Einheit des Lebens und mit unserer Ablehnung der Metapher „Schicht" insofern überein, als auch nach dieser Lehre die Normen des Lebens nicht von außerhalb des Lebens stammen. Aber der Pragmatismus ist nicht in der Lage zu zeigen, wie einzelne Lebensmöglichkeiten Norm für das Ganze des Lebens werden können. Wo immer die pragmatische Methode auf ethische, politische oder ästhetische Phänomene angewandt wird, wählt sie Normen aus, deren Auswahl von höheren und schließlich höchsten Normen bestimmt wird. Wo dieser letzte Punkt erreicht wird, ist uneingestanden die pragmatische Methode verlassen und durch ein ontologisches Prinzip ersetzt, das keiner pragmatischen Beurteilung unterworfen werden kann, weil es selbst die Norm alles Urteilens ist.

Diese Situation ist von der Wertphilosophie klar erkannt worden. Die Wertphilosophie spielt im gegenwärtigen philosophischen Denken eine große Rolle und hat das nicht-philosophische und sogar das populäre Denken stark beeinflußt. Ihr großes Verdienst besteht darin, daß sie die Gültigkeit der Normen gerettet hat, ohne dabei Zuflucht zu einer heteronomen Theologie oder einer Art von Metaphysik zu nehmen, deren Zusammenbruch es gerade war, der die Wertphilosophie hervorgerufen hat (beispielsweise bei Männern wie Lotze, Ritschl, den Neukantianern u. a.). Sie wollten – im Gegensatz zum pragmatischen Relativismus – objektive Geltung retten, aber ohne in metaphysischen Absolutismus zu verfallen. In ihren Wert-Hierarchien versuchten sie, Normen für eine Gesellschaft aufzustellen, die ohne *geheiligte* Hierarchien waren. Aber sie konnten dabei die Frage nicht beantworten: Auf welcher Grundlage dürfen die Werte den Anspruch erheben, Maßstäbe für das Leben abzugeben? Welches ist ihre Bedeutung für die Lebensprozesse in der Dimension des Geistes, in der sie Gültigkeit beanspruchen? Warum soll sich das Leben, das der Träger des Geistes ist, überhaupt nach ihnen richten? Welches ist das Verhältnis des Sein-

Sollens zum Sein? Diese Fragen haben einige Wertphilosophen veranlaßt, sich erneut dem ontologischen Problem zuzuwenden.

Die pragmatische Lösung muß in neuer Form wieder aufgenommen werden: Es ist richtig, daß die Normen für das Leben im Bereich des Geistes aus dem Leben selber stammen müssen – sonst könnten sie für das Leben keine Bedeutung haben; aber das Leben ist zweideutig, weil es essentielle und existentielle Elemente in sich vereinigt. Das Essentielle – im Menschen und in seiner Welt – ist der Ursprung, aus dem die Normen für das Leben im Bereich des Geistes stammen. Die essentielle Natur des Seienden, die *logos*-bestimmte Struktur der Wirklichkeit – wie die Stoa und das Christentum sie nennen würden – ist der „Himmel der Werte", von dem die Wertphilosophie spricht. Wenn diese Auffassung akzeptiert und die ontologische Antwort neu formuliert wird, erhebt sich jedoch die Frage: Wie können wir diesen „Werte-Himmel" erreichen, wie können wir etwas über die *Logos*-Struktur des Seins, über die essentielle Natur des Menschen und seiner Welt wissen, da wir sie nur durch ihre zweideutigen Manifestationen, durch jene Mischung von Essentiellem und Existentiellem, die wir Leben nennen, kennen? Die Manifestationen sind zweideutig, weil sie nicht nur enthüllen, sondern gleichzeitig auch verhüllen. Es gibt keinen geraden und sicheren Weg, auf dem man zu den Normen des Handelns im Bereich des Geistes gelangen könnte. Die Sphäre des Essentiellen ist teils sichtbar, teils verborgen. Deshalb ist die Anwendung einer Norm auf eine konkrete Situation im Bereich des Geistes stets ein Wagnis. Sie erfordert Mut und Bereitschaft, ein mögliches Scheitern auf sich zu nehmen. Der Wagnis-Charakter des Lebens in seinen schöpferischen Funktionen bewahrheitet sich auch in der Dimension des Geistes – in der Moralität, der Kultur und der Religion.

B

DIE SELBST-AKTUALISIERUNG DES LEBENS UND IHRE ZWEIDEUTIGKEITEN[1]

Grundlegende Betrachtung: Die Hauptfunktionen des Lebens und ihre Zweideutigkeit.

Leben wurde als Aktualisierung potentiellen Seins definiert. In jedem Lebensprozeß findet solche Aktualisierung statt. Die Ausdrücke „Akt", „Aktion", „aktuell" (abgeleitet vom lateinischen *agere*) beschreiben ein Herausgehen aus einem Zentrum. Aber dieses Herausgehen geschieht so, daß das Zentrum dabei nicht verloren wird. Das Gleichbleiben-mit-sich-selbst (Selbst-Identität) bleibt in dem Herausgehen-aus-sich-selbst (Selbst-Veränderung) erhalten. Infolgedessen kann man von einem dritten Schritt im Lebensprozeß reden, nämlich der Rückkehr-zu-sich-selbst. Wir unterscheiden also drei Elemente im Lebensprozeß: Selbst-Identität, Selbst-Veränderung und Rückkehr-zu-sich-selbst. Nur durch diese drei Schritte wird in dem Prozeß, den wir Leben nennen, Potentialität zu Aktualität.

In diesem Charakter der Lebensprozesse drückt sich auch die erste Funktion alles Lebens aus, die „Selbst-Integration". In der Selbst-Integration wird das Zentrum des Selbst etabliert, zum Aus-sich-Herausgehen getrieben und hineingezogen in die Selbst-Veränderung, dann wieder zurückgeholt, aber bereichert mit den Inhalten, die durch die Selbst-Veränderung hinzugewonnen wurden.

Zentriertheit gehört zu jedem Lebensprozeß, und zwar in doppelter Hinsicht: als Gegebenes und als Aufgegebenes. Die Bewegung, in der die Zentriertheit aktualisiert wird, haben wir „Selbst-Integration des Lebens" genannt. Die Vorsilbe „Selbst" bedeutet, daß es das Leben selbst ist, das in jedem Prozeß der Selbst-Integration auf Zentriertheit hinarbeitet. Es gibt nichts außerhalb des Lebens, das die Ursache der Bewegung – weg vom Zentrum zur Selbst-Veränderung und zurück zum Zentrum – wäre. Es ist das Wesen des Lebens selbst, das sich in der Funktion der Selbst-Integration in jedem einzelnen Lebensprozeß ausdrückt.

Aber der Prozeß der Aktualisierung enthält nicht nur die Funktion

---

[1] Das entsprechende englische Wort *ambiguity* betont mehr die grundsätzliche und bleibende Problematik einer Sache als das deutsche Wort „Zweideutigkeit". (D. Hrsg.)

Grundlegende Betrachtung: Die Hauptfunktionen des Lebens

der Selbst-Integration, der Kreisbewegung des Lebens von einem Zentrum weg und wieder zu ihm zurück, sondern auch die Funktion der Hervorbringung neuer Zentren, d. h. die Funktion des Sich-Schaffens. In ihr schreitet die Bewegung der Aktualisierung des Potentiellen (die Bewegung des Lebens) in horizontaler Richtung weiter. Auch in ihr sind Selbst-Identität und Selbst-Veränderung wirksam, aber unter der Vorherrschaft der Selbst-Veränderung. Das Leben drängt auf das Neue hin. Das ist nicht ohne Zentriertheit möglich, aber es geschieht, indem das individuelle Zentrum überschritten wird. Es ist das Prinzip des Wachstums, das die Funktion des Sich-Schaffens bestimmt – Wachstum einerseits in der Kreisbewegung eines selbstzentrierten Wesens und andrerseits in der Schöpfung eines neuen Zentrums außerhalb dieses Zirkels.

Das Wort „Schöpfung" ist eines der großen Symbolworte, das die Beziehung Gottes zum Universum beschreibt. Die moderne Sprache hat die Worte „schöpferisch", „schöpferische Kraft" und sogar „Schöpfung" auch auf den Menschen und auf nicht-menschliche Wesen, ihre Handlungen und ihre Produkte angewandt. Und es ist daher folgerichtig, ganz allgemein von der selbst-schöpferischen Funktion des Lebens zu sprechen. Allerdings ist das Leben nicht in einem absoluten Sinne selbst-schöpferisch. Der schöpferische Grund, aus dem es kommt, ist immer vorausgesetzt. Und doch können wir von der göttlichen Schöpfung nur sprechen, weil schöpferische Kraft auch in uns ist – sowie wir vom göttlichen Geist nur sprechen können, weil wir selbst Geist haben.

Die dritte Richtung, in der die Aktualisierung des Potentiellen sich bewegt, ist im Gegensatz zur zirkulären und horizontalen die vertikale Richtung. Die Metapher „vertikal" bezeichnet die Funktion des Lebens, die wir die selbst-transzendierende Funktion nennen können. An sich könnte der Ausdruck „Selbst-Transzendierung" auch für die beiden anderen Funktionen gebraucht werden: Jede Selbst-Integration – die Bewegung von der Identität weg durch die Veränderung hindurch und zurück zur Identität – ist eine Art von Selbst-Transzendierung, und in jedem Wachstumsprozeß transzendiert ein späteres Stadium ein früheres in horizontaler Richtung. Aber in beiden Fällen bleibt die Selbst-Transzendierung innerhalb der Grenzen des endlichen Lebens. Eine endliche Situation wird von einer anderen endlichen Situation transzendiert, aber das endliche Leben an sich ist nicht transzendiert. Deshalb ist es angemessener, den Ausdruck „Selbst-Transzendierung" auf jene Lebensfunktion zu beschränken, in der das Leben über sich als endliches Leben hinaustreibt. Das Leben ist *Selbst*-Transzendierung, weil es nicht durch etwas ihm Fremdes, das nicht Leben ist, transzendiert wird. Das Leben ist durch die ihm eigene Natur beides: Es ist *in* sich und *über* sich hinaus, und diese Situation wird offenbar in der Funktion der Selbst-Transzendierung. Diese Erhebung des Lebens über sich selbst wird nur in der Dimension des Geistes sichtbar, und zwar als die Erfahrung des „Heiligen". Als Analogie dazu findet sich in den nicht-menschlichen Bereichen der Drang des Lebens zu seiner höchstmöglichen Sublimierung. Zusammenfassend können wir sagen: In dem Prozeß der Aktualisierung vom Potentiellen zum Aktuellen, den wir Leben nennen, unterscheiden wir drei Funktionen: Selbst-Integration unter dem Prinzip der Zentriertheit; das Sich-Schaffen unter dem Prinzip des Wachstums; Selbst-Transzendierung unter dem Prinzip des Heiligen. Die fundamentale Struktur der Selbst-Identität und der Selbst-Veränderung ist in jeder Funktion wirksam, und jede Funktion ist abhängig von den Grundpolaritäten des Seins: die Selbst-Integration von der Polarität „Individualisation und Partizipation", das Sich-Schaffen von der Polarität „Dynamik und Form" und die Selbst-Transzendierung von der Polarität „Freiheit und Schicksal". Und die Struktur der Selbst-Identität und Selbst-Veränderung beruht auf der ontologischen Grundstruktur der Selbst-Welt-Korrelation. (Die Beziehung zwischen der Struktur und den Funktionen des Lebens zu den ontologischen Polaritäten wird bei der Erörterung der einzelnen Funktionen ausführlich behandelt werden.)

Die drei Funktionen des Lebens vereinigen Elemente der Selbst-Identität mit Elementen der Selbst-Veränderung. Aber diese Einheit wird durch die existentielle Entfremdung, die das Leben in die eine oder andere Richtung treibt, ständig bedroht: Selbst-Integration durch Desintegration, Sich-Schaffen durch Zerstörung und Selbst-Transzendierung durch Profanisierung und Dämonisierung. Jeder Lebensprozeß steht in der Zweideutigkeit, in der positive und negative Elemente gemischt sind, und zwar so, daß eine endgültige Trennung des Negativen vom Positiven nicht möglich ist: das Leben ist in jedem Augenblick zweideutig. Meine Absicht ist, die einzelnen Funktionen des Lebens nicht in ihrem essentiellen Charakter, d. h. getrennt von ihrer existentiellen Verzerrung zu behandeln, sondern so, wie sie mit ihren Zweideutigkeiten im Prozeß ihrer Aktualisierung sich wirklich darbieten, denn das Leben steht weder in seiner reinen Essenz noch in seiner reinen Existenz – es ist zweideutig.

1. Die Selbst-Integration des Lebens und ihre Zweideutigkeiten

a) Individualisation und Zentriertheit. — Die erste der Polaritäten der Struktur des Seins ist die Polarität von Individualisation und Partizipation. Individualisation manifestiert sich in der Funktion der Selbst-Integration durch das Prinzip der Zentriertheit. Zentriertheit ist eine Qualität der Individualisation, insofern das individuelle, d. h. unteilbare Ding ein zentriertes Ding ist. Wenn wir die Metapher weitertreiben, können wir sagen: Ein Zentrum ist ein Punkt, und ein Punkt kann nicht geteilt werden. Ein zentriertes Seiendes kann ein anderes Seiendes aus sich hervorbringen, oder es kann gewisser Teile beraubt werden, die zum Ganzen gehören, aber es kann nicht geteilt, es kann nur zerstört werden. Ein vollindividualisiertes Seiendes ist daher zugleich ein vollzentriertes Seiendes. In den Grenzen unserer menschlichen Erfahrung hat nur der Mensch diese Qualität vollständig, in allem anderen Seienden gibt es Zentriertheit und Individualisation nur beschränkt.

Der Ausdruck „Zentriertheit", aus der Sphäre der Geometrie stammend, wird metaphorisch auf die Struktur eines Seienden angewandt, in dem alle Wirkungen, die auf einen seiner Teile ausgeübt werden, sich auf dem Weg über ein Zentrum auf alle Teile erstrecken. Eine solche Struktur wird oft durch Worte wie „eine Ganzheit" oder „eine Gestalt" ausgedrückt. Beide Worte werden auf alle Dimensionen – außer der anorganischen – angewandt. Aber gelegentlich wird auch sie mit einbezogen. Die Richtung des Denkens, die wir eingeschlagen haben, schließt sich der umfassenderen Anwendung des Begriffs an. Da Individualisation ein ontologischer Pol ist und als solcher universale Bedeutung hat und Zentriertheit von Individualisation nicht zu trennen ist (denn Zentriertheit ist die Bedingung für die Aktualisierung des Individuums im Leben), hat auch sie universale Bedeutung. Der Begriff „Zentriertheit" ist den Begriffen „Gestalt" oder „Ganzheit" vorzuziehen, denn Zentriertheit setzt keine integrierte Gestalt voraus, sondern ist auf alle Prozesse des Aus-sich-Herausgehens und Zu-sich-Zurückkehrens anwendbar. Beide Bewegungen werden von einem Punkt dirigiert, der nicht lokalisiert werden kann, aber die Richtung der beiden Grundbewegungen allen Lebens bestimmt. Im Sinne des Aus-sich-Herausgehens und Zu-sich-Zurückkehrens gibt es Zentriertheit unter der Herrschaft aller Dimensionen des Seins. – Zum Zentrum gehört eine Peripherie, nämlich ein bestimmter Raum oder, unmetaphorisch ausgedrückt, eine Mannigfaltigkeit von Elementen. Dies entspricht der Partizipation, die zur Individualisation in polarem Gegensatz steht. Individualisation trennt. Das am meisten individualisierte Seiende ist das unerreichbarste und das einsamste. Aber zugleich hat es die größte Möglichkeit universaler Partizipation. Es kann mit der ganzen Welt in Beziehung treten und kann in sich den *eros* haben, der es im Theoretischen und im Praktischen zu universaler Partizipation treibt. Es kann am Universum in all seinen Dimensionen partizipieren und Elemente des Universums in sich hineinziehen. Daher bewegt sich der Prozeß der Selbst-Integration zwischen dem Zentrum und der Mannigfaltigkeit der Welt, die ins Zentrum hineingenommen wird. Diese Beschreibung der Integration macht die Möglichkeit der Desintegration sichtbar. Desintegration bedeutet die Unfähigkeit, Selbst-Integration zu erreichen oder zu bewahren. Diese Unfähigkeit kann sich in doppelter Weise äußern: entweder als Unfähigkeit, eine verengte, starre und unbewegbare Zentriertheit aufzulockern – in diesem Fall ist zwar ein Zentrum vorhanden, aber es ist nicht mehr das Zentrum eines Lebensprozesses, dessen Inhalte wechseln und wachsen, sondern es ist der Tod der reinen Selbst-Identität; oder als Unfähigkeit, zu sich selbst zurückzukehren, weil die Mannigfaltigkeit der auseinanderstrebenden Kräfte das verhindert. In diesem Fall ist Leben vorhanden, aber es strebt auseinander und schwächt seine Zentriertheit, und es besteht die Gefahr, daß das Zentrum ganz verlorengeht – der Tod der vollständigen Selbst-Veränderung. Selbst-Integration, zweideutig gemischt mit Desintegration, bewegt sich in jedem Lebensprozeß zwischen diesen beiden Extremen.

b) Selbst-Integration und Desintegration im allgemeinen: Gesundheit und Krankheit. – Zentriertheit ist ein universales Phänomen. Sie findet sich daher auch im anorganischen Bereich, sowohl in seiner mikrokosmischen wie in seiner makrokosmischen Dimension wie im Bereich der alltäglichen Erfahrung. Sie findet sich im Atom wie im Stern, im Molekül wie im Kristall. Zentriertheit schafft Strukturen, die den bildenden Künstler inspirieren und gelegentlich von ihm intuitiv erkannt werden, ehe die Wissenschaft sie entdeckt. Unter diesem Gesichtspunkt kann man von der Individualität des Atoms und des Kristalls sprechen. Beide können nicht geteilt, sondern nur zertrümmert werden, d. h. ihre Zentriertheit kann zerstört, und Teile ihrer Einheit können abgespalten und in andere Zentren eingeordnet werden. Welches Gewicht diese Tatsachen haben, wird deutlich, wenn man sich einen völlig unzentrierten Bereich anorganischen Seins vorstellt. Er wäre das Chaos, das in den Schöpfungsmythen als Wasser symbolisiert ist. Individuelle Zentriertheit in den mikrokosmischen und makrokosmischen

Die Selbst-Integration des Lebens und ihre Zweideutigkeiten

Sphären und in allen Zwischenbereichen ist der „Anfang" der Schöpfung. Aber dem Prozeß der Selbst-Integration wirken Kräfte der Desintegration entgegen, der Anziehung wirken Kräfte der Abstoßung entgegen, der Konzentration (im Idealfalle auf einen Punkt) wirkt die Expansion entgegen (im Idealfalle bis ins Unendliche), und der Fusion wirkt die Scheidung entgegen. Die Zweideutigkeit von Selbst-Integration und Desintegration ist in diesen Prozessen wirksam, ja sie ist sogar in ein und demselben Prozeß wirksam. Integrierende und desintegrierende Kräfte kämpfen in jeder Situation miteinander, und jede Situation ist ein Kompromiß zwischen diesen Kräften. Dadurch erhält auch der anorganische Bereich dynamischen Charakter, der nicht ausschließlich auf quantitative Weise beschrieben werden kann. Man könnte sagen: Kein Ding, das in der Natur vorkommt, ist ein bloßes Ding, wenn Ding hier etwas bedeutet, das *all*seitig bedingt ist, d. h. ein bloßes Objekt, ohne irgendeine Art von „Sein an sich" oder Zentriertheit. Vielleicht kann nur der Mensch „Dinge" produzieren, indem er zentrierte Strukturen auflöst und die Stücke neu zu technischen Gegenständen zusammensetzt. Aber auch hier gilt: Obgleich die technischen Gegenstände kein Zentrum an sich haben, können sie doch ein Zentrum erhalten, das ihnen der Mensch gibt (z. B. der Computor). Diese Betrachtung des anorganischen Bereichs und seiner Dimensionen ist ein entscheidender Schritt vorwärts in dem Versuch, die Kluft zwischen dem Anorganischen und Organischen einschließlich dem Psychischen zu überwinden. Wie jede andere Dimension so gehört auch das Anorganische zum Leben, und wir finden in ihm die Möglichkeit zur Integration und zur Desintegration wie in allen Lebensbereichen.

Selbst-Integration und Desintegration sind am deutlichsten in der Dimension des Organischen erkennbar. Jedes Lebewesen ist ausgeprägt zentriert, ganz gleich, an welchem Punkt in der Entwicklungsreihe man von Lebewesen zu sprechen beginnt. Es reagiert als ein Ganzes. Sein Leben besteht im Prozeß des Aus-sich-Herausgehens und Zu-sich-Zurückkehrens. Es nimmt Elemente der ihm begegnenden Wirklichkeit in sich hinein und assimiliert sie seinem zentrierten Ganzen, oder es stößt sie zurück, wenn Assimilierung nicht möglich ist. Es stößt in den Raum vor, soweit es ihm seine individuelle Struktur erlaubt, und es zieht sich zurück, wenn es diese Grenzen überschritten hat, oder wenn andere Lebewesen oder besondere Umstände es zum Rückzug zwingen. Es entfaltet seine Teile harmonisch unter seinem einigenden Zentrum und, wenn ein Teil sich lösen und die Einheit sprengen will, wird er in die Einheit unter das Zentrum zurückgeholt.

Der Prozeß der Selbst-Integration ist für das Leben konstitutiv, aber er ist es in dauerndem Konflikt mit dem der Desintegration; integrierende und desintegrierende Tendenzen sind in jedem Augenblick zweideutig gemischt. Die fremden Elemente, die assimiliert werden müssen, haben die Tendenz, sich selbständig zu machen und die zentrierte Ganzheit zu zerreißen. Viele Krankheiten, insbesondere Infektionskrankheiten, können als eine Unfähigkeit des Organismus verstanden werden, in seine Selbst-Identität zurückzukehren. Er kann die fremden Elemente, die er nicht assimilieren konnte, nicht mehr ausscheiden. Aber Krankheit kann auch die Folge einer zu großen Selbstbeschränkung der zentrierten Ganzheit sein, der Tendenz, die Selbst-Identität aufrechtzuerhalten, indem die Gefahren des Aus-sich-Herausgehens vermieden werden: Lebensschwäche manifestiert sich z. B. in der Weigerung, sich zu bewegen, die notwendige Nahrung aufzunehmen, an der Umwelt teilzunehmen usw. In dem Bestreben, sich zu sichern, versucht der Organismus, in sich zu ruhen, aber da dies der Funktion der Selbst-Integration widerspricht, führt es zu Krankheit und Desintegration.

Diese Auffassung vom Wesen der Krankheit zwingt uns dazu, alle biologischen Theorien abzulehnen, die ihren Lebensbegriff nach dem Modell desintegrierten Lebens bilden, z. B. nach dem Modell unzentrierter Prozesse, die nur mit Methoden der quantitativen physikalischen Analyse erfaßt werden können. Ob unzentrierte und berechenbare Prozesse durch Krankheit verursacht werden (sie *sind* das Wesen der Krankheit) oder ob sie künstlich durch das Experiment herbeigeführt werden – beide stehen im Gegensatz zum normalen Prozeß der Selbst-Integration. Beide sind keine Modelle gesunden, sondern kranken Lebens.

Im Bereich des Organischen unterscheidet man zwischen niederen und höheren Formen des Lebens. Zu dieser Unterscheidung muß vom theologischen Standpunkt etwas gesagt werden, weil nahezu alle Formen organischen Lebens, insbesondere die höheren Formen, als religiöse Symbole verwendet worden sind und weil der Mensch – gegen den Protest vieler Naturalisten[1] – oft das höchste Lebewesen genannt worden ist. Als erstes muß gesagt werden, daß das „höchste" nicht zu verwechseln ist mit dem „vollkommensten" Wesen. Vollkommenheit bedeutet Aktualisierung aller Potentialitäten eines Wesens. Daher kann ein niederes Lebewesen vollkommener sein als ein höheres, wenn seine Potentialitäten voll verwirklicht sind. Und das höchste Lebewesen, der Mensch, kann weniger vollkommen sein als irgendein anderes Lebewesen, weil er nicht nur in der Verwirklichung seines möglichen Seins

---

[1] Vgl. Systematische Theologie, Bd. II, S. 11 ff.

Die Selbst-Integration des Lebens und ihre Zweideutigkeiten

scheitern, sondern darüberhinaus sein wahres Sein verleugnen und verkehren kann. Daraus folgt, daß ein höheres Lebewesen nicht schon an sich vollkommener ist. Wenn wir nun fragen, welches die Kriterien sind, die ein höheres von einem niederen Lebewesen unterscheiden, und warum der Mensch das höchste Lebewesen ist, obwohl er der größten Unvollkommenheit fähig ist, so muß man antworten: Die Kriterien sind einerseits das Vorhandensein eines bestimmenden Zentrums und andererseits die Zahl der Inhalte, die vom Zentrum geeint werden. Diese beiden Kriterien führen zu der Feststellung, daß die animalische Dimension über der vegetativen steht, die psychische über der organischen und die Dimension des Geistes über den anderen. Nach diesen Kriterien erweist sich der Mensch als das höchste Lebewesen, weil sein Zentrum scharf fixiert ist und weil die Zahl der Inhalte praktisch unbegrenzt ist. Im Gegensatz zu allen anderen Lebewesen hat der Mensch nicht nur Umwelt, er hat „Welt", die strukturierte Einheit aller möglichen Inhalte. Dies letztere mit allen sich aus ihm ergebenden Konsequenzen macht den Menschen zum höchsten aller Wesen.

Der entscheidende Schritt in der Selbst-Integration des Lebens – im Hinblick auf die beiden Kriterien – ist die Entstehung des Psychischen oder des Bewußtseins[1] an einem gewissen Punkt innerhalb des animalischen Bereiches. Bewußtsein-haben bedeutet, daß alle Begegnungen eines Wesens mit seiner Umgebung so erlebt werden, daß sie auf das erlebende Subjekt bezogen sind. Ein solcher Vorgang setzt ein bestimmendes Zentrum voraus, und er hat zur Folge, daß die Menge der aufgenommenen Inhalte weit größer ist als bei einem Lebewesen ohne Bewußtsein, sei es auch eines der am höchsten entwickelten. Wo das Bewußtsein fehlt, ist jede Begegnung nur momentan. Mit dem Bewußtsein öffnen sich Vergangenheit und Zukunft in Form von Erinnerung und Erwartung. Wenn es sich dabei auch nur um unmittelbar Zurückliegendes oder Erwartetes handelt, so ist die Tatsache als solche – wo sie in der Tierwelt auftaucht – Beweis, daß eine neue Dimension, die psychische, entstanden ist.

Zur Selbst-Integration im psychischen Bereich gehört wie in allen höheren Bereichen die Bewegung des „Aus-sich-heraus" und des „Zu-sich-zurück", aber als unmittelbare Erfahrung. Das Zentrum eines Lebewesens unter der Herrschaft des Psychischen kann das „psychische Selbst" genannt werden. „Selbst" in diesem Sinne darf nicht als ein

---

[1] „Bewußtsein" ist hier als Übersetzung des englischen Wortes *self-awareness* gewählt worden. Es darf nicht mit dem englischen Wort *consciousness* gleichgesetzt werden. (D. Hrsg.)

"Gegenstand" mißverstanden werden – ein Gegenstand, über dessen Existenz oder Nichtexistenz man streiten könnte. "Selbst" kann auch nicht als Teil eines größeren Ganzen aufgefaßt werden, "Selbst" ist vielmehr der Punkt, auf den alle Bewußtseinsinhalte bezogen sind. Die Handlungen, die von einem Zentrum ausgehen, sind so auf die Umwelt bezogen, daß sie entweder Reize aufnehmen oder auf Reize reagieren. In der Dimension des Psychischen geschieht das in der Form von Wahrnehmen und Antworten. Diese Prozesse sind bedingt durch die auch im anorganischen und organischen Bereich geltende Grundstruktur von Individualisation und Partizipation.

Die Erörterung des psychischen Bereichs und der zu ihm gehörenden Funktionen ist deshalb so schwierig, weil der Mensch gewöhnlich die Dimension des Psychischen nur in Einheit mit der Dimension des Geistes erfährt. Das psychische und das personhafte Selbst sind im Menschen normalerweise geeint. Nur in ganz bestimmten Situationen wie im Traum, Rausch oder Halbschlaf usw. ist eine partielle Trennung möglich. Die Trennung ist aber niemals so vollständig, daß sie eine klar umrissene Beschreibung des Psychischen als solchem gestatten würde. Um diese Schwierigkeit zu umgehen, hat man versucht, die Dimension des Psychischen mit Hilfe der Tierpsychologie zu beschreiben. Die Grenzen dieses Zuganges liegen in der Unfähigkeit des Menschen, am psychischen Selbst, sogar der höchsten Tiere, einfühlend zu partizipieren. Er kann z. B. auf diese Weise nicht verstehen, was psychische Gesundheit und psychische Krankheit ist: man hat bei Tieren Desintegration künstlich herbeigeführt, z. B. übertriebene Angst oder Feindschaft, aber man kann diese Phänomene nicht direkt beobachten, sondern nur, insoweit sie sich im Biologischen manifestieren. Das Psychische als solches ist sozusagen eingebettet in die beiden angrenzenden Dimensionen, die des Organischen und die des Geistigen, und kann darum nur durch Analyse und Analogieschlüsse in indirekter Weise erforscht werden.

Wenn man sich dieser Grenzen bewußt ist, kann man mit gewisser Einschränkung über die Strukturen von Gesundheit und Krankheit, von gelungener oder verfehlter Selbst-Integration in der psychischen Sphäre reden und behaupten, daß dieselben Faktoren wie in den vorausgehenden Dimensionen auch hier wirksam sind: Kräfte, die der Selbst-Identität und der Selbst-Veränderung entgegenarbeiten. Das psychische Selbst kann entweder durch die Unfähigkeit zu assimilieren zerstört werden, z. B. wenn es ihm nicht gelingt, der zentrierten Einheit eine extensiv oder intensiv überwältigende Menge von Eindrücken zu assimilieren, oder es kann das Gegenteil eintreten: das psychische

Selbst wird unfähig, dem zerstörerischen Druck der Eindrücke, die das Selbst in zu viele oder zu entgegengesetzte Richtungen zu ziehen versuchen, zu widerstehen oder unter solchem Druck einzelne psychische Funktionen mit anderen in Einklang zu bringen. Im ersten Fall kann Desintegration durch die Furcht des psychischen Selbst, sich zu verlieren, eintreten. Dann ist das Ergebnis, daß es Reizen gegenüber gleichgültig geworden ist und schließlich in Erstarrung endet. Im zweiten Fall kann die Selbst-Veränderung die Selbst-Integration verhindern oder ganz zerstören – die Zweideutigkeiten der Selbst-Integration im psychischen Bereich bewegen sich zwischen diesen Polen.

c) Die Selbst-Integration des Lebens in der Dimension des Geistes: Moralität oder die Konstituierung des personhaften Selbst. – Im Menschen ist völlige Zentriertheit zwar essentiell gegeben, sie ist aber nicht aktuell, solange der Mensch sie nicht in Freiheit und Schicksal verwirklicht. Der Akt, in dem der Mensch seine essentielle Zentriertheit verwirklicht, ist der moralische Akt. Moralität ist die Funktion des Lebens, durch die der Bereich des Geistes konstituiert wird. Ein moralischer Akt ist daher nicht ein Akt, in dem göttliche oder menschliche Gebote befolgt werden, sondern ein Akt, in dem das Leben sich in der Dimension des Geistes integriert, und das bedeutet, daß es sich als Person in einer Gemeinschaft von Personen konstituiert. Moralität ist die Totalität derjenigen Akte, in denen ein *potentiell* Personhaftes aktuell zur Person wird. Solche Akte sind nicht einmalig, sondern ein sich immerfort wiederholendes Geschehen. Die Konstituierung der Person als Person kommt während des ganzen Lebensprozesses niemals an ein Ende. Moralität setzt eines voraus: die *potentiell* völlige Zentriertheit dessen, in dem das Leben in der Dimension des Geistes aktualisiert wird. „Völlige Zentriertheit" bedeutet: einer Welt gegenüberstehen und zugleich als ein Teil zu ihr gehören. Diese Situation befreit das Selbst von der Gebundenheit an die Umwelt, von der jedes Wesen in den anderen Dimensionen abhängig ist. Der Mensch lebt in einer „Umwelt", aber er hat eine „Welt". Theorien, die den Menschen nur aus seiner Umwelt zu erklären versuchen, reduzieren ihn auf die Dimension des Organisch-Psychischen und berauben ihn der Dimension des Geistes. Auf diese Weise machen sie es unmöglich zu verstehen, wie der Mensch eine Theorie haben kann, die den Anspruch erhebt, wahr zu sein, z. B. auch die Umwelt-Theorie. Aber der Mensch hat eine Welt, d. h. ein strukturiertes Ganzes unendlicher Potentialitäten und und Aktualitäten. In der Begegnung mit seiner Umwelt (z. B. mit *diesem* Haus, *diesem* Baum, *dieser* Person) erfährt er beides, Umwelt und Welt, oder genauer gesagt, in und durch seine Begegnung mit den Dingen seiner Umwelt erfährt er Welt. Er transzendiert ihren bloßen Umwelt-Charakter. Wäre das anders, dann wäre er nicht völlig zentriert. In gewissen Teilen seines Seins wäre er nur Teil seiner Umwelt, und dieser Teil wäre dann nicht ein Element seines zentrierten Selbst. Aber der Mensch kann sein Selbst jedem Teil seiner Welt gegenüberstellen, auch seinem Selbst als einem Teil seiner Welt.

Dies ist die erste Voraussetzung der Moralität und der Dimension des Geistes im allgemeinen. Die zweite Voraussetzung folgt aus der ersten. Weil der Mensch eine Welt hat, der er als ein völlig zentriertes Selbst gegenübersteht, kann er Fragen stellen und Antworten und Gebote vernehmen. Diese Möglichkeit, die die Dimension des Geistes kennzeichnet, ist einzigartig, weil sie zweierlei einschließt: Freiheit vom bloß Gegebenen und Normen, die den moralischen Akt durch Freiheit bestimmen. Wie oben gezeigt, drückt sich in den Normen die essentielle Struktur der Wirklichkeit, von Selbst und Welt, aus, sie stehen gegen die existentiellen Bedingungen der bloßen Umwelt. Und wieder wird es deutlich, daß Freiheit Offenheit für Normen ist, die unbedingte – weil essentielle – Gültigkeit haben. Sie sind Ausdruck des essentiellen Seins, und die moralische Seite der Funktion der Selbst-Integration ist die Totalität der Akte, in denen den Geboten der Essentialität gehorcht oder widersprochen wird. Man kann auch sagen: der Mensch ist fähig, auf diese Gebote zu antworten, und diese Fähigkeit macht ihn zu einem „verantwortlichen" Wesen. Jeder moralische Akt ist ein antwortender Akt, eine Antwort auf eine gültige Forderung, selbst dann, wenn die Antwort eine Weigerung zu antworten ist. Wenn sich der Mensch weigert, gibt er den Kräften der Desintegration freien Lauf, er handelt als Geistiger gegen den Geist, denn er kann sich als geistiges Wesen niemals loswerden. Er konstituiert sich als ein völlig zentriertes Selbst auch in seinen anti-essentiellen, d. h. anti-moralischen Akten. Diese Akte enthüllen moralische Zentriertheit selbst dann, wenn sie die Tendenz haben, das moralische Zentrum aufzulösen.

Bevor wir die Erörterung über die Konstituierung des personhaften Selbst fortsetzen, mag es nützlich sein, ein semantisches Problem zu besprechen. Das Wort „moralisch" und die von ihm abgeleiteten Worte sind mit so vielen negativen Assoziationen belastet, daß es unmöglich scheint, sie in irgendeinem positiven Sinne zu gebrauchen. „Moralisch" erinnert an Moralismus, an Unmoral mit ihren sexuellen Beiklängen, an konventionelle Moral usw. Aus diesem Grunde hat man vorgeschlagen, das Wort „moralisch" durch das Wort „ethisch" zu ersetzen. Aber das ist keine wirkliche Lösung, weil nach einer gewissen Zeit das Wort

„ethisch" mit denselben Nebenbedeutungen belastet wäre. Daher ziehe ich vor, das Wort „Ethik" und seine Ableitungen für die Wissenschaft vom moralischen Akt zu gebrauchen. Das ist allerdings nur dann eine brauchbare Lösung, wenn das Wort „moralisch" und das Wort „Moralität" von den negativen Beiklängen, die es seit dem 18. Jahrhundert entstellt haben, befreit werden kann. Die vorangegangenen wie die folgenden Erörterungen sind ein Versuch in dieser Richtung. Der Begriff „Moralität" wird hier nicht wie bei Kant für die moralische Haltung des Einzelnen gebraucht, sondern für das Gesamtgebiet, das durch die moralische Funktion konstituiert wird.

Wir müssen uns jetzt der Frage zuwenden, die sich an diesem Punkt erhebt: Wie erfährt der Mensch in seiner Begegnung mit dem Seienden das, was sein soll, und wie kommt es, daß er die moralischen Gebote als Gebote von unbedingter Gültigkeit erfährt? In gegenwärtigen Diskussionen über Ethik ist auf der Grundlage der protestantischen und Kantischen Einsicht mit wachsender Übereinstimmung die Antwort gegeben worden: Es geschieht in der Begegnung von Person mit Person, ganz gleich, bis zu welchem Grade die Personhaftigkeit der Begegnenden entwickelt ist. Das „Sein-sollende" wird grundsätzlich in der Ich-Du-Beziehung erfahren. Diese Situation kann auch wie folgt beschrieben werden: Der Mensch, der seiner Welt gegenübersteht, hat als möglichen Inhalt seines zentrierten Selbst das ganze Universum zur Verfügung. Es gibt zwar praktische Grenzen, die die Endlichkeit eines jeden Lebewesens setzt, aber grundsätzlich ist die ganze Welt dem Menschen unbeschränkt offen, alles kann zum Inhalt seines Selbst werden. Das ist auch die strukturelle Basis für die Unbegrenztheit der *libido* im Zustand der Entfremdung, es ist die Vorbedingung für den Wunsch des Menschen, „die ganze Welt zu gewinnen". Aber dem Versuch des Menschen, die ganze Welt in sich hineinzunehmen, ist eine Grenze gesetzt: das andere Selbst. Man kann den anderen sich unterwerfen und ihn ausbeuten, ja sogar physisch und psychisch vernichten, aber man kann das andere Selbst sich nicht einverleiben und es dem eigenen Zentrum assimilieren. Dieser Versuch, wie er von totalitären Herrschern unternommen wurde, ist gescheitert. Niemand kann einer anderen Person das Recht rauben, eine Person zu sein und als Person behandelt zu werden. Deshalb ist das andere Selbst die unbedingte Grenze für den eigenen Wunsch, die ganze Welt zu assimilieren, und die Erfahrung dieser Grenze ist die Erfahrung des „Sein-sollenden", des moralischen Imperativs. Mit dieser Erfahrung beginnt die moralische Konstituierung des Selbst in der Dimension des Geistes. Personhaftes moralisches Leben entsteht durch die Begegnung von Person mit Person und auf keine andere Weise. Wenn man sich ein Lebewesen vorstellen könnte mit der psychosomatischen Struktur des Menschen, das aber völlig außerhalb jeder menschlichen Gemeinschaft lebte, so könnte ein solches Wesen seinen potentiellen Geist nicht aktualisieren. Es würde in alle Richtungen getrieben werden, nur durch seine Endlichkeit begrenzt, aber es würde niemals das „Sein-sollende" erfahren. Deshalb ereignet sich die Selbst-Integration der Person als Person nur in der Gemeinschaft, in der die ständige Begegnung eines zentrierten Selbst mit anderen zentrierten Selbsten möglich ist und aktuell wird.

Die Gemeinschaft selbst ist ein Phänomen des Lebens, zu dem es in allen Bereichen Analogien gibt. Die Tatsache, daß das moralische Selbst nur in der Gemeinschaft möglich ist, ist mit der Polarität von Individualisation und Partizipation gegeben. Keiner der Pole kann sich ohne den anderen aktualisieren. Das gilt für die Funktion des Sich-Schaffens ebenso wie für die Funktion der Selbst-Integration, und es gibt auch keine Selbst-Transzendierung des Lebens als die über Individualisation und Partizipation in ihrer wechselseitigen Abhängigkeit.

Es wäre möglich, die Erörterung von Zentriertheit und Selbst-Integration in bezug auf Partizipation und Gemeinschaft hier fortzusetzen, aber das würde Beschreibungen vorwegnehmen, die zur Dimension des Geschichtlichen gehören, und durch eine solche Vorwegnahme würde das Verständnis der Lebensprozesse erschwert. Dadurch würde z. B. die falsche Annahme gestützt, daß Moralität in der gleichen Weise wie auf die einzelne Person auch auf die Gemeinschaft Bezug habe. Aber die Struktur der Gemeinschaft einschließlich der Struktur ihrer Zentriertheit ist qualitativ verschieden von der Struktur der Person. Die Gemeinschaft ist ohne volle Zentriertheit und ohne diejenige Freiheit, die identisch ist mit vollständiger Zentriertheit. Das verwirrende Problem der Sozialethik ist, daß die Gemeinschaft aus Individuen besteht, die Träger des Geistes sind, wohingegen die Gemeinschaft selbst – weil ihr ein zentriertes Selbst fehlt – nicht Träger des Geistes ist. Wo diese Situation richtig erkannt wird, ist die Idee einer personifizierten, nach moralischen Geboten handelnden Gemeinschaft (wie sie manche Formen des Pazifismus voraussetzen) unmöglich. Diese letzten Betrachtungen lassen es als zweckmäßig erscheinen, die Funktionen des Lebens, die sich auf die Gemeinschaft beziehen, erst im Zusammenhang der umgreifendsten Funktion, nämlich der geschichtlichen, zu besprechen. Hier steht die Frage zur Debatte, wie die Person zur Person werden kann. Wenn man dabei die gemeinschaftsbildenden Eigenschaften der Einzelperson betrachtet, so bedeutet das noch nicht, daß man die Gemeinschaft selbst erörtert.

d) Die Zweideutigkeiten der personhaften Selbst-Integration: das Mögliche, das Wirkliche und die Zweideutigkeit des Opfers. – Wie jede andere Form der Selbst-Integration, so bewegt sich auch die personhafte Selbst-Integration zwischen den Polen des Bei-sich-Bleibens und des Aus-sich-Herausgehens. Integration ist der Zustand des Gleichgewichts zwischen den beiden Polen, Desintegration ist das Zerreißen des Gleichgewichts. Beide Tendenzen sind unter den Bedingungen der existentiellen Entfremdung im aktuellen Lebensprozeß stets wirksam. Das menschliche Leben vereint zweideutig essentielle Zentriertheit und existentielle Zerrissenheit. Es gibt keinen Augenblick im menschlichen Lebensprozeß, in dem das eine oder das andere ausschließlich vorherrsche.

Wie im organischen und im psychischen so beruht auch im personalen Bereich die Zweideutigkeit der Selbst-Integration auf dem Faktum, daß jedes Lebewesen den ihm täglich begegnenden Erfahrungsinhalt in die zentrierte Einheit hineinnehmen muß, ohne dabei – sei es durch dessen Quantität oder Qualität – zerrissen zu werden. Nach dem Prinzip der Zentriertheit ist personhaftes Leben immer das Leben einer bestimmten Person, wie in allen anderen Dimensionen Leben immer das Leben eines individuellen Wesens ist. Wenn ich von meinem Leben spreche, ist alles eingeschlossen, was zu mir gehört: mein Körper, mein Bewußtsein, meine Erinnerungen und Erwartungen, meine Vorstellungen und Gedanken, mein Wille und meine Gefühle. All dies gehört zu der zentrierten Einheit, die ich bin. Ich versuche, diese Inhalte zu erweitern, indem ich aus mir herausgehe, und versuche, die Inhalte zu bewahren, indem ich zu der zentrierten Einheit, die ich bin, zurückkehre. In diesem Prozeß begegne ich unzähligen Möglichkeiten. Jede von ihnen bedeutet, wenn ich ihr nachgebe, für mich eine Selbst-Veränderung und insofern die Gefahr der Zerreißung. Ich muß, um das, was ich jetzt bin, zu bewahren, viele Möglichkeiten von mir fernhalten, oder ich muß einiges von dem, was ich jetzt bin, für etwas Mögliches hingeben, für etwas, das mein zentriertes Selbst bereichert und erweitert. So schwankt mein Lebensprozeß zwischen dem Möglichen und dem Wirklichen und verlangt von mir die Hingabe des einen für das andere. In diesem Phänomen zeigt sich der Opfer-Charakter alles Lebens.

Jedes Individuum hat Potentialitäten, die es zu verwirklichen trachtet; es folgt hierin der allgemeinen Bewegung alles Seins vom Potentiellen zum Aktuellen. Einige der Potentialitäten erreichen niemals das Stadium konkreter Möglichkeiten: geschichtliche, soziale und persönliche Bedingungen schränken die Möglichkeiten weitgehend ein. Dafür ein Beispiel: Vom Standpunkt der menschlichen Potentialitäten hat ein

Indianer aus Zentral-Amerika die gleichen Potentialitäten wie ein nordamerikanischer College-Student, aber er hat nicht die gleichen Möglichkeiten, sie zu realisieren. Seine Auswahlmöglichkeiten sind viel begrenzter, obwohl auch er Möglichkeiten für die Wirklichkeit opfern muß und umgekehrt.

Man könnte unzählige Beispiele für diese Situation anführen. Wir müssen mögliche Interessen für diejenigen, die wirklich sind oder wirklich werden können, opfern. Wir müssen mögliche Werke oder einen möglichen Beruf dem opfern, was wir gewählt haben. Wir müssen mögliche menschliche Beziehungen für die wirklichen Beziehungen opfern oder wirkliche für mögliche. Wir müssen die Wahl treffen zwischen einem festgefügten, jedoch beschränkten Aufbau unseres Lebens und dem Durchbrechen möglichst vieler Beschränkungen und dem damit verbundenen Verlust an eindeutiger Gerichtetheit. Wir müssen ständig zwischen Fülle und Armut entscheiden und auch zwischen speziellen Formen der Fülle und speziellen Formen der Armut. Es gibt eine Fülle des Lebens, in die man durch die Angst, in einer oder in vielen Beziehungen arm zu bleiben, getrieben wird. Aber diese Fülle kann über unsere Kraft gehen, ihr und uns selbst gerecht zu werden. Und dann wird Fülle zu leerer Betriebsamkeit. Auch das Umgekehrte kann geschehen: Wenn die entgegengesetzte Angst – nämlich die, sich in der Lebensfülle zu verlieren – teilweise Resignation oder völlige Abkehr vom Leben bewirkt, dann bedeutet Armut ein leeres Beharren in sich selbst.

In der zentrierten Einheit der Person finden sich die verschiedensten Tendenzen, deren jede das Zentrum beherrschen will. Wir haben auf solche Konflikte schon in Verbindung mit dem psychischen Selbst hingewiesen; hier sind z. B. Zwangsneurosen der Ausdruck für den Verlust des Gleichgewichts und für die Vorherrschaft eines partiellen Elementes. Die gleichen Konflikte in den Prozessen der Selbst-Integration finden sich in der Dimension des Geistigen. In diesem Bereich wird der Kampf verschiedener Tendenzen – ontologisch gesehen – als Konflikt der Werte oder – subjektiv gesehen – als Konflikt der Pflichten beschrieben. Eine der vielen moralischen Normen – vielleicht unter dem Druck bestimmter Erfahrungen – ergreift vom personhaften Zentrum Besitz und erschüttert das Gleichgewicht der Wesenselemente innerhalb der zentrierten Einheit. Das kann zu einem Scheitern der Selbst-Integration gerade in solchen Persönlichkeiten führen, die eine strenge und enge Moral haben, während in anderen Fällen unterdrückte Normen zerstörerisch ausbrechen können. Die Zweideutigkeit des Opfers zeigt sich selbst in der moralischen Funktion des Geistes.

Die Selbst-Integration des Lebens und ihre Zweideutigkeiten

Die Selbst-Integration des Lebens verlangt das Opfer des Möglichen für das Wirkliche und des Wirklichen für das Mögliche. Das ist ein unausweichlicher Prozeß in allen außergeistigen Dimensionen und führt in der Dimension des Geistes unausweichlich zu Entscheidungen. Allgemein wird das Opfer als unzweideutig gut angesehen. Im Christentum, in dem nach christlichem Symbolismus Gott sich selbst opfert, scheint das Opfer über jeder Zweideutigkeit zu stehen. Aber das ist ein Irrtum, wie das theologische Denken und die Bußpraxis wissen. Sie wissen, daß jedes Opfer ein moralisches Wagnis ist und daß verborgene Motive selbst ein anscheinend heroisches Opfer fragwürdig machen können. Daraus folgt keineswegs, daß ein solches Opfer nicht gebracht werden sollte, der moralische Imperativ verlangt es ständig. Aber das Wagnis muß mit Bedacht unternommen werden, mit dem Wissen, daß es ein Wagnis und nichts unzweideutig Gutes ist, auf das sich das Gewissen verlassen könnte. Ein solches Wagnis liegt in der Entscheidung, ob das Wirkliche für das Mögliche oder das Mögliche für das Wirkliche geopfert werden soll. Das „ängstliche Gewissen" hat die Tendenz, das Wirkliche dem Möglichen vorzuziehen, weil das Wirkliche zum mindesten vertraut, das Mögliche dagegen unbekannt ist. Aber das moralische Wagnis, eine wichtige Möglichkeit zu opfern, kann ebenso groß sein wie das Wagnis, eine wichtige Wirklichkeit zu opfern. Die Zweideutigkeit des Opfers wird offenbar, wenn die Frage gestellt wird: Was soll geopfert werden? Das Selbstopfer kann wertlos sein, wenn das Selbst nicht wert ist, geopfert zu werden. Für den anderen, für den das Opfer gebracht wird, ist es ohne Nutzen, denn er empfängt nichts. Und es nützt auch dem nichts, der das Opfer bringt, denn er erreicht dadurch keine Selbst-Integration. Er erfährt höchstens an sich selbst die Macht des Schwachen über den Starken, für den das Opfer gebracht wurde. Und umgekehrt: Wenn das Selbst wert ist, geopfert zu werden, erhebt sich die Frage, ob der, für den es gebracht wird, wert ist, es zu empfangen. Es könnte sein, daß er es für seine egoistischen Zwecke mißbraucht. Das gleiche gilt, wenn das Opfer nicht für eine Person, sondern für eine Sache gebracht wird. Die Zweideutigkeit des Opfers ist nur ein Teil – wenn auch ein entscheidender und stets vorhandener – der allgemeinen Zweideutigkeit des Lebens in der Funktion der Selbst-Integration. Es zeigt die menschliche Situation in ihrer Mischung von essentiellen und existentiellen Elementen und die Unmöglichkeit, diese in unzweideutiger Weise in gute und schlechte zu scheiden.

e) *Die Zweideutigkeiten des moralischen Gesetzes: der moralische Imperativ, die moralischen Normen, die moralische Motivation.* – Die

Erörterung des Konfliktes der Normen und die Notwendigkeit, einige von ihnen preiszugeben, um andere verwirklichen zu können, hat gezeigt, daß die Zweideutigkeit der personhaften Selbst-Integration letztlich im Charakter des moralischen Gesetzes selbst wurzelt. Da die Moralität die konstitutive Funktion des Geistes ist, ist ihre Analyse und der Beweis für ihre Zweideutigkeit für das Verständnis des Geistes und damit der menschlichen Situation überhaupt entscheidend. Zweifellos führt eine solche Untersuchung zu den biblischen und klassisch-theologischen Urteilen über die Bedeutung des Gesetzes und seiner Rolle für das Verhältnis von Gott und Mensch.

Die drei Funktionen des Geistes – Moralität, Kultur und Religion – sollen hier und im folgenden getrennt behandelt werden. Nur wenn das geschehen ist, können ihre essentielle Einheit, ihre aktuellen Konflikte und ihre mögliche Wiedervereinigung in Betracht gezogen werden. Dieser triadische Rhythmus ergibt sich notwendig, weil die drei Funktionen des Lebens nur durch das wiedervereinigt werden können, was sie alle transzendiert, d. h. durch die neue Wirklichkeit oder den göttlichen Geist. Der menschliche Geist aus sich selbst kann diese Wiedervereinigung nicht schaffen.

Drei Hauptprobleme des moralischen Gesetzes müssen untersucht werden: der unbedingte Charakter des moralischen Imperativs, die Normen des moralischen Handelns und die moralische Motivation. Die Zweideutigkeit des Lebens in der Dimension des Geistes zeigt sich in jedem der drei Probleme.

Wie wir gesehen haben, hat der moralische Imperativ deshalb Geltung, weil er unser essentielles Sein gegenüber unserer existentiellen Entfremdung repräsentiert. Aus diesem Grund ist er unbedingt (kategorisch), seine Geltung hängt nicht von äußeren oder inneren Bedingungen ab: er ist unzweideutig. Aber die Unzweideutigkeit bezieht sich nicht auf irgendeinen konkreten Inhalt, sie bedeutet vielmehr, daß der moralische Imperativ der Form nach unbedingt ist. Das führt zu der Frage, ob es überhaupt einen moralischen Imperativ geben kann. Darauf kann als erstes geantwortet werden: Die Begegnung mit einer anderen Person schließt die unbedingte Forderung ein, den anderen als Person anzuerkennen. Von daher leitet sich grundsätzlich die unbedingte Geltung des moralischen Imperativs ab. Aber damit ist noch nicht gesagt, welche Art von Begegnung eine solche Erfahrung schafft. Dazu bedarf es genauerer Beschreibung. Es gibt unzählige Begegnungen mit Personen in der Wirklichkeit, die potentiell personhafte Begegnungen sind, aber es aktuell niemals werden (z. B. mit Menschen in einer Masse zusammen sein, über irgendwelche Personen in der Zeitung lesen usw.). Der Übergang von der potentiell personhaften zur aktuell personhaften Begegnung ist voll zahlloser Zweideutigkeiten. Viele davon stellen uns vor qualvolle Entscheidungen. Die Frage allein: Wer ist mein Nächster? mit all ihren Problemen muß immer wieder neu beantwortet werden, trotz – oder besser wegen – der einen Antwort, die Jesus im Gleichnis vom barmherzigen Samariter gegeben hat. Die Antwort zeigt, daß die abstrakte Formel „Anerkennung des anderen als Person" nicht ausreicht, sondern erst im Akt der „Teilnahme am anderen" konkret wird. (Das folgt aus der ontologischen Polarität von Individualisation und Partizipation.) Ohne Teilnehmen am anderen kann man nicht wissen, was der Begriff „anderes Selbst" bedeutet und welches der Unterschied zwischen einem „Ding" und einer „Person" ist. Selbst das Wort „Du" kann für die Beschreibung der Begegnung nicht gebraucht werden, denn das setzt Partizipation voraus, die immer vorhanden sein muß, wenn man einen anderen als Person anredet. Man muß daher fragen: Welche Art von Partizipation ist es, die das moralische Selbst konstituiert? Es kann zweifellos nicht die Partizipation der eigenen individuellen Eigenschaften an denen des anderen gemeint sein. Das wäre nur eine mehr oder weniger gelungene Übereinstimmung zweier Individualitäten, die zu Sympathie oder Antipathie, zu Freundschaft oder Feindschaft führen kann. Sie wäre eine Sache des Zufalls, die für den moralischen Imperativ nicht konstitutiv sein kann. Der moralische Imperativ fordert, daß das eigene Selbst am Zentrum des anderen Selbst partizipiert und folglich auch dessen individuelle Besonderheiten akzeptiert, auch dann, wenn es mit ihnen nicht übereinstimmt. Diese „Aufnahme" des anderen Selbst dadurch, daß man an seinem personhaften Zentrum teilhat, ist der innerste Kern der Liebe. Die vorläufige formale Antwort, daß der Unbedingtheitscharakter des moralischen Imperativs in der Begegnung von Person mit Person erfahren wird, ist nun hineingenommen in die materiale Antwort, daß es die Liebe ist, die dem moralischen Imperativ die Konkretheit gibt, die die Zentriertheit der Person verwirklicht und das Fundament für das Leben des Geistes legt.

Liebe als die letzte Norm des moralischen Gesetzes steht über der Unterscheidung von formaler und materialer Forderung. Aber wegen des formalen Elementes in ihr enthüllt die These von der Liebe als letzter Norm die Zweideutigkeit des moralischen Gesetzes, z. B. auch in dem Ausdruck „Gesetz der Liebe". Das Problem kann auch so formuliert werden: Wie verhält sich Partizipation am Zentrum des anderen Selbst zur Annahme oder Ablehnung seiner individuellen Eigenschaften? Was ist, allgemein gesprochen, die essentielle und was ist die existentielle Beziehung zwischen den verschiedenen Qualitäten der Liebe? Und was besagt die Mischung von Essentiellem und Existentiellem in jedem moralischen Akt für die Gültigkeit der Liebe als letzter Norm? Diese Fragen müssen gestellt werden, um die Zweideutigkeit des moralischen Gesetzes im Hinblick auf seine Geltung zu zeigen. Zugleich führen sie zu der Frage der Zweideutigkeit des moralischen Gesetzes in bezug auf seinen Inhalt – d. h. zum Problem der konkreten Gebote.

Die konkreten Gebote sind gültig, weil sie die essentielle Natur des Menschen ausdrücken und sein essentielles Sein gegen ihn in seinem Zustand der existentiellen Entfremdung stellen. Dabei erhebt sich die Frage: Wie ist moralische Selbst-Integration möglich angesichts der zweideutigen Mischung von essentiellen und existentiellen Elementen, die das Leben charakterisiert? Unsere Antwort lautet: durch die Liebe! Denn die Liebe enthält in sich das unbedingte Prinzip der Gerechtigkeit und paßt es den ständig wechselnden Bedingungen der konkreten Situation an.

Diese Lösung ist entscheidend für die Frage nach dem Inhalt des moralischen Gesetzes. Aber sie kann von zwei Seiten aus angegriffen werden. Man kann den reinen Formalismus der ethischen Theorie verteidigen, wie er z. B. bei Kant vorliegt, und die Liebe als unbedingtes Prinzip verwerfen, weil sie zu zweideutigen Entscheidungen führt, die keine unbedingte Geltung beanspruchen können. Aber in Wirklichkeit konnte selbst Kant den radikalen Formalismus, den er proklamierte, nicht durchhalten. In seiner Konzeption des moralischen Imperativs erwies er sich als liberaler Erbe des Christentums und der Stoa. Wahrscheinlich ist radikaler ethischer Formalismus logisch nicht durchführbar, weil die Form immer noch Spuren dessen enthält, wovon sie abstrahiert ist. Unter diesen Umständen ist es realistischer, den Inhalt, von dem abstrahiert wurde, beim Namen zu nennen und die Prinzipien so zu formulieren, daß in ihnen der Radikalismus der reinen Form mit dem konkreten Inhalt geeint ist. Trotz der Zweideutigkeiten in der Anwendung ist es das Prinzip der Liebe, das diese Einheit schafft.

Der Inhalt des moralischen Gesetzes ist geschichtlich bedingt. Darum hat Kant versucht, die ethische Norm von allen konkreten Inhalten zu befreien, und darum haben umgekehrt die meisten Formen des Naturalismus absolute Prinzipien des moralischen Handelns verworfen. Sie behaupten, daß der Inhalt des moralischen Imperativs durch biologische und psychologische Notwendigkeiten oder durch soziologische und kulturelle Wirklichkeiten bedingt ist. Eine solche Auffassung schließt absolute ethische Normen aus und beschränkt sich auf einen kalkulierenden ethischen Relativismus.

Die Wahrheit des ethischen Relativismus beruht auf der Unfähigkeit des moralischen Gesetzes, unzweideutige Gebote aufzustellen – unzweideutig sowohl in ihrer allgemeinen Form als auch in ihrer konkreten Anwendung. Jedes moralische Gesetz ist abstrakt in bezug auf die einzigartige konkrete Situation. Das gilt für das moralische Gesetz, das sich aus dem sogenannten Naturrecht ableitet, ebenso wie für das sogenannte geoffenbarte Gesetz. Die Unterscheidung von natürlichem und geoffenbartem Moralgesetz ist ethisch bedeutungslos, weil nach der klassischen protestantischen Theologie die Zehn Gebote ebenso wie die Gebote der Bergpredigt Neuformulierungen des moralischen Naturrechts sind. Dieser Sachverhalt war lange übersehen worden nach Zeiten, in denen der ursprüngliche Sinn der Gebote teils vergessen, teils entstellt worden war. Dieser ursprüngliche Sinn ist das, was mit dem moralischen Naturrecht gemeint ist oder, in unserer Terminologie, mit der „essentiellen Natur des Menschen", die gegen ihn in seiner existentiellen Entfremdung steht. Wenn das Gesetz in die Formen bestimmter Gebote gegossen wird, trifft es niemals auf das Hier und Jetzt einer konkreten Situation zu. Es kann für eine spezielle Situation gelten, besonders in der Form des Verbots, aber für eine andere Situation kann es sich gerade in dieser Form als falsch erweisen. Jede moralische Entscheidung verlangt eine gewisse Freiheit gegenüber dem als Gesetz formulierten moralischen Gebot. Jede moralische Entscheidung ist darum ein Wagnis, denn es gibt keine Garantie, daß es das Gebot der Liebe erfüllt – die unbedingte Forderung, die aus der Begegnung mit dem anderen folgt. Dieses Wagnis muß man auf sich nehmen, aber wenn man das tut, erhebt sich die Frage: Wie ist es möglich, unter diesen Bedingungen personhafte Selbst-Integration zu erreichen? Auf diese Frage gibt es keine Antwort innerhalb der bloßen Moralität und ihrer Zweideutigkeiten.

Die Zweideutigkeit des moralischen Gesetzes in bezug auf seinen Inhalt zeigt sich ebenso in seiner abstrakten Formulierung wie bei seiner konkreten Anwendung. Die Zweideutigkeit der Zehn Gebote z. B. ist darin begründet, daß sie trotz ihrer universalen Form geschichtlich durch die israelitische Kultur und durch den Einfluß der benachbarten Kulturen bedingt sind. Selbst die sittlichen Forderungen des Neuen Testaments, die Forderungen Jesu eingeschlossen, spiegeln die geschichtliche Situation (nämlich die des römischen Imperiums) wider, die unter anderem durch das fehlende Interesse des Einzelnen an den Problemen der sozialen und politischen Existenz gekennzeichnet war. Solche Abhängigkeit findet sich in allen Perioden der Geschichte der Kirche. Die ethischen Fragen und die darauf gegebenen Antworten änderten sich, und jede Antwort und jede Formulierung des moralischen Gesetzes blieb zweideutig. Die essentielle Natur des Menschen, die in der Liebe ihren höchsten Ausdruck hat, verbirgt und enthüllt sich gleichzeitig in den Lebensprozessen. Wir haben keinen unzweideutigen Zugang zur essentiellen, d. h. geschaffenen Natur des Menschen und ihren Potentialitäten. Wir haben nur einen indirekten und zweideutigen Zugang zu den Offenbarungserfahrungen, die der ethischen Weisheit aller Nationen zugrunde liegen, die aber trotz ihres Offenbarungscharakters nicht unzweideutig sind: das Empfangen der Offenbarung durch den Menschen macht die Offenbarung selbst zweideutig.

Aus diesen Betrachtungen folgt, daß unser Gewissen zweideutig ist – in dem, was es uns befiehlt, und in dem, was es uns verbietet. Im Hinblick auf unzählige geschichtliche und psychologische Fälle kann man nicht leugnen, daß es ein „irrendes Gewissen" gibt. Die Konflikte zwischen Tradition und Revolution, zwischen Gesetzlichkeit und Liberalität, zwischen Autorität und Autonomie machen es unmöglich, sich einfach auf die „Stimme des Gewissens" zu verlassen. Es ist ein Wagnis, seinem Gewissen zu folgen; es ist ein größeres Wagnis, ihm zu widersprechen. Aber es gibt Fälle, in denen das größere Wagnis gefordert ist. Obwohl es sicherer ist, dem Gewissen zu folgen, kann trotzdem das Ergebnis zerstörerisch sein. Damit enthüllt sich die Zweideutigkeit des Gewissens und führt zu der Frage nach einer unzweideutigen moralischen Gewißheit – einer Gewißheit, die im Leben nur fragmentarisch zu erreichen ist.

Das Prinzip der Liebe ist Ausdruck für die unbedingte Geltung des moralischen Imperativs, und es ist der umfassende Ausdruck für alle ethischen Inhalte. Aber es hat noch eine dritte Funktion: es ist die Quelle der moralischen Motivation[1]. Sofern Liebe den moralischen Imperativ in sich enthält, befiehlt sie, droht sie und verspricht sie, und all das mit unbedingter Gültigkeit, weil Erfüllung des Gesetzes Wiedervereinigung mit dem eigenen essentiellen Sein ist. Das Gesetz ist „gut", sagt Paulus. Aber es ist gerade diese Bejahung des Gesetzes, die zu seiner tiefsten und gefährlichsten Zweideutigkeit führt, sie ist das, was Paulus, Luther und Augustin zu ihren revolutionären Einsichten trieb. Das Gesetz als Gesetz ist Ausdruck für die Entfremdung des Menschen von sich selbst. Im Zustand der reinen Potentialität oder der geschaffenen Unschuld (die kein geschichtlicher Zustand ist) gibt es kein Gesetz, weil

---

[1] Vgl. das 3. Kapitel in meiner Schrift „Das religiöse Fundament des moralischen Handelns", Ges. Werke, Bd. III.

Die Selbst-Integration des Lebens und ihre Zweideutigkeiten

der Mensch essentiell mit dem geeint ist, zu dem er gehört: dem göttlichen Grund der Welt und seiner selbst. Was sein sollte und was ist, ist im Zustand der Potentialität identisch. In der Existenz ist diese Identität zerbrochen und in jedem Lebensprozeß ist die Identität und Nichtidentität dessen, was ist, und dessen, was sein soll, gemischt. Daher sind Gehorsam und Ungehorsam gegenüber dem Gesetz untrennbar miteinander verflochten. Das Gesetz hat die Kraft, teilweise Erfüllung herbeizuführen, aber indem es das tut, treibt es gleichzeitig zum Widerstand, weil das Gesetz gerade durch seinen ureigensten Charakter als Gebot unser Getrenntsein vom Zustand der Erfüllung bestätigt. Das Gesetz erzeugt Feindschaft gegen Gott, den anderen Menschen und das eigene Selbst. Daraus ergeben sich die verschiedenen Haltungen gegenüber dem Gesetz.

Die Tatsache, daß das Gesetz bis zu einem gewissen Grade den Menschen dazu antreibt, es zu erfüllen, führt zu der Täuschung, daß es wirklich Wiedervereinigung mit unserem essentiellen Sein herbeiführen könne, d. h. völlige Selbst-Integration des Lebens im Bereich des Geistes. Diese Täuschung führt zur Täuschung über uns selbst, die besonders charakteristisch für die „Gerechten" ist – die Pharisäer, die Puritaner, die Pietisten, die Moralisten, die „Menschen guten Willens". Sie sind „gerecht", und sie verdienen es, bewundert zu werden. Auf einer begrenzten Basis sind sie zentriert, stark, selbstsicher, dominierend. Es sind Menschen, die ständig moralisch urteilen, auch wenn sie es nicht in Worten ausdrücken. Gerade durch ihre „Rechtschaffenheit" sind sie oft verantwortlich für die Desintegration derer, denen sie begegnen und die ihre Verurteilung fühlen.

Die andere Haltung gegenüber dem Gesetz, wahrscheinlich die der meisten Menschen, ist ein resigniertes Hinnehmen der Tatsache, daß das Gesetz nur begrenzt erfüllt werden und niemals eine Wiedervereinigung mit dem, was wir sein sollten, zustande bringen kann. Die meisten Menschen leugnen die Gültigkeit des Gesetzes nicht, sie verfallen nicht der Gesetzlosigkeit, und so wählen sie den ständigen Kompromiß. Das ist die Haltung derer, die versuchen, dem Gesetz zu gehorchen, und die zwischen Erfüllung und Nichterfüllung hin- und herschwanken, zwischen einer begrenzten Zentriertheit und einer begrenzten Auflösung. Sie sind gut im Sinne konventioneller Gesetzlichkeit, und ihre fragmentarische Erfüllung des Gesetzes ermöglicht das Leben der Gesellschaft. Aber ihr Gutsein ist, wie auch das der „Gerechten", zweideutig – nur ist es mit weniger Selbsttäuschung und weniger Arroganz gemischt als das der ersten Gruppe.

Es gibt noch eine dritte Haltung gegenüber dem Gesetz, die die radikale Annahme des Gesetzes mit einer völligen Verzweiflung über die Möglichkeit, es zu erfüllen, verbindet. Diese Haltung ist das Ergebnis leidenschaftlicher Versuche, ein „Gerechter" zu sein und das Gesetz ohne Kompromiß in seinem unbedingten Ernst zu erfüllen. Wenn ein solches Streben immer wieder scheitert, wird das zentrierte Selbst in dem Konflikt zwischen Wollen und Tun zerrissen. Die unbewußten Motive der persönlichen Entscheidungen werden durch die Gebote nicht verändert – ein Faktum, das von der modernen Psychoanalyse wiederentdeckt und methodisch beschrieben worden ist. Das, was im Gesetz an Antriebskraft wirkt, wird von den unbewußten Motiven abgelehnt, teils durch direkten Widerstand, teils durch Rationalisierung und – im sozialen Bereich – durch die Schaffung von Ideologien. Die motivierende Kraft des Gesetzes ist geschwächt durch das, was Paulus das widerstreitende Gesetz in unseren Gliedern nennt. Diese Situation ändert sich auch nicht, wenn alle Gesetze auf das eine „Gesetz der Liebe" reduziert werden, weil Liebe, als Gesetz auferlegt, noch weniger erfüllt werden kann als ein einzelnes Gesetz. Die Einsicht in diese Situation führt zu der Frage nach einer moralischen Motivation, die die Erfüllung des Gesetzes möglich macht, die den Inhalt des Gesetzes bejaht, aber nicht in der Form des Gesetzes[1].

2. Das Sich-Schaffen des Lebens und seine Zweideutigkeiten

a) Dynamik und Wachstum. – Die zweite Polarität in der Struktur des Seins ist die von Dynamik und Form. Sie ist in der Funktion des Lebens wirksam, die wir das Sich-Schaffen des Lebens genannt haben. Wachstum ist der Prozeß, in dem eine geformte Wirklichkeit über sich hinaus zu einer anderen Form hintreibt, die die ursprüngliche Wirklichkeit in sich gleichzeitig bewahrt und verändert (daher die enge Beziehung zu dem Pol Dynamik in der Polarität von Dynamik und Form). Dieser Prozeß ist die Weise, in der das Leben sich schafft. Es ist ein schöpferischer Prozeß, wenn auch nicht im Sinne ursprünglicher Schöpfung: Das Leben ist sich gegeben durch das göttliche Schaffen, das alle Lebensprozesse transzendiert und ihnen zugrunde liegt. Auf diesem Fundament schafft sich das Leben durch den dynamischen Prozeß des Wachsens. Das Phänomen des Wachsens ist fundamental in allen Dimensionen des Lebens. Es wird häufig als die letztgültige Norm von solchen Philosophen bezeichnet, die ausdrücklich alle anderen letzt-

---

[1] Für eine ausführlichere Behandlung dieses Problems vgl. „Das religiöse Fundament des moralischen Handelns".

Das Sich-Schaffen des Lebens und seine Zweideutigkeiten

gültigen Normen ablehnen. Der Begriff „wachsen" wird auch auf Prozesse in der Dimension des Geistes und auf das Werk des göttlichen Geistes angewandt. „Wachstum" ist eine Hauptkategorie in der Beschreibung des individuellen wie des sozialen Lebens, und in der Prozeßphilosophie ist die Idee des Wachstums der verborgene Grund für die Bevorzugung des Begriffs des „Werdens" gegenüber dem des „Seins".

Dynamik steht in polarer wechselseitiger Beziehung zu Form. Sich-Schaffen ist immer das Schaffen von Form. Alles was wächst, hat Form. Die Form macht ein Ding zu dem, was es ist. So ist es auch die Form, die eine Schöpfung der menschlichen Kultur zu dem macht, was sie ist: ein Gedicht, ein Bauwerk, ein Gesetz usw. Jedoch ist hier eine Einschränkung nötig: Eine Reihe aufeinanderfolgender Formen ist noch nicht Wachstum. Ein anderes Element, und zwar vom Pol der Dynamik, kommt hinzu. Jede neue Form ist nur dadurch möglich, daß sie die Grenzen einer alten Form durchbricht. Mit anderen Worten: Es gibt ein Moment des „Chaos" zwischen der alten und der neuen Form, ein Moment des „Nicht-mehr-Form-Seins" und des „Noch-nicht-Form-Seins". Dieses Chaos ist niemals absolut. Es kann nicht absolut sein, weil gemäß der Struktur der ontologischen Polaritäten „Sein" niemals ohne Form ist. Und so hat auch selbst das relative Chaos noch Form. Aber das relative Chaos mit seiner relativen Form ist nur ein Übergangsstadium, und als solches ist es eine Gefahr für die Funktion des Sich-Schaffens des Lebens. In solchen Gefahrenmomenten kann das Leben an seinen Ausgangspunkt zurückfallen und das Schaffen verhindern, oder es kann sich bei dem Versuch, eine neue Form zu gewinnen, selbst zerstören. Man denke an die Lebensgefahr bei jeder Geburt, sowohl bei Individuen wie bei Arten, an das psychologische Phänomen der Verdrängung, an die Gefahren bei der Schaffung eines neuen sozialen Gebildes oder eines neuen Kunststiles. Das Element des Chaotischen, das dabei eine Rolle spielt, findet sich schon in den Schöpfungsmythen, auch in den Schöpfungsmythen des Alten Testaments. Schöpfung und Chaos gehören zusammen, und sogar der exklusive Monotheismus der biblischen Religion bestätigt diese Struktur des Lebens. Sie kehrt in den symbolischen Beschreibungen des göttlichen Lebens wieder, seiner abgründigen Tiefe, seines Charakters als brennendes Feuer, seines Leidens mit der Kreatur oder seines vernichtenden Zornes. Aber im göttlichen Leben gefährdet das Element des Chaotischen die ewige Erfüllung nicht, während es im Leben des Geschöpfes unter den Bedingungen der Entfremdung zur Zweideutigkeit des Sich-Schaffens führt. Zerstörung kann als das Vorherrschen des Elementes des Chaotischen über die Form in der Dynamik des Lebens bezeichnet werden.

In keinem Lebensprozeß gibt es nur Zerstörung. Kein Seiendes kann nur negativ sein. In jedem Lebensprozeß sind Strukturen der Schöpfung mit „Strukturen der Destruktion" gemischt, und zwar in solcher Weise, daß sie nicht voneinander getrennt werden können. Und im aktuellen Lebensprozeß kann man niemals mit Sicherheit feststellen, von welcher der beiden Kräfte ein Prozeß beherrscht ist.

Man könnte fragen, warum Integration und Desintegration als besondere Funktionen des Lebens verstanden werden sollen, denn man könnte Integration als eine Art des Sich-Schaffens des Lebens und Desintegration als eine Art von Zerstörung auffassen. Sie müssen jedoch ebenso wie die Polaritäten, die ihnen zugrunde liegen, unterschieden werden: Selbst-Integration konstituiert das individuelle Sein in seiner Zentriertheit, Sich-Schaffen verleiht den Impuls, der das Leben unter dem Prinzip des Wachstums von einem zentrierten Zustand zu einem anderen treibt. Zentriertheit schließt Wachstum nicht ein, Wachstum setzt Zentriertheit voraus, denn es bedeutet das Verlassen eines Zustandes der Zentriertheit und das Weitergehen zu einem anderen. Desintegration findet in einer zentrierten Einheit statt, und sie kann zum Tode, d. h. zur Zerstörung führen. Aber die andere und häufigere Ursache der Zerstörung ist die Begegnung einer zentrierten Einheit mit einer anderen zentrierten Einheit (z. B. Tod durch Unglücksfall oder durch Infektion).

b) Sich-Schaffen und Zerstörung außerhalb der Dimension des Geistes: Leben und Tod. – Wie Zentriertheit so ist auch Wachstum eine universale Funktion des Lebens. Aber während der Begriff der Zentriertheit der Dimension des Anorganischen mit seinen geometrischen Figuren entnommen ist, stammt der Begriff des Wachstums aus der organischen Dimension. Er ist eines ihrer grundlegenden Charakteristika. Beide Begriffe werden als Metaphern gebraucht, sofern es sich um universale Prinzipien in allen drei Funktionen handelt; sie werden wörtlich gebraucht, sofern es sich um den Bereich, dem sie entnommen sind, handelt.

„Wachstum" wird als Metapher verwendet, wenn vom anorganischen Bereich die Rede ist – vom Makrokosmos, vom Mikrokosmos und von dem der alltäglichen Erfahrung. Das Problem von Wachstum und Verfall in der makrokosmischen Sphäre ist so alt wie die Mythologie und so neu wie die moderne Astronomie. Beispiele dafür sind der Mythos vom rhythmischen Prozeß der Verbrennung und Erneuerung des Kosmos, die Diskussion über die Entropie, die Bedrohung durch den Wärmetod der Welt oder durch die neue astronomische Theorie von der Expansion des Kosmos. Solche Gedanken zeigen – wie sich die Menschheit immer bewußt gewesen ist –, daß in den allgemeinen Lebensprozessen die Zweideutigkeit von Schöpfung und Zerstörung liegt – auch in der anorganischen Dimension. Die Bedeutung dieser Ideen für die Religion ist offensichtlich, aber sie sollten niemals dazu mißbraucht werden (wie es mit der Lehre von der Entropie geschehen ist), daraus Argumente für die Existenz eines höchsten Wesens abzuleiten.

Die Zweideutigkeit von Schöpfung und Zerstörung zeigt sich in gleicher Weise im Mikrokosmos, besonders in der subatomaren Sphäre. Der ständige Wechsel von Entstehung und Zerfall der kleinsten Materie-Teilchen, die wechselseitige Zerstörung, wie sie im Begriff der „Gegenmaterie" zum Ausdruck kommt, der radioaktive Zerfall – in all diesen Begriffen wird eine bestimmte Auffassung vom Leben sichtbar: Das Leben schafft sich, und das Leben wird zerstört – auch in der anorganischen Dimension. Diese mikrokosmischen Prozesse sind der Hintergrund für Wachstum und Verfall auch im Makrokosmos des anorganischen Bereichs, selbst bei Dingen, die den Eindruck unveränderlicher Dauer geben und dafür symbolisch verwendet werden (z. B. Steine, Metalle usw.).

Die Begriffe Sich-Schaffen und Zerstören, Wachstum und Verfall erreichen ihre volle Bedeutung in den Bereichen, die von der Dimension des Organischen beherrscht sind, denn hier werden Leben und Tod in ihrem ursprünglichen Sinn erfahren. Daß Leben und Sterben zu den Lebensprozessen gehören, braucht nicht hervorgehoben zu werden, aber es ist wichtig, die zweideutige Verflechtung von Sich-Schaffen und Zerstören in allen Bereichen des Organischen zu zeigen. In jedem Wachstumsprozeß sind die Bedingungen des Lebens auch die Bedingungen des Sterbens. Der Tod ist in jedem Lebensprozeß gegenwärtig, von seinem Anfang bis zu seinem Ende, obwohl der aktuelle Tod eines Lebewesens nicht nur von der Zweideutigkeit seines eigenen individuellen Lebensprozesses, sondern auch von seiner Stellung innerhalb der Totalität des Lebens abhängt. Aber der Tod von außen könnte keine Gewalt über ein Lebewesen haben, wenn der Tod von innen nicht beständig am Werke wäre.

Von daher wird die Behauptung verständlich, daß der Augenblick unserer Zeugung nicht nur der Augenblick ist, in dem wir anfangen zu leben, sondern auch der Augenblick, in dem wir anfangen zu sterben. Die gleiche Zell-Konstitution, die einem Wesen die Kraft zu leben gibt, treibt auch zur Auslöschung dieser Kraft. Diese Zweideutigkeit von Schöpfung und Zerstörung in allen Lebensprozessen ist eine fundamentale Erfahrung allen Lebens. Die Lebewesen sind sich dieser

Tatsache mehr oder weniger bewußt, und das Antlitz eines jeden Lebewesens drückt die Zweideutigkeit von Wachstum und Verfall aus.

Die Zweideutigkeit von Schöpfung und Zerstörung ist nicht nur auf das Wachstum der Lebewesen selbst beschränkt, sondern bezieht sich auch auf ihr Wachstum in Beziehung zu anderem Leben. Das individuelle Leben spielt sich im Zusammenhang mit allem Leben ab. In jedem Augenblick eines Lebensprozesses begegnet es fremdem Leben, und diese Begegnung hat schöpferische und zerstörerische Folgen für beide Seiten. Das Leben wächst, indem es anderes Leben unterdrückt oder beiseite schiebt oder in sich aufnimmt – Leben lebt von Leben.

Die letzten Betrachtungen führen zu dem Begriff des Kampfes als eines Symptoms der Zweideutigkeit des Lebens in allen Bereichen, aber am deutlichsten im organischen Bereich und in diesem am bedeutsamsten in seiner geschichtlichen Dimension (siehe Teil V des Systems). Jeder Blick auf die Natur bestätigt die Wirklichkeit des Kampfes als eines zweideutigen Mittels des Sich-Schaffens des Lebens – eine Tatsache, die Heraklit klassisch formuliert hat, als er den Kampf den Vater aller Dinge nannte. Man könnte eine „Phänomenologie der Begegnungen" schreiben und darin zeigen, wie das Wachstum des Lebens bei jedem Schritt Konflikte mit anderem Leben auslöst. Dabei könnte man darauf hinweisen, daß es für die Selbstverwirklichung des Individuums nötig ist, soweit wie möglich vorzustoßen und bei dem unvermeidlichen Zusammenstoß mit gleichen Versuchen und Erfahrungen anderen Lebens Niederlagen und Siege zu erleben. In Stoß und Gegenstoß bewirkt das Leben ein vorläufiges Gleichgewicht in allen Dimensionen, aber es gibt keine Gewißheit darüber, wie die Konflikte ausgehen werden. Das Gleichgewicht, das in einem Moment hergestellt wird, kann im nächsten Moment schon wieder zerstört sein. Das ist im Verhältnis der Lebewesen zueinander sogar dann der Fall, wenn sie derselben Art angehören. Aber der Kampf wird noch deutlicher zum Instrument des Wachsens bei der Begegnung solcher Arten, bei denen die eine sich von der anderen ernährt. Ein Kampf auf Leben und Tod geht in allem vor, was wir „Natur" nennen, und wegen der vieldimensionalen Einheit des Lebens erstreckt sich dieser Kampf auch auf den Menschen und auf die Geschichte der Menschheit. Er ist eine universale Struktur des Lebens. Die Nichtbeachtung dieser Tatsache liegt dem theoretischen und praktischen Scheitern des legalistischen Pazifismus zugrunde, der versucht, dieses Charakteristikum aller Lebensprozesse zu eliminieren – zumindest in der geschichtlichen Menschheit.

Leben lebt von anderem Leben, aber Leben lebt auch mit Hilfe von anderem Leben: es wird verteidigt, gehütet und durch Gruppenbildung gestärkt. Das Überleben des Stärksten ist das Mittel, durch das das Leben im Prozeß des Sich-Schaffens sein vorläufiges Gleichgewicht erreicht – ein Gleichgewicht, das ständig durch die Dynamik des Seins und das Wachstum des Lebendigen bedroht ist. Nur durch die Verschwendung unzähliger Samen und Individuen kann in der Natur ein vorläufiges Gleichgewicht aufrechterhalten werden. Ohne solche Verschwendung würden ganze Gruppen von Lebewesen aussterben, wie es geschieht, wenn klimatische Veränderungen stattfinden oder der Mensch störend eingreift. Die Bedingungen für den Tod sind auch die Bedingungen für das Leben.

Der individuelle Lebensprozeß geht im Sich-Schaffen auf zweierlei Weise über sich hinaus: durch Arbeit und durch Fortpflanzung. Der Fluch, der in der Geschichte vom Sündenfall über Adam und Eva ausgesprochen wird, bringt die Zweideutigkeit der Arbeit als einer Form des Sich-Schaffens des Lebens machtvoll zum Ausdruck. Das englische wort „labor" wird für beides gebraucht: für Geburtswehen und die Arbeit des Ackerbaus. „Labor" ist die Folge der Austreibung aus dem Paradies und wird der Frau und dem Mann auferlegt. Es gibt fast keine positive Bewertung der Arbeit im Alten Testament und nicht viel im Neuen Testament und in der mittelalterlichen Kirche (selbst im Mönchstum). Eine Glorifizierung der Arbeit blieb erst dem Protestantismus, der industriellen Gesellschaft und dem Sozialismus vorbehalten. Bei diesen wird die Last der Arbeit oft verschwiegen (besonders aus erzieherischen Gründen), und oft wird das Bewußtsein von ihr verdrängt, z. B. durch die gegenwärtige Ideologie des Aktivismus und durch Menschen, die in demselben Moment, in dem sie aufhören zu arbeiten, eine innere Leere empfinden. Diese Extreme in der Bewertung der Arbeit zeigen die Zweideutigkeit der Arbeit – eine Zweideutigkeit, die in jedem Lebensprozeß in der Dimension des Organischen sichtbar ist.

Das individualisierte und dadurch von anderem abgetrennte Leben greift über sich hinaus, um anderes Leben zu assimilieren – nicht nur in der anorganischen, sondern auch in der organischen Dimension. Aber um das zu können, muß es seine sicher bewahrte Selbst-Identität aufgeben, es muß das Glück des erfüllten In-sich-Ruhens opfern: es muß sich abmühen. Selbst wenn es von der *libido* oder vom *eros* getrieben ist, entgeht es nicht der Mühsal, sein potentielles Gleichgewicht zugunsten eines aktuellen schöpferischen Un-Gleichgewichts aufzugeben. In der konkret symbolischen Sprache des Alten Testaments heißt es: „Ja, mir hast Du Arbeit gemacht mit Deinen Sünden und hast mir

Mühe gemacht mit Deinen Missetaten" (Jes. 43, 24). Von diesem Standpunkt aus muß die romantische Entwertung des technischen Fortschritts verworfen werden. Insofern die Technik unzählige Menschen von der Mühsal der Arbeit, die sie körperlich zugrunde richtet, befreit und die Aktualisierung ihrer geistigen Potentialitäten ermöglicht, ist der technische Fortschritt eine heilende Kraft gegenüber den Wunden, die durch die zerstörerischen Folgen der Arbeit verursacht werden.

Es gibt aber noch eine andere Seite der Zweideutigkeit der Arbeit. Die Arbeit verhindert das Beharren in der Selbst-Identität des individuellen Lebewesens, sie bewirkt das Über-sich-Hinausgehen. Das ist der Grund, warum die Seligkeit des Himmels, die in den Mythen als Nichtbetätigung vorgestellt wird, von vielen Menschen mit Entsetzen verworfen wird. Sie identifizieren diese Seligkeit mit einer Hölle ewiger Langeweile und ziehen dieser eine Hölle der ewigen Pein vor. Das zeigt, daß für ein Wesen, dessen Leben durch Zeit und Raum bedingt ist, die Arbeit ein Ausdruck seines wahren Lebens ist und als ein größerer Segen angesehen wird als der Zustand der träumenden Unschuld oder der reinen Potentialität. Das Seufzen unter der Last der Arbeit ist zweideutig mit der Angst gemischt, sie zu verlieren – ein Zeugnis für die Zweideutigkeit des Sich-Schaffens des Lebens.

Die auffälligste und zugleich geheimnisvollste Zweideutigkeit in der Funktion des Sich-Schaffens des Lebens ist die Zweideutigkeit der Sexualität oder, konkreter gesprochen, die Zweideutigkeit der sexuellen Differenzierung und Wiedervereinigung. Hier erreicht der selbstschöpferische Prozeß des Lebens in der Dimension des Organischen seine höchste Kraft und seine tiefste Zweideutigkeit. Die Individuen werden zueinander getrieben, die höchste Ekstase zu erleben, aber in diesem Erlebnis, in dieser Vereinigung zweier Selbste, verschwindet das individuelle Selbst. In der Tierwelt kommt es vor, daß die Individuen sterben oder der Partner getötet wird. Die sexuelle Vereinigung des Getrennten dient nicht nur dem Sich-Schaffen des individuellen Lebens, sondern auch dem Leben der Art. Auch die Erhaltung der Art ist beides zugleich: Verneinung und Erfüllung der Individuen. – Beim Hervorbringen von Individuen geschieht es von Zeit zu Zeit, daß eine neue Art geschaffen wird, ein Vorgang, der schon die geschichtliche Dimension vorwegnimmt.

Die Erörterung der Zweideutigkeit der Fortpflanzung berührt ebenso wie die Zweideutigkeit der Arbeit bereits den Bereich, der den Übergang von der Dimension des Organischen zu der des Geistes darstellt – den Bereich des Psychischen. Wie schon früher gezeigt, ist es

Das Sich-Schaffen des Lebens und seine Zweideutigkeiten

schwer, ihn von den beiden Nachbarbereichen, zwischen denen er eine Brücke ist, zu trennen. Man kann jedoch einige Elemente aus den Nachbarbereichen abstrahieren und durch sie den Bereich des Psychischen charakterisieren.

Die Zweideutigkeit des Sich-Schaffens erscheint im psychischen Bereich als die „Zweideutigkeit des Lust-Schmerz-Prinzips" und die „Zweideutigkeit des Lebens-Triebs und Todes-Triebs". Zunächst scheint es einleuchtend, daß jeder schöpferische Lebensprozeß – wenn Bewußtsein vorhanden ist – eine Quelle der Lust und jeder zerstörerische Lebensprozeß eine Quelle des Schmerzes ist. Von dieser einfachen und anscheinend unzweideutigen Behauptung ist das scheinbare psychologische Gesetz abgeleitet, nach dem jeder Lebensprozeß sucht, Lust zu gewinnen und Schmerz zu vermeiden. Diese Schlußfolgerung ist aber völlig falsch. Gesundes Leben folgt dem Prinzip des Sich-Schaffens, und im schöpferischen Moment fragt ein Lebewesen weder nach Lust noch nach Schmerz. Lust und Schmerz können den schöpferischen Akt begleiten, aber sie werden als Ergebnis des Aktes weder angestrebt noch vermieden. Deshalb ist die Frage irreführend: Erstrebt der schöpferische Akt nicht eine Lust höherer Art, selbt wenn Schmerz damit verbunden ist, und bestätigt das nicht das Lustprinzip? Das muß verneint werden, denn diese Behauptung impliziert, daß der Mensch mit Absicht im schöpferischen Akt Glück erstrebt, aber diese Absicht ist im schöpferischen Akt als solchem nicht enthalten. Sicherlich erfüllt Schöpfung etwas, wozu das Leben in seinem Innersten getrieben wird und dessen klassischer Ausdruck der Begriff *eros* ist. Das ist der Grund, warum erfolgreiches Schaffen Freude macht, aber es wäre kein schöpferischer Akt und auch keine Freude der Erfüllung, wenn der Akt als ein Mittel, Freude zu finden, beabsichtigt wäre. Der schöpferische Akt verlangt Hingabe an den Gegenstand des *eros*, und die Freude wird zerstört, wenn man darüber nachdenkt, ob Lust oder Schmerz die Folgen sind. Das Lust-Schmerz-Prinzip beherrscht allein das kranke, unzentrierte und daher unfreie und unschöpferische Leben.

Die Zweideutigkeit von Lust und Schmerz ist am sinnfälligsten in einem Phänomen, das oft „morbid" genannt worden ist, das aber dennoch im gesunden wie im kranken Leben universal gegenwärtig ist – das Erlebnis des Schmerzes in der Lust und der Lust im Schmerz. Das psychologische Material, das diese Zweideutigkeit im Sich-Schaffen des Lebens beweist, ist sehr reichhaltig, aber es ist nicht immer richtig verstanden worden. An sich ist das Phänomen nicht – wie der Ausdruck „morbid" vermuten läßt – eine eindeutige Entstellung des Lebens, sondern vielmehr ein immer vorhandenes Symptom der Zweideutigkeit des Lebens in der Dimension des Psychischen. Es zeigt sich eindrucksvoll in zwei Charakteristika des Sich-Schaffens des Lebens – im Kampf und in der Sexualität.

In der Zweideutigkeit des Lust-Schmerz-Prinzips ist die Vorwegnahme der anderen Zweideutigkeit, nämlich der des „Lebens-Triebs und Todes-Triebs" enthalten. Die beiden letzten Bezeichnungen sind Versuche, Phänomene zu begreifen, die tief in der schöpferischen Funktion des Lebens wurzeln. Es ist einer der Widersprüche der Natur, daß ein Lebewesen einerseits sein Leben bejaht, andrerseits verneint. Die Selbstbejahung des Lebens wird gewöhnlich als selbstverständlich angesehen, die Selbstverneinung dagegen selten, und wenn sie als psychologisches Faktum betrachtet wird wie in Freuds Theorie des Todes-Triebs, lehnen sich selbst orthodoxe Schüler Freuds dagegen auf. Aber die Fakten, die in der unmittelbaren Selbstwahrnehmung gegeben sind, beweisen die Zweideutigkeit des Lebens, wie Freud sie beschrieben hat (und wie auch Paulus sie gesehen hat, wenn er von der Traurigkeit der Welt, die zum Tode führt, spricht). In jedem bewußten Wesen ist sich das Leben seiner Begrenztheit bewußt, es fühlt dumpf, daß es ein Ende hat, und die Symptome der Erschöpfung seiner Lebenskraft bringen ihm diese Tatsache nicht nur zum Bewußtsein, sondern erwecken sogar eine Sehnsucht nach dem Ende. Es ist kein akuter Zustand des Schmerzes, der den Wunsch erweckt, sich loszuwerden, weil man schmerzlos werden möchte (obwohl dies auch vorkommen kann), sondern es ist die existentielle Erkenntnis der eigenen Endlichkeit, die die Frage aufwirft, ob die Fortsetzung der endlichen Existenz es wert ist, die damit verbundene Last zu tragen. Solange aber das Leben währt, wird dieser Tendenz durch die Selbstbejahung des Lebens entgegengewirkt, durch den Wunsch, die Identität zu erhalten, obgleich es die Identität eines endlichen, vergänglichen Individuums ist. Selbstmord muß also als die Aktualisierung eines latenten Impulses in allem Leben verstanden werden. Das ist der Grund für selbstmörderische Phantasien in den meisten Menschen und die relative Seltenheit wirklichen Selbstmordes. Der Selbstmord bringt eindeutig zum Vorschein, was gemäß der Natur des Lebens zweideutig bleiben sollte.

Alle diese Faktoren sind bisher außerhalb der Dimension des Geistes und der Geschichte betrachtet worden, sie haben aber den Grund für eine Beschreibung des Sich-Schaffens des Lebens in diesen beiden Dimensionen gelegt.

c) Sich-Schaffen des Lebens in der Dimension des Geistes: die Kultur. –
1. DIE GRUNDFUNKTIONEN DER KULTUR: SPRACHE UND TECHNIK.

Das Sich-Schaffen des Lebens und seine Zweideutigkeiten

Kultur *(cultura,* abgeleitet von *colere,* etwas pflegen) bedeutet, sich um etwas bemühen, es lebendig erhalten, es wachsen lassen. In diesem Sinne kann der Mensch alles, dem er begegnet, „kultivieren", aber indem er das tut, läßt er das Objekt, das er „kultiviert", nicht unverändert. Er macht etwas Neues daraus, und zwar in verschiedener Weise: aufnehmend in den Funktionen der *theoria* und umgestaltend in den Funktionen der *praxis*. In beiden Fällen schafft die Kultur etwas Neues, das über die begegnende Wirklichkeit hinausgeht. Das Neue in der Kultur ist vor allem die Schöpfung von Sprache und Technik. Sie gehören zusammen. Im ersten Buch der Bibel fordert Gott den Menschen auf, den Tieren Namen zu geben (Sprache) und den Garten zu „kultivieren" (Technik). Und ähnlich ist es bei Sokrates: Wenn er den Sinn von Worten diskutiert, weist er dabei auf technische Probleme hin, z. B. die des Handwerks, der Strategie usw. Auch im Pragmatismus wird die Geltung von Begriffen an ihrer technischen Anwendbarkeit gemessen. Sprechen und Gebrauch von Werkzeugen gehören zusammen.

Sprache dient der Mitteilung und der Bezeichnung. Ihre mitteilende Funktion ist in der Tierwelt durch Laute und Gesten vorbereitet, aber volle Mitteilung ist erst möglich, wenn die bezeichnende Funktion der Sprache hinzukommt. In der Sprache wird Mitteilung zur wechselseitigen Partizipation an einem Sinn-Universum. Der Mensch hat die Möglichkeit solcher Mitteilung, weil er als vollständig zentriertes Selbst einer Welt gegenübersteht. Das befreit ihn von der Bindung an die konkrete Situation, an das spezifische Hier und Jetzt seiner Umwelt. Er erfährt Welt in jedem Konkreten, er erfährt das Universale in jedem einzelnen. Der Mensch hat Sprache, weil er eine Welt hat, und er hat eine Welt, weil er Sprache hat, und er hat beides, weil er in der Begegnung von Selbst mit Selbst auf eine definitive Grenze stößt: wenn er richtungslos von einem Hier und Jetzt zum anderen vorstößt, wird er durch die Erfahrung des anderen Selbst auf sich selbst zurückgeworfen, und es wird ihm dadurch möglich, auf die begegnende Wirklichkeit als ein Gegenüber und eine Welt zu blicken. Hier liegt die gemeinsame Wurzel von Kultur und Moralität. Eine Bestätigung dieser Gedankengänge erleben wir bei manchen psychischen Erkrankungen: Wenn z. B. ein Mensch die Fähigkeit verliert, anderen Personen als Person zu begegnen, verliert er auch die Fähigkeit sinnvollen Sprechens. Ein Strom von Worten ohne Sinnstruktur und ohne mitteilende Kraft ergießt sich aus ihm, und er vergißt die begrenzende „Wand" des anderen, der ihm zuhört. Bis zu einem gewissen Grade ist das eine Gefahr für jeden Menschen. Die Unfähigkeit zuzuhören ist beides: kultureller Verfall und moralisches Versagen.

Wir haben nicht die Absicht, im Rahmen dieses Buches eine Sprachphilosophie zu bieten. Ein solcher Versuch wäre im Hinblick auf die von früheren und heutigen Philosophen geleistete Arbeit auf diesem Gebiet unangebracht und für unsere Zwecke auch nicht notwendig. Aber wir haben die Sprache an den Anfang unserer Betrachtungen über das Sich-Schaffen des Lebens in der Dimension des Geistes gestellt, weil sie für alle kulturellen Funktionen grundlegend ist. Keine der Funktionen ist ohne Sprache denkbar, sei es die technische, die politische, die kognitive, die ästhetische, die ethische oder die religiöse. Um in allen Gebieten anwendbar sein zu können, muß die Sprache unendlich variabel sein, sowohl hinsichtlich der besonderen kulturellen Funktion, in der sie gebraucht wird, als auch hinsichtlich der Begegnung mit der Wirklichkeit, die sie ergreifen soll. In beiderlei Hinsicht offenbart die Sprache Grundlegendes über das Wesen der Geistesfunktionen und ihrer Unterschiede. Wenn man Semantik in diesem weiteren Sinne versteht, dann könnte und sollte sie als Zugang zu dem Bereich des Geistes gebraucht werden. Wir müssen hier etwas näher auf ihre Bedeutung für die systematische Theologie eingehen.

Die Sprache ergreift die begegnende Wirklichkeit auf zweierlei Weise; Heidegger hat dafür die Worte *Zuhandensein* und *Vorhandensein* geprägt. *Zuhanden* im wörtlichen Sinne ist ein Gegenstand, den man handhaben oder für bestimmte Zwecke manipulieren kann. (Der Zweck kann ein Mittel für weitere Zwecke sein.) *Vorhandensein* dagegen hat die Bedeutung von „existieren". Das erste bezeichnet eine technische, das zweite führt zu einer kognitiven Beziehung zur Wirklichkeit. Beiden kommt eine ihnen eigene Sprache zu, die sich jedoch gegenseitig nicht ausschließen, sondern ineinander übergehen. Die Sprache, die zum *Zuhandensein* gehört, ist die alltägliche, oft recht primitive und begrenzte Sprache, sie ist die Grundlage für alle anderen Arten von Sprache.

Aber chronologisch ist sie vielleicht nicht die erste Sprache. Die mythologische Sprache scheint gleich alt zu sein. Sie verbindet das technische Ergreifen von Gegenständen mit einer religiösen Erfahrung. Religiöse Erfahrung bedeutet, daß im Begegnenden eine Qualität erfahren wird, die von höchster Bedeutung ist, auch für das tägliche Leben, dieses aber in solcher Weise transzendiert, daß eine andere Sprache notwendig wird: die Sprache der religiösen Symbole und ihrer verschiedenen Kombinationen – des Mythos. Die religiöse Sprache ist symbolisch-mythologisch, auch dann, wenn sie Fakten und Ereignisse deutet, die eigentlich in den Bereich der alltäglichen Begegnung mit der Wirklichkeit gehören. Die heute oft übliche Verwechslung dieser beiden

Das Sich-Schaffen des Lebens und seine Zweideutigkeiten

Arten von Sprache ist eines der ernstesten Hindernisse für das Verstehen der Religion. Die Situation ist genau umgekehrt wie in der vorwissenschaftlichen Epoche der Menschheit, in der die Sprache des Mythos verstanden, aber die täglich begegnende Wirklichkeit, das Objekt der technischen Sprache, nicht adäquat begriffen wurde.

Die Sprache des Mythos wie die Sprache des gewöhnlichen technischen Umgangs mit der Wirklichkeit können beide in zwei andere Arten der Sprache übergehen: in die Sprache der Dichtung und in die Sprache der Wissenschaft. Wie die religiöse, so lebt auch die dichterische Sprache in Symbolen, aber die dichterischen Symbole drücken eine andere Qualität der Begegnung mit der Wirklichkeit aus als die religiösen. Sie zeigen auf bildhafte Weise eine Dimension des Seins, die auf andere Weise nicht ausgedrückt werden kann. Dabei gebraucht die dichterische (wie die religiöse) Sprache die Gegenstände der gewöhnlichen Erfahrung für ihre Symbolbildung. Auch hier verhindert die Verwechslung dieser verschiedenen Arten von Sprache (der dichterischen mit der religiösen, der technischen mit der dichterischen) das Verstehen der Funktionen des Geistes, zu denen sie gehören.

Das gilt im besonderen für die kognitive Funktion und die Sprache, die von ihr geschaffen ist. Sie hat in alle anderen Arten von Sprache Eingang gefunden, teils weil sie in ihnen in einer vorwissenschaftlichen Form schon enthalten ist, teils weil sie eine direkte Antwort auf die Frage gibt, die indirekt in allen Funktionen des menschlichen Schaffens gestellt wird – die Frage nach der Wahrheit. Aber die Wahrheit, die mit der methodischen Forschung der Wissenschaft gesucht und in der künstlichen Sprache, die für diesen Zweck entwickelt wurde, ausgedrückt wird, sollte scharf von der Wahrheit unterschieden werden, die in der mythologischen und dichterischen Begegnung mit der Wirklichkeit erfahren und in symbolischer Sprache ausgedrückt wird.

Ein weiteres, universales und in der Sprache bereits angelegtes Charakteristikum der Kultur ist die Dreiheit der Elemente: Gegenstand (Material), Form und Gehalt (Substanz). Nur dasjenige aus der Mannigfaltigkeit des Seienden kann zum Gegenstand bzw. Material einer kulturellen Schöpfung werden, was von der Sprache schon begriffen ist. Die Sprache trifft – metaphorisch gesprochen – eine Auswahl aus der Vielfalt der Gegenstände, und nur diejenigen gehen in sprachliche Formung über, die von Bedeutung sind – sei es für das technische Universum der Mittel und Zwecke, das Universum der Kunst, das Universum der Wissenschaft oder ein anderes. Die auswählende Funktion der Sprache konstituiert die Gegenstände in den einzelnen Kulturgebieten, je nach der Verschiedenheit des betreffenden Gebietes.

Die Verschiedenheit der Kulturgebiete hat ihre Ursache in der Form, dem zweiten und entscheidenden Element einer kulturellen Schöpfung Die Form macht eine kulturelle Schöpfung zu dem, was sie ist: zu einem philosophischen Essay, einem Gemälde, einem Gesetz, einem Gebet. In diesem Sinn ist Form die Essenz einer kulturellen Schöpfung. Form ist einer jener Begriffe, die nicht definiert werden können, weil jede Definition ihn voraussetzt. Solche Begriffe können nur so erklärt werden, daß man sie in Konfiguration mit anderen, ähnlichen Begriffen bringt.

Das dritte Element nennen wir den Gehalt oder die Substanz einer kulturellen Schöpfung. Während der Gegenstand frei gewählt und die Form beabsichtigt ist, ist die Substanz sozusagen der Boden, aus dem die Schöpfung wächst. Substanz ist in einer Kultur, einer Gruppe, einem Individuum unbewußt gegenwärtig und gibt dem Schaffenden Leidenschaft und Triebkraft und seinen Schöpfungen Sinn und Bedeutung. Die Substanz einer Sprache gibt ihr ihren spezifischen Charakter und ihre Ausdruckskraft. Das ist der Grund, warum Übersetzung aus einer Sprache in eine andere nur in solchen Gebieten befriedigend sein kann, in denen das Formale gegenüber dem Gehalt vorherrscht (z. B. in der Mathematik). Sie ist äußerst schwierig oder sogar unmöglich, wenn der Gehalt vorherrscht. In der Dichtung z. B. ist Übersetzung im Wesentlichen unmöglich, weil die Dichtung der unmittelbare Ausdruck eines Gehaltes durch ein Individuum ist. Die Begegnung mit der Wirklichkeit, auf der das Wesen einer bestimmten Sprache beruht, unterscheidet sich von der Begegnung mit der Wirklichkeit, auf der eine andere Sprache beruht. Aber gerade diese Begegnung in ihrer Totalität und ihrer Tiefe *ist* die Substanz der kulturellen Schöpfung.

Das Wort „Stil" wird gewöhnlich in der Kunst angewandt, aber es kann auch auf andere Funktionen des kulturellen Lebens angewandt werden und drückt dann einen speziellen, vom Gehalt bestimmten Form-Charakter einer Gruppe von Kultur-Schöpfungen aus. Man kann z. B. von einem Stil des Denkens, der Forschung, der Ethik, des Rechts oder der Politik sprechen. Wenn man das Wort Stil in dieser Weise gebraucht, findet man, daß der Stil eines Gebietes oft Analogien in anderen Gebieten innerhalb eines bestimmten Kulturkreises hat. Diese Tatsache macht den Stil zu einem Schlüssel für das Verständnis dafür, wie eine bestimmte Gruppe oder eine bestimmte Epoche der Wirklichkeit begegnet, obgleich ein neuer Stil auch der Ursprung von Konflikten zwischen den Forderungen der Form und denen des Gehaltes sein kann.

Unsere Charakterisierung der Sprache nimmt Erörterungen über

Das Sich-Schaffen des Lebens und seine Zweideutigkeiten

Strukturen und Spannungen des kulturellen Schaffens voraus, die in späteren Kapiteln wiederkehren werden. Darin zeigt sich die fundamentale Wichtigkeit der Sprache für das Sich-Schaffen des Lebens in der Dimension des Geistes. Als wir die verschiedenen Arten von Sprache erörterten, begannen wir mit der Sprache, die sich auf den gewöhnlichen technischen Umgang mit der täglich erfahrenen Wirklichkeit bezieht, aber wie schon angedeutet, ist die technische Funktion nur eine der Funktionen, durch die sich das Leben im Bereich des Geistes schafft.

Wie die Sprache durch ihre Allgemeinbegriffe von der Bindung an das „Hier und Jetzt" befreit, so befreit die technische Bearbeitung der gegebenen Wirklichkeit durch Erfindung von Werkzeugen von den Banden der natürlichen Lebensbedingungen. Höhere Tiere gebrauchen unter besonderen Bedingungen ebenfalls Werkzeuge, aber sie schaffen sie nicht zu unbegrenztem Gebrauch. In der Herstellung ihrer Nester, Höhlen, Behausungen usw. sind sie an einen bestimmten Plan gebunden, und sie können ihre Werkzeuge nicht über diesen speziellen Zweck hinaus gebrauchen. Der Mensch produziert Werkzeuge als Werkzeuge. Um das zu können, muß er jedoch Allgemeinbegriffe haben, d. h. er muß Sprache haben. Die Macht der Werkzeuge ist abhängig von der Macht der Sprache – der *logos* ist das erste. Wenn der Mensch *homo faber* genannt wird, wird er implizit *anthropos logikos* genannt, d. h. das Wesen, das durch den *logos* bestimmt und fähig ist, sinnvolle Worte zu gebrauchen.

Die befreiende Macht der Werkzeuge besteht darin, daß es durch sie möglich wird, Zwecke zu verwirklichen, die nicht im organischen Prozeß selbst enthalten sind. Wo immer Werkzeuge als Werkzeuge auftauchen, ist die Funktion bloßen Wachstums überschritten. Der entscheidende Unterschied liegt darin, daß der organische Prozeß innere Ziele *(tele)* hat, die durch den Prozeß selbst bestimmt sind, aber nicht über die organischen Notwendigkeiten hinausführen. Demgegenüber sind die äußeren Zwecke der technischen Produktion nicht beschränkt, sondern stellen unendliche Möglichkeiten dar. Raumfahrt z. B. ist ein technisches Ziel und eine technische Möglichkeit, aber sie ist nicht durch die organischen Notwendigkeiten eines Lebewesens bestimmt. Sie ist eine Sache freier Wahl. Diese Tatsachen führen zu einer Spannung, die viele Konflikte in unserer heutigen Kultur hervorrufen. Der unbegrenzte Charakter der technischen Möglichkeiten kann eine Perversion schaffen, eine Umkehrung von Mitteln und Zwecken. Die Mittel werden zu Zwecken nur, weil sie Möglichkeiten sind. Aber wenn Möglichkeiten zu Zwecken werden, nur weil sie Möglichkeiten sind und aus keinem anderen Grund, dann ist der ursprüngliche Sinn von Zweck verlorengegangen – dann kann jede Möglichkeit verwirklicht werden. Es gibt kein letztes Ziel, in dessen Namen Widerstand geleistet werden könnte. Die Produktion der Mittel wird zu einem Ziel in sich selbst. Wie beim zwangsneurotischen Reden das Reden selbst zum Zweck wird, so wird die Produktion von Mitteln ein Zweck in sich selbst. Eine solche Verkehrung kann eine ganze Kultur bestimmen, in der die Produktion der Mittel zum Ziel geworden ist, über das hinaus es kein Ziel mehr gibt. Mit dem Hinweis auf dieses Problem in unserer Kultur ist die Bedeutung der Technik nicht geleugnet, sondern ihre Zweideutigkeit aufgezeigt.

2. Die Funktionen der theoria: der kognitive und der ästhetische Akt. Durch ihre Dualität weisen die beiden grundlegenden Funktionen der Kultur, Sprache und Technik, auf eine allgemeine Dualität im kulturellen Schaffen des Geistes hin. Diese Dualität geht letztlich auf die ontologische Polarität von „Individualisation" und „Partizipation" zurück, die in den Lebensprozessen in allen Dimensionen vorhanden ist. Jedes individuelle Wesen hat die Eigenschaft, für andere individuelle Wesen offen zu sein. Die Lebewesen „nehmen einander auf" und verändern sich dadurch wechselseitig. Sie „empfangen" und „reagieren". Im organischen Bereich nennen wir diese Beziehung die Reiz-Reaktions-Struktur, in der Dimension des Psychischen sprechen wir von „Aufnehmen" und „Umgestalten", und in der Dimension des Geistes möchte ich vorschlagen, sie *theoria* und *praxis* zu nennen. Ich schlage die griechische Form der Worte vor, weil in den modernen Worten „Theorie" und „Praxis" Sinn und Macht der antiken Worte verloren gegangen sind. *Theoria* ist der Akt, in dem die begegnende Welt angeschaut wird, um einen Teil von ihr als ein sinnvoll strukturiertes Ganzes in das zentrierte Selbst aufzunehmen. Jedes ästhetische Bild und jeder kognitive Begriff ist solch ein strukturiertes Ganzes. Der Geist sucht prinzipiell nach einem Bild, das alle Bilder einschließt (z. B. Dantes *Divina Comedia*), und nach einem Begriff, der alle Begriffe einschließt (z. B. Einsteins Versuch, eine Weltformel zu finden), aber in der Wirklichkeit erscheint das Universum als Ganzes nie in unmittelbarer Anschauung, sondern nur durch partielle Bilder und Begriffe hindurch. Daher ist jede partikulare kulturelle Schöpfung der *theoria* ein Spiegel der begegnenden Wirklichkeit, wenn auch nur ein Fragment des ganzen Sinn-Universums. Diese Beziehung zum Universalen drückt sich auch in der Sprache aus, denn die Sprache bewegt sich in Allgemeinbegriffen. In jedem Allgemeinbegriff bricht die Welt

Das Sich-Schaffen des Lebens und seine Zweideutigkeiten

durch die bloße Umwelt hindurch. Derjenige, der den Satz ausspricht: „Das ist ein Baum", hat die „Baumheit" in einem individuellen Baum erkannt und damit ein Fragment des Sinn-Universums.

In diesem Beispiel haben wir die Sprache als kognitiven Ausdruck der *theoria* verstanden, aber dasselbe Beispiel können wir auch für die ästhetische Seite der *theoria* anführen. Wenn van Gogh einen Baum malt, wird er zum Abbild seiner dynamischen Vision von der Welt. Van Gogh trägt etwas bei zum Sinn-Universum, indem er ein Bild sowohl von der „Baumheit" schafft wie vom Universum, das sich in einem Einzelexemplar Baum widerspiegelt.

Die Ausdrücke „Bild" und „Begriff" für die zwei Weisen, in denen die *theoria* die Wirklichkeit durch die ästhetische und die kognitive Funktion aufnimmt, bedürfen der Rechtfertigung. Beide Ausdrücke werden in einem sehr weiten Sinn gebraucht: Bild für alle ästhetischen Schöpfungen, Begriff für alle kognitiven Schöpfungen. Man wird gewiß zugeben, daß die darstellende und literarische Kunst Bilder produzieren – sinnliche oder vorgestellte –, aber die Anwendung des Wortes „Bild" auf die Musik könnte man als fragwürdig bezeichnen. Diese Erweiterung des Begriffs „Bild" läßt sich damit rechtfertigen, daß man auch in der Musik von „Figuren" spricht und damit einen Ausdruck, der *per definitionem* visuell ist, auf das Gebiet der Töne überträgt. Und das ist nicht die einzige Übertragung eines Begriffs aus einem Gebiet auf ein anderes: man spricht auch in bezug auf Musik von Farben und Ornamenten, von Dichtung und Drama. Aus diesem Grunde gebrauchen wir den Ausdruck „Bild" trotz seines visuellen Ursprungs für das Ganze des ästhetischen Schaffens (wie auch Plato den visuellen Ausdruck *eidos* oder „Idee" universal verwendet).

Die Frage, ob ein Begriff oder ein Satz das wichtigste Instrument der Erkenntnis sei, ist für mich eine leere Frage, weil in jedem definierten Begriff zahllose Sätze implizit enthalten sind und gleichzeitig jeder Satz zu neuen Begriffen führt, die die alten voraussetzen.

Die Unterscheidung zwischen dem Ästhetischen und dem Kognitiven ist schon früher in Verbindung mit der Beschreibung der Struktur der Vernunft besprochen worden. Aber die Struktur der Vernunft ist nur ein Element in der Dynamik des Lebens und in den Funktionen des Geistes: sie ist das statische Element im Sich-Schaffen des Lebens in der Dimension des Geistes. Als wir im Teil I (Vernunft und Offenbarung) über die existentiellen Konflikte der Vernunft sprachen, hätten wir statt dessen besser und ausführlicher von den existentiellen Konflikten sprechen sollen, die durch die zweideutige Anwendung rationaler Strukturen im Schaffen des Geistes erzeugt werden. Denn Vernunft ist die Struktur von Bewußtheit und Welt, während Geist deren dynamische Aktualisierung in der Person und in der Gemeinschaft ist. Genau gesprochen gibt es in der Vernunft, die selbst Struktur ist, keine Zweideutigkeiten, sondern nur im Geist, der Leben ist.

Die meisten Probleme, die sich auf die kognitive Funktion des Menschen beziehen, sind schon in dem Teil „Vernunft und Offenbarung" (Bd. I) erörtert worden. Hier müssen wir nur auf die fundamentale Spannung im kognitiven Prozeß hinweisen, die zu seinen Zweideutigkeiten führt. Im kognitiven Akt wie analog in allen Funktionen des sich schaffenden Lebens in der Dimension des Geistes (Moralität und Religion eingeschlossen) gibt es einen fundamentalen Konflikt zwischen dem schöpferischen Ziel des Geistes und der Situation, aus der dieses Ziel geboren ist und die zugleich das Erreichen des Ziels unmöglich macht – der Situation der Entfremdung. Diese Situation wurzelt in der Trennung von Subjekt und Objekt, einer Trennung, die zugleich die Bedingung dafür ist, daß überhaupt eine Kultur mit ihren Schöpfungen der *theoria* und *praxis* entstehen kann.

Man kann daher sagen, daß der kognitive Akt aus dem Wunsch geboren wird, die Kluft zwischen Subjekt und Objekt zu überbrücken. Der vieldeutige Ausdruck für das Resultat einer solchen Wiedervereinigung ist „Wahrheit". Das Wort wird sowohl von der Wissenschaft wie von der Religion beansprucht und zuweilen auch von der Kunst. Wenn eines dieser Gebiete das Wort ausschließlich für sich beanspruchen würde, müßte für die anderen Gebiete ein anderes Wort gefunden werden. Aber wie mir scheint, ist das nicht notwendig, weil das zugrunde liegende Phänomen in allen drei Disziplinen dasselbe ist: die fragmentarische Wiedervereinigung des erkennenden Subjekts mit dem zu erkennenden Objekt im Akt der Erkenntnis.

Das Ziel, Wahrheit zu finden, ist nur ein Element in der ästhetischen Funktion. Ihre Hauptintention besteht darin, Qualitäten des Seins, die nur durch das künstlerische Schaffen ergriffen werden können, zum Ausdruck zu bringen. Das Ergebnis künstlerischen Schaffens ist das „Schöne" genannt worden und zuweilen mit der „Wahrheit", zuweilen mit dem „Guten", zuweilen mit beiden zu einer Dreiheit der höchsten Werte vereint worden. Der Begriff „Schönheit" hat die Kraft verloren, die er in der Verbindung vom „Wahren und Schönen" (*kalon k'agathon*) im Griechischen hatte. In der heutigen Ästhetik ist er wegen seiner Bindung an die dekadente Phase des klassischen Stils – den verschönernden Naturalismus – beinahe überall auf Ablehnung gestoßen. Vielleicht könnte man statt dessen von „Ausdruckskraft" sprechen. Das würde den ästhetischen Idealismus oder Naturalismus nicht ausschlie-

Das Sich-Schaffen des Lebens und seine Zweideutigkeiten

ßen, und es würde auf das Ziel der ästhetischen Funktion – den Ausdruck – hinweisen. Die Spannung, die in der ästhetischen Funktion besteht, ist die Spannung zwischen dem Ausdruck und dem, was ausgedrückt werden soll. Man könnte von Wahrheit und Unwahrheit des Ausdrucks sprechen. Es scheint mir aber angemessener, von authentischem oder nicht-authentischem Ausdruck zu sprechen. Etwas kann aus zwei Gründen nicht-authentisch sein: entweder, weil es die Oberfläche wiedergibt, anstatt die Tiefe auszudrücken, oder weil es die Subjektivität des Künstlers ausdrückt statt seine künstlerische Begegnung mit der Wirklichkeit. Ein Kunstwerk ist authentisch, wenn es die Begegnung zwischen Bewußtsein und Welt ausdrückt. Dabei wird eine sonst verborgene Qualität eines Stückes des Universums und durch dieses das Universum selbst mit einer sonst verborgenen Qualität des Bewußtseins und damit der Person als ganzer vereint. In der ästhetischen Begegnung zwischen Bewußtsein und Welt gibt es unzählige Möglichkeiten, von denen der künstlerische Stil wie das individuelle Werk abhängen. Die Spannung in der ästhetischen Funktion ist von der Spannung in der kognitiven Funktion verschieden. Aber auch diese Spannung wurzelt letztlich in der existentiellen Entfremdung von Selbst und Welt, die sich in der kognitiven Funktion als Trennung von Subjekt und Objekt ausdrückt. Aber in der ästhetischen Begegnung wird eine wirkliche Vereinigung von Selbst und Welt erreicht. Es gibt in dieser Vereinigung verschiedene Grade der Tiefe und der Authentizität, die von der schöpferischen Kraft des Künstlers abhängen, aber eine gewisse Vereinigung findet immer statt. Das ist der Grund dafür, daß Philosophen, z. B. solche der Kantischen Schule (der klassischen wie der neu-kantischen), in der Kunst den höchsten Selbstausdruck des Lebens gesehen haben – und nicht nur dies, sondern auch die Antwort auf die Frage, die aus der Begrenztheit aller anderen Funktionen folgt. Und es ist auch der Grund dafür, daß sehr hochentwickelte Kulturen versuchen, die religiöse durch die ästhetische Funktion zu ersetzen. Aber dieser Versuch wird weder der menschlichen Situation gerecht noch dem Wesen der Ästhetik. Ein Kunstwerk ist eine Vereinigung von Selbst und Welt innerhalb von Begrenzungen sowohl auf der Seite des Selbst wie auf der Seite der Welt. Die Begrenzung auf der Seite der Welt besteht darin, daß die letzte Wirklichkeit, die alle Qualitäten transzendiert, nicht erreicht wird, obgleich in der ästhetischen Funktion als solcher *eine* sonst verborgene Qualität des Universums erfaßt wird. Und die Begrenzung auf der Seite des Selbst besteht darin, daß in der ästhetischen Funktion das Selbst die Wirklichkeit in Bildern ergreift und nicht mit der Totalität des menschlichen Seins. Diese doppelte Begrenztheit hat zur Folge, daß die Einheit von Subjekt und Objekt ein Element der Unwirklichkeit hat. Sie bleibt „Schein" und nimmt etwas vorweg, was noch nicht existiert. Die Zweideutigkeit der ästhetischen Funktion ist die Verflochtenheit von Sein und Schein in ihr.

Die ästhetische Funktion ist nicht auf das künstlerische Schaffen beschränkt, wie auch die kognitive Funktion nicht auf das wissenschaftliche Arbeiten beschränkt ist. Es gibt vorwissenschaftliche und vorkünstlerische Funktionen des Geistes. Sie durchdringen das ganze Leben des Menschen, und es wäre falsch, den Begriff schöpferisch nur auf das berufsmäßige künstlerische und wissenschaftliche Schaffen anzuwenden. So werden z. B. die Erkenntnis und die Ausdruckskraft, die im Mythos leben – und oft in jungen Jahren erfahren werden – für die meisten Menschen zu einem Zugang zu allen Arten der Kultur. Und die gewöhnliche Beobachtung von Tatsachen und Ereignissen ebenso wie direkte ästhetische Erlebnisse in der Natur und in der Begegnung mit Menschen sind täglich im Sich-Schaffen des Lebens in der Dimension des Geistes wirksam.

3. DIE FUNKTIONEN DER PRAXIS: DIE PERSON- UND GEMEINSCHAFTBILDENDEN AKTE. *Praxis* ist die Gesamtheit der kulturellen Akte zentrierter Personen, die als Glieder von sozialen Gruppen handeln – in Richtung auf andere und in bezug auf sich selbst. *Praxis* in diesem Sinne ist das Sich-Schaffen des Lebens in der Person und der Gemeinschaft. Daher schließt sie die Akte ein, die auf sich selbst, auf andere Personen und auf Gruppen gerichtet sind, zunächst auf die Gruppen, zu denen die Personen gehören, und dann durch sie auf andere und indirekt auf die Menschheit als ganze.

In den Funktionen der *praxis*, in denen sich das Leben in der Dimension des Geistes in mannigfaltiger Weise schafft, gibt es Spannungen, die zu Zweideutigkeiten führen und die Frage nach dem Unzweideutigen dringend machen. Es ist nicht leicht, traditionelle Namen für diese Funktionen zu finden, denn die Gebiete überschneiden sich, und häufig fehlt es an genügender Unterscheidung zwischen den Funktionen selbst und ihrer wissenschaftlichen Interpretation. Man kann von sozialen Beziehungen sprechen, vom Recht, von Verwaltung, von Politik sowie von personhaften Beziehungen und personhafter Entwicklung. Und da all diese Funktionen der *praxis* unter bestimmten Normen stehen, könnte man sie unter den Begriff „Ethik" unterordnen und dabei zwischen Individual- und Sozialethik unterscheiden. Aber der Begriff „Ethik" bezeichnet in erster Linie die Wissenschaft von den Prinzipien, der Gültigkeit und der Motivation des moralischen Aktes,

Das Sich-Schaffen des Lebens und seine Zweideutigkeiten

wie wir ihn früher beschrieben haben. Darum ist es für das Verständnis der Funktionen des Geistes wahrscheinlich vorteilhafter, wenn wir „Ethik" als die Wissenschaft vom moralischen Handeln bezeichnen und die theologische Analyse der kulturellen Funktionen zu einer „Theologie der Kultur" zusammenfassen. Der entscheidende Grund für diese semantische Unterscheidung ist die fundamentale Stellung, die dem moralischen Handeln zukommt, wenn es als die Selbst-Konstituierung des Geistes verstanden wird. Gleichzeitig zeigt die vorgeschlagene Terminologie klar, daß der spezielle Inhalt der Moral eine Schöpfung des kulturellen Sich-Schaffens des Lebens ist.

Praxis ist in der Dimension des Geistes das Handeln, das auf Wachstum gerichtet ist. Zur Erreichung der Ziele des Wachstums bedarf es der Mittel und Werkzeuge. In dieser Hinsicht ist *praxis* eng verbunden mit Technik (wie *theoria* mit Sprache). Die verschiedenen Funktionen der *praxis* gebrauchen Werkzeuge, die ihren Zwecken angemessen sind, wobei es sich nicht nur um materielle Werkzeuge handelt – nämlich solche Werkzeuge, die in Verbindung mit dem Wort den Menschen ursprünglich von dem Gebundensein an die Umwelt befreit haben –, sondern auch um Mittel für Zwecke, wie sie in der Wirtschaft, Medizin, Verwaltung und Erziehung erstrebt werden. Diese Bereiche sind komplexe Funktionen des Geistes, die letzte Normen, wissenschaftliches Material, menschliche Beziehungen und eine große technische Erfahrung umfassen. Ihre hohe Bewertung in der westlichen Welt ist z. T. auf das jüdisch-christliche Symbol des „Reiches Gottes" zurückzuführen, in dem die Wirklichkeit den Zielen Gottes dienstbar gemacht wird. In der *theoria* sind, wie wir feststellten, Wahrheit und ästhetischer Ausdruck die Ziele des kulturellen Schaffens. Wir müssen jetzt die entsprechenden Begriffe für die Ziele der *praxis* finden. Der Begriff, der als erster gegeben ist, ist der des „Guten" *(agathon, bonum)*, und das Gute muß als die essentielle Natur eines Seienden und die Erfüllung der Potentialitäten, die in ihm liegen, definiert werden. Das Gute in diesem Sinne ist das Ziel von allem, was ist; es beschreibt das innere Ziel der Schöpfung selbst. Es gibt jedoch keine spezielle Antwort auf die Frage: Aber welches ist das Gute, auf das die *praxis* hinzielt? Um das zu finden, benötigen wir andere Begriffe, die dem Begriff des Guten untergeordnet sind und eine spezielle Qualität des Guten ausdrücken. Einer dieser Begriffe ist Gerechtigkeit. Sie entspricht dem Begriff der Wahrheit im Bereich der *theoria*. Gerechtigkeit ist das Ziel aller kulturellen Akte, die die Umwandlung der Gesellschaft bezwecken. Der Begriff Gerechtigkeit kann auch auf das Individuum bezogen werden, in dem Sinne, daß es sich „gerecht" verhält. Aber für diesen Sachverhalt wird häufiger das Wort „rechtschaffen" gebraucht. Der ist rechtschaffen, der Gerechtigkeit ausübt. Aber damit sind wir nicht der Notwendigkeit enthoben, nach einem Wort zu suchen, das das personhaft Gute bezeichnet, so wie „Gerechtigkeit" das sozial Gute bezeichnet. Es ist bedauerlich, daß das Wort „Tugend" (im Griechischen *areté*, im Lateinischen *virtus*) seine ursprüngliche Bedeutung vollständig verloren hat und heute beinahe lächerliche Assoziationen erweckt. Doch wäre es eine verwirrende Vorwegnahme späterer Ausführungen, wollten wir hier schon solche religiösen Begriffe wie fromm, gerechtfertigt, heilig, geistlich usw. gebrauchen, denn sie gehören zur christlichen *Antwort* auf die Fragen, die in der Zweideutigkeit der *praxis* begründet sind.

Ein solcher Begriff wie der der Tugend im Sinne von *areté* weist auf die Aktualisierung der essentiellen menschlichen Möglichkeiten hin. Deshalb wäre es möglich, direkt von der Erfüllung der menschlichen Potentialitäten zu sprechen und das *telos* der *praxis*, soweit es sich auf Personen bezieht, als *humanitas* zu bezeichnen. Der Gebrauch des lateinischen Wortes *humanitas* wie der Gebrauch der griechischen Worte *theoria* und *praxis* hat den Vorteil, die vielen irreführenden Assoziationen, die das Wort „Humanität" hervorruft, zu vermeiden. Unter *humanitas* verstehe ich die Erfüllung des inneren *telos* des Menschen in bezug auf sich selbst und seine personhaften Beziehungen. *Humanitas* ist der korrespondierende Begriff zu „Gerechtigkeit", die als Erfüllung des inneren *telos* sozialer Gruppen und ihrer wechselseitigen Beziehungen verstanden werden soll.

An diesem Punkt erhebt sich die Frage, welche Qualitäten im Wesen der *humanitas* und der Gerechtigkeit die Spannungen verursachen, die zu ihrer Zweideutigkeit führen. Die allgemeine Antwort darauf ist dieselbe wie die, die wir bei der Beschreibung der Zweideutigkeiten im Sich-Schaffen des Lebens in der Funktion der *theoria* gegeben haben: die unendliche Kluft zwischen Subjekt und Objekt unter den Bedingungen existentieller Entfremdung. In den Funktionen der *theoria* besteht die Kluft einerseits zwischen dem erkennenden Subjekt und dem zu erkennenden Objekt und andererseits zwischen dem sich ausdrückenden Subjekt und dem Objekt, das ausgedrückt werden soll. In den Funktionen der *praxis* besteht die Kluft einerseits zwischen der existierenden Person und der Erfüllung ihres *telos* – dem Stand essentieller *humanitas* –; und andererseits zwischen der existierenden Sozialordnung und dem *telos*, für das gekämpft wird – dem Zustand universaler Gerechtigkeit. Diese Kluft zwischen Wirklichkeit und Ziel im Praktischen ist analog der Kluft zwischen Subjekt und Objekt im Theoretischen.

Jeder kulturelle Akt ist der Akt eines zentrierten Selbst, er hat sein

Fundament in der moralischen Selbst-Integration der Person innerhalb der Gemeinschaft. Insofern die Person Träger der Kultur ist, ist sie allen Spannungen der Kultur unterworfen, sowohl denen, die wir bereits erörtert haben, wie auch denen, die wir im folgenden besprechen werden. Eine Person, die an einer kulturellen Bewegung – ihrem Wachstum und ihrem möglichen Verfall – teilhat, ist selbst kulturell schöpferisch. In diesem Sinne ist jeder Mensch schöpferisch, schon durch die Sprache und durch den Gebrauch von Werkzeugen. Dieses universale Charakteristikum sollte von dem, was wir im ursprünglichen Sinne „schöpferisch" nennen, unterschieden werden. Nur wenige Menschen sind in diesem ursprünglichen Sinne schöpferisch. Obwohl die Unterscheidung notwendig ist, sollte sie nicht mechanisch gehandhabt werden, denn im wirklichen Leben gibt es zahlreiche kaum erkennbare Übergänge.

Als Träger der Kultur ist jeder Mensch den Zweideutigkeiten der Kultur unterworfen, sowohl im subjektiven wie im objektiven Sinn des Wortes Kultur. Zweideutigkeit gehört zum geschichtlichen Schicksal des Menschen.

d) Die Zweideutigkeiten des kulturellen Aktes: Sinn-Setzung und Sinn-Zerstörung. – 1. DIE ZWEIDEUTIGKEITEN IM SPRACHLICHEN, KOGNITIVEN UND ÄSTHETISCHEN SICH-SCHAFFEN DES LEBENS. Das Wort ist der Träger von Sinn. Deshalb ist die Sprache die erste Schöpfung des Sich-Schaffens des Lebens in der Dimension des Geistes. Die Sprache durchdringt jeden kulturellen Akt und indirekt alle Funktionen des Geistes. Sie hat aber eine engere Beziehung zu den Funktionen der *theoria* – der kognitiven und ästhetischen –, ebenso wie der technische Akt eine engere Beziehung zu den Funktionen der *praxis* hat, obwohl er in jeder Funktion der Kultur gegenwärtig ist. Aus diesem Grunde möchte ich die Zweideutigkeiten der Sprache in Verbindung mit den Zweideutigkeiten der Wahrheit und der Ausdruckskraft, und die Zweideutigkeiten der Technik in Verbindung mit den Zweideutigkeiten der *humanitas* und der Gerechtigkeit behandeln.

Als Träger von Sinn befreit das Wort von der Bindung an die Umwelt – eine Bindung, der das Leben in allen vorausgehenden Dimensionen unterworfen ist. Sinn setzt ein Bewußtsein voraus, das über das nur Psychische hinausgeht. In jedem sinnvollen Satz wird etwas universal Gültiges ausgesprochen, selbst wenn der Gegenstand, über den man spricht, ein zeitgebundenes Einzelnes ist. Kulturen leben in solchen Sinn-Setzungen. Die Sinn-Inhalte sind einander so gleich oder voneinander so verschieden wie die Sprachen der verschiedenen sozialen Gruppen. Die Sinn-setzende Macht der Sprache hängt von den verschiedenen Weisen ab, in denen der menschliche Geist der Wirklichkeit begegnet. Diese Begegnungen finden in den verschiedenen, oben genannten Sprachformen ihren Ausdruck – in der mythischen, der wissenschaftlichen, der künstlerischen Sprache und in der des täglichen Lebens. All dies ist ständiges Tätigsein, ständiges Sich-Schaffen des Lebens, wodurch ein Sinn-Universum gesetzt wird. Es bleibt der Logik und Semantik überlassen, sich wissenschaftlich mit den Strukturen und Normen eines solchen Sinn-Universums zu beschäftigen.

Die Zweideutigkeit, die diesem Prozeß anhaftet, beruht auf der Tatsache, daß das Wort während es ein Sinn-Universum schafft, zugleich den Sinn von der Wirklichkeit trennt, auf die er bezogen ist. Der Akt, in dem der menschliche Geist das Objekt ergreift, der Akt, auf dem die Sprache beruht, reißt eine Kluft auf zwischen dem ergriffenen Objekt und dem Sinn, der durch das Wort gesetzt wird. Die der Sprache anhaftende Zweideutigkeit besteht darin, daß sie, indem sie die Wirklichkeit in Sinn transformiert, gleichzeitig Geist und Wirklichkeit voneinander trennt. Dafür gibt es unzählige Beispiele, die jedoch auf einige Haupttypen der Zweideutigkeit zurückgeführt werden können: die Armut der Sprache trotz ihres Reichtums, wodurch das Ergriffene verfälscht wird; die Beschränkung der Allgemeingültigkeit, die dadurch entsteht, daß eine spezielle Sprache eine spezielle Begegnung mit der Wirklichkeit ausdrückt, und viele Strukturen, die in anderen Sprachen erscheinen, unausgedrückt bleiben; die Unbestimmtheit innerhalb eines Sinnzusammenhanges, die dazu führt, daß der Geist durch Worte betrogen wird; der unmitteilsame Charakter der Sprache infolge von beabsichtigten und unbeabsichtigten Assoziationen im Inneren des Sprechenden und des Hörenden; die Freiheit der Sprache, die dadurch gegeben ist, daß Begrenzungen, die aus der Sache oder aus der Situation folgen, durchbrochen werden, z. B. leeres Reden und die Reaktion dagegen (Flucht ins Schweigen); das Manipulieren der Sprache, um bestimmte Zwecke zu erreichen, ohne daß die Worte auf Realitäten bezogen sind (Schmeichelei, Polemik oder Propaganda); und schließlich die Perversion der Funktion der Sprache in ihr Gegenteil (Verbergen, Verdrehen und Lügen).

Das waren Beispiele für Prozesse, die in allen Formen der Sprache in der einen oder anderen Weise stattfinden, trotz gegenteiliger Prozesse: dem erfolgreichen – wenn auch fragmentarischen – Kampf gegen die vermeidbaren Zweideutigkeiten, wie ihn die semantischen Untersuchungen ständig führen. Dadurch wird verständlich, daß im biblischen Denken Wort und Macht im Schöpfer geeint sind, daß das Wort

Das Sich-Schaffen des Lebens und seine Zweideutigkeiten

in der Gestalt des Christus zu einer historischen Person wird und daß es die ekstatische Selbstmanifestation des göttlichen Geistes ist. In diesen Symbolen ergreift das Wort nicht nur die ihm begegnende Wirklichkeit; es wird selbst eine Wirklichkeit jenseits der Spaltung in Subjekt und Objekt.

Die Zweideutigkeiten des kognitiven Aktes beruhen auf der Spaltung zwischen Subjekt und Objekt. Diese Spaltung ist die Voraussetzung für alle Erkenntnis und gleichzeitig das Negative in aller Erkenntnis. Zu allen Zeiten hat die Erkenntnistheorie zu zeigen versucht, wie im Akt des Erkennens eine letzte Einheit von Subjekt und Objekt erreicht werden kann. Nach den verschiedenen Theorien wird die Einheit erreicht, indem entweder die eine der beiden Seiten negiert oder ein übergreifendes Prinzip aufgestellt wird, das beide Seiten umfaßt. Beide Versuche sind immer wieder aufs neue gemacht worden, um die Möglichkeit der Erkenntnis darzulegen. Die Realität der Spaltung jedoch kann man nicht umgehen, denn jeder Erkenntnisakt ist durch sie bestimmt.

Auch hier kann nur eine begrenzte Zahl von Beispielen gegeben werden. Als erstes möchte ich die „Zweideutigkeit der Beobachtung" erwähnen. Beobachtung wird gewöhnlich als die zuverlässige Grundlage aller Erkenntnis angesehen, aber ihre Zuverlässigkeit schützt sie nicht vor Zweideutigkeit. Der Beobachter ist bestrebt, die Phänomene so zu sehen, wie sie „wirklich" sind. Das gilt sowohl in der Geschichte wie in der Physik, in der Medizin wie in der Ethik. „Wirklich" bedeutet in diesem Zusammenhang „unabhängig vom Beobachter". Es gibt aber keine Unabhängigkeit vom Beobachter. Das Beobachtete verändert sich in der Beobachtung. Diese Tatsache ist in der Philosophie, in den Geisteswissenschaften und in der Geschichte anerkannt, aber in jüngster Zeit ist sie auch in der Biologie, der Psychologie und der Physik festgestellt worden. Das Resultat der Beobachtung ist nicht das „Wirkliche selbst", sondern die „begegnete Wirklichkeit", und vom Standpunkt einer absoluten Wahrheit ist „begegnete Wirklichkeit" verzerrte Wirklichkeit.

Als nächstes Beispiel für die Zweideutigkeit in der kognitiven Funktion sei die „Zweideutigkeit der Abstraktion" erwähnt. Der Erkenntnis-Akt versucht, die Essenz eines Objektes oder eines Prozesses zu erfassen, indem er von den vielen Einzelheiten, in denen die Essenz vorhanden ist, abstrahiert. Das gilt sogar für die Geschichte, wo solche umfassende Begriffe wie „Renaissance" oder „chinesische Kunst" eine Unzahl konkreter Fakten umfassen, deuten und – zugleich verhüllen. Jeder Begriff zeigt diese Zweideutigkeit der Abstraktion, die häufig dazu führt, das Wort „abstrakt" im abwertenden Sinne zu gebrauchen. Aber schließlich ist jeder Begriff eine Abstraktion – und nach dem Neurologen Kurt Goldstein ist es die Fähigkeit zur Abstraktion, die den Menschen zum Menschen macht.

Das Problem der „Zweideutigkeit der Wahrheit als ganzer" hat viele Diskussionen hervorgerufen. Jede Aussage über einen Gegenstand gebraucht Begriffe, die definiert werden müssen, und das gleiche gilt für die Begriffe, die bei diesen Definitionen gebraucht werden, und so geht es weiter bis ins Unendliche. Jede partikulare Aussage ist vorläufig, weil sie nicht alle Definitionen der dafür gebrauchten– und mit ihnen zusammenhängenden – Begriffe mitumfassen kann. Ein endliches Wesen, das behauptet – wie es einige Metaphysiker tun –, das Ganze zu umfassen, täuscht sich selbst. Deshalb muß man zugeben, daß die einzige Wahrheit, die dem Menschen in seiner Endlichkeit gegeben ist, eine fragmentarische, gebrochene und sogar „unwahre" Aussage ist, wenn sie an der „Wahrheit als ganzer" gemessen wird. Aber diesen Maßstab anzulegen, ist in sich selbst „unwahr", denn das würde bedeuten, daß der Mensch von jeder Wahrheit ausgeschlossen wäre, selbst von der Wahrheit dieser These.

Eine weitere Zweideutigkeit ist die „Zweideutigkeit der Begriffs-Modelle". Dieses Problem führt tief hinein in eine metaphysische Diskussion. Heute wird sie vor allem im Gebiet der Physik ausgetragen; hier deuten einige Physiker die zentralen physikalischen Begriffe, z. B. Atom, Kraftfeld usw., als bloße Produkte des menschlichen Geistes, denen kein *fundamentum in re* zukomme, während andere Physiker den gegenteiligen Standpunkt einnehmen. Dasselbe Problem besteht in der Soziologie bei dem Begriff „soziale Klasse", in der Psychologie bei dem Begriff „Komplex" und in der Geschichte bei den Namen für geschichtliche Epochen. Die Zweideutigkeit liegt hier wie dort in der Tatsache, daß beim Schaffen von größeren Begriffs-Modellen der kognitive Akt die begegnende Wirklichkeit verändert, und zwar so sehr, daß sie unerkennbar wird.

Schließlich muß noch auf die „Zweideutigkeit des Begründens" hingewiesen werden, bei der eine Kette von Argumenten herangezogen wird, aber nicht herangezogene Argumente, die das erkennende Subjekt nicht beachtet, eine entscheidende Rolle spielen können. Das gilt sowohl für die geschichtlichen Zusammenhänge, wo es sich um den unbemerkten Einfluß der sozialen Stellung auf die Argumente des erkennenden Subjekts handelt – die „Ideologie" –, wie für die psychologischen Zusammenhänge, in denen die psychische Verfassung des erkennenden Subjekts einen unbewußten Einfluß ausübt – die „Rationalisierung"[1]. Jede Begründung hängt von den erwähnten Einflüssen ab, selbst dann, wenn strenge Disziplin geübt wird; die fundamentale Kluft zwischen Subjekt und Objekt kann methodisch nicht überwunden werden.

Aus diesen Beispielen wird verständlich, warum diejenigen, die um die Zweideutigkeit des kognitiven Aktes wissen, oft den Versuch machen, der Zweideutigkeit dadurch zu entgehen, daß sie die Kluft durch mystische Vereinigung überspringen. Nach ihrer Auffassung ist Wahrheit die mystische Überwindung der Subjekt-Objekt-Spaltung.

Ein anderer Weg, das Unzweideutige zu finden, wird oft in der Kunst beschritten. In der künstlerischen Intuition und ihren „Bildern" wird eine Wiedervereinigung des anschauenden Bewußtseins und der Wirklichkeit, die auf keine andere Weise zu erreichen ist, für möglich gehalten. Aber die ästhetischen Bilder sind nicht weniger zweideutig als die kognitiven Begriffe und das Wort, das die Dinge erfaßt. In der ästhetischen Funktion repräsentiert die Kluft zwischen dem Ausdruck und dem, was ausgedrückt werden soll, die Spaltung zwischen den Akten der *theoria* und der begegnenden Wirklichkeit.

Die Zweideutigkeiten, die sich von dieser Spaltung herleiten, sind in den Konflikten der Stilelemente, die jedes Kunstwerk charakterisieren, und in den Konflikten der ihnen zugrunde liegenden ästhetischen Begegnung mit der Wirklichkeit sichtbar. Die Stilelemente sind das Naturalistische, das Idealistische und das Expressionistische. Jeder der drei Begriffe leidet unter den verschiedenen Zweideutigkeiten der Sprache, wie wir sie beschrieben haben, aber wir können ohne diese Begriffe nicht auskommen. – Im Naturalismus steckt der künstlerische Impuls, den Gegenstand, wie er sich gewöhnlich darbietet oder wissenschaftlich formuliert wird, darzustellen – oft drastisch übertrieben. Wenn diesem Impuls nachgegeben wird, erdrückt der Gegenstand den Ausdruck, und das Resultat ist eine fragwürdige Nachahmung der Natur – die Zweideutigkeit des naturalistischen Stils. – Idealismus bezieht sich in diesem Zusammenhang auf den gegenteiligen künstlerischen Impuls, den Impuls, über die begegnende Wirklichkeit in Richtung auf das hinauszugehen, was die Dinge ihrem Wesen nach sind und daher sein sollten. Es ist die Vorwegnahme einer Erfüllung, die in der Wirklichkeit nicht vorzufinden, die – theologisch gesprochen – eschatologisch ist. Die meisten Werke unserer klassischen Kunst sind stark von diesem Impuls geprägt, wenn auch nicht ausschließ-

---

[1] Das im englischen Text gebrauchte Wort *rationalisation* bedeutet Vorgabe rationaler und idealer Gründe für emotionale und selbstische Handlungsweisen. (D. Hrsg.)

lich, denn kein Stil ist vollständig von einem der drei Stilelemente beherrscht. Aber auch beim idealistischen Stil finden wir Zweideutigkeit: Der natürliche Gegenstand, dessen Darstellung das Ziel des ästhetischen Schaffens ist, geht in der vorwegnehmenden Darstellung des Ideals verloren, und darin liegt die Zweideutigkeit des idealistischen Stils. Ein Ideal ohne Fundament in der Wirklichkeit wird der begegnenden Wirklichkeit aufgezwungen, und die Wirklichkeit wird verschönert und korrigiert, um mit dem Ideal in Einklang gebracht zu werden – ein Verfahren, das zu Sentimentalität und Unaufrichtigkeit führen kann. Auf diese Weise ist die religiöse Kunst der letzten hundert Jahre verdorben worden. Eine solche Kunst ist immer noch Ausdruck – aber Ausdruck für den schlechten Geschmack einer kulturell entleerten Zeit.

Das dritte Stil-Element ist das expressionistische. Das Wort Expressionismus soll in diesem Zusammenhang auf den künstlerischen Impuls hinweisen (der in den meisten Perioden der menschlichen Geschichte maßgebend gewesen ist), durch die alltäglich begegnende Wirklichkeit hindurchzubrechen, anstatt sie nachzuahmen oder ihre essentielle Vollendung vorwegzunehmen, wie es das naturalistische oder das idealistische Stilelement tun. Der Expressionismus gebraucht Stücke aus der alltäglich begegnenden Wirklichkeit, um ein Sinngebilde zu schaffen, das zwar durch sie vermittelt ist, aber über sie hinausweist. Das ist der Grund, warum große religiöse Kunst durch das expressionistische Stilelement bedingt ist, obgleich es auch, und oft zuerst, in Stilen vorkommt, die keine oder noch keine wichtigen religiösen Kunstwerke hervorgebracht haben. Das gilt z. B. für die Entwicklung der bildenden Kunst in Europa und Amerika seit 1900. Wenn wir von dem expressionistischen Element sprechen, so wollen wir damit eine Verwechslung mit dem expressionistischen Stil einer bestimmten Periode der deutschen bildenden Kunst vermeiden. Zugleich kommt in dem Begriff „expressionistisches Element" zum Ausdruck, was wir von der ästhetischen Funktion überhaupt ausgesagt haben, nämlich, daß sie das expressive Schaffen der Kultur ist. Aber auch hier wird die Zweideutigkeit alles kulturellen Schaffens nicht vermieden. Sie besteht in der Tatsache, daß die Kraft des Expressiven den Gegenstand sowohl in seinem naturgegebenen Dasein wie auch in seinen Möglichkeiten der Vollendung aufhebt und daß das Ausgedrückte sozusagen in einem leeren Raum steht. Da aber weder in der Natur noch im Geist ein leerer Raum bestehen kann, so wird er häufig mit der reinen Subjektivität des Künstlers oder des Beschauers gefüllt. Das Bild, das kein Kriterium mehr hat, weder in der empirischen Wirklichkeit noch in einer gültigen Norm, wird zum Bild einer letztlich bedeutungslosen Subjektivität. Das ist die Zweideutigkeit des expressionistischen Elementes in den verschiedenen Kunststilen.

2. Die Zweideutigkeiten der technischen und personhaften Umgestaltung. Alle Zweideutigkeiten des Sich-Schaffens des Lebens in den Funktionen der *theoria* beruhen letztlich auf der Subjekt-Objekt-Spaltung unter den Bedingungen der Existenz: Das Subjekt versucht, die Kluft zu überbrücken – durch Einfangen und Ergreifen des Objektes in Worte, Begriffe und Bilder. Aber es gelingt ihm nicht, die Kluft bleibt bestehen, und somit bleibt auch das Subjekt bei sich selbst. Etwas anderes ereignet sich im Sich-Schaffen des Lebens in den Funktionen der *praxis*, das technische Element eingeschlossen. Bei diesen Funktionen wird das Objekt nach Begriffen und Bildern verändert, und dieser Vorgang verursacht die Zweideutigkeit des kulturellen Schaffens.

Wir haben gesehen, daß die befreiende Macht des Wortes und die befreiende Macht der Technik zusammengehören. Sprache und Technik befähigen den menschlichen Geist, Zwecke zu setzen und zu verfolgen, d. h. über die Umwelt-Situation hinauszugehen. Aber um Werkzeuge herstellen zu können, muß man die innere Struktur des zu verarbeitenden Materials kennen und sich nach seinem Verhalten unter den erwarteten Bedingungen richten. So unterwirft das Werkzeug, das den Menschen befreit, ihn gleichzeitig den Regeln, nach denen es hergestellt werden muß.

Diese Betrachtung führt zu der Unterscheidung von drei Zweideutigkeiten der Technik, ganz gleich, ob es sich um einen Hammer handelt, der dem Bau einer Hütte, oder um eine Gruppe von Maschinen, die dem Bau eines künstlichen Satelliten dient. Die erste Zweideutigkeit ist die „Zweideutigkeit von Freiheit und Begrenztheit", die zweite die „Zweideutigkeit von Mittel und Zweck" und die dritte die „Zweideutigkeit von Selbst und Ding" im technischen Schaffen. Von mythischen Zeiten an bis zu unserer Epoche haben diese drei Zweideutigkeiten weithin das Schicksal der Menschheit bestimmt, aber vielleicht war sich keine Epoche ihrer so bewußt wie die unsrige.

Die „Zweideutigkeit von Freiheit und Begrenztheit" in der technischen Produktion ist in Mythen und Legenden machtvoll ausgedrückt. Sie steht hinter der biblischen Erzählung vom Baum der Erkenntnis, von dem Adam gegen den Willen der *Elohim* ißt, und ebenso hinter dem griechischen Mythos von Prometheus, der den Menschen gegen den Willen der Götter das Feuer bringt. Am nächsten liegt uns vielleicht die Geschichte vom Turmbau zu Babel, die von dem Wunsch des Menschen handelt, unter einem Symbol geeint zu werden, das die Endlichkeit des Menschen überwindet und die göttliche Sphäre erreichbar macht. In all diesen Fällen ist das Ergebnis schöpferisch und zerstörerisch zugleich, und das ist das Schicksal der technischen Produktion zu allen Zeiten. Die Technik eröffnet einen Weg, dessen Ende nicht abzusehen ist, und Verursacher dieser technischen Grenzenlosigkeit ist ein begrenztes und endliches Wesen. Dieser Konflikt wird in den erwähnten Mythen klar zum Ausdruck gebracht, und auch unsere heutigen Naturwissenschaftler haben ihre Stimme erhoben und auf die zerstörerischen Möglichkeiten hingewiesen, durch die die wissenschaftlichen und technischen Erfindungen die Menschheit bedrohen.

Die „Zweideutigkeit von Mittel und Zweck" steht mit der eben besprochenen Zweideutigkeit in enger Beziehung. Sie bringt die Grenzenlosigkeit der technischen Produktion noch klarer durch die unausgesprochene Frage zum Ausdruck: Wozu das alles? Solange man die Antwort gibt: „Für die physische Existenz des Menschen und seine notwendigsten Bedürfnisse", bleibt das Problem verborgen. Es ist zwar untergründig vorhanden, denn was zu den notwendigsten Bedürfnissen des Menschen gehört, kann nicht mit Sicherheit beantwortet werden. Aber das Problem kommt klar zum Vorschein, wenn, nach der Befriedigung der notwendigsten Bedürfnisse, neue Bedürfnisse (wie z. B. in einer dynamischen Wirtschaft) geschaffen werden, um befriedigt zu werden. Das technisch Mögliche wird zur immer neuen Versuchung für Mensch und Gesellschaft. Das Suchen nach Erfindungen – wichtige oder spielerisch anreizenden *(gadgets)* – wird zum Zweck an sich, da ein höherer Zweck nicht vorhanden ist. Diese Zweideutigkeit ist weithin verantwortlich für die Entleertheit unseres gegenwärtigen Lebens. Und es ist nicht möglich, eine Änderung herbeizuführen, indem man sagt: Die Produktion soll nicht fortgesetzt werden. Das ist genauso unmöglich, wie es unmöglich ist, dem Naturwissenschaftler im Hinblick auf die Zweideutigkeit seines Schaffens zu sagen: Höre mit deiner Forschung auf! Zweideutigkeiten können nicht dadurch überwunden werden, daß man ein Element, das zum sich-schaffenden Leben gehört, auszuscheiden versucht.

Ähnlich verhält es sich mit der „Zweideutigkeit von Selbst und Ding". Ein technisches Produkt ist im Gegensatz zu einem Naturgegenstand ein „Ding". In der Natur gibt es keine „Dinge", d. h. Objekte, die nichts als Objekte sind und überhaupt kein Element der Subjektivität besitzen. Aber die Produkte der Technik sind „Dinge" im engsten Sinne des Wortes. Es gehört zur Freiheit des Menschen, durch die Technik Naturgegenstände in „Dinge" zu verwandeln: Bäume in Holz, Pferde

Das Sich-Schaffen des Lebens und seine Zweideutigkeiten

in Pferdestärken, Menschen in eine Quantität Arbeitskraft. Indem der Mensch Gegenstände in Dinge verwandelt, zerstört er ihre natürlichen Strukturen und Beziehungen. Dabei ereignet sich mit dem Menschen dasselbe, was sich mit den Gegenständen ereignet, die er umformt. Er wird selbst zu einem Ding unter Dingen. Sein Selbst wird zu einem Ding dadurch, daß es bloße Dinge produziert und mit ihnen arbeitet. Je mehr Wirklichkeit der Mensch durch den technischen Prozeß in ein Stück Dingwelt umwandelt, um so stärker wird auch er selbst verändert. Er wird selbst Teil eines technischen Produktes und verliert den Charakter eines unabhängigen Selbst. Die Befreiung, die dem Menschen durch die technischen Möglichkeiten gegeben wird, kehrt sich in ihr Gegenteil um – der Mensch wird zum Sklaven seiner technischen Welt. Dieser Vorgang ist eine echte Zweideutigkeit im Sich-Schaffen des Lebens, und sie kann nicht mit Romantik überwunden werden, d. h. durch die Rückkehr zu einer sogenannten „Natur" im vortechnischen Zustand. Für den Menschen ist die Technik etwas „Natürliches", und bleibende Versklavung im Sinne einer natürlichen Primitivität wäre für ihn etwas Unnatürliches. So kann auch diese Form der Zweideutigkeit der Technik nicht dadurch beseitigt werden, daß man die Technik aufgibt. Wie die anderen Zweideutigkeiten führt auch sie zu der Frage nach unzweideutigem Leben, besonders nach einer unzweideutigen Beziehung von Selbst und Welt, und d. h. zu der Frage nach dem „Reiche Gottes".

Der technische Akt durchzieht alle Funktionen der *praxis* und trägt zu ihren Zweideutigkeiten bei. Aber diese Funktionen haben ihre eigenen Ursachen der Zweideutigkeit von Schöpfung und Zerstörung. Unter diesen wenden wir uns jetzt der Erörterung der Zweideutigkeit im Gebiet des Personhaften und des Gemeinschaftlichen zu.

Im Bereich des personhaften Sich-Schaffens des Lebens müssen wir zwischen dem „Personhaften an sich" und dem „Personhaften in Beziehung" unterscheiden, obwohl beide im realen Leben nicht zu trennen sind. In Hinsicht auf beide ist das Ziel des kulturellen Aktes die Aktualisierung der Potentialitäten des Menschen als Menschen. Es ist *humanitas* in diesem Sinne und im Sinne unserer früheren Definition. *Humanitas* wird erreicht durch Selbst-Bestimmung und durch Bestimmt-werden von anderen in Wechselwirkung. Der Mensch ist nicht nur um seine eigene *humanitas* besorgt, sondern auch um die der anderen – eben darin drückt sich seine *humanitas* aus. Aber in beidem – im Sich-durch-sich-selbst-Bestimmen und im Durch-andere-bestimmt-Werden – zeigt sich die allgemeine Zweideutigkeit der personhaften Selbstverwirklichung. Sie zeigt sich in der Beziehung zwischen demjeni-

Die Selbst-Aktualisierung des Lebens

gen, der bestimmt, und demjenigen, der bestimmt wird. Der Begriff „Selbst-Bestimmung" weist auf die Zweideutigkeit von Identität und Nicht-Identität hin. Denn das bestimmende Subjekt kann sich nur durch die Kraft dessen, was es essentiell (seinem Wesen nach) ist, bestimmen; aber unter den Bedingungen der Existenz ist es nicht „identisch" mit dem, was es essentiell ist. Deshalb ist es nicht möglich, sich durch Selbst-Bestimmung zu voller *humanitas* zu erheben. Trotzdem ist sie gefordert, weil ein Selbst, das von außen her bestimmt wäre, aufhören würde, ein Selbst zu sein – es würde zum Ding werden: Darin liegt die „Zweideutigkeit der Selbst-Bestimmung", die Würde und die Not jeder verantwortlichen Persönlichkeit (verantwortlich im Sinne des „Antwortens" auf die „lautlose Stimme" unseres essentiellen Seins) Man könnte auch von der „Zweideutigkeit des guten Willens" sprechen. Um das Gute zu wollen, muß der Wille an sich gut sein. Er muß sich selbst zum Guten bestimmen, und das heißt, genau gesagt, daß der gute Wille den guten Willen schaffen muß, aber das führt zu einem *regressus ad infinitum*. Unter solchen Gesichtspunkten zeigen Ausdrücke wie „Selbst-Erziehung", „Selbst-Disziplin" und „Selbst-Heilung" ihre tiefe Zweideutigkeit. Sie implizieren, daß ihre Ziele schon erreicht seien, was bedeuten würde, daß sie als Begriffe abgelehnt werden müssen. Damit ist vor allem der in sich widerspruchsvolle Begriff der Selbsterlösung verworfen.

Im Gegensatz zur Selbst-Bestimmung steht das „Bestimmt-Werden". Darunter verstehen wir die personhafte Selbst-Verwirklichung, insofern sie durch die Einwirkung einer anderen Person bestimmt wird. Das geschieht unabsichtlich in jedem Akt personhafter Partizipation und absichtlich im Bereich der Erziehung und überall dort, wo ein lenkender Einfluß auf andere ausgeübt wird. In all diesen Beziehungen erscheint eine Zweideutigkeit, die in folgender Weise formuliert werden kann: Für das Wachstum einer Person wirken, bedeutet zugleich: für seine Entpersönlichung wirken. Der Versuch, ein Subjekt als Subjekt der Verwirklichung seines Wesens näher zu bringen, enthält die Gefahr, es zu einem Objekt zu machen. Wir wollen zuerst die praktischen Probleme betrachten, die aus der „Zweideutigkeit der Erziehung" folgen. Wenn man in der Erziehung versucht, die Inhalte der Kultur weiterzugeben, so steht man zwischen zwei Gefahren: der extrem autoritären und der extrem liberalen Erziehung. Wenn die Extreme auch selten rein verwirklicht sind, so sind sie doch als Elemente in der Erziehung stets vorhanden und die Ursache dafür, daß die Erziehung der Person zum Person-sein eine der zweideutigsten kulturellen Bemühungen ist. Das gleiche gilt für den Versuch, eine Person dadurch zu erziehen, daß man sie in das Leben einer sie erziehenden Gruppe aufnimmt. Auch hier erscheinen die Extreme der autoritären Disziplin und des liberalen „laissez-faire" im Erziehungsprozeß, wenn auch selten völlig ausgeprägt, so doch immer als Möglichkeiten vorhanden. Entweder drohen sie, die Person als Person zu zerbrechen, oder sie hindern sie daran, zu wirklicher Formung zu gelangen. In dieser Hinsicht ist das Hauptproblem der Erziehung, daß jede auch noch so behutsame Erziehungsmethode das bewirkt, was sie vermeiden will, nämlich den Menschen, der erzogen werden soll, zum Objekt zu machen.

Ein anderes Beispiel für die Zweideutigkeit des persönlichen Wachstums ist die „Zweideutigkeit der helfenden Beratung". Dieser Begriff wird hier für alle Hilfe im Dienste des Wachstums einer Person gebraucht. Es kann sich dabei um psychotherapeutische oder andere Formen helfender Beratung handeln, z. B. um die Hilfe, die ein Teil des Lebens in der Familie ist, um den gegenseitigen, meist unabsichtlichen Beistand in jeder Freundschaft und in allen Beziehungen im Bereich der Erziehung, soweit sie mit helfender Beratung verbunden sind. Das auffallendste Beispiel ist heute die psychotherapeutische Praxis mit ihren Zweideutigkeiten. Eine der großen Errungenschaften der psychoanalytischen Theorie ist ihre Einsicht in die Entpersönlichung nicht nur des Patienten, sondern auch des Analytikers als Folge der „Übertragung" und ihre Methode, diese Situation durch Aufhebung der „Übertragung" zu überwinden. Das kann aber nur Erfolg haben, wenn die Zweideutigkeit, die mit allem Bemühen um persönliches Wachstum verbunden ist, überwunden wird. Und das ist nur möglich, wenn die Subjekt-Objekt-Spaltung überwunden wird. Unzweideutiges Leben ist unmöglich, solange die Subjekt-Objekt-Spaltung besteht.

Wenn wir uns dem Bereich der zwischenmenschlichen Beziehung zuwenden, finden wir eine andere Form der Zweideutigkeit – die „Zweideutigkeit der personhaften Partizipation". In erster Linie findet sie sich in der direkten Beziehung von Person zu Person, aber auch in der Beziehung der Person zum Unpersönlichen ist sie vorhanden. Die „Zweideutigkeit der personhaften Partizipation" nimmt unzählige Formen an, die sich zwischen den Extremen der Selbst-Abschließung und der Selbst-Preisgabe bewegen. In jedem Akt personhafter Partizipation findet sich ein Element der Zurückhaltung und ein Element der Hingabe. In den Versuchen, das andere Selbst zu verstehen, manifestiert sich die Selbst-Abschließung, indem man eigene Vorstellungen vom anderen auf ihn projiziert, wodurch sein wahres Wesen verdeckt wird und nur die Projektionen des Erkennenden übrigbleiben. Diese

Bilderwand zwischen Person und Person macht jede erkennende Partizipation zwischen ihnen zutiefst zweideutig (wie z. B. die Analyse der Vorstellungen, die die Kinder von ihren Eltern haben, überzeugend gezeigt hat). Und es gibt die andere Möglichkeit: die eigenen Bilder vom anderen aufzugeben und diejenigen aufzunehmen, die dieser von sich selbst hat oder denjenigen aufzwingen möchte, die ihn zu verstehen suchen. – Auch die emotionale Partizipation ist den Zweideutigkeiten der Selbst-Abschließung und der Selbst-Preisgabe unterworfen. In der Wirklichkeit ist emotionale Partizipation am anderen oft bloßes emotionales Oszillieren im eigenen Selbst und bloße Vorspiegelung der Partizipation am anderen. Ein großer Teil der sogenannten romantischen Liebe hat diesen Charakter. Die Zweideutigkeit einer solchen Liebe zeigt sich darin, daß man den anderen gerade deshalb nicht erreicht, weil man versucht, gefühlsmäßig in sein geheimstes Wesen einzudringen. Und es gibt auch das andere: die chaotische Selbst-Preisgabe, die in einem Akt schamlosen sich Wegwerfens alles Eigene dem anderen preisgibt. Aber der andere kann mit dieser Liebe nichts anfangen, weil er eine leere Hülse empfängt, die ihre Eigenart und ihr Geheimnis verloren hat. Auch hier erkennen wir, daß in jedem Akt emotionaler Partizipation tiefe Zweideutigkeiten wirksam sind, die zusammen mit den kognitiven Zweideutigkeiten Ursache für die unerschöpfliche Fülle schöpferisch-zerstörerischer Situationen in der Beziehung von Person zu Person sind. – Es ist offensichtlich, daß nicht nur die erkennende, sondern auch die handelnde Partizipation an Personen analoge Strukturen aufweist. Die Bilder, die man sich vom anderen macht, und die emotionale Selbst-Abschließung im Gewand der Partizipation erzeugen mannigfaltige Formen gegenseitiger Zerstörung in der Begegnung von Person mit Person: Bei Angriffen auf einen Menschen ist es oft nicht der Mensch selbst, den man angreift, sondern das Bild, das man von ihm hat. Und in anderen Fällen ist der Wunsch nach Befriedigung der Selbst-Preisgabe das leitende Motiv und nicht die Erfüllung der Wünsche des anderen. Das Verlangen nach Partizipation verkehrt sich in Selbst-Abschließung, wenn man sich vom anderen abgewiesen fühlt, gleichgültig ob die Abweisung tatsächlich oder nur eingebildet ist. Die unzähligen Mischungen von Feindseligkeit und Hingabe gehören zu den hervorstechendsten Beispielen für die Zweideutigkeiten des Lebens.

3. DIE ZWEIDEUTIGKEITEN DER GEMEINSCHAFT-BILDENDEN GESTALTUNG. Der Rahmen, innerhalb dessen sich das kulturelle Schaffen abspielt, ist das Leben und das Wachstum der sozialen Gruppe. Die Be-

handlung dieses Rahmens habe ich bis zu diesem Punkt aufgeschoben, weil die Struktur des personhaften Selbst und die Struktur der Gemeinschaft verschieden sind.

Während in jedem personalen Akt das erkennende, abwägende und entscheidende Subjekt ein zentriertes Selbst ist, hat die soziale Gruppe kein solches Zentrum. Nur als Analogie kann man den Sitz der Autorität und Macht das Zentrum einer Gruppe nennen, aber in vielen Fällen sind Macht und Autorität aufgespalten. Trotzdem bleibt die Gruppe als Gruppe bestehen, sei es, daß ihr Zusammenhalt in weit zurückliegenden Lebensprozessen wurzelt, sei es, daß unbewußte Kräfte ihn bewirken, die stärker als irgendwelche politischen oder sozialen Autoritäten sind. Die Person ist durch die Freiheit ihres Handelns für die Konsequenzen ihres Handelns verantwortlich. Das Handeln des Repräsentanten einer Gruppe kann höchst verantwortlich oder völlig unverantwortlich sein – immer hat die Gruppe die Konsequenzen zu tragen. Aber die Gruppe ist keine personale Einheit, die als ganzes für ihre Akte verantwortlich gemacht werden kann, z. B. für solche, die ihr gegen den Willen ihrer Majorität oder durch die vorläufige Überlegenheit eines Teils der Gruppe in Situationen, in denen die Macht gespalten ist, aufgezwungen werden. Das Leben einer sozialen Gruppe gehört in die geschichtliche Dimension, die die anderen Dimensionen in sich vereinigt und diese noch um die Richtung auf die Zukunft hin erweitert. Obwohl wir die geschichtliche Dimension erst im fünften Teil des Systems behandeln wollen, müssen wir hier schon die Zweideutigkeiten erörtern, die aus dem Prinzip der Gerechtigkeit als solchem folgen, ohne uns jedoch auf eine Diskussion der Gerechtigkeit in der geschichtlichen Dimension einzulassen.

In der Funktion der Kultur schafft das Leben sich in menschlichen Gruppen, deren Wesen und Entwicklung Gegenstand der Soziologie und der Geschichtsschreibung ist. Hier stellen wir jedoch die normative Frage: Was sind soziale Gruppen ihrer essentiellen Natur nach, und welche Zweideutigkeiten erscheinen im aktuellen Prozeß ihrer Selbst-Verwirklichung? Während wir in den vorangegangenen Kapiteln die Zweideutigkeiten des Wachstums der Person in Richtung auf *humanitas* besprochen haben, müssen wir jetzt die Zweideutigkeiten des Wachstums der sozialen Gruppe in Richtung auf Gerechtigkeit behandeln.

Man kann zwischen sozialen Organismen einerseits und solchen Organisationsformen andrerseits unterscheiden, die zur Erhaltung der Gerechtigkeit nötig sind. Zu ersteren, die sich durch natürliches Wachstum verwirklichen, gehören Familie, Freundschaft, örtliche und berufliche Gemeinschaft, Stamm und Nation. Aber als Teile des kulturellen Schaffens sind sie zugleich Gegenstand des organisierenden Handelns. Faktisch sind sie niemals das eine ohne das andere. Darin unterscheiden sie sich von der „Herde" in der organisch-psychischen Dimension. Die „Gerechtigkeit" einer Herde oder einer Gruppe von Bäumen ist die natürliche Kraft der Stärkeren, mit der sie ihre Potentialitäten gegen den natürlichen Widerstand der anderen zur Aktualisierung bringen. In einer menschlichen Gruppe jedoch sind die Beziehungen ihrer Glieder durch traditionelle Regeln geordnet, die sich entweder durch Konvention eingebürgert haben oder durch Gesetz festgelegt sind. Die natürlichen Unterschiede in der Seins-Mächtigkeit fehlen zwar auch in solchen Gebilden nicht, aber sie sind Prinzipien untergeordnet, die mit der Idee der Gerechtigkeit gegeben sind. Die Deutung dieser Prinzipien hat unendlich variiert, aber die Gerechtigkeit selbst ist der Identitätspunkt in allen Interpretationen. Die Beziehungen von Mann und Frau, Eltern und Kindern, Verwandten und Freunden, Gliedern derselben örtlichen Gruppe, Bürgern desselben Staates usw. werden von Gesetzen geregelt, die direkt oder indirekt versuchen, auf eine bestimmte Weise Gerechtigkeit zu verwirklichen. Das gilt auch für die Beziehung zwischen Siegern und Besiegten innerhalb derselben sozialen Gruppe. Die Gerechtigkeit, die dem Sklaven zuteil wird, ist immer noch Gerechtigkeit, wie ungerecht Sklaverei von einem höheren Gesichtspunkt auch erscheinen mag. Gemäß der Polarität von Dynamik und Form kann keine soziale Gruppe ohne Form sein, und die Form der sozialen Gruppe ist durch das jeweilige Verständnis der Gerechtigkeitsidee innerhalb der Gruppe geprägt.

Die Zweideutigkeiten der Gerechtigkeit erscheinen, wo immer Gerechtigkeit gefordert oder verwirklicht wird. Das Wachstum einer sozialen Gruppe ist voller Zweideutigkeiten, die – wenn sie nicht verstanden werden – entweder zu einer Haltung verzweifelnder Resignation führen, in der überhaupt nicht mehr an die Möglichkeit der Gerechtigkeit geglaubt wird, oder zu einer utopischen Haltung, in der eine vollkommene Gerechtigkeit erwartet wird – eine Erwartung, auf die später die Enttäuschung folgt.

.Die erste Zweideutigkeit in der Verwirklichung der Gerechtigkeit ist die „Zweideutigkeit der Zugehörigkeit". Eine soziale Gruppe ist eine Gruppe, weil sie eine bestimmte Art von Menschen einbezieht und alle anderen ausschließt. Sozialer Zusammenhalt ist unmöglich, ohne daß viele ausgeschlossen werden. Der besondere Charakter der sozialen Gruppe macht es unmöglich, sie ganz der Dimension des Geistes unterzuordnen. Sie besitzt nicht die moralische Zentriertheit des personhaften Selbst, und aus diesem Grunde unterscheidet man oft zwischen sozial-ökonomischen und geistesgeschichtlichen Prozessen. Aber eine solche Unterscheidung ist unrichtig, denn das Element der Gerechtigkeit wird einerseits in allen Gruppen durch Akte des Geistes verwirklicht, und andrerseits sind alle Bereiche, die durch die Dimension des Geistes beherrscht werden, zumindest teilweise von sozial-ökonomischen Kräften abhängig. Es gehört zur essentiellen Gerechtigkeit einer Gruppe, ihre Zentriertheit zu erhalten, und daher versucht die Gruppe, in allen Akten, in denen sie sich verwirklicht, ein Zentrum herzustellen. Das Zentrum geht dem Wachstum einer sozialen Gruppe nicht voraus, sondern in jedem Moment finden gleichzeitig Selbst-Zentrierung und Wachstum statt. Deshalb müssen wir hier die Zweideutigkeiten, die aus der Selbst-Integration und dem Sich-Schaffen des Lebens folgen, gemeinsam behandeln und in dieser Hinsicht Erörterungen der geschichtlichen Dimension vorausnehmen. Der Unterschied der geschichtlichen Dimension sowohl von den Dimensionen, die der Dimension des Geistes vorausgehen als auch von der Dimension des Geistes selbst, ist deutlich: In der geschichtlichen Dimension sind Selbst-Integration und Sich-Schaffen ein und derselbe Akt des Lebens. Und nicht nur die Dimensionen, sondern auch die Prozesse des Lebens treffen zusammen unter der allumfassenden Dimension des Geschichtlichen[1]. Da in der geschichtlichen Dimension die drei Lebensprozesse zusammenfallen, kann die „Zweideutigkeit der Zugehörigkeit" sowohl auf den Prozeß der Selbst-Integration wie auf den Prozeß des Sich-Schaffens angewandt werden. Dieses Problem ist der Gegenstand zahlloser soziologischer Untersuchungen, deren praktische Konsequenzen – ganz gleich, welche Lösungen vorgeschlagen wurden – sehr groß sind. Die „Zweideutigkeit der Zugehörigkeit" hat zur Folge, daß in jedem Akt, durch den der Zusammenhalt gestärkt wird, Individuen oder Gruppen in der Grenzzone abgelehnt oder ausgestoßen werden, und umgekehrt, daß jeder Akt, durch den dieselben Individuen und Gruppen aufgenommen oder behalten werden, den Zusammenhalt der Gruppe schwächt. Individuen oder Gruppen in solchen Grenzsituationen sind z. B. Individuen aus einer anderen sozialen Klasse, Individuen, die in eine enge Familien- oder Freundschaftsgruppe eintreten, national oder rassenmäßig Fremde, Minderheiten-Gruppen, „Non-Conformists" oder neu Hinzukommende, die nur abgelehnt werden, weil sie neu hinzukommen.

Die zweite Zweideutigkeit in der Verwirklichung der Gerechtigkeit

---

[1] Vgl. Teil V, I A 3 b.

ist die „Zweideutigkeit der Gleichheit". Natürliche Ungleichheit zwischen Individuen und Gruppen ist keine statische Verschiedenheit, sondern die Folge ständiger konkreter Entscheidungen. Solche Entscheidungen finden in jeder Begegnung von Seiendem mit Seiendem statt, in jedem einander Anblicken, in jeder Unterhaltung, in jeder Forderung, jeder Frage, jeder Bitte. Sie ereignen sich in jeder Konkurrenz-Situation innerhalb der Familie, der Schule, der Arbeit, des Geschäfts, des geistigen Schaffens, der sozialen Beziehungen und des politischen Machtkampfes. In all diesen Begegnungen gibt es ein Vorwärtsstoßen, ein Ausprobieren, ein sich Zurückziehen, ein Herausdrängen, ein Zusammenschmelzen, ein sich Trennen – ein fortgesetzter Wechsel von Sieg und Niederlage. Diese dynamischen Ungleichheiten sind in allen Dimensionen aktuell – vom Beginn eines Lebensprozesses bis zu seinem Ende. In der Dimension des Geistes stehen sie unter dem Prinzip der Gerechtigkeit und dem zu ihm gehörenden Element der Gleichheit. Die Frage ist: In welchem Sinne schließt Gerechtigkeit Gleichheit ein? Darauf gibt es eine unzweideutige Antwort: Jede Person ist jeder anderen gleich, insofern sie Person ist. In dieser Hinsicht gibt es keinen Unterschied zwischen einer vollentfalteten Person und einem Geisteskranken, der nur potentiell Person ist. Im Namen des Prinzips der Gerechtigkeit, das beiden innewohnt, verlangen sie, als Person anerkannt zu werden. Die Gleichheit ist bis zu diesem Punkt unzweideutig, und auch ihre Konsequenzen sind logisch unzweideutig: Gleichheit vor dem Gesetz in all den Beziehungen, in denen das Gesetz die Verteilung von Rechten und Pflichten, Chancen und Einschränkungen, Gütern und Lasten bestimmt und in gerechter Weise Gehorsam oder Ungehorsam gegenüber dem Gesetz, Verdienst oder Verschulden vergilt und Kompetenz und Inkompetenz abwägt.

Obwohl die logischen Implikationen des Prinzips der Gleichheit unzweideutig sind, ist ihre konkrete Anwendung zweideutig. Die vergangene und die gegenwärtige Geschichte liefern dafür unleugbare Beweise. In der Vergangenheit wurde ein Geisteskranker nicht einmal als potentielle Person anerkannt, und auch in der Gegenwart ist diese Anerkennung noch immer begrenzt. Darüber hinaus gibt es in diesem Jahrhundert schreckliche Rückfälle in eine dämonische Zerstörung der Gerechtigkeit. Auch wenn sich das in Zukunft ändern sollte, würden damit die Zweideutigkeiten des Konkurrenzkampfes nicht geändert; sie wirken ständig in der Richtung auf Ungleichheit der Menschen – in den täglichen Begegnungen, im Aufbau der Gesellschaft und in den politischen Schöpfungen. Schon der Versuch, das Prinzip der Gleichheit – die unzweideutige Anerkennung der Person als Person –

auf die Praxis anzuwenden, kann zerstörerische Folgen haben und die Verwirklichung der Gerechtigkeit verhindern. Ein solcher Versuch kann das Recht, das in einer speziellen Machtgruppe verkörpert ist, dieser wegnehmen und es Individuen und Gruppen geben, deren geringere Seinsmächtigkeit dem ihr so verliehenen Recht nicht entspricht. Oder Individuen und Gruppen werden unter Bedingungen gehalten, die die Entfaltung ihrer Potentialitäten technisch unmöglich machen. Oder eine bestimmte Konkurrenz-Situation wird aufgehoben, dafür aber eine andere geschaffen und damit die eine Ursache ungerechter Ungleichheit beseitigt, dafür aber eine andere geschaffen. Oder es wird mit ungerechten Mitteln gearbeitet, um ungerechte Macht zu brechen. Diese Beispiele zeigen, daß ein Zustand unzweideutiger Gerechtigkeit ein Produkt utopischer Phantasie bleibt.

Die dritte Zweideutigkeit in der Selbstverwirklichung einer sozialen Gruppe ist die „Zweideutigkeit der Führung". Sie zieht sich durch alle menschlichen Beziehungen, sei es die zwischen Eltern und Kindern oder die zwischen Herrscher und Beherrschten. In ihr manifestiert sich in vielen Formen die Zweideutigkeit von Schöpfung und Zerstörung, die alle Lebensprozesse charakterisiert. „Führung" ist eine Struktur, die in der Entwicklungsgeschichte schon sehr früh innerhalb des organischen Bereichs auftritt und sich in der Dimension des Psychischen, des Geistes und der Geschichte voll verwirklicht. Man macht es sich zu leicht, wenn man das Führungs-Phänomen nur auf das unterschiedliche Verhältnis der Kräfte in einer Gruppe und auf das Streben des Stärkeren nach Unterdrückung des Schwächeren zurückführt. Das ist zwar ein immer vorhandener Mißbrauch des Führerprinzips, aber nicht sein Wesen. Führung ist das soziale Analogon zu Zentriertheit. Wie wir sehen, ist es nur eine Analogie, aber es ist eine gültige. Denn ohne die „Zentriertheit", die die Führung herstellt, sind Selbst-Integration und Selbst-Verwirklichung einer Gruppe nicht möglich. Diese Funktion der Führung kann von einem Faktum abgeleitet werden, das gegen sie zu sprechen scheint, nämlich der personalen Zentriertheit des Einzelnen in der Gruppe. Ohne einen Führer oder eine führende Minorität könnte eine Gruppe nur durch psychologische Gewalt geeint werden, die alle Individuen in einer ähnlichen Weise dirigiert wie Massen in einer Schocksituation, in der Spontaneität und Freiheit verlorengehen und die Einzelnen zu keiner unabhängigen Entscheidung fähig sind. Die Propagandisten aller Schattierungen versuchen, solche „Massenreaktionen" herbeizuführen. Sie wollen keine Führer sein, sondern Manager, die eine kausal determinierte Massenbewegung dirigieren. Aber gerade diese Möglichkeit, die Macht der Führung zu mißbrauchen, um sie in Massenmanipulation umzuformen, zeigt, daß diese „Massen-Führung" nicht das wahre Wesen der Führung ist. Wahre Führung achtet die zentrierte Person, die sie führen soll, und ist auf ihre Integration bedacht. Die eben beschriebene Möglichkeit des Abgleitens in Massenmanipulation zeigt die Zweideutigkeit der Führung. – Der Führer vertritt nicht nur die Macht und die Gerechtigkeit der Gruppe, sondern auch sich selbst, seine Seinsmächtigkeit und die mit ihr gegebene Gerechtigkeit. Und er vertritt nicht nur seine Person, sondern auch die soziale Schicht, in der er lebt und die er freiwillig oder unfreiwillig repräsentiert. Diese Situation ist die ständige Quelle der Zweideutigkeit einer jeden herrschenden Macht, sei es einer Diktatur, einer Aristokratie oder eines Parlaments. Das gilt sogar für freiwillige Zusammenschlüsse, deren gewählte Führer von den gleichen zweideutigen Motiven geleitet werden wie die politischen Herrscher. Die Zweideutigkeit der „Rationalisierung"[1] oder der Ideologie ist in jeder Führungsstruktur gegenwärtig. Aber der Versuch, solche Strukturen abzuschaffen, z. B. durch Anarchie, hebt sich selbst auf, weil das entstehende Chaos der Nährboden für die Diktatur ist und die Zweideutigkeiten des Lebens nicht dadurch überwunden werden können, daß ein Vakuum geschaffen wird.

Man hat in bestimmten Fällen für das Wort „Führer" das Wort „Autorität" eingeführt; das ist aber eine irreführende Verwendung eines viel fundamentaleren Begriffs, mit dem besondere Formen der Zweideutigkeit verbunden sind. „Autorität" (abgeleitet von *augere, auctor*) bezeichnet vor allem die Fähigkeit, etwas zu beginnen und dann zu vermehren, zu vergrößern. In diesem Sinne gibt es Autoritäten in allen kulturellen Bereichen. Sie folgen aus der Spezialisierung allen Lebens und sind unvermeidlich, weil ein Einzelner als endliches Wesen in seiner Erkenntnis und in seinem Können begrenzt ist. Diese Situation ist an sich noch nicht zweideutig, aber die Zweideutigkeit der Führung in Form der Autorität setzt ein, sobald die faktische Autorität, die auf Sachkenntnis beruht, zu einer prinzipiellen Autorität fixiert wird. Eine solche Autorität ist gewöhnlich mit einer bestimmten gesellschaftlichen Stellung verbunden, z. B. der des Priesters als Priester, des Gelehrten als Gelehrten, der Eltern als Eltern. In vielen dieser Fälle üben Menschen mit weniger Kenntnissen und Fähigkeiten Autorität über Menschen mit mehr Kenntnissen aus, wodurch der ursprüngliche Sinn der Autorität verloren geht. Dies ist aber nicht nur ein bedauerlicher Zustand, der vermieden werden könnte und

---

[1] Siehe Fußnote auf S. 89.

sollte, sondern auch Ausdruck einer unvermeidbaren Zweideutigkeit. Das ist besonders deutlich im Falle der elterlichen Autorität, aber es trifft auch auf unterschiedliche Altersgruppen im allgemeinen zu, auf die Beziehung von Sachkennern zu Laien, die sich an sie wenden, und von Machthabern zu denen, über die sie herrschen. Alle institutionelle Hierarchie beruht auf der Umwandlung von faktischer in prinzipielle Autorität. Aber da es Autorität über *Personen* ist, kann im Namen der Gerechtigkeit gegen sie rebelliert werden. Prinzipielle Autorität versucht, solche Auflehnung zu verhindern, und hier zeigt sich eine weitere Zweideutigkeit: Eine erfolgreiche Auflehnung gegen die Autorität würde die soziale Struktur des Lebens untergraben, während Unterwerfung unter die Autorität gerade die Grundlage der Autorität – das personhafte Selbst und seinen Anspruch auf Gerechtigkeit – zerstören würde.

Die vierte Zweideutigkeit der Gerechtigkeit ist die „Zweideutigkeit des Gesetzes". Wir haben bereits die Zweideutigkeit des moralischen Gesetzes behandelt, sowohl seine Berechtigung wie seine Unfähigkeit, das zu leisten, was es leisten soll: nämlich die Wiedervereinigung des existentiellen Seins mit dem essentiellen Sein des Menschen. Die Zweideutigkeiten des Gesetzes, z. B. der staatlichen Gesetze in Form von Zivil- und Strafrecht, haben eine ähnliche Struktur. Man erwartet von diesen Gesetzen, daß sie allein der Gerechtigkeit dienen; statt dessen bewirken sie mit der Gerechtigkeit zugleich Ungerechtigkeit.

Die Zweideutigkeit des Gesetzes hat zwei Gründe, einen äußeren und einen inneren. Der *äußere* Grund ist die Beziehung zwischen dem formulierten Gesetz und den Autoritäten, die die Gesetze geben, auslegen und handhaben. Hierbei beeinflussen die Zweideutigkeiten der Autorität den Charakter der Gesetze. Die Gesetze sollen Gerechtigkeit ausdrücken, aber sie sind zugleich auch Ausdruck einer speziellen politischen Machtgruppe. Diese Situation ist nicht nur unvermeidbar, sondern sie folgt aus dem Wesen des Seienden, d. h. der vieldimensionalen Einheit des Lebens und all seinen Funktionen. Jede Schöpfung in der Dimension des Geistes vereint Ausdruck mit Geltung. Sie drückt eine individuelle oder soziale Situation aus, die sich in einem speziellen Stil manifestiert. Der Stil der Gesetzgebung durch eine bestimmte Machtgruppe in einer bestimmten Epoche sagt uns nicht nur etwas über die logische Lösung juristischer Probleme, sondern verrät uns auch etwas von der wirtschaftlichen und sozialen Schichtung jener Zeit und von der Eigenart der herrschenden Klassen oder Gruppen. Trotzdem ist die logische Struktur des Gesetzes nicht einfach durch Diktate des Machtwillens oder durch politischen Druck ersetzt, z. B. dem von Ideologien, die die Bewahrung oder Veränderung einer bestehenden Machtstruktur beabsichtigen. Das formulierte Gesetz kann nicht einfach anderen Zwecken dienstbar gemacht werden, es behält auch seine eigenen Strukturen, und es kann nur deshalb fremden Zwecken dienen, weil es seine eigene Struktur bewahrt; denn Macht ohne gültiges Recht zerstört sich selbst.

Die *innere* Zweideutigkeit des Gesetzes ist unabhängig von den Autoritäten, die die Gesetze geben, auslegen und handhaben. Sie beruht auf der Abstraktheit des formulierten Gesetzes, das (ebenso wie das moralische Gesetz) der konkreten Situation in ihrer Einzigartigkeit unangemessen ist, denn nach dem Prinzip der Individualisation ist jede Situation einzigartig – wenn sich auch manche Situationen ähneln. Vielen Rechts-Systemen liegt ein Bewußtsein dieser Tatsache zugrunde; sie haben daher Sicherheitsmaßnahmen gegen das Prinzip der abstrakten Gleichheit eines jeden vor dem Gesetz eingebaut, aber die Ungerechtigkeit, die aus dem abstrakten Charakter des Gesetzes folgt und der konkreten einzigartigen Situation keine Rechnung trägt, kann dadurch nur zum Teil aufgehoben werden.

e) Die Zweideutigkeiten des Humanismus. – Wenn die Kutur ein Sinn-Universum schafft, tut sie es nicht im leeren Raum bloßen Geltens Sinn-Setzung ist immer die Verwirklichung dessen, was potentiell im Träger des Geistes, nämlich im Menschen vorliegt. Diese These habe ich bereits gegen die anti-ontologischen Wertphilosophen verteidigt. Sie muß jetzt in einer ihrer entscheidenden Folgerungen erörtert werden, d. h. es muß die in ihr enthaltene Antwort auf die Frage diskutiert werden: Was ist das letzte Ziel aller Kulturschöpfung? Was ist der Sinn der Schaffung eines Sinn-Universums?

Wie aus der ontologischen Ableitung der Werte folgt, hat die Antwort zwei Seiten, eine makrokosmische und eine mikrokosmische. Die makrokosmische lautet: Das Sinn-Universum ist die Erfüllung der Potentialitäten des Seins-Universums. In der menschlichen Welt verwirklichen sich die unerfüllten Potentialitäten der Materie, wie sie z. B. im Atom erscheinen. Diese Potentialitäten aktualisieren sich jedoch nicht in den Atomen, Molekülen, Kristallen, Pflanzen oder Tieren, sofern sie für sich bleiben, sondern nur, insoweit sie Teile oder Kräfte der Dimensionen sind, die im Menschen aktuell werden. Diese Lösung läßt die Frage der Sinnerfüllung des Universums als ganzen noch offen. Erst bei der Behandlung der Selbst-Transzendierung des Lebens und ihren Zweideutigkeiten, sowie bei der Behandlung der Symbole des unzweideutigen, d. h. des ewigen Lebens, kann eine Antwort gegeben werden.

In der mikrokosmischen Antwort wird der Mensch als der Ort und das Mittel betrachtet, durch die ein Sinn-Universum verwirklicht wird. Geist und Mensch sind aneinander gebunden, und nur im Menschen erreicht das Universum eine vorläufige und fragmentarische Erfüllung. Das ist die Wurzel der humanistischen Idee als der mikrokosmischen Antwort auf die Frage nach dem Ziel der Kultur. Hierin liegt die Rechtfertigung des Humanismus, der nicht das Prinzip einer philosophischen Schule, sondern das allen philosophischen Schulen gemeinsame Prinzip ist. Allerdings müssen wir eine Einschränkung machen: Die humanistische Idee kann angesichts der Zweideutigkeiten aller Kultur nur aufrechterhalten werden, wenn diese Zweideutigkeiten nicht verschwiegen werden und wenn der Humanismus bis zu dem Punkt konsequent durchgeführt wird, an dem er selbst die Frage nach unzweideutigem Leben stellt.

Der Begriff Humanismus ist weit umfassender als der Begriff *humanitas*. Wir haben *humanitas* als die Erfüllung des personhaften Lebens definiert und sie in Parallele zu dem Begriff Gerechtigkeit und – im Blick auf alle Funktionen des Geistes – auch zu den Begriffen der Wahrheit und der Ausdruckskraft gesetzt. Humanismus ist eine Haltung, die in diesen Prinzipien und in der Kultur, die durch diese Prinzipien bestimmt ist, lebt. *Humanitas* drückt eines der inneren Ziele aus, für das der Humanismus steht.

Der Humanismus darf nicht als Rationalismus kritisiert werden. Die Kritik ist insofern unberechtigt, als der Humanismus versichert, daß das Ziel der Kultur die Verwirklichung der Potentialitäten ist, die im Menschen als dem Träger des Geistes liegen. Anders steht es mit einer humanistischen Philosophie, die die Zweideutigkeiten in der Idee des Humanismus nicht zugeben will und darum abgelehnt werden muß. Die Zweideutigkeiten des Humanismus beruhen auf der Tatsache, daß er die selbst-transzendierende Funktion des Lebens nicht beachtet und die schöpferische Funktion absolut setzt. Das bedeutet nicht, daß der Humanismus die Religion ignoriert. Gewöhnlich, wenn auch nicht immer, ordnet der Humanismus Religion unter die menschlichen Potentialitäten ein und betrachtet sie darum als eine der kulturellen Schöpfungen. Aber gerade weil er so verfährt, leugnet er letztlich die Selbst-Transzendierung des Lebens und damit den innersten Charakter der Religion.

Da der Humanismus als Prinzip und als Haltung in engster Beziehung zu dem Problem der Erziehung steht, ist es aufschlußreich, seine

Zweideutigkeiten in Verbindung mit den Zweideutigkeiten der Erziehung aufzuzeigen, besonders mit einer Zweideutigkeit der Erziehung, die im Gebiet des Personhaften wie des Gemeinschaftlichen erscheint. „Erziehen" bedeutet, jemanden „herauszuziehen", und zwar aus dem Stadium der „Ungeformtheit". Aber weder das Wort noch unsere gegenwärtige Art der Erziehung beantworten die Frage: „Wozu erziehen?" Der reine Humanismus würde antworten: „Zu der Verwirklichung aller menschlichen Potentialitäten." Da jedoch der unendliche Abstand zwischen dem Individuum und dem Menschengeschlecht als ganzem dies unmöglich macht, müßte die eigentliche humanistische Antwort lauten: „Die Verwirklichung der menschlichen Potentialitäten dieses bestimmten Individuums im Rahmen seines besonderen geschichtlichen Schicksals." Diese Begrenzung ist jedoch für das humanistische Ideal verhängnisvoll, soweit es den Anspruch erhebt, die endgültige Antwort auf die Frage der Erziehung und der Kultur im allgemeinen zu geben. Wegen der menschlichen Endlichkeit kann niemand das humanistische Ideal erfüllen: entscheidende menschliche Potentialitäten werden immer unverwirklicht bleiben. Und noch mehr: Die Bedingungen, unter denen der Mensch lebt – ganz gleich, ob in aristokratischen oder demokratischen Systemen –, schließen die überwiegende Mehrzahl menschlicher Wesen von den höheren Formen der Kultur und der Bildung aus. Die mit dem humanistischen Ideal gegebene Exklusivität hindert den Humanismus daran, das letzte Ziel der menschlichen Kultur zu sein. Es ist die Zweideutigkeit der humanistischen Erziehung, daß sie einzelne oder Gruppen von allen übrigen im aristokratischen Sinne isoliert, und je mehr sie sie isoliert, desto erfolgreicher kann die humanistische Erziehung sein. Zugleich wird aber dieser Erfolg in Frage gestellt, denn die Gemeinschaft zwischen Mensch und Mensch als immer offene Möglichkeit gehört zum humanistischen Ideal selbst. Wenn solche Offenheit durch die humanistische Erziehung eingeschränkt wird, gerät diese Erziehung in Widerspruch mit sich selbst. Daher muß die Frage: „Wohin soll die Erziehung führen"? so beantwortet werden, daß jeder, der eine Person ist, mit umfaßt wird. Aber die Kultur kann diese Antwort nicht finden – eben wegen der Zweideutigkeiten des Humanismus. Nur ein sich selbst-transzendierender Humanismus könnte diese Frage beantworten – die Frage nach dem Sinn der Kultur und dem Ziel der Erziehung.

Und wir müssen uns noch an etwas anderes erinnern[1]. Das humanistische Ideal ist nicht imstande, die menschliche Situation in ihrer exi-

---

[1] Vgl. Bd. II, S. 89 ff.

stentiellen Entfremdung zu sehen. Ohne Selbst-Transzendierung wird die humanistische Forderung zum Gesetz und fällt unter die Zweideutigkeiten des Gesetzes. Der Humanismus selbst führt zu der Frage nach einer Kultur, die sich selbst transzendiert.

3. Die Selbst-Transzendierung des Lebens und ihre Zweideutigkeiten

a) Freiheit und Endlichkeit. – Die Polarität von Freiheit und Schicksal (und ihre Analogien in den Bereichen des Seins, die der Dimension des Geistes vorausgehen) schafft dem Leben die Möglichkeit, sich selbst zu transzendieren, und diese Möglichkeit kann zur Wirklichkeit werden. Das Leben ist bis zu einem gewissen Grade frei von sich selbst, d. h. von der totalen Gebundenheit an seine Endlichkeit. Die vertikale Linie, die die Selbst-Transzendierung symbolisiert, durchstößt sowohl die Kreislinie der Zentriertheit als auch die horizontale Linie des Wachstums. In den Worten des Paulus (Röm. 8, 19–22) ist die Sehnsucht der gesamten Schöpfung nach der Befreiung vom „Dienst der Eitelkeit" und den „Banden der Sterblichkeit" mit tiefer poetischer Einfühlung beschrieben. Diese Worte sind ein klassischer Ausdruck für die Selbst-Transzendierung des Lebens in allen Dimensionen. Man kann auch an Aristoteles' Lehre denken, daß die Bewegung aller Dinge, durch ihren *eros* verursacht, auf den „unbewegten Beweger" gerichtet ist.

Die Frage, wie sich die Selbst-Transzendierung des Lebens manifestiert, kann nicht, wie im Falle der Selbst-Integration und des Sich-Schaffens, empirisch beantwortet werden. Man kann von ihr nur in Worten reden, die die Spiegelung der Selbst-Transzendierung der Dinge im menschlichen Bewußtsein beschreiben, denn der Mensch ist der Spiegel, in dem die Beziehung eines jeden Endlichen zum Unendlichen bewußt wird. Es gibt keine empirische Beobachtung dieser Beziehung, weil alle empirische Erkenntnis sich auf das wechselseitige Verhältnis endlicher Dinge bezieht, aber nicht auf das Verhältnis des Endlichen zum Unendlichen.

Der Selbst-Transzendierung des Lebens steht die Profanisierung gegenüber, eine Tendenz, die ebensowenig wie die Selbst-Transzendierung empirisch beschrieben, sondern nur im Spiegel des menschlichen Bewußtsein gesehen werden kann. Profanisierung wie Selbst-Transzendierung erscheinen im menschlichen Bewußtsein als eine Erfahrung, die sich in allen Epochen der menschlichen Geschichte findet. Der Mensch hat, wo immer er volle Menschlichkeit erlangt hat, für den Konflikt zwischen Bejahung und Verneinung der Heiligkeit des Lebens

Zeugnis abgelegt. Und selbst in Ideologien wie dem Kommunismus hat der Versuch der totalen Profanisierung überraschend damit geendet, daß das Profane selbst die Weihe der Heiligkeit erhielt. Das Wort „profan" drückt in seiner eigentlichen Bedeutung das aus, was ich „Widerstand gegen die Selbst-Transzendierung" nennen würde; es bedeutet: vor den Toren des Tempels, außerhalb des Heiligen stehen bleiben. Im Englischen wird das Wort „profane", das irreführende Nebenbedeutungen hat, gewöhnlich durch das Wort „secular" ersetzt, und die Weigerung, in das Heilige einzugehen, wird als Weltanschauung „Säkularismus" genannt. Aber das bringt den Gegensatz zu „heilig" nicht so scharf heraus wie das Wort „profan", und daher möchte ich das Wort „profan" beibehalten, um den Widerstand gegen die Selbst-Transzendierung in allen Dimensionen des Lebens auszudrücken.

An dieser Stelle möchte ich eine allgemeine Bemerkung einflechten: In jedem Akt der Selbst-Transzendierung ist Profanisierung gegenwärtig, oder in anderen Worten: das Leben transzendiert sich in zweideutiger Weise. Obwohl es diese Zweideutigkeit von Selbst-Transzendierung und Profanisierung im eigentlichen Sinne der Begriffe nur im religiösen Bereich gibt, gibt es Analogien dazu in allen Dimensionen.

b) Selbst-Transzendierung und Profanisierung im allgemeinen: die Größe des Lebens und ihre Zweideutigkeiten. – Das sich selbst-transzendierende Leben erscheint im Spiegel des menschlichen Bewußtseins als Größe und Würde. Größe kann quantitativ verstanden werden, und sofern das geschieht, kann sie gemessen werden. Wenn aber Größe in Verbindung mit der Selbst-Transzendierung des Lebens gebraucht wird, dann ist sie ein qualitativer Begriff. Größe im qualitativen Sinn drückt Seins- und Sinnmächtigkeit aus, sie weist auf ein letztes Sein und einen letzten Sinn hin und gibt dem Hinweisenden die Würde, die ihm dadurch zukommt. Das klassische Beispiel ist der griechische Heros, der die höchste Macht und den höchsten Wert innerhalb der Gruppe, zu der er gehört, repräsentiert. Durch seine Größe kommt er der göttlichen Sphäre nahe, in der die Fülle des Seins und Sinnes in Götter-Gestalten symbolisiert anschaubar wird. Aber wenn der Heros die Grenzen seiner Endlichkeit überschreitet, wird er zurückgestoßen von dem „Zorn der Götter". Größe schließt Wagnis ein und die Bereitschaft des Heros, Tragik auf sich zu nehmen. Wenn er an den tragischen Folgen untergeht, verliert er dadurch weder seine Größe noch seine Würde. Und es ist die Kleinheit – die Furcht, über die Endlichkeit hinauszustoßen, die Bereitschaft, das Endliche als gegeben hinzunehmen, die Tendenz, sich in den Grenzen des Althergebrachten zu

Die Selbst-Transzendierung des Lebens und ihre Zweideutigkeiten

bewegen, die Durchschnitts-Existenz mit ihrem Wunsch nach Sicherheit – diese Kleinheit ist es, die mit der Größe und Würde des Lebens in Konflikt gerät.

In der Literatur wird die Größe des physischen Universums in reicher Fülle gepriesen, aber Größe wird hier selten definiert. Das Wort bezieht sich zunächst auf die quantitative Ausdehnung des Universums in Zeit und Raum. Aber es weist noch stärker auf das qualitative Geheimnis der Struktur eines jeden kleinsten Teils des Universums und auf die Struktur des Ganzen hin. „Geheimnis" bedeutet hier: die Unendlichkeit der Fragen, mit denen jede Antwort den menschlichen Geist aufs neue konfrontiert. Die Wirklichkeit – jedes Stück Wirklichkeit – ist unerschöpflich und enthüllt etwas vom Geheimnis des Seins selbst, das die endlose Reihe wissenschaftlicher Fragen und Antworten transzendiert. Die Größe des Universums liegt in seiner Macht, dem immerfort drohenden Chaos zu widerstehen – jenem Chaos, dessen sich die Mythen, einschließlich der biblischen Geschichten, deutlich bewußt sind. Dasselbe Bewußtsein findet sich in rationaler Form in der Ontologie und in den kosmologischen Deutungen der Geschichte und liegt zahlreichen Schöpfungen der Poesie und Malerei zugrunde.

Aber wo das ist, was das Leben groß macht, ist auch das, was das Leben klein macht. Das Leben im anorganischen Bereich ist nicht nur groß, es ist in seiner Größe auch klein. Seine Potentialitäten bleiben unentfaltet, und was sichtbar ist, ist nur seine Endlichkeit, religiös gesprochen ist es „Staub und Asche". Es ist, wie die zyklische Geschichtsdeutung behauptet, Stoff für das „kosmische Feuer", in dem jede kosmische Periode ihr Ende hat, und es ist, wie die Technik zeigt, Material für Analyse und Kalkulation – zum Zwecke der Produktion von Werkzeugen. Weit davon entfernt, groß zu sein, ist das Leben im Bereich des Anorganischen nichts als Material, aus dem Dinge gemacht werden. Und es gibt Philosophen, die das ganze physische Universum als ein großes „Ding" ansehen, eine von Gott geschaffene (oder in Ewigkeit existierende) kosmische Maschine. So ist das Universum vollständig profanisiert, zunächst im anorganischen Bereich und, nachdem alles andere auf das Anorganische reduziert wird, in seiner Ganzheit. Es gehört zur Zweideutigkeit des Lebens, daß beide Qualitäten, Größe und Kleinheit, immer in allen Lebensstrukturen vorhanden sind.

Als Beispiel für diese Zweideutigkeit im anorganischen Bereich können wir auf die technischen Gebilde hinweisen, die als bloße Dinge der Verunstaltung, der Zerstückelung und der Häßlichkeit (z. B. Schmutz und Abfall) preisgegeben sind. Die technischen Gebilde können jedoch auch in sublimer Weise ihrem Zweck angemessen sein. Sie können eine ästhetische Ausdruckskraft zeigen, die nicht durch äußere Ornamente, sondern durch innere Formkraft geschaffen ist. Auf diese Weise können Dinge, die bloße Dinge sind, sich transzendieren und an der Größe teilhaben.

Selbst-Transzendierung im Sinne von Größe enthält Selbst-Transzendierung im Sinne von Würde. Der Begriff Würde scheint ausschließlich dem Person- und Gemeinschafts-Bereich anzugehören, weil er volle Zentriertheit und Freiheit voraussetzt. Ein Element der Würde ist Unverletzlichkeit. Im Bereich des Personhaften bedeutet Unverletzlichkeit die unbedingte Forderung der Person, als Person anerkannt zu werden. Die Frage ist jedoch, ob Würde im Sinne von Unverletzlichkeit allen Lebensbereichen zugeschrieben werden kann, einschließlich dem anorganischen Bereich. Mythos und Dichtung haben diesem Gedanken Ausdruck gegeben und die Idee der Würde auf das Ganze der Wirklichkeit bezogen – einschließlich dem Anorganischen, insbesondere den vier Elementen und ihren Manifestationen in der Natur. Es ist versucht worden, den Polytheismus aus der überwältigenden Größe der Naturmächte abzuleiten. Aber die Götter repräsentieren niemals Größe allein, sie repräsentieren immer auch Würde. Sie handeln nicht nur, sondern sie gebieten auch, und ein fundamentales Gebot aller Religionen ist, die höhere Würde der Götter anzuerkennen. Ein Element des Seins, das durch einen Gott repräsentiert wird, erhält dadurch Würde, und die Verletzung dieser Würde wird durch den Zorn des Gottes gerächt. Das war, geschichtlich gesehen, die Weise, wie die Menschheit die Würde der realen Dinge, besonders derjenigen im anorganischen Bereich, anerkannte. Man glaubte, daß die Götter die Elemente repräsentieren, und das konnte man nur, weil die Elemente an der selbsttranszendierenden Funktion des Lebens teilhaben. Die Selbst-Transzendierung des Lebens in allen Dimensionen macht den Polytheismus erst möglich. Die Hypothese, daß der Mensch der Wirklichkeit zuerst in der Form der Totalität der Dinge als Dinge begegnete und dann diese Dinge zu göttlicher Würde erhob, ist absurder als die Absurditäten, die dem Primitiven zugeschrieben werden. Tatsächlich erlebte der Mensch als erstes die Erhabenheit des Lebens, seine Größe und Würde, aber er erlebte sie in zweideutiger Verbindung mit Kleinheit und Niedrigkeit. Die polytheistischen Götter repräsentieren die Selbst-Transzendierung des Lebens; das ist die bleibende und nicht zu leugnende Gültigkeit des polytheistischen Symbolismus: er hat die Funktion, die Selbst-Transzendierung des Lebens in allen Dimensionen gegen einen abstrakten Monotheismus zu betonen. Denn der Monotheismus steht in der Gefahr – indem er alle Macht und Ehre dem einen Gott zuschreibt –, alle Dinge in reine Objekte zu verwandeln und der Wirklichkeit auf diese Weise ihre Macht und ihre Würde zu nehmen.

Die vorausgehende Diskussion nimmt in gewisser Weise die Analyse der Religion und ihrer Zweideutigkeiten voraus. Das ist gerechtfertigt einmal durch die vieldimensionale Einheit des Lebens, zum anderen durch die Notwendigkeit, Analogiebegriffe, wie Größe und Würde, im anorganischen Bereich durch Rückgang auf das, zu dem sie eine Analogie bilden, verständlich zu machen (z. B. auf die polytheistischen Götter). Nur auf diese Weise kann überhaupt von Größe und Würde im anorganischen Bereich gesprochen werden. Eine Frage aus der Diskussion über die Größe des Lebens blieb jedoch unbeantwortet, nämlich die Frage, ob und wie der technische Gebrauch der anorganischen und organischen Materialien ihre Größe und Würde verletzt. Dieses Problem ist zumeist in Verbindung mit der zerstörerischen Wirkung der Technik auf den Menschen erörtert worden; nur einige romantische Philosophen haben dabei das Material selbst im Blick gehabt. Es ist leicht, diese Philosophen als romantisch abzutun, aber es ist nicht so leicht, im Hinblick auf das Symbol der Schöpfung die Frage selbst abzutun: Ist ein Stück geschaffener Wirklichkeit dadurch, daß es in ein Werkzeug gezwängt wird, entwürdigt? Die Antwort auf dieses noch unerforschte Problem könnte vielleicht lauten: Die Gesamtbewegung des anorganischen Universums enthält unzählige Begegnungen von Partikeln und Massen, bei denen jeweils einige durch Umwandlung ihre Identität verlieren. Der technische Akt des Menschen kann als eine Fortsetzung dieser Prozesse aufgefaßt werden. Aber darüber hinaus verursacht der Mensch einen neuen Konflikt – den Konflikt zwischen der Steigerung von Potentialitäten der Materialien (z. B. bei der Erfindung des elektrischen Lichts, des Flugzeugs, chemischer Synthesen) und der dadurch entstehenden Zerstörung des natürlichen Gleichgewichts zwischen kleineren oder größeren Teilen des Universums (z. B. der Umwandlung von fruchtbarem Land in Wüste oder der Vergiftung der Atmosphäre). In solchen Prozessen ist deutlich sichtbar, wie die Intensivierung (Vergrößerung) zugleich zur Deteriorierung (Verkleinerung) führt. Solche Zweideutigkeiten liegen der Angst zugrunde, die sich in den frühen Mythen ausdrückt, nach denen der Mensch seine Grenze überschreitet und dabei selbst zerstört wird. Es ist dieselbe Angst, von der ein Teil der heutigen Naturwissenschaftler erfaßt ist: in beiden Fällen fürchtet man, ein Tabu zu brechen.

Vieles, was wir über Größe und Würde im anorganischen Universum gesagt haben, gilt in gleicher Weise für den organischen Bereich und die in ihm herrschenden Dimensionen. Die Größe eines jeden Lebewesens und die unendliche Erhabenheit seiner Struktur sind in allen Zeitaltern von Dichtern, Malern und Philosophen hervorgehoben worden. Die Unverletzlichkeit der Lebewesen kommt in den sie schützenden Geboten zum Ausdruck, die in vielen Religionen enthalten sind, in ihrer Bedeutung für die polytheistische Mythologie und in der tatsächlichen Partizipation des Menschen am Leben der Pflanzen und Tiere (im Leben wie in der Dichtung). All dies ist so bekannt, daß es keines weiteren Kommentars bedarf, aber die damit verbundenen Zweideutigkeiten verlangen eine ausführliche Behandlung, nicht nur um ihrer selbst willen, sondern auch, weil sie die Zweideutigkeiten in den Dimensionen des Geistes und der Geschichte vorbereiten.

Die Größe und Würde eines Lebewesens ist zweideutig mit Kleinheit und Entwürdigung verflochten. Die allgemeine Regel, daß alle Organismen durch die Assimilation anderer Organismen leben, bedeutet, daß sie füreinander zu Dingen werden, zum „Nahrungs-Ding" sozusagen, sie werden gefressen, verdaut und ausgeschieden. Das ist radikale Entwürdigung ihres Eigenlebens. Dem Gesetz „Leben lebt von Leben" ist der Mensch sogar gegenüber dem Menschen gefolgt – im Kannibalismus. Aber dagegen erhob sich schon früh ein Widerstand, als der Mensch immer mehr lernte, seinesgleichen als einer Person zu begegnen. Der Mensch hörte auf, als ein „Nahrungs-Ding" behandelt zu werden, aber in anderer Weise blieb er ein Ding – ein „Arbeits-Ding". In der Beziehung des Menschen zu allen anderen Lebewesen fand eine Wandlung erst statt, als seine Beziehung zu bestimmten höheren Tieren (in Indien zu den Tieren im allgemeinen) der Beziehung von Mensch zu Mensch ähnlich wurde. Dies zeigt deutlich die Zweideutigkeit zwischen der prinzipiellen Würde und Unverletzlichkeit des Lebens und der tatsächlichen Verletzung von Leben durch Leben. Dagegen zeigt die biblische Vision des Friedens in der Natur eine unzweideutige Selbst-Transzendierung im Bereich des Organischen, deren Verwirklichung die bestehenden Bedingungen des organischen Lebens ändern würde (Jesaja 11, 6–9).

In der Dimension des Bewußtseins hat die Selbst-Transzendierung den Charakter der Intentionalität: Wer sich seiner selbst bewußt ist, ist dadurch über sich selbst hinaus. Das, was ein Element in allem Leben ist, das Subjektive, wird im Menschen zum wirklichen Subjekt, und das Element des Objektiven, das in allem Leben enthalten ist, wird für den Menschen zum wirklichen Objekt, nämlich zu etwas, das dem Subjekt „entgegengeworfen" ist *(objectum)*. Die Größe dieser Entwicklung in der Geschichte der Natur kann kaum überschätzt werden, und das gilt auch von der neuen Würde, die aus ihr folgt. Bewußtsein ist selbst in seinen keimhaften Anfängen das Hinausgehen eines Lebewesens über sich selbst und bedeutet einen Schritt vorwärts, der an Größe mit keinem anderen in den vorhergehenden Dimensionen verglichen werden kann. Diese Situation findet ihren Ausdruck in der Polarität von Lust und Schmerz, die jetzt eine neue Bedeutung gewinnt. Lust kann als das Bewußtsein seiner selbst als Subjekt betrachtet werden in dem Sinne, in dem das Selbst oben als der Träger des schöpferischen *eros* beschrieben wurde. Schmerz muß dann als Bewußtsein seiner selbst betrachtet werden, nachdem das Selbst seiner Selbstbestimmung beraubt und zum Objekt gemacht worden ist. Das Tier, das einem anderen Wesen zum „Nahrungs-Ding" dienen soll, leidet in dieser Situation und versucht, ihr zu entkommen. Eine Anzahl der höheren Tiere und alle Menschen erfahren Schmerz, wenn ihre Würde als Subjekt verletzt wird. Sie haben Schamgefühle, wenn sie zu einem Ding gemacht werden, das man wie alle anderen Dinge betrachtet – körperlich und psychologisch –, oder wenn sie zum Objekt der Kritik gemacht werden, selbst dann, wenn die Kritik positiv ist, oder wenn sie als Folge negativer Urteile bestraft werden. Die Scham kann schmerzhafter als etwaiges körperliches Leiden sein. In diesen Fällen ist das Zentrum des Selbst seiner Größe und Würde beraubt. Die beschriebenen Vorgänge spielen sich in der Dimension des Bewußtseins ab und nicht in der Dimension des Geistes, wobei aber daran erinnert werden muß, daß die Dimension des Bewußtseins auf der einen Seite in die Dimension des Geistes, auf der anderen Seite in die Dimension des Organischen hineinragt.

Diese Beurteilung der Subjekt-Objekt-Spaltung als eines entscheidenden Momentes in der Selbst-Transzendierung des Lebens scheint der mystischen Tendenz zu widersprechen – jener Tendenz, die die Selbst-Transzendierung mit der Transzendierung der Subjekt-Objekt-Spaltung identifiziert. Der Widerspruch ist jedoch nur scheinbar, denn selbst in den ausgesprochenen Formen der Mystik ist die mystische Selbst-Transzendierung nicht identisch mit einem Zurückgehen ins vegetative Stadium unterhalb der Dimension des Psychischen. Es gehört zum ureigenen Wesen der Mystik, die Subjekt-Objekt-Spaltung – nachdem sie im personalen Bereich zu ihrer vollen Entfaltung gekommen ist – zu überwinden, aber nicht, sie zu negieren. Mystik sucht nach etwas jenseits der Spaltung, in dem sie sowohl überwunden als auch aufgehoben ist.

c) *Größe und Tragik*. – Die Selbst-Transzendierung des Lebens, die sich dem Menschen als Größe des Lebens offenbart, führt unter den Bedingungen der Existenz zur Zweideutigkeit von Größe und Tragik. Nur das Große ist fähig, Tragik zu erfahren. In Griechenland waren die Heroen die Träger der höchsten Werte und der höchsten Macht und die großen Familien Gegenstand der Tragik, sowohl in den Mythen als auch in den Tragödien. Die „Kleinen" oder Häßlichen und Bösen stehen unterhalb der Ebene, auf der die Tragödie spielt. Es gibt jedoch eine Grenze dieser aristokratischen Haltung. Jeder Bürger von Athen wurde von der Regierung aufgefordert, an den Aufführungen der Tragödien teilzunehmen, worin sich die Auffassung ausdrückt, daß kein menschliches Wesen ohne eine gewisse Größe ist, die Größe nämlich, „göttlicher Natur" zu sein. Sofern die Aufführungen der Tragödien jeden Bürger einbezogen, waren sie ein Akt demokratischer Wertung des Menschen als eines möglichen Gegenstandes der Tragödie und daher als Träger von Größe.

Die Frage entsteht, ob es in den anderen Dimensionen des Lebens etwas Analoges zur tragischen Größe gibt. Die Frage muß bejaht werden. Alle Wesen bejahen sich in ihrer endlichen Macht zu *sein;* mit anderen Worten, sie bejahen ihre Größe (und Würde), ohne sich ihrer bewußt zu sein. Ihre Bejahung manifestiert sich in der Beziehung zu anderen Wesen. In dieser Beziehung sind sie den Gesetzen des universalen *logos* unterworfen (Heraklit), durch die sie in ihre Grenzen zurückgewiesen werden, wo immer sie diese überschritten haben. Dies ist die tragische Erklärung des Leidens in der Natur – eine Erklärung, die weder mechanistisch noch romantisch, sondern realistisch ist, d. h. abgeleitet aus dem zweideutigen Charakter der Lebensprozesse selbst.

Obwohl es in der Natur Analogien zur menschlichen Situation gibt, ist das Bewußtsein um Tragik und daher die Tragödie als solche nur in der Dimension des Geistes möglich. Der Begriff der Tragik wurde zuerst im Zusammenhang mit der dionysischen Religion konzipiert, aber er ist wie der apollinische *logos* ein universal gültiger Begriff. Er beschreibt die Universalität der menschlichen Entfremdung und ihre Unausweichlichkeit, obwohl der Mensch für seine Entfremdung verantwortlich bleibt. In Teil III des Systems habe ich zwei Elemente der menschlichen Entfremdung behandelt: *hybris* und Konkupiszenz. Sie wurden dort nur in ihrer Negativität beschrieben. Im gegenwärtigen Zusammenhang der Lebensprozesse erscheinen sie in zweideutiger Verbindung: *hybris* zweideutig verflochten mit Größe, Konkupiszenz mit *eros*. *Hybris* darf nicht mit Stolz im Sinne von Eitelkeit – der Überkompensierung für Kleinheit – verwechselt werden. *Hybris* ist die

Die Selbst-Transzendierung des Lebens und ihre Zweideutigkeiten

Selbsterhebung der Großen über die Grenzen ihrer Endlichkeit, die zur Zerstörung anderer und ihrer selbst führt.

Wenn Größe unausweichlich mit Tragik verbunden ist, so ist es verständlich, daß viele der Tragik zu entgehen suchen, indem sie Größe vermeiden. Dieser Prozeß vollzieht sich zwar nur im Unbewußten, ist aber einer der verbreitetsten unter den Lebensprozessen in der Dimension des Geistes. In vieler Beziehung ist es möglich, Tragik zu vermeiden, indem man Größe vermeidet, aber in einem letzten Sinne ist es nicht möglich, denn jeder Mensch besitzt die Größe, für sein Schicksal wenigstens teilweise verantwortlich zu sein. Und wenn er sich der Pflicht entzieht, Größe in dem Rahmen, in dem sie in seinem Leben möglich ist, zu verwirklichen, wird er zu einer kläglichen Figur. Die Angst vor der Tragik führt ihn zum tragischen Verlust seiner selbst. Er büßt die Größe ein, die mit dem Besitz eines Selbst gegeben ist.

Es gehört zur Zweideutigkeit von Größe und Tragik, daß die Träger des Tragischen sich ihrer Situation nicht bewußt sind. Einige der großen Tragödien sind Tragödien der Enthüllung der menschlichen Situation (z. B. Ödipus, der sich blendet, nachdem seine Augen in den Spiegel gesehen haben, den ihm die „Boten" vorhalten und der ihm seine eigene Situation enthüllt). Und es gibt ganze Kulturen, wie die Spätantike oder die moderne westliche Kultur, denen ihre tragische *hybris* ebenfalls durch prophetische „Boten" offenbart wurde, und zwar in dem Augenblick, in dem die Katastrophe nahte. Solche „Boten" waren im späten Rom die heidnischen und christlichen Seher, die das Ende des Römischen Reiches voraussagten, und im 19. und frühen 20. Jahrhundert die existentialistischen Propheten, die den heraufkommenden Nihilismus ankündigten.

Wenn die Frage nach der Schuld des tragischen Helden gestellt wird, lautet die Antwort, daß er die Funktion der Selbst-Transzendierung in ihr Gegenteil verkehrt, indem er sich mit dem identifiziert, auf das die Selbst-Transzendierung gerichtet ist – mit der Größe an sich. Er widersetzt sich der Selbst-Transzendierung insofern, als er sich der Forderung widersetzt, seine eigene Größe zu transzendieren. Er ist blind in bezug auf die Grenzen seines Rechtes, einen besonderen Wert zu beanspruchen.

Es ist nicht möglich, sinnvoll über das Tragische zu reden, ohne die Zweideutigkeit der Größe verstanden zu haben. Traurige Ereignisse sind noch keine tragischen Ereignisse, denn Tragik ist nur da vorhanden, wo Größe vorhanden ist. Obwohl Größe und Tragik und ihre Zweideutigkeit in allen Dimensionen vorhanden sind, gibt es Bewußtsein von ihnen nur in der Dimension des Geistes. In dieser Dimension geschieht noch etwas weiteres: Größe offenbart sich als abhängig vom letzten Seinsgrund. Wo das erkannt wird, wird das Große zum Heiligen. Das Heilige liegt jenseits des Tragischen, obwohl diejenigen, die das Heilige repräsentieren, wie alle anderen Wesen unter dem Gesetz der Größe und der Tragik stehen[1].

d) Religion in ihrer Beziehung zu Moralität und Kultur. – Da der Begriff des Heiligen im zweiten Teil des theologischen Systems erörtert wurde und Definitionen des Religionsbegriffs implizit in jedem Teil vorkommen, können wir uns hier darauf beschränken, die Religion in ihrer fundamentalen Beziehung zu Moralität und Kultur zu behandeln. Dabei wird sich die hochdialektische Struktur des menschlichen Geistes und seiner Funktionen zeigen. Logischerweise sollte hier der Ort sein, wo eine ausführlich entwickelte Religionsphilosophie (einschließlich einer Interpretation der Religionsgeschichte) folgen müßte, aber das ist in den Grenzen dieses Systems, das keine *summa* ist, nicht möglich.

Von den Beziehungen zwischen Moralität, Kultur und Religion möchte ich erst ein Essential- und dann ein Existentialbild geben. Gemäß ihrer Wesensstruktur liegen Moralität, Kultur und Religion ineinander. In ihrer Einheit konstituieren sie die essentielle Struktur des Geistes, in der sie zwar unterscheidbar, aber nicht voneinander trennbar sind.

Moralität oder die Konstituierung der Person als Person in der Begegnung mit anderen Personen ist essentiell mit Kultur und Religion verbunden: Die Kultur gibt der Moralität ihre Inhalte (die konkreten Ideale der Person und der Gemeinschaft und die wechselnden moralischen Gesetze). Die Religion gibt der Moralität den Unbedingtheitscharakter des moralischen Imperativs, das höchste Ziel des moralischen Handelns (die Wiedervereinigung des Getrennten in der Liebe) und die Gnade als die Motivation des moralischen Handelns. – Die Kultur oder die Schöpfung eines Sinn-Universums in *theoria* und *praxis* ist essentiell mit Moralität und Religion verbunden: Die objektive Gültigkeit der kulturellen Schöpfungen in all ihren Funktionen beruht auf der Begegnung von Person mit Person, durch die der Willkür Grenzen gesetzt sind. Ohne die Kraft des moralischen Imperativs würde keine Forderung in der kognitiven, ästhetischen, personhaften und gemeinschaftsbildenden Funktion vernommen, geschweige denn erfüllt werden, weder die logische Forderung im Denken, noch die ästhetische Forderung im Anschauen, noch die personale Forderung der *humanitas*, noch

---

[1] Vgl. Bd. II, S. 143 f.

die soziale Forderung der Gerechtigkeit. Das religiöse Element der Kultur ist die unerschöpfliche Tiefe jedes echten Werkes. Man kann es die Substanz der Kultur oder den Grund nennen, aus dem die Kultur lebt. Es ist das Element des Unbedingten, das der Kultur an sich fehlt, auf das sie aber hinweist. – Die Religion oder die Selbst-Transzendierung des Lebens in der Dimension des Geistes ist essentiell mit Moralität und Kultur verbunden: Es gibt keine Selbst-Transzendierung in der Dimension des Geistes ohne die Konstituierung des moralischen Selbst durch den unbedingten Imperativ, und diese Selbst-Transzendierung kann nur innerhalb des Sinn-Universums der Kultur Form gewinnen.

Dieses Bild von den essentiellen wechselseitigen Beziehungen der drei Funktionen des Geistes ist sowohl „übergeschichtliche Erinnerung" wie „utopische Vorwegnahme". Als das eine oder andere ist es das Kriterium für die wirklichen Beziehungen der drei Funktionen unter den Bedingungen der Existenz. Aber es ist mehr als ein äußeres Kriterium, insofern essentielle und existentielle Elemente im Leben stets gemischt sind und die Einheit der drei Funktionen genauso real ist wie ihr Getrenntsein. Diese Mischung ist der Grund aller Zweideutigkeiten in der Dimension des Geistes. Und nur weil das essentielle Element im Leben wirksam bleibt – wenn auch in zweideutiger Weise –, kann das Essentialbild als Kriterium für das Leben entworfen werden.

Wir gehen nun zum Bild des existentiellen Verhältnisses der drei Funktionen über: Die drei Funktionen des Lebens in der Dimension des Geistes trennen sich voneinander, wenn sie sich aktualisieren. In der essentiellen Einheit gibt es keinen moralischen Akt, der nicht zugleich ein Akt der Kultur und der Religion wäre: es gibt keine Moralität für sich im Zustand der „träumenden Unschuld". Und in der essentiellen Einheit der drei Funktionen gibt es keinen kulturellen Akt, der nicht gleichzeitig ein Akt der Selbst-Transzendierung wäre: es gibt keine Kultur für sich im Zustand der „träumenden Unschuld". Und in der essentiellen Einheit der drei Funktionen gibt es keinen religiösen Akt, der nicht gleichzeitig ein Akt der moralischen Selbst-Integration und des kulturellen Sich-Schaffens wäre: es gibt keine Religion für sich im Zustand der „träumenden Unschuld".

Das Leben beruht jedoch auf dem Verlust der „träumenden Unschuld", auf der Selbstentfremdung des essentiellen Seins und auf der zweideutigen Mischung von essentiellen und existentiellen Elementen. Im aktuellen Leben finden wir Moralität für sich mit ihren Zweideutigkeiten, Kultur für sich mit ihren Zweideutigkeiten und Religion für sich mit ihren tiefen Zweideutigkeiten. Den letzteren müssen wir uns jetzt zuwenden.

Wir haben Religion als die Selbst-Transzendierung des Lebens in der Dimension des Geistes definiert. Diese Definition ermöglicht einerseits das Bild der essentiellen Verbundenheit der Religion mit Moralität und Kultur und erklärt andererseits die Zweideutigkeiten der drei Funktionen in ihrer Getrenntheit. Die Selbst-Transzendierung des Lebens wirkt sich aus in der Unbedingtheit des moralischen Aktes und in der unerschöpflichen Tiefe des Sinns in allen einzelnen Sinngehalten der Kultur. In allen Bereichen des geistigen Lebens finden wir Größe, die auf das Heilige hinweist. Die Selbst-Integration des Lebens im moralischen Akt und das Sich-Schaffen des Lebens im kulturellen Akt haben Größe und potentielle Heiligkeit, denn in ihnen transzendiert sich das Leben in vertikaler Richtung, in Richtung auf das Unbedingte. Aber wegen der Zweideutigkeit allen Lebens sind sie gleichzeitig profan, sie widersetzen sich der Selbst-Transzendierung. Das ist ein unvermeidbarer Vorgang, weil sich Moralität und Kultur aus ihrer essentiellen Einheit mit der Religion gelöst und verselbständigt haben.

Aus der Definition der Religion als Selbst-Transzendierung des Lebens in der Dimension des Geistes folgt – und das ist entscheidend –, daß Religion vor allem als eine Qualität der beiden anderen Funktionen des Geistes und nicht als selbständige Funktion angesehen werden muß. Diese Folgerung ist eine logische Notwendigkeit, denn die Selbst-Transzendierung des Lebens kann keine selbständige Funktion neben anderen sein, sonst müßte sie ebenfalls transzendiert werden und das in endloser Wiederholung. Das Leben kann sich nicht von sich aus in einer seiner Sonderfunktionen transzendieren. Das ist das Argument gegen die Definition der Religion als einer Funktion des menschlichen Geistes. Man kann nicht bestreiten, daß Theologen, die dieses Argument vorbringen, sich in einer starken Position befinden. Wenn an der Definition der Religion als einer Funktion des menschlichen Geistes festgehalten wird, ist es deshalb konsequent, den Religionsbegriff überhaupt abzulehnen, jedenfalls innerhalb einer Theologie, die den Anspruch erhebt, auf Offenbarung gegründet zu sein.

Aber diese Ablehnung des Religions-Begriffs macht die Tatsache unverständlich, daß es Religion im Bereich des Geistigen nicht nur als eine Qualität der Moral und der Kultur, sondern auch als eine Sondersphäre neben ihnen gibt. Die Tatsache der Religion als einer Sondersphäre (z. B. in der Form der Kirche) ist eines der schwierigsten Probleme für das Verständnis des geistigen Lebens. Wenn Religion die Selbst-Transzendierung des Lebens im Bereich des Geistes ist, dann sollte sie nicht ein besonderes Gebiet neben anderen konstituieren. Jeder Akt des Lebens sollte über sich hinausweisen, und kein besonderer reli-

Die Selbst-Transzendierung des Lebens und ihre Zweideutigkeiten

giöser Akt sollte notwendig sein. Aber auch im Bereich des Geistes – wie in allen Bereichen des Lebens – steht der Selbst-Transzendierung die Profanisierung entgegen. Moralität und Kultur werden – wenn sie von der Religion existentiell getrennt sind – „säkular" oder „profan". Sie weisen nicht nur auf das Heilige hin, sondern sie verhüllen es auch. Unter dem Druck der Profanisierung wird der moralische Imperativ bedingt, abhängig von Befürchtungen und Hoffnungen – ein Ergebnis psychischen und sozialen Zwangs. Die Befolgung eines letzten moralischen Ziels wird durch Nützlichkeitserwägungen ersetzt, und die Befolgung des Gesetzes wird zum vergeblichen Versuch freier Selbst-Bestimmung. Die Selbst-Transzendierung im moralischen Akt ist verschwunden, die Moralität ist nur noch ein Wählen zwischen endlichen Möglichkeiten, d. h. sie ist im Sinne unserer Definition profan geworden, selbst wenn sie so streng und gnadenlos in ihren Forderungen ist, wie es manche Formen der religiösen Ethik sind. Eine solche Moralität fällt unvermeindlich den Zweideutigkeiten des Gesetzes anheim. Unter dem Druck der Profanisierung verliert in analoger Weise die Schöpfung eines Sinn-Universums die Substanz, die sie in der Selbst-Transzendierung erhält – die Kultur verliert einen höchsten und unerschöpflichen Sinn. Dieses Phänomen ist allgemein bekannt und ist von den heutigen Kulturkritikern ausführlich erörtert worden, meist unter dem Thema der „Säkularisierung der Kultur". Sie haben dabei oft mit Recht auf ähnliche Phänomene in der Antike hingewiesen und aus den beiden Beispielen – der Antike und der Moderne – eine allgemeine Regel über die Beziehung zwischen Kultur und Religion in der westlichen Geistesgeschichte abgeleitet. Mit dem Verlust der religiösen Substanz wird die Kultur immer mehr zur leeren Hülle. Das Leben im Sinn ist nicht möglich ohne die unerschöpfliche Quelle des Sinns, auf die die Religion hinweist.

Aus dieser Situation folgt mit Notwendigkeit, daß die Religion zu einer Sondersphäre des Geistes wird, denn die Selbst-Transzendierung in der Dimension des Geistes kann nur durch ein Endliches, in dem sie anschaubar wird, real werden. Daraus ergibt sich die Dialektik der Selbst-Transzendierung. Sie besteht darin, daß etwas zugleich transzendiert und nicht transzendiert wird (z. B. heilige Personen oder Gegenstände); zur Selbst-Transzendierung gehört die endliche Existenz (sonst gäbe es nichts, was transzendiert werden könnte), aber das Endliche muß auch verneint und in gewissem Sinne im Akt der Selbst-Transzendierung ausgelöscht werden. Dies ist die Situation aller geschichtlichen Religionen. Religion als Selbst-Transzendierung bedarf der geschichtlichen Religion und muß sie zugleich verneinen.

e) Die Zweideutigkeiten der Religion. – 1. D<small>AS</small> H<small>EILIGE UND DAS</small> P<small>ROFANE</small>. Im Gegensatz zu den anderen Bereichen ist die Zweideutigkeit der Selbst-Transzendierung im Bereich der Religion eine doppelte. Es ist erstens die schon besprochene Zweideutigkeit der Größe, die ein universales Charakteristikum allen Lebens ist und die in der Religion als die „Zweideutigkeit von Heiligem und Profanem" erscheint; und es ist zweitens die „Zweideutigkeit von Göttlichem und Dämonischem". Man kann sagen, daß sich die Religion immer zwischen den zwei Gefahrenpunkten – Profanisierung und Dämonisierung – bewegt. In jedem religiösen Akt sind beide stets gegenwärtig – offen oder versteckt.

Wir haben gesehen, wie im Prozeß der Profanisierung Moral und Kultur ihre religiöse Substanz verlieren. Und wir haben weiter gesehen, warum das Leben, um sich als Selbst-Transzendierung zu behaupten, eine Sondersphäre schafft, die durch Selbst-Transzendierung definiert ist, nämlich Religion. Gerade dieser Charakter der Religion ist es, der zu einer Verdoppelung der Zweideutigkeiten in ihr führt. Als die selbsttranszendierende Funktion des Lebens behauptet die Religion, die Antwort auf die Zweideutigkeiten des Lebens in allen Dimensionen zu sein: sie transzendiert deren endliche Spannungen und Konflikte. Aber indem sie dies behauptet, fällt sie in noch größere Spannungen, Konflikte und Zweideutigkeiten. Die Religion ist der höchste Ausdruck der Größe und Würde des Lebens; in der Religion wird Größe zu Heiligkeit. Dennoch ist die Religion auch die radikale Widerlegung des Anspruchs des Lebens auf Heiligkeit; in ihr wird das Heilige am meisten entheiligt. Die Einsicht in diese Zweideutigkeiten ist von zentraler Bedeutung für ein vorurteilsloses Verständnis der Religion. Sie sollten bei aller kirchlichen und theologischen Arbeit immer im Bewußtsein sein, denn sie sind der Beweggrund für alle religiöse Erwartung einer Wirklichkeit, die die Religion als Sondersphäre überwindet.

Die Religion ist heilig, insofern sie auf Manifestationen des Heiligen selbst, nämlich des Grundes des Seins, beruht. Jede Religion ist Aufnahme von Offenbarungserfahrungen und Antwort auf sie. Das ist ihre Größe und ihre Würde und macht die Dinge und Handlungen, in denen sie sich ausdrückt, heilig. In diesem Sinne kann man von heiligen Schriften, heiligen Gemeinschaften, heiligen Handlungen, heiligen Ämtern und heiligen Personen sprechen. Das Prädikat „heilig" bedeutet, daß alle diese Realitäten mehr sind, als sie in ihrer unmittelbaren endlichen Erscheinung darstellen. Sie sind selbst-transzendierend oder, von der Seite, zu der sie hinführen, gesehen – vom Standpunkt des Heiligen aus – transparent. Diese Heiligkeit ist nicht ihre moralische oder kognitive oder etwa „religiöse" Qualität, sondern ihre Macht, über sich hinauszuweisen. Wenn das Prädikat „heilig" sich auf Personen bezieht, so ist die aktuelle Partizipation der Person am „Heiligen" in vielen Graden möglich, vom niedrigsten bis zum höchsten. Es ist nicht die persönliche Qualität, die über den Grad der Partizipation entscheidet, sondern die Macht der Selbst-Transzendierung. Augustin hatte die tiefe Einsicht, als er in den Donatistischen Streit eingriff, daß es nicht die besonderen Eigenschaften des Priesters sind, die ein Sakrament wirksam machen, sondern die Transparenz seines Amtes und die Funktion, die er ausübt. Hätte das geistliche Amt nicht diesen Sinn, so könnte das Prädikat „heilig" nicht darauf angewandt werden. Aus all dem folgt, daß die Zweideutigkeit der Religion nicht mit dem „Paradox der Heiligkeit" identisch ist, das wir in Verbindung mit den Lehren vom Christen und von der Kirche ausführlich behandeln wollen[1].

Die erste Zweideutigkeit der Religion ist die Gegenwart profanisierender Elemente in jedem religiösen Akt. Sie erscheinen in zwei sich widersprechenden Weisen, als „institutionelle" und als „kritisch-reduktive" Profanisierung. Institutionalisierung ist nicht auf die sogenannte institutionelle Religion beschränkt. Wie die Psychologie gezeigt hat, gibt es „Institutionen" auch im inneren Leben des einzelnen Menschen, „rituelle Handlungen", wie Freud sie genannt hat (z. B. Einhalten bestimmter Formen beim Aufstehen, bei Mahlzeiten, bei Begegnungen), die Weisen des Handelns und Reagierens schaffen und erhalten. Die ständig wiederkehrenden Angriffe auf die „institutionelle" oder „organisierte" Religion beruhen auf einem tief eingewurzelten Irrtum: Man übersieht, daß das Leben in allen Formen seiner Selbstverwirklichung „organisiert" ist. Ohne Form könnte es keine Dynamik haben. Das gilt im persönlichen wie im sozialen Leben. Aber die Angriffe richten sich nicht eigentlich auf die Religion als solche, sondern auf die Zweideutigkeiten der Institutionalisierung. Anstatt daß die Religion das Endliche in Richtung auf das Unendliche transzendiert, wird sie in ihrer institutionalisierten Form zu einem Teil der endlichen Wirklichkeit: einer Reihe von Vorschriften, nach denen man sich richten muß, einer Reihe von Lehrsätzen, die anerkannt werden müssen, einer Machtgruppe mit allen Implikationen der Machtpolitik. Die Kritiker der Religion können in solchen Strukturen den selbst-transzendierenden, großen und heiligen Charakter der Religion nicht mehr erkennen, weil sie den soziologischen Gesetzen unterworfen ist, die alle säkularen Gruppen regieren. Selbst im persönlichen religiösen Leben des Einzel-

---

[1] Vgl. Teil IV, S. 257 ff.

nen ist der institutionalisierte Charakter nicht beseitigt, denn der Inhalt des persönlichen religiösen Lebens ist immer dem religiösen Leben der Gruppe entnommen. Auch die Sprache des stummen Gebets ist durch die Tradition geformt. Der Inhalt des persönlichen religiösen Lebens kann darum die gleichen Schäden zeigen, die in der organisierten Gruppe auftreten: eine zwangsneurotische devotionale Haltung, eine zwangshafte Verteidigung von Absurditäten, die Benutzung des Gebetes als Mittel zu einem Zweck und die Erwartung von Wundern im abergläubischen Sinn. Die Kritiker solcher Dinge haben mit ihrer Kritik recht und dienen mit ihr der Religion oft besser als die, gegen die sich ihre Kritik richtet. Es wäre jedoch utopische Täuschung, wenn man glaubte, daß man mit Hilfe dieser Kritik die profanisierenden Tendenzen im religiösen Leben beseitigen und die reine Selbst-Transzendierung zum Heiligen hin bewahren könne. Die Einsicht in die unausweichliche Zweideutigkeit des Lebens verhindert eine solche Utopie. In allen Formen der Religion – beim Einzelnen und in der Gemeinschaft – sind profanisierende Elemente am Werk und umgekehrt: Die am stärksten profanisierenden Formen der Religion ziehen ihre Lebensfähigkeit aus den Elementen der Größe und Heiligkeit in ihnen. Die Kleinbürgerlichkeit der alltäglichen Religion ist kein Beweis gegen ihre Größe, und die Weise, in der sie herabgezogen wird auf die Ebene unwürdiger Mechanisierung, ist kein Beweis gegen ihre Würde. Das Leben, das sich transzendiert, bleibt immer auch in sich selbst, und aus dieser Spannung folgt die erste Zweideutigkeit der Religion.

Nachdem wir die eine Weise dieser Zweideutigkeit – nämlich die der Institutionalisierung – beschrieben haben, wenden wir uns der anderen – der reduktiven Kritik – zu. Sie beruht auf der Tatsache, daß Kultur die Form der Religion ist und Moralität der Ausdruck ihres absoluten Ernstes. Dieser Tatbestand kann dazu führen, die Religion auf Kultur und Moralität zu reduzieren und die religiösen Symbole ausschließlich als Schöpfungen der kulturellen Tätigkeit zu deuten, entweder als ästhetische Bilder oder als verhüllte Begriffe. Wenn man den mythischen Schleier entfernt, sieht man in den Symbolen nichts als eine Kombination von primitiver Wissenschaft und primitiver Dichtung. Die Mythen sind nach dieser Auffassung Schöpfungen der *theoria* und haben als solche bleibende Bedeutung, aber ihr Anspruch, Ausdruck des Transzendenten zu sein, muß aufgegeben werden. In ähnlicher Weise werden die Manifestationen der Religion in der *praxis*, die rituellen Handlungen, gedeutet: Die heilige Person und die heilige Gemeinschaft werden als Entwicklungsformen des personhaften und des gemeinschaftlichen Lebens im allgemeinen verstanden und den Prinzipien der *humanitas* und Gerechtigkeit unterworfen, aber ihr Anspruch, daß sie über diese Prinzipien hinausweisen, wird abgelehnt.

In den bisher entwickelten Gedankengängen ist die reduktive Kritik der Religion keine radikale. Es wird der Religion immer noch ein Platz innerhalb der menschlichen Kulturschöpfungen zugestanden, und ihre Nützlichkeit in moralischer Beziehung wird anerkannt. Aber das ist nur ein Anfangsstadium im Prozeß der Reduktion. Er führt bald zu folgender Alternative: Entweder muß die Religion als solche anerkannt werden, oder sie hat kein Anrecht auf einen Platz im kulturellen Schaffen oder innerhalb der Moralität. Die Religion, die im Prinzip in jeder Funktion des menschlichen Geistes zu Hause ist, ist, bildlich gesprochen, heimatlos geworden. Die wohlwollende Behandlung, die sie von seiten dieser Kritiker erfährt, verschafft ihr dennoch keinen Platz, und die wohlwollenden Kritiker selbst werden bald radikaler: im kognitiven Bereich wird der Religion ihre Existenzberechtigung genommen, indem sie psychologisch und soziologisch erklärt und als Illusion oder Ideologie enthüllt wird. Im ästhetischen Bereich werden die religiösen Symbole durch endliche Gegenstände im naturalistischen Stil verschiedenster Prägung ersetzt (besonders im kritischen Naturalismus und in gewissen Typen der nicht-gegenständlichen Kunst). In der Erziehung wird der Mensch nicht mehr in das Mysterium des Seins eingeführt, auf das die Religion hinweist, sondern in die Traditionen, deren Bedürfnisse und Ziele trotz ihrer Vielzahl endlich bleiben. Die Gemeinschaften dienen der Verwirklichung einer Gesellschaft, die jede Art von Symbolen der Selbst-Transzendierung verwirft und die Kirchen in Organisationen verwandelt, die dem säkularen Leben dienen. In großen Teilen der heutigen Menschheit spielt sich diese reduktive Profanisierung der Religion erfolgreich ab – nicht nur im kommunistischen Osten, auch im demokratischen Westen. Weltgeschichtlich gesehen ist in unserer Zeit diese Art der Profanisierung von sehr viel größerem Einfluß als die institutionelle.

Dennoch gelingt auch dieser Versuch des kritischen Reduktionismus nicht, die Zweideutigkeit der Religion durch eine eindeutige Lösung zu überwinden. Zunächst müssen wir uns daran erinnern, daß die profanisierenden Kräfte der Religion nicht einfach entgegenstehen, sondern daß sie es der Religion möglich machen, sich überhaupt auszudrücken. Die aktuelle Religion lebt in kognitiven Formen – von der Sprache angefangen bis hin zur Ontologie –, und diese sind kulturelle Schöpfungen. Indem sich die Religion der Sprache, der historischen Forschung, der psychologischen Beschreibungen der menschlichen Seele, der existentialistischen Analyse der menschlichen Situation, der vorphilosophischen wie der philosophischen Begriffe bedient, gebraucht sie profanes Material, das sich im Prozeß der reduktiven Profanisierung verselbständigt. Die Religion kann nur deshalb säkularisiert und schließlich in säkulare Formen aufgelöst werden, weil in ihrem Wesen selbst die Spannung zwischen dem Transzendenten und Profanen liegt.

Die sich daraus ergebende Zweideutigkeit zeigt sich nicht nur in der religiösen Selbst-Transzendierung selbst, sie erstreckt sich auch noch auf den Prozeß der reduktiven Profanisierung: es ist die Zweideutigkeit des radikalen Säkularismus, daß er der Religion nicht entgehen kann – Religion hier nicht verstanden als Sonderfunktion des menschlichen Geistes, sondern im weiteren Sinn als Erfahrung des Unbedingten im moralischen Imperativ und in der unerschöpflichen Tiefe der Kultur. Dem Element der Selbst-Transzendierung in dieser Erfahrung kann der Säkularismus nicht entgehen, selbst wenn er sie zu verdecken sucht und vermeidet, ihr Ausdruck zu verleihen. Ein Beispiel für eine solche Erfahrung soll das Gemeinte verdeutlichen: Wenn ein radikal säkularer Philosoph, der in einem totalitären Regime lebt, von den Mächten des Regimes aufgefordert wird, die Resultate seiner Wissenschaft zu verleugnen, so kann es geschehen, daß er einer solchen Aufforderung widersteht. Wenn er es tut, so folgt er dem unbedingten Imperativ, der von ihm verlangt, wissenschaftlich redlich zu sein – bis zur Selbstpreisgabe. Ähnlich ist es, wenn ein radikal säkularer Schriftsteller, der einen Roman mit vollem Engagement seiner ganzen Person geschrieben hat, erleben muß, daß er als reine Unterhaltungslektüre benutzt wird. Er empfindet das als Mißbrauch und Profanisierung. Die Beispiele illustrieren meine These, daß es der reduktiven Profanisierung zwar gelingen kann, die Religion als eine spezielle Funktion abzuschaffen, aber daß es ihr nie gelingen wird, *die* Religion abzuschaffen, die als eine Qualität in allen Funktionen des Geistes immer gegenwärtig ist – die Qualität des Unbedingten.

2. Das Göttliche und das Dämonische. Die zweite Form der Zweideutigkeit in der Religion ist die „Zweideutigkeit von Göttlichem und Dämonischem". Das Symbol des Dämonischen bedarf heute keiner besonderen Rechtfertigung mehr wie vor dreißig Jahren, als es in die religiöse Sprache wieder eingeführt wurde. Inzwischen ist es ein viel gebrauchter und viel mißbrauchter Begriff geworden, um antigöttliche Kräfte im Leben des Einzelnen und der Gemeinschaft zu bezeichnen. Durch den häufigen Gebrauch hat es oft den zweideutigen Charakter verloren, der ihm eigen ist. In der mythologischen Schau sind Dämonen

göttlich-antigöttliche Wesen. Sie sind nicht einfach Verneinungen des Göttlichen, sondern partizipieren an der Macht und Heiligkeit des Göttlichen, aber in verzerrter Weise. Der Begriff „dämonisch" muß heute abgelöst von seinem mythologischen Hintergrund verstanden werden. Das Dämonische widerstrebt nicht der Selbst-Transzendierung, wie es das Profane tut, sondern verfälscht die Selbst-Transzendierung, indem es einen bestimmten Träger der Heiligkeit mit dem Heiligen selbst identifiziert. In diesem Sinne sind alle polytheistischen Götter dämonisch, weil der Seins- und Sinngrund, auf dem sie entstanden sind, das Endliche ist, so groß und würdig es auch sein mag. Der Anspruch eines Endlichen, unendlich und von göttlicher Größe zu sein, ist das Charakteristikum des Dämonischen. In allen Religionen ereignet sich Tag für Tag Dämonisierung, sogar in der Religion, die im „Kreuz" die Negation jedes absoluten Anspruchs des Endlichen symbolisiert. Die Frage nach einem unzweideutigen Leben im religiösen Bereich ist darum in radikalster Weise gegen die „Zweideutigkeit des Göttlichen und Dämonischen" gerichtet.

Das Tragische ist – wie schon besprochen – die innere Zweideutigkeit menschlicher Größe, aber der Held der Tragödie trachtet nicht nach göttlicher Größe. Er will nicht werden „wie Gott". Er berührt sozusagen die göttliche Sphäre, und er wird von ihr zurückgestoßen und zur Selbstzerstörung getrieben, aber er beansprucht keine Göttlichkeit für sich. Anders verhält es sich mit dem Dämonischen. Wo der Anspruch auf Göttlichkeit erhoben wird, sprechen wir vom Dämonischen. Das Hauptcharakteristikum des Tragischen ist der Zustand der Blindheit, das Hauptcharakteristikum des Dämonischen ist der Zustand der Gespaltenheit.

Das Phänomen der Gespaltenheit wird verständlich, wenn man es auf dem Hintergrunde des dämonischen Anspruchs auf Göttlichkeit sieht: *Ein* endliches Element wird zu unendlicher Macht und Bedeutung erhoben und ruft dadurch notwendig die Reaktion anderer endlicher Elemente hervor, die sich solchem Anspruch widersetzen oder ihn selbst erheben. So ruft z. B. die dämonische Selbsterhebung einer Nation über alle anderen im Namen ihres Gottes oder Wertsystems den Widerstand anderer Nationen im Namen *ihres* Gottes hervor. Die dämonische Selbsterhebung eines speziellen Elementes innerhalb der zentrierten Person und sein Anspruch auf Herrschaft führt zur Reaktion anderer Elemente und zu einem gespaltenen Bewußtsein. So führt in der polytheistischen Religion der Anspruch *eines* Wertes, der durch *einen* Gott repräsentiert wird und das Kriterium aller anderen Werte zu sein behauptet, zu den Spaltungen, wie sie für alle polytheistischen

Die Selbst-Aktualisierung des Lebens

Religionen charakteristisch sind. Eine Folge dieser Spaltung ist der Zustand der Besessenheit, d. h. der Zustand, in dem man in der Gewalt der Mächte ist, die die Spaltung schaffen – der Gewalt des Dämonischen. Besessenheit ist dämonische Besessenheit. Die Freiheit, die mit der Zentriertheit des Selbst gegeben ist, ist durch die dämonische Spaltung verlorengegangen. Solche dämonischen Strukturen in Person und Gemeinschaft können nicht durch Akte der Freiheit oder des guten Willens überwunden werden. Sie werden im Gegenteil durch solche Akte verstärkt – es sei denn, daß die verändernde Macht sozusagen eine göttliche Struktur, d. h. eine Struktur der Gnade ist.

Wo immer das Dämonische erscheint, trägt es religiöse Züge, auch im Gebiet der Moralität und der Kultur. Das ergibt sich als logische Folge des Ineinanderliegens der drei Funktionen des Lebens in der Dimension des Geistes und des doppelten Begriffs der Religion: als Ergriffensein von dem, was uns unbedingt angeht, und als besonderer Bereich konkreter Symbole. Dafür gibt es unzählige Beispiele: die Forderung unbedingter Hingabe an den Staat, der sich selbst mit göttlicher Würde umkleidet; kulturelle Funktionen, die alle anderen beherrschen, z. B. in der Form eines wissenschaftlichen Absolutismus; Einzelmenschen (z. B. Führertypen), die sich zu Götzen machen; spezielle Triebe im Inneren des Menschen, die das personale Zentrum in ihre Gewalt bringen – in all diesen Fällen hat die Selbst-Transzendierung eine dämonisch entstellte Form angenommen.

Ein treffendes Beispiel der „Zweideutigkeit des Göttlichen und Dämonischen" im kulturellen Bereich ist das Römische Reich, dessen Größe, Würde und Erhabenheit allgemein anerkannt waren. Aber es wurde dämonisch, als es sich mit göttlicher Heiligkeit umgab und den Zwiespalt schuf, der den anti-dämonischen Kampf des Christentums und die dämonische Verfolgung der Christen hervorrief.

Dieses historische Beispiel führt uns zur Betrachtung der Dämonisierung der Religion im engeren Sinne. Die fundamentale Zweideutigkeit der Religion hat eine tiefere Wurzel als jede andere Zweideutigkeit des Lebens, denn die Religion ist der Ort, an dem die Antwort auf die Frage nach dem Unzweideutigen empfangen wird. Die Religion ist im Hinblick auf die Antwort, die sie enthält, unzweideutig, im Hinblick auf die Aufnahme dieser Antwort höchst zweideutig, denn sie vollzieht sich in den wechselnden Formen der menschlichen moralischen und kulturellen Existenz. Diese Formen partizipieren am Heiligen, auf das sie hinweisen, aber sie sind nicht das Heilige selbst. Insofern sie den Anspruch erheben, das Heilige zu sein, sind sie dämonisch.

Die Selbst-Transzendierung des Lebens und ihre Zweideutigkeiten

Aus diesem Grunde hat eine Reihe von Theologen dagegen protestiert, das Wort Religion auf das Christentum anzuwenden. Statt von Religion sprechen sie von Offenbarung, denn Religion definieren sie als den vergeblichen Versuch des Menschen, von sich aus Gott zu erreichen. Sie übersehen dabei, daß ihre Definition nur auf eine dämonisierte Religion zutrifft, und sie übersehen weiter, daß jede Religion auf Offenbarung beruht und jede Offenbarung sich in der Form der Religion ausdrücken muß. Soweit die Religion auf Offenbarung beruht, ist sie unzweideutig, soweit sie Aufnahme der Offenbarung ist, ist sie zweideutig. Das gilt von allen Religionen, auch von denen, die von ihren Anhängern geoffenbarte Religionen genannt werden. Aber keine Religion ist geoffenbart. <u>Religion ist das Geschöpf der Offenbarung und zugleich deren Verzerrung.</u>

Keine Theologie kann auf den Religionsbegriff verzichten, obwohl die Kritik an der Religion ein Element in der Geschichte aller Religionen ist. Die Kraft der Offenbarung, die den Religionen zugrundeliegt, schafft überall ein Gefühl für den Gegensatz zwischen dem unzweideutigen Leben, auf das die Selbst-Transzendierung des Lebens gerichtet ist, und den oft erschreckenden Verzerrungen der geschichtlichen Religionen. Man kann die Geschichte der Religionen, insbesondere der großen Religionen, als die Geschichte eines ständigen innerreligiösen Kampfes gegen die Religion deuten, eines Kampfes, der für die Heiligkeit des Heiligen geführt wird. Das Christentum behauptet, daß im Kreuz des Christus der endgültige Sieg in diesem Kampf errungen ist, aber selbst in diesem Anspruch, vielmehr in der Form dieses Anspruchs, zeigen sich dämonische Züge: das, was vom Kreuz Christi gilt, nämlich, daß es unzweideutig ist, wird fälschlich auf das Leben der Kirche übertragen. Ihre Zweideutigkeiten werden geleugnet, obwohl sie in ihrer Geschichte ihre zerstörerische Macht gezeigt haben. Auch hier möchte ich einige Beispiele für die Dämonisierung der Religion im allgemeinen geben. Die Religion als eine geschichtliche Wirklichkeit muß sich ständig der Schöpfungen der Kultur in *theoria* und *praxis* bedienen. Dabei trifft sie eine Auswahl, indem sie gewisse kulturelle Formen gebraucht und andere verwirft. In diesem Prozeß wird ein besonderer Bereich einer religiösen Kultur neben den anderen kulturellen Bereichen etabliert. Und die Religion als die Selbst-Transzendierung des Lebens in allen Bereichen fordert, daß sich die anderen Bereiche ihr unterwerfen. Diese Forderung ist berechtigt, insofern die Religion auf das hinweist, was alle Bereiche transzendiert, aber die Forderung wird dämonisch, wenn die Religion als endliche Größe diesen Anspruch für sich als Religion und ihre endlichen Formen erhebt. Ihre Funktion ist es, auf das Heilige hinzuweisen, aber nicht, sich selbst Heiligkeit zu verleihen.

Wir können diesen Vorgang an Hand einiger Beispiele näher erläutern. Wie früher, aber in umgekehrter Reihenfolge erwähnt, gibt es vier Funktionen des kulturellen Schaffens: die Gemeinschaft-bildende, die Person-bildende, die ästhetische und die kognitive. Die Religion verwirklicht sich in sozialen Gruppen, die mit politischen Gruppen verbunden oder von ihnen getrennt sein können. In beiden Fällen stellen sie ein soziales, rechtliches und politisches Gebilde dar, das dadurch geweiht ist, daß das Heilige in ihnen wie in einem Schrein gegenwärtig ist. An dieser Weihe lassen diese Gruppen auch die übrigen Gemeinschaftsgebilde teilnehmen und versuchen dabei, Macht über sie zu gewinnen. Stoßen sie dabei auf Widerstand, so versuchen sie, diese anderen Gruppen zu unterwerfen oder zu zerstören. Die Macht der Träger des Heiligen beruht auf dem unbedingten Charakter des Heiligen, in dessen Namen sie den Widerstand all derer zu brechen suchen, die die Symbole der Selbst-Transzendierung einer bestimmten religiösen Gemeinschaft ablehnen. In ihm liegt die Quelle der Macht derer, die eine religiöse Gemeinschaft repräsentieren. Aus derselben Quelle rührt die Beständigkeit und Zähigkeit der heiligen Institutionen her, der geheiligten Sitten, der von Gott befohlenen Gesetze, der hierarchischen Ordnungen, der Mythen und Symbole. Aber diese Beständigkeit und Zähigkeit verraten ihre göttlich-dämonische Zweideutigkeit. Die Träger des Heiligen fühlen sich berechtigt, alle Kritik abzulehnen, die z. B. im Namen der Gerechtigkeit gegen sie gerichtet wird. Sie weisen eine solche Kritik im Namen des Heiligen ab, das ja das Prinzip der Gerechtigkeit in sich trägt, und sie sind bereit, die Leiber und Geister derer zu zerbrechen, die Widerstand leisten. Für diese Zweideutigkeit der Religion brauchen keine Beispiele angeführt zu werden. Sie füllen die Blätter der Weltgeschichte. Es genügt zu zeigen, warum die Frage nach unzweideutigem Leben die Religion transzendieren muß, obwohl die Antwort in der Religion gegeben wird.

Im Bereich des persönlichen Lebens zeigt sich die „Zweideutigkeit des Göttlichen und Dämonischen" in der Person des „Heiligen". Hier handelt es sich um den Konflikt zwischen der Idee der *humanitas* und der der Heiligkeit und um den Kampf des Göttlichen und Dämonischen in der Entwicklung der Person zu ihrem inneren Ziel. Diese Konflikte, die zugleich integrierend und desintegrierend, schöpferisch und zerstörerisch sind, spielen sich im religiösen Leben des Einzelnen ab. Dabei geschieht es, daß die Religion ihr eigenes Ideal der geheiligten Persönlichkeit dem Ideal der *humanitas* entgegenstellt und im

Die Selbst-Transzendierung des Lebens und ihre Zweideutigkeiten

Individuum ein schlechtes Gewissen schafft, falls es sich nicht dem absoluten Anspruch der Religion beugt. Die Psychologen wissen um die Verwüstung, die dieser Konflikt im persönlichen Leben anrichten kann. Oft ist es in der Geschichte der Religion das verneinend-asketische Prinzip, das religiöse Weihe erhält und als ein verurteilender Richter gegen die lebensbejahenden Elemente der Idee der *humanitas* steht. Aber die Macht, die in dem religiösen Bild persönlicher Heiligkeit lebt, könnte nicht existieren, wenn es nicht auch die andere Seite gäbe, nämlich den Einfluß, der von dem göttlichen, anti-dämonischen und anti-profanen Wesen des Heiligen auf die Person ausgeht. Daraus folgt aber wieder, daß die Antwort auf die Frage nach unzweideutigem Leben nicht die Idee der „heiligen Person" sein kann, obgleich die Antwort nur in der Tiefe der sich selbst-transzendierenden Person empfangen werden kann, religiös gesprochen, im Glaubensakt.

Die Diskussion über die „Zweideutigkeit des Göttlichen und Dämonischen" im Bereich der *theoria* dreht sich naturgemäß um das Problem der Lehre, besonders wenn die Lehre als verbindliches Dogma auftritt. Der Konflikt, der hier entsteht, ist der Konflikt zwischen der geheiligten und unveränderlichen Wahrheit des Dogmas und der Wahrheit, die das Prinzip der dynamischen Veränderung in sich trägt. Aber es ist nicht der theoretische Konflikt an sich, in dem sich die „Zweideutigkeit des Göttlichen und Dämonischen" zeigt, sondern seine Auswirkung auf die „geheiligte" Gemeinschaft und die „geheiligte" Persönlichkeit. Hier geht es um die dämonische Unterdrückung ehrlichen Gehorsams gegenüber den Strukturen, in denen die Wahrheit erscheint. Was in dieser Beziehung im kognitiven Bereich geschieht, vollzieht sich ähnlich im ästhetischen Bereich. Die Unterdrückung genuiner Ausdrucksformen in Kunst und Literatur ist der Unterdrückung genuiner Einsichten parallel. Sie geschieht im Namen einer religiös geweihten Wahrheit und eines religiös geweihten Stils. Zweifellos öffnet die Religion auch die Augen für sonst ungesehene Wahrheiten und unentdeckte ästhetische Möglichkeiten. Denn hinter der religiösen Lehre und der religiösen Kunst steht die Macht der Offenbarung. Aber die dämonische Entstellung beginnt, wenn neue Einsichten zur Oberfläche drängen und im Namen des Dogmas, im Namen der geheiligten Wahrheit niedergehalten werden oder wenn neue Stile die inneren Tendenzen einer Zeit ausdrücken wollen und daran gehindert werden im Namen religiös gebilligter Ausdrucksformen. In all diesen Fällen werden die Widerstand leistende Gruppe und die sich befreienden Individuen Opfer einer Verzerrung von Wahrheit und Ausdruckskraft – im Namen des Heiligen. Aus all dem folgt, daß Religion nicht die

Antwort auf die Frage nach unzweideutigem Leben ist, weder direkt in ihrer Beziehung zu Gerechtigkeit und *humanitas*, noch indirekt in Beziehung zu Wahrheit und Ausdruckskraft. Und doch kann die Antwort nur durch die Religion empfangen werden.

C

DIE FRAGE NACH UNZWEIDEUTIGEM LEBEN UND SEINE SYMBOLE

In allen Lebensprozessen ist ein essentielles und ein existentielles Element – geschaffene Gutheit und Entfremdung – so miteinander verflochten, daß weder das eine noch das andere ausschließlich wirksam ist. Das Leben umfaßt immer essentielle und existentielle Elemente – das ist die Wurzel seiner Zweideutigkeit.

Die Zweideutigkeiten des Lebens erscheinen in allen Dimensionen, in allen Prozessen, in allen Bereichen. Daher ist die Frage nach unzweideutigem Leben überall latent vorhanden. Alle Geschöpfe sehnen sich nach einer unzweideutigen Erfüllung ihrer essentiellen Möglichkeiten. Aber nur im Menschen als dem Träger des Geistes werden die Zweideutigkeiten bewußt erlebt und daher auch die Frage nach unzweideutigem Leben bewußt gestellt. Er erlebt die Zweideutigkeit des Lebens in allen Dimensionen, da er an allen Dimensionen partizipiert, und er erlebt sie unmittelbar in sich selbst als die Zweideutigkeiten der Funktionen des Geistes: der Moralität, der Kultur, der Religion. Aus diesen Erfahrungen heraus stellt der Mensch die Frage nach unzweideutigem Leben; es ist die Frage nach einem Leben, in dem das erreicht ist, worauf sich seine Selbst-Transzendierung richtet.

Da die Religion die Selbst-Transzendierung des Lebens im Bereich des Geistes ist, stellt der Mensch die Frage nach unzweideutigem Leben zuerst in der Religion, und in der Religion erhält er die Antwort auf sie. Aber die Antwort ist nicht identisch mit der Religion, denn die Religion ist selbst zweideutig. Die Erfüllung des Verlangens nach unzweideutigem Leben transzendiert jede Form von Religion und jedes religiöse Symbol, das Ausdruck dieser Erfüllung ist. Der Mensch kann in seiner Selbst-Transzendierung das niemals erreichen, zu dem hin er sich transzendiert, aber er kann dessen Selbst-Manifestation in der zweideutigen Form der Religion empfangen.

Der religiöse Symbolismus hat drei Hauptsymbole für unzweideu-

Die Frage nach unzweideutigem Leben

tiges Leben geschaffen: „Gegenwart des göttlichen Geistes", „Reich Gottes" und „Ewiges Leben". Jedes dieser Symbole sowie ihre gegenseitigen Beziehungen bedürfen einer kurzen Vorbetrachtung.

„Gegenwart des göttlichen Geistes" (englischer Text: *Spiritual Presence*) bedeutet die Gegenwart des göttlichen Lebens im kreatürlichen Leben oder „Gott dem menschlichen Geist gegenwärtig". Wir können in dieser Weise reden, da der göttliche Geist kein gesondertes Wesen ist. – Das Wort *presence*[1] weist in seiner ursprünglichen Bedeutung auf die Anwesenheit eines Souveräns oder eine Gruppe hoher Würdenträger hin. Indem wir dies Wort benutzen, bringen wir zum Ausdruck, daß das göttliche Leben in dem kreatürlichen Leben anwesend oder gegenwärtig ist. *Spiritual Presence* (Gegenwart des göttlichen Geistes) ist daher das erste Symbol, das die Unzweideutigkeit des Lebens ausdrückt. Es hat direkten Bezug auf die Zweideutigkeit des Lebens in der Dimension des Geistes, aber durch die vieldimensionale Einheit des Lebens hat es indirekt Bezug auf alle Dimensionen. Es wird der leitende Begriff in den jetzt folgenden Kapiteln des 4. Teils des Systems sein.

Das zweite Symbol für unzweideutiges Leben ist „Reich Gottes". Das Symbol-Material entstammt der geschichtlichen Dimension des Lebens und der Dynamik der geschichtlichen Selbst-Transzendierung. „Reich Gottes" ist die Antwort auf die Zweideutigkeiten der geschichtlichen Existenz, aber wegen der vieldimensionalen Einheit des Lebens ist das Symbol auch die Antwort auf die Zweideutigkeiten in der geschichtlichen Dimension aller anderen Bereiche. Die Dimension der Geschichte aktualisiert sich auf der einen Seite in geschichtlichen Ereignissen, die aus der Vergangenheit in die Gegenwart hineinragen und diese bestimmen, und auf der anderen Seite in der geschichtlichen Spannung, die in der Gegenwart erlebt wird, aber unumkehrbar sich auf die Zukunft zubewegt. Deshalb steht das Symbol „Reich Gottes" für zweierlei: einmal für den Kampf des unzweideutigen Lebens gegen die Kräfte der Zweideutigkeit, zum anderen für die letzte Erfüllung, auf die die Geschichte zuläuft.

Das führt zum dritten Symbol für unzweideutiges Leben: „Ewiges Leben". Das Material für dieses Symbol ist der von Raum und Zeit beherrschten endlichen Welt entnommen, aber es durchbricht diese Schranken. „Ewiges Leben" überwindet die Gefangenschaft in den kategorialen Grenzen der endlichen Existenz. Es bedeutet nicht: endlose Fortsetzung dieser Existenz, sondern den Sieg über ihre Zwei-

---

[1] Wir müssen hier auf den englischen Ausdruck *Spiritual Presence* Bezug nehmen, weil nur das Wort *presence*, nicht aber das Wort „Gegenwart" die oben erwähnte ursprüngliche Bedeutung hat. (D. Hrsg.)

deutigkeiten. Dieses Symbol in Verbindung mit dem Symbol „Reich Gottes" wird der leitende Begriff im 5. Teil des Systems „Geschichte und Reich Gottes" sein.

Die Beziehung der drei Symbole „Gegenwart des göttlichen Geistes", „Reich Gottes" und „Ewiges Leben" zueinander kann auf die folgende Weise beschrieben werden: Alle drei Begriffe sind symbolische Ausdrucksformen der Antwort, die die Offenbarung auf die Frage nach unzweideutigem Leben gibt. Unzweideutiges Leben kann beschrieben werden als Leben in der „Gegenwart des göttlichen Geistes", als Leben im „Reich Gottes" und als „Ewiges Leben". Wie wir oben gezeigt haben, benutzen die drei Symbole ganz verschiedenes Symbol-Material und bringen dadurch verschiedene Bedeutungsgehalte derselben Sache zum Ausdruck, obgleich sie sich auf dieselbe Idee des unzweideutigen Lebens beziehen.

Das Symbol „Gegenwart des göttlichen Geistes" nimmt Bezug auf die Dimension des Geistes, dessen Träger der Mensch ist. Um aber im menschlichen Geist gegenwärtig zu sein, muß der göttliche Geist auch in allen anderen Dimensionen, die sich im Menschen aktualisiert haben, anwesend sein, und das bedeutet – auch im Universum.

Das Symbol „Reich Gottes" ist ein soziales Symbol, das der geschichtlichen Dimension entstammt, insofern sie sich im geschichtlichen Leben des Menschen aktualisiert hat, aber die geschichtliche Dimension ist potentiell in allem Leben gegenwärtig. Daher bezieht sich das Symbol „Reich Gottes" ebenso wie das Symbol „Gegenwart des göttlichen Geistes" auch auf das Universum und seine Bestimmung. Die Geschichte als unumkehrbare Bewegung auf ein Ziel hin fügt der Bedeutung des Symbols ein weiteres Element hinzu, nämlich die eschatologische Erwartung, die Erwartung der Erfüllung dessen, worauf die Selbst-Transzendierung zustrebt und die Geschichte sich hinbewegt. Wie der göttliche Geist wirkt und kämpft das „Reich Gottes" in der Geschichte, aber als ewige Erfüllung des Lebens ist das „Reich Gottes" jenseits der Geschichte. Das Symbol-Material des dritten Symbols, „Ewiges Leben", entstammt der kategorialen Struktur der Endlichkeit. Aber ebenso wie „Gegenwart des göttlichen Geistes" und „Reich Gottes" ist „Ewiges Leben" ein universales Symbol, das sich auf alle Dimensionen des Lebens bezieht. Es ist das universalste Symbol, da es die beiden anderen mitumfaßt. „Gegenwart des göttlichen Geistes" schafft „Ewiges Leben" in denen, die von ihm ergriffen sind, und „das Reich Gottes" ist die Erfüllung des zeitlichen Lebens im „Ewigen Leben".

Die drei Symbole für unzweideutiges Leben schließen einander ein.

Da aber das Symbol-Material, das in ihnen gebraucht wird, verschieden ist, sollte man sie auseinanderhalten und für bestimmte Seiten des unzweideutigen Lebens gebrauchen: „Gegenwart des göttlichen Geistes" für die Überwindung der Zweideutigkeiten in der Dimension des Geistes, „Reich Gottes" für die Überwindung der Zweideutigkeiten in der Dimension der Geschichte und „Ewiges Leben" für die Überwindung der Zweideutigkeiten des Lebens jenseits der Geschichte. Trotz dieser Unterschiede überschneiden sich die drei Symbole: Wo „Gegenwart des göttlichen Geistes" ist, da ist auch auch „Reich Gottes" und „Ewiges Leben"; wo „Reich Gottes" ist, da ist auch „Ewiges Leben" und „Gegenwart des göttlichen Geistes"; wo „Ewiges Leben" ist, da ist auch „Gegenwart des göttlichen Geistes" und „Reich Gottes". Die Betonung ist verschieden, aber der Sinn der Sache ist der gleiche: unzweideutiges Leben.

Wir können nur deshalb nach unzweideutigem Leben fragen, weil das Leben den Charakter der Selbst-Transzendierung hat. In allen Dimensionen bewegt sich das Leben in vertikaler Richtung über sich hinaus. Aber innerhalb keiner Dimension erreicht es das, worauf es sich hinbewegt – das Unbedingte. Es erreicht es nie, aber das Verlangen danach besteht. In der Dimension des Geistes ist es die Frage nach unzweideutiger Moralität und unzweideutiger Kultur, beide jedoch wiedervereint mit unzweideutiger Religion. Die Antwort auf diese Frage heißt: Offenbarung und Erlösung. Offenbarung und Erlösung sind sozusagen „Religion jenseits von Religion", aber auch sie werden zur Religion, wenn sie vom Menschen erlebt werden. In der religiösen Symbolik sind sie das Werk des „göttlichen Geistes" oder des „Reiches Gottes" oder des „Ewigen Lebens". Die Frage nach unzweideutigem Leben wird in allen Religionen gestellt. Die Antwort auf sie liegt allen Religionen zugrunde und verleiht ihnen Größe und Würde. Sobald aber Frage und Antwort in den besonderen Formen einer konkreten Religion erscheinen, werden sie zweideutig. Es ist eine uralte Erfahrung aller Religionen, daß die Frage nach etwas, das sie transzendiert, durch erschütternde und umwandelnde Erfahrungen der Offenbarung und der Erlösung eine Antwort erhält, daß aber unter den Bedingungen der Existenz sogar das absolut Große – die göttliche Selbst-Manifestation in der Religion – nicht nur groß, sondern auch unwürdig, nicht nur göttlich, sondern auch dämonisch werden kann.

II. DIE GEGENWART DES GÖTTLICHEN GEISTES

A

DIE MANIFESTATION DES GÖTTLICHEN GEISTES IM MENSCHLICHEN GEIST

1. Der Charakter der Manifestation des göttlichen Geistes im menschlichen Geist

a) Menschlicher Geist und göttlicher Geist: grundsätzliche Betrachtung. – Wie wir gesehen haben, ist Geist als eine Dimension des Lebens die Einheit von Seins-Macht und Seins-Sinn. Geist kann definiert werden als Aktualisierung von Macht und Sinn in ihrer Einheit. Soweit unsere Erfahrung reicht, gibt es das nur im Menschen, und zwar im Menschen als ganzem, d. h. in allen Dimensionen des Lebens, die in ihm verwirklicht sind. Wenn der Mensch sich selbst als Mensch erfährt, wird er sich bewußt, daß er in seinem ganzen Wesen durch die Dimension des Geistes bestimmt ist. Diese unmittelbare Erfahrung gibt uns die Möglichkeit, von „Gott als Geist" und vom „göttlichen Geist" zu sprechen. Wie alle Aussagen über Gott sind auch diese Ausdrücke symbolisch. Auch in ihnen wird empirisches Material als Symbol-Material gebraucht und damit gleichzeitig transzendiert. Ohne sich selbst als Geist zu erfahren, wäre der Mensch nicht fähig, von Gott als Geist oder vom Geiste Gottes zu reden. Es gibt keine Lehre vom göttlichen Geist ohne ein Verständnis des Geistes als einer Dimension des Lebens.

Die Frage nach der Beziehung zwischen göttlichem Geist und menschlichem Geist wird gewöhnlich durch die metaphorische Aussage beantwortet, daß der göttliche Geist im menschlichen Geist „wohnt" und „wirkt". Das Wörtchen „in" in diesem Satz enthält alle Probleme der Beziehung zwischen dem Göttlichen und dem Menschlichen, dem Unbedingten und dem Bedingten, dem schöpferischen Grund und der kreatürlichen Existenz. Wenn der göttliche Geist *in* den menschlichen Geist einbricht, so bedeutet das nicht, daß er dort einen „Ruheplatz" findet, sondern daß er den menschlichen Geist über sich hinaus treibt.

Der Charakter der Manifestation des göttlichen Geistes

Das „in" des göttlichen Geistes bedeutet ein „über sich hinaus" des menschlichen Geistes. Der Geist als eine Dimension des endlichen Lebens wird zur Selbst-Transzendierung getrieben, er wird von etwas Letztem und Unbedingtem ergriffen. Er ist noch der menschliche Geist, er bleibt, was er ist, aber zu gleicher Zeit geht er unter dem Einwirken des göttlichen Geistes über sich hinaus. Für diesen Zustand des Ergriffenseins durch den göttlichen Geist, gibt es ein klassisches Wort, das Wort „Ekstase". Es beschreibt sehr treffend die menschliche Situation unter dem Wirken des göttlichen Geistes.

Wir haben im Teil I des Systems, im Abschnitt „Vernunft und Offenbarung", das Wesen der Offenbarungs-Erfahrung, ihren ekstatischen Charakter und ihre Beziehung zur kognitiven Seite des menschlichen Geistes, beschrieben. In dem gleichen Abschnitt brachten wir auch eine ähnliche Beschreibung der Erlösungs-Erfahrung, die ein Element der Offenbarungs-Erfahrung ist, wie auch die Offenbarungs-Erfahrung ein Element der Erlösungs-Erfahrung ist. Der göttliche Geist äußert sich in beiden Erfahrungen ekstatisch, d. h. er treibt den menschlichen Geist über sich hinaus, ohne seine essentielle, d. h. rationale Struktur – seinen *Logos*-Charakter – zu zerstören. Die Ekstase zerstört nicht die Zentriertheit des integrierten Selbst. Wo der *Logos*-Charakter des menschlichen Geistes vernichtet wird, handelt es sich nicht um das Wirken des göttlichen Geistes, sondern um dämonische Besessenheit.

Obwohl die ekstatische Gegenwart des göttlichen Geistes die rationale Struktur des menschlichen Geistes nicht zerstört, schafft sie doch im menschlichen Geist etwas, wozu dieser selbst nicht fähig ist. Wo der göttliche Geist den menschlichen Geist ergreift, schafft er unzweideutiges Leben. Der Mensch in seiner Selbst-Transzendierung kann nach dem göttlichen Geist verlangen, aber er kann ihn nicht auf sich herabzwingen – er muß von ihm ergriffen werden. Der Mensch bleibt immer er selbst. Er wird durch seine Selbst-Transzendierung dazu getrieben, die Frage nach unzweideutigem Leben zu stellen, aber die Antwort muß ihm durch die schöpferische Macht des göttlichen Geistes gegeben werden. Die natürliche Theologie ist eine Beschreibung der menschlichen Selbst-Transzendierung und der Frage, die entsteht, wenn sich der Mensch seiner Zweideutigkeit bewußt wird. Aber die natürliche Theologie kann diese Fragen nicht beantworten.

In dieser Grenze der natürlichen Theologie kommt die Wahrheit zum Ausdruck, daß der menschliche Geist unfähig ist, den göttlichen Geist auf sich herabzuzwingen. Schon der Versuch gehört unmittelbar zu den Zweideutigkeiten der Religion und mittelbar zu den Zweideutigkeiten von Kultur und Moralität. Wenn religiöse Hingabe oder sittlicher Gehorsam oder wissenschaftliche Redlichkeit imstande wären, den göttlichen Geist zu zwingen, auf uns „herabzusteigen", so wäre der Geist, der „herabstiege", der menschliche Geist in religiöser Verkleidung. Wo das geschähe, wäre es nichts als der Versuch des menschlichen Geistes selbst, sich zum göttlichen Geist zu erheben. Das Endliche kann das Unendliche nicht zwingen; der Mensch kann Gott nicht zwingen. Der menschliche Geist als eine Dimension des Lebens ist zweideutig wie alles Leben; nur der göttliche Geist schafft unzweideutiges Leben.

Die letzten Betrachtungen führen zu der Frage nach der Beziehung zwischen der vieldimensionalen Einheit des Lebens und der Gegenwart des göttlichen Geistes. Die These von der vieldimensionalen Einheit des Lebens hat uns bisher dazu gedient, dualistische und supranaturalistische Lehren vom Menschen und von seiner Beziehung zu Gott abzuwehren. Im gegenwärtigen Zusammenhang taucht erneut die Frage auf, ob die Gegenüberstellung von menschlichem Geist und göttlichem Geist nicht wieder ein dualistisch-supranaturalistisches Element einführt. Die grundlegende Antwort ist, daß die Relation des Endlichen zu dem, was unendlich und daher über jeden Vergleich erhaben ist, sicher nicht adäquat durch eine Metapher ausgedrückt werden kann, die die Relation zweier endlicher Gebiete beschreibt. Andrerseits kann die Beziehung zum göttlichen Seinsgrund nicht anders als durch Metaphern des Endlichen und die Sprache der Symbole beschrieben werden. Diese Schwierigkeit kann nie ganz behoben werden, sie entspringt der menschlichen Situation selbst. Aber es ist möglich, in theologischer Sprache auf die menschliche Situation hinzuweisen und auf die unvermeidliche Begrenztheit aller Versuche, die Beziehung zum Unbedingten zu beschreiben. Eine Möglichkeit besteht darin, die Metapher „Dimension" zu gebrauchen, aber so, daß man einen radikalen Unterschied macht, je nachdem, ob man sie auf Seiendes oder auf das Sein-Selbst anwendet. Das ist vorausgesetzt, wenn von „Dimension der Tiefe", „Dimension des Unbedingten" oder „Dimension des Ewigen" gesprochen wird, wie ich es selbst verschiedentlich getan habe. Es ist klar, daß die Metapher „Dimension" in diesen Ausdrücken etwas anderes bedeutet als bei unserer Beschreibung der Dimensionen des Lebens. Sie ist nicht eine Dimension neben anderen in der Reihe von Dimensionen, und sie ist in ihrer Aktualisierung nicht von der der vorhergehenden Dimension abhängig, sondern sie ist der Grund des Seins für alle Dimensionen und das Ziel, dem sie alle zustreben. Wenn der Begriff „Dimension" in Zusammensetzungen wie „Dimension der Tiefe" usw. gebraucht wird, so ist damit die Dimension gemeint, in der alle Dimensionen wurzeln und von der sie verneint oder bejaht sind. Das bedeutet jedoch, daß die Metapher zum Symbol geworden ist.

Es gibt noch einen anderen Weg, die Beziehung des menschlichen Geistes zum göttlichen Geist auszudrücken. Man kann die Metapher „Dimension" fallen lassen und statt dessen sagen, daß – da das Endliche potentiell ein Element im göttlichen Leben ist – alles Endliche durch die Beziehung zum Göttlichen bestimmt sei. Aber in der existentiellen Entfremdung des Endlichen vom Unendlichen ist diese Beziehung verdeckt. Nur in dem, was wir Selbst-Transzendierung des Lebens genannt haben, ist, mythisch gesprochen, die „Erinnerung" der wesenhaften Einheit des Endlichen und Unendlichen erhalten. Das dualistische Element dieser Redeweise ist sozusagen vorläufig und vorübergehend. Es dient zur Unterscheidung des Aktuellen vom Potentiellen, des Existentiellen vom Essentiellen. Aber es drückt weder einen Dualismus der Schichten noch einen Supranaturalismus des Göttlichen aus.

Die Frage ist aufgeworfen worden, ob nicht das Ersetzen der Metapher „Schicht" durch die Metapher „Dimension" der Methode der Korrelation von existentiellen Fragen und theologischen Antworten widerspricht. Das träfe aber nur dann zu, wenn der göttliche Geist eine neue Dimension in der Reihe der Dimensionen des Lebens darstellte. Das ist aber nicht der Fall, wie durch die vorangegangene Betrachtung deutlich geworden sein sollte. Der Begriff „Dimension" wird in seiner Anwendung auf Gott symbolisch gebraucht. Daher muß auch ein Ausdruck wie „Dimension des Unbedingten" symbolisch verstanden werden im Gegensatz zum metaphorischen Gebrauch des Wortes, wenn es auf die verschiedenen Dimensionen des Lebens angewandt wird. Obwohl in der essentiellen Beziehung des göttlichen zum menschlichen Geist von gegenseitigem Innewohnen gesprochen werden muß, bleibt für den Stand existentieller Entfremdung nur die Korrelation von Frage und Antwort übrig, aber im einen wie im andern Fall muß das „Nebeneinander von Schichten" ausgeschlossen werden.

b) Struktur und Ekstase. – Die Gegenwart des göttlichen Geistes zerstört nicht die Struktur des zentrierten Selbst, des Trägers der Dimension des Geistes. Ekstase negiert Struktur nicht. Das folgt aus der oben erörterten Ablehnung des Dualismus. Ein Dualismus der Schichten dagegen führt mit zwingender Logik zur Zerstörung des Endlichen, z. B. zur Zerstörung des menschlichen Geistes zugunsten des göttlichen Geistes. In religiöser Sprache könnte man sagen: Gott hat es nicht nötig, die geschaffene Welt in ihrer essentiellen Gutheit zu zerstören, um sich den Menschen zu offenbaren. Ich habe darüber ausführlicher im Zusammenhang mit dem Wunder-Begriff gesprochen und dabei „Wunder" im supranaturalistischen Sinn des Wortes abgelehnt. Das bezog sich auch auf das Wunder der Ekstase, die durch den göttlichen Geist geschaffen wird, wenn die Ekstase als etwas verstanden wird, das die geschaffene Struktur des menschlichen Geistes zerbricht. Nun kann aber nicht bestritten werden, daß wir in der Geschichte der Religion eine große Zahl von Berichten und Beschreibungen finden, die den Eindruck erwecken, als ob die Gegenwart des göttlichen Geistes Ekstasen bewirke, die der rationalen Struktur des menschlichen Geistes widersprechen. Seit frühesten Zeiten und auch noch in der biblischen Literatur haben Manifestationen des göttlichen Geistes Wundercharakter: Der göttliche Geist hat physische Wirkungen. Er versetzt einen Menschen von einem Ort an einen anderen, er verursacht wunderhafte Veränderungen im menschlichen Körper (z. B. die Schaffung neuen Lebens im Körper auf übernatürliche Weise), die Durchdringung fester Körper usw. Der göttliche Geist hat auch außerordentliche psychologische Wirkungen, die den Intellekt und den Willen mit Kräften ausstatten, die außerhalb der natürlichen Fähigkeiten des Menschen liegen (z. B. Kenntnis fremder Sprachen beim Zungenreden, das Eindringen in die innersten Gedanken eines Menschen und Heilungen über große Entfernungen hinweg). So fragwürdig die Historizität dieser Berichte auch sein mag, so stellen sie doch zwei wichtige Merkmale des göttlichen Geistes heraus: seinen universalen und seinen außergewöhnlichen Charakter. Universal bezieht sich auf die Wirkung, die nach den Wunderberichten die Gegenwart des göttlichen Geistes auf alle Dimensionen des Lebens hat. Diese Berichte zeigen – darin liegt ihre Tiefe –, daß der göttliche Geist nicht nur die Fragen beantwortet, die in der religiösen Sphäre vorliegen, sondern daß er auch in alle anderen Sphären eingreift.

Wir müssen jetzt die Frage erörtern, auf welche Weise der göttliche Geist auf das geistige Leben des Menschen einwirkt. Die theologische Tradition kennt dafür zwei Begriffe „Inspiration" und „Infusion". Beide Begriffe sind Metaphern aus dem räumlichen Bereich und bedeuten „Einhauchung" und „Eingießung". Schon bei der Behandlung des Begriffs Offenbarung haben wir die Vorstellung zurückgewiesen, daß Inspiration eine Unterrichtsstunde sei mit dem Zweck, Informationen über Gott oder göttliche Gegenstände zu vermitteln. Der göttliche Geist ist kein „Lehrer", sondern eine sinntragende Macht, die den menschlichen Geist in einer ekstatischen Erfahrung ergreift. Nachdem der Akt der Erfahrung vorbei ist, kann ein „Lehrer" (nämlich der systematische Theologe) das Sinnelement der ekstatischen Inspiration analysieren und formulieren, aber wenn die theologische Arbeit beginnt, ist die Inspiration schon Vergangenheit geworden.

In der frühen Kirche und später im Katholizismus ist der zweite Begriff, „Eingießung", ein zentraler Begriff für das Verhältnis des göttlichen Geistes zum menschlichen Geist. Ausdrücke wie *infusio fidei* oder *infusio amoris* sagen aus, daß Glaube und Liebe eine *infusio spiritus sancti* sind, d. h. sie beruhen auf der Eingießung des göttlichen Geistes. Der Protestantismus war und blieb diesem Begriff *infusio* gegenüber immer mißtrauisch, weil er – wie die Geschichte gezeigt hat – in der späteren katholischen Kirche oft magisch-gegenständlich verstanden worden ist. Der göttliche Geist wurde zu einer Substanz, die eingeflößt werden kann, ohne dem Selbst zum Bewußtsein zu kommen, und die vom Priester im Vollzug des Sakraments vermittelt werden kann – allerdings nur, wenn die das Sakrament empfangende Person keinen Widerstand leistet. Diese a-personale Auffassung des göttlichen Geistes führte zu einer Vergegenständlichung alles religiösen Lebens und hatte ihren Höhepunkt im Ablaßhandel. Im protestantischen Denken wird der göttliche Geist immer personal verstanden: Glaube und Liebe sind Kraftwirkungen des Geistes auf das zentrierte Selbst, und Träger dieser Kraft ist das „Wort" – auch in den Sakramenten. Deshalb zögert der Protestantismus, den Begriff Eingießung für das Wirken des göttlichen Geistes im menschlichen Geist zu gebrauchen.

Aber dieses Zögern ist nicht ganz berechtigt, und der Protestantismus ist in diesem Punkt nicht konsequent. Bei der Interpretation der Pfingstgeschichte und ähnlicher Berichte im Neuen Testament, besonders der Apostelgeschichte und einigen Stellen der Briefe (z. B. bei Paulus), kann es der Protestant nicht vermeiden, von der „Ausgießung des Heiligen Geistes" zu sprechen. Und er tut es mit Recht. Denn selbst wenn man den Begriff Inspiration vorzieht, kann man gewissen substantiellen Anklängen nicht entgehen, denn auch der „Atem" ist eine Substanz, die in den eindringt, der den Geist empfängt. Man kann Metaphern mit substantiellen Elementen nicht vermeiden und sollte sie deshalb mit gutem Gewissen gebrauchen. Und es gibt noch einen anderen Grund, warum wir uns nicht gegen das „Substantielle" sträuben und Worte wie „Eingießung" und „Inspiration" vermeiden sollten, nämlich die Wiederentdeckung der Bedeutung des Unbewußten und die daraus folgende Neubewertung von Symbolen und Sakramenten. Diese Umwertung vollzog sich trotz der traditionellen protestantischen Betonung des Lehrhaften und Moralischen und damit der Betonung des Wortes als des einzigen Vermittlers des göttlichen Geistes.

Die Manifestation des göttlichen Geistes im menschlichen Geist

Aber wie man auch „Eingießung" und „Inspiration" beschreibt – die Grundregel muß bleiben, daß die Beschreibung keine Ansatzpunkte für die Zerstörung der menschlichen Struktur bieten darf. Die Einheit von Struktur und Ekstase hat ihren klassischen Ausdruck in der Paulinischen Geist-Lehre gefunden. Paulus ist in erster Linie ein Theologe des Geistes, und seine Christologie und seine Eschatologie sind zentral von seiner Geist-Lehre bestimmt. Auch seine Lehre von der „Rechtfertigung im Glauben durch Gnade" unterstützt und verteidigt seinen Hauptgedanken, daß mit der Erscheinung des Christus ein neuer Stand der Dinge gekommen ist, der vom göttlichen Geist geschaffen wurde. Paulus betont dabei stark das ekstatische Element in der Erfahrung des göttlichen Geistes und befindet sich damit in Übereinstimmung mit den neutestamentlichen Berichten, die diese Erfahrung beschreiben. Die Erfahrungen, die er bei anderen beobachtete, machte er auch bei sich selbst. Er wußte, daß jedes „erfolgreiche" Gebet, d. h. ein Gebet, das die Wiedervereinigung mit Gott schafft, ekstatischen Charakter hat. Ein solches Gebet kann der menschliche Geist nicht bewirken, weil „der Mensch nicht weiß, wie er beten soll", aber der göttliche Geist kann „durch den Menschen beten", selbst dann, wenn der Mensch ohne Worte betet („aber der Geist vertritt uns mit unaussprechlichem Seufzen"). Die Formel „in Christus sein", die Paulus oft benutzt, ist nicht als psychologische Einfühlung in Christus zu verstehen, sondern sie ist die ekstatische Partizipation an Christus, der „der Geist ist", durch den man in der Gegenwart der „Kraft des Geistes" lebt. Aber gleichzeitig wehrt sich Paulus gegen ekstatische Erscheinungen, in denen die rationale Struktur der Person oder der Gemeinschaft zerrissen wird. Er hat das klassisch im ersten Korintherbrief ausgedrückt, wo er von den Gaben des Geistes spricht und das ekstatische „Zungenreden" ablehnt, sobald es Chaos schafft und die Gemeinschaft zerstört. Er verwirft weiter persönliche ekstatische Erfahrungen, wenn sie Selbst-Überhebung erzeugen, und er unterstellt alle Gaben des Geistes der *agape*, der höchsten Schöpfung des göttlichen Geistes. In dem großen Hymnus auf die *agape* (1. Kor. 13) beschreibt er, wie die Struktur der ethischen Forderung und die durch den Geist geschaffene Ekstase in der *agape* auf vollkommene Weise geeint sind. – In analoger Weise spricht er vom Erkennen. In den ersten drei Kapiteln desselben Briefes zeigt er den Weg, wie die Strukturen der Erkenntnis mit der Geist-geschaffenen Ekstase geeint sind. Die vom göttlichen Geist geschaffene Beziehung zum göttlichen Seinsgrund ist nicht agnostisch (und nicht amoralisch). Sie umfaßt die Erkenntnis der Tiefen des göttlichen Lebens. Wie Paulus in diesen Kapiteln zeigt, handelt es sich hier nicht um eine Erkenntnis, die als Resultat der aufnehmenden Funktion des menschlichen Geistes gewonnen wurde, sondern um eine Erkenntnis von ekstatischem Charakter. Schon die von ihm gebrauchte Sprache macht den ekstatischen Charakter von *agape* und *gnosis* deutlich. In beiden ist die rationale Form – einmal des Moralischen, dann des Kognitiven – mit der ekstatischen Erfahrung des Geistes geeint.

Die Kirche hat in Vergangenheit und Gegenwart ständig mit dem Problem der Paulinischen Geistlehre gerungen. Konkreter Anlaß waren die ekstatischen Bewegungen (Schwärmer). Die Kirche mußte die Verwechslung von Ekstase und Chaos bekämpfen und sich für die Erhaltung der Struktur einsetzen. Aber wenn sie das tat, entstand das Problem, wie sie die institutionelle Profanisierung des „Geistes" verhindern könne, die schon in der frühen Kirche als Folge der Verdrängung des „Charisma" durch das „Amt" auftrat. Die Kirche muß vor allem die Profanisierung vermeiden, die sich im heutigen Protestantismus weithin zeigt, in dem Ekstase durch Lehre und Moral ersetzt wird. Das Paulinische Kriterium der Einheit von Struktur und Ekstase steht gegen beide Formen der Profanisierung. Dieses Kriterium anzuwenden, ist die ständige Pflicht der Kirche trotz des Risikos, das es enthält. Es ist ihre Pflicht, weil eine Kirche, die in ihren institutionellen Formen lebt und Geist-geschaffene Ekstase mißachtet, den chaotischen und zerreißenden Formen der Ekstase Einlaß bietet und damit verantwortlich ist für die säkulare Reaktion gegen den Geist. Auf der anderen Seite setzt sich die Kirche, die die ekstatischen Bewegungen ernst nimmt, der Gefahr aus, daß die Wirkung des Geistes mit bloßer psychischer Überreizung verwechselt wird.

Dieser letztgenannten Gefahr kann man begegnen, wenn man das Verhältnis der Ekstase zu den verschiedenen Dimensionen des Lebens untersucht. Die Ekstase, die durch den göttlichen Geist geschaffen wird, ereignet sich in der Dimension des Geistes, wie wir es in den vorhergehenden Kapiteln über das Verhältnis des menschlichen Geistes zum göttlichen Geist erörtert haben. Die vieldimensionale Einheit des Lebens, wie sie im Menschen vorliegt, bewirkt jedoch, daß alle Dimensionen an der Geist-geschaffenen Ekstase teilnehmen. Das ist unmittelbar in der psychischen Dimension sichtbar, während die organische und die anorganische Dimension nur mittelbar davon betroffen sind. Das Vorhandensein der Ekstase in der psychischen Dimension macht es verständlich, daß man versucht hat, die Religion als ein rein psychologisches Phänomen zu erklären. Wir sehen in dieser Erklärung eine unzulässige Reduktion, mit anderen Worten: eine reduktive Profanisierung der Selbst-Transzendierung des Menschen. Solche Erklärungen werden durch die oft vorhandenen negativen Aspekte der Ekstase bestärkt, deren Behandlung man dann mit Recht der Psychologie überläßt. Gewisse religiöse Bewegungen in unserer Gesellschaft (wie auch schon in früheren) geben dem Versuch der psychologisierenden Reduktion eine erhebliche Grundlage. Interessanterweise fand dieser Versuch einen Verbündeten im kirchlichen Autoritarismus, der die Geist-Bewegungen nicht weniger heftig, aber aus anderen Gründen, bekämpfte. Für die Geist-Bewegungen ist es schwer, sich gegen das Bündnis der kirchlichen und psychologischen Kritiker zu behaupten.

Dieses Kapitel ist eine Verteidigung der ekstatischen Manifestation des göttlichen Geistes gegen die kirchliche Kritik. Dabei ist das Neue Testament die wirkungsvollste Waffe. Aber diese Waffe zu führen, ist nur dann berechtigt, wenn gleichzeitig die psychologische Kritik abgewehrt oder zumindest in die richtige Perspektive gerückt wird.

Die Lehre von der vieldimensionalen Einheit des Lebens liefert uns das Fundament für die Abwehr der psychologischen Kritik. Die psychologische (und biologische) Bedingtheit der Ekstase wird in diesem Zusammenhang als selbstverständlich vorausgesetzt. Da aber die Dimension des Geistes potentiell in der Dimension des Psychischen gegenwärtig ist, können sich aus der Dynamik des Psychischen geistige Strukturen erheben. Das geschieht z. B., wenn ein mathematisches Problem gelöst, ein Gedicht geschrieben oder eine Gesetzesentscheidung gefällt wird, und es geschieht in jeder prophetischen Aussage, jeder mystischen Kontemplation und jedem erfolgreichen Gebet – die Dimension des Geistes aktualisiert sich innerhalb der Dimension des Psychischen und unter den Bedingungen des Biologischen.

In den letzten drei Beispielen haben wir Erfahrungen Geist-geschaffener Ekstase herangezogen. Wir müssen jedoch an diesem Punkt auf ein spezielles Phänomen eingehen: Die Ekstase ist durch ihre Transzendierung der Subjekt-Objekt-Struktur die große heilende Kraft im psychischen Bereich. Aber in der Ekstase liegt eine Gefahr: Metaphorisch gesprochen kann die Subjekt-Objekt-Struktur „nach oben" und „nach unten" transzendiert werden. Ekstatische Ergriffenheit kann mit emotionaler oder biologischer Berauschtheit verwechselt werden. Aber solche Berauschtheit ist ein Herabsinken unter die Subjekt-Objekt-Struktur, und nicht eine Erhebung über sie. Berauschtheit ist ein Versuch, der eigenen Geistigkeit zu entfliehen und auf diese Weise persönlicher Zentriertheit, Verantwortlichkeit und Rationalität zu entgehen. Obwohl das letztlich nicht möglich ist, weil der Mensch der Träger der Dimension des Geistes ist, gibt es doch eine vorübergehende Erleichterung von den Lasten der persönlichen und sozialen Existenz. Auf die

Der Charakter der Manifestation des göttlichen Geistes

Dauer jedoch ist Berauschtheit zerstörerisch und verstärkt die Spannungen, denen der Mensch entgehen möchte. Das unterscheidende Merkmal von Rausch und Ekstase ist, daß im Rausch geistige und religiöse Schöpferkraft verschwinden, während sie in der Ekstase erhöht sind. Rausch ist eine Hinkehr zu leerer Subjektivität, die sich von den objektiven Inhalten der Realität entfernt. Was bleibt, ist ein Vakuum.

Im Gegensatz dazu führt die Ekstase (analog zu dem schöpferischen Enthusiasmus der Kultur in *theoria* und *praxis*) zum Ergreifen des Reichtums der objektiven Welt in ihrer Mannigfaltigkeit, aber auf eine Weise, in der diese Inhalte zugleich durch die Gegenwart des göttlichen Geistes transzendiert sind. Der Prophet, der das göttliche Wort gegen die Gesellschaft seiner Zeit spricht, kennt diese Gesellschaft wie der schärfste soziologische Analytiker, aber er sieht die Situation unter der Einwirkung des göttlichen Geistes und im Lichte des Ewigen. Der kontemplative Mystiker kann um die ontologische Struktur des Universums wissen, aber er sieht sie zugleich ekstatisch unter der Einwirkung des göttlichen Geistes und im Lichte des Grundes und Ziels alles Seins. Der ernsthafte Beter bleibt sich seiner eigenen Situation bewußt und bezieht auch die Situation des Nächsten mit ein, aber er sieht beides unter dem Einfluß des göttlichen Geistes und im Lichte der göttlichen Vorsehung. In solchen Erfahrungen ist die objektive Welt nicht in reine Subjektivität aufgelöst. Sie ist „bewahrt" und „erhöht". Die Subjekt-Objekt-Struktur im rein psychischen Sinn ist transzendiert. Die unabhängige Existenz des Subjekts wie des Objekts ist überwunden; eine höhere Einheit ist geschaffen. Das beste und universalste Beispiel einer solchen ekstatischen Einigung ist wieder das Gebet. Jedes ernsthafte und „erfolgreiche" Gebet – bei dem Gott nicht wie ein beliebiger Gesprächspartner behandelt wird, wie es in vielen Gebeten der Fall ist – ist ein Sprechen zu Gott in dem Sinne, daß Gott zwar logisches Objekt ist für den, der betet. Doch kann Gott niemals zum Objekt werden, es sei denn, daß er gleichzeitig Subjekt ist. Die Paradoxie dieses Gedankens löst sich auf, wenn man sich klar macht, daß der göttliche Geist, der den Betenden ergreift, Gott selbst ist, so daß man sagen kann: Gott spricht durch uns zu sich selbst. Das Gebet ist eine „unmögliche Möglichkeit". Nur insofern als in ihm die Subjekt-Objekt-Struktur überwunden wird, ist es eine Möglichkeit, d. h. eine ekstatische Möglichkeit. Darin liegt sowohl die Größe des Gebets als auch die Gefahr seiner ständigen Profanisierung. Das Wort „ekstatisch", das so viele negative Beiklänge hat, kann in seiner positiven Bedeutung vielleicht gerettet werden, wenn es als der wesenhafte Charakter des Gebets verstanden wird.

Als Kriterium, das darüber entscheidet, ob ein außergewöhnlicher Bewußtseinszustand Ekstase im Sinne der Ergriffenheit durch den göttlichen Geist oder bloßer subjektiver Rausch ist, dient die Frage, ob es sich um Schöpferisches oder Zerstörerisches handelt. Echte Ekstase ist schöpferisch, Rausch ist zerstörerisch. Aber auch dieses Kriterium ist nicht ohne Risiko; es ist jedoch das einzige, das die Kirche gebrauchen kann, um „die Geister zu unterscheiden".

c) Die Mittler des göttlichen Geistes[1]. – 1. SAKRAMENTALE BEGEGNUNGEN UND DIE SAKRAMENTE. Nach der theologischen Tradition wirkt der göttliche Geist durch das Wort und durch die Sakramente. Und weiter: Die Kirche ist auf Wort und Sakrament gegründet, die Verwaltung beider macht sie zur Kirche. Ich sehe es als meine doppelte Aufgabe an, erstens diese traditionelle Auffassung von der Kirche im Lichte unseres Verständnisses des göttlichen Geistes und seines Verhältnisses zum menschlichen Geist neu zu interpretieren; und zweitens die Frage nach den Mittlern des göttlichen Geistes so zu erweitern, daß sie auch alle persönlichen und geschichtlichen Ereignisse, in denen der göttliche Geist wirksam ist, mit einbezieht. Die Dualität von Wort und Sakrament wäre nicht so bedeutsam, wenn sie nicht das ursprüngliche Phänomen repräsentierte, daß die Wirklichkeit entweder durch die lautlose Gegenwart der Objekte als Objekte oder durch die sprachliche Selbstmitteilung eines Subjekts gegenüber einem anderen Subjekt vermittelt wird. Auf beide Arten wird in den Dimensionen des Psychischen und des Geistes Kommunikation hergestellt. Ein begegnendes Selbst kann sich auf indirektem Wege bemerkbar machen, indem es von sich als einem subjektiven Selbst Zeichen gibt. Das geschieht durch Laute in den Dimensionen unterhalb der geistigen Dimension. Wegen der Folge der Dimensionen geht das wortlose Zeichen dem Wort voraus (in der Tierwelt). Und das bedeutet auf unser Problem übertragen, daß das Sakrament „älter" ist als das „Wort".

„Wort" und „Sakrament" bezeichnen die beiden Weisen, wie sich der göttliche Geist den Menschen mitteilt. Worte, durch die der göttliche Geist spricht, sind „Wort Gottes" oder abgekürzt „das Wort". Gegenstände, die Träger des göttlichen Geistes sind, werden im sakramentalen Akt zu sakramentalen Elementen. Obwohl, wie gesagt, das Sakramentale älter ist als das Wort, ist das Wort – wenn auch als lautloses – im Erlebnis des Sakraments gegenwärtig. Das ist der Fall, weil die Er-

---

[1] Als Übersetzung des englischen Worts *media* wurde vom Autor das Wort „Mittler" gewählt, um die theologisch belasteten Worte „Heilsmittel" und „Gnadenmittel" zu vermeiden. (D. Hrsg.)

Der Charakter der Manifestation des göttlichen Geistes

fahrung sakramentaler Wirklichkeit schon zur Dimension des Geistes gehört, nämlich zur religiösen Funktion. Deshalb ist die sakramentale Wirklichkeit nicht ohne „Wort", auch wenn es „lautloses Wort" ist. Der Begriff „sakramental" hat eine weitere und zwei engere Bedeutungen. Er sollte aber von seinen engeren Bedeutungen befreit werden. Die christlichen Kirchen übersehen in ihrem Streit über Sinn und Zahl der Sakramente, daß es außer den sogenannten großen Sakramenten – was auch ihre Zahl sein mag, sieben, fünf oder zwei – noch sehr viele andere „sakramentsartige" Dinge gibt, die mit dem lateinischen Wort *sacramentalia* bezeichnet werden. Im weitesten Sinne des Wortes ist „sakramental" alles, durch das der göttliche Geist erfahren wird; in einem engeren Sinne sind solche Gegenstände und Handlungen sakramental, in denen eine religiöse Gemeinschaft ihre Begegnungen mit dem göttlichen Geist ausdrückt, und im engsten Sinne bezieht sich „sakramental" auf die großen Sakramente, in denen sich eine religiöse Gemeinschaft verwirklicht. Wenn die Bedeutung von „sakramental" im weitesten Sinne nicht mehr gesehen wird, verlieren auch die *sacramentalia* und die großen Sakramente ihre religiöse Bedeutung. Das erste geschah in der Reformation, das zweite in den verschiedenen protestantischen Denominationen. Diese ganze Entwicklung wurzelt letztlich in einer Lehre vom Menschen, die dualistische Tendenzen enthält, und kann nur dadurch überwunden werden, daß man die vieldimensionale Einheit des Menschen versteht. Wenn das Wesen des Menschen nur unter den Begriffen des Bewußtseins, des Intellekts und des Willens erfaßt wird, dann können nur Worte – lehrhafte oder moralische – Träger des göttlichen Geistes sein. Es gibt dann keine Geist-tragenden Gegenstände oder Handlungen; nichts Sinnliches, das das Unbewußte erreicht und beeindruckt, wird als Übermittler des göttlichen Geistes anerkannt. Die Sakramente – falls sie noch beibehalten werden – werden zu veralteten Überresten aus der Vergangenheit. Aber die Betonung der bewußten Seite des psychischen Selbst ist nicht allein verantwortlich für das Schwinden des sakramentalen Denkens, ebenso verantwortlich dafür ist das Mißverständnis des Sakramentalen als magisch, wovon auch das Christentum nicht frei ist. Die Reformation war ein Generalangriff auf den römisch-katholischen Sakramentalismus. Ihr Hauptargument war, daß die Lehre vom *opus operatum* die Sakramente zu unpersönlichen Akten einer magischen Technik machte, mit anderen Worten, das Sakrament soll kraft seines bloßen Vollzugs wirken. Die innere Haltung des Empfangenden, der Glaube im Sinne des unbedingten Ergriffenseins, spielt dabei keine Rolle und ist für den Empfang der geistigen Kraft des Sakraments nicht erforderlich. Die einzige Einschränkung ist die, daß derjenige, der das Sakrament empfängt, gegen seine Wirkung keinen Widerstand leisten darf. Die Reformation verurteilte eine solche Auffassung des Sakraments als magisch. Deshalb muß eine klare Grenzlinie gezogen werden zwischen der Wirkung eines Sakraments vom Unbewußten her auf das Bewußtsein und zwischen magischer Technik, die das Unbewußte unter Ausschaltung des Willens beeinflussen will. Obwohl Magie als technische Methode seit der Renaissance allmählich den technischen Methoden der Naturwissenschaft gewichen ist, gibt es in der Beziehung von Mensch zu Mensch ein magisches Element, wie es auch wissenschaftlich erklärt werden mag. Ein magisches Element in diesem Sinne gibt es zwischen dem Prediger und den Hörern der Predigt, dem politischen Redner und der Versammlung, dem Schauspieler und den Zuschauern, zwischen Freund und Freund und dem Liebenden und dem Gegenstand seiner Liebe. Als ein Element in einem größeren Ganzen, das von dem zentrierten Selbst bestimmt ist, ist Magie ein Ausdruck der vieldimensionalen Einheit des Lebens. Aber wenn sie als ein spezieller, beabsichtigter Akt ausgeübt wird, der das personhafte Zentrum umgeht, wird sie eine dämonische Entstellung. Dieser Gefahr kann jedes Sakrament erliegen.

Die Furcht vor Dämonisierung hat den reformierten Protestantismus und viele Sekten – im Gegensatz zum Luthertum – dazu veranlaßt, das Sakrament als Mittler des göttlichen Geistes mehr oder weniger abzulehnen. Das Ergebnis war, daß die Gegenwart des göttlichen Geistes intellektuell oder moralisch verstanden wurde oder als mystische Innerlichkeit wie im Quäkertum. Nachdem im 20. Jahrhundert das Unbewußte wiederentdeckt wurde, ist es der christlichen Theologie wieder möglich, die sakramentale Vermittlung des göttlichen Geistes positiv zu werten. Man könnte theologisch sogar so weit gehen, zu sagen: Wenn die Erfahrung des göttlichen Geistes sich nur im Bewußtsein abspielt, ist sie nur eine intellektuelle, aber keine wirkliche Erfahrung des göttlichen Geistes. Daraus folgt weiter, daß zur Erfahrung des göttlichen Geistes ein sakramentales Element gehört, so verborgen es auch sein mag. In theologischer Terminologie könnte man sagen, Gott ergreift jede Seite des Menschen durch beides: die sakramentale und die worthafte Vermittlung. Die von mir oft gebrauchte Formel „protestantisches Prinzip *und* katholische Substanz" bezieht sich fundamental auf die Einheit von Wort und Sakrament in der Vermittlung des göttlichen Geistes. Der Gedanke der vieldimensionalen Einheit macht diese Formel anthropologisch möglich. Der Katholizismus hat immer versucht, alle Dimensionen in sein System des Lebens und Denkens einzubeziehen, aber er hat dabei in wachsendem Maße die

Seite geopfert, die in der prophetischen Kritik der Religion und dem protestantischen Prinzip zum Ausdruck kommt.

Das sakramentale Material ist kein Zeichen, das auf etwas hinweist, was ihm fremd ist. Wenn wir die früher entwickelte Theorie des Symbols anwenden, können wir sagen: Das sakramentale Material ist kein Zeichen, sondern ein Symbol. Als solches ist es wesenhaft auf das bezogen, was es ausdrückt. Die Materialien Wasser, Feuer, Öl, Brot, Wein haben ihnen innewohnende Qualitäten, die sie für ihre sakramentale Funktion geeignet und darum unersetzlich machen. Bildhaft ausgedrückt: Der göttliche Geist „benutzt" die Mächte des Seins in der Natur, um in den menschlichen Geist „einzudringen". Dabei muß jedoch betont werden, daß es nicht ihre Qualitäten als solche sind, die sie zum Mittler des göttlichen Geistes machen, sondern die Tatsache, daß sie in die sakramentale Einheit mit dem göttlichen Geist aufgenommen sind. Von dieser Betrachtungsweise aus müssen zwei Sakramentsauffassungen abgelehnt werden: die katholische, die in ihrer Transsubstantiations-Lehre dem Symbol seinen symbolischen Charakter nimmt und daher das sakramentale Material zu einem Ding macht, über das man verfügen kann; und die von Zwingli kommende reformierte Auffassung mit ihrer Lehre vom zeichenhaften Charakter des Sakraments. Ein sakramentales Symbol ist weder ein Ding noch ein Zeichen. Es nimmt teil an der Macht dessen, was es symbolisiert, und kann deshalb zum Mittler des göttlichen Geistes werden.

Die einzelnen Sakramente haben eine lange Entwicklungsgeschichte hinter sich. Kein Teil der Wirklichkeit ist von vornherein von der Möglichkeit ausgeschlossen, irgendwann einmal zum sakramentalen Material zu werden. In bestimmten Konstellationen erweist es seine Eignung als Symbol und wird tatsächlich zum Symbol. Dabei spielen oft magische Traditionen eine Rolle (z. B. sakramentale Mahlzeiten) oder historische Ereignisse, an die man sich erinnert (z. B. der Auszug aus Ägypten, das letzte Abendmahl Jesu) und die dann zu dem werden, was die formgeschichtliche Forschung „heilige Legende" nennt, und schließlich zum Sakrament. Meistens sind die sakramentalen Symbole mit den großen Augenblicken im Leben des Menschen (Geburt, Reife, Ehe, drohender Tod) oder mit bestimmten religiösen Ereignissen (Eintritt in die religiöse Gruppe, Übernahme bestimmter Aufgaben innerhalb der Gruppe) verbunden. Darüber hinaus gibt es sakramentale Akte, in denen sich die religiöse Gruppe immer wieder konstituiert. Sakramentale Akte beider Arten sind oft identisch.

Angesichts dieser Situation muß man fragen, ob die Gemeinschaft im göttlichen Geist an bestimmte sakramentale Akte gebunden sei. Die

Antwort enthält ein negatives und ein positives Element: Insofern es sich um die Gemeinschaft handelt, in der das Neue Sein in Jesus dem Christus sich verwirklicht, müssen alle sakramentalen Akte dem Kriterium des Neuen Seins unterworfen werden, auf das diese Gemeinschaft gegründet ist. *In concreto* bedeutet das, daß alle dämonischen Elemente ausgeschieden werden müssen, z. B. Tier- oder Menschenopfer. Und es gibt noch eine zweite Einschränkung: Die sakramentalen Akte, durch die der Geist des Neuen Seins im Christus sich dem menschlichen Geist mitteilt, müssen in Beziehung stehen zu den geschichtlichen und lehrhaften Symbolen, in denen die Offenbarungsereignisse und schließlich *das* Offenbarungsereignis Ausdruck gefunden haben (das Ereignis der Kreuzigung oder das Symbol des Ewigen Lebens). Aber innerhalb dieser beiden Grenzen ist die Kirche völlig frei, alle Objekte als sakramentale Symbole zu verwenden, die sich als geeignet erweisen und die symbolische Kraft haben. Die Debatte über die Zahl der Sakramente ist nur insofern berechtigt, als in dieser Form echte theologische Probleme diskutiert werden, z. B. die religiösen Probleme der Heirat und Scheidung, des Priestertums und der Laienwelt. Nur auf Grund von Prinzipien, die in solchen Diskussionen erörtert werden, konnte und kann die Reduktion der Sakramente von sieben auf zwei gerechtfertigt werden. Vor allem ist das Argument, daß Jesus sie selbst eingesetzt habe, zurückzuweisen. Der Christus ist nicht gekommen, um neue rituelle Gesetze zu geben. Er ist das Ende des Gesetzes. Die endgültige Auswahl der großen Sakramente aus der Vielzahl der sakramentalen Möglichkeiten hängt von Tradition, Wertung und Kritik ab. Die entscheidende Frage ist jedoch, ob die Sakramente die innere Mächtigkeit besitzen, Mittler des göttlichen Geistes zu sein. Wenn z. B. eine große Zahl ernsthafter Menschen innerhalb einer religiösen Gemeinschaft nicht mehr von bestimmten Sakramenten ergriffen ist – wie ehrwürdig und feierlich sie auch sein mögen –, so muß ernstlich gefragt werden, ob sie nicht ihre sakramentale Kraft verloren haben.

2. WORT UND SAKRAMENT. In unserer Analyse der sakramentalen Gegenstände und Handlungen hatten wir gefunden, daß sie vom Wort nicht zu trennen sind, weil die Sprache der fundamentale Ausdruck des menschlichen Geistes ist. Wir hatten weiter auf das Phänomen des „lautlosen Sprechens" hingewiesen und es in das, was man Sprache nennt, mit einbezogen. Das Wort ist aus diesen Gründen neben den Sakramenten der andere und letztlich wichtigere Mittler des göttlichen Geistes. Wenn menschliche Worte Träger des göttlichen Geistes werden, werden sie „Wort Gottes" genannt. Man sollte betonen, daß

"Wort Gottes" ein Ausdruck ist, der menschliche Worte als Mittler des göttlichen Geistes charakterisiert. Wir haben darüber ausführlich in Band I des Systems gesprochen[1]. Innerhalb der Lehre vom Geist müssen wir kurz die folgenden Punkte wiederholen: Gott spricht nicht eine besondere Sprache, und er ist nicht gebunden an besondere Dokumente, die in hebräischer, aramäischer, griechischer oder irgendeiner Sprache geschrieben sind. Solche Dokumente an sich sind nicht "Wort Gottes". Sie können zum "Wort Gottes" werden, wenn sie die Macht haben, den menschlichen Geist zu ergreifen. Das bezieht sich positiv und negativ auch auf die biblische wie auf jede andere Literatur. Die Bibel enthält nicht "Worte Gottes" (oder wie Calvin gesagt hat "oracula Dei"), aber bestimmte biblische Worte können einem Menschen in einer besonderen Situation zum "Wort Gottes" werden. Die einzigartige Stellung der Bibel beruht auf der Tatsache, daß sie das Dokument der zentralen Offenbarung ist, und zwar nach beiden Seiten: Dokument der Offenbarungs-Ereignisse selbst und Dokument ihrer Aufnahme durch die Jünger. Darauf beruht es, daß innerhalb der christlichen Kultur die Worte der Bibel ständig und in fundamentaler Weise "Wort Gottes" geworden sind. Sie bewähren diese Kraft Tag für Tag sowohl für Menschen innerhalb wie außerhalb der Kirche. Aber die Bibel ist nicht der einzige Mittler, und nicht alles in ihr ist zu jeder Zeit ein Mittler. In vielen ihrer Teile ist sie immer nur potentiell ein Mittler, und sie wird zum aktuellen Mittler nur in dem Maße, in dem sie Menschen ergreift. Ein Wort ist "Wort Gottes" nur, insofern es Wort Gottes *für* jemanden ist.

Daraus ergibt sich, daß die Zahl der Worte, die zum "Wort Gottes" werden können, unbegrenzt ist. Alle menschlichen Worte sind grundsätzlich für die Möglichkeit offen, "Wort Gottes" zu werden. Das gilt auch für alle religiösen und kulturellen Dokumente, d. h. für die gesamte Literatur, und darin nicht nur für das Große und Würdige, sondern auch für das Durchschnittliche, Unbedeutende und Profane – wenn es den menschlichen Geist so trifft, daß es in ihm die Frage nach dem, was ihn unbedingt angeht, erweckt. Selbst das gesprochene Wort einer alltäglichen Unterhaltung kann zum Mittler des göttlichen Geistes werden, genauso wie ein gewöhnlicher Gegenstand in einer besonderen konkreten Situation, unter gewissen äußeren oder inneren Umständen, sakramentalen Charakter erlangen kann.

Doch wiederum müssen wir ein Kriterium aufstellen gegen falsche Erhebungen menschlicher Worte zur Würde des "Wortes Gottes". Die-

---

[1] Vgl. Bd. I, S. 187 ff.

ses Kriterium ist das biblische Wort. Es ist der höchste Prüfstein für das, was für jemanden „Wort Gottes" werden oder nicht werden kann. Nichts ist Wort Gottes, das dem Glauben und der Liebe widerspricht, die das Werk des Geistes sind und das Neue Sein konstituieren, das in Jesus als dem Christus Wirklichkeit geworden ist.

3. DAS PROBLEM DES „INNEREN WORTES". Die vorangegangenen Erörterungen haben gezeigt, daß das Wirken des göttlichen Geistes an bestimmte Mittler gebunden ist. So innerlich sich das Wirken des Geistes auch vollziehen mag, die Mittler haben eine objektive Seite, z. B. sakramentale Gegenstände und Handlungen, Laute und Buchstaben. Es erhebt sich die Frage, ob überhaupt solche Mittler nötig sind oder ob es nicht möglich ist, daß der göttliche Geist im Menschen unmittelbar ohne äußere Träger wirkt. Diese Frage ist mit großer Leidenschaft zu allen Zeiten von allen sogenannten Geist-Bewegungen (Schwärmer) gestellt worden, und ganz ausdrücklich in der Reformationszeit. Das christliche Gewissen war durch die Reformatoren von der kirchlichen Autorität befreit worden und wollte keine neuen Autoritäten, wie den Buchstaben der Bibel oder von Theologen aufgestellte Glaubensbekenntnisse, anerkennen. Die Schwärmer führten ihren Angriff sowohl auf den Papst von Rom wie auf den neuen Papst – die Bibel und ihre gelehrten Hüter – im Namen des Geistes. Da Geist bedeutet „Gott gegenwärtig dem menschlichen Geist", kann keine Lebens- und Gedankenform vom göttlichen Geist ganz abgeschnitten sein. Gottes Gegenwart ist an keine seiner eigenen Manifestationen gebunden. Der Geist bricht durch die festgelegten Formen von Wort und Sakrament. Die Geist-Bewegungen hatten daraus die Folgerung gezogen, daß der Geist keine solchen Mittler brauche. Nach ihnen wohnt er in der Tiefe der Person, und wenn er spricht, spricht er als „inneres Wort". Wer auf dieses „innere Wort" hört, empfängt neue und persönliche Offenbarungen, die unabhängig von der kirchlichen Tradition sind. Die Schwärmer konnten sich in ihrer Auffassung auf die Lehre vom Geist und auf die Freiheit des Geistes berufen, der an keine der zweideutigen Formen der Religion gebunden ist. Ich muß bekennen, daß in diesem Punkt das vorliegende System wesentlich, obgleich nur indirekt, von den Geist-Bewegungen beeinflußt ist, und zwar auf zweierlei Weise: Die Geist-Bewegungen wirkten allgemein auf die westliche Kultur (auch auf Theologen wie Schleiermacher), und sie wirkten im besonderen durch ihre Kritik an den traditionellen Formen des religiösen Lebens und Denkens. Gerade wegen dieses Einflusses müssen wir jedoch kritische Einschränkungen machen.

Zunächst ist der Ausdruck „inneres Wort" unglücklich. Als die franziskanischen Theologen des 13. Jahrhunderts auf dem „göttlichen" Charakter der Formalprinzipien der Erkenntnis im menschlichen Geist bestanden oder die deutschen Mystiker des 14. Jahrhunderts von der Gegenwart des *logos* in der menschlichen Seele sprachen, waren sie von demselben Beweggrund getrieben wie die Geist-Bewegungen zu allen Zeiten. Aber sie behaupteten nicht, daß der göttliche Geist ohne Offenbarung und Tradition im Menschen wirken könne. Der Terminus „inneres Wort" jedoch könnte die Nebenbedeutung haben, daß das Werk des Geistes von Offenbarung und Tradition unabhängig sei. Wenn das der Fall wäre, wäre es fraglich, ob man noch von Wort reden könnte. Denn Wort ist seiner Natur nach ein Mittel der Kommunikation zwischen zwei Wesen mit zentriertem Selbst, die als solche voneinander getrennt sind. Wenn aber keine *zwei* Zentren vorhanden sind, was soll „inneres Wort" dann bedeuten? Enthält es dann nicht die stillschweigende Voraussetzung, daß Gott oder der *logos* oder der Geist das andere Selbst sind? Sicherlich kann man das – wenn man sich der symbolischen Weise seines Sprechens bewußt ist – bejahen in dem Sinne, wie die Propheten von der Stimme Jahwes sprechen, die sie in ekstatischer Erfahrung gehört haben. Aber nicht nur die Propheten wiesen auf solche Erfahrungen hin, zu allen Zeiten haben die Menschen von ähnlichen Erlebnissen berichtet. Auch die „lautlose" Stimme des Gewissens ist als das Sprechen des göttlichen Geistes zum menschlichen Geist gedeutet worden. Aus diesen Betrachtungen geht hervor, wie mißverständlich der Ausdruck „inneres Wort" ist. Selbst in symbolischer Sprache ist es eine fragwürdige Redeweise. Wenn wir Gott Allwissenheit, Liebe, Zorn und Barmherzigkeit zuschreiben, dann sprechen wir in der Tat in Symbolen und schreiben ihm Realitäten zu, die aus der Erfahrung des Selbst genommen sind. Aber „Selbst" ist ein Strukturbegriff und kann nicht im gleichen Sinne Symbol werden wie die vorher genannten Begriffe. Wenn das Neue Testament sagt, daß Gott Geist ist, oder wenn Paulus von dem Zeugnis des göttlichen Geistes für unseren Geist spricht, dann ist der Strukturbegriff des Selbst in diesem Symbolen enthalten, aber es ist irreführend, ihn explizit zu machen. Kein Pol der Grundpolarität von Selbst und Welt kann symbolisch auf Gott angewandt werden. Wenn Gott zu uns spricht, dann ist das nicht das „innere Wort", sondern es ist sein Geist, der uns – metaphorisch gesprochen – von außen ergreift, aber dieses „von außen" liegt jenseits von außen und innen, es transzendiert beide. Nur weil Gott auch im Menschen ist, kann der Mensch nach Gott fragen und kann Gottes Antwort vom Menschen vernommen werden. Die Begriffe innen und außen verlieren ihren Gegensatz in der Beziehung von Gott und Mensch. Wenn der Terminus „inneres Wort" bedeuten soll, daß der Mensch zu sich selbst spricht, muß er verworfen werden.

Aus all dem folgt, daß die Frage: Spricht Gott zum Menschen ohne Mittler? verneint werden muß. Das Wort als Mittler ist immer gegenwärtig, weil das Leben des Menschen in der Dimension des Geistes durch das Wort bestimmt ist, ganz gleich, ob es lautlos ist oder nicht. Der denkende Geist denkt stets in Worten. Er spricht in lautlosen Worten, aber er spricht nicht mit sich selbst, um sich selbst etwas mitzuteilen. Der Mensch erinnert sich an das, was seit Beginn seines Lebens zu ihm gesprochen worden ist, und er fügt es innerlich zu einem sinnvollen Ganzen. Deshalb reden und schreiben die Propheten und Mystiker und alle, die von sich behaupten, eine göttliche Inspiration erhalten zu haben, in der Sprache der Tradition, aus der sie kommen. Wenn Gott zu den Propheten spricht, dann spricht er zu ihnen in ihrer eigenen Sprache. Er gibt ihnen keine neuen Worte und macht sie nicht mit neuen Tatsachen bekannt, sondern er stellt das, was ihnen bekannt ist, in das Licht des Unbedingten und befiehlt ihnen, aus dieser Situation in ihrer eigenen Sprache seine Botschaft zu verkünden. Wenn die Schwärmer der Reformationszeit vom „inneren Wort" sprachen, das sie in der Sprache ihrer Zeit empfangen hatten, so war es das Wort der Bibel, der Tradition, der Reformatoren, jedoch erleuchtet durch ihre eigene Erfahrung von der Gegenwart des Geistes. Im Lichte dieser Erfahrung deuteten sie z. B. die Situation der untersten Klassen ihrer Gesellschaft und gewannen gleichzeitig die Gewißheit, daß der Geist die Freiheit hat, durch die kirchliche und biblizistische Heteronomie hindurchzubrechen, wie er es bei den Reformatoren getan hatte. Die sozialen Einsichten dieser Gruppen mit ihrem prophetischen Charakter waren Vorwegnahmen von vielen späteren christlichen sozialen Bewegungen, bis zum *social gospel* und zur religiössozialistischen Bewegung unserer Zeit. Die mystischen Tendenzen der radikalen Bewegungen der Reformation nahmen Einsichten der modernen Religionsphilosophie und der Theologie der Erfahrung voraus.

Aber der Widerstand der Reformatoren gegen die Geist-Bewegungen ihrer Zeit hatte noch einen anderen Grund. Die Reformatoren fürchteten – und darin waren sie in Übereinstimmung mit der gesamten Tradition der Kirche –, daß das letzte Kriterium aller Offenbarungs-Erfahrung, das Neue Sein in Jesus als dem Christus, in der Unmittelbarkeit der Geist-Erfahrung verlorenginge. Darum banden sie den Geist an das Wort, nämlich an die biblische Botschaft vom Christus. Darin ist an sich nichts Falsches, denn die Theologie beruht auf der Offenbarung Jesu als des Christus als der zentralen Offenbarung. Aber diese Bindung wurde in dem Moment gefährlich, als die Offenbarung im Christus mit einer forensischen Lehre von der Rechtfertigung durch den Glauben identifiziert wurde, wobei die Glauben-schaffende Wirkung des Geistes durch den intellektuellen Akt der Anerkennung der „Lehre von der Vergebung allein durch Gnade" ersetzt war. Das war sicher nicht die Absicht, aber es war die Wirkung des Prinzips „allein durch das Wort". Die Funktion des göttlichen Geistes wurde zweideutig beschrieben, entweder als das Zeugnis des Geistes für die Wahrheit der biblischen Botschaft oder für die Wahrheit der biblischen Worte. Die erste Auffassung entspricht dem Wesen und Wirken des göttlichen Geistes: er erhebt den menschlichen Geist in die transzendente Einheit unzweideutigen Lebens und gibt ihm die unmittelbare Gewißheit der Wiedervereinigung mit Gott, d. h. er befreit von der Autorität des Buchstabens und schafft unmittelbare religiöse Gewißheit. Die zweite Auffassung einer intellektuellen Anerkennung der Bibelworte in ihrem wörtlichen Sinn widerspricht jedoch dem Wesen des göttlichen Geistes und führt zu einer falschen Sicherheit in der Form der Unterwerfung unter eine heteronome Autorität. Darin liegt im Grunde eine Mißachtung der Kontinuität des schöpferischen Wirkens des Geistes im Einzelnen und in der Gemeinschaft. Es waren wieder die Geist-Bewegungen, die einen biblischen Gedanken heraushoben, der noch im frühen Luther lebendig gewesen, aber im Sieg der nachreformatorischen Orthodoxie über die Geist-Bewegungen verlorengegangen war. In dem nun folgenden Streit ging aber auch in den Geist-Bewegungen etwas verloren, was den Widerstand der Orthodoxie gegen sie rechtfertigte. Sie konzentrierten sich ausschließlich auf ihre „Innerlichkeit", anstatt, wie es Luther gefordert hatte, über sich hinauszublicken auf das, was Gott tut, der den Menschen annimmt, auch wenn er unannehmbar ist. Sie verwechselten das Wort, das Gott zu ihnen sprach, mit den Worten der Frömmigkeit, die sie zu sich selbst sprachen. Die letzte Betrachtung jedoch führt über das Problem der Mittler des göttlichen Geistes hinaus.

2. Das Werk des göttlichen Geistes im menschlichen Geist:
Die Schöpfung von Glauben und Liebe

a) Die transzendente Einheit und die Teilnahme an ihr. – Alle Zweideutigkeiten des Lebens wurzeln in der Trennung und dem Ineinander von essentiellen und existientiellen Elementen des Seins.

Deshalb bedeutet Schöpfung unzweideutigen Lebens die Wiedervereinigung dieser Elemente im Lebensprozeß. Wiedervereinigung bedeutet, daß das aktuelle Sein der wahre Ausdruck des essentiellen Seins ist. Wiedervereinigung ist nicht Rückkehr zu dem Stand der „träumenden Unschuld", sie wird vielmehr auf dem Wege über Entfremdung, Kampf und Entscheidung erreicht. In der Wiedervereinigung von essentiellem und existentiellem Sein wird das zweideutige Leben über sich hinausgehoben zu einer transzendenten Einheit, die es aus eigener Kraft nicht hätte erreichen können. Diese Einheit beantwortet die Fragen, die in den Lebensprozessen und in den Funktionen des Geistes enthalten sind. Sie ist die direkte Antwort auf die Fragen, die in den Zweideutigkeiten der Funktion der Selbst-Transzendierung liegen. Die transzendente Einheit erscheint im menschlichen Geist als das ekstatische Erlebnis, das, von der einen Seite gesehen, Glaube, von der anderen Seite gesehen, Liebe genannt wird. Glaube und Liebe sind die Manifestationen der transzendenten Einheit, die der göttliche Geist im menschlichen Geist schafft. „Transzendente Einheit" ist eine Qualität des unzweideutigen Lebens und darum der Symbole für das unzweideutige Leben: „Gegenwart des göttlichen Geistes", „Reich Gottes" und „Ewiges Leben".

Glaube und Liebe können in folgender Weise voneinander unterschieden werden: Glaube ist der Zustand des Ergriffenseins von der transzendenten Einheit, und Liebe ist der Zustand des Hineingenommenseins in die transzendente Einheit. Aus dieser Beschreibung folgt, daß rein logisch der Glaube das Primäre und die Liebe das Sekundäre ist, aber in der Wirklichkeit ist das eine nie ohne das andere vorhanden. Glaube ohne Liebe hebt den Zustand der Entfremdung nicht auf, er bleibt in der Zweideutigkeit der Selbst-Transzendierung des Lebens. Liebe ohne Glaube ist eine zweideutige Wiedervereinigung von Getrenntem, d. h. ohne das letzte Kriterium der transzendenten Einheit. Weder Glaube allein noch Liebe allein ist eine Schöpfung des göttlichen Geistes, sondern Ausdruck zweideutiger Religiosität.

Die letzten Betrachtungen erfordern eigentlich eine volle Erörterung dessen, was Glaube und was Liebe ist, aber das ginge über den Rahmen des Systems hinaus. Ich verweise deshalb auf meine beiden Bücher, von denen sich das eine ausführlich mit dem Glauben, das andere mit der Liebe befaßt [1]. An dieser Stelle ist es jedoch nötig,

---

[1] „Wesen und Wandel des Glaubens", Berlin 1961, und „Liebe, Macht, Gerechtigkeit", Tübingen 1955.

den Ort aufzuweisen, den die beiden Begriffe im theologischen System einnehmen, und auf diese Art ihr Verhältnis zu anderen theologischen Begriffen und religiösen Symbolen zu zeigen. Seit der Entstehung des Neuen Testaments gehören Glaube und Liebe zu den zentralen Begriffen des christlichen Lebens und theologischen Denkens. Wie man aus der gegenwärtigen theologischen Diskussion ersehen kann, sind sie nicht immer in gleicher Weise und sicher nicht immer adäquat interpretiert worden.

b) Die Gegenwart des göttlichen Geistes als Glaube. – Kaum ein Wort der religiösen Sprache „schreit" so nach semantischer Reinigung wie das Wort Glaube. Es wird beständig mit Für-wahrhalten von etwas verwechselt, das geringe Wahrscheinlichkeit hat oder von vornherein unglaubwürdig oder absurd oder sinnlos ist. Nur äußerst schwer gelingt es, das Wort Glaube von solchen entstellenden Deutungen zu befreien und seinen echten Sinn wieder zu sehen. Ein Grund für diese Schwierigkeit liegt darin, daß die christlichen Kirchen die Botschaft des Neuen Seins im Christus oft als eine „Absurdität" beschrieben haben, die auf Grund biblischer oder kirchlicher Autorität für wahr gehalten werden muß, ob sie dem Menschen einsichtig ist oder nicht. Ein weiterer Grund liegt darin, daß die Kritiker der Religion ihre Kritik auf diesen verzerrten Glaubensbegriff richteten und dadurch in ihren Angriffen leichtes Spiel hatten.

Glaube muß sowohl formal wie material definiert werden: Die formale Definition umfaßt jede Art von Glauben in allen Religionen und Kulturen. Sie lautet: Glaube ist der Zustand des Ergriffenseins durch das, worauf sich die Selbst-Transzendierung richtet: das Unbedingte in Sein und Sinn. Auf eine kurze Formel gebracht, kann man sagen: Glaube ist Ergriffensein durch das, was uns unbedingt angeht, wobei der Ausdruck „was uns unbedingt angeht" ein subjektives und ein objektives Element verbindet. Auf der einen Seite ist es ein Anliegen des Menschen, auf der anderen Seite beansprucht es Unbedingtheit, ganz gleich, ob es zum Anliegen gemacht wird oder nicht. In diesem formalen Sinne von Glauben als unbedingtem Anliegen hat jeder Mensch Glauben, denn es gehört zum Wesen des menschlichen Geistes – im Sinne der Selbst Transzendierung des Lebens –, auf etwas Unbedingtes bezogen zu sein. So wertlos der konkrete Inhalt des Glaubens sein mag, niemand kann von sich behaupten, daß er gar keinen Glauben habe. Dieser formale Glaubensbegriff ist fundamental und universal. Er widerspricht der Vorstellung, daß die Weltgeschichte der Kampfplatz zwischen Glauben und Unglauben sei. Im formalen Sinne gibt es keinen Unglauben als Gegensatz zum Glauben; vielmehr gibt es in aller Geschichte und vor allem in der Geschichte der Religion die verschiedensten Formen des Glaubens mit würdigen oder unwürdigen Inhalten. Unwürdig ist der Inhalt dann, wenn etwas Endliches und Bedingtes sich mit der Würde des Unendlichen und Unbedingten bekleidet. Der Kampf, der in aller Geschichte gefochten wird, ist ein Kampf zwischen Glaubensformen, die auf eine unbedingte Wirklichkeit gerichtet sind, und solchen, die sich auf bedingte Wirklichkeiten richten, aber Unbedingtheit für sie beanspruchen.

Das führt auf den materialen Glaubensbegriff. Glaube ist definiert worden als der Zustand, in dem der Mensch vom göttlichen Geist ergriffen und für die transzendente Einheit unzweideutigen Lebens geöffnet ist. Bezieht man diese Definition auf die konkrete christliche Botschaft, so kann man sagen: Glaube ist der Zustand des Ergriffenseins durch das Neue Sein, wie es in Jesus als dem Christus erschienen ist. In dieser Formulierung ist die formale und universale Glaubensdefinition zu einer inhaltlichen und speziellen geworden. Das Christentum behauptet aber, daß in dieser speziellen Definition des Glaubens das ausgedrückt sei, worauf alle Formen des Glaubens zielen. Glaube als der Zustand, vom göttlichen Geist geöffnet zu sein für die transzendente Einheit unzweideutigen Lebens, ist eine allgemeingültige Definition und nicht auf das Christentum beschränkt.

Die hier gegebene Definition von Glaube hat wenig Ähnlichkeit mit den traditionellen Definitionen, in denen Intellekt, Wille oder Gefühl mit dem Akt des Glaubens gleichgesetzt werden. Trotz ihrer psychologischen Primitivität halten sie sich mit Hartnäckigkeit, sowohl im populären als auch im wissenschaftlichen Sprachgebrauch. Daher ist es angebracht, daß wir noch einige Betrachtungen über das Verhältnis des Glaubens zu den geistigen Funktionen des Menschen anfügen.

Glaube als die Überwindung der Konflikte und Zweideutigkeiten im Leben des Geistes durch den göttlichen Geist darf nicht mit intellektueller Zustimmung zu Aussagen verwechselt werden, die sich auf Vorgänge im Bereich der Subjekt-Objekt-Struktur der Wirklichkeit beziehen. Deshalb können Glaubensaussagen nicht der Verifizierung durch experimentelle Erfahrung unterworfen werden. Glaube ist auch nicht die Annahme von Aussagen oder Werturteilen aufgrund von Autorität, auch dann nicht, wenn von dieser Autorität behauptet wird, daß sie göttlich sei, denn dann würde sofort die Frage auftauchen: Welches ist das Kriterium für eine Autorität, die göttlich zu sein behauptet? Diese Frage ließe sich nicht beantworten. Eine Aussage wie: „Ein Wesen mit dem Namen Gott existiert" ist keine Glaubensaussage, sondern ein kognitiver Satz ohne genügende Evidenz. Die Bejahung wie die Verneinung einer solchen Behauptung ist in gleicher Weise absurd. Dieses Urteil bezieht sich auf alle Versuche, gegenständlichen Aussagen im Bereich der Geschichte, des menschlichen Geistes oder der Natur göttliche Autorität zu verleihen. Sie sind niemals Glaubensaussagen, und sie dürfen auch niemals im Namen des Glaubens gemacht werden. Nichts ist unwürdiger, als den Glauben da einzuführen, wo es an Evidenz oder Beweiskraft für eine gegenständliche Aussage mangelt.

Diese Einsicht hat zu dem Versuch geführt, den Glauben in engere Beziehung zur Moralität zu rücken. An Stelle eines intellektuell verstandenen Glaubensbegriffs setzte man einen moralisch-voluntaristischen Glaubensbegriff. Ein so verstandener Glaube ist das Resultat eines „Willens zu glauben" oder eines Gehorsamsaktes. Aber es entstehen sofort zwei Fragen: „Was soll geglaubt werden?" und „Wem soll man gehorchen?". Wenn diese Fragen ernst genommen werden, sind wir wieder beim intellektuellen Glaubensbegriff, denn der Glaube kann nicht definiert werden als „Wille zum Glauben überhaupt" oder als „Gehorsam gegenüber einem Befehl überhaupt". Sobald Inhalte für den Willen zu glauben oder den Glaubensgehorsam gesucht werden, befindet man sich den gleichen Schwierigkeiten gegenüber wie beim intellektuellen Glaubensbegriff. Wenn man zum Beispiel unter Glaubensgehorsam die gehorsame Annahme des „Wortes Gottes" versteht und sie von einem Menschen verlangt, so verlangt man damit etwas, was nur derjenige befolgen kann, der bereits im Stand des Glaubens ist und darum anerkennt, daß das Wort, das er hört, „Wort Gottes" ist. Der Glaubensgehorsam setzt Glauben voraus, aber er schafft ihn nicht.

Am häufigsten wird Glaube im populären Sprachgebrauch mit Gefühl verwechselt. Aber nicht nur hier, sondern auch von Wissenschaftlern und Philosophen wird der Glaube in den Bereich des Gefühls verbannt. Sie lehnen zwar den Anspruch der Religion auf Wahrheit ab, aber sie leugnen nicht, daß die Religion eine ungeheure psychologische und soziologische Macht darstellt. Sie schreiben solche Wirkung dem undefinierbaren und daher undiskutierbaren Bereich des „ozeanischen Gefühls" (Freud) zu, und sie bekämpfen die Religion nur, wenn sie versucht, ihre Grenzen zu überschreiten und in den Bereich des Erkennens und Handelns einzudringen. Sicherlich enthält der Glaube als Ausdruck der ganzen Person auch emotionale Elemente, aber er besteht nicht nur aus ihnen. Alle Seiten der *theoria* und der *praxis* sind im Glaubensakt vorhanden und durch den göttlichen Geist über sich hinausgehoben.

Wie die klassische Theologie richtig gelehrt hat, ist im Glauben ein Element der „Zustimmung" vorhanden, d. h. erkenntnismäßige Annahme der Wahrheit. Diese Zustimmung bezieht sich nicht auf Aussagen über Objekte in Zeit und Raum, sondern auf unsere Beziehung zu dem, was uns unbedingt angeht, und auf die Symbole, die diese Beziehung ausdrücken [1].

Zweifellos ist im Glauben auch ein Element des Gehorsams enthalten, ein Punkt, in dem Paulus, Augustin, Thomas und Calvin übereinstimmen. Aber Glaubensgehorsam ist nicht heteronome Unterwerfung unter eine göttlich-menschliche Autorität. Vielmehr ist es der Akt, sich offen zu halten für den göttlichen Geist, der uns ergriffen und geöffnet hat. Man könnte sagen: Es ist Gehorsam durch Teilnahme und nicht durch Unterwerfung – wie es auch in der *Liebe* der Fall ist.

Schließlich ist auch ein emotionales Element im Glauben, im Zustand des Ergriffenseins durch den göttlichen Geist. Aber es ist nicht das unbestimmte Gefühl, von dem oben gesprochen wurde, sondern das Schwanken zwischen der Angst der eigenen Endlichkeit und dem ekstatischen Mut, der die Angst besiegt, indem er sie in der Kraft der transzendenten Einheit unzweideutigen Lebens in sich hineinnimmt.

Die vorausgegangene Erörterung des Glaubens und der Geistesfunktionen hat zweierlei gezeigt: erstens, daß der Glaube weder mit einer menschlichen Geistesfunktion identifiziert, noch aus ihr abgeleitet werden kann. Glaube kann weder durch Prozesse des Intellekts, noch durch Bemühungen des Willens, noch durch Bewegungen des Gefühls erzeugt werden. Zweitens haben wir erkannt, daß der Glaube alle Geistesfunktionen umfaßt, eint und der umwandelnden Macht des göttlichen Geistes unterwirft. Diese Aussage bekräftigt die fundamentale theologische Wahrheit, daß in der Beziehung zu Gott alles durch Gott ist. Der Geist des Menschen kann die letzte Realität – das, auf das hin er sich selbst transzendiert – nicht durch eine seiner Funktionen erreichen. Aber das Unbedingte kann alle diese Funktionen ergreifen und sie über sich hinausheben, indem es den Glauben schafft.

Obwohl der Glaube eine Schöpfung des göttlichen Geistes ist, lebt er doch in der Struktur des menschlichen Geistes, in seinen Funktionen und seiner Dynamik. Glaube stammt nicht *vom* Menschen, aber er lebt *im* Menschen. Der Mensch ist sich dessen bewußt, daß der göttliche Geist in ihm wirkt. Da Geist und Glaube *im* Menschen sind, weiß er um sie. Daher muß eine Behauptung abgelehnt werden, die man im Interesse der radikalen Transzendenz Gottes gemacht und in die Form

---

[1] Eine ausführliche Behandlung dieser Zusammenhänge findet sich in Bd. I, im Teil „Vernunft und Offenbarung".

gebracht hat: „Ich glaube nur, daß ich glaube." Trotzdem enthält dieser Satz eine Wahrheit: er warnt uns vor der Selbstsicherheit, mit der wir behaupten, im Stande des Glaubens zu sein.

In bezug auf den Inhalt des Glaubens lassen sich drei Elemente unterscheiden: erstens das Element des Geöffnetwerdens durch den göttlichen Geist, zweitens das Element des Aufnehmens des göttlichen Geistes trotz der unendlichen Kluft zwischen göttlichem und menschlichem Geist, und drittens das Element der Erwartung der endgültigen Teilnahme an der transzendenten Einheit unzweideutigen Lebens. Diese drei Elemente liegen ineinander, aber sie folgen nicht aufeinander, sie sind gegenwärtig, wo immer Glaube ist. Das erste Element ist Glaube als reine Passivität des Menschen in seiner Beziehung zum göttlichen Geist; das zweite Element ist Glaube in seinem paradoxen Charakter, nämlich als Mut, das Ja des Glaubens festzuhalten trotz allem, was ihm widerspricht; das dritte Element des Glaubens ist das der Hoffnung auf Erfüllung dessen, was im Glauben antizipiert ist. Diese drei Elemente sind Ausdruck für die menschliche Situation und die Situation des Lebens im allgemeinen in seiner Beziehung zum Unbedingten. Wenn wir uns an die Charakterisierung des Neuen Seins erinnern, wie sie im Band II des Systems gegeben wurde, erkennen wir die Parallelität zu den Begriffen „Wiedergeburt", „Rechtfertigung" und „Heiligung". Diese drei Elemente werden wiederkehren, wenn wir später die Überwindung der Zweideutigkeiten durch den göttlichen Geist behandeln.

Der Glaube ist in allen Lebensprozessen wirksam – in der Religion, der Moralität und der Kultur sowie in den vorausgehenden Dimensionen des Lebens, sofern sie die Bedingung für die Dimension des Geistes sind. Hier müssen wir uns jedoch darauf beschränken, das Wesen und die Grundstruktur des Glaubens herauszuarbeiten. Wie der Glaube durch die Kraft seines Ursprungs aus dem göttlichen Geist die Zweideutigkeiten des Lebens überwindet, ist das Thema des letzten Abschnittes dieses Teils (Teil IV). Hier muß noch hervorgehoben werden, daß es durchaus im Sinne der biblischen Auffassung ist, wenn wir den Glauben als eine Art übergreifender unabhängiger Macht betrachten wie auch die Vision der Sünde als einer mythischen Macht, die die Welt regiert, ihre biblische Fundierung, besonders im Paulinischen Denken, hat. Die subjektive Verwirklichung von Glauben und Sünde und die Probleme, die sich daraus ergeben, sind sekundär gegenüber der objektiven Realität der beiden übergreifenden Mächte, obgleich die subjektive und die objektive Seite nicht voneinander getrennt werden können.

c) *Die Gegenwart des göttlichen Geistes als Liebe.* – Während Glaube der Zustand des Ergriffenseins durch den göttlichen Geist ist, ist Liebe der Zustand des Hineingenommenseins in die transzendente Einheit unzweideutigen Lebens durch den göttlichen Geist. Eine solche Definition bedarf einer semantischen und einer ontologischen Erweiterung. Auch der Begriff der Liebe muß von falschen Interpretationen und Assoziationen gereinigt werden. Als erstes müssen wir die Beschreibung der Liebe als Gefühl zurückweisen, wenn wir auch später ein echtes emotionales Element in der Liebe feststellen werden. Im gegenwärtigen Zusammenhang müssen wir nur betonen, daß die Liebe sich in allen Funktionen des Geistes verwirklicht, ihre Wurzeln jedoch im Wesen des Lebens selbst hat. Liebe ist der Drang nach Wiedervereinigung des Getrennten – das gilt ontologisch und darum universal. Die Liebe ist in allen drei Lebensprozessen wirksam, sie bewirkt Integration, sie schafft das Neue und treibt das Seiende über sich hinaus zur Wiedervereinigung mit dem Seinsgrund. Sie ist das „Blut" des Lebens und erscheint darum in vielen Formen, in denen sie Getrenntes wiedervereinigt. Wir haben auf die Zweideutigkeiten in den verschiedenen Formen und damit auf die desintegrierenden Kräfte im Prozeß der Selbst-Integration hingewiesen. Darüber hinaus stellten wir die Frage nach einer unzweideutigen Wiedervereinigung des Getrennten, besonders bei der Besprechung der Moralität im Zusammenhang mit der Begegnung von Person mit Person. Die Antwort auf diese Frage ist: die Liebe im Sinne von *agape*, wie sie durch die Gegenwart des göttlichen Geistes im Einzelnen und in der Gruppe geschaffen ist. *Agape* ist unzweideutige Liebe, und darum kann sie der menschliche Geist nicht aus eigener Kraft herbeiführen. Wie der Glaube ist auch die *agape* die ekstatische Teilhabe des endlichen Geistes an der transzendenten Einheit unzweideutigen Lebens. Derjenige, der im Stande der *agape* ist, ist in diese Einheit hineingezogen.

Aus dieser Sicht ist es möglich, die katholisch-protestantische Kontroverse über die Beziehung von Glauben und Liebe zu lösen. Wir haben bereits angedeutet, daß der Glaube der Liebe logisch vorausgeht, weil Glaube sozusagen die menschliche Reaktion auf den Einbruch des göttlichen Geistes in den menschlichen Geist ist. Glaube ist die ekstatische Aufnahme des göttlichen Geistes, der die Tendenz des menschlichen Geistes, in sich selbst und seiner Endlichkeit zu ruhen, in ihr Gegenteil wendet. Diese Auffassung des Glaubens bestätigt Luthers These, daß der Glaube empfängt und nichts als empfängt. Aber die katholisch-augustinische Betonung der Liebe muß ebenso stark verfochten werden, und zwar durch die These von der wesenhaften Untrennbarkeit von Glauben und Liebe in der Partizipation an der transzendenten Einheit unzweideutigen Lebens. Von da aus gesehen ist Liebe nicht nur eine Folge des Glaubens, sondern die eine Seite des Wirkens des göttlichen Geistes, dessen andere Seite der Glaube ist. Das Verhältnis von Glauben und Liebe wird nur dann verfälscht, wenn die Werke der Liebe als Voraussetzung für die Gegenwart des göttlichen Geistes verstanden werden. Das protestantische Prinzip, nach dem in der Beziehung des Menschen zu Gott alles durch Gott getan wird, ist die dauernde Waffe gegen eine solche Verfälschung.

An diesem Punkt kann Antwort auf die weitere Frage gegeben werden: Warum wird in dieser Darstellung der fundamentalen Schöpfung des göttlichen Geistes nicht die Hoffnung zu Glauben und Liebe hinzugefügt, anstatt sie als das dritte Element im Glauben, nämlich als seine auf die Zukunft gerichtete Seite zu betrachten? Darauf läßt sich sagen: Wenn Hoffnung im systematischen Sinne (und nicht nur im homiletischen wie in der Formel des Paulus) eine dritte Form der Schöpfung des göttlichen Geistes wäre, so müßte sie mit dem Glauben auf einer Stufe stehen. Sie wäre ein selbständiger Akt vorwegnehmender Erwartung, dessen Beziehung zum Glauben zweideutig wäre. Damit fiele sie unter das gleiche Verdikt wie das „Glauben, daß...", das in scharfem Widerspruch zu dem wahren Sinn des Glaubens steht. Hoffnung ist entweder ein Element des Glaubens oder ein „Werk" des menschlichen und nicht des göttlichen Geistes.

Diese ganze Betrachtung bestätigt die Einsicht von der essentiellen Einheit von Glauben und Liebe. Auch die Liebe wird zu einem „Werk" des menschlichen und nicht des göttlichen Geistes, wenn wir die essentielle Untrennbarkeit von Glauben und Liebe negieren.

Die Liebe ist kein Gefühl, obwohl sie starke emotionale Elemente enthält, wie sie auch die anderen Funktionen des menschlichen Geistes enthalten. Aus diesem Grunde ist es berechtigt, die Erörterung über das Verhältnis der Liebe zu den geistigen Funktionen mit einer Betrachtung über das Verhältnis von Liebe und Gefühl zu beginnen. Das entspricht unserem Vorgehen bei der Erörterung über das Verhältnis des Glaubens in den geistigen Funktionen, die wir mit einer Betrachtung über das Verhältnis von Glauben und Intellekt begannen. Das emotionale Element in der Liebe ist – wie jedes Gefühl – das Mitschwingen des *ganzen* Menschen im Akt der Wiedervereinigung, gleich ob im Moment der Vorwegnahme oder im Moment der Erfüllung. Es wäre falsch zu sagen, daß die Erwartung des Glückes der Wiedervereinigung die treibende Kraft der Liebe sei. Den Trieb zur Wiedervereinigung gibt es auch in Dimensionen, in denen Bewußtsein und daher

Vorwegnahme fehlen. Und selbst wo volles Bewußtsein vorhanden ist, ist der Drang zur Wiedervereinigung nicht durch die Vorwegnahme einer erwarteten Lust verursacht, wie es im Lust-Schmerz-Prinzip angenommen wird. Vielmehr ist es so, daß der Drang nach Wiedervereinigung zur essentiellen Struktur des Lebens gehört und daher als Lust, Freude, Seligkeit – entsprechend den verschiedenen Dimensionen des Lebens – erfahren wird. Als die ekstatische Partizipation an der transzendenten Einheit unzweideutigen Lebens wird die *agape* als Seligkeit erfahren *(makaria* oder *beatitudo* im Sinne der Seligpreisungen). Aus diesem Grunde kann das Wort *agape* symbolisch auf das göttliche innertrinitarische Leben angewandt werden, wodurch das Symbol der göttlichen Seligkeit einen konkreten Sinn erhält[1]. Das emotionale Element darf aus dem Liebesbegriff nicht entfernt werden. Ohne die emotionale Qualität ist die Liebe nichts anderes als „guter Wille" und nicht Liebe. Dasselbe gilt für die Liebe des Menschen zu Gott; sie ist nicht Gehorsam, mit dem sie einige anti-mystische Theologen praktisch gleichsetzen.

Dennoch ist Liebe nicht Gefühl. Sie ist die Bewegung des ganzen Seins einer Person auf eine andere Person hin mit dem Verlangen, die existentielle Trennung zu überwinden. Darin ist ein Willenselement enthalten, der Wille nämlich, sich mit dem anderen zu vereinigen. Solch ein Wille gehört wesenhaft zu jeder Liebesbeziehung, sonst könnte die Mauer der Trennung niemals durchstoßen werden, denn das emotionale Element allein ist nicht stark genug. Wie immer unter den Bedingungen der Existenz müssen natürliche Widerstände auf beiden Seiten der Liebesbeziehung überwunden werden, und das ist ohne Willen nicht möglich. Es ist dieses Willenselement in der Liebe, auf das sich das Doppelgebot der Liebe des Alten und Neuen Testaments hauptsächlich bezieht. Liebe ohne den Willen zur Liebe, nur gestützt auf die Kraft des Gefühls, kann nie zum anderen durchdringen.

Die Beziehung der Liebe zur kognitiven Funktion des Geistes ist am vollsten im klassisch-griechischen und hellenistisch-christlichen Denken entwickelt worden, und zwar auf mystischem Hintergrund. Platos Lehre von der Liebe weist auf die Funktion des *eros* hin, die den Erkennenden aus der Armut seines eigenen Daseins in die Fülle des wahren Seins emporhebt. Bei Aristoteles bewegt der *eros* aller Dinge das Universum in Richtung auf die reine Form. Im hellenistisch-christlichen Sprachgebrauch bedeutet das Wort *gnosis* Erkenntnis, den sexuellen Akt und die mystische Einigung, und auch das deutsche Wort „erken-

---

[1] Dieser Gedanke ist ausführlicher behandelt in Teil V, S. 456 ff.

Das Werk des göttlichen Geistes im menschlichen Geist

nen" wurde für die sexuelle Einigung gebraucht. Die Liebe schließt die Kenntnis des Geliebten ein, aber sie ist keine Kenntnis, die auf dem Wege des Analysierens und Berechnens gewonnen wird, sondern teilnehmende Erkenntnis, die den Erkennenden und den Erkannten in jedem Akt liebender Erkenntnis verwandelt. Liebe ist wie Glaube ein Zustand der ganzen Person; in jedem Akt der Liebe sind alle Funktionen des menschlichen Geistes beteiligt.

Während das Wort „Glaube" in erster Linie religiöse Bedeutung hat, ist das Wort Liebe so vieldeutig, daß man es in vielen Fällen durch das neutestamentliche Wort *agape* ersetzen muß, besonders da, wo man unter Liebe die Schöpfung des göttlichen Geistes versteht. Das ist zwar nicht immer durchführbar, besonders nicht in der Homiletik und Liturgie. Außer dieser Einschränkung gibt es aber auch ein systematisches Problem, das sich aus dem vieldeutigen Gebrauch des Wortes in den modernen Sprachen ergibt. In allen Arten der Liebe, die im Griechischen durch verschiedene Worte bezeichnet wurden – *philia* für Freundschaft, *eros* für das Verlangen nach dem Guten (einschließlich dem Schönen und Wahren), *epithymia* für Begierde und schließlich *agape* für die Schöpfung des göttlichen Geistes –, gibt es einen Punkt der Identität, der es gestattet, sie alle mit dem einen Wort „Liebe" zu bezeichnen: dies ist der „Drang nach Wiedervereinigung des Getrennten". Er gibt dem Leben die innere Dynamik. Liebe in diesem Sinne ist *eine*, und sie ist unteilbar. Man hat versucht, einen absoluten Gegensatz zwischen *agape* und *eros* zu konstruieren (wobei *eros* die drei anderen Arten der Liebe mit enthält), aber die Folge war, daß die *agape* zu einem Moralbegriff reduziert wurde, nicht nur in der Beziehung vom Menschen zu Gott, sondern auch in der Beziehung von Mensch zu Mensch. Und der *eros*, der in dieser Terminologie *philia* und *epithymia* (oder *libido*) mit einschließt, wurde profanisiert und erhielt eine rein sexuelle Bedeutung und wurde damit der möglichen Teilhabe am unzweideutigen Leben beraubt. Trotzdem enthält die Betonung des Gegensatzes zwischen *agape* und den anderen Arten der Liebe eine wichtige Wahrheit: *agape* ist eine ekstatische Manifestation des göttlichen Geistes. Sie ist nur möglich in Einheit mit dem Glauben. Sie ist das Hereingezogensein in die transzendente Einheit des unzweideutigen Lebens. Aus diesem Grunde ist sie von den anderen Qualitäten der Liebe unabhängig; sie kann sich mit ihnen einen, sie kann sie richten und sie kann sie verwandeln. *Agape* als eine Schöpfung des göttlichen Geistes besiegt die Zweideutigkeiten aller anderen Arten der Liebe.

Agape hat diese Macht – darin ist sie dem Glauben ähnlich –, weil sie die Struktur des Neuen Seins hat: sie ist rezeptiv, paradox und antizipatorisch. Die erste Qualität der *agape* ist die uneingeschränkte Aufnahme des Gegenstandes der Liebe, die zweite Qualität der *agape* ist das Festhalten am Gegenstand der Liebe trotz seiner entfremdeten, profanisierten oder dämonischen Existenz, und die dritte Qualität der *agape* ist die Antizipation eines Zustandes, in dem Heiligkeit, Größe und Würde des Gegenstandes der Liebe wiederhergestellt sind. Jemanden in Form der *agape* lieben, heißt, ihn so sehen, wie Gott ihn von Ewigkeit her sieht – als ein einzigartiges und unvergleichliches Selbst. Das letzte Ziel der *agape* – göttlicher wie menschlicher – ist es, den Gegenstand der Liebe in die transzendente Einheit unzweideutigen Lebens zu erheben.

Das alles wird von der *agape* gesagt – *agape* als einer übergreifenden Macht, die jeder persönlichen oder sozialen Verwirklichung vorausgeht. In dieser Beziehung steht *agape* auf der gleichen Ebene wie Sünde und Glaube, die als übergreifende Mächte über das Leben walten. Aber es besteht doch ein Unterschied zwischen *agape* und den beiden anderen Mächten: *agape* ist, wie Paulus sagt, größer als Glaube und Hoffnung. *Agape* ist ein Element des göttlichen Lebens selbst. Glaube ist ein Element des Neuen Seins, wie es sich in Zeit und Raum verwirklicht, aber er ist kein Element des göttlichen Lebens, und Sünde ist ein Element des entfremdeten Seins. *Agape* ist als erstes die Liebe, mit der Gott die Kreatur liebt und durch die Kreatur sich selbst. Die drei Charakteristika der *agape* müssen zuerst der *agape* Gottes zu seinen Geschöpfen zugeschrieben werden, und dann erst der *agape* der Geschöpfe zueinander.

Noch eine Beziehung bleibt zu erörtern: die Liebe der Menschen zu Gott. Das Neue Testament gebraucht das Wort *agape* auch für diese Beziehung, läßt aber dabei die drei Elemente der *agape* Gottes zu seinen Geschöpfen und auch der *agape* der Menschen untereinander außer Betracht. Keines dieser Elemente ist in der Liebe des Menschen zu Gott vorhanden. Und doch kann das Wort *agape* auch hier gebraucht werden, weil es letztlich die Wiedervereinigung des Getrennten bedeutet und in dieser Bedeutung besonders auf die Liebe des Menschen zu Gott angewandt werden kann: *agape* vereinigt alle Arten der Liebe und ist doch etwas, das sie alle transzendiert. Vielleicht wird das am besten auf folgende Weise ausgedrückt: In der Beziehung zu Gott verschwindet der Unterschied zwischen Liebe und Glauben. Von Gott im Glauben ergriffen und ihm in Liebe zugetan sein, ist ein und derselbe Zustand im Leben des Geschöpfes. Es ist die Teilnahme an der transzendenten Einheit unzweideutigen Lebens.

B

DIE MANIFESTATION
DES GÖTTLICHEN GEISTES
IN DER GESCHICHTLICHEN MENSCHHEIT

1. Göttlicher Geist und Neues Sein:
Das Zweideutige und das Fragmentarische

Die Gegenwart des göttlichen Geistes erhebt den Menschen durch Glauben und Liebe in die transzendente Einheit unzweideutigen Lebens. Sie schafft das Neue Sein jenseits der Spaltung von Essenz und Existenz und folglich jenseits der Zweideutigkeiten des Lebens. In den vorangegangenen Kapiteln haben wir die Manifestation des göttlichen Geistes im menschlichen Geist beschrieben. Im folgenden müssen wir den Ort innerhalb der geschichtlichen Menschheit bestimmen, an dem das Neue Sein als die Schöpfung des göttlichen Geistes manifest ist. Das ist jedoch nicht möglich, ohne auf die geschichtliche Dimension des Lebens Bezug zu nehmen, die erst im fünften Teil des Systems („Die Geschichte und das Reich Gottes") behandelt wird. Hinweise auf die Geschichte sind in allen Teilen des Systems erforderlich. Begriffe wie Offenbarung, Vorsehung und Neues Sein in Jesus als dem Christus können ohne Bezug auf die Geschichte nicht sinnvoll behandelt werden. Es ist jedoch zweierlei, ob man die geschichtlichen Implikationen theologischer Probleme behandelt, oder ob man die Geschichte selbst zum theologischen Problem und zum ausdrücklichen Thema macht. Während das letztere im fünften Teil des Systems geschehen soll, müssen wir uns mit dem ersteren bereits an dieser und anderen Stellen des Systems befassen.

Der Einbruch des göttlichen Geistes in den menschlichen Geist ereignet sich nicht in isolierten Einzelnen, sondern in sozialen Gruppen, da alle Funktionen des menschlichen Geistes – moralische Selbst-Integration, kulturelles Sich-Schaffen und religiöse Selbst-Transzendierung – durch die Ich-Du-Beziehung im sozialen Zusammenhang bedingt sind. Deshalb ist es notwendig, das Wirken des göttlichen Geistes in den Momenten der Geschichte zu zeigen, die für seine Selbst-Manifestation innerhalb der Menschheit entscheidend sind.

Die Gegenwart des göttlichen Geistes ist in aller Geschichte sichtbar, aber die Geschichte als solche ist nicht die Manifestation des göttlichen Geistes. Wie im Geist des Einzelnen, so gibt es auch in einer geschichtlichen Gruppe besondere Kennzeichen, durch die sich die Gegenwart des göttlichen Geistes verrät. Das erste Kennzeichen ist das Vorhandensein lebendiger Symbole in *theoria* und *praxis*, durch die eine soziale Gruppe ihre Offenheit für den göttlichen Geist ausdrückt. Das zweite Kennzeichen ist das Erscheinen von Personen und Bewegungen, die die tragisch-unvermeidbare Profanisierung und Dämonisierung dieser Symbole bekämpfen. Diese beiden Kennzeichen für die Gegenwart des göttlichen Geistes finden sich nicht nur in religiösen, sondern auch in quasi-religiösen Gruppen, und in gewissem Sinn sind es in beiden Gruppen die gleichen Phänomene. Denn wo immer ein anti-dämonischer Kampf erfolgreich ist, wandelt sich auch der Charakter der sozialen Gruppe, in der er ausgetragen wird. Das bekannteste Beispiel dafür ist der Kampf der Propheten gegen die Profanisierung und Dämonisierung der Jahwe-Religion in Israel und Juda und die radikale Umformung Israels unter der Einwirkung des göttlichen Geistes, der durch die Propheten wirkte. Ähnliche Vorgänge (besonders in radikalen Bewegungen, deren Ziel z. B. Reinigung des Kultus ist) mit ihrer Wirkung auf die soziale Gruppe finden sich überall in der Geschichte der Menschheit. Kennzeichen für die Gegenwart des göttlichen Geistes fehlen an keinem Ort und zu keiner Zeit der Geschichte. Der göttliche Geist, d. h. Gott als dem menschlichen Geist gegenwärtig, bricht in alle Geschichte ein in Form von Offenbarungserfahrungen mit erlösender und erneuernder Kraft. Wir haben darüber in den Kapiteln über die universale Offenbarung und die Idee des Heiligen ausführlich gesprochen. Wenn wir das dort Erarbeitete jetzt auf die Lehre vom göttlichen Geist und seine Manifestationen anwenden, können wir folgende Aussage machen: Die Menschheit ist niemals alleingelassen, der göttliche Geist wirkt in ihr in jedem Augenblick und kommt in einigen großen Augenblicken – in den geschichtlichen *kairoi* – zum Durchbruch.

Da die Menschheit von Gott niemals alleingelassen ist, sondern ständig unter dem Einfluß des göttlichen Geistes steht, ist zu allen Zeiten Neues Sein in der Geschichte. Immer und überall ist Partizipation an der transzendenten Einheit unzweideutigen Lebens vorhanden. Aber diese Partizipation ist „fragmentarisch". Wir müssen diesem Begriff unsere Aufmerksamkeit zuwenden, denn er bedeutet etwas ganz anderes als Zweideutigkeit. Wenn wir von der Gegenwart des göttlichen Geistes oder vom Neuen Sein oder von der *agape* sprechen, so meinen wir etwas Unzweideutiges. Es kann zwar in die Zweideutigkeiten des Lebens hineingezogen werden, besonders in der Dimension des Geistes, aber an sich ist es unzweideutig. Doch ist es in seiner Manifestation in Raum und Zeit „fragmentarisch". (Die vollendete transzendente Einheit ist ein eschatologischer Begriff.) Fragmentarische Verwirklichung hat den Charakter der Antizipation: Paulus spricht von der fragmentarischen und antizipatorischen Verwirklichung des göttlichen Geistes, der Wahrheit, der Vision Gottes usw. Das Neue Sein ist fragmentarisch und antizipatorisch gegenwärtig, aber insofern es gegenwärtig ist, ist es als Unzweideutiges gegenwärtig. Das Fragment einer zerbrochenen Statue eines Gottes drückt unzweideutig die Macht des Gottes aus, den sie darstellt. Das Fragment eines „erfolgreichen" Gebets erhebt den Menschen zu der transzendenten Einheit unzweideutigen Lebens. Die fragmentarische Weise, in der eine Gruppe den göttlichen Geist aufnimmt, macht diese Gruppe für einen Augenblick zu einer heiligen Gemeinschaft. In der fragmentarischen Erfahrung des Glaubens und der fragmentarischen Verwirklichung der Liebe nimmt der Einzelne an der transzendenten Einheit unzweideutigen Lebens teil. Diese Unterscheidung zwischen dem Zweideutigen und dem Fragmentarischen macht es uns möglich, die Manifestationen des Geistes uneingeschränkt zu bejahen und sich ihnen uneingeschränkt hinzugeben, obgleich wir uns dessen bewußt bleiben, daß in dem Akt der Bejahung und der Hingabe selbst die Zweideutigkeit des Lebens wieder hervortritt. Bewußtsein um diese Situation ist das entscheidende Kriterium religiöser Reife. Es gehört zum Wesen des Neuen Seins, daß es seine eigene Verwirklichung in Raum und Zeit dem Kriterium unterwirft, mit dem es selbst die Zweideutigkeiten des Lebens richtet. Das ist der Weg, auf dem das Neue Sein diese Zweideutigkeiten überwindet, wenn auch fragmentarisch.

2. Die Gegenwart des göttlichen Geistes und die Antizipation des Neuen Seins in den Religionen

Man könnte unter diesem Titel eine ganze Religionsgeschichte schreiben, weil er einen Schlüssel darstellt, mit dessen Hilfe man Sinn in der verwirrenden Mannigfaltigkeit des religiösen Lebens der Menschheit entdecken kann. Und man könnte auch viele quasi-religiöse Phänomene finden, die als Manifestationen des göttlichen Geistes verstanden werden können. Aber ein solches Programm ginge über den Rahmen eines theologischen Systems hinaus. Wir müssen uns darauf beschränken, einige typische Manifestationen des göttlichen Geistes zu behandeln, und auch ihre Erörterung ist von vornherein dadurch ernsthaft beeinträchtigt, daß wirkliches Verstehen Partizipation voraussetzt. Man kann durch distanzierte Beobachtung und noch mehr durch einfühlendes Verstehen sehr vieles über fremde Religionen und Kulturen erfahren. Aber keiner der beiden Wege vermittelt demjenigen, der in der christlich-humanistischen Kultur des Westens aufgewachsen ist, eine zentrale Erfahrung einer asiatischen Religion. Durchaus ernsthafte Begegnungen zwischen Vertretern der beiden Welten beweisen das. Besonders was die buddhistische Religion betrifft, wird oft ein ganz oberflächliches Kennenlernen als wirkliche Kenntnis ausgegeben, so daß man die Warnung eines großen Chinakenners beherzigen sollte, der nach dreißigjährigem Aufenthalt in China von sich sagte, daß er gerade anfinge, ein wenig vom chinesischen Geist zu verstehen. Der einzig wirkliche Weg zum Verständnis einer anderen Religion ist die aktuelle Teilnahme an ihrem Leben. Die hier folgenden typologischen Betrachtungen sind nur gerechtfertigt, weil in allen menschlichen Wesen die Dimension des Geistes verwirklicht und dadurch eine gewisse Identität zwischen ihnen geschaffen ist. Aus dieser gemeinsamen Quelle entspringen geistige Ähnlichkeiten, die bis zu einem gewissen Grade existentielle Partizipation möglich machen. – Jede große Religion umfaßt eine Zahl von Elementen, die in der Gesamtstruktur dieser Religion von untergeordneter Bedeutung, in einer anderen Religion aber beherrschend sind. So kann z. B. der christliche Theologe die östliche Mystik nur insoweit verstehen, als er selbst zu dem mystischen Element im Christentum einen Zugang hat. Da aber gerade das Gewicht der einzelnen Elemente in einer Religion die Struktur des Ganzen bestimmt, kann auch dieser begrenzte Zugang zum Verständnis einer Religion zu Täuschungen führen. Das sollte beim Lesen der folgenden Erörterungen bedacht werden.

Die originale Mana-Religion scheint eine starke Betonung auf die Gegenwart des Geistes in der „Tiefe" alles Seienden zu legen. Diese göttliche Macht in allen Dingen ist unsichtbar, geheimnisvoll und nur durch bestimmte Riten erreichbar. Nur eine besondere Gruppe von Menschen, die Priester, hat ein Wissen von ihr. Diese frühe Vision vom göttlichen Geist als universaler Substanz ist bis in unsere Zeit lebendig geblieben und kehrt in vielen Formen auch in den sogenannten Hoch-Religionen wieder, sogar in den christlichen Sakramenten. In säkularisierter Form findet sie sich in der romantischen Natur-Philosophie, die das Göttliche in der Tiefe der schaffenden Natur sieht und die aus religiöser Ekstase ästhetischen Enthusiasmus gemacht hat.

Wenden wir uns den Religionen der großen Mythologien zu, so sind als zwei der prägnantesten Beispiele Indien und Griechenland zu nennen. In beiden Mythologien sind die göttlichen Mächte von der Welt geschieden, obwohl sie die Welt beherrschen – entweder Teile von ihr oder die ganze Welt. Die göttlichen Manifestationen sind außergewöhnlich,

Die Gegenwart des göttlichen Geistes und die Antizipation des Neuen Seins

im Körperlichen wie im Psychischen; Natur und Geist wachsen ekstatisch über sich hinaus, wenn sich der göttliche Geist ihrer bemächtigt. Gerade in diesem Punkt kann man den Einfluß erkennen, den das mythologische Stadium der Geist-Erfahrung auf alle späteren Stadien – das Christentum eingeschlossen – ausgeübt hat. (Aus diesem Grunde sind alle radikalen Versuche, die Religion zu entmythologisieren, vergeblich. Was man tun kann und tun sollte, ist, sie zu „deliteralisieren", d. h. ihre wörtliche Bedeutung zu verneinen. Das gilt jedenfalls für Menschen, die nicht nur in der Lage, sondern auch willens sind, rationale Kriterien bei der Deutung der religiösen Symbole anzuwenden.) Im mythologischen Stadium der Religion (das selbst das Ergebnis eines reinigenden Prozesses im vormythologischen Stadium ist) erscheinen Kräfte, die ihre profanisierten und dämonisierten Formen bekämpfen und die Aufnahme des göttlichen Geistes in verschiedenen Richtungen verändern. Die griechischen und hellenistischen Mysterienkulte sind gute Beispiele dafür: das Göttliche ist in der konkreten Gestalt eines Mysterien-Gottes verkörpert. Dabei ist das mystische Element stärker betont als im gewöhnlichen Polytheismus, der der Profanisierung weit mehr geöffnet ist. Die ekstatische Teilnahme am Schicksal des sterbenden Gottes wird zum Modell, das auch vom monotheistischen Christentum gebraucht wird, um das Teilhaben am Sterben und Auferstehen des Christus zum Ausdruck zu bringen.

Der Kampf gegen die Dämonisierung des Geistes ist besonders sichtbar in der Art, wie der religiöse Dualismus über das mythologische Stadium hinausgeht. Der erste Versuch, diese Dämonisierung durch einen religiösen Dualismus zu überwinden, wurde in Persien unternommen und später vom Manichäismus und ähnlichen religiösen Bewegungen fortgeführt (Mithraskult, Katharer). Das Dämonische wurde auf einen der beiden sich gegenüberstehenden Götter konzentriert, wodurch der andere Gott von allen dämonischen Elementen befreit wurde. Obwohl der dualistische Versuch, der Dämonisierung zu entgehen, letztlich erfolglos war (weil er eine Spaltung im Seinsgrund voraussetzt), war und ist sein Einfluß auf monotheistische Religionen wie das späte Judentum und das Christentum sehr groß. Auch heute noch zeigt sich die Angst vor dämonisiertem Geist in der Furcht vor dem Satan, z. B. im Exorzismus und in der Formel, in der der Täufling „dem Teufel und allem seinem Wesen und allen seinen Werken entsagt".

Die beiden wichtigsten Beispiele der Geist-Erfahrung in der Religionsgeschichte sind die asiatische und die europäische Mystik und der exklusive Monotheismus des Judentums, von dem sich weitere Religionen ableiten. Die Mystik erlebt die Gegenwart des göttlichen Geistes jenseits aller konkreten Träger, wie sie das mythologische Stadium und seine verschiedenen Abwandlungen charakterisieren. Sowohl die göttlichen Gestalten als auch die konkreten Objekte, in denen sie erscheinen – personhafte wie unpersönliche – verlieren ihre letzte Bedeutung, obwohl sie oft eine vorläufige Bedeutung als Stufen in dem geistigen Aufstieg zum Unbedingten haben. Aber der göttliche Geist wird erst am Ende dieses Weges vollkommen erfahren, nachdem der menschliche Geist die vorläufigen Stadien hinter sich gelassen hat und in der Ekstase vom göttlichen Geist ergriffen ist.

Auf diese radikale Weise transzendiert die Mystik jede konkrete Verkörperung des Göttlichen, indem sie die Subjekt-Objekt-Struktur der Endlichkeit transzendiert. Aber hier liegt auch die Gefahr der Mystik, die Gefahr, daß das zentrierte Selbst, das Subjekt der Geist-Erfahrung, ausgelöscht wird. Das ist der Punkt, an dem Osten und Westen sich schwer verstehen können, denn die östliche Mystik erstrebt als Ziel allen religiösen Lebens ein „formloses Selbst", während der Westen (selbst in der christlichen Mystik) versucht, auch in der ekstatischen Geist-Erfahrung die Gegenstände des Glaubens und der Liebe – Persönlichkeit und Gemeinschaft – zu erhalten.

Die westliche Auffassung wurzelt letztlich in dem Kampf der jüdischen Propheten gegen die Profanisierung und Dämonisierung der priesterlichen Religion ihrer Zeit. In der Religion des Alten Testaments löscht der göttliche Geist das zentrierte Selbst nicht aus, wie es in der östlichen Mystik geschieht, sondern er erhebt es in Geisteszustände, die die gewöhnlichen Möglichkeiten des menschlichen Geistes und die Akte des Willens transzendieren. Die positive Haltung zu Persönlichkeit und Gemeinschaft (und damit auch, im Gegensatz zu den mystischen Religionen, zu Sünde und Vergebung) geht letztlich darauf zurück, daß für die prophetische Religion die Gegenwart des göttlichen Geistes die Gegenwart des Gottes der *humanitas* und der Gerechtigkeit ist. Das wird sehr deutlich in der Beschreibung der zwei verschiedenen Formen der Ekstase in der Erzählung von Elias und den Baalspriestern. Die Ekstase, die der Baals-Geist im Geist und Leib seiner Priester erzeugt, ist von Rauschzuständen und Selbstverstümmelung begleitet, während die Ekstase des Elias die Ekstase des Gebetes ist, in der er als ein personhaftes Selbst das göttliche Du erfährt. Solche Ekstase transzendiert in ihrer Intensität und Wirkung allerdings die gewöhnliche Erfahrung, aber sie zerstört nicht das Person-Zentrum des Propheten und ist nicht mit physischen Rauschzuständen verbunden. In allen seinen Teilen folgt das Alte Testament dieser Linie: Der göttliche Geist schenkt sich nur da dem Menschen, wo *humanitas* und Gerechtigkeit nicht verletzt werden. Dieses Kriterium wenden die Propheten auch gegen ihre eigene Religion an und verurteilen deren profanisierende und dämonisierende Tendenzen. Das gleiche Kriterium wird vom Neuen Testament aufgegriffen und erscheint in der Geschichte der Kirche in allen Reformbewegungen, von denen die protestantische Reformation nur eine ist.

3. Die Gegenwart des göttlichen Geistes in Jesus als dem Christus: Eine Geist-Christologie

Der göttliche Geist war in Jesus als dem Christus ohne Verzerrung gegenwärtig. In ihm erschien das Neue Sein als das Kriterium aller Geist-Erfahrung in Vergangenheit und Zukunft. Obwohl Jesus den individuellen Bedingungen seines menschlichen Geistes und den sozialen Bedingungen seiner Zeit unterworfen war, war er doch vollkommen vom göttlichen Geist ergriffen. Der göttliche Geist hatte von seinem Geist Besitz ergriffen, oder um ein anderes Bild zu gebrauchen: „Gott war in ihm." Das macht ihn zum Christus, nämlich zur entscheidenden Verkörperung des Neuen Seins für die geschichtliche Menschheit. Obwohl das christologische Problem das zentrale Thema des dritten Teils des Systems war, kehrt es doch in allen Teilen wieder, und in Verbindung mit der Lehre vom göttlichen Geist werden verschiedene Ergänzungen zu den früheren christologischen Aussagen nötig.

Die synoptischen Evangelien zeigen klar, daß die früheste christliche Tradition durch eine Geist-Christologie bestimmt war. Nach dieser Tradition wurde Jesus im Augenblick seiner Taufe vom göttlichen Geist ergriffen. Dieses Ereignis bestätigte ihn als den erwählten „Sohn Gottes". Ähnliche ekstatische Erlebnisse werden in den Evangelien immer wieder berichtet. Diese Berichte zeigen z. B., wie der göttliche Geist Jesus in die Wüste treibt und durch visionäre Versuchungen führt, wie er ihm die Kraft der Weissagung gibt, sowohl in bezug auf Ereignisse wie auf Menschen, und wie er ihn zum Überwinder dämonischer Mächte und zum geisterfüllten Heiler von Seele und Leib macht. Der göttliche Geist ist die Macht hinter dem ekstatischen Erlebnis seiner Verklärung, und der Geist gibt ihm die Gewißheit für die richtige Stunde, den *kairos*, für sein Handeln und Leiden. Innerhalb dieser Geist-Christologie erhob sich die Frage, wie der göttliche Geist ein Gefäß finden konnte, das für ihn völlig geöffnet war. Die Antwort wurde in der Geschichte von Jesu Zeugung durch den göttlichen Geist gegeben. Diese Antwort ist insofern berechtigt, als der Mensch eine psychosomatische Einheit ist. Daraus wurde mit Recht geschlossen, daß in Jesus eine Disposition gegeben war, die es ihm ermöglichte, zum vollkommenen Träger des Geistes zu werden. Man könnte sagen: Der Geist schafft sich das Gefäß, in dem er wohnen will. Diese Einsicht muß jedoch nicht notwendig zu einer halb-doketischen Legende führen, die Jesus seiner vollen Menschlichkeit beraubt, indem sie einen menschlichen Vater bei seiner Zeugung ausschließt. Die Lehre von der vieldimensionalen Einheit des Lebens beantwortet die Frage nach dem Träger des göttlichen Geistes und seiner psychosomatischen Einheit ohne eine solche zweideutige Lösung.

Wir müssen nun Glauben und Liebe, die beiden Schöpfungen des göttlichen Geistes, im Sein Jesu als des Christus in ihrer Einheit betrachten. Die sich selbst opfernde Liebe des Christus ist das Zentrum der Evangelien und der Interpretation durch die Apostel. Dieses Zentrum ist das Prinzip der *agape*, das in ihm verkörpert ist und von ihm in die Welt ausstrahlt, in der die *agape* nur in zweideutiger Form zu finden war und zu finden ist. Dies und nichts anderes bezeugt das Neue Testament, und die größten Theologen der Kirche stimmen einmütig damit überein, trotz aller Verschiedenheiten in der Interpretation.

Die Bibel enthält wenige Stellen, in denen vom Glauben Jesu die Rede ist, und auch die spätere Theologie hat dieses Thema kaum behandelt. Der Grund hierfür scheint darin zu liegen, daß der Begriff „Glaube" ein Element des „trotzdem" enthält und damit für den nicht angemessen ist, der als „Sohn" in ununterbrochener Einheit mit dem „Vater" steht. Diese Auffassung wird zweifellos von der *Logos*-Christologie und ihren Voraussetzungen in der Paulinischen Christologie unterstützt. Worte wie „Ich glaube, hilf meinem Unglauben" können dem, in dem der *logos* Fleisch geworden ist, nicht in den Mund gelegt werden. Und ebensowenig kann das, was wir heute unter Glauben verstehen – ein Sprung, ein Akt des Mutes, ein Wagnis, das Glaube und Zweifel einschließt –, dem zugeschrieben werden, der sagt, daß „er und der Vater eins sind". Aber wir müssen weiter fragen, ob solche Aussagen nicht eine gefährliche „krypto-monophysitische" Tendenz enthalten, die Jesus seiner vollen Menschlichkeit berauben. Dieses Problem existiert sogar im Protestantismus, obwohl die monophysitische Gefahr durch die reformatorische Betonung der „Niedrigkeit des Christus" und durch das Bild des „leidenden Knechtes" weitgehend eingeschränkt ist. Glaube im Sinne des Protestantismus wird von der Lehre der „Rechtfertigung aus Gnade durch den Glauben" bestimmt, d. h. von der Lehre von der Annahme dessen, der unannehmbar ist,

Die Gegenwart des göttlichen Geistes in Jesus als dem Christus

und d. h. von der Vergebung der Sünden. Aber Glaube in diesem Sinne kann dem Christus gewiß nicht zugeschrieben werden. Man kann dem Christus nicht das Paradox des Glaubens als Attribut zuschreiben, da er selbst das Paradox ist.

Das Problem kann nur dadurch gelöst werden, daß man Glauben definiert als den Zustand des Ergriffenseins vom göttlichen Geist und durch ihn von der Macht der transzendenten Einheit unzweideutigen Lebens. Wir haben in diesem Sinn vom Glauben als einer beinahe personifizierten übergreifenden Macht gesprochen. An diesem Punkt zeigt sich, wie wichtig unsere Unterscheidung von „zweideutig" und „fragmentarisch" ist. Sie macht uns vollends verständlich, was der Glaube des Christus ist. Das dynamische Bild, das die Evangelien vom „Glauben des Christus" zeichnen, zeigt Züge des Fragmentarischen, z. B. Elemente des Kampfes, der Erschöpfung, sogar der Verzweiflung. Aber nirgends zeigt es Züge der Profanisierung oder Dämonisierung seines Glaubens. Der göttliche Geist verläßt ihn nie, er ist immer von der Macht der transzendenten Einheit unzweideutigen Lebens getragen. Wenn wir dies den „Glauben des Christus" nennen, so gebrauchen wir hier das Wort „Glaube" in seinem unzweideutigen Charakter. Nur wenn es so in seinem biblischen Sinn als geistige Realität verstanden wird, kann man in angemessener Weise vom „Glauben des Christus" sprechen, ebenso wie man von der „Liebe des Christus" spricht.

Aus der Geist-Christologie der synoptischen Evangelien ergeben sich zwei weitere theologische Folgerungen. Die erste ist die Einsicht, daß es nicht der menschliche Geist des Mannes Jesu von Nazareth ist, der ihn zum Christus macht, sondern der göttliche Geist (d. h. Gott in ihm), der in ihm wohnt und die treibende Kraft in ihm ist. Diese Einsicht steht gegen eine Jesus-Theologie, die den Menschen Jesus zum Gegenstand des christlichen Glaubens macht. Das kann in scheinbar gut orthodoxer Form geschehen, wie im Pietismus, oder in humanistischen Begriffen, wie im theologischen Liberalismus. Im ersten Fall wird die christliche Botschaft, daß es Jesus *als* der Christus ist, in dem das Neue Sein erschien, entstellt, im anderen Fall mißachtet. Beide Auffassungen stehen im Widerspruch zur Paulinischen Geist-Christologie, in der es heißt: „Der Herr ist der Geist", und „wir kennen ihn nicht mehr nach dem Fleisch" (d. h. in seiner geschichtlichen Existenz), sondern als den Geist, der lebt und gegenwärtig ist. Solche Aussagen befreien das Christentum von der Gefahr einer heteronomen Unterwerfung unter ein Individuum als Individuum: Der Christus ist Geist und nicht Gesetz.

Die zweite theologische Einsicht, die aus der Geist-Christologie folgt, ist die Einsicht, daß Jesus als der Christus das Mittelglied in der Kette der geschichtlichen Manifestationen des Geistes ist. Er ist kein isoliertes Ereignis, das sozusagen vom Himmel fällt. Auch hier entstellen das pietistische und das liberale Denken die christliche Botschaft, indem sie Jesus gegenüber der Vergangenheit und der Zukunft zu isolieren versuchen. Demgegenüber erkennt die Geist-Christologie, daß derselbe göttliche Geist, der Jesus zum Christus macht, in der Gesamtgeschichte der Offenbarung und Erlösung wirksam ist – vor und nach dem Erscheinen Jesu als des Christus. Das Ereignis „Jesus als der Christus" ist einzigartig, aber nicht isoliert: es ist von Vergangenheit und Zukunft abhängig, wie Vergangenheit und Zukunft von ihm abhängig sind. Es ist das qualitative Zentrum in einem Prozeß, der aus einer unbestimmten Vergangenheit kommt und in eine unbestimmte Zukunft geht, symbolisch gesprochen: vom Anfang der Geschichte zum Ende der Geschichte.

Die Gegenwart des göttlichen Geistes im Christus als der Mitte der Geschichte macht ein volles Verständnis der Manifestationen des göttlichen Geistes in der Geschichte möglich. Die Verfasser des Neuen Testaments und die spätere Kirche sahen dieses Problem und gaben bedeutsame Antworten darauf. Die grundlegende Antwort war, daß der göttliche Geist, der in der Geschichte wirkt, derselbe Geist ist, der in Jesus dem Christus wirkt. Gott in seiner Selbst-Manifestation – wo immer sie sich ereignet – ist derselbe Gott, der sich entscheidend und letztgültig im Christus manifestiert hat. Deshalb müssen die Manifestationen des göttlichen Geistes – gleich ob vor oder nach der Erscheinung des Christus – an dieser zentralen Manifestation gemessen werden. In diesem Zusammenhang bedeutet „vor Christus" nicht nur „vor dem Jahre eins" unserer Zeitrechnung, sondern es bedeutet auch und vor allem: *vor* einer existentiellen Begegnung mit Jesus als dem Christus, einer Begegnung, die wahrscheinlich niemals überall zu ein und derselben Zeit geschehen wird. Denn selbst wenn alle Heiden und Juden Jesus als die Antwort auf ihre letzten Fragen akzeptierten, so würden innerhalb des Christentums immer wieder Bewegungen entstehen, die sich von ihm abwenden, wie es zu allen Zeiten geschehen ist. „Vor Christus" kann daher nur bedeuten: „Vor einer existentiellen Begegnung mit dem Neuen Sein in ihm". – Die Behauptung, daß Jesus der Christus ist, enthält implizit die Aussage, daß der Geist, der ihn erfüllt und zum Christus macht, derselbe Geist ist, der in all denen wirkt, die an allen Orten und zu allen Zeiten vom göttlichen Geist ergriffen wurden, bevor Jesus als historische Persönlichkeit auf der Erde erschien. In der biblischen Sprache und in der Theologie der Kirche wurde dieser Gedanke in dem Schema der „Prophezeiung und Erfüllung" ausgedrückt. Wir sollten uns durch eine oft absurde Entstellung dieser Idee im primitiven wie im theologischen Literalismus nicht davon abhalten lassen, ihre Wahrheit zu sehen, die Wahrheit nämlich, daß der Geist, der Jesus zum Christus machte, derselbe Geist ist, der die Menschheit auf die Begegnung mit dem Neuen Sein in ihm vorbereitet hat und beständig weiter vorbereitet. Die Weise, wie das geschieht, wurde in dem vorangegangenen Kapitel beschrieben. Diese Beschreibung des Wirkens des Geistes ist für alle die gültig, die direkt oder indirekt unter dem Einfluß der existentiellen Begegnung mit dem Neuen Sein in Jesus als dem Christus stehen. Dabei gibt es überall das Ergriffensein vom Geist, Profanisierung und Dämonisierung im Prozeß der Aufnahme und Verwirklichung und den prophetischen Protest, der zur Erneuerung führt.

Trotzdem sind seit den biblischen Zeiten ernsthafte theologische Diskussionen über das Problem geführt worden, wie sich der Geist Jesu als des Christus zu dem Geist verhält, der die Menschen nach dem historischen Erscheinen Jesu ergriffen hat. Diese Frage ist im vierten Evangelium in der Form beantwortet worden, daß Jesus das Kommen des heiligen Geistes als des Trösters ankündigt. Die Frage konnte nicht ausbleiben, nachdem im vierten Evangelium die Geist-Christologie durch die *Logos*-Christologie ersetzt war. Die Antwort auf sie hat zwei Seiten und hat in dieser Form die Haltung der Kirche seither bestimmt: Nach der Rückkehr des inkarnierten *logos* zum Vater wird der Geist seinen Platz einnehmen und die Bedeutung seiner Erscheinung offenbar machen. In der göttlichen Ökonomie folgt der Geist dem Sohn, obwohl zugleich der Sohn der Geist ist. Der Geist, der in der Kirche wirkt, schafft nicht, was er offenbart. Jede seiner Offenbarungen steht unter dem Kriterium seiner Manifestation in Jesus als dem Christus. Dieser Gedanke enthält eine Kritik an den antiken und modernen Geist-Theologien, welche lehren, daß die Offenbarungen des Geistes in der Kirche qualitativ über das hinausgehen, was im Sein des Christus gegeben ist. Die Montanisten, die radikalen Franziskaner und die Wiedertäufer sind Vertreter dieser Haltung, und die Erfahrungstheologien unserer Zeit gehören in dieselbe Gedankenrichtung. Nach ihnen treibt die fortschreitende religiöse Erfahrung (oft gedacht als Verschmelzung der Weltreligionen) qualitativ über Jesus als den Christus hinaus, und nicht nur quantitativ, wie es auch das vierte Evangelium anerkennt. Es ist klar, daß solche Gedanken die Lehre von Jesus als dem Christus untergraben. Mit dem Vorhandensein von mehr als einer Manifestation des göttlichen Geistes, die Letztgültigkeit beansprucht, würde der Begriff der Letztgültigkeit aufgehoben und die dämonische Spaltung des Bewußtseins verewigt.

Ein anderer Aspekt desselben Problems tritt in dem Streit zutage, der seit Jahrhunderten die Ost- und Westkirche voneinander trennt. Es geht dabei um die Frage, ob der heilige Geist vom Vater allein ausgeht oder vom Vater und vom Sohn. Die Ostkirche vertrat die erste Ansicht, die Westkirche die zweite *(filioque)*. In dieser scholastischen Form erscheint uns die Frage heute völlig leer und fast absurd, und wir können kaum verstehen, wie sie einmal so ernstgenommen wurde, daß sie zu dem endgültigen Schisma zwischen Rom und den östlichen Kirchen beitragen konnte. Wenn wir sie jedoch ihrer scholastischen Form entkleiden, erkennen wir ihren tiefen Sinn. Wenn die Ostkirche lehrte, daß der Geist nur vom Vater allein ausgeht, wollte sie damit die Möglichkeit einer direkten, theozentrischen Mystik offenlassen (natürlich einer sozusagen „getauften" Mystik). Im Gegensatz dazu bestand die Westkirche darauf, das christozentrische Kriterium auf alle christliche Frömmigkeit anzuwenden, und da für sie die Anwendung dieses Kriteriums das Vorrecht des Papstes als des Stellvertreters Christi ist, wurde die römisch-katholische Kirche zu einer weniger biegsamen und weit legalistischeren Religion als die Ostkirchen. In Rom ist die Freiheit des Geistes durch das kanonische Recht eingeschränkt. Das Wirken des Geistes ist gesetzlich umschrieben. Dies war aber sicher nicht die Absicht des Verfassers des vierten Evangeliums, als er Jesus sagen ließ, daß der Geist in alle Wahrheit führen werde.

4. Die Gegenwart des göttlichen Geistes und das Neue Sein in der Geistgemeinschaft

a) Das Neue Sein in Jesus als dem Christus und in der Geistgemeinschaft. – Wie wir in dem christologischen Teil des Systems ausführlich erörtert haben, wäre der Christus nicht der Christus geworden ohne die, die ihn als den Christus aufnahmen. Er hätte nicht der Bringer des Neuen Seins sein können ohne die, die das Neue Sein durch ihn empfingen. Deshalb muß das Wirken des göttlichen Geistes in der Geschichte der Menschheit unter dreifachem Aspekt gesehen werden: erstens als die Vorbereitung für die zentrale Manifestation des göttlichen Geistes in allen Teilen der Menschheit, zweitens als die zentrale Manifestation des göttlichen Geistes in Jesus als dem Christus, und drittens als die Manifestation des göttlichen Geistes in der Geistgemeinschaft. Ich gebrauche für letztere nicht das Wort Kirche, das nur im Zusammenhang

Die Gegenwart des göttlichen Geistes und das Neue Sein

mit der Zweideutigkeit der Religion gebraucht werden kann. An dieser Stelle sprechen wir von dem, was fähig ist, diese Zweideutigkeit zu überwinden – dem Neuen Sein in seinen verschiedenen Erscheinungen innerhalb der Geschichte. Begriffe wie „Leib Christi", „Gemeinde Gottes" *(ecclesia)* oder „Gemeinde Christi" sind Ausdrücke für das unzweideutige Leben, das der göttliche Geist schafft; sie weisen auf das hin, was ich „Geistgemeinschaft" nenne. Das Verhältnis von Geistgemeinschaft zu dem vieldeutigen Begriff „Kirche" soll später erörtert werden.

Die Geistgemeinschaft ist unzweideutig, sie ist Neues Sein, geschaffen durch den göttlichen Geist. Aber sie ist, obgleich sie die Verwirklichung unzweideutigen Lebens ist, dennoch fragmentarisch wie auch die Manifestation des unzweideutigen Lebens im Christus und in denen, die den Christus erwarteten, fragmentarisch war. Die Geistgemeinschaft ist eine unzweideutige, wenn auch fragmentarische Schöpfung des göttlichen Geistes. „Fragmentarisch" bedeutet hier, daß sie unter den Bedingungen der Endlichkeit erscheint, aber Entfremdung und Zweideutigkeit siegreich überwindet.

Die Geistgemeinschaft hat den Geist in dem Sinne, wie Luther das Wort verwendete, d. h. „unsichtbar", „verborgen", „nur dem Glauben zugänglich", jedoch als eine unüberwindliche Realität. Darin steht sie in Analogie zu der verborgenen Gegenwart des Neuen Seins in Jesus und in denen, die die Träger der Vorbereitung für das Neue Sein in ihm waren. Aus der Verborgenheit der Geistgemeinschaft folgt ihre dialektische Beziehung zu den Kirchen (Identität und Nicht-Identität), ebenso wie aus derselben Art Verborgenheit des Geistes die dialektische Beziehung des Christus zu Jesus folgte und, um ein anderes Beispiel zu nennen, die dialektische Beziehung der Offenbarung zu der Geschichte der Religion. In allen drei Fällen sehen nur die „Augen des Glaubens", was verborgen oder Geist-gewirkt ist, aber sie sind selbst eine Schöpfung des göttlichen Geistes: nur Geist kann Geist erkennen.

Das Verhältnis des Neuen Seins im Christus zum Neuen Sein in der Geistgemeinschaft wird in einigen wichtigen Geschichten des Neuen Testaments symbolisch dargestellt. Eine von ihnen, die zugleich höchst bedeutsam für den Sinn des Namens Christus ist, wirft auch ein Licht auf das Verhältnis des Christus zur Geistgemeinschaft. Es ist die Geschichte, in der Petrus in Cäsarea Philippi zu Jesus sagt: Du bist der Christus, und Jesus ihm antwortet: Diese Einsicht ist dir nicht durch Fleisch und Blut vermittelt, sondern durch meinen Vater im Himmel; das heißt: sie ist nicht das Resultat gewöhnlicher Erfahrung, sondern sie ist durch den göttlichen Geist bewirkt. Der göttliche Geist hat den individuellen Geist des Petrus ergriffen und fähig gemacht, den gött-

Die Manifestation des göttlichen Geistes in der geschichtlichen Menschheit

lichen Geist in Jesus, also das, was ihn zum Christus macht, zu erkennen. Dieses Erkennen ist das Fundament der Geistgemeinschaft, die von Petrus und den anderen Jüngern repräsentiert wird und gegen die die dämonischen Mächte machtlos sind. Aus diesem Grunde können wir sagen: Wie der Christus nicht der Christus wäre ohne die, die ihn als den Christus aufnehmen, so wäre die Geistgemeinschaft nicht Geistgemeinschaft, wenn sie nicht auf dem Neuen Sein gegründet wäre, wie es im Christus erschienen ist.

An der Pfingstgeschichte werden die Merkmale der Geistgemeinschaft am klarsten sichtbar. Die Geschichte enthält historische, legendäre und mythologische Elemente, deren Unterscheidung eine Aufgabe der historischen Forschung ist. Für unsere Zwecke ist nur die Symbolik ihrer einzelnen Elemente wichtig. Wir können fünf solcher Elemente unterscheiden. Das erste ist der ekstatische Charakter der Entstehung der Geistgemeinschaft. Damit wird bestätigt, was wir früher über die Einheit von Struktur und Ekstase gesagt haben: das Pfingstereignis ist ein Beispiel für diese Einheit, es ist ekstatisch mit allen Charakteristika der Ekstase, aber es ist eine Ekstase, die mit Glauben, Liebe, Einheit im Geist und Universalität vereinigt ist, wie die anderen Elemente der Geschichte zeigen. Im Lichte dieser Beschreibung der Ekstase in der Pfingstgeschichte müssen wir sagen, daß ohne Ekstase keine Geistgemeinschaft entstehen kann.

Das zweite Element in der Pfingstgeschichte ist die Schaffung des Glaubens in den Jüngern. Dieser Glaube war durch die Kreuzigung dessen, von dem sie angenommen hatten, daß er der Träger des Neuen Seins sei, bedroht und fast zerstört. Vergleichen wir die Pfingstgeschichte mit den paulinischen Auferstehungsberichten, so finden wir, daß es in beiden Fällen eine ekstatische Erfahrung war, die den Glauben der Jünger wieder festigte und sie aus dem Zustand totaler Ungewißheit befreite. Die sich in Galiläa zerstreuenden Jünger waren keine Manifestation der Geistgemeinschaft. Erst nachdem sie vom göttlichen Geist ergriffen und in ihrem Glauben wieder gefestigt waren, wurden sie zur Manifestation der Geistgemeinschaft. Im Lichte dieser Beschreibung der Pfingstgeschichte können wir sagen, daß es ohne den Sieg des Glaubens über den Zweifel keine Geistgemeinschaft gibt.

Das dritte Element in der Pfingstgeschichte ist das Entstehen einer Liebe, die sich sofort im gegenseitigen Dienen zeigt, besonders gegenüber Menschen in Not, auch wenn es Fremde sind, die sich erst kurz zuvor der Gemeinschaft angeschlossen haben. Im Lichte dieser Beschreibung des Liebesdienstes in der Pfingstgeschichte müssen wir sagen, daß es ohne dienende Liebe keine Geistgemeinschaft gibt.

Das vierte Element in der Pfingstgeschichte ist die Schaffung der Einigkeit im Geist. Die Gegenwart des göttlichen Geistes bewirkte, daß sich Individuen aus den verschiedensten Nationalitäten und Traditionen einten und sich im sakramentalen Mahl zusammenfanden; und das Zungenreden der Jünger bedeutete, daß die Zerstreuung der Menschheit, wie sie in der Geschichte vom Turmbau zu Babel symbolisiert ist, überwunden wurde. Im Lichte dieser Beschreibung der Einheit im Geist in der Pfingstgeschichte müssen wir sagen, daß es ohne Gemeinschaft im Geist der voneinander entfremdeten Glieder der Menschheit keine Geistgemeinschaft gibt.

Das fünfte Element in der Pfingstgeschichte ist die Schaffung der Universalität, die sich in dem missionarischen Eifer derer ausdrückt, die vom göttlichen Geist ergriffen sind. Ihnen erschien es unmöglich, die Botschaft von dem, was jedem Einzelnen von ihnen widerfahren war, nicht allen zu verkünden. Denn das Neue Sein wäre nicht das Neue Sein, wenn die Menschheit als ganze und selbst das Universum nicht an ihm teilhätten. Im Lichte dieser Beschreibung der Universalität in der Pfingstgeschichte müssen wir sagen, daß es ohne Offenheit für alle Individuen, Gruppen und Dinge und ohne den Willen, sie in sich aufzunehmen, keine Geistgemeinschaft gibt.

Alle diese Elemente, die in unserem System als die Kennzeichen der Geistgemeinschaft wiederkehren werden, sind vom Bilde Jesu als des Christus und des Neuen Seins, das in ihm sichtbar ist, abgeleitet. In symbolischer Sprache hat man von ihm als dem Haupt und von der Kirche als seinem Leib gesprochen. In einer mehr psychologischen Symbolik wurde er der Bräutigam und die Kirche die Braut, in einer mehr ethischen Symbolik wurde er der Herr der Kirche genannt. Diese Bilder weisen alle auf dasselbe hin: der göttliche Geist ist der Geist Jesu als des Christus, und der Christus ist das Kriterium, dem jeder sich unterwerfen muß, der von sich behauptet, den Geist zu besitzen.

b) Die Geistgemeinschaft in ihrem latenten und manifesten Stadium. –
Die Geistgemeinschaft steht zwar unter dem Kriterium der Erscheinung Jesu als des Christus, aber sie ist nicht identisch mit den christlichen Kirchen. Daraus ergibt sich die Frage: In welchem Verhältnis steht die Geistgemeinschaft zu den vielen religiösen Gemeinschaften in der Geschichte der Religion? Mit dieser Frage taucht das schon früher behandelte Problem wieder auf: Wie verhält sich die universale Offenbarung zur letztgültigen Offenbarung, und wie verhält sich die Gegenwart des göttlichen Geistes in der Periode vor der Begegnung mit dem Christus zu der Periode nach der zentralen Offenbarung des

Neuen Seins in ihm? Im gegenwärtigen Zusammenhang jedoch wollen wir die Erscheinung der Geistgemeinschaft in der Periode der Vorbereitung beschreiben. Wir gehen dabei von der Voraussetzung aus, daß da, wo der göttliche Geist wirkt und es darum Offenbarung und Erlösung gibt, auch Geistgemeinschaft sein muß. Wenn jedoch die Erscheinung des Christus die zentrale Manifestation des göttlichen Geistes ist, dann muß die Erscheinung der Geistgemeinschaft in der Vorbereitungs-Periode anders aussehen als ihre Erscheinung in der Periode der Aufnahme des zentralen Ereignisses. Ich schlage vor, die Geistgemeinschaft in der Periode der Vorbereitung als Geistgemeinschaft in ihrer „Latenz" und in der Periode der Aufnahme als Geistgemeinschaft in ihrer „Manifestation" zu bezeichnen.

Viele Jahre hindurch habe ich von „latenter" und „manifester" Kirche gesprochen. Diese Formulierung hat Zustimmung und Ablehnung gefunden. Oft ist sie fälschlicherweise mit der klassischen Unterscheidung von sichtbarer und unsichtbarer Kirche verwechselt worden. Die Unterscheidung von „Geistgemeinschaft" und „Kirche", die hier gemacht wird, kann mit dazu beitragen, daß „latent" nicht mit „unsichtbar" und „manifest" nicht mit „sichtbar" verwechselt wird. Die Geistgemeinschaft ist latent, solange sie der zentralen Offenbarung in Jesus dem Christus nicht begegnet ist, und die Geistgemeinschaft ist manifest, nachdem eine solche Begegnung erfolgt ist. Die Worte „vor" und „nach" haben eine doppelte Bedeutung: Einerseits beziehen sie sich auf das weltgeschichtliche Ereignis (Jesus als der Christus), den „großen *kairos*", der die Mitte der Geschichte ein für allemal konstituiert hat. Andrerseits beziehen sie sich auf die immer neuen, aber abgeleiteten *kairoi*, in denen eine religiöse oder kulturelle Gruppe dem zentralen Ereignis existentiell begegnet. Im folgenden gebrauchen wir die Worte „vor" und „nach" im zweiten Sinne und nur indirekt im ersten Sinne.

Der konkrete Anlaß für die Unterscheidung zwischen einem latenten und einem manifesten Stadium der Geistgemeinschaft war meine Begegnung mit Gruppen außerhalb der organisierten Kirche, die in eindrucksvoller Weise zeigten, daß das Neue Sein, wie es zentral im Christus erschienen ist, in ihnen lebendig war, obgleich sie sich dessen nicht bewußt waren und es auch nicht akzeptiert hätten, wenn man es ihnen bewußt gemacht hätte. Bestimmte Gruppen sind hier zu nennen: die Jugendbewegung, pädagogische, künstlerische und politische Bewegungen und Einzelne ohne sichtbare Verbindung miteinander, in denen das Wirken des göttlichen Geistes fühlbar war. Sie gehörten zu keiner Kirche, ja sie standen ihr sogar oft gleichgültig oder ablehnend gegenüber, aber sie waren doch von der Geistgemeinschaft nicht ausgeschlossen. Wenn man diese Bewegungen mit den Kirchen vergleicht und sieht, wieviel Profanisierung und Dämonisierung in den Kirchen vorhanden ist, so ist es unmöglich, die Kirchen mit der Geistgemeinschaft zu identifizieren und solche säkularen Gruppen von ihr auszuschließen. Ein Unterschied besteht jedoch: Die Kirchen repräsentieren die Geistgemeinschaft in manifester, die erwähnten Gruppen in latenter Form. Das Wort „latent" enthält ein negatives und ein positives Element. Latenz ist ein Zustand, in dem etwas teilweise aktuell, teilweise potentiell ist. Man kann Latenz nicht dem zuschreiben, was nur potentiell ist. Im Stand der Latenz gibt es Elemente, die aktualisiert, und Elemente, die noch nicht aktualisiert sind. Gerade das charakterisiert die Geistgemeinschaft in ihrer Latenz. In ihr wirkt der Geist in Glauben und Liebe, aber es fehlt das letzte Kriterium von Glauben und Liebe, die transzendente Einheit unzweideutigen Lebens, wie sie im Glauben und in der Liebe des Christus manifest ist. Aus diesem Grunde ist die Geistgemeinschaft in ihrem latenten Stadium der Profanisierung und Dämonisierung besonders ausgesetzt. Es fehlt ihr ein letztes Prinzip des Widerstandes, wie es die als Kirche organisierte Geistgemeinschaft besitzt und selbstkritisch – wie in den prophetischen und reformatorischen Bewegungen – anzuwenden vermag.

Es war die unter dem Mantel des Humanismus verborgene latente Geistgemeinschaft, die mich auf den Begriff der Latenz gebracht hat, aber es hat sich gezeigt, daß dieser Begriff auch sonst anwendbar ist. Er kann auf die ganze Geschichte der Religion angewandt werden, die weitgehend mit der Geschichte der Kultur identisch ist.

Geistgemeinschaft in ihrer Latenz gibt es in der ganzen Menschheit: in der national-religiösen Gemeinschaft Israels, in den Propheten-Schulen und Tempel-Gemeinschaften, später in den Synagogen in Palästina und in der Diaspora, sowie in den mittelalterlichen und modernen Synagogen. Es gibt Geistgemeinschaft in ihrer Latenz auf islamischem Boden in der Gemeinschaft der Anbetung, in den Theologen-Schulen und in den mystischen Bewegungen. Es gibt Geistgemeinschaft in ihrer Latenz in Gemeinschaften, die die großen mythologischen Götter anbeten, in esoterischen Priestergemeinschaften, in den Mysterien-Kulten der spät-antiken Welt, in den halb-wissenschaftlichen, halb-rituellen Philosophen-Schulen des Griechentums. Es gibt Geistgemeinschaft in ihrer Latenz in der klassischen Mystik in Asien und Europa und in den monastischen und halb-monastischen Gruppen, die aus der Mystik hervorgingen. In ihnen allen und in noch vielen anderen ist der göttliche Geist und darum die Geistgemeinschaft wirklich. In ihnen allen gibt es Elemente des Glaubens im Sinne des Ergriffenseins von etwas Letztem, Unbedingtem, und es gibt Elemente der Liebe im Sinne der transzendenten Wiedervereinigung des Getrennten. Aber in all dem ist die Geistgemeinschaft noch latent. Das letzte Kriterium, nämlich der Glaube und die Liebe des Christus, ist diesen Gruppen noch nicht erschienen, gleich ob sie vor oder nach den Jahren 1 bis 30 bestanden. Da dieses Kriterium fehlt, sind diese religiösen Gemeinschaften unfähig, sich im Sinne des Kreuzes Christi selbst radikal zu verneinen und radikal zu verwandeln. Man könnte auch sagen, sie leben in Richtung auf die Geistgemeinschaft in ihrem manifesten Stadium. Auch wenn sie den Christus ablehnen, werden sie unbewußt in Richtung auf ihn getrieben. Vielleicht lehnen sie ihn in der Art ab, wie die christlichen Kirchen ihn predigen und ihn ihnen nahezubringen versuchen. Dann kann es sein, daß ihre Ablehnung ein besserer Ausdruck der Geistgemeinschaft ist als das, was ihnen von den Kirchen gebracht wird, wenigstens in gewissen Beziehungen. Sie können Kritiker der Kirchen im Namen der Geistgemeinschaft werden, und das gilt sogar für solche anti-religiösen und anti-christlichen Bewegungen wie den Kommunismus. Denn auch von ihm müssen wir behaupten, daß er nicht leben könnte, wenn er keine Elemente der Geistgemeinschaft in sich trüge. Auch der Kommunismus ist teleologisch auf die Geistgemeinschaft bezogen.

Für die Praxis der christlichen Verkündigung, insonderheit für die Mission – sowohl die äußere wie die innere –, ist es wichtig, daß Heiden, Humanisten, Juden als Glieder der latenten Geistgemeinschaft angesehen werden, und nicht als völlig Außenstehende, die aufgefordert werden, in die Geistgemeinschaft einzutreten. Auch diese Einsicht kann als machtvolle Waffe gegen kirchliche und geistliche Arroganz dienen.

c) Die Kennzeichen der Geistgemeinschaft. – Ob latent oder manifest – die Geistgemeinschaft ist die Gemeinschaft des Neuen Seins. Sie ist durch den göttlichen Geist geschaffen, der sich im Neuen Sein in Jesus als dem Christus manifestiert hat. Dieser Ursprung bestimmt ihren Charakter: sie ist die Gemeinschaft des Glaubens und der Liebe. Die verschiedenen Elemente dieses Glaubens verlangen besondere Betrachtungen, teils um ihrer selbst willen, teils weil sie die Kriterien liefern, unter denen die Kirchen beschrieben und beurteilt werden müssen, denn die Kirchen sind beides: Verwirklichung und Entstellung der Geistgemeinschaft.

Als die Gemeinschaft des Neuen Seins ist die Geistgemeinschaft die Gemeinschaft des Glaubens. Der Ausdruck „Gemeinschaft des Glaubens" deutet auf die Spannung zwischen dem Glauben des einzelnen Gliedes und dem Glauben der Gemeinschaft als ganzer hin. In der

Die Gegenwart des göttlichen Geistes und das Neue Sein

Geistgemeinschaft – das gehört zu ihrem Wesen – führt diese Spannung niemals zum Bruch (wie es in den Kirchen geschieht). Die Gegenwart des göttlichen Geistes, durch den der Einzelne im Akt des Glaubens ergriffen wird, transzendiert die invidiuellen Bedingungen, Voraussetzungen und Glaubensformen. Der göttliche Geist vereinigt ihn mit dem Gott, der den Menschen durch alle diese Bedingungen hindurch ergreifen kann, ohne sich an eine von ihnen zu binden. Die Geistgemeinschaft enthält eine reiche Mannigfaltigkeit von Glaubensformen und schließt keine aus. Sie ist nach allen Richtungen hin offen, weil sie auf der zentralen und universalen Manifestation des göttlichen Geistes beruht. Trotzdem ist es in allen Fällen Glaube, der die Kluft zwischen dem Unendlichen und dem Endlichen schließt, wenn auch immer nur fragmentarisch als teilweise Vorwegnahme der transzendenten Einheit unzweideutigen Lebens. Selbst unzweideutig, ist dieser Glaube der Geistgemeinschaft das Kriterium für den Glauben der Kirche, indem er ihre Zweideutigkeiten überwindet. Die Geistgemeinschaft ist heilig, da sie durch Glauben an der Heiligkeit des göttlichen Lebens teilhat, und sie gibt auch den religiösen Gemeinschaften, deren unsichtbare geistige Essenz sie ist, Heiligkeit.

Als die Gemeinschaft des Neuen Seins ist die Geistgemeinschaft auch die Gemeinschaft der Liebe. Wie wir gesehen haben, enthält die Geistgemeinschaft die Spannung zwischen dem Glauben der Einzelnen mit ihren vielfältigen Erfahrungen und dem Glauben der Gemeinschaft als ganzer. Ebenso enthält sie die Spannung zwischen der endlosen Vielfalt der Liebesbeziehungen und der *agape*, die Wesen mit Wesen in der transzendenten Einheit unzweideutigen Lebens eint. Wie die Spannung zwischen der Vielfalt der Glaubensformen und dem Glauben der Gemeinschaft als ganzer nicht zum Zerfall führt, so hindert auch die Vielfalt der Liebesbeziehungen die *agape* nicht, das Getrennte in der transzendenten Einheit unzweideutigen Lebens wiederzuvereinigen. Obgleich die Liebe als Liebe in den verschiedenen Dimensionen vielfältig ist und wegen der Getrenntheit aller Dinge in Raum und Zeit fragmentarisch sein muß, ist sie doch Liebe als Vorwegnahme der vollkommenen Einheit im ewigen Leben. Als solche ist sie das Kriterium der Liebe in den Kirchen, unzweideutig ihrem Wesen nach und fähig, die Zweideutigkeiten zu besiegen. Die Geistgemeinschaft ist heilig, da sie durch die Liebe an der Heiligkeit des göttlichen Lebens teilnimmt, und sie gibt den religiösen Gemeinschaften, deren unsichtbare geistige Essenz sie ist, Heiligkeit.

Die Einheit und Universalität der Geistgemeinschaft folgt notwendig aus ihrem Charakter als Gemeinschaft des Glaubens und der

Liebe. Die Einheit drückt sich in der Tatsache aus, daß die Spannungen des Glaubens und die Spannungen der Liebe, wie im vorhergehenden beschrieben, nicht zum Zerfall führen. Die Geistgemeinschaft kann die Verschiedenheit der psychologischen und soziologischen Strukturen, der geschichtlichen Entwicklung sowie die verschiedensten Symbole, Andachts- und Lehrformen in sich tragen. Die Einheit der Geistgemeinschaft ist nicht ohne Spannungen, aber sie zerbricht nicht an ihnen. Sie ist fragmentarisch und vorwegnehmend, weil Zeit und Raum ihr Grenzen setzen, aber sie ist unzweideutig und daher das Kriterium für die Einheit religiöser Gruppen, deren unsichtbare geistige Essenz sie ist. Diese Einheit ist wie der Glaube und die Liebe ein Ausdruck der Heiligkeit der Geistgemeinschaft, die an der Heiligkeit des göttlichen Lebens partizipiert.

Die Universalität der Geistgemeinschaft bezieht sich auf das Faktum, daß die Spannung der endlosen Vielfalt der Liebesbeziehungen und der *agape* nicht zu einem Bruch zwischen ihnen führt. Die Geistgemeinschaft kann die Verschiedenheiten der Qualitäten der Liebe in sich tragen. Es gibt keinen Konflikt zwischen *agape* und *eros*, zwischen *agape* und *philia*, zwischen *agape* und *libido*. Es bestehen Spannungen, wie sie jeder dynamische Prozeß mit sich bringt. Die Dynamik allen Lebens, selbst in der transzendenten Einheit unzweideutigen Lebens, ist spannungsreich. Aber nur in der Entfremdung des zweideutigen Lebens werden Spannungen zu Konflikten. Die *agape* ist in der Geistgemeinschaft nicht nur mit den anderen Qualitäten der Liebe geeint, sie stiftet auch ihre Einheit untereinander. Praktisch bedeutet das, daß die ungeheuren Verschiedenheiten der Menschen nach Geschlecht, Alter, Nation, Tradition und Charakter – typologische und individuelle Verschiedenheiten – der Teilnahme an der Geistgemeinschaft nicht im Wege stehen. Die bildhafte Rede, daß alle Menschen Kinder desselben Vaters sind, ist nicht falsch, hat aber einen hohlen, unrealistischen Klang. Das wirkliche Problem ist, ob trotz der existentiellen Entfremdung der Kinder Gottes von Gott und der Kinder Gottes untereinander Teilnahme an einer transzendenten Einheit möglich ist. Diese Frage wird durch die Geistgemeinschaft beantwortet und durch das Wirken der *agape* als der Manifestation des göttlichen Geistes in ihr gelöst. Wie Glaube, Liebe und Einheit unzweideutig in der Geistgemeinschaft verwirklicht sind, so ist auch die Universalität unzweideutig, wenn auch fragmentarisch und vorwegnehmend. Die Grenzen der Endlichkeit beschränken die volle Verwirklichung der Universalität in jedem Moment der Zeit und an jeder Stelle des Raumes: Die Geistgemeinschaft ist nicht das Reich Gottes in letzter Vollendung. Aber sie ist unzweideutig und darum das Kriterium für die Universalität religiöser Gruppen, deren unsichtbare geistige Essenz sie ist. Die Universalität ist wie Glaube, Liebe und Einheit ein Ausdruck der Heiligkeit der Geistgemeinschaft, die an der Heiligkeit des göttlichen Lebens partizipiert.

d) Die Geistgemeinschaft und die Einheit von Religion, Kultur und Moralität. – Die transzendente Einheit unzweideutigen Lebens, an der die Geistgemeinschaft partizipiert, erstreckt sich auch auf die Einheit der drei Funktionen des Lebens in der Dimension des Geistes – Religion, Kultur und Moralität. Diese Einheit gehört zur essentiellen Natur des Menschen, sie ist in ihm angelegt, ist aber unter den Bedingungen der Existenz zerbrochen und wird erst durch den göttlichen Geist in ihr neu geschaffen. Wo das geschieht, da ist Geistgemeinschaft, gleichgültig ob es in einer religiösen oder profanen Gemeinschaft geschieht.

In der Geistgemeinschaft ist die Religion keine Sonderfunktion. Wir haben schon an anderer Stelle über die beiden Begriffe von Religion gesprochen, dem engeren und dem weiteren. Der engere Begriff hat überhaupt keinen Platz in der Geistgemeinschaft, denn alle Seiten des geistigen Lebens werden von der Gegenwart des göttlichen Geistes ergriffen. Die Bibel behauptet, daß es im vollendeten Reich Gottes keinen Tempel gibt, denn Gott „wird bei ihnen wohnen, und sie werden sein Volk sein, und er selbst, Gott mit ihnen, wird ihr Gott sein". Der göttliche Geist, der die Geistgemeinschaft schafft, schafft kein getrenntes Stück Wirklichkeit, in dem allein er sich verwirklicht und empfangen werden kann, sondern er ergreift alle Wirklichkeit, jede Funktion, jede Situation. Er ist die „Tiefe" aller kulturellen Schöpfungen und stellt in ihnen eine vertikale Richtung zu ihrem letzten Grund und Ziel her. In der Geistgemeinschaft gibt es keine religiösen Symbole, weil die begegnende Wirklichkeit in ihrer Ganzheit symbolischer Ausdruck für die Gegenwart des göttlichen Geistes geworden ist, und es gibt keine besonderen religiösen Akte, weil jeder Akt auch ein Akt der Selbst-Transzendierung ist.

Die essentielle Beziehung zwischen Religion und Kultur – nämlich „Kultur als die Form der Religion und Religion als die Substanz der Kultur" – ist in der Geistgemeinschaft verwirklicht. Und sie ist unzweideutig verwirklicht, wenn auch Spannungen und innere Dynamik nicht fehlen. Aber wie die früher besprochenen Kennzeichen der Geistgemeinschaft, so ist auch diese Verwirklichung fragmentarisch und antizipatorisch. Die biblische Vision von der heiligen Stadt ohne Tempel ist die Vision einer letzten Erfüllung, aber als solche ist sie zugleich Beschreibung der heiligen Gemeinschaft, wenn auch in Antizipation und fragmentarischer Verwirklichung. Der zeitliche Prozeß und die Begrenztheit des endlichen Bewußtseins verhindern das aktuelle Ineinander von religiöser Selbst-Transzendierung und kulturellem Schaffen. Daß bald das eine, bald das andere überwiegt, ist nicht zu vermeiden, aber das räumliche oder zeitliche Neben- oder Nacheinander bedeutet nicht, daß das Kulturelle und Religiöse sich gegenseitig ausschließen. Wo das der Fall ist, d. h. wo Religion und Kultur voneinander getrennt sind, da entstehen die Zweideutigkeiten des religiösen wie des kulturellen Lebens. Die unzweideutige, wenn auch fragmentarische Einheit von Religion und Kultur in der Geistgemeinschaft ist das Kriterium der religiösen und kulturellen Gruppen und die verborgene Macht in ihnen, die gegen Zerspaltung und Zweideutigkeit kämpft.

Obgleich Religion im engeren Sinne in der Geistgemeinschaft fehlt, ist Religion im weiteren Sinne in ihr lebendig und in unzweideutiger Weise mit Moralität geeint. Wir haben Moralität als die Konstituierung der Person als Person in der Begegnung mit anderen Personen definiert. Ist aber Religion im engeren Sinne von Moralität getrennt, sind beide gezwungen, ihre Selbständigkeit aufrechtzuerhalten: die Moralität muß ihren autonomen Charakter gegen religiöse Gebote verteidigen, die ihr von außen auferlegt werden, eine Verteidigung, die Kant in monumentaler Weise durchgeführt hat; auf der anderen Seite muß sich die Religion gegen Versuche verteidigen, die sie als Illusion abtun wollen oder als die Quelle störender Eingriffe in die autonome Moral betrachten – eine Verteidigung, die Schleiermacher in eindrucksvoller Weise geleistet hat. In der Geistgemeinschaft bestehen Konflikte solcher Art nicht. Die Religion ist in ihr keine spezielle Funktion, sondern das Ergriffensein vom göttlichen Geist, und das setzt die Konstituierung der Person im moralischen Akt voraus – die Vorbedingung für alles Geistige, und, wie wir früher gezeigt haben, damit auch die Vorbedingung für das Ergriffenwerden durch den göttlichen Geist. Der Begriff Geistgemeinschaft selbst verweist auf den personhaft-gemeinschaftlichen Charakter, in dem das Neue Sein erscheint. Es kann nicht anders erscheinen als in einer Gemeinschaft von Personen. Da das Moralische konstitutiv für den menschlichen Geist in allen seinen Funktionen ist, so würde ein Eingriff der Religion in das Moralische nicht nur dieses, sondern auch die übrigen Funktionen des Geistes einschließlich der religiösen selbst gefährden. Aber diese Möglichkeit besteht in der Geistgemeinschaft nicht, weil es in ihr Religion in engerem Sinne nicht gibt. Dagegen drückt sich die Einheit von Religion und Moralität in der Geistgemeinschaft darin aus, daß das Moralische in sich selbst religiös im Sinne des weiteren Begriffs von Religion ist.

Die Gegenwart des göttlichen Geistes und das Neue Sein

Das Religiöse im Moralischen ist zunächst der Unbedingtheits-Charakter des moralischen Imperativs. Wenn wir nach dem Grund seiner Unbedingtheit fragen, müssen wir zunächst die Antwort geben: Der moralische Imperativ ist unbedingt, weil er ein Ausdruck des essentiellen Seins des Menschen ist. Bejahen, was wir essentiell sind, und dem moralischen Imperativ gehorchen, ist ein und dasselbe. Dann aber muß man fragen: Warum soll man sein essentielles Sein bejahen, warum darf man sich nicht zerstören? Und darauf lautet die Antwort: weil die Person als Person einen unendlichen Wert hat, oder theologisch ausgedrückt, weil sie zur transzendenten Einheit unzweideutigen Lebens gehört, oder in traditioneller Sprache, weil der Mensch das Ebenbild Gottes ist. Wo immer man sich dessen bewußt ist, da ist – wenn auch noch so verborgen – der göttliche Geist am Werk. Der Glaubensakt und die Bejahung des Unbedingtheits-Charakters des moralischen Imperativs ist ein und dasselbe. – Über den religiösen Ursprung der ethischen Inhalte, nämlich der Liebe unter dem Kriterium der *agape*, ist im Zusammenhang mit den Schöpfungen des Geistes gesprochen worden[1]. Dort wurde gezeigt, daß die Liebe in ihren sonstigen Qualitäten, wenn sie nicht unter dem Kriterium der *agape* stehen, zweideutig ist. *Agape* aber ist die unzweideutige, wenn auch fragmentarische Schöpfung des göttlichen Geistes. – Wenn wir die Frage nach der motivierenden Kraft des moralischen Imperativs stellen, so ist sie für die Geistgemeinschaft nicht das Gesetz, sondern die Gegenwart des göttlichen Geistes, die in bezug auf die Erfüllung der Gebote Gnade ist[2]. Gnade in diesem Sinne ist die Kraft, die aus dem Teilhaben an der transzendenten Einheit fließt und die Erfüllung der moralischen Forderung möglich macht. Durch das Wirken des göttlichen Geistes schafft die vorausgehende transzendente Einheit die Einheit der zentrierten Person: mit sich selbst, mit der begegnenden Welt und mit dem Grund von Selbst und Welt. Dieses „Vorausgehen" charakterisiert das Wirken des göttlichen Geistes als Gnade. Nichts anderes konstituiert die Persönlichkeit und die Gemeinschaft als die transzendente Einheit, die sich in der Geistgemeinschaft als Gnade manifestiert. Die Verwirklichung der Person als Person ohne Gnade treibt die Person in die Zweideutigkeit des Gesetzes. Moralität in der Geistgemeinschaft ist das Werk der Gnade.

Trotzdem bleibt die Einheit von Religion und Moralität fragmentarisch, denn sie hat Grenzen in Zeit und Raum. Die Einheit bleibt

---
[1] Vgl. Teil IV, S. 159 ff.
[2] Siehe auch meine Schrift „Das religiöse Fundament des moralischen Handelns".

immer antizipatorische Einheit, weil nicht alle aktuellen menschlichen Beziehungen an ihr partizipieren. Auch die Person und die Gemeinschaft, die in der Gnade stehen, d. h. für das Wirken des göttlichen Geistes geöffnet sind, stehen nicht in der Vollendung. Aber die Idee der Vollendung ist das Kriterium der Moralität in religiösen und profanen Personen und Gruppen. Die Ethik des „Reiches Gottes" ist der Maßstab für die Ethik in den Kirchen und der Gesellschaft.

Aus der Einheit der Religion mit Kultur und Moralität folgt auch die Einheit von Kultur und Moralität. Diese Einheit bezieht sich erstens auf die Inhalte, die die Moral von der Kultur empfängt, denn der unbedingte moralische Imperativ ist zunächst ohne Inhalt; er bringt seine Inhalte nicht selber hervor. Der moralische Inhalt stammt aus der Kultur und hat daher Teil an allen Relativitäten der Kulturschöpfungen. Seine Relativität hat nur eine Grenze, und das ist der Akt der Konstituierung des personhaften Selbst in der Begegnung von Person mit Person. Damit sind wir bereits auf den Inhalt des moralischen Imperativs gestoßen – auf die Liebe in allen Dimensionen des Lebens, die die andere Person in einem Akt der Wiedervereinigung bejaht[1]. In der Liebe kommen der moralische Imperativ und die moralischen Inhalte, die aus der Kultur stammen, zusammen und konstituieren die Moral der Geistgemeinschaft. Die Liebe ist den ständigen Veränderungen des kulturellen Schaffens unterworfen, aber zugleich behält sie ihren Charakter als Liebe. Da die Moral in der Geistgemeinschaft Liebe ist, gibt es in ihr keine Gebotstafeln, sondern nur die Gegenwart des göttlichen Geistes, der Liebe schafft und der auch Dokumente der Weisheit schafft, die dem Wirken der Liebe allgemeine Richtungen geben (z. B. die Zehn Gebote). Solche Dokumente sind keine moralischen Gesetze. Über ihre Gültigkeit und ihre Anwendung im speziellen Fall entscheidet die Liebe. Auf diese Weise ist die Moralität von den wechselnden kulturellen Situationen abhängig und zugleich unabhängig durch die Liebe, die der Geist schafft. In der Geistgemeinschaft sind Moralität und Kultur in der transzendenten Einheit unzweideutigen Lebens geeint.

Auch diese Einheit ist – obwohl unzweideutig – fragmentarisch und antizipatorisch wegen der Endlichkeit der Einzelnen und der Gruppen, die moralisch handeln. Jede moralische Entscheidung – auch die vom göttlichen Geist eingegebene – schließt andere moralische Möglichkeiten aus. Das heißt nicht, daß das Handeln der Liebe zweideutig ist, wohl aber, daß jeder Akt der Liebe fragmentarisch ist. Er wirkt in Richtung auf das Unbedingte, auf die alles umgreifende Vollendung,

---

[1] Vgl. meine Schriften „Liebe, Macht, Gerechtigkeit", Tübingen 1953, und „Das religiöse Fundament des moralischen Handelns".

aber er erreicht sie nicht. Trotzdem ist die Einheit von Moralität und Kultur das Kriterium für die geistige Situation in allen religiösen und profanen Gruppen, und diese Einheit ist zugleich die verborgene Macht des göttlichen Geistes in denen, die die Zweideutigkeiten, die aus der existentiellen Trennung von Moralität und Kultur folgen, zu überwinden suchen.

So wie die Kultur der Moralität den Inhalt gibt, so verleiht die Moralität der Kultur letzten Ernst. Kultur ohne letzten Ernst ist das, was Kierkegaard als „ästhetisches Stadium" charakterisiert hat und was später Ästhetizismus genannt wurde. Kierkegaard meinte damit die distanzierte Haltung gegenüber Kulturschöpfungen, die diese nur im Sinne des ästhetischen Genusses wertet – eine Haltung, die nicht von dem *eros* zur Schöpfung selbst getragen ist. Der Ästhetizismus sollte nicht mit dem Element des Spiels im Schaffen und Erleben der kulturellen Schöpfungen verwechselt werden. Das Spiel ist eines der charakteristischsten Ausdrucksformen der Freiheit des Geistes, und man sollte nicht übersehen, daß dem freien Spiel ebensoviel Ernst zukommt wie der notwendigen Arbeit. Wo wirklicher Ernst ist, da ist die bewußte oder unbewußte Kraft des unbedingten moralischen Imperativs am Werk. Eine Kultur, die in ihren Schöpfungen den Ernst des moralischen Elements vermissen läßt, wird oberflächlich und selbst-zerstörerisch, und eine Moralität, die gegen das Spiel in der Kultur opponiert und sich als „Rückkehr zur Ernsthaftigkeit" versteht, negiert ihre eigene Ernsthaftigkeit und wird zum leeren Moralismus. Sie entleert das Leben von all dem, was ihm Wärme, Reichtum, Unmittelbarkeit und Freude gibt. Im Ästhetizismus wie im Moralismus fehlt die einigende Liebe. In der Geistgemeinschaft gibt es keine ästhetisierende Distanziertheit, an ihre Stelle tritt der suchende Ernst derer, die in jeder kulturellen Form oder Aufgabe den letzten Sinn erfahren wollen. Die Gegenwart des göttlichen Geistes vereinigt den Ernst der moralischen Selbst-Integration mit dem Reichtum des kulturellen Schaffens und gibt damit die Antwort auf die Frage, die in der Selbst-Transzendierung von Kultur und Moralität enthalten ist. Daher gibt es in der Geistgemeinschaft keine Möglichkeit für einen Konflikt zwischen einem verantwortungslosen Genießen der kulturellen Schöpfungen und der Haltung moralischer Überlegenheit über die Kultur im Namen eines moralistischen Rigorismus. Aber obgleich es in der Geistgemeinschaft keine Konflikte gibt, gibt es die Spannung, die in der Existenz zu diesen Konflikten führt, weil die Einheit von Kultur und Moralität auch in der Geistgemeinschaft fragmentarisch und antizipatorisch bleibt. Trotz dieser Begrenztheit ist die Einheit von moralischem Ernst und kultureller Offenheit das Kriterium für die Beziehung von Moralität und Kultur in allen religiösen und profanen Gruppen.

Wie die vorangegangene Beschreibung zeigt, ist die Geistgemeinschaft beides: sichtbar und verborgen, wie es das Neue Sein in all seinen Formen ist. Sie ist ebenso sichtbar und verborgen wie die zentrale Manifestation des Neuen Seins in Jesus als dem Christus, ebenso sichtbar und verborgen wie die Gegenwart des göttlichen Geistes, die das Neue Sein in der Geschichte der Menschheit und indirekt im ganzen Universum schafft. Das ist der Grund, warum wir den Begriff Geistgemeinschaft eingeführt haben, denn wo der göttliche Geist wirkt, da wirkt er sichtbar in Verborgenheit. Er ist nur dem Glauben zugänglich – Glauben als dem Zustand, in dem der Mensch vom göttlichen Geist ergriffen ist. Wie wir schon früher gesagt haben: Geist wird nur durch Geist erkannt.

III. DER GÖTTLICHE GEIST UND DIE ZWEIDEUTIGKEITEN DES LEBENS

A

DIE GEGENWART DES GÖTTLICHEN GEISTES UND DIE ZWEIDEUTIGKEITEN DER RELIGION

1. Die Geistgemeinschaft, die Kirche und die Kirchen

a) *Der ontologische Charakter der Geistgemeinschaft.* – Der Ausdruck Geistgemeinschaft wurde von uns eingeführt, um das Element der Kirche scharf hervorzuheben, das vom Neuen Testament „Leib Christi" und von den Reformatoren „unsichtbare oder geistliche Kirche" genannt wird. Im Vorhergehenden haben wir dasselbe Element zuweilen die „geistige Essenz der religiösen Gemeinschaften" genannt. Alle drei Ausdrücke schließen die Aussage ein, daß die Geistgemeinschaft nicht eine Gruppe ist, die neben anderen Gruppen existiert, sondern vielmehr eine Macht und eine Struktur, die in einer Gruppe wirkt und sie zu einer religiösen Gemeinschaft macht. Wenn das religiöse Fundament einer solchen Gruppe das Neue Sein in Jesus als dem Christus ist, dann nennen wir sie eine Kirche. Auf anderen Fundamenten ruhen Gruppen wie Synagogen, Tempel- und Mysterien-Gemeinschaften, mönchische und kultische Gruppen oder auch religiöse Bewegungen. Die Geistgemeinschaft ist in ihrer verborgenen Macht und Struktur in all diesen Gruppen gegenwärtig.

In der Sprache des Neuen Testaments wird die Gegenwart der Geistgemeinschaft in der christlichen Kirche in folgender Weise charakterisiert. Die Kirche ist *ecclesia*, die Versammlung all derer, die durch die *apostoloi*, die Boten des Christus, aus allen Nationen zur Gemeinschaft der *eleutheroi*, der „freien Bürger" des „Reiches Gottes", berufen sind. Es gibt eine „Kirche", eine „Gemeinde Gottes" (oder des Christus) der Herausgerufenen in jeder Stadt, in der die gute Botschaft (*euangelion*) erfolgreich gewesen und eine christliche Gemeinschaft (*koinonia*) entstanden ist. Aber es gibt auch übergreifende Einheiten jenseits der lokalen Kirchen: provinziale, nationale, universale und, nach der Spaltung der einheitlichen Kirche, konfessionelle und denominationelle. Die universale Kirche und ebenso die in ihr enthaltenen partikularen Kirchen werden immer unter zwei Aspekten gesehen, einmal als „Leib Christi", d. h. als Geistgemeinschaft, und zum anderen als eine soziale Gruppe. Unter dem ersten Aspekt gesehen, zeigt die Kirche alle Charakteristika, die wir in den vorangegangenen Kapiteln der Geistgemeinschaft zugeschrieben haben, unter dem zweiten Aspekt zeigt sie alle Zweideutigkeiten der Religion, der Kultur und der Moralität, die wir bereits mit den Zweideutigkeiten des Lebens im allgemeinen behandelt haben.

Aus semantischen Gründen haben wir das Wort Geistgemeinschaft für den Begriff „unsichtbare Kirche" oder „Kirche im essentiellen Sinn" eingeführt. Um neue Verwirrungen zu verhüten, werde ich im folgenden – außer in besonderen Fällen – immer von Kirche*n* sprechen, wenn die geschichtlichen Kirchen gemeint sind, und immer von Geistgemeinschaft, wenn von *der* Kirche im essentiellen Sinn die Rede ist. Sicherlich kann das Wort Kirche in der Einzahl nicht aus der liturgischen Sprache entfernt werden, aber die systematische Theologie hat das Recht, nicht-biblische und nicht-kirchliche Ausdrücke zu gebrauchen, wenn sie dazu dienen, den ursprünglichen Sinn traditioneller Begriffe von verwirrenden und verdunkelnden Assoziationen zu befreien. Die Reformatoren taten das auch, als sie eine scharfe Unterscheidung zwischen der sichtbaren und der unsichtbaren Kirche vornahmen. Auch sie mußten sich gefährlichen, ja dämonischen Entstellungen des wahren Sinnes des Wortes Kirche widersetzen.

Es kann nicht geleugnet werden, daß eine neue Terminologie, die in einer Beziehung nützlich ist, in anderer Beziehung aber Verwirrung stiften kann. Das war sicherlich der Fall mit der Unterscheidung von sichtbarer und unsichtbarer Kirche, und das gleiche könnte auch unserer Unterscheidung von „Geistgemeinschaft" und „Kirchen" widerfahren. Im ersten Fall besteht der Irrtum darin, daß die unsichtbare Kirche als eine Wirklichkeit neben der sichtbaren Kirche verstanden wird, oder genauer, neben den sichtbaren Kirchen. Aber im Denken der Reformatoren bestand die unsichtbare Kirche keineswegs neben den geschichtlichen Kirchen. Die unsichtbare Kirche war für sie die geistige Essenz der sichtbaren Kirchen. Wie alles Geist-Geschaffene ist sie verborgen, und doch gibt sie den sichtbaren Kirchen ihr Wesen. Das gleiche können wir von der Geistgemeinschaft sagen: sie hat keine Eigenständigkeit neben den Kirchen, sie ist ihre geistige Essenz und wirkt in ihnen als Kraft, als Struktur und als kämpfende Macht gegen ihre Zweideutigkeit.

Auf die Frage nach dem logisch-ontologischen Charakter der Geistgemeinschaft können wir in philosophischen Begriffen antworten, daß in ihr die Essentialität die Existenz bestimmt, obwohl die Existenz ihr ständig Widerstand leistet. Zwei Fehler müssen hier vermieden werden: erstens darf die Geistgemeinschaft nicht als „Idealbild" gedeutet werden, das gegen die Realität der Kirchen steht. Ein solches Idealbild erweckt die Erwartung, daß die aktuellen Kirchen sich in ständigem Fortschritt diesem Bilde annähern werden. Aber das führt zu der Frage: Was berechtigt zu einer solchen Erwartung? Oder konkreter: Woher kommt den Kirchen die Kraft, ein solches Ideal zu verwirklichen? Die übliche Antwort ist: Es ist die Kraft des göttlichen Geistes, der in den Kirchen wirkt. Aber diese Antwort führt zu der weiteren Frage, auf welche Weise der göttliche Geist in den Kirchen gegenwärtig ist. Auf welche Weise bedient sich der göttliche Geist des Wortes und der Sakramente als Mittel seines schöpferischen Wirkens? Wie kann Glauben geschaffen werden, außer durch die Macht des Glaubens, und wie kann Liebe geschaffen werden, außer durch die Macht der Liebe? Auf all diese Fragen ist die Antwort, daß essentielles Sein der Aktualisierung vorangehen muß. In der Sprache der Bibel heißt das: Die Kirche als der Leib Christi oder als der geistliche Tempel ist die „Neue Schöpfung", in die der einzelne Christ und die partikularen Kirchen hineingenommen werden. Diese Art des Denkens ist unserer Zeit fremd, viel fremder als sie anderen Zeiten der Kirchengeschichte, einschließlich der Reformationszeit, war. Aber es ist sicher biblisches Denken, und solange die Kirchen bejahen, daß Jesus der Christus, der Mittler des Neuen Seins ist, solange ist solches Denken theologisch notwendig.

Es muß jedoch noch eine andere Gefahr vermieden werden. Sie liegt in einer Form des Platonismus und des mythologischen Literalismus, die die transzendente Kirche als eine Versammlung von „Geistern", nämlich als eine Hierarchie von Engelwesen, Heiligen und Erlösten aus allen Zeiten und von allen Orten versteht, eine himmlische Hierarchie, die auf der Erde durch die kirchlichen Hierarchien und ihre sakramentale Basis repräsentiert wird. Diese Auffassung entstammt dem griechisch-orthodoxen Denken. Was auch ihre symbolische Wahrheit sein mag, sie ist nicht das, was wir Geistgemeinschaft genannt haben. Die „himmlische *ecclesia*" ist das supranaturalistische Gegenstück zur irdischen *ecclesia*, aber nicht das, was die irdischen Kirchen zu Kirchen macht, nämlich ihre geistige Essenz – die Geistgemeinschaft.

Die letzten Betrachtungen legen es nahe, nach einer Kategorie Ausschau zu halten, die weder realistisch, noch idealistisch, noch supranaturalistisch, sondern essentialistisch ist, eine Kategorie, die auf die Macht des Essentiellen hinter und im Existentiellen hinweist. Die Macht des Essentiellen zeigt sich in jedem Lebensprozeß: überall ist das

Essentielle eine der bestimmenden Mächte. Es ist keine kausale, sondern eine lenkende Macht. Man könnte sie *teleologisch* nennen, aber dieses Wort ist vielfach im Sinne einer speziellen Kausalität mißbraucht worden, und in diesem Sinne muß es von der Wissenschaft und Philosophie abgelehnt werden. Und doch können wir das Wort verwenden, wenn wir sagen: Die Geistgemeinschaft ist das innere *telos* der Kirchen und als solches die Quelle für alles, was die Kirchen zur Kirche macht.

Mit dieser essentialistischen Auffassung der Geistgemeinschaft verfügt die Theologie über eine Kategorie, die äußerst nützlich für das Verständnis des unzweideutigen Lebens als Ewiges Leben sein kann, denn Leben in der Geistgemeinschaft ist eine Antizipation des „Ewigen Lebens".

b) Das Paradox der Kirchen. – Das Paradox der Kirchen besteht darin, daß sie auf der einen Seite an den Zweideutigkeiten des religiösen Lebens und des Lebens im allgemeinen teilnehmen, daß sie aber auf der anderen Seite an dem unzweideutigen Leben der Geistgemeinschaft teilhaben. Das hat zur Folge, daß man die Kirchen nur verstehen und beurteilen kann, wenn man sie unter diesem doppelten Aspekt sieht. Die Notwendigkeit dieser Unterscheidung hat zu den Begriffen „unsichtbare" und „sichtbare Kirche" geführt, die wir bereits erwähnt haben. Wenn man diese Ausdrücke gebraucht, dabei aber beachtet, daß es sich nicht um zwei voneinander unabhängig bestehende Kirchen handelt, sondern um zwei Aspekte der einen Kirche in Zeit und Raum, ist diese Terminologie möglich und sogar unvermeidlich. Denn es ist immer wieder notwendig, den unsichtbaren Charakter der Geistgemeinschaft zu betonen, die die geistige Essenz in den konkreten Kirchen ist. Wenn dagegen die Worte „sichtbar" und „unsichtbar" so gebraucht werden, daß sie die Existenz zweier verschiedener Kirchen behaupten, dann ist die Folge, daß entweder die Kirchen, wie sie hier und jetzt sind, abgewertet werden oder daß die unsichtbare Kirche als ein irrelevantes Ideal beiseite geschoben wird. Beide Konsequenzen sind in vielen Stadien der Geschichte des Protestantismus hervorgetreten – die erste in gewissen Geist-Bewegungen, die zweite im liberalen Protestantismus.

Aus diesem Grunde mag es nützlich sein, in wissenschaftstheoretischer Sprache von dem soziologischen und dem theologischen Aspekt der Kirche zu reden. Jede Kirche ist eine soziologische Wirklichkeit und unterliegt damit den Gesetzen, die das Leben jeder sozialen Gruppe bestimmen; und sie nimmt wie jede soziale Gruppe an den Zweideutigkeiten der Lebensprozesse teil. Darum sind die Religions-Soziologen berechtigt, die Religion genauso zu untersuchen, wie sie andere Gegen-

Die Geistgemeinschaft, die Kirche und die Kirchen

stände der Soziologie, das Recht, die Künste und die Wissenschaften, untersuchen. Mit Recht weisen sie auf die soziologische Schichtung innerhalb der Kirchen hin: den Aufstieg und Niedergang von Eliten, die Machtkämpfe und die zerstörerischen Waffen, die dabei benutzt werden, auf Konflikte zwischen der Freiheit des Einzelnen und der Organisation, auf aristokratischen Esoterismus im Gegensatz zu demokratischem Exoterismus usw. In dieser Hinsicht ist die Kirchengeschichte Profangeschichte mit allen desintegrierenden, destruktiven und tragisch-dämonischen Elementen, die das Leben der Geschichte genauso zweideutig machen wie das Leben in allen anderen Lebensprozessen.

Wenn man ausschließlich diesen Aspekt im Blick hat, kann man sich auf zweierlei Weise zu den Kirchen verhalten: polemisch oder apologetisch. Wenn man sich polemisch verhält – was oft die Folge übertriebener Erwartungen und daraus resultierender Enttäuschungen ist –, so konzentriert man sich auf die oft kümmerliche Realität der konkreten Kirchen und vergleicht sie mit ihrem Anspruch, die Geistgemeinschaft zu verkörpern. Die Kirche an der Straßenecke verdeckt dann den Blick auf die Kirche im Sinn der Geistgemeinschaft.

Wenn umgekehrt die soziologische Realität der Kirchen zur Unterstützung apologetischer Zwecke hervorgehoben wird, dann wird ihre soziale Bedeutung betont. Die Kirche wird als die weitumfassendste, wirkungsvollste soziale Macht gepriesen, die so viel zur Steigerung des menschlichen Lebens beigetragen hat. Die Menschen werden aufgerufen, sich der Kirche anzuschließen, es doch einmal mit ihr zu versuchen, weil sie psychologische Sicherheit und gegenseitige Hilfe zu bieten hat. Nach dieser Auffassung ist die Geschichte der Kirchen ein Teil der Geschichte des menschlichen Fortschritts. Gegen diese Argumentation können die Kritiker der Kirchen mit Leichtigkeit auf die reaktionären, abergläubischen und sogar unmenschlichen Akte der Kirchen hinweisen, und sie haben das mit außerordentlichem Erfolg getan. Dieser Widerspruch zeigt, daß eine Beurteilung der Kirchen unter dem Aspekt ihrer soziologischen Funktionen oder ihres sozialen Einflusses in Vergangenheit und Zukunft äußerst unzulänglich ist. Eine Kirche, die nichts anderes ist als eine wohlwollende, sozial nützliche Gruppe, sollte durch andere Gruppen ersetzt werden, die nicht den Anspruch erheben, Kirche zu sein. Eine solche Kirche hat keine Existenzberechtigung.

Die andere Beurteilung der Kirchen ist die theologische. Sie verneint nicht den soziologischen Aspekt, aber sie verneint seine Ausschließlichkeit. Sie weist auf die Geistgemeinschaft hin, die in den Zweideutigkeiten der sozialen Wirklichkeit der Kirchen verborgen gegenwärtig ist.

Auch der theologischen Sicht droht, ähnlich wie der soziologischen, eine Gefahr, nämlich die der Exklusivität. Wir verstehen darunter jene Haltung, die zwar die soziologische Seite der Kirchen und ihre Zweideutigkeiten nicht leugnet, aber ihre Bedeutung für den Geist-Charakter der Kirchen verneint. Das ist die offizielle Lehre der römisch-katholischen Kirche, nach der die Kirche heilige Wirklichkeit ist, die jenseits der soziologischen Zweideutigkeiten steht. Von diesem Gesichtspunkt aus ist die Geschichte der Kirche heilige Geschichte, jenseits aller anderen Geschichte, trotz der Tatsache, daß sie zerstörerische und dämonische Züge aufweist, die ebenso stark und oft sogar stärker als die der Profangeschichte sind. Diese Lehre, die die Kirchen mit der Geistgemeinschaft identifiziert, hat zur Folge, daß die römisch-katholische Kirche in wesentlichen Dingen nicht kritisiert werden darf – in ihrer Lehre, ihrer Ethik, ihrer hierarchischen Organisation usw. Da die römisch-katholische Kirche ihre geschichtliche Existenz mit der Geistgemeinschaft identifiziert, wird jeder Angriff auf sie (selbst auf Nebensächlichkeiten) als ein Angriff auf die Geistgemeinschaft angesehen und daher als gegen den göttlichen Geist gerichtet. Hier liegt eine der Hauptwurzeln für kirchliche Arroganz und – als Reaktion dagegen – für anti-kirchliche und anti-hierarchische Bewegungen. Die römisch-katholische Kirche versucht, ihre Zweideutigkeit zu ignorieren und die soziologische Seite hinter der theologischen zu verbergen. Aber die Beziehung der beiden Seiten ist paradox. Sie kann nicht verstanden werden, wenn man die eine Seite eliminiert oder der anderen unterordnet.

Der paradoxe Charakter der Kirchen zeigt sich in der Art, wie die Charakteristika der Geistgemeinschaft auf die Kirchen übertragen werden müssen. Jedes von ihnen kann den Kirchen nur unter Hinzufügung eines „trotzdem" zugeschrieben werden. Das bezieht sich auf die Prädikate: Heiligkeit, Einheit und Universalität, sowie auf Glauben und Liebe, die wir im Zusammenhang mit den Zweideutigkeiten der Kirche in einem späteren Kapitel behandeln werden.

Die Kirchen sind heilig wegen der Heiligkeit ihres Fundamentes, des Neuen Seins. Ihre Heiligkeit ist nicht abhängig von ihren Institutionen, Lehren, ihrem Kultus und ihrem Gottesdienst, noch auch von ihren ethischen Prinzipien. Sie alle gehören zu den Zweideutigkeiten der Religion. Aber ebensowenig kann die Heiligkeit der Kirchen von der Heiligkeit ihrer Glieder abgeleitet werden, denn die Glieder sind heilig *trotz* ihrer aktuellen Unheiligkeit – sofern sie zur Kirche gehören wollen und das empfangen haben, was die Kirche selbst empfangen hat: das Neue Sein. Die Heiligkeit der Kirchen und der Christen ist nicht eine Sache, die aufgrund empirischer Tatsachen angenommen wird, sondern eine Sache des Glaubens, d. h. des Ergriffenseins von dem in der Kirche wirkenden Neuen Sein. Man könnte auch sagen, die Kirche ist heilig, weil sie eine Gemeinschaft derer ist, die „aus Gnade durch den Glauben gerechtfertigt" sind. Und das ist in der Tat die „frohe Botschaft", die die Kirchen ihren Gliedern verkündigen. Diese Botschaft ist auch für die Kirchen selbst gültig – die Kirchen, die in den Zweideutigkeiten der Religion leben, sind *trotzdem* heilig. Sie sind heilig, weil sie unter dem negativen und dem positiven Urteil des Kreuzes stehen.

Hier ist der Punkt, wo die Kluft zwischen Protestantismus und Katholizismus unüberbrückbar scheint. Die römisch-katholische Kirche akzeptiert (wenigstens im Prinzip) Kritik an jedem ihrer Glieder, auch am „Stellvertreter Christi", dem Papst, aber, wie wir gesehen haben, duldet sie keine Kritik an sich selbst als Institution, an ihren Lehrentscheidungen, ihrem traditionellen Ritus, ihren Moral-Prinzipien und ihrer hierarchischen Struktur. Die römisch-katholische Kirche fällt ihre Urteile auf der Basis ihrer Vollkommenheit als Kirche, aber diese Basis selbst wird nicht unter das Urteil gestellt. Der Protestantismus kann das Prädikat „heilig" nicht für seine Kirchen in Anspruch nehmen, wenn Heiligkeit mit institutioneller Vollkommenheit gleichgesetzt wird. In protestantischem Sinn ist die heilige Kirche die unvollkommene Kirche, und d. h. jede Kirche in Zeit und Raum.

Wenn, wie es unter Papst Johannes XXIII. im Zweiten Vatikanischen Konzil geschah, die römisch-katholische Kirche das Prinzip der Reformation in sich selbst wieder aufleben läßt und auch auf sich selbst anwendet, bleibt die Frage noch offen, wie weit eine solche Reformation gehen kann. Papst Johannes gab eine unmißverständliche Antwort: Die Lehrentscheidungen der Konzilien und Päpste sind das unveränderliche Fundament der Kirche. Und da hierarchische Strukturen und ethische Entscheidungen stets Gegenstand von Lehrentscheidungen gewesen sind, so gilt die Unantastbarkeit auch für sie. Aber es gibt noch eine zweite Antwort, die von Kardinal Bea gegeben wurde. Er fügte zu der ersten Antwort hinzu, daß trotz der Unveränderlichkeit der Lehren sich ihre jeweilige Interpretation wandeln müsse. Erst die Zukunft kann zeigen, wie weit das Prinzip der Reformation in der römisch-katholischen Kirche durch eine solche Interpretation wirksam sein wird.

Trotz allem sind die Kirchen Verkörperungen des Neuen Seins und Schöpfungen des göttlichen Geistes, und ihre geistige Essenz ist die Geistgemeinschaft, die durch die Zweideutigkeiten der Kirche hindurch in Richtung auf unzweideutiges Leben hinwirkt. Und das Werk des Geistes ist nicht vergeblich: In den Kirchen, auch wenn sie noch so entstellt sind, ist Kraft der Selbsterneuerung. Solange sie Kirchen sind und aufnehmend und weitergebend ihre Kraft aus dem Neuen Sein in Jesus dem Christus schöpfen, so lange wirkt der göttliche Geist in ihnen, und Symptome dieses Wirkens sind immer und überall sichtbar. Das ist besonders offenkundig in den Bewegungen der prophetischen Kritik und der Reformationen, auf die wir schon Bezug genommen haben und wieder Bezug nehmen werden, wenn wir von der Polarität von Tradition und Reformation sprechen werden. Unter allen Umständen gilt: Die Kirchen sind heilig, aber sie sind es in der Form des „trotzdem" oder des Paradoxes.

Das zweite Prädikat der Kirchen ist das Paradox ihrer Einheit. Die Kirchen bilden eine Einheit aufgrund der Einheit ihres Fundaments – des Neuen Seins, das in ihnen wirkt. Die Einheit der Kirchen kann nicht aus ihrer aktuellen Einheit abgeleitet werden, noch kann das Prädikat der Einheit ihnen wegen ihrer aktuellen Gespaltenheit versagt werden. Das Prädikat der Einheit ist von empirischen Wirklichkeiten und praktischen Möglichkeiten unabhängig. Es ist identisch mit der Abhängigkeit jeder aktuellen Kirche von der Geistgemeinschaft als ihrer geistigen Essenz. Das gilt von jeder Lokalkirche, jeder Konfession und Denomination, die auf das Ereignis „Jesus als der Christus" gegründet sind. Die Einheit der Kirche ist in ihnen allen real, obgleich sie alle voneinander getrennt sind.

Diese Auffassung widerspricht der Lehre der römisch-katholischen Kirche, die in ihrer Partikularität den Anspruch erhebt, die Einheit zu repräsentieren, und jede andere Gruppe ablehnt, die sich als Kirche versteht. Als Konsequenz dieses Absolutismus lehnte es die römisch-katholische Kirche bis vor kurzem ab, im rein Religiösen mit anderen Kirchen zusammenzuarbeiten. Obwohl diese Haltung jetzt gemildert ist, drückt sie das römisch-katholische Verständnis von der Einheit der Kirche aus. Das könnte nur geändert werden, wenn die römisch-katholische Kirche ihren Absolutheits-Anspruch aufgäbe und damit ihren besonderen Charakter.

Der Protestantismus dagegen weiß, daß das Prädikat der Einheit paradoxen Charakter hat. Er betrachtet die Teilung der Kirchen infolge der Zweideutigkeiten der Religion als unvermeidlich, aber nicht als etwas, das ihrer Einheit in Hinsicht auf ihr Fundament – ihre essentielle Einheit, die paradox in der Mischung von Einheit und Spaltung wirksam ist – widerspricht.

Der Kampf gegen diese Zweideutigkeit wird im Namen der Geistgemeinschaft geführt, in der die Einheit unzweideutig ist. Er ist in allen Versuchen sichtbar, die manifesten Kirchen wieder zu vereinigen und das, was wir „latente Kirche" genannt haben, in diese Einheit mit hineinzuziehen. Der wichtigste dieser Versuche in unserer Zeit ist das Werk des Weltrates der Kirchen. Die ökumenische Bewegung, deren offizieller Repräsentant der Weltrat ist, drückt das Bewußtsein der Einheit durch praktische Maßnahmen in vielen gegenwärtigen Kirchen überzeugend aus. Der Weltrat war fähig, veraltete Teilungen zu beseitigen, den Provinzialismus der Sonderkirchen zu verringern, den konfessionellen Fanatismus durch interkonfessionelle Zusammenarbeit zu ersetzen und eine neue Vision von der Einheit aller Kirchen in ihrem Fundament zu schaffen. Aber weder die ökumenische noch irgendeine andere zukünftige Bewegung kann die Zweideutigkeit von Einheit und Spaltung in der geschichtlichen Existenz der Kirchen überwinden. Selbst wenn es gelänge, eine organisierte Einheit aller Kirchen der Welt zu schaffen, und wenn alle „latenten" Kirchen in diese Einheit einbezogen wären, würden divergierende Bewegungen und neue Teilungen entstehen. Die Dynamik des Lebens, die Tendenz, heilige Formen zu bewahren, auch wenn sie längst veraltet sind, die Zweideutigkeiten, die in der soziologischen Existenz begründet sind, und vor allem die prophetische Kritik und das Verlangen nach Reformation würden neue und in vielen Fällen religiös berechtigte Teilungen verursachen. Die Einheit der Kirchen hat, wie ihre Heiligkeit, paradoxen Charakter: Die geteilte Kirche ist zugleich die eine Kirche.

Das dritte Prädikat der Kirche ist das Paradox ihrer Universalität. Die Kirchen sind universal wegen der Universalität ihres Fundaments – des Neuen Seins, das in ihnen wirksam ist. Das Wort „universal" gebrauche ich statt des Wortes „katholisch" (das, was alle angeht), weil seit der Spaltung durch die Reformation das Wort „katholisch" für die römische oder für so stark sakramentale Kirchen wie die griechisch-orthodoxe oder die anglikanische gebraucht wird. Obwohl das Wort „katholisch" aus diesem Grunde durch ein anderes ersetzt werden muß, bleibt die Wahrheit bestehen, daß eine Kirche, die keine „Katholizität" beansprucht, aufgehört hat, eine Kirche zu sein.

Jede Kirche ist universal sowohl intensiv wie extensiv; das folgt aus ihrem Charakter als Aktualisierung der Geistgemeinschaft. Die intensive Universalität der Kirche ist ihre Fähigkeit und ihr Wunsch, als Kirche an allem Geschaffenen in allen Dimensionen des Lebens teilzunehmen. Selbstverständlich schließt eine solche Teilnahme Kritik und Kampf gegen die Zweideutigkeiten allen Lebens in allen Bereichen des Seins ein. Das Prädikat der intensiven Universalität hält die Kirchen offen – offen, wie es das Leben selbst ist. Nichts, was geschaffen und darum essentiell gut ist, ist vom Leben der Kirchen und ihrer Glieder ausgeschlossen. Das ist der Sinn des Prinzips der *complexio oppositorum*, auf das die römisch-katholische Kirche mit Recht stolz ist. Es gibt nichts in der Natur, nichts im Menschen und nichts in der Geschichte, das nicht einen Platz in der Geistgemeinschaft hätte und daher auch in den Kirchen, deren geistige Essenz die Geistgemeinschaft ist. Das hat seinen klassischen Ausdruck in den mittelalterlichen Kathedralen und den scholastischen Systemen gefunden. In beiden hatten alle Dimensionen des Seins ihren Platz, selbst das Dämonische, das Häßliche und das Zerstörerische, allerdings in dienender Rolle (man denke z. B. an dämonische Gestalten und andere künstlerische Symbole in den mittelalterlichen Kathedralen). Die Gefahr dieser Universalität war, daß Elemente der Zweideutigkeit eindrangen, oder symbolisch gesprochen, daß das Dämonische gegen seine dienende Rolle revoltierte. Diese Gefahr veranlaßte den Protestantismus, die Fülle der *complexio oppositorum* durch die Armut einer „heiligen Leere" zu ersetzen. In dieser Hinsicht folgte er dem Judentum und dem Islam. (Man denke an den streng calvinistischen leeren Kirchenraum). Trotzdem verwarf der Protestantismus das Prinzip der Universalität nicht, denn es gibt eine Universalität der Leere wie der Fülle. Das Prinzip der Universalität ist nur dann verletzt, wenn ein Element oder mehrere Elemente zu absoluter Gültigkeit erhoben und andere Elemente ausgeschlossen werden. (Beispiele dafür sind gewisse Formen der Askese und die protestantische Abneigung gegen die bildende Kunst.) Wenn das geschieht, entweicht das Prinzip der Universalität aus den Kirchen in die profane Welt. Die Tatsache, daß während der Reformation und Gegenreformation die Kirchen die Universalität der Fülle und zuweilen sogar die der Leere aufgegeben hatten, war zum Teil die Veranlassung für die Entstehung eines weltweiten Säkularismus in der modernen Welt. Die Kirchen waren nur noch Segmente des Lebens und nahmen nicht mehr am Leben in seiner Fülle teil. Aber wie die aktuellen Kirchen sich auch verhalten mögen – ob sie das Prinzip der Universalität bejahen oder ablehnen –, sie sind ihrem Wesen nach universal. Es mag sein, daß sie Musik bejahen oder die bildende Kunst ausschließen, daß sie Arbeit bejahen und natürliche Vitalität ausschließen, daß sie philosophische Analyse bejahen und Metaphysik verneinen, daß sie bestimmte Stile des kulturellen Schaffens bejahen und bestimmte andere verneinen. So universal die Kirchen auch zu sein versuchen, ihre Universalität ist immer nur paradox in ihrer Partikularität gegenwärtig.

Das bisher Gesagte bezog sich auf die „intensive" Universalität der Kirche; es gilt aber auch von ihrer „extensiven" Universalität, d.h. von

Die Geistgemeinschaft, die Kirche und die Kirchen

der Gültigkeit ihres Fundaments für alle Nationen, sozialen Gruppen, Rassen, Stämme und Kulturen. Wie das Neue Testament zeigt, ist der Anspruch auf extensive Universalität eine unmittelbare Folge der Aussage, daß Jesus der Träger des Neuen Seins ist. Das starke Gewicht, das Paulus dem Prinzip der Universalität gibt, beruht auf seiner eigenen Erfahrung als Diaspora-Jude. Er vereinte in sich selbst jüdische, griechische und römische Elemente und den Synkretismus der hellenistischen Epoche, und er brachte alle diese Elemente mit in die Kirche. Die Situation war damals ähnlich wie heute, da die Probleme der Nationalität, der Rassentrennung und der Pluralismus der Kulturen die gegenwärtige Theologie zwingen, die Universalität der Kirchen ebenso stark zu betonen wie Paulus.

Aber die Universalität ist in den Kirchen niemals voll verwirklicht. Das Prädikat der Universalität kann nicht aus ihrer aktuellen Situation abgeleitet werden. Im Lichte ihrer geschichtlich bedingten Partikularität ist die Universalität trotz der Existenz von Weltkirche und Weltkirchenrat paradox. Die griechisch-orthodoxe Kirche identifiziert die universale Geistgemeinschaft mit der Verschmelzung von christlicher Botschaft und byzantinischer Kultur; die römisch-katholische Kirche identifiziert sie mit sich selbst als der Kirche des kanonischen Rechts und des monarchischen Papstes. Der Protestantismus bekundet seinen Universalitätsanspruch dadurch, daß er versucht, fremde Religionen und Kulturen im Namen der Geistgemeinschaft der westlichen Zivilisation zu unterwerfen. In vielen Fällen hindern rassische, soziale und nationale Begrenzungen die Kirchen daran, die Universalität zu verwirklichen. Die quantitative oder extensive Universalität ist wie die qualitative oder intensive Universalität ein paradoxes Prädikat der Kirchen. Wie von den Prädikaten der Heiligkeit und Einheit müssen wir auch von der Universalität der Kirchen sagen, daß sie in deren Partikularität gegenwärtig ist. Und sie ist gewiß nicht ohne Wirkung geblieben: Seit den frühesten Zeiten haben alle Kirchen immer wieder versucht, die ihnen mangelnde Universalität zu überwinden – intensiv und extensiv.

Es ist eine der bedauerlichsten Entwicklungen der protestantischen Theologie der letzten 100 Jahre, daß sie sich von einer positivistischen Richtung beeinflussen ließ, wie sie sich beispielsweise bei Schleiermacher und Ritschl zeigt. Positivismus in der Theologie ist Verzicht auf Universalität. Wird eine partikulare Kirche im rein positivistischen Sinne bejaht, so wird damit ihr Wesensanspruch auf Universalität aufgegeben. Dieser Anspruch kann nur aufrecht erhalten werden, wenn man versteht, daß das Universale paradox im Partikularen gegenwärtig ist. Das, was bloß „positiv" gegeben ist, z. B. eine partikulare christliche Kirche, kann nicht universal verstanden werden.

Der gewöhnliche Laie, der im Gottesdienst die Worte des Apostolikums hört oder bekennt und mit ihnen die Heiligkeit, Einheit und Universalität der Kirche, versteht oft das Paradox der Kirchen, ohne den Begriff der Geistgemeinschaft zu kennen. Er fühlt den paradoxen Sinn dieser Worte, wenn sie auf die Kirchen angewandt werden, aufgrund der Erfahrung in seiner eigenen Kirche. Gewöhnlich ist er sogar realistisch genug, um den Gedanken zu verwerfen, daß eines Tages in der Zukunft die Prädikate der Heiligkeit, der Einheit und der Universalität ihren paradoxen Charakter verlieren und empirisch wahr werden könnten. Er kennt die Kirchen und ihre Glieder (einschließlich seiner selbst) genügend, um solchen utopischen Erwartungen nicht zu verfallen. Und trotzdem ist er durch die Macht der Worte ergriffen, weil sie die unzweideutige Seite der Kirche, nämlich die Geistgemeinschaft, zum Ausdruck bringen.

2. Das Leben der Kirchen und der Kampf gegen die Zweideutigkeiten der Religion

a) Glaube und Liebe im Leben der Kirchen. – 1. Die Geistgemeinschaft und die Kirchen als Gemeinschaften des Glaubens. Die Geistgemeinschaft ist die Gemeinschaft des Glaubens und der Liebe, sie nimmt teil an der transzendenten Einheit unzweideutigen Lebens. Diese Teilnahme ist fragmentarisch – wegen der Endlichkeit des Lebens; und sie ist nicht ohne Spannungen – wegen der Polarität von Individualisation und Partizipation, die zu einem endlichen Wesen gehört. Als Verwirklichung der Geistgemeinschaft sind die Kirchen Gemeinschaften des Glaubens und der Liebe, aber unter den Bedingungen der Existenz, in der die Zweideutigkeiten der Religion zwar im Prinzip besiegt, aber nicht beseitigt sind. Der Ausdruck „im Prinzip" bedeutet nicht *in abstracto,* sondern (wie die lateinischen und griechischen Worte *principium* und *arche*) Ursprung und bestimmende Macht. In diesem Sinne sind „Gegenwart des göttlichen Geistes", das „Neue Sein" und die „Geistgemeinschaft" Prinzipien *(archai).* Die Zweideutigkeiten des religiösen Lebens sind im Leben der Kirchen „im Prinzip" überwunden, ihre selbstzerstörerische Macht ist gebrochen. Sie sind nicht völlig ausgeschieden – die dämonischen Gegenkräfte sind noch da –, aber sie sind, wie Paulus in Röm. 8 und an anderen Stellen sagt, durch das Neue Sein in Christus überwunden, mit anderen Worten: die dämonischen Strukturen der Destruktion können uns nicht von der Liebe

Gottes trennen. Die Zweideutigkeiten der Religion in den Kirchen sind durch unzweideutiges Leben besiegt, insofern das Neue Sein in ihnen verkörpert ist. Aber dieses „insofern" warnt uns davor, die Kirchen mit der transzendenten Einheit unzweideutigen Lebens gleichzusetzen. Wo Kirchen sind, da ist ein Ort, an dem die Zweideutigkeiten der Religion erkannt und bekämpft werden, auch wenn sie nicht beseitigt werden können.

Das gilt zunächst für den Akt, in dem der göttliche Geist aufgenommen und das Neue Sein verwirklicht wird – den Akt des Glaubens. In den Kirchen wird Glaube zu Religion und d. h., er wird zweideutig, zerstörerisch, dämonisch. Aber zugleich ist im Glauben der Kirche eine Macht des Widerstandes gegen all diese Entstellungen des Glaubens – der göttliche Geist und seine Verkörperung in der Geistgemeinschaft. Wenn wir die Kirchen oder irgendeine partikulare Kirche eine Gemeinschaft des Glaubens nennen, so meinen wir damit nicht, daß sie frei von solchen Verzerrungen des Glaubens sei, sondern daß sie ihrer Intention nach auf das Neue Sein in Jesus als dem Christus gegründet oder daß ihre tragende Kraft die Geistgemeinschaft ist.

Als wir die Geistgemeinschaft besprachen, wiesen wir auf die Spannung zwischen dem Glauben derer hin, die durch den göttlichen Geist ergriffen sind, und dem Glauben der Gemeinschaft, der zwar aus dem Glauben der Einzelnen besteht, aber zugleich mehr ist als der Glaube jedes Einzelnen und mehr als die Summe ihres Glaubens. In der Geistgemeinschaft ist diese Spannung gegenwärtig, aber sie führt nicht zum Bruch. In den Kirchen findet dieser Bruch ständig statt, und aus ihm ergeben sich die Zweideutigkeiten der Religion. Aber der Bruch ereignet sich so, daß ihm gleichzeitig auch Widerstand geleistet wird und er im Prinzip durch die Teilnahme der kirchlichen Gemeinschaft an der Geistgemeinschaft überwunden ist. Wenn wir angesichts dieser Situation vom „Glauben" der Kirche oder irgendeiner partikularen Kirche reden – was wollen wir damit sagen? Drei Aspekte dieser Frage müssen betrachtet werden: erstens, als in der frühen Kirche einzelne Juden oder Heiden sich entschieden, in die Kirche einzutreten und damit alles, was sie hatten, einschließlich ihr Leben, aufs Spiel setzten, war es nicht schwierig, von der Kirche als von einer „Gemeinschaft des Glaubens" zu sprechen. Aber sobald viele Menschen in die Kirche eintraten, und zwar mehr, weil sie ihnen ein religiöses Dach, und nicht, weil sie ihnen eine existentielle Entscheidung bedeutete, und als schließlich innerhalb einer ganzen Zivilisation alle Menschen, einschließlich der Kinder, zur Kirche gehörten, wurde ihre Beschreibung als einer Gemeinschaft des Glaubens fragwürdig. Der subjektive Glaubensakt (*fides qua creditur*) konnte bei den meisten Gliedern nicht mehr vorausgesetzt werden. Was übrig blieb, war das Glaubenbekenntnis der Kirche (*fides quae creditur*). Naturgemäß erhob sich die Frage: Welches ist das Verhältnis dieser beiden Seiten des Glaubens? Wie auch die Antwort lautete, zahlreiche Zweideutigkeiten des religiösen Lebens erschienen immer wieder innerhalb der Kirche, und der Begriff des Glaubens selbst wurde so zweideutig, daß es gute, wenn auch nicht ausreichende Gründe gibt, das Wort Glaube in diesem Zusammenhang überhaupt fallen zu lassen.

Eine zweite Schwierigkeit des Begriffs „Gemeinschaft des Glaubens" ist in der Geschichte der Glaubensbekenntnisse begründet. Diese Geschichte ist eine typisch zweideutige Mischung aus Geist-geführter Schöpfung und den gesellschaftlichen Kräften, die die Geschichte beeinflussen. Dazu kommen psychologische Motive: Unwissenheit, Fanatismus, hierarchische Arroganz und politische Intrige. Wenn die Kirchen fordern, daß alle ihre gläubigen Glieder Formeln akzeptieren, die auf diese Weise zustande gekommen sind, so erlegt sie ihnen eine Last auf, die niemand, der die Situation durchschaut, ehrlich auf sich nehmen kann. Es ist ein dämonischer Akt und deshalb destruktiv für die Gemeinschaft des Glaubens, wenn der Glaube als unbedingte Unterwerfung unter Lehren interpretiert wird, wie sie sich in der sehr zweideutigen Geschichte der Kirche entwickelt haben.

Die dritte Schwierigkeit des Begriffs „Gemeinschaft des Glaubens" ergibt sich aus der Tatsache, daß sich eine profane Welt etabliert hat, die den Glaubensbekenntnissen der Kirchen gegenüber eine kritische, skeptische oder indifferente Haltung einnimmt. Und das gilt selbst für ernsthafte Glieder der Kirchen. Was kann Gemeinschaft des Glaubens bedeuten, wenn die Gemeinschaft wie auch ihre individuellen Glieder durch Kritik und Zweifel zerrissen sind? Diese Fragen zeigen deutlich, wie mächtig die Zweideutigkeiten der Religion innerhalb der Kirchen sind und wie schwer es dem Glauben ist, ihnen zu widerstehen.

Es gibt eine Antwort, die allen Teilen des hier vorliegenden Systems zugrunde liegt und die der fundamentale Inhalt des christlichen Glaubens ist; sie besagt, daß Jesus der Christus ist, der Träger des Neuen Seins. Es gibt viele verschiedene Weisen, diese Antwort zu beschreiben, aber es gibt in einer christlichen Kirche keine Möglichkeit, sie zu vermeiden. Jede Kirche ist auf sie gegründet. In diesem Sinne kann man sagen, daß eine Kirche eine Gemeinschaft derjenigen ist, die bejahen, daß Jesus der Christus ist. Der Name „Christ" enthält bereits diese Antwort. Für den Einzelnen bedeutet das, daß er eine persönliche Entscheidung vollziehen muß – nicht die, ob er die Aussage, daß Jesus der Christus ist, auch für seine Person annehmen kann, sondern, ob er einer Gemeinschaft angehören will, deren Fundament diese Aussage ist. Wenn er das nicht will, hat er die Kirche verlassen, selbst wenn er aus gesellschaftlichen oder politischen Gründen den Austritt nicht vollzieht. Viele formale Mitglieder in allen Kirchen haben mehr oder weniger bewußt den Wunsch, der Kirche nicht anzugehören. Die Kirche kann das ertragen, denn sie ist nicht von der Entscheidung der Einzelnen abhängig, sondern von der Geistgemeinschaft und ihren Mittlern.

Auch das Umgekehrte kann der Fall sein. Es gibt viele, die bewußt oder unbewußt zur Kirche gehören wollen, und in denen dieser Wunsch so stark ist, daß sie sich nicht vorstellen können, nicht zu ihr zu gehören, aber gleichzeitig sind sie in solchem Zweifel über die grundlegende Glaubensaussage, daß Jesus der Christus ist, daß sie nahe daran sind, sich von der Kirche zu trennen, wenn sie auch die Trennung äußerlich nicht vollziehen. In unserer Zeit trifft diese geschilderte Situation für sehr viele Menschen in den Kirchen zu, vielleicht für die Mehrzahl, wenn auch in verschiedenem Maße. Sie gehören zur Kirche, sind aber im Zweifel darüber, ob sie wirklich zu ihr gehören. Ihnen muß man sagen, daß das Kriterium ihrer Zugehörigkeit ihr ernsthafter Wunsch ist – gleichgültig ob bewußt oder unbewußt –, am Leben einer Gruppe teilzunehmen, die sich auf das Neue Sein gründet, wie es in Jesus als dem Christus erschienen ist. Dieser Gedanke kann all den Menschen helfen, deren Gewissen schwer belastet ist, weil ihnen die christlichen Symbole zweifelhaft geworden sind und sie doch meinen, sich ihnen unterwerfen zu müssen – im Denken, im Handeln und im Kultus. Ihnen muß man versichern, daß sie uneingeschränkt zur Kirche und durch sie zur Geistgemeinschaft gehören und daß sie in ihr zuversichtlich leben und wirken können.

Diese Lösung gilt auch für diejenigen Glieder der Kirche, die Ämter in ihr bekleiden, nur daß in diesem Fall, wie in jeder organisierten Gruppe, Fragen der Weisheit und des Taktes entstehen. Es ist unbestreitbar, daß jemand, der Fundament und Ziel einer Funktion, die er ausüben soll, verneint, die Pflicht hat, sich von ihr loszusagen, wie auch die Kirche die Pflicht hat, ihm dieses Amt zu entziehen.

Die erörterten Fragen über die Gemeinschaft des Glaubens führen zu einem anderen und noch schwierigeren Problem, das im Lichte des protestantischen Prinzips besonders schwierig ist. Die Frage ist: Wie verhält sich die Gemeinschaft des Glaubens – und die Kirche stellt den Anspruch, eine solche zu sein – zu Bekenntnissen und Lehraussagen im Predigen und Lehren und in anderen Funktionen, besonders dann, wenn sie von den Amtsträgern der Kirche ausgeübt werden? Die Frage muß durch konkrete Entscheidungen der konkreten Kirchen beantwortet werden, im Idealfall durch die universale Kirche, praktisch durch die verschiedenartigsten zentralen Organe zwischen ihr und den lokalen Kirchen. Die Glaubensbekenntnisse sind Resultate solcher Entscheidungen. Da sich die römisch-katholische Kirche mit der Geistgemeinschaft identifiziert, betrachtet sie ihre Glaubensentscheidungen als unbedingt gültig und unkorrigierbar und daher jede Abweichung von ihnen als häretische Trennung von ihr als der Geist-getragenen Kirche. Als Konsequenz dieser Haltung muß die römisch-katholische Kirche in gesetzlich festgelegter Weise gegen die vorgehen, die sie als Häretiker betrachtet. Früher tat sie das gegenüber allen ihren Gliedern, heute nur gegenüber denen, die ein Amt innehaben. Die protestantische Lehre von der Zweideutigkeit der Religion, selbst innerhalb der Kirchen, macht eine solche Reaktion unmöglich. Und doch müssen auch die protestantischen Kirchen ihre Glaubensgrundlagen formulieren und verteidigen, sowohl nach außen als auch gegen die Angriffe ihrer eigenen Amtsträger. Aber eine Kirche, die sich ihrer eigenen Zweideutigkeiten bewußt ist, muß zugeben, daß sie sich in ihrem Urteil irren kann, sei es in der Formulierung ihrer Glaubensbekenntnisse oder in deren Anwendung auf konkrete Fälle. Trotzdem muß die Kirche ihr Fundament schützen und Grenzen ziehen. Sie kann dem Kampf für ihren Glauben nicht ausweichen (wie z. B. im Fall der Nazi-Apostasie, der kommunistischen Häresie, der Rückfälle in römische Heteronomie oder der direkten Verwerfung des Fundamentes der Kirche, des Neuen Seins im Christus). Aber in diesem Kampf kann die Kirche selbst gefährlichen Irrtümern verfallen. Dieses Risiko gehört zum Leben jeder Kirche, die sich nicht über, sondern unter das Kreuz des Christus stellt, d. h. jeder Kirche, in der das prophetisch-protestantische Prinzip nicht durch hierarchischen oder doktrinellen Absolutismus unwirksam gemacht ist.

Die Frage, ob die Bejahung der Kirche als „Gemeinschaft des Glaubens" die Aufrechterhaltung des Begriffs der Häresie bedeutet, bleibt weiter bestehen. Diese Frage ist durch die Assoziationen, die sich mit dem Begriff der Häresie im Laufe der Geschichte der Kirche verbunden haben, belastet. Ursprünglich wurde das Wort Häresie für Abweichungen von der offiziellen kirchlichen Lehre gebraucht. Mit der Konstituierung des kanonischen Rechtes jedoch gewann es die Bedeutung der Verletzung des Lehrgesetzes. Als die Kirche dazu überging, das kanonische Gesetz mit dem bürgerlichen Gesetz gleichzusetzen, wurde der Häretiker zum Verbrecher. Die Verfolgung der Häretiker hat den ursprünglichen und berechtigten Sinn des Wortes Häresie für unser bewußtes – und vielleicht noch mehr für unser unbewußtes – Reagieren zerstört. Es ist fraglich, ob wir das Wort Häresie in ernsthaften Diskussionen noch beibehalten können. Ich bin mehr und mehr davon überzeugt, daß wir nicht versuchen sollten, es zu retten, obgleich wir dem Problem, auf das es hinweist, nicht entgehen können.

Zum Problem selbst kann folgendes gesagt werden: Die Ablehnung des Fundamentes einer Kirche, d. h. der Geistgemeinschaft und ihrer Manifestation im Christus, ist keine Häresie, sondern Trennung von der Gemeinschaft, für die das Problem der Häresie besteht. Das Problem der Häresie wird erst akut, wenn der unvermeidbare Versuch unternommen wird, die grundlegende christliche Aussage begrifflich zu formulieren. Vom Standpunkt des protestantischen Prinzips und in Anerkennung der Zweideutigkeiten der Religion und der immer latenten Gegenwart der Geistgemeinschaft kann man das Problem in folgender Weise lösen: Das protestantische Prinzip des unendlichen Abstandes zwischen dem Göttlichen und dem Menschlichen weist jede Auffassung zurück, die das Neue Sein mit irgendeiner formulierten Lehre gleichsetzt. Es ist zwar nötig, daß jede Kirche ihr Predigen und ihr Lehren auf eine spezielle Lehrtradition und auf eine spezielle Formulierung des Bekenntnisses gründet, wenn aber damit der Anspruch verbunden wird, daß diese Formulierungen die einzig möglichen sind, dann ist das protestantische Prinzip verletzt. Es gehört zum Wesen des Protestantismus, daß eine protestantische Kirche jeden Ausdruck des Denkens und Lebens in der Geschichte der Menschheit, der eine Schöpfung des göttlichen Geistes ist, in sich aufnehmen kann. Die römisch-katholische Kirche war für diesen Gedanken in ihrer Frühzeit sehr viel aufgeschlossener als in ihrer späteren Entwicklung, aber erst in der Gegenreformation hat sie sich völlig gegen jede Revision der aus der Vergangenheit stammenden Lehren verschlossen. Die prophetische Freiheit der Selbstkritik war verloren gegangen. Aber der Protestantismus, der selbst aus dem Kampf für diese Freiheit hervorgegangen war, verlor sie ebenfalls in der Zeit der theologischen Orthodoxie, hat sie aber immer wieder gefunden. Durch diese Freiheit und trotz der endlosen kirchlichen Spaltungen ist der Protestantismus eine „Gemeinschaft des Glaubens" geblieben. Er ist sich dessen bewußt – und sollte sich immer dessen bewußt bleiben –, daß er an zwei Wirklichkeiten teilhat: an der Geistgemeinschaft, die seine geistige Essenz ist, und an den inneren Zweideutigkeiten der Religion. Das Bewußtsein um diese beiden Pole liegt dem vorliegenden Versuch zugrunde, ein theologisches System zu entwickeln.

2. Die Geistgemeinschaft und die Kirchen als Gemeinschaften der Liebe. Wie die Kirchen „Gemeinschaften des Glaubens" sind, so sind sie auch „Gemeinschaften der Liebe". Aber sie sind es innerhalb der Zweideutigkeiten der Religion einerseits und innerhalb des Kampfes des göttlichen Geistes gegen diese Zweideutigkeiten andererseits. In seinen anti-donatistischen Schriften hat Augustin behauptet, daß Glaube auch außerhalb der Kirche möglich sei, z. B. in schismatischen Gruppen, daß aber Liebe im Sinne von *agape* auf die Gemeinschaft der Kirche beschränkt sei. Er konnte das nur aufgrund eines intellektualistischen Glaubensbegriffs sagen, der Glaube und Liebe voneinander trennt (z. B. Glaube verstanden als Annahme der Taufformel). Wenn jedoch Glaube als Ergriffensein von der Gegenwart des göttlichen Geistes definiert wird, dann können die beiden nicht voneinander getrennt werden. Aber Augustin hat darin recht, daß er die Kirche als eine „Gemeinschaft der Liebe" betrachtet. Wir haben das Wesen der Liebe besonders in ihrer *Agape*-Qualität in Verbindung mit der Geistgemeinschaft bereits ausführlich beschrieben. Jetzt müssen wir beschreiben, wie sie innerhalb der Kirchen verwirklicht ist und gegen deren Zweideutigkeiten kämpft.

Als „Gemeinschaft der Liebe" verwirklicht die Kirche die Geistgemeinschaft, die ihre geistige Essenz ist. Bei der Analyse des moralischen Aktes – der Konstituierung der Person als Person – fanden wir, daß dies nur in der Ich-Du-Begegnung mit der anderen Person geschehen kann und daß diese Begegnung nur in der *agape* konkret werden kann – der *agape,* die den anderen vom Gesichtspunkt des ewigen Sinnes seines Seins bejaht. Es gehört zum Wesen der Kirche, daß jedes ihrer Glieder essentiell eine solche Beziehung zu jedem anderen Glied hat und daß diese im zeitlichen und räumlichen Miteinander aktuell wird (das Neue Testament spricht von der „Liebe zum Nächsten"). Die Liebe realisiert sich in gegenseitiger Annahme des anderen trotz aller Getrenntheit, die aus der Tatsache folgt, daß die Kirche eine soziologisch bestimmte Gruppe ist. Wir denken dabei an politische, soziale, wirtschaftliche, pädagogische, nationale, rassische Verschiedenheiten und vor allem an persönliche Gegensätze, die sich in Sympathien und Antipathien ausdrücken.

In einigen Kirchen, besonders der frühen Kirche in Jerusalem, und vielen Sekten, hat der Gedanke der „Liebesgemeinschaft" zu einem „ekstatischen Kommunismus" geführt, d. h. zu einem Versuch, alle sozialen und wirtschaftlichen Verschiedenheiten zu beseitigen. Aber ein solcher Versuch ignoriert den Unterschied zwischen der theologischen und der soziologischen Seite der Kirchen und versteht vor allem den

Charakter der letzteren nicht und damit auch nicht die Zweideutigkeiten einer jeden „Gemeinschaft der Liebe". Oft führt gerade der ideologische Versuch, Forderungen der Liebe zwangsweise durchzusetzen, zu besonders heftigen Formen der Feindseligkeit. Wie alles andere in der Natur der Kirchen, hat auch die „Gemeinschaft der Liebe" den Charakter des „trotzdem". Die Liebe in der Kirche ist die Manifestation der Liebe in der Geistgemeinschaft, aber unter den Bedingungen der Zweideutigkeiten des religiösen Lebens. Aus dem Wesen der Kirche als einer Gemeinschaft kann keine Forderung nach politischer, sozialer oder ökonomischer Gleichheit abgeleitet werden. Aber aus dem Charakter der Kirche als „Gemeinschaft der Liebe" folgt, daß solche Formen der Ungleichheit angegriffen und abgeändert werden, die eine aktuelle Gemeinschaft der Liebe und des Glaubens unmöglich machen. (Sicherlich gibt es Menschen, die auch unter den schwersten äußerlichen Bedingungen ihren Glauben festhalten und Liebe üben können.) Situationen, die die Gemeinschaft der Liebe verhindern, können entweder durch extreme politische, soziale und wirtschaftliche Ungleichheiten verursacht sein oder durch Formen der Unterdrückung und Ausbeutung, die die *humanitas* im Individuum und die Gerechtigkeit in der Gruppe zerstören. Die Kirche muß ihr prophetisches Wort gegen solche Formen von Unmenschlichkeit und Ungerechtigkeit richten, in erster Linie aber gegen sich selbst und ihre eigene soziale Struktur. Und zugleich muß sie den Opfern einer verkehrten Sozialstruktur, den Opfern von Krankheit und Naturkatastrophen, Hilfe geben, um sowohl die Gemeinschaft der Liebe zu verwirklichen als auch für das Maß materieller Güter zu sorgen, das für diese Opfer nötig ist, um die Potentialität des Menschseins zu bewahren[1]. Das ist die Seite der Liebe, die im heutigen Sprachgebrauch mit *caritas* bezeichnet wird und die ebenso notwendig wie zweideutig ist. Sie ist zweideutig, weil sie sich durch die Gewährung materieller Hilfe oft der Verpflichtung entzieht, dem Menschen als Menschen zu begegnen, und weil sie als ein Mittel benutzt werden kann, die bestehenden sozialen Bedingungen (selbst durchaus ungerechte), die die *caritas* nötig machen, aufrecht zu erhalten. Dagegen versucht die wahre *agape*, Bedingungen zu schaffen, die es dem anderen möglich machen, Liebe zu üben. (Dem entspricht die psychotherapeutische Einsicht, daß der Mangel an Liebe der Hauptgrund psychischer Störungen und die Erfahrung von Liebe die größte Kraft für die Heilung ist.)

Jeder Akt der Liebe ist gleichzeitig ein Akt des Richtens über alles,

---

[1] Vgl. das Kapitel: „Die Funktion der Kirchen nach außen." Seite 246.

was gegen die Liebe steht. Die Kirche als „Gemeinschaft der Liebe" ist durch ihr bloßes Dasein das Urteil gegen alles, was der Liebe widerspricht. Dieses Urteil richtet sich gegen die Gemeinschaft sowohl außerhalb als innerhalb der Kirchen. Es muß von den Kirchen in beiden Richtungen bewußt und aktiv ausgesprochen werden, obwohl die Kirchen dadurch in die Zweideutigkeiten alles Urteilens – in die Probleme der Autorität und Machtausübung – hineingezogen werden.

Da die Kirche im Gegensatz zu anderen sozialen Gruppen im Namen der Geistgemeinschaft richtet, gerät sie in die Gefahr, daß ihr negatives Urteil radikaler, fanatischer, zerstörerischer und dämonischer wirkt als das Urteil irgendeiner anderen sozialen Gruppe. Aber auf der anderen Seite und aus demselben Grunde richtet die Kirche sich selbst in der Kraft des Geistes, der in ihr ist und gegen solche Entstellungen kämpft.

In der Beziehung zu ihren eigenen Gliedern vollzieht die Kirche ihr Urteil durch die Mittler des göttlichen Geistes, durch die Funktionen der Kirche und in einigen Kirchen, besonders den calvinistischen, durch die Kirchenzucht, die in ihnen, wie Wort und Sakrament, als Mittler anerkannt wird. Der Protestantismus war in seiner Bewertung der Kirchenzucht wegen ihrer hierarchischen und monastischen Mißbräuche im allgemeinen zurückhaltend. Sein Haupteinwand richtete sich gegen die Theorie und die Praxis der Exkommunikation. Vom protestantischen Prinzip aus ist Exkommunikation unmöglich, weil keine Instanz das Recht hat, sich zwischen Gott und Mensch zu stellen, sei es, um ihn mit Gott zu vereinigen, sei es, um ihn von Gott abzuschneiden. Das einfache Gebet des Exkommunizierten kann mehr rettende Macht für ihn haben, als alle Gnadenmittel der Kirche, von denen er ausgeschlossen ist. Im Protestantismus kann die Kirchenzucht nichts anderes sein als Beratung und im Falle von Amtsträgern Ausschluß von ihrem Amt. Richtende Liebe hat zum Ziel, die Gemeinschaft der Liebe wiederherzustellen, und nicht von dieser Gemeinschaft auszuschließen. Selbst ein zeitlich begrenzter Ausschluß hinterläßt Wunden, die vielleicht niemals wieder geheilt werden können. Ein solcher Ausschluß kann die Form gesellschaftlicher Ächtung durch die Kirchengemeinde annehmen, und das geschieht in protestantischen Gemeinden nicht selten und kann bedrückender und zerstörischer sein als die Exkommunikation, denn es ist ein Verstoß gegen die Geistgemeinschaft und die Aufgabe der Kirche. Ebenso oder noch gefährlicher ist es, wenn sich die Kirchen dem Leben und Denken derjenigen sozialen Gruppen anpassen, die in ihnen soziologisch den größten Einfluß ausüben. Dieses Problem ist besonders schwierig für den Pfarrer, und zwar sehr viel mehr im Protestantismus als im Katholizismus. Die protestantische

Lehre vom allgemeinen Priestertum aller Gläubigen beraubt den Pfarrer des Tabus, das den Priester in der römisch-katholischen Kirche schützt, und erhöht die Bedeutung des Laien entsprechend. Diese Situation macht ein prophetisches Urteil gegen die Lebensformen der Gemeinden, insonderheit der herrschenden Kreise in ihnen, so schwierig, daß es fast eine Unmöglichkeit ist. Die Folge ist oft eine soziologisch bestimmte Klassenkirche, eine häufige Erscheinung besonders im amerikanischen Protestantismus. Unter dem Vorwand, mit Takt und Vorsicht vorgehen zu müssen (etwas, das an sich dringend erwünscht ist), wird die richtende Funktion der „Gemeinschaft der Liebe" unterdrückt. Diese Situation schadet der Kirche weit mehr als der offene Angriff auf ihre Prinzipien durch andersdenkende und irrende Glieder.

Das bisher Gesagte bezog sich auf die „Gemeinschaft der Liebe" im Verhältnis zu ihren Gliedern. Dieselben Kriterien gelten selbstverständlich auch für die kirchlichen Amtsträger, aber nicht nur für sie, sondern auch für Laien, die in begrenzten Kreisen eine priesterliche Funktion ausüben, z. B. für Eltern gegenüber ihren Kindern und für die Eltern untereinander, für den Freund gegenüber dem Freund, für Führer einer freiwillig gebildeten Gruppe gegenüber ihren Mitgliedern, für Lehrer gegenüber ihren Schülern usw. Auch hier muß die „Gemeinschaft der Liebe" in dreifacher Weise zum Ausdruck kommen: in der bejahenden Liebe, in der richtenden Liebe und in der wiedervereinigenden Liebe. In der Macht des göttlichen Geistes muß die Kirche durch Geist-getragene Einzelne und Bewegungen gegen die Zweideutigkeiten dieser dreifachen Manifestation der Liebe kämpfen. Jede der drei Manifestationen ist eine Schöpfung des göttlichen Geistes, und in jeder von ihnen ist das große „trotzdem" des Neuen Seins wirksam. Aber in der dritten Form kommt es am machtvollsten zum Ausdruck – als die Botschaft und den Akt der Vergebung. Wie das richtende Element der Liebe so ist auch das vergebende Element der Liebe in allen kirchlichen Funktionen gegenwärtig, sofern sie von der Geistgemeinschaft bestimmt sind. Aber selbst im Akt der Vergebung sind die Zweideutigkeiten der Religion am Werk und widersetzen sich dem göttlichen Geist. Vergebung kann zu einem mechanischen Akt werden oder zu einem „es ist alles erlaubt" führen oder auch zur Demütigung dessen, dem man vergibt. In allen drei Fällen findet keine Wiedervereinigung in der Liebe statt, weil das Paradox der Vergebung nicht verstanden wird.

Auch die Frage des Verhältnisses einer partikularen Kirche als der Gemeinschaft der Liebe zu anderen Gemeinschaften außerhalb der Kirche ist voller Probleme. Vielleicht sind an keinem Punkt die Zweideutigkeiten der Religion schwieriger zu überwinden als hier. Das erste Problem bezieht sich auf das Verhältnis der Kirche zu Individuen solcher Gruppen, die außerhalb der Kirche stehen. Die Frage ist: Was fordert die Liebe von der Kirche, wenn sie ihnen begegnet? Die erste allgemeine Antwort darauf lautet: Sie müssen als Angehörige der Geistgemeinschaft in ihrer Latenz und infolgedessen als potentielle Glieder einer partikularen Kirche angenommen werden. Aber die Elemente der Liebe, die wir „Urteil" und „Wiedervereinigung" genannt haben, lassen die Frage entstehen: Unter welchen Bedingungen ist ihre volle oder partielle Annahme als Glieder möglich? Das ist eine höchst problematische Frage. Ist „Bekehrung" damit gemeint, und wenn ja, Bekehrung wozu? Zum Christentum oder zu einer Konfession oder Denomination, zum Glauben einer partikularen Kirche? Unsere Lehre von der Geistgemeinschaft in ihrer Latenz gibt darauf die Antwort: Wenn jemand den Wunsch hat, zur Gemeinschaft der Liebe in einer partikularen Kirche zu gehören, so kann es in dreifacher Weise geschehen: Der Betreffende kann ein vollgültiges Mitglied werden, wenn er Glaubensbekenntnis und Ordnung dieser bestimmten Kirche annimmt; oder er kann in seiner jetzigen partikularen Kirche bleiben und ein voll akzeptierter Gast in einer anderen Kirche werden; oder er kann in der Geistgemeinschaft in ihrer Latenz bleiben, z. B. als Jude, als Mohammedaner, als Humanist, als Mystiker und dergleichen, der in die Gemeinschaft der Liebe aufgenommen werden möchte, weil er sich seiner Zugehörigkeit zur Geistgemeinschaft bewußt ist. In diesem Fall kommt er als Besucher oder Freund zu einer partikularen Kirche. Solche Situationen finden sich heute häufig. Entscheidend ist immer, wenigstens auf protestantischem Boden, ob der Wunsch besteht, zu einer Gruppe zu gehören, deren Grundlage die Annahme Jesu als des Christus ist. Dieser Wunsch ersetzt ein Glaubensbekenntnis, und obgleich eine offizielle Bekehrung ausbleibt, öffnet er die Tür für den Eintritt in die Gemeinschaft der Liebe ohne Einschränkungen von seiten der Kirche.

Ein anderes ähnliches Problem besteht in bezug auf das Verhältnis der partikularen Kirchen zueinander, z. B. der lokalen, nationalen oder konfessionellen. Der Antagonismus zwischen den Kirchen, der sogar bis zur fanatischen Verfolgung der einen Kirche durch eine andere führen kann, hat teilweise soziale und politische Ursachen, die zu den Zweideutigkeiten der Kirchen als soziologische Gruppen gehören. Aber es gibt auch andere Gründe, die sich aus dem Kampf gegen Profanisierung und Dämonisierung herleiten. In jeder Kirche mit einem bestimmten Glaubensbekenntnis und einer bestimmten Ordnung des kirchlichen Lebens lebt eine tiefe Angst, daß die andere Kirche, die in die Gemeinschaft der Liebe aufgenommen werden will, die Gemeinschaft der Liebe durch Profanisierung und Dämonisierung erschüttern und schädigen könnte. In einer solchen Situation entstehen Fanatismus – ein Zeichen innerer Unsicherheit, und Verfolgung – ein Zeichen der Angst. Das Mißtrauen und der Haß, die oft die Beziehungen religiöser Gruppen vergiften, sind die Folgen derselben Furcht, die früher die Hexen- und Ketzerprozesse hervorrief. Hier liegt echte Furcht vor dem Dämonischen vor, und sie kann niemals durch ein Ideal der Toleranz, das auf Indifferenz oder Unterschätzung der Gegensätze gegründet ist, besiegt werden. Das Dämonische kann nur vom göttlichen Geist besiegt werden. Er richtet positiv und negativ alle Ausdrucksformen des Neuen Seins – in der einen Gemeinschaft der Liebe wie in der anderen. In ihnen allen – gleich, ob sie latente oder manifeste Erscheinungen der Geistgemeinschaft sind – verwirklichen sich ständig profanisierende und dämonisierende Tendenzen, wie auch der göttliche Geist ständig am Werk ist. Darum kann eine Kirche die andere anerkennen, sofern sie beide der Geistgemeinschaft angehören, durch die die Partikularitäten jeder der beiden bejaht und gerichtet sind. Diese Betrachtungen bestätigen das, was wir in einem früheren Kapitel über den paradoxen Charakter der Einheit der Kirchen ausgeführt haben.

b) Die Funktionen der Kirchen, ihre Zweideutigkeiten und die Geistgemeinschaft. – 1. DER ALLGEMEINE CHARAKTER DER FUNKTIONEN DER KIRCHEN UND DIE GEGENWART DES GÖTTLICHEN GEISTES. Nachdem wir in den vorangegangenen Kapiteln das Wesen und die Charakteristika der Kirchen in ihrer Beziehung zur Geistgemeinschaft erörtert haben, müssen wir uns jetzt den Funktionen der Kirchen zuwenden, in denen sich ihr Wesen lebendig verwirklicht. Jede dieser Funktionen ist eine unmittelbare und notwendige Konsequenz dessen, was eine Kirche essentiell ist. Sie müssen immer vorhanden sein, wo eine lebendige Kirche ist, auch wenn sie zu gewissen Zeiten mehr verborgen als sichtbar sind. Sie fehlen niemals, wenn auch die Formen, unter denen sie erscheinen, äußerst verschieden sind. Man kann drei Gruppen von Funktionen unterscheiden: Die der *Begründung*, die aus der Abhängigkeit der Kirchen vom Neuen Sein im Christus stammen, die der *Ausbreitung*, die aus dem universalen Anspruch der Geistgemeinschaft folgen, und die des *Aufbaus*, in denen sich die Kirchen in verschiedenen Richtungen innerhalb der Existenz verwirklichen.

An diesem Punkt erhebt sich eine allgemeine Frage, nämlich die, in welchem Sinn eine Lehre von den Kirchen und ihren Funktionen Gegenstand der systematischen Theologie und in welchem Sinn sie

Gegenstand der praktischen Theologie ist. Als erstes müssen wir darauf antworten, daß die Grenze zwischen beiden keineswegs scharf ist. Trotzdem kann man zwischen theologischen Prinzipien, die den Funktionen der Kirchen als Kirchen zugrunde liegen, und den praktischen Methoden, die für ihre Ausübung am geeignetsten sind, unterscheiden. Aufgabe der systematischen Theologie ist in erster Linie die Analyse der Prinzipien; Aufgabe der praktischen Theologie ist es, die besten Methoden für ihre Verwirklichung zu finden. (Diese Unterscheidung bedeutet nicht, daß das Denken des systematischen vom Denken des praktischen Theologen völlig getrennt werden könnte. Beide denken über beide Arten von Problemen nach, aber die Akzente liegen je nachdem auf der einen oder der anderen Seite.) Die folgenden systematischen Analysen werden häufig in praktische Beschreibungen übergehen, wie es auch schon in den vorangegangenen Kapiteln geschehen ist.

Die erste Aussage, die über die leitenden Prinzipien der Funktionen der Kirchen gemacht werden muß, ist, daß sie alle am Paradox der Kirchen teilhaben und darum in die Zweideutigkeiten des Lebens, insbesondere des religiösen Lebens, verflochten sind. Und es ist ihr Ziel, in der Kraft des göttlichen Geistes diese Zweideutigkeiten zu überwinden.

Entsprechend den drei Gruppen von Funktionen kann man drei Polaritäten von Prinzipien unterscheiden. Die begründenden Funktionen stehen unter der Polarität von *Tradition* und *Reformation,* die ausbreitenden Funktionen unter der Polarität von *Wahrheit* und *Anpassung* und die aufbauenden Funktionen unter der Polarität von *Transzendierung der Form* und *Bejahung der Form.* In diesen Polaritäten ist auch auf die Zweideutigkeiten hingewiesen, gegen die der göttliche Geist kämpft. Die Gefahr der Tradition ist dämonische *hybris,* die Gefahr der Reformation entleerende Kritik; die Gefahr der Wahrheit dämonische Absolutsetzung, die Gefahr der Anpassung entleerende Relativierung; die Gefahr der Transzendierung der Form dämonische Unterdrückung, die Gefahr der Bejahung der Form formalistische Entleerung. In Verbindung mit der Beschreibung der jeweiligen Funktion werden wir konkrete Beispiele für die Polaritäten und ihre Gefahren geben. An dieser Stelle müssen zuerst einige allgemeine Bemerkungen gemacht werden.

Das Prinzip der Tradition in den Kirchen ist nicht nur die bloße Anerkennung des Faktums, daß jede neue Generation aus dem kulturellen Erbe der vergangenen Generation lebt. Das gilt selbstverständlich auch für die Kirchen. Aber das Prinzip der Tradition hat in den Kirchen noch eine tiefere Bedeutung. Es gründet sich auf den Charakter der Kirche, nämlich ihre Fundierung im Neuen Sein, wie es in Jesus dem Christus erschienen ist. Das gibt der Tradition als dem verbindenden Glied zwischen dem Ursprung und jeder neuen Generation eine grundlegende Bedeutung, grundlegender als sie für nationale Gruppen oder kulturelle Bewegungen ist, deren Anfänge für ihre Entwicklung sehr viel unwesentlicher sind. Aber die Geistgemeinschaft wirkt in jeder Funktion der Kirchen, und daher sind alle Generationen ideell gegenwärtig, nicht nur die Generationen, die die zentrale Manifestation des Neuen Seins erfahren haben, sondern auch die, die es erwartet haben. In diesem Sinne ist die Tradition nicht partikular, obwohl sie alle partikularen Traditionen einschließt. Sie repräsentiert die Einheit der geschichtlichen Menschheit, deren Mitte die Erscheinung des Christus ist.

Die griechisch-orthodoxe Kirche versteht sich als die Kirche der lebendigen Tradition – im Gegensatz zu der rechtlich fixierten und päpstlich bestimmten römisch-katholischen Kirche. Die Kritik der Reformation richtete sich gegen viele Elemente in beiden Traditionen, aber es war besonders die römische Tradition, die den Begriff der Tradition an sich für das protestanische Gefühl verdächtig machte. Und doch ist Tradition ein Element im Leben aller Kirchen. Selbst die protestantische Kritik konnte sich nur mit Hilfe einzelner Elemente der römisch-katholischen Tradition etablieren, z. B. der Bibel, des altkirchlichen Dogmas, der augustinischen Gedankenwelt, der deutschen Mystik und des humanistischen Fundaments, die in allen Jahrhunderten von der Kirche bewahrt wurden. Es ist ein allgemeiner Grundzug der prophetischen Kritik einer religiösen Tradition, daß sie nicht von außen, sondern aus dem Zentrum der Tradition selbst kommt, und die entstellten Formen der Tradition im Namen ihres wahren Sinnes bekämpft. Es gibt keine Reformation ohne Tradition.

Der Begriff Reformation hat zweierlei Bedeutung. Gewöhnlich wird er auf ein einzigartiges Ereignis in der Kirchengeschichte angewandt, auf die protestantische Reformation des 16. Jahrhunderts. Aber er kann auch als ein ständiges Prinzip verstanden werden, das die treibende Kraft im Kampf des göttlichen Geistes gegen die Zweideutigkeiten der Religion ist. Die Reformation des 16. Jahrhunderts ereignete sich, weil die römisch-katholische Kirche das Prinzip der Reformation in einem Moment erfolgreich unterdrückt hatte, in dem der prophetische Geist nach einer Reformation der Kirche an „Haupt und Gliedern" verlangte. Offensichtlich gibt es kein objektives Kriterium für die Berechtigung einer reformatorischen Bewegung. Selbst die Bibel kann kein Kriterium abgeben, weil sie interpretiert werden muß. In Wirklichkeit ist jede Reformation ein Wagnis, das sich auf das Bewußtsein von der Freiheit des göttlichen Geistes gründet, und es ist der prophetische Geist, aus dem der Mut zu einem solchen Wagnis geboren wird. Der Protestantismus nimmt dieses Wagnis auf sich, selbst wenn es die Desintegration einer partikularen Kirche bedeutete. Er nimmt es in der Gewißheit auf sich, daß die Geistgemeinschaft, die geistige Essenz der Kirche, nicht zerstört werden kann.

Die Polarität von Tradition und Reformation führt zu einem Kampf des göttlichen Geistes mit den Zweideutigkeiten der Religion. Das Prinzip der Reformation ist das Korrektiv gegen dämonische Unterdrückung der Freiheit des Geistes durch eine Tradition, der absolute Gültigkeit zugestanden wird, entweder *in praxi* oder durch ein Rechtssystem. Da alle Kirchen eine Tradition haben, ist diese Versuchung immer vorhanden und oft erfolgreich. Die Tendenz zum Absolutismus ist weitgehend eine Folge der Angst, von dem abzuweichen, was heilig ist und was sich wieder und wieder als erlösende Kraft erwiesen hat. Mit dieser Angst ist die weitere Angst verbunden, daß unter dem Prinzip der Reformation die Kirchen einer auflösenden Kritik zum Opfer fallen könnten. Schleiermachers berühmte Worte „die Reformation geht fort" sind sicherlich wahr, aber sie lassen die angstvolle Frage entstehen: „Wo ist die Grenze, jenseits derer die Auflösung beginnt?" Diese Frage gibt den Hütern einer verabsolutierten Tradition die Macht, das Verlangen nach Reformation zu unterdrücken und das Gewissen derer zu beschwichtigen, die es besser wissen, aber nicht den Mut haben, einen neuen Weg zu gehen. In der Geistgemeinschaft sind die beiden Prinzipien der Tradition und der Reformation geeint. Sie stehen zwar in Spannung zueinander, aber es kommt nicht zum Konflikt. Insoweit eine Kirche von der Geistgemeinschaft bestimmt ist, wird der Konflikt zwischen Tradition und Reformation in eine Leben erweckende Spannung verwandelt.

Die zweite Polarität „Wahrheit und Anpassung" hat einen inneren Bezug zu den ausbreitenden Funktionen der Kirchen. Das in dieser Polarität enthaltene Problem drückt sich schon in dem Bemühen des Paulus aus, den Juden ein Jude und den Griechen ein Grieche zu sein. Gerade durch dieses Bemühen macht Paulus deutlich, daß er jede Lehre ablehnt, die das „Neue Sein" oder die „Neue Kreatur" entweder mit dem jüdischen Gesetz oder der griechischen Weisheit identifiziert, was im Gegensatz zu seiner eigenen Botschaft stünde. In diesem Bemühen kommt der ganze Konflikt zwischen Wahrheit und Anpassung sowie der Kampf des göttlichen Geistes für Überwindung des Konflikts in klassischer Weise zum Ausdruck.

In der frühen Kirche brach der Konflikt zwischen Wahrheit und

Anpassung dadurch auf, daß kleine Gruppen die Unterwerfung der Kirche unter das jüdische Gesetz verlangten, während die Mehrzahl, einschließlich der großen Theologen, die Anpassung an die Denkformen der griechischen und hellenistischen Philosophie forderte. Zu gleicher Zeit fanden die ins Christentum einströmenden Massen eine andere Form der Anpassung. Unter Duldung der kirchlichen Autoritäten setzten sich polytheistische Tendenzen durch, sei es in der Bilderverehrung, sei es im Heiligenkult – insonderheit im Marienkult. Ohne diese Anpassungen wäre das missionarische Werk der frühen Kirche unmöglich gewesen. Aber im Prozeß der Anpassung war der Inhalt der christlichen Botschaft ständig in Gefahr, um der Anpassung willen preisgegeben zu werden. Die Gefahr, daß der Pol der Wahrheit zugunsten des Pols der Anpassung aufgegeben werden könnte, war so groß, daß die großen religiösen Kämpfe im ersten Jahrtausend der Kirche im Lichte dieses Konfliktes beschrieben werden könnten.

Im Mittelalter war die Anpassung der christlichen Botschaft an die Feudalordnung der germanisch-romanischen Stämme eine missionarische und zugleich erzieherische Notwendigkeit, aber diese Anpassung vollzog sich oft unter Preisgabe der Wahrheit zugunsten der Anpassung. Der Kampf zwischen Kaiser und Papst kann teilweise als Reaktion der Kirche gegen die Identifikation der weltlichen und geistlichen Hierarchien im Feudalismus verstanden werden. Auch die spätmittelalterliche individualistische Frömmigkeit und die Reformation können als Widerstand gegen die Umwandlung der Kirche in ein alles umfassendes System der Feudalität aufgefaßt werden. Zweifellos konnte keine dieser Bewegungen, die für Wahrheit gegen Anpassung kämpfte, selbst der Anpassung entgehen. Trotz des Bruches zwischen Luther und Erasmus drang der humanistische Geist über Melanchthon, Zwingli und teilweise auch über Calvin in den Protestantismus ein. Und in den darauffolgenden Jahrhunderten setzte sich der Kampf zwischen Wahrheit und Anpassung mit unverminderter Stärke fort, und er ist auch heute noch eines der aktuellsten Probleme. Die Kämpfe sind keineswegs auf die missionarische Ausbreitung des Christentums in nichtchristlichen Kulturen beschränkt, sondern es gibt sie auch und oft noch heftiger in den vom Christentum geformten Kulturen. Die Veränderung des ganzen kulturellen Klimas seit dem 16. Jahrhundert und die Notwendigkeit, die junge Generation in die Kirche einzuführen, machen die Polarität von Wahrheit und Anpassung zu einem unausweichlichen und immer akuten Problem.

Wahrheitsverkündigung ohne Anpassung führt fast unvermeidlich dazu, daß man den Menschen die Wahrheit wie Steine an den Kopf wirft, ohne sich darum zu kümmern, ob sie aufgenommen werden kann. Das ist das, was man das „falsche Ärgernis" der Kirchen nennen könnte, das die Kirchen oft geben, während sie behaupten, das unumgängliche „rechte Ärgernis", nämlich das Paradox der Gegenwart des Göttlichen unter den Bedingungen der Existenz, zu geben. Wenn die Kirche nicht in den Kategorien und Begriffen spricht, die von denen verstanden werden, die sie gewinnen will, wird sie sich nicht nur nicht ausbreiten, sondern wird ihre eigenen Anhänger verlieren, denn auch die Anhänger leben in einer bestimmten Kultur und können die Botschaft vom „Neuen Sein" nur durch die Denkformen dieser Kultur aufnehmen. Wenn andererseits die Anpassung zur Relativierung der christlichen Wahrheit führt, wie es vor allem in den letzten Jahrhunderten geschehen ist, dann entsteht ein entleerter Säkularismus, in den im Gegenschlag dämonische Kräfte heteronomer Art einbrechen. Anpassung, in der das Prinzip der Wahrheit preisgegeben wird, kann die dämonischen Kräfte nicht besiegen, ganz gleich, ob sie religiös oder profan sind.

Die dritte Polarität, die mit den aufbauenden Funktionen verbunden ist, ist die von Form-Transzendenz und Form-Bejahung. Die Funktionen des Aufbaus benutzen die verschiedenen Bereiche der Kultur, um durch sie die Geistgemeinschaft im Leben der Kirchen darzustellen. Das gilt von *theoria* und *praxis* und darum vom ästhetischen und kognitiven wie vom Person- und Gemeinschaft-bildenden Bereich des geistigen Lebens. Jedem dieser Bereiche entnehmen die Kirchen Material: Stile, Methoden, Normen, Beziehungen usw., aber in einer solchen Weise, daß das Material zugleich akzeptiert und transzendiert wird. Wenn die Kirchen sich der ästhetischen und kognitiven, der Person- oder Gemeinschaft-bildenden Funktion bedienen, so tun sie es als Kirche in der rechten Weise nur, wenn der göttliche Geist in ihren Werken sichtbar ist; mit anderen Worten: die Funktionen müssen eine ekstatische, Form-transzendierende Qualität haben. Die Kirchen üben Verrat an ihrer Aufgabe als Kirche, wenn sie zu einer politischen Partei, einem Gericht, einer Schule, einer philosophischen Bewegung, einer Kunstakademie oder einem psychotherapeutischen Institut werden. Nur dann erweisen sich die Kirchen als Kirchen, wenn der göttliche Geist in die von ihnen benutzten Formen einbricht und sie über sich hinaustreibt. Es ist die Form-transzendierende geistige Qualität, die die aufbauenden Funktionen der Kirchen charakterisiert: die Funktionen der ästhetischen Selbst-Darstellung, der kognitiven Selbst-Interpretation, der Selbst-Verwirklichung im personhaften wie im sozial-politischen Bereich. Es ist nicht der Gegenstand als solcher, der sie zu Funktionen der Kirche macht, sondern ihr Form-transzendierender, ekstatischer Charakter.

Aber zugleich darf das Prinzip der Form-Bejahung nicht außer acht gelassen werden. In jeder Funktion der Kirche müssen kulturelle Formen gebraucht werden, ohne ihr Wesen und ihre strukturellen Forderungen zu verletzen. Das folgt aus unserer früheren Diskussion über Struktur und Ekstase. Trotz des Form-transzendierenden Charakters der religiösen Kunst müssen die Gesetze der Ästhetik befolgt, und trotz des Form-transzendierenden Charakters der religiösen Erkenntnis dürfen die Gesetze des Erkennens nicht verletzt werden. Und ein gleiches gilt für Personal- und Sozial-Ethik, Politik und Erziehung. Einige wichtige Probleme, die sich aus dieser Situation ergeben, sollen später erörtert werden. Hier müssen wir wieder auf zwei Gefahren hinweisen, zwischen denen sich die aufbauenden Funktionen im Leben der Kirchen bewegen. Wenn das Prinzip der Form-Transzendenz wirksam ist, ohne dem Prinzip der Form-Bejahung volles Recht zu geben, so unterdrücken die Kirchen die schöpferische Freiheit. Sie haben die Tendenz, im Einzelnen wie in der Gruppe das kulturelle Gewissen, das Gehorsam gegenüber den strukturellen Notwendigkeiten der speziellen Kulturschöpfungen fordert, zu unterdrücken. Sie verletzen z. B. künstlerische Ehrlichkeit im Namen eines geheiligten Stils; oder sie untergraben die wissenschaftliche Integrität, die zu radikalen Fragen über Natur, Mensch und Geschichte führt; oder sie zerstören die persönliche *humanitas* im Namen eines fanatischen Glaubens usw.

Am anderen Pol besteht die Gefahr, daß die Geist-gewirkten Schöpfungen profanisiert und entleert werden, so daß sie für dämonische Einbrüche offen sind. Eine Form, die zu erstarrt ist, als daß sie transzendiert werden könnte, wird in wachsendem Maße bedeutungslos. Was einmal autonome Schöpferkraft war, die sich mit Recht gegen transzendierende Eingriffe wehrte, wird zu formaler Korrektheit und schließlich zu leerem Formalismus. Wo der göttliche Geist in den Kirchen machtvoll gegenwärtig ist, sind die beiden Prinzipien der Form-Transzendenz und der Form-Bejahung geeint.

2. DIE FUNKTIONEN DER BEGRÜNDUNG IN DEN KIRCHEN. Die systematische Theologie hat sich mit den Funktionen der Kirchen zu beschäftigen, weil sie zum Wesen der Kirchen gehören und zu ihrer Charakterisierung spezielle Elemente beitragen. Wenn die Funktionen zum Wesen der Kirchen gehören, dann müssen sie immer vorhanden sein, wo es Kirchen gibt. Sie können jedoch in verschiedenen Graden des bewußten Bemühens, der Intensität und der Angemessenheit erscheinen.

Die Gegenwart des göttlichen Geistes

Es kann geschehen, daß sie von außen her beeinträchtigt werden oder mit anderen Funktionen verschmelzen, aber sie gehören als ein Element immer zum Wesen der Kirchen und drängen nach Verwirklichung.

Sie sind jedoch nicht immer in organisierter Form vorhanden. Funktionen und Institutionen sind nicht notwendig voneinander abhängig. Die Institutionen sind abhängig von den Funktionen, denen sie dienen; aber die Funktionen können auch ohne Institutionen existieren, und das ist oft der Fall. Die meisten institutionellen Entwicklungen beginnen spontan. Dazu ist es nötig, daß die Notwendigkeit einer Funktion religiös erlebt wird und daß dies Erlebnis zu konkretem Handeln führt und schließlich in eine institutionelle Form mündet. Wenn eine Institution veraltet, kann dieselbe Funktion auf andere Weise aufgenommen werden und zu einer neuen institutionellen Form anwachsen. Das stimmt mit dem überein, was wir früher über die Freiheit des Geistes gesagt haben. Der Geist befreit die Kirche von jeder Art rituellem Legalismus. Keine Institution – weder das Priestertum, das kirchliche Amt, spezielle Sakramente noch bestimmte Formen des Gottesdienstes – folgt notwendig aus dem Wesen der Kirche, aber die Funktionen, um derentwillen die Institutionen geschaffen wurden, folgen aus ihr. Sie fehlen nie vollständig.

Die erste Gruppe wollen wir die Funktionen der Begründung nennen. Da jede Kirche auf dem Neuen Sein beruht, wie es im Christus manifest ist und sich in der Geistgemeinschaft verwirklicht, so ist die Funktion der Begründung zunächst die Funktion der Aufnahme. Das gilt für die Kirche als ganze ebenso wie für jedes einzelne Glied. Wenn eine Kirche von ihren Gliedern Aufnahmebereitschaft verlangt, aber sich selbst als Kirche weigert aufzunehmen, so wird sie entweder zu einem statischen, hierarchischen System, das sich darauf beruft, einmal aufnahmebereit gewesen zu sein, und sich nun weigert, wieder aufzunehmen, oder sie wird zu einer religiösen Gruppe mit persönlichen Erfahrungen, die leicht in Säkularismus übergehen. Die Funktion der Aufnahme führt unmittelbar zur Funktion des Vermittelns. Was die Kirche aufnimmt, vermittelt sie gleichzeitig durch Wort und Sakrament. Derjenige, der aufnimmt, vermittelt auch, und andererseits hat er nur insoweit aufgenommen, als der Prozeß der Vermittlung ständig weitergeht. In der Praxis sind Aufnehmen und Vermitteln dasselbe: die Kirche ist Priester und Prophet sich selbst gegenüber. Derjenige, der predigt, predigt zu sich selbst als Hörer, und derjenige, der zuhört, ist ein potentieller Prediger. Die Identität von Aufnehmen und Vermitteln schließt die Etablierung einer hierarchischen Gruppe aus, die allein vermittelt, während alle anderen nur aufnehmen.

Das Leben der Kirchen und der Kampf gegen die Zweideutigkeiten

Der Akt der Vermittlung vollzieht sich teilweise im Gottesdienst, teilweise in Begegnungen zwischen dem Priester, der vermittelt, und den Laien, die aufnehmen. Aber diese Trennung ist nicht vollständig: derjenige, der vermittelt, muß sich selbst antworten, und derjenige, der antwortet, vermittelt seinem Mittler. Der Seelsorger wie jeder geistige Berater sollte in der Beratung nie ausschließlich Subjekt sein. Er sollte den, den er berät, niemals zu einem Objekt machen, das man „richtig" behandeln muß in der Hoffnung, ihm helfen zu können. Wo das geschieht, wie häufig in der kirchlichen Seelsorge (aber auch in der psychologischen Beratung), da ist die kirchliche Funktion der Vermittlung religiös zweideutig geworden. Aber wo die Vermittlung durch die Gegenwart des göttlichen Geistes bestimmt ist, unterwirft sich der Seelsorger selbst den Urteilen und Forderungen, die er zu vermitteln sucht. Er erkennt die Wahrheit an, daß er grundsätzlich in derselben Situation steht wie der, den er berät. Nur das kann ihm die Möglichkeit geben, das heilende Wort für den anderen zu finden. Derjenige, der selbst vom göttlichen Geist ergriffen ist, kann zu einem anderen, der seiner Hilfe bedarf, so sprechen, daß der andere sich durch diese Vermittlung für den göttlichen Geist öffnet und so Hilfe findet. Denn der Geist kann nur das heilen, was für ihn offen ist.

Das Verhältnis von Seelsorge und Psychotherapie soll später behandelt werden. Wo aufgenommen und vermittelt wird, da gibt es auch Antwort. Die Antwort besteht im Bejahen dessen, was aufgenommen wird, im Bekennen des Glaubens und im Hinwenden zu der Quelle, von der empfangen wird, nämlich dem Gottesdienst. Der Ausdruck „Bekennen des Glaubens" wird mißverstanden, wenn man ihn mit der Annahme von Bekenntnisformeln und deren Wiederholung in der Liturgie gleichsetzt. Die Funktion des Bekennens begleitet alle Funktionen der Kirche. Sie drückt sich in Dichtung und Prosa, in sinnfälligen Symbolen und Liedern aus. Sie kann auch in formulierten Glaubensbekenntnissen konzentriert ausgedrückt und in theologischen Begriffen fixiert werden. Eine Kirche ist nicht konsequent, wenn sie einerseits vermeidet, ein Glaubensbekenntnis ausdrücklich zu formulieren, während sie andererseits in jedem ihrer liturgischen und praktischen Akte indirekt den Inhalt ihres Glaubens bekennt. Die andere Seite der Funktion des Antwortens drückt sich im Gottesdienst aus. In ihm wendet sich die Kirche zu dem letzten Grund ihres Seins, zu dem Schöpfer der Geistgemeinschaft, zu dem Gott, der Geist ist. Wo immer er im persönlichen oder gemeinschaftlichen Erleben erfahren wird, da sind die, die ihn erfahren, vom göttlichen Geist ergriffen, denn nur Geist kann Geist erfahren, wie nur Geist „die Geister unterscheiden kann".

Gottesdienst als die Antwort der Kirche auf das, was sie von Gott empfangen hat, umfaßt Anbetung, Gebet und Kontemplation. Die Anbetung der Kirche, die in Lobpreis und Dank besteht, ist die ekstatische Anerkennung der Heiligkeit Gottes und des unendlichen Abstandes von ihm, der zugleich als Geist unserem Geist gegenwärtig ist. Diese Anerkennung ist keine theoretische Behauptung, sondern ein paradoxes Teilhaben des Endlichen und Entfremdeten am Unendlichen, zu dem es gehört. Wenn eine Kirche die Majestät Gottes preist, drücken sich darin zwei Elemente aus: der völlige Gegensatz zwischen der kreatürlichen Kleinheit des Menschen und der unendlichen Größe des Schöpfers einerseits und die Erhebung in die Sphäre der göttlichen Herrlichkeit andrerseits, so daß die Lobpreisung seiner Ehre zugleich eine, wenn auch fragmentarische, Teilnahme an ihr ist. Diese Einheit ist paradox, und sie kann nicht zerrissen werden, ohne auf der einen Seite ein dämonisches Bild von Gott zu schaffen und auf der anderen Seite ein Bild vom Menschen, das ohne echte Würde ist. Gegen eine solche Entstellung des Sinnes der Anbetung wirkt die Gegenwart des göttlichen Geistes, die den, der anbetet, an dem, der angebetet wird, teilhaben läßt. Anbetung in diesem Sinne ist keine Demütigung des Menschen, sie würde jedoch ihren Sinn verlieren, wenn sie etwas anderes bezweckte, als Gott zu preisen. Anbetung, die zur Selbst-Glorifikation des Menschen geschieht, hebt sich selbst auf und dringt niemals zu Gott durch.

Das zweite Element des Gottesdienstes ist das Gebet. Wir haben im Zusammenhang mit Gottes lenkendem Schaffen grundlegend über das Gebet gesprochen[1], und als Hauptpunkt hervorgehoben, daß jedes ernsthafte Gebet etwas Neues schafft. Diese Schöpfung, an der Freiheit beteiligt ist, ist – wie jeder freie Akt des Menschen – in Gottes lenkendes Schaffen einbezogen. Das Neue, das im Bitt-Gebet geschaffen wird, ist der Geist-gewirkte Akt, in dem der Inhalt unserer Wünsche und Hoffnungen in die Gegenwart des göttlichen Geistes erhoben wird. Ein Gebet, in dem das geschieht, ist „erhört", selbst wenn ihm Ereignisse folgen, die dem konkreten Inhalt des Gebets widersprechen. Das gleiche gilt von Fürbitten, die nicht nur eine neue Beziehung zu denen schaffen, für die das Gebet gesprochen wird, sondern die auch eine Änderung in der Beziehung zu Gott bewirken, sowohl von seiten des Betenden wie dessen, für den gebetet wird. Darum ist es falsch, das Gebet auf Dankgebete zu beschränken. Dieser Gedanke der Ritschlschen Schule wurzelt in der Angst vor der immer drohenden magischen Entstellung des Gebets und den abergläubischen Folgen für die populäre Frömmigkeit. Aber diese Angst ist, systematisch gesprochen, unbe-

---

[1] Vgl. Bd. I, S. 303 ff.

Das Leben der Kirchen und der Kampf gegen die Zweideutigkeiten

gründet, obgleich im Hinblick auf die Praxis des Gebets überaus verständlich. Danksagung gegenüber Gott ist ein Ausdruck von Anbetung und Lobpreis, aber keine feierliche Anerkennung, die Gott veranlassen soll, denen weitere Wohltaten zukommen zu lassen, die Dankbarkeit zeigen. Es ergäbe eine ganz unrealistische Beziehung des Menschen zu Gott, wenn die Bittgebete aufgegeben würden. Die Folge wäre, daß jedes Aussprechen der menschlichen Bedürfnisse Gott gegenüber, das Hadern mit Gott, weil er nicht erhört (Hiob), und das Ringen des menschlichen Geistes mit dem göttlichen Geist vom Gebet ausgeschaltet wären. Hiermit ist nicht das letzte Wort über das Gebetsleben gesagt, aber jedes weitere Wort wäre flach und profan, so wie es zahllose Gebete sind, sobald die Kirche und ihre Glieder das Paradox des Gebetes vergessen. Paulus drückt das Paradox des Gebetes in klassischer Weise aus, wenn er von der menschlichen Unfähigkeit zum richtigen Beten spricht und vom göttlichen Geist sagt, daß er die Betenden vor Gott vertritt „mit unaussprechlichem Seufzen" (Röm. 8, 26). Es ist der Geist Gottes, der Gott anruft, wie es umgekehrt Gott ist, der den Geist Gottes im Menschen erkennt und versteht. In all diesen Fällen ist das Subjekt-Objekt-Schema, das „Sprechen zu jemand anderem", überwunden: der, der durch uns spricht, ist der, zu dem wir sprechen.

Geist-geschaffenes Gebet in diesem Sinne (und nicht eine profane Unterhaltung mit einem anderen Wesen, genannt Gott) führt zu dem dritten Element im Gottesdienst: zur Kontemplation. Kontemplation ist das Stiefkind im protestantischen Gottesdienst. Erst seit kurzem ist die liturgische Stille in einigen protestantischen Kirchen eingeführt worden, und sicher gibt es keine Kontemplation ohne Stille. Kontemplation ist die Teilnahme an dem, was das Subjekt-Objekt-Schema überwindet und mit ihm die objektivierende und subjektivierende Sprache und darum auch die Zweideutigkeit der Sprache (auch die lautlose Sprache des Selbstgespräches). Die Vernachlässigung der Kontemplation in den protestantischen Kirchen ist begründet in ihrer Person-zentrierten Auffassung der Gegenwart des göttlichen Geistes; aber Geist transzendiert auch das Personhafte, sofern das Personhafte mit Bewußtsein und moralischer Selbst-Integration gleichgesetzt wird. Die Gegenwart des göttlichen Geistes ist ekstatisch, und ekstatisch sind auch Kontemplation, Gebet und Gottesdienst in all ihren Formen. Die Antwort auf die Einwirkung des göttlichen Geistes muß selbst Geist-bedingt sein, und das heißt, sie muß das Subjekt-Objekt-Schema der gewöhnlichen Erfahrung ekstatisch transzendieren. Das geschieht am deutlichsten im Akt der Kontemplation, und man könnte sagen, daß jedes ernsthafte Gebet zur Kontemplation führen muß, denn in der

Kontemplation ist das Paradox des Gebetes offenbar: die Identität und Nicht-Identität dessen, der betet, mit dem, zu dem gebetet wird – Gott als Geist.

Diese Beschreibung der Gegenwart des göttlichen Geistes in der Kontemplation widerspricht den Methoden der mittelalterlichen Mystik, nach denen die Kontemplation stufenweise erreicht wird (z. B. in dem Schritt von der Meditation zur Kontemplation) und die Kontemplation selbst eine Brücke zur mystischen Einigung mit Gott ist. Dieses Denken von einer stufenweisen Annäherung an Gott gehört zu den Zweideutigkeiten der Religion, weil es Gott wie eine belagerte Festung betrachtet, die sich denen ergibt, die ihre Wälle ersteigen können. Nach dem protestantischen Prinzip ist Gottes Hingabe das erste, eine Gabe seiner Freiheit, durch die er die Entfremdung zwischen sich und dem Menschen in dem einen unbedingten und totalen Akt der vergebenden Gnade überwindet. Alle Schritte, in denen die Gnade angeeignet wird, folgen dem göttlichen Akt, wie Wachstum der Geburt folgt. Kontemplation ist im Protestantismus nicht eine Stufe, sondern eine Qualität, nämlich eine Qualität des Gebetes, in der sich der Betende bewußt ist, daß das Gebet an den gerichtet ist, der das rechte Gebet in ihm schafft.

3. DIE FUNKTIONEN DER AUSBREITUNG IN DEN KIRCHEN. Das Prinzip der Universalität der Geistgemeinschaft erfordert die ausbreitenden Funktionen der Kirchen. Da die Universalität der Geistgemeinschaft in dem Bekenntnis zu Jesus als dem Christus enthalten ist, gehören die Funktionen der Ausbreitung zu jeder Kirche. Die erste Funktion der Ausbreitung – historisch und systematisch – ist die Mission. Sie ist so alt wie der Befehl Jesu, mit dem er die Jünger in die Städte Israels sandte, und sie ist so erfolgreich und erfolglos, wie diese erste Mission es war. Nach zweitausend Jahren missionarischer Tätigkeit ist die Mehrzahl der Menschheit immer noch nicht christlich, und doch gibt es keinen Platz auf der Erde, der nicht auf irgendeine Weise von der christlichen Kultur berührt wäre.

Trotz des fragmentarischen und zweideutigen Charakters, den die Auswirkung der Mission hatte und hat, vollzieht sich die Funktion der Ausbreitung in jedem Moment im Leben der Kirche. Wenn immer aktive Glieder der Kirchen Menschen außerhalb der Kirche begegnen, werden sie, freiwillig oder unfreiwillig, zu Missionaren der Kirchen. Ihre bloße Existenz ist missionarisch. Der Zweck der Mission als einer institutionellen Funktion der Kirche ist weder, einzelne von der „ewigen Verdammnis" zu retten – das Ziel der pietistischen Mission –, noch ist er die gegenseitige Befruchtung von Religionen und Kulturen, sondern er besteht in der Aktualisierung der Geistgemeinschaft in den konkreten Kirchen auf der ganzen Welt. Eine der Zweideutigkeiten der Religion, die die Mission gefährdet, ist der Versuch der Missionare, die kulturell bestimmten Formen der eigenen Kirche im Namen des Neuen Seins fremden Kulturen aufzuzwingen. Das führt notwendig zu Reaktionen, die die ganze Wirkung der ausbreitenden Funktion der Kirche zerstören können. Und doch ist es für jede Kirche schwer, die christliche Botschaft von der speziellen Kultur, in der sie jeweils verkündet wird, zu trennen. In gewissem Sinne ist es unmöglich, da es keine abstrakte christliche Botschaft gibt; sie ist immer mit einer speziellen Kultur verflochten. Selbst der kritischste Versuch einiger weniger Missionen, sich ihrer eigenen kulturellen Traditionen zu entäußern, muß mißlingen. Aber wenn die Macht des Geistes in ihnen wirkt, sprechen sie von dem letzten und unbedingten Anliegen, obwohl sie ihre eigenen kulturellen Kategorien gebrauchen. Dieses Sprechen ist dann nicht eine Sache formaler Analyse, sondern paradoxer Transparenz. Wo der göttliche Geist gegenwärtig ist, kann ein Missionar in den Formen einer jeden Kultur die Gegenwart des Geistes ausstrahlen.

Die zweite der Funktionen der Ausbreitung, die Funktion der religiösen Erziehung, ist in dem Wunsch der Kirchen begründet, ihr Leben von Generation zu Generation fortzusetzen. Die religiöse Erziehung ist zu einem der wichtigsten Probleme im Leben der Kirchen geworden. Die vielen technischen Seiten der religiösen Erziehung interessieren uns hier nicht, aber das Problem der Erziehung als einer religiösen Funktion ist für die systematische Theologie wichtig. Als erstes muß betont werden, daß die christliche Erziehung mit dem Augenblick begann, in dem die erste christliche Familie in die Gemeinschaft der Kirche aufgenommen wurde. Christliche Erziehung folgt aus dem Selbstverständnis der Kirche als der Gemeinschaft des Neuen Seins oder als Aktualisierung der Geistgemeinschaft. Die Fragen und Schwierigkeiten, die die Eltern in bezug auf die christliche Erziehung ihrer Kinder haben, beruhen zum Teil auf ihren eigenen Glaubens-Zweifeln, zum Teil auf der Problematik des Erziehungsprozesses als solchem. Was das erste Problem betrifft, so kann allein der göttliche Geist den Mut geben, den christlichen Glauben zu bejahen und ihn der neuen Generation zu übermitteln. Was das zweite Problem betrifft, so kann die theoretische Pädagogik dazu beitragen, psychologische Irrtümer und mangelnde pädagogische Einsicht zu überwinden.

Die erzieherische Funktion der Kirchen besteht nicht in Information über die Geschichte der Kirche und ihr Lehrsystem. Wenn der Konfirmanden-Unterricht nichts anderes als dies zu geben hätte, würde er trotz der Vermittlung nützlichen Wissens seinen Zweck verfehlen. Aber es ist auch nicht die Aufgabe der religiösen Erziehung der Kirchen, eine persönliche Frömmigkeit zu erwecken, etwa im Sinne von Bekehrung. Eine solche Frömmigkeit verschwindet gewöhnlich mit der Situation, in der sie gefühlsmäßig erzeugt wurde. Die Aufgabe der Kirche ist vielmehr, jede neue Generation in die Wirklichkeit der Geistgemeinschaft, ihren Glauben und ihre Liebe, einzuführen. Das kann nur durch Teilhaben am Leben der christlichen Gemeinschaft, den verschiedenen Graden der Reife entsprechend, und durch Deutung der Lebensformen der Kirche, den verschiedenen Graden des Verstehens entsprechend, geschehen. Es gibt kein Verstehen des religiösen Lebens ohne Teilnahme an ihm, aber Teilnahme ohne Verstehen wird mechanisch und zwanghaft.

Die dritte der Funktionen der Ausbreitung ist die Evangelisation. Sie richtet sich auf die entfremdeten oder indifferenten Glieder der Kirche. Sie ist Mission an den Nicht-Christen innerhalb der christlichen Kultur. Sie kann zwei Formen annehmen, die ineinander übergehen, aber doch unterscheidbar sind, nämlich praktische Apologetik und evangelistisches Predigen. Wenn das Ergebnis der Evangelisation der Wunsch nach persönlicher seelsorgerischer Beratung ist, dann geht die Funktion der Ausbreitung in die der Vermittlung über.

Praktische Apologetik ist die praktische Anwendung des apologetischen Elements, das in jeder Theologie vorhanden ist. Wir haben in dem einleitenden Teil unseres Systems darauf hingewiesen, daß der Typ des theologischen Denkens, der in diesem System vertreten ist, mehr apologetisch als kerygmatisch ist. In dieser Rolle gibt die systematische Theologie die theoretische Grundlage für die praktische Apologetik. Auch hier muß zunächst betont werden, daß praktische Apologetik ein immer vorhandenes Element in allen Manifestationen des Lebens der Kirchen ist. Infolge ihres paradoxen Charakters werden den Kirchen ständig Fragen über ihr Wesen gestellt, auf die sie antworten müssen. Und die Kunst des Antwortens ist Apologetik. Die wirksamste Antwort ist zweifellos die Wirklichkeit des Neuen Seins in der Geistgemeinschaft und im Leben der Kirche, soweit dieses durch den Geist bestimmt ist. Es ist das wortlose Zeugnis der Gemeinschaft des Glaubens und der Liebe, das den Fragenden überzeugt, der durch die stärksten Argumente oft zum Schweigen gebracht, aber nicht überzeugt wird. Dennoch sind auch Argumente nötig; sie können dazu dienen, die intellektuellen Mauern des Skeptizismus und des Dogmatismus zu durchbrechen, mit denen die Kritiker der Kirche dem Andringen des Geistes Widerstand leisten. Und da solche Mauern ständig

Das Leben der Kirchen und der Kampf gegen die Zweideutigkeiten

in uns allen erbaut werden und große Massen in allen sozialen Schichten von den Kirchen getrennt haben, müssen die Kirchen Apologetik treiben. Sonst können sie nicht wachsen, sondern nehmen ab und werden schließlich zu einer kleinen, unwirksamen Gruppe innerhalb einer dynamischen Kultur. Die soziologischen und psychologischen Bedingungen für eine erfolgreiche praktische Apologetik sind von einer Reihe von Faktoren abhängig, mit denen sich die praktische Theologie beschäftigen muß; aber die systematische Theologie hat die Aufgabe, die begrifflichen Fundamente zu legen, auf denen sich die praktische Apologetik aufbauen kann. Zugleich muß die systematische Theologie die Grenzen ihrer apologetischen Theorie wie auch die Grenzen selbst der geschicktesten apologetischen Praxis aufzeigen. Man könnte sagen, daß das Eingeständnis ihrer eigenen Grenzen selbst ein Element der apologetischen Funktion ist.

Evangelisation durch Predigt wie durch praktische Apologetik richtet sich auf Menschen, die innerhalb der christlichen Kultur leben, aber nicht mehr aktive Glieder einer Kirche sind und dem Christentum gleichgültig oder feindlich gegenüberstehen. Evangelisation durch Predigt ist mehr charismatisch bedingt als Evangelisation durch Apologetik. Sie hängt davon ab, daß in den Kirchen Menschen aufstehen, die fähig sind, im Namen und in der Kraft der Geistgemeinschaft zu jenen Gruppen zu sprechen, aber anders, als es die Kirchen normalerweise tun. Dadurch machen sie einen Eindruck auf die Hörer, den das gewöhnliche Predigen nicht macht. Es wäre unberechtigt zu behaupten, daß dieser Eindruck nur „psychologisch" und „emotional" wäre. Der Geist kann sich jeder psychologischen Gegebenheit und jeder Kombination von Faktoren bedienen, um das Zentrum der Person zu ergreifen, und unter dem Gesichtspunkt der vieldimensionalen Einheit des Menschen wäre es ohnehin unmöglich, das Psychologische einfach in Gegensatz zum Geistigen zu stellen. Dagegen ist es nicht unberechtigt, sondern der Situation angemessen, auf die Gefahren der Evangelisation als religiöses Phänomen mit allen Zweideutigkeiten solcher Phänomene hinzuweisen. Die Gefahr der Evangelisation ist die Vermengung des subjektiven Eindrucks des evangelistischen Predigens mit der Einwirkung des göttlichen Geistes auf den Menschen, die ihn über den Gegensatz von Subjektivität und Objektivität hinaushebt. Das Kriterium ist, daß der göttliche Geist schöpferisch ist; er schafft das Neue Sein, das nicht erregte Subjektivität, sondern Umwandlung der Person ist. Bloße Erregtheit führt nicht in die Geistgemeinschaft, selbst wenn die verschiedenen Elemente traditioneller Bekehrungserlebnisse vorhanden zu sein scheinen. Wenn dabei von Reue, Buße,

Glauben usw. gesprochen wird, bedeuten diese Worte nicht, was sie ursprünglich meinten, und darum bleibt ihre Wirkung momentan und vorübergehend. Dennoch wäre es falsch, wegen dieser Gefahren die Evangelisation und selbst einen einzelnen Evangelisten gänzlich zu verwerfen. Evangelisation ist nötig, aber sie sollte sich davor hüten, Erregung mit Ekstase zu verwechseln.

4. DIE FUNKTIONEN DES AUFBAUS IN DEN KIRCHEN. – *(a) Die ästhetische Funktion.* Funktionen des Aufbaus sind solche, in denen die Kirchen ihr Leben mit Hilfe der Schöpfungen der kulturellen Funktionen des menschlichen Geistes formen. Die Kirche ist niemals ohne die Funktionen des Aufbaus, und sie kann darum in allen wichtigen Entwicklungen nicht auf den Gebrauch kultureller Schöpfungen verzichten. Theologen, die den Gegensatz von göttlichem und menschlichem Geist absolut setzen, widersprechen sich schließlich selbst. Denn in den theologischen Argumenten selbst, mit denen sie ihre Gedanken formulieren müssen, bedienen sie sich nicht nur der Strukturen des menschlichen Geistes, sondern auch der geschichtlichen Inhalte, die der menschliche Geist geschaffen hat. Das ist besonders deutlich, wenn sie die Bibel zitieren, denn die biblische Sprache ist ein Ergebnis der vorangegangenen Gesamtentwicklung der menschlichen Sprache. Man kann die Kultur nur verwerfen, indem man sie selbst im Akt der Verwerfung gebraucht. Darin liegt die Inkonsequenz dessen, was man *diastasis* genannt hat, das heißt die radikale Trennung von Religion und Kultur.

Die Kirchen sind aufbauend in allen Richtungen des kulturellen Lebens, wie wir sie auf S. 213 ff. unterschieden haben. Sie sind aufbauend im Gebiet der *theoria* (im Ästhetischen wie im Kognitiven), und sie sind aufbauend im Gebiet der *praxis* (im Personhaften wie im Gemeinschaftlichen). Später werden wir diese Funktionen in ihrer unmittelbaren Beziehung zur Geistgemeinschaft behandeln; hier müssen wir ihre Rolle im Zusammenhang mit den aufbauenden Funktionen der Kirche untersuchen. Eine Frage ist zentral für sie alle: Wie verhält sich die autonome kulturelle Form dieser Funktionen (die sie zu dem macht, was sie sind) zu ihrem Gebrauch als Material für den Aufbau der Kirchen? Gibt es einen unvermeidlichen Konflikt zwischen ihrem Dienst im Aufbau der Kirchen und der Reinheit ihrer autonomen Form? Müssen Ausdruckskraft, Wahrheit, *humanitas* und Gerechtigkeit die in ihnen liegende Gesetzlichkeit ganz oder teilweise preisgeben, müssen sie entstellt werden, um dem Leben der Kirchen dienen zu können? Und wenn dieses dämonische Element in der Religion abgewiesen ist, wie kann der menschliche Geist andrerseits davor bewahrt werden, daß er das Wirken des göttlichen Geistes in sich durch Akte des Selbst-Schaffens ersetzt? Und wie kann das Leben der Kirche davor bewahrt werden, der Macht des profanen Elementes in der Religion zu erliegen? Anstatt eine allgemeine Antwort zu geben, wollen wir versuchen zu antworten, indem wir die besonderen Probleme in den einzelnen Funktionen des Aufbaues behandeln.

Die ästhetische Funktion erscheint in der Kirche als religiöse Kunst. In ihr drückt die Kirche den Sinn ihres Lebens in künstlerischen Symbolen aus. Gegenstand der künstlerischen Symbole in all ihren Formen sind die religiösen Symbole, die durch die ursprünglichen Offenbarungs-Erfahrungen geschaffen und von der Tradition der Kirchen weiterentwickelt werden. Die Tatsache, daß die künstlerischen Symbole die gegebenen religiösen Symbole in immer wechselnden Stilen zum Ausdruck bringen, erzeugt das Phänomen der „doppelten Symbolisierung". Ein Beispiel dafür ist der Isenheimer Altar von Matthias Grünewald, in dem die Kreuzigung und Auferstehung des Christus in der künstlerischen Sprache der nordischen Renaissance ausgedrückt ist, eines der seltenen Bilder, die protestantischen Geist atmen und zugleich große Kunstwerke sind. Hier haben wir nicht nur ein Beispiel von doppelter Symbolisierung, sondern zugleich auch ein Beispiel für die Macht des künstlerischen Ausdrucks, das zu verwandeln, was ausgedrückt wird. Das Bild von Grünewald bringt nicht nur die Erfahrung der vorreformatorischen Gruppen zum Ausdruck, zu denen er gehörte, es half auch, den Geist der Reformation zu verbreiten und ein Christusbild zu schaffen, das im radikalen Gegensatz zu den Mosaiken des Ostens stand, die schon im Jesuskind auf Marias Schoß den Weltherrscher zeigen. Dieser Gegensatz macht es verständlich, daß ein Bild wie das von Grünewald von der Ost-Kirche verworfen wurde, da die Ost-Kirche die Kirche der Auferstehung und nicht der Kreuzigung ist. Die Kirchen wußten sehr wohl, daß der künstlerische Ausdruck mehr ist als eine verschönernde Zutat für das Andachtsleben. Sie wußten, daß von dem künstlerischen Ausdruck Kräfte ausgehen, die das Leben beeinflussen – erhaltende oder verändernde Kräfte –, und darum versuchten sie, die religiöse Kunst zu beeinflussen und auf die Schöpfer dieser Kunst einen gewissen Zwang auszuüben. Das geschah am konsequentesten in der Ost-Kirche, aber es geschah auch in der römisch-katholischen Kirche, besonders auf dem Gebiet der Musik, und es zeigte sich selbst in den protestantischen Kirchen, besonders im Kirchenlied. Der Ausdruck verändert das, was er ausdrückt – das ist die Bedeutung der religiösen Kunst als einer Funktion des Aufbaus der Kirchen.

Diese Situation kann jedoch zu einem Konflikt führen zwischen der berechtigten Forderung der Kirchen, daß die religiöse Kunst, die sie aufnehmen, das ausdrückt, was sie bekennen, und der berechtigten Forderung der Künstler, sich der Stile bedienen zu dürfen, die ihr künstlerisches Gewissen ihnen vorschreibt. Diese beiden Forderungen können als zwei Prinzipien verstanden werden, durch die die religiöse Kunst bestimmt wird: das Prinzip der Weihe und das Prinzip der Wahrhaftigkeit.

Ein religiöser Gegenstand hat Weihe, wenn er die Macht hat, das Heilige in der Konkretheit einer speziellen Religion auszudrücken. Das Prinzip der Weihe in diesem Sinne ist eine Anwendung des umfassenderen Prinzips der Form-Transzendenz auf die religiöse Kunst. Es schließt den Gebrauch derjenigen religiösen Symbole ein, die zu einer speziellen religiösen Tradition gehören, und diejenigen Stilarten, die die Werke religiöser Kunst von denen säkularer Kunst unterscheiden. Die Gegenwart des göttlichen Geistes kann in der Architektur des Kirchenraumes, in der liturgischen Musik und Sprache, in bildlichen und plastischen Darstellungen und im feierlichen Charakter der Gesten aller am Gottesdienst Beteiligten zum Ausdruck kommen. Es ist die Aufgabe der ästhetischen Theorie in Zusammenarbeit mit der Psychologie, die Stile auf ihre religiöse Ausdruckskraft hin (ihre Kraft, das Gefühl der Weihe hervorzurufen) zu analysieren. Was immer das allgemeine künstlerische Ziel einer Periode sein mag, es gibt stets bestimmte Merkmale, die den sakralen vom säkularen Stil unterscheiden.

Es gibt jedoch eine Grenze für die Forderungen, die im Namen des Prinzips der Weihe an den Künstler gestellt werden, und diese Grenze ist das Prinzip der Wahrhaftigkeit. Es ist die Anwendung des umfassenderen Prinzips der Form-Bejahung auf die religiöse Kunst. Dies ist besonders wichtig in einer Periode, in der neue Kunststile erscheinen und das künstlerische Bewußtsein in dem Streit gegensätzlicher Ausdrucksformen gespalten ist. Das Prinzip der Wahrhaftigkeit ist ernsthaft gefährdet in solchen Situationen, wie sie in der Geschichte der westlichen Kirche häufig auftreten: Künstlerische Stile, in denen das Element der Weihe einmal kraftvoll zum Ausdruck kam, beanspruchen unbedingte Gültigkeit, da sie sich mit der Erinnerung an ekstatische Erfahrungen dem Bewußtsein tief eingeprägt haben. Sie werden dann im Namen des göttlichen Geistes gegen neue stilistische Entwicklungen verteidigt. Solche Ansprüche treiben die Künstler zu tiefen sittlichen Konflikten und die Glieder der Gemeinde zu Entscheidungen, die religiös oder künstlerisch verhängnisvoll sein können. Beide Seiten fühlen wenigstens im Unterbewußtsein, daß die alten Stilformen, soviel Weihe sie einst ausstrahlten, keine Ausdruckskraft mehr besitzen. Sie haben aufgehört, das auszudrücken, was sich in der Begegnung mit dem Heiligen in einer bestimmten konkreten Situation ereignet. Aber die neuen Stilformen haben noch keine Beziehung zur religiösen Symbolik gefunden. In einer solchen Situation kann das Gebot der Wahrhaftigkeit die Künstler zwingen, den Versuch aufzugeben, traditionelle Symbole zum Gegenstand der Darstellung zu wählen, oder zuzugeben, daß sie damit gescheitert sind, wenn sie es versucht haben. In ähnlicher Weise verlangt das Gebot der Wahrhaftigkeit von den Laien, daß sie sich ihre Unzufriedenheit mit den älteren Stilformen eingestehen, selbst wenn sie die neuen noch nicht zu würdigen wissen, vielleicht gerade deshalb nicht, weil diese bisher ihre sakrale Qualität noch nicht gezeigt haben. Für Künstler wie für Laien folgt aus dem Prinzip der Wahrhaftigkeit, daß sie keine Nachahmung von Stilen zulassen dürfen, die einmal die Kraft hatten, das Heilige auszustrahlen, sie aber in der gegenwärtigen Situation verloren haben. Das berühmteste – oder berüchtigste – Beispiel ist die Pseudo-Gotik in der Kirchen-Architektur.

Das Verhältnis zwischen den beiden Prinzipien der religiösen Kunst enthält noch ein anderes Problem. Es scheint Kunststile zu geben, die ihrem Wesen nach das Element der Weihe nicht vermitteln können und darum von der religiösen Kunst ausgeschlossen werden müssen. Man kann dabei an gewisse Arten des Naturalismus oder an den gegenwärtigen abstrakten Stil denken. Ihr Charakter macht ihren Gebrauch für bestimmte traditionelle Symbole unmöglich, z. B. der abstrakte Stil, weil er organische Gestalten und das menschliche Antlitz nicht darstellen kann, und der Naturalismus, weil er bei der Darstellung seiner Gegenstände die Selbst-Transzendierung des Lebens ausschließt. Man könnte sagen, daß nur solche Stile, die den ekstatischen Charakter der Geistgemeinschaft auszudrücken vermögen, sich für die religiöse Kunst eignen; und das würde bedeuten, daß in einem Stil, der der religiösen Kunst dienen soll, ein expressionistisches Element vorhanden sein muß. Das ist sicherlich wahr, aber damit wird kein konkreter Stil ganz ausgeschlossen, denn in jedem Stil, und noch deutlicher in jedem konkreten Kunstwerk, sind expressionistische Elemente enthalten, die auf die Selbst-Transzendierung des Lebens hindeuten. In allen Gebieten der Kunst können sowohl Idealismus wie Naturalismus das Heilige vermitteln. Aber die Geschichte der Kunst zeigt, daß die Stilarten, in denen das expressionistische Element vorherrscht, sich am besten für den künstlerischen Ausdruck des Heiligen eignen. Sie sind am besten fähig, den ekstatischen Charakter der Gegenwart des Geistes zu zeigen. Das ist der Grund, weshalb in Perioden, in denen Stile mit überwiegend expressionistischen Elementen verschwunden waren, keine große religiöse Kunst geschaffen wurde. Diese Betrachtungen sind vorzüglich aus der bildenden Kunst abgeleitet, aber mit gewissen Modifikationen sind sie auch für die anderen Künste gültig.

Wenn wir die Geschichte des Protestantismus betrachten, so finden wir, daß er zwar die von der frühen und der mittelalterlichen Kirche gepflegte Kirchenmusik und Liederdichtung weiterentwickelt und sogar übertroffen hat, daß jedoch seine schöpferische Kraft in den visuellen Künsten sehr gering war, vor allem auf Gebieten, in denen das Visuelle und das Akustische gleich wichtig sind, wie beim religiösen Tanz und bei den religiösen Spielen. Das steht in Zusammenhang mit der Wendung des späten Mittelalters vom Visuellen zum Akustischen. Mit der Reduktion der Sakramente an Zahl und Wichtigkeit und mit der stärkeren Beteiligung der Gemeinden am Gottesdienst gewannen Musik und Dichtung an Bedeutung. Dazu kam, daß die bilderfeindlichen Bewegungen im frühen Protestantismus und im evangelischen Radikalismus den Gebrauch der bildenden Künste in den Kirchen absolut verurteilten. Im Hintergrund dieser Verwerfung der bildenden Künste steht die Furcht, ja geradezu das Entsetzen vor einem Rückfall in den Götzendienst. Seit den frühen biblischen Zeiten bis zum heutigen Tage gibt es in der westlichen und islamischen Welt bilderfeindliche Bewegungen, die von Angst und Leidenschaft getragen sind, und es kann kein Zweifel darüber bestehen, daß die Künste des Auges anfälliger für götzendienerische Dämonisierung sind als die Künste des Ohres. Aber der Unterschied ist nur ein relativer. Das Wesen des Geistes selbst steht gegen den Versuch, das Auge bei der Erfahrung der Gegenwart des göttlichen Geistes auszuschließen. Entsprechend der vieldimensionalen Einheit des Lebens schließt die Dimension des Geistes alle anderen Dimensionen ein – also auch alles Sichtbare im gesamten Universum. Der Geist ragt in die physikalische, biologische und psychische Dimension hinein; das zeigt die Tatsache, daß er auf diesen Dimensionen beruht und sich aus ihnen erhebt. Darum kann er nicht nur in Worten zum Ausdruck kommen. Er hat eine sichtbare Seite, und das wird am deutlichsten im Antlitz des Menschen, das zugleich körperliche Gestalt ist und personhaft geistiges Leben ausdrückt. Diese Einheit von Körperlichem und Geistigem, der wir im täglichen Leben begegnen, bereitet uns auf die sakramentale Einheit von Materie und göttlichem Geist vor. Man sollte daran denken, daß es ein Mystiker war (Oetinger), der dafür die Worte gefunden hat: Leiblichkeit ist das Ende der Wege

Gottes. Das Fehlen der Künste des Auges im Protestantismus ist – obgleich geschichtlich verständlich – systematisch unhaltbar und für die Praxis bedauerlich.

Als wir auf die historische Tatsache hinwiesen, daß die Stile, in denen das expressionistische Element überwiegt, sich für die religiöse Kunst als die geeignetsten erweisen, stellten wir die Frage, unter welchen Umständen ein solcher Stil erscheinen kann. Die negative Antwort war klar: Die Religion darf den autonomen Künsten keinen speziellen Stil aufzwingen, da das dem Prinzip der künstlerischen Wahrhaftigkeit widersprechen würde. Ein neuer Stil entsteht als eine Schöpfung des sich-schaffenden Lebens in der Dimension des Geistes; er wird durch einen autonomen Akt des Künstlers geschaffen und zugleich durch das geschichtliche Schicksal, dem der Künstler unterworfen ist. Die Religion kann das geschichtliche Schicksal und das autonome Schaffen nur indirekt beeinflussen und nur dann, wenn unter dem Einwirken des göttlichen Geistes eine Kultur zur kulturellen Theonomie wird.

(b) Die kognitive Funktion. – Die kognitive Funktion erscheint in den Kirchen als Theologie. In ihr interpretieren die Kirchen ihre Symbole und bringen sie in Beziehung zu den allgemeinen Kategorien des Erkennens. Der Gegenstand der Theologie wie der religiösen Kunst sind die Symbole, die in ursprünglichen Offenbarungs-Erfahrungen gegeben sind und von der Tradition, die sich auf sie gründet, weiterentwickelt werden. Aber <u>während die Kunst die religiösen Symbole in ästhetischen Symbolen ausdrückt, deutet die Theologie sie durch Begriffe, die den Kriterien der Rationalität unterworfen sind.</u> Auf diese Weise entstehen die Lehren und Dogmen der Kirchen und geben Antrieb zu weiterer theologischer Begriffsarbeit.

Als erstes müssen wir über die kognitive Funktion der Kirchen sagen, daß sie ebenso wie die ästhetische Funktion immer vorhanden ist. Die Aussage, daß Jesus der Christus ist, enthält in gewisser Weise das ganze theologische System, wie die Tatsache, daß Jesus Gleichnisse erzählte, die künstlerischen Möglichkeiten des Christentums enthält.

Wir brauchen an diesem Punkt nicht über die Theologie als solche zu sprechen. Das ist im einleitenden Teil des Systems geschehen; aber im Licht der vorausgegangenen Erörterungen sind einige weitere Bemerkungen notwendig. Wie alle Funktionen der Kirche steht die Theologie unter den Prinzipien der Form-Transzendenz und der Form-Bejahung. In der ästhetischen Sphäre erscheinen diese Prinzipien, wie schon gesagt, als Weihe und Wahrhaftigkeit. In analoger Weise kann man im kognitiven Bereich von Meditation und Rationalität sprechen. Im meditativen Akt wird die Substanz der religiösen Symbole ergriffen. Im rationalen Akt werden die kognitiven Formen, in denen die religiöse Substanz begriffen wird, analysiert und beschrieben. Durch das meditative Element (das gelegentlich in ein kontemplatives Element übergehen kann) werden Subjekt und Objekt der Erkenntnis im Erlebnis des Heiligen geeint. Ohne eine solche Vereinigung bleibt das theologische Unternehmen eine Analyse von Strukturen ohne Substanz. Andrerseits kann die Meditation (einschließlich ihrer kontemplativen Elemente) ohne begriffliche Analyse ihrer Inhalte und ohne den Versuch einer konstruktiven Synthese keine Theologie schaffen. Das ist die Grenze einer sogenannten „mystischen Theologie". Sie kann nur in dem Maße Theologie sein, in dem die rationale Funktion mit am Werk ist.

Das meditative Element in der theologischen Arbeit richtet sich auf die konkreten Symbole, die ihren Ursprung in den Offenbarungs-Erfahrungen haben. Da die Theologie eine Funktion der Kirche ist, hat die Kirche das Recht, dem Theologen die konkreten Gegenstände für seine Meditation und Kontemplation zu liefern und eine Theologie zu verwerfen, in der diese Symbole verworfen werden oder ihren Sinn verloren haben. Auf der anderen Seite ist das Element der rationalen Erkenntnis nach allen Richtungen hin offen und kann nicht an eine spezielle Gruppe von Symbolen gebunden werden. Diese Situation scheint Theologie überhaupt auszuschließen, und die Geschichte der Kirche zeigt eine fortlaufende Reihe anti-theologischer Bewegungen, die von zwei Seiten unterstützt werden: einmal von denen, die die Theologie verwerfen, weil das rationale Element in ihr die konkrete Substanz der Kirche und ihre Symbole zu zerstören scheint, zum anderen von denen, die die Theologie verwerfen, weil das meditative Element die theologische Arbeit auf bestimmte, im voraus festgelegte Objekte und Lösungen einschränkt. Wenn diese Annahmen berechtigt wären, wäre Theologie tatsächlich nicht möglich. Aber es gibt Theologie, und es muß daher Wege geben, die Spannung von Meditation und Rationalität zu überwinden.

In diesem Zusammenhang stellen sich zwei Fragen: Besteht eine Analogie zwischen der Beziehung von Meditation und Rationalität in der Theologie und der Beziehung von Weihe und Wahrhaftigkeit in der religiösen Kunst? Und: Gibt es Formen einer begrifflichen Begegnung mit der Wirklichkeit, in der das meditative Element vorherrschend und wirksam ist, ohne daß dabei die diskursive Schärfe des Denkens unterdrückt wird? Die Antwort ist bejahend, da es innerhalb der Welt des Rationalen de facto einen theologischen Sektor gibt, nur darf er nicht die Herrschaft über die anderen Sektoren beanspruchen. Aber es muß die weitere Frage gestellt werden: Gibt es nicht Formen und Resultate des rationalen Denkens, die einen theologischen Sektor innerhalb der Welt des Rationalen ausschließen? Der Materialismus ist dafür als ein Beispiel herangezogen worden. Man hat behauptet, daß ein Materialist kein Theologe sein könne. Aber eine solche Auffassung ist sehr oberflächlich. Vor allem ist der Materialismus nicht eine philosophische Position, die nur auf Rationalität basiert. Er hat auch ein meditatives und ein theologisches Element in sich. Das gilt von allen philosophischen Positionen; unter ihren philosophischen Argumenten ist ein meditatives Element verborgen. Das bedeutet, daß Theologie auf der Basis einer jeden philosophischen Tradition möglich ist, so verschieden das jeweilig verwendete Begriffsmaterial auch sein mag. Wenn das meditative Element in einer speziellen Philosophie vorherrscht, so kann diese mit den künstlerischen Stilen verglichen werden, in denen das expressionistische Element vorherrscht. Von solchen Philosophien sagen wir heute, daß sie existentialistisch seien oder zumindest existentialistische Elemente enthielten. „Existentialistisch" wollen wir in diesem Zusammenhang solche Philosophien nennen, in denen die Frage nach der menschlichen Existenz in Zeit und Raum und nach der menschlichen Situation in Einheit mit der Situation alles Seienden gestellt und in Symbolen oder Begriffen beantwortet wird. Wir können in diesem Sinn von stark existentialistischen Elementen bei Heraklit, Sokrates, Plato, den Stoikern und Neuplatonikern sprechen. Ihnen entgegen steht eine andere Gruppe, die man „essentialistisch" nennen könnte: Anaxagoras, Demokrit, Aristoteles und die Epikureer, deren Interesse sich mehr auf die Struktur der Wirklichkeit als auf die Situation des Existierens richtet. In derselben Weise kann man die vorwiegend existentialistischen und die vorwiegend essentialistischen Philosophen in der Moderne unterscheiden. Zu den ersteren gehören: Cusanus, Pico, Bruno, Böhme, Pascal, Schelling, Schopenhauer, Nietzsche und Heidegger, zu den andern: Galilei, Bacon, Descartes, Leibniz, Locke, Hume, Kant und Hegel. Diese Aufzählung zeigt, daß es sich um die Betonung verschiedener Seiten, und nicht um einen einfachen Gegensatz handelt.

Man kann von Denk-Stilen in Analogie zu Kunst-Stilen sprechen. In beiden Fällen haben wir auf der einen Seite die idealistisch-naturalistische Polarität, auf der anderen Seite das expressionistische oder existentialistische Element. In Hinsicht auf den ekstatischen Charakter der Gegenwart des göttlichen Geistes können die Kirchen für ihre rationale Selbst-Interpretation besonders solche Gedankensysteme gebrauchen, in denen das existentialistische Element stark ist. (Man vergleiche hiermit die Bedeutung, die die früher genannten Philosophen wie Heraklit, Plato, die Stoiker, die Neuplatoniker für die alte Kirche hatten, und die Notwendigkeit, die sich für Thomas von Aquino ergab, Aristotelische Gedanken mit heterogenen existentialistischen Elementen zu verschmelzen.) Aber wie im Fall der Künstler dürfen die Kirchen auch den Philosophen keinen bestimmten Denkstil vorschreiben. Der Denkstil ist das Ergebnis des Zusammenwirkens autonomen philosophischen Schaffens und geschichtlichen Schicksals. Die Theologie muß diesen Denkstil akzeptieren, gleich ob das existentialistische Element, das in aller Philosophie gegenwärtig ist, in ihm zum Durchbruch kommt oder nicht. Sie braucht nicht auf einen solchen Durchbruch zu warten. Sie macht sich die essentialistischen Beschreibungen der Wirklichkeit (z. B. vom Wesen des Menschen) zu eigen, ist aber fähig, darüber hinaus deren existentialistische Voraussetzungen zu entdecken und sie in Bejahung und Verneinung zu gebrauchen (z. B. das vorwegnehmende eschatologische Element im Idealismus und den ehrlichen, oft pessimistischen Realismus im naturalistischen Denken). Die Theologie braucht weder den Idealismus noch den Naturalismus zu fürchten.

Die letzten Betrachtungen gehen wie die entsprechenden im Kapitel über die religiöse Kunst in eine „Theologie der Kultur" über, die wir später diskutieren werden.

(c) Die Gemeinschaft-bildende Funktion. – Das Problem aller Funktionen des Aufbaus in den Kirchen ist die Beziehung der autonomen kulturellen Formen zu deren Gebrauch als Material für das Leben der Kirche. Wir haben das Problem schon in bezug auf die ästhetische und kognitive Funktion der *theoria* erörtert und müssen es jetzt in bezug auf die Funktionen der *praxis*, die Gemeinschaft- und Person-bildenden Funktionen, behandeln. Wir müssen die Frage stellen: Muß die autonome Form dieser Funktionen zerbrochen werden, damit sie zu einer Funktion des Aufbaus der Kirche werden können? Im Bereich der *theoria* bedeutet das sowohl die Frage, ob die essentiellen Forderungen der ästhetischen Form (z. B. künstlerische Wahrhaftigkeit, Materialgerechtigkeit) preisgegeben werden müssen, wenn das Ästhetische in den Dienst der Weihe gestellt wird, wie die andere Frage, ob die essentiellen Forderungen der kognitiven Form (z. B. die logischen Gesetze, die empirischen Daten) preisgegeben werden müssen, wenn das Kognitive mit Meditation geeint wird. Analog erhebt sich im Bereich der *praxis* die Frage, ob die essentiellen Forderungen der Gerechtigkeit (z. B. die

Gleichheit vor dem Gesetz) aufrechterhalten werden können, wenn die Gerechtigkeit der Verwirklichung der religiösen Gemeinschaft dienen soll; und ob die essentiellen Forderungen der *humanitas* (z. B. die autonome Persönlichkeitsentwicklung) erreicht werden können, wenn die Verwirklichung persönlicher Heiligkeit erstrebt wird. Wenn die aufbauenden Funktionen der Kirche die Zweideutigkeiten der Religion – wenn auch nur fragmentarisch – in der Kraft des göttlichen Geistes besiegen sollen, dann müssen sie fähig sein, Gemeinschaft zu schaffen, in der Heiligkeit mit Gerechtigkeit geeint ist; und sie müssen fähig sein, Persönlichkeiten zu schaffen, in denen Heiligkeit mit *humanitas* geeint ist.

Die kirchliche Gemeinschaft ist heilig, insofern sie die Manifestation der Geistgemeinschaft ist. Aber die Kirchen sind nicht nur Manifestation, sondern zugleich Entstellung der Geistgemeinschaft. Trotzdem können wir von der Heiligkeit der kirchlichen Gemeinschaft sprechen, wenn wir unter Heiligkeit den ständigen Versuch der Kirchen verstehen, die Geistgemeinschaft zu verwirklichen. Die Heiligkeit der kirchlichen Gemeinschaft gerät mit dem Prinzip der Gerechtigkeit in Konflikt, wenn immer eine Kirche im Namen der Heiligkeit Ungerechtigkeiten begeht oder zuläßt. Innerhalb der christlichen Kultur geschieht es gewöhnlich nicht in der Weise, wie es in vielen heidnischen Religionen der Fall war, in denen z. B. der sakramentale Vorrang des Königs oder des Priesters ihm eine Position verschaffte, in der das Prinzip der Gerechtigkeit weitgehend aufgehoben war. Gegen diese Auffassung vor allem richtete sich der Zorn der alttestamentlichen Propheten. Es war nicht der Zorn gegen die Ungerechtigkeit als solche, sondern gegen die sakramental begründete Ungerechtigkeit, die in der herausgehobenen Position des Königs, der Priesterschaft usw. zum Ausdruck kam. Aber selbst innerhalb des Christentums ist das Problem aktuell, denn jede religiöse Hierarchie führt fast unvermeidlich zu sozialer Ungerechtigkeit. Auch wenn es wie im Protestantismus keine formale Hierarchie gibt, so gibt es doch Grade der Wichtigkeit in den Kirchen, und besonders die höheren kirchlichen Ränge sind sozial und ökonomisch von den höheren Rängen der sozialen Gruppen abhängig und oft gesellschaftlich mit ihnen verbunden. Das ist einer der Gründe, warum die Kirchen in den meisten Fällen die bestehenden gesellschaftlichen Mächte und deren Ungerechtigkeiten gegen die niederen Klassen unterstützt haben. (Ein anderer Grund ist die konservative Tendenz, die wir in dem Abschnitt über Tradition und Reformation beschrieben haben.) Das Bündnis der kirchlichen Hierarchien mit den feudalen Hierarchien im Mittelalter ist ein Beispiel für solche „heiligen Ungerechtigkeiten". Die Abhängigkeit des Pfarrers von den

Repräsentanten der ökonomisch und sozial einflußreichen Klassen in seiner Gemeinde ist ein modernes Beispiel. Man könnte sagen, daß eine solche Heiligkeit überhaupt keine Heiligkeit ist. Aber die Dinge liegen nicht so einfach, da der Begriff der Heiligkeit nicht auf den der Gerechtigkeit reduziert werden kann. Ungerechte Repräsentanten der Kirche können immer noch die religiöse Selbst-Transzendierung repräsentieren, für die die Kirchen durch ihre bloße Existenz zeugen. Aber sicherlich führt eine durch Ungerechtigkeit entstellte Repräsentanz des Heiligen schließlich zur Ablehnung der Kirchen, nicht nur von seiten derer, die unter der Ungerechtigkeit leiden, sondern auch von seiten derer, die geistig darunter leiden, daß Heiligkeit mit Ungerechtigkeit verbunden ist.

Bei der Beschreibung der Zweideutigkeiten des Gemeinschafts-Lebens fanden wir vier Arten von Zweideutigkeiten: die Zweideutigkeit der Zugehörigkeit, die Zweideutigkeit der Gleichheit, die Zweideutigkeit der Führung, die Zweideutigkeit des Gesetzes.

Jetzt erhebt sich die Frage: In welchem Sinne sind diese Zweideutigkeiten in einer Gemeinschaft überwunden, die den Anspruch erhebt, an der Geistgemeinschaft teilzuhaben und dadurch heilig zu sein? Die Zweideutigkeit der Zugehörigkeit ist in der Kirche insofern überwunden, als diese beansprucht, allumfassend zu sein, ungeachtet aller sozialen, rassischen und nationalen Grenzen. Dieser Anspruch ist unbedingt, aber seine Erfüllung ist bedingt und insofern ein ständiges Symptom für die Entfremdung des Menschen von seinem wahren Sein (man denke an die sozialen und rassischen Probleme innerhalb der Kirche). Darüber hinaus nimmt die Zweideutigkeit der Zugehörigkeit in den Kirchen eine besondere Form an, nämlich die Ausschließung derer, die einen anderen Glauben bekennen. Der Grund dafür ist klar: Jede Kirche betrachtet sich selbst als eine Gemeinschaft des Glaubens, der sich in bestimmten Symbolen ausdrückt. Deshalb schließt sie konkurrierende Symbole aus. Ohne ein solches Ausschließen könnte sie nicht existieren, aber andrerseits macht sie sich durch eben dieses Ausschließen der abgöttischen Abhängigkeit von ihren geschichtlich bedingten Symbolen schuldig. Wo immer die göttliche Gegenwart sich fühlbar macht, beginnt darum die Selbstkritik der Kirchen an ihren Symbolen im Namen ihrer Symbole. Das ist möglich, da in jedem authentischen religiösen Symbol ein Element enthalten ist, das das Symbol richtet und dadurch auch die, die es gebrauchen. Das Symbol wird nicht einfach verworfen, sondern es wird kritisiert und dadurch verändert. Indem die Kirche ihre eigenen Symbole kritisiert, manifestiert sie ihre Abhängigkeit von der Geistgemeinschaft, ihren fragmentarischen Charakter und das ständige Bedrohtsein von den Zweideutigkeiten der Religion, gegen die sie kämpfen soll.

Die zweite Zweideutigkeit der Gemeinschaft ist die der Gleichheit. Gleichheit als ein Element der Gerechtigkeit wird von den Kirchen als die Gleichheit aller vor Gott verstanden. Diese transzendente Gleichheit hat die Forderungen nach sozialer und politischer Gleichheit nicht unmittelbar zur Folge. Die Versuche, eine solche Gleichheit durchzuführen, hat keine christliche Grundlage, sondern wurzelt im antiken und modernen Stoizismus. Aber die Gleichheit vor Gott sollte auch bei denen, die zu Gott kommen, den Wunsch nach Gleichheit schaffen, d. h. Gleichheit innerhalb des Lebens der Gemeinde. Es ist wichtig zu wissen, daß schon im Neuen Testament, besonders im Jakobus-Brief, das Problem der Gleichheit im Gottesdienst diskutiert und der Einfluß der sozialen Ungleichheit auf den Gottesdienst verurteilt wurde. Die Vernachlässigung dieses Prinzips der Gleichheit in den Kirchen wirkte sich in der Behandlung der öffentlichen Sünder aus, nicht nur im Mittelalter, sondern, wenn auch mit anderen Methoden, noch heute. Die Kirchen folgten nur selten der Haltung Jesu gegenüber den „Zöllnern und Huren". Oft scheint es, als ob sie sich schämten, nach dem Beispiel Jesu die Gleichheit aller Menschen unter der Sünde anzuerkennen und damit auch die Gleichheit aller Menschen unter der Vergebung, obgleich sie beides im Prinzip bekennen. Der radikale Gegensatz, der zwischen gesellschaftlich verurteilten Sündern und gesellschaftlich anerkannten Gerechten aufgestellt wird, ist eine der sichtbarsten und unchristlichsten Verleugnungen des Prinzips der Gerechtigkeit. Gegenüber dieser Haltung vieler Gruppen und Einzelner in den Kirchen muß die Tatsache, daß die Psychologie des Unbewußten die Wirklichkeit des Dämonischen in *allen* Menschen wieder entdeckte, als Werk des göttlichen Geistes aufgefaßt werden. Auf diese Weise hat die Tiefenpsychologie wenigstens negativ die Gleichheit aller Menschen im Zustand der Entfremdung aufs neue zum Bewußtsein gebracht. Wenn die Kirchen nicht sehen, daß sich in dieser Entwicklung die Kritik des göttlichen Geistes an ihrer Haltung ausdrückt, werden sie zur Bedeutungslosigkeit herabsinken, und der göttliche Geist wird durch scheinbar atheistische und anti-christliche Bewegungen wirken.

Die Zweideutigkeit der Führung ist eng mit den Zweideutigkeiten der Zugehörigkeit und der Gleichheit verbunden, denn es sind die führenden Gruppen in einer Gemeinschaft, die andere ausschließen und dadurch Ungleichheit schaffen, selbst in der Beziehung zu Gott. Führung und ihre Zweideutigkeit gehören zu jeder geschichtlichen Gruppe. Die Geschichte der Tyrannei, die den größten Teil der menschlichen Geschichte umfaßt, ist keine Geschichte unglücklicher historischer Zufälle, sondern eine Geschichte der großen und unentrinnbaren Zweideutigkeiten des Lebens, von denen die Religion nicht ausgenommen ist. Religiöse Führung hat dieselben profanen und dämonischen Möglichkeiten wie jede andere Führung. Die ständigen Angriffe der Propheten und Apostel auf die religiösen Führer ihrer Zeit taten der Kirche keinen Schaden, sondern retteten sie, und genauso ist es heute. Die Tatsache z. B., daß die römisch-katholische Kirche die Zweideutigkeit der päpstlichen Führung nicht zugibt, rettet sie von manchen anderen Zweideutigkeiten der Führung, zeigt jedoch dämonische Möglichkeiten. Demgegenüber ist die protestantische Schwäche der dauernden Selbstkritik zugleich ein Zeichen ihrer Größe und ein Ausdruck für das Wirken des göttlichen Geistes in den protestantischen Kirchen.

Die Zweideutigkeit des Gesetzes ist so unvermeidlich wie die Zweideutigkeit von Führung, Gleichheit und Zugehörigkeit. Nichts in der menschlichen Geschichte hat Wirklichkeit ohne gesetzliche Form, wie nichts in der Natur Wirklichkeit hat ohne natürliche Form. Das gilt auch von den Kirchen, aber ihre gesetzliche Form hat nicht den Charakter eines unbedingten Gebotes. Der göttliche Geist gibt keine Gesetze für die Verfassung der Kirche, aber er führt die Kirchen zu dem rechten Gebrauch praktisch notwendiger Ämter und Institutionen. Er kämpft gegen die Zweideutigkeiten der Macht, die sich in dem täglichen Leben der kleinsten Dorfgemeinde ebenso auswirken wie im Leben der großen Kirchen. Kein kirchliches Amt, nicht einmal die Ämter in den apostolischen Kirchen, gründen sich auf ein direktes Gebot Gottes. Aber die Kirche und ihre Funktionen gründen sich auf ein solches Gebot. Art der Ämter und Institutionen, die der Kirche dienen, sind Sache soziologischer Angemessenheit, praktischer Brauchbarkeit und menschlicher Weisheit. Trotzdem kann man mit Recht fragen, ob Unterschiede in der Verfassung einer Kirche nicht von religiöser Bedeutung sind, da verschiedene Auffassungen des Verhältnisses von Gott und Mensch in der Form der Führung (monarchisch, aristokratisch, demokratisch) ihren Ausdruck finden. Das würde das Problem der kirchlichen Verfassung indirekt zu einem theologischen Problem machen und die Kämpfe und Spaltungen der Kirche über Verfassungsfragen verständlich machen. Zunächst kann man sagen, daß sich in den Verschiedenheiten der Verfassungen letzte theologische Prinzipien ausdrücken. Man denke an das protestantische Prinzip der Fehlbarkeit aller religiösen Institutionen und den sich daraus ergebenden Protest gegen die päpstliche Unfehlbarkeit; oder man denke an das protestantische Prinzip des „Priestertums aller Gläubigen" und den sich

Das Leben der Kirchen und der Kampf gegen die Zweideutigkeiten

daraus ergebenden Protest gegen eine Priesterschaft, die von der Laienwelt getrennt ist und die eine sakramentale Stufe in dem hierarchischen Verhältnis zwischen Gott und Mensch darstellt. Solche Prinzipien sind eine Sache unbedingten Anliegens. Die Funktionen der Kirche, und darum gewisse Maßnahmen für ihre Ausübung, sind notwendig, aber keine Sache unbedingten Anliegens. Aber die Frage, welche Methoden man bevorzugt, ist eine praktische Frage, die nicht unmittelbar aus einem letzten Prinzip folgt.

Die Zweideutigkeit, die mit der rechtlichen Organisation der Kirchen verbunden ist, hat dazu beigetragen, eine weitverbreitete Abneigung gegen die sogenannte „organisierte Religion" hervorzurufen. Schon der Ausdruck „organisierte Religion" spricht ein Vorurteil aus, denn nicht die Religion ist organisiert, sondern eine Gemeinschaft, die eine Gruppe von religiösen Symbolen und Traditionen besitzt; und eine solche Gemeinschaft ist ohne Organisation soziologisch unmöglich. Sekten haben in ihrem ersten revolutionären Stadium oft versucht, der gegebenen Organisation zu entgehen und in Anarchie zu leben, aber die soziologischen Notwendigkeiten haben sie nicht losgelassen. Fast unmittelbar nach ihrer Trennung haben sie angefangen, neue Rechtsformen aufzubauen, die oft enger und bedrückender waren als die der großen Kirchen; und oft sind solche Sekten selbst zu großen Kirchen mit eigenen Rechtsproblemen geworden.

Aber die Abneigung gegen die organisierte Religion geht noch tiefer: man will die religiöse Gemeinschaft als solche aufheben. Das aber ist Selbsttäuschung. Da der Mensch nur in der Begegnung mit der anderen Person Person werden kann und da die Sprache der Religion – selbst wenn sie lautlose Sprache ist – von der Gemeinschaft abhängig ist, bleibt alle „subjektive Religiosität" ein Reflex der Gemeinschafts-Tradition, die sich verflüchtigt, wenn sie nicht ständig durch das Leben in der Gemeinschaft des Glaubens und der Liebe genährt wird. Es gibt nichts derartiges wie „private Religion", aber es gibt persönliche Reaktionen auf das Leben in der religiösen Gemeinschaft, und diese Reaktionen können einen schöpferisch revolutionären wie zerstörerischen Einfluß auf die Gemeinschaft haben. Der Prophet geht in die Wüste, um zur Gemeinschaft zurückzukehren, und der Eremit lebt von dem, was er aus den Traditionen der Gemeinschaft mitgenommen hat; und oft entwickeln sich wie im christlichen Mönchstum neue Gemeinschaften in der Wüste.

Die Gegenüberstellung von privater und organisierter Religion wäre reine Torheit, wenn dahinter nicht ein tieferes Motiv läge, nämlich die notwendige religiöse Kritik an jeder Form von Religion, der persönlichen wie der gemeinschaftlichen. Hinter dem Kampf gegen die „organisierte Religion" liegt oft das Gefühl, daß Religion im engeren Sinne ein Ausdruck der Entfremdung des Menschen von Gott ist. So verstanden ist dieser Kampf nur eine andere Art, von der tiefen Zweideutigkeit der Religion zu reden. Man kann ihn deshalb als eine Klage darüber verstehen, daß die vollendete Wiedervereinigung des Entfremdeten noch nicht stattgefunden hat. Diese Klage lebt überall in den Herzen der einzelnen Glieder der Kirchen, und die Kirchen selbst geben ihr liturgisch immer wieder Ausdruck. Sie ist freilich umfassender und bedeutungsvoller als die gewöhnliche Kritik an der „organisierten Religion".

(d) Die Person-bildende Funktion. – Wir hatten von Eremiten und Mönchen als von Menschen gesprochen, die den Zweideutigkeiten zu entkommen suchen, die sich aus dem soziologischen Charakter jeder religiösen Gemeinschaft ergeben. Das können sie jedoch nur innerhalb gewisser Grenzen, die sich daraus ergeben, daß sie an einer religiösen Gemeinschaft mit soziologischen Charakteristika teilhaben oder sie begründen. Ihr Rückzug aus den Zweideutigkeiten ist immerhin innerhalb dieser Grenzen möglich, und er hat die machtvolle symbolische Funktion, auf ein unzweideutiges Leben in der Geistgemeinschaft hinzuweisen. Indem sie dieser Funktion dienen, spielen diese Männer eine bedeutungsvolle Rolle in den aufbauenden Funktionen der Kirche. Aber der Wunsch, den Zweideutigkeiten der religiösen Gemeinschaften zu entgehen, ist nicht das einzige Motiv für ihren Rückzug aus der Welt. Im Vordergrund steht das Problem der Gestaltung ihres persönlichen Lebens, das sie in der Hingabe an Gott führen wollen.

Die Zweideutigkeiten des persönlichen Lebens sind die Zweideutigkeiten in der Verwirklichung der *humanitas*, die wir als das innere *telos* der Person erkannt hatten. Sie erscheinen in der Beziehung der Person zu sich selbst und in ihrer Beziehung zu anderen: erstens, als der Versuch der Selbst-Bestimmung in Isolierung von anderen, zweitens, als das Bestimmt-Werden durch andere.

Die erste Frage, die wir stellen müssen, ist: Wie verhält sich das Ideal der Heiligkeit zum Ideal der *humanitas*? Früher hatten wir die Frage gestellt: Muß die Heiligkeit der Gemeinschaft notwendig ihre Gerechtigkeit zerstören? Analog müssen wir jetzt fragen: Muß das Ideal der Heiligkeit der Persönlichkeit notwendig das Ideal der *humanitas* zerstören? Welches ist ihr Verhältnis zueinander unter dem Einwirken des göttlichen Geistes? Das hierin enthaltene Problem ist das Problem von Askese und *humanitas*. Persönliche Heiligkeit ist oft ganz oder teilweise mit Askese identifiziert worden; aber neben den asketischen Handlungen ist es das Transparent-Werden des göttlichen Seinsgrundes, das einen Menschen zum Heiligen macht. Eine solche Transparenz jedoch (die sich nach der katholischen Lehre in der Fähigkeit, Wunder zu tun, ausdrückt) ist von der Unterdrückung vieler menschlicher Potentialitäten abhängig und steht daher im Widerspruch zur *humanitas*. Die fundamentale Frage ist, ob diese Spannung notwendigerweise zum Konflikt führen muß. Eine befriedigende Antwort läßt sich nur finden, wenn man zwei Typen der Askese unterscheidet. Hinter dem römisch-katholischen Ideal von mönchischer Askese liegt der metaphysisch-mystische Begriff von der Materie, die der Form Widerstand leistet, einen Widerstand, von dem sich alle Negativitäten der Existenz und die Zweideutigkeiten des Lebens ableiten. Man zieht sich von dem Materiellen zurück, um sich für den Geist zu öffnen – das ist die einzige Weise, wie der Geist von der Knechtschaft der Materie befreit werden kann. Eine Askese, die sich von einer solchen religiös begründeten Metaphysik herleitet, könnte man ontologisch nennen. Dieser Begriff der Askese führt zu der Auffassung, daß der, der sie übt, in der menschlich-göttlichen Hierarchie einen höheren Rang einnimmt als der, der in der an die Materie gebundenen „Welt" lebt. Legt man diesen Begriff der Askese unserer Frage zugrunde, so zeigt sich, daß zwischen Askese und *humanitas* ein unlösbarer Konflikt besteht. Wir müssen aber hinzufügen, daß dieser Form von Askese implizit eine Verleugnung der Lehre von der Schöpfung zugrunde liegt. Deshalb hat der Protestantismus diese Askese verworfen und trotz seiner Kämpfe mit den Humanisten den Weg für den religiösen Humanismus bereitet. Gemäß dem protestantischen Prinzip ist das Offensein für die Gegenwart des göttlichen Geistes nicht gleichbedeutend mit der Verneinung der Materie. Denn Gott als der Schöpfer ist der Materie wie dem Geistigen gleich nahe. Die Materie gehört zur „guten Schöpfung", und ihre humanistische Bejahung widerspricht nicht der Bejahung des göttlichen Geistes.

Aber es gibt eine andere Form der Askese, die sich sowohl im Judentum wie im Protestantismus entwickelt hat – es ist die Askese der „Selbst-Disziplin". Wir finden sie bei Paulus und Calvin. An Stelle des ontologischen Begriffs der Askese ist der moralische getreten. Er hat als Voraussetzung den entfremdeten Zustand der Existenz und den Willen, der Versuchung zu widerstehen, die von vielem ausgeht, was essentiell nicht schlecht ist. Daher entspricht diese Art der Askese der menschlichen Situation, und es gibt keine *humanitas* ohne sie. Der Einfluß des ontologischen Askese-Begriffs war jedoch so stark, daß die *humanitas* als *telos* ständig bedroht war, z. B. vom puritanischen Ideal der „Heiligkeit" mit seiner starken Verdrängung des Vitalen. Die radikale Einschränkung des Sexuellen und die Abstinenz von vielen anderen Potentialitäten, die an sich schöpferisch und gut sind, näherten diese Form der „Askese der Selbst-Disziplin" der ontologischen Askese der römisch-katholischen Kirche an. Diese Haltung hatte noch zwei andere Folgen: einerseits entwickelte sich aus der asketischen Verdrängung des Vitalen ein ans Dämonische grenzender Pharisäismus, andererseits richteten sich die Verbote gegen Dinge, die nichts mit den Prinzipien der christlichen Moral zu tun haben. Das Wort „heilig" selbst wurde seines religiösen Charakters entleert und auf Enthaltung von Alkohol, Spiel, Tanzen usw. angewandt und grenzte dadurch oft ans Lächerliche. Es ist zum Teil das Verdienst der tiefenpsychologischen Bewegung seit Freud, daß die Kirchen diesen entstellten Begriff von Heiligkeit weitgehend aufgegeben haben.

Demgegenüber steht die „Askese der Selbst-Disziplin" unter dem Einfluß des göttlichen Geistes, d. h. sie ist völlig mit dem *telos* der *humanitas* geeint. Sie ist mit dem „*eros* zum Gegenstand" verbunden, ohne die kein schöpferisches Werk möglich ist. Die Verbindung der Worte *eros* und Disziplin zeigt, daß das *telos* der *humanitas* die Idee persönlicher Heiligkeit einschließt, denn die Askese, die hier gefordert wird, ist die Überwindung einer subjektiven Selbst-Bejahung, die die Partizipation am Gegenstand verhindert. *Humanitas* in all ihren Schattierungen ist ebenso wie persönliche Heiligkeit im Sinne des Offenseins für den göttlichen Geist nicht von der Askese zu trennen, die die Einigung von Subjekt und Objekt möglich macht.

In unserer Beschreibung der Zweideutigkeiten der personhaften Selbstverwirklichung hatte sich gezeigt, daß die Trennung von Subjekt und Objekt die Zweideutigkeit schafft. Die Frage ist daher: Wie ist personhafte Selbst-Bestimmung möglich, wenn das bestimmende Subjekt es ebenso nötig hat, bestimmt zu werden, wie das bestimmende Objekt. Ohne die Lösung dieses Problems gibt es weder persönliche Heiligkeit noch *humanitas*. Die Lösung liegt darin, daß das bestimmende Subjekt durch das, was Subjekt und Objekt transzendiert, bestimmt wird – durch die Gegenwart des göttlichen Geistes. Die Wirkung des Geistes auf das Subjekt, das vom Objekt in der Existenz getrennt ist, wird „Gnade" genannt. Das Wort hat viele Bedeutungen, von denen einige später behandelt werden sollen, aber in jeder seiner Bedeutungen ist entscheidend, daß das göttliche Handeln dem menschlichen Handeln vorausgeht. Gnade bedeutet, daß die Gegenwart des göttlichen Geistes nicht herbeigeführt werden kann, sondern gegeben

Das Leben der Kirchen und der Kampf gegen die Zweideutigkeiten

wird. Die Zweideutigkeit der Selbst-Bestimmung wird durch Gnade überwunden, es gibt keinen anderen Weg, sie zu überwinden und der Verzweiflung zu entrinnen, die sich aus dem Konflikt zwischen der Forderung der Selbst-Bestimmung und der Unmöglichkeit, sich im Sinne seines essentiellen Seins zu bestimmen, ergibt; denn man kann nicht in der Kraft dessen, was man essentiell ist, handeln, da man in der Existenz von ihm getrennt ist.

In der Beziehung von Person mit Person sind es die Funktionen der Erziehung und der persönlichen Beratung, die dem Menschen dazu verhelfen, das *telos* der *humanitas* zu erreichen. Wir haben die Zweideutigkeiten dieser beiden Funktionen darin gefunden, daß sie die Subjekt-Objekt-Trennung voraussetzen. Auch die Kirche kann in ihrem Erziehungswerk diesem Problem nicht entgehen, aber sie kann in der Macht des göttlichen Geistes gegen seine Zweideutigkeiten kämpfen. Während es in dem Verhältnis der Person zu sich selbst der göttliche Geist als Gnade ist, der die Selbst-Bestimmung möglich macht, ist es in dem Verhältnis der Person zur anderen Person der göttliche Geist als Schöpfer der Partizipation, der das wechselseitige Bestimmen und Bestimmt-Werden möglich macht. Nur die Gegenwart des göttlichen Geistes kann die Kluft zwischen Subjekt und Objekt in der Erziehung und Beratung überwinden, denn nur durch die Teilnahme an dem, was aus der vertikalen Dimension beide ergreift, wird die Spannung zwischen dem, der gibt, und dem, der nimmt, überwunden. Man könnte metaphorisch sagen, daß unter der Macht des göttlichen Geistes das Subjekt der Erziehung selbst Objekt und das Objekt der Erziehung selbst Subjekt wird. Als vom Geist Ergriffene sind beide zugleich Subjekt und Objekt. Für den aktuellen Erziehungs- und Beratungsprozeß bedeutet das, daß der, der reifer und dem Ziel der *humanitas* näher ist, nie das Bewußtsein verlieren darf, daß er zugleich unendlich von ihm entfernt ist. Darum sollte die Haltung der Überlegenheit und der Wille, den anderen zu beherrschen (wenn auch zu seinem Besten), durch die Einsicht ersetzt werden, daß Erzieher und Berater letztlich in derselben Situation sind wie die, denen sie helfen wollen. Und das bedeutet weiter, daß der, der sich seiner unendlichen Entfernung von der vollendeten *humanitas* bewußt ist, dennoch durch den göttlichen Geist, der ihn aus der vertikalen Dimension ergreift, an ihr teilhat. Der Geist läßt in der Beziehung von Mensch zu Mensch das Subjekt nie bloßes Subjekt sein und das Objekt nie bloßes Objekt bleiben. Darum ist der göttliche Geist gegenwärtig, wo immer die Subjekt-Objekt-Spaltung überwunden wird.

5. Die Funktion der Kirchen nach aussen. Wie wir schon gesagt haben, sind die Kirchen – trotz ihrer paradoxen Partizipation an der Geistgemeinschaft – soziologische Realitäten. Sie zeigen alle Zweideutigkeiten des sozialen Sich-Schaffens des Lebens. Durch ihre soziologische Seite kommt die Kirche ständig in Berührung mit anderen soziologischen Gruppen. In diesen Begegnungen ist sie gebend und empfangend. Es ist nicht die Aufgabe der systematischen Theologie, sich mit den praktischen Problemen zu befassen, die sich aus diesen Beziehungen ergeben. Sie muß jedoch die Prinzipien aufstellen, nach denen die Kirchen ihre Beziehungen zu anderen Gruppen gestalten müssen.

Es gibt drei Arten, auf die die „Funktion der Kirche nach außen" wirkt: erstens durch stilles Durchdringen, zweitens durch kritisches Urteilen, drittens durch politisches Handeln. Die erste Funktion kann beschrieben werden als die ständige Ausstrahlung ihrer geistigen Substanz auf alle Gruppen der Gesellschaft. Die bloße Existenz der Kirche übt Einfluß aus und verändert die sozialen Strukturen. Man könnte von einem Einströmen priesterlicher Substanz in die Gesellschaft sprechen, von der die Kirche selbst ein Teil ist. Angesichts der ungeheuren Säkularisierung des Lebens in den letzten Jahrhunderten ist man geneigt, diesen Einfluß zu unterschätzen. Aber wenn man sich die Kirche wegdächte, würde ihr Fehlen eine große Leere hinterlassen und sich die Bedeutung ihres stillen Einflusses zeigen, sowohl im Leben des Einzelnen wie in der Gemeinschaft. Selbst wenn die erzieherischen Möglichkeiten der Kirchen gesetzlich eingeschränkt sind, hat sie doch durch ihre Gegenwart erzieherischen Einfluß auf die Kultur einer Zeit, entweder direkt, indem sie ihre Substanz mitteilt, oder indirekt, indem sie einen Protest hervorruft gegen das, wofür sie steht.

Der Einfluß ist jedoch nicht einseitig; auch die Kirchen werden von den sich entwickelnden und wandelnden kulturellen Formen bewußt und unbewußt beeinflußt. Das gilt vor allem von den wechselnden Lebensformen, in denen eine Kultur ihre Erfahrungen zum Ausdruck bringt. Man kann darum sagen: Die Kirchen geben der Gesellschaft stillschweigend und unabsichtlich geistige Substanz, und die Kirchen empfangen ebenso stillschweigend und ohne ihr Zutun geistige Formen von derselben Gesellschaft. Dieser Austausch, der sich in jedem Moment vollzieht, ist die erste Beziehung der Kirche zur Kultur.

Die zweite Beziehung, in der die Funktion der Kirche nach außen zum Ausdruck kommt, ist das kritische Urteilen, das ebenfalls wechselseitig zwischen den Kirchen und den sozialen Gruppen ausgeübt wird. Diese Beziehung zwischen Kirche und Gesellschaft ist, obwohl erst in der Neuzeit besonders hervorgetreten, doch zu allen Zeiten vorhanden

Das Leben der Kirchen und der Kampf gegen die Zweideutigkeiten

gewesen, selbst in den theokratischen Systemen der Ost- und Westkirchen. Die Kritik der frühen Kirche an der Gesellschaft des römischen Imperiums richtete sich gegen die heidnischen Wege des Lebens und Denkens und verwandelte schließlich die heidnische Gesellschaft in eine christliche. Wenn die stille Durchdringung einer Gesellschaft durch die Gegenwart des göttlichen Geistes „priesterlich" genannt werden kann, so kann der offene Angriff gegen eine Gesellschaft im Namen des göttlichen Geistes „prophetisch" genannt werden. Sein Erfolg mag begrenzt sein, aber die Tatsache, daß die Gesellschaft unter ein Urteil gestellt wird, und – negativ oder positiv – auf das Urteil reagieren muß, ist schon selbst ein Erfolg. Auch eine Gesellschaft, die den Träger prophetischer Kritik zurückweist oder verfolgt, bleibt dennoch nicht unverändert. Sie kann in ihren dämonischen oder profanen Tendenzen geschwächt oder gestärkt werden – in beiden Fällen wird sie gewandelt. Deshalb sollten die Kirchen nicht nur für die Erhaltung und Stärkung ihres priesterlichen Einflusses kämpfen, sondern sie sollten die Träger prophetischer Kritik an den Negativitäten der Gesellschaft ermutigen – selbst dann, wenn es für die Träger dieser Kritik Verfolgung und Märtyrertum bedeutet. Das müssen die Kirchen trotz der Einsicht tun, daß das Ergebnis einer prophetischen Kritik der Gesellschaft niemals die Verwirklichung der Geistgemeinschaft ist, daß sie aber vielleicht einmal zu einem Zustand führen kann, der einer theonomen Gesellschaft nahe kommt – Theonomie verstanden als der Zustand, in dem alle kulturellen Formen eine Beziehung zum Unbedingten ausdrücken.

Auch hier ist die Beziehung wechselseitig, denn umgekehrt kritisiert auch die Gesellschaft die Kirche, und diese Kritik ist ebenso berechtigt wie die prophetische Kritik der Kirche an der Gesellschaft. Es ist die Kritik an der „heiligen Ungerechtigkeit" und an der „heiligen Unmenschlichkeit" innerhalb der Kirchen und innerhalb der Beziehung der Kirchen zu der Gesellschaft, in der sie leben. Die weltgeschichtliche Bedeutung dieser Kritik im 19. und 20. Jahrhundert ist offenkundig. Sie bewirkte als erstes eine fast unüberbrückbare Kluft zwischen den Kirchen und weiten Teilen der Gesellschaft, im besonderen der Arbeiterschaft, aber darüber hinaus veranlaßte sie die christlichen Kirchen, ihre Auffassung von Gerechtigkeit und *humanitas* zu revidieren. Es war eine Art umgekehrter Prophetie, eine unbewußte prophetische Kritik an der Kirche von außen her, ähnlich dem Einfluß, den die immer sich verändernden Kulturformen auf die Kirche ausüben, und den man als einen unbewußten priesterlichen Einfluß seitens der Kultur auf die Kirche bezeichnen könnte. Diese wechselseitige Kritik ist die zweite Funktion der Kirchen nach außen.

Die dritte Funktion der Kirchen nach außen ist ihr politisches Handeln. Während der „priesterliche" und der „prophetische" Einfluß sich innerhalb der religiösen Sphäre abspielen, scheint dieser dritte Einfluß ganz aus ihr herauszufallen. Aber dem ist nicht so: Der religiöse Symbolismus hat schon immer den priesterlichen und prophetischen Funktionen die königliche hinzugefügt. Die Christologie schreibt dem Christus neben dem prophetischen und priesterlichen das königliche Amt zu. Jede Kirche hat auch eine politische Funktion, die im engen Rahmen der Gemeinde ebenso ausgeübt wird wie auf höchster internationaler Ebene. Es ist eine Aufgabe der Kirchenführer aller Ränge, die Führer der anderen sozialen Gruppen so zu beeinflussen, daß sie das Recht der Kirchen zur Ausübung der priesterlichen und prophetischen Funktion anerkennen. Es gibt viele Wege, auf denen das geschehen kann, je nach der verfassungsmäßigen Struktur der Gesellschaft und der juristischen Stellung der Kirche in dieser. In jedem Fall aber gilt: Wenn die Kirchen politisch handeln, so müssen sie es im Namen der Geistgemeinschaft tun, d. h. die Kirchen müssen alle Methoden vermeiden, die der Geistgemeinschaft widersprechen, wie militärische Aktionen, vergiftende Propaganda, diplomatische List, das Erwecken von religiösem Fanatismus usw. Je entschiedener eine Kirche solche Methoden verwirft, um so größer wird ihre Macht letztlich sein, denn ihre wahre Macht liegt darin, daß sie eine Schöpfung des göttlichen Geistes ist. Die Tatsache, daß die römisch-katholische Kirche diesen Grundsätzen nicht immer gefolgt ist, hat viel zur Skepsis des Protestantismus gegenüber der „königlichen Funktion der Kirche" beigetragen. Aber eine solche Skepsis ist nicht berechtigt. Auch die protestantischen Kirchen können ihrer politischen Verantwortung nicht entgehen, und sie haben sie auch immer ausgeübt, wenngleich oft mit schlechtem Gewissen, da sie die „königliche Funktion" des Christus vergessen hatten. Da aber die königliche Funktion zu dem *gekreuzigten* Christus gehört, so muß auch die königliche Funktion von der „Kirche unter dem Kreuz" ausgeübt werden, d. h. von der Kirche in ihrer Niedrigkeit.

Indem sie das tut, erkennt sie an, daß es auch einen berechtigten politischen Einfluß der Gesellschaft auf die Kirche gibt. Man braucht nur an den Einfluß der spätantiken und der mittelalterlichen Gesellschaftsformen auf die Struktur der Kirchen zu denken. Jedes politische System ist das Ergebnis eines Kompromisses zwischen verschiedenen politischen Kräften innerhalb und außerhalb des Systems. Auch die Kirchen sind dem Gesetz des politischen Kompromisses unterworfen. Sie müssen bereit sein, nicht nur zu dirigieren, sondern sich auch dirigieren zu lassen. Allerdings gibt es eine Grenze in dem politischen Aufbau der Kirchen: ihr Charakter als Ausdruck der Geistgemeinschaft muß bewahrt bleiben. Dieser ist gefährdet, wenn das Symbol des „königlichen Amtes" des Christus, und damit auch des „königlichen Amtes" der Kirche, als ein theokratisch-politisches System mit totaler Herrschaft über alle Lebensbereiche verstanden wird. Andrerseits darf sich die Kirche auch nicht zum gehorsamen Diener des Staates machen lassen. Wenn sie sich die Rolle einer staatlichen Behörde aufzwingen läßt, so bedeutet das das Ende ihres königlichen Amtes und eine Erniedrigung, die nichts mit der Niedrigkeit des Kreuzes zu tun hat, wohl aber mit der Schwäche der Jünger, die vor dem Kreuz flohen.

Wenn wir uns nun den Prinzipien zuwenden, unter denen die Kirchen als Verwirklichung der Geistgemeinschaft sich zu anderen sozialen Gruppen stellen, finden wir eine Polarität zwischen dem Prinzip der Zugehörigkeit zu ihnen und dem Prinzip des Gegensatzes zu ihnen. Aus dem ersten Prinzip folgt, daß die Kirchen mit den übrigen Gruppen den Zweideutigkeiten des Lebens unterworfen sind; aus dem zweiten Prinzip folgt, daß sie gegen diese Zweideutigkeiten kämpfen. Weiter folgt aus dem ersten Prinzip, daß das Verhältnis der Kirchen zu den anderen Gruppen den Charakter der Wechselseitigkeit hat, wie wir ihn oben ausführlich beschrieben haben und wie es auf dem Boden der existentiellen Entfremdung nicht anders sein kann. Das Prinzip der Zugehörigkeit hat darum auch die Bedeutung, die Kirchen daran zu erinnern, daß ihre Heiligkeit eine bedingte ist und daß sie in dämonische *hybris* fallen, wenn sie ihre bedingte Heiligkeit zu unbedingter Heiligkeit erheben. Sobald das geschieht, wird ihre priesterliche, prophetische und königliche Funktion gegenüber der Welt zum Werkzeug eines Machtwillens, der zwar behauptet, dem Geist zu dienen, ihn aber in Wirklichkeit verrät. Es war die Erfahrung dieser Dämonisierung der römisch-katholischen Kirche im späten Mittelalter, die den Protest der Reformation und der Renaissance hervorrief. Dieser Protest befreite das Christentum zum großen Teil von der Unterwerfung unter die dämonisch verzerrte Macht der Kirche, da er auf die Zweideutigkeiten der bestehenden Religion aufmerksam machte.

Aber indem der Protestantismus dies erreichte, verursachte er den Verlust der anderen Seite der Funktion der Kirchen nach außen, nämlich den Verlust des Prinzips des Gegensatzes. Diese Gefahr war schon zu Beginn der beiden großen Bewegungen sichtbar. Beide propagierten einen Nationalismus, zu dessen Opfern sowohl Kultur wie Religion wurden. Die Opposition der Kirche gegen die nationalistische Ideologie mit ihren ungerechten Ansprüchen und unwahren Behauptungen wurde mit jedem Jahrzehnt der modernen Geschichte schwächer.

Die prophetische Stimme der Kirche wurde vom nationalistischen Fanatismus zum Schweigen gebracht. Ihre priesterliche Funktion wurde außer Kraft gesetzt, indem nationale „Sakramente" und „Riten", z. B. im Bereich der Erziehung, eingeführt wurden. Ihre königliche Funktion wurde nicht mehr ernst genommen und schließlich entmächtigt durch Unterwerfung der Kirchen unter die Nationalstaaten oder durch die liberale Idee der Trennung von Kirche und Staat, die die Kirchen aus dem Zentrum des öffentlichen Lebens verdrängte. In all diesen Fällen ging die Kraft zur Opposition verloren. Wenn aber die Kirche ihr radikales „Anders-Sein" verliert, verliert sie sich selbst und wird zu einem karitativen Verein. Ausdrücke wie „die Kirche gegen die Welt" bezeichnen das Prinzip des Gegensatzes, das in der Funktion der Kirche nach außen immer in Wirksamkeit bleiben sollte. Aber wenn ein Ausdruck wie dieser gebraucht wird, ohne durch einen entgegengesetzten wie „die Kirche in der Welt" im Gleichgewicht gehalten zu werden, klingt er arrogant und verdeckt die Zweideutigkeiten des religiösen Lebens.

Es gehört zu dieser Zweideutigkeit, daß die Welt, der die Kirche sich entgegenstellt, nicht einfach Nicht-Kirche ist, sondern daß sie in sich Elemente der Geistgemeinschaft in ihrer Latenz hat, die auf eine theonome Kultur hindrängen.

3. Der Einzelne in der Kirche und die Gegenwart des göttlichen Geistes

a) Der Eintritt des Einzelnen in die Kirche und die Erfahrung der Bekehrung. – Die Geistgemeinschaft ist die Gemeinschaft derer, die vom göttlichen Geist ergriffen und durch ihn in unzweideutiger, wenn auch fragmentarischer Weise bestimmt sind. In diesem Sinne kann man die Geistgemeinschaft eine „Gemeinschaft der Heiligen" nennen. Der Stand der Heiligkeit ist ein Zustand, in dem der Mensch transparent ist für den göttlichen Grund. Es ist der Zustand, in dem er durch Glauben und Liebe bestimmt ist. Wer an der Geistgemeinschaft partizipiert, ist mit Gott in Glauben und Liebe geeint. Das Neue Sein in ihm ist eine Schöpfung des göttlichen Geistes. All dies muß in paradoxer Weise von jedem Glied der Kirche gesagt werden, denn als ein aktives (nicht nur formales) Glied der Kirche ist er essentiell ein Glied der Geistgemeinschaft. Wie die Geistgemeinschaft die geistige Essenz der Kirchen ist, so ist das Neue Sein die geistige Essenz jedes aktiven Gliedes der Kirche. Es ist unendlich wichtig für den einzelnen Christen, sich bewußt zu werden, daß seine geistige Essenz als Glied der Kirche das Neue Sein ist, er selbst damit ein Glied der Geistgemeinschaft und daß

Gott ihn als solches sieht. Er muß begreifen, daß er trotz seiner Unheiligkeit ein Heiliger sein kann.

Aus den letzten Betrachtungen folgt, daß jeder, der aktiv zu einer Kirche und damit zur Geistgemeinschaft gehört, ein „Priester" und daher auch fähig ist, alle Funktionen des Priesters auszuüben. Dennoch müssen aus Gründen der kirchlichen Ordnung menschlich geeignete und theologisch ausgebildete Personen berufen werden, um die priesterlichen Funktionen regelmäßig auszuüben. Aber die Tatsache ihrer Sachkunde und ihrer Berufung zum Amt gibt ihnen religiös keinen höheren Rang gegenüber allen anderen, die an der Geistgemeinschaft teilhaben.

Die Frage, ob der Kirche oder dem Einzelnen „ontologisch" Priorität zukommt, hat zur Entstehung von zwei Kirchentypen geführt. Der eine betont den Primat der Kirche gegenüber dem Einzelnen, und der andere betont den Primat des Einzelnen gegenüber der Kirche. Im ersten Falle tritt der Einzelne in die Kirche ein, die immer schon da ist; er tritt in sie ein mit oder ohne bewußte Entscheidung (als Erwachsener oder als Kind); aber die Gegenwart des Neuen Seins in der Kirche geht allem voraus, was er ist und weiß. Das ist die theologische Berechtigung der Kindertaufe. Sie ist ein Hinweis auf die Tatsache, daß es im Leben des Menschen keinen bestimmten Augenblick gibt, in dem der Stand religiöser Reife mit Sicherheit festgesetzt werden kann. Der Glaube, der die Geistgemeinschaft konstituiert, ist eine Wirklichkeit, die dem persönlichen Glauben vorausgeht. Denn dieser ist immer im Werden, immer im Wandel begriffen, ständig im Schwinden und Wiedererscheinen. Aus diesem Grunde ist es eine Verführung zur Unwahrhaftigkeit, daß z. B. der quasi-sakramentale Akt der Konfirmation im 14. Lebensjahr als ein Akt freier Entscheidung für die Geistgemeinschaft angesehen wird. Die negative Reaktion ernsthafter Kinder, kurz nachdem sie feierlich und mit starker innerer Beteiligung sich als Glieder der Kirche bekannt haben, zeigt deutlich, wie ungesund und theologisch unhaltbar ein Akt wie die traditionelle Konfirmation ist.

Die Situation ist ganz anders, wenn der Primat des Einzelnen gegenüber der Kirche betont wird. In diesem Falle ist die Entscheidung Einzelner, sich zusammenzuschließen, der Akt, der eine Kirche konstituiert. Dabei ist allerdings vorausgesetzt, daß eine solche Entscheidung von der Gegenwart des göttlichen Geistes bestimmt ist, d. h. daß diejenigen, die den Zusammenschluß herbeiführen, Glieder der Geistgemeinschaft sind. Diese Voraussetzung läßt den Unterschied zwischen dem objektiven und subjektiven Kirchentyp weniger stark hervortreten, denn, um eine Kirche schaffen zu können, müssen die Einzelnen schon durch den göttlichen Geist ergriffen und daher Glieder der Geistgemeinschaft sein. Umgekehrt müssen die Träger der „objektiven" Kirche (in die der Täufling eintritt) Persönlichkeiten sein, deren geistige Essenz das Neue Sein ist. Der Begriff der Geistgemeinschaft überwindet den Gegensatz zwischen einer „objektiven" und einer „subjektiven" Deutung des Wesens der Kirche.

Die aktuelle Situation des Einzelnen in den Freiwilligkeits-Kirchen bestätigt, daß die Unterscheidung auch in der Praxis ihre Schärfe verloren hat. Schon von der zweiten Generation an sind die einzelnen Glieder durch die Atmosphäre der christlichen Familie und Gesellschaft in die Kirche eingeschlossen. Auch hier geht die Kirche den freiwilligen Entscheidungen voraus, wie es im entgegengesetzten Typus der Fall ist.

Die wichtige Frage ist: Wie wird aus der Gliedschaft in der Kirche die Teilhabe an der Geistgemeinschaft? Die Antwort, die wir auf diese Frage schon gegeben hatten, war eine negative: Es gibt keinen Augenblick im Leben des Menschen, der als der Beginn (oder das Ende) eines solchen Teilhabens angesehen werden könnte. Das bezieht sich nicht nur auf Menschen, die in der Atmosphäre einer kirchlich gesinnten Familie oder Gemeinschaft aufgewachsen sind, sondern auch auf solche, die aus einer völlig säkularisierten Umgebung kommen und sich erst später einer Kirche in ernsthafter Entscheidung anschließen. In diesem Fall kann man zwar den Zeitpunkt bestimmen, an dem sie Glieder der Kirche wurden, aber nicht den Zeitpunkt, an dem die Macht des Neuen Seins sie ergriff. Diese Behauptung scheint im Widerspruch zu dem Begriff der Bekehrung zu stehen, der in Bibel und Kirche und im Leben des Einzelnen im Christentum wie in nicht-christlichen Religionen eine so große Rolle spielt. Bekehrung in all diesen Fällen wird als der ekstatische Moment betrachtet, in dem eine Person vom göttlichen Geist ergriffen wird. Viele neutestamentliche Erzählungen (z. B. die vom Damaskus-Erlebnis des Paulus) unterstützen eine solche Auffassung von der Bekehrung, und auch in der übrigen Literatur schildern eine Fülle von Beschreibungen ähnliche Bekehrungserlebnisse, oft in echter und machtvoller Weise, oft sentimental entstellt, um beispielhaft zu wirken. Ganz zweifellos sind Erlebnisse dieser Art überaus zahlreich, und sie zeigen sehr auffällig den ekstatischen Charakter der Gegenwart des göttlichen Geistes, aber sie zeigen nicht – wie der Pietismus meint – das Wesen der echten Bekehrung.

Diesen Behauptungen gegenüber muß gesagt werden, daß Bekehrung mehr ist als ein noch so wichtiges plötzliches Erlebnis. So überwältigend auch der Moment des Durchbruchs sein mag, ihm geht ein langer, teils unbewußter Prozeß voraus, in dem die Kräfte sich entwickeln, die zum Durchbruch führen. Das eigentliche Wesen der Bekehrung kann gut aus den Worten abgelesen werden, mit denen sie in den verschiedenen Sprachen bezeichnet wird. Das Wort *šûb* im Hebräischen bezeichnet das Umkehren auf einem Wege, den man eingeschlagen hat, sowohl im Personhaften wie im Gemeinschaftlichen. Es bedeutet Abwendung von der Ungerechtigkeit zur Gerechtigkeit, von der Unmenschlichkeit zur Menschlichkeit, von den Götzenbildern zu Gott. Das griechische Wort *metanoia* spricht auch von einer Umkehr, aber in der Sphäre des Geistes: der Geist ändert seine Richtung, er wendet sich vom Zeitlichen weg und zum Ewigen hin, oder von sich selbst weg und zu Gott hin. Das lateinische Wort *conversio* vereinigt die räumliche mit der geistigen Vorstellung. Alle genannten Worte und die damit verbundenen Vorstellungen stimmen in zwei Punkten überein: in der Verneinung einer eingeschlagenen Richtung und in der Bejahung der entgegengesetzten Richtung. Das, was verneint wird, ist das Gebundensein an die existentielle Entfremdung; was bejaht wird, ist das Neue Sein, die Schöpfung des göttlichen Geistes. Wo ein Mensch mit seinem ganzen Sein den Weg verwirft, der von Gott wegführt, da spricht man von Reue – ein Begriff, der von seiner emotionalen Entstellung befreit werden muß. Wo ein Mensch mit seinem ganzen Sein sich dem Weg zuwendet, der zu Gott führt, da spricht man von Glauben – ein Begriff, der von seiner voluntaristischen Entstellung befreit werden muß. Die Einwirkung des göttlichen Geistes, die wir Bekehrung nennen, ist wegen der vieldimensionalen Einheit des Menschen in allen Dimensionen des menschlichen Lebens wirksam, aber primär in der Dimension des Geistes, und damit des Geschichtlichen, und sekundär in denen des Organischen und des Psychischen. Trotz allem Gesagten erweckt das Bild der Umkehr auf einem einmal eingeschlagenen Weg den Eindruck von etwas Momentanem, Plötzlichem. Das scheint die Position derer zu stärken, die den Begriff der Bekehrung auf solche ekstatischen Momente beschränken (die oben abgelehnte Position). Jede Bekehrung enthält ein Element der Entscheidung, und das Wort Entscheidung selbst weist auf einen momentanen Akt hin, in dem andere Möglichkeiten abgeschnitten werden. Aber wie von jeder Entscheidung gilt auch von dieser, daß sie im Inneren des Menschen vorbereitet ist, und, wenn die Bedingungen erfüllt sind, zum Durchbruch kommt. Ohne solche Vorbereitung wäre die Entscheidung ein Zufall und die Bekehrung ein emotionaler Ausbruch ohne Folgen. Das Neue würde bald vom Alten verschlungen werden, und es käme nicht zur Schöpfung des Neuen Seins im Menschen.

Bekehrung kann auch als der Übergang von dem latenten in das manifeste Stadium der Geistgemeinschaft beschrieben werden, wodurch ihr eigentlicher Charakter klar zum Ausdruck kommt. In dieser Form geschieht Bekehrung häufig. In ihr sind weder Reue noch Glaube etwas ganz Neues, denn der göttliche Geist schafft beide schon im latenten Stadium der Geistgemeinschaft. Daher gibt es keine absolute Bekehrung; aber es gibt relative Bekehrung vor und nach dem zentralen Ereignis, dem *kairos,* dem entscheidenden Wendepunkt, dem Geist-gewirkten, ekstatischen Augenblick.

Das ist wichtig für die evangelistische Tätigkeit der Kirchen, deren Aufgabe nicht ist, Menschen im absoluten Sinn zu bekehren, sondern sie aus dem latenten zum manifesten Teilhaben an der Geistgemeinschaft zu führen. Der Evangelist wendet sich nicht an „verlorene Seelen", an Menschen ohne Gott, sondern an Menschen, die latent schon zur Geistgemeinschaft gehören. Dabei kann man daran erinnern, daß Erfahrungen, die der Bekehrung ähnlich sind, von griechischen Philosophen (Parmenides und Plato) als Erfahrungen beschrieben werden, in denen einem Menschen durch göttliche Kraft die Augen geöffnet werden, oder durch die er aus der Dunkelheit ins Licht geführt wird. Auch an anderen Stellen der Geschichte des menschlichen Denkens wird von der Erleuchtung durch die Wahrheit in einer Weise gesprochen, die der Beschreibung der Bekehrung ähnlich ist. Das ist ein Ausdruck für die Tatsache, daß die Geistgemeinschaft ebenso auf Kultur und Moralität wie auf Religion bezogen ist, und daß, wo der Geist am Werk ist, immer auch eine radikale Umkehr erlebt wird.

b) Der Einzelne in der Kirche und die Erfahrung des Neuen Seins. – 1. Die Erfahrung des Neuen Seins als Schöpfung (Wiedergeburt). Der Mensch, der einer Kirche angehört – Kirche hier nicht verstanden als eine soziale Gruppe neben anderen, sondern als eine Gemeinschaft, deren geistige Essenz die Geistgemeinschaft ist –, ist eine Persönlichkeit, in dem das Neue Sein wirksam ist. Aber in seinem aktuellen Sein ist er ebenso wie die Kirchen selbst den Zweideutigkeiten des religiösen Lebens unterworfen. Diese paradoxe Situation ist auf verschiedene Weise beschrieben worden, je nachdem, von welchem Standpunkt aus man sie betrachtet. Es scheint zweckmäßig – und ist auch im Sinne der klassischen Tradition –, diese Situation als die Erfahrung des Neuen Seins zu beschreiben, aber mehrere Elemente in ihr zu unterscheiden, wiederum in Übereinstimmung mit der klassischen Tradition. Man kann die Erfahrung des Neuen Seins als Schöpfung (Wiedergeburt), die Erfahrung des Neuen Seins als Paradox (Rechtfertigung) und die Erfahrung des Neuen Seins als Prozeß (Heiligung) unterscheiden.

Der Einzelne in der Kirche und die Gegenwart des göttlichen Geistes

Man könnte die Frage stellen, ob es richtig sei, die Weisen der Partizipation am Neuen Sein als „Erfahrung" zu bezeichnen, da dieses Wort ein fragwürdiges subjektives Element enthält. Es ist jedoch völlig berechtigt, da wir an dieser Stelle von der Geist-bestimmten Persönlichkeit als Träger der Erfahrung des Geistes reden. Die objektive Seite von Wiedergeburt, Rechtfertigung und Heiligung haben wir bereits in dem Kapitel „Das Neue Sein in Jesus als dem Christus als die Macht der Erlösung" besprochen[1]. „Erfahrung" soll hier einfach bedeuten: der Gegenwart des göttlichen Geistes gewahr werden, d. h. der Zustand, vom göttlichen Geist ergriffen zu sein. Es ist die Frage erhoben worden, ob dieser Zustand jemals ein Objekt der „Erfahrung" werden könne, ob er nicht vielmehr nur ein Objekt des Glaubens bleiben müsse im Sinne des Satzes „Ich glaube nur, daß ich glaube" oder „Ich glaube an das Wirken des Geistes in mir, aber ich erfahre ihn nicht, und darum erfahre ich auch nicht meinen Glauben und meine Liebe". Aber selbst wenn ich nur glaube, daß ich glaube, muß es doch einen Grund für solch einen Glauben geben, und dieser Grund kann nichts anderes als die Partizipation an dem sein, was ich glaube und daher eine Art von Gewißheit, die die unendliche Regression verhindert: „Ich glaube, daß ich glaube, daß ich glaube" usw. Wie paradox unsere theologischen Aussagen auch sein mögen, wir müssen angeben können, auf welches Fundament sie sich gründen. Diese Überlegung rechtfertigt den Gebrauch des Begriffs „Erfahrung" für das Gewahrwerden der Gegenwart des göttlichen Geistes.

In der Bibel und in der theologischen Literatur wird der Zustand des Ergriffenseins vom göttlichen Geist „Wiedergeburt" genannt. Der Ausdruck Wiedergeburt (wie der Paulinische Ausdruck „Neue Kreatur") ist die biblische Grundlage für den abstrakten Begriff des Neuen Seins, aber beide meinen dieselbe Realität, nämlich das Ereignis, in dem der göttliche Geist ein personhaftes Leben ergreift und Glauben in ihm schafft.

Wenn von der *Erfahrung* der Wiedergeburt gesprochen wird, ist nicht gemeint, daß derjenige, der vom göttlichen Geist ergriffen ist, seine Erfahrung durch empirische Beobachtungen verifizieren könne. Obgleich „neugeboren", sind die Menschen noch keine neuen Wesen, sondern sie sind in eine neue Wirklichkeit eingetreten, die sie zu neuen Wesen machen kann. Das Teilhaben am Neuen Sein bringt nicht automatisch die *volle* Verwirklichung des Neuen Seins in einem Menschen mit sich.

---

[1] Bd. II, S. 178 ff.

Aus diesem Grunde hoben die Reformatoren und ihre Nachfolger bei der Beschreibung der Teilhabe des Menschen am Neuen Sein den paradoxen Charakter hervor und setzten statt der Wiedergeburt die Rechtfertigung an erste Stelle. Dabei wollten sie den Eindruck vermeiden, daß die Verwirklichung des Neuen Seins die Ursache dafür sei, daß der Mensch von Gott angenommen ist. Mit dieser Auffassung hatten sie recht, denn sie befreiten damit den Menschen von der angstvollen Frage: Bin ich wirklich wiedergeboren? Und wenn nicht, muß mich Gott nicht verwerfen? Solche Fragen zerstören den Sinn der frohen Botschaft, daß ich – obwohl unannehmbar – angenommen bin. Aber dann taucht die andere Frage auf: Wie kann ich annehmen, daß ich angenommen bin? Was ist die Quelle eines solchen Glaubens? Hierauf ist die einzig mögliche Antwort: Gott selbst als gegenwärtig im Geist. Jede andere Antwort würde Glauben zu einem „Für-wahr-Halten" herabsetzen, zu einem intellektuellen Akt, der durch Wille und Gefühl erzeugt wäre. Ein solcher Pseudo-Glaube aber ist nichts anderes als die Bejahung der *Lehre* von der Rechtfertigung, er ist aber noch nicht das wirkliche *Annehmen*, „daß ich angenommen bin", und er ist nicht der Glaube, der mit dem Begriff „rechtfertigender Glaube" gemeint ist. Dieser Glaube ist eine Schöpfung des göttlichen Geistes. Die Lehre, daß die Vergebung als Gabe des göttlichen Geistes dem rechtfertigenden Glauben folgt, war eine völlige Entstellung der Botschaft von der Rechtfertigung. Für Luther gab es keine größere und in gewissem Sinne keine andere Gabe des göttlichen Geistes als die Gewißheit, von Gott angenommen zu sein – den Glauben an Gottes Rechtfertigung des Sünders. Wenn dieser Glaube bejaht wird, dann wird deutlich, daß die Teilhabe am Neuen Sein – die das Werk des göttlichen Geistes ist – das grundlegende Element ist, das den Einzelnen zum Glied der Kirche macht (Kirche – insofern sie Verwirklichung der Geistgemeinschaft ist).

Dann aber kann die Frage auftreten: Wenn der göttliche Geist mich ergreifen und Glauben in mir schaffen soll, was kann ich dazu beitragen, diesen Glauben zu finden? Ich kann den göttlichen Geist nicht auf mich herabzwingen; was kann ich also anderes tun als abzuwarten? In vielen Fällen wird diese Frage nicht mit wirklichem Ernst gestellt, sondern in einer Art dialektischer Polemik und verlangt nicht ernsthaft nach einer Antwort. Denn dem, der so fragt, kann keine direkte Antwort gegeben werden, weil ihm mit jeder Antwort etwas gesagt würde, was er sein oder tun solle, und das würde gerade dem widersprechen, wonach er fragt – dem Glauben. Wenn aber die Frage: Was kann ich tun, um das Neue Sein zu erfahren? mit existentiellem Ernst gestellt wird, dann liegt die Antwort schon in der Frage, denn der existentielle

Ernst zeigt an, daß der Fragende bereits vom göttlichen Geist ergriffen ist. Wer letztlich beunruhigt ist über sein existentielles Entfremdetsein und dann die Frage nach der Wiedervereinigung mit dem Grund und Ziel seines Seins stellt, der ist bereits vom göttlichen Geist ergriffen. In dieser Situation ist die Frage: Was soll ich tun, um den göttlichen Geist zu erlangen? bedeutungslos geworden, denn der Mensch hat die wahre Antwort schon empfangen, und jede weitere Antwort würde sie nur entstellen.

Praktisch bedeutet das, daß das rein polemische Fragen über den Weg zur Wiedervereinigung nicht beantwortet werden kann und in seiner mangelnden Ernsthaftigkeit aufgedeckt werden muß. Aber demjenigen, dessen Fragen von letztem Ernst getragen ist, sollte geantwortet werden, daß sein tiefer Ernst bereits die Antwort in sich trägt und zeigt, daß er vom göttlichen Geist ergriffen und in seinem Zustand der Entfremdung angenommen ist. Schließlich sollte denjenigen, deren Fragen zwischen Ernst und dem Mangel an Ernst schwankt, ihre Lage bewußt gemacht werden; dann können sie entweder dieses Bewußtsein verdrängen und ihr Fragen überhaupt aufgeben, oder sie können es bejahen und durch eben diese Bejahung seinen Ernst beweisen.

2. DIE ERFAHRUNG DES NEUEN SEINS ALS PARADOX (RECHTFERTIGUNG). Als wir die Beziehung von Wiedergeburt und Rechtfertigung behandelten, kamen wir bereits auf die zentrale Lehre der Reformation zu sprechen: den *articulus stantis et cadentis ecclesiae,* die Lehre von der Rechtfertigung durch Gnade im Glauben. Sie ist nicht nur eine Lehre oder ein Artikel neben anderen im System, sie ist zugleich auch ein Prinzip – der erste und grundlegende Ausdruck des protestantischen Prinzips selbst. Selbstverständlich ist sie auch eine besondere Lehre, aber sie sollte mehr als das sein, nämlich das Kriterium, dem jede einzelne These des theologischen Systems unterworfen ist. Das protestantische Prinzip besagt, daß in der Beziehung zu Gott Gott allein handelt und daß kein menschlicher Anspruch, besonders kein religiöser Anspruch, aber auch kein intellektuelles, moralisches oder religiöses „Werk" uns wieder mit ihm vereinigen kann. In diesem Sinn ist die Rechtfertigungslehre der Ausdruck des protestantischen Prinzips[1].

---

[1] Es war meine Absicht und es ist meine Hoffnung, daß das vorliegende theologische System in all seinen Teilen deutlich macht, daß der Rechtfertigungs-Gedanke das protestantische Prinzip schlechthin ausdrückt, wenn dieser Gedanke auch an vielen Stellen zu ganz „unorthodoxen" Formulierungen geführt hat. Bei jeder einzelnen Formulierung habe ich mir die Frage vorge-

Die Lehre von der Rechtfertigung stellt uns vor verschiedene semantische Schwierigkeiten. In dem Kampf mit Rom über das *sola fide* wurde die Lehre als „Rechtfertigung durch Glauben und nicht durch Werke" formuliert. Dies hat jedoch zu einer gefährlichen Verwirrung geführt, denn Glaube muß in einer solchen Formulierung als die Ursache für Gottes rechtfertigendes Handeln verstanden werden, und das bedeutete nichts anderes, als daß das moralische und rituelle Werk – wie es die katholische Lehre forderte – durch das intellektuelle Werk der Annahme einer Lehre ersetzt ist. Aber nicht der Glaube, sondern die Gnade ist die Ursache der Rechtfertigung, und das bedeutet: Gott allein ist die Ursache. Glaube ist der annehmende Akt, und dieser Akt ist selbst eine Gabe der Gnade. Darum sollte man von „Rechtfertigung durch Glauben" nur mit äußerstem Vorbehalt reden, und wenn irgendmöglich von „Rechtfertigung durch Gnade im Glauben" sprechen. Jeder protestantische Pfarrer sollte sich in Unterricht und Predigt ernstlich darum bemühen, diese gefährliche Entstellung der „frohen Botschaft" des Christentums zu beseitigen.

Noch auf einem anderen Gebiet besteht ein semantisches Problem, das beim Unterrichten und Predigen beachtet werden muß. Es betrifft das Wort „Rechtfertigung" selbst. Paulus gebrauchte es in der Diskussion über die legalistische Ausdeutung seiner Botschaft von der „Neuen Kreatur in Christus". Die ersten Verfechter dieser Ausdeutung, die Christen, die sich nicht von dem jüdischen Gesetz (einschließlich dem Ritual-Gesetz) trennen konnten, sprachen von Gerechtigkeit und Rechtfertigung (*sedaquā* im Hebräischen). Paulus selbst war in dieser Terminologie groß geworden, und er konnte sie nicht vermeiden, wenn er mit früheren Gliedern der Synagoge diskutierte. Da „Rechtfertigung" ein biblischer Ausdruck ist, kann er auch heute in den christlichen Kirchen nicht vermieden werden. Aber in der Praxis des Unterrichts und der Predigt sollte er durch das Wort „Annahme" ersetzt werden. Annahme bedeutet: Wir sind von Gott angenommen, obwohl wir nach den Kriterien des Gesetzes unannehmbar sind (das Gesetz stellt unser essentielles Sein gegen unsere existentielle Entfremdung). Wir sind aufgefordert anzunehmen, daß wir angenommen sind. Diese Terminologie wäre selbst für solche Menschen annehmbar, für die die alttestamentlichen und neutestamentlichen Worte jeden Sinn verloren

---

legt: Würde durch eine andere Formulierung dem Gläubigen ein intellektuelles „Werk" auferlegt werden, z. B. die Unterdrückung von Zweifeln, die „Opferung" der Wahrhaftigkeit? Diese Frage an mich selbst war für alle hier gegebenen Formulierungen entscheidend.

haben, obwohl die Sache selbst, auf die diese Worte hinweisen, auch für sie von größter existentieller Bedeutung ist.

Eine dritte semantische Frage taucht bei dem Ausdruck „Vergebung der Sünden" auf, der den paradoxen Charakter der Erfahrung des Neuen Seins kennzeichnet. Es ist ein religiös-symbolischer Ausdruck, dessen Symbol-Material aus dem täglichen Leben genommen ist. Man denkt dabei an den Schuldner und an den, dem er verschuldet ist, z. B. Kind und Vater, Knecht und Herr oder an den Angeklagten und den Richter. Wie bei jedem Symbol, so ist auch hier die Analogie begrenzt. Die eine Begrenzung liegt darin, daß die Beziehung zwischen Gott und Mensch nicht den Charakter einer endlichen Beziehung zwischen endlichen und einander entfremdeten Wesen hat. Dagegen ist die Beziehung zwischen Gott und Mensch in ihrer Bedeutung unendlich und universal und unbedingt; und die göttliche Vergebung verlangt nicht wie die menschliche, daß dem, der vergibt, selbst vergeben werde. Die zweite Begrenzung der Analogie liegt in der Pluralform „Sünden". Die Menschen vergeben sich einzelne Sünden, z. B. Beleidigungen oder Übertretungen bestimmter Gebote oder Gesetze. Aber in der Beziehung zu Gott gibt es keine einzelnen Sünden, sondern die *eine* Sünde – die Trennung von Gott und den Widerstand gegen die Wiedervereinigung mit ihm. In der Vergebung einer einzelnen Sünde wird die Sünde als solche vergeben. Das Symbol der „Vergebung der Sünden" hat sich als gefährlich erwiesen, weil es das Bewußtsein auf einzelne Sünden und ihren moralischen Charakter gelenkt hat, statt auf die Entfremdung von Gott und damit auf den religiösen Charakter der Sünde hinzuweisen. Dennoch kann der Plural „Sünden" für den Singular "die Sünde als solche" stehen, und die einzelne Sünde kann ein Ausdruck für die Gesamtsituation des Menschen vor Gott werden. Sie kann erlebt werden als Manifestation der „Sünde als solcher", nämlich der Entfremdung von unserem wahren Sein. Als Paulus die Annahme der göttlichen Vergebung durch den Begriff „Rechtfertigung durch Gnade im Glauben" ersetzte, tat er als Theologe einen Schritt über die Symbolsprache Jesu hinaus. Er beantwortete damit die Fragen, die durch das Symbol der Vergebung gestellt sind, nämlich die Frage nach der Beziehung von Vergebung zu Gerechtigkeit und die Frage nach der Grundlage für die Gewißheit der Vergebung. Objektiv sind diese Fragen durch die Christologie beantwortet, nämlich durch die Versöhnungslehre, in der die Teilnahme Gottes an der existentiellen Entfremdung des Menschen und der Sieg über die dämonischen Kräfte zum Ausdruck gebracht ist. Hier aber sprechen wir von der subjektiven Seite und stellen die Frage: Wie ist es dem Menschen möglich zu bejahen, daß er angenommen ist? Wie kann er sein Schuldgefühl und seinen heimlichen Wunsch nach Strafe mit dem Gebet um Vergebung vereinigen, und was gibt ihm die Gewißheit, daß ihm vergeben ist?

Die Antwort liegt in dem Unbedingtheits-Charakter des göttlichen Aktes, in dem Gott den, der ungerecht ist, für gerecht erklärt. Das Paradox *simul justus simul peccator* drückt den Unbedingtheits-Charakter der göttlichen Vergebung aus. Wenn Gott einen Menschen annähme, der halb ein Sünder und halb ein Gerechter ist, dann wäre das göttliche Urteil durch das teilweise Gutsein des Menschen bedingt. Aber Gott verwirft nichts so entschieden wie das Halb-Gutsein des Menschen und vor allem wie die menschlichen Ansprüche, die sich darauf gründen. Wo die Botschaft der Vergebung kraft der Gegenwart des göttlichen Geistes vernommen wird, wendet sie den Blick des Menschen von dem ab, was in ihm selbst böse und gut ist, und zu der unendlichen göttlichen Güte hin, die jenseits von menschlichem Gut und Böse ist und die sich bedingungslos und unzweideutig gibt. Das moralische Gesetz als Gesetz und die Mischung von Furcht vor Bestrafung und Verlangen nach Bestrafung sind im Bereich der Zweideutigkeit gültig. Sie drücken die menschliche Situation als solche aus, aber innerhalb des Neuen Seins sind sie durch eine höhere Gerechtigkeit überwunden, die den, der ungerecht ist, dadurch gerecht macht, daß sie ihn annimmt. Diese transzendente Gerechtigkeit verneint nicht, sondern erfüllt die zweideutige menschliche Gerechtigkeit. Sie erfüllt auch das, was in der Forderung nach Strafe berechtigt ist, indem sie das zerstört, was zerstört werden muß, wenn die wiedervereinigende Liebe ihr Ziel erreichen soll. Nach der tiefen psychologischen Einsicht von Paulus und Luther ist es nicht so sehr das Übel in uns, was überwunden werden muß, als die *hybris*, die den Versuch macht, das Übel zu besiegen und die Wiedervereinigung mit Gott durch die Kraft des eigenen guten Willens zu erreichen. Diese *hybris* will den Schmerz der Unterwerfung unter Gottes Handeln vermeiden, einen Schmerz, der die Qual moralischer Kämpfe und asketischer Selbst-Quälerei weit übertrifft. Diese Preisgabe des eigenen Gutseins ist vorhanden, wo der Mensch bejaht, daß Gott ihn, den Unannehmbaren, angenommen hat. Der Mut, das eigene Gutsein Gott zu überantworten, ist ein wesentliches Element in dem Mut des Glaubens. In ihm wird das Paradox des Neuen Seins erlebt – die Zweideutigkeit von Gut und Böse ist überwunden, und unzweideutiges Leben ergreift den Menschen durch die Kraft des göttlichen Geistes.

All dies ist im Bilde Jesu als des Gekreuzigten sichtbar. Gottes Annahme des Unannehmbaren, Gottes Teilnahme an der Entfremdung des Menschen und sein Sieg über die Zweideutigkeit von Gut und Böse erscheinen in ihm in einmaliger, endgültiger und alles verwandelnder Weise. Sie erscheinen in ihm, aber sie sind nicht von ihm verursacht. Die Ursache ist Gott – Gott allein.

Das Paradox des Neuen Seins, das Prinzip der „Rechtfertigung durch Gnade im Glauben" liegt den Erfahrungen von Paulus, Augustin und Luther zugrunde, obgleich es bei jedem von ihnen andere Akzente hat. Bei Paulus liegt die Betonung auf der Überwindung des Gesetzes im Neuen Äon, den der Christus gebracht hat. Seine Botschaft von der Rechtfertigung setzt ein kosmisches Geschehen voraus, an dem der Einzelne teilhaben oder nicht teilhaben kann. Bei Augustin hat die Gnade den Charakter einer Substanz, die dem Menschen eingegossen wird, die Liebe schafft und die letzte Periode der Geschichte einleitet, in der der Christus durch die Kirche herrscht. Wieder ist es Gott und Gott allein, der dies bewirkt. Das transzendente Schicksal des Menschen ist durch die Vorsehung bestimmt. Die Vergebung der Sünden ist eine Voraussetzung für die Eingießung der Liebe, aber sie ist nicht der Ausdruck unserer ständigen Beziehung zu Gott. Das gibt der Kirche eine überragende Bedeutung im Leben des Einzelnen. Bei Luther ist die Rechtfertigung die persönliche Erfahrung des Einzelnen – sowohl des göttlichen Zornes über seine Sünde wie der göttlichen Vergebung. Beide führen ihn zu einer direkten und persönlichen Beziehung zu Gott. Es fehlt aber der kosmische und kirchliche Rahmen, wie er sich bei Paulus und Augustin findet. Darin liegt die Begrenztheit von Luthers Denken, die auf der einen Seite zu einer intellektualistischen Orthodoxie, auf der anderen Seite zu einem emotionalen Pietismus geführt hat. Gegen das subjektive Element gab es keinen Ausgleich auf der objektiven Seite. Aber seine „Psychologie" von Gericht und Rechtfertigung des Einzelnen ist eine der tiefsten Einsichten in der Geschichte der Kirche, und wird durch die Einsichten der modernen Tiefenpsychologie bestätigt.

Eine Frage bleibt, die von Paulus und Luther weder gestellt noch beantwortet wurde, während Johannes und Augustin sich ihrer bewußt waren: Wie verhält sich der Rechtfertigungsglaube zu der Situation des radikalen Zweifels? Radikaler Zweifel ist existentieller Zweifel am Sinn des Lebens als ganzem. Damit ist gesagt, daß der Mensch nicht nur an allem zweifelt, was mit der Religion im engeren Sinne zusammenhängt, sondern daß es für ihn überhaupt keinen letzten Lebenssinn gibt und damit auch die Religion im weiteren Sinne unter Zweifel steht. Wenn ein Mensch in dieser Situation die Botschaft hört, daß Gott den, der unannehmbar ist, annimmt, so ist sie für ihn bedeutungslos, weil das Wort „Gott" und das Problem, ob er von Gott angenommen oder verworfen ist, für ihn überhaupt ohne Sinn sind. Die Frage von Paulus: Wie werde ich vom Gesetz befreit? oder die Frage von Luther: Wie finde ich einen gnädigen Gott? werden in unserer Zeit durch die Frage ersetzt: Wie kann ich einen Sinn in dieser sinnlosen Welt finden? Die Frage des Johannes nach der Wahrheit und seine Antwort, daß der Christus die Wahrheit *ist,* sowie die Aussage Augustins, daß die Wahrheit gerade im ernsthaften Zweifel erscheint, sind unserer eigenen Situation näher als die Fragen und Antworten von Paulus und Luther. Unsere eigene Antwort muß eine Antwort auf die Frage sein, die in unserer Situation enthalten ist, obwohl die Antwort selbst aus der Botschaft vom Neuen Sein stammt.

Der erste Teil einer jeden Antwort auf unser Problem muß negativ sein: Gott als die Wahrheit und als die Quelle des Sinns kann weder durch intellektuelles „Werk" noch durch moralisches „Werk" erreicht werden. Die Frage: Was kann ich tun, um meinen radikalen Zweifel und das Gefühl der Sinnlosigkeit zu überwinden? kann nicht beantwortet werden, weil jede Antwort den Schein erweckt, als ob doch etwas getan werden könnte. Aber darin liegt gerade die Paradoxie des Neuen Seins, daß der Mensch eben in der Situation, in der er die Frage stellt, nichts tun kann. Man kann nur sagen (während man die Form jener Frage ablehnt), daß die Ernsthaftigkeit der Verzweiflung, aus der heraus die Frage gestellt wird, selbst die Antwort ist. Damit befinden wir uns auf der Ebene von Augustins Argument, daß in der Situation des Zweifels die Wahrheit, von der man sich getrennt fühlt, gegenwärtig ist, da in jedem Zweifel die Bejahung des Prinzips der Wahrheit vorausgesetzt ist. Analog dazu steht die Bejahung des Sinnes inmitten der Sinnlosigkeit, sobald die Frage nach dem letzten Sinn ernsthaft gestellt wird. In beiden Fällen ist die Beziehung zum Paradox der Rechtfertigung deutlich. Wir können darum von der Rechtfertigung – nicht des Sünders –, sondern des Zweiflers reden. Da in der Situation des Zweifels und des Gefühls der Sinnlosigkeit der Gedanke von Gott als dem Träger der Rechtfertigung untergegangen ist, kann man nur darauf hinweisen, daß, in der letzten Wahrhaftigkeit des Zweifels und der unbedingten Ernsthaftigkeit der Verzweiflung, Gott – ohne beim Namen genannt zu werden – wieder erscheint, nämlich in dem Erlebnis des Letzten und Unbedingten. In dieser Weise kann die Erfahrung des Neuen Seins als Paradox auf die Erkenntnisfunktion angewandt werden; in dieser Weise kann man zu den Menschen unserer Zeit sprechen und ihnen in Analogie zu der klassischen Form des Rechtfertigungsgedankens sagen, daß sie im Zweifel von der Wahrheit, und im Erlebnis der Sinnlosigkeit vom letzten Sinn ergriffen sind. Im Ernst der existentiellen Verzweiflung ist Gott ihnen gegenwärtig. Der Mut, dieses anzunehmen, ist ihr Glaube.

3. Die Erfahrung des Neuen Seins als Prozess (Heiligung). – *(a) Typische Beschreibung des Prozesses der Heiligung.* – Die Wirkung des göttlichen Geistes auf den Einzelnen schafft in ihm einen Lebensprozeß, der auf die Erfahrung der Wiedergeburt gegründet ist, seine Tiefe durch die Erfahrung der Rechtfertigung erhält und sich als die Erfahrung der Heiligung entwickelt. Das, was Heiligung bedeutet, kann nicht aus dem Wort selbst erschlossen werden. Ursprünglich waren „Heiligung" und „Rechtfertigung" zwei Begriffe für dieselbe Erfahrung, nämlich die Überwindung der Zweideutigkeiten des persönlichen Lebens. Aber allmählich erhielt der Begriff der Rechtfertigung, besonders unter dem Einfluß von Paulus, die Bedeutung „Annahme dessen, der unannehmbar ist", während „Heiligung" die Bedeutung eines Prozesses tatsächlicher Umwandlung annahm. So verstanden ist Heiligung identisch mit einem Lebensprozeß, der unter der Macht des göttlichen Geistes steht. Es war immer eine wichtige theologische Aufgabe, den Charakter dieses Prozesses der Heiligung zu beschreiben, und verschiedenartige Beschreibungen waren oft der Ausdruck für verschiedenartige Lebenswege, die auf diese Weise ihre theologische Begründung fanden.

Wenn wir vergleichen, was die lutherische und die calvinistische Theologie wie die Theologie der radikalen Geist-Bewegung unter christlichem Leben verstehen, so finden wir Unterschiede, die für die Religion und die Kultur aller protestantischen Länder von Einfluß waren und noch sind. Obwohl alle protestantischen Kirchen sich einig waren in der Ablehnung des Gesetzes, wie es von der römisch-katholischen Kirche gepredigt und gehandhabt wurde, entwickelten sich doch wichtige Unterschiede, als sie versuchten, ihre eigene Lehre vom Gesetz zu formulieren. Luther und Calvin stimmten darin überein, daß sie dem Gesetz zwei Funktionen zuschrieben: Erstens hat es die Aufgabe, das Leben in politischen Gruppen zu regeln, indem es Überschreitungen verhindert oder bestraft, und zweitens soll es dem Menschen zeigen, was er essentiell ist und daher sein soll und wieweit er zum Bild seines wahren Seins im Widerspruch steht. Indem das Gesetz das essentielle Sein des Menschen zeigt, enthüllt es zugleich seine entfremdete Existenz und treibt ihn zu der Frage nach der Wiedervereinigung mit dem, wozu er wesenhaft gehört und wovon er entfremdet ist. Soweit ist die Position von Luther und Calvin die gleiche. Aber Calvin sprach noch von einer dritten Funktion des Gesetzes. Er meinte, daß es den Christen führen könne, sofern er vom göttlichen Geist ergriffen, aber noch nicht von der Macht des Negativen im Erkennen und im Handeln befreit ist. Luther verwarf diese Lösung mit dem Hinweis darauf, daß der göttliche Geist selbst den Menschen zu den Entscheidungen führe, in denen die Zweideutigkeiten des Lebens überwunden werden; der Geist befreie den Menschen vom Buchstaben des Gesetzes, gebe ihm Einsicht in die konkrete Situation und zugleich die Kraft, in dieser Situation nach der Forderung der *agape* zu handeln. Demgegenüber ist Calvins Lösung realistischer und besser geeignet, das Fundament für eine ethische Theorie abzugeben und ein diszipliniertes Leben der Heiligung zu unterstützen. Luthers Lösung ist ekstatischer, aber ungeeignet als Fundament für eine protestantische Ethik, jedoch voll schöpferischer Möglichkeiten für das persönliche Leben. Die Kirchen, die aus den reformatorischen Geist-Bewegungen entstanden, übernahmen vom Calvinismus die Lehre von der dritten Funktion des Gesetzes und die Kirchenzucht als einen Weg im Prozeß der Heiligung. Aber im Gegensatz zu Calvin verloren sie das Verständnis für den paradoxen Charakter der Kirchen und des Lebens des Einzelnen in der Kirche. In der Praxis leugnen sie die immer gültige Bedeutung des großen „trotzdem" im Prozeß der Heiligung. Nach dieser Auffassung kann Vollkommenheit in diesem Leben erreicht werden sowohl vom Einzelnen wie von Gruppen, die erwählt sind, Träger des göttlichen Geistes zu sein. In diesem Punkt kehren sie zur asketisch-katholischen Tradition zurück.

Die Folgen, die sich aus den verschiedenen Haltungen gegenüber dem Gesetz für die Auffassung vom christlichen Leben ergeben, sind erheblich: Im Calvinismus verstand man unter Heiligung einen Prozeß, der sich langsam aufwärts bewegt, in dem Glaube und Liebe in ständigem Fortschritt verwirklicht werden und die Macht des göttlichen Geistes im Einzelnen zunimmt. Der Mensch kann sich der Vollkommenheit nähern, sie aber niemals erreichen. Die frühen Vertreter der „radikalen Reformation" machten nicht einmal diese Einschränkung. Sie hielten die Vollkommenheit des Einzelnen für möglich, und zwar auf eine Art, die den paradoxen Charakter der christlichen Vollkommenheit auslöschte. Tatsächliche Vollkommenheit wird gefordert und für möglich gehalten. In der auserwählten Gruppe ist nicht nur die Heiligkeit des Ganzen verwirklicht, sondern die Einzelnen selbst sind Heilige. Diese Gruppe steht im Gegensatz zur „Welt", zu der auch die großen Kirchen gehören. Die Situation wurde noch problematischer, als die Heiligungs-Sekten selbst zu großen Kirchen wurden.

Obgleich dann das Ideal der unparadoxen Heiligkeit eines jeden Mitgliedes der Gruppe nicht mehr aufrechterhalten werden konnte, blieb doch das Ideal der Vollkommenheit in Kraft und bewirkte die Gleichsetzung der christlichen Idee der Erlösung mit der moralischen Vollkommenheit der einzelnen Glieder. Der Calvinismus, der zwar keinen Perfektionismus lehrt, aber starke perfektionistische Elemente enthält, hat einen Typus protestantischer Ethik geschaffen, in dem die fortschreitende Heiligung das Ziel des christlichen Lebens ist. Das gab ihm die Kraft, starke, selbstbeherrschte christliche Persönlichkeiten zu schaffen. Der einzelne Calvinist suchte eifrig, in sich Symptome seiner Auserwähltheit zu entdecken, und wenn er sie nicht finden konnte, erzeugte er sie durch das, was man „innerweltliche Askese" genannt hat, z. B. durch intensive Arbeit, Selbstbeherrschung, Unterdrückung der Vitalität, besonders in sexueller Beziehung. Diese perfektionistischen Tendenzen verstärkten sich, als sich der Perfektionismus der „radikalen Reformatoren" mit den perfektionistischen Elementen des Calvinismus vereinigte.

Im Luthertum war die Betonung des paradoxen Elementes in der Erfahrung des Neuen Seins so vorherrschend, daß Heiligung niemals im Sinne einer fortschreitenden Selbstvervollkommnung verstanden werden konnte. Statt dessen wurde das Leben als ständiges Auf und Ab von Ekstase und Angst, von Ergriffensein durch die *agape* und Zurückgeworfensein in die Entfremdung und Zweideutigkeit gesehen. Dieses Hin und Her zwischen Höhe und Tiefe wurde von Luther selbst radikal erlebt. Er erfuhr abwechselnd Augenblicke des Mutes und der Freude und Augenblicke dämonischer Anfechtungen, wie er seine Zustände von Zweifel und tiefer Verzweiflung nannte. Die Betonung der Kirchenzucht, die sich im Calvinismus und in den radikalen Geist-Bewegungen fand, fehlte im Luthertum, was schließlich dazu führte, daß das Ideal der Heiligung weniger ernst genommen und durch die Betonung des paradoxen Charakters des christlichen Lebens ersetzt wurde. In der Periode der Orthodoxie führte die Haltung des Luthertums zu jener Auflösung von Moral und religiösem Leben, gegen die sich der Pietismus erhob. Aber Luthers Erfahrung des Dämonischen führte andrerseits zu einem tiefen Verständnis der dämonischen Elemente im Leben überhaupt und im religiösen Leben im besonderen. Die jüngere Romantik, in der sich die existentialistische Bewegung des 20. Jahrhunderts vorbereitete, hätte sich schwerlich auf calvinistischem Boden entwickeln können. Sie gehörte ihrem Wesen nach zu einer Kultur, die von lutherischer Tradition durchdrungen war. (Eine Analogie dazu finden wir in der russischen Literatur und Philosophie, die aus der griechisch-orthodoxen Tradition hervorgegangen sind.)

(b) Vier Prinzipien, die das Neue Sein als Prozeß bestimmen. – Der Gegensatz zwischen den verschiedenen Typen, in denen der Prozeß der Heilung gesehen und erlebt wird, vermindert sich unter dem Einfluß der profanen Kritik, die sie alle in Frage stellt. Deshalb müssen wir fragen, ob wir nicht nach neuen Kriterien für das „Leben in der Gegenwart des göttlichen Geistes" suchen müssen. Man kann mit der Aufstellung folgender Prinzipien antworten: erstens wachsendes Bewußt-werden, zweitens wachsendes Frei-werden, drittens wachsendes Verbunden-sein, viertens wachsende Selbst-Transzendierung. Wie sich diese Prinzipien in einem neuen Typus des Lebens in der Gegenwart des göttlichen Geistes vereinigen, kann nicht beschrieben werden, ehe es Wirklichkeit geworden ist. Aber Elemente eines solchen Lebens kann man bei Einzelnen und bei Gruppen finden, die das vorwegnehmen, was möglicherweise in der Zukunft liegt. Die Prinzipien selbst vereinigen religiöse wie profane Traditionen, und ihre Beschreibung kann in ihrer Gesamtheit ein noch nicht voll konkretisiertes, aber deutliches Bild des „christlichen Lebens" geben.

Das Prinzip des wachsenden Bewußt-werdens wird durch die heutige Tiefenpsychologie bestätigt, aber es ist nicht erst von ihr entdeckt worden. Es ist so alt wie die Religion selbst und kommt deutlich im Neuen Testament zum Ausdruck. Es ist das Prinzip, nach dem der Mensch im Prozeß der Heilung seine aktuelle Situation immer deutlicher sieht und sich damit sowohl der Kräfte, die um ihn kämpfen und seine *humanitas* bedrohen, als auch der Antworten auf die Fragen, die in dieser Situation enthalten sind, immer deutlicher bewußt wird. Heilung schließt die Erfahrung des Dämonischen wie die des Göttlichen ein. Solche Erfahrungen, die im Prozeß der Heilung zunehmen, führen nicht zu dem Ideal des stoischen Weisen, der jenseits der Zweideutigkeiten des Lebens steht, da er seine Leidenschaften und Wünsche besiegt hat; sie führen vielmehr zum Bewußt-werden dieser Zweideutigkeiten, nicht nur bei anderen, sondern auch bei sich selbst, und zu der Fähigkeit, das Leben, einschließlich seiner vitalen Kräfte, trotz seiner Zweideutigkeiten zu bejahen. Das Prinzip des wachsenden Bewußt-werdens schließt ein feines Gefühl für die Forderungen des eigenen Wachstums ein, für die verborgenen Hoffnungen und Enttäuschungen in anderen, für die lautlose Stimme einer konkreten Situation, für die Grade der Echtheit im geistigen Leben des anderen und in sich selbst. Dieses Gefühl ist nicht eine Folge von Erziehung und

Bildung, sondern ein Zeichen des Wachstums unter der Einwirkung des göttlichen Geistes. Daher kann man es in jedem Menschen finden, der für den Geist offen ist. Die Aristokratie des menschlichen Geistes und die Aristokratie des göttlichen Geistes sind nicht identisch, obgleich sie zuweilen zusammenfallen können.

Das zweite Prinzip des Prozesses der Heiligung ist das Prinzip wachsender Freiheit. Dieses Prinzip des Lebens im Geist wird besonders stark bei Paulus und Luther betont. In der gegenwärtigen Literatur sind die Prophezeihungen von Nietzsche und der Kampf der Existentialisten um die Freiheit des personhaften Selbst von der Unterwerfung unter die Objekte, die es selbst geschaffen hat, von größter Wichtigkeit für das Verständnis dieses Prinzips. Auch hier liefert die Tiefenpsychologie einen Beitrag, wenn sie versucht, den Menschen von psychischen Zwängen zu befreien, die das Wachstum der geistigen Freiheit hindern. Wachstum in Geist-bestimmter Freiheit ist vor allem Wachstum in der Freiheit vom Gesetz. Das wird deutlich, sobald man das Gesetz als das essentielle Sein des Menschen interpretiert, das dem Menschen im Zustand der Entfremdung entgegengestellt wird. Je vollkommener der Mensch unter dem Einfluß des göttlichen Geistes mit seinem wahren Sein wiedervereinigt ist, um so freier ist er von den Forderungen des Gesetzes. Das ist schwer erreichbar, und Reife ist etwas sehr Seltenes. Da die Wiedervereinigung mit unserem wahren Wesen nur fragmentarisch gelingt, ist auch die Freiheit vom Gesetz immer nur fragmentarisch. Insoweit wir uns noch in der Entfremdung befinden, stehen wir Verboten und Geboten gegenüber, die ein schlechtes Gewissen in uns bewirken. Insoweit wir wiedervereinigt sind, verwirklichen wir in Freiheit, was wir essentiell sind – ohne jegliches Gebot. Die Freiheit vom Gesetz im Prozeß der Heiligung ist das wachsende Frei-werden von der gebietenden Form des Gesetzes, aber darüber hinaus ist sie auch Freiheit von dem spezifischen Inhalt eines Gesetzes. Denn spezifische Gesetze – obwohl sie die Erfahrung und die Weisheit der Vergangenheit enthalten – sind nicht nur hilfreich, sondern sie sind auch belastend, weil sie niemals auf die konkrete, jeweils neue und jeweils einzigartige Situation zutreffen können. Freiheit vom Gesetz gibt die Kraft, die gegebene Situation im Lichte der Gegenwart des göttlichen Geistes zu beurteilen und über die richtige Handlung zu entscheiden, die oft dem allgemeinen Gesetz widerspricht. Dieser Sachverhalt ist gemeint, wenn der Geist des Gesetzes in Widerspruch zu seinem Buchstaben gestellt wird (Paulus), oder wenn derjenige, der den Geist empfangen hat, für ermächtigt gehalten wird, neue und vielleicht bessere Gesetze zu geben als Moses (Luther), oder wenn – in profanisierter Form – der, der frei ist, sich zum Umwerten der Werte berufen fühlt (Nietzsche), oder wenn das existierende Selbst sich durch Entschlossenheit aus der Sackgasse des Daseins zu befreien sucht (Heidegger). Es ist ein Ziel der Heiligung, die Reife und Freiheit zu erreichen, neue Gesetze zu schaffen oder die alten in neuer Weise anzuwenden. Die Gefahr, daß eine solche Freiheit in Willkür ausartet, ist überwunden, wo die Macht der Wiedervereinigung durch den göttlichen Geist wirksam ist. Willkür ist ein Symptom der Entfremdung und der Verfallenheit an herrschende Bedingungen und psychologische Zwänge. Reife, Freiheit vom Gesetz, gibt die Kraft, den Mächten zu widerstehen, die solche Freiheit zu zerstören suchen, gleich ob sie aus dem Inneren der Person oder aus ihrer Umgebung stammen. Dabei ist es deutlich, daß sich der äußere Zwang nur durchsetzen kann, weil ihm innere Tendenzen, sich ihm zu unterwerfen, entgegenkommen. Der Widerstand gegen solche Tendenzen kann bis zu Askese und Martyrium führen, die auf sich genommen werden, um sich in einer konkreten Situation die Freiheit zu bewahren, aber nicht, um einen höheren Grad von Heiligkeit für sich selbst zu erreichen. Askese und Martyrium sind unter bestimmten Bedingungen Wege zur Heiligung, aber sie sind nicht Ziele im Prozeß der Heiligung.

Das dritte Prinzip ist das des wachsenden Verbunden-seins. Es stellt sozusagen das Gegengewicht zum Prinzip des wachsenden Frei-werdens dar, denn dieses, obwohl notwendig im Kampf gegen die verknechtenden Kräfte, kann zu einer Isolierung der reifen Persönlichkeit führen. Freiheit und Verbunden-sein (ebenso wie Bewußt-werden und Selbst-Transzendierung) wurzeln im *Glauben* und in der *Liebe* als den Schöpfungen des göttlichen Geistes. Diese sind gegenwärtig, wo immer der göttliche Geist manifest ist. Ohne sie gibt es keine Wiedergeburt, keine Erfahrung der Rechtfertigung, und sie bestimmen auch den Prozeß der Heiligung. Und das geschieht mit Hilfe der vier genannten Prinzipien. Das Prinzip des wachsenden Frei-werdens z. B. ist undenkbar ohne den Mut, das Wagnis einer falschen Entscheidung in der Kraft des *Glaubens* an das Paradox der Rechtfertigung einzugehen. Und das Prinzip des wachsenden Verbunden-seins kann nicht ohne die wiedervereinigende Macht der *agape* vorgestellt werden, die den Zustand des In-sich-Eingeschlossenseins wenigstens fragmentarisch überwindet. In beiden Fällen zeigen die Prinzipien der Heiligung einen konkreten Weg zur Geist-bestimmten Reife.

Verbunden-sein setzt ein Wissen um den anderen voraus und die Freiheit, das Verschlossen-sein in sich selbst und im anderen zu durchbrechen und eine innere Verbindung mit dem anderen herzustellen. Es gibt unzählige Hemmnisse in diesem Prozeß, wie man aus der reichen Literatur (die auch Analogien in der bildenden Kunst hat) erkennen kann, in der das Verschlossen-sein des einen gegenüber dem anderen beschrieben wird. Was die Dichtung beschreibt, bestätigt die Psychotherapie in ihrer Analyse von Introvertiertheit und unbewußter Feindseligkeit. Und die biblischen Berichte über das Verbunden-sein der Glieder in der Geistgemeinschaft weisen auf die gleiche Unverbundenheit der Menschen in der heidnischen Welt hin, aus der die Glieder der Kirche kamen. Aber auch in den Kirchen bleibt Verbundenheit zu allen Zeiten zweideutig mit Unverbundenheit gemischt.

Der Prozeß der Heiligung kann zu reifen Formen des Verbundenseins führen. Der heilige Geist ist mit Recht als die Macht beschrieben worden, die die Wand des Verschlossen-seins durchbricht. Das Verschlossen-sein in sich selbst kann auf die Dauer nur durch das Wirken des Geistes überwunden werden, das den Einzelnen ekstatisch über sich hinaushebt und so befähigt, den anderen zu finden, wenn auch dieser sich über sich hinausheben läßt. Alle anderen menschlichen Beziehungen sind vorübergehend und zweideutig, und sind nicht nur Ausdruck von Verbunden-sein, sondern auch von Entfremdung. Alle menschlichen Beziehungen haben diesen Charakter. An sich sind sie nicht fähig, Einsamkeit, Verschlossen-sein und Feindseligkeit zu überwinden. Nur das Verbunden-sein in der Gegenwart des göttlichen Geistes ist fähig, das zu bewirken. Heilung als die Entwicklung zur Geist-bestimmten Reife kann das Verlassensein und das Versinken in der Masse überwinden, indem sie das Ineinander von schöpferischer Einsamkeit und dem Leben in der Gemeinschaft in Wechselwirkung schafft. Ein entscheidendes Zeichen Geist-gewirkter Reife ist die Fähigkeit zu schöpferischer Einsamkeit. Heilung überwindet Introvertiertheit nicht dadurch, daß sie das persönliche Zentrum nach außen wendet und Extravertiertheit erzeugt, sondern dadurch, daß sie es in die eigene Tiefe und Höhe führt. Verbunden-sein bedarf der vertikalen Richtung, um sich in der horizontalen verwirklichen zu können.

Das bezieht sich auch auf die Beziehung zu sich selbst. Die Zustände von Verlassenheit, Introvertiertheit und Feindseligkeit stehen nicht nur im Gegensatz zum Verbunden-sein mit anderen, sondern auch zu wahrer Selbst-Bezogenheit. Hier muß bemerkt werden, daß die Worte, deren Vorsilbe „Selbst" ist, sprachlich zweideutig sind. Der Begriff Selbst-Zentriertheit kann gebraucht werden: einerseits, um die Größe des Menschen als eines völlig zentrierten Selbst zu bezeichnen, andererseits, um eine ethisch zu verwerfende Bindung an sich selbst zu beschreiben. Die Begriffe Selbst-Liebe und Selbst-Haß sind semantisch von zweifelhaftem Wert, da es schwierig ist, das Selbst als Subjekt von Liebe und Haß vom Selbst als Objekt von Liebe und Haß zu trennen, und ohne Getrennt-sein gibt es auch kein Verbunden-sein (Liebe) und keinen Widerstand gegen Verbunden-sein (Haß). Von derselben Zweideutigkeit ist auch der Begriff Selbst-Bezogenheit. Dennoch ist es schwer, solche Worte zu vermeiden. Man muß sich bei ihrem Gebrauch jedoch bewußt bleiben, daß sie im analogischen und nicht in ihrem wörtlichen Sinn gemeint sind.

Im analogischen Sinne kann man von dem Prozeß der Heiligung sagen, daß er ein reifes Verhältnis des Subjekts zu sich selbst schafft, indem er durch paradoxe Selbst-Bejahung sowohl Selbst-Erhebung wie Selbst-Verachtung überwindet und echte Wiedervereinigung des Selbst mit sich zuwege bringt. Solch eine Wiedervereinigung wird dadurch geschaffen, daß beide, das Selbst als Subjekt und das Selbst als Objekt, transzendiert werden. Das vom Objekt getrennte Subjekt versucht durch Selbst-Beherrschung und Selbst-Disziplin das Selbst als Objekt zu unterwerfen, das diesem Versuch widersteht und in Mitleid mit sich selbst fällt und vor sich flieht. Ein reifes Verhältnis zu sich selbst ist ein Zustand des Versöhntseins zwischen dem Selbst als Subjekt und dem Selbst als Objekt und der spontanen Bejahung des essentiellen Selbst jenseits von Subjekt und Objekt. Je mehr sich der Prozeß der Heiligung einem reifen Verhältnis zu sich selbst nähert, desto spontaner und selbst-bejahender (ohne Selbst-Erhebung oder Selbst-Erniedrigung) wird die Person.

Was heute „Suche nach Identität" genannt wird, ist das Suchen nach dem, was hier Selbst-Bezogenheit genannt wurde. Richtig verstanden richtet sich dieses Suchen nicht auf ein zufälliges Stadium in der Entwicklung des entfremdeten Selbst, sondern es richtet sich auf ein Selbst, das jedes zufällige Stadium seiner Entwicklung transzendiert und das in allen Veränderungen in seinem Wesen unverändert bleibt. Der Prozeß der Heiligung geht auf ein Stadium zu, in dem das „Suchen nach Identität" sein Ziel erreicht, nämlich die Identität des essentiellen Selbst, das durch alle Zufälligkeiten des existentiellen Selbst hindurchscheint.

Das vierte Prinzip, das den Prozeß der Heiligung bestimmt, ist das Prinzip der Selbst-Transzendierung. Das Ziel der Reife unter der Gegenwart des göttlichen Geistes schließt wachsendes Bewußt-werden, wachsendes Frei-werden und wachsendes Verbunden-sein ein, aber in allen drei Fällen kann, wie wir gesehen haben, dies Ziel nicht erreicht werden ohne wachsende Selbst-Transzendierung. Das bedeutet, daß die Heiligung nicht möglich ist ohne ein ständiges Selbst-Transzendie-

Der Einzelne in der Kirche und die Gegenwart des göttlichen Geistes

ren in Richtung auf das Unbedingte, mit anderen Worten, ohne Partizipation am Heiligen.

Partizipation am Heiligen ist ein anderes Wort für religiöses Leben in der Gegenwart des göttlichen Geistes. Die Begriffe Partizipation am Heiligen und religiöses Leben müssen so verstanden werden, daß das Heilige sich selbst und das Profane umfaßt und daß der Begriff Religion im weiteren wie im engeren Sinne des Wortes gebraucht wird. Werden beide Worte ausschließlich im engeren Sinne, z. B. im Sinne von Andachtsleben oder Gebetsleben gebraucht, dann erschöpfen sie nicht den Sinn der Selbst-Transzendierung. Im reifen, Geist-bestimmten Leben mag es geschehen, daß Teilnahme am Gottesdienst der Gemeinde eingeschränkt oder sogar abgelehnt wird, daß Gebet der Meditation untergeordnet wird, ja sogar, daß Religion im engeren Sinne im Namen der Religion im weiteren Sinne in Frage gestellt wird – all das widerspricht nicht dem Prinzip der Selbst-Transzendierung. Es kann sogar geschehen, daß eine tiefere Erfahrung der Selbst-Transzendierung zu einer gesteigerten Kritik der Religion als Sonderfunktion führt. Aber trotz dieser Einschränkungen ist Selbst-Transzendierung eins mit religiösem Leben oder Partizipation am Heiligen.

In Diskussionen über Religion wird oft zwischen organisiertem und persönlichem religiösem Leben unterschieden. Aber diese Unterscheidung hat nur begrenzte Geltung; wer in der Einsamkeit betet, betet in den Worten der religiösen Tradition, die ihm die Sprache gegeben hat. Der, der ohne Worte Kontemplation übt, nimmt an einer langen Tradition teil, die von religiösen Persönlichkeiten innerhalb und außerhalb der Kirchen repräsentiert wird. Die Unterscheidung von persönlichem und organisiertem religiösem Leben hat nur Bedeutung, sofern sie bestätigt, daß es kein göttliches Gesetz gibt, das Teilnahme an der organisierten Religion fordert. Luther kämpfte heftig gegen die Aufrichtung eines solchen Gesetzes, aber zugleich schuf er eine Liturgie für den protestantischen Gottesdienst. Man kann im allgemeinen sagen, daß das Fernbleiben vom religiösen Leben der Gemeinschaft gefährlich ist, weil es ein Vakuum schaffen kann, in dem das religiöse Leben überhaupt untergeht.

Die Selbst-Transzendierung, die zum Prinzip der Heiligung gehört, ist in jedem Augenblick verwirklicht, in dem die Gegenwart des göttlichen Geistes erfahren wird. Das kann im Gebet geschehen, in der Meditation, in der Einsamkeit oder im Austausch mit Geist-gewirkten Erfahrungen anderer, im Gedankenaustausch innerhalb des profanen Lebens, in der Begegnung mit kulturellen Schöpfungen, inmitten von Arbeit oder Ruhe, in persönlicher Seelsorge oder in kirchlichen Feiern.

Die Gegenwart des göttlichen Geistes ist wie das Atmen einer anderen Luft, sie ist eine Erhebung über das Durchschnittsleben – das wichtigste Erlebnis im Prozeß der Heilung. Vielleicht kann man sagen, daß mit wachsender Reife die Selbst-Transzendierung bestimmter und ihre Ausdrucksformen unbestimmter werden. Die Teilnahme am gemeinsamen religiösen Leben kann abnehmen, und die religiösen Symbole, in denen es sich vollzieht, können an Bedeutung verlieren, während gleichzeitig das Ergriffensein von der Gegenwart des göttlichen Geistes manifester und die Hingabe an den göttlichen Grund unseres Seins intensiver werden kann.

Das neuerwachte Interesse an der Religion in den Jahrzehnten nach dem Zweiten Weltkrieg war in der Erfahrung begründet, daß Leben ohne Selbst-Transzendierung mehr und mehr zur Entleerung führt. Das Verlangen nach einer solchen Transzendierung ist weit verbreitet. Man ist freier von Vorurteilen gegen die Religion geworden, da man sie als die Vermittlerin für die Erfahrung der Selbst-Transzendierung versteht und nach konkreten Symbolen für diese sucht.

Im Lichte der vier Prinzipien, die das Neue Sein als Prozeß bestimmen, können wir sagen: Das christliche Leben erreicht niemals den Zustand der Vollendung, es bewegt sich immer auf und ab, aber trotz seiner Veränderlichkeit ist es eine Bewegung zur Reife, wie fragmentarisch der Zustand der Reife auch sein mag. Heilung kann im religiösen wie im profanen Bereich erscheinen, und sie transzendiert beide in der Macht des Geistes.

(c) Bilder der Vollkommenheit. – Die Verschiedenheiten in der Beschreibung des christlichen Lebens führen zu Verschiedenheiten in der Beschreibung des Ideals, dem der Prozeß der Heilung zustrebt, dem Heiligen im Sinne der vollkommenen christlichen Persönlichkeit. Im Neuen Testament wird das Wort *hagios*, „der Heilige", auf alle Glieder der Gemeinde angewandt, auch auf diejenigen, die nach unseren Begriffen sicherlich keine Heiligen waren. Der Begriff „der Heilige" in seiner Anwendung auf den einzelnen Christen hat denselben paradoxen Charakter wie der Begriff Heiligkeit in seiner Anwendung auf die Kirche. Beide sind heilig wegen der Heiligkeit dessen, aus dem sie leben, des Neuen Seins im Christus. Dieser paradoxe Sinn der Heiligkeit ging verloren, als die frühe Kirche den Asketen und Märtyrern besondere Heiligkeit zusprach. Im Vergleich mit ihnen hörten die gewöhnlichen Glieder der Kirche auf, Heilige zu sein, und ein doppeltes Kriterium der Heiligkeit setzte sich durch. Aber niemals war man der Ansicht, daß der Heilige moralische Überlegenheit über die anderen

hat. Seine Heiligkeit bestand darin, daß er für das Göttliche transparent war. Diese Heiligkeit drückte sich nicht nur in seinen Worten und seinem persönlichen Charakter aus, sondern auch – und zwar sehr entscheidend – in seiner Geist-gewirkten Macht über Natur und Mensch. Ein Heiliger ist nach dieser Lehre ein Mensch, der Wunder tut. Wunder beweisen die Überlegenheit des Heiligen über die Natur, nicht aufgrund seines moralischen Charakters, sondern aufgrund der Kraft des Geistes in ihm. Heiligkeit transzendiert ihrem Wesen nach Moralität. Dennoch hat der Protestantismus die Idee der heiligen Persönlichkeit im Sinne des Katholizismus verworfen. Es gibt keine protestantischen Heiligen, oder genauer, keine Heiligen unter dem Kriterium des protestantischen Prinzips. Dafür kann man drei Gründe anführen: Erstens setzt die Unterscheidung zwischen denen, die Heilige genannt werden, und den anderen Christen einen Status der Vollkommenheit voraus, der dem Paradox der Rechtfertigung widerspricht, nach dem es der Sünder ist, der gerechtfertigt wird. Heilige sind gerechtfertigte Sünder; darin sind sie allen anderen Christen gleich. Zweitens war der Protest der Reformation gegen eine Situation gerichtet, in der die Heiligen zu Objekten des Kultus geworden waren. Man kann nicht bestreiten, daß das in der römisch-katholischen Kirche geschehen war trotz der theologischen Vorsichtsmaßnahmen, die die Kirche dagegen getroffen hatte. Die Kirche hatte keinen Erfolg mit diesen Maßnahmen, weil sie den abergläubischen Tendenzen, die mit dem Heiligen-Kult verbunden waren, zu leicht nachgab und die ikonoklastischen Bewegungen unterdrückte, die die Gefahr des Aberglaubens zu verringern suchten, indem sie die bildhaften Darstellungen der Heiligen beseitigten. Schließlich konnte der Protestantismus die Idee des Heiligen auch deshalb nicht akzeptieren, weil sie mit einer dualistischen Auffassung der Askese verbunden war. Der Protestantismus erkennt keine Heiligen an, aber er erkennt Heiligung an, und er kann bejahen, daß es Menschen gibt, die durch die Kraft des göttlichen Geistes geformt sind und diese repräsentieren. Solche Persönlichkeiten sind nicht in höherem Maße „Heilige" als irgendein anderes Glied der Geistgemeinschaft, aber sie repräsentieren die anderen als Symbole der Reife im Prozeß der Heiligung. Sie sind Beispiele für die Verwirklichung des Neuen Seins im persönlichen Leben und sind als solche von großer Bedeutung für das Leben der Kirche. Aber auch sie sind in jedem Augenblick sowohl entfremdet wie wiedervereint, und es mag sein, daß in ihrem Inneren nicht nur die göttlichen, sondern auch die dämonischen Kräfte außerordentlich stark sind, wie es die mittelalterliche Kunst in der Darstellung der katholischen Heiligen zeigt. Der

Protestantismus kann Repräsentanten der Kraft des Neuen Seins im religiösen wie im profanen Bereich finden – nicht als Träger eines speziellen Grades von Heiligkeit, sondern als Repräsentanten dessen, an dem alle teilnehmen, die vom Geist ergriffen sind. Das Bild der Vollkommenheit wird geformt auf Grund der Schöpfungen des göttlichen Geistes, Glaube und Liebe, und darüber hinaus auf Grund der vier Prinzipien, die den Prozeß der Heiligung bestimmen: des wachsenden Bewußt-werdens, des wachsenden Frei-werdens, des wachsenden Verbunden-seins und der wachsenden Selbst-Transzendierung.

Zwei Probleme, die damit zusammenhängen, daß Vollkommenheit auf Glauben und Liebe basiert, erfordern weitere Erörterung. Das erste ist die Frage nach dem Verhältnis des Zweifels zum Glauben. Das zweite ist die Frage nach dem Verhältnis der Liebe als *eros* zur Liebe als *agape*. Beide Fragen, die schon in anderem Zusammenhang behandelt wurden, müssen hier in ihrem Zusammenhang mit der Heiligung als Prozeß erörtert werden.

Die erste der beiden Fragen ist: Was bedeutet Zweifel im Zusammenhang mit dem Prozeß der Heiligung? Schließt Vollkommenheit in diesem Prozeß die Beseitigung des Zweifels ein? Im römischen Katholizismus würde diese Frage folgende Form annehmen: Kann der Gläubige im Stand der Vollkommenheit, z. B. als Heiliger, das Lehrsystem oder einen Teil von ihm, wie es die Autoritäten der Kirche aufgestellt haben, bezweifeln, ohne den Stand der Vollkommenheit zu verlieren? Die Antwort ist negativ, denn nach katholischer Lehre hat der, der das Ziel der Heiligung erreicht hat, die Autorität der Kirche bedingungslos akzeptiert. Das folgt notwendig aus der Gleichsetzung von Geistgemeinschaft und Kirche. Im Namen des protestantischen Prinzips muß diese Gleichsetzung abgelehnt werden.

Trotzdem stimmen der orthodoxe Protestantismus und der Pietismus im Grunde mit der katholischen Antwort überein. Die intellektualistische Entstellung des Glaubens durch Anerkennung der Autorität der Bibel im literalistischen Sinn (was praktisch die Anerkennung der Autorität der kirchlichen Bekenntnisse bedeutet) führt die Orthodoxie zu einem Ideal der Vollkommenheit, in dem der Zweifel ausgeschlossen ist, während die Sünde als unvermeidlich betrachtet wird. Gegen diesen Gedanken könnte man auf die Tatsache hinweisen, daß es einen Zweifel gibt, der eine unvermeidliche Folge der Sünde ist, da beide zur Situation der Entfremdung gehören. Aber das wirkliche Problem ist nicht Zweifel als Folge von Sünde, sondern Zweifel als ein Element des Glaubens. Vom Gesichtspunkt des protestantischen Prinzips muß gerade dies behauptet werden, daß Zweifel ein Element des Glaubens ist. Der unendliche Abstand zwischen Gott und Mensch kann niemals überbrückt werden, er ist identisch mit der Endlichkeit des Menschen. Darum gehört schöpferischer Mut zum Glauben, selbst im Zustand des vollkommenen Christentums, und wo Mut ist, da ist Wagnis und der Zweifel, der zum Wagnis gehört. Der Glaube wäre nicht Glaube, sondern *unio mystica*, wenn er des Elements des Zweifels in sich beraubt wäre.

Der Pietismus weiß im Gegensatz zur Orthodoxie, daß Unterwerfung unter Lehrgesetze den Zweifel nicht überwinden kann. Darum sucht er die Überwindung des Zweifels durch Erfahrungen, die sozusagen Antizipationen der *unio mystica* sind. Das Gefühl der Wiedergeburt, der Wiedervereinigung mit Gott, des Ruhens in der erlösenden Kraft des Neuen Seins, vertreibt den Zweifel. Im Gegensatz zur Orthodoxie vertritt der Pietismus das Prinzip der Unmittelbarkeit. Unmittelbarkeit gibt Gewißheit, eine Gewißheit, die der Gehorsam gegenüber der Lehrautorität nicht geben kann. Aber man muß fragen: Kann eine solche religiöse Erfahrung in einem vorgerückten Stadium der Heiligung die Möglichkeit des Zweifels beseitigen? Wieder muß unsere Antwort negativ sein: Zweifel ist unvermeidlich, solange es Trennung von Subjekt und Objekt gibt, und selbst das unmittelbarste und innigste Gefühl des Einsseins mit dem Göttlichen, wie es in der „Braut-Mystik" als Einigung des Christus mit der Seele beschrieben wird, kann den unendlichen Abstand zwischen dem endlichen Selbst und dem Unendlichen, von dem es ergriffen ist, nicht überbrücken. In den Schwankungen des Gefühls offenbart sich dieser Abstand und wirft oft den, der auf dem Wege der Heiligung fortgeschritten ist, in tieferen Zweifel als Menschen mit weniger intensiver religiöser Erfahrung. Die Frage, um die es sich hier handelt, ist keine psychologische. Sie bezieht sich nicht auf die psychologische Möglichkeit, sondern auf die theologische Notwendigkeit des Zweifels im Glauben des Pietisten. Die psychologische Möglichkeit ist immer gegeben, die theologische Notwendigkeit kann die Wirklichkeit bestimmen oder auch nicht. Aber die Theologie muß die Notwendigkeit des Zweifels aufzeigen, die aus der Endlichkeit des Menschen unter den Bedingungen seiner existentiellen Entfremdung folgt.

Die zweite Frage ist die nach dem Verhältnis der Liebe als *eros* zur Liebe als *agape*. Wir berührten dieses Problem, als wir den Anspruch der Askese auf einen höheren religiösen Grad verwarfen und das protestantische Bild einer Persönlichkeit zeichneten, die sichtbar die Macht des Geistes repräsentiert. Das Problem ist dadurch verwirrt worden, daß man *eros* und *agape* als durch eine unüberbrückbare Kluft getrennt betrachtete (wobei *eros libido* und *philia* einschloß und *agape* den neutestamentlichen Begriff der Liebe bezeichnete). Obwohl die Aufstellung dieses Gegensatzes von verschiedenen Seiten kritisiert wurde, ist seine Wirkung noch immer stark, weil er die Aufmerksamkeit auf ein fundamentales Problem des Lebens des Christen richtete. Zugleich zerstörte die psychoanalytische Bewegung in all ihren Zweigen die Idee und weithin auch die Haltung des christlichen wie des humanistischen Moralismus. Die Psychoanalyse hat gezeigt, wie stark selbst die höchsten geistigen Funktionen in den vitalen Strebungen der menschlichen Natur verwurzelt sind. Weiterhin erfordert die Lehre von der vieldimensionalen Einheit des Menschen, daß jeder Versuch zurückgewiesen wird, die Vitalität um des Geistes und seiner Funktionen willen zu unterdrücken. Wachstum in Bewußtheit, Freiheit, Verbundenheit und Transzendierung setzt keine Abnahme an vitaler Selbst-Verwirklichung voraus. Im Gegenteil, Geist und Leben in den verschiedenen Dimensionen sind voneinander abhängig. Das bedeutet nicht, daß sie alle jederzeit verwirklicht werden sollten, denn das wäre menschlich unmöglich. Oft ist eine nicht-asketische, deshalb aber nicht weniger strikte Disziplin gegenüber den vitalen Kräften gefordert. Aber sein Leben auf die Integration möglichst vieler Seins-Elemente richten, ist nicht dasselbe wie die Verdrängung des Vitalen, wie sie in der katholischen Askese und im protestantischen Moralismus geübt wird. Die analytische Psychotherapie und ihre Anwendung auf das normale menschliche Individuum haben die verheerenden Konsequenzen solcher Verdrängung aufs überzeugendste ans Licht gebracht. Damit hat sie der Theologie einen ihrer großen Dienste geleistet. Wenn der Theologe das Neue Sein als Prozeß zu beschreiben versucht, darf er die Einsichten der analytischen Psychologie in den Mechanismus der Verdrängung nicht unbeachtet lassen.

Die Theologie sollte die Konsequenzen, die diese Einsichten für ihre eigene Arbeit haben, nicht zu leicht nehmen. Am wichtigsten ist ihr Einfluß auf das Bild der Vollkommenheit. Es ist keine genügende Antwort auf die menschliche Situation und ähnelt eher einer Karikatur, wenn in Predigt und Seelsorge die „unschuldigen Freuden des Lebens" empfohlen werden und auf diese Weise die falsche Voraussetzung gemacht wird, daß gewisse Vergnügungen an sich unschuldig und andere an sich schuldig seien; statt dessen sollte auf die Zweideutigkeit von Schöpferischem und Zerstörerischem in jedem Vergnügen wie in jedem, was „ernste Tätigkeit" genannt wird, hingewiesen werden. Kein Vergnügen an sich ist harmlos, und nach harmlosen Vergnügen zu suchen, führt zu einer oberflächlichen Bewertung der vitalen Kräfte in der menschlichen Natur. Diese Geringschätzung des vitalen Lebens, oft verbunden mit einer unkritischen Haltung gegenüber kindischen Vergnügen, ist schlimmer als radikale Askese. Sie führt zu ständigen Ausbrüchen der unterdrückten und nur in kindischen Formen zugelassenen Kräfte in der Ganzheit des menschlichen Seins. Solche Ausbrüche sind persönlich und sozial zerstörerisch. Wer aber die vitalen Kräfte im Menschen als notwendiges Element in all seinen Lebensprozessen – seinen Leidenschaften und seinem *eros* – zuläßt, der muß wissen, daß er damit das Leben in seiner göttlich-dämonischen Zweideutigkeit bejaht hat. Es ist der Triumph der Gegenwart des göttlichen Geistes, diese Tiefen der menschlichen Natur in die Sphäre des Geistes hineinzuziehen, anstatt sie zu verdrängen oder durch sogenannte unschädliche Vergnügen zu ersetzen. Weder im Bild der Vollkommenheit der Heiligen in der katholischen Kirche noch bei den Vertretern der neuen Frömmigkeit in der Reformation gibt es so etwas wie „harmlose Freuden". Wer die dämonische Seite des Heiligen zu vermeiden sucht, der verliert auch seine göttliche Seite und gewinnt nichts als eine trügerische Sicherheit zwischen beiden. Das Bild der Vollkommenheit zeigt uns der Mensch, der auf dem Kampfplatz zwischen göttlichen und dämonischen Mächten den Sieg über das Dämonische davonträgt, wenn auch nur fragmentarisch. Dieses Bild der durch die Gegenwart des göttlichen Geistes bewirkten Vollkommenheit transzendiert das humanistische Ideal der Persönlichkeit. Der Gegensatz beruht nicht in einer negativen Bewertung der menschlichen Potentialitäten, sondern in dem Wissen um den unentschiedenen Kampf zwischen dem Göttlichen und Dämonischen in jedem Menschen, einem Wissen, das im Humanismus durch das Ideal harmonischer Selbst-Verwirklichung verdrängt ist. Dem humanistischen Menschenbild fehlt das Verlangen nach der Gegenwart des göttlichen Geistes, durch den allein das Dämonische im Menschen, gegen das der Humanismus protestiert, besiegt werden kann.

Einige Vertreter der protestantischen Orthodoxie sahen die Vollendung des Prozesses der Heiligung in der *unio mystica*. Dieser Gedanke, der auch vom Pietismus bejaht wird, wurde – wie jede Art von Mystik – von der personalistischen Theologie der Ritschlschen Schule radikal verworfen. Auch das Bild des Heiligen in der römisch-katholischen Kirche enthält viele mystische Züge. Der Protestantismus muß nach Ansicht der Ritschlschen Schule die mystischen Elemente völlig ausscheiden, da sie nicht nur dem Ziel der Heiligung – der persönlichen Verbindung mit Gott – widersprechen, sondern auch dem Weg zu diesem Ziel, dem Glauben, der jede asketische Vorbereitung für mystische Erfahrungen wie diese Erfahrungen selbst verwirft.

Die Gegenwart des göttlichen Geistes

Die Frage, die aus der ausgedehnten Diskussion über Glauben und Mystik in der protestantischen Theologie hervorgeht, ist die, ob Glaube und Mystik miteinander vereinbar oder am Ende sogar gegenseitig bedingt sind. Zweifellos können sie nur dann miteinander vereinbar sein, wenn das eine ein notwendiges Element im anderen ist, denn zwei Haltungen gegenüber dem Unbedingten können nicht nebeneinander bestehen, wenn die eine nicht notwendig mit der anderen gegeben ist. Das wird trotz aller anti-mystischen Richtungen im Protestantismus bejaht. Es gibt keinen Glauben (sondern nur ein Für-wahr-Halten), wenn nicht der göttliche Geist das personale Zentrum dessen, der im Glauben steht, ergriffen hat. Gerade das aber ist die mystische Erfahrung, nämlich die Erfahrung der Gegenwart des Ewigen im Zeitlichen. Als ekstatische Erfahrung ist der Glaube mystisch, obwohl er nicht zur Mystik im Sinne einer besonderen Form des religiösen Lebens führt. Aber er schließt die Kategorie des Mystischen ein, nämlich als Erfahrung der Gegenwart des göttlichen Geistes. Jede Erfahrung des Göttlichen ist mystisch, weil sie den Zwiespalt zwischen Subjekt und Objekt transzendiert; und wo immer das geschieht, ist das Mystische als Kategorie vorhanden. Die gleiche Zusammengehörigkeit von Glauben und Mystik zeigt sich von der anderen Seite, der Seite der Mystik: Es gibt Glauben als ein Element in der mystischen Erfahrung. Das folgt aus der Tatsache, daß beide – Glaube und mystische Erfahrung – auf dem Ergriffensein vom göttlichen Geist beruhen. Und doch ist mystische Erfahrung nicht identisch mit Glauben. Im Glauben ist Mut und Wagnis enthalten, während diese Elemente, die durch die Trennung von Subjekt und Objekt bedingt sind, in der mystischen Erfahrung transzendiert werden. Die Frage ist nicht, ob Glaube und Mystik einander widersprechen – das ist nicht der Fall. Die wirkliche Frage ist, ob das Transzendieren der Subjekt-Objekt-Spaltung in der existentiellen Situation des Menschen möglich ist. Die Antwort lautet, daß es in jeder Begegnung mit dem göttlichen Grund des Seins Wirklichkeit ist, wenn auch in den Grenzen menschlicher Endlichkeit und Entfremdung, d. h. fragmentarisch, antizipatorisch und bedroht durch die Zweideutigkeiten der Religion. Diese Begrenzung ist jedoch kein Grund, die mystische Erfahrung aus der protestantischen Idee der Heiligung auszuschließen. Mystik als ein Element jeder religiösen Erfahrung ist eine allgemeine Erfahrung; Mystik als religiöser Typus steht unter den gleichen Begrenzungen und Zweideutigkeiten wie der entgegengesetzte Typus, der oft fälschlich „Glaubenstypus" genannt wird. Die Tatsache, daß der Protestantismus seine Beziehung zur Mystik nicht verstanden hat, hat Einzelne darin bestärkt, das Christentum als ganzes zugunsten der östlichen Mystik aufzugeben, vor allem für den Zen-Buddhismus. Der interessante Versuch von Vertretern der jüdisch-christlichen wie der buddhistischen Tradition, ein Bündnis zwischen Tiefenpsychologie und Zen-Buddhismus zustandezubringen, ist ein Zeichen für die Unzufriedenheit mit derjenigen Richtung der christlich-jüdischen Tradition, die das mystische Element eingebüßt hat.

Wenn man die Frage stellt, wie eine solche protestantische Mystik beschrieben werden könne, so könnte man auf das hinweisen, was wir über den Übergang des Gebetes in Kontemplation gesagt haben, und man könnte auf die Momente des Schweigens hinweisen, die in die protestantische Liturgie aufgenommen worden sind, und auf die wachsende Betonung der Liturgie gegenüber dem bloßen Predigen und Lehren. Das protestantische Prinzip steht nur solchen Bestrebungen entgegen, die durch Askese oder Rauschmittel mystische Erfahrungen zu erzeugen suchen. Denn solche Versuche gehen an dem Grunderlebnis von Schuld und Vergebung und an dem Paradox der Rechtfertigung vorbei.

4. Die Überwindung der Religion durch die Gegenwart des göttlichen Geistes und das protestantische Prinzip

Insofern der göttliche Geist in den Kirchen und ihren einzelnen Gliedern wirkt, überwindet er die Religion als eine spezielle Funktion des menschlichen Geistes. Wenn die gegenwärtige Theologie es ablehnt, das Christentum eine Religion zu nennen, so entspricht das der neutestamentlichen Haltung: das Kommen des Christus bedeutet nicht die Begründung einer neuen Religion, sondern die Verwandlung dieses Äons in einen neuen Äon. Folglich wird die Kirche nicht als eine religiöse Gruppe angesehen, sondern als die Gemeinschaft, die eine neue Wirklichkeit, das Neue Sein, antizipatorisch repräsentiert. In gleicher Weise wird das einzelne Glied der Kirche nicht als eine religiöse Persönlichkeit betrachtet, sondern als eine Persönlichkeit, die die neue Wirklichkeit, das Neue Sein, antizipatorisch repräsentiert.

Alles, was bisher über die Kirchen und das Leben ihrer Glieder gesagt wurde, weist auf die Überwindung der Religion hin. Dabei bedeutet „Überwindung der Religion" nicht Säkularisierung, sondern es bedeutet, daß der göttliche Geist die Kluft zwischen dem Religiösen und dem Säkularen als eigenständigen Bereichen überbrückt. Dementsprechend bedeutet Glaube nicht die Bejahung von gewissen Glaubenssätzen, selbst wenn diese Gott zum Gegenstand haben, sondern das Ergriffensein von dem, was uns unbedingt angeht. Und dementsprechend bedeutet Liebe nicht einen Akt der Verneinung aller Dimensionen um einer Transzendenz willen, in der alle Dimensionen aufgehoben sind, sondern die Wiedervereinigung des Getrennten in allen Dimensionen, der des Geistes eingeschlossen.

Insofern die Religion durch die Gegenwart des göttlichen Geistes überwunden ist, sind auch Profanisierung und Dämonisierung überwunden. Der innerreligiösen Profanisierung der Religion, nämlich ihrer Verwandlung zu einem heiligen Mechanismus mit hierarchischer Struktur, Lehre und Ritual, wird durch das Teilhaben aller Glieder der Kirche an der Geistgemeinschaft Widerstand geleistet. Die Freiheit des Geistes durchbricht die profanisierende Mechanisierung, wie es in den schöpferischen Momenten der Reformation geschah, und gleichzeitig widersteht sie der Profanisierung in ihrer anderen Form, der Säkularisierung, denn das Säkulare als solches lebt von seinem Protest gegen die innere Profanisierung der Religion. Wenn dieser Protest gegenstandslos wird, dann können sich die Funktionen der Moral und Kultur wieder für das letzte Ziel, die Selbst-Transzendierung des Lebens, öffnen.

Auch die Dämonisierung der Religion ist in dem Maße überwunden, in dem die Religion selbst durch die Gegenwart des göttlichen Geistes überwunden ist. Wir hatten zwischen dem Dämonischen unterschieden, das verborgen ist – nämlich der Bejahung der eigenen „Größe", die zu dem tragischen Konflikt mit dem Großen selbst führt –, und dem sichtbar Dämonischen, nämlich der Erhebung eines Endlichen zu unendlicher Geltung im Namen des Heiligen. Das Christentum hat immer behauptet, daß weder der Tod des Christus noch das Leiden und Martyrium der Christen tragisch sind, da diese nicht in der Bejahung der eigenen Größe begründet seien, sondern in der Partizipation an der Situation der Entfremdung und dem Kampf gegen sie. Wenn das Christentum lehrt, daß der Christus und die Märtyrer unschuldig litten, dann bedeutet dies, daß ihr Leiden nicht durch die tragische Schuld der *hybris* verursacht war, sondern durch ihre Bereitschaft, sich den tragischen Folgen der menschlichen Entfremdung zu unterwerfen.

Selbstbehauptete „Größe" im Gebiet des Heiligen ist dämonisch. Das trifft auch auf eine Kirche zu, die behauptet, in sich selbst die Geistgemeinschaft unzweideutig zu repräsentieren. Der sich daraus ergebende Wille zu unbegrenzter Macht über alles Heilige und Profane ist in sich selbst ein Urteil gegen eine Kirche, die diesen Anspruch erhebt. Das gleiche gilt von Individuen, die als Glieder einer Gruppe, die einen solchen Anspruch erhebt, selbstgewiß und fanatisch werden und schließlich das Leben anderer und den Sinn ihres eigenen Lebens zerstören. Wo

Die Überwindung der Religion durch die Gegenwart des göttlichen Geistes

aber der göttliche Geist die Religion überwindet, überwindet er auch den Anspruch der Kirche und ihrer Glieder auf Absolutheit. Wo der göttliche Geist wirkt, ist der Anspruch einer Kirche, daß sie unter Ausschluß aller anderen Kirchen Gott vertrete, verworfen. Die Freiheit des göttlichen Geistes steht gegen einen solchen Anspruch. Und wo der göttliche Geist wirkt, ist der Anspruch eines einzelnen Gliedes, ausschließlich im Besitz der Wahrheit zu sein, zunichte gemacht. Die Geistgemeinschaft macht Fanatismus unmöglich, denn, wo Gott gegenwärtig ist, kann kein Mensch sich rühmen, Gott zu besitzen. Niemand kann das ergreifen, wodurch er ergriffen wird – den göttlichen Geist.

In anderem Zusammenhang habe ich diese Wahrheit als das „protestantische Prinzip" bezeichnet. Im theologischen System gehört dieser Begriff hier an diese Stelle. Das „protestantische Prinzip" ist Ausdruck für die Überwindung der Religion durch den göttlichen Geist und damit Ausdruck für den Sieg über die Zweideutigkeiten der Religion – ihre Profanisierung und Dämonisierung. Das Prinzip ist protestantisch, da es gegen die tragisch-dämonische Selbst-Erhebung der Religion protestiert und die Religion von sich selbst befreit und für die anderen Funktionen des menschlichen Geistes frei macht; damit werden diese Funktionen von ihrer Abschließung gegen die Manifestationen des Göttlichen befreit. Das protestantische Prinzip (das eine Manifestation des prophetischen Geistes ist) ist weder auf die Kirchen der Reformation beschränkt noch auf irgendeine andere Kirche. Als Ausdruck der Geistgemeinschaft transzendiert es jede einzelne Kirche. Es ist von jeder Kirche verleugnet worden, selbst von den Kirchen der Reformation; aber es ist in jeder Kirche wirksam – auch in der Kirche der Gegen-Reformation – als die Macht, die die völlige Profanisierung und Dämonisierung der christlichen Kirchen verhindert. Das protestantische Prinzip allein genügt jedoch nicht; die katholische Substanz, die konkrete Verkörperung der Gegenwart des göttlichen Geistes ist ebenso notwendig, aber sie ist dem Kriterium des protestantischen Prinzips zu unterwerfen. Im protestantischen Prinzip siegt der göttliche Geist über die Religion.

B

DIE GEGENWART DES GÖTTLICHEN GEISTES UND DIE ZWEIDEUTIGKEITEN DER KULTUR

1. Religion und Kultur und die Gegenwart des göttlichen Geistes

Die Beziehung des göttlichen Geistes zur Religion hat zwei Aspekte, weil sowohl die tiefste Zweideutigkeit des Lebens als auch die Macht, sie zu besiegen, sich in der Religion manifestieren. Dieses Faktum ist die fundamentale Zweideutigkeit der Religion und die Wurzel all ihrer sonstigen Zweideutigkeiten. Das Verhältnis von Religion und Kultur – ihre essentielle Einheit und ihre existentielle Getrenntheit – haben wir bereits erörtert. Hier an diesem Punkt stellen wir die Frage: Wie erscheint ihr Verhältnis im Lichte der Gegenwart des göttlichen Geistes und seiner Schöpfung, der Geistgemeinschaft, d. h. der Gemeinschaft des Glaubens und der Liebe?

Als erstes müssen wir betonen, daß das Verhältnis von Religion und Kultur nicht identisch ist mit dem Verhältnis der Kirchen zu der Kultur, in der sie stehen. Da die Kirchen selbst sowohl Verzerrungen als auch Repräsentationen der Geistgemeinschaft sind, so ist ihre Beziehung zur Kultur selbst ein Stück Kultur und nicht die Antwort auf die Fragen, die die Kultur enthält. Alle Beziehungen der Kirchen zur Kultur, wie wir sie in dem Abschnitt über die Funktionen der Kirchen beschrieben haben, insbesondere über die Funktionen der Kirchen nach außen, erfordern eine doppelte Betrachtung entsprechend der doppelten Beziehung der Kirchen zur Geistgemeinschaft. Insofern die Geistgemeinschaft die geistige Essenz der Kirchen ist, sind diese ein Medium, durch das der göttliche Geist auf die Selbst-Transzendierung der Kultur hinwirkt. Insofern die Kirchen die Geistgemeinschaft in der zweideutigen Weise der Religion repräsentieren, ist auch ihr Einfluß auf die Kultur zweideutig. Diese Situation steht allen theokratischen Versuchen entgegen, die Kultur im Namen der Geistgemeinschaft einer Kirche zu unterwerfen, und sie steht auch allen profanisierenden Versuchen entgegen, die Kirchen vom allgemeinen Kulturleben abzutrennen. Der göttliche Geist kann die kulturellen Funktionen nicht ergreifen ohne eine geschichtlich verwirklichte Geistgemeinschaft, aber diese muß nicht innerhalb einer Kirche verwirklicht sein; der göttliche Geist kann in vorläufiger Weise in Gruppen, Bewegungen und persönlichen Erfahrungen wirksam sein, was wir früher als „Geistgemein-

Religion und Kultur und die Gegenwart des göttlichen Geistes

schaft in ihrer Latenz" beschrieben haben. „In vorläufiger Weise in Gruppen usw." bedeutet entweder, daß die volle Manifestation der Geistgemeinschaft in einer Kirche sich erst vorbereitet oder aber bereits stattgefunden hat. Im zweiten Fall hat die Kirche ihre Kraft als Vermittlerin des göttlichen Geistes verloren und die früher in ihr wirkende Kraft ist in der Kultur noch latent wirksam und hält in ihr die Selbst-Transzendierung des kulturellen Schaffens lebendig. Das besagt, daß der göttliche Geist nicht an die Mittler, die er selbst geschaffen hat, gebunden ist (die Kirchen einschließlich Wort und Sakrament), sondern daß durch das freie Einwirken des göttlichen Geistes auf die Kultur eine religiöse Gemeinschaft gebildet wird, in der die Individuen für die Aufnahme des göttlichen Geistes vorbereitet werden.

Auf der Grundlage einer solchen Auffassung können gewisse Prinzipien für das Verhältnis von Religion und Kultur aufgestellt werden. Das erste Prinzip beruht auf der Freiheit des göttlichen Geistes. Er ist in seiner Manifestation nicht an eine Kirche gebunden, und das bedeutet, daß das Problem „Religion und Kultur" nicht mit dem Problem „Kirche und Kultur" identisch ist. Man könnte dieses erste Prinzip das der „Heiligung des Profanen" nennen. Das bedeutet nicht, daß das Profane an sich heiligen Charakter hat, sondern daß das Profane für den göttlichen Geist offen ist und der Vermittlung der Kirchen nicht bedarf. Eine solche „Emanzipation des Profanen", wie sie in Jesu Lehren und Taten angedeutet und in der Reformation wieder entdeckt worden ist, hat weitreichende praktische Folgen. Diese stehen in radikalem Widerspruch zu den öffentlichen Ermahnungen von Schriftstellern, Rednern und Geistlichen, die Religion zu unterstützen, um dadurch die häufig zerstörerischen Zweideutigkeiten der Kultur zu überwinden. Derartige Erklärungen sind besonders anstößig, wenn sie die Religion nicht um ihrer selbst willen fördern, sondern um einer leeren und verfallenden Kultur oder einer besonderen nationalen Gruppe aufzuhelfen. Auch wenn dabei vermieden wird, das Unbedingte als Werkzeug für etwas Bedingtes zu gebrauchen, bleibt die falsche Auffassung bestehen, nach der der göttliche Geist seinen Einfluß auf die Kultur nur durch die Religion ausüben kann. Der grundlegende Fehler, der eine solche Auffassung begünstigt, liegt in der dämonischen Identifikation von Kirche und Geistgemeinschaft und in dem Versuch, die Freiheit des Geistes durch den Absolutheitsanspruch einer religiösen Gruppe zu begrenzen. Das Prinzip der „Heiligung des Profanen" gilt nicht nur für Bewegungen, Gruppen oder Einzelne, die in den Zweideutigkeiten der Religion den säkularen Pol repräsentieren, sondern auch für offene Feinde der Kirchen, ja selbst der Religion in all ihren Formen, einschließlich des Christentums. Der göttliche Geist kann sich in derartigen Gruppen manifestieren und hat sich oft in ihnen manifestiert, indem er z. B. ihr soziales Gewissen erweckte oder dem Menschen ein tieferes Verständnis von sich selbst gab, oder indem er die Ketten eines kirchlich geförderten Aberglaubens durchbrach. In diesen Fällen hat sich der göttliche Geist anti-religiöser Vermittler bedient, nicht nur um eine säkulare Kultur, sondern auch um die Kirchen zu verwandeln. Die Kraft der Selbstkritik im protestantischen Prinzip macht den Protestantismus fähig, die Freiheit des göttlichen Geistes von der Kirche, selbst von der protestantischen Kirche, anzuerkennen.

Das zweite Prinzip, das das Verhältnis von Religion und Kultur bestimmt, ist das Prinzip der „Konvergenz des Heiligen und des Profanen". Die Tendenz zu einer solchen Konvergenz erklärt sich aus dem Faktum, daß latente Wirkungen des göttlichen Geistes – wie wir bereits erwähnt haben – entweder einer vollen Manifestation des göttlichen Geistes in einer Kirche vorausgehen oder folgen. Auch das Profane steht wie alles Leben unter dem Gesetz der Selbst-Transzendierung, es transzendiert sich in vertikaler Richtung. Wie wir gezeigt haben, ist das Profane das Ergebnis des Widerstandes gegen die Verwirklichung der vertikalen Selbst-Transzendierung. Dieser Widerstand ist jedoch in sich zweideutig. Er hindert das Endliche daran, im Unendlichen aufzugehen. Er bewirkt die Aktualisierung der Potentialitäten des Endlichen. Vor allem widersteht er den Kirchen in ihrem Anspruch, das Transzendente unmittelbar und ausschließlich zu repräsentieren. In diesem Sinne ist das Profane das notwendige Korrektiv des Heiligen. Aber es strebt schließlich selbst dem Heiligen zu, denn es kann auf die Dauer dem stets wirksamen Prozeß der Selbst-Transzendierung, wie sehr er auch säkularisiert sein mag, keinen Widerstand leisten. Denn ein solcher Widerstand erzeugt Leere und Sinnlosigkeit – Charakteristika des vom Unendlichen abgeschnittenen Endlichen – und führt schließlich zu einem sich erschöpfenden und sich verachtenden Leben, das zu der Frage nach einem unerschöpflichen Leben jenseits seiner selbst und damit zur Selbst-Transzendierung getrieben wird. Das Profane wird zur Vereinigung mit dem Heiligen getrieben, eine Vereinigung, die in Wirklichkeit Wiedervereinigung ist, denn das Heilige und das Profane gehören zusammen.

Denn auch das Heilige kann nicht ohne das Profane leben. Wenn das Heilige im Namen des letzten unbedingten Anliegens sich zu isolieren versucht, gerät es entweder in Selbstwidersprüche oder wird leer auf eine dem Profanen entgegengesetzte Art. Der Selbstwiderspruch in dem Versuch des Heiligen, ohne das Profane auszukommen, zeigt sich darin, daß es schon in diesem Versuch, sich der profanen Kultur in allen ihren Formen bedienen muß – in der Sprache, im Erkennen und im Ausdruck ebenso wie im praktischen Handeln und im persönlichen Leben und im Gemeinschaftsleben. Der einfachste Satz, in dem das Heilige sich vom Profanen zu unterscheiden versucht, ist in seiner Form profan. Wenn aber das Heilige diesen Widerspruch vermeiden will, muß es verstummen und sich aller Inhalte entledigen und damit aufhören, eine echte Möglichkeit für ein endliches Wesen zu sein. Das Heilige strebt danach, die „Welt", den Bereich des Profanen, mit Heiligkeit zu erfüllen. Es versucht, das Profane in das Leben des göttlichen Geistes einzubeziehen, und dabei erfährt es den Widerstand des Profanen, das auf sich selbst stehen will. Dem Anspruch des einen steht der Anspruch des anderen gegenüber. Tatsächlich jedoch bewegen sich beide – das Heilige und das Profane – aufeinander zu: das Prinzip der Konvergenz von Heiligem und Profanem ist stets wirksam.

Die beiden erwähnten Prinzipien wurzeln letztlich in einem dritten Prinzip, dem der wesenhaften „Zusammengehörigkeit von Religion und Kultur". Ich habe dieses Prinzip in dem Satz formuliert: Religion ist die Substanz der Kultur, und Kultur ist die Form der Religion. Wir haben darauf bereits bei der Erörterung der essentiellen Beziehung von Moralität, Kultur und Religion hingewiesen. Hier brauchen wir nur zu wiederholen, daß die Religion, selbst in einem sinnvollen Schweigen, sich nicht ohne Kultur ausdrücken kann, denn alle Formen sinnvollen Ausdrucks stammen aus der Kultur. Und weiter müssen wir die Behauptung wiederholen, daß die Kultur ohne vertikale Richtung auf ihren letzten Grund und ihr letztes Ziel ihre Tiefe und ihre Unerschöpflichkeit verliert.

Mit diesen Prinzipien als Grundlage wenden wir uns nun der Analyse der humanistischen Idee, ihren Zweideutigkeiten und ihrer Beziehung zum göttlichen Geist zu.

2. Der Humanismus und die Idee der Theonomie

Als wir das humanistische Ziel des kulturellen Schaffens erörterten, stellten wir die Frage: Wohin führt z. B. die humanistische Erziehung tatsächlich? Das Prinzip des Humanismus – die Entfaltung aller menschlichen Potentialitäten – sagt nichts darüber aus, in welcher Richtung diese Potentialitäten entwickelt werden sollen. Das Problem wird in dem lateinischen Begriff *educatio* deutlich, der soviel wie herausführen bedeutet, nämlich herausführen aus dem Zustand der Unreife, wobei aber noch nichts darüber ausgesagt wird, wohin man geführt werden soll. Wir können sagen, daß Einführung in das Geheimnis des Seins dieses Ziel sein könnte. Ein solches Ziel setzt aber eine Gemeinschaft voraus, in der das Geheimnis des Seins – in einer besonderen Ausdrucksform – das determinierende Lebensprinzip ist. In einer solchen Gemeinschaft wird die Idee des Humanismus transzendiert, ohne verneint zu werden. Das Beispiel der Erziehung und die Notwendigkeit in ihr, den Humanismus zu transzendieren, führt zu einer umfassenderen Überlegung, nämlich zu der Frage: Was geschieht mit der Kultur als ganzer unter der Einwirkung des göttlichen Geistes? Die Antwort, die ich darauf geben möchte, ist zusammengefaßt in dem Begriff „Theonomie". Man könnte statt dessen auch von einer Kultur reden, die vom göttlichen Geist bestimmt ist, oder kurz von „Geist-bestimmter Kultur", aber das würde den Eindruck erwecken, als ob die Kultur in Religion aufgelöst werden sollte. Angemessener wäre der Begriff „Selbst-Transzendierung der Kultur", aber das Wort „Selbst-Transzendierung" ist schon für eine allgemeine Funktion des Lebens, die sich auf alle Dimensionen erstreckt, in Beschlag genommen. Daher muß für die „Selbst-Transzendierung der Kultur" in diesem spezifischen Sinne (wie auch für die „Selbst-Transzendierung der Moralität") ein anderer Begriff gefunden werden. Auf Grund meiner Erfahrungen im Religiösen Sozialismus – sowohl in praktischer wie in theoretischer Hinsicht – möchte ich den damals geprägten Begriff „Theonomie" beibehalten. Er ist bereits erklärt worden[1] und wird im letzten Teil des Systems nochmals ausführlich behandelt werden. Hier an dieser Stelle des Systems gebrauche ich das Wort „Theonomie", um den Zustand einer Kultur unter der Einwirkung des göttlichen Geistes zu charakterisieren. Der *nomos* (Gesetz), der in einer theonomen Kultur wirksam ist, ist das Gerichtetsein des kulturellen Lebens auf das Unbedingte in Sein und Sinn. Bedauerlicherweise ist der Begriff „Theonomie" dem Mißverständnis ausgesetzt, die Kultur sei göttlichen Gesetzen unterworfen, die ihr von außen, nämlich von der Kirche, auferlegt werden. Doch ist bei dem Begriff „Theonomie" die Gefahr des Mißverständnisses geringer als bei anderen Begriffen, und man kann ihr begegnen, indem man den Begriff „Heteronomie" auf eine Situation anwendet, in der ein fremdes Gesetz *(heteros nomos)* von außen auferlegt wird, ein Gesetz, das die „Autonomie" des kulturellen Lebens (ihr *autos nomos*), ihr innerstes Gesetz, zerstört. Der Gegensatz von „Theonomie" und „Heteronomie" macht deutlich, daß die Idee einer theonomen Kultur keinen

---

[1] Vgl. Bd. I, S. 101 ff.

Eingriff in die Kultur von außen bedeutet. Theonome Kultur ist eine Kultur, die vom göttlichen Geist bestimmt und auf ihn gerichtet ist: der göttliche Geist ist die Erfüllung des menschlichen Geistes, und nicht seine Zerstörung. Die Idee der Theonomie ist nicht antihumanistisch, sondern gibt der humanistischen Unbestimmtheit über das „wohin" eine Richtung, die jede partikulare menschliche Zielsetzung transzendiert.

Theonomie kann eine ganze Kultur kennzeichnen und kann zum Schlüssel für die Geschichtsdeutung werden. Theonome Elemente können in Konflikt geraten mit einer aufkommenden kirchlichen oder politischen Heteronomie, und die autonomen Elemente einer Kultur können zeitweise ganz ausgeschaltet und zurückgedrängt werden (wie im späten Mittelalter). Theonome Elemente können aber auch in Konflikt geraten mit einer siegreichen, z. B. rationalistischen oder nationalistischen Autonomie und in einer Kultur in den Hintergrund gedrängt werden (wie im 18. und 19. Jahrhundert). Oder sie können die Kraft haben, zwischen heteronomen und autonomen Bestrebungen einen Ausgleich zu schaffen (wie im 12. und 13. Jahrhundert). Aber die Theonomie kann niemals absolut siegreich sein, wie sie auch niemals vollständig vernichtet werden kann. Ihr Sieg ist immer fragmentarisch, weil aller menschlichen Geschichte die existentielle Entfremdung zugrunde liegt, und ihre Niederlage ist immer begrenzt durch das Faktum, daß die menschliche Natur essentiell theonom ist.

Es ist schwierig, allgemeine Charakteristika einer theonomen Kultur, unabhängig von ihren Einzelfunktionen, aufzuzeigen. Aber man kann immerhin auf folgende Charakteristika der Theonomie hinweisen, die sich aus ihrem inneren Wesen ableiten lassen. Vor allem drückt sich in dem Stil, der gesamten Form einer theonomen kulturellen Schöpfung, ein letzter Sinn aus. Das gilt selbst für den geringsten Träger von Sinn – eine gemalte Blume, eine familiäre Sitte, ein technisches Werkzeug, eine gesellschaftliche Umgangsform, das Bild einer geschichtlichen Gestalt, eine Erkenntnistheorie, ein politisches Dokument usw. Keines dieser Dinge ist in einer theonomen Situation ohne Weihe, es erhält seine Weihe vielleicht nicht durch die Kirche, aber es ist geweiht durch die Art, in der es erlebt wird, auch ohne äußere Weihe erhalten zu haben.

Bei dem Versuch, die Theonomie zu charakterisieren, sollten wir uns dessen bewußt sein, daß unser Bild der Theonomie immer von einer konkreten geschichtlichen Situation abhängig ist, die für uns das Symbol einer theonomen Kultur vertritt. Die Begeisterung der Romantiker für das Mittelalter beruhte zum Teil auf einer solchen Verwandlung der Vergangenheit in ein Symbol der Theonomie. Zweifellos waren die Romantiker in dem Augenblick im Irrtum, in dem sie die theonome Situation nicht symbolisch, sondern empirisch verstanden. Hier begann ihre geschichtlich unhaltbare und beinahe lächerliche Glorifizierung gewisser Perioden der Vergangenheit. Sofern jedoch die Vergangenheit als Modell einer zukünftigen Theonomie gesehen wird, wird sie symbolisch und nicht empirisch verstanden. Zusammenfassend können wir sagen: Das erste Charakteristikum einer theonomen Kultur ist, daß sie in all ihren Schöpfungen die Erfahrung des Heiligen ausdrückt, d. h. eines Unbedingten in Sein und Sinn.

Das zweite Charakteristikum der Theonomie ist die Bejahung der autonomen Formen des schöpferischen Prozesses. Die Theonomie würde in dem Augenblick zerstört, in dem die Methoden der Wissenschaft im Namen des Unbedingten, auf das die Theonomie hinweisen will, verneint würden, und das gleiche gilt für alle Gebiete des kulturellen Schaffens. Es besteht keine Theonomie, wo ein berechtigtes Gebot der Gerechtigkeit im Namen des Heiligen mißachtet, oder wo ein berechtigter Akt der personhaften Selbst-Bestimmung durch geheiligte Traditionen verhindert, oder wo ein neuer Kunststil im Namen angeblich ewiger Ausdrucksformen unterdrückt wird. In all diesen Beispielen liegt eine Verkehrung der Theonomie in Heteronomie vor: das Element der Autonomie in ihr ist verdrängt, die Freiheit, das Kennzeichen des menschlichen wie des göttlichen Geistes, ist unterdrückt. Und dann kann es geschehen, daß die Autonomie die unterdrückenden Kräfte der Heteronomie durchbricht und nicht nur die Heteronomie, sondern auch die Theonomie verwirft.

Diese Situation führt uns zum dritten Charakteristikum der Theonomie, ihrem ständigen Kampf sowohl gegen eine unabhängige Heteronomie wie gegen eine unabhängige Autonomie. Die Theonomie geht diesen beiden voraus; doch sind sie als Elemente in ihr enthalten. Aber andrerseits ist die Theonomie auch später als sie, und sie haben die Tendenz, sich in der Theonomie, aus der sie kommen, wieder zu vereinigen. Die Theonomie geht den sich widersprechenden Elementen, die sie enthält, voraus und folgt auf sie. Der Prozeß, in dem das geschieht, kann auf folgende Weise beschrieben werden: Die ursprüngliche Einheit in der Theonomie geht durch das Aufkommen autonomer Tendenzen verloren, was notwendigerweise zu einer Reaktion des heteronomen Elementes führt. Ohne die Befreiung der autonomen Elemente aus der Bindung an eine „archaische", mythologisch begründete Theonomie könnte die Kultur ihre schöpferischen Möglichkeiten nicht entfalten. Erst nach ihrer Befreiung von dem alles in sich hineinziehenden Mythos und dem theonomen Bewußtseinszustand können Philosophie und Wissenschaft, Dichtung und die anderen Künste erscheinen. Aber sobald sie Unabhängigkeit erreichen, verlieren sie ihren transzendenten Grund, der ihnen Tiefe, Einheit und unbedingten Sinn gegeben hatte. Und darum setzt die Reaktion der Heteronomie ein: Die Erfahrung des Unbedingten, wie sie in der religiösen Tradition zum Ausdruck kommt, wendet sich gegen die Schöpfungen einer entleerten Autonomie. Diese Reaktion kann leicht den Eindruck einer einfachen Verneinung autonomer Schöpferkraft erwecken und als Versuch verstanden werden, berechtigte Forderungen nach Wahrheit, nach adäquaten Ausdrucksformen künstlerischen Gestaltens, nach Humanität und Gerechtigkeit zu unterdrücken. Aber damit ist nicht alles gesagt. Selbst in der entstellten Form heteronomer Angriffe auf kulturelle Autonomie liegt die berechtigte Warnung vor dem drohenden Verlust von Sein und Sinn. Wenn im Namen einer religiös geheiligten Tradition eine wissenschaftliche Theorie, die einen hohen Grad von Wahrscheinlichkeit hat, abgelehnt wird, muß man genau untersuchen, was verworfen wird. Wenn es sich um die Theorie als solche handelt, handelt es sich um einen heteronomen Angriff auf die Idee der Wahrheit, dem in der Kraft des göttlichen Geistes Widerstand geleistet werden muß. Wenn es sich jedoch um ein dieser Theorie zugrunde liegendes metaphysisches – letztlich religiöses – Postulat handelt, das im Namen der Religion angegriffen wird, liegt kein Konflikt mehr zwischen Heteronomie und Autonomie vor, sondern ein Konflikt zwischen zwei verschiedenen unbedingten Anliegen, der zu einem Konflikt zwischen verschiedenen religiösen Haltungen führen kann, aber nicht zu einem Konflikt zwischen Autonomie und Heteronomie.

Der ständige Kampf zwischen autonomer Eigenständigkeit und heteronomer Reaktion führt zur Frage nach einer neuen Theonomie, sowohl in einer besonderen Situation wie in der Tiefe des kulturellen Bewußtseins im allgemeinen. Eine neue Theonomie kann nur entstehen durch die Einwirkung des göttlichen Geistes. Wo immer der göttliche Geist auf eine Kultur einwirkt, entsteht Theonomie, und wo immer Theonomie Gestalt gewinnt, werden Anzeichen der Gegenwart des göttlichen Geistes sichtbar.

3. Theonome Manifestationen der Gegenwart des göttlichen Geistes

a) Wahrheit und Ausdruckskraft. – Die Gegenwart des göttlichen Geistes bewirkt die Überwindung der Zweideutigkeiten der Kultur, indem sie in den verschiedenen Bereichen der Kultur theonome Formen schafft. Um diese Formen zu beschreiben, müssen wir uns der verschiedenen zuvor behandelten Zweideutigkeiten der Kultur erinnern und aufzeigen, was mit ihnen unter der Einwirkung des göttlichen Geistes geschieht. Aber zunächst müssen wir etwas über die fundamentale Zweideutigkeit sagen, die mehr oder weniger deutlich in allen kulturellen Funktionen sichtbar ist, d. h. über die Spaltung zwischen Subjekt und Objekt, und darüber, wie diese unter der Einwirkung des göttlichen Geistes überwunden wird. Gibt die Theonomie eine allgemeine Antwort auf das Problem der Subjekt-Objekt-Spaltung? Philosophen, Mystiker, Liebende, Rauschgiftsüchtige – sogar Selbstmörder haben versucht, diese Spaltung zu überwinden. In einigen dieser Versuche kann man eine Manifestation des göttlichen Geistes sehen, in anderen dagegen zeigt sich der verzweifelte und oft dämonische Versuch, der Spaltung zu entgehen, indem man der Realität des Lebens entflieht. Die Tiefenpsychologie hat diese Zusammenhänge erkannt: In dem unbewußten Verlangen, in den Mutterschoß oder in den alles verschlingenden Schoß der Natur oder in den schützenden Schoß der bestehenden Gesellschaft zurückzukehren, zeigt sich das Verlangen, die eigene Subjektivität in etwas Trans-Subjektivem aufzulösen – nicht in etwas Objektivem (und wiederum dem Subjekt Gegenüber-Stehendem), sondern in etwas, das jenseits von Subjektivität und Objektivität liegt.

Die treffendsten Antworten sind durch zwei Phänomene gegeben, die eine gewisse Verwandtschaft in dieser Beziehung aufweisen – Mystik und *eros*. Die Antwort der Mystik besteht in dem Versuch, einen Geisteszustand zu erreichen, in dem das „Universum der Subjekt-Objekt-Spaltung" verschwunden ist, wobei aber das Selbst, das diese mystische Erfahrung hat, dieses Verschwinden noch erlebt. Nur im Zustand ewiger Erfüllung ist das Subjekt (und folglich auch das Objekt) völlig aufgehoben. Für den Menschen als geschichtliches Wesen gibt es nur eine fragmentarische Vorwegnahme jener letzten Erfüllung, in der das Subjekt aufhört, Subjekt zu sein, und das Objekt aufhört, Objekt zu sein.

Ein ähnliches Phänomen ist die menschliche Liebe. Die Trennung von Liebendem und Geliebtem ist der deutlichste und qualvollste Ausdruck der Subjekt-Objekt-Spaltung des Endlichen. Das Subjekt der Liebe ist niemals fähig, völlig in das Objekt seiner Liebe einzudringen, die Liebe bleibt immer unerfüllt – und zwar notwendigerweise; denn wenn sie jemals erfüllt würde, so würde diese Erfüllung sowohl die Existenz des Liebenden wie die des Geliebten aufheben. Dieses Paradox veranschaulicht die menschliche Situation und damit zugleich die Frage, auf die die Theonomie als die Schöpfung des göttlichen Geistes die Antwort gibt.

Die Subjekt-Objekt-Spaltung liegt auch dem Phänomen der Sprache zugrunde. Unsere Beschreibung ihrer Zweideutigkeiten – als Armut im Reichtum, als Partikularität in der Universalität, als Ermöglichung und Verhinderung von Verständigung, als Offensein für sprachlichen Ausdruck wie für die Verzerrung des sprachlichen Ausdrucks usw. – kann zusammengefaßt werden in dem Satz, daß die Sprache nicht ohne die Subjekt-Objekt-Spaltung möglich ist und daß sie durch eben diese Spaltung ständig ihren Zweck verfehlt. In der Theonomie ist die Sprache fragmentarisch von der Bindung an die Subjekt-Objekt-Spaltung befreit. Es gibt Augenblicke, in denen sie zum Träger des göttlichen Geistes wird und die Einheit dessen, der spricht, mit dem, wovon er spricht, in einem Akt sprachlicher Selbst-Transzendierung zum Ausdruck bringt. Das Wort, das zum Träger des göttlichen Geistes geworden ist, ergreift nicht ein Objekt, das dem sprechenden Subjekt gegenübersteht, sondern es bezeugt die Transzendierung des Lebens, jenseits von Subjekt und Objekt. Es bezeugt das, was die Subjekt-Objekt-Struktur transzendiert, es drückt es aus, es verleiht ihm Stimme. Das kann durch die Schaffung von Symbolen geschehen. Während das gewöhnliche Symbol einer Interpretation unterworfen werden kann, die es wieder in die Subjekt-Objekt-Spaltung zurückwirft, überwindet das unter der Einwirkung des göttlichen Geistes geschaffene Symbol diese Gefahr und damit die Zweideutigkeiten der Sprache. An diesem Punkt können wir den Begriff „Wort Gottes" endgültig charakterisieren und rechtfertigen. „Wort Gottes" ist das vom göttlichen Geist bestimmte menschliche Wort. Als solches ist es nicht an ein spezielles Offenbarungs-Ereignis (sei es ein christliches oder nicht-christliches) gebunden; es ist auch nicht an Religion im engeren oder weiteren Sinne des Begriffs gebunden; es ist nicht auf einen bestimmten Inhalt oder eine bestimmte Form festgelegt. Es erscheint, wo immer die Gegenwart des göttlichen Geistes Macht über einen Einzelnen oder über eine Gruppe gewinnt. Unter dieser Einwirkung ist die Sprache jenseits von Armut und Reichtum. Gewisse Worte werden zu großen Worten. Das ist die immer wiederkehrende Erfahrung der Menschheit gegenüber den heiligen Schriften einer partikularen Religion oder einer theonomen Kultur. Aber diese Erfahrung ist nicht auf die „Heiligen Schriften" einer besonderen Religion beschränkt. In jeder Art von Literatur und Sprache kann der göttliche Geist den ergreifen, der spricht, und seine Worte zu Trägern des göttlichen Geistes erheben und so die Zweideutigkeit von Armut und Reichtum überwinden. Ebenso überwindet der göttliche Geist die Zweideutigkeit von Partikularität und Universalität. Jede Sprache ist partikular, weil sie eine partikulare Begegnung mit der Wirklichkeit ausdrückt. Aber die Sprache, die Träger des göttlichen Geistes ist, ist zugleich universal, weil sie die partikulare Begegnung transzendiert, indem sie diese auf das richtet, was universal ist, *den Logos,* das Kriterium jedes partikularen *logos.* – Die Gegenwart des göttlichen Geistes überwindet auch die Zweideutigkeit, die in der Unbestimmtheit der Sprache liegt. Niemals läßt sich in der gewöhnlichen Sprache diese Zweideutigkeit vermeiden, weil ein unendlicher Abstand besteht zwischen dem Sprache-formenden Subjekt (dem kollektiven wie dem individuellen) und dem unerschöpflichen Gegenstand (jedem Gegenstand), den es zu ergreifen sucht. Das Wort, das von der Gegenwart des göttlichen Geistes bestimmt ist, versucht nicht, einen immer wieder sich entziehenden Gegenstand zu ergreifen, sondern es bringt die Einheit zwischen dem unerschöpflichen Subjekt und dem unerschöpflichen Gegenstand in einem Symbol zum Ausdruck, das seinem Wesen nach zugleich unbestimmt und bestimmt ist. Es bleibt offen gegenüber den Möglichkeiten auf beiden Seiten der symbolschaffenden Begegnung – und in diesem Sinne ist es unbestimmt, aber es schließt andere Symbole (und alle willkürliche Symbolik) aus, weil die Begegnung den Charakter des Einzigartigen hat. – Ein weiteres Beispiel für die Macht des göttlichen Geistes, die Zweideutigkeiten der Sprache zu überwinden, ist seine Überwindung der Zweideutigkeit, die in den Verständnis stiftenden und Verständnis verhindernden Möglichkeiten der Sprache liegt. Da die gewöhnliche Sprache das innerste Zentrum des anderen Selbst nicht erreichen kann, ist sie immer eine Mischung von Offenbaren und Verbergen. Und aus letzterem folgen die Möglichkeiten des absichtlichen Verbergens – Lüge und Täuschung, Verzerrung und Entleerung der Sprache. Das Geist-bestimmte Wort erreicht das Zentrum des anderen, aber nicht mit begrifflichen Definitionen oder Beschreibungen endlicher Objekte oder mit einer endlichen Subjektivität (z. B. mit Gefühlen), sondern indem es das Zentrum des Redenden und das des Hörenden in einer transzendenten Einheit verbindet. Wo göttlicher Geist ist, da ist die Entfremdung im sprachlichen Bereich überwunden – wie die Pfingstgeschichte es berichtet. Und sofern sie überwunden ist, ist auch die Gefahr der Sprache, ihren ursprünglichen Sinn zu verlieren und verzerrt zu werden, überwunden. In allen diesen Fällen könnte man sagen, daß die Zweideutigkeiten des menschlichen Wortes durch das menschliche Wort, das zu einem göttlichen Wort geworden ist, besiegt sind.

Um die Zweideutigkeiten des Erkennens zu überwinden, muß der göttliche Geist die Spaltung zwischen Subjekt und Objekt noch radikaler als im Falle der Sprache überwinden. Die Spaltung kommt beispielsweise darin zum Ausdruck, daß jeder Erkenntnisakt abstrakte Begriffe verwenden muß und, indem er das tut, die Konkretheit der Situation außer acht läßt; daß er eine partielle Antwort geben muß, obwohl „die Wahrheit unteilbar ist"; und daß er sich auf Begriffs-Modelle stützen muß, die nur auf den Bereich der Gegenstände und ihrer gegenseitigen Beziehungen passen. Und da auf der Ebene endlicher Beziehungen diese Notwendigkeit zwingend ist, entsteht die Frage, ob es eine andersgeartete Beziehung gibt, in der das Ganze der Wahrheit erreicht und die „Dämonie der Abstraktion" überwunden werden kann. Das kann nicht durch die dialektische Methode Hegels geschehen, der behauptete, er könne durch die Verbindung aller Teile zu einem folgerichtigen System das Ganze erfassen. Eben damit wurde er zu einem augenfälligen Opfer der Zweideutigkeit der Abstraktion, ohne die Totalität, die er anstrebte, zu erreichen. Der göttliche Geist umfaßt beides, die Totalität und das konkrete Einzelne, aber nicht, indem er Universalien negiert – ohne die kein Erkenntnisakt möglich wäre –, sondern indem er sie nur als Mittel benutzt, um das Partikulare und Konkrete in das Ewige zu erheben, in dem sowohl Totalität wie Partikularität ihre Wurzeln haben. Religiöse Erkenntnis ist Erkenntnis eines Partikularen im Lichte des Ewigen und Erkenntnis des Ewigen im Lichte eines Partikularen. In dieser Erkenntnisart ist die Zweideutigkeit der Subjektivität wie die der Objektivität überwunden, es ist eine selbst-transzendierende Erkenntnis, die aus dem Zentrum der Totalität herkommt und zu ihm zurückführt. Auch in der Art des theonomen Erkennens manifestiert sich die Gegenwart des göttlichen Geistes. Innerhalb der Struktur der Subjekt-Objekt-Spaltung versucht das Subjekt, durch Beobachtung und Schlußfolgerung sein Objekt zu ergreifen, bleibt ihm dabei aber stets fremd und ist sich nie sicher, ob es erreicht wird. In dem Maße, in dem die Subjekt-Objekt-Struktur überwunden wird, tritt an die Stelle der Beobachtung Partizipation (die Beobachtung einschließt) und an die Stelle der Schlußfolgerung Einsicht (die Schlußfolgerungen einschließt). Solche Einsicht, die auf Partizipation beruht, ist nicht das Ergebnis einer Methode, die willkürlich angewandt werden könnte, sondern ein Seinszustand, der emporgehoben ist zu dem, was wir transzendente Einheit genannt haben. Solche Geist-bestimmte Erkenntnis ist „Offenbarung", ebenso wie die Geist-bestimmte Sprache „Wort Gottes" ist. Und wie das „Wort Gottes" nicht beschränkt ist auf die Heilige Schrift, so ist „Offenbarung" nicht beschränkt auf die Offenbarungs-Erfahrungen, die die Grundlage aller konkreten Religionen sind. Die Erkenntnis dieser Situation liegt der Behauptung vieler Theologen der klassischen Tradition – Katholiken wie Protestanten – zugrunde, daß in der Weisheit gewisser nicht-christlicher Menschen die göttliche Weisheit – der *logos* – gegenwärtig sei und daß die Gegenwart des *logos* für sie – wie für uns – Gegenwart des göttlichen Geistes bedeute. Weisheit *(sapientia)* kann unterschieden werden von objektivierender Erkenntnis *(scientia)* durch ihre Fähigkeit, sich jenseits der Spaltung von Subjekt und Objekt zu manifestieren. Die biblische Bildersprache, die von der Weisheit und dem *logos* sagt, daß sie „bei" Gott und „bei" den Menschen seien, macht diesen Punkt besonders deutlich. Theonome Erkenntnis ist Geist-bestimmte Weisheit. Aber wie die Geist-bestimmte Sprache der Theonomie nicht ohne die Sprache auskommt, die auf der Subjekt-Objekt-Spaltung beruht, so steht die Geist-bestimmte Erkenntnis nicht im Widerspruch zu der Erkenntnis, die innerhalb der Subjekt-Objekt-Struktur der Begegnung mit der Wirklichkeit gewonnen wird. Die Theonomie steht nicht im Widerspruch zu der autonom gewonnenen Erkenntnis, wohl aber zu einer Erkenntnis, die autonom zu sein vorgibt, in Wirklichkeit aber das Resultat einer verzerrten Theonomie ist.

Die gleichen Probleme wie bei Sprache und Erkenntnis finden sich bei der ästhetischen Funktion. Wo nach schöpferischer Ausdruckskraft gesucht wird, entsteht die Frage, ob die Kunst Ausdruck des Subjekts oder des Objekts sei. Aber bevor wir nach einer theonomen Antwort suchen können, muß noch ein anderes Problem behandelt werden, nämlich die Beziehung des Menschen als Person im Prozeß der Selbst-Integration zu dem ganzen Bereich des ästhetischen Ausdrucks – das Problem des Ästhetizismus. Auch dieses Problem ist in der Subjekt-Objekt-Struktur des endlichen Seins verwurzelt. Das Subjekt kann jedes Objekt in einen „bloßen Gegenstand" verwandeln, indem es dieses für sich selbst benutzt, anstatt zu versuchen, sich ihm in einer Wiedervereinigung des Getrennten zu nähern. Ob es sich um vorkünstlerische Produkte handelt oder um eigentliche Kunstwerke – immer werden durch die ästhetische Funktion Bilder geschaffen, die Gegenstand ästhetischen Genusses sind. Dieser ist durch die Ausdrucksmächtigkeit eines Kunstwerkes verursacht, selbst wenn das Dargestellte häßlich oder schrecklich ist. Die Freude an Werken des ästhetischen Schaffens – vorkünstlerischen oder künstlerischen – entspricht der Schöpferkraft des menschlichen Geistes. Der Ästhetizismus jedoch entzieht sich der Partizipation, während er sich dem ästhetischen Genuß hingibt. Wo aber der göttliche Geist wirksam ist und Subjekt und Objekt vereint, kann sich kein Ästhetizismus entwickeln. So müssen wir also auf die Frage, ob die Kunst das Subjekt oder das Objekt zum Ausdruck bringt, die klare Antwort geben: weder das eine noch das andere. Subjekt und Objekt müssen in einer theonomen Schöpfung geeint sein, die für die Gegenwart des göttlichen Geistes transparent ist. Diese Frage ist von Bedeutung für die Bewertung verschiedener Kunststile. Die Beziehung des Subjekts zum Objekt ist unterschiedlich in den verschiedenen Stilen. So erhebt sich die Frage, ob es einen Stil gibt, der dem Theonomen näher kommt als andere, oder der im Gegensatz zu anderen theonom ist. Es ist sehr schwierig, eine Antwort auf diese Frage zu geben, aber sie muß gegeben werden. In bezug auf die kognitive Funktion ist die analoge Frage häufig in der Form gestellt worden, ob eine bestimmte Philosophie (z. B. die Platonische, die Aristotelische, die Stoische oder die Kantische) eine größere theonome Potentialität enthält als andere. Diese Frage muß durch die Theologie beantwortet werden und ist stets durch sie beantwortet worden, denn die Theologen haben die eine oder andere dieser Philosophien benutzt in der Überzeugung, daß sie der menschlichen Situation angemessen und dem Aufbau einer Theologie nützlich seien. Aber es scheint unmöglich zu sein, dasselbe in bezug auf die verschiedenen Kunststile zu tun. In bezug auf die Frage nach einem größeren oder geringeren Grad ihrer theonomen Potentialität lassen sich Kunststile nicht unterscheiden, nur Stilelemente innerhalb der verschiedenen Kunststile. Das wird deutlich an der Tatsache, daß, wo der Drang zu echtem künstlerischem Ausdruck vorhanden ist, ein historischer Kunststil nicht nachgeahmt werden kann, sondern nur einzelne Stilelemente aufgenommen werden. Der Künstler steht in einer bestimmten Stiltradition, und er kann nicht willkürlich von einer Tradition zur anderen hinüberwechseln. (Das ist die gleiche Situation, wie sie in bezug auf die theonome Philosophie besteht. Kein philosophisches System kann als ganzes von einem anderen Philosophen übernommen werden, aber alle übernehmen Elemente von ihren Vorgängern, und es gibt bestimmte Elemente, die mehr theonome Möglichkeiten haben als andere. Aber das Entscheidende in der Suche nach Wahrheit ist, daß unter dem Prinzip der Autonomie alle Möglichkeiten der kognitiven Begegnung des Menschen mit der Wirklichkeit entfaltet werden.)

Unter den Stilelementen (die in allen historischen Stilen auftreten) können das realistische, das idealistische und das expressionistische Element unterschieden werden. Jedes von ihnen erscheint in jedem Stil, aber gewöhnlich ist ein Element das vorherrschende. Vom Gesichtspunkt der Theonomie aus kann man sagen, daß das expressionistische Element am besten fähig ist, die Selbst-Transzendierung des Lebens in der vertikalen Linie zum Ausdruck zu bringen. Es durchbricht die horizontale Bewegung und macht die Gegenwart des göttlichen Geistes in Symbolen gebrochener Endlichkeit sichtbar. Und darum ist fast alle große religiöse Kunst aller Zeiten durch das expressionistische Element gekennzeichnet. Wenn das naturalistische oder das idealistische Element vorherrschen, wird das Endliche entweder in seiner Endlichkeit hingenommen (wenn auch nicht nachgeahmt), oder es wird in seiner essentiellen Potentialität gesehen, nicht aber in seinem Zustand der Entstellung und der Heilung. Das naturalistische Element stellt, wenn es die Vorherrschaft gewinnt, Hinnahme, das idealistische Vorwegnahme und das expressionistische den Durchbruch in die Vertikale dar. So ist das expressionistische Element das echte theonome Element.

b) Zweck und humanitas. – In bezug auf die technische Tätigkeit kommt die fundamentale Zweideutigkeit der Subjekt-Objekt-Spaltung als erstes in den Konflikten zum Ausdruck, die sich aus den unbegrenzten Möglichkeiten des technischen Fortschrittes einerseits und der Endlichkeit des Menschen andrerseits ergeben. Sie zeigen sich hauptsächlich in dem Bestreben des Menschen, sich den Gesetzen seiner eigenen Produktion anzupassen. Und zweitens kommt die Zweideutigkeit der Subjekt-Objekt-Spaltung in der Produktion von Mitteln für Zwecke zum Ausdruck, die selbst wieder zu Mitteln werden, ohne in dem unendlichen Prozeß der technischen Umgestaltung zu einem letzten *telos* zu führen: dabei werden Teile der Natur unaufhörlich in Dinge, d. h. in technische Objekte verwandelt. Wenn man fragt, was Theonomie in bezug auf solche Zweideutigkeiten bedeuten, oder genauer, wie die Subjekt-Objekt-Spaltung angesichts einer so vollständigen Vergegenständlichung überwunden werden könne, so kann nur die folgende Antwort gegeben werden: durch die Schaffung von Objekten, die mit subjektiven Qualitäten durchdrungen werden, und durch die Ausrichtung aller Zwecke auf ein letztes Ziel hin. Auf diese Weise wird der unbegrenzten Freiheit des Menschen, über das Gegebene hinauszugehen, eine Grenze gesetzt. Unter dem Einfluß des göttlichen Geistes können so auch technische Prozesse theonom und die Kluft zwischen Subjekt und Objekt, wie sie der technischen Tätigkeit anhaftet, überwunden werden. In der Gegenwart des göttlichen Geistes verliert jedes Ding seinen bloß dinghaften Charakter, es wird zu einem Träger von Form und Sinn und damit zu einem möglichen Gegenstand des *eros*. Das gilt sogar von Werkzeugen – vom einfachen Hammer bis zum hochentwickelten Computer. Wie in den frühesten Zeiten der Menschheitsgeschichte die Dinge Träger fetischistischer Kräfte waren, so können sie uns heute zu neuen Verkörperungen der Macht des Seins werden. Wo *eros* gegenüber dem technischen Gebilde besteht, ist ein Weg gefunden, auf dem eine theonome Beziehung zur Technik erreicht werden kann. Einen solchen *eros* können wir im Verhältnis von Kindern und auch manchmal von Erwachsenen zu solchen technischen Gebilden beobachten wie Schiffen, Autos, Flugzeugen, besonders eindrucksvollen Maschinen, Fabrikgebäuden usw. Wenn der *eros* gegenüber solchen Gegenständen nicht durch Konkurrenz oder Geschäftsinteresse entstellt wird, hat er theonomen Charakter. Der technische Gegenstand – das einzig vollständige „Ding" im Universum (im Sinne des vollständigen Bedingtseins) – steht nicht in essentiellem Konflikt mit der Theonomie, sondern ist ein wichtiger Faktor, der zu den Zweideutigkeiten der Kultur führt und der der Verwandlung durch *eros* und Kunst bedarf.

Das zweite Problem, das eine theonome Lösung erfordert, ist das der unbegrenzten Freiheit, Mittel für Zwecke zu produzieren, die wieder zu Mitteln werden und so weiter ohne Ende. In einer theonomen Kultur setzt sich der technische Fortschritt selbst eine Grenze. Möglichkeit ist nicht nur ein Geschenk, sondern auch eine Versuchung, und der Wunsch, sie zu verwirklichen, kann zu Entleerung und Zerstörung führen. Beide Folgen sind heute sichtbar geworden. Tendenzen der Entleerung sind schon lange erkannt und beklagt worden. Geschäftsinteresse und Reklame haben sie in großem Maße gefördert und in eine Richtung getrieben, die zur Produktion von sogenannten *gadgets* geführt hat. Das Wort ist unübersetzbar, es bezeichnet Erfindungen, die teils den täglichen Umgang mit technischen Dingen erleichtern, teils ihren spielerischen Zweck in sich selbst haben. Das *gadget* an sich ist kein Übel; aber wenn ein ganzes Wirtschaftssystem auf seine Produktion eingestellt und so die Frage nach dem letzten Zweck aller technischen Güter verdrängt wird, wird es zu einem Übel. Unter dem Einwirken des göttlichen Geistes wird dieses Problem sichtbar, und es kann unsere Einstellung zu den Möglichkeiten der Technik in einer solch revolutionären Weise verändern, daß sich auch die tatsächliche technische Produktion ändert. Allerdings kann sich eine solche Änderung nicht durch Einwirkung kirchlicher oder quasi-religiöser politischer Mächte vollziehen; sie kann nur durch eine neue Haltung derer herbeigeführt werden, für die die technischen Gegenstände hergestellt werden – wie alle Reklamefachleute wissen, die ständig auf die Konsumenten einzuwirken suchen. Der göttliche Geist, der aus der Vertikalen kommend sich dem unbegrenzten Fortschritt in der Horizontalen widersetzt, richtet die technische Wirtschaft auf das letzte Ziel aller Lebensprozesse aus – das Ewige Leben.

Das Problem, das durch die unbegrenzten Möglichkeiten der Technik hervorgerufen wird, verschärft sich, wenn der technische Fortschritt fast unausweichlich zerstörerische Folgen hat. Solche Folgen sind nach dem zweiten Weltkrieg sichtbar geworden und haben in den meisten Menschen gefühlsmäßigen und moralischen Protest hervorgerufen, besonders bei denen, die hauptsächlich für die technischen „Strukturen der Destruktion" (nämlich für die Entwicklung der Atomwaffen) verantwortlich waren. Man kann hier von dämonischen Strukturen sprechen, da sie dem Wesen des Dämonischen gemäß nicht von unserer Zustimmung oder Ablehnung abhängig sind. Daher ist die Haltung jener Männer – wie auch die vieler Unbeteiligter – gegenüber den ungeheuren technischen Möglichkeiten der atomaren Entdeckungen mit ihrer ihnen innewohnenden Dämonie zwiespältig. Unter der Einwirkung des göttlichen Geistes wird die zerstörerische Seite dieser menschlichen Möglichkeit „gebannt", ein Ausdruck, der im Buch der Offenbarung für den vorläufigen Sieg über das Dämonische gebraucht wird. Um es zu wiederholen: Ein solcher „Bann" besteht nicht in einer autoritären Beschränkung bestimmter technischer Entwicklungen, sondern in einer Änderung der inneren Haltung, einem Wandel des Willens, Dinge zu produzieren, die in sich höchst zweideutig sind und Strukturen der Destruktion aufweisen. Ohne Einwirkung des göttlichen Geistes ist keine Lösung denkbar, weil die Zweideutigkeit von Produktion und Destruktion nicht auf der horizontalen Ebene – nicht einmal fragmentarisch – überwunden werden kann. Um das einzusehen, muß man bedenken, daß der göttliche Geist nicht an den religiösen Bereich (religiös im engeren Sinne) gebunden ist, sondern sich sogar ausgesprochener Gegner der Religion und des Christentums bedienen und durch sie wirken kann.

Nach der Erörterung der technischen Funktion der Kultur und ihrer Zweideutigkeiten wenden wir uns der Person- und Gemeinschaft-bildenden Funktion zu und damit den Zweideutigkeiten des „Sich-selbst-Bestimmens" und des „Von-anderen-Bestimmtwerdens" und der „personhaften Partizipation". Für alle drei Funktionen ist die Subjekt-Objekt-Spaltung (wie für alle kulturellen Funktionen) die notwendige Voraussetzung, sie ist aber auch die unausweichliche Ursache ihrer Zweideutigkeiten. Die Zweideutigkeit der Selbst-Bestimmung ist in der Tatsache begründet, daß das Selbst als Subjekt und das Selbst als Objekt gespalten sind und daß das Selbst als Subjekt das Selbst als Objekt in eine Richtung zu lenken sucht, von der das Selbst als Subjekt entfremdet ist. Der „gute Wille" ist nur in zweideutiger Weise gut, weil er nicht mit dem Selbst als Objekt, das er lenken soll, geeint ist. Unter den Bedingungen der Existenz gibt es kein zentriertes Selbst, das völlig mit sich identisch wäre. Wo aber der göttliche Geist die zentrierte Person ergreift, stellt er die Identität unzweideutig (wenn auch fragmentarisch) wieder her. Die „Suche nach Identität", die ein echtes Problem unserer Generation ist, ist letztlich die Suche nach dem göttlichen Geist, weil die Spaltung des Selbst in ein beherrschendes Subjekt und ein beherrschtes Objekt nur in der Vertikalen überwunden werden kann, wo die Wiedervereinigung gegeben und nicht gefordert wird. Das Selbst, das seine Identität gefunden hat, ist das Selbst dessen, der als Einheit angenommen ist trotz seiner Gespaltenheit.

Die Subjekt-Objekt-Spaltung des Selbst ist auch die Ursache für die Zweideutigkeiten im Bereich der Erziehung und Beratung einer anderen Person. In beiden Fällen ist es notwendig, wenn auch unmöglich, eine Mitte zwischen dem sich Zurückhalten und dem sich Aufdrängen von seiten des Erziehers oder Beraters zu wählen. Völlige Zurückhaltung, wie sie in der modernen fortschrittlichen Erziehung geübt wird, führt zu vollständiger Wirkungslosigkeit. Das Objekt wird nicht aufgefordert, sich mit dem Subjekt in einem gemeinsamen Gehalt zu einigen, sondern es wird sich selbst überlassen – gefesselt an sein eigenes Selbst und seine Zweideutigkeiten als Person, während das Subjekt, statt seine erzieherische und beratende Aufgabe zu erfüllen, ein unbeteiligter und belangloser Beobachter bleibt. Aber auch die entgegengesetzte Haltung verletzt das Objekt der Erziehung und Beratung, indem sie es in ein Objekt ohne Subjektivität verwandelt und damit unfähig macht, sich zu seiner eigenen Erfüllung und zu seinem letzten Ziel führen zu lassen. Es wird zu einem Objekt der Belehrung, der Befehlshaberei, der Raffinesse, der Gehirnwäsche usw. und in extremen Fällen, z. B. in Konzentrationslagern, zu einem Objekt der Entmenschlichung. Dies alles sind Methoden, die es seiner Subjektivität berauben, indem sie ihm die biologischen und psychologischen Bedingungen für seine Existenz als Person nehmen. Sie verwandeln es in ein vollkommenes Exemplar bedingter Reflexe. Der göttliche Geist dagegen befreit sowohl von reiner Subjektivität wie von reiner Objektivität. Unter der Einwirkung des göttlichen Geistes schafft der Erziehungsakt Theonomie in der zentrierten Person, indem er sie auf das Unbedingte hin ausrichtet, durch das sie Unabhängigkeit empfängt, ohne dem inneren Chaos zu verfallen. Es gehört zum Wesen des göttlichen Geistes, daß er Freiheit und Form vereint. Wenn die Gemeinschaft zwischen Person und Person in Erziehung und Beratung durch den göttlichen Geist über ihre Grenzen hinausgehoben wird, dann ist die Spaltung zwischen Subjekt und Objekt fragmentarisch überwunden und *humanitas* ist fragmentarisch erreicht.

Ähnliches gilt für die Begegnung von Person mit Person. Der Andere ist ein Fremder, aber ein Fremder nur in Verkleidung. Eigentlich ist er ein entfremdeter Teil des eigenen Selbst. Daher kann die eigene *humanitas* nur in Wiedervereinigung mit ihm verwirklicht werden – eine Wiedervereinigung, die auch für die Verwirklichung seiner *humanitas* entscheidend ist. In der Horizontalen führt der Versuch, diese Vereinigung zu erreichen, zu zwei gleichermaßen zweideutigen Lösungen: zu dem Streben, die Kluft zwischen Subjekt und Objekt in der Begegnung von Person mit Person (wobei jede Person zugleich Subjekt und Objekt ist) entweder dadurch zu überwinden, daß das eigene Selbst sich dem anderen Selbst preisgibt; oder dadurch, daß das andere Selbst in das eigene Selbst hineingezogen wird. Beide Wege werden dauernd beschritten, manchmal herrscht das eine, manchmal das andere Element vor; dabei sind viele Abstufungen möglich, aber beide sind zum Scheitern verurteilt, weil sie die Person zerstören, mit der sie sich einen wollen. Wiederum ist es die Vertikale, aus der die Antwort kommt: Beide Seiten in der Begegnung gehören zu einem Dritten, das sie beide transzendiert. Weder Preisgabe noch Unterwerfung sind angemessene Wege, den Anderen zu erreichen. Er kann unmittelbar überhaupt nicht erreicht werden. Er kann nur durch das erreicht werden, was ihn über seine Gebundenheit an sich selbst erhebt. Sartres Behauptung, daß der Mensch den Anderen in jeder Begegnung mit ihm zum Objekt macht, kann nur aus der Sicht der Vertikalen verneint werden. Nur durch das Einwirken des göttlichen Geistes wird die Hülle der Selbstabschließung durchstoßen. Der Fremde, der ein entfremdeter Teil des eigenen Selbst ist, hört auf, ein Fremder zu sein, wenn wir ihn erfahren als einen, der aus demselben Grunde kommt wie wir. Die Theonomie rettet die *humanitas* in aller menschlichen Begegnung.

c) Macht und Gerechtigkeit. – Auch im Bereich der Gemeinschaft führt die Subjekt-Objekt-Spaltung zu einer Vielzahl von Zweideutigkeiten. Wir haben einige von ihnen beschrieben und müssen nun zeigen, was mit ihnen unter der Einwirkung des göttlichen Geistes geschieht. Wo der göttliche Geist wirkt, sind sie – wenn auch fragmentarisch – überwunden. Das erste Problem, das sich bei der Bildung jeder Form von Gemeinschaft ergibt, ist das von „Ausschließen und Einbeziehen". Wie jede Freundschaft unzählige andere, mit denen keine Freundschaft besteht, ausschließt, so schließt auch jeder Stamm, jede Klasse, jede Stadt, jede Nation und jede Kultur alle die aus, die nicht zu ihnen gehören. Die Gerechtigkeit der sozialen Zusammengehörigkeit enthält in sich die Ungerechtigkeit der sozialen Ablehnung. In der Gegenwart des göttlichen Geistes ereignet sich zweierlei, wodurch die Ungerechtigkeit innerhalb der Gerechtigkeit der Gemeinschaft überwunden wird. Insoweit die Kirchen die Geistgemeinschaft repräsentieren, sind sie keine religiösen Gemeinschaften mehr, die in dämonischer Weise andere ausschließen, sondern sie werden zu einer heiligen Gemeinschaft, die in universaler Weise alle Menschen einbezieht. Und das geschieht, ohne daß die Kirchen dabei ihre Identität verlieren. In dem Einfluß, den dies indirekt auf die säkulare Gemeinschaft ausübt, zeigt sich die eine Seite der Einwirkung des göttlichen Geistes auf die Gemeinschaftsbildung. Die andere Seite zeigt sich in seiner unmittelbaren Wirkung, die ein neues Verständnis für die Idee der Gerechtigkeit schafft und ihre praktische Anwendung prägt. Die Zweideutigkeit der Zugehörigkeit ist durch die Schaffung umfassenderer Einheiten überwunden. Durch sie werden diejenigen, die von den unvermeidbar exklusiven konkreten Gruppen abgewiesen werden, in eine größere Gruppe – schließlich in die Menschheit – aufgenommen. So wird die Exklusivität der Familie durch Freundschaft fragmentarisch überwunden, die Exklusivität der Freundschaft durch lokale Gemeinschaften, die Exklusivität der Klasse durch nationale Gemeinschaft usw. Dies ist ein dauernder Kampf des göttlichen Geistes, ein Kampf nicht nur gegen Ausschließung, sondern ein Kampf auch gegen ein Einschließen, das eine echte Gemeinschaft auflöst und ihrer Identität beraubt (wie in gewissen Formen der Massengesellschaft).

Das letzte Beispiel führt uns unmittelbar zu einer anderen Form der Zweideutigkeit der Gerechtigkeit – der Zweideutigkeit der Gleichheit. Gerechtigkeit schließt Gleichheit ein. Aber Gleichheit dessen, was essentiell ungleich ist, ist ebenso ungerecht wie Ungleichheit dessen, was essentiell gleich ist. Unter der Einwirkung des göttlichen Geistes (oder, wie wir früher gesagt haben, in der Gemeinschaft des Glaubens und der Liebe) ist die letzte Gleichheit eines jeden, der in die Geistgemeinschaft gerufen ist, mit jener vorläufigen Ungleichheit geeint, die auf der Selbstverwirklichung des Individuums als Individuum beruht. Jeder hat sein eigenes Schicksal, das zum Teil auf den gegebenen Bedingungen seiner Existenz und zum Teil auf seiner Freiheit beruht, als zentriertes Selbst innerhalb dieser Bedingungen sich in einer bestimmten Weise zu verwirklichen. Die endgültige Gleichheit kann jedoch nicht von der existentiellen Ungleichheit getrennt werden. Letztere steht unter dem ständigen Urteilen des göttlichen Geistes, denn sie kann zu sozialen Situationen führen, in denen die endgültige Gleichheit unerkennbar und unwirksam wird. Obgleich es mehr dem Einfluß der stoischen Philosophie als den christlichen Kirchen zugeschrieben werden muß, daß die Ungerechtigkeit der Sklaverei in ihren entmenschlichenden Formen eingeschränkt wurde, war es doch die Gegenwart des göttlichen Geistes, die durch die stoischen Philosophen wirkte. Aber der Kampf des göttlichen Geistes richtet sich nicht nur gegen Formen der Ungleichheit in der Gemeinschaft, sondern auch gegen Formen der Gleichheit in ihr, in denen die essentielle Ungleichheit mißachtet wird, z. B. gegen das Prinzip der Gleichheit der Erziehung in der Massengesellschaft. Eine solche Erziehung ist ungerecht gegenüber denen, deren besondere Gabe in ihrer Fähigkeit besteht, den Konformismus einer kulturellen Nivellierung zu transzendieren. Der göttliche Geist, der die endgültige Gleichheit aller Menschen bejaht, bejaht auch die Polarität einer relativen Gleichheit und einer relativen Ungleichheit im tatsächlichen Gemeinschaftsleben. Durch die Gemeinschaft des göttlichen Geistes wird eine theonome Lösung der Zweideutigkeiten der Gleichheit geschaffen.

Eine der augenfälligsten Zweideutigkeiten des Gemeinschaftslebens ist die der Führung und Macht. Auch hier ist ganz offensichtlich der Grund der Zweideutigkeit die Subjekt-Objekt-Spaltung. Da in der Gemeinschaft ein psychisches Zentrum, wie es in der zentrierten Person vorliegt, fehlt, muß die Gemeinschaft Zentriertheit schaffen – soweit es ihr möglich ist. Ein solches Zentrum wird durch eine herrschende Gruppe gebildet, die ihrerseits durch ein Individuum (einen König, einen Präsidenten usw.) repräsentiert wird. Die Zweideutigkeiten der Gerechtigkeit, die sich aus dieser Struktur der Gemeinschaft herleiten, wurzeln letztlich in dem unabänderlichen Faktum, daß der Herrscher und die herrschende Gruppe – indem sie die Seinsmächtigkeit der Gemeinschaft zu verwirklichen suchen – auch ihre eigene Seinsmächtigkeit verwirklichen. Eine Folge dieser hochdialektischen Struktur der sozialen Macht ist die Tyrannei, die alle Machtsysteme mehr oder weniger durchzieht, selbst die liberalsten. Eine andere Folge ist ein machtloser Liberalismus oder eine Anarchie – beide gehen aus der Opposition gegen die Implikationen der Macht hervor, und sie werden gewöhnlich durch eine bewußte und unbeschränkte Tyrannei abgelöst. Unter der Einwirkung des göttlichen Geistes jedoch sind die Glieder der herrschenden Gruppe und der Herrscher selbst imstande, ihre Subjektivität teilweise zu opfern, indem sie selbst – mit allen anderen – Objekte ihrer eigenen Herrschaft werden und den geopferten Teil ihrer Subjektivität den Beherrschten übertragen. Dieses partielle Opfer der Subjektivität seitens der Herrscher und diese partielle Erhebung der Beherrschten zur Subjektivität ist der Sinn der „demokratischen Idee". Sie ist nicht identisch mit irgendeiner bestimmten demokratischen Verfassung, die das demokratische Prinzip zu verwirklichen versucht. Das demokratische Prinzip ist ein Element in der Gegenwart des göttlichen Geistes und ihrer Gerechtigkeit. Es ist sogar in aristokratischen und monarchischen Verfassungen enthalten; andrerseits kann es in konkreten Demokratien weitgehend entstellt sein. Wo es verwirklicht ist – und sei es noch so fragmentarisch –, da ist der göttliche Geist am Werk, ganz gleich, ob innerhalb der Kirchen, in Opposition zu ihnen oder außerhalb der eigentlich religiösen Sphäre.

Gerechtigkeit im Gemeinschaftsleben ist vor allem die Gerechtigkeit, die durch das Gesetz festgelegt und durch eine Machtgruppe geschützt wird. Sie weist zwei Arten von Zweideutigkeiten auf: die Zweideutigkeit, die durch die Formulierung des Gesetzes, und die Zweideutigkeit, die bei der Anwendung des Gesetzes entsteht. Die erste ist zum Teil identisch mit der Zweideutigkeit der Führung. Die Rechtsgewalt, wie sie durch die herrschende Gruppe und ihre Repräsentanten ausgeübt wird, ist in erster Linie gesetzgebende Gewalt. Die Gerechtigkeit eines Rechtssystems ist untrennbar mit der Gerechtigkeit verknüpft, wie sie von der herrschenden Gruppe gesehen wird, und diese Gerechtigkeit ist sowohl Ausdruck der Prinzipien von Recht und Unrecht als auch der Prinzipien, mit denen eine herrschende Gruppe ihre eigene Macht behauptet, erhält und verteidigt. Der Geist eines Rechtssystems vereinigt in sich untrennbar den Geist der Gerechtigkeit und den Geist der herrschenden Machtgruppen, d. h., daß seine Gerechtigkeit mit Ungerechtigkeit verbunden ist. Unter der Einwirkung des göttlichen Geistes kann das Recht theonome Qualität in dem Maße annehmen, in dem er in ihm wirkt. Das Recht kann Gerechtigkeit unzweideutig, obgleich fragmentarisch, repräsentieren, in symbolischer Sprache: es kann zur Gerechtigkeit des Reiches Gottes werden. Das bedeutet nicht, daß das Recht zu einem rationalen Gerechtigkeitssystem werden kann, das über dem Leben der Gemeinschaft steht, wie es einige neukantianische Rechtsphilosophen zu entwickeln versuchten. So etwas gibt es nicht, weil die vieldimensionale Einheit des Lebens verhindert, daß eine geistige Funktion wirksam wird ohne das Mitwirken der vorausgehenden Funktionen. Der Geist des Rechtes ist notwendigerweise nicht nur der Geist der Gerechtigkeit, sondern auch der Geist einer Gemeinschaft. Es gibt keine Gerechtigkeit, die nicht auch die Gerechtigkeit von jemandem ist, womit nicht ein Individuum, sondern eine Gesellschaft gemeint ist. Der göttliche Geist unterdrückt nicht die vitale Grundlage des Rechts, sondern beseitigt seine Ungerechtigkeiten, indem er gegen die Ideologien kämpft, die jene zu rechtfertigen suchen. Dieser Kampf ist zuweilen direkt durch die Kirchen als Verkörperung der Geistgemeinschaft geführt worden und zuweilen indirekt durch prophetische Bewegungen innerhalb des säkularen Bereichs selbst. Theonome Gesetzgebung ist das Werk des göttlichen Geistes, der sich des Mediums der prophetischen Selbstkritik derer bedient, die für das Gesetz verantwortlich sind. Diese Behauptung ist nicht „idealistisch" in der negativen Bedeutung des Wortes, solange wir an der „realistischen" Behauptung festhalten, daß der göttliche Geist indirekt durch alle Dimensionen des Lebens wirkt, wenn direkt auch nur durch die Dimension des menschlichen Geistes.

Die andere Zweideutigkeit des Gesetzes ist mit seiner Anwendung verbunden. Sie hat zwei Formen: Die eine beruht auf der Tatsache, daß die Ausübung des Rechts von der Macht derer abhängt, die die Urteile fällen und die in ihrer Urteilsfindung – ebenso wie die Gesetzgeber – von ihrem eigenen Sein in seiner Ganzheit in all seinen Dimensionen beeinflußt sind. In jedem ihrer Urteile drückt sich nicht allein der Geist des Rechts aus, sondern auch der Geist des Richters (einschließlich aller Dimensionen, die zu ihm als Person gehören). Eine der wichtigsten Funktionen der alttestamentlichen Propheten war es, die Richter zu ermahnen, Gerechtigkeit auch gegen ihr Klasseninteresse und gegen ihre wechselnden Stimmungen auszuüben. Die Würde, die mit dem Amt und der Tätigkeit des Richters verbunden ist, ist eine Mahnung an den theonomen Ursprung und das theonome Ideal der Rechtsprechung.

Die andere Form dieser Zweideutigkeit beruht auf dem Wesen des Gesetzes selbst – nämlich seiner Abstraktheit und seiner mangelnden Angemessenheit für konkrete Fälle. Die Geschichte hat gezeigt, daß sich diese Situation nicht bessert, sondern eher verschlechtert, wenn neue spezifischere Gesetze erlassen werden und als Ergänzung zu den allgemeineren hinzukommen. Diese werden der konkreten Situation nicht besser gerecht. Die Weisheit des Richters liegt zwischen dem abstrakten Gesetz und der konkreten Situation, und diese Weisheit kann auf theonome Weise inspiriert sein. Soweit dies zutrifft, ist die Forderung des besonderen Falles wahrgenommen und erfüllt: dann ignoriert das Gesetz in seiner abstrakten Majestät weder die individuellen Unterschiede, noch büßt es seine Allgemeingültigkeit ein, indem es Unterschiede anerkennt.

Mit den letzten Bemerkungen haben wir auf den Übergang zu dem hingeführt, was der Gerechtigkeit und der *humanitas* unmittelbar zugrundeliegt, und was alle kulturellen Funktionen mittelbar bedingt – zu der Moralität. Wir müssen uns jetzt der Moralität unter der Einwirkung des göttlichen Geistes zuwenden.

C
DIE GEGENWART DES GÖTTLICHEN GEISTES UND DIE ZWEIDEUTIGKEITEN DER MORALITÄT

1. Religion und Moralität und die Gegenwart des göttlichen Geistes: Theonome Moralität

Die essentielle Einheit von Moralität, Kultur und Religion ist unter den Bedingungen der Existenz zerbrochen, und in den Lebensprozessen bleibt nur eine zweideutige Form von ihr zurück. Aber durch die Gegenwart des göttlichen Geistes ist eine unzweideutige, wenn auch fragmentarische Wiedervereinigung möglich. Der göttliche Geist schafft eine theonome Kultur, und er schafft eine theonome Moralität. Der Begriff „theonom" in bezug auf Kultur und Moralität hat die paradoxe Bedeutung von „trans-kultureller Kultur" und „trans-moralischer Moral". Religion als die Selbst-Transzendierung des Lebens in der Dimension des Geistes gibt sowohl dem Sich-Schaffen als auch der Selbst-Integration des geistigen Lebens Transzendenz. Wir haben die Beziehung von Religion und Kultur im Lichte der Gegenwart des göttlichen Geistes behandelt, wir müssen jetzt die Beziehung von Religion und Moralität unter dem gleichen Aspekt erörtern.

Die Frage der Beziehung von Religion und Moralität kann als die Frage der Beziehung zwischen philosophischer und theologischer Ethik erörtert werden. Diese Dualität ist der Dualität von autonomer und christlicher Philosophie analog und tatsächlich ein Teil von ihr. Die Idee einer christlichen Philosophie haben wir bereits verworfen, weil sie unvermeidlich die Integrität wissenschaftlicher Forschung dadurch zerstören würde, daß über ihre Resultate schon entschieden ist, ehe eine Untersuchung stattgefunden hat. Was für eine christliche Philosophie gilt, gilt für alle Teile des philosophischen Unternehmens, einschließlich der Ethik. Wenn der Ausdruck „Theologische Ethik" tatsächlich das bedeutet, was er auszudrücken scheint, so bezeichnet er eine Ethik, die bewußt präjudiziert ist. Das gilt jedoch weder von einer theonomen Ethik noch von einer theonomen Philosophie. Eine Philosophie ist theonom, wenn sie einerseits von äußerer Einmischung frei und andrerseits in ihrem Denken für die Gegenwart des göttlichen Geistes offen ist. Und eine Ethik ist theonom, wenn sie einerseits von äußerer Einmischung frei ist und andrerseits die ethischen Prinzipien und Prozesse im Lichte der Gegenwart des göttlichen Geistes beschreibt. „Theologische Ethik" als selbständige theologische Disziplin muß abgelehnt werden, obwohl jede theologische Behauptung ethische Voraussetzungen und Konsequenzen hat. Wenn „Theologische Ethik" (oder Religionsphilosophie) in akademischen Vorlesungen als eine selbständige Disziplin behandelt wird, so ist das berechtigt, wenn es aus praktischen Gründen geschieht, aber nicht, wenn es aus prinzipiellen Gründen geschieht. Sonst entstünde ein unerlaubter Dualismus zwischen philosophischer und theologischer Ethik, der logischerweise zur „Schizophrenie der doppelten Wahrheit" führen müßte. Man würde dann in dem einen Fach die Autonomie der praktischen Vernunft im Humeschen oder im Kantischen Sinne bejahen und im anderen Fach die Heteronomie göttlich geoffenbarter Gebote anerkennen, wie sie in der Bibel und anderen kirchlichen Dokumenten niedergelegt sind. Auf der Grundlage der Unterscheidung eines weiteren und eines engeren Religionsbegriffes kann eine andere Lösung gegeben werden: Es darf nur *eine* wissenschaftliche Ethik geben, die die Struktur der moralischen Funktion analysiert und die wechselnden Inhalte des Moralischen im Lichte dieser Analyse beurteilt. Innerhalb dieser Analyse erhebt sich das Problem der Unbedingtheit des moralischen Imperativs, und das heißt seines theonomen Charakters. Man mag diesen bejahen oder verneinen – Bejahung wie Verneinung bleiben innerhalb der philosophischen Debatte und werden nicht durch äußere politische oder durch kirchliche Autorität entschieden. Der Theologe tritt in die Debatte als Philosoph ein, dem die Augen durch etwas Unbedingtes, von dem er selbst ergriffen ist, geöffnet sind. Seine Argumente haben jedoch dieselbe Erfahrungsbasis und dieselbe rationale Strenge der Beweisführung, wie die seiner Diskussionspartner, die den unbedingten Charakter des moralischen Imperativs leugnen. Der Ethiker ist Philosoph, ganz gleich, ob seine Ethik theonom ist oder nicht. Er ist Philosoph auch dann, wenn er Theologe ist und sein letztes Anliegen vom Gegenstand seiner Theologie abhängig ist, z. B. von der christlichen Botschaft [1]. Aber als Ethiker darf er seine theologischen Aussagen nicht

---

[1] Eine Ausführung dieses Gedankens findet sich in meiner Schrift „Das religiöse Fundament des moralischen Handelns".

mit Aussagen über den Charakter des moralischen Imperativs vermengen.

Die Frage ist allerdings, ob es möglich ist, das Betroffensein durch ein unbedingtes Anliegen mit distanzierter Analyse zu verbinden. Empirisch gesehen ist es unmöglich, weil theonome Ethik immer konkret und darum von konkreten Traditionen abhängig ist, z.B. von der jüdischen, christlichen, griechischen, buddhistischen. Daraus könnte man den Schluß ziehen, daß die Theonomie notwendig in Konflikt mit der Autonomie der ethischen Forschung steht. Aber dieser Schluß läßt die Tatsache außer acht, daß selbst die scheinbar autonome Forschung in der Philosophie im allgemeinen und in der Ethik im besonderen von einer Tradition abhängig ist, der ein unbedingtes Anliegen zugrundeliegt, zumindest indirekt und unbewußt. Ethik kann nur in bezug auf ihre wissenschaftliche Methode autonom sein, nicht jedoch in bezug auf die ihr zugrundeliegende religiöse Substanz. In aller Ethik gibt es ein theonomes Element, wie versteckt, wie säkularisiert, wie entstellt es auch sein mag. Daher ist theonome Ethik im vollen Sinne des Wortes eine Ethik, in der unter der Einwirkung des göttlichen Geistes die religiöse Substanz – die Erfahrung dessen, was uns unbedingt angeht – sich im unabhängigen, freien Forschen zeigt und nicht in dem Versuch, das Forschen im voraus zu bestimmen. Theonomie mit einer solchen Absicht ist Heteronomie und muß von der wissenschaftlichen Forschung verworfen werden; wirklich theonome Ethik ist autonome Ethik, die für die Gegenwart des göttlichen Geistes offen ist.

Was das biblische und kirchliche ethische Material betrifft, bedeutet das, daß es nicht einfach übernommen und als theologische Ethik systematisiert werden kann, als wäre es geoffenbarte Information über ethische Probleme. Offenbarung ist nicht Information, und sie ist sicherlich nicht Information über moralische Regeln und Normen. Alles ethische Material, z. B. das des Alten und des Neuen Testaments, ist der Kritik durch das Prinzip der *agape* unterworfen, denn der göttliche Geist schafft nicht „neue Buchstaben", d. h. Gebote, sondern er richtet alle Gebote.

2. Die Gegenwart des göttlichen Geistes und die Zweideutigkeiten der personhaften Selbst-Integration

Als wir die Zweideutigkeiten der personhaften Selbst-Integration beschrieben, haben wir auf die Polarität von Selbst-Identität und Selbst-Veränderung hingewiesen und die Möglichkeit erörtert, daß sich das zentrierte Selbst entweder in leerer Selbst-Identität oder in chaotischer Selbst-Veränderung verlieren kann. Mit dieser Polarität ist das Problem des Opfers und seiner Zweideutigkeiten gegeben. In dem ständigen Schwanken zwischen der Alternative, entweder das Aktuelle für das Mögliche oder das Mögliche für das Aktuelle zu opfern, kommt eine der auffallendsten Zweideutigkeiten der Selbst-Integration zum Ausdruck. Immer wieder tauchen die Fragen auf: Wieviele Inhalte der mir begegnenden Welt *kann* ich in die Einheit meines Person-Zentrums hineinnehmen, ohne daß es zerreißt? Und wieviele Inhalte der mir begegnenden Welt *muß* ich in die Einheit meines Person-Zentrums hineinnehmen, um der Erstarrung der reinen Selbst-Identität zu entgehen? In wieviele Richtungen kann ich über ein bestimmtes Stadium meines Wesens vorstoßen, ohne alle Richtung zu verlieren? Und in wievielen Richtungen muß ich der Wirklichkeit zu begegnen suchen, um eine Verengung und Verarmung meines Lebensprozesses zu vermeiden? Und weiter die fundamentale Frage: Wieviele Möglichkeiten, die mir als Mensch allgemein und als dieser Mensch im besonderen gegeben sind, *kann* ich verwirklichen, ohne dabei die Fähigkeit zu verlieren, irgend etwas ernsthaft zu verwirklichen? Und wieviele Potentialitäten *muß* ich verwirklichen, um der Verstümmelung meiner Menschlichkeit zu entgehen? Diese Fragen sind nicht *in abstracto* gestellt, sondern immer in der konkreten Form: Soll ich das, was ich habe, opfern für ein anderes, das ich haben könnte?

Diese Alternative ist, wenn auch nur fragmentarisch, durch die Gegenwart des göttlichen Geistes gelöst. Der Geist erhebt das personhafte Zentrum – symbolisch gesprochen – in das göttliche Zentrum, in die transzendente Einheit unzweideutigen Lebens, die Glaube und Liebe möglich macht. Wenn das persönliche Zentrum in diese Einheit erhoben ist, steht es über den Begegnungen mit der Wirklichkeit auf der zeitlichen Ebene, weil die transzendente Einheit den Inhalt aller möglichen Begegnungen umfaßt. Sie ist jenseits von Potentialität und Aktualität, denn sie ist die Einheit des göttlichen Lebens selbst. In der „Gemeinschaft des heiligen Geistes" ist die Person von den Zufälligkeiten der Freiheit und des Schicksals unter den Bedingungen der Existenz befreit. Die Annahme dieser Befreiung ist das allumfassende Opfer, das zugleich die allumfassende Erfüllung ist. Es ist das einzige unzweideutige Opfer, das ein Mensch bringen kann und das ihn mit der Notwendigkeit, endliche Möglichkeiten zu opfern, versöhnt; aber da es innerhalb der Lebensprozesse gebracht wird, ist es fragmentarisch und der Verzerrung durch die Zweideutigkeiten des Lebens ausgesetzt.

Aus dem Gesagten ergeben sich auf die drei oben gestellten Fragen folgende Antworten: Insofern das personhafte Zentrum in die transzendente Einheit aufgenommen ist, werden die Inhalte der endlichen Wirklichkeit, denen es begegnet, danach beurteilt, in welchem Maße sie der Person helfen, ihr essentielles Sein zu verwirklichen. Auf Grund dieses Urteils werden sie in die Einheit der Person aufgenommen oder von ihr ausgeschlossen. Das Element der Weisheit im göttlichen Geist macht ein solches Beurteilen möglich. (Vergleiche z. B. die beurteilende Funktion des Geistes in 1. Kor. 3.) Die Beurteilung richtet sich nach dem Kriterium der Einheit der beiden Pole, der Selbst-Identität und der Selbst-Veränderung, in der Selbst-Integration des personhaften Selbst. Die Gegenwart des göttlichen Geistes bewirkt, daß die Person bei sich selbst bleibt, ohne zu verarmen, und daß sie aus sich herausgeht, ohne zerrissen zu werden. Auf diese Weise überwindet der göttliche Geist die doppelte Angst, die logisch (aber nicht zeitlich) dem Übergang von der Essenz zur Existenz vorausgeht – die Angst, das essentielle Sein nicht zu verwirklichen, und die Angst, es in der Selbst-Verwirklichung zu verlieren. Wo der göttliche Geist wirkt, da wird das Aktuelle zur Manifestation des Potentiellen und das Potentielle zur Quelle des Aktuellen. In der Gegenwart des göttlichen Geistes erscheint das essentielle Sein unter den Bedingungen der Existenz und besiegt in der Wirklichkeit des Neuen Seins die existentiellen Entstellungen. Diese Aussage ist von der fundamentalen christologischen Aussage abgeleitet, daß sich im Christus die ewige Einheit von Gott und Mensch unter den Bedingungen der Existenz verwirklicht, ohne von ihnen überwunden zu werden. Der Mensch, der am Neuen Sein teilhat, steht in analoger Weise über dem Konflikt von Essenz und Existenz. Der göttliche Geist verwirklicht in unzweideutiger Weise das Essentielle im Existentiellen.

Die Frage, wieviel fremde Inhalte in die Einheit des zentrierten Selbst hineingenommen werden können, hat zu Antworten nicht nur auf diese eine Frage, sondern auch auf die drei oben gestellten Fragen geführt, vor allem zu einer Antwort auf das Problem des Opfers des Möglichen für das Wirkliche. Aber die Antwort muß konkreter gemacht werden. Die Zweideutigkeit der Lebensprozesse in bezug auf ihre Richtungen und Ziele muß durch eine unzweideutige Gerichtetheit der Lebensprozesse überwunden werden. Wo der göttliche Geist am Werk ist, wird das Leben in eine Richtung getrieben, die mehr ist als eine Richtung neben anderen, nämlich die Richtung auf das Unbedingte in und über allen anderen. Sie ersetzt die anderen nicht, sondern erscheint in ihnen als ihr letztes Ziel und daher als das Kriterium für die Wahl zwischen ihnen. Der Heilige, d. h. der, der durch den göttlichen Geist bestimmt ist, weiß, wohin er gehen soll und wohin nicht. Er weiß den Weg zwischen verarmender Askese und zerreißendem Libertinismus. Im Leben der meisten Menschen ist die Frage, in welche Richtung sie gehen und sich ausbreiten sollen und welche Richtung sie zur entscheidenden machen sollen, ein Grund ständiger Beunruhigung. Sie wissen nicht, in welche Richtung sie gehen sollen, und darum hören viele überhaupt auf, eine Richtung zu wählen und lassen ihr Leben in die Armut der Selbst-Beschränkung versinken. Andere wiederum zersplittern sich in so viele Richtungen, daß sie keine wirklich verfolgen können. Der göttliche Geist überwindet die Selbst-Beschränkung wie die Selbst-Zersplitterung. Er hält auch bei auseinandergehenden Richtungen die Einheit aufrecht, und zwar sowohl die Einheit des zentrierten Selbst, das verschiedene Richtungen einschlägt, als auch die Einheit der Wege, die wieder zusammenkommen, nachdem sie sich getrennt haben. Sie vereinigen sich in der Richtung auf das Unbedingte.

Aus diesen Betrachtungen ergibt sich die zweifache Frage: Wieviele Potentialitäten – in der Menschheit als ganzer und im Einzelnen – können und wieviele sollen aktualisiert werden? Darauf gibt es die folgende Antwort: Die Endlichkeit des Einzelnen erfordert das Opfer von Potentialitäten, die nur von der Gesamtheit aller Individuen verwirklicht werden können, und selbst diese Möglichkeit ist beschränkt durch die äußeren Bedingungen der einzelnen Gruppen und der Menschheit als ganzer. In jedem geschichtlichen Moment bleiben viele Potentialitäten unverwirklicht, weil ihre Verwirklichung niemals eine praktische Möglichkeit wird. In gleicher Weise bleiben in jedem Moment eines jeden Menschenlebens Potentialitäten unverwirklicht, weil sie niemals das Stadium der Möglichkeit erreichen. Trotzdem gibt es Potentialitäten, die auch Möglichkeiten sind, die aber wegen der Endlichkeit des Menschen geopfert werden müssen. Nicht alle schöpferischen Möglichkeiten einer Person und nicht alle schöpferischen Möglichkeiten der Menschheit als ganzer sind verwirklicht worden oder werden je verwirklicht werden. Und auch der göttliche Geist ändert diese Situation nicht, denn das Endliche kann niemals unendlich werden, obwohl es am Unendlichen teilhat. Aber der göttliche Geist kann bewirken, daß der Mensch als Einzelner und die Menschheit als ganze ihre Endlichkeit anerkennen und dadurch dem Opfer der Potentialitäten einen neuen Sinn geben. Der göttliche Geist kann den zweideutigen und tragischen Charakter des Opfers der Lebensmöglichkeiten aufheben und den echten Sinn des Opfers sichtbar werden lassen – die Anerkennung der eigenen Endlichkeit. Bei jedem rituellen religiösen Opfer beraubt sich der endliche Mensch eines Teils seiner Seins-Mächtigkeit, die ihm zu gehören scheint, aber im absoluten Sinne nicht ihm gehört, was er durch das Opfer anerkennt. Die Dinge sind sein, nur weil sie ihm gegeben sind, und darum sind sie letztlich nicht sein. In der Anerkennung dieser Situation besteht das Opfer. Eine derartige Auffassung des Opfers steht im Gegensatz zu dem humanistischen Ideal der völlig abgerundeten Persönlichkeit, in der jede menschliche Möglichkeit verwirklicht ist. Das humanistische Ideal ist eine Gott-Mensch-Idee, die sehr verschieden ist von dem Bild des Gott-Menschen, das der göttliche Geist als die Essenz des Menschen Jesu von Nazareth geschaffen hat. Dieses Bild zeigt das Opfer aller menschlichen Potentialitäten um der einen willen, die der Mensch selbst nicht verwirklichen kann – die ununterbrochene Einheit mit Gott. Aber dieses Bild zeigt auch, daß ein solches Opfer indirekt schöpferisch ist in bezug auf Ausdruckskraft, Wahrheit, *humanitas* und Gerechtigkeit. So erscheint es im Bilde des Christus und im Leben der Kirchen. Im Gegensatz zu dem humanistischen Ideal, nach dem das, was der Mensch sein könnte, direkt und ohne Opfer seiner Potentialitäten verwirklicht ist, opfert der Mensch in der Geist-bestimmten Erfüllung alle menschlichen Potentialitäten, sofern sie auf der horizontalen Linie liegen, um sie aus der vertikalen Richtung, d. h. der Richtung des Unbedingten, wieder zu empfangen, soweit das in den Grenzen seiner Endlichkeit möglich ist. Das ist der Gegensatz zwischen autonomer und theonomer Erfüllung des Personhaften.

3. Die Gegenwart des göttlichen Geistes und die Zweideutigkeiten des moralischen Gesetzes

Im folgenden soll ein theonomes Fundament für das moralische Gesetz aufgezeigt werden. Die Zweideutigkeiten des moralischen Gesetzes in seiner heteronomen wie in seiner autonomen Form sind bereits beschrieben, und das Paradox einer transmoralischen Moralität ist erörtert worden. Die Frage der Moralität ist unter drei Aspekten betrachtet worden: der absoluten Gültigkeit des moralischen Imperativs, der Relativität der Inhalte der moralischen Gesetze und der Motivation zum moralischen Handeln. In jedem der drei Aspekte lautete die Antwort: *agape*, die Liebe, die Person mit Person wiedervereinigt. Wenn diese Antwort angenommen wird, ist das moralische Gesetz zugleich anerkannt und transzendiert. Es ist anerkannt als Ausdruck dessen, was der Mensch essentiell oder als Geschöpf ist; und es ist transzendiert, insofern es dem Menschen in seiner existentiellen Entfremdung entgegensteht, d. h. als Gesetz, Gebot und Drohung. Liebe als *agape* enthält das Gesetz und transzendiert es zugleich. Sie erfüllt freiwillig, was das

Gesetz fordert. Das läßt die Frage aufkommen: Wird *agape* nicht selbst zum Gesetz, dem allumfassenden Gesetz: „Du sollst lieben..."? Und ist Liebe, wenn sie selbst Gesetz ist, den Zweideutigkeiten des Gesetzes nicht noch mehr ausgesetzt als die partikularen Gesetze? Worauf gründet sich ihre Gültigkeit; was sind ihre Inhalte; woher stammt ihre Kraft, zum moralischen Handeln zu bewegen? Die Möglichkeit, alle Gesetze in dem Gesetz der Liebe zusammenzufassen, ist keine Lösung für das Problem des Gesetzes und seiner Zweideutigkeiten. Solange Liebe als Gesetz erscheint, gibt es keine Lösung. Man hat gesagt, daß das Gebot: „Du sollst lieben!" unerfüllbar sei, weil Liebe ein Gefühl sei und nicht befohlen werden könne. Aber dieser Einwand ist unberechtigt, weil die Auffassung der Liebe als Gefühl nicht richtig ist. Liebe als Gebot ist aus einem anderen Grund unmöglich zu verwirklichen: der Mensch ist in seiner existentiellen Entfremdung der Liebe nicht fähig. Und weil er nicht lieben kann, leugnet er die unbedingte Gültigkeit des moralischen Imperativs, deshalb hat er kein Kriterium, nach dem er sich bei der ständigen Veränderung der moralischen Inhalte richten kann, und deshalb fehlt ihm die Motivation zur Erfüllung der Moralgesetze. Aber Liebe als *agape* ist kein Gesetz, sie ist eine Realität. Sie ist keine Angelegenheit des Sollens – selbst dann nicht, wenn sie die Form eines Gebotes annimmt –, sondern sie ist eine Form des Seins. Theonome Moralität ist Moralität der Liebe als Schöpfung des göttlichen Geistes. Das gilt für alle drei Aspekte der Moralität: ihre Gültigkeit, ihren Inhalt und ihre Motivation.

Die Gegenwart des göttlichen Geistes macht die Gültigkeit des moralischen Imperativs unzweideutig sichtbar, indem sie zeigt, daß in ihm das Gesetz als solches transzendiert ist. Der göttliche Geist erhebt die Person in die transzendente Einheit des göttlichen Lebens und vereint auf diese Weise die entfremdete Existenz der Person wieder mit ihrer essentiellen Natur. Es ist diese Wiedervereinigung, die von dem moralischen Gesetz gefordert ist und die dem moralischen Imperativ unbedingte Gültigkeit verleiht. Die geschichtliche Relativität der Inhalte des moralischen Gesetzes steht nicht im Widerspruch zu seiner unbedingten Gültigkeit, denn alle Inhalte müssen, um gültig zu sein, die Wiedervereinigung des existentiellen Seins mit dem essentiellen Sein bestätigen – sie müssen Ausdruck der *agape* sein. Damit wird der Kantsche Formalismus des moralischen Imperativs anerkannt und transzendiert. In der *agape* ist das Unbedingte des formalen moralischen Imperativs mit dem Bedingten der moralischen Inhalte vereinigt. Liebe (im folgenden immer im Sinne der *agape* gemeint) ist essentiell unbedingt, existentiell bedingt. Es widerspricht der Liebe, den partikularen

Inhalt eines moralischen Gesetzes – mit Ausnahme der Liebe selbst – zu unbedingter Gültigkeit zu erheben, denn nur Liebe ist ihrem Wesen nach allem Partikularen offen, während ihr Anspruch universal bleibt.

Mit dieser Behauptung ist die Antwort auf die zweite Frage vorausgenommen, die sich aus der Zweideutigkeit des moralischen Gesetzes ergibt, die Frage nach seinem Inhalt. Die Inhalte des moralischen Imperativs setzen sich aus den moralischen Geboten zusammen, die sich aus einer konkreten Situation ergeben, und aus den abstrakten Normen, die sich von moralischen Erfahrungen aus konkreten Situationen herleiten. Die Zweideutigkeit des Gesetzes, die wir beschrieben haben, läßt das Person-Zentrum, das die Entscheidung zu fällen hat, hin- und herschwanken zwischen den abstrakten Gesetzen, die niemals völlig auf eine konkrete Situation zutreffen, und den Rätseln des einmaligen Falls, der das Bewußtsein auf die abstrakten Gesetze zurückverweist. Dieses Schwanken macht jedes einzelne moralische Urteil zweideutig und führt zu der Frage nach einem unzweideutigen Kriterium für das moralische Urteil: Liebe ist das unzweideutige Kriterium für alle moralischen Urteile. Sie ist unzweideutig, wenn auch fragmentarisch wie jede Schöpfung des göttlichen Geistes in Raum und Zeit. Aus dieser Antwort folgt, daß Liebe das Schwanken zwischen dem abstrakten und dem konkreten Element eines moralischen Problems überwindet. Liebe ist der abstrakten Norm ebenso nahe wie den besonderen Forderungen einer konkreten Situation; aber die Beziehung der Liebe zu jedem dieser beiden Elemente zeigt sich auf jeweils verschiedene Art. In bezug auf das abstrakte Element – die in Gesetzen niedergelegten Moralgebote – wirkt Liebe durch Weisheit. Die Weisheit aller Zeiten und die moralischen Erfahrungen der Vergangenheit (Offenbarungserfahrungen eingeschlossen) haben sich in den moralischen Gesetzen der Religionen und Philosophien niedergeschlagen. Dieser Ursprung gibt den moralischen Normen ausschlaggebende Bedeutung, aber nicht unbedingte Gültigkeit. Unter dem Einfluß der prophetischen Kritik verändern die Moralgesetze ihren Sinn oder büßen ihre Geltung ein. Wenn sie die Kraft verloren haben, in konkreten Situationen zu moralischen Entscheidungen beizutragen, beweisen sie, daß sie überlebt sind; werden sie trotzdem aufrecht erhalten, können sie zerstörerisch wirken. Die einstmals durch Liebe geschaffen wurden, stehen jetzt im Widerspruch zur Liebe. Sie sind zum bloßen Buchstaben geworden, der vom Geist verlassen ist.

Die konkrete Situation ist die dauernde Quelle moralischer Erfahrung. In sich selbst ist sie stumm – wie jedes Faktum, das nicht vom Subjekt gedeutet wird. Sie bedarf moralischer Normen, um ihren Sinn auszusprechen. Aber die Normen sind abstrakt und berühren die Situation nicht. Das kann nur die Liebe tun, weil sich die Liebe mit der einmaligen Situation, aus der die konkrete Forderung erwächst, identifiziert. Liebe selbst bedient sich der Weisheit, aber Liebe transzendiert die Weisheit der Vergangenheit in der Macht eines anderen Elementes – des Mutes. Es ist der Mut, über das Einzelne zu urteilen, ohne es abstrakten Normen zu unterwerfen, ein Mut, der dem Einzelnen gerecht werden kann. Mut schließt Wagnis ein, und der Mensch muß das Wagnis auf sich nehmen, daß er die konkrete Situation mißversteht, zweideutig und im Widerspruch zur Liebe handelt, sei es daß er gegen die traditionelle Norm verstößt oder daß er sich ihr unterwirft. In dem Grade, in dem ein Mensch von Geist-geschaffener Liebe bestimmt wird, ist die konkrete Entscheidung unzweideutig; aber sie kann niemals den fragmentarischen Charakter der Endlichkeit abwerfen. In bezug auf den Inhalt des moralischen Handelns ist die Moralität dann theonom, wenn sie von Geist-geschaffener Liebe bestimmt ist. Sie wird von der Geist-geschaffenen Weisheit aller Zeiten gestützt, die sich in den Moralgesetzen der Völker niederschlägt. Und sie wird konkret und auf die einmalige Situation anwendbar dadurch, daß sie sich ihr mit dem Mut der Liebe anpaßt.

In der theonomen Moralität ist Liebe auch die motivierende Kraft für das moralische Handeln. Wir haben die Zweideutigkeit des Gesetzes gesehen, das Gehorsam verlangt – Gehorsam selbst gegenüber dem Gebot der Liebe. Aber Liebe ist unzweideutig, nicht als Gesetz, jedoch als Gnade. Theologisch gesprochen sind Geist, Liebe und Gnade ein und dieselbe Wirklichkeit, nur unter verschiedenen Aspekten. Geist ist die schöpferische Kraft; Liebe ist seine Schöpfung, und Gnade ist die wirksame Gegenwart der Liebe im Menschen. Das Wort „Gnade" selbst besagt, daß sie nicht dem „guten Willen" des Menschen entspringt, sondern daß sie „unverdient" gegeben wird, ohne Verdienst dessen, der sie empfängt. Das große „trotzdem" ist von dem Begriff der Gnade nicht zu trennen. Gnade ist das Werk des göttlichen Geistes, das die Erfüllung des Gesetzes, wenn auch nur fragmentarisch, möglich macht. Sie ist die Verwirklichung dessen, was das Gesetz fordert – die Wiedervereinigung mit unserem wahren Wesen, und das heißt, mit uns selbst, mit den anderen und mit dem Grund unseres Seins. Wo Neues Sein ist, ist Gnade, und wo Gnade ist, ist Neues Sein. Autonome oder heteronome Moralität ist letztlich ohne motivierende Kraft. Nur Liebe oder die Gegenwart des göttlichen Geistes hat diese Kraft, indem sie gibt, was sie fordert.

Darin ist das Urteil gegen jede nicht-theonome Ethik enthalten. Sie muß unvermeidbar Ethik des Gesetzes sein, und Gesetz führt zu immer größerer Entfremdung. Das Gesetz kann die Entfremdung nicht überwinden, sondern erzeugt im Gegenteil Haß gegen sich als Gesetz. Die vielen Formen der Ethik, in denen der göttliche Geist nicht gegenwärtig ist, sind verurteilt dadurch, daß ihnen motivierende Kraft fehlt, daß sie kein Prinzip für die moralische Entscheidung in einer konkreten Situation haben, und daß ihnen die unbedingte Gültigkeit des moralischen Imperativs abgeht. Liebe hat dies alles, aber Liebe liegt nicht in der Macht unseres Willens. Sie ist eine Schöpfung des göttlichen Geistes – sie ist Gnade.

D

DIE HEILENDE MACHT DES GÖTTLICHEN GEISTES UND DIE ZWEIDEUTIGKEITEN DES LEBENS IN ALLEN DIMENSIONEN

1. Die Gegenwart des göttlichen Geistes und die Zweideutigkeiten des Lebens außerhalb der Dimension des Geistes

Alle vorangegangenen Erörterungen über die Gegenwart des göttlichen Geistes bezogen sich auf die drei Hauptfunktionen des menschlichen Geistes: Moralität, Kultur, Religion. Aber die Zweideutigkeiten in den dem Geist vorausgehenden Dimensionen sind ebenfalls ausführlich beschrieben worden. Ihre Erörterung diente als Vorbereitung für die Beschreibung der Zweideutigkeiten in der Dimension des Geistes.

Im jetzigen Zusammenhang soll uns die Frage beschäftigen, ob der göttliche Geist auch eine Beziehung zu diesen Dimensionen des Lebens hat. Kann man von der Gegenwart des göttlichen Geistes in den Lebensprozessen außerhalb des Geistes überhaupt sprechen?

Die erste Antwort, die wir geben müssen, ist, daß der göttliche Geist nicht direkt auf das Leben im Bereich des Anorganischen, Organischen, und Psychischen wirkt. Der göttliche Geist erscheint in der Ekstase des menschlichen Geistes, aber nicht in etwas, das zu den Vorbedingungen des Geistes gehört. Der göttliche Geist ist nicht eine rauscherzeugende Substanz oder ein Mittel für psychische Erregung oder eine Wunderwirkende physikalische Ursache – das muß ausdrücklich gesagt werden im Hinblick auf die vielen Beispiele in der Geschichte der Religion und selbst in der biblischen Literatur, in denen dem Geist als göttlicher

Macht physische oder psychische Wirkungen zugeschrieben werden. Solche Beispiele sind: das Versetzen einer Person von einem Ort zu einem anderen „durch die Luft" oder das Töten eines gesunden, aber moralisch minderwertigen Menschen durch bloße Worte oder die Zeugung eines Menschen im Leib der Mutter ohne männlichen Partner oder die Kenntnis einer fremden Sprache, ohne daß man sie gelernt hat. Alle diese Wunder werden als Wirkungen des göttlichen Geistes betrachtet. Werden diese Geschichten wörtlich genommen, dann wird der göttliche Geist als eine zwar außergewöhnliche, aber endliche Ursache neben anderen endlichen Ursachen aufgefaßt. Auf diese Weise wird der göttliche Geist zu einer physischen Substanz. Dabei geht sowohl seine Geistigkeit wie seine Göttlichkeit verloren. Wenn in den spiritistischen Bewegungen der Geist als eine Substanz mit höherer Macht und Würde als die gewöhnlichen natürlichen Substanzen beschrieben wird, dann ist dies ein Mißbrauch des Wortes „Geist". Selbst wenn es natürliche Substanzen gäbe, die von „höherer Natur" wären als die, die wir kennen, so würden sie nicht den Namen „Geist" verdienen. Sie wären „niedriger" als der Geist des Menschen (weil ohne Freiheit) und stünden nicht unter der direkten Einwirkung des göttlichen Geistes. Das ist die erste Antwort auf die Frage nach der Beziehung des göttlichen Geistes zu den Lebensprozessen in den Dimensionen außerhalb der des Geistes.

Die zweite Antwort ist, daß durch die vieldimensionale Einheit des Lebens der göttliche Geist einen indirekten und begrenzten Einfluß auf die Zweideutigkeiten in allen Lebensprozessen hat. Wenn es richtig ist, daß alle Lebensdimensionen – potentiell und in bestimmten Fällen auch aktuell – in allen anderen Dimensionen gegenwärtig sind, dann muß, was unter der Herrschaft einer Dimension geschieht, Konsequenzen in allen anderen Dimensionen haben. Das bedeutet, daß alles, was wir über die Einwirkung des göttlichen Geistes auf den menschlichen Geist und seine drei Funktionen gesagt haben, Veränderungen in all den Dimensionen auslöst, die die menschliche Natur konstituieren und Vorbedingung für das Erscheinen des Geistes in ihnen sind. Die Einwirkung des göttlichen Geistes auf die Schöpfung einer theonomen Moral z. B. hat Wirkungen auf das psychische Selbst und seine Selbst-Integration sowie auf die biologische Selbst-Integration und die physikalischen und chemischen Prozesse, aus denen das Psychische sich erhebt. Aber diese Wirkungen sollten nicht als eine Kausalkette von Ursache und Wirkung mißverstanden werden, die mit der Einwirkung des göttlichen Geistes auf den menschlichen Geist anfängt und *dann* durch den menschlichen Geist hindurch in allen anderen Bereichen Änderungen bewirkt. Die vieldimensionale Einheit des Lebens bedeutet vielmehr, daß die Einwirkung des göttlichen Geistes auf den menschlichen Geist *zu gleicher Zeit* eine Einwirkung auf das Psychische, das Biologische und das Physikalische ist, d. h. auf alle Dimensionen, die den Menschen konstituieren. Obgleich das Wort „Einwirkung" unvermeidlich die Vorstellung von Kausalität hervorruft, ist es nicht als Kausalität im kategorialen Sinn zu verstehen, sondern als Verursachung im Sinn von Schöpfung. Darum darf man bei der Einwirkung des göttlichen Geistes auf den Menschen nicht die Vorstellung haben, als ob eine Kettenreaktion von Ursache und Wirkung in Bewegung gesetzt würde, die von einer Dimension zur anderen verläuft, vielmehr ist der göttliche Geist der zentrierten Person und allem, was zu ihr gehört, in ein und demselben Akt „gegenwärtig". Und alle Wirkungen, die er auf die Dimensionen hat, die im Menschen vereinigt sind, nehmen ihren Weg über das bewußte Selbst. Wie das göttliche Schaffen alle Bereiche transzendiert, so transzendiert die Einwirkung des göttlichen Geistes die Kategorie der Kausalität.

Diese Erörterungen erklären, warum die Zweideutigkeiten in den verschiedenen Lebensprozessen nicht vollständig und universal vom göttlichen Geist überwunden werden können. Der göttliche Geist ergreift den menschlichen Geist, aber er ergreift das Psychische und das Physische im Menschen nur indirekt und in begrenzter Weise. Das Universum ist noch nicht verwandelt; es „wartet" auf Verwandlung. Verwandlung durch den göttlichen Geist ist aktuell nur im menschlichen Geist; die Menschen sind die „Erstlinge" des Neuen Seins. Das Universum folgt. Die Lehre vom Geist führt zu der Lehre vom „Reich Gottes" als ewiger Erfüllung.

Aber es gibt eine Funktion, in der die Einwirkung des göttlichen Geistes sich auf alle Bereiche erstreckt und insofern das erfüllte Reich Gottes antizipiert, nämlich die Funktion des Heilens. Heilen findet in allen Dimensionen statt, die im Menschen vereinigt sind, einschließlich der des Geistes. Heilen ist eine Wirkung des göttlichen Geistes – auf welche Art auch immer es geschieht. Das lateinische Wort für Erlösung, *salvatio*, bedeutet auch Heilung, und der Akt des Heilens gehört zum Werk der Erlösung.

2. Heilung, Erlösung und die Gegenwart des göttlichen Geistes

In allen Dimensionen steht der Lebensprozeß unter der Polarität von Selbst-Identität und Selbst-Veränderung. Desintegration entsteht, wenn einer der beiden Pole so vorherrschend ist, daß das Gleichgewicht des Lebens gestört wird. Solche Störungen nennen wir Krankheiten und sie enden – falls keine Heilung stattfindet – im Tod. Heilende Kräfte innerhalb der organischen Prozesse versuchen, die Vorherrschaft des einen oder des anderen Poles zu brechen und den Einfluß des entgegengesetzten Poles zu stärken. Dabei ist es gleichgültig, ob diese Kräfte aus dem Körper selbst oder von außen kommen. Wie die Medizin seit altersher weiß, arbeiten die heilenden Kräfte auf Wiederherstellung der Integriertheit und Zentriertheit des Selbst, das heißt auf Gesundheit. Da Krankheit die Zentriertheit in allen Dimensionen zerreißt, so muß auch das Heilen in allen Dimensionen geschehen. Es gibt unzählige Prozesse der Desintegration, die zu Krankheit führen, und auch viele Wege des Heilens, die die Integration wiederherzustellen suchen. Infolgedessen gibt es viele Arten von „Heilern" entsprechend den verschiedenen Prozessen der Desintegration und den verschiedenen Wegen der Heilung. In unserem Zusammenhang ist die Frage die, ob es Geist-bestimmtes Heilen gibt, und wenn ja, wie es sich zu den anderen Arten des Heilens verhält und in welchem Verhältnis es zu dem Heilen steht, das in der Sprache der Religion *salvatio* genannt wird.

In Gesundheit, Krankheit und Heilen zeigt sich die vieldimensionale Einheit des Lebens besonders deutlich. Daher müssen diese Phänomene unter dem Gesichtspunkt dieser Einheit verstanden werden. Gesundheit wie Krankheit sind Zustände der ganzen Person. Sie sind psycho-somatisch, wie ein heutiger Fachausdruck treffend, aber unvollständig andeutet, da alle Dimensionen des Lebens beteiligt sind. Daher muß sich Heilung auf die ganze Person richten. Aber eine solche Behauptung bedarf starker Einschränkungen, wenn sie der Wirklichkeit gerecht werden soll. Denn die verschiedenen Dimensionen, die den Menschen konstituieren, sind in ihm nicht nur geeint, sie bleiben auch gesondert und können unabhängig voneinander affiziert werden und reagieren. Die Einheit der verschiedenen Bereiche im Menschen bedeutet weder ihre absolute Abhängigkeit, noch ihre absolute Unabhängigkeit voneinander. Die Verletzung eines kleinen Teils des Körpers (z. B. eines Fingers) hat immer eine gewisse Einwirkung auf die biologische und psychologische Dynamik der ganzen Person, obwohl sie nicht die ganze Person krank macht und das Heilen lokal geschehen kann (z. B. durch Chirurgie). Der Grad, in dem Abhängigkeit oder Unabhängigkeit der Dimensionen vorliegt, entscheidet über die adäquateste Art des Heilens. Er entscheidet darüber, wieviele Arten des Heilens zusammen angewandt werden müssen, oder ob es nicht sogar für die Gesundheit einer Person als ganzer besser ist, wenn ein bestimmtes Krankheitsphänomen nicht in den Versuch der Heilung einbezogen wird (z. B. im Falle gewisser neurotischer Zwänge). Das bisher Gesagte bezog sich auf

Heilung, Erlösung und die Gegenwart des göttlichen Geistes

das Heilen in den verschiedenen Dimensionen des Lebens, ohne daß dabei die heilende Kraft des göttlichen Geistes in Betracht gezogen wurde. Wir sahen, wie mannigfaltig das Ineinander von Abhängigkeit und Unabhängigkeit der Faktoren ist, die Gesundheit, Krankheit und Heilen bestimmen. Daraus folgt, daß jede einseitige Methode des Heilens abgelehnt werden muß und daß selbst die Vereinigung verschiedener Methoden in gewissen Fällen erfolglos bleibt. Die Konflikte zum Beispiel zwischen medikamentösen und psycho-therapeutischen Heilmethoden sind unvermeidlich, wenn die eine oder die andere Methode alleinige Gültigkeit beansprucht. In manchen Fällen müssen beide Methoden zusammen angewandt werden, in manchen darf nur eine gebraucht werden. In allen Fällen aber muß ohne Vorurteil gefragt werden, wie die verschiedenen Heilmethoden zu einander stehen und welche im speziellen Fall vorgezogen werden soll, z. B. die medikamentöse oder die psychotherapeutische.

Wenn wir uns jetzt der Frage zuwenden, in welchem Verhältnis die verschiedenen Heilmethoden zur heilenden Kraft des göttlichen Geistes stehen, so wird gewöhnlich mit dem zweideutigen Begriff „Glaubensheilung" geantwortet. Da Glaube die erste Schöpfung des göttlichen Geistes ist, so könnte „Glaubensheilung" einfach bedeuten: Heilung unter der Einwirkung des göttlichen Geistes. Aber das ist nicht der Fall. Der Begriff „Glaubensheilung" wird zur Zeit für psychische Phänomene gebraucht, die vielleicht besser mit dem Ausdruck „magisches Heilen" bezeichnet werden sollten. In den Gruppen, die „Glaubensheilung" ausüben, wird Glaube als ein Akt der Konzentration und Autosuggestion verstanden, der gewöhnlich, wenn auch nicht notwendig, von einer anderen Person oder einer Gruppe bewirkt wird. Der genuin religiöse Begriff des Glaubens als Ergriffensein von dem, was uns unbedingt angeht, oder genauer, als Ergriffensein von der Gegenwart des göttlichen Geistes, hat wenig gemein mit der suggestiven Konzentration, die von den „Glaubensheilern" Glaube genannt wird. In gewisser Weise ist dieser das genaue Gegenteil von Glauben, denn Glaube im religiösen Sinne ist rezeptiv. Glaube ist der Zustand, in dem der Mensch vom göttlichen Geist ergriffen wird, während er bei den „Glaubensheilern" meistens ein intensiver Akt der Selbst-Bestimmung ist.

Wenn wir „Glaubensheilungen" im eben besprochenen Sinn magisch nennen, so beabsichtigen wir nicht, das Wort „magisch" in einem nur negativen Sinn zu gebrauchen. Zunächst steht fest, daß diese magischen Formen des Heilens Erfolg haben und wahrscheinlich keine Form des Heilens ganz frei von magischen Elementen ist. Denn Magie muß definiert werden als Einwirkung eines Wesens auf ein anderes Wesen, die sich weder physischer Mittel noch rationaler Verständigung bedient und doch physische wie psychische und geistige Wirkungen hat. Der Propagandist, der Lehrer, der Prediger, der Seelsorger, der Arzt, der Liebende und der Freund üben Einfluß sowohl auf das psychische (oder wahrnehmende) wie auf das geistige (oder Entscheidung treffende) Zentrum aus, wie gleichzeitig auf das ganze Sein des Menschen einschließlich seines Unbewußten. Solche Einwirkung kann man „magisch" nennen. Sie kann das erwägende, entscheidende und verantwortliche Selbst so verdrängen, daß sich gefährliche Konsequenzen zeigen; aber ohne dieses „magische Element" wäre alle Kommunikation nur intellektueller Art und aller Einfluß des einen Menschen auf den anderen bliebe im Bereich physikalischer Kausalität oder rationaler Argumente. „Magisches Heilen" im Sinne der Einwirkung auf den ganzen Menschen, von dem die sogenannten „Glaubensheilungen" nur eine besondere Form sind, ist eine der vielen Weisen des Heilens. Darum darf es von der Theologie weder eindeutig bejaht noch eindeutig verneint werden. Bei seiner Beurteilung müssen drei Dinge betont werden: Erstens, daß „Glaubensheilungen" im Sinne ihrer „Ausüber" keine Heilungen durch den Glauben, sondern durch magische Konzentration sind; zweitens, daß magischer Einfluß ein berechtigtes Element in vielen menschlichen Begegnungen ist, obgleich er zerstörende wie schöpferische Möglichkeiten hat; drittens, daß „Glaubensheilen", wenn es prinzipiell andere Arten des Heilens ausschließt (wie es einige Bewegungen dieser Art und auch einzelne „Glaubensheiler" tun), vorwiegend zerstörerisch ist.

Glaubensheilungen im magischen Sinn gibt es nicht nur bei speziellen Gruppen, sondern auch innerhalb der christlichen Kirchen. Man gebraucht intensive und oft wiederholte Gebete als Instrument des Heilens und ergänzt sie zur psychologischen Unterstützung durch sakramentale Akte. Da Gebete um die eigene Gesundheit und Fürbitten für die Gesundheit anderer zur normalen Beziehung zwischen Gott und Mensch gehören, ist es schwer, Geist-bestimmtes und magisches Beten auseinander zu halten. Ein Geist-getragenes Gebet jedoch versucht, das eigene persönliche Selbst mit allem, was zu ihm gehört, z. B. der Besorgnis um die eigene Gesundheit oder die Gesundheit eines anderen, vor Gott zu tragen, jedoch mit dem Willen, die göttliche Entscheidung anzunehmen. Aber der Beter, dessen Gebet nur eine magische Konzentration auf ein gewünschtes Ziel ist und der Gott für die Verwirklichung dieses Zieles gebraucht, nimmt ein dem Inhalt nach unerfülltes Gebet nicht als erhörtes Gebet an; denn das letzte Ziel im magischen Gebet ist nicht Gott und die Wiedervereinigung mit ihm, sondern der Inhalt des Gebets – in unserem Zusammenhang: die Gesundheit. Hingegen hat ein Gebet in wirklichem Glauben – auch wenn um Gesundheit gebetet wird – nichts mit sogenannter „Glaubensheilung" zu tun, sondern es ist ein Akt des Ergriffenseins vom göttlichen Geist.

Es ist nun möglich, die verschiedenen Wege zur Heilung und ihr Verhältnis zum göttlichen Geist und seiner Heilkraft zu beschreiben. Die grundlegende Behauptung, die aus den Erwägungen dieses Teils des theologischen Systems abgeleitet ist, ist folgende: Die Integration des persönlichen Selbst ist nur möglich durch seine Erhebung in das, was symbolisch das göttliche Selbst genannt werden kann. Und dies ist nur möglich durch den Einbruch des göttlichen Geistes in den menschlichen Geist und d. h. durch die Gegenwart des göttlichen Geistes. In dieser Beziehung sind Erlösung und Gesundheit identisch, denn beide sind Ausdruck für die Erhebung des Menschen in die transzendente Einheit unzweideutigen Lebens. In dieser Erfahrung ist der Glaube das Empfangende und die Liebe das Verwirklichende. Darum ist Gesundheit im tiefsten Sinne des Wortes – nämlich sofern sie mit Erlösung identisch ist – Leben im Glauben und in der Liebe. Aber obgleich unzweideutig, ist Gesundheit in diesem höchsten Sinn nicht vollendet, sondern fragmentarisch, und Rückfälle in die Zweideutigkeiten des Lebens sind in allen Dimensionen möglich.

Die Frage ist nun, wie Gesundheit als Schöpfung des göttlichen Geistes – die unzweideutig und fragmentarisch ist – sich zu Gesundheit und Krankheit in den verschiedenen Dimensionen verhält. Zunächst muß in bezug auf beide Seiten eine negative Antwort gegeben werden. Die heilende Kraft des göttlichen Geistes kann nicht die Methoden des Heilens ersetzen, die für die verschiedenen Dimensionen spezifisch sind, und umgekehrt können diese Methoden des Heilens nicht die heilende Wirkung des göttlichen Geistes ersetzen. Die erste Behauptung verwirft nicht nur den falschen Anspruch der „Glaubensheiler", sondern sie verwirft den sehr viel ernsteren populären Irrtum, Krankheit direkt von einer bestimmten Sünde oder einem sündhaften Leben abzuleiten. Dieser Irrtum erzeugt ein verzweifeltes Gewissen bei denen, die von einer Krankheit betroffen werden, und eine pharisäische Selbstgerechtigkeit bei denen, die gesund sind und sich deshalb für gut halten. Sicher gibt es oft Krankheiten und Unglücksfälle als Folge von „sündigem" Verhalten, aber auch dann genügt für die Heilung nicht Vergebung der Sünden oder Annahme dessen, der unannehmbar ist, sondern außerdem ist medizinische und psychologische Hilfe erforderlich. Für die Beurteilung dieser Situation ist entscheidend, daß der Grund für den „sündigen Zustand" nicht nur in dem verantwortlichen Selbst liegt, sondern auch in dem Schicksal, und das bedeutet in den Zweideutigkeiten aller Dimensionen, die die Person konstituieren. Die verschiedenen Dimensionen, in denen Krankheiten vorkommen, sind relativ unabhängig voneinander und von der Wirkung des göttlichen Geistes auf die Person. Darum erfordern sie relativ unabhängige Methoden des Heilens. Aber die andere Antwort, die wir auf unsere Frage gegeben haben, ist von gleicher Wichtigkeit, nämlich, daß die anderen Methoden des Heilens die heilende Wirkung des göttlichen Geistes nicht ersetzen können. In Zeiten, in denen die medizinische und die priesterliche Funktion völlig voneinander getrennt waren, stellten die voneinander unabhängigen Heilungsmethoden kein ernsthaftes Problem dar, besonders nicht, als die Medizin die ausschließliche Berechtigung zum Heilen beanspruchte, selbst gegenüber der Psychotherapie. In dieser Situation hatte Heilen im Sinne von Erlösung nichts mit Heilen im medizinischen Sinne zu tun. Das erste bedeutete Erlösung aus der Hölle in einem zukünftigen Leben, und das überließen die Mediziner gern dem Priester. Aber die Situation änderte sich, als die neurotischen und psychologischen Erkrankungen nicht mehr auf dämonische Besessenheit zurückgeführt wurden oder – im Gegensatz dazu – auf ausschließlich physische Ursachen. Mit der Entwicklung der Psychotherapie als einer unabhängigen Methode des Heilens kamen neue Probleme auf, sowohl medizinische wie religiöse. Heute versucht die Psychotherapie aller Schattierungen oft, sowohl an die Stelle des medizinischen Heilens wie an die Stelle der heilenden Macht des göttlichen Geistes zu treten; das erste mehr in der Praxis als in der Theorie, das zweite meist prinzipiell. Der Psychoanalytiker behauptet zum Beispiel, daß er die Negativitäten der menschlichen existentiellen Situation wie Angst, Schuld, Verzweiflung, innere Leere überwinden könne. Aber um diese Behauptung aufrecht zu erhalten, muß der Psychoanalytiker sowohl die existentielle Entfremdung des Menschen von sich selbst wie die Möglichkeit der Wiedervereinigung in der Selbst-Transzendierung leugnen, d. h., er muß die vertikale Linie in der Erfahrung des Menschen negieren. Wenn er das nicht will, weil er sich seines essentiellen Seins als Forderung bewußt ist, muß er die Frage nach der existentiellen Entfremdung akzeptieren. Er muß z. B. bereit sein, zu unterscheiden zwischen existentieller Angst, die durch den Mut, den der göttliche Geist schafft, überwunden, und neurotischer Angst, die durch Psychoanalyse geheilt werden kann. Es scheint, daß die Einsicht in die Unterschiede der „Krankheiten" und die unterschiedlichen Methoden des Heilens unter den Vertretern der verschiedenen Methoden des Heilens zunimmt. In jedem Fall hat der „Streit der Fakultäten" sowohl seine theoretische Begründung wie seine praktische Bedeutung verloren. Die Methoden des Heilens brauchen sich nicht gegenseitig zu widersprechen, wie auch die Dimensionen des Lebens nicht in Konflikt miteinander stehen. Der vieldimensionalen Einheit des Lebens entspricht die vieldimensionale Einheit des Heilens. Kein einzelner kann alle Arten des Heilens mit beruflicher Autorität ausüben, obgleich einzelne mehr als nur eine Methode beherrschen können. Aber selbst wenn verschiedene Methoden des Heilens von ein und derselben Person angewendet werden, z. B. die priesterliche und die medizinische, müssen diese Methoden unterschieden werden, sie dürfen weder miteinander verwechselt werden, noch darf die eine durch die andere ersetzt werden.

Das Heilen ist in allen seinen Formen fragmentarisch. Krankheit kämpft ständig mit Gesundheit, und oft geschieht es, daß Krankheit in einem Bereich die Gesundheit in einem anderen stärkt und daß Gesundheit in einem Bereich die Krankheit in einem anderen vermehrt (eine körperliche Krankheit z. B. hilft seelische Störungen zu überwinden, oder im „gesunden" Athleten entwickeln sich neurotische Symptome).

Das Fragmentarische alles Heilens kann selbst durch die heilende Kraft des göttlichen Geistes nicht überwunden werden. Innerhalb der Existenz steht auch das Heilen unter dem Prinzip des „trotzdem", dessen Symbol das Kreuz des Christus ist. Keine Art des Heilens, auch nicht die vom göttlichen Geist ausgehende, kann den Menschen von der Notwendigkeit des Todes retten. Darum führt die Frage des Heilens im weitesten Sinne, indem sie die Frage der Erlösung einschließt, über das Heilen des Individuums hinaus zu der Frage des universalen Heilens jenseits von Zeit und Raum. Sie führt zu der Frage nach dem „Reich Gottes" und dem „Ewigen Leben". Nur universales Heilen ist totales Heilen jenseits alles Zweideutigen und Fragmentarischen.

IV. DIE TRINITARISCHEN SYMBOLE

A
GRÜNDE FÜR DIE ENTWICKLUNG DES TRINITARISCHEN SYMBOLISMUS

Die Gegenwart des göttlichen Geistes ist die Gegenwart Gottes in einer bestimmten Weise: Es ist nicht die Gegenwart Gottes, wie sie im Symbol der Schöpfung oder im Symbol der Erlösung ausgedrückt wird, obwohl Gegenwart des göttlichen Geistes beide voraussetzt und vollendet. Gegenwart des göttlichen Geistes heißt: Gott im Geist des Menschen ekstatisch gegenwärtig (und implizit in allem, was die Dimension des Geistes konstituiert). Diese verschiedenen Beziehungen von Gott und Mensch sind die Spiegelung von etwas Realem im Göttlichen, das auch in der religiösen Erfahrung als Reales erlebt wird und als Reales in der theologischen Tradition lebt. Es sind nicht verschiedene bloß subjektive Weisen, ein in sich Nicht-Differenziertes anzuschauen. Der Unterschied der Symbole hat ein *fundamentum in re*, eine Wurzel im Realen, wenn auch das subjektive Element der menschlichen Erfahrung mitsprechen mag. Daher kann man sagen, daß die trinitarischen Symbole einen Einblick in die „Tiefen der Gottheit" geben und darum mit Recht in schweren Kämpfen formuliert und verteidigt wurden. Was aber – so müssen wir fragen – führte zu ihrer Entdeckung?

Man kann mindestens drei Faktoren in der Geschichte der religiösen Erfahrung unterscheiden, die zum trinitarischen Denken geführt haben: erstens die Spannung zwischen dem absoluten und dem konkreten Element in dem, was uns unbedingt angeht; zweitens die symbolische Anwendung des Begriffs „Leben" auf den göttlichen Grund des Seins; und drittens die dreifache Manifestation Gottes als schöpferische Macht, als erlösende Liebe und als Kraft ekstatischer Verwandlung. Dieser dritte Faktor war entscheidend für die Wahl der symbolischen Namen: Vater, Sohn, Geist. Aber ohne die beiden anderen Faktoren, die zum trinitarischen Symbolismus führten, hätte der dritte Faktor (die dreifache Manifestation Gottes) nichts als eine neue Mythologie hervorgebracht.

Gründe für die Entwicklung des trinitarischen Symbolismus

Über den ersten Faktor haben wir gesprochen, als wir die Entwicklung der Gottesidee darstellten. In diesem Zusammenhang haben wir festgestellt, daß das religiöse Bedürfnis nach einer konkreten Manifestation des Göttlichen in dem Maße wächst, in dem die Unbedingtheit des uns unbedingt Angehenden betont wird, und daß die Spannung zwischen den absoluten und den konkreten Elementen in der Gottesidee zur Entstehung göttlicher Mittler-Gestalten zwischen Gott und dem Menschen geführt hat. Der mögliche Konflikt zwischen diesen konkreten Gestalten und der Unbedingtheit des Unbedingten begründete den trinitarischen Symbolismus in vielen Religionen und übte einen ständigen Einfluß in den trinitarischen Diskussionen der frühen Kirche aus. Die Gefahr, in einen Tritheismus zu fallen und die Versuche, dieser Gefahr zu entgehen, wurzeln letztlich in der inneren Spannung zwischen dem Unbedingten und dem Konkreten.

Der zweite Faktor in der Entwicklung des trinitarischen Symbolismus wurde unter dem Thema „Gott als Leben" behandelt. Die Erörterung führte zu der Einsicht, daß – da Gott als lebendiger Gott und nicht als tote Identität erfahren wird – im Sein Gottes ein Element des Nicht-Seins bejaht werden muß. Aber mit der Bejahung des Nicht-Seins in Gott ist die Bejahung des Anders-Seins in ihm gegeben. Das göttliche Leben muß dann verstanden werden als die Wiedervereinigung des Anders-Seins mit der Identität Gottes in einem ewigen „Prozeß". Diese notwendige Einsicht führte zu der Unterscheidung von Gott als Grund, Gott als Form und Gott als Akt – eine vortrinitarische Formel, die das trinitarische Denken verständlich macht. Die trinitarischen Symbole weisen auf das göttliche Geheimnis hin wie alle Symbole, die etwas über Gott aussagen, aber dieses Geheimnis, das *das* Geheimnis des Seins-Selbst ist, bleibt unzugänglich – es gehört zur Gottheit des Göttlichen. Es war der Fehler der deutschen idealistischen Philosophie (die im Grunde eine Philosophie des Lebens war), daß sie das göttliche Geheimnis nicht vor der *hybris* des Erkennens schützte, wenn sie die trinitarische Struktur des göttlichen Lebens zu beschreiben versuchte, aber diese Philosophie war im Recht (ebenso wie die meisten klassischen Theologen), wenn sie die dialektische Struktur, die sie im Leben fand, symbolisch auf den ewigen Prozeß des göttlichen Seinsgrundes anwandte. Die Lehre von der Trinität – das ist unsere wichtigste Behauptung – ist weder irrational noch paradox, sondern dialektisch. Das Göttliche ist nie irrational – wenn „irrational" bedeutet: der Vernunft widersprechend –, denn die menschliche Vernunft ist die endliche Manifestation des göttlichen *logos*. Nur der Übergang von der Essenz zur Existenz, der Akt der Selbst-Entfremdung, ist irrational.

Die Lehre von der Trinität ist aber auch nicht paradox. Es gibt nur ein Paradox in der Beziehung zwischen Gott und Mensch, und das ist die Erscheinung ihrer ewigen oder essentiellen Einheit unter den Bedingungen ihrer existentiellen Getrenntheit, oder in Johanneischer Sprache ausgedrückt: „Das Wort ist Fleisch geworden", d. h. in die historische Existenz in Raum und Zeit eingegangen. Alle anderen paradoxen Aussagen im Christentum sind Variationen und Anwendungen dieses Paradoxes, z. B. die Lehre von der Rechtfertigung allein durch Gnade oder die Lehre von der Partizipation Gottes am Leiden der Kreatur. Die trinitarischen Symbole sind also weder irrational noch paradox, sie sind dialektisch, sie spiegeln die Dialektik des Lebens wider, nämlich die Bewegung von Trennung und Wiedervereinigung. Die Behauptung, daß das Paradox der Trinität darin bestehe, daß in ihr „drei gleich eins" und „eins gleich drei" sei, ist eine Verzerrung des Geheimnisses der Trinität. Wird sie in solcher Weise numerisch aufgefaßt, führt sie zu einer sinnlosen Phrase. Wird die trinitarische Aussage aber als Beschreibung eines realen Prozesses verstanden, so ist sie weder paradox, noch irrational, sondern die symbolische Übertragung der Dialektik der Lebensprozesse auf das göttliche Leben.

Die eigentlich christliche Lehre von der Trinität beruht auf dem dritten Faktor, der zum trinitarischen Denken führte. In der dreifachen Manifestation des göttlichen Seinsgrundes ist es die göttliche Manifestation in der Erscheinung Jesu als des Christus, die für die Entwicklung der Lehre von der Trinität innerhalb der christlichen Theologie ausschlaggebend war. Mit der Aussage, daß der historische Jesus der Christus ist, wurde das trinitarische Problem ein Bestandteil des christologischen Problems, ja sein erstes und grundlegendes Element, was auch durch die Tatsache bestätigt wird, daß die trinitarische Entscheidung von Nicäa vor der maßgebenden christologischen Entscheidung von Chalcedon lag. Diese Reihenfolge war folgerichtig, aber in der Motivierung war die Folge umgekehrt: das christologische Problem war der Anlaß zur Entstehung des trinitarischen Problems.

Aus diesem Grunde ist es richtig, den trinitarischen Symbolismus erst zu erörtern, nachdem die christologischen Aussagen behandelt sind. Aber die Christologie ist ohne Pneumatologie (die Lehre vom Geist) nicht vollständig, da „der Christus der Geist ist" und die Aktualisierung des Neuen Seins in der Geschichte das Werk des Geistes ist. Als Schleiermacher die Lehre von der Trinität an das Ende des theologischen Systems setzte, war das ein bedeutsamer Schritt in Richtung auf ein existentielles Verständnis der theologischen Begriffe. Sicherlich war der Grundbegriff seines Systems, das „christliche Bewußtsein", von dem aus die Linien bis zum göttlichen Grund gezogen wurden, zu schwach, um das Gewicht des Systems zu tragen. Nicht das „christliche Bewußtsein", sondern die Offenbarungs-Situation, innerhalb derer das christliche Bewußtsein nur die empfangende Seite darstellt, ist die Quelle religiöser Erkenntnis und theologischer Reflektion und auch die Quelle des trinitarischen Symbolismus. Aber Schleiermacher hat recht, wenn er die trinitarischen Symbole von den verschiedenen Weisen herleitet, in denen der Glaube auf den göttlichen Grund bezogen ist. Es war ein Irrtum von Barth, daß er seine „Prolegomena" mit etwas begann, was eigentlich „Postlegomena" waren, der Lehre von der Trinität. Man könnte sagen, daß in seinem System diese Lehre vom Himmel fällt, dem Himmel einer beziehungslosen biblischen und kirchlichen Autorität.

Wie jedes theologische Symbol, so muß auch der trinitarische Symbolismus als Antwort verstanden werden – Antwort auf Fragen, die in der menschlichen Situation enthalten sind. Er ist die umfassendste Antwort, und ihm gebührt mit Recht der Rang und die Bedeutung, die ihm in der liturgischen Praxis der Kirche zugebilligt werden. Die menschliche Situation, aus der die existentiellen Fragen aufsteigen, ist durch drei Begriffe charakterisiert: *Endlichkeit* – im Hinblick auf das essentielle Sein des Menschen als Geschöpf; *Entfremdung* – im Hinblick auf das existentielle Sein des Menschen in Zeit und Raum; *Zweideutigkeit* – im Hinblick auf die Partizipation des Menschen am universalen Leben. Die Fragen, die aus der Endlichkeit des Menschen entspringen, werden durch die Lehre von Gott und die in ihr gebrauchten Symbole beantwortet. Die Fragen, die aus der Entfremdung des Menschen entspringen, werden durch die Lehre vom Christus und die in ihr gebrauchten Symbole beantwortet. Die Fragen, die aus der Zweideutigkeit des Lebens entspringen, werden durch die Lehre vom Geist und ihre Symbole beantwortet. Jede dieser Antworten ist Ausdruck für unsere Beziehung zum Unbedingten, und jede dieser Antworten folgt aus einer besonderen Offenbarungs-Erfahrung. Ihre Wahrheit liegt in ihrer Macht, die Unbedingtheit des Unbedingten in jedem dieser Bereiche zum Ausdruck zu bringen. Die Geschichte der Lehre von der Trinität ist ein beständiger Kampf gegen Formulierungen, die diese Macht bedrohen.

Wir haben auf verschiedene Faktoren hingewiesen, die im trinitarischen Denken wirksam sind. Sie alle beruhen auf Offenbarungs-Erfahrungen, d. h. auf dem Wirken des göttlichen Geistes. Der Weg zum Monotheismus und ihm entsprechend das Entstehen von Mittler-Gestalten vollzog sich unter der Einwirkung des göttlichen Geistes.

Die Erfahrung Gottes als eines „lebendigen Gottes" und nicht als einer toten Identität ist ein Werk des göttlichen Geistes. Und ebenso ist die Erfahrung des schöpferischen Seinsgrundes in jedem Seienden, die Erfahrung Jesu als des Christus und die ekstatische Erhebung des menschlichen Geistes zu unzweideutigem Leben ein Werk des göttlichen Geistes. Andrerseits aber ist die Lehre von der Trinität ein Werk des theologischen Denkens, das philosophische Begriffe verwendet und den Regeln rationalen Denkens folgt. Es gibt keine „trinitarische Spekulation", wenn „Spekulation" hier so viel wie begriffliche Phantasterei bedeutet. Die Substanz alles trinitarischen Denkens ist in der Offenbarungs-Erfahrung gegeben, aber Methode und Form der Darstellung sind rational – wie alle Theologie als Werk des *logos* rational sein muß.

B

DAS TRINITARISCHE DOGMA

Es ist im Rahmen dieser Systematik nicht möglich, auf die verwickelten Kämpfe um die trinitarischen Symbole einzugehen. Unserer allgemeinen Methode folgend, können wir hier nur ein paar Bemerkungen machen. Von entscheidender Wichtigkeit ist die Interpretation des trinitarischen Dogmas durch die Ritschlsche Schule geworden, vor allem in der Dogmengeschichte von Harnack und Loofs. Wie mir scheint, hat die Kritik an der dort vorgetragenen Auffassung, die von den verschiedenen anti-liberalen Schulen der Gegenwart geübt wurde, deren grundlegende Erkenntnisse in keiner Weise widerlegen können. Harnack und Loofs haben beide die Größe der fundamentalen Entscheidung von Nicäa gezeigt, aber sie haben auch den Engpaß gesehen, in den die christliche Theologie durch die begriffliche Formulierung dieser Entscheidung geraten ist. Der befreiende Einfluß der Harnackschen Einsichten ist unverkennbar auch in den anti-liberalen Richtungen der gegenwärtigen Theologie zu spüren und sollte im Protestantismus niemals verloren gehen. Die Grenzen des Harnackschen Werkes liegen in seiner historischen Sicht, nämlich in der Fehlinterpretation des klassischen griechischen und mehr noch des hellenistischen Denkens, das er als „intellektualistisch" bezeichnete. Diese Deutung führte ihn zur Ablehnung der gesamten früh-christlichen Theologie, in der er einen Einbruch hellenistischer Denkungsart in die Verkündigung des Evangeliums und in das Leben der Kirche sah. Aber das griechische Denken ist existentiell um das Ewige bemüht und sucht in ihm ewige Wahrheit und ewiges Leben. Der Hellenismus konnte die christliche Botschaft nur in den griechischen Kategorien aufnehmen, wie andrerseits der Geist der jüdischen Diaspora sie nur in der Begriffssprache, die Paulus verwendete, verstehen, und die ersten Jünger sie nur in den Kategorien der zeitgenössischen eschatologischen Bewegungen aufnehmen konnten. Angesichts dieser Tatsachen wäre es ebenso falsch, eine Theologie abzulehnen, weil sie solche Kategorien verwendet, wie es falsch wäre, alle künftige Theologie auf den Gebrauch dieser Kategorien zu verpflichten.

Harnacks Kritik am trinitarischen Dogma der frühen Kirche zeigt, daß er sich dieses letzten Punktes völlig bewußt war, aber er hat das, was die Konzilsentscheidungen trotz ihrer fragwürdigen Formulierungen geleistet hatten, nicht hoch genug eingeschätzt. Diese Verkennung hängt mit dem Versuch der Ritschlschen Schule zusammen, die ontologischen Kategorien des griechischen Denkens durch Moralkategorien des modernen, besonders des Kantischen Denkens, zu ersetzen. Aber die spätere Entwicklung der neu-kantianischen Schule selbst hat bewiesen, daß ontologische Kategorien auch in den Moralkategorien enthalten sind – wenn nicht explizit, so doch implizit. Deshalb sollte man an das trinitarische Dogma der frühen Kirche weder mit positiven noch mit negativen Vorurteilen herangehen, sondern mit der Frage: Was wurde mit ihm erreicht und was wurde nicht erreicht?

Wenn „Gott" der Name für das ist, was unser höchstes und unbedingtes Anliegen ist, so ist damit das Prinzip eines exklusiven Monotheismus begründet: Es gibt außer Gott keinen anderen Gott! Aber der trinitarische Symbolismus kennt eine Mehrzahl göttlicher Gestalten. Das zwingt uns zu der Alternative: entweder den einzelnen dieser göttlichen Gestalten nur eine verminderte Göttlichkeit zuzuerkennen, oder den exklusiven Monotheismus aufzugeben und damit zugleich die Unbedingtheit des Unbedingten. Die Unbedingtheit des Unbedingten wird dann durch halb-unbedingte Anliegen ersetzt und der Monotheismus durch quasi-göttliche Mächte. Dies war die Situation, als die Göttlichkeit des Christus zum theologischen Problem wurde, anstatt ein Ausdruck liturgischer Frömmigkeit zu bleiben. Zu diesem Problem mußte es kommen, einerseits durch die Aufnahme der christlichen Botschaft durch den griechischen Geist, andrerseits weil der Mensch sein rationales Denkvermögen nicht unterdrücken kann, selbst wenn es sich um Gehalte seines religiösen Glaubens handelt. Der große Versuch der früh-griechischen Theologie, das Problem mit Hilfe der *Logos*-Lehre zu lösen, wurde zur Grundlage aller späteren Lösungen und aller mit ihnen verbundenen Schwierigkeiten. Es ist verständlich, daß die Schwierigkeiten, in die die *Logos*-Lehre geriet, gewisse theologische Schulen veranlaßte, sie überhaupt aufzugeben. Aber selbst wenn es möglich wäre, eine Christologie zu entwickeln, ohne den Begriff *logos* auf den Christus anzuwenden, so wäre es doch unmöglich, eine Lehre vom lebendigen Gott und der Schöpfung zu entwickeln, ohne „Grund" und „Form", das Prinzip des „Abgrundes" und das Prinzip der „Selbst-Manifestation" in Gott zu unterscheiden. Deshalb muß man sagen, daß auch unabhängig vom christologischen Problem eine *Logos*-Lehre in jeder christlichen Lehre von Gott notwendig ist. Aufgrund dieser Voraussetzungen war und ist es notwendig, daß die vorchristologischen und die christologischen Aussagen über das göttliche Leben in einer vollentfalteten trinitarischen Lehre vereint werden. Dieser Schritt ist so unvermeidlich, daß selbst die schärfste und berechtigtste Kritik an der *Logos*-Lehre der klassischen Theologie ihn nicht vermeiden konnte. Wer das *Logos*-Prinzip opfert, opfert die Idee eines lebendigen Gottes, und wer die Anwendung dieses Prinzips auf Jesus als den Christus ablehnt, verneint seinen Charakter als Christus.

Die Frage, um die es für die Kirche in Nicäa wie in den vorhergehenden und nachfolgenden Streitigkeiten ging, war nicht die Anerkennung des *Logos*-Prinzips als solches – sie war lange vor der christlichen Ära erfolgt, auch außerhalb des Einflußgebietes der griechischen Philosophie; auch ging es nicht um die Anwendung dieses Prinzips auf Jesus als den Christus – das war schon entscheidend im Johannes-Evangelium geschehen –, es war vielmehr die Frage nach der Beziehung zwischen Gott und seinem *logos* (der auch der Sohn genannt wurde). Diese Frage war von größter existentieller Bedeutung für die frühe Kirche, weil die Würdigung Jesu als des Christus und seiner offenbarenden und erlösenden Macht von der Antwort auf diese Frage abhing. Wenn der *logos* als das höchste aller Geschöpfe aufgefaßt wird, wie es der linke Flügel der Origenisten tat, so bedarf der Christus, in dem sich der *logos* als geschichtliche Gestalt manifestiert, mit allen anderen Geschöpfen selbst der Offenbarung und Erlösung. In ihm hätten die Menschen etwas Geringeres gehabt als den *deus pro nobis*. Weder Irrtum, noch Schuld, noch Tod wären dann besiegt. Dies ist das existentielle Anliegen hinter dem Kampf des rechten Flügels der Origenisten unter der Führung des Athanasius. In der trinitarischen Entscheidung von Nicäa siegte deren Position theologisch, liturgisch und politisch. Der Halbgott Jesus der arianischen Lehre war damit abgetan. Aber das trinitarische Problem wurde dadurch eher dringender, als daß es gelöst wurde. In der Terminologie von Nicäa ist die göttliche „Natur" *(ousia)* die gleiche in Gott und in seinem *logos* (im Vater und im Sohn). Aber die *hypostasis* ist verschieden. *Ousia* (substantia) bedeutet in diesem Zusammenhang das, was eine Sache zu dem macht, was sie ist: zu der ihr eigentümlichen *physis; hypostasis* (persona) bedeutet die Macht, auf sich selbst zu stehen, und das bedeutet: Unabhängigkeit des Seins, durch die gegenseitige Liebe erst möglich wird. Die Entscheidung von Nicäa bejahte, daß der *Logos*-Sohn – ebenso wie Gott-Vater – eine Manifestation des Unbedingten, Letztwirklichen ist. Aber wie kann das Unbedingte sich in zwei göttlichen Gestalten manifestieren, die, obwohl identisch in der Substanz, sich voneinander unterscheiden, insofern sie aufeinander bezogen sind? Hinzu kam, daß in den Kämpfen der nach-nicänischen Zeit die Göttlichkeit des Geistes diskutiert, verneint und schließlich auf dem zweiten ökumenischen Konzil bejaht wurde. Der Grund hierfür war wieder christologischer Art. Der göttliche Geist, der Jesus geschaffen und zum Christus gemacht hat, ist nicht der Geist des Menschen Jesus, und der göttliche Geist, der die Kirche geschaffen hat und lenkt, ist nicht der Geist einer sozialen Gruppe, und der Geist, der den Einzelnen als Person ergreift und verwandelt, ist nicht der Ausdruck seines eigenen geistigen Lebens. Der göttliche Geist ist „Gott als Geist gegenwärtig", sowohl im Christus wie durch ihn in der Kirche und im einzelnen Christen. Die Umwandlung einer binitarischen Tendenz in der frühen Kirche zu einer voll-entfalteten Trinität war folgerichtig, aber sie trug nicht zur Lösung des Grund-Problems bei: Wie kann das Unbedingte sich in mehr als einer göttlichen *hypostasis* ausdrücken?

Im Bereich der praktischen Frömmigkeit und des Gebetes stellt sich das Problem ähnlich dar: Ist das Gebet, das sich an eine der drei *personae* (mit der gleichen göttlichen Substanz) wendet, an eine gerichtet, die unterschieden ist von den beiden anderen, an die andere Gebete sich wenden mögen? Wenn es keinen Unterschied gibt, warum richtet man dann das Gebet nicht ausschließlich an Gott? Wenn es aber einen Unterschied gibt – z. B. in der Funktion – wie ist dann ein Tritheismus zu vermeiden? Die Begriffe *ousia* und *hypostasis* oder *substantia* und *persona* beantworten dieses Grund-Problem der praktischen Frömmigkeit nicht. Sie verwirren es nur und bieten die Möglichkeit für eine unbegrenzte Zahl von Objekten der Anbetung (wie sie auch tatsächlich in Verbindung mit der Marien- und Heiligenverehrung auftauchten) – trotz der theologischen Unterscheidung zwischen einem echten Gebet, das sich an Gott wendet *(adoratio)* und der Anrufung der Heiligen *(veneratio)*.

Die Schwierigkeit beginnt in dem Augenblick, in dem die Frage gestellt wird, was der historische Jesus (der Mensch, in dem der *logos* „Fleisch" wurde) für das Verständnis des *logos* als der zweiten *hypostasis* in der Trinität bedeutet. Wir haben darüber schon in Verbindung mit den Symbolen der Präexistenz und Postexistenz des Christus gesprochen und davor gewarnt, die Symbole literalistisch aufzufassen. Jede literalistische Deutung dieser Symbole würde dem *logos* eine endliche Individualität mit einer eigenen Lebensgeschichte unter den Bedingungen und Kategorien der Endlichkeit zuschreiben. Sicherlich hat der *logos*, die göttliche Selbst-Manifestation, einen ewigen Bezug zu seiner Selbst-Manifestation im Christus, dem Zentrum der geschichtlichen Existenz des Menschen, wie der *logos* einen ewigen Bezug zu allen Potentialitäten des Seins hat. Aber man kann dem ewigen *logos* an sich nicht das Antlitz Jesu von Nazareth oder das Gesicht des geschichtlichen Menschen oder irgendeiner anderen Manifestation des schöpferischen Seinsgrundes geben. Was man sagen muß, ist, daß für den geschichtlichen Menschen das Antlitz Gottes im Antlitz Jesu als des Christus offenbar ist. Die trinitarische Manifestation des göttlichen Grundes ist christo-zentrisch für den Menschen, aber sie ist keinesfalls Jesu-zentrisch für das Universum. Der Gott, der in den trinitarischen Symbolen geschaut und angebetet wird, hat seine Freiheit nicht verloren, sich für andere Welten auf andere Weise zu offenbaren.

Die Lehre von der Trinität wurde sowohl im Westen wie im Osten angenommen, aber ihr Geist war östlich und nicht westlich. Das zeigte sich in dem Versuch Augustins, den Unterschied der Hypostasen mit Hilfe psychologischer Analogien zu interpretieren, sowie an seinem Eingeständnis, daß die Aussagen über die Beziehungen der drei *personae* untereinander leer seien, und in dem Nachdruck, mit dem er die Einheit der trinitarischen Akte *ad extra* betonte. All dies verringerte die Gefahr des Tritheismus, der jedoch vom traditionellen Dogma nie völlig ausgeschlossen werden konnte und immer in Verbindung mit der Lehre von der Unterordnung des Sohnes unter den Vater, und des Geistes unter den Sohn auftrat. Hinter diesem Element der „Unterordnung" im griechisch-orthodoxen Verständnis der Trinität steht ein fundamentaler und beständig fortwirkender Grundzug der klassisch-griechischen Begegnung mit der Wirklichkeit: die Auffassung von der Wirklichkeit als in Graden abgestuft, die von der niedersten zur höchsten Stufe des Seins führen (und umgekehrt). Dieses tief existentielle Verständnis der Wirklichkeit ging von Platos Symposion aus und von da zu Origenes und über ihn zur Ostkirche und zur christlichen Mystik. Es geriet jedoch in Konflikt mit der streng personalistischen Weltauffassung in den monarchianischen Tendenzen der römischen Kirche und in Augustins Voluntarismus. Nach dem 6. Jahrhundert konnte das Dogma nicht mehr geändert werden. Nicht einmal die Reformatoren versuchten es trotz Luthers beißender Kritik an einigen Formulierungen. Es war zum anerkannten Symbol aller Formen des Christentums und zur fundamentalen liturgischen Formel für alle Kirchen geworden. Aber wir müssen die Frage stellen, ob dieser Zustand nach der geschichtlichen Analyse und der systematischen Kritik des Dogmas durch die protestantische Theologie seit dem 18. Jahrhundert aufrecht erhalten werden kann – trotz der erneuten Bestätigung des Dogmas in der sogenannten Basis-Formel des Weltrates der Kirchen, die jeder Auseinandersetzung mit den Entscheidungen von Nicäa und Chalcedon ausweicht.

C
NEUERSCHLIESSUNG DES TRINITARISCHEN SYMBOLISMUS

Der soeben beschriebene Charakter und der gegenwärtige Stand des trinitarischen Dogmas hat verschiedene Folgen im Leben der Kirche gezeitigt und zu neuen Fragen geführt. Die erste Folge war der radikale Wandel, dem die Funktion des Dogmas nach dessen endgültiger Formulierung unterlag. Während seine ursprüngliche Funktion darin bestand, in drei zentralen Symbolen die Selbst-Manifestation Gottes für den Menschen auszudrücken, die Tiefe des göttlichen Abgrundes zu öffnen und Antwort zu geben auf die Frage nach dem Sinn der Existenz, wurde es später zum undurchdringlichen Geheimnis, das man quasi als Objekt der Anbetung auf den Altar stellte. Es war nicht mehr das ewige Geheimnis des Seinsgrundes; es wurde statt dessen zum Rätsel eines ungelösten theologischen Problems und in vielen Fällen, wie wir bereits sahen, zur Glorifizierung eines absurden Zahlenspiels. In dieser Form wurde es zu einer mächtigen Waffe in der Hand kirchlicher Autoritäten und führte zur Unterdrückung des forschenden Geistes.

Es ist verständlich, daß die Auflehnung des autonomen Denkens gegenüber dieser Situation in der Renaissance zu einer radikalen Ablehnung des Trinitätsdogmas im Sozinianismus und Unitarismus führte. Doch war die direkte Wirkung dieses Widerstandes gering, weil er den religiösen Motiven des trinitarischen Symbolismus nicht gerecht wurde.

Die indirekte Wirkung der Kritik auf die meisten protestantischen Kirchen seit dem 18. Jahrhundert jedoch ist sehr groß gewesen. Der Protestestantismus als solcher griff das Dogma nicht an, aber er machte auch keinen Gebrauch von ihm. Das Dogma verkümmerte sozusagen, ähnlich wie im Leben ein Organ verkümmert und zum Lebenshindernis wird, wenn seine Funktion erloschen ist. Sogar in Denominationen mit einer „hohen" Christologie, d. h. einer Christologie, in der „hohe" Aussagen über die Göttlichkeit Jesu gemacht werden, z. B. in der protestantischen Episkopalkirche, wurde kein neues Verständnis der Trinität entwickelt. Statt dessen entstand in den meisten protestantischen Kirchen etwas, das man einen „christo-zentrischen Unitarismus" nennen könnte, in dem Christus Gott und den Geist in sich hineinnimmt. Der Nachdruck, der auf Gott als Gott gelegt worden war und auf das Geheimnis des göttlichen Grundes und seiner schöpferischen Macht, wurde immer geringer. Damit wurde das Verständnis der Gegenwart des göttlichen Geistes und des ekstatischen Charakters von Glaube, Liebe und Gebet unmöglich gemacht. Das protestantische Christentum wurde zu einem Instrument sittlicher Erziehung und aus diesem Grunde von der bürgerlichen Gesellschaft bejaht. Als Grundlage für diese Erziehung galten die sogenannten „Lehren Jesu". Trotzdem werden das trinitarische Glaubensbekenntnis und die sich darauf beziehenden liturgischen Gebete weiter gebraucht, die Hymnen und ihre trinitarischen Anrufungen weiter gesungen – während die Unitarier noch heute vom Weltrat der Kirchen ausgeschlossen sind.

Wird es je wieder möglich sein, die großen Worte „im Namen des Vaters und des Sohnes und des Heiligen Geistes" auszusprechen, ohne theologische Verwirrung zu stiften oder in die Gewohnheit einer bloßen Tradition zu verfallen? Und wird es wieder möglich werden, um Segen zu bitten durch „die Liebe Gottes des Vaters, und die Gnade Jesu Christi und die Gemeinschaft des Heiligen Geistes", ohne abergläubische Vorstellungen in den Zuhörern zu erwecken? Ich glaube, daß es möglich ist, aber es erfordert eine radikale Prüfung und Neufassung der trinitarischen Lehre, sowie ein neues Verständnis der Begriffe „göttliches Leben" und „göttlicher Geist".

Versuche in dieser Richtung sind in allen Teilen dieses Systems enthalten. Doch erheben sich darüber hinaus noch weitere Fragen. Die erste betrifft die Zahl „drei", die in dem Wort Trinität enthalten ist. Worin liegt die Berechtigung, diese Zahl beizubehalten? Warum wurde das frühe binitarische Denken über Gott und Christus vom trinitarischen Symbolismus abgelöst? Und weiter: Warum wurde die Trinität nicht zu einer Quaternität und darüber hinaus erweitert? Diese Fragen sind historisch wie systematisch gerechtfertigt. Ursprünglich war der Unterschied zwischen dem *logos* und dem Geist unbestimmt oder nichtexistent. Das christologische Problem entwickelte sich unabhängig von dem Begriff „Geist". Der Begriff „Geist" wurde nur auf die göttliche Kraft angewandt, die Einzelnen oder Gemeinschaften in ekstatischen Erlebnissen gegeben wird. Daneben bestand jedoch auch eine Tendenz zur Quaternität im theologischen Denken, und zwar aus folgendem Grund: Man kann die den drei *personae* gemeinsame „göttliche Natur" von den drei *personae* selbst unterscheiden, indem man entweder eine „Gottheit" über ihnen sieht oder indem man den „Vater" einerseits als eine der drei *personae,* andrerseits als gemeinsamen Ursprung ihrer Göttlichkeit auffaßt. Ein anderer Grund für die Erweiterung der Trinität war die Erhebung der Jungfrau Maria zu einer Position, in der sie fast göttlichen Rang erreichte. Für die populäre Frömmigkeit vieler heutiger Katholiken hat sie eine bei weitem größere Bedeutung als der „Heilige Geist" und oft auch als die beiden anderen *personae* der Trinität. Wenn die Lehre von der Jungfrau Maria als Miterlöserin (die in der katholischen Kirche bereits diskutiert wird) zum Dogma werden sollte, so würde die Jungfrau Maria damit zur Unbedingtheit und folglich zu einer der *personae* innerhalb des göttlichen Lebens erhoben. Keine scholastischen Unterscheidungen können dann verhindern, daß die Trinität zur Quaternität wird.

Diese Entwicklungen zeigen, daß nicht die Zahl „drei" der entscheidende Faktor im trinitarischen Denken ist, sondern das Problem der Einheit in der Vielheit göttlicher Selbst-Manifestationen. Wenn die Frage gestellt wird, warum die Zahl „drei" trotz der Möglichkeit anderer Zahlen den Vorrang erhalten hat, so ist die Antwort: weil die Zahl „drei" der inneren Dialektik des Lebens entspricht und daher am ehesten geeignet ist, das göttliche Leben zu symbolisieren. „Leben" ist von uns beschrieben worden als Prozeß des Herausgehens aus der Identität mit sich selbst und der Rückkehr zu sich selbst. Wenn die Rückkehr des Getrennten zur Einheit als besonderes Prinzip verstanden wird, so haben wir die Dreizahl. Die dialektische Philosophie war sich dieser drei Elemente des Lebensprozesses bewußt. – Dieser tieferen Begründung des trinitarischen Denkens gegenüber ist der Hinweis auf die magische Macht der Zahl „drei" unbefriedigend; andere Zahlen, z. B. die Zahl „vier", nehmen in der magischen Wertskala oft einen höheren Rang ein. Jedenfalls wird unsere Feststellung, daß der trinitarische Symbolismus die Funktion hat, den dialektischen Charakter des göttlichen Lebens auszudrücken, durch den ständigen Gebrauch der Zahl „drei" – sowohl in Gebetsformeln wie im theologischen Denken – bestätigt.

Die wachsende symbolische Macht des Bildes der Heiligen Jungfrau, vom 5. Jahrhundert an bis in unsere Zeit, stellt den Protestantismus vor ein schwieriges Problem. Im Kampf der Reformation gegen alle menschlichen Mittler zwischen Gott und dem Menschen war dieses Symbol beseitigt worden, und mit diesem Reinigungsprozeß war das weibliche Element in dem symbolischen Ausdruck dessen, was uns unbedingt angeht, weitgehend ausgeschaltet. Der Geist des Judentums mit seinem exklusiv männlichen Symbolismus hatte sich in der Reformation durchgesetzt. Ohne Zweifel war dies einer der Gründe für die großen Erfolge der Gegenreformation gegenüber der ursprünglich überlegenen Reformation. Im Protestantismus selbst führte dieses Fehlen des weiblichen Elementes zum Entstehen eines stark verweiblichten Jesus-Bildes im Pietismus. Zweifellos haben auch die häufigen Konversionen von Protestanten zur Griechischen oder Römischen Kirche hier eine ihrer Ursachen, wie auch die Anziehungskraft der östlichen Mystik für viele protestanische Humanisten hier eine ihrer Wurzeln hat.

Es ist äußerst unwahrscheinlich, daß der Protestantismus das Symbol der Heiligen Jungfrau jemals wieder gebrauchen wird. Wie die Religionsgeschichte zeigt, kann ein konkretes Symbol dieser Art in seiner ursprünglichen Mächtigkeit nicht wieder hergestellt werden, nachdem es einmal gestorben ist. Das religiöse Symbol kann jedoch zum poetischen Symbol werden; aber poetische Symbole sind nicht Gegenstand der Verehrung oder Anbetung. Die Frage kann nur sein: Gibt es im genuin protestantischen Symbolismus Elemente, die die Alternative „männlich-weiblich" transzendieren? Und können sie entfaltet werden gegenüber einem einseitig durch das männliche Element bestimmten Symbolismus?

Zur Beantwortung dieses Problems möchte ich auf verschiedene Möglichkeiten hinweisen. Zuerst ist hier der Ausdruck „Grund des Seins" zu nennen, der – wie früher dargelegt – teils symbolisch oder metaphorisch, teils begrifflich ist. Insofern er symbolisch ist, weist er auf das „Mütterliche" hin, die Macht, Leben zu geben, es zu schützen und zu umfangen. Das Mutter-Symbol bedeutet aber zu gleicher Zeit: das Leben zurückzurufen, die Unabhängigkeit des Geschaffenen zu verneinen und es in sich zurückzunehmen. Die Tatsache, daß derartige Elemente in der Begriffs-Metapher „Grund des Seins" enthalten sind, macht den Widerstand gegen sie verständlich. Das Unbehagen vieler Protestanten an der fundamentalen Aussage über Gott, daß er das „Sein-Selbst" oder der „Grund des Seins" ist, wurzelt zum Teil darin, daß ihr religiöses Bewußtsein, und mehr noch ihr Gewissen, durch das fordernde, Gehorsam heischende „Vater-Bild" Gottes geformt ist. Die

Begriffs-Metapher „Grund des Seins" könnte demgegenüber, außer ihrer direkt theologischen Bedeutung, die Funktion haben, ein mehr weibliches (tragendes und umgreifendes) Element in die Symbolisierung des Göttlichen einzuführen.

In bezug auf den *logos*, der in Jesus Christus als Person manifest ist, kann man von einer Überwindung des männlich-weiblichen Gegensatzes insofern reden, als diese in dem Akt des Opferns seiner endlichen Existenz enthalten ist. Selbst-Opfer ist weder ein Wesenszug des Männlichen als Männlichen, noch des Weiblichen als Weiblichen; im Akt des Selbst-Opfers ist vielmehr die Negation des einen wie des anderen in seiner Ausschließlichkeit enthalten. Selbst-Opfer hebt den Gegensatz der Geschlechter auf; das wird im Bilde des leidenden Christus offenbar, von dem die Christen beider Geschlechter mit gleicher seelischer und geistiger Intensität ergriffen werden.

Wenn wir schließlich unsere Frage auf den „göttlichen Geist" beziehen, so werden wir an das Bild des Geistes erinnert, der über dem Chaos brütet (Gen. 1, 2). Wir können es jedoch nicht ohne weiteres verwenden, weil im späten Judentum das Bild des „brütenden Geistes" und damit das weibliche Element völlig verschwand. Aber der Geist ist in der Bibel auch nie ein ausgesprochen männliches Symbol geworden – nicht einmal in der Weihnachtsgeschichte, wo der Geist zwar die männliche Seite bei der Zeugung Jesu ersetzt, aber selbst nicht männlich wird. Im ekstatischen Charakter der Gegenwart des göttlichen Geistes haben wir ein Element, das die Alternative von Männlichem und Weiblichem transzendiert, ebenso wie es den Gegensatz von Rationalem und Emotionalem (oft als Charakteristika des Männlichen bzw. des Weiblichen gebraucht) transzendiert. Wo freilich – wie im ausschließlich personalistisch ausgerichteten Protestantismus – das ekstatische Element des Geistes verneint wird, da wird dem Geist das Jenseits von männlich und weiblich genommen; er verliert die Möglichkeit, beide Elemente in der Gottheit zu symbolisieren. Die heutige Hinwendung zur Mystik, besonders der orientalischen, ist ein natürlicher Protest gegen einen solchen Protestantismus.

Die Lehre von der Trinität ist nicht abgeschlossen. In ihrer traditionellen Form kann sie weder verworfen, noch bejaht werden. Sie muß offen gehalten werden, so daß sie ihre ursprüngliche Funktion erfüllen kann: in umfassenden Symbolen die Selbst-Manifestation des göttlichen Lebens für den Menschen zum Ausdruck zu bringen.

FÜNFTER TEIL

DIE GESCHICHTE UND DAS REICH GOTTES

EINLEITUNG

DIE STELLUNG DES FÜNFTEN TEILS DER SYSTEMATISCHEN THEOLOGIE INNERHALB DES SYSTEMS UND DIE GESCHICHTLICHE DIMENSION DES LEBENS

Bei der Beschreibung der Lebensdimensionen im vierten Teil des Systems wurde die geschichtliche Dimension ausgeschlossen. Sie erfordert eine eigene Behandlung, da sie die umfassendste von allen Dimensionen ist, die die anderen Dimensionen voraussetzt und den in diesen enthaltenen Elementen ein neues Element hinzufügt. Dieses Element kann erst vollkommen zur Entwicklung gelangen, nachdem sich in den Lebensprozessen die Dimension des Geistes aktualisiert hat. Die Lebensprozesse selbst sind horizontal ausgerichtet, und insofern aktualisieren sie die geschichtliche Dimension, wenn auch unvollkommen: die Aktualisierung ist nur begonnen, nicht erfüllt. Man könnte Geburt, Wachstum, Altern und Absterben eines bestimmten Baumes seine „Geschichte" nennen. Und noch mehr wäre es gerechtfertigt, die Entwicklung des Universums oder die einer besonderen Gattung von Lebewesen als „Geschichte" zu bezeichnen. Wir sprechen von Naturgeschichte und schreiben damit allen Vorgängen in der Natur Teilnahme an der geschichtlichen Dimension zu. Aber in erster Linie verstehen wir unter „Geschichte" menschliche Geschichte. Darin drückt sich die Erkenntnis aus, daß die geschichtliche Dimension erst in der menschlichen Geschichte Eigenständigkeit erlangt, obwohl sie in allen Bereichen des Lebens gegenwärtig ist. Analogien zum Geschichtlichen finden sich überall; aber eigentliche Geschichte gibt es nur, wo sich Geist aktualisiert. Deshalb muß man die „geschichtliche Dimension", die zu allen Lebensprozessen gehört, von der eigentlichen Geschichte unterscheiden, die es für uns nur in der Form der menschlichen Geschichte gibt.

Der fünfte Teil des theologischen Systems ist eine Erweiterung des vierten Teils und ist nur aus Gründen der Tradition und der Zweckmäßigkeit von diesem getrennt. Jede Philosophie des Lebens muß sich sowohl mit der geschichtlichen Dimension der allgemeinen Lebensprozesse wie mit der menschlichen Geschichte als dem umfassendsten Lebensprozeß befassen. Und jede Beschreibung der Zweideutigkeiten des Lebens muß auch eine Beschreibung der Zweideutigkeiten des Lebens in der geschichtlichen Dimension einschließen. Schließlich führt die Antwort auf die Fragen, die in der Zweideutigkeit des Lebens enthalten sind, nämlich die Antwort „Das unzweideutige Leben", zu den Symbolen „Gegenwart des göttlichen Geistes", „Reich Gottes" und „Ewiges Leben". Trotzdem ist es notwendig, der geschichtlichen Dimension eine gesonderte Behandlung innerhalb des theologischen Systems zukommen zu lassen. Wie im ersten Teil des Systems die Korrelation von Vernunft und Offenbarung aus dem Zusammenhang des zweiten, dritten und vierten Teils herausgenommen und zuerst behandelt wurde, so wird die Korrelation von Geschichte und Reich Gottes aus dem Zusammenhang der drei zentralen Abteilungen herausgenommen und im fünften Teil behandelt. Dieses Vorgehen ist in beiden Fällen zum Teil in der theologischen Tradition begründet: Die Beziehung von Offenbarung zu Vernunft wie diejenige von Reich Gottes zu Geschichte sind von jeher ausführlich und gesondert behandelt worden. Aber auch ein theoretischer Grund spricht dafür: Die geschichtliche Dimension umfaßt alle anderen Dimensionen, und ebenso umfassend ist das Symbol „Reich Gottes". Die geschichtliche Qualität des Lebens ist in allen Dimensionen enthalten und wird in ihnen aktualisiert, wenn auch unvollkommen. Sie ist also nicht nur potentiell, sondern in geringem Grade auch aktuell in ihnen gegenwärtig. Aber erst in der menschlichen Geschichte ist sie vollkommen aktualisiert. Darum ist es berechtigt, Geschichte zuerst in ihrem vollen Sinn als menschliche Geschichte zu behandeln, dann die geschichtliche Dimension in den anderen Bereichen des Lebens aufzuzeigen und schließlich die menschliche Geschichte in Beziehung zur Geschichte des Universums zu setzen.

Die theologische Interpretation der Geschichte muß sich im Hinblick auf ihre besondere Frage mit der Struktur der geschichtlichen Prozesse befassen, der Logik der Geschichtswissenschaft, der Zweideutigkeit der geschichtlichen Existenz und dem Sinn der geschichtlichen Entwicklung. All dies muß sie zu dem Symbol „Reich Gottes" in Beziehung setzen, sowohl in dessen innergeschichtlichem wie in dessen übergeschichtlichem Sinn. In der ersten Bedeutung weist es zurück auf das Symbol der „Gegenwart des göttlichen Geistes", in der letzten leitet es über zu dem Symbol des „Ewigen Lebens".

Mit dem Symbol des „Ewigen Lebens" sind Fragen angerührt, die wir gewöhnlich als „eschatologisch" bezeichnen, das heißt Fragen über die „letzten Dinge". Das Wort selbst scheint die Behandlung dieser Probleme am Ende des theologischen Systems zu rechtfertigen. Aber so ist es nicht: die Eschatologie befaßt sich mit der Beziehung des Zeitlichen zum Ewigen, und dies ist ein Thema in allen Teilen des theologischen Systems. Darum könnte die eschatologische Frage auch am

Einleitung

Anfang der systematischen Theologie stehen, nämlich als die Frage nach dem inneren Ziel, dem *telos*, alles dessen, was ist. Es gibt aber einen sachlichen Grund für die traditionelle Anordnung, die hier befolgt wird: Die Lehre von der Schöpfung gebraucht den Zeitmodus der Vergangenheit, um die Beziehung des Zeitlichen zum Ewigen symbolisch auszudrücken, während die Eschatologie diese Beziehung durch den Modus der Zukunft ausdrückt – und Zeit läuft vom Vergangenen zum Zukünftigen.

Zwischen der Frage nach dem „Woher" und der Frage nach dem „Wohin" liegt das gesamte System theologischer Fragen und Antworten. Aber die Linie zwischen den beiden ist keine einfache gerade Linie. Die Beziehung ist eine innere: das „Wohin" ist bereits in dem „Woher" enthalten; der Sinn der Schöpfung wird in ihrem Ende offenbar. Und umgekehrt ist das „Wohin" durch das „Woher" bestimmt; denn nur eine Schöpfung, die gut ist, macht eine Eschatologie der Erfüllung möglich, und erst die Idee der Erfüllung verleiht der Schöpfung Sinn. Das Ende des Systems führt zu seinem Anfang zurück.

I. DIE GESCHICHTE UND DIE FRAGE NACH DEM REICH GOTTES

A

LEBEN UND GESCHICHTE

1. Mensch und Geschichte

a) Geschichte und geschichtliches Bewußtsein. – Die Semantik kann uns helfen, eine besondere Qualität der Geschichte zu entdecken. Das griechische Wort *historia* bedeutet in erster Linie Untersuchung, Information, Bericht und bezieht sich erst in zweiter Linie auf die Ereignisse, die erforscht werden und über die berichtet wird. Daraus geht hervor, daß das Wort „Geschichte" ursprünglich mehr von seiner subjektiven als von seiner objektiven Seite verstanden wurde. Man schrieb dem geschichtlichen Bewußtsein Priorität gegenüber den geschichtlichen Ereignissen zu. Das bedeutet natürlich nicht, daß das Geschichtsbewußtsein zeitlich den Ereignissen vorausgeht, die es sich bewußt macht, sondern daß es bloße Vorgänge in geschichtliche Ereignisse verwandelt und in diesem Sinne den Ereignissen „vorausgeht". Genau genommen sollte man sagen, daß dieselbe Situation sowohl geschichtliche Vorgänge als auch das Bewußtsein von ihnen als geschichtlichen Ereignissen erzeugt.

Geschichtsbewußtsein drückt sich in einer Tradition aus, in einer Gruppe von Erinnerungen, die von einer Generation zur anderen weitergegeben werden. Tradition ist keine zufällige Ansammlung erinnerter Ereignisse, sondern die Überlieferung solcher Ereignisse, die für die Träger oder die Empfänger der Tradition Bedeutung gewonnen haben. Die Wichtigkeit, die ein Vorgang für eine traditionsbewußte Gruppe hat, entscheidet, ob er als geschichtliches Ereignis betrachtet werden wird oder nicht.

Es ist natürlich, daß das Geschichtsbewußtsein den historischen Bericht im Sinne der Tradition und der praktischen Bedürfnisse der Gruppe, in der die Tradition lebendig ist, beeinflußt. Darum erscheint das Ideal einer reinen, objektiven historischen Wissenschaft erst in einem ziemlich späten Stadium der Geschichtsschreibung. Ihr voraus geht eine Mischung von Mythos und Geschichte in Form von Legenden,

Sagen und epischer Dichtung. In allen diesen Fällen werden bloße Vorgänge zu Ereignissen von geschichtlicher Bedeutung erhoben. Das geschieht, indem Ereignisse in Symbole für das Leben einer geschichtlichen Gruppe verwandelt werden. Die Überlieferung vereinigt historischen Bericht mit symbolischer Deutung; sie besteht nicht aus „nackten Tatsachen" (ein höchst fragwürdiger Begriff!). Das bedeutet nicht, daß die faktische Seite erfunden ist. Selbst die großen Epen, in denen sich die Tradition niedergeschlagen hat, haben geschichtliche Wurzeln, wenn auch noch so versteckte; und in Sagen und Legenden ist der geschichtliche Ursprung noch deutlich erkennbar. Aber in allen diesen Formen der Überlieferung kann das geschichtliche Ereignis kaum noch von seiner symbolischen Deutung getrennt werden. In jeder lebendigen Tradition erscheint das Geschichtliche im Lichte des Symbolischen, und der historischen Forschung kann die Entwirrung dieser Verknüpfung immer nur annäherungsweise gelingen; denn die Art, in der geschichtliche Ereignisse erlebt werden, hängt schon von der Wichtigkeit ab, die man ihnen einräumt, und das heißt, daß die Urkunden schon in ihrer ursprünglichen Fassung von dem symbolischen Element mitbestimmt sind. Die biblischen Zeugnisse, die im dritten Teil des Systems besprochen wurden, sind klassische Beispiele für diese Situation.

Aber man muß nun fragen, ob nicht auch die wissenschaftliche Geschichtsschreibung von verborgenen interpretierenden Symbolen beeinflußt wird. Das scheint unbestreitbar zu sein. Selbst in einem der Absicht nach völlig objektiven historischen Bericht gibt es Punkte, die den Einfluß einer symbolschaffenden Vision verraten. Hierher gehört in erster Linie die Auswahl der Ereignisse, deren Faktizität untersucht werden soll. Da sich an jedem Ort zu jeder Zeit zahllose Vorgänge ereignen, hängt die Auswahl der Gegenstände für die historische Forschung davon ab, welche Wichtigkeit einem Vorgang für das Leben einer geschichtlichen Gruppe zugesprochen wird. In dieser Beziehung ist die Geschichtsschreibung weithin vom Geschichtsbewußtsein abhängig. Aber das ist nicht der einzige Punkt. Jede Art von Geschichtsschreibung wägt die Bedeutung der Einflüsse ab, die von verschiedenen Seiten auf Menschen, Gruppen und deren Handlungen ausgeübt werden. Dies ist einer der Gründe für die zahllosen Unterschiede in der historischen Darstellung des gleichen faktischen Materials. Ein anderer Grund, weniger offensichtlich, aber noch entscheidender, ist das Leben der Gruppe, innerhalb derer der Historiker arbeitet; denn er nimmt an ihrem Leben teil, ihren Erinnerungen und Traditionen eingeschlossen. Aus dieser Situation ergeben sich Fragen, auf die der Historiker in seiner Darstellung der Tatsachen Antwort gibt. Geschichte wird nicht von einem Standort jenseits aller geschichtlichen Orte geschrieben. Ein solcher Anspruch wäre nicht weniger utopisch als die Behauptung, daß die ideale Gesellschaftsordnung in unmittelbarer Zukunft erreicht werden könne. Die Geschichtsschreibung ist nicht nur von den tatsächlichen Ereignissen abhängig, sondern auch von deren Aufnahme durch ein bestimmtes Geschichtsbewußtsein.

Diese Feststellungen stehen nicht im Widerspruch zu den Forderungen einer strengen, methodischen Geschichtswissenschaft. Die wissenschaftlichen Kriterien der historischen Forschung sind ebenso bestimmt, verpflichtend und objektiv wie die jeder Art von Wissenschaft. Aber in der Anwendung dieser Kriterien wirkt sich der Einfluß des Geschichtsbewußtseins aus, in aller ehrlichen historischen Arbeit jedoch unabsichtlich.

Der subjektiv-objektive Charakter der Geschichte hat noch eine weitere Folge: Durch das interpretative Element in jeder Art von Geschichtsschreibung gewinnt die Antwort auf die Frage nach dem Sinn der Geschichte – wenn auch nur indirekt und mittelbar – Einfluß auf die historische Darstellung. Man kann dem Schicksal nicht entgehen, einer Tradition anzugehören, in der die Antwort auf die Frage nach dem Sinn des Lebens in allen seinen Dimensionen, auch der geschichtlichen, in Symbolen ausgedrückt ist, die jede Begegnung mit der Wirklichkeit beeinflussen. In den folgenden Kapiteln sollen die Symbole besprochen werden, in denen das Christentum seine Antwort auf die Frage nach dem Sinn der geschichtlichen Existenz gibt. Zweifellos kann selbst der objektive Gelehrte, wenn er existentiell unter dem Einfluß der christlichen Tradition steht, nicht umhin, geschichtliche Ereignisse im Lichte dieser Tradition zu interpretieren, wie unbewußt und indirekt der Einfluß auch sein mag.

b) Die Charakteristika der menschlichen Geschichte und die geschichtliche Dimension. – Menschliche Geschichte ist, wie die semantische Untersuchung des Begriffs *historia* gezeigt hat, eine Vereinigung subjektiver und objektiver Elemente. Ein geschichtliches „Ereignis" ist ein Ineinander von Tatsache und Interpretation. Wenn wir uns nun von der subjektiven zur objektiven Seite der menschlichen Geschichte wenden, finden wir gewisse Merkmale, die die menschliche Geschichte von der geschichtlichen Dimension im allgemeinen unterscheiden.

Die horizontale Richtung hat in der Dimension des Geistes den Charakter der Intention und des Zweckes. In einem geschichtlichen Ereignis sind menschliche Zwecke der entscheidende, wenn auch nicht der einzige Faktor. Bestehende Ordnungen und natürliche Gegebenheiten sind weitere Faktoren; aber ein Vorgang wird zum geschichtlichen Ereignis erst, wenn in ihm zweckhafte Handlungen geschehen. Ob ein spezieller Zweck erreicht wird oder nicht, oder ob ein Ergebnis herauskommt, das nicht beabsichtigt war (gemäß dem Prinzip der Heterogenität der Zwecke) oder nicht – entscheidend ist, daß der Zweck der bestimmende Faktor in dem Vorgang ist. Vorgänge, innerhalb derer kein Ziel gesetzt ist, sind nicht geschichtlich.

Das zweite Merkmal der menschlichen Geschichte ist, daß sie durch menschliche Freiheit beeinflußt ist. Der Mensch, sofern er Ziele setzt und verfolgt, ist frei: er transzendiert die gegebene Situation und läßt das Wirkliche um des Möglichen willen hinter sich. Er ist nicht der Situation verhaftet, in der er sich befindet; und es ist eben diese Selbst-Transzendierung, die die Freiheit ausmacht. Aus diesem Grunde ist keine geschichtliche Situation vollkommen durch eine andere bedingt. Der Übergang von einer Situation zu einer anderen ist zum Teil durch den zentrierten Akt des Menschen bestimmt, das heißt durch seine Freiheit. Allerdings kann die Selbst-Transzendierung, gemäß der Polarität von Freiheit und Schicksal, niemals absolut sein. Sie ist begrenzt durch die Gesamtheit von Elementen der Vergangenheit und der Gegenwart; aber innerhalb dieser Grenzen kann sie zu etwas qualitativ Neuem führen.

Daher ist das dritte Merkmal der menschlichen Geschichte die Schaffung des Neuen. Trotz aller abstrakten Ähnlichkeiten mit früheren oder zukünftigen Ereignissen ist jedes konkrete Ereignis etwas Einmaliges und in seiner Gesamtheit Unvergleichliches. Dieser Satz bedarf jedoch einer Einschränkung. Neues wird nicht nur in der menschlichen Geschichte geschaffen. Auch die dynamischen Kräfte der Natur erzeugen Neues, sie bringen im Kleinsten wie im Größten individuelle Gestalten hervor, schaffen durch Evolution neue Gattungen und durch Ausdehnung und Zusammenziehung des Universums neue Konstellationen der Materie. Aber zwischen diesen Formen des Neuen und dem Neuen in der Geschichte besteht ein qualitativer Unterschied. Das geschichtlich Neue ist wesensmäßig auf Sinn oder Wert bezogen. Beide Begriffe sind brauchbar, wenn richtig definiert. Die meisten Geschichtsphilosophen in den letzten hundert Jahren haben Geschichte als den Bereich definiert, in dem Werte aktualisiert werden. Die Schwierigkeit bei dieser Terminologie ist, daß man ein Kriterium einführen muß, das willkürliche von gültigen Werten unterscheiden kann. Willkürliche Werte sind, im Gegensatz zu gültigen, nicht Normen unterworfen wie Wahrheit, Ausdruckskraft, Gerechtigkeit, Menschlichkeit, Heiligkeit. Träger gültiger Wertungen sind Personen und Gemeinschaften. Wenn wir diese

Art von Wertungen „absolut" nennen (wobei wir unter absolut „unabhängig von dem bewertenden Subjekt" verstehen), können wir die Schaffung des Neuen in der menschlichen Geschichte als die Schaffung einer neuen Aktualisierung von Werten in zentrierten Persönlichkeiten beschreiben. Wenn man jedoch zögert, von „Wert" zu sprechen, kann man den Begriff „Sinn" oder „Sinngehalt" gebrauchen. Leben als Sinnverwirklichung ist nach den vorausgegangenen Betrachtungen Leben, das durch die Funktionen des Geistes und die sie beherrschenden Kriterien und Prinzipien bestimmt ist. Der Begriff „Sinn" ist allerdings nicht eindeutig. Die rein logische Bedeutung des Wortes (der „Sinn" eines Wortes) wird transzendiert, wenn man von Leben als Sinnverwirklichung spricht. Wenn man das Wort „Sinn" so versteht, kann man die Schaffung des Neuen in der Geschichte als die Schaffung neuer und einmaliger Verkörperungen von Sinn beschreiben. Ich ziehe diese Terminologie vor, weil ich die anti-ontologischen Werttheorien ablehne, und weil Begriffe wie „Sinn des Lebens" für die Religionsphilosophie fruchtbar sind. Ein Ausdruck wie „Wert des Lebens" hat weder die Tiefe noch die Ausdruckskraft von „Sinn des Lebens".

Das vierte Merkmal der Geschichte im eigentlichen Sinn ist die sinnbezogene Einmaligkeit geschichtlicher Ereignisse. Die Qualität des Einmaligen und Neuen teilt der geschichtliche Vorgang mit allen Lebensvorgängen. Aber nur in der Geschichte ist der einmalige Vorgang sinnbezogen. Sinnbezogen-sein heißt, über sich hinauszuweisen auf etwas Sinnvolles, das repräsentiert ist. Geschichtliche Persönlichkeiten sind geschichtlich, weil sie umfassendere Ereignisse repräsentieren, die selbst wieder auf die menschliche Situation als solche hinweisen und damit auf den Sinn des Seins-Selbst. Personen, Gemeinschaften, Ereignisse und Situationen sind sinnbezogen, wenn·in ihnen mehr sichtbar wird als vorübergehende Geschehnisse in dem universalen Prozeß des Werdens. Geschehnisse, die in jedem Augenblick der Zeit in endloser Zahl kommen und gehen, sind nicht geschichtlich im eigentlichen Sinn. Aber sie können geschichtliche Bedeutung gewinnen, wenn sie eine menschliche Potentialität einmalig und unvergleichlich repräsentieren. Die Geschichtsschreibung beschreibt die Aufeinanderfolge von Erscheinungen solcher Potentialitäten, aber mit einer entscheidenden Modifikation: sie beschreibt sie, wie sie unter den Bedingungen der Existenz und innerhalb der Zweideutigkeit des Lebens erscheinen. Ohne menschliche Potentialitäten (allgemein ausgedrückt: Potentialitäten des Lebens) zur Erscheinung zu bringen, hätten historische Berichte nichts Bedeutungsvolles zu sagen. Ohne die einmalige Verkörperung in der Existenz würden diese Potentialitäten niemals geschichtliche Wirklichkeit werden, sondern blieben reine Essenzen. Aber geschichtliche Ereignisse sind bedeutsam, weil sie *über* die Geschichte hinausführen; und sie sind einmalig, weil sie *in* der Geschichte stehen. Es gibt jedoch noch einen anderen Grund für die Bedeutsamkeit einmaliger geschichtlicher Ereignisse: den Sinn des geschichtlichen Prozesses als ganzen. Ob es so etwas wie Weltgeschichte gibt oder nicht, die geschichtlichen Vorgänge innerhalb der geschichtlichen Menschheit haben ein inneres Ziel. Sie bewegen sich in einer bestimmten Richtung, und sie gehen auf Erfüllung zu, ob sie diese erreichen oder nicht. Ein geschichtliches Ereignis ist sinnbezogen, soweit es einen Moment in dieser geschichtlichen Entwicklung auf das Ziel hin darstellt. Geschichtliche Ereignisse sind also aus drei Gründen sinnbezogen: sie repräsentieren wesenhafte menschliche Potentialitäten, sie zeigen die Aktualisierung dieser Potentialitäten auf einmalige Weise, und sie stellen Momente dar in der Entwicklung der Geschichte auf ihr Ziel hin und bringen dabei dieses Ziel selbst symbolisch zum Ausdruck.

Die vier Grundzüge der menschlichen Geschichte sind also: mit Zweck verbunden zu sein, durch Freiheit beeinflußt zu sein, sinnbezogenes Neues zu schaffen und Bezug zu haben auf universalen, auf partikularen und auf teleologischen Sinn. Durch diese vier Grundzüge unterscheidet sich die menschliche Geschichte von der geschichtlichen Dimension im allgemeinen. Der Unterschied kann von der Seite der menschlichen Geschichte gesehen werden, er kann aber auch von der anderen Seite gezeigt werden, d. h. aus der geschichtlichen Dimension in den nicht-geschichtlichen Lebensbereichen. Wenn wir z. B. die höheren Tierarten betrachten, die Evolution der Gattungen und die Entwicklung des astronomischen Universums, bemerken wir als erstes, daß in keinem dieser Gebiete Zweck und Freiheit wirksam sind. In der Tierwelt gibt es keinen Zweck, der die Befriedigung der unmittelbaren Bedürfnisse transzendiert. Tiere transzendieren ihre natürliche Bedingtheit nicht. Ebensowenig ist Absicht in der Evolution der Gattungen oder in den Veränderungen des Universums zu erkennen. Schwieriger zu entscheiden ist die Frage, ob es in diesen Bereichen absoluten Sinn und sinnbezogene Einmaligkeit gibt, ob man z. B. die Entstehung einer neuen Gattung in der Tierwelt mit der Entstehung eines neuen Staates oder der eines neuen künstlerischen Stils vergleichen kann. Offensichtlich ist eine neue Gattung einmalig; aber die Frage ist, ob ihre Einmaligkeit auf einen absoluten Sinn bezogen ist. Auch diese Frage müssen wir verneinen: Es gibt keinen absoluten Sinn und keine sinnbezogene Einmaligkeit, wo die Dimension des Geistes nicht aktualisiert ist. Die Einmaligkeit einer Gattung oder eines einzelnen Exemplars der Gattung ist wirklich, aber nicht letztlich bedeutsam, während der moralische Akt, durch den eine Person zur Person wird, die Schaffung eines kulturellen Werks mit seinem unerschöpflichen Sinn oder ein religiöses Erlebnis, in dem der letzte Sinn durch alle vorläufigen Sinnbezüge hindurchbricht, unendlich bedeutsam sind. Diese Behauptungen sind auf die Tatsache gegründet, daß Leben in der Dimension des Geistes fähig ist, das Unbedingte zu erfahren und Verkörperungen und Symbole des Unbedingten zu schaffen. Verkörperte ein Baum, eine neue Tiergattung oder ein neues Gestirn absoluten Sinn, dann wäre dieser dem Menschen erkennbar, denn Sinnbezüge werden vom Menschen wahrgenommen. Dieser Tatbestand in der menschlichen Existenz hat zu der Lehre von dem unendlichen Wert jedes einzelnen Menschenlebens geführt. Obwohl diese Lehre nicht unmittelbar biblisch ist, kann sie aus den Verheißungen und Drohungen abgeleitet werden, die sich in allen Teilen der Bibel finden. „Himmel" und „Hölle" sind Symbole von absolutem Sinn und unbedingtem Wert, und sie werden keinem Leben außer dem menschlichen verheißen oder angedroht.

Trotzdem gibt es keinen Lebensbereich, in dem die geschichtliche Dimension nicht gegenwärtig und, wenn auch nur unvollkommen, aktualisiert wäre. Selbst im anorganischen Bereich, und gewiß im organischen, gibt es ein *telos,* ein inneres Ziel, das quasi-geschichtlich, wenn auch nicht Teil der eigentlichen Geschichte ist. Das gilt auch von der Entstehung der Gattungen und der Entwicklung des Universums; sie sind dem Geschichtlichen analog, aber sie sind nicht eigentliche Geschichte. Die Analogie zeigt sich in der Spontaneität im Bereich der Natur, in der Entstehung des Neuen durch biologische Evolution und in der Einmaligkeit kosmischer Konstellationen. Aber es ist bloße Analogie; es fehlen in diesen Prozessen Freiheit und absoluter Sinn. Die geschichtliche Dimension im universalen Leben ist dem Leben in der eigentlichen Geschichte analog, aber sie ist nicht selbst Geschichte. Im universalen Leben ist die Dimension des Geistes nur unvollkommen aktualisiert. Leben in der biologischen Dimension und Leben in der Dimension des Geistes haben analoge Züge, aber das Biologische ist noch nicht Geist. Aus diesem Grund bleibt das Geschichtliche in allen Bereichen des Lebens außer dem der menschlichen Geschichte eine nur unvollkommen akutalisierte Dimension.

c) *Vorgeschichte und Nachgeschichte.* – Der Übergang von der unvollkommen aktualisierten zur aktualisierten Geschichte kann als der Zustand des prähistorischen Menschen beschrieben werden. In gewisser Hinsicht ist er schon Mensch, aber er ist noch nicht geschichtlicher Mensch. In dem Augenblick, in dem dieses Wesen „prähistorischer

Mensch" genannt werden kann, muß es die Freiheit haben, sich Ziele zu setzen; es muß im Besitz von Sprache und Begriffen sein, wenn auch noch so primitiven, und es muß künstlerische und kognitive Anlagen zeigen und eine Ahnung vom Heiligen haben. Das würde es zu einem Wesen machen, wie es kein zweites in der Natur gibt; aber Geschichtlichkeit im vollen Sinn wäre noch nicht erreicht, ihm würde das geschichtliche Bewußtsein fehlen. Es befände sich, metaphorisch gesprochen, in dem Zustand der „erwachenden" Menschlichkeit. Wir wissen nichts von dem Menschen auf dieser Stufe; aber wir können ihn als Ausgangspunkt für die spätere Entwicklung des Menschen postulieren. Außerdem kann uns das Bild einer solchen Stufe als kritische Waffe gegen unrealistische Vorstellungen von dem Frühzustand der Menschheit dienen, Vorstellungen, die dem prähistorischen Menschen entweder zuviel oder zu wenig zuerkennen. Zu viel schreibt man ihm zu, wenn man ihn mit Vollkommenheiten ausstattet, die entweder spätere Entwicklungsstufen oder gar einen Zustand der Erfüllung antizipieren. Hierher gehören theologische Auslegungen des Mythos vom Paradies, die in Adam die Vollkommenheit des Christus sehen, und säkulare Beschreibungen des Urzustandes der Menschheit, die dem „edlen Wilden" die Vollkommenheit des humanistischen Ideals zuschreiben.

Andrerseits wird dem prähistorischen Menschen zu wenig zugestanden, wenn man in ihm ein Tier sieht, das nicht einmal die Möglichkeit hat, Universalien zu verstehen und Sprache zu bilden. Wenn dieses Bild richtig wäre, gäbe es keinen vorgeschichtlichen Menschen, und der geschichtliche Mensch wäre eine „Schöpfung aus dem Nichts". Aber alle empirische Evidenz widerspricht dieser Auffassung. Der prähistorische Mensch ist das Lebewesen, das angelegt ist, die Dimension des Geistes und der Geschichte zu aktualisieren, und das sich auf dieses Ziel hin entwickelt. Wir können den Augenblick nicht feststellen, in dem das Bewußtsein des Tieres menschlicher Geist wird und der menschliche Geist in die geschichtliche Dimension eintritt. Der Übergang von einer Dimension zur anderen ist verborgen, aber das Ergebnis, das aus ihm hervorgeht, tritt offen zutage. Wir wissen nicht, wann der erste Funke des geschichtlichen Bewußtseins in der menschlichen Rasse aufstieg; aber wir kennen frühe Ausdrucksformen dieses Bewußtseins. Wir können den geschichtlichen vom vorgeschichtlichen Menschen unterscheiden, obwohl wir den Augenblick des Übergangs von dem einen zum andern nicht fixieren können, weil·in allen Prozessen langsame und sprunghafte Entwicklungen nebeneinander hergehen. Gäbe es nur langsame Entwicklung, so könnten wir überhaupt keine qualitative Veränderung feststellen. Wenn sich die Evolution nur sprunghaft vollzöge, könnten wir das Ergebnis jedes einzelnen Sprunges deutlich erkennen. Tatsächlich vollziehen sich in jeder Evolution beide Prozesse gleichzeitig; darum können wir zwar das Ergebnis sehen, aber nicht den Augenblick seiner Entstehung. Daß die Vorgeschichte der Menschheit in Dunkel gehüllt ist, ist nicht einem vorläufigen Versagen der Wissenschaft zuzuschreiben, sondern der Unbestimmbarkeit der evolutionären Prozesse in Hinsicht auf die Erscheinung des Neuen. Der geschichtliche Mensch ist eine neue Erscheinung, aber er ist vorbereitet und antizipiert im vorgeschichtlichen Menschen, und der Übergang von dem einen zum andern ist seinem Wesen nach unbestimmbar.

Eine ähnliche Erwägung müssen wir in bezug auf die Idee der Nachgeschichte anstellen. Die Frage ist, ob wir ein Stadium im evolutionären Prozeß annehmen müssen, in dem die geschichtliche Menschheit ein Ende nimmt, wenn auch nicht die menschliche Rasse. Diese Frage ist wichtig wegen ihrer Beziehung zu utopischen Vorstellungen von der Zukunft der Menschheit. Man hat die letzte Stufe des geschichtlichen Menschen mit dem Endzustand der Erfüllung identifiziert – mit dem „Reich Gottes", das sich auf der Erde aktualisiert. Aber das „Letzte" in der Kategorie der Zeit ist nicht dasselbe wie das „Letztgültige" im eschatologischen Sinn. Nicht ohne Grund hat das Neue Testament und hat Jesus sich dem Versuch widersetzt, den Symbolen des Endes einen chronologischen Rahmen zu geben. Selbst Jesus weiß nicht, wann die Endkatastrophe kommt; sie hängt nicht von der geschichtlich-nachgeschichtlichen Entwicklung des Menschen ab, obwohl sie symbolisch durch den Modus der Zukunft beschrieben wird. Damit bleibt die Zukunft des geschichtlichen Menschen für Möglichkeiten offen, die sich aus der gegenwärtigen Erfahrung ergeben. So ist es zum Beispiel nicht unmöglich, daß die selbstzerstörerischen Kräfte des Menschen die Oberhand gewinnen und den geschichtlichen Menschen vernichten. Ebenso ist es möglich, daß der Mensch, auch wenn er seine potentielle Freiheit, das Vorhandene zu transzendieren, nicht verliert – dann wäre der Mensch nicht mehr Mensch –, doch die Unzufriedenheit mit dem Vorhandenen einbüßt und folglich das Streben nach dem Neuen. In diesem Zustand wäre die menschliche Rasse dem ähnlich, was Nietzsche als den „letzten Menschen" beschreibt, der „alles weiß" und sich für nichts mehr interessiert. Es wäre der Zustand animalischer Seligkeit. Die negativen Utopien unseres Jahrhunderts antizipieren – berechtigter- oder unberechtigterweise – eine derartige Stufe in der Evolution. Eine dritte Möglichkeit ist, daß der dynamische Trieb der menschlichen Rasse nach neuen, unvorhersehbaren Verwirklichungen der menschlichen Potentialitäten weiterwirkt, bis die biologischen und physikalischen Bedingungen für die Fortdauer des geschichtlichen Menschen allmählich oder plötzlich verschwinden. Diese und vielleicht noch andere Entwicklungen des „nachgeschichtlichen" Menschen müssen als möglich angenommen und dürfen nicht mit Symbolen für das „Ende der Geschichte" im eschatologischen Sinn verwechselt werden.

d) Die Träger der Geschichte. – Der Mensch vollzieht die Aktualisierung seiner selbst als Person in der Begegnung mit anderen Personen innerhalb einer Gemeinschaft. Der Prozeß der Selbstintegration in der Dimension des Geistes ist die Aktualisierung sowohl der Persönlichkeit wie der Gemeinschaft. Während wir die Aktualisierung der Person in dem Kapitel über die Moral und die Konstituierung des persönlichen Selbst beschrieben haben, mußte die Erörterung der Aktualisierung der Gemeinschaft auf diese Stelle des Systems verlegt werden. Denn das Leben einer Gemeinschaft wird unmittelbar durch die geschichtliche Dimension bestimmt – wie ja Gruppen die direkten und Individuen nur die indirekten Träger der Geschichte sind.

Geschichtstragend sind Gruppen, die die Fähigkeit haben, zentriert zu handeln. Sie müssen ein Machtzentrum haben, das die Individuen, die der Gruppe angehören, vereinigen und ihre Macht in der Begegnung mit anderen Macht-Gruppen bewahren kann. Zur Erfüllung der ersten Bedingung bedarf eine geschichtstragende Gruppe einer zentralen Autorität mit legislativer, exekutiver und jurisdiktischer Gewalt. Zur Erfüllung der zweiten Bedingung bedarf die Gruppe der Mittel, sich in der Begegnung mit anderen Gruppen an der Macht zu erhalten. Beide Bedingungen werden durch das, was wir heute einen „Staat" nennen, erfüllt, und in diesem Sinne ist Geschichte die Geschichte von Staaten. Diese Behauptung bedarf jedoch näherer Bestimmungen. Als erstes muß darauf hingewiesen werden, daß der Begriff „Staat" wesentlich jünger ist als die staatsähnlichen Gebilde von Großfamilien, Sippen, Stämmen, Städten und Völkern, die ebenfalls die beiden Bedingungen für einen Geschichtsträger erfüllen. Zweitens muß darauf hingewiesen werden, daß auch Gruppen, Bewegungen und Vorgänge, z. B. wirtschaftliche, kulturelle, soziale und religiöse, geschichtsbildend wirken. Sie können auf eine staatlich zentrierte Gruppe beschränkt sein oder sich auch auf viele Staaten oder staatsähnliche Gebilde erstrecken (z. B. Weltreligionen oder die internationale Wissenschaft). Ihre geschichtliche Wirkung ist jedoch von dem Vorhandensein staatlich zentrierter Gruppen abhängig. Ohne sie hätten jene überstaatlichen Bewegungen keine Möglichkeit geschichtlicher Existenz. Darum ist es sinnvoll, daß nicht nur Perioden der politischen Geschichte, sondern auch kulturelle Entwicklungen (wie z. B. die der bildenden Kunst) nach Dynastien oder einzelnen Herrschern benannt werden. Das Politische ermöglicht geschichtliche Existenz in allen Bereichen.

Wir haben die geschichtstragende Gruppe als zentrierte Gruppe mit politischer Macht nach innen und nach außen gekennzeichnet. Das bedeutet jedoch nicht, daß die politische Macht in beiden Richtungen ein von dem Leben der Gruppe unabhängiger Mechanismus ist. Jedem politischen System liegen *Eros*-Beziehungen zugrunde. Machtausübung durch Gesetzgebung und Rechtsprechung oder durch Unterwerfung fremder Gruppen unter die eigene Machtstruktur setzt eine zentrale Machtgruppe voraus, deren Autorität von den Regierten (zumindest stillschweigend) anerkannt wird. Ohne eine solche Grundlage könnte auf die Dauer weder die Durchführung eines Gesetzes erzwungen noch ein militärischer Sieg errungen werden. Die Entziehung dieser Anerkennung durch die Regierten beraubt die Machtstruktur ihrer Grundlage. Ein Machtaufbau wird von den Regierten bejaht, weil sie sich der Gruppe zugehörig fühlen, weil eine Art Gemeinschafts-*Eros* sie verbindet und gegen andere Gruppen eint – wobei Machtkämpfe innerhalb der Gruppe selbst nicht ausgeschlossen sind. Das zeigt sich in allen Gruppen, die staatsähnliche Funktionen ausüben, von der Familie bis zur Nation: Blutsbindungen, Sprache, Traditionen schaffen den Gemeinschafts-*Eros*, der den Machtaufbau trägt. Zwang und Eroberung sind nicht Voraussetzung eines Machtaufbaus, sondern sind mögliche und praktisch unvermeidliche Folgen seiner Existenz. Sie sind aber auch das, was zu seiner Zerstörung führt, wenn der Gemeinschafts-*Eros* verschwindet oder der Machtaufbau ein Werkzeug reiner Gewaltausübung wird und die Regierten zu Beherrschten werden.

Eine Form unter anderen, in der sich die *Eros*-Beziehungen in einer Machtstruktur ausdrücken, sind ihre Rechtsprinzipien, die die Gesetzgebung und Rechtsprechung bestimmen. Das Rechtssystem einer geschichtstragenden Gruppe stammt weder aus einem abstrakten Gerechtigkeits-Begriff noch aus dem Machtwillen der regierenden Kreise. Das Zusammenwirken dieser beiden Faktoren schafft den konkreten Charakter einer Rechtsordnung. Keiner von beiden allein ist dazu imstande: die abstrakte Rechtsidee muß in der konkreten Situation Realität werden, und die konkrete Situation muß dem Kriterium der abstrakten Rechtsidee unterworfen werden. Gerechtigkeit muß innerhalb der *Eros*-Beziehungen wohnen, und die *Eros*-Beziehungen dürfen nicht der Gerechtigkeit widersprechen.

Was eine Gruppe zur geschichtstragenden Gruppe macht, ist jedoch nicht nur ihre Macht, innere Einheit und äußere Sicherheit zu gewährleisten, sondern auch das Ziel, nach dem sie strebt. Die Geschichte läuft in horizontaler Richtung, und die Gruppen, die ihr diese Richtung geben, werden durch ein Ziel bestimmt, nach dem sie streben, und durch einen Auftrag, den sie zu erfüllen suchen. Man könnte dies das Sendungsbewußtsein der geschichtstragenden Gruppe nennen. Es ist von Gruppe zu Gruppe verschieden, nicht nur seinem Inhalt nach, sondern auch nach dem Grade seiner Bewußtheit und nach der Stärke seiner Triebkraft. Aber Sendungsbewußtsein gibt es in der ganzen geschichtlichen Menschheit. Das deutlichste Beispiel dafür ist vielleicht die Berufung Abrahams, in der das Sendungsbewußtsein Israels symbolischen Ausdruck gefunden hat. Analoge Formen finden sich in China, Ägypten und Babylon. Das griechische Sendungsbewußtsein gründete sich auf die Überlegenheit der Griechen gegenüber den Barbaren, das römische auf die Stärke des römischen Rechtsbewußtseins, das Sendungsbewußtsein des mittelalterlichen Deutschland auf das Symbol des „Heiligen Römischen Reiches Deutscher Nation", das italienische auf die „Wiedergeburt" der Kultur in der Renaissance, das spanische auf die Idee der katholischen Welteinheit, das französische auf die kulturelle Führerschaft Frankreichs, das englische auf die Aufgabe, den Völkern den christlichen Humanismus zu bringen, das russische auf die Erlösung des Westens durch die griechisch-orthodoxe Kirche oder durch den Marxismus, das amerikanische auf den Glauben an einen neuen Anfang, in dem der Fluch der Alten Welt überwunden und die Aufgaben der Demokratie erfüllt werden. Wo das Sendungsbewußtsein verschwunden ist oder niemals voll entwickelt war wie im Deutschland und Italien des neunzehnten Jahrhunderts und in kleinen, künstlich geschaffenen Staaten, wird das Machtelement vorherrschend, sei es aggressiv oder defensiv. Aber wie das jüngste Beispiel in Deutschland zeigt, ist selbst in diesen Fällen das Bedürfnis, an eine Sendung zu glauben, so stark, daß die absurden Rassetheorien des Nationalsozialismus akzeptiert werden konnten, weil sie ein Vakuum ausfüllten.

Das Vorhandensein des Sendungsbewußtseins zeigt, daß Geschichte das Leben einer geschichtstragenden Gruppe in allen Dimensionen umfaßt. Die lebendige Erinnerung der Gruppe schließt keine Dimension des Lebens aus, aber sie betont jeweils verschiedene Bereiche. Der politische Bereich ist immer der wichtigste, weil er die Bedingung der geschichtlichen Existenz ist. Innerhalb des politischen Rahmens haben alle anderen Entwicklungen, die gesellschaftliche, die wirtschaftliche, die kulturelle und die religiöse, wechselnden Anspruch auf Beachtung. In gewissen Zeiten ist die eine, in anderen Zeiten eine andere von größerem Gewicht. Gewiß, die Geschichte der kulturellen Funktionen des Menschen ist nicht auf eine bestimmte geschichtstragende Gruppe beschränkt, nicht einmal auf die größte von ihnen. Aber wenn der Kulturhistoriker oder der Religionshistoriker über die politischen Grenzen hinausblickt, weiß er, daß er damit vom tatsächlichen Leben abstrahiert und nicht vergessen darf, daß die politischen Einheiten, unabhängig von ihrer Größe, die Voraussetzungen für alles kulturelle Leben bleiben. Der Vorrang der politischen Geschichte darf nicht übersehen werden, weder zugunsten einer „reinen Geistesgeschichte", wie sie von idealistischen Historikern versucht wurde, noch zugunsten einer alle Geschichte bedingenden Wirtschaftsgeschichte, wie sie von Anhängern des historischen Materialismus geschrieben wurde. Die Geschichte selbst hat die Ansprüche der letzteren jedesmal widerlegt, wenn sie sich der Erfüllung nahe glaubten, wie im zionistischen Israel oder im kommunistischen Rußland. Es ist bezeichnend, daß die Bibel den Sinn der Geschichte durch das politische Symbol „Reich Gottes" ausdrückt und nicht durch „Leben des Geistes" oder durch materiellen „Reichtum". Das Element der Zentriertheit, das den politischen Bereich auszeichnet, macht ihn zum angemessenen Symbol für das letzte Ziel der Geschichte.

Dies führt zu der Frage, ob man die Menschheit, und nicht besondere menschliche Gruppen, als Träger der Geschichte bezeichnen sollte; denn die Begrenztheit der Gruppen scheint der Einheit zu widersprechen, auf die das Symbol „Reich Gottes" hindeutet. Aber diese Form der Fragestellung beeinflußt die Antwort: Das Ziel der Geschichte liegt nicht innerhalb der Geschichte. Innerhalb der Geschichte gibt es keine einige Menschheit. Es hat sie in der Vergangenheit nicht gegeben, und ebensowenig wird es sie in der Zukunft geben. Denn eine politisch geeinte Menschheit ist zwar vorstellbar, aber sie wäre nicht mehr als der Rahmen, innerhalb dessen sich Gegensätze bilden, wie sie aus der menschlichen Freiheit mit ihrer alles Bestehende transzendierenden Dynamik folgen. Das könnte nur dann anders sein, wenn die Einheit der Menschheit das Ende der Geschichte und die Form für das nachgeschichtliche Stadium wäre, in dem die dynamische Freiheit des Menschen zum Stillstand gekommen wäre. Dies wäre ein Zustand unfreier, gleichsam „animalischer Seligkeit". Solange es Geschichte gibt, ist die „geeinte Menschheit" der Rahmen für die „uneinige Menschheit". Erst in der Nachgeschichte könnte die Uneinigkeit verschwinden, aber dieser Zustand wäre nicht das Reich Gottes, denn das Reich Gottes ist nicht „animalische Seligkeit".

Geschichtliche Gruppen sind Gemeinschaften von Individuen. Sie sind keine Wirklichkeiten neben oder über den Individuen, aus denen sie bestehen, sondern sie sind die Schöpfungen der sozialen Funktion dieser Individuen. Die soziale Funktion erzeugt eine Struktur, die zwar teilweise Unabhängigkeit von den Individuen gewinnt (wie die Produkte aller geistigen Funktionen), aber keine neue Wirklichkeit mit einem organischen Willenszentrum konstituiert. Es ist nicht „die Gemeinschaft", die etwas will und handelt. Es sind die Individuen, die in ihrer Eigenschaft als soziale Wesen durch ihre Vertreter zentral geleitetes Handeln ermöglichen. Das Erheben der Gruppe zu einer Art Person führt zu gefährlichen Täuschungen, die enthüllt werden müssen. Das gilt besonders von dem Mißbrauch dieser Analogie für tyrannische Zwecke. So müssen wir noch einmal fragen: In welchem Sinn ist das Individuum ein Träger der Geschichte? Obwohl die Gruppe nicht als individuelle Person aufgefaßt werden darf, muß die Antwort sein, daß das Individuum Träger der Geschichte nur als Glied einer geschichtstragenden Gruppe ist. Sein individuelles Leben als solches ist nicht Geschichte, und darum ist Biographie als solche noch nicht Geschichtsschreibung. Aber sie kann es werden, entweder als Geschichte eines Menschen, der durch seine Handlungen eine geschichtstragende Gruppe repräsentiert und symbolisch für sie geworden ist (wie Cäsar oder Lincoln), oder als die Geschichte eines Menschen, der soziologisch die Durchschnittssituation innerhalb einer Gruppe verkörpert (die des Bauern oder des Bürgers). Das Verhältnis historisch bedeutsamer Persönlichkeiten zur Gruppe zeigt sich besonders deutlich bei solchen, die ihre Gruppe verlassen haben, um sich in der „Wüste" oder im „Exil" abzuschließen. Insofern sie geschichtlich von Bedeutung sind, bleiben sie der Gruppe zugehörig, aus der sie stammen und zu der sie möglicherweise zurückkehren; oder sie gewinnen Zugehörigkeit zu einer neuen Gruppe, der sie sich anschließen und innerhalb derer sie geschichtliche Bedeutung gewinnen können. Aber als bloße Individuen sind sie keine Geschichtsträger. Geschichte ist die Geschichte von Gruppen.

Das aber läßt die traditionelle Frage offen: Durch wen werden die geschichtlichen Prozesse bestimmt, durch die „großen" Individuen oder durch Massenbewegungen? Die Frage ist in dieser Form nicht zu beantworten, denn weder die eine noch die andere Antwort kann empirisch begründet werden. Überdies ist die Frage irreführend. Wir schreiben geschichtliche Größe Persönlichkeiten zu, die sich in der Bewegung geschichtstragender Gruppen als Führer erweisen. Das Attribut „groß" in diesem Sinne setzt also schon voraus, daß das „große" Individuum Beziehung zu Massen hat. Menschen, die potentiell geschichtliche Größe hatten, sie aber nie aktualisieren konnten, werden nicht groß genannt, weil die Potentialität zur Größe nur durch ihre Aktualisierung bezeugt werden kann. Genau genommen müßte man sagen, daß niemand geschichtliche Größe erreichen kann, der nicht von einer geschichtlichen Gruppe getragen ist. Andrerseits gäbe es keine Massenbewegungen ohne die schöpferische Kraft von Individuen, in denen die unbewußten Tendenzen der anderen zum Bewußtsein kommen und Gestalt annehmen. An die Stelle der Beschäftigung mit der Frage, ob Individuen oder Massen die Geschichte bestimmen, muß die genaue Beschreibung der gegenseitigen Beeinflussung beider Faktoren treten.

2. Geschichte und die Kategorien des Seins

a) Lebensprozesse und Kategorien. – Im zweiten Teil des theologischen Systems „Sein und Gott" wurden die Haupt-Kategorien – Zeit, Raum, Kausalität und Substanz – erörtert und ihre Beziehung zur Endlichkeit des Seins aufgezeigt. Als wir im vierten Teil die verschiedenen Dimensionen des Lebens beschrieben, unterließen wir es, die Beziehungen der Kategorien zu diesen Dimensionen zu behandeln, weil wir diese Beziehungen in ihrer Gesamtheit darstellen wollten, einschließlich der geschichtlichen Dimension.

Jede Kategorie zeigt verschiedene Qualitäten, je nach der Dimension, in der sie erscheint. Es gibt zum Beispiel nicht *eine* Zeit für alle Dimensionen, die anorganische, die organische, die psychologische, die geschichtliche; und doch gibt es Zeitlichkeit in jeder von ihnen. Zeitlichkeit ist identisch in jeder Art von Zeit: sie ist, was sie ist, in allem Endlichen. Aber die Zeit der Amöbe ist eine andere als die Zeit des geschichtlichen Menschen. Das gleiche gilt von den übrigen Kategorien. Trotzdem ist es möglich, das zu beschreiben, was jeder der vier Kategorien ihre Identität gibt, und auf diese Weise die Verwendung des gleichen Begriffs zu rechtfertigen. Man kann das, was in allen Dimensionen Zeit zur Zeit macht, als das Element des „Nacheinander" bezeichnen: Zeitlichkeit ist das „Nacheinander" in jeder Form von Zeit. Man kann das allerdings nicht sagen, ohne schon die Kategorie der Zeit, die in dem „Nacheinander" enthalten ist, zu gebrauchen. Trotzdem ist es nicht nutzlos, dieses Element zu extrapolieren, weil es allen Formen der Zeitlichkeit zugrunde liegt, wenn es auch in jeder der verschiedenen Dimensionen modifiziert ist. – Ebenso kann man das, was den Raum in allen Dimensionen zum Raum macht, als das Element des „Nebeneinander" bezeichnen. Auch dies ist keine Definition, weil es das, was es definieren will, in der Definition selbst benutzt: das

Räumliche, das im „Nebeneinander" enthalten ist. Doch ist es auch hier zweckmäßig, dieses Element zu extrapolieren, weil durch dieses Element Raum als Raum identifiziert wird, wie sehr Räumlichkeit dann auch durch andere Elemente modifiziert wird. – Das, was eine Ursache zur Ursache macht, ist die Beziehung, in der eine Situation durch eine vorhergehende bedingt wird, obgleich die Art der Kausalität in den verschiedenen Dimensionen des Lebens verschieden ist. Die Wirkung, die ein fester Körper in Bewegung auf einen anderen festen Körper ausübt, ist etwas anderes als die Art, in der ein geschichtliches Ereignis durch das vorhergehende bedingt wird. – Die Kategorie der Substanz ist Ausdruck für die bleibende Einheit im Wechsel dessen, was wir „Akzidentien" nennen. Substanz bedeutet wörtlich das, was dem Prozeß des Werdens zugrunde liegt und dem Werdenden Einheit verleiht, indem es das Werdende zu einem bestimmten, relativ beständigen Ding macht. In diesem Sinne verstanden haben Gegenstände in allen Dimensionen Substanz, aber nicht auf die gleiche Weise. Die Beziehung einer chemischen Substanz zu ihren Akzidentien ist anderer Art als die Beziehung der Substanz der feudalen Kultur zu ihren verschiedenen Ausdrucksformen. Aber in beiden Fällen kann Substanz als „bleibende Einheit im Wechsel" bezeichnet werden.

Jetzt erhebt sich die Frage, ob es trotz der Verschiedenheit in den Beziehungen der Kategorien zu den Dimensionen des Lebens eine Einheit innerhalb der einzelnen Kategorien gibt, eine Einheit nicht nur des Elements, das die Einheit des Begriffs bestimmt, sondern eine Einheit der verschiedenen Formen, in denen die Kategorie erscheint. Konkret gesprochen: Gibt es eine Zeit, die alle Formen der Zeitlichkeit umfaßt; einen Raum, der alle Formen der Räumlichkeit umfaßt; eine Ursache, die alle Formen der Kausalität, eine Substanz, die alle Formen der Substantialität in sich begreift? Die Tatsache, daß alle Teile des Universums in der gleichen Zeit und im gleichen Raum sind, einander kausal bedingen und sich nach ihrer Substanz voneinander unterscheiden, verlangt eine positive Antwort auf die Frage nach der kategorialen Einheit des Universums. Aber diese Einheit ist nicht erkennbar, da das Universum als Universum nicht erkennbar ist. Das Wesen einer Zeit, die nicht auf eine Dimension des Lebens, sondern auf sie alle bezogen ist, sie alle transzendierend, gehört zum Mysterium des Seins-Selbst. Zeitlichkeit, die nicht auf einen erkennbaren zeitlichen Prozeß bezogen ist, ist ein Element in dem überzeitlichen Grund der Zeit, aus dem die Zeit hervorgeht. Räumlichkeit, die nicht auf einen erkennbaren Raum bezogen ist, ist ein Element in dem überräumlichen Grund des Raums, aus dem der Raum hervorgeht. Kausalität, die nicht auf einen bestimmten kausalen Zusammenhang bezogen ist, ist ein Element in dem überkausalen Grund, aus dem die Kausalität hervorgeht. Substantialität, die nicht auf eine erkennbare Form der Substanz bezogen ist, ist ein Element in dem übersubstantiellen Grund, aus dem die Substanz hervorgeht. Diese Betrachtungen geben nicht nur Antwort auf unsere Frage, sondern machen auch verständlich, warum die Kategorien in der religiösen Sprache als Symbole gebraucht werden. Dieser Gebrauch ist gerechtfertigt, weil die Kategorien ihrem Wesen nach die Qualität der Selbst-Transzendierung haben.

Die folgenden Beispiele wurden gewählt wegen ihrer Bedeutung für das Verständnis geschichtlicher Prozesse, wie die vier Kategorien selbst gewählt wurden – an verschiedenen Stellen des Systems – wegen ihrer Bedeutung für das Verständnis der religiösen Sprache. Man hätte auch andere Kategorien oder andere Beispiele für den Charakter der Kategorien in den verschiedenen Dimensionen des Lebens wählen können. Die Analyse der Kategorien ist nicht vollständig, und wahrscheinlich kann sie, wie die Geschichte der Kategorienlehre zeigt, ihrem Wesen nach nie vollständig sein. Die Grenze zwischen kategorialen und Gattungs-Begriffen bleibt unbestimmt und offen für immer neue Versuche, sie zu ziehen.

b) Zeit, Raum und die Dimensionen des Lebens im allgemeinen. – Es ist zweckmäßig und in gewisser Hinsicht unvermeidlich (wie Kant gezeigt hat), Zeit und Raum in ihrer wechselseitigen Abhängigkeit zu behandeln. Es besteht ein proportionales Verhältnis zwischen den Graden, in denen Raum oder Zeit jeweilig in einem Seinsbereich vorherrschen. Allgemein kann man sagen, daß ein Bereich um so mehr dem Raum unterworfen ist, je mehr er unter der Herrschaft der anorganischen Dimension steht; und umgekehrt, daß er um so mehr der Zeit unterworfen ist, je mehr er unter der Herrschaft der geschichtlichen Dimension steht. In der Interpretation des Lebens und der Geschichte hat diese Tatsache zu dem „Kampf zwischen Zeit und Raum" geführt, der besonders deutlich in der Religionsgeschichte hervortritt.

In den Bereichen, die durch die anorganische Dimension bestimmt sind, ist der Raum fast ohne Einschränkung die beherrschende Kategorie. Gewiß, anorganische Dinge bewegen sich in der Zeit, und ihre Bewegung wird in zeitlichen Maßen berechnet. Aber diese Zeit wird in der Berechnung physikalischer Prozesse als „vierte Dimension" des Raums verstanden. Der räumlichen Festigkeit physikalischer Körper, d. h. ihrer Macht, sich einen bestimmten Raum zu schaffen, in den andere Körper nicht eindringen können, begegnet jeder Mensch im gewöhnlichen Leben. Existieren bedeutet in erster Linie, einen Raum haben neben dem Raum aller anderen Dinge und der Gefahr Widerstand leisten, diesen Raum und damit die Existenz zu verlieren.

Die Qualität des Nebeneinander, durch die jeder Raum bestimmt ist, hat im Anorganischen zugleich die Qualität der Ausschließlichkeit. Die gleiche Ausschließlichkeit gilt auch für die Zeit unter der Vorherrschaft des Anorganischen. Trotz der Kontinuität des Zeitablaufs schließt jeder erkennbare Augenblick der Zeit in einem physikalischen Vorgang alle vorhergehenden und alle folgenden Augenblicke aus. Ein Wassertropfen in einem Fluß ist in dem einen Augenblick hier und in dem nächsten woanders, und nichts vereinigt die beiden Augenblicke. Es ist diese Qualität der Zeit, die das Nacheinander der Zeitlichkeit exklusiv macht. Und nur eine schlechte Theologie gebraucht das endlose Weiterlaufen dieser Art von Zeit als symbolisches Material für die Ewigkeit.

In den Bereichen, die durch die Dimension des Biologischen bestimmt sind, erscheinen Zeit und Raum in einer neuen Qualität. Die Ausschließlichkeit des Nebeneinander und des Nacheinander wird durch das Element der Partizipation durchbrochen. Der Raum eines Baumes ist nicht der Raum eines Aggregats von nicht miteinander verbundenen anorganischen Teilen, sondern der Raum einer Einheit wechselseitig voneinander abhängiger Elemente. Wurzeln und Blätter haben einen ausschließlichen Raum nur, insofern sie auch durch die Dimension des Anorganischen bestimmt sind; aber unter der Vorherrschaft des Organischen haben sie aneinander teil, und was in den Wurzeln vorgeht, teilt sich auch den Blättern mit, und umgekehrt. Die Entfernung zwischen Wurzeln und Blättern hat nicht den Charakter der Ausschließlichkeit. Ebenso ist die Ausschließlichkeit des Nacheinander durchbrochen, da die verschiedenen Stadien des Wachsens ineinander verwoben sind: im Gegenwärtigen wirken Vergangenes und Zukünftiges mit. Erst hiermit werden die Modi der Zeit aktuell und bestimmend für die Wirklichkeit. Im Sprößling ist der Baum schon enthalten als das „Noch-Nicht" und umgekehrt im Baum der Sprößling als das „Nicht-Mehr". Die Immanenz aller Stufen der Entwicklung in jedem Stadium des Wachstums eines lebendigen Wesens durchbricht die zeitliche Ausschließlichkeit. Wie der Raum aller Teile eines Baums der ganze Baum ist, so ist die Zeit aller Augenblicke im Prozeß des Wachstums der gesamte Prozeß.

Wenn im animalischen Bereich die Dimension des Psychischen erscheint, wird die Immanenz von Vergangenheit und Zukunft im gegenwärtigen Augenblick als Erinnerung und Antizipation erlebt. Hier ist die Immanenz der Zeitmodi nicht nur wirklich, sondern sie wird auch als wirklich gewußt. Im psychischen Bereich (unter der Vorherrschaft des Bewußtseins) ist die Zeit eines Lebewesens erlebte Zeit, die die erlebte Gegenwart, die erinnerte Vergangenheit und die antizipierte Zukunft in Form der Partizipation einschließt. Partizipation ist nicht dasselbe wie Identität, und das Element des Nacheinander ist durch sie nicht aufgehoben, aber seine Ausschließlichkeit ist durchbrochen, sowohl in der Wirklichkeit wie im Bewußtsein. In der Dimension des Psychischen ist das Verhältnis von Raum und Zeit ausgeglichen. Hier herrscht der Raum zielgerichteter Bewegung, in dem das Nebeneinander aller Formen des Raums teilweise überwunden ist. Der Raum eines Tieres ist nicht nur der Raum, der durch die physikalische Existenz seines Körpers eingenommen wird, sondern auch der Raum seiner von innen her gerichteten Bewegung, der sehr gering sein kann bei den niederen Tieren oder sehr groß wie zum Beispiel bei den Zugvögeln. Der Raum, den ihre Bewegung einnimmt, ist *ihr* Raum. In der Dimension des Biologischen und des Psychischen herrscht der Raum noch über die Zeit, aber seine absolute Vorherrschaft ist gebrochen. In der Gerichtetheit des Wachsens und in dem futuristischen, d. h. zukunftsbestimmten Charakter des Bewußtseins bereitet die Zeit sozusagen die endgültige Befreiung von ihrer Unterwerfung unter den Raum vor, die sich in der Dimension der Geschichte vollzieht (der „geschichtlichen Zeit").

Mit dem Auftauchen der Dimension des Geistes und seiner schließlichen Vorherrschaft erscheint eine andere Form des Nacheinander und des Nebeneinander: Zeit und Raum des Geistes. Ihr erstes Merkmal, mit der Fähigkeit zur Abstraktion gegeben, ist ihre Unbegrenztheit. Der Geist erfährt Grenzen dadurch, daß er sie transzendiert. Im schöpferischen Akt, in erster Linie in der Sprache und in der Technik, wird das Begrenzte als begrenzt gesetzt im Gegensatz zu der Möglichkeit, unbeschränkt darüber hinauszugehen. Damit ist die Antwort auf die Frage gegeben, ob Zeit und Raum endlich oder unendlich seien (im Sinne Kants, der hier der Tradition von Augustin und Cusanus folgt). Die Frage kann nicht im Zusammenhang mit der anorganischen, der biologischen oder der psychologischen Dimension von Raum und Zeit beantwortet werden, sondern nur im Zusammenhang mit dem Raum und der Zeit des schöpferischen Geistes. Die Zeit des schöpferischen Geistes vereint ein Element abstrakter Unbegrenztheit mit einem Element konkreter Begrenztheit. Im Wesen der schöpferischen Tätigkeit als eines geistigen Aktes ist diese Dualität bereits enthalten: Schöpferisch sein bedeutet einerseits, das Bestehende in horizontaler Richtung ohne vorgegebene Grenzen transzendieren; und andrerseits, einem Neuen bestimmte, konkrete Existenz verleihen. Der Ausdruck: „In der Beschränkung erst zeigt sich der Meister" weist sowohl auf die Möglichkeit des Unbegrenzt-seins wie auf die Notwendigkeit der Beschränkung im schöpferischen Akt hin. Die Konkretheit der Zeit in der Dimension des Geistes gibt der Zeit qualitativen Charakter. Die Zeit eines schöpferischen Werkes ist nicht durch die physikalische Zeit bestimmt, in der es erzeugt wird, sondern durch die schöpferische Situation, die als Material gebraucht und umgeformt wird. Die Zeit, der ein Gemälde angehört, ist weder die Zeitspanne, in der es gemalt wird, noch der Zeitpunkt, an dem es vollendet ist, sondern der historische Moment in der Entwicklung der Malerei, aus dem das Gemälde hervorgegangen ist und der durch die Schöpfung des Gemäldes bis zu einem gewissen Grade verändert wird. Die Zeit des Geistes kann nicht durch die physikalische Zeit gemessen werden, obwohl sie innerhalb der physikalischen Zeit liegt. Damit erhebt sich von selbst die Frage, wie sich die physikalische Zeit und die Zeit des Geistes zueinander verhalten, das heißt die Frage der geschichtlichen Zeit.

Analoge Feststellungen können über den Raum des Geistes gemacht werden. Die Zusammenstellung der Worte „Raum" und „Geist" erscheint seltsam, aber sie ist es nur, wenn man unter Geist eine körperlose Seinsschicht versteht und nicht eine Dimension des Lebens, die mit allen anderen Dimensionen vereint ist. In Wirklichkeit hat der Geist seinen Raum, wie er seine Zeit hat. Der Raum des schöpferischen Geistes vereinigt ein Element abstrakter Unbegrenztheit mit einem Element konkreter Begrenztheit. Der schöpferischen Verwandlung einer vorhandenen Umgebung sind durch diese Umgebung keine Grenzen gesetzt; die schöpferische Tätigkeit dringt unbegrenzt in den Raum vor, nicht nur in der Einbildungskraft, sondern auch in der Wirklichkeit (wie die sogenannte Eroberung des Raums in unserer Zeit beweist). Aber schöpferische Tätigkeit verlangt Konkretisierung, und die Einbildungskraft muß sich der vorhandenen Umgebung wieder zuwenden, die durch den Akt der Transzendierung und der Rückwendung zu ihr zu einem Teil des universalen Raums mit einem spezifischen Charakter wird. Sie wird zu einem besiedelten Raum, einem Haus, einem Dorf, einer Stadt. Sie wird zu einem gesellschaftlichen Raum innerhalb einer Gesellschaftsordnung. Sie wird zu einem Gemeinschaftsraum wie einer Familie, einer Nachbarschaft, einem Stamm, einer Nation. Sie wird zu einem Wirkungsraum wie dem Acker, der Fabrik, der Schule, dem Arbeitsraum. Diese Arten des Raums sind qualitativ bestimmt, sie liegen innerhalb des physikalischen Raums, aber sie können nicht durch ihn gemessen werden. So erhebt sich die Frage, wie sich der physikalische Raum und der Raum des Geistes zueinander verhalten, das heißt die Frage nach dem geschichtlichen Raum.

c) Zeit und Raum in der Dimension der Geschichte. – Die Frage nach der Beziehung von physikalischer Zeit und physikalischem Raum zu Zeit und Raum in der Dimension des Geistes hat uns zu dem Problem der Geschichte und der Kategorien geführt. In den im eigentlichen Sinne geschichtlichen Prozessen, d. h. denen, die auf den Menschen beschränkt sind, sind alle Formen des Nacheinander und des Nebeneinander unmittelbar wirksam. Geschichte bewegt sich in der Zeit und im Raum des anorganischen Bereichs. In der Geschichte geht es um zentrierte Gruppen, die wachsen und altern und Organe entwickeln auf eine Art, die der in der Dimension des Biologischen und des Psychischen analog ist. So schließt Geschichte diejenige Zeit und denjenigen Raum ein, die durch Wachstum und Bewußtsein charakterisiert sind. Geschichte ist bestimmt von dem Leben in der Dimension des Geistes und bestimmt das Leben des Geistes – in wechselseitiger Abhängigkeit. In der Geschichte ist die schöpferische Tätigkeit des Geistes und damit Raum und Zeit des Geistes ständig wirksam.

Aber die geschichtliche Zeit und der geschichtliche Raum haben Qualitäten, die über die zeitlichen und räumlichen Qualitäten der vorausgehenden Dimensionen hinausgehen. Vor allem gewinnt in der Geschichte die Zeit die Vorherrschaft über den Raum, wie im anorganischen Bereich der Raum die Vorherrschaft über die Zeit hat. Aber die Beziehung zwischen diesen beiden Extremen ist nicht die einer einfachen Polarität: in der Geschichte wird, was im Anorganischen nur potentiell gegenwärtig ist, aktuell. Aus diesem Grund ist in dem aktualisierten geschichtlichen Bereich der aktualisierte anorganische Bereich mit enthalten, aber nicht umgekehrt. Das gleiche Verhältnis besteht in bezug auf Zeit und Raum. Die geschichtliche Zeit enthält die anorganische Zeit als aktuell in sich, die anorganische Zeit die geschichtliche Zeit aber nur potentiell. In jedem geschichtlichen Ereignis bewegen sich die Atome nach Gesetzen der anorganischen Zeit; aber nicht jede Bewegung der Atome bildet eine Grundlage für ein geschichtliches Ereignis. Den verschiedenen Formen der Zeit in den verschiedenen Dimensionen analog sind die verschiedenen Formen des Raums. Der geschichtliche Raum schließt den Raum des Anorganischen und Biologischen ebenso ein wie den Raum des Psychischen und des

Schöpferischen. Aber wie im anorganischen und biologischen Bereich die Zeit dem Raum untergeordnet ist, so ist in der geschichtlichen Dimension der Raum der Zeit untergeordnet. Diese besondere Beziehung zwischen Raum und Zeit im geschichtlichen Bereich erfordert zunächst eine Analyse der geschichtlichen Zeit.

Die geschichtliche Zeit beruht auf einer entscheidenden Eigenschaft des Nacheinander, nämlich seiner Unumkehrbarkeit. In keiner Dimension bewegt sich die Zeit rückwärts. Gewisse Eigenschaften eines spezifischen Augenblicks der Zeit können sich wiederholen, aber nur solche Eigenschaften, die von einer Gesamtsituation abstrahiert sind. Die Situation, in der sie wieder erscheinen, z. B. der Untergang der Sonne oder die Ablehnung, die das Schöpferisch-Neue von den meisten Menschen erfährt, ist in jedem einzelnen Falle anders, und folglich sind die abstrahierten Elemente einander nur ähnlich und nicht miteinander identisch. Die Zeit läuft sozusagen vorwärts auf das Neue zu, auf das Einmalige, Noch-nicht-Dagewesene, selbst in der Wiederholung. In dieser Hinsicht hat die Zeit in allen Dimensionen die gleiche Qualität, die sie kennzeichnet: das Nacheinander kann nicht umgekehrt werden. Aber über diesen gemeinsamen Grundzug hinaus besitzt die geschichtliche Zeit noch eine eigene Qualität: sie ist mit der Zeit des Geistes vereint, der schöpferischen Zeit, und erscheint als Zeit, die auf Erfüllung zugeht. Jeder schöpferische Akt hat ein Ziel. Seine Zeit ist die Zeit zwischen der Vision einer schöpferischen Idee und ihrer tatsächlichen Ausführung. Aber die Geschichte transzendiert jeden schöpferischen Akt in horizontaler Richtung. Sie ist der Ort aller schöpferischen Akte, und zugleich zeigt sie jeden einzelnen Akt als unerfüllt trotz der relativen Erfüllung, die er erreicht. Die Geschichte strebt über alle schöpferischen Akte hinaus auf eine Erfüllung zu, die nicht mehr relativ ist und keiner weiteren Zeitlichkeit zu ihrer Erfüllung bedarf. Im geschichtlichen Menschen als Träger des Geistes wird sich die Zeit, die auf Erfüllung zuläuft, ihres eigenen Wesens bewußt. Im Menschen wird das, worauf sich die Zeit zubewegt, zum bewußten Ziel. Geschichtliche Akte, durch geschichtliche Gruppen ausgeführt, streben nach einer Erfüllung, die jede einzelne Schöpfung transzendiert und die als das Ziel der geschichtlichen Existenz selbst betrachtet wird. Aber geschichtliche Existenz ist eingebettet in universale Existenz und kann nicht von ihr getrennt werden. „Die Natur hat teil an der Geschichte" und an der Erfüllung des Universums. In bezug auf die geschichtliche Zeit bedeutet das, daß die Erfüllung, auf die die geschichtliche Zeit zugeht, die Erfüllung ist, auf die die Zeit in allen Dimensionen zugeht. Im geschichtlichen Akt wird die Erfüllung der universalen Zeit zum bewußten Ziel. Die Frage, in welchen Symbolen dieses Ziel Ausdruck gefunden hat und Ausdruck finden soll, ist mit der Frage nach dem „Ende und Ziel der Geschichte" identisch und muß die gleiche Antwort erhalten. Diese lautet in dem gegenwärtigen Zusammenhang „das Ewige Leben".

Zeit in der nicht-geschichtlichen Dimension ist weder endlos noch endlich. Man kann weder nach ihrem Anfang fragen (was die Theologie davor bewahren sollte, einen mutmaßlichen Anfang der physikalischen Zeit mit dem Symbol der Schöpfung zu identifizieren), noch kann man nach ihrem Ende fragen (was die Theologie davor bewahren sollte, ein mutmaßliches physikalisches Ende mit dem Symbol der Erfüllung zu identifizieren). Das Ende der Geschichte ist das Ziel der Geschichte. Im Englischen und in den romanischen Sprachen hat das Wort für „Ende" zugleich die Bedeutung von „Ziel". Das Ende ist das erfüllte Ziel, was auch immer als dieses Ziel betrachtet wird. Aber wo es ein Ende gibt, muß es auch einen Anfang geben: dies ist der Augenblick, in dem die Unerfülltheit der Existenz erlebt wird und das Streben nach Erfüllung beginnt. Anfang und Ende der Zeit können nicht in quantitativen Begriffen ausgedrückt werden, sondern nur in qualitativen Begriffen. Anfang und Ende sind in jedem Augenblick der geschichtlichen Zeit gegenwärtig.

Da Zeit und Raum in allen Dimensionen des Lebens wirksam sind, kann es keine Zeit ohne Raum geben und folglich auch keine geschichtliche Zeit ohne geschichtlichen Raum. In der geschichtlichen Dimension steht der Raum unter der Vorherrschaft der Zeit. Das Nebeneinander aller räumlichen Beziehungen erscheint in der geschichtlichen Dimension als Begegnung geschichtstragender Gruppen, ihrer Trennung, ihrer Kämpfe und ihrer Wiedervereinigung. Der Raum, in dem sie stehen, ist durch die verschiedenen Formen des Nebeneinander in den verschiedenen Dimensionen gekennzeichnet. Aber darüber hinaus haben die geschichtstragenden Gruppen die Eigenschaft, nach einer Einheit zu streben, die alle einzelnen Gruppen transzendiert, ohne sie und ihre schöpferischen Möglichkeiten zu vernichten. In dem Symbol „Reich Gottes", das auf das Ziel hinweist, auf das die geschichtliche Zeit zugeht, tritt das räumliche Element deutlich hervor: ein „Reich" ist ein Bereich neben anderen, ein Ort neben anderen. Natürlich ist der Ort, an dem Gott herrscht, kein Ort neben anderen, sondern ein Ort über allen anderen. Trotzdem ist es ein Ort und nicht raumlose „Geistigkeit" in dem Sinn, in dem der Dualismus diese versteht. Die geschichtliche Zeit, die auf Erfüllung zugeht, ist aktuell in den Beziehungen geschichtlicher Orte zueinander. Und wie die geschichtliche Zeit alle anderen Formen der Zeit einschließt, so schließt der geschichtliche Raum alle anderen Formen des Raums ein. Wie in der geschichtlichen Zeit der Sinn des Nacheinander ins Bewußtsein gehoben und zu einem menschlichen Problem wird, so wird im geschichtlichen Raum der Sinn des Nebeneinander ins Bewußtsein gehoben und wird ebenfalls zu einem menschlichen Problem. Die Antwort auf beide Probleme ist identisch mit der Antwort auf die Frage nach dem Ziel des geschichtlichen Prozesses.

d) Kausalität, Substanz und die Dimensionen des Lebens im allgemeinen. – Kausalität in der Dimension der Geschichte muß in Gegensatz zu Substanz und in Einheit mit ihr betrachtet werden. Aber um den besonderen Charakter beider in der geschichtlichen Dimension zu verstehen, muß zuerst ihr Charakter in den anderen Dimensionen analysiert werden. Wie im Fall von Raum und Zeit gibt es auch in der Kausalität ein Element, das allen ihren Formen in den verschiedenen Dimensionen gemeinsam ist: Dies Element ist die Beziehung, in der ein Zustand einem anderen vorausgeht, so daß der folgende nicht wäre, was er ist, ohne den vorhergehenden. Eine Ursache ist ein bedingendes „Vorher", und Kausalität ist die Ordnung der Dinge, nach der es für alles, was ist, ein bedingendes „Vorher" gibt. Die Konsequenzen, die diese Ordnung für das Verständnis der Endlichkeit hat, sind in einem anderen Teil des Systems erörtert worden [1]. Hier ist unsere Frage: Wie wirkt sich die Kausalität in den verschiedenen Dimensionen aus?

In gleicher Weise müssen wir, um die Kategorie der Substanz in der geschichtlichen Dimension erörtern zu können, zuerst ihre Bedeutung im allgemeinen verstehen, sie dann in den nicht-geschichtlichen Dimensionen und schließlich in der geschichtlichen Dimension selbst analysieren. Die Qualität der Substanz, die allen ihren Formen gemeinsam ist, ist „zugrundeliegende Identität", d. h. Identität in bezug auf die wechselnden Zufälle (Akzidentien). Diese Identität, die ein Ding zum Ding macht, hat unter den verschiedenen Dimensionen verschiedene Merkmale und steht in unterschiedlichen Beziehungen zur Kausalität. Es ist für die Theologie von größter Bedeutung, daß sie sich dieser Unterschiede bewußt ist, wenn sie Kausalität und Substanz gebrauchen will, um die Beziehung Gottes zur Welt, die Beziehung des göttlichen Geistes zum menschlichen Geist und die der Vorsehung zur *agape* zu beschreiben.

Unter der Vorherrschaft des Anorganischen sind das bedingende „Vorher" und die bedingte Folge (Ursache und Wirkung) voneinander

---
[1] Bd. I, S. 194–196, 226–231.

getrennt, wie in der entsprechenden Qualität der Zeit die beobachteten Einzelmomente voneinander getrennt sind. Die Kausalität hält in diesem Sinne Ursache und Wirkung auseinander, obgleich die Wirkung durch die Ursache bedingt ist. In der gewöhnlichen Begegnung mit der Wirklichkeit (mit Ausnahme der Grenzgebiete des anorganischen Bereichs, dem Mikrokosmischen und dem Makrokosmischen) kann die Bedingtheit in quantitativen Begriffen und mathematischen Gleichungen ausgedrückt werden. Kausalität in der Dimension des Anorganischen ist eine quantitative, berechenbare Bedingtheit der Folge durch das bedingende „Vorher".

Substanz im gleichen Bereich ist die vorübergehende Identität des bedingenden „Vorher" mit sich selbst und die vorübergehende Identität der bedingten Folge mit sich selbst. Es versteht sich von selbst, daß Substanz in diesem Sinn nicht als „zugrunde liegendes, unveränderliches Ding" (z. B. die unsterbliche Seelen-Substanz der alten Metaphysik) verstanden werden darf. Substanz ist der Kern von Identität innerhalb der wechselnden Akzidentien, der es möglich macht, von dem Komplex der Akzidentien als einem „Ding" zu sprechen. Offensichtlich ist die Substanz in diesem Bereich von der Möglichkeit willkürlicher endloser Teilungen abhängig. Zwischen zwei Stücken eines Metalls besteht, nachdem sie auseinandergeschnitten sind, keine substantielle Einheit mehr; aber jedes von ihnen hat jetzt eine vorübergehende Identität mit sich selbst. Sie sind dem ausschließlichen Nebeneinander des Raums im anorganischen Bereich unterworfen.

Der theologische Literalismus beweist seine Abhängigkeit von dem gewöhnlichen Verständnis der Kategorien, wenn er Kausalität und Substanz mit Eigenschaften versieht, die sie nur im anorganischen Bereich aufweisen und die in den anderen Bereichen transzendiert werden. Beispiele für diese Abhängigkeit finden wir dort, wo Gott als Ursache und die Welt als Wirkung aufgefaßt werden, oder wo Gott zu einer Substanz gemacht wird und die Welt zu einer anderen Substanz.

In der Dimension des Organischen und des Psychischen sind Kausalität und Substanz sowohl in ihrem Charakter wie in ihrer Beziehung zueinander verändert. Das Element der Trennung zwischen Ursache und Wirkung und zwischen individuellen Substanzen wird durch das Element der Partizipation im Gleichgewicht gehalten. Innerhalb eines Organismus ist das bedingende „Vorher" ein Zustand des Organismus und die bedingte Folge ein anderer Zustand des gleichen Organismus. Es kann äußere kausale Einflüsse auf einen Organismus geben, aber diese sind nicht die Ursache für den folgenden Zustand des Organismus, sondern der Anlaß für organische Prozesse, die von einem Zustand zum nächsten führen. Organische Kausalität wirkt auf dem Weg über eine zentrierte Ganzheit – ein Vorgang, in dem die chemisch-physikalischen Prozesse innerhalb des Organismus und ihre quantitativ meßbare Verursachung eingeschlossen sind. In der Dimension des Bewußtseins finden wir die gleiche Situation. Im zentrierten Bewußtsein gibt es keine quantitativ meßbare Beziehung zwischen Reiz und Reaktion. Auch hier wirken äußere Ursachen auf dem Weg über eine psychologische Ganzheit, die sich unter dem äußeren Anstoß von einem Zustand zum nächsten entwickelt. Dies schließt die Bedeutung des berechenbaren Elements in dem Prozeß der Assoziation, der Reaktion, usw. nicht aus; aber diese Berechenbarkeit ist durch das individuelle Zentrum des Bewußtseins, innerhalb dessen sich diese Prozesse vollziehen, begrenzt.

Das zentrierte Selbst, in dem organische und psychologische Kausalität wirken, ist eine individuelle Substanz mit einer bestimmten Identität. Diese Identität ist nicht vorübergehend, da sie (insofern sie zentriert ist) nicht teilbar ist. Ihre Inhalte können sich ändern, aber nur innerhalb einer Kontinuität, die im Bereich des Bewußtseins als Erinnerung erlebt wird. Wenn die Kontinuität (die biologische oder psychologische) völlig unterbrochen wird, hört die individuelle Substanz auf zu existieren (gewöhnlich beim Tod oder bei gelegentlichem völligen Verlust des Gedächtnisses). In der Dimension des Organischen und des Psychischen ist die Kausalität sozusagen der „Gefangene" der Substanz. Die Verursachung wirkt innerhalb der Einheit einer zentrierten Ganzheit, und Ursachen von außerhalb dieser Einheit wirken nur auf dem Wege über die Ganzheit – d. h. solange sie diese nicht zerstören. Dies ist der Grund dafür, daß eine individuelle Substanz aufhört zu sein, wenn sie äußere Einwirkungen nicht in ihre substantielle Identität hineinnehmen kann, sondern von ihnen gespalten wird. Dann werden quantitativ berechenbare Prozesse des Lebens (chemische, assoziative, usw.) bestimmend, wie bei körperlicher Krankheit oder Geisteskrankheit, und führen zur Vernichtung der Substanz.

Während in der Dimension des Psychischen die Kausalität in der Substanz gefangen ist, durchbricht in der Dimension des Geistes die Kausalität diese Beschränkung. Das bedingende „Vorher" bestimmt den Spielraum, innerhalb dessen der schöpferische Akt möglich wird, und es ist auch der Antrieb zu einem Akt, der sich als schöpferisch erweisen kann. Aber es bestimmt nicht den Inhalt des Geschaffenen, denn der Inhalt ist das Neue, das den Akt zum schöpferischen Akt macht. Der Begriff des Neuen bedarf weiterer Erörterung. Da aktuelles

Sein den Charakter des Werdens hat, kann man sagen, daß alles, was in dem kleinsten Zeitmoment geschieht, neu ist im Vergleich zu dem, was im vorhergehenden Moment geschehen ist. Wenn jede Situation im Prozeß des Werdens „neu" ist, dann ist alles neu – und das ist richtig trotz der Behauptung des Predigers Salomo, daß es nichts Neues unter der Sonne gebe. Aber bei dem Begriff des Neuen müssen die gleichen Unterscheidungen gemacht werden wie bei den Kategorien – Unterscheidungen je nach der Dimension, in der das Neue erscheint. Innerhalb einer individuellen Substanz ist das Neue, das die Folge quantitativer Veränderung ist, anders als das Neue, das die Folge qualitativer Veränderung ist; und diese beiden Formen des Neuen unterscheiden sich von dem Neuen, das das Ergebnis eines schöpferischen Aktes des menschlichen Geistes ist. In den ersten beiden Fällen wird das Neue in erster Linie durch Determination und weniger durch Freiheit gesetzt. In der Dimension des Geistes herrscht Freiheit über Determination und schafft das unableitbar Neue. In der Entstehung von Shakespeares „Hamlet" sind der Stoff, eine gewisse Form, persönliche Voraussetzungen, Anlässe usw. ableitbar – alles Elemente, die in dem künstlerischen Prozeß mitwirkten, der den „Hamlet" schuf; aber das Ergebnis selbst ist neu, daß heißt, es ist nicht ableitbar. In diesem Sinn können wir sagen, daß in der Dimension des Geistes die allgemeine Kausalität zur schöpferischen Kausalität wird.

Das Neue ist nicht an die individuelle Substanz gebunden, sondern erhebt sich aus ihr und verändert sie. Die psychische Substanz wird Geist-bestimmte Substanz; das Zentrum des Bewußtseins wird zum persönlichen Selbst-Bewußtsein. In der Person hat die substantielle Identität den Charakter des „Sollens" im Sinne eines unbedingten Sollens. Das hat die ältere Metaphysik dazu verführt, auf eine unsterbliche Substanz als ein gesondertes Wesen zu schließen, das seine Identität im Prozeß der anorganischen Zeit bewahrt. Dieser Schluß widerspricht jedoch dem Wesen der Kategorien, Manifestationen der Endlichkeit zu sein. Dem Gedanken liegt aber insofern etwas Richtiges zugrunde, als er auf der Einsicht in das Element des Unbedingten beruht, das eine Person zur Person macht und ihr unendliche Bedeutung verleiht. Das vom Geist bestimmte zentrierte Wesen, die Person, ist die Quelle der schöpferischen Kausalität; aber das Geschaffene geht über die Substanz, aus der es hervorgeht, die Person, hinaus.

e) Kausalität und Substanz in der Dimension der Geschichte. – Die geschichtliche Kausalität ist die umfassende Form der Kausalität, da an den geschichtlichen Ereignissen alle Dimensionen des Lebens aktiv teilhaben. Die geschichtliche Kausalität ist abhängig von der Freiheit der schöpferischen Kausalität; aber sie ist ebenso abhängig von den anorganischen und organischen Entwicklungen, die den geschichtlichen Menschen möglich gemacht haben und die weiter den Rahmen oder die Grundlage für seine gesamte Geschichte abgeben. Und das ist noch nicht alles; da die Träger der Geschichte geschichtliche Gruppen sind, zeigt sich in diesen Gruppen ihrer Natur nach die entscheidende wechselseitige Durchdringung determinierender und freier Kausalität im geschichtlichen Prozeß. In einer geschichtlichen Gruppe findet sich eine doppelte Kausalität: Einerseits führt eine gegebene Gesellschaftsstruktur zur Schaffung kultureller Inhalte, und andrerseits führen diese Inhalte zu einer Verwandlung der Gesellschaftsstruktur. Die „Vorgeschichte" des Soziologischen bezieht sich auf einen ideellen Punkt in einer unbestimmten Vergangenheit, in der der geschichtliche Prozeß begann. Von diesem Punkt an (dem Übergang von Vorgeschichte zu Geschichte) hat die schöpferische Produktivität die gegebene Kultur durchbrochen und zu ihrer Gestaltung beigetragen, so daß eine verwandelte Kultur die Folge war, aus der wiederum neue schöpferische Produktivität hervorging, und so fort. Aus diesem Grunde ist es unmöglich, die schöpferischen Inhalte aus der vorhandenen Kultur abzuleiten, wie es gewisse Anthropologen tun, ebenso wie es unmöglich ist, die vorhandene Kultur ausschließlich als das Ergebnis schöpferischer Akte zu betrachten, wie es der klassische Idealismus will.

Substanz in der geschichtlichen Dimension ist das, was man „geschichtliche Situation" nennt. Eine gegebene Kultur, wie wir sie beschrieben haben, ist eine solche Situation. Sie kann auf der Grundlage von Familie, Stamm, Nation oder Menschheit erscheinen. Sie kann auf eine besondere geschichtstragende Gruppe beschränkt sein, sie kann sich auf eine Vereinigung solcher Gruppen ausdehnen, sie kann Kontinente umfassen. Wo auch immer eine Situation vorhanden ist, aus der heraus geschichtliche Kausalität auf eine neue Situation hintreibt, da ist Substanz in der geschichtlichen Dimension. Wenn eine geschichtsschaffende Situation Substanz genannt wird, so bedeutet das, daß sich in allen ihren Ausdrucksformen etwas findet, was identisch ist. Eine Situation in diesem Sinn reicht in jede Dimension. Sie hat eine geographische Grundlage, d. h. einen Raum im anorganischen Bereich; sie wird von biologischen Gruppen getragen, von dem Bewußtsein einer Gruppe ebenso wie von dem von Individuen und von Gesellschaftsstrukturen. Sie ist ein System von soziologischen, psychologischen und kulturellen Spannungen und Gleichgewichtszuständen. Ohne einen solchen Identitätspunkt würde eine Situation aufhören, geschichtliche Substanz zu sein. Die Namen gewisser historischer Perioden drücken einen solchen Identitätspunkt aus, der in Kraft bleibt, bis das Gleichgewicht nachläßt und die Spannungen so stark werden, daß sie die Identität zerreißen. In diesem Moment hat die geschichtliche Substanz aufgehört zu existieren. Ohne – implizit oder explizit – die Kategorie der Substanz auf die Geschichte anzuwenden, wäre Geschichtsschreibung unmöglich. Historische Bezeichnungen wie Hellenismus, Renaissance, Absolutismus, „Westen und Osten" (als kulturelle Begriffe), „achtzehntes Jahrhundert" (als Qualitätsbegriff) oder Indien (als geographischer und kultureller Begriff) wären sinnlos, wenn sie nicht auf eine geschichtliche Substanz hinwiesen, auf eine Situation, aus der geschichtliche Kausalität erwachsen kann oder erwachsen ist und die zugleich das Ergebnis geschichtlicher Kausalität ist.

Wie die geschichtliche Zeit ist auch die geschichtliche Kausalität auf die Zukunft gerichtet, sie schafft das Neue. Und wie die geschichtliche Zeit den geschichtlichen Raum in ihre Bewegung in Richtung auf die Zukunft hineinzieht, so zieht auch die geschichtliche Kausalität die geschichtliche Substanz in die Richtung auf die Zukunft hinein. Die geschichtliche Kausalität treibt auf das Neue zu, das jenseits jedes einzelnen Neuen ist, auf eine Situation oder geschichtliche Substanz zu, die jenseits jeder besonderen Situation oder Substanz ist. Auf diese Art transzendiert sie alles Partikulare, in der Dimension des Geistes Geschaffene. In eben dem Begriff des „Neuen", der zur schöpferischen Kausalität gehört, ist bereits das Wesen der geschichtlichen Bewegung als einer alles transzendierenden Bewegung enthalten. Die wiederholte Schaffung von einzelnem Neuen hat ein Element des Alten an sich, nicht nur, daß das Geschaffene alt wird (es wird in einer gegebenen Substanz statisch), sondern der Prozeß selbst, in dem das einzelne Neue in endloser Abwandlung geschaffen wird, hat in sich die Qualität des Alten. Aus diesem Grund hat das geschichtliche Bewußtsein des Menschen von jeher nach vorwärts geblickt über alles einzelne Neue hinaus zu dem absolut Neuen, symbolisch als „neue Schöpfung" bezeichnet. Bis zu diesem Punkt kann die Analyse der Kategorie der geschichtlichen Kausalität führen, aber sie kann keine Antwort auf die Frage nach dem Neuen-Selbst geben.

In der geschichtlichen Situation oder Substanz ist, wenn sie in die Dynamik der geschichtlichen Kausalität hineingezogen ist, die Frage nach einer universalen geschichtlichen Substanz enthalten (die alle Formen der in der geschichtlichen Dimension modifizierten Substanz einschließt) oder nach einer Situation, die jede Situation transzendiert. Diese Situation müßte alle möglichen Spannungen in sich enthalten, aber in universalem Gleichgewicht. Auch hier ist das geschichtliche Bewußtsein des Menschen – dessen bewußt, was in der Kategorie der geschichtlichen Substanz impliziert ist – über die einzelnen Situationen hinausgegangen und hat sich auf Symbole einer letzten Situation gerichtet, wie z. B. das Symbol universaler Einheit im „Reich Gottes".

3. Die Dynamik der Geschichte

a) *Die Bewegung der Geschichte: Trends, Strukturen, Perioden.* – Nachdem wir die kategoriale Struktur der Geschichte erörtert haben, wollen wir jetzt die Bewegung der Geschichte innerhalb ihres strukturellen Rahmens beschreiben. Dabei bilden die Kategorien, wie sie in der Dimension des Geschichtlichen erscheinen, die Grundelemente unserer Beschreibung. Die Zeit gibt der geschichtlichen Bewegung das Element der Unumkehrbarkeit, die Kausalität das Element der Freiheit, durch das sie das unableitbar Neue schafft; Raum und Substanz geben ihr das relativ Statische, aus dem die Dynamik der Zeit und der Kausalität hervorbrechen und zu dem sie zurückkehren. Mit diesen Elementen als Grundlage können wir einige Fragen erörtern, die sich aus dem geschichtlichen Prozeß ergeben.

Im Vordergrund steht die Frage nach der Beziehung von Notwendigkeit und Kontingenz in der Dynamik der Geschichte. Diese Frage ist nicht nur für die Geschichtsschreibung wichtig, sondern auch für alle geschichtlichen Entscheidungen und Handlungen. Das Element der Notwendigkeit ergibt sich aus der geschichtlichen Situation, das Element der Kontingenz aus dem geschichtlichen Schaffen. Aber keines dieser Elemente herrscht jemals allein. Ihre Einheit unter der Vorherrschaft des Elements der Notwendigkeit bezeichne ich als „Trend", ihre Einheit unter der Vorherrschaft des Elements der Kontingenz als „Chance".

Das Wesen von „Trends" (ebenso wie die Unumkehrbarkeit der geschichtlichen Zeit) sollte jeden Versuch unterbinden, von geschichtlichen Gesetzen zu sprechen. Es kann sie nicht geben, weil jeder Moment in der Geschichte neu ist im Verhältnis zu allen vorhergehenden Momenten, und weil ein Trend, wie stark er auch sein mag, sich ändern kann. Die Geschichte ist niemals ohne Veränderung scheinbar unveränderlicher Tendenzen. Aber es gibt gewisse Regelmäßigkeiten in der Abfolge von Ereignissen, die auf soziologischen und psychologischen Gesetzen beruhen und die trotz mangelnder Schärfe der Determiniertheit zu der Bestimmung einer geschichtlichen Situation beitragen. Aber diese Regelmäßigkeiten können nicht mit jener Gewißheit vorausberechnet werden, die die Naturgesetze zum wissenschaftlichen Ideal macht. Trends können durch soziologische Gesetze erzeugt werden, wofür die Regel, daß erfolgreiche Revolutionen die Tendenz haben, ihre ursprünglichen Führer zu vernichten, ein Beispiel ist. Trends können auch durch schöpferische Akte hervorgerufen werden, wie neue Erfindungen und ihr Einfluß auf die Gesellschaft beweisen, oder durch wachsende Reaktion gegen derartige Einflüsse. Es gibt Situationen, in denen Trends so gut wie unwiderstehlich sind. Es gibt Situationen, in denen Trends weniger erkennbar, aber nicht weniger wirksam sind. Es gibt Situationen, in denen Trends durch Chancen das Gleichgewicht gehalten wird, und es gibt Trends, die unter einem Übermaß von Chancen verborgen sind.

Wie jede geschichtliche Situation Trends enthält, so enthält sie auch Chancen. Eine Chance ist eine Gelegenheit, die beherrschende Macht eines Trends zu verändern. Solche Gelegenheiten werden durch Elemente in der Situation verursacht, die im Verhältnis zu Trends den Charakter der Zufälligkeit haben und für den Beobachter nicht voraussehbar sind. Von Gelegenheiten, die eine Chance in sich enthalten, muß in einem Akt schöpferischer Kausalität Gebrauch gemacht werden, wenn sie zu wirklichen Chancen werden sollen. Der Beweis dafür, daß es sich um eine wirkliche Gelegenheit handelt, kann nur durch geschichtliches Handeln erbracht werden, in dem ein Trend erfolgreich verändert wird. Viele Chancen treten niemals in Erscheinung, weil sie von niemandem ergriffen werden; aber von keiner geschichtlichen Situation läßt sich mit Sicherheit sagen, daß sie ohne Chance sei. Weder Trends noch Chancen sind absolut. Die beherrschende Macht der Trends in einer gegebenen Situation beschränkt die Möglichkeit der Chancen, oft sogar sehr entschieden. Trotzdem ist das Vorhandensein von Chancen, die der bestimmenden Macht der Trends das Gleichgewicht halten, ein entscheidender Einwand gegen alle Formen des historischen Determinismus, sei er naturalistisch, dialektisch oder religiös im Sinne der Prädestinationslehre. Alle drei haben die Vorstellung von einer Welt ohne Chancen, eine Vorstellung, der jedoch die Gedanken und Handlungen ihrer eigenen Anhänger beständig widersprechen, wenn sie zum Beispiel die Gelegenheit ergreifen, den Sozialismus oder die deterministische Metaphysik zu fördern oder die eigene Erlösung anzustreben. Jeder schöpferische Akt setzt – bewußt oder unbewußt – das Vorhandensein von Chancen voraus.

Die zweite Frage, die Dynamik der Geschichte betreffend, bezieht sich auf die Strukturen der geschichtlichen Bewegung. Es ist das Verdienst Arnold Toynbees, daß er in seinem Buch „A Study of History" solche immer wieder zum Vorschein kommenden Strukturen aufgezeigt hat, ohne universale Gültigkeit für sie zu beanspruchen oder sie als Gesetze zu verstehen. In diesen Strukturen sind geographische, biologische, psychologische und soziologische Faktoren wirksam und erzeugen Situationen, aus denen schöpferische Akte hervorgehen können.

Andere Strukturen wie Fortschritt und Rückschritt, Aktion und Reaktion, Spannung und Entspannung, Wachstum und Verfall und vor allem die dialektische Struktur der Geschichte sind schon früher beschrieben worden. Das allgemeine Urteil über sie alle muß sein, daß sie ein gewisses Maß von Wahrheit enthalten, und daß jede Art von Geschichtsschreibung mit ihnen arbeiten muß, selbst der Historiker, der sie in ihrer abstrakten Formulierung verwirft; denn ohne sie ist keine sinnvolle Beschreibung des geschichtlichen Gewebes möglich. Aber in ihnen allen liegt eine gemeinsame Gefahr, die den starken Widerspruch der empirischen Historiker herausgefordert hat: die Gefahr, daß sie als universale Gesetze statt als spezifische Strukturen verstanden werden. Sobald das geschieht, entstellen sie die Tatsachen, selbst wenn sie dank ihrer Richtigkeit im einzelnen andere Tatsachen enthüllen. Eben weil geschichtliche Kausalität ihrem Wesen nach schöpferisch ist und Chancen ausnützt, kann man von keiner universalen Struktur der geschichtlichen Bewegung sprechen. In gewissen Fällen, in denen man solche Gesetze aufzustellen versucht hat, hat man die geschichtliche Dimension mit der sich selbst-transzendierenden Funktion der Geschichte verwechselt. Es ist eine Verwechslung zwischen einer wissenschaftlichen Beschreibung und einer religiösen Interpretation der Geschichte. So läßt sich zum Beispiel Fortschritt in gewissen Bereichen (wie Rückschritt in anderen) in allen Perioden der Geschichte beobachten, aber von einem Gesetz universalen Fortschritts sprechen, bedeutet, das religiöse Symbol der göttlichen Vorsehung säkularisieren und entstellen. In allen historischen Werken ist von Wachstum und Verfall die Rede; aber selbst diese am deutlichsten hervortretende Struktur der geschichtlichen Bewegung ist kein empirisches Gesetz. Die Erfahrung kennt viele Fälle, die ihm widersprechen. Wenn diese Struktur aber zu einem universalen Gesetz erhoben wird, nimmt sie religiösen Charakter an. Dann wird die metaphysische Interpretation des Daseins als zirkulare Bewegung auf die geschichtliche Bewegung angewandt, d. h., die Dimensionen werden verwechselt.

Die dialektische Struktur geschichtlicher Geschehnisse verlangt eine besondere Betrachtung. Ihre Entdeckung hat die Geschichtsschreibung stärker beeinflußt als irgendeine der anderen Strukturanalysen. Als erstes muß hervorgehoben werden, daß die dialektische Strukturanalyse nicht nur auf viele geschichtliche Erscheinungen anwendbar ist, sondern auch auf Lebensprozesse im allgemeinen. Sie ist als wissenschaftliche Methode wichtig für die Analyse und Beschreibung der Dynamik des Lebens als Leben. Wo Leben in seine Elemente aufgelöst wird und diese Elemente für bestimmte Zwecke wieder zusammengesetzt werden, kann man nicht von Dialektik sprechen. Aber wo Leben nicht vergewaltigt wird, kann man dialektische Prozesse beobachten und beschreiben. Solche Beschreibungen gab es bereits vor Platos dialektischen Dialogen und Hegels Anwendung der dialektischen Methode auf alle Dimensionen des Lebens, besonders auf die Geschichte. Sobald das Leben in Konflikt mit sich selbst gerät und auf ein neues Stadium zuführt, das den Konflikt transzendiert, geht es um objektive oder Real-Dialektik. Wenn solche Prozesse dann in der Form von „Ja" und „Nein" beschrieben werden, handelt es sich um subjektive oder methodologische Dialektik. Die Bewegung des Lebens von Selbst-Identität zu Selbst-Veränderung und zurück zu Selbst-Identität ist die fundamentale dialektische Struktur, die, wie wir gesehen haben, selbst für die symbolische Beschreibung des göttlichen Lebens angemessen ist.

Trotzdem darf man aus der Dialektik kein universales Gesetz machen und ihr alle Bewegungen im Universum unterordnen. Zu einer solchen Funktion erhoben, ist sie nicht mehr empirisch nachweisbar, sondern wird zu einem mechanischen Schema, das man der Wirklichkeit aufzwingt und das keine Erkenntnisse mehr vermittelt, wie zum Beispiel Hegels Enzyklopädie beweist. Offensichtlich geht es in Hegels Dialektik – und war von Hegel in diesem Sinne gemeint – um die religiösen Symbole der Entfremdung und Wiedervereinigung, die er in die Begriffssprache übersetzte und in dieser reduzierten Form zur Beschreibung der Wirklichkeit verwandte. Auch hier handelt es sich um eine Verwechslung der Dimensionen.

Der Begriff „materialistische Dialektik" ist zweideutig und wegen dieser Zweideutigkeit gefährlich. „Materialistisch" kann im Sinne der materialistischen Metaphysik verstanden werden (die Marx entschieden ablehnte) oder im Sinne des moralischen Materialismus (den er als für die bürgerliche Gesellschaft typisch angriff). Beide Auslegungen sind falsch. „Materialistisch" im Zusammenhang mit „Dialektik" drückt vielmehr den Glauben aus, daß die ökonomisch-soziologischen Grundlagen einer Gesellschaft alle anderen Formen der Kultur bedingen, und daß die Entwicklung des ökonomisch-soziologischen Fundaments sich in einer dialektischen Bewegung vollzieht, die Spannungen und Konflikte in der Gesellschaft erzeugt und über diese hinaus zu einem neuen ökonomisch-soziologischen Stadium führt. Es ist klar, daß die dialektische Form dieses Materialismus den metaphysischen Materialismus ausschließt und die Schaffung des Neuen einschließt, das Hegel als „Synthese" bezeichnete, und das nicht ohne geschichtliches Handeln erreicht werden kann, wie Marx erkannte und woraus er die Folgen für die Praxis zog. Die relative Wahrheit der sozialen Dialektik, die auf ökonomischen Konflikten beruht, kann nicht geleugnet werden; aber die Wahrheit wird zu Irrtum, wenn diese Art der Dialektik zum Gesetz erhoben wird, das für die gesamte Geschichte gelten soll. Dann wird sie zu einem quasi-religiösen Prinzip und büßt jede empirische Beweisbarkeit ein.

Das dritte Problem, das durch die Dynamik der Geschichte gegeben ist, ist die Frage, ob die geschichtliche Bewegung in einem bestimmten Rhythmus abläuft, das heißt, ob sich historische Perioden feststellen lassen. Bei der Erörterung der Kategorie der Substanz in der Dimension der Geschichte wiesen wir auf die Identität einer geschichtlichen Situation hin und darauf, daß es ohne die Benennung, d. h. Identifizierung, geschichtlicher Perioden keine Geschichtsschreibung geben kann. In den alten Urkunden liefern die herrschenden Dynastien die Namen für geschichtliche Perioden; man nahm an, daß die Eigenart der jeweiligen Dynastie die geschichtlich bedeutsame Eigenart der Periode, in der sie herrschte, repräsentiere. Solche Bezeichnungen sind immer noch üblich, wie der Begriff „Viktorianisches Zeitalter" für die zweite Hälfte des neunzehnten Jahrhunderts in England und in weiten Teilen Europas beweist. Andere Namen sind dem Bereich der Kunst, der Politik oder der Gesellschaftsstruktur entnommen, wie zum Beispiel „Barock", „Absolutismus" und „Feudalismus", oder einer gesamten kulturellen Situation, wie zum Beispiel „Renaissance". Gelegentlich werden Jahrhunderte als Qualitäten aufgefaßt und zur abgekürzten Bezeichnung einer historischen Periode gebraucht, wie zum Beispiel „das achtzehnte Jahrhundert". Die universalste Periodisierung gründet sich auf die Religion: die Zeiteinteilung in die Zeit vor und die Zeit nach Christi Geburt in der christlichen Welt. Sie setzt eine universale Veränderung der geschichtlichen Zeit durch das Erscheinen Jesu als des Christus voraus, indem sie ihn in der christlichen Anschauung zur Mitte der Geschichte macht.

Jetzt muß die Frage erörtert werden, ob eine derartige Periodisierung gerechtfertigt werden kann. Bewegt sich die Geschichte auf eine Art, die die Unterscheidung von Perioden in der Wirklichkeit begründet, oder besteht die Periodisierung nur in dem Bewußtsein des Historikers? Die Antwort ist in zwei Bemerkungen enthalten, die wir zu Anfang des fünften Teils der Systematik gemacht haben. Die erste betrifft den subjektiv-objektiven Charakter der Geschichte und die zweite den Begriff der geschichtlichen Wichtigkeit. Perioden sind subjektiv-objektiv gemäß der Wichtigkeit, die ihnen von einer geschichtstragenden Gruppe zuerkannt wird. Eine Periodisierung ist nur sinnvoll, wenn sie auf Ereignisse in Raum und Zeit gegründet ist; aber ohne eine Bewertung dieser Ereignisse als geschichtlich bedeutsam durch geschichtsbewußte Repräsentanten einer geschichtlichen Gruppe ist keine Periodisierung möglich. Die Ereignisse, die eine Periode zur Periode machen, können plötzlich, dramatisch und von großer Auswirkung sein wie die Ereignisse der Reformation, oder sie können langsam, unauffällig und auf kleine Gruppen beschränkt sein wie die der Renaissance. In allen diesen Fällen hat das Bewußtsein Westeuropas in den Ereignissen den Anfang einer neuen Periode erkannt, und keine wissenschaftliche Untersuchung dieser Ereignisse selbst kann diese Anschauung bestätigen oder widerlegen. Ebensowenig ist es möglich, durch positive oder negative Gründe, die sich auf neue Entdeckungen über die geschichtlichen Umstände des Lebens Jesu stützen, zu entscheiden, ob das Erscheinen Jesu als des Christus die Mitte der Geschichte bilde. Etwas war geschehen, was seiner existentiellen Bedeutung wegen die Menschheit seit zweitausend Jahren veranlaßt hat, in dem Geschehnis die Scheidelinie zwischen den beiden bedeutendsten Zeitaltern der menschlichen Geschichte zu sehen.

Die Geschichte bewegt sich in periodischen Rhythmen, aber Perioden sind Perioden nur für die, die sie sehen können. In der Abfolge von Ereignissen gibt es ständig Übergänge, Überschneidungen, Fortschritte und Verzögerungen, und eine neue Periode wird durch keinen Grenzstein bezeichnet. Aber denjenigen, die diese Ereignisse nach dem Prinzip ihrer Wichtigkeit bewerten, werden Grenzsteine sichtbar, die die Grenzen zwischen qualitativ verschiedenen Abschnitten der geschichtlichen Zeit bezeichnen.

b) *Geschichte und die Lebensprozesse.* – Die drei Lebensprozesse mit ihren Zweideutigkeiten, wie wir sie für die verschiedenen Dimensionen beschrieben haben, finden sich auch innerhalb der geschichtlichen Dimension. Leben strebt nach Selbst-Integration, und in jedem Geschichte schaffenden Akt kann es sich auflösen. Leben schafft Leben und kann sich zerstören, wenn die Dynamik der Geschichte dem Neuen zutreibt. Leben transzendiert sich selbst und kann der Profanisierung verfallen, während es auf das endgültig Neue und Transzendente zugeht.

All dies vollzieht sich auch in den Trägern der Geschichte. Es vollzieht sich unmittelbar in den geschichtlichen Gruppen und mittelbar in den Individuen, die die Gruppen konstituieren und von den Gruppen konstituiert werden. Wir haben das Wesen und die Zweideutigkeiten sozialer Gruppen im vierten Teil des Systems im Zusammenhang mit der kulturellen Funktion des menschlichen Geistes erörtert, besonders im Zusammenhang mit der Funktion der *praxis:* dem individuellen und dem gemeinschaftlichen Handeln. Und wir haben die Zweideutigkeiten der *praxis* behandelt im Zusammenhang mit der technischen Gestaltung und der Formung des Personhaften und Gemeinschaftlichen. Dabei blieb die geschichtliche Dimension ausgeklammert; wir beschrieben die geschichtlichen Gruppen nur als Schöpfungen der Kultur, die den Kriterien der Humanität und der Gerechtigkeit unterworfen sind. Unsere besondere Aufmerksamkeit galt der Beziehung von Macht und Gerechtigkeit im Bereich des Gemeinschaftslebens. Damit führten wir schon auf die Beschreibung der Entwicklung der geschichtstragenden Gruppen in der Geschichte hin.

Jetzt richten wir unser Augenmerk auf die Beziehung der geschichtlichen Dimension zu den Lebensprozessen im Bereich der Person- und Gemeinschaft-bildenden Akte. In allen drei Lebensprozessen ist es die Qualität der geschichtlichen Zeit, die den Charakter der Geschichte ausmacht. Geschichte eilt vorwärts auf das immer wieder Neue und auf das endgültig Neue zu. In diesem Lichte müssen sowohl Wesen wie Zweideutigkeit des Strebens nach Selbst-Integration, nach dem Sich-Schaffen und nach Selbst-Transzendierung gesehen werden. So gesehen (wie sich bereits in der früheren Betrachtung über „Die Zweideutigkeiten der Gemeinschaft-bildenden Gestaltung" zeigte) laufen die drei Lebensprozesse jedoch in *einen* Prozeß zusammen, nämlich in die Bewegung auf ein Ziel zu. Es gibt immer noch Selbst-Integration, aber nicht mehr als selbständiges Ziel; in der geschichtlichen Dimension wird sie Teil des Strebens nach universaler und vollkommener Integration. Es gibt immer noch Sich-Schaffen, aber nicht mehr um der einzelnen Schöpfungen willen; in der geschichtlichen Dimension wird das Sich-Schaffen Teil des Strebens nach dem universal und absolut Neuen. Und es gibt immer noch Selbst-Transzendierung, aber nicht mehr zu einer partikularen Erfüllung; in der geschichtlichen Dimension wird Selbst-Transzendierung zum Teil des Strebens nach dem universal und absolut Transzendenten. Die Geschichte läuft in allen Prozessen des Lebens auf Erfüllung zu, obwohl sie, während sie auf das Endgültige zuläuft, an das Vorläufige gebunden bleibt und, indem sie der Erfüllung zustrebt, die Erfüllung verhindert. Sie kann der Zweideutigkeit des Lebens nicht entgehen, indem sie in allen Lebensprozessen dem Unzweideutigen zustrebt.

Das Ziel der Geschichte kann jetzt als Ziel der drei Lebensprozesse und ihrer Einheit beschrieben werden, und zwar folgendermaßen: In dem Prozeß der Selbst-Integration des Lebens strebt die Geschichte nach Zentriertheit aller geschichtstragenden Gruppen und ihrer einzelnen Glieder als der unzweideutigen Harmonie von Macht und Gerechtigkeit. In dem Prozeß des Sich-Schaffens des Lebens strebt die Geschichte auf einen neuen, unzweideutigen Stand der Dinge zu. In dem Prozeß der Selbst-Transzendierung des Lebens strebt die Geschichte auf die universale, unzweideutige Erfüllung der Potentialitäten des Seins zu.

Aber die Geschichte steht, wie das Leben im allgemeinen, unter der Negativität der Existenz und damit unter der Zweideutigkeit des Lebens. Das Streben nach universaler und vollkommener Zentriertheit, nach dem universal und vollkommen Neuen und nach universaler und vollkommener Erfüllung ist ein Problem und bleibt ein Problem, solange es Geschichte gibt. Dieses Problem zeigt sich in der Zweideutigkeit alles Geschichtlichen, die immer wieder empfunden und in den Mythen, in der religiösen und profanen Literatur und in der Kunst zum Ausdruck gebracht worden ist. Es ist die Frage, auf die (im Sinne der Methode der Korrelation) die religiösen – und quasi-religiösen – Interpretationen der Geschichte ebenso hinweisen wie der eschatologische Symbolismus. Es ist die Frage, auf die – im Bereich der christlichen Theologie – „das Reich Gottes" die Antwort ist.

c) *Geschichtlicher Fortschritt: seine Wirklichkeit und seine Grenzen.* – Jeder schöpferische Akt bedeutet Fortschritt, nämlich einen Schritt über das Gegebene hinaus. In diesem Sinn ist die gesamte Bewegung der Geschichte progressiv. Sie erzeugt Neues im einzelnen und versucht, das endgültig Neue zu erreichen. Das gilt für alle kulturellen Funktionen des menschlichen Geistes, für die Funktionen der *theoria* ebenso wie für die Funktionen der *praxis,* und es gilt für Moralität und Religion, insofern in ihnen kulturelle Inhalte gegeben sind und sie in kulturellen Formen Ausdruck finden. Jede politische Tat, jeder Vortrag, jede wissenschaftliche Untersuchung usw. zielen von Anfang bis Ende auf Fortschritt, und gelegentlich erreichen sie ihn. In jeder zentrierten Gruppe, auch noch in der konservativsten, sind alle schöpferischen Akte beständig auf Fortschritt ausgerichtet.

Aber nicht nur bei diesen unbestreitbaren Tatsachen kann man von Fortschritt sprechen; man kann Fortschritt auch als Symbol verstehen, das für den Sinn der Geschichte steht und über die Wirklichkeit hinausweist. So verstanden, bedeutet „Fortschritt" die Idee, daß die Geschichte sich allmählich ihrem endgültigen Ziel nähert, oder daß unendlicher Fortschritt an sich das Ziel der Geschichte ist. Auf die Frage nach dem Sinn der Geschichte gehen wir später ein; jetzt müssen wir die Frage erörtern, in welchem Seinsbereich Fortschritt möglich, und in welchem er nicht möglich ist, je nach der besonderen Beschaffenheit der Wirklichkeit, um die es sich handelt.

Es gibt keinen Fortschritt, wo individuelle Freiheit entscheidend ist; das bedeutet, daß es keinen Fortschritt im moralischen Akt selbst gibt. Jedes Individuum muß, um eine Person zu werden, selbständige moralische Entscheidungen treffen; sie sind die absolute Voraussetzung für die Aktualisierung der Dimension des Geistes in allen Individuen mit Bewußtsein. Aber auch im Zusammenhang mit der moralischen Funktion gibt es Fortschritt, und zwar in zweifacher Hinsicht: Fortschritt im sittlichen Bewußtsein, d. h. in bezug auf die Inhalte der Moral, und Fortschritt im Grade der moralischen Erziehung. Beide gehören dem kulturellen Bereich an und sind offen für das Neue. Das sittliche Bewußtsein schreitet in Verfeinerung und Breite fort von primitiven zu reifen Formen einer Kultur, obwohl der moralische Akt selbst, in dem sich die Person konstituiert, immer der gleiche ist, unabhängig von dem Inhalt, der jeweils verwirklicht wird. Diese Unterscheidung muß gemacht werden, wenn man von „moralischem Fortschritt" spricht. Der Fortschritt vollzieht sich innerhalb des kulturellen Elementes im moralischen Akt, nicht in diesem selbst.

Ebenso gehört die moralische Erziehung der kulturellen Sphäre an und nicht der moralischen. Sie ist sowohl Erziehung durch andere wie Selbst-Erziehung. In beiden Fällen besteht sie aus wiederholter Übung, die zur Gewohnheit wird und sich fortschreitend verfeinert. Auf diese Art können reife moralische Persönlichkeiten geschaffen und das moralische Niveau einer Gruppe erhöht werden. Aber die tatsächliche moralische Situation erfordert auf jeder Ebene der Reife und der sittlichen Verfeinerung freie Entscheidung, in der allein sich die Person als Person bestätigt (während die sittliche Gewohnheit und das sittliche Feingefühl Werke des göttlichen Geistes, das heißt der Gnade, sein können). Aus diesem Grunde besteht die katholische Tradition auf den Geschichten von der Versuchung der Heiligen, und besteht der Protestantismus darauf, daß der Mensch auf jeder Stufe der Heiligung der Vergebung bedürftig ist. Aus dem gleichen Grunde kämpfen die größten und reifsten Vertreter des Humanismus mit der Verzweiflung über die eigene Person, und setzt die Psychotherapie ihren Bemühungen um Heilung eine Grenze, so daß der Patient Freiheit für selbständige moralische Entscheidungen gewinnt.

Innerhalb des kulturellen Bereichs gibt es keinen Fortschritt über die klassischen Formen hinaus, in denen die Begegnung des Menschen mit der Wirklichkeit zum Ausdruck gelangt ist, weder in der Kunst noch in der Literatur, noch in der Philosophie. Es gibt oft, aber nicht immer, Fortschritt in den Versuchen, den klassischen Ausdruck eines künstlerischen Stils zu finden, von unangemessenen zu angemesseneren Versuchen, aber es gibt keinen Fortschritt von *einem* reifen Stil zu einem anderen. Es war der große Fehler der klassizistischen Kunstbetrachtung, in dem griechischen Stil und dem Stil der Renaissance die Norm für die darstellenden Künste zu sehen, von der aus alle anderen Stile je nachdem als Fortschritt auf dieses Ideal zu oder als Rückschritt von ihm oder als primitive Unfähigkeit beurteilt wurden. Die berechtigte Reaktion auf diese doktrinäre Auffassung in unserem Jahrhundert hat zuweilen zu unberechtigten Extremen in der entgegengesetzten Richtung geführt, aber sie hat das Prinzip aufgestellt und begründet, daß es in der Geschichte der Künste im wesentlichen keinen Fortschritt gibt.

Das gleiche gilt für die Philosophie, wenn unter Philosophie der Versuch verstanden wird, die Frage nach dem Wesen und der Struktur des Seins in universalen Begriffen zu beantworten. Auch hier kann man zwischen noch nicht entwickelten und reifen Typen der philosophischen Auseinandersetzung mit der Wirklichkeit unterscheiden und einen Fortschritt von den einen zu den anderen beobachten. Zweifellos werden die logischen Werkzeuge und das wissenschaftliche Material, die in den philosophischen Systemen gebraucht werden, fortschreitend verfeinert, verbessert und erweitert. Aber es gibt ein Element in der zentralen Vision der repräsentativen Philosophen, das weder aus ihrer logischen Analyse noch aus ihrem wissenschaftlichen Material abgeleitet werden kann, sondern seinen Ursprung in der Begegnung mit der letzten Wirklichkeit hat, das heißt in einem Erlebnis, das den Charakter einer Art von Offenbarung hat. Man hat dieses Element im Gegensatz zu Wissenschaft *(scientia)* als Weisheit *(sapientia)* bezeichnet, wie sie zum Beispiel im Buch der Sprüche personifiziert als Gottes Begleiterin erscheint, die ihm bei der Erschaffung der Welt zur Seite stand. Das gleiche meint Heraklit, wenn er vom *logos* spricht, der ebenso in den Gesetzen des Universums zum Ausdruck kommt wie in der Weisheit einer kleinen Zahl von Menschen. Die Philosophie, insofern sie vom *logos* inspiriert ist, kann viele Formen annehmen, je nach ihrer inneren Potentialität und nach der Aufnahmefähigkeit einzelner Menschen oder ganzer Zeitalter, aber von *einer* Form dieser Philosophie zu einer anderen gibt es keinen Fortschritt. Jede Form setzt naturgemäß eine neue schöpferische Leistung voraus neben dem kritischen Gebrauch logischer Methoden und wissenschaftlichen Materials und erfordert Gelehrsamkeit, die durch das Studium früherer Lösungen erworben wird. Daß die Philosophie vom *logos* inspiriert ist, soll nicht besagen, daß sie willkürlich verfahre, sondern daß sie eine Antwort auf die Frage nach dem Sein geben kann und damit die Ebene transzendiert, auf der von Fortschritt und Veralten gesprochen werden kann. Die Geschichte der Philosophie zeigt deutlich, daß keine der großen philosophischen Lösungen jemals veraltet, obwohl ihre wissenschaftlichen Beobachtungen und Theorien schnell überholt werden. Einige Vertreter der analytischen Philosophie handeln folgerichtig, wenn sie die gesamte Philosophiegeschichte bis zur Entstehung der analytischen Philosophie verwerfen, da sie in ihr keinen oder nur einen sehr geringen Fortschritt zu dem sehen, was ihnen als die einzige Aufgabe der Philosophie erscheint, nämlich zur logischen und semantischen Analyse.

Obwohl der moralische Akt als Akt der Freiheit das Gebiet transzendiert, in dem Fortschritt möglich ist, ist die Frage berechtigt, ob es Fortschritt in der Verwirklichung des Humanitätsprinzips und der Entwicklung der geformten Persönlichkeit gibt oder in der Verwirklichung des Gerechtigkeitsprinzips und der Entwicklung einer organisierten Gemeinschaft. Wie in dem Bereich des künstlerischen Schöpfertums und dem der philosophischen Erkenntnis muß man auch hier zwei Arten von Elementen unterscheiden, die qualitativen und die quantitativen. Nur in den letzteren ist Fortschritt möglich – in der Form von Erweiterung und Verfeinerung, aber nicht in den ersteren. Menschen, die auf reife Art das Humanitätsprinzip verkörpern, sind nicht von den wechselnden kulturellen Verhältnissen abhängig, gleich ob diese sich verbessern, stagnieren oder sich verschlechtern. Gewiß bedeutet *humanitas* in jedem Einzelnen, in dem sie verwirklicht ist, und in jedem Zeitalter, dessen kulturelle Entwicklungsstufe neue Möglichkeiten bietet, eine neue Schöpfung. Aber von einem Vertreter persönlicher *humanitas* zu einem anderen in einer späteren Epoche gibt es keinen Fortschritt. Wer die Skulpturen von den ältesten Zeiten bis zur Gegenwart betrachtet, wird in jeder Zeit Werke finden, die *humanitas* verkörpern in Form von Würde, von Ernst, von Besonnenheit, von Weisheit, von Mut und von Mitleiden.

Was die Gerechtigkeit betrifft, ist die Lage nicht anders. Das ist eine kühne Behauptung inmitten einer Kultur, die nicht nur glaubt, daß ihr eigenes sozial-politisches System der eigenen Idee der Gerechtigkeit entspreche, sondern auch, daß sie das Ideal der Gerechtigkeit erreicht habe, demgegenüber alle früheren Formen nur ungenügende Annäherungen darstellen. Trotzdem müssen wir bei der Behauptung bleiben, daß die demokratische Form der Gerechtigkeit gegenüber anderen Formen nur in ihren quantitativen Elementen, nicht in ihrem qualitativen Charakter Fortschritt bedeutet. Systeme der Gerechtigkeit entwickeln sich im Laufe der menschlichen Geschichte aus geographischen, ökonomischen und menschlichen Bedingungen und durch die Begegnung von Mensch mit Mensch und das Verlangen nach Gerechtigkeit, das aus dieser Begegnung erwächst. Gerechtigkeit wird zu Ungerechtigkeit in dem Maße, in dem die Veränderung der Bedingungen von keiner entsprechenden Veränderung in den Systemen der Gerechtigkeit begleitet wird. Aber jedes System enthält in sich ein Element, das von wesentlicher Bedeutung für die Begegnung von Mensch mit Mensch ist und ein in der konkreten Situation gültiges Prinzip darstellt. Jedes derartige System weist auf die „Gerechtigkeit des Reiches Gottes" hin, und in dieser Hinsicht gibt es keinen Fortschritt von einem System zum anderen. Aber wie in den vorhergehenden Betrachtungen müssen wir auch hier zwischen den Stadien unterscheiden, in denen das Prinzip noch nicht voll entwickelt ist, und denen, in denen es sich nach einer Stufe reifer Erfüllung wieder in Auflösung befindet. In der Entwicklung von einem Stadium zum nächsten gibt es Fortschritt, Veralten und Rückschritt. Aber voll entwickelte Systeme, die qualitativ verschiedene Ideen der Gerechtigkeit verkörpern, stehen über jeder Art von Fortschritt.

Die wichtigste Frage in diesem Zusammenhang ist die Frage, ob innerhalb der Religion Fortschritt möglich sei. Offensichtlich gibt es keinen Fortschritt in der religiösen Funktion selbst. Das Ergriffensein von einem letzten Anliegen läßt weder Fortschritt noch Rückschritt oder Stillstand zu. Aber mit der Existenz der geschichtlichen Religionen und ihrer Grundlagen, der Offenbarungserfahrungen, erhebt sich die Frage des Fortschritts. Es mag scheinen, als ob wir bereits eine positive Antwort auf diese Frage gegeben hätten, indem wir die Offenbarung in Jesus als dem Christus die endgültige Offenbarung nannten und die Religionsgeschichte den Prozeß, der „die Mitte der Geschichte" vorbereitet oder empfängt. Aber das Problem ist schwieriger.

In der Auseinandersetzung über die „Absolutheit" des Christentums hat man das Verhältnis der christlichen Religion zu den anderen Religionen vom Standpunkt des evolutionistischen Fortschrittglaubens betrachtet. In Hegels philosophischer Interpretation der Religionsgeschichte hat diese Auffassung ihre klassische Formulierung gefunden. Aber auch in der anti-hegelianischen, liberalen Theologie tauchen analoge Auffassungen mehr oder weniger verdeckt auf. Selbst säkulare Religionsphilosophen unterscheiden zwischen primitiven Religionen und Hochreligionen. Aber diesem Evolutionismus entgegen steht der Anspruch aller großen Religionen auf Absolutheit anderen Religionen gegenüber, denen entweder ein relativer Wahrheitsgehalt zuerkannt wird oder die als völlig unwahr verworfen werden. Wie in den vorhergehenden Erörterungen müssen wir auch hier als erstes den Unterschied zwischen dem eigentlich religiösen Element und den kulturellen Elementen in den geschichtlichen Religionen betonen. Es gibt Fortschritt, Stillstand und Rückschritt in den kulturellen Elementen jeder Religion, in dem Grade ihres Selbstverständnisses und in ihren künstlerischen Ausdrucksformen, in dem Einfluß der Religion auf die Entwicklung der Persönlichkeit und der Gemeinschaft. Natürlich kann sich dieser Fortschritt nur in dem Maße vollziehen, in dem diese kulturellen Funktionen selbst dem Fortschritt offen sind. Die entscheidende Frage jedoch ist, ob in den Grundlagen der Religion, in den Offenbarungserfahrungen, auf denen die Religionen beruhen, Möglichkeiten des Fortschritts enthalten sind. Kann man von einer progressiven Offenbarungsgeschichte sprechen? Das ist dieselbe Frage wie die, ob man von einer progressiven Heilsgeschichte sprechen kann. Die erste Antwort auf diese Frage ist, daß der göttliche Geist, der sich in Offenbarung und Erlösung manifestiert, immer derselbe ist, und daß es in dieser Hinsicht kein mehr oder weniger, keinen Fortschritt oder Rückschritt geben kann. Aber der Inhalt dieser Manifestationen und die symbolische Form, in der er zum Ausdruck gelangt, sind (wie die philosophischen Erkenntnisse und die künstlerischen Stile) einerseits von den Potentialitäten abhängig, die in der menschlichen Begegnung mit dem Heiligen enthalten sind, und andrerseits von der Aufnahmefähigkeit einer geschichtlichen Gruppe für diese Möglichkeiten. Die menschliche Aufnahmefähigkeit ist durch die Gesamtheit innerer und äußerer Faktoren bedingt, die das historische Schicksal einer Gruppe oder – in religiöser Sprache – die geschichtliche Vorsehung ausmachen. In dieser Hinsicht ist Fortschritt zwischen den verschiedenen Kulturstufen möglich, auf denen Offenbarungserfahrungen erlebt werden, oder zwischen verschiedenen Graden der Klarheit und des Ergriffenseins, mit denen die Manifestationen des Göttlichen aufgenommen werden. (Dieser Fortschritt entspricht dem Fortschritt von Unreife zu Reife im kulturellen Bereich.)

Im Licht dieser Betrachtungen kann keine einzelne Religion den Anspruch erheben, auf der endgültigen Offenbarung fundiert zu sein. Die einzige Antwort, die auf die Frage des Fortschritts innerhalb der Religion gegeben werden könnte, wäre der Hinweis auf das Nebeneinanderbestehen verschiedener Religionstypen, von denen keiner Anspruch auf Universalität erhebt. Aber es gibt eine Realität, deren Erkenntnis das ganze Bild verändern kann, nämlich der Konflikt zwischen dem Göttlichen und dem Dämonischen in jeder Religion. Aus diesem Konflikt erhebt sich die Frage: Auf welcher religiösen Grundlage und in welchem Offenbarungsereignis ist die Macht des Dämonischen innerhalb und außerhalb der religiösen Wirklichkeit gebrochen? Das Christentum gibt hierauf die Antwort, daß es auf dem Fundament des prophetischen Religionstyps durch das Erscheinen Jesu als des Christus geschehen ist. Nach der christlichen Auffassung ist dieses Ereignis weder das Ergebnis einer progressiven Entwicklung noch die Aktualisierung einer neuen religiösen Potentialität, sondern die vereinigende und richtende Erfüllung aller Potentialitäten, die in der Begegnung mit dem Heiligen enthalten sind. Aus diesem Grund bildet die gesamte Religionsgeschichte, die vergangene wie die zukünftige, das allgemeine Fundament und der prophetische Typ der Offenbarungserfahrung das besondere Fundament für das zentrale Ereignis. Diese Auffassung schließt die Vorstellung eines horizontalen Fortschritts von dem allgemeinen zu dem besonderen Fundament, und von hier zu dem einzigartigen Ereignis, aus dem das Christentum hervorgegangen ist, aus. Ebenso schließt sie die Vorstellung aus, daß das Christentum als Religion Anspruch auf Absolutheit habe, und daß die anderen Religionen bloße Vorstufen zu ihm seien. Nicht das Christentum als Religion ist absolut, sondern das Ereignis, aus dem das Christentum erwachsen ist und von dem aus es gerichtet wird wie jede andere Religion – positiv oder negativ. Diese Sicht der Religionsgeschichte, die von dem Anspruch des Christentums abgeleitet ist, daß es auf das letztgültige, siegreich antidämonische Offenbarungsereignis gegründet ist, ist nicht horizontal, sondern vertikal. Das einzigartige Ereignis, das sowohl das Kriterium für alle Religionen ist als auch die Macht, die das Dämonische für alle Zeiten im Prinzip gebrochen hat, erhebt sich auf dem allgemeinen Fundament der vergangenen und zukünftigen Entwicklung der Religionen und auf dem besonderen Fundament des Prophetentums in Vergangenheit und Zukunft. Diese Sicht steht im Gegensatz zu der Idee eines allgemeinen Fortschritts in der Religionsgeschichte.

Wir müssen jetzt zusammenfassen, in welchen Bereichen man von Fortschritt sprechen kann. Als erster Bereich muß die Technik genannt werden, in der die Möglichkeiten des Fortschritts so gut wie unbegrenzt sind. Der Ausdruck „besser und immer besser" ist hier am Platz und nur hier. Die immer besser werdenden Werkzeuge und allgemein die technisch immer mehr vervollkommneten Mittel, gleich für welche Zwecke, sind eine Realität in unserer Kultur, deren Folgen unabsehbar sind. Ein nicht-progressives Element tritt erst in Erscheinung, wenn wir

Die Dynamik der Geschichte

nach dem Zweck fragen, dem diese Mittel dienen sollen. Oder gibt es Mittel, die durch ihre Folgen das Ziel vernichten, dem sie dienen sollen (wie die Atomwaffe)? Der zweite Bereich, in dem Fortschritt von wesentlicher Bedeutung ist, ist der Bereich der Wissenschaft, und zwar aller methodischen Wissenschaft, nicht nur der Naturwissenschaft. Jede wissenschaftliche Behauptung stellt eine Hypothese dar, die geprüft werden muß und abgeändert oder verworfen werden kann. Insoweit Philosophie Wissenschaft ist, muß in ihr die gleiche Methode angewandt werden. Ein nicht-progressives Element erscheint erst, wo philosophische Prinzipien bewußt oder unbewußt vorausgesetzt werden, wo Entscheidungen über die Wahl des Gegenstandes der Untersuchung getroffen werden müssen, oder wo existentielle Teilnahme an dem Gegenstand zu seiner Durchdringung notwendig ist. Der dritte Bereich, in dem es deutlichen Fortschritt gibt, ist das Gebiet der Erziehung und Bildung, gleich ob es sich um die Ausbildung handwerklicher Fähigkeiten handelt, um die Übermittlung kultureller Inhalte oder um die Einführung in bestimmte Lebensformen. Das gilt sowohl für die persönliche Erziehung, die den Menschen zur Reife heranbildet, wie für die Erziehung der Gesellschaft, in der jeder neuen Generation das Erbe der vorhergehenden übergeben wird. Ein nicht-progressives Element ist nur in der Setzung eines letzten Ziels aller Erziehung enthalten, in der Auffassung von der menschlichen Natur und der menschlichen Bestimmung und in der Art der Gemeinschaft zwischen Erzieher und Schüler. Der vierte Bereich, in dem es tatsächlichen Fortschritt gibt, ist die wachsende Überwindung räumlicher Spaltungen und Grenzen. Zugleich mit der Eroberung des Raums nimmt die allgemeine Teilnahme der Menschen an allen Formen des kulturellen Lebens zu. Der Fortschritt kann in diesen Fällen quantitativ gemessen werden, er ist tatsächlich vorhanden und kann es auf unbestimmte Zeit bleiben. Ein nicht-progressives Element ist in diesen Vorgängen nur enthalten, insofern quantitative Veränderungen qualitative Veränderungen zur Folge haben, die ein neues Zeitalter heraufführen können, welches, an anderen Zeitaltern gemessen, einzigartig ist, aber an sich weder Fortschritt noch Rückschritt bedeutet.

Die Analyse der Realität und der Grenzen des Fortschritts in der Geschichte gibt eine Grundlage ab, auf der in der religiösen Deutung der Geschichte „Fortschritt" als Symbol verstanden werden kann.

B

DIE ZWEIDEUTIGKEITEN DES LEBENS IN DER GESCHICHTLICHEN DIMENSION

1. Die Zweideutigkeiten der geschichtlichen Selbst-Integration: Imperium und Zentralisation

Während die Geschichte auf ihr endgültiges Ziel zuläuft, verwirklicht sie ständig begrenzte Ziele; damit erfüllt und verneint sie zugleich ihr endgültiges Ziel. Alle Zweideutigkeiten der geschichtlichen Existenz sind Formen dieser fundamentalen Zweideutigkeit. Wenn wir sie zu den Lebensprozessen in Beziehung setzen, können wir die Zweideutigkeit der geschichtlichen Selbst-Integration, die Zweideutigkeit des geschichtlichen Sich-Schaffens und die Zweideutigkeit der geschichtlichen Selbst-Transzendierung unterscheiden.

Die Größe der politischen Existenz des Menschen – sein Streben nach Universalität und Totalität im Prozeß der Selbst-Integration des Lebens in der geschichtlichen Dimension – ist durch den Begriff „Imperium" ausgedrückt. In der biblischen Literatur spielt die Zweideutigkeit der Imperien eine wichtige Rolle; und in allen Epochen der Kirchengeschichte und säkularer Bewegungen bis auf den heutigen Tag tritt sie nicht weniger deutlich hervor. Imperien werden gegründet, wachsen und stürzen, bevor sie ihr Ziel erreicht haben, allumfassend zu werden. Nur eine oberflächliche Betrachtung kann das Streben nach Universalität aus dem Machtwillen ableiten, gleich ob aus dem politischen oder dem ökonomischen. Der Machtwille in seinen verschiedenen Formen ist ein notwendiges Element in der Selbst-Integration der geschichtstragenden Gruppen, denn nur durch ihre zentrierte Macht können sie geschichtlich handeln. Aber in dem Streben nach Universalität ist noch ein anderes Element enthalten: das Sendungsbewußtsein einer geschichtlichen Gruppe. Je stärker und berechtigter dieses Element ist, um so leidenschaftlicher baut die Gruppe an ihrem Imperium. Und je mehr sie darin von ihren Gliedern unterstützt wird, um so größer ist die Aussicht des Imperiums auf Dauer. Die Geschichte der Menschheit bietet hierfür viele Beispiele[1]. Die großen Eroberer sind, wie Luther sie gesehen hat, dämonische „Masken" Gottes, durch deren Streben nach universaler Zentriertheit er das Werk der Vorsehung vollzieht. In dieser Anschauung ist die „Zweideutigkeit des Imperialismus" symbolisch aus-

---

[1] Vgl. S. 355 oben.

Die Zweideutigkeiten der geschichtlichen Selbst-Integration

gedrückt. Denn die zersetzende, zerstörende und entwürdigende Seite des Imperialismus zeigt sich ebenso deutlich wie die integrierende, schöpferische und sublimierende. Die Einbildungskraft reicht nicht aus, um den Verlust und die Zerstörung an Form, Leben und Sinn zu ermessen, die unumgänglich mit der Entwicklung von Imperien verbunden sind. In unserer Zeit hat das Streben nach Totalität in den beiden großen Imperien, Amerika und Rußland, zur tiefsten und universalsten Spaltung der Menschheit geführt, und zwar gerade weil diese beiden Imperien ihr Bestehen nicht einem einfachen politischen oder ökonomischen Machtwillen verdanken. Sie sind hochgekommen und mächtig geworden durch ihr Sendungsbewußtsein im Verein mit ihrer natürlichen Selbstbehauptung. Aber ihr Konflikt hat tragische Folgen, die sich in jeder geschichtlichen Gruppe und jedem einzelnen Menschen auswirken und zum Untergang der Menschheit führen können.

Diese Situation gibt uns Aufschluß über das, was mit dem Begriff „Weltgeschichte" gemeint ist. „Welt" in diesem Ausdruck bedeutet soviel wie Menschheit, und Weltgeschichte soviel wie Menschheitsgeschichte. Aber etwas derartiges hat es bis jetzt nicht gegeben. Bis zum Beginn unseres Jahrhunderts hat es nur Geschichte menschlicher Gruppen gegeben; das Kompendium dieser einzelnen „Geschichten" kann man als Weltgeschichte bezeichnen, aber gewiß nicht als Menschheitsgeschichte. In unserem Jahrhundert jedoch hat die technische Eroberung des Raums eine Einheit herbeigeführt, die eine Geschichte der Menschheit als ganzer möglich macht und bis zu einem gewissen Grade auch schon verwirklicht hat. Dadurch ist allerdings die seitherige Geschichte als Geschichte einzelner Gruppen nicht verändert; aber es ist ein neues Stadium in der geschichtlichen Integration der Menschheit erreicht. In diesem Sinn gehört unser Jahrhundert, was die Schaffung des Neuen betrifft, zu den großen Zeitaltern. Aber das erste, unmittelbare Ergebnis der technischen (und mehr als technischen) Vereinigung der Menschheit ist die tragische Spaltung, die „Schizophrenie" der Menschheit. Der Augenblick der größten Integration in der gesamten Geschichte ist zugleich der Augenblick der Gefahr der größten Desintegration, ja sogar der absoluten Zerstörung.

Angesichts dieser Situation muß man fragen: Ist es berechtigt, von *einem* letzten Ziel der Menschheit zu sprechen? Diese Frage wird noch dringender, wenn man erkennt, daß nicht alle Stämme und Nationen nach Universalität gestrebt haben oder streben, daß nicht jede Eroberung an der Zweideutigkeit des Imperialismus teilhat und daß selbst in Gruppen, in denen das Streben nach universaler Integration lebendig war, dieses Streben oft erfolglos geblieben ist, weil sie sich auf eine beschränkte stammesmäßige oder nationale Zentriertheit zurückgezogen haben. Aus diesen Tatsachen geht hervor, daß es in den geschichtstragenden Gruppen ein Element gibt, das dem universalistischen Element in der geschichtlichen Dynamik entgegenwirkt. Der kühne, letzten Endes prophetische Charakter der Idee des Imperiums ruft eine Reaktion hervor, die sich in stammesmäßiger, regionaler oder nationaler Isolation und in dem Rückzug auf einen beschränkten geographischen Raum ausdrückt. Diese Reaktionen haben indirekt viel zu der Entwicklung der Geschichte in ihrer Gesamtheit beigetragen. Aber alle wichtigen Fälle dieser Art beweisen, daß die Tendenz zur Isolation kein ursprünglicher Impuls ist, sondern eine Reaktion, ein Rückzug von der Teilnahme an universalistischen Bewegungen. Die geschichtliche Existenz steht unter dem „Stern" der geschichtlichen Zeit und bewegt sich vorwärts, auch gegen jeden partikularistischen Widerstand. Aus diesem Grunde sind die Isolations-Versuche letzten Endes immer ohne Erfolg. Sie werden durch die Dynamik der Geschichte, die ihrem Wesen nach universalistisch ist, vereitelt. Kein Einzelner und keine Gruppe können sich der Dynamik der Geschichte entziehen, um den tragischen Verwicklungen zu entgehen, die mit der Größe der Geschichte verbunden sind und in dem Symbol des „Imperiums" zum Ausdruck kommen. Trotz alledem bleibt der Begriff der „Weltgeschichte" fragwürdig in Anbetracht der unbekannten oder unzusammenhängenden geschichtlichen Entwicklungen der Vergangenheit. Er kann empirisch nicht gerechtfertigt, sondern nur im Zusammenhang mit der Auffassung von der Geschichte als sich selbst-transzendierender Bewegung verstanden werden.

Die Zweideutigkeit der Zentralisation bezieht sich nicht nur auf die extensive, sondern auch auf die intensive Seite der geschichtlichen Integration. Jede geschichtstragende Gruppe hat eine Machtstruktur, ohne die sie nicht geschichtlich handeln könnte. In dieser Struktur liegt die Quelle für die Zweideutigkeit der Zentralisation innerhalb einer geschichtlichen Gruppe. Wir haben die strukturelle Seite bei der Erörterung der Zweideutigkeit des Führertums beschrieben. In der geschichtlichen Dimension muß die dynamische Seite berücksichtigt werden. Wir müssen das Verhältnis von intensiver zu extensiver Zentralisation betrachten, das heißt in politischen Begriffen: die Beziehung von Innenpolitik zu Außenpolitik. Es gibt zwei einander widersprechende Tendenzen: die eine ist auf totale Beherrschung jedes Einzelnen gerichtet, der der geschichtstragenden Gruppe, und besonders dem imperialistischen Typ einer solchen Gruppe, angehört, und die andere auf die persönliche Freiheit des Einzelnen, die Voraussetzung für alles schöpferische Handeln ist. Die erste Tendenz nimmt zu, sobald äußere Gefahr eine Stärkung der zentrierten Macht erfordert oder desintegrierende Kräfte innerhalb der Gruppe die Zentriertheit selbst bedrohen. In beiden Fällen verringert die Notwendigkeit eines starken Zentrums das Element der Freiheit, das Voraussetzung für alle geschichtliche Produktivität ist, und droht es zu vernichten. Die Gruppe wird durch ihre strenge Zentralisierung fähig, geschichtlich zu handeln, aber sie kann von dieser Macht keinen schöpferischen Gebrauch machen, weil sie eben die schöpferischen Potenzen unterdrückt hat, die in die Zukunft führen. Nur die diktatorische Elite oder der einzelne Diktator haben die Freiheit, geschichtlich zu handeln. Aber ihre Taten sind, wenn oft auch großartig, Ausdruck des leeren Machtwillens, weil sie des Sinngehaltes beraubt sind, der nur aus der Begegnung moralisch, kulturell und religiös freier Persönlichkeiten und Gruppen geboren werden kann. Solche Taten können Werkzeuge der geschichtlichen Vorsehung sein, aber die geschichtliche Gruppe, die sie ausführt, muß für den Verlust des Sinngehaltes mit ihrer Existenz bezahlen. Denn Macht, die ihren Sinn verliert, ist auch als Macht verloren.

Die umgekehrte Haltung in bezug auf politische Zentralisation und geschichtliche Produktivität führt zur Aufgabe der ersteren zugunsten der letzteren. Das kann das Ergebnis einer Vielfalt von Machtzentren innerhalb einer geschichtstragenden Gruppe sein, wenn das Schwergewicht der Gruppe als ganzer von einem Zentrum zum anderen wechselt, oder wenn überhaupt kein Zentrum geschaffen werden kann, das die ganze Gruppe zusammenfaßt. Solche Perioden in der Geschichte sind die tragischsten, oft aber auch die fruchtbarsten. Es kann auch geschehen, daß das Zentrum, indem es individuelles schöpferisches Handeln anregt, sich der Macht begibt, die für zentriertes geschichtliches Handeln nötig ist, – eine Situation, auf die meist eine Periode der Diktatur folgt. In diesem Fall sind selbst große individuelle Leistungen nur von indirektem Einfluß auf die Geschichte als ganze, weil das zentrierte geschichtliche Handeln fehlt.

Diese Betrachtungen führen zu der Frage: Wie können die Zweideutigkeiten der nach außen gerichteten, imperialistischen Tendenz und die Zweideutigkeiten der inneren Zentralisation in einer unzweideutigen geschichtlichen Integration überwunden werden?

2. Die Zweideutigkeiten des geschichtlichen Sich-Schaffens: Revolution und Reaktion

Geschichtliches Schaffen vollzieht sich sowohl in dem nicht-progressiven wie in dem progressiven Element der geschichtlichen Dynamik. Es ist der Prozeß, durch den das Neue in allen Bereichen in der geschichtlichen Dimension geschaffen wird. Alles Neue in der Geschichte enthält in sich Elemente des Alten, aus dem es geboren ist. Hegel hat diese Tatsache in dem bekannten Satz ausgedrückt, daß das Alte im Neuen sowohl negiert wie aufgehoben ist. Aber er hat die Zweideutigkeit, die in dieser Struktur der Entwicklung liegt, und ihre zerstörerischen Möglichkeiten nicht ernst genommen. Diese Faktoren treten in dem Konflikt zwischen den Generationen zutage, in den Gegensätzen zwischen künstlerischen Stilen und zwischen philosophischen Prinzipien, in den Ideologien der politischen Parteien, in dem Schwanken zwischen Revolution und Reaktion und in den tragischen Situationen, zu denen diese Konflikte führen. Es ist die Größe der Geschichte, daß sie vorwärts gerichtet ist auf das Neue zu; aber in dieser Größe liegt, ihrer Zweideutigkeit wegen, zugleich die Tragik der Geschichte.

Das Problem in dem Verhältnis zwischen den Generationen ist nicht die Frage der Autorität (diese ist bereits erörtert worden), sondern das Problem der Beziehung von Altem und Neuem in der geschichtlichen Dynamik. Um Raum für das Neue zu gewinnen, muß die junge Generation die schöpferischen Prozesse ignorieren, aus denen das Alte entstanden ist. Die Vertreter des Neuen greifen die letzten Ergebnisse dieser Prozesse an, ohne zu erkennen, daß in ihnen Antworten auf frühere Probleme enthalten sind. Deshalb sind ihre Angriffe notwendigerweise unfair. Das ist ein unvermeidliches Element ihrer Stärke, die zur Durchbrechung des Gegebenen nötig ist. Diese Haltung der jungen Generation erzeugt begreiflicherweise eine negative Reaktion auf seiten der alten – negativ weniger in dem Sinn, daß sie unfair ist, als in dem, daß sie auf mangelndem Verständnis beruht. Die Vertreter des Alten sehen in den vorhandenen Ergebnissen die Leistung und schöpferische Größe ihrer eigenen Vergangenheit und erkennen nicht, daß diese die schöpferischen Kräfte der neuen Generation blockieren. In diesem Konflikt werden die Anhänger des Alten hart und bitter, und die Anhänger des Neuen fühlen sich entmächtigt und ihres Lebenssinns beraubt.

Offensichtlich ist die Struktur des politischen Lebens weitgehend durch die Zweideutigkeit des geschichtlichen Schaffens bestimmt. Jeder politische Akt ist auf etwas Neues ausgerichtet; aber worauf es ankommt, ist, ob etwas Neues um seiner selbst willen unternommen wird oder zur Wiederherstellung eines Alten. Selbst in Situationen, die nicht revolutionär sind, führt der Kampf zwischen konservativen und progressiven Kräften zum Abbruch menschlicher Beziehungen, zu einer teils bewußten, teils unbewußten Entstellung der tatsächlichen Wahrheit, zu Versprechungen, deren Erfüllung niemals beabsichtigt ist, und zur Unterdrückung entgegengesetzter schöpferischer Kräfte. Schließlich können solche Situationen sich zu revolutionären Situationen entwickeln mit ihren verheerenden Kämpfen zwischen Revolution und Reaktion. Es gibt Situationen, in denen der Durchbruch zum Neuen nur durch Revolution (nicht unbedingt einer blutigen) gelingen kann. Solche gewaltsamen Durchbrüche sind Beispiele der Zerstörung zum Zweck der Schaffung eines Neuen. Aber die Zerstörung kann so radikal sein, daß die Neuschaffung unmöglich wird und die betreffende Gruppe und ihre Kultur auf die Stufe einer beinahe vegetativen Existenz zurücksinken. Diese Gefahr des absoluten Chaos gibt der bestehenden Macht die ideologische Berechtigung, revolutionäre Kräfte zu unterdrücken und durch Gegenrevolution zu vernichten. Oft verlaufen Revolutionen sogar in einer ihrem ursprünglichen Ziel entgegengesetzten Richtung und vernichten die Führer, die sie ins Leben gerufen haben. Eine siegreiche Reaktion bedeutet nicht, daß die Geschichte zu dem „idealen" Zustand zurückkehrt, in dessen Namen die Gegenrevolution unternommen wurde, sondern daß sie zu einem Neuen führt, das aber seine Neuheit nicht eingesteht. Dieser Zustand jedoch wird langsam von den Kräften unterhöhlt, die von der Gegenrevolution zunächst unterdrückt waren, die aber auf die Dauer nicht ausgeschlossen werden können. Die großen menschlichen Opfer und die ungeheure Zerstörung von Sachwerten in diesen Vorgängen führen zu der Frage nach einem unzweideutigen geschichtlichen Schaffen.

3. Die Zweideutigkeiten der geschichtlichen Selbst-Transzendierung: Das dritte Stadium als gegeben und als erwartet

Der geschichtliche Konflikt zwischen dem Alten und dem Neuen erreicht das Stadium der größten Zerstörung, wenn eine der beiden Seiten Anspruch auf absolute Gültigkeit erhebt. Mit dieser Selbsterhebung zur Absolutheit ist die Definition des Dämonischen gegeben, und nirgends manifestiert sich das Dämonische so deutlich wie in der geschichtlichen Dimension. Der Anspruch auf Absolutheit tritt auf als Behauptung, das letzte Ziel, auf das sich die Geschichte zubewegt, erreicht zu haben oder es herbeizuführen. Dieser Anspruch ist nicht nur von politischen, sondern – sogar noch direkter – von religiösen Mächten erhoben worden. Der Kampf zwischen dem heiligen Alten und dem prophetischen Neuen ist ein Hauptthema der Religionsgeschichte; und da das Dämonische das Heilige als Wohnsitz bevorzugt, erreichen diese Konflikte ihre größte zerstörerische Gewalt in Religionskriegen und religiösen Verfolgungen. Vom Standpunkt der geschichtlichen Dynamik sind es Konflikte zwischen verschiedenen Gruppen, die behaupten, das Ziel der Geschichte zu verkörpern – entweder es tatsächlich verwirklicht zu haben oder seine Erfüllung zu antizipieren. In diesem Zusammenhang kann man von dem „dritten Stadium" reden, wie es als traditionelles Symbol gebraucht wird. Es hat seinen mythologischen Ursprung in dem kosmischen Drama vom Paradies, vom Fall und von der Wiedergewinnung des Paradieses. Seine Anwendung auf die Geschichte hat zu der apokalyptischen Vision von mehreren Weltaltern und der Erwartung des neuen und letzten Weltalters geführt. Nach Augustins Geschichtsauffassung beginnt das letzte Weltalter mit der Gründung der christlichen Kirche. Im Gegensatz hierzu spricht Joachim von Floris, montanistischen Ideen folgend, von drei Weltaltern, deren drittes noch nicht begonnen hat, aber in wenigen Jahrzehnten anbrechen wird. Den Gedanken, am Beginn des letzten Stadiums der Geschichte zu stehen, drücken sektiererische Bewegungen in religiösen Symbolen aus, wie zum Beispiel dem Symbol des tausendjährigen Reiches, in dem der Christus vor dem letzten Ende über die Geschichte herrscht. In der Zeit der Aufklärung und des Idealismus wurde das Symbol des dritten Weltalters säkularisiert und nahm die Funktion einer revolutionären Idee an. Bürgertum und Proletariat glaubten, eine Rolle von weltgeschichtlicher Bedeutung zu haben als Träger des Zeitalters der Vernunft, beziehungsweise der klassenlosen Gesellschaft – beides Vorstellungen, die auf das Symbol des „dritten Stadiums" zurückgehen. In den profanen wie in den religiösen Formen des Symbols kommt die Überzeugung zum Ausdruck, daß das „dritte Stadium" begonnen hat, daß die Geschichte einen Punkt erreicht hat, den sie prinzipiell nicht mehr überschreiten kann, daß der „Anfang des Endes" bevorsteht, daß wir die letzte Erfüllung vor uns sehen, auf die die Geschichte hinführt und in der sie sich selbst und jede ihrer früheren Stufen transzendiert. In diesen Ideen ist die Selbst-Transzendierung des Lebens in der Dimension der Geschichte ausgedrückt; sie führt zu zwei äußerst zweideutigen Haltungen. In der ersten, sich selbst verabsolutierenden, wird die gegenwärtige Situation selbst als absolut gesetzt und mit dem dritten Stadium identifiziert; in der zweiten, der utopischen Haltung, wird das dritte Stadium als unmittelbar bevorstehend oder als bereits begonnen betrachtet. Die erste Haltung ist zweideutig, weil sie einerseits die Selbst-Transzendierung des Lebens auf religiöse oder quasi-religiöse Symbole festlegt und andrerseits die Selbst-Transzendierung des Lebens verhüllt, indem sie diese Symbole mit dem Unbedingten selbst identifiziert. Diese Zweideutigkeit hat ihren klassischen Ausdruck in der Behauptung der römischen Kirche gefunden, daß sie die Erfüllung der apokalyptischen Vision vom tausendjährigen Reich Christi auf Erden verkörpere – eine Selbstinterpretation, durch die sie sowohl ihre göttlichen wie ihre dämonischen Züge erhält. Im sektiererischen wie im säkularen Utopismus zeigt sich die Zweideutigkeit in dem Gegensatz zwischen der Begeisterung, mit der neue geschichtliche Wirklichkeiten erwartet und geschaffen werden, und den Opfern, die für ihre Erfüllung gebracht werden, einerseits, und der tiefen existentiellen Enttäuschung und dem Zynismus und der Indifferenz, die herrschen, wenn das Ergebnis den Erwartungen nicht entspricht, andrerseits. In diesen Schwankungen kommt die Zweideutigkeit der Selbst-Transzendierung der Geschichte deutlich zum Ausdruck; und in ihnen vor allem wird das Rätsel der Geschichte zu einem existentiellen Anliegen und zu einem philosophischen und theologischen Problem.

Diese letzten Betrachtungen haben gezeigt, daß es möglich und fruchtbar ist, die drei verschiedenen Lebensprozesse auch in der Dimension der Geschichte zu verfolgen. Wie in den anderen Dimensionen des Lebens führen sie auch hier zu unausweichlichen Konflikten, die sowohl die Größe wie die Tragik der geschichtlichen Existenz verursachen. Solche Analysen können uns sowohl vom Utopismus wie von der Verzweiflung über den Sinn der Geschichte befreien.

4. Die Zweideutigkeiten des Einzelnen in der Geschichte

Die meisten Religionen und Philosophien stimmen mit Hegel darin überein, daß „die Geschichte nicht der Boden ist, auf dem das Individuum sein Glück findet". Selbst ein flüchtiger Blick auf die Weltgeschichte beweist die Richtigkeit dieser Behauptung; und eine tiefere und umfassendere Einsicht bestätigt sie überwältigend. Trotzdem ist damit noch nicht die ganze Wahrheit erfaßt. Der Einzelne verdankt sein Leben als Person der geschichtstragenden Gruppe, der er angehört. Die Geschichte schafft für jeden die physischen, gesellschaftlichen und geistigen Bedingungen seiner Existenz. Niemand, der sich der Sprache bedient, steht außerhalb der Geschichte, und niemand kann sich ihrer entziehen. Der Mönch und der Einsiedler, die sich vom sozialen und politischen Leben absondern, sind von der Geschichte abhängig, der sie sich

Die Zweideutigkeiten des Lebens

zu entziehen versuchen, und zugleich beeinflussen sie den geschichtlichen Prozeß, von dem sie sich abzuschließen suchen. Es ist eine Tatsache, die man häufig beobachten kann, daß manche, die sich weigerten, am geschichtlichen Leben teilzunehmen, größeren Einfluß auf die Geschichte ausübten als diejenigen, die im Zentrum des geschichtlichen Handelns standen.

Die Geschichte ist nicht nur politisch; jede kulturelle und religiöse Tätigkeit hat eine geschichtliche Dimension. Darum handelt jeder Mensch in jedem Bereich menschlicher Tätigkeit geschichtlich. Die kleinsten und geringsten Dienste tragen dazu bei, die technischen und wirtschaftlichen Grundlagen der Gesellschaft zu erhalten, und haben auf diese Art teil an der Geschichte. Aber die politische Funktion hat den Vorrang im geschichtlichen Handeln. Das hat seinen Grund in der Zentriertheit der geschichtlichen Gruppen, in ihren statischen wie in ihren dynamischen Zügen. Und die Funktion, in der diese Zentriertheit aktualisiert ist, ist die politische. Deshalb wird das Bild der Geschichte, gleich ob in den Augen des Volkes oder in den Büchern der Gelehrten, von politischen Persönlichkeiten und ihren Handlungen beherrscht. Selbst die Geschichte der Wirtschaft, der Wissenschaften, der Kunst oder der Kirche kann nicht umhin, ständig Bezug auf den politischen Rahmen zu nehmen, in dem sich die kulturellen oder religiösen Vorgänge abspielen.

Der Vorrang der politischen Funktion wie die Zweideutigkeit des Einzelnen in der Geschichte kommen am sichtbarsten in der demokratischen Organisation des politischen Bereiches zum Ausdruck. Wie bereits gesagt, darf die Demokratie als politisches System nicht absolut gesetzt werden, aber die Tatsache besteht, daß die Demokratie sich bisher als der beste Weg erwiesen hat, jedermann innerhalb einer geschichtlichen Gruppe die schöpferische Freiheit, an der Formung der Geschichte teilzunehmen, zu garantieren. Der Vorrang des Politischen bedeutet, daß alle anderen Funktionen, die schöpferische Freiheit zur Voraussetzung haben, von der politischen Organisation abhängen. Um die Richtigkeit dieser Behauptung zu erkennen, braucht man nur einen Blick auf die diktatorischen Systeme zu werfen und auf ihre Versuche, alle Formen des kulturellen Lebens, Ethik und Religion eingeschlossen, der zentralen politischen Macht zu unterwerfen. Das Ergebnis ist, daß nicht nur die Freiheit des politischen Handelns untergraben wird, sondern die Freiheit jeder Art von Produktivität, abgesehen von den Fällen, in denen sie im Interesse der zentralen Autorität liegt (wie in Sowjet-Rußland im Fall der Naturwissenschaften). Die Demokratie ermöglicht es, in allen Bereichen in Freiheit schöpferisch zu sein, weil sie

Die Zweideutigkeiten des Einzelnen in der Geschichte

es ermöglicht, im politischen Bereich für die Freiheit zu kämpfen. Trotzdem ist der Einfluß des Einzelnen innerhalb des demokratischen Systems begrenzt und zweideutig. In der politischen Tätigkeit insbesondere beschränkt die Art und Weise der Repräsentation die Teilnahme des Einzelnen; das gilt besonders für die Massengesellschaft mit ihrer mächtigen Parteidemokratie. Eine Mehrheit kann durch Methoden erreicht und erhalten werden, die eine große Zahl von Menschen vollkommen und auf unabsehbare Zeit des politischen Einflusses berauben. Wenn die Massenmedien in die Hände der regierenden Gruppen gelangen, können sie eine Konformität erzwingen, die die schöpferische Kraft auf allen Gebieten ebenso erfolgreich untergräbt wie die Diktatur; und das wirkt sich auf dem politischen Gebiet am stärksten aus. Andrerseits kann die Wirksamkeit der Demokratie durch Spaltung innerhalb der Gruppe zerstört werden, zum Beispiel durch das Aufkommen so zahlreicher Parteien, daß keine Mehrheit mehr gebildet werden kann, die handlungsfähig ist. Oder es entstehen Parteien mit absolutistischen Ideologien, die auf Tod und Leben gegen die Opposition kämpfen. In solchen Fällen bleibt die Diktatur nicht mehr lange aus.

Es gibt eine Zweideutigkeit in der Rolle des Einzelnen in der Geschichte, die in allen politischen Systemen hervortritt. Sie äußert sich als Abwendung des Einzelnen von der Geschichte, als Verzicht auf Teilnahme an der Geschichte. In vielen Menschen besteht der Wunsch, sich der Geschichte überhaupt zu entziehen. Hamlets Monolog „Sein oder Nichtsein" bringt den existentiellen Grund für diesen Wunsch zum Ausdruck. In unserer Zeit hat der Zusammenbruch des Fortschrittsglaubens eine allgemeine Gleichgültigkeit der Geschichte gegenüber verursacht, und die Ost-West-Spaltung mit ihrer Gefahr der totalen Selbstvernichtung hat unzählige Menschen zu Zynismus und Verzweiflung getrieben. Sie haben das gleiche Gefühl wie die jüdischen Apokalyptiker, daß die Erde „alt" geworden ist – ein Bereich, in dem dämonische Kräfte herrschen, und sie richten den Blick über die Geschichte hinaus, in Resignation oder mystischer Erhebung. Die Symbole der Hoffnung, die weltlichen wie die religiösen, die für das Ziel stehen, auf das sich die Geschichte hinbewegt, haben ihre ergreifende Macht verloren. Der Einzelne fühlt sich als Opfer von Mächten, auf die er keinen Einfluß hat. Die Geschichte ist für ihn Negativität ohne Hoffnung.

Die Zweideutigkeit des Lebens in der geschichtlichen Dimension und die Folgen dieser Zweideutigkeit für das Leben des Einzelnen in seiner geschichtlichen Gruppe führen zu der Frage: Was bedeutet die Geschichte für den Sinn der Existenz überhaupt? Alle Deutungen der Geschichte versuchen, auf diese Frage eine Antwort zu geben.

C

DEUTUNGEN DER GESCHICHTE UND DIE FRAGE NACH DEM REICH GOTTES

1. Wesen und Problem der Geschichtsdeutung

Jede Legende, jede Chronik, jeder Bericht vergangener Ereignisse, jedes gelehrte historische Werk enthält eine Deutung der Geschichte. Das folgt aus dem subjektiv-objektiven Charakter der Geschichte, von dem wir gesprochen haben. Eine solche Deutung hat jedoch mehrere Ebenen. Sie schließt ein: die Auswahl der Tatsachen nach dem Kriterium ihrer Wichtigkeit, die Bewertung kausaler Zusammenhänge, ein Bild von der Struktur der Person und der Gemeinschaft, eine Theorie über das Handeln von Einzelnen, Gruppen und Massen, eine soziale und politische Philosophie und – dem allen zugrunde liegend, ob eingestanden oder nicht, – eine Deutung des Sinnes der Geschichte als Teil einer Sinndeutung der Existenz überhaupt. Eine solche Deutung beeinflußt, bewußt oder unbewußt, alle Ebenen der Interpretation und ist ihrerseits von der Kenntnis geschichtlicher Prozesse im besonderen wie im allgemeinen abhängig. Diese gegenseitige Abhängigkeit von historischem Wissen und historischem Verstehen sollte von jedem erkannt werden, der sich mit Geschichte beschäftigt.

Unser Problem ist, die Geschichte auf die Frage hin zu interpretieren: Was bedeutet die Geschichte für den Sinn der Existenz im allgemeinen? In welcher Weise beeinflußt sie unser letztes Anliegen? Die Antwort auf diese Frage muß auf die Zweideutigkeiten bezogen werden, die in den Lebensprozessen in der Dimension der Geschichte enthalten und die alle Ausdruck der Zweideutigkeit der geschichtlichen Zeit sind.

Wie ist eine Antwort auf die Frage nach dem Sinn der Geschichte möglich? Der subjektiv-objektive Charakter der Geschichte schließt eine objektive, sachliche Antwort im Sinne wissenschaftlicher Deutung aus. Nur vollkommene Teilnahme am geschichtlichen Handeln kann die Grundlage für eine Deutung der Geschichte abgeben. Geschichtliches Handeln ist der Schlüssel zum Verständnis der Geschichte. Das würde jedoch zu so vielen verschiedenen Deutungen der Geschichte führen, wie es Typen des geschichtlichen Handelns gibt; und so erhebt sich die Frage: Welcher Typ stellt den richtigen Schlüssel dar? Oder mit anderen Worten: Welcher geschichtlichen Gruppe muß man angehören, um die universale Sicht zu gewinnen, die den Sinn der Geschichte enthüllt?

Wesen und Problem der Geschichtsdeutung

Alle geschichtlichen Gruppen sind partikulare Gruppen, und die Teilnahme an ihrem geschichtlichen Handeln bringt eine partikulare Auffassung vom Ziel des geschichtlichen Handelns mit sich. Es ist das Sendungsbewußtsein der Gruppe, von dem wir sprachen, das über den Schlüssel für das Verständnis der Geschichte entscheidet. Das griechische Selbstverständnis, aus dem Sendungsbewußtsein geboren, wie es zum Beispiel in der „*Politik*" des Aristoteles zum Ausdruck kommt, sieht in dem Gegensatz von Griechen und Barbaren den Schlüssel zum Verständnis der Geschichte, während das jüdische Selbstverständnis, wie es in der prophetischen Literatur zum Ausdruck kommt, einen solchen Schlüssel in der Herrschaft Jahwes über die Völker der Welt sieht[1]. Im Augenblick geht es um die Frage: Welche Gruppe und welches Sendungsbewußtsein können den universalen Schlüssel für das Verständnis der Geschichte als ganzer abgeben? Indem wir nach einer Antwort auf diese Frage suchen, haben wir bereits eine Deutung der Geschichte vorausgesetzt, die Anspruch auf Universalität macht. Wir haben uns bereits des Schlüssels bedient, indem wir seinen Gebrauch zu rechtfertigen suchten. Das ist eine unvermeidliche Folge des theologischen Zirkels, innerhalb dessen sich die systematische Theologie bewegt; aber dieser Zirkel ist unvermeidlich, sobald die Frage nach dem letzten Sinn der Geschichte gestellt wird. Der Schlüssel und das, was der Schlüssel erschließt, werden in ein und demselben Akt gefunden. Das Sendungsbewußtsein in einer bestimmten geschichtlichen Gruppe und das Geschichtsbild, das in diesem Bewußtsein mitgegeben ist, gehören zusammen. Innerhalb des Zirkels dieses theologischen Systems werden Schlüssel und Antwort im Christentum gefunden. Im christlichen Sendungsbewußtsein wird die Geschichte so gesehen, daß die Fragen, die mit der Zweideutigkeit des Lebens in der geschichtlichen Dimension gegeben sind, in dem Symbol „Reich Gottes" ihre Antwort finden. Die Gültigkeit dieser Antwort muß jedoch geprüft werden, indem dieses Symbol den anderen Haupttypen der Geschichtsdeutung gegenübergestellt und im Lichte dieser Gegenüberstellung neu interpretiert wird.

Die Deutung der Geschichte enthält mehr als nur eine Antwort auf das Problem der Geschichte. Da Geschichte die alles umfassende Dimension des Lebens ist und da geschichtliche Zeit alle anderen Dimensionen der Zeit voraussetzt, enthält die Antwort auf die Frage nach dem Sinn der Geschichte eine Antwort auf die Frage nach dem universalen Sinn des Seins. Die geschichtliche Dimension ist in allen Lebensbereichen gegenwärtig, wenn auch nur als untergeordnetes Element in

---

[1] Weitere Beispiele wurden oben auf S. 355 gegeben.

der Struktur eines Bereiches. In der menschlichen Geschichte kommt sie zu voller Aktualisierung. Mit ihrer Aktualisierung aber bezieht sie die Zweideutigkeit und Problematik in den anderen Dimensionen in sich ein. Auf das Symbol „Reich Gottes" angewandt, bedeutet das, daß das „Reich" das Leben in allen Bereichen umfaßt, oder daß alles Seiende an dem Streben nach dem inneren Ziel der Geschichte teilhat: der Erfüllung der Selbst-Transzendierung. Solch eine Behauptung ist in der Tat mehr als eine Antwort auf die Frage der Geschichtsdeutung. Sie enthält bereits eine Deutung. Deshalb müssen wir uns jetzt fragen: Wie kann diese besondere Auffassung von dem inneren Ziel der Geschichte, wie sie in dem theologischen System erscheint, beschrieben und gerechtfertigt werden?

2. Negative Antworten auf die Frage nach dem Sinn der Geschichte

Die Zweideutigkeiten der Geschichte als der letzte Ausdruck der Zweideutigkeiten des Lebens in allen seinen Dimensionen haben zu einer grundsätzlichen Spaltung in der Bewertung der Geschichte und des Lebens selbst geführt. Wir haben darauf in dem Kapitel über das Neue Sein und seine Erwartung hingewiesen und die beiden Typen der Geschichtsdeutung, den geschichtlichen und den ungeschichtlichen, einander gegenübergestellt. Der ungeschichtliche Typ, den wir zuerst beschreiben wollen, beruht auf der Annahme, daß der Ablauf der geschichtlichen Zeit weder innerhalb noch jenseits der Geschichte ein Ziel habe, sondern daß die Geschichte der „Ort" sei, an dem einzelne Wesen ihr Leben leben, ohne Bewußtsein von einem ewigen Ziel ihres persönlichen Lebens. Die meisten Menschen nehmen diese Haltung der Geschichte gegenüber ein. Man kann drei verschiedene Formen dieser ungeschichtlichen Auffassung von der Geschichte unterscheiden: die tragische, die mystische und die mechanistische.

Die tragische Geschichtsauffassung hat ihren klassischen Ausdruck im Griechentum gefunden, ist aber keineswegs auf dieses beschränkt. Nach dieser Anschauung bewegt sich die Geschichte nicht auf ein geschichtliches oder übergeschichtliches Ziel zu, sondern sie bewegt sich im Kreis zu ihrem Anfang zurück. In ihrem Verlauf bringt sie jedem Wesen Entstehung, Blüte und Verfall, jedes zu seiner Zeit und in bestimmten Grenzen. Es gibt nichts jenseits oder über diesem Zeitablauf, der selbst durch das Schicksal bestimmt ist. Innerhalb der kosmischen Kreisbewegung lassen sich Perioden unterscheiden, die in ihrer Gesamtheit einen Prozeß des Verfalls darstellen, der mit ursprünglicher Vollkommenheit beginnt und gradweise zu einem Zustand äußerster Entstellung dessen führt, was Welt und Mensch ihrem Wesen nach sind. Existenz in Zeit und Raum und die Vereinzelung der Individuen ist tragische Schuld, die notwendigerweise zu Selbstzerstörung führt. Aber Tragik setzt Größe voraus, und in dieser Anschauung wird eine starke Betonung auf Größe in Form von Zentriertheit, schöpferischer Kraft und Selbst-Transzendenz gelegt. Die Größe des Lebens in der Natur, im Leben der Völker und einzelner Menschen wird gepriesen, und weil das Leben groß ist, werden seine Kürze, sein Elend und seine Tragik beklagt. Aber es gibt keine Hoffnung, keine Erwartung einer immanenten oder transzendenten Erfüllung der Geschichte. Diese Anschauung des Lebens ist ungeschichtlich; sie geht nicht über den tragischen Kreis von Geburt und Tod hinaus. Die Zweideutigkeit des Lebens wird nicht überwunden; es gibt keinen Trost für die desintegrierende, zerstörerische, profanisierende Seite des Lebens, und die einzige Kraftquelle ist der Mut, der den Helden und Weisen über die Unbeständigkeit der geschichtlichen Existenz erhebt.

Diese Art, die Geschichte zu transzendieren, weist auf den zweiten Typ der ungeschichtlichen Geschichtsdeutung hin, den mystischen. Obwohl er auch innerhalb der westlichen Kultur zu finden ist, wie beispielsweise im Neuplatonismus und im Spinozismus, hat er sich nur im Osten zu vollkommenen und einflußreichen Formen entwickelt, wie im Vedanta-Hinduismus, im Taoismus und im Buddhismus. Nach dieser Anschauung ist die geschichtliche Existenz ohne Sinn in sich selbst. Der Mensch muß in ihr leben und muß vernünftig handeln; aber die Geschichte selbst kann weder das Neue schaffen, noch ist sie wahrhaft wirklich. Diese Haltung, die verlangt, daß wir uns *über* die Geschichte erheben, während wir *in* ihr leben, ist die in der geschichtlichen Menschheit am meisten verbreitete Haltung zur Geschichte. In einigen Hindu-Philosophien gibt es – ähnlich wie im Stoizismus – die Vorstellung von kosmischen Zyklen von Geburt und Verfall, in denen die geschichtliche Menschheit von einer Periode zur nächsten herabsinkt bis zu der letzten, in der wir uns gegenwärtig befinden. Aber im allgemeinen gibt es in dieser ungeschichtlichen Haltung zur Geschichte kein Bewußtsein von geschichtlicher Zeit und von einem Ziel, auf das sich die Geschichte hinbewegt. Im Vordergrund stehen das Individuum und besonders die wenigen erleuchteten Individuen, die sich der menschlichen Situation bewußt sind. Die übrigen trifft das pharisäische Urteil über ihr „Karma", das sie in einer früheren Inkarnation selbst verschuldet haben; oder sie werden zum Gegenstand des Mitleids und besonderer religiöser Ermahnungen, die ihrem unerleuchteten Zustand entsprechen, wie in gewissen Formen des Buddhismus. Auf keinen Fall enthalten diese Religionen einen Ansporn, die Geschichte auf das Ziel einer universalen Menschlichkeit und Gerechtigkeit hin zu verwandeln. Die Geschichte hat kein Ziel, weder in der Zeit noch in der Ewigkeit. Daraus folgt wiederum, daß auch die Zweideutigkeiten des Lebens, die in allen Dimensionen herrschen, nicht überwunden werden können. Es gibt nur eine Möglichkeit, ihrer Herr zu werden: sie zu transzendieren und mit ihnen zu leben als einer, der bereits zu dem „letzten Einen" zurückgekehrt ist. Wem das gelingt, der hat die Wirklichkeit nicht verwandelt, sondern hat sich von der Verstrickung in ihr befreit. Hier gibt es kein Symbol, das dem „Reich Gottes" entspricht. Aber man findet oft ein tiefes Mitleiden für das universale Leid in allen Dimensionen des Lebens – ein Element, das in der westlichen Welt, in der die geschichtliche Geschichtsauffassung ausschlaggebend ist, oft fehlt.

Unter dem Einfluß der modernen wissenschaftlichen Erklärung der Wirklichkeit in allen ihren Dimensionen hat sich auch das Verständnis der Geschichte geändert, nicht nur gegenüber der mystischen, sondern auch gegenüber der tragischen Anschauung von der Geschichte. Die physikalische Zeit ist in der Analyse der Zeit so beherrschend, daß die besonderen Qualitäten der biologischen, und erst recht der geschichtlichen Zeit übersehen werden. Die Geschichte ist zu einer Reihe von Geschehnissen im physikalischen Raum geworden, die interessant sind und wert, verzeichnet und erforscht zu werden, aber nicht zum Verständnis der Existenz als solcher beitragen. Man kann hier von dem „mechanistischen" Typ der Geschichtsdeutung sprechen (wobei „mechanistisch" im Sinn des reduktionistischen Naturalismus verstanden ist). Die mechanistische Deutung legt keine Betonung auf das tragische Element in der Geschichte, wie es der griechische Naturalismus tat. Da sie in enger Beziehung zu der wissenschaftlichen und technischen Naturbeherrschung steht, hat sie oft fortschrittsgläubigen Charakter. Aber sie kann auch die entgegengesetzte Richtung einnehmen, die der zynischen Entwertung der Existenz im allgemeinen und der Geschichte im besonderen. In keinem Fall versteht sie die Geschichte als einen Prozeß, der sich auf ein innergeschichtliches oder übergeschichtliches Ziel hinbewegt.

3. Positive, aber unzulängliche Antworten auf die Frage nach dem Sinn der Geschichte

In manchen Fällen verbindet sich die mechanistische Geschichtsauffassung mit dem Fortschrittsglauben und führt zu der ersten unter den geschichtlichen Deutungen der Geschichte, die zu besprechen ist. In ihr

Positive, aber unzulängliche Antworten

bedeutet „Fortschritt" mehr als eine empirische Tatsache (obwohl er auch dies ist); er ist zu einem quasi-religiösen Symbol geworden. In dem Abschnitt über „Fortschritt" erörterten wir die Berechtigung und die erfahrungsmäßigen Grenzen dieses Begriffs. Jetzt müssen wir ihn in seinen Erhebungen zu einem universalen Gesetz betrachten, das die Dynamik der Geschichte bestimmt. Die positive Seite des Fortschrittsglaubens besteht darin, daß er einerseits die progressive Intention in jedem schöpferischen Akt betont und andrerseits diejenigen Gebiete der Selbst-Verwirklichung des Lebens heraushebt, zu deren Wesen Fortschritt gehört, z. B. die Technik. Dadurch bestätigt das Symbol des Fortschritts die entscheidende Qualität der geschichtlichen Zeit, nämlich ihr „Auf-ein-Ziel-Gerichtetsein". Der Fortschrittsglaube ist eine echt geschichtliche Auffassung von der Geschichte. Zeitweise war seine Symbolkraft so stark wie die der großen religiösen Symbole der Geschichtsdeutung, das Symbol „Reich Gottes" eingeschlossen. Der Fortschrittsglaube hat dem geschichtlichen Handeln Antrieb gegeben, hat Revolutionen ihre Leidenschaftlichkeit verliehen und hat vielen Menschen, die allen anderen Glauben verloren hatten, einen neuen Lebenssinn gegeben, so daß es für sie eine geistige Katastrophe bedeutete, als schließlich auch der Fortschrittsglaube zusammenbrach. Kurz, Fortschritt war ein quasi-religiöses Symbol geworden, obwohl sein Ziel innergeschichtlich ist.

Man kann zwei Formen des Fortschrittsgedankens unterscheiden: den Glauben an den Fortschritt an sich als endlosen Prozeß und den Glauben an einen Endzustand der Erfüllung im Sinne des Begriffs „drittes Stadium". Die erste Form ist der Ausdruck des eigentlichen Fortschrittsgedankens; die zweite Form ist Utopismus (der eine besondere Besprechung verlangt). Fortschrittsglaube als Glaube an endlosen Fortschritt als solchen ohne bestimmtes Ziel verdankt seine Entstehung der idealistischen Richtung in der philosophischen Selbst-Interpretation der modernen Industrie-Gesellschaft. Der Neukantianismus war besonders wichtig für die Entwicklung der Idee des unendlichen Fortschritts: danach ist Wirklichkeit die niemals beendete Schöpfung des kulturellen Schaffens des Menschen. Hinter dieser Schöpfung gibt es keine „Wirklichkeit an sich". Auch in Hegels dialektischen Prozessen fehlt das Element des endlosen Fortschritts nicht. Die treibende Kraft ist die Negation, die – wie Bergson besonders betont hat – eine unendliche Offenheit der Zukunft voraussetzt und Fortschritt selbst für Gott fordert. Die Tatsache, daß Hegel die dialektische Bewegung mit seiner eigenen Philosophie als beendet betrachtete, war keine notwendige Folgerung aus seinem Prinzip und verhinderte nicht, daß der Fortschrittsglaube des 19. Jahrhunderts aufs stärkste durch Hegel beeinflußt wurde. Die positivistische Richtung der Philosophie des 19. Jahrhunderts konnte – wie Comte und Spencer beweisen – den Fortschrittsglauben in ihrer eigenen Weise aufnehmen; diese Schule hat ein großes Maß von Material geliefert, das den Fortschritt als universales Gesetz der Geschichte beweisen sollte – ein Gesetz das für alle Dimensionen des Lebens gilt, aber erst in der menschlichen Geschichte sich seiner bewußt wird.

Die Erfahrungen unseres Jahrhunderts haben den Fortschrittsglauben untergraben: die katastrophalen Rückfälle auf Stufen der Unmenschlichkeit, die man für längst überwunden gehalten hatte, das Sichtbarwerden von Zweideutigkeiten des Fortschritts auf Gebieten, in denen wirklicher Fortschritt stattfindet, das Gefühl der Sinnlosigkeit eines endlosen Fortschritts ohne Ziel und die Erkenntnis, daß jedes neue Lebewesen mit der Freiheit geboren wird, neu zu beginnen, sei es zum Guten oder zum Bösen. Es ist erstaunlich, wie plötzlich und radikal der Fortschrittsglaube zusammengebrochen ist, so radikal, daß heute viele Menschen – der Verfasser eingeschlossen –, die vor zwanzig Jahren gegen die Fortschrittsideologie kämpften, es für nötig halten, die berechtigten Elemente dieser Idee zu verteidigen.

Den schärfsten Angriff auf den Glauben an endlosen Fortschritt enthielt eine Idee, die aus derselben Wurzel stammt – die utopische Geschichtsauffassung. Utopismus ist Fortschrittsglaube mit einem bestimmten Ziel, nämlich dem Ziel, das Stadium der Geschichte zu erreichen, in dem die Zweideutigkeiten des Lebens überwunden sind. Um den Utopismus zu verstehen, ist es nötig – wie im Falle des Fortschrittsglaubens –, die treibende Kraft im Utopismus von dem wörtlich verstandenen Symbol der Utopie zu unterscheiden (vgl. „Das Symbol des dritten Stadiums in der Geschichte"). Die Stoßkraft der Utopie liegt in ihrer Intensivierung des Fortschrittsgedankens. Aber sie unterscheidet sich von diesem durch den Glauben, daß durch gegenwärtiges revolutionäres Handeln die endgültige Umgestaltung der Wirklichkeit herbeigeführt und das Stadium der Geschichte erreicht werde, in dem der *ou-topos* (Nicht-Ort) zum universalen Ort der Geschichte wird. Dieser Ort ist unsere Erde, der Planet, der im geozentrischen Weltbild am weitesten von der himmlischen Sphäre entfernt und im heliozentrischen Weltbild ein Stern neben anderen ist mit der gleichen Würde, Endlichkeit und inneren Unendlichkeit wie alle anderen. Und es ist der Mensch, der Mikrokosmos, in dem alle Dimensionen des Universums verkörpert sind, der die Erde in den Ort der Erfüllung verwandeln soll, die im „Paradies" bloße Potentialität war. Diese Ideen der Renaissance liegen vielen Formen des säkularen Utopismus der

Positive, aber unzulängliche Antworten

Neuzeit zugrunde und haben revolutionären Bewegungen bis heute Antrieb gegeben.

Die Fragwürdigkeit der utopischen Geschichtsdeutung ist in den Entwicklungen des 20. Jahrhunderts deutlich zutage getreten. Die Macht und Wahrheit der utopischen Stoßkraft jedoch hat sich durch den ungeheuren Erfolg auf all den Gebieten erwiesen, in denen das Gesetz des Fortschritts gilt, wie ihn die Renaissance-Utopien vorausgesehen hatten; aber zugleich ist der radikale Widerspruch zwischen diesem Fortschritt und dem Rückschritt in den Bereichen, in denen menschliche Freiheit bestimmend ist, in Erscheinung getreten. Auch in diesen Bereichen jedoch hatten die Utopisten der Renaissance und ihre Nachfolger in den revolutionären Bewegungen der letzten dreihundert Jahre einen Zustand unzweideutiger Erfüllung erwartet. Aber diese Erwartungen wurden zerstört, und eine tiefe Enttäuschung trat an ihre Stelle, wie sie immer nach gebrochenen Utopien eintritt. Eine Geschichte solcher „existentieller Enttäuschungen" in der Neuzeit wäre eine Geschichte des Zynismus, der Gleichgültigkeit der Massen, des gespaltenen Bewußtseins der führenden Gruppen, des Fanatismus und der Tyrannei. Existentielle Enttäuschungen erzeugen individuelle und soziale Krankheiten und Katastrophen – ein Preis, der für ekstatische Abgötterei bezahlt werden muß; denn Utopismus, wenn er wörtlich verstanden wird, ist Abgötterei. Er macht ein Vorläufiges zum Endgültigen. Er macht etwas Bedingtes (die zukünftige geschichtliche Situation) zum Unbedingten und übersieht dabei die unvermeidliche existentielle Entfremdung und die Zweideutigkeiten des Lebens und der Geschichte. Das macht die utopische Geschichtsdeutung unzulänglich und gefährlich.

Eine dritte Art unzulänglicher Geschichtsdeutung könnte als der „transzendentalistische" Typ bezeichnet werden. Er ist in der eschatologischen Stimmung des Neuen Testaments und der frühen Kirche bis zu Augustin enthalten und ist in seiner radikalen Form vom orthodoxen Luthertum geprägt worden. Danach ist die Geschichte der Ort, an dem nach der Vorbereitung durch das Alte Testament der Christus erschienen ist, um den einzelnen Menschen innerhalb der Kirche aus der Knechtschaft der Sünde und der Schuld zu befreien und würdig zu machen, nach dem Tode am Himmelreich teilzuhaben. Geschichtliches Handeln, besonders in dem entscheidenden politischen Bereich, kann weder innerlich noch äußerlich von der Zweideutigkeit der Macht befreit werden. Zwischen der Gerechtigkeit des Reiches Gottes und der Gerechtigkeit der Machtgebilde besteht keine Verbindung; die beiden Welten sind durch eine unüberbrückbare Kluft voneinander getrennt. Der sektiererische Utopismus sowie die theokratische Geschichtsdeutung des Calvinismus werden abgelehnt. Revolutionäre Versuche, ein korruptes politisches System abzuändern, widersprechen dem Willen Gottes, wie er in den Werken seiner Vorsehung zum Ausdruck kommt. Nachdem die Geschichte zum Schauplatz erlösender Offenbarung geworden ist, kann nichts wesentlich Neues mehr in ihr erwartet werden. Die Haltung, die in diesen Gedanken zum Ausdruck kommt, entsprach der Lage der meisten Menschen zur Zeit des späten Feudalismus in West- und Osteuropa, und sie enthält ein Element, das der Lage unzähliger Menschen zu allen Zeiten der Geschichte entspricht. In der Theologie ist diese Haltung ein notwendiges Gegengewicht gegen die Gefahr des weltlichen wie des religiösen Utopismus; aber sie genügt nicht als geschichtliche Deutung der Geschichte. Ihr offensichtlicher Nachteil ist, daß sie die Erlösung des Einzelnen in Gegensatz stellt zu dem Schicksal der geschichtlichen Gruppe und des Universums und auf diese Art das eine vom anderen trennt. Diese Haltung wurde scharf kritisiert von Thomas Münzer, der gegen Luther auf die soziale Lage der Massen hinwies, die ihnen weder Zeit noch Kraft für ein Leben des Geistes ließ. Dieses Urteil wurde später von den Religiösen Sozialisten wiederholt in ihrer Analyse der soziologischen und psychologischen Lage des Proletariats in den Industriestädten des ausgehenden 19. und des beginnenden 20. Jahrhunderts. Ein weiterer Nachteil der transzendentalistischen Geschichtsinterpretation ist die Art, wie sie das Reich der Erlösung dem Reich der Schöpfung entgegenstellt. Macht an sich ist ein geschaffenes Gutes und ein Element in der essentiellen Struktur des Lebens. Wenn sie jedoch von der Erlösung ausgeschlossen ist – wie fragmentarisch die Erlösung auch sein mag –, dann ist auch das Leben selbst von der Erlösung ausgeschlossen. In solchen Konsequenzen wird die Gefahr des Manichäismus in der transzendentalistischen Geschichtsauffassung sichtbar.

Schließlich wird in dieser Anschauung das Symbol „Reich Gottes" als eine statische, übernatürliche Ordnung betrachtet, in die einzelne Menschen nach dem Tode eingehen – anstatt im Sinne der Bibel als dynamische Macht auf der Erde, um deren Kommen wir im Vaterunser beten, eine Macht, die mit den dämonischen Gewalten im Kampf liegt, die in den Kirchen und den Reichen der Welt wirksam sind. Der transzendentalistische Typ der Geschichtsdeutung erweist sich also als unzulänglich, weil er Kultur wie Natur von den erlösenden Kräften in der Geschichte ausschließt. Dies ist paradoxerweise gerade durch den Typ des Protestantismus geschehen, der – nach der Tradition Luthers – die positivste Haltung zur Natur hatte und am meisten zur Entwicklung der Künste, der Erkenntnis und der Wissenschaften beigetragen hat. Aber all dies mußte wegen der transzendentalistischen Haltung des Luthertums gegen Politik, Sozialethik und Geschichte ohne entscheidenden Einfluß auf das moderne Christentum bleiben.

Nicht zufrieden mit der fortschrittsgläubigen, utopischen und transzendentalistischen Deutung der Geschichte (und in Ablehnung der ungeschichtlichen Typen) suchten die Religiösen Sozialisten in den frühen zwanziger Jahren dieses Jahrhunderts nach einer Lösung, die diese Unzulänglichkeiten vermied und sich auf den biblischen Prophetismus stützte. Dieser Versuch ging von einer Neuinterpretation des Symbols „Reich Gottes" aus.

4. Das Symbol „Reich Gottes" als die Antwort auf die Frage nach dem Sinn der Geschichte

a) *Die Charakteristika des Symbols „Reich Gottes".* – In dem Kapitel über die drei Symbole für das unzweideutige Leben zeigten wir, in welcher Beziehung das Symbol „Reich Gottes" zu den Symbolen „Gegenwart des göttlichen Geistes" und „Ewiges Leben" steht, und stellten fest, daß jedes dieser Symbole die beiden anderen in sich einbegreift. Wegen der Verschiedenheit des symbolischen Stoffes jedoch ist es berechtigt, „Gegenwart des göttlichen Geistes" als die Antwort auf die Zweideutigkeit des menschlichen Geistes und seiner Funktionen zu verstehen, „Reich Gottes" als die Antwort auf die Zweideutigkeit der Geschichte und „Ewiges Leben" als die Antwort auf die Zweideutigkeit des Lebens in seiner Universalität. Aber die Bedeutung des Symbols „Reich Gottes" ist umfassender als die der beiden anderen Symbole. Das ist in dem Doppelcharakter des Symbols „Reich Gottes" begründet, das einen innergeschichtlichen und einen übergeschichtlichen Aspekt hat. Soweit es innergeschichtlich ist, nimmt es an der Dynamik der Geschichte teil; soweit es übergeschichtlich ist, enthält es die Antwort auf die Fragen, die mit der Zweideutigkeit der geschichtlichen Dynamik gegeben sind. In der ersten Eigenschaft manifestiert es sich in der „Gegenwart des göttlichen Geistes", in der zweiten Eigenschaft ist es identisch mit dem „Ewigen Leben". Dieser Doppelcharakter macht „Reich Gottes" zu einem äußerst wichtigen und äußerst schwierigen Symbol im christlichen Denken und sogar zu einem höchst kritischen Symbol für den politischen und kirchlichen Absolutismus. Aus diesem Grund ist es in der kirchlichen Entwicklung des Christentums wie in dem Sakramentalismus der beiden katholischen Kirchen in den Hintergrund gedrängt worden und hat heute, nachdem es von der Bewegung des *Social Gospel* und einigen Richtungen des Religiösen Sozialismus wieder aufgenommen (und im ersten Fall teilweise säkularisiert) worden war, seine Macht wieder eingebüßt. Das ist merkwürdig angesichts der Tatsache, daß Jesu erste Botschaft die Botschaft vom „Himmelreich, das nahe ist", war und daß die Christenheit in jedem Vaterunser um das Kommen des Reiches Gottes bittet.

Die Wiederbelebung dieses Symbols kann durch die Begegnung des Christentums mit den asiatischen Religionen, besonders mit dem Buddhismus, bewirkt werden. Obwohl die großen, aus Indien stammenden Religionen behaupten, daß sie jede Religion als Teil-Wahrheit in ihre sich selbst transzendierende Universalität aufnehmen können, scheint es nicht möglich, daß sie das Symbol „Reich Gottes" auch nur annähernd in seinem ursprünglichen Sinn bejahen können. Der symbolische Stoff ist Bereichen entnommen – dem persönlichen, gesellschaftlichen und politischen –, die in der Grunderfahrung des Buddhismus radikal transzendiert werden, während sie wesenhafte und immer vorhandene Elemente der christlichen Erfahrung sind. Die Folgen dieser Verschiedenheit für Religion und Kultur in Ost und West sind von weltgeschichtlicher Bedeutung. Kein anderes Symbol des Christentums scheint so deutlich auf die Wurzel der Unterschiede zwischen östlicher und westlicher Religion hinzuweisen wie das Symbol „Reich Gottes", besonders wenn es dem Symbol des „Nirwana" gegenübergestellt wird.

Die erste Bedeutung des Symbols „Reich Gottes" ist die politische. Das entspricht dem Vorrang der politischen Sphäre in der geschichtlichen Dynamik. In dem Sinn, in dem das Alte Testament das Symbol entwickelt hat, bedeutet das „Reich Gottes" weniger ein Reich, in dem Gott herrscht, als die herrschende Macht selbst, die Gott gehört und die er nach dem Sieg über seine Feinde ergreifen wird. Obwohl das „Reich" als solches nicht im Vordergrund steht, fehlt es auch nicht gänzlich; es ist im Alten Testament identisch mit dem Berg Zion, mit Israel, mit den Völkern oder mit dem Universum. Im späten Judentum und im Neuen Testament, wo das Reich der göttlichen Herrschaft wichtiger wird, wird es als ein verwandelter Himmel und eine verwandelte Erde, als eine neue Wirklichkeit in einem neuen Zeitalter gesehen. Es ist das Ergebnis einer Wiedergeburt der alten in einer neuen Schöpfung, in der Gott alles in allem ist. Das politische Symbol wird zum kosmischen Symbol, ohne seine politische Bedeutung zu verlieren. Die verschiedenen Symbolisierungen der göttlichen Majestät, wie sie z. B. in dem englischen Ausdruck *kingdom of God* erscheinen, bedeuten keine Einführung einer spezifischen Verfassungsform in den symbolischen Stoff, im Gegensatz zu anderen Verfassungsformen wie der demokratischen. Das Symbol „König" ist (im Gegensatz zu anderen

Herrschaftsbezeichnungen) seit den ältesten Zeiten als unabhängiges Symbol für das höchste und heiligste Zentrum der politischen Macht gebraucht worden. Seine Anwendung auf Gott ist darum allgemein verständlich und in doppeltem Sinne symbolisch.

Die zweite Bedeutung des Symbols „Reich Gottes" ist die soziale. Sie schließt die Idee des Friedens und der Gerechtigkeit ein, aber sie steht damit nicht im Gegensatz zu der politischen Seite des Symbols und folglich auch nicht im Gegensatz zur Macht. In diesem Sinne erfüllt das Reich Gottes die utopische Erwartung eines Reiches des Friedens und der Gerechtigkeit. Aber indem dem Wort „Reich" das Wort „Gottes" hinzugefügt wird, wird dem Symbol der utopische Charakter genommen, denn durch diesen Zusatz wird die Unmöglichkeit einer irdischen Erfüllung implizit anerkannt. Trotzdem bleibt das soziale Element in dem Symbol ein ständiger Hinweis darauf, daß es keine Heiligkeit gibt ohne das Heilige des Sein-Sollenden, das heißt den unbedingten moralischen Imperativ der Gerechtigkeit.

Das dritte Charakteristikum des Symbols „Reich Gottes" ist sein Personalismus. Im Gegensatz zu Symbolen, in denen die Rückkehr zu dem „letzten Einen" als Ziel der Existenz aufgefaßt wird, wird in dem Symbol „Reich Gottes" dem Individuum ein ewiger Wert zuerkannt. Das übergeschichtliche Ziel, auf das die Geschichte hinführt, ist nicht Auslöschung, sondern Erfüllung der Menschheit in jedem Menschen.

Das vierte Charakteristikum des Symbols „Reich Gottes" ist seine Universalität. Es ist ein Reich, in dem nicht nur die Menschheit, sondern das Leben in allen Dimensionen Erfüllung findet. Das entspricht der vieldimensionalen Einheit des Lebens: Erfüllung in einer Dimension schließt Erfüllung in allen Dimensionen ein. In dieser Eigenschaft transzendiert das Symbol „Reich Gottes" das personalistisch-soziale Element, ohne es aufzuheben. Paulus drückt das so aus, daß „Gott alles in allem" sein wird, und daß der Christus Gott die Herrschaft über die Geschichte übergeben wird, wenn die Geschichte ihr Ziel erreicht hat.

b) *Die immanenten und die transzendenten Elemente in dem Symbol „Reich Gottes".* – Um sowohl eine positive wie eine zulängliche Antwort auf die Frage nach dem Sinn der Geschichte zu sein, muß das Symbol „Reich Gottes" zugleich immanent und transzendent sein. Jede einseitige Interpretation beraubt das Symbol seiner Kraft. In dem Abschnitt über die unzulänglichen Antworten auf die Frage nach dem Sinn der Geschichte besprachen wir die utopische und die transzendentalistische Interpretation und führten für beide Beispiele aus der christlich-protestantischen Tradition an. Das beweist, daß der bloße Gebrauch des Symbols „Reich Gottes" noch keine Gewähr für eine angemessene Antwort auf die Frage nach dem Sinn der Geschichte ist. Obwohl die Geschichte des Symbols alle Elemente einer genügenden Antwort enthält, zeigt die gleiche Geschichte, daß, wenn eines dieser Elemente unterdrückt wird, der Sinn des Symbols verzerrt wird. Deshalb ist es wichtig, auf das Hervortreten dieser Elemente in der Entwicklung der Idee vom „Reich Gottes" hinzuweisen.

In der prophetischen Literatur liegt die Betonung auf dem innergeschichtlich-politischen Element. Für die Propheten offenbart sich Jahwes Wesen und Willen in dem Schicksal Israels, und die Zukunft Israels zeigt den Sieg, den der Gott Israels im Kampf gegen seine Feinde erringen wird. Der Berg Zion wird zum religiösen Mittelpunkt für alle Völker werden; und obwohl „der Tag Jahwes" in erster Linie der Tag des Gerichts ist, ist er doch auch Erfüllung im geschichtlich-politischen Sinn. Aber damit ist noch nicht alles gesagt. Die Visionen von Gericht und Erfüllung enthalten ein Element, das kaum noch innergeschichtlich oder immanent genannt werden kann. Es ist Jahwe, der den Kampf gegen Feinde gewinnen wird, die Israel an Zahl und Macht unendlich überlegen sind. Es ist Gottes heiliger Berg, zu dem trotz seiner geographischen Bedeutungslosigkeit alle Völker kommen werden, um Gott anzubeten. Der wahre Gott, der Gott der Gerechtigkeit, besiegt eine Übermacht teils politischer, teils dämonischer Gewalten. Der Messias, der das neue Weltalter herbeiführen wird, ist ein menschliches Wesen mit übermenschlichen Zügen. Der Friede zwischen den Völkern schließt die Natur ein, so daß die wildesten Tiere friedlich nebeneinander leben werden. Diese transzendenten Elemente innerhalb der vorherrschend immanent-politischen Bedeutung der Idee vom Reich Gottes weisen auf seinen Doppelcharakter hin. Das Reich Gottes kann nicht durch die innergeschichtliche Entwicklung allein geschaffen werden. In den politischen Erschütterungen des Judentums während der römischen Herrschaft war dieser Doppelcharakter der prophetischen Vision fast vergessen worden – was zur völligen Vernichtung von Israels nationaler Existenz führte.

Ähnliche Erfahrungen lange vor der Zeit der römischen Herrschaft hatten jedoch dazu geführt, daß die Betonung von der immanent-politischen Seite der Idee vom Reich Gottes auf die transzendent-universale Seite verlegt wurde. Dies kommt am eindrucksvollsten in der sogenannten apokalyptischen Literatur der zwischentestamentlichen Zeit und bei einigen ihrer Vorläufer im späteren Teil des Alten Testaments zum Ausdruck. Die geschichtliche Vision wird erweitert und durch eine kosmische Vision ersetzt. Danach ist die Erde alt geworden, und dämonische Gewalten haben von ihr Besitz ergriffen. Kriege, Krankheit und Naturkatastrophen von kosmischem Ausmaß werden der Wiedergeburt aller Dinge und dem neuen Weltalter vorausgehen, in dem Gott Herr über alle Völker sein wird und die prophetischen Hoffnungen erfüllt sein werden. Dies wird jedoch nicht durch geschichtliche Entwicklung geschehen, sondern durch göttlichen Eingriff und durch eine neue Schöpfung, die einen neuen Himmel und eine neue Erde schafft. Derartige Visionen sind weder von der geschichtlichen Situation abhängig, noch sind sie durch menschliches Handeln bedingt. Der göttliche Mittler ist nicht mehr der geschichtliche Messias, sondern der „Menschensohn", der „himmlische Mensch". Diese Geschichtsauffassung war bestimmend für das Neue Testament. Innergeschichtlich-politische Ziele waren innerhalb des römischen Imperiums unerreichbar. Das Imperium muß seiner guten Elemente wegen akzeptiert werden (Paulus); Gott wird es seiner dämonischen Struktur wegen vernichten (Offenbarung). Offensichtlich ist diese Vision weit von jedem innergeschichtlichen Fortschrittsglauben oder Utopismus entfernt; aber sie ist trotzdem nicht ohne immanent-politische Elemente. Der Hinweis auf das römische Reich – das zuweilen als das letzte und größte der Weltreiche betrachtet wird – beweist, daß die Vorstellung von dämonischen Gewalten nicht nur ein Bild der Phantasie ist. Sie hat Bezug auf die geschichtlichen Mächte der Zeit, in der sie konzipiert wurde, und die kosmischen Katastrophen, die beschrieben werden, schließen auch geschichtliche Ereignisse aus dem tatsächlichen Leben der Völker ein. Das letzte Stadium der menschlichen Geschichte wird in Farben beschrieben, die der tatsächlichen Geschichte entnommen sind. Immer wieder haben spätere Zeiten in den mythischen Bildern der Apokalypse ihre eigene geschichtliche Existenz zu erkennen geglaubt. Das Neue Testament fügt dieser Vision ein neues Element hinzu: das innergeschichtliche Erscheinen Jesu als des Christus und die Gründung der Kirche inmitten der Zweideutigkeiten der Geschichte. Daraus geht hervor, daß die Betonung der Transzendenz in dem Symbol „Reich Gottes" innergeschichtliche Züge von entscheidender Bedeutung nicht ausschließt, ebenso wie die Vorherrschaft des immanenten Elements einen transzendenten Symbolismus nicht ausschließt.

Diese Entwicklungen zeigen, daß das Symbol „Reich Gottes" die Möglichkeit hat, zugleich immanente und transzendente Elemente zum Ausdruck zu bringen, obwohl in der Regel eines der beiden Elemente vorherrscht. Dies darf nicht vergessen werden, wenn in den folgenden Teilen des Systems die Wirklichkeit des Reiches Gottes innerhalb und jenseits der Geschichte erörtert wird.

II. DAS REICH GOTTES INNERHALB DER GESCHICHTE

A

DIE DYNAMIK DER GESCHICHTE
UND DAS NEUE SEIN

1. Die Idee der „Heilsgeschichte"

In dem Abschnitt „Die Manifestation des göttlichen Geistes in der geschichtlichen Menschheit" (Teil IV, S. 165 ff.) setzten wir die Lehre vom göttlichen Geist in Beziehung zu der geschichtlichen Existenz des Menschen, aber wir behandelten nicht die geschichtliche Dimension selbst. Wir klammerten die Geschichte aus – nicht, weil sie nicht in jedem Augenblick des geistigen Lebens wirksam wäre, sondern weil die verschiedenen Aspekte nur nacheinander behandelt werden können. Jetzt müssen wir die Gegenwart des göttlichen Geistes und seine Manifestationen beschreiben, insofern sie an der Dynamik der Geschichte teilhaben.

Die Theologie hat dieses Problem unter dem Begriff der Heilsgeschichte behandelt. Da dieser Begriff viele ungelöste Probleme enthält, gebrauche ich ihn nur versuchsweise und mit ernsten Vorbehalten. Das erste Problem ist die Frage, wie sich Heilsgeschichte und Offenbarungsgeschichte zueinander verhalten. Die fundamentale Antwort hierauf haben wir in Teil I (S. 129–158) gegeben: Wo Offenbarung ist, ist auch Erlösung. Das können wir umkehren und sagen: Wo Erlösung ist, ist auch Offenbarung. Erlösung schließt Offenbarung ein, da sie das Element der Wahrheit in der erlösenden Manifestation des Seinsgrundes betont. Deshalb sprechen wir, wenn wir von universaler (nicht „allgemeiner") Offenbarung sprechen, implizit auch von universaler Erlösung. Die zweite Frage ist, wie sich Weltgeschichte und Heilsgeschichte zueinander verhalten. Die beiden sind nicht identisch. Es war ein Fehler des klassischen Idealismus und gewisser Richtungen des theologischen Liberalismus, meist in Verbindung mit einer fortschrittsgläubigen Geschichtsinterpretation, sie miteinander zu identifizieren. Wegen der Zweideutigkeiten des Lebens in allen Dimensionen (einschließlich der geschichtlichen) ist es unmöglich, Weltgeschichte und

Die Idee der „Heilsgeschichte"

Heilsgeschichte zu identifizieren. Erlösung ist die Überwindung dieser Zweideutigkeiten, sie steht im Gegensatz zu ihnen und kann nicht mit einem Bereich identifiziert werden, der durch sie bedingt ist. Später werden wir sehen, daß die Heilsgeschichte auch nicht mit der Religionsgeschichte identisch ist, ebensowenig wie mit der Kirchengeschichte, obwohl die Kirche das Reich Gottes repräsentiert. Die erlösende Macht bricht in die Geschichte ein und wirkt durch die Geschichte, aber sie wird nicht durch die Geschichte geschaffen.

Die dritte Frage ist darum: Wie manifestiert sich die Heilsgeschichte in der Weltgeschichte? In der Beschreibung der Offenbarungserfahrungen [1] wurde die Manifestation des göttlichen Geistes im Hinblick auf das Element der Erkenntnis betrachtet. Und in den Kapiteln, die die Wirkung der Gegenwart des göttlichen Geistes auf einzelne Menschen und auf Gemeinschaften behandelten (Teil IV, S. 191), wurde die Manifestation der erlösenden Macht in ihrer Totalität beschrieben. Dabei wurde aber die geschichtliche Dimension dieser Manifestationen, ihre Dynamik im Verhältnis zur Dynamik der Weltgeschichte, nicht erörtert.

Wenn der Begriff „Heilsgeschichte" überhaupt gerechtfertigt werden kann, muß er auf eine Folge von Ereignissen hinweisen, in denen erlösende Macht in die geschichtlichen Vorgänge einbricht – von diesen Vorgängen bereits vorbereitet, so daß die Erlösung angenommen werden kann – und die Vorgänge so verwandelt, daß die Erlösung in der Geschichte wirksam werden kann. So betrachtet ist die Heilsgeschichte Teil der Universalgeschichte. Sie kann in Begriffen der meßbaren Zeit, der geschichtlichen Kausalität, eines bestimmten Raums und einer konkreten Situation beschrieben werden. Als Gegenstand der profanen Geschichtsschreibung muß sie den strengen Kriterien der methodischen historischen Forschung unterworfen werden. Gleichzeitig aber manifestiert sich in der Heilsgeschichte, obwohl sie sich *innerhalb* der Geschichte vollzieht, etwas, was nicht *aus* der Geschichte stammt. Aus diesem Grund hat man die Heilsgeschichte auch als heilige Geschichte bezeichnet. Aber sie ist beides: sie ist in derselben Folge von Ereignissen zugleich heilig und profan. In ihr tritt die sich selbst transzendierende Dynamik der Geschichte zutage, ihr Streben nach letzter Erfüllung. Die Bezeichnung der Heilsgeschichte als übergeschichtlich ist jedoch nicht gerechtfertigt. Die Vorsilbe „über" weist auf eine höhere Ebene der Wirklichkeit hin, einen Schauplatz göttlichen Handelns, der in keiner Verbindung mit der Weltgeschichte steht. In dieser Vorstel-

---

[1] Teil I, S. 129–158, „Die Wirklichkeit der Offenbarung". Einige Gedanken wurden darin vorausgenommen, die hier an diese Stelle des Systems gehören.

lung wird das Paradox, daß das Unbedingte sich innerhalb der Geschichte manifestiert, durch einen Supranaturalismus ersetzt, der Weltgeschichte und Heilsgeschichte als zwei getrennte Bereiche betrachtet. Aber wenn Weltgeschichte und Heilsgeschichte so voneinander getrennt sind, ist es nicht möglich zu erklären, wie die „übernatürlichen" Ereignisse erlösende Macht innerhalb der weltgeschichtlichen Vorgänge haben können.

Wegen dieser Mißverständnisse, denen der Begriff „Heilsgeschichte" ausgesetzt ist, mag es ratsam erscheinen, den Begriff überhaupt aufzugeben und statt dessen von den Manifestationen des Reiches Gottes in der Geschichte zu sprechen; denn wo sich das Reich Gottes manifestiert, da ist Offenbarung und Erlösung. Aber damit ist die Frage nicht beantwortet, ob es in diesen Manifestationen einen bestimmten Rhythmus gibt – eine Art Fortschritt, ein Auf und Ab oder eine Wiederholung gewisser Konstellationen – oder ob es nichts dergleichen gibt. Diese Frage kann nicht allgemein beantwortet werden. Ihre Beantwortung beruht auf der konkreten Offenbarungserfahrung einer Gruppe; darum ist sie durch die Art des theologischen Systems bestimmt, innerhalb dessen die Frage gestellt wird. Die im folgenden gegebene Antwort fußt auf dem christlichen Symbolismus und auf der Grundthese des Christentums, daß Jesus von Nazareth der Christus ist, die endgültige Manifestation des Neuen Seins in der Geschichte.

2. Die zentrale Manifestation des Reiches Gottes in der Geschichte

Das Christentum behauptet, daß sich das Reich Gottes in der Geschichte in einer gewissen Folge von Ereignissen manifestiert, und daß es selbst auf seiner zentralen Manifestation gegründet ist. Es betrachtet das Erscheinen Jesu als des Christus als die Mitte der Geschichte – Geschichte unter dem Aspekt ihrer Selbst-Transzendierung verstanden. Der Ausdruck „Zentrum" oder „Mitte" der Geschichte hat nichts mit einem quantitativen Maßstab zu tun, der als Mitte die Mitte zwischen einer unbestimmten Vergangenheit und einer unbestimmten Zukunft bezeichnen würde, noch beschreibt der Begriff „Mitte" einen geschichtlichen Augenblick, an dem verschiedene kulturelle Entwicklungen der Vergangenheit sich vereinigen und die Zukunft bestimmen. Einen solchen Punkt in der Geschichte gibt es nicht. Und was für die Beziehung der „Mitte der Geschichte" zur Kultur gilt, gilt auch für ihre Beziehung zur Religion. Mit der Metapher „Mitte" ist ein Augenblick in der Geschichte gemeint, für den alles Vorhergehende und alles Folgende sowohl Vorbereitung wie Aufnahme bedeuten. So verstanden ist die

"Mitte" der Geschichte sowohl Kriterium wie Quelle der erlösenden Macht in der Geschichte. Im dritten und vierten Teil dieses Systems wurden diese Behauptungen entwickelt, aber ohne die geschichtliche Dimension einzubeziehen.

Wenn wir das Erscheinen des Christus die „Mitte der Geschichte" nennen, so sagen wir damit, daß sich das Reich Gottes nicht in einer Folge von unzusammenhängenden Ereignissen manifestiert, von denen jedes einzelne relative Gültigkeit und Macht besitzt. Mit dem Begriff „Mitte" ist bereits eine Kritik am Relativismus ausgedrückt. Der Glaube wagt es, das Ereignis, von dem er abhängig ist, zum Kriterium aller Offenbarungsereignisse zu erheben. Er hat den Mut, eine so außerordentliche Behauptung zu wagen und die Gefahr des Irrtums auf sich zu nehmen. Ohne diesen Mut und ohne dieses Wagnis wäre er nicht Glaube. Der Begriff „Mitte der Geschichte" enthält zugleich eine Kritik an allen Auffassungen, die die Manifestationen des Reiches Gottes vom Standpunkt des Fortschritts betrachten. Offensichtlich kann es keinen Fortschritt über die „Mitte der Geschichte" hinaus geben (mit Ausnahme der Bereiche, zu deren Wesen Fortschritt gehört). Alles, was auf die Mitte folgt, steht unter ihrem Kriterium und hat an ihrer Macht teil. Auch ist das Erscheinen der Mitte nicht das Ergebnis einer fortschreitenden Entwicklung, wie wir oben in dem Kapitel „Geschichtlicher Fortschritt: seine Wirklichkeit und seine Grenzen" (S. 380 ff.) gezeigt haben.

Das einzige Element des Fortschritts in der vorbereitenden Geschichte von Offenbarung und Erlösung ist die Entwicklung von Unreife zu Reife. Die Menschheit mußte eine Stufe der Reife erreichen, auf der die Mitte der Geschichte erscheinen und als Mitte aufgenommen werden konnte. Dieser Reifeprozeß vollzieht sich innerhalb der gesamten Geschichte; aber um auf den vorzubereiten, in dem die endgültige Offenbarung geschehen sollte, war eine besondere Entwicklung notwendig. Das Dokument der Entwicklung, die diese Funktion hatte, ist das Alte Testament. Die Manifestationen des Reiches Gottes, von denen das Alte Testament berichtet, sind Vorbedingungen für die endgültige Manifestation in dem Christus. Die Reife war erreicht, die Zeit war erfüllt. Dies war in der kurzen Zeitspanne des ursprünglichen Offenbarungsereignisses geschehen; aber es wiederholt sich, wo immer die Mitte der Geschichte als Mitte aufgenommen wird. Ohne die breitere Grundlage der Religionsgeschichte und die engere Grundlage der prophetischen Kritik und die Umformung der ersteren durch die letztere wäre die Annahme Jesu als des Christus nicht möglich gewesen. Aus diesem Grund muß alle missionarische Tätigkeit innerhalb und außerhalb der christlichen Kultur auf dem religiösen Bewußtsein aufbauen, das vorhanden ist oder in jeder Religion und Kultur erweckt werden kann; und sie muß der prophetischen Reinigung des religiösen Bewußtseins, wie sie im Alten Testament vorliegt, folgen. Ohne das Alte Testament fällt das Christentum in die Unreife der universalen Religionsgeschichte zurück, diejenige der jüdischen Religion eingeschlossen (die für die Propheten des Alten Testaments Hauptanlaß zur Kritik und Hauptgegenstand der Reinigung war). Der Reifeprozeß oder die Vorbereitung für die zentrale Manifestation des Reiches Gottes in der Geschichte ist nicht auf die vorchristliche Zeit beschränkt, sondern geht auch nach dem Erscheinen der Mitte weiter vor sich und vollzieht sich hier und jetzt. Israels Auszug aus Ägypten bedeutete sein Reifwerden für die Mitte der Geschichte; die gleiche Bedeutung hat die Begegnung von Ost und West im heutigen Japan, und die Entwicklung der westlichen Kultur in den letzten fünfhundert Jahren diente und dient dem gleichen Reifeprozeß. In biblischer und theologischer Sprache wird diese Idee in dem Symbol von der überzeitlichen Gegenwart des Christus in jeder Epoche ausgedrückt.

Umgekehrt gibt es einen Prozeß, in dem die zentrale Manifestation des Reiches Gottes in der Geschichte aufgenommen wird. Wie es eine ursprüngliche Geschichte gibt, die auf die Mitte vorbereitet und zu ihrem Erscheinen in Raum und Zeit hinführt, so gibt es eine ursprüngliche Geschichte der Aufnahme der Mitte, die von ihrem Erscheinen in Raum und Zeit abgeleitet ist; die Geschichte dieser Aufnahme ist die Geschichte der Kirche. Aber die Funktion der Kirche besteht nicht nur in der einfachen Aufnahme und Manifestation dessen, was in der Vergangenheit geschehen ist; sie hat auch eine latente Existenz, in der sie antizipiert, was in der Zukunft geschehen wird. In dieser latenten Existenz ist die Kirche von dem abhängig, was als Mitte der Geschichte in der Zukunft erscheinen wird: sie antizipiert es. Das ist der Sinn der Prophetie als Voraussage der Zukunft und der Sinn von Stellen wie der im vierten Evangelium, in der auf die Präexistenz des Christus hingewiesen wird – Stellen, in denen die potentielle Gegenwart der Mitte zu allen Zeiten der Geschichte symbolisch ausgedrückt ist.

In Anbetracht dieser Bedeutungen des Ausdrucks „Mitte der Geschichte" kann man sagen, daß die menschliche Geschichte, vom Standpunkt der Selbst-Transzendierung der Geschichte gesehen, nicht nur ein dynamischer, vorwärts laufender Prozeß ist, sondern auch ein zusammenhängendes Ganzes mit einem Mittelpunkt.

Wo es einen solchen Mittelpunkt gibt, erhebt sich die Frage, was Anfang und Ende der Bewegung sind, die diesen Punkt zur Mitte hat.

Die zentrale Manifestation des Reiches Gottes

Damit sprechen wir nicht von Anfang und Ende des geschichtlichen Prozesses selbst – dieses Problem ist in dem Kapitel über Vor- und Nachgeschichte erörtert worden. Unsere gegenwärtige Frage ist: Wann begann die Bewegung, deren Mitte das Erscheinen des Christus ist, und wann wird diese Bewegung beendet sein? Die Antwort kann selbstverständlich nicht in Daten ausgedrückt werden. Jedesmal, wenn ein solcher Versuch unternommen wurde, wurde er in bezug auf das Ende durch die Geschichte selbst und in bezug auf den Anfang durch die historische Forschung widerlegt. Alle Berechnungen über das bevorstehende Ende haben sich als irrtümlich erwiesen, wenn der erwartete Tag erschien; und alle Zeitbestimmungen über den Anfang der geschichtlichen Zeit, die biblischen eingeschlossen, sind durch die Erforschung der Ursprünge der Menschheit auf der Erde als empirische Aussagen hinfällig geworden. Anfang und Ende in bezug auf die Mitte der Geschichte kann nur Anfang und Ende der Manifestationen des Reiches Gottes in der Geschichte bedeuten; und die Antwort auf die Frage nach ihnen ist durch das Wesen der Mitte selbst bestimmt. Geschichte als Offenbarungs- und Heilsgeschichte beginnt mit dem Augenblick, in dem sich der Mensch seiner entfremdeten Existenz und seiner Bestimmung, diese Entfremdung zu überwinden, bewußt wird. Dieses Bewußtsein ist in den Mythen und Riten der frühesten menschlichen Urkunden bezeugt; aber es kann weder einer bestimmten Zeit noch einer bestimmten Person oder Gruppe zugeschrieben werden. Das Ende der Geschichte in dem Sinn, in dem wir von ihrem Anfang gesprochen haben, ist in dem Augenblick da, in dem die Menschen aufhören, die Frage nach dem letzten Sinn ihrer Existenz zu stellen. Das kann durch äußere Vernichtung der geschichtlichen Menschheit durch kosmische oder menschliche Kräfte geschehen oder durch biologische oder psychologische Veränderungen, die die Dimension des Geistes vernichten, oder durch Verfall innerhalb der geistigen Dimension, der den Menschen seiner Freiheit beraubt und damit der Möglichkeit, Geschichte zu haben.

Wenn das Christentum behauptet, daß das Ereignis, auf das es gegründet ist, die Mitte der Offenbarungs- und Heilsgeschichte sei, kann es die Tatsache nicht übersehen, daß es andere Deutungen der Geschichte gibt, die dasselbe von einem anderen Ereignis behaupten; denn sobald Geschichte ernst genommen wird, ist die Erhebung eines Ereignisses zur Mitte der Geschichte unvermeidlich. Die Mitte in der nationalen Geschichtsdeutung – oft im Sinne einer imperialistischen Tendenz – ist der Augenblick, in dem das nationale Sendungsbewußtsein erwacht, ganz gleich ob dieser Augenblick in einem tatsächlichen oder in einem legendären Ereignis gesehen wird. Der Auszug Israels aus

Ägypten, die Gründung der Stadt Rom, der Unabhängigkeitskrieg in Amerika sind solche Mittelpunkte für die Geschichte bestimmter Völker. Sie können zu universaler Bedeutung erhoben werden wie im Judentum, oder sie können Antrieb zu imperialistischen Bestrebungen werden wie in Rom. Für die Anhänger einer Weltreligion ist das Ereignis ihrer Gründung die Mitte der Geschichte. Das trifft nicht nur auf Christentum und Judentum zu, sondern auch auf den Islam, den Buddhismus, den Manichäismus und die Religion des Zoroaster. In Anbetracht der Analogie von politischer und religiöser Geschichte ist die Frage unumgänglich, wie das Christentum die Behauptung rechtfertigen kann, daß es, obwohl in der Zeit verwurzelt, auf der universalen Mitte der Geschichte gegründet sei. Die erste Antwort, auf die wir bereits hingewiesen haben, ist religiös-positivistisch, nämlich daß die Behauptung des Christentums Ausdruck des wagenden Mutes des christlichen Glaubens ist. Aber diese Antwort ist nicht hinreichend für eine Theologie, die in Jesus als dem Christus die zentrale Manifestation des göttlichen *logos* erkennt. Die christliche Behauptung muß selbst einen „*logos*" haben – nicht ein Argument, das zum Glauben hinzukommt, sondern ein durch den *logos* bestimmtes Verständnis des Glaubens. Die Theologie versucht, dies zu geben, indem sie darauf hinweist, daß die Fragen, die in der Zweideutigkeit der geschichtlichen Existenz enthalten sind, in keinem der anderen zur Mitte der Geschichte erhobenen Ereignisse eine Antwort finden. Das Prinzip, nach dem eine *politisch* bestimmte Mitte der Geschichte gewählt wird, ist ein partikulares, das seine Partikularität auch dadurch nicht überwindet, daß es auf imperialistischem Weg versucht, Universalität zu erlangen. Das gilt sogar vom Judentum – trotz des echt universalistischen Elements in seiner prophetischen Selbstkritik.

Die prophetischen und apokalyptischen Erwartungen des Judentums bleiben Erwartungen; sie führen zu keiner innergeschichtlichen Erfüllung, wie das Christentum sie voraussetzt. Darum wird nach dem Exodus keine neue Mitte der Geschichte erwartet; die Zukunft bringt keine Mitte, sondern das Ende. An diesem Punkt ist die Kluft zwischen der jüdischen und der christlichen Geschichtsdeutung fundamental und unüberbrückbar. Trotz der Gefahr der Dämonisierung und der sakramentalen Entstellung der zentralen Manifestation des Reiches Gottes im kirchlichen Christentum muß die Botschaft aufrechterhalten werden, daß die Mitte der Geschichte erschienen *ist*, wenn das Christentum nicht zu einer neuen, nur vorbereitenden Gesetzes-Religion werden soll. Der Islam (mit Ausnahme des Sufismus) ist eine Gesetzes-Religion und hat als solche eine wichtige Funktion für die fortschreitende Erziehung zur Reife bei vielen Völkern. Aber im Hinblick auf das Unbedingte ist Reife durch Erziehung zweideutig. Die Durchbrechung des Gesetzes im religiösen Leben Einzelner wie in dem von Gruppen ist äußerst schwierig. Aus diesem Grund bildete der Judaismus vom Beginn des Christentums an und der Islam in einer späteren Epoche das größte Hindernis für die Annahme Jesu als des Christus als Mitte der Geschichte. Aber diese Religionen selbst haben keine andere „Mitte" geben können. Das Erscheinen Mohammeds als des Propheten stellt kein Ereignis dar, das der Geschichte einen universal gültigen Sinn verleiht. Noch kann die Gründung eines Volkes, das im Sinne der Propheten ein auserwähltes Volk ist, universale Mitte der Geschichte sein – und zwar darum nicht, weil seine Universalität noch nicht von seiner Partikularität befreit ist. Nach dem, was wir über die ungeschichtliche Geschichtsdeutung gesagt haben, erübrigt es sich, in diesem Zusammenhang auf den Buddhismus näher einzugehen. Buddha stellt für die Buddhisten keinen Wendepunkt zwischen dem Alten und dem Neuen dar. Er ist das entscheidende Beispiel für eine Verkörperung des Geistes der Erleuchtung, die in jeder Zeit möglich ist; aber er ist kein Ereignis innerhalb einer geschichtlichen Entwicklung, die auf ihn hinführt und sich von ihm herleitet. Das einzige geschichtliche Ereignis, in dem die universale Mitte der Offenbarungs- und Heilsgeschichte erkannt werden kann – nicht nur für den wagenden Glauben, sondern auch für die rationale Erklärung dieses Glaubens –, ist das Ereignis, auf dem das Christentum gegründet ist. Dieses Ereignis ist nicht nur die Mitte in der Geschichte der Manifestationen des Reiches Gottes, es ist auch das einzige Ereignis, in dem die geschichtliche Dimension vollkommen und universal aktualisiert ist. Das Erscheinen Jesu als des Christus ist das geschichtliche Ereignis, in dem die Geschichte sich ihrer selbst und ihres Sinnes bewußt wird. Es gibt – selbst vom empirischen und relativistischen Standpunkt – kein anderes Ereignis, von dem dasselbe behauptet werden *könnte*. Aber die tatsächliche Behauptung selbst ist und bleibt eine Angelegenheit des wagenden Glaubens.

3. *Kairos* und *Kairoi*

Wir sprachen von dem Augenblick, in dem die Geschichte – in einer konkreten Situation – soweit zur Reife gelangt ist, daß sie die zentrale Manifestation des Reiches Gottes aufnehmen kann. Im Neuen Testament wird dieser Augenblick die „Erfüllung der Zeit" genannt, auf griechisch *kairos*. Dieser Begriff ist häufig verwandt worden, seitdem ihn der Religiöse Sozialismus in Deutschland nach dem ersten

Weltkrieg in die philosophische und theologische Diskussion eingeführt hat. Er wurde gewählt, um die Theologie an die Tatsache zu erinnern, daß sich die Verfasser des Neuen wie die des Alten Testaments der sich selbst transzendierenden Dynamik der Geschichte bewußt waren. Und er wurde gewählt, um die Philosophie auf die Notwendigkeit aufmerksam zu machen, sich mit der Geschichte zu befassen, nicht nur mit der logischen und kategorialen Struktur der Geschichte, sondern auch mit ihrer Dynamik. Und darüber hinaus sollte der Begriff *kairos* dem Gefühl Ausdruck verleihen, das nach dem ersten Weltkrieg viele Menschen in Mitteleuropa bewegte, daß eine Zeit gekommen sei, die ein neues Verständnis für den Sinn der Geschichte und des Lebens enthalte. Gleich ob dieses Gefühl empirische Bestätigung fand oder nicht – zum Teil fand es sie, zum Teil fand es sie nicht – der Begriff *kairos* selbst behält seine Bedeutung und gehört in die systematische Theologie.

In seiner ursprünglichen Bedeutung – die rechte Zeit, die Zeit zu handeln – muß der Begriff *kairos* dem Begriff *chronos* gegenübergestellt werden, der zu messenden Zeit oder der Uhrzeit. Der erstere ist ein qualitativer, der letztere ein quantitativer Begriff. In dem englischen Wort „timing" (etwas im richtigen Augenblick tun) ist etwas von dem qualitativen Wesen der Zeit ausgedrückt, und wenn man von Gottes Vorsehung als „timing" sprechen könnte, würde man sich der Bedeutung des Begriffs *kairos* nähern. Im gewöhnlichen griechischen Sprachgebrauch bedeutet *kairos* die gute Gelegenheit für eine gewisse Handlung im praktischen Sinn. Im Neuen Testament gebraucht Jesus das Wort, wenn er von seiner Zeit spricht, die noch nicht gekommen sei, der Zeit seines Leidens und seines Todes, und wenn er die „Erfüllung der Zeit" verkündet, das heißt das Reich Gottes, das „herbeigekommen" ist. Paulus gebraucht das Wort *kairos*, wenn er in weltgeschichtlicher Sicht von dem Augenblick der Zeit spricht, in dem Gott seinen Sohn schickt, das heißt dem Augenblick, der Mitte der Geschichte werden soll. Um diesen „großen *kairos*" zu erkennen, muß man die „Zeichen der Zeit" verstehen, von denen Jesus sagt, daß seine Feinde sie nicht erkannt haben. Paulus bezieht sich bei seiner Beschreibung des *kairos* hauptsächlich auf die heidnische und jüdische Situation, während in der deutero-paulinischen Literatur das Erscheinen des Christus in immer stärkerem Maße in weltgeschichtlicher und kosmischer Sicht beschrieben wird. Wir haben „die Erfüllung der Zeit" als den Augenblick der Reife in einer besonderen religiösen oder kulturellen Entwicklung verstanden – allerdings mit dem Hinweis darauf, daß Reife nicht nur die Fähigkeit bedeutet, die zentrale Manifestation des Reiches Gottes aufzunehmen, sondern auch die größte Kraft sein kann, die ihr Widerstand leistet. Denn Reife ist das Ergebnis der Erziehung durch das Gesetz, und für einige, die das Gesetz radikal ernst nehmen, wird Reife zur Verzweiflung am Gesetz, woraus das Verlangen nach dem folgt, was das Gesetz als „frohe Botschaft" durchbricht.

Das Erlebnis des *kairos* findet sich in der Geschichte der Kirchen wiederholt, wenn auch das Wort nicht gebraucht wird. Immer, wenn in den Kirchen der prophetische Geist erwachte, sprach man vom „dritten Stadium", von der „Herrschaft des Christus" und vom „tausendjährigen Reich". Dieses Stadium, das man für unmittelbar bevorstehend hielt, wurde zum Ausgangspunkt für die prophetische Kritik an der Kirche in ihrem entarteten Zustand. Wenn die Kirchen diese Kritik ablehnten oder sich bis zu einem gewissen Grad und in kompromißhafter Weise zu eigen machten, wurde der prophetische Geist in sektiererische Bewegungen abgedrängt. Diese waren zunächst revolutionär, bis die Sekten zu Kirchen wurden und der prophetische Geist latent wurde. *Kairos*-Erlebnisse sind Teil der Geschichte der Kirchen, und der große *kairos*, das Erscheinen der Mitte der Geschichte, wird in relativen *kairoi*, in denen sich das Reich Gottes in einem spezifischen Durchbruch manifestiert, immer wieder neu erlebt. Diese Tatsachen sind wichtig für unsere Betrachtungen. Das Verhältnis des *einen kairos* zu den *kairoi* ist das Verhältnis des Kriteriums zu dem, was unter dem Kriterium steht, und das Verhältnis der Kraftquelle zu dem, was von dieser Quelle genährt wird. *Kairoi* gab es und gibt es in allen vorbereitenden und in allen rezeptiven Richtungen der latenten und der manifesten Kirche. Obwohl der prophetische Geist während langer Zeitspannen latent oder verdrängt sein kann, fehlt er niemals völlig und kann die Fesseln des Gesetzes in einem *kairos* durchbrechen.

Das Gewahrwerden eines *kairos* geschieht in einer Vision. Er ist kein Gegenstand der Analyse oder der Berechnung, wie Psychologie und Soziologie sie vornehmen. Er wird nicht durch objektive Beobachtung erfaßt, sondern in existentieller Beteiligung. Das bedeutet noch nicht, daß Beobachtung und Analyse ausgeschaltet sind, sie dienen der Objektivierung des Erlebnisses und der Klärung und Bereicherung der Vision. Aber sie können das Erlebnis des *kairos* nicht hervorrufen. Der prophetische Geist ist schöpferisch und nicht von Gründen und gutem Willen abhängig. Aber jeder Augenblick, der den Anspruch erhebt, ein *kairos*, eine Manifestation des göttlichen Geistes, zu sein, muß geprüft und den Kriterien des großen *kairos* unterworfen werden. Als der Begriff *kairos* nach dem ersten Weltkrieg auf die kritische und schöpferische Situation in Mitteleuropa angewandt wurde,

wurde er nicht nur von der Bewegung des Religiösen Sozialismus gebraucht (die sich – zumindest der Absicht nach – unter das Kriterium des großen *kairos* stellte), sondern auch von der nationalistischen Bewegung, die in der Form des Nationalsozialismus den großen *kairos* und alles, was er vertritt, angriff. Im letzteren Falle handelte es sich um die dämonisch verzerrte Erfahrung eines *kairos*, die unvermeidlich zur Selbstvernichtung führen mußte. Der Geist, auf den sich der Nationalsozialismus berief, war der Geist der falschen Propheten, die eine abgöttische Verherrlichung der Nation und der Rasse vertraten. Gegen sie war und ist das Kreuz des Christus das absolute Kriterium.

Über die *kairoi* läßt sich zweierlei aussagen: sie sind dämonischer Entstellung und falscher Beurteilung ausgesetzt. (Letzteres trifft bis zu einem gewissen Grade sogar immer auf den großen *kairos* zu.) Der Irrtum liegt jedoch nicht darin, daß der *Kairos*-Charakter der Situation nicht erkannt würde, sondern darin, daß er falsch beurteilt wird, sowohl in Hinsicht auf Zeit, Raum und Kausalität wie in Hinsicht auf unberechenbare menschliche Reaktionen und unbekannte Elemente in der geschichtlichen Konstellation. Mit anderen Worten: das *Kairos*-Erlebnis steht unter dem Schicksal der Geschichte, und das macht Voraussage im wissenschaftlich-technischen Sinn unmöglich. Niemals hat sich eine Zeitangabe, die in einem *Kairos*-Erlebnis gemacht wurde, als richtig erwiesen, und niemals ist eine Situation, die man als Ergebnis eines *kairos* erwartete, eingetreten. Aber für einige Menschen ereignete sich etwas, als sich die Macht des Reiches Gottes in der Geschichte manifestierte, und seitdem ist die Geschichte verändert.

Die letzte Frage ist, ob es Zeiten in der Geschichte gibt, in denen das Erlebnis des *kairos* nicht vorhanden ist. Gewiß, das Reich Gottes und die Gegenwart des göttlichen Geistes fehlen in keinem Augenblick der Zeit; und es liegt im Wesen des geschichtlichen Prozesses, daß die Geschichte ständig sich selbst transzendiert. Aber die Erfahrung von der Gegenwart des Reiches Gottes als Macht, die die Geschichte bestimmt, ist nicht immer vorhanden. Die Geschichte bewegt sich nicht in gleichmäßigen Rhythmen, sie ist vielmehr eine dynamische Kraft, die sich manchmal überstürzt und manchmal ruhig verhält. Die Geschichte hat ihr Auf und Ab, Zeiten der beschleunigten wechseln mit Zeiten der langsamen Bewegung ab, Zeiten der schöpferischen Produktivität mit Zeiten des Beharrens in der Tradition. Im Alten Testament wird die Dürre des Geistes beklagt, und in der Geschichte der Kirchen wird diese Klage wiederholt. Das Reich Gottes ist immer gegenwärtig, aber die Erfahrung von seiner die Geschichte erschütternden Macht ist es nicht. *Kairoi* sind selten, und der große *kairos* ist einmalig, aber zusammen bestimmen sie die Dynamik der Geschichte in ihrer Selbst-Transzendierung.

4. Die geschichtliche Vorsehung

Die Lehre von der Vorsehung haben wir in dem Kapitel „Gottes lenkendes Schaffen erörtert[1], und wir haben gesehen, daß Vorsehung nicht deterministisch als göttlicher Plan verstanden werden darf, der „vor der Erschaffung der Welt" entworfen war und nach dem die Geschichte jetzt ihren Lauf nimmt, in den Gott gelegentlich wundertätig eingreift. An Stelle eines solchen supranaturalistischen Mechanismus wandten wir die fundamentale ontologische Polarität von Freiheit und Schicksal auf die Beziehung von Gott und Welt an und sagten, daß Gottes lenkendes Schaffen durch die Spontaneität der Geschöpfe und durch die menschliche Freiheit wirkt. Nun, da wir die geschichtliche Dimension einbeziehen, können wir sagen, daß das Neue – das Neue im einzelnen Fall und das absolut Neue –, auf das die Geschichte zugeht, das Ziel der geschichtlichen Vorsehung ist. Von einem „göttlichen Plan" zu sprechen, ist irreführend, selbst wenn er nicht deterministisch verstanden wird. Denn das Wort „Plan" läßt an ein im voraus entworfenes Modell denken mit all den Einzelheiten, die zu einem Plan gehören. Damit wird das Element des Zufalls im geschichtlichen Prozeß so sehr beschränkt, daß das Schicksal die Freiheit auslöscht. Aber die Struktur der Geschichte schließt das Zufällige ein, das Überraschende, das unableitbar Neue. Es ist ein Element des Zufalls in der Spontaneität des Vogels, das zu seinem providentiellen Tod hier und jetzt beiträgt, und Zufall spielt mit bei dem Aufstieg eines Tyrannen, der unter der göttlichen Vorsehung Menschen und Völker vernichtet. Wir müssen das Symbol der göttlichen Vorsehung so weit fassen, daß es das immer vorhandene Element des Zufälligen einbegreift.

Das letzte Beispiel führt zu der Frage der geschichtlichen Vorsehung und der Macht des Bösen in der Geschichte. Das Ausmaß an moralischem und physischem Übel und die überwältigende Manifestation des Dämonischen in der Geschichte mit ihren tragischen Folgen haben von jeher als existentielles und theoretisches Argument gegen den Glauben an eine geschichtliche Vorsehung gedient. Und gewiß hat nur eine Theologie, die diesen Aspekt der Wirklichkeit in ihren Begriff

---

[1] Teil II, S. 303 f.

der Vorsehung mit einbezieht, das Recht, überhaupt von dem Begriff Gebrauch zu machen. Ein Begriff der Vorsehung, der dem Bösen Rechnung trägt, schließt jenen teleologischen Optimismus entschieden aus, der – mit einigen wenigen Ausnahmen – für die Philosophie der Aufklärung und den Fortschrittsglauben des 19. und des frühen 20. Jahrhunderts kennzeichnend ist. Erstens kann keine Gerechtigkeit und kein Glück in der Zukunft die Ungerechtigkeit und das Leiden der Vergangenheit auslöschen. Das angebliche Wohlergehen einer „letzten Generation" kann das Übel und die Tragik aller früheren Generationen nicht rechtfertigen. Zweitens widerspricht die fortschrittsgläubig-utopische Anschauung dem Element der „Freiheit zum Guten und zum Bösen", mit dem jeder Mensch geboren wird. Wenn die Macht zum Guten zunimmt, nimmt auch die Macht zum Bösen zu. Die geschichtliche Vorsehung begreift dies alles ein und wirkt durch es hindurch auf das Neue innerhalb der Geschichte und jenseits der Geschichte hin. Diese Auffassung von der geschichtlichen Vorsehung schließt auch die Ablehnung eines reaktionären und zynischen Pessimismus ein. Sie gibt die Gewißheit, daß das Negative in der Geschichte (Desintegration, Zerstörung, Profanisierung) sich niemals gegen die zeitlichen und ewigen Ziele des geschichtlichen Prozesses behaupten kann. Das ist die Bedeutung von Paulus' Worten, daß Gottes Liebe, wie sie sich im Christus offenbart, der Sieg über die dämonischen Mächte ist (Röm. 8). Die dämonischen Mächte sind nicht vernichtet, aber sie können nicht verhindern, daß die Geschichte ihr Ziel erreicht, die Wiedervereinigung mit dem göttlichen Grund des Seins und Sinns.

Der Weg, auf dem dies geschieht, ist göttliches Mysterium; er kann nicht errechnet und beschrieben werden. Hegel machte den Fehler, daß er glaubte, den Weg zu kennen und beschreiben zu können, indem er die Dialektik seiner Logik auf die konkreten Ereignisse der überlieferten Geschichte anwandte. Es ist nicht zu bestreiten, daß seine Methode ihm die Augen öffnete für viele bedeutende Beobachtungen, die den mythischen und metaphysischen Hintergrund der verschiedenen Kulturen betreffen. Aber er versäumte es, die nicht überlieferten geschichtlichen Entwicklungen zu berücksichtigen: die inneren Kämpfe in jeder großen Kultur – Vorgänge, die eine zu allgemeine Sinndeutung einer Kultur unmöglich machen, die Offenheit der Geschichte nach der Zukunft hin, die einem festgesetzten Plan widerspricht, das Fortbestehen und die Wiedergeburt großer Kulturen und Religionen, die nach evolutionistischen Theorien längst ihre geschichtliche Wichtigkeit verloren haben sollten, oder den Einbruch des Reiches Gottes in den geschichtlichen Prozeß, der das Fortleben des Judentums und die Ein-

Die geschichtliche Vorsehung

maligkeit des christlichen Ereignisses begründet. Neben Hegel haben andere versucht, ein Bild der geschichtlichen Vorsehung zu zeichnen, wenn sie auch nicht ausdrücklich von Vorsehung sprachen. Aber keines ist so reich und konkret wie das von Hegel, auch nicht das von Comte, Hegels positivistischem Gegenstück. Die meisten gehen vorsichtiger vor und beschränken sich auf gewisse Gesetzmäßigkeiten in der geschichtlichen Dynamik, wie Spengler auf das Gesetz von „Wachstum und Verfall", Toynbee auf allgemeine Kategorien wie „Rückzug und Wiederkehr", „Herausforderung und Reaktion". Diese Versuche geben wertvolle Einblicke in gewisse Entwicklungen, aber sie geben kein Bild von der geschichtlichen Vorsehung. Die Propheten des Alten Testaments waren noch weniger konkret als diese Philosophen. Sie erwähnten benachbarte Völker, aber nicht, um auf ihre weltgeschichtliche Bedeutung hinzuweisen, sondern um zu zeigen, wie Gott durch sie handelt: schaffend, richtend, zerstörend und verheißend. Die prophetischen Verkündigungen sprechen von keinem konkreten Plan, sondern weisen auf die universale Erfahrung hin, daß sich Gottes Handeln als schöpferische Kraft in der Geschichte manifestiert. Die Vorsehung selbst hinter den einzelnen Akten der Vorsehung bleibt in dem Mysterium des göttlichen Lebens verborgen.

Die Unmöglichkeit, die Weltgeschichte in ihrer Totalität zu verstehen, schließt aber nicht die Möglichkeit aus, von einem gewissen Standpunkt aus die schöpferische Bedeutung einzelner Entwicklungen für den geschichtlichen Prozeß zu erkennen. Dies versuchten wir, indem wir die Idee des *kairos* einführen und die Situation des großen *kairos* beschrieben. Vom christlichen Standpunkt aus ist die providentielle Rolle des Judentums ein dauerndes Beispiel für eine besondere Deutung geschichtlicher Entwicklungen. Auch die Beschreibung der Aufeinanderfolge von Weltreichen bei Daniel kann in diesem Sinne verstanden werden, und die kritische Analyse einer gegenwärtigen Situation im Lichte der Vergangenheit kann auf diese Art gerechtfertigt werden. Das Gewahrwerden eines *kairos* setzt schon ein bestimmtes Bild von der Vergangenheit und ihrer Bedeutung für die Gegenwart voraus. Aber jedem Versuch, darüber hinauszugehen, muß man mit dem gleichen Einwand begegnen, den man gegen Hegels großartigen Versuch erhob, daß er sich auf den Thron der göttlichen Vorsehung gesetzt habe.

B

DAS REICH GOTTES UND DIE KIRCHEN

1. Die Kirchen als Repräsentanten des Reiches Gottes in der Geschichte

In unserer Erörterung der Geistgemeinschaft nannten wir die Kirchen die zweideutige Verkörperung der Geistgemeinschaft und sprachen von dem Paradox, daß die Kirchen die Geistgemeinschaft sowohl offenbaren wie verhüllen. Jetzt bei der Betrachtung der geschichtlichen Dimension und der Symbole ihrer religiösen Interpretation müssen wir sagen, daß die Kirchen die Repräsentanten des Reiches Gottes sind. Diese Bezeichnung steht nicht im Widerspruch zu der vorhergehenden. „Reich Gottes" ist umfassender als „Geistgemeinschaft"; es umfaßt alle Elemente der Wirklichkeit, nicht nur Menschen, die zu einer Geistgemeinschaft fähig sind. Wie die geschichtliche Dimension alle anderen Dimensionen umfaßt, so umfaßt das Reich Gottes alle Seinsbereiche unter dem Aspekt ihres letzten Ziels, also auch die Geistgemeinschaft. Die Kirchen repräsentieren das Reich Gottes in diesem universalen Sinn.

Die Repräsentation des Reiches Gottes durch die Kirchen ist ebenso zweideutig wie die Verwirklichung der Geistgemeinschaft in den Kirchen. In beiden Funktionen zeigt sich der paradoxe Charakter der Kirchen: sie offenbaren und verhüllen zugleich. Wir haben darauf hingewiesen, daß die Kirchen sogar das dämonische Reich repräsentieren können. Aber das dämonische Reich ist eine Verzerrung des göttlichen Reiches und hätte keinen Bestand ohne das, dessen Verzerrung es ist. Die Macht des Repräsentanten wurzelt, wie schlecht er auch das, was er repräsentieren soll, repräsentiert, in seiner Funktion als Repräsentant. Die Kirchen bleiben Kirchen, selbst wenn sie das Unbedingte verhüllen, anstatt es zu offenbaren. So wie der Mensch nicht aufhört, Träger des Geistes zu sein, so können die Kirchen, die das Reich Gottes in der Geschichte repräsentieren, diese Funktion nicht verlieren, selbst wenn sie sie im Widerspruch zum Reich Gottes ausüben. Verzerrter Geist bleibt Geist, und verzerrte Heiligkeit bleibt Heiligkeit.

Da wir die Lehre von der Kirche im vierten Teil des Systems ausführlich entwickelt haben, brauchen wir hier nur gewisse Bemerkungen in bezug auf ihre geschichtliche Dimension hinzuzufügen. Als Repräsentanten des Reiches Gottes nehmen die Kirchen aktiv teil sowohl an der Bewegung der Zeit auf das Ziel der Geschichte hin wie an dem innergeschichtlichen Kampf des Reiches Gottes gegen die Kräfte der Dämonisierung und der Profanisierung, die sich diesem Ziel widersetzen. Die christliche Kirche war sich in ihrem ursprünglichen Selbstverständnis dieser doppelten Aufgabe völlig bewußt und brachte sie in ihrem liturgischen Leben deutlich zum Ausdruck. Die Neugetauften wurden aufgefordert, sich öffentlich von den dämonischen Mächten loszusagen, denen sie in ihrer heidnischen Vergangenheit unterworfen waren. Und heute nehmen viele Kirchen in der Konfirmation die junge Generation in die Gemeinschaft der „kämpfenden Kirche" auf. Zugleich sprechen alle Kirchen in der Liturgie, in Hymnen und in Gebeten von dem Kommen des Reiches Gottes und der Aufgabe eines jeden, sich darauf vorzubereiten. Obwohl diese Ideen auf die individualistische Erlösungsidee beschränkt sind, ist es für den hierarchischen und orthodoxen Konservatismus schwer, die eschatologische Dynamik vollkommen aus dem Bewußtsein der Kirchen zu entfernen. Wo der prophetische Geist erwacht, lebt die Erwartung des kommenden Reiches neu auf und weist die Kirche auf ihre Aufgabe hin, Zeugnis vom Reich Gottes abzulegen und auf sein Kommen vorzubereiten. Das verursacht die wiederholten eschatologischen Bewegungen in der Kirchengeschichte, die oft sehr mächtig und oft sehr absurd sind. Die Kirchen sind von jeher Gemeinschaften der Erwartung und der Vorbereitung auf das Reich Gottes gewesen und sollen es sein. Sie sollen auf das Wesen der geschichtlichen Zeit hinweisen und auf das Ziel, dem die Geschichte zustrebt.

Der Kampf gegen Dämonisierung und Profanisierung gewinnt seine Stärke und seine Leidenschaft aus diesem Bewußtsein von dem Ziel der Geschichte. In diesem Kampf, den die Kirchen zu allen Zeiten führen, sind sie Werkzeuge des Reiches Gottes. Das können sie sein, weil sie auf das Neue Sein gegründet sind, in dem die Mächte der Entfremdung überwunden sind. Nach der volkstümlichen Vorstellung kann das Dämonische die unmittelbare Gegenwart des Heiligen, wie es in heiligen Worten, Zeichen, Namen und Gegenständen erscheint, nicht ertragen. Aber darüber hinausgehend glauben die Kirchen, daß die Macht des Neuen Seins, die in ihnen wirkt, die dämonischen Mächte wie die Mächte der Profanisierung universell überwinden wird. Sie haben die Überzeugung – oder sollten sie haben –, daß sie Streiter für das Reich Gottes sind, führende Mächte in dem Streben nach der Erfüllung der Geschichte.

Vor der zentralen Manifestation des Neuen Seins in dem Ereignis, auf das die christliche Kirche gegründet ist, gab es keine manifeste

Kirche; aber eine latente Kirche hat es immer gegeben und gibt es zu allen Zeiten der Geschichte, vor und nach diesem Ereignis: die Geistgemeinschaft im Zustand ihrer Latenz. Ohne sie und ihre vorbereitende Arbeit könnten die Kirchen nicht das Reich Gottes repräsentieren. Die zentrale Manifestation des Heiligen selbst wäre nicht möglich gewesen, ohne daß die Erfahrung des Heiligen sowohl als eines Seienden wie als eines Sein-Sollenden vorausgegangen wäre. Das heißt, daß es ohne diese Erfahrung auch keine Kirchen hätte geben können. Deshalb müssen wir, wenn wir sagen, daß die Kirchen die führenden Kräfte in dem Streben nach der Erfüllung der Geschichte sind, die latente Kirche (nicht Kirchen) in diese Behauptung mit einbeziehen. Und wir können sagen, daß das Reich Gottes in der Geschichte von den Gruppen und Menschen repräsentiert wird, in denen die latente Kirche lebt, da nur durch deren vorbereitendes Wirken in Vergangenheit und Zukunft die manifeste Kirche und mit ihr die christlichen Kirchen zu Gefäßen für die Bewegung der Geschichte auf ihr Ziel hin werden konnten und werden können. Dies ist die erste von mehreren Überlegungen, die die Kirchen in ihrer Funktion als Repräsentanten des Reiches Gottes in der Geschichte zur Demut verpflichten.

Jetzt müssen wir fragen: Was bedeutet es, daß die Kirchen nicht nur Verkörperungen der Geistgemeinschaft, sondern auch Repräsentanten des Reiches Gottes in seinem allumfassenden Wesen sind? Die Antwort liegt in der vieldimensionalen Einheit des Lebens und in dem, was daraus für die sakramentale Manifestation des Heiligen folgt. In dem Grade, in dem eine Kirche die sakramentale Gegenwart des Göttlichen betont, bezieht sie die Bereiche, die vor denen des Geistes und der Geschichte liegen, d. h. den anorganischen und den organischen Bereich, in sich ein. Entschieden sakramentale Kirchen wie die griechisch-orthodoxe Kirche haben ein tiefes Verständnis dafür, daß das Leben in allen Dimensionen an dem letzten Ziel der Geschichte partizipiert. Die sakramentale Heiligung von Elementen aus allen Lebensbereichen bezeugt die Gegenwart des Unbedingt-Wirklichen in allen Dingen und weist auf die Einheit alles Lebens in seinem schöpferischen Grund und in seiner letzten Erfüllung hin. Es ist ein Nachteil der Kirchen des „Wortes", daß sie – besonders in ihrer legalistischen und personalistischen Form – mit dem sakramentalen Element auch das Universum, abgesehen von der menschlichen Sphäre, von Heiligung und Erfüllung ausschließen. Aber das Reich Gottes ist nicht nur ein soziales Symbol, es umfaßt die gesamte Wirklichkeit. Und wenn die Kirchen Repräsentanten des Reiches Gottes sein wollen, dürfen sie seine Bedeutung nicht auf einen einzelnen Bereich beschränken.

Das Reich Gottes und die Geschichte der Kirchen

Dieser Anspruch der Kirchen jedoch, daß sie das Reich Gottes repräsentieren, stellt ein weiteres Problem dar. Die Kirchen, die das Reich Gottes in seinem Kampf gegen die Mächte der Profanisierung und der Dämonisierung repräsentieren, sind selber der Zweideutigkeit der Religion unterworfen und der Profanisierung und Dämonisierung ausgesetzt. Wie aber kann etwas, was selbst dämonisiert ist, den Kampf gegen das Dämonische, und etwas, was selbst profanisiert ist, den Kampf gegen das Profane vertreten? Die Antwort auf diese Frage wurde in dem Kapitel über das Paradox der Kirchen gegeben: sie sind profan und heilig, dämonisch und göttlich – in paradoxer Einheit. Der Ausdruck für diese Paradoxie ist die prophetische Kritik an den Kirchen durch die Kirchen. Etwas innerhalb einer Kirche setzt sich zur Wehr gegen die Verzerrung der Kirche als solcher. Der Kampf der Kirchen gegen das Dämonische und Profane richtet sich in erster Linie gegen das Dämonische und Profane innerhalb der Kirchen selbst. Derartige Kämpfe können zu Reformbewegungen führen, und die Tatsache, daß es solche Bewegungen gibt, gibt den Kirchen das Recht, sich als Träger des Reiches Gottes zu betrachten – des Reiches Gottes, das in der Geschichte kämpft, auch in der Geschichte der Kirchen.

2. *Das Reich Gottes und die Geschichte der Kirchen*

Die Geschichte der Kirchen ist die Geschichte, in der sich die eine Kirche in Raum und Zeit aktualisiert. Die Kirche aktualisiert sich in den Kirchen, und was sich in den Kirchen aktualisiert, ist die eine Kirche. Aus diesem Grund kann man ebensogut von der Geschichte der Kirche wie von der Geschichte der Kirchen sprechen. Aber man darf nicht behaupten, daß es bis zu einem gewissen Zeitpunkt (bis zum Jahre 500 oder 1500) nur die eine Kirche in Raum und Zeit gegeben habe und daß nach dieser Zeit durch Spaltungen eine Mehrzahl von Kirchen entstanden sei. Denn wo eine solche Auffassung herrscht, bestärkt sie die in allen Kirchen vorhandene Tendenz, sich als die eine Kirche zu betrachten. Die anglikanischen Kirchen neigen dazu, die ersten fünfhundert Jahre der Kirchengeschichte über alle anderen Epochen zu stellen und sich selbst wegen ihrer Nähe zum Frühchristentum über die anderen Kirchen zu erheben. Die römisch-katholische Kirche beansprucht uneingeschränkte Absolutheit für sich zu allen Zeiten. Die griechisch-orthodoxen Kirchen leiten ihre Überlegenheit von den ersten sieben ökumenischen Konzilien ab, mit denen sie durch eine im wesentlichen ungebrochene Tradition verbunden sind. Die protestantischen Kirchen könnten einen ähnlichen Anspruch erheben, wenn sie die Geschichte zwischen der apostolischen Zeit und der Reformation als eine Zeit betrachteten, in der die Kirche nur latent vorhanden war (wie im Judentum und im Heidentum). Es gibt theologisch und kirchlich Radikale, die das zumindest indirekt behaupten. Alle diese Behauptungen sind irrig und führen häufig zu dämonischen Haltungen, weil sie die Wahrheit mißachten, daß die „Kirche", die Geistgemeinschaft, *immer* in den Kirch*en* lebt und daß die „Kirche" da lebt, wo es Kirchen gibt, die sich zu ihrem Fundament in dem Christus als der zentralen Manifestation des Reiches Gottes in der Geschichte bekennen.

Wenn wir die Geschichte der Kirchen im Licht dieser doppelten Beziehung zwischen *der* Kirche und den Kirch*en* betrachten, können wir sagen, daß die Geschichte der Kirchen an keinem Punkt mit dem Reich Gottes identisch ist und daß sie an keinem Punkt ohne die Manifestation des Reiches Gottes ist. Mit dieser Einsicht sollte man sich den vielen Rätseln der Geschichte der Kirchen nähern, in denen sich der paradoxe Charakter der Kirchen ausdrückt. Es ist nicht möglich, die Frage zu umgehen: Wie kann die Behauptung der Kirchen, daß sie auf die zentrale Manifestation des Reiches Gottes in der Geschichte gegründet seien, mit der Wirklichkeit der Geschichte der Kirchen vereint werden? Konkret gesprochen heißt das: Warum sind die Kirchen vorwiegend auf einen bestimmten Teil der Menschheit beschränkt und gehören innerhalb dieses Teils einer spezifischen Kultur an, und warum sind sie mit den Schöpfungen dieser Kultur verbunden? Und weiter: Warum haben sich in den letzten fünfhundert Jahren auf dem Boden der christlichen Kultur säkulare Bewegungen gebildet, die das menschliche Selbst-Verständnis radikal verändert haben und sich in vielen Fällen gegen das Christentum gewandt haben, vor allem in der Form des wissenschaftlichen Humanismus und des naturalistischen Kommunismus? Zu diesen Fragen kommt heute eine weitere: Warum üben diese beiden Formen des Säkularismus eine so außerordentliche Macht auf Nationen nicht-christlicher Kultur aus wie die fernöstlichen? Trotz aller Bemühungen und Erfolge in gewissen Teilen der Welt wird der Einfluß der christlichen Mission bei weitem von dem dieser Abkömmlinge des Christentums übertroffen. Solche Betrachtungen sind keine Argumente gegen das Christentum, sondern Reaktionen auf eines der vielen Rätsel der Geschichte der Kirchen. – Vor weitere Rätsel stellt uns die innere Entwicklung der Kirchen. Das auffallendste dieser Rätsel sind die großen Spaltungen in den Kirchen, von denen jede behauptet, die Wahrheit zu vertreten, wenn auch nicht in allen Fällen die absolute und ausschließliche Wahrheit, wie die römisch-katholische Kirche von sich behauptet. Gewiß, eine Kirche hört auf, eine manifeste christliche Kirche zu sein, wenn sie nicht auf der Behauptung besteht, daß Jesus der Christus ist (obwohl die latente Kirche in ihr lebendig sein kann). Aber wenn Kirchen, die Jesus als den Christus anerkennen, sich in der Deutung dieses Ereignisses widersprechen und jede von ihnen behauptet, die absolute Wahrheit zu vertreten, muß man fragen: Wie konnte es in der Geschichte *der* Kirche, die sich in der Geschichte der Kirch*en* verwirklicht, zu solch widersprüchlichen Deutungen des Ereignisses kommen, auf dem sie beruhen? Man kann sogar fragen, was die Absicht der göttlichen Vorsehung sei, wenn sie die Kirchen (die auf dem zentralen Akt der geschichtlichen Vorsehung beruhen) zu einer Spaltung führt, die nach menschlichem Ermessen nicht überwunden werden kann. Und eine weitere Frage: Wie konnte es zu solcher Profanisierung des Heiligen in der Geschichte der Kirchen kommen, Profanisierung sowohl in der Form der Ritualisierung wie in der der Säkularisierung? Der ersten Form der Verzerrung ist der katholische, der zweiten der protestantische Typ des Christentums stärker unterworfen. Man muß – zuweilen mit prophetischem Zorn – fragen, wie der Name des Christus als der Mitte der Geschichte in gewissen Zweigen des Katholizismus, des griechischen wie des römischen, bei bestimmten Nationen und sozialen Gruppen mit solchem Aufwand an abergläubischem Kult verbunden sein kann. Man braucht nicht an der echten, wenn auch primitiven Frömmigkeit bei vielen von diesen Menschen zu zweifeln, aber man muß daran zweifeln, daß die Riten, die in ihrem Gottesdienst zur Erfüllung irdischer oder himmlischer Wünsche ausgeführt werden, noch etwas mit dem Bild des Christus zu tun haben, wie das Neue Testament es zeichnet. Und man muß die ernste Frage hinzufügen, wie es geschehen konnte, daß die Ritualisierung des göttlichen Geistes von einer Theologie gerechtfertigt oder doch geduldet werden konte, die sich dieser Entstellung bewußt war, und von einer Hierarchie verteidigt, die die Reformierung dieser Zustände ablehnte. Wendet man sich dem Protestantismus zu, so begegnet man der anderen Form der Profanisierung des Heiligen: der Säkularisierung. Sie dringt mit dem protestantischen Prinzip ein, das aus dem Priester einen Laien macht, aus dem Sakrament bloße Worte und aus dem Heiligen Profanes. Selbstverständlich ist es nicht die Absicht des Protestantismus, das Priesteramt, die Sakramente und das Heilige zu verweltlichen; er versucht vielmehr zu zeigen, daß das Heilige nicht auf besondere Stätten, Gebote und Funktionen beschränkt ist. Bei diesem Versuch neigt der Protestantismus jedoch dazu, das Heilige in das Profane aufzulösen und den Weg für die vollkommene Verweltlichung der christlichen Kultur zu bereiten, gleich ob dies mit Hilfe des Moralismus, des Intellektualismus oder des Nationalismus geschieht. Der Protestantismus ist weniger als der Katholizismus gegen säkulare Tendenzen im eigenen Lager geschützt. Der Katholizismus dagegen ist mehr durch den direkten Angriff des Säkularismus auf alles Christliche bedroht, wie die Geschichte von Frankreich und Rußland zeigt.

Die allgemeine Profanisierung des Heiligen in der Form der Säkularisierung, die sich jetzt über die ganze Welt ausbreitet, besonders in den letzten Jahrhunderten, ist vielleicht das schwierigste und dringlichste Problem der gegenwärtigen Geschichte der Kirchen. Die Frage ist: Wie kann sich diese Entwicklung inmitten der christlichen Kultur mit der Behauptung vertragen, daß das Christentum die Botschaft von dem Ereignis ist, das die Mitte der Geschichte ist? Die frühe Theologie konnte die profanen Schöpfungen der hellenistisch-römischen Kultur absorbieren. Indem sie die stoische *Logos*-Lehre aufnahm, gebrauchte sie antike Kulturelemente als Bausteine für die universale Kirche, die im Prinzip alle positiven Elemente im kulturellen Leben des Menschen umfaßt. Das führt zu der Frage, warum in der modernen westlichen Zivilisation sich die säkulare Welt von dieser Einheit losgesagt hat. War und ist die Macht des Neuen Seins in dem Christus nicht stark genug, um das Leben der modernen autonomen Kultur dem *logos* zu unterwerfen, der in der Mitte der Geschichte als Mensch erschienen ist? Diese Frage sollte für die gesamte heutige Theologie von ebenso entscheidender Bedeutung sein wie für dieses System.

Das letzte Problem und vielleicht das anstößigste Rätsel der Geschichte der Kirchen ist die Tatsache, daß das Dämonische in ihnen eine manifeste Macht ist. Diese Tatsache ist anstößig in Anbetracht der Behauptung des Christentums, daß der Christus die dämonischen Mächte überwunden habe – eine Behauptung, die Paulus im 8. Kapitel des Briefes an die Römer in einem triumphierenden Hymnus zum Ausdruck bringt. Trotz des Sieges über das Dämonische kann die Gegenwart dämonischer Elemente in der primitiven und von der Priesterschaft gebilligten Ritualisierung des Heiligen ebensowenig geleugnet werden wie die Dämonisierung, die immer eintritt, wenn die christlichen Kirchen ihr Fundament mit dem Gebäude verwechseln, das sie auf ihm errichtet haben, und die Unbedingtheit des ersten dem letzteren zuschreiben. Es geht eine direkte Linie der Dämonisierung im Christentum von den ersten Ketzerverfolgungen unmittelbar nach der Erhebung des Christentums zur Staatsreligion des Römischen Reiches über die Verdammungsurteile in den Beschlüssen der großen Konzilien, die Vernichtungskriege gegen die mittelalterlichen Sekten, die Prinzipien der Inquisition, über die Tyrannei der protestantischen Orthodoxie, den Fanatismus seiner Sekten und die Halsstarrigkeit des Fundamentalismus bis zur Erklärung der Unfehlbarkeit des Papstes. Das Opfer, durch das der Christus alle Ansprüche auf partikulare Absolutheit aufgegeben hatte, war für alle diese Fälle der Dämonisierung der christlichen Botschaft vergeblich gewesen.

Angesichts dieser Tatsachen muß man fragen: Was ist der Sinn der Geschichte der Kirchen? Eines ist klar: man kann die Geschichte der Kirchen weder als „heilige Geschichte" noch als „Heilsgeschichte" bezeichnen. Es gibt „heilige Geschichte" in der Geschichte der Kirchen, aber sie ist nicht auf die Geschichte der Kirchen beschränkt, und „heilige Geschichte" ist in der Geschichte der Kirchen nicht nur manifest, sondern ist auch durch sie verhüllt. Trotz alledem hat die Geschichte der Kirchen eine Eigenschaft, die keine andere Geschichte besitzt: Da sie sich zu allen Zeiten und in allen ihren Formen auf die zentrale Manifestation des Reiches Gottes in der Geschichte bezieht, trägt sie in sich selbst das letzte Kriterium gegen sich selbst – das Neue Sein in Jesus als dem Christus. Die Wirklichkeit dieses Kriteriums erhebt die Kirchen über alle anderen religiösen Gruppen, nicht weil sie besser als andere sind, sondern weil sie ein besseres Kriterium gegen sich selbst und damit implizit auch gegen andere Gruppen haben. Der Kampf des Reiches Gottes in der Geschichte ist in erster Linie dieser Kampf innerhalb des Lebens seiner eigenen Repräsentanten, der Kirchen. Wir haben darauf hingewiesen, daß dieser Kampf immer wieder zu Reformationen in den Kirchen geführt hat. Aber der Kampf des Reiches Gottes in den Kirchen offenbart sich nicht nur in der Form von Reformationen; er findet auch im täglichen Leben von einzelnen Menschen und von Gruppen statt. Die Folgen dieses Kampfes sind fragmentarisch und vorläufig, aber auch wirkliche Siege des Reiches Gottes fehlen nicht. Doch weder machtvolle Reformationen noch unauffällige Verwandlungen von Menschen und Gemeinschaften sind der letzte Prüfstein für die Sendung der Kirchen und die einzigartige Bedeutung der Geschichte der Kirchen. Das letzte Kriterium ist das Verhältnis der Kirchen und ihrer Geschichte, selbst noch in verzerrten Formen ihrer Entwicklung, zu ihrem Fundament in der Mitte der Geschichte.

Wir haben gesagt, daß es keine Geschichte der manifesten Kirche ohne das vorbereitende Wirken der latenten Kirche geben könne. Dieses Wirken ist in der Weltgeschichte verborgen, und die folgende Betrachtung über den Kampf des Reiches Gottes in der Geschichte gilt seinem Wirken in der Weltgeschichte.

C

DAS REICH GOTTES UND DIE WELTGESCHICHTE

1. Kirchengeschichte und Weltgeschichte

Der Begriff „Welt" in dem Wort Weltgeschichte in diesem und den vorangegangenen Kapiteln steht im Gegensatz zu den Begriffen „Kirche" und „Kirchen". Er setzt nicht voraus, daß es eine zusammenhängende, kontinuierliche Geschichte einer alles umfassenden geschichtlichen Gruppe, der Menschheit, gebe. Wie bereits gesagt, eine solche Menschheitsgeschichte gibt es nicht; die Menschheit ist der Ort, an dem sich geschichtliche Entwicklungen vollziehen. Diese Entwicklungen sind zum Teil voneinander abhängig, zum Teil unabhängig, aber in keinem Fall haben sie ein gemeinsames Handlungszentrum. Selbst heute, da eine technische Einigung der Menschheit erreicht ist, kann nicht von einem zentrierten Handeln der Menschheit als solcher gesprochen werden. Und selbst wenn die Menschheit in unabsehbarer Zukunft solch zentrierte Handlungen ausführen könnte, bliebe die Geschichte einzelner Gruppen doch der Hauptinhalt der Weltgeschichte. Deshalb müssen wir die Geschichte dieser einzelnen Gruppen heranziehen, wenn wir die Beziehung des Reiches Gottes zur Weltgeschichte betrachten wollen. Ob diese nun im einzelnen miteinander zusammenhängen oder nicht, die Phänomene, die für unsere Untersuchung wichtig sind, finden sich in jeder Geschichte.

Das erste Problem, das wir im Lichte der vorhergehenden Feststellungen erörtern wollen, betrifft die Beziehung zwischen Kirchengeschichte und Weltgeschichte. Die Schwierigkeit dieses Problems beruht erstens auf der Tatsache, daß die Geschichte der Kirchen als der Repräsentanten des Reiches Gottes sowohl Teil der Weltgeschichte ist wie Teil dessen, was die Weltgeschichte transzendiert, und zweitens auf der anderen Tatsache, daß die Weltgeschichte sowohl im Gegensatz zur Geschichte der Kirchen steht, wie von ihr abhängig ist (das Wirken der latenten Kirche, die die Geschichte der Kirchen im eigentlichen Sinne vorbereitet, eingeschlossen). Dies ist eine höchst dialektische Beziehung, die sowohl gegenseitige Bejahung wie gegenseitige Negierung einschließt. Die folgenden Punkte sollen erörtert werden.

Die Geschichte der Kirchen weist dieselben Züge auf wie die Weltgeschichte, nämlich die Zweideutigkeiten in der Selbst-Integration, in dem Sich-Schaffen und in der Selbst-Transzendierung. In dieser Hinsicht sind die Kirchen Welt. Sie könnten nicht bestehen ohne die Strukturen der Macht, des Wachstums und der Selbst-Transzendierung und ohne die Zweideutigkeiten, die mit diesen Strukturen verbunden sind. Von diesem Standpunkt ist die Geschichte der Kirchen nichts weiter als ein besonderer Teil der Weltgeschichte. Aber das ist nur ihre eine Seite. In den Kirchen ist zugleich der ungebrochene Widerstand gegen die Zweideutigkeiten der Weltgeschichte und der fragmentarische Sieg über sie wirksam. Die Weltgeschichte steht unter dem Urteil der Kirchen als Verkörperungen der Geistgemeinschaft. Die Kirchen als Repräsentanten des Reiches Gottes urteilen über das, ohne das sie selbst nicht bestehen könnten. Aber es ist nicht so, daß sie theoretisch das verurteilen, was sie praktisch annehmen. Ihr Urteil besteht nicht nur aus prophetischen Worten, sondern auch aus der prophetischen Abkehr von den zweideutigen Situationen, in denen die Weltgeschichte sich bewegt. Kirchen, die auf politische Macht verzichten, sind eher berechtigt, über die Zweideutigkeit der politischen Macht zu urteilen, als solche, die die Fragwürdigkeit ihrer eigenen Machtpolitik nicht durchschauen. Die Verurteilung des Kommunismus durch die katholische Kirche, wie berechtigt sie auch als Urteil sein mag, muß den Verdacht erwecken, daß sie aus einem Machtkampf hervorgeht, in dem jede Seite ihren spezifischen Wert absolut setzt. Der Protestantismus ist zwar nicht frei von dieser Täuschung, aber er ist der Frage zugänglich, ob die Kritik im Namen des letzten menschlichen Anliegens geübt wird oder im Namen einer politischen Gruppe, die sich des religiösen Urteils für politisch-wirtschaftliche Zwecke bedient (wie in dem Bündnis zwischen Fundamentalismus und Ultra-Konservatismus in Amerika). Die Verurteilung des Kommunismus durch eine protestantische Gruppe mag ebenso berechtigt oder ebenso fragwürdig sein wie die durch eine katholische Gruppe; aber es kann sich hier um ein ehrliches Urteil handeln, nämlich wenn die Kirche zuerst sich selber, und zwar in ihrer Grundstruktur, dem gleichen Kriterium unterworfen hat. Das ist eine Prüfung, der sich die katholische Kirche niemals unterziehen kann; denn die Geschichte ihrer Kirche gilt als im Prinzip uneingeschränkt heilige Geschichte, obwohl natürlich für einzelne Glieder und besondere Ereignisse Einschränkungen gemacht werden können.

Die Kirchengeschichte richtet die Weltgeschichte, indem sie sich selbst richtet; denn sie ist Teil der Weltgeschichte. Die Kirchengeschichte übt Einfluß auf die Weltgeschichte aus. Seit zweitausend Jahren hat der westliche Mensch unter dem verwandelnden Einfluß der Kirchengeschichte gelebt. So hat sich unter ihm zum Beispiel die soziale Haltung verändert. Das ist sowohl eine Tatsache wie ein Problem. Es ist eine Tatsache, daß das Christentum das Verhältnis von Mensch zu Mensch grundlegend verändert hat, wo immer es angenommen worden ist. Damit soll jedoch nicht gesagt sein, daß diese Veränderung bei der Mehrzahl der Menschen oder auch nur bei vielen ein verändertes Betragen zur Folge gehabt hat. Aber es hat in all denen ein schlechtes Gewissen erzeugt, die die Macht des Neuen Seins gespürt haben, aber weiter den Weg des alten Seins gegangen sind. Die christliche Kultur ist nicht das Reich Gottes, aber sie ist eine ständige Mahnung an das Reich Gottes. Deshalb darf man Veränderungen in den weltlichen Zuständen niemals als Argument gebrauchen, um die Gültigkeit der christlichen Botschaft zu beweisen. Solche Argumente überzeugen nicht, weil sie das Paradox der Kirchen und die Zweideutigkeit jeder Stufe der Weltgeschichte übersehen. Oft wirkt die geschichtliche Vorsehung durch Dämonisierung und Profanisierung der Kirchen für die Verwirklichung des Reiches Gottes in der Weltgeschichte. Solche providentiellen Entwicklungen sind keine Entschuldigung für die Verzerrung der Kirchen, aber sie beweisen, daß das Reich Gottes von seinen Stellvertretern in der Geschichte unabhängig ist.

Unter diesen Bedingungen erfordert das Studium der Kirchengeschichte einen doppelten Gesichtspunkt für die Beschreibung jeder einzelnen Entwicklung. Als erstes muß die Kirchengeschichte die Tatsachen und deren Beziehungen zueinander darstellen, und zwar mit den besten Methoden der historischen Forschung und ohne die göttliche Vorsehung als eine spezifische Ursache in die allgemeine Kette von Ursache und Wirkung einzuführen. Der Kirchenhistoriker soll keine Geschichte göttlicher Eingriffe in die Weltgeschichte schreiben, wenn er die Geschichte der christlichen Kirchen darstellt. Zweitens muß der Kirchenhistoriker als Theologe der Tatsache eingedenk sein, daß er von einer geschichtlichen Wirklichkeit spricht, in der die Geistgemeinschaft wirksam ist und die das Reich Gottes repräsentiert. Der Teil der Weltgeschichte, den er behandelt, hat providentielle Bedeutung für die gesamte Weltgeschichte. Deshalb darf er die Weltgeschichte nicht nur als den allgemeinen Boden betrachten, auf dem sich die Kirchengeschichte entwickelt, sondern er muß sie auch von einem anderen, und zwar dreifachen Standpunkt sehen, nämlich erstens als die Wirklichkeit, in der die Geschichte der Kirchen als der Repräsentanten des Reiches Gottes sich ständig vorbereitet; zweitens als die Wirklichkeit, auf die sich die verwandelnde Tätigkeit der Geistgemeinschaft richtet; und drittens als die Wirklichkeit, durch die die Kirchengeschichte gerichtet wird, indem diese die Weltgeschichte richtet. Kirchengeschichte, so aufgefaßt, ist ein

Reich Gottes und die Zweideutigkeiten der geschichtlichen Selbst-Integration

Teil der Geschichte des Reiches Gottes, das sich innerhalb der geschichtlichen Zeit aktualisiert. Aber es gibt noch einen anderen Teil der Geschichte des Reiches Gottes, und das ist die Weltgeschichte selbst.

2. Das Reich Gottes und die Zweideutigkeiten der geschichtlichen Selbst-Integration

Wir haben die Zweideutigkeiten der Geschichte als Folge der Zweideutigkeiten der Lebensprozesse im allgemeinen beschrieben. Die Selbst-Integration des Lebens in der geschichtlichen Dimension weist die Zweideutigkeiten auf, die in dem Streben nach Zentriertheit enthalten sind: die Zweideutigkeiten des „Imperiums" und der „Zentralisation"; die erste in dem Streben nach Erweiterung zu einer universalen geschichtlichen Einheit und die zweite in dem Streben nach zentrierter Einheit in den besonderen geschichtstragenden Gruppen. In beiden Fällen liegt den Zweideutigkeiten der geschichtlichen Integration die Zweideutigkeit der Macht zugrunde. So erhebt sich die Frage: was ist das Verhältnis des Reiches Gottes zu den Zweideutigkeiten der Macht? Die Antwort auf diese Frage ist zugleich die Antwort auf die Frage nach dem Verhältnis der Kirchen zur Macht.

Die grundlegende Antwort der Theologie auf diese Frage muß sein, daß, da Gott als die Macht des Seins die Quelle jeder einzelnen Seinsmacht ist, Macht ihrem Wesen nach göttlich ist. In der biblischen Literatur werden immer wieder Machtsymbole auf Gott, den Christus und die Kirche angewandt. Und der göttliche Geist selbst ist die dynamische Einheit von Macht und Sinn. Die Herabsetzung der Macht in den meisten pazifistischen Äußerungen ist sowohl unbiblisch wie unrealistisch. Macht ist die ewige Möglichkeit, dem Nicht-Sein zu widerstehen. Gott und das Reich Gottes üben diese Macht immerwährend aus. Aber im göttlichen Leben – dessen schöpferische Selbst-Manifestation das Reich Gottes ist – ist die Zweideutigkeit der Macht, des Imperiums und der Zentralisation durch das unzweideutige Leben überwunden.

Für die geschichtliche Existenz bedeutet das, daß jeder Sieg des Reiches Gottes in der Geschichte ein Sieg über die desintegrierenden Folgen der Zweideutigkeit der Macht ist. Da diese Zweideutigkeit auf der Spaltung von Subjekt und Objekt in der Existenz beruht, bedeutet ihre Überwindung eine fragmentarische Wiedervereinigung von Subjekt und Objekt. Das heißt für die innere Machtstruktur einer geschichtstragenden Gruppe, daß der Kampf des Reiches Gottes in der Geschichte in Institutionen und Haltungen wirklich siegreich ist und, wenn auch nur fragmentarisch, das Element des Zwangs überwindet, das gewöhnlich Teil der Macht ist und die Beherrschten zu bloßen Objekten macht. Insofern die Demokratisierung politischer Institutionen und Haltungen dem Widerstand gegen die zerstörerischen Elemente der Macht dient, ist sie eine Manifestation des Reiches Gottes in der Geschichte. Aber es wäre vollkommen verfehlt, demokratische Einrichtungen mit dem Reich Gottes in der Geschichte zu identifizieren. Diese Verwechslung hat in der Vorstellung vieler Menschen die Idee der Demokratie zu einem rein religiösen Symbol erhoben und einfach an die Stelle des Symbols vom Reich Gottes gesetzt. Wer sich dieser Verwechslung widersetzt, ist im Recht, wenn er darauf hinweist, daß es das aristokratisch-hierarchische Machtsystem war, das die totale Verwandlung des Menschen zum Ding durch die Tyrannei der Stärkeren lange verhindert hat. Und weiter ist er mit der Behauptung im Recht, daß unter dem aristokratischen System die Persönlichkeiten und Gemeinschaften gebildet wurden, die die potentiellen Führer und Massen für die Demokratie stellten. Jedoch rechtfertigt diese Überlegung noch nicht die Glorifizierung autoritärer Machtsysteme als Ausdruck des göttlichen Willens. Insoweit in einer politischen Machtstruktur die zentrierenden und die befreienden Elemente einander im Gleichgewicht halten, hat das Reich Gottes in der Geschichte fragmentarisch die Zweideutigkeit der Zentralisation überwunden. Dies ist zugleich das Kriterium, nach dem die Kirchen politische Handlungen und Theorien beurteilen müssen. Ihre Verurteilung der Machtpolitik sollte keine Verurteilung der Macht sein, sondern eine Bestätigung der Macht und selbst des Elements des Zwangs in Fällen, in denen die Gerechtigkeit verletzt ist (mit „Gerechtigkeit" ist hier der Schutz des Individuums als potentielle Persönlichkeit innerhalb einer Gemeinschaft gemeint). Obwohl der Kampf gegen die Verdinglichung der Person eine dauernde Aufgabe der Kirche ist, die in prophetischem und priesterlichem Geist durchgeführt werden muß, ist es nicht ihre Aufgabe, die politischen Mächte zu beherrschen und ihnen im Namen des Reiches Gottes bestimmte Formen aufzuzwingen. Der Weg, auf dem das Reich Gottes in der Geschichte wirkt, ist nicht identisch mit dem Weg, auf den die Kirchen den Lauf der Geschichte lenken möchten.

Die Zweideutigkeit in der Selbst-Integration des Lebens in der geschichtlichen Dimension kommt weiter in der Tendenz zur Vereinigung aller menschlichen Gruppen in einem Imperium zum Ausdruck. Auch hier muß betont werden, daß das Reich Gottes in der Geschichte nicht die Verwerfung der Macht in der Auseinandersetzung zwischen zentrierten politischen Gruppen, zum Beispiel zwischen Nationen, verlangt. Wie in jedem Zusammentreffen lebender Wesen, die einzelnen

Reich Gottes und die Zweideutigkeiten der geschichtlichen Selbst-Integration

Menschen eingeschlossen, Macht des Seins auf Macht des Seins stößt und zu Entscheidungen über den höheren oder geringeren Grad solcher Macht führt, so auch bei der Begegnung politischer Machtgruppen. Und was innerhalb einer bestimmten Gruppe und ihrer Machtstruktur vor sich geht, das geht auch in der Beziehung zwischen einzelnen Gruppen vor sich: auch hier fallen in jedem Augenblick Entscheidungen, in denen die Bedeutung der besonderen Gruppe für die Einheit des Reiches Gottes in der Geschichte zum Ausdruck kommt. In diesen Kämpfen kann eine totale politische Niederlage die Bedingung dafür sein, daß eine Gruppe von größter Wichtigkeit für die Manifestation des Reiches Gottes in der Geschichte wird – wie in der jüdischen und ähnlich in der indischen und griechischen Geschichte. Aber eine militärische Niederlage kann auch der Weg sein, auf dem das Reich Gottes, das in der Geschichte kämpft, den falschen Anspruch einer nationalen Gruppe auf Letztgültigkeit enthüllt, wie in Hitlers Deutschland. Den Besiegern des Nationalsozialismus gab dieser Sieg jedoch noch keinen unzweideutigen Anspruch darauf, selbst als Träger der Wiedervereinigung der Menschheit zu gelten. Insofern sie diesen Anspruch machten, bewiesen sie eben damit ihre Unfähigkeit, ihn zu erfüllen. (Man denke zum Beispiel an eine gewisse Haßpropaganda in Amerika und an den Absolutismus Sowjet-Rußlands.)

Für die christlichen Kirchen bedeutet das, daß sie einen Weg finden müssen zwischen einem Pazifismus, der die Notwendigkeit der Macht (und des Zwangs) in der Beziehung zwischen geschichtstragenden Gruppen übersieht oder leugnet, und einem Militarismus, der die Einheit der Menschheit durch Unterwerfung der Welt unter eine besondere geschichtliche Gruppe zu erreichen glaubt. Die Zweideutigkeit des Imperialismus wird fragmentarisch durch die Schaffung höherer politischer Einheiten überwunden, die, wenn auch nicht ohne das Machtelement des Zwangs, so organisiert sind, daß sich Gemeinschaft zwischen den vereinten Gruppen entwickeln kann und daß keine von ihnen zum bloßen Objekt zentralisierter Macht wird.

Diese Grundlösung des Machtproblems, die in der Bildung größerer Einheiten besteht, sollte für die Haltung der Kirchen zum Imperialismus und zum Krieg bestimmend sein. Krieg ist der Name für das Element des Zwangs in der Schaffung höherer Machteinheiten. Ein „gerechter" Krieg ist entweder ein Krieg, in dem eigenwilliger Widerstand gegen eine höhere Einheit gebrochen werden muß (z. B. der amerikanische Bürgerkrieg), oder ein Krieg, in dem dem Versuch, eine höhere Einheit durch bloße Unterdrückung zu erhalten oder zu schaffen, Widerstand geleistet wird (z. B. der amerikanische Unabhängigkeitskrieg).

Mit keiner anderen Gewißheit als mit der des wagenden Glaubens kann man sagen, ob ein Krieg in diesem Sinn gerecht ist oder nicht. Diese Unsicherheit ist jedoch weder eine Rechtfertigung für den zynischen Realismus, der alle Urteile und Kriterien aufgibt, noch ist sie eine Rechtfertigung für den utopischen Idealismus, der glaubt, das in der Macht enthaltene Element des Zwangs in der Geschichte ausschalten zu können. Die Kirchen als Repräsentanten des Reiches Gottes können und müssen einen Krieg verdammen, der nur dem Anschein nach ein Krieg, in Wirklichkeit aber universaler Selbstmord ist. Ein Atomkrieg kann niemals begonnen werden mit dem Anspruch, ein gerechter Krieg zu sein, denn er kann nicht der Einheit dienen, die Teil des Reiches Gottes ist. Aber man muß bereit sein, sich gegen jede Art des Angriffs mit den gleichen Waffen zu verteidigen, im Notfall auch mit atomaren Waffen, denn diese Bereitschaft kann schon als Abschreckung dienen.

Aus alledem geht hervor, daß der pazifistische Weg nicht der Weg des Reiches Gottes in der Geschichte ist. Aber es ist der Weg der Kirchen als Repräsentanten der Geistgemeinschaft. Sie würden ihre Bedeutung als Stellvertreter der Geistgemeinschaft verlieren, wenn sie sich militärischer oder wirtschaftlicher Waffen zur Verbreitung der christlichen Botschaft bedienten. Aus dieser Situation folgt die Beurteilung pazifistischer Bewegungen, Gruppen und Persönlichkeiten durch die Kirche. Die Kirchen müssen den politischen Pazifismus verwerfen, aber sie müssen Gruppen und Personen unterstützen, die, indem sie sich weigern, sich mit dem Element des Zwangs in den Machtkämpfen zu identifizieren, symbolisch den „Frieden des Reiches Gottes" vertreten und bereit sind, die unvermeidliche Reaktion der politischen Macht, der sie angehören und die sie beschützt, auf sich zu nehmen. Das gilt für Gruppen wie die Quäker und für Menschen, die aus Gewissensgründen den Kriegsdienst verweigern. Sie vertreten innerhalb der politischen Gruppe den Verzicht auf Macht, der für die Kirchen wesentlich ist, aber von ihnen nicht zum Gesetz erhoben werden darf, das dem Staat aufgezwungen wird.

3. Das Reich Gottes und die Zweideutigkeiten in dem Sich-Schaffen der Geschichte

Während die Zweideutigkeiten in der geschichtlichen Selbst-Integration zu den Problemen der politischen Macht führen, führen die Zweideutigkeiten in dem geschichtlichen Sich-Schaffen zu den Problemen des politischen Wachstums. Aus dem Konflikt zwischen dem Neuen und dem Alten in der Geschichte ergibt sich der Gegensatz zwischen Revolution und Tradition. Die Beziehungen zwischen den Generationen liefern ein typisches Beispiel für die unvermeidbare Ungerechtigkeit auf beiden Seiten, die in dem Wachstumsprozeß zutage tritt. Ein Sieg des Reiches Gottes stellt eine Einheit von Tradition und Revolution her, in der die Ungerechtigkeit, die das Wachstum der Gesellschaft mit sich bringt, und ihre zerstörerischen Folgen überwunden sind.

Sie werden jedoch nicht durch Ablehnung der Revolution oder der Tradition im Namen der transzendenten Seite des Reiches Gottes überwunden. Die prinzipiell anti-revolutionäre Haltung vieler christlicher Gruppen ist von Grund auf falsch, gleich ob es sich um unblutige kulturelle oder unblutige und blutige politische Revolutionen handelt. Das Chaos, das auf jede Art von Revolution folgt, kann ein schöpferisches Chaos sein. Geschichtstragende Gruppen, die nicht gewillt sind, dieses Wagnis auf sich zu nehmen, und denen es gelingt, jede Art von Revolution zu vermeiden, selbst die unblutige, werden von der Dynamik der Geschichte überholt; und sie dürfen gewiß nicht behaupten, daß ihre historische Rückständigkeit den Sieg des Reiches Gottes bedeute. Das gleiche gilt für den Versuch revolutionärer Gruppen, die vorhandenen Strukturen des kulturellen und politischen Lebens durch Revolutionen zu zerstören, die die Erfüllung des Reiches Gottes und seine Gerechtigkeit „auf Erden" erzwingen sollen. Gegen derartige Vorstellungen von einer christlichen Revolution, die allen Revolutionen ein Ende machen soll, richtete Paulus im 13. Kapitel seines Briefes an die Römer die Ermahnung zum Gehorsam gegen die Machthaber. Es ist einer der vielen politisch-theologischen Mißbräuche biblischer Aussagen, wenn Paulus' Worte von gewissen Kirchen, besonders der Lutherischen, als Rechtfertigung für ihre anti-revolutionäre Haltung ausgelegt werden. Aber weder in diesen Worten noch an irgendwelchen anderen Stellen des Neuen Testaments geht es um Methoden der politischen Machtgewinnung. Im Römerbrief wendet sich Paulus gegen eschatologische Schwärmer, nicht gegen eine revolutionäre politische Bewegung.

Wir können von einer Überwindung der Zweideutigkeiten des politischen Wachstums durch das Reich Gottes nur da sprechen, wo die Revolution so in die Tradition eingebettet ist, daß trotz der Spannungen, die in jeder konkreten Situation und in jedem spezifischen Problem vorhanden sind, eine schöpferische Lösung gefunden wird, die auf das letzte Ziel der Geschichte gerichtet ist.

Es liegt im Wesen demokratischer Institutionen, daß sie in Fragen der politischen Zentriertheit und des politischen Wachstums die Wahrheiten in den beiden einander widersprechenden Seiten zu vereinen suchen, daß heißt die Wahrheit des Neuen und die des Alten, die in

Revolution und Tradition zum Ausdruck kommen. Die Möglichkeit, eine Regierung durch gesetzliche Mittel zu beseitigen, stellt einen solchen Versuch zur Vereinigung der beiden Seiten dar. Wo dieser Versuch erfolgreich ist, bedeutet er einen Sieg des Reiches Gottes in der Geschichte, da er die Spaltung zwischen Neuem und Altem überwindet. Aber damit ist die Zweideutigkeit, die in den demokratischen Institutionen selbst liegt, nicht aufgehoben. Es hat auch andere Wege gegeben, Tradition und Revolution innerhalb eines politischen Systems zu vereinen, wie aus föderalistischen, vor-absolutistischen Gesellschaftsformen zu erkennen ist. Und wir dürfen nicht vergessen, daß Demokratie zu Massen-Konformität führen kann, die für das dynamische Element in der Geschichte und seine revolutionären Ausdrucksformen bedrohlicher ist als ein offen zutage tretender Absolutismus. Das Reich Gottes widersetzt sich dem herrschenden Konformismus ebenso entschieden wie dem negativistischen Nicht-Konformismus.

Ein Blick in die Geschichte der Kirchen zeigt, daß die Religion, das Christentum eingeschlossen, in den meisten Fällen auf der Seite der Tradition und des Konservatismus gestanden hat. Die großen Momente in der Geschichte der Religionen, in denen der prophetische Geist die priesterlich-doktrinäre und die rituelle Tradition in Frage gestellt hat, sind Ausnahmen. Sie sind verhältnismäßig selten (die jüdischen Propheten, Jesus, die Apostel, die Reformer) nach dem allgemeinen Gesetz, daß sich das normale Wachstum des Lebens organisch, langsam und ohne katastrophale Unterbrechungen vollzieht. Dieses Wachstumsgesetz zeigt sich am deutlichsten in Bereichen, in denen das Bestehende mit dem Tabu der Heiligkeit umgeben ist und in denen folglich jeder Angriff auf das Bestehende als Verstoß gegen das Tabu empfunden wird. Die Geschichte des Christentums bis zur Gegenwart bietet unzählige Beispiele für diese Haltung und für die traditionalistische Lösung, die sich aus ihr ergibt. Jedesmal jedoch, wenn die Macht des prophetischen Geistes eine geistige Revolution hervorrief, hat sich das Christentum (und die Religion im allgemeinen) von einem Stadium in ein anderes, neues, verwandelt. Aber eine starke Ansammlung traditioneller Elemente ist nötig, ehe ein prophetischer Angriff auf die Tradition sinnvoll wird. Dies erklärt das quantitative Übergewicht der religiösen Tradition über die religiöse Revolution. Jede Revolution im Namen des göttlichen Geistes schafft eine neue Grundlage, auf der von neuem priesterlicher Konservatismus und bleibende Traditionen wachsen. Dieser Rhythmus in der Dynamik der Geschichte (für den es Analogien im biologischen und psychologischen Bereich gibt) ist der Weg, auf dem das Reich Gottes in der Geschichte wirkt.

4. Das Reich Gottes und die Zweideutigkeiten der geschichtlichen Selbst-Transzendierung

Die Zweideutigkeiten der Selbst-Transzendierung werden durch die Spannung zwischen dem sich in der Geschichte fragmentarisch aktualisierenden und dem noch zu erwartenden Reich Gottes verursacht. Die Absolutsetzung der fragmentarischen Erfüllung des Ziels der Geschichte innerhalb der Geschichte hat dämonische Verzerrungen zur Folge. Wenn andrerseits die Verwirklichung des Reiches Gottes innerhalb der Geschichte überhaupt nicht mehr gesehen wird, kommt es dazu, daß Utopismus und eine ihm unausweichlich folgende Enttäuschung miteinander abwechseln und den Boden für den Zynismus bereiten.

Aus diesem Grund ist ein Sieg des Reiches Gottes nicht möglich, wenn entweder das Bewußtsein von tatsächlicher Erfüllung oder die Erwartung der Erfüllung fehlt. Wie wir gesehen haben, kann das Symbol des „dritten Stadiums" auf beide Arten gebraucht werden. Es kann aber auch so gebraucht werden, daß sich in ihm das Bewußtsein von der Gegenwart mit dem Bewußtsein von der Noch-nicht-Gegenwart des Reiches Gottes in der Geschichte vereint. Hier lag das Problem für die frühe Kirche, und es blieb ein Problem für die gesamte Geschichte der Kirche wie für die säkularisierten Formen der Selbst-Transzendierung der Geschichte. Während verhältnismäßig einfach zu verstehen ist, warum es theoretisch notwendig ist, die Gegenwart mit der Noch-nicht-Gegenwart des Reiches Gottes zu vereinen, ist es schwierig, die Einheit im Zustand der lebendigen Spannung zu erhalten und zu verhindern, daß sie zu einem oberflächlichen Mittelweg entartet, der entweder die Kirche oder die säkulare Welt befriedigt. Für solche Entartungen sind weitgehend, wenn auch nicht ausschließlich, Gesellschaftsgruppen verantwortlich, die Interesse an der Erhaltung des *status quo* haben. Und die Reaktion der Kritiker am *status quo* führt in jedem Fall wieder zu der Aufstellung des „Prinzips Hoffnung" (Ernst Bloch) in utopischen Begriffen. In solchen, wenn auch noch so unrealistischen, Bewegungen der Erwartung gewinnt das kämpfende Reich Gottes einen Sieg über die Mächte der Selbstzufriedenheit und ihre verschiedenen soziologischen und psychologischen Formen. Aber der Sieg ist immer gefährdet und fragmentarisch, weil seine Träger dazu neigen, die bestehende, wenn auch fragmentarische, Gegenwart des Reiches Gottes zu übersehen.

Für die Kirchen als Repräsentanten des Reiches Gottes in der Geschichte ergibt sich daraus die Aufgabe, die Spannung zwischen dem

Bewußtsein von der Gegenwart des Reiches Gottes und seiner Erwartung lebendig zu halten. Die Gefahr der rezeptiven (sakramentalen) Kirchen ist, daß sie die Gegenwart auf Kosten der Erwartung betonen, und die Gefahr der aktivistischen (prophetischen) Kirchen, daß sie die Erwartung auf Kosten des Bewußtseins von der Gegenwart betonen. Diese Verschiedenheit findet ihren wichtigsten Ausdruck in dem Gegensatz zwischen der Betonung der individuellen Erlösung einerseits und der Betonung der sozialen Umgestaltung andrerseits. Deshalb bedeutet es einen Sieg des Reiches Gottes in der Geschichte, wenn eine sakramentale Kirche sich das Prinzip der sozialen Verwandlung als Ziel zu eigen macht, oder wenn eine aktivistische Kirche „die Gegenwart des göttlichen Geistes" unter allen gesellschaftlichen Bedingungen vertritt, das heißt die vertikale Linie der Erlösung im Gegensatz zur horizontalen Linie des geschichtlichen Handelns betont. Da die vertikale Linie vor allem die Linie ist, die vom Einzelnen zum Unbedingten führt, erhebt sich die Frage, wie das Reich Gottes in seinem Kampf in der Geschichte die Zweideutigkeiten des Einzelnen in seiner geschichtlichen Existenz überwindet.

5. Das Reich Gottes und die Zweideutigkeiten des Einzelnen in der Geschichte

Der Ausdruck „der Einzelne in der Geschichte" bedeutet in diesem Zusammenhang der Einzelne, insofern er aktiv an der Dynamik der Geschichte partizipiert. Nicht nur der politisch aktive Mensch partizipiert an der Geschichte, sondern jeder, der in irgendeinem Bereich schöpferisch zum universalen Prozeß der Geschichte beiträgt. Das widerspricht nicht der Tatsache, daß das Politische das beherrschende Element in der geschichtlichen Existenz ist.

Es bedeutet keinen Sieg des Reiches Gottes in der Geschichte, wenn sich der Einzelne im Namen des transzendenten Reiches Gottes von der Partizipation an der Geschichte zurückzieht – nicht nur weil dieser Versuch erfolglos ist, sondern auch weil er das Individuum seiner vollen Menschlichkeit beraubt, indem er es von der geschichtlichen Gruppe und ihrer schöpferischen Selbst-Verwirklichung abschneidet. Das transzendente Reich Gottes ist nicht erreichbar ohne Partizipation an dem Kampf des innergeschichtlichen Reiches Gottes. Denn das Transzendente aktualisiert sich innerhalb der Geschichte. Jeder Einzelne ist in das tragische Geschick der geschichtlichen Existenz geworfen; er kann ihm nicht entgehen, gleich ob er als Kind stirbt oder als Führer im geschichtlichen Leben untergeht. Das Schicksal jedes Menschen ist ab-

Das Reich Gottes und die Zweideutigkeiten des Einzelnen

hängig von geschichtlichen Bedingungen. Aber je mehr das Geschick eines Menschen von seiner aktiven Teilnahme an der Geschichte abhängt, umso mehr wird geschichtliches Opfer verlangt. Wo dieses Opfer auf reife Art gebracht wird, hat das Reich Gottes einen Sieg errungen.

Wenn dies jedoch die einzige Antwort auf das Problem des Einzelnen in der Geschichte wäre, wäre die geschichtliche Existenz des Menschen ohne Sinn, und das Symbol „Reich Gottes" hätte keine Berechtigung. Das wird deutlich, sobald wir die Frage stellen: Opfer wofür? Ein Opfer, dessen Zweck keine Beziehung zu dem hat, von dem das Opfer verlangt wird, ist kein Opfer, sondern erzwungene Selbstvernichtung. Ein echtes Opfer erfüllt denjenigen, der es bringt, mehr, als daß es ihn vernichtet. Deshalb muß das geschichtliche Opfer Hingabe für ein Ziel sein, in dem mehr erreicht wird als Machtgewinn für ein politisches Gebilde oder für das Leben einer Gruppe, mehr als Fortschritt einer geschichtlichen Bewegung oder mehr als die höchste Stufe der menschlichen Geschichte. Vielmehr muß es um ein Ziel gehen, für das sich zu opfern die Erfüllung dessen bedeutet, der sich opfert. Das persönliche Ziel, das *telos*, kann der „Ruhm" sein wie im klassischen Griechentum oder die „Ehre" wie in der feudalistischen Kultur; oder es kann die mystische Identifizierung mit der Nation sein wie im Zeitalter des Nationalismus oder die mit einer Partei wie im Neo-Kollektivismus; es kann die Entdeckung der Wahrheit sein wie in allem Wissenschaftsglauben oder das Erreichen einer neuen Stufe der menschlichen Selbst-Verwirklichung wie im Fortschrittsglauben. Es kann „die Ehre Gottes" sein wie in den ethischen Typen der Religion oder das Einswerden mit dem Höchsten wie in den mystischen Typen der religiösen Erfahrung oder das Ewige Leben im göttlichen Grund und Ziel des Seins wie im klassischen Christentum. Wo geschichtliches Opfer und die Gewißheit persönlicher Erfüllung auf diese Art vereint sind, hat das Reich Gottes einen Sieg errungen. Die Partizipation des Einzelnen an der geschichtlichen Existenz hat einen letzten Sinn erhalten.

Wenn wir jetzt die vielfältigen Ausdrucksformen des letzten Sinns in der Partizipation des Individumms an der Dynamik der Geschichte miteinander vergleichen, sehen wir, daß das Symbol „Reich Gottes" sie alle zusammenfaßt. Denn dieses Symbol vereint das kosmische, das gesellschaftliche und das persönliche Element; es vereint die Ehre Gottes mit der Liebe Gottes und weist auf die unerschöpfliche Vielfalt schöpferischer Möglichkeiten in der göttlichen Transzendenz hin.

Diese Betrachtungen führen uns zu dem letzten Abschnitt dieses Teils und des gesamten theologischen Systems: „Das Reich Gottes als das Ziel der Geschichte (oder als das Ewige Leben)."

III. DAS REICH GOTTES ALS DAS ZIEL DER GESCHICHTE

A

DAS ZIEL DER GESCHICHTE ODER DAS EWIGE LEBEN

1. Das Ende und Ziel der Geschichte und die dauernde Gegenwart des Endes

Die fragmentarischen Siege des Reiches Gottes in der Geschichte weisen durch diesen ihren fragmentarischen Charakter auf die nichtfragmentarische Seite des Reiches Gottes hin, die „über" der Geschichte liegt. Aber selbst als „über" der Geschichte stehend ist das Reich Gottes auf die Geschichte bezogen; es ist das Ende und Ziel der Geschichte.

Irgendwann in der Entwicklung des Kosmos werden die menschliche Geschichte, das Leben auf dieser Erde und die Erde selbst ein Ende nehmen; sie alle werden aufhören, in Raum und Zeit zu existieren. Dieses Ereignis ist geringfügig im Verhältnis zum kosmischen Geschehen. Theologisch ist die Vorstellung vom Ende der Geschichte nur insofern von Wichtigkeit, als durch sie die transzendente Symbolik von einem feststehenden Ende, wie sie z. B. in der apokalyptischen Literatur und in gewissen biblischen Ideen zu finden ist, entmythologisiert wird. Das Ziel der Geschichte geht weit über das Ende hinaus; es ist nicht eins mit dem Ende der Geschichte im physikalischen und biologischen Sinn. Es transzendiert jeden Moment des zeitlichen Prozesses; es ist das Ende der Zeit im Sinne des Ziels der Geschichte. Ende und Ziel der Geschichte in diesem Sinne ist „Ewiges Leben".

Die klassische Bezeichnung für die Lehre vom „Ende der Geschichte" ist „Eschatologie". Wie das Wort *end* im Englischen verbindet das griechische Wort *eschatos* einen Raum-Zeit-Begriff mit einem qualitativen Wertbegriff. Es deutet sowohl auf den letzten, am weitesten entfernten Punkt in Zeit und Raum hin wie auf das Höchste und Vollkommenste – aber zuweilen auch auf das Wertwidrigste, nämlich das rein Negative. Alle diese Bedeutungen sind enthalten in dem Ausdruck „Eschatologie" oder „Lehre vom Ende" oder von „den letzten Dingen". Die erste und primitivste mythologische Bedeutung des *eschaton* ist "der letzte Tag in der Reihe aller Tage". Dieser Tag gehört der Gesamtheit aller Tage an, die den zeitlichen Prozeß ausmachen; er ist einer von diesen Tagen, aber auf ihn folgt kein weiterer Tag. Alle Dinge, die sich an diesem Tage ereignen, werden als die "letzten Dinge" *(ta eschata)* bezeichnet. Eschatologie in diesem Sinn ist die Beschreibung der Dinge, die sich an dem letzten aller Tage ereignen. Die Phantasie hat sie dichterisch, dramatisch und bildlich ausgestaltet, von der eschatologischen Literatur bis zu den Gemälden vom Jüngsten Gericht und von Himmel und Hölle.

Aber was uns hier beschäftigt, ist die Frage: Was ist die theologische Bedeutung dieser Bilder (die es keineswegs nur in der jüdisch-christlichen Welt gibt)? Um die qualitative Bedeutung des Begriffs *eschatos* hervorzuheben, gebrauche ich ihn im Singular: das *eschaton*. Das theologische Problem der Eschatologie liegt nicht in den vielen Dingen, die sich am letzten Tag ereignen werden, sondern in dem einen "Ding", was jedoch kein Ding ist, sondern der symbolische Ausdruck für die Beziehung des Zeitlichen zum Ewigen – genauer, für den "Übergang" vom Zeitlichen zum Ewigen. Diese Metapher entspricht der Metapher für den Übergang vom Ewigen zum Zeitlichen in der Lehre von der Schöpfung, oder der Metapher vom Übergang der Essenz zur Existenz in der Lehre vom Sündenfall, oder der Metapher vom Übergang der Existenz zur Essenz in der Lehre von der Erlösung.

Das eschatologische Problem gewinnt unmittelbar existentielle Bedeutung mit dieser Reduktion der *eschata* auf das *eschaton*. Das *eschaton* ist nicht mehr ein Gegenstand der Phantasie über eine unendlich ferne (oder nahe) Katastrophe in Raum und Zeit, sondern Ausdruck, wenn auch in einem bestimmten Zeitmodus, für die Tatsache, daß wir in jedem Augenblick vor dem Angesicht des Ewigen stehen. Die Zukunft ist der Modus in aller eschatologischen Symbolik, wie die Vergangenheit der Modus in allen Symbolen von der Schöpfung ist. Gott *hat* die Welt (in der Vergangenheit) geschaffen, und er *wird* ihr (in der Zukunft) ein Ende machen. In beiden Fällen ist die Beziehung des Zeitlichen zum Ewigen in zeitlichen Symbolen ausgedrückt, aber die existentielle, und das heißt die theologische Bedeutung der Symbole ist verschieden. Wenn die Beziehung des Zeitlichen zum Ewigen im Modus der Vergangenheit dargestellt wird, wird die Abhängigkeit der geschöpflichen Existenz zum Ausdruck gebracht; wenn der Modus der Zukunft gebraucht wird, wird auf die Erfüllung der geschöpflichen Existenz im Ewigen hingewiesen.

Vergangenheit und Zukunft treffen in der Gegenwart zusammen, und beide sind in dem "Ewigen Jetzt" gegenwärtig. Aber sie sind nicht aufgehoben von der Gegenwart; sie haben ihre unabhängigen und voneinander verschiedenen Funktionen. Es ist die Aufgabe der Theologie, diese Funktionen zu analysieren und sie im Zusammenhang mit der Gesamtsymbolik zu sehen, zu der sie gehören. Auf diese Art wird das *eschaton* zu einem Anliegen der gegenwärtigen Erfahrung, ohne die Dimension der Zukunft zu verlieren: wir stehen *jetzt* im Angesicht des Ewigen, aber nur indem wir vorausblicken auf das Ende der Geschichte, auf das Ende alles dessen, was zeitlich ist innerhalb des Ewigen. Das verleiht dem eschatologischen Symbol seine Wichtigkeit und seine Ernsthaftigkeit und verhindert, daß die christliche Theologie und die Predigt die Eschatologie als Anhang zu einem im übrigen abgeschlossenen System behandeln. Dies ist in bezug auf das Ende des Einzelnen niemals geschehen: das Predigen des *memento mori* hat in der Kirche immer eine wichtige Stelle eingenommen, und die transzendente Bestimmung des Individuums ist immer ein wichtiges Anliegen der Theologie gewesen. Aber die Frage nach dem Ende der Geschichte und dem Ende des Universums im Ewigen ist kaum je gestellt worden, und wenn sie gestellt wurde, ist sie nicht ernsthaft beantwortet worden. Erst mit den geschichtlichen Katastrophen in der ersten Hälfte dieses Jahrhunderts und mit der drohenden Gefahr der Selbstvernichtung des Menschen seit der Mitte des Jahrhunderts ist das eschatologische Problem zu einem leidenschaftlichen Anliegen des Menschen geworden. Und ohne die Auseinandersetzung mit dem Problem des Endes und Ziels der Geschichte und des Universums kann auch das Problem der ewigen Bestimmung des Individuums keine Antwort finden.

2. Das Ende und Ziel der Geschichte als die Erhebung des Zeitlichen in die Ewigkeit

Wie wir gesehen haben, schafft Geschichte das qualitativ Neue und bewegt sich auf das unbedingt Neue zu, was sie jedoch niemals innerhalb der Geschichte erreichen kann, weil das Unbedingte jeden zeitlichen Moment transzendiert. Die Erfüllung der Geschichte liegt in dem immer gegenwärtigen Ende und Ziel der Geschichte, das heißt in der transzendenten Seite des Reiches Gottes: dem Ewigen Leben.

Drei Antworten können auf die Frage gegeben werden: Was ist der Inhalt des Lebens, das wir „das Ewige Leben" nennen; oder was ist der Inhalt des Reiches, das als transzendente Erfüllung unter der Herrschaft Gottes steht? Die erste Antwort ist die Verweigerung einer Antwort mit der Begründung, daß es um ein unerreichbares Mysterium gehe, das Mysterium der göttlichen Herrlichkeit. Aber die Religion hat diese Grenze immer überschritten, und die Theologie muß sie überschreiten; denn „Leben" und „Reich" sind konkrete und spezifische Symbole, die sich von anderen Symbolen in der Religionsgeschichte und in den profanen Ausdrucksformen des Unbedingten unterscheiden. Wenn schon konkrete Symbole gebraucht werden, darf ihre Bedeutung nicht unerklärt bleiben.

Im Gegensatz zu dieser Antwort steht eine andere, die Antwort der populären Vorstellung und des theologischen Supranaturalismus (ihrem begrifflichen Verbündeten). Die populäre Vorstellung und der Supranaturalismus können sehr viel über das transzendente Reich aussagen, denn sie sehen in ihm das idealisierte Abbild des Lebens, wie es innerhalb der Geschichte und unter den allgemeinen Bedingungen der Existenz erfahren wird. Bezeichnenderweise fehlen diesem Abbild des Lebens die negativen Züge, die wir zum Beispiel als Endlichkeit, als das Böse, als Entfremdung usw. erleben. Alle von der essentiellen Natur des Menschen und seiner Welt abgeleiteten Hoffnungen sind erfüllt. Die populären Hoffnungsbilder übertreffen jedoch die Grenzen der wesensmäßig berechtigten Hoffnung. Sie sind Projektionen aller zweideutigen Inhalte des zeitlichen Lebens und der Wünsche, die diese erwecken, auf das Reich des Transzendenten. Dieses übernatürliche Reich hat keine unmittelbare Beziehung zur Geschichte und zur Entwicklung des Universums. Es liegt in der Ewigkeit, und es ist das Problem der menschlichen Existenz, ob und auf welche Art der einzelne Mensch Zugang zu dem transzendenten Bereich finden kann. Die Geschichte gilt als wichtiges Element nur im irdischen Leben des Menschen, sie ist ein endlicher Prozeß, innerhalb dessen der Einzelne Entscheidungen treffen muß, die wichtig für seine eigene Erlösung sind, nicht aber für das Reich Gottes, das jenseits der Geschichte liegt. Offensichtlich wird damit die Geschichte ihres letzten Sinnes beraubt. Sie ist sozusagen der irdische Bereich, aus dem Einzelne in das himmlische Reich überführt werden. Alles geschichtliche Handeln, wie ernsthaft und vom Geiste erfüllt es auch sein mag, trägt nichts bei für das himmlische Reich. Die Kirchen sind Heilsanstalten, aber nur für die Erlösung Einzelner, nicht für die soziale und universale Verwirklichung des Neuen Seins.

Es gibt noch eine dritte Antwort auf die Frage nach der Beziehung der Geschichte zum Ewigen Leben. Sie entspricht der dynamisch-schöpferischen Interpretation des Symbols „Reich Gottes" wie der antisupranaturalistischen oder paradoxen Auffassung von der Beziehung des Zeitlichen zum Ewigen. Ihre Grundthese ist, daß das immer gegenwärtige Ende und Ziel der Geschichte den positiven Inhalt der Geschichte in die Ewigkeit erhebt, während es zugleich das Negative von der Teilnahme an ihr ausschließt. Darum ist nichts, was in der Geschichte geschaffen wird, verloren; aber es wird von den negativen Elementen befreit, mit denen es innerhalb der Existenz vermischt war. Bei der Erhebung der Geschichte in die Ewigkeit manifestiert sich das Positive als unzweideutig positiv und das Negative als unzweideutig negativ. Das Ewige Leben umfaßt also den positiven Gehalt der Geschichte, von seinen negativen Verzerrungen befreit und in seinen Potentialitäten erfüllt. Geschichte in diesem Zusammenhang ist in erster Linie menschliche Geschichte; aber da alle Lebensbereiche eine geschichtliche Dimension haben, sind sie alle miteingeschlossen, wenn auch in verschiedenen Graden. Das universale Leben bewegt sich auf ein Ende und Ziel zu und wird in das Ewige Leben erhoben, sein letztes und immer gegenwärtiges Ende und Ziel.

Symbolisch gesprochen, könnte man sagen, daß das Leben in der gesamten Schöpfung und, auf besondere Art, in der menschlichen Geschichte in jedem Augenblick der Zeit zum Reich Gottes und zum Ewigen Leben beiträgt. Was sich in Raum und Zeit ereignet, in dem kleinsten Stück Materie wie in der größten Persönlichkeit, ist von Wichtigkeit für das Ewige Leben. Und da das Ewige Leben Teilhabe am göttlichen Leben ist, ist jedes endliche Geschehen wichtig für Gott.

Die Schöpfung ist Schöpfung um des „Endes" willen: in dem „Grund" ist das „Ziel" gegenwärtig. Aber zwischen Anfang und Ende wird das Neue geschaffen. Über das Geschaffene müssen wir zwei Aussagen machen: im Hinblick auf den göttlichen Grund des Seins ist es *nicht* neu, da es als Potentialität in dem Grund enthalten ist. Da aber seine Aktualität auf Freiheit in Einheit mit Schicksal beruht, *ist* es neu, denn Freiheit ist die Voraussetzung für alles Neue in der Existenz. Was sich mit Notwendigkeit aus seinen Voraussetzungen ergibt, ist nichts Neues, es ist nur eine Verwandlung des Alten. (Aber selbst der Begriff der Verwandlung weist auf ein Element des Neuen hin; vollkommene Determination würde selbst die Möglichkeit der Verwandlung ausschließen.)

3. Das Ende der Geschichte als Enthüllung des Negativen als negativ oder „das Jüngste Gericht"

Die Erhebung des Positiven in der Existenz in das Ewige Leben bedeutet die Befreiung des Positiven von seiner zweideutigen Verbindung mit dem Negativen, die das Leben unter den Bedingungen der Existenz kennzeichnet. Die Religionsgeschichte ist reich an Symbolen für diese Idee, wie dem jüdisch-christlichen und islamischen Symbol eines letzten Gerichts oder dem hinduistischen und buddhistischen Symbol der Reinkarnation nach dem Gesetz des Karma. In allen diesen Fällen ist das Gericht nicht auf Einzelwesen beschränkt, sondern bezieht sich auf das Universum. In dem griechischen und persischen Symbol von der totalen Verbrennung des alten Kosmos und der Geburt eines neuen Kosmos kommt die Universalität der Negation des Negativen am Ende der Welt zum Ausdruck. Das griechische Wort für richten *(krinein* „trennen") weist deutlich auf den universalen Charakter des Gerichts als eines Aktes hin, in dem das Gute vom Bösen, das Wahre vom Falschen und die Angenommenen von den Verworfenen geschieden werden.

Im Lichte unserer Interpretation des Endes und Ziels der Geschichte als dem immer gegenwärtigen Ende und der dauernden Erhebung des positiven Inhalts der Geschichte in die Ewigkeit erhält das Symbol vom Jüngsten Gericht die folgende Bedeutung: hier und jetzt, in dem dauernden Übergang vom Zeitlichen zum Ewigen wird das Negative vernichtet mit seinem Anspruch, ein Positives zu sein, einem Anspruch, den es geltend macht, indem es sich des Positiven bedient und sich auf zweideutige Weise mit ihm mischt. So gewinnt es den Anschein, selbst positiv zu sein (z. B. in Krankheit, Tod, Lüge, Zerstörung, Mord und dem Bösen im allgemeinen). Angesichts des Ewigen jedoch löst sich die Erscheinung des Bösen als ein Positives auf. In diesem Sinn wird Gott in seinem ewigen Leben als „brennendes Feuer" bezeichnet, das verbrennt, was vorgibt, positiv zu sein, es aber nicht ist. Nichts Positives fällt dem Weltbrand anheim. Das Feuer keines Gerichts kann es vernichten, selbst nicht das Feuer des göttlichen Zorns. Denn Gott kann nicht sich selbst vernichten, und alles Positive ist Ausdruck des Seins-Selbst. Und da es nichts rein Negatives gibt (das Negative nährt sich von dem Positiven, das es entstellt), kann nichts, was Sein hat, endgültig vernichtet werden. Nichts, was ist, kann, insofern es ist, von der Ewigkeit ausgeschlossen sein; aber es kann ausgeschlossen sein, insofern es mit Nicht-Sein gemischt und noch nicht von ihm befreit ist.

Die Frage, was dies für den einzelnen Menschen bedeutet, soll später erörtert werden. Hier erhebt sich zunächst die Frage, wie sich der Übergang vom Zeitlichen zum Ewigen vollzieht. Was geschieht mit Dingen und Wesen, die nicht-menschlich sind, im Übergang vom Zeitlichen zum Ewigen? Wie wird in diesem Übergang das Negative in seiner Negativität enthüllt und der Vernichtung überlassen? Was wird negiert, wenn nichts Positives negiert werden kann? Solche Fragen können nur im Zusammenhang eines Systems beantwortet werden; die

Antworten müssen aus den Hauptbegriffen eines solchen Systems (Sein, Nicht-Sein, Essenz, Existenz, Endlichkeit, Entfremdung, Zweideutigkeit usw.) und aus den zentralen religiösen Symbolen (Schöpfung, Fall, das Dämonische, Erlösung, *agape*, Reich Gottes usw.) abgeleitet werden – sonst wären sie bloße Meinungen, Einfälle oder reine Dichtung (mit ihrer enthüllenden, aber nicht-begrifflichen Ausdruckskraft). Innerhalb des vorliegenden Systems sind folgende Antworten möglich: Der Übergang vom Zeitlichen zum Ewigen, das „Ende" des Zeitlichen, ist selbst kein zeitliches Ereignis, ebensowenig wie die Schöpfung ein zeitliches Ereignis ist. Zeit ist die Form des geschaffenen Endlichen (und wird so mit diesem geschaffen), und Ewigkeit ist das innere Ziel, das *telos* des geschaffenen Endlichen, das das Endliche dauernd zu sich emporzieht. In einer kühnen Metapher könnte man sagen, daß das Zeitliche in einem fortwährenden Prozeß zu „ewiger Erinnerung" wird. Aber *ewige* Erinnerung ist lebendige Bewahrung der erinnerten Sache. Sie ist zugleich Vergangenheit, Gegenwart und Zukunft, eine transzendente Einheit der drei Zeitmodi. Mehr läßt sich über sie nicht aussagen, es sei denn in poetischen Bildern. Aber aus dem wenigen, was man von ihr sagen kann – meist in negativen Begriffen, lassen sich wichtige Schlüsse für unser Verständnis der Zeit und der Ewigkeit ziehen: Das Ewige ist nicht ein zukünftiger Stand der Dinge. Es ist immer gegenwärtig, nicht nur im Menschen (der Bewußtsein von ihm hat), sondern in allem, was innerhalb der Gesamtheit des Daseins Sein hat. Und in bezug auf die Zeit kann man sagen, daß ihre Dynamik sich nicht nur vorwärts, sondern auch aufwärts bewegt, und daß sich die beiden Bewegungen in einer Kurve vereinigen, die zugleich horizontale und vertikale Richtung hat.

Die zweite Frage erfordert eine Erklärung der Grundthese dieses Kapitels, der These, daß in dem Übergang vom Zeitlichen zum Ewigen das Negative negiert wird. Um wieder das Bild von der „ewigen Erinnerung" zu gebrauchen, können wir sagen, daß das Negative kein Gegenstand der ewigen Erinnerung als lebendiger Bewahrung des Erinnerten ist. Aber es wird auch nicht vergessen, denn vergessen setzt zumindest einen Augenblick des Erinnerns voraus. Das Negative wird überhaupt nicht erinnert; es wird als das „durchschaut", was es ist, als Nicht-Sein. Trotzdem bleibt es nicht ohne Wirkung auf das, was auf ewig erinnert wird. Es ist in der ewigen Erinnerung als das gegenwärtig, was überwunden und in sein nacktes Nicht-Sein geworfen ist (wie z. B. eine Lüge). Das ist die Seite der Verdammung in dem, was symbolisch als Jüngstes Gericht bezeichnet wird. Wieder müssen wir eingestehen, daß sich über diese vorherrschend negativen Aussagen hinaus nichts von dem Gericht über das Universum aussagen läßt, es sei denn in poetischen Bildern. – Aber es muß etwas über die Seite der Erlösung im Jüngsten Gericht gesagt werden. Die Behauptung, daß das Positive im Universum Gegenstand der ewigen Erinnerung sei, erfordert eine Erklärung des Begriffs „positiv" in diesem Zusammenhang. Seine Grundbedeutung ist die von etwas, das wahre Realität hat – als die geschaffene Essenz eines Dinges. Das führt zu der weiteren Frage, wie sich das Positive zum essentiellen Sein, und im Gegensatz dazu, zum existentiellen Sein verhält. Eine erste Antwort, gewissermaßen im Sinne des Platonismus, wäre, daß die Erhebung eines Dinges in die Ewigkeit seine Rückkehr zu dem bedeutet, was es seinem Wesen nach ist; Schelling hat das „Essentifikation" genannt. Mit diesem Begriff kann die Rückkehr zu dem Zustand reiner Wesentlichkeit oder Potentialität gemeint sein und die Ausscheidung alles dessen, was unter den Bedingungen der Existenz wirklich ist. So verstanden, wäre Essentifikation ein Begriff, der eher auf die aus Indien stammenden Religionen als auf die aus Israel stammenden paßte. Nach der indischen Auffassung schafft der gesamte Weltprozeß nichts Neues; er besteht aus dem Abfall vom essentiellen Sein und der Rückkehr zu ihm. Aber der Begriff „Essentifikation" kann auch bedeuten, daß das Neue, das sich in Raum und Zeit verwirklicht hat, zu dem essentiellen Sein etwas hinzufügt, indem es dieses mit dem Positiven verbindet, das in der Existenz geschaffen wird, und so das unbedingt Neue, das „Neue Sein", schafft, nicht fragmentarisch wie in allem zeitlichen Leben, sondern als vollkommener Beitrag zu dem Reich Gottes in seiner Erfüllung. Man könnte von einer „Anreicherung" des göttlichen Lebens durch die geschichtlichen Prozesse sprechen. Dieser Gedanke gibt, wenn auch noch so metaphorisch und unangemessen ausgedrückt, jeder Entscheidung und jeder Schöpfung in Raum und Zeit unendliches Gewicht und bestätigt die Ernsthaftigkeit dessen, was mit dem Symbol des Jüngsten Gerichts gemeint ist. Die Teilhabe am Ewigen Leben hängt ab von einer schöpferischen Synthese der essentiellen Natur eines Wesens mit dem, was es in seiner zeitlichen Existenz daraus gemacht hat. Insoweit es vom Negativen beherrscht ist, wird es in seiner Negativität enthüllt und von der ewigen Erinnerung ausgeschlossen. In dem Maße aber, in dem das Essentielle in ihm die existentielle Verzerrung überwunden hat, hat es einen höheren Rang im Ewigen Leben.

4. Das Ziel der Geschichte und die endgültige Überwindung der Zweideutigkeiten des Lebens

Mit der Enthüllung und der Ausschließung des Negativen im Jüngsten Gericht sind die Zweideutigkeiten des Lebens überwunden, nicht nur fragmentarisch, wie in dem innergeschichtlichen Sieg des Reiches Gottes, sondern total. Da die endgültige Vollkommenheit der Maßstab für die fragmentarische Vollkommenheit und das Kriterium für die Zweideutigkeiten des Lebens ist, müssen wir auf sie hinweisen, wenn auch in negativ metaphorischer Sprache, der einzigen Sprache, der wir uns zur Beschreibung eschatologischer Symbole bedienen können.

Im Hinblick auf die drei Polaritäten des Seins und die entsprechenden drei Funktionen des Lebens müssen wir fragen: Was ist die Bedeutung der Selbst-Integration, des Sich-Schaffens und der Selbst-Transzendierung im Ewigen Leben? Da das Ewige Leben identisch ist mit dem Reich Gottes in seiner Erfüllung, ist es die nicht-fragmentarische und totale Überwindung der Zweideutigkeiten des Lebens in allen Dimensionen des Lebens oder – in einer anderen Metapher – in allen Graden des Seins.

Die erste Frage ist also: Was bedeutet unzweideutige Selbst-Integration als Eigenschaft des Ewigen Lebens? Die Antwort verweist auf die erste Polarität in der Seinsstruktur, die Polarität von Individualisation und Partizipation. Im Ewigen Leben sind die beiden Pole in vollkommenem Gleichgewicht. Sie sind in dem vereint, was ihren polaren Gegensatz transzendiert: in der Zentriertheit des Göttlichen, die das Universum der Seinsmächte umfaßt, ohne sie in eine tote Identität aufzulösen. Man kann noch von ihrer Selbst-Integration sprechen, da sie sogar in der zentrierten Einheit des göttlichen Lebens ihre Selbst-Bezogenheit nicht verloren haben. Ewiges Leben ist noch Leben: in der universalen Zentriertheit werden die einzelnen Zentren nicht aufgelöst. Dies ist die erste Antwort auf die Frage nach der Bedeutung des Ewigen Lebens, eine Antwort, die zugleich die erste Voraussetzung für die Beschreibung des erfüllten Reiches Gottes als des unzweideutigen und nicht-fragmentarischen Lebens der Liebe ist.

Die zweite Frage ist: Was ist die Bedeutung des unzweideutigen Sich-Schaffens als Eigenschaft des Ewigen Lebens? Die Antwort verweist auf die zweite Polarität in der Seinsstruktur, die Polarität von Dynamik und Form. Im Ewigen Leben sind diese beiden Pole in vollkommenem Gleichgewicht. Sie sind in dem vereint, was ihren polaren Gegensatz transzendiert: in der göttlichen Schöpferkraft, die

Das Ziel der Geschichte und die endgültige Überwindung der Zweideutigkeiten

die endliche schöpferische Kraft einschließt, ohne sie zum Werkzeug für sich selbst zu machen. Die Selbstheit in dem Sich-Schaffen bleibt in dem erfüllten Reich Gottes erhalten.

Die dritte Frage ist: Was bedeutet die unzweideutige Selbst-Transzendierung als Eigenschaft des Ewigen Lebens? Die Antwort verweist auf die dritte Polarität in der Seinsstruktur, die Polarität von Freiheit und Schicksal. Im Ewigen Leben sind diese beiden Pole in vollkommenem Gleichgewicht. Sie sind in dem vereint, was ihren polaren Gegensatz transzendiert: in der göttlichen Freiheit, die mit dem göttlichen Schicksal identisch ist. Mit der Macht der Freiheit strebt jedes endliche Wesen über sich hinaus zur Erfüllung seines Schicksals in der endgültigen Einheit von Freiheit und Schicksal.

In der hier gegebenen metaphorischen „Beschreibung" des Ewigen Lebens wurde auf die drei Lebensfunktionen in allen ihren Dimensionen hingewiesen, die des menschlichen Geistes eingeschlossen. Aber wir müssen uns mit den drei Funktionen des Geistes in ihrer Beziehung zum Ewigen Leben noch im besonderen befassen.

Die Hauptaussage, die hier gemacht werden muß, ist, daß in dem Ende und Ziel der Geschichte die drei Funktionen des Geistes – Moralität, Kultur und Religion – aufhören, spezifische Funktionen zu sein. Das Ewige Leben ist das Ende der Moralität, denn in ihm ist kein Sein-Sollen, das nicht zugleich Sein ist. Wo Essentifikation ist, gibt es kein Gesetz, weil das, was das Gesetz fordert, nichts anderes ist als das Wesen, die Essenz, die durch die Existenz schöpferisch bereichert ist. Das gleiche ist gemeint, wenn wir das Ewige Leben das Leben der universalen und vollkommenen Liebe nennen. Denn Liebe tut, was das Gesetz fordert, aber bevor es gefordert wird. Anders ausgedrückt können wir sagen, daß im Ewigen Leben das Zentrum der Person in dem alles umfassenden göttlichen Zentrum ruht und durch dieses Gemeinschaft hat mit allen anderen persönlichen Zentren. Deshalb wird das Gebot überflüssig, sie als Personen anzuerkennen und sich mit ihnen als entfremdeten Teilen der universalen Einheit zu vereinen. Das Ewige Leben ist das Ende der Moralität, weil in ihm erfüllt ist, was die Moralität verlangt.

Und das Ewige Leben ist das Ende der Kultur. Kultur wurde als das Sich-Schaffen des Lebens in der Dimension des Geistes definiert, und in ihr wurde die *theoria*, durch die Realität erfaßt wird, von der *praxis* unterschieden, durch die Realität gestaltet wird. Im Zusammenhang mit der Lehre vom göttlichen Geist haben wir bereits auf die beschränkte Gültigkeit dieser Unterscheidung hingewiesen. Im Ewigen Leben gibt es keine Wahrheit, die – im Sinne des vierten Evangeliums

– nicht zugleich „getan" wird, und es gibt keine künstlerische Ausdrucksform, die nicht zugleich Realität ist. Darüber hinaus wird Kultur als geistiges Schaffen zugleich göttliches Schaffen. Das Schaffen des menschlichen Geistes wird im Ewigen Leben zur Offenbarung des göttlichen Geistes – wie es das fragmentarisch schon in der Geistgemeinschaft ist. Menschliches Schaffen und göttliche Selbst-Manifestation sind im erfüllten Reich Gottes ein und dasselbe. Kultur als selbständige menschliche Tätigkeit erreicht ihr Ende mit dem Ende der Geschichte. Sie wird zur ewigen göttlichen Selbst-Manifestation durch die endlichen Träger des göttlichen Geistes.

Schließlich ist das Ende der Geschichte das Ende der Religion. In biblischer Sprache wird das in der Beschreibung des „himmlischen Jerusalem" ausgedrückt, in dem es keine Tempel gibt, weil Gott dort wohnt. Die Religion ist eine Folge der Entfremdung des Menschen von dem Grund seines Seins und der Versuch, wieder zu ihm zurückzufinden. Im Ewigen Leben ist diese Rückkehr vollzogen, und Gott ist alles in allem und für alles. Die Kluft zwischen dem Profanen und dem Religiösen ist überwunden. Im Ewigen Leben gibt es keine Religion.

Aber nun erhebt sich die Frage: Wie kann die Erfüllung des Ewigen mit dem Element des Negativen vereint werden, ohne das Leben nicht denkbar ist? Diese Frage läßt sich am besten beantworten, indem wir einen Begriff einführen, der der emotionalen Sphäre angehört, in dem aber das Problem des Ewigen Lebens in seiner Beziehung zu Sein und Nicht-Sein enthalten ist – den Begriff der Seligkeit, auf das göttliche Leben angewandt.

5. Die ewige Seligkeit als die ewige Überwindung des Negativen

Der Begriff „selig" *(makarios, beatus)* kann fragmentarisch auf Menschen angewandt werden, die vom göttlichen Geist ergriffen sind. Das Wort bezeichnet den seelischen Zustand, in dem die Gegenwart des göttlichen Geistes ein Gefühl der Erfüllung erzeugt, das durch Negativitäten in anderen Dimensionen nicht gestört werden kann. Weder physisches noch psychisches Leiden kann das „transzendente Glück" zerstören, das in dem Gefühl der Seligkeit liegt. In endlichen Wesen ist diese positive Erfahrung immer mit dem Wissen um ihr Gegenteil verbunden, um Unglücklichsein, Verzweiflung und Verdammung. Diese „Negierung des Negativen" gibt der Seligkeit ihren paradoxen Charakter. Ohne ein Element der Negativität ist weder Leben noch Seligkeit denkbar. Aber es ist die Frage, ob dies auch für die „ewige Seligkeit" gilt.

Die ewige Seligkeit als die ewige Überwindung des Negativen

Der Ausdruck „ewige Seligkeit" wird sowohl auf das göttliche Leben angewandt wie auf das Leben derer, die an ihm teilhaben. In bezug sowohl auf Gott wie auf den Menschen müssen wir fragen, worin die Negativität besteht, die ein Leben der ewigen Seligkeit möglich macht. Die Philosophen des „Werdens" haben dieses Problem ernsthaft erörtert. Wenn sie von dem Werden Gottes sprechen, führen sie damit das negative Element ein, nämlich als die Negation dessen, was in jedem Augenblick des Werdens zurückgelassen wird. In einer solchen Lehre von Gott wird Gott auf entschiedene Weise Leben zugesprochen. Aber auf dieser Grundlage ist es schwierig, die Idee der ewigen Seligkeit in Gott zu erklären, da sie die Idee der vollkommenen Erfüllung einbegreift. Fragmentarische Erfüllung kann zeitliche, aber nicht ewige Seligkeit schaffen, und jede Beschränkung der göttlichen Seligkeit wäre eine Beschränkung der Göttlichkeit des Göttlichen. Die Philosophen des Werdens können sich auf Stellen der Bibel berufen, in denen Gott Reue, Mühsal, Geduld, Leiden und Opfer zugeschrieben werden. Solche Vorstellungen von einem lebendigen Gott haben zu einer Lehre geführt, die von der Kirche verworfen wurde, nämlich der sogenannten patripassionistischen Lehre, daß Gott als Vater mitlitt an dem Leiden des Christus. Aber diese Annahme widerspricht zu offensichtlich der fundamentalen theologischen Lehre von Gottes *impassibilitas* (der Lehre, daß Gott nicht passiv leidend sein kann). Nach dem Urteil der Kirche hätte sie Gott auf eine Ebene mit den leidenschaftlichen und leidenden Göttern der griechischen Mythologie gestellt. Aber mit der Ablehnung des Patripassianismus ist das Problem der Negativität in der Seligkeit des göttlichen Lebens nicht gelöst. Die Theologie der Gegenwart versucht – mit sehr wenig Ausnahmen –, dem Problem aus dem Wege zu gehen, indem sie es entweder ignoriert oder von einem unerforschlichen göttlichen Mysterium spricht. Aber in Anbetracht der Bedeutung, die diese Frage für das existentiellste aller Probleme, nämlich die Theodizee, hat, ist eine solche Ausflucht nicht erlaubt. Menschen in „Grenzsituationen" werden sich mit der Ausflucht in das göttliche Mysterium nicht zufriedengeben. Das gleiche Problem liegt vor in der kirchlichen Lehre über das Verhältnis der göttlichen Allmacht zu der Liebe Gottes im Hinblick auf die Schrecknisse der Weltgeschichte. Solche Probleme fordern eine Antwort, und eine Theologie, die sich weigert, auf sie einzugehen, hat ihre Aufgabe verfehlt.

Die Theologie muß die Probleme ernst nehmen, die die Philosophen des Werdens aufwerfen. Sie muß versuchen, die Lehre von der ewigen Seligkeit mit dem negativen Element zu verbinden, ohne das Leben

Das Ziel der Geschichte oder das Ewige Leben

nicht möglich ist und Seligkeit aufhört, selig zu sein. Das Wesen der Seligkeit selbst erfordert ein negatives Element in der Ewigkeit des göttlichen Lebens.

Das führt zu der Grundthese: Das göttliche Leben ist die ewige Überwindung des Negativen; hierin liegt seine Seligkeit. Ewige Seligkeit ist kein Zustand unveränderlicher Vollkommenheit – die Philosophen des Werdens sind im Recht, wenn sie diese Idee verwerfen. Das göttliche Leben ist Seligkeit durch Kampf und Sieg. Wenn wir fragen, wie Seligkeit mit dem Wagnis und der Ungewißheit vereint werden kann, die zu jedem ernsthaften Kampf gehören, müssen wir uns an das erinnern, was über die Ernsthaftigkeit der Versuchung des Christus gesagt wurde. Hier wurden die Ernsthaftigkeit der Versuchung und die Gewißheit der Verbindung mit Gott als miteinander vereinbar beschrieben. Das kann als eine Analogie – und als mehr als eine Analogie – zu der ewigen Identität Gottes mit sich selbst verstanden werden. Die ewige Identität Gottes mit sich selbst steht nicht im Widerspruch dazu, daß er aus sich selbst herausgeht in die Negativität der Existenz und die Zweideutigkeit des Lebens. Er verliert seine Identität nicht in seiner Selbst-Veränderung; dies ist die Grundlage für die dynamische Idee der ewigen Seligkeit.

Ewige Seligkeit wird allem zugeschrieben, was am göttlichen Leben teilhat, nicht nur dem Menschen, sondern allem, was ist. Das Symbol von „einem neuen Himmel und einer neuen Erde" weist auf die Universalität der Seligkeit im erfüllten Reich Gottes hin. Unsere Frage ist also: Was bedeutet das Symbol der ewigen Seligkeit für das Universum außerhalb des Menschen? In der biblischen Literatur finden sich Hinweise auf die Idee, daß die Natur an der Offenbarung und Anbetung der göttlichen Herrlichkeit teilhat. Aber es gibt auch andere Stellen, in denen die Tiere von der göttlichen Fürsorge ausgeschlossen sind (Paulus) und das Elend des Menschen darin gesehen wird, daß sein Geschick nicht besser ist als das der Pflanzen und Tiere (Hiob). Nach der ersten Auffassung nimmt die Natur irgendwie teil an der göttlichen Seligkeit (symbolisch in den Visionen der Apokalypse ausgedrückt), während nach der zweiten Auffassung Natur *und* Mensch von der Ewigkeit ausgeschlossen sind (im größten Teil des Alten Testaments). Nach dem, was über „Essentifikation" gesagt wurde, könnte man eine mögliche Antwort darin sehen, daß alle Dinge – da sie als von Gott geschaffen gut sind – in ihrem Wesen, ihrer Essenz, am göttlichen Leben teilhaben (ähnlich der spätplatonischen Lehre, daß die Essenzen ewige Ideen im Geiste Gottes sind). Die Konflikte und das Leiden der Natur unter den Bedingungen der Existenz und ihre Sehnsucht nach Erlösung, von der Paulus spricht (Röm. 8), dienen der Bereicherung des essentiellen Seins, nachdem das Negative in allem, was Sein hat, negiert ist. Solche Betrachtungen sind poetisch-symbolischer Art und dürfen nicht als Beschreibung von Dingen und Ereignissen in Raum und Zeit verstanden werden.

B

DER EINZELNE UND SEIN EWIGES SCHICKSAL

1. Universale und individuelle Erfüllung

In den vorhergehenden fünf Abschnitten war von dem Reich Gottes „über" der Geschichte oder dem Ewigen Leben im allgemeinen die Rede. In den Betrachtungen über das letzte *telos* des Werdens waren alle Dimensionen des Lebens eingeschlossen. Jetzt müssen wir die Dimension des Geistes und die individuelle Person, den Träger des Geistes, gesondert betrachten. Die individuelle Person stand immer im Mittelpunkt eschatologischer Vorstellungen und Ideen, nicht nur, weil wir selbst als menschliche Wesen Individuen sind, sondern auch, weil das Geschick des Individuums auf eine Art von ihm selbst bestimmt wird, wie es nur in der Dimension des Geistes der Fall ist. Der Mensch als endliche Freiheit hat eine andere Beziehung zum Ewigen Leben als Wesen, die vorherrschend durch Notwendigkeit bestimmt sind. Das Wissen um das, was „sein soll", und damit das Bewußtsein von Verantwortung und Schuld, Verzweiflung und Hoffnung kennzeichnen die Beziehung des Menschen zum Ewigen. Alles Zeitliche hat eine „teleologische" Beziehung auf das Ewige, aber nur der Mensch ist sich ihrer bewußt, und dieses Bewußtsein gibt ihm die Freiheit, sich gegen sie zu wenden. Die christliche Lehre von der tragischen Universalität der Entfremdung bedeutet, daß jedes menschliche Wesen sich gegen sein *telos*, gegen das Ewige Leben, stellt, während es zugleich nach ihm strebt. Das macht den Begriff der „Essentifikation" dialektisch. Das *telos* des Menschen als eines Individuums wird von den Entscheidungen bestimmt, die er in der Existenz auf Grund der Möglichkeiten trifft, die ihm vom Schicksal gegeben sind. Er kann seine Potentialitäten verkommen lassen, aber nicht gänzlich, und er kann sie erfüllen, aber nicht vollkommen. Das gibt dem Symbol des Jüngsten Gerichts seine besondere Ernsthaftigkeit. Die Enthüllung des Negativen als negativ in einem Menschen mag nicht viel Positives für das Ewige Leben bestehen lassen. Sie kann den Menschen zur Kleinheit herabsetzen, sie kann ihn aber auch zur Größe erheben. Sie kann äußerste Armut in bezug auf seine erfüllten Potentialitäten bedeuten, aber auch höchsten Reichtum. Klein und groß, arm und reich sind relative Werte. Deshalb widersprechen sie dem absoluten Urteil, das sich in religiösen Symbolen ausspricht wie denen von „verlieren oder gewinnen", „verdammt oder gerettet sein", „Hölle oder Himmel", „ewiger Tod oder ewiges Leben". Die Vorstellung von Graden der Essentifikation nimmt diesen Symbolen und Begriffen ihre Absolutheit.

Absolute Urteile über endliche Dinge und Geschehnisse sind unmöglich, weil sie das Endliche zum Unendlichen machen. Dies ist die Wahrheit, die dem theologischen Universalismus und der Lehre von der „Restitution aller Dinge" in der Ewigkeit zugrunde liegt. Aber das Wort „Restitution" ist nicht zureichend: Essentifikation kann mehr und weniger als Restitution bedeuten. Die Kirche verwarf die Lehre des Origenes von der *apokatastasis panton*, der Restitution aller Dinge, weil die Erwartung der „Restitution aller Dinge" die absolute Drohung und Hoffnung, die zum Beispiel in dem „verdammt oder gerettet sein" liegt, ihrer Ernsthaftigkeit beraubt. Eine Lösung dieses Konflikts muß den absoluten Ernst der Drohung, „das Ewige Leben zu verlieren", mit der Relativität der endlichen Existenz verbinden. Das begriffliche Symbol der „Essentifikation" kann diese Aufgabe erfüllen, denn es betont die Verzweiflung des Menschen darüber, daß er seine Potentialitäten nicht verwirklicht hat, und versichert ihn zugleich der Erhebung des Positiven innerhalb der Existenz (selbst eines äußerst unerfüllten Lebens) in die Ewigkeit.

Diese Lösung verwirft die mechanistische Vorstellung von einer notwendigen Erlösung, ohne jedoch den Widersprüchen der traditionellen Lösung zu verfallen, die das ewige Schicksal des Individuums entweder als ewige Verdammnis oder als ewige Erlösung beschreibt. Die fragwürdigste Form dieser Idee, die Lehre von der doppelten Prädestination, hat dämonische Implikationen: sie setzt eine ewige Spaltung in Gott selbst voraus. Aber auch ohne die Idee von der doppelten Prädestination kann die Lehre von dem sich absolut widersprechenden ewigen Schicksal der Individuen nicht aufrechterhalten werden, in Hinsicht sowohl auf die Selbst-Manifestation Gottes wie auf die Natur des Menschen.

Die Vorstellung von einem zweifachen ewigen Schicksal der Individuen hat ihre Wurzel zum Teil in der radikalen Trennung von Person

Universale und individuelle Erfüllung

und Person und von Personhaftem und Unter-Persönlichem, die eine Folge des biblischen Personalismus ist. Wenn in der Dimension des Geistes die Individualisation die Partizipation verdrängt, werden stark zentrierte Selbstheiten geschaffen, die sich durch asketische Selbstdisziplin und durch das Auf-sich-Nehmen der vollen Verantwortung für ihr ewiges Schicksal von der Einheit aller Geschöpfe trennen. Aber das Christentum enthält neben der Betonung des Personalen auch die Idee der universalen Teilnahme an der Erfüllung im Reich Gottes. Diese Seite wurde um so mehr betont, je weniger das Christentum indirekt von den stark dualistischen Tendenzen des späten Hellenismus beeinflußt war.

Vom Standpunkt der göttlichen Selbst-Manifestation widerspricht die Lehre von dem zweifachen ewigen Schicksal der Idee von Gottes immerwährendem Erschaffen des Endlichen als eines „sehr guten" (Gen. 1). Da Sein als Sein gut ist – Augustins wichtigste anti-dualistische These –, kann nichts, was ist, vollständig böse werden. Das, was ist, was Sein hat, ist in die schöpferische göttliche Liebe eingeschlossen. Die Lehre von der Einheit alles Seienden in der göttlichen Liebe und im Reich Gottes nimmt dem Symbol der Hölle den Charakter der „ewigen Verdammnis". Diese Erwägung nimmt der Seite der Verdammnis im göttlichen Gericht nicht ihre Ernsthaftigkeit, nämlich die Verzweiflung, in der die Enthüllung des Negativen erlebt wird. Sie befreit jedoch von der Absurdität der wörtlichen Auslegung des Symbols von Himmel und Hölle und macht die Verwechslung des ewigen Schicksals mit einem dauernden Zustand der Qual oder der Freude unmöglich.

Vom Standpunkt der menschlichen Natur widerspricht die Lehre von dem zweifachen ewigen Schicksal der Tatsache, daß kein menschliches Wesen nach dem göttlichen Urteil unzweideutig auf der einen oder anderen Seite steht. Selbst der Heilige bleibt ein Sünder und bedarf der Vergebung, und selbst der Sünder ist ein Heiliger, insofern er unter der göttlichen Vergebung steht. Wenn der Heilige die Vergebung annimmt, bleibt seine Annahme der Vergebung zweideutig. Und wenn der Sünder die Vergebung ablehnt, bleibt seine Ablehnung der Vergebung zweideutig. Denn auch wenn wir in Verzweiflung gestoßen werden, ist es der göttliche Geist, der in uns wirkt. Der qualitative Gegensatz zwischen Guten und Bösen, wie er in der symbolischen Sprache beider Testamente zum Ausdruck kommt, bezieht sich auf den qualitativen Gegensatz des Guten und des Bösen an sich (wie zum Beispiel Wahrheit und Lüge, Mitleid und Grausamkeit, Einheit mit Gott und Entfremdung von ihm), aber nicht auf den vollständig guten oder vollständig bösen Charakter einzelner Menschen. Die Lehre von der Zweideutigkeit alles menschlichen Gutseins und von der Erlösung, die einzig von der göttlichen Gnade abhängt, führt uns entweder zurück zur der abgelehnten Lehre von der doppelten Prädestination oder weiter zu der Lehre von der universalen Essentifikation.

Es gibt noch eine andere Seite in der menschlichen Natur, die der Trennung von Person und Person und von Personhaftem und Unter-Persönlichem, die der Lehre von dem zweifachen ewigen Schicksal zugrunde liegt, widerspricht: Das totale menschliche Sein, seine bewußte wie seine unbewußte Seite, ist weitgehend von der Umgebung bestimmt, in die der Mensch geboren ist Er entwickelt sich nur in wechselseitiger Abhängigkeit von der sozialen Situation; und die Funktionen des menschlichen Geistes bilden – der gegenseitigen Durchdringung aller Seinsdimensionen gemäß – eine strukturelle Einheit mit den physikalischen und biologischen Lebensfaktoren. Freiheit und Schicksal sind in jedem Individuum so miteinander verbunden, daß es unmöglich ist, sie voneinander zu trennen; ebenso unmöglich ist es infolgedessen, das ewige Schicksal eines einzelnen Menschen von dem der Menschheit und von dem Sein in allen seinen Manifestationen zu trennen.

Damit kann schließlich die Frage beantwortet werden, was der Sinn entstellter Lebensformen ist – Formen, die wegen physikalischer, biologischer, psychologischer oder soziologischer Umstände nicht einmal eine teilweise Erfüllung ihres wesenhaften *telos* erreichen können, wie in Fällen von vorzeitiger Zerstörung, dem Sterben kleiner Kinder, physischer und psychischer Krankheit und moralisch und geistig verderblicher Umgebung. Wenn wir die individuellen Schicksale in ihrer Vereinzelung betrachten, gibt es auf diese Frage keine Antwort. Frage und Antwort sind nur möglich, wenn die Essentifikation oder die Erhebung des Positiven in die Ewigkeit als universale Partizipation verstanden wird: in dem Wesen auch des am wenigsten erfüllten Individuums ist das Wesen anderer Individuen und indirekt das alles Seienden gegenwärtig. Wer irgendeinen Menschen zu ewigem Tod verdammt, verdammt sich selbst, denn sein Wesen und das des anderen können nicht absolut voneinander getrennt werden. Und der Mensch, der seinem eigenen Wesen entfremdet ist und die Verzweiflung totaler Selbstverurteilung erlebt, muß darauf hingewiesen werden, daß sein Wesen an dem Wesen all derer teilhat, die einen hohen Grad der Erfüllung erreicht haben, und daß er durch diese Partizipation ewig bejaht ist. Diese Idee der Essentifikation des Einzelnen in Einheit mit allem Seienden macht den Begriff der stellvertretenden Erfüllung verständlich und gibt dem Begriff der Geistgemeinschaft einen neuen Inhalt. Schließlich bildet sie die Grundlage für den Gedanken, daß Gruppen wie Nationen und Kirchen in ihrem essentiellen Sein an der Einheit des Reiches Gottes in seiner Erfüllung teilhaben.

2. Unsterblichkeit als Symbol und als Begriff

Für die Partizipation des Individuums am Ewigen Leben gebraucht das Christentum die beiden Begriffe „Unsterblichkeit" und „Auferstehung" (neben dem Begriff des „Ewigen Lebens" selbst). Von diesen beiden Begriffen ist nur der der „Auferstehung" biblisch. Aber „Unsterblichkeit" in der Bedeutung der platonischen Lehre von der Unsterblichkeit der Seele wurde schon sehr früh in die christliche Theologie aufgenommen, und in weiten Teilen des protestantischen Denkens hat das Symbol der „Unsterblichkeit" das der „Auferstehung" ersetzt. In einigen protestantischen Ländern ist die Idee der Unsterblichkeit das letzte, was von der gesamten christlichen Botschaft erhalten ist, allerdings in der nicht-christlichen, pseudo-platonischen Form, nach der das zeitliche Leben des Individuums nach dem Tode körperlos fortdauert. Wo das Symbol der Unsterblichkeit diesen populären Aberglauben vertritt, muß es vom Christentum radikal verworfen werden; denn Partizipation an der Ewigkeit ist weder Fortleben nach dem Tode, noch eine natürliche Eigenschaft der menschlichen Seele. Vielmehr ist sie der schöpferische Akt Gottes, der bewirkt, daß sich das Zeitliche vom Ewigen trennt und zu ihm zurückkehrt. Es ist verständlich, daß christliche Theologen, die sich dieser Schwierigkeiten bewußt sind, den Begriff „Unsterblichkeit" gänzlich verwerfen, nicht nur in der Form des populären Aberglaubens, sondern auch in der ursprünglichen platonischen Form. Aber das ist nicht berechtigt. Wenn der Begriff in dem Sinn verwandt wird, wie er in 1. Timotheus 6, 16 auf Gott angewandt wird, drückt er dasselbe negativ aus, was positiv durch den Begriff der Ewigkeit ausgedrückt wird: er bedeutet keine Fortsetzung des zeitlichen Lebens nach dem Tode, sondern steht für eine Eigenschaft, die das Zeitliche transzendiert.

In diesem Sinne verstanden, widerspricht „Unsterblichkeit" nicht dem Symbol des Ewigen Lebens. Aber traditionell wird der Begriff für die „Unsterblichkeit der Seele" gebraucht. Das macht seinen Gebrauch im christlichen Denken in einem weiteren Sinn problematisch: In dieser Bedeutung impliziert der Begriff der Unsterblichkeit einen Dualismus zwischen Seele und Leib, der im Widerspruch zu dem christlichen Begriff des göttlichen Geistes steht, der alle Dimensionen des Seins umfaßt; und er ist unvereinbar mit dem Symbol von der „Auferstehung des Leibes". Aber auch hier müssen wir uns fragen, ob der Begriff nicht auch anders als dualistisch verstanden werden kann. Aristoteles zeigt in seiner ontologischen Unterscheidung von Form und Materie eine solche Möglichkeit. Wenn die Seele die Form des Lebensprozesses ist, schließt ihre „Unsterblichkeit" alle Elemente ein, die diesen Prozeß konstituieren, allerdings schließt sie diese, insofern sie Essenzen sind, ein. „Unsterblichkeit der Seele" in diesem Sinn würde die Macht der Essentifikation einschließen. Und in Platos später Lehre von der „Weltseele" scheint die Idee der Unsterblichkeit als universaler Essentifikation angedeutet zu sein.

In den meisten Erörterungen über die Unsterblichkeit ist der Frage der Beweisbarkeit mehr Aufmerksamkeit zuteil geworden als der Frage des Inhalts. Man stellte die Frage, ob es einen Beweis für die Unsterblichkeit der Seele gebe, und man beantwortete diese Frage mit den Platonischen Argumenten, die niemals überzeugend waren, jedoch niemals aufgegeben wurden. Diese Situation (die ihre Parallele in den Beweisen für die Existenz Gottes hat) ist die Folge der Verwandlung des Symbols der „Unsterblichkeit" in einen Begriff. Als Symbol wurde „Unsterblichkeit" in bezug auf Götter oder Gott gebraucht und drückte die Erfahrung der Unbedingtheit in Sein und Sinn aus. So verstanden enthält sie die Gewißheit, die in dem unmittelbaren Bewußtsein des Menschen liegt, daß er ein endliches Wesen ist und daß er seine Endlichkeit in eben diesem Bewußtsein von ihr transzendiert. Die „unsterblichen Götter" sind symbolisch-mythische Ausdrucksformen für die Erfahrung jener Unendlichkeit, von der der Mensch als sterbliches Wesen ausgeschlossen ist, der er aber durch die Götter teilhaft werden kann. Diese Vorstellung behält ihre Gültigkeit selbst nach der Entmythologisierung des Bereiches der Götter durch die Propheten und seiner Verwandlung in die Wirklichkeit des Einen, der Grund und Ziel alles Seienden ist. Er kann „der Sterblichkeit Unsterblichkeit anziehen" (1. Kor. 15, 53). Unsere Endlichkeit hört nicht auf, Endlichkeit zu sein, aber sie ist in die Unendlichkeit, das Ewige, aufgenommen.

Die Erkenntnislage ist vollkommen verändert, sobald das Wort „Unsterblichkeit" nicht mehr als Symbol, sondern als Begriff gebraucht wird. In diesem Augenblick wird „Unsterblichkeit" zum Merkmal für einen Teil des Menschen, nämlich seine sogenannte Seele; und die Frage der erfahrungsmäßigen Fundierung für die Gewißheit des Ewigen Lebens wird zur Untersuchung über die Natur der Seele als eines besonderen Gegenstandes. Zweifellos sind Platos Dialoge weitgehend die Veranlassung zu dieser Entwicklung gewesen. Aber man muß darauf hinweisen, daß es in Plato selbst Widerstände gegen diese Vergegenständlichung der „Unsterblichkeit" gibt: seine Argumente sind Argumente *ad hominem* (das heißt in moderner Terminologie existentielle Argumente); sie können nur von denen verstanden werden, die am Wahren, Guten und Schönen partizipieren und die ihrer die Zeit transzendierenden Gültigkeit bewußt sind. Als objektive Argumente kann man „nicht gänzlich auf sie vertrauen" (Platos Phaidon). Aristoteles' Kritik an der platonischen Idee der Unsterblichkeit kann als Versuch verstanden werden, ihrer fast unvermeidlichen Primitivierung entgegenzuwirken und Platos Idee in sein eigenes Symbol der höchsten Erfüllung aufzunehmen, die Partizipation des Menschen an der ewigen Selbstschau des göttlichen *nous* ist. Von hier ist der Weg nicht mehr weit zu Plotins mystischer Vereinigung des Einzelnen mit dem „Einen" in der Ekstase. Die christliche Theologie konnte diesen Weg nicht beschreiten wegen ihrer Betonung der individuellen Person und ihres ewigen Schicksals. Statt dessen kehrte sie zu Plato zurück und verwandte seinen Begriff der unsterblichen Seele als Grundlage für die gesamte eschatologische Symbolik, ohne sich von den Folgen, die zu Primitivismus und Aberglauben führten, abschrecken zu lassen. Die „natürliche Theologie" der Katholiken und der Protestanten bediente sich alter und neuer Argumente für die Unsterblichkeit der Seele, und beide verlangten die Annahme dieses Begriffs im Namen des Glaubens. Sie sanktionierten die Verwechslung von Symbol und Begriff und forderten so die Kritik an der metaphysischen Psychologie von Philosophen wie Locke, Hume und Kant heraus. Die christliche Theologie sollte diese Kritik nicht als Angriff auf das *Symbol* der Unsterblichkeit auffassen, sondern als Angriff auf den *Begriff* einer von Natur unsterblichen Seelensubstanz. Wenn „Unsterblichkeit" als Symbol verstanden wird, wird die Gewißheit des Ewigen Lebens von seiner gefährlichen Verbindung mit dem Begriff einer unsterblichen Seele befreit.

In Anbetracht dieser Situation wäre es ratsam, den Ausdruck „Ewiges Leben" zu gebrauchen und von „Unsterblichkeit" nur zu sprechen, wenn abergläubische Vorstellungen vermieden werden können.

3. Die Bedeutung der Auferstehung

Die Partizipation des Menschen am Ewigen Leben jenseits des Todes kommt angemessener in dem hoch symbolischen Ausdruck „Auferstehung des Leibes" zum Ausdruck. Die Kirchen betrachteten diesen Ausdruck als spezifisch christlich und faßten ihn im Sinne des Paulinischen Symbols „geistlicher Leib" auf. Dieser Ausdruck bedarf ebenfalls der Erklärung. Er sollte als doppelte Negation verstanden werden, die durch eine paradoxe Wortverbindung ausgedrückt wird. Als erstes negiert dieser Ausdruck die „Nacktheit" einer rein geistigen Existenz und steht so im Gegensatz zu der dualistischen Tradition des östlichen Denkens und der platonischen und neu-platonischen Schulen. Das Wort „Leib" bringt – im Gegensatz zu diesen Traditionen – den prophetischen Glauben zum Ausdruck, daß die Schöpfung gut ist. In dem Gedanken, daß der Leib zum Ewigen Leben gehört, wird der starke Antidualismus des Alten Testaments deutlich. Aber Paulus erkennt die Problematik dieses Symbols, nämlich die Gefahr, daß es als Partizipation von „Fleisch und Blut" am Reich Gottes aufgefaßt werden kann: Er besteht darauf, daß „Fleisch und Blut" das Reich Gottes nicht „ererben" können. Und gegen diese Gefahr der „materialistischen" Auslegung wendet er sich, wenn er den auferstandenen Leib „geistlichen Leib" nennt. Geist – dieser Zentralbegriff der Paulinischen Theologie – bedeutet die Gegenwart des göttlichen Geistes im menschlichen Geist, in den er einbricht, den er verwandelt und über sich hinaushebt. „Geistlicher Leib" ist also ein Leib, der das vom göttlichen Geist verwandelte gesamte Sein des Menschen ausdrückt. So weit läßt sich das Symbol vom „geistlichen Leib" erklären; darüber hinaus kann man in der begrifflichen Sprache keine Aussage machen, nur in der poetischen Sprache und in der Kunst. Wenn wir diesen im höchsten Grade symbolischen Charakter des Ausdrucks von der „Auferstehung" vergessen, begegnen wir einer Reihe von Absurditäten, die die wahre und äußerst wichtige Bedeutung der „Auferstehung" verdecken.

„Auferstehung" bedeutet in erster Linie, daß das Reich Gottes alle Dimensionen des Seins umfaßt. Der ganze Mensch partizipiert am Ewigen Leben. Wenn wir die Idee der „Essentifikation" verwenden, können wir sagen, daß das psychologische, das geistige und das soziale Sein des Menschen in seinem leiblichen Sein impliziert sind – und zwar in Einheit mit den Essenzen alles anderen, das Sein hat.

Die christliche Betonung der leiblichen Auferstehung bedeutet zugleich die entschiedene Betonung des ewigen Wertes, den die individuelle Person in ihrer Einmaligkeit darstellt. Die Individualität einer Person spricht sich in jeder Zelle ihres Leibes aus, vor allem in ihrem Antlitz. Die Kunst der Porträtmalerei erinnert immer wieder an die erstaunliche Tatsache, daß Moleküle und Zellen die Funktionen und Regungen des menschlichen Geistes ausdrücken können, von dem sie abhängig sind. Sofern Bildnisse authentische Kunstwerke sind, sind sie künstlerische Antizipationen dessen, was wir Essentifikation genannt haben. Sie stellen keinen bestimmten Moment in der Entwicklung einer Person dar, sondern eine Konzentration all dieser Momente in einem Bild dessen, was diese Person in ihrem Wesen geworden ist auf Grund ihrer Möglichkeiten und durch die Erfahrungen und Entscheidungen, die sie während ihres Lebens gemacht hat. Diese Idee kann den Sinn der Ikonen in der griechisch-orthodoxen Kirche erklären, die essentifizierte Bildnisse des Christus, der Apostel und der Heiligen sind und auf mystische Weise an der himmlischen Wirklichkeit derer teilhaben, die sie darstellen. Die geschichtlich denkenden westlichen Kirchen haben diese Lehre vergessen und haben die Ikonen durch religiöse Bilder ersetzt, die an besondere Züge in der zeitlichen Existenz der Heiligen erinnern sollen. Sie standen zunächst noch in der alten Tradition, aber langsam wurden die klassischen Ausdrucksformen durch idealistische ersetzt, die ihrerseits später durch naturalistische Formen abgelöst wurden, denen die religiöse Transparenz fehlte. Diese Entwicklung in der darstellenden Kunst kann uns zum Verständnis der individuellen Essentifikation in allen Dimensionen der menschlichen Natur verhelfen.

Eine häufig aufgeworfene Frage in bezug auf das ewige Schicksal des Einzelnen ist die Frage, ob das seiner selbst bewußte Selbst im Ewigen Leben gegenwärtig ist. Die einzig sinnvolle Antwort hierauf besteht – ähnlich wie bei dem Problem des „geistlichen Leibes" – aus einer zweifachen Negation. Die erste ist, daß das seiner selbst bewußte Selbst nicht vom Ewigen Leben ausgeschlossen sein kann. Da das Ewige Leben Leben ist und nicht undifferenzierte Identität, und da das Reich Gottes die universale Aktualisierung der Liebe ist, kann das Element der Individualisation nicht ausgeschlossen sein, ohne daß das Element der Partizipation ebenfalls verschwindet. Es gibt keine Partizipation, wo es kein individuelles Zentrum gibt, das partizipiert; die beiden Pole bedingen einander. Und wo es ein individuelles Zentrum der Partizipation gibt, bedingt die Subjekt-Objekt-Struktur der Existenz das Bewußtsein und – wenn es sich um ein personhaftes Subjekt handelt – das Selbst-Bewußtsein. Das führt zu der Antwort, daß das zentrierte, seiner selbst bewußte Selbst nicht vom Ewigen Leben ausgeschlossen sein kann. Der Dimension des Geistes, die in allen ihren Funktionen Selbst-Bewußtsein voraussetzt, kann die ewige Erfüllung nicht versagt sein, ebensowenig wie der biologischen Funktion und damit dem Leib. Mehr läßt sich nicht sagen.

Aber die entgegengesetzte Negation muß ebenso betont werden. Wie die Partizipation des leiblichen Seins am Ewigen Leben nicht die endlose Fortdauer einer Kombination bestimmter physikalischer Teilchen ist, so ist die Partizipation des zentrierten Selbst nicht die endlose Fortdauer eines besonderen Bewußtseinsstromes in Form der Erinnerung und der Antizipation. Das Selbst-Bewußtsein – so wissen wir aus Erfahrung – hängt von Veränderungen in der Zeit ab, sowohl von Veränderungen des wahrnehmenden Subjekts wie von denen des wahrgenommenen Objekts im Prozeß des sich seiner selbst Bewußtwerdens. Aber Ewigkeit transzendiert Zeitlichkeit und damit den Erfahrungscharakter des Bewußtseinsprozesses. Ohne Zeit und Veränderung in der Zeit würden Subjekt und Objekt ineinander aufgehen; das Gleiche würde fortdauernd das Gleiche wahrnehmen. Dieser Zustand wäre eine Art Katatonie, in der das wahrnehmende Subjekt unfähig wäre, sich sein Wahrnehmen bewußt zu machen, und entbehrte deshalb des Selbst-Bewußtseins. Diese psychologische Analogie soll jedoch keine Beschreibung des Selbst-Bewußtseins im Ewigen Leben sein, sondern soll die zweite Negation unterstützen, die in der Aussage besteht, daß das seiner selbst bewußte Selbst im Ewigen Leben nicht das gleiche ist wie im zeitlichen Leben (welches die Zweideutigkeit der Objektivation einschließen würde). Behauptungen, die über diese beiden negativen Behauptungen hinausgehen, sind keine theologisch begrifflichen Aussagen mehr, sondern poetische Bilder.

Das Symbol der Auferstehung wird häufig allgemeiner gebraucht, um die Gewißheit auszudrücken, daß sich aus dem Tod des zeitlichen Lebens das Ewige Leben erhebt. So verstanden, ist „Auferstehung" der symbolische Ausdruck für den theologischen Zentralbegriff des Neuen Seins. Wie das Neue Sein nicht ein zweites Sein ist, sondern die Verwandlung des alten, so ist die Auferstehung nicht die Schöpfung einer zweiten Wirklichkeit, die im Gegensatz zu der alten Wirklichkeit steht, sondern die Verwandlung der alten, aus deren Tod sie sich erhebt. In dieser Bedeutung ist der Ausdruck „Auferstehung" (ohne spezifischen Bezug auf die Auferstehung des Leibes) zu einem universalen Symbol für die eschatologische Hoffnung geworden.

4. Ewiges Leben und Ewiger Tod

In der biblischen Symbolik sind die beiden Hauptbegriffe, die das negative Urteil gegen ein Seiendes in bezug auf sein ewiges Schicksal ausdrücken, „immerwährende Strafe" und „ewiger Tod". Der zweite Begriff kann als die Entmythologisierung des ersten aufgefaßt werden, wie „das Ewige Leben" eine Entmythologisierung der „immerwährenden Seligkeit" ist. Die theologische Bedeutung des Begriffs „ewiger Tod" liegt in der Tatsache, daß er auf den überzeitlichen Charakter des ewigen Schicksals des Menschen hinweist. Auch dieser Begriff bedarf der Erklärung, denn er vereint zwei Begriffe, die – wenn wörtlich genommen – einander radikal widersprechen: Ewigkeit und Tod. Diese Wortverbindung bedeutet Tod, der von der Ewigkeit ausschließt, das Nicht-Erreichen der Ewigkeit, das Anheimfallen an die Vergänglichkeit der Zeitlichkeit. In diesem Sinn bedeutet „ewiger Tod" eine persönliche Drohung gegen jeden, der an die Zeitlichkeit gebunden und unfähig ist, sie zu transzendieren. Für einen solchen Menschen ist „Ewiges Leben" ein Symbol ohne Bedeutung, weil ihm die antizipatorische Erfahrung des Ewigen fehlt. Auf das Symbol der Auferstehung bezogen, könnte man sagen, daß er stirbt, aber nicht an der Auferstehung teilhat.

Diese Drohung widerspricht jedoch der Wahrheit, daß alles Geschaffene im ewigen Grunde des Seins verwurzelt ist. Insofern kann sich Nicht-Sein nicht gegen das Sein behaupten. Daraus ergibt sich die Frage, wie die beiden einander widersprechenden Auffassungen miteinander vereint werden können. Wie läßt sich die Ernsthaftigkeit der Drohung des Todes, der von der Ewigkeit ausschließt, mit der Wahrheit vereinen, daß alles aus der Ewigkeit kommt und zu ihr zurückkehren muß? Wenn wir die Geschichte des christlichen Denkens verfolgen, sehen wir, daß in ihm beide Seiten dieses Gegensatzes vertreten sind: die Drohung des Todes, der vom Ewigen Leben ausschließt, ist im praktischen Lehren und Predigen der meisten Kirchen vorherrschend und gilt in vielen als offizielle Lehre. Die Gewißheit, im Ewigen Leben verwurzelt zu sein und ihm daher anzugehören, selbst wenn man sich von ihm abwendet, ist der herrschende Glaube in den mystischen und humanistischen Bewegungen innerhalb der Kirchen und Sekten. Die erste Auffassung wird von Augustin, Thomas und Calvin vertreten, die zweite von Origenes, Schleiermacher und dem unitarischen Universalismus. Der theologische Begriff, um den es in dieser Auseinandersetzung geht, ist der der „Restitution aller Dinge", der *apokatastasis panton* des Origenes. Damit ist gemeint, daß alles Zeitliche zum Ewigen zurückkehrt, aus dem es kommt. In dem Gegensatz zwischen dem Glauben an die Erlösung Einzelner und dem an universale Erlösung zeigt sich die Spannung zwischen diesen sich widersprechenden Ideen und ihre praktische Wichtigkeit. Wie primitiv die Symbolik auch ist, in der sich diese Kontroverse äußerte und bis zu einem gewissen Grad auch heute noch äußert, so ist der Punkt, um den es geht, doch von großer theologischer und noch größerer psychologischer Wichtigkeit. Voraussetzungen über die Natur Gottes, des Menschen und ihre Beziehung zueinander sind in dieser Kontroverse impliziert. Ihre Folge kann letzte Verzweiflung oder letzte Hoffnung, oberflächliche Gleichgültigkeit oder tiefer Ernst sein; denn trotz der spekulativen Form geht es hier um ein höchst existentielles Problem im christlichen Denken.

Um auch nur eine vorläufige Antwort geben zu können, ist es nötig, die Beweggründe heranzuziehen, die der einen oder anderen Haltung zugrunde liegen. Die Drohung des Todes, der von der Ewigkeit ausschließt, entstammt dem ethisch-pädagogischen Denktyp und vertritt verständlicherweise die Grundhaltung der Kirchen. Sie befürchten, daß die Lehre von der *apokatastasis* die Ernsthaftigkeit der religiösen und ethischen Entscheidung untergraben könne (wie im Falle des Origenes und des unitarischen Universalismus). Diese Furcht ist nicht unbegründet, denn man hat zuweilen empfohlen, daß man die Drohung des ewigen Todes predige (oder sogar die der immerwährenden Strafe), aber zugleich für sich als Denker an der Wahrheit von der Lehre der *apokatastasis* festhalte. Wahrscheinlich lösen die meisten Christen das Problem auf ähnliche Art sowohl in bezug auf andere, die im Sterben liegen, wie für sich selbst, wenn sie an den eigenen Tod denken. Niemand kann die Drohung des ewigen Todes ertragen, weder für sich noch für andere; aber das kann kein Grund sein, die Drohung aufzugeben. Mythologisch gesprochen, kann niemand die Hölle als sein oder eines anderen ewiges Schicksal annehmen. Die Ungewißheit über unser ewiges Schicksal kann nicht aufgehoben werden; aber – diese Ungewißheit transzendierend – gibt es Augenblicke, in denen wir paradoxerweise der Rückkehr zum Ewigen, aus dem wir kommen, gewiß sind. Für die christliche Theologie bedeutet das, daß sie eine doppelte Negation vornehmen muß, analog den anderen doppelten Negationen in allen Fällen, in denen es um die Beziehung des Zeitlichen zum Ewigen geht: beide Seiten müssen negiert werden – die Drohung des ewigen Todes wie die Gewißheit der Rückkehr zum Ewigen.

Sowohl innerhalb wie außerhalb des Christentums hat man versucht, die starke Spannung dieser Polarität zu überwinden. Drei derartige Versuche sind wichtig: die Idee der „Reinkarnation", die Idee eines „Zwischenzustandes" und die Idee des „Fegefeuers". In allen drei Ideen kommt die Überzeugung zum Ausdruck, daß der Augenblick des Todes nicht entscheidend für das endgültige Schicksal des Menschen sein kann. Beim Tode von Säuglingen, Kindern und nicht voll entwickelten Erwachsenen zum Beispiel wäre das eine reine Absurdität. Und beim Tode reifer Menschen würden unzählige Elemente außer acht gelassen, die das Leben jedes reifen Menschen beeinflussen und seine tiefe Zweideutigkeit verursachen. Der gesamte Lebensprozeß, und nicht ein spezifischer Augenblick, ist entscheidend für den Grad der Essentifikation. Die Idee der Reinkarnation hatte großen Einfluß auf Millionen von Asiaten und scheint ihn immer noch zu haben. Hier ist jedoch die Gewißheit von einem „Leben nach dem Tode" keine tröstende Vorstellung. Im Gegenteil ist es der negative Charakter alles Lebens, der zur Reinkarnation führt, dem qualvollen Weg der Rückkehr zum Ewigen. Einige Menschen, unter ihnen vor allem Lessing, zogen diese Lehre dem orthodoxen Glauben vor, daß das endgültige Schicksal des Menschen im Augenblick seines Todes entschieden werde. Aber der problematische Punkt in allen Inkarnationslehren ist, daß das Subjekt in den verschiedenen Stufen der Inkarnation kein Bewußtsein von seiner Identität hat. Deshalb muß Reinkarnation – ähnlich wie Unsterblichkeit – als Symbol und nicht als Begriff verstanden werden. Sie weist auf die höheren oder geringeren Kräfte hin, die in jedem Seienden vorhanden sind und in deren Kampf entschieden wird, ob die Essentifikation des Individuums einen höheren oder geringeren Grad der Erfüllung erreicht. Ein Mensch verwandelt sich nicht in der nächsten Inkarnation in ein Tier, sondern die nicht-menschlichen Eigenschaften in seinem persönlichen Charakter können so stark sein, daß sie die Qualität seiner Essentifikation entscheiden. Diese Erklärung enthält jedoch keine Antwort auf die Frage, welche Entwicklung dem Selbst nach dem Tode in Aussicht steht. Innerhalb der negativen Haltung, die Hinduismus und Buddhismus dem individuellen Selbst gegenüber einnehmen, ist wahrscheinlich keine Antwort auf diese Frage möglich. Wenn die Frage überhaupt beantwortet werden kann, so nur auf der Grundlage einer Lehre, die der römisch-katholischen Lehre vom Fegefeuer verwandt ist. Das Fegefeuer ist ein Zustand, in dem die Seele von den entstellenden Elementen der zeitlichen Existenz „gereinigt" wird. Nach der katholischen Lehre geschieht diese Reinigung durch das bloße Leiden. Aber abgesehen von der psychologischen Unmöglichkeit einer Periode des ununterbrochenen reinen Leidens ist es ein theologischer Fehler, die Verwandlung allein vom Leiden abzuleiten anstatt von der Gnade, die Seligkeit im Leiden schenkt. Auf jeden Fall wird nach dieser Lehre vielen, wenn auch nicht allen Wesen eine Entwicklung nach dem Tode verheißen.

Der Protestantismus gab die Lehre vom Fegefeuer auf wegen der gefährlichen Mißbräuche durch klerikale Habgier und populären Aberglauben, denen sie ausgesetzt war. Aber der Protestantismus konnte das Problem, das ursprünglich zu dem Symbol des Fegefeuers geführt hatte, nicht befriedigend beantworten. Nur ein Versuch, und zwar ein recht schwacher, wurde unternommen, das Problem der individuellen Entwicklung nach dem Tode zu lösen (außer gelegentlichen Ideen der Inkarnation); dies war die Lehre von einem Zwischenzustand zwischen Tod und Auferstehung (im Jüngsten Gericht). Die Hauptschwäche dieser Lehre ist die Idee von einem körperlosen Zwischenzustand, die der Wahrheit von der vieldimensionalen Einheit des Lebens widerspricht und eine nicht-symbolische Anwendung der meßbaren Zeit auf das Leben nach dem Tode ist.

Keines der drei Symbole für die Entwicklung des Individuums nach dem Tode kann die Funktion erfüllen, um deretwillen es geschaffen wurde: nämlich die Vision von einem ewigen positiven Schicksal eines jeden Menschen zu vereinen mit dem Fehlen der zum Erreichen dieses Schicksals notwendigen physischen, sozialen und psychologischen Voraussetzungen bei den meisten und vielleicht bei allen Menschen. Nur eine reine Prädestinationslehre konnte eine einfache Antwort geben; und diese war, daß Gott nur wenige für die ewige Seligkeit auserwählt. Aber damit wird Gott zu einem Dämon gemacht, der dem Gott widerspricht, der die Welt zur Erfüllung aller geschaffenen Möglichkeiten schafft.

Eine angemessenere Antwort muß auf die Beziehung von Ewigkeit und Zeit eingehen oder auf die Beziehung der überzeitlichen Erfüllung zur zeitlichen Entwicklung. Wenn die überzeitliche Erfüllung die Qualität des Lebens hat, ist die Zeitlichkeit in ihr eingeschlossen. Wie in den vorangegangenen Fällen müssen wir zwei negative Aussagen machen, in deren Transzendierung die Wahrheit liegt, die sich jedoch nicht positiv und direkt ausdrücken läßt: Ewigkeit ist weder zeitlose Identität, noch endlose Veränderung. Zeit und Veränderung sind im Ewigen Leben gegenwärtig, aber sie liegen innerhalb der ewigen Einheit des göttlichen Lebens.

Wenn wir diese Lösung mit der Idee verbinden, daß kein einzelnes Schicksal vom Schicksal des Universums getrennt ist, haben wir die Grundlage, auf der die wichtige Frage nach der Entwicklung des Einzelnen im Ewigen Leben zumindest eine begrenzte theologische Antwort erhalten kann.

In der katholischen Lehre, die Gebet und Opfer für den Gestorbenen empfiehlt, findet der Glaube an die Einheit des individuellen mit dem universalen Schicksal im Ewigen Leben deutlichen Ausdruck. Dieses Wahrheitselement sollte nicht über den vielen abergläubischen Vorstellungen und Mißbräuchen vergessen werden, mit denen die praktische Ausführung der Idee verbunden ist. Nach dem Gesagten ist es kaum nötig, auf die Symbole von „Himmel" und „Hölle" einzugehen. In erster Linie muß darauf hingewiesen werden, daß es Symbole und nicht Beschreibungen bestimmter Orte sind; zweitens, daß es Symbole für den Zustand der Seligkeit und der Verzweiflung sind; und drittens, daß sie auf die objektive Grundlage der Seligkeit und der Verzweiflung hinweisen, das heißt auf den Grad der Erfüllung oder Nicht-Erfüllung, der zur Essentifikation des Individuums beiträgt. In dieser dreifachen Bedeutung müssen die Symbole „Himmel" und „Hölle" ernst genommen werden und können so als Metaphern für die polaren Gegensätze in der Erfahrung des Heiligen gebraucht werden. Daß die wörtliche Auffassung von „Himmel" und „Hölle" häufig schädliche psychologische Wirkungen hat, ist kein Grund, diese Symbole völlig aufzugeben. Sie sind lebendiger Ausdruck für die Drohung des „Todes, der vom Ewigen Leben ausschließt", und für ihr Gegenteil, „die Verheißung des Ewigen Lebens". Man kann die Grunderfahrung der Drohung und der Verzweiflung über den letzten Sinn des Lebens ebensowenig psychologisch wegklären wie den Augenblick der Seligkeit in der Antizipation der Erfüllung. Die Psychologie kann nur die neurotischen Folgen der wörtlich genommenen und damit entstellten Symbole beseitigen, und sie hat genügend Stoff für diese Aufgabe. Er wäre geringer, wenn nicht nur die Theologie, sondern auch Predigt und Unterweisung die abergläubischen Implikationen vermieden, die mit dem wörtlichen Gebrauch dieser Symbole verbunden sind.

C

DAS REICH GOTTES: ZEIT UND EWIGKEIT

1. Ewigkeit und die bewegte Zeit

Wir haben die Auffassung von Ewigkeit als Zeitlosigkeit und als endlose Zeit verworfen. Das Ewige ist weder die Negierung der Zeit noch ihre Fortdauer. Auf dieser Grundlage konnten wir die Frage nach der möglichen Entwicklung des Individuums im Ewigen Leben erörtern. Jetzt müssen wir die Frage von Zeit und Ewigkeit prinzipiell behandeln.

Zu diesem Zweck ist es angebracht, ein räumliches Bild zu gebrauchen und die Bewegung der Zeit in bezug auf die Ewigkeit mit Hilfe einer graphischen Figur darzustellen. Das hat man getan, seit die Pythagoreer die Kreisbewegung als räumliche Analogie zur Rückkehr der Zeit zu sich selbst in ewiger Wiederkehr gebraucht haben. Wegen dieser Kreisbewegung nannte Plato die Zeit „das sich bewegende Abbild der Ewigkeit". Es ist eine offene Frage, ob Plato dem Ewigen eine Art Zeitlichkeit zuschrieb. Das müßte logisch vorausgesetzt werden, wenn das Wort „Abbild" ernst genommen werden soll; denn in dem Urbild muß etwas von dem vorhanden sein, was das Abbild zeigt – sonst mangelt dem Bild der Zug der Ähnlichkeit, der es zum Abbild macht. In seinen späten Dialogen scheint Plato eine dialektische Bewegung innerhalb des Bereiches der Essenzen angenommen zu haben. Aber all dies blieb ohne Wirkung auf das klassische griechische Denken. Da es kein Ziel gab, auf das hin die Zeit sich bewegen sollte, gab es auch keine Symbole für Anfang und Ende der Zeit. Augustin führte etwas ganz Neues ein, als er das Bild des Kreises für die Bewegung der Zeit verwarf und an seine Stelle die gerade Linie setzte, die mit der Schöpfung des Zeitlichen beginnt und mit der Verwandlung alles Zeitlichen endet. Diese Idee war in der christlichen Vorstellung vom Reich Gottes als Ziel der Geschichte nicht nur eine Möglichkeit, sondern eine Notwendigkeit. Die Zeit ist nicht nur ein Spiegel der Ewigkeit, sie trägt in jedem Augenblick auch etwas zur Ewigkeit bei. Aber mit der geraden Linie ist die Zeit noch nicht als etwas beschrieben, was aus dem Ewigen kommt und zur Ewigkeit zurückkehrt. Weil dies Element fehlte, konnte das moderne Fortschrittsdenken, in seiner naturalistischen wie in seiner idealistischen Form, die Zeitlinie in beiden Richtungen ins Unbestimmte verlängern, einen Anfang und ein Ende leugnen und so den zeitlichen Prozeß radikal von der Ewigkeit trennen. Das führt zu der Frage, ob eine Linie denkbar ist, die zugleich das „Aus-etwas-Kommen", das „Fortschreiten" und das „Sich-zu-etwas-Erheben" darstellt. Ich könnte mir eine Kurve denken, die von oben kommt, sich abwärts und vorwärts bewegt bis zu einem tiefsten Punkt, dem *nunc existentiale*, dem „existentiellen Jetzt", und auf analogem Weg zu dem zurückkehrt, von dem sie herkommt, sich zugleich vorwärts und aufwärts bewegend. Diese Kurve beschreibt sowohl jeden Moment der erlebten Zeit wie die Zeitlichkeit als ganze. Sie schließt die Schöpfung des Zeitlichen, den Beginn der Zeit, und die Rückkehr des Zeitlichen zum Ewigen, das Ende der Zeit, ein. Aber Anfang und Ende der Zeit sind nicht als bestimmte Momente in der Vergangenheit oder in der Zukunft gedacht. Das Ende der Zeit im Ewigen ist kein bestimmbarer Augenblick innerhalb der physikalischen Zeit, sondern ein Prozeß, der sich in jedem Augenblick vollzieht, ebenso wie der Prozeß der Schöpfung. Schöpfung und Vollendung, Anfang und Ende ereignen sich immerwährend.

2. Ewiges Leben und göttliches Leben

Gott ist ewig. Das ist die entscheidende Qualität von allen Qualitäten, die ihn zu Gott machen. Er ist dem zeitlichen Prozeß nicht unterworfen und folglich auch nicht der Struktur der Endlichkeit. Gott als ewig hat weder die Zeitlosigkeit absoluter Identität noch die Endlosigkeit eines reinen Prozesses. Er ist „lebendig", das heißt er besitzt in sich die Einheit von Identität und Veränderung, die Kennzeichen des Lebens ist und im Ewigen Leben zur Erfüllung gelangt.

Das führt unmittelbar zu der Frage: Was ist die Beziehung des ewigen Gottes, der zugleich der lebendige Gott ist, zum Ewigen Leben, das das innere Ziel aller Geschöpfe ist? Es kann nicht zwei ewige Lebensprozesse geben, die nebeneinander herlaufen. Das Neue Testament schließt diese Möglichkeit entschieden aus, indem es Gott allein als den „Ewigen" bezeichnet. Die einzig mögliche Antwort ist also, daß Ewiges Leben Leben im Ewigen, Leben in Gott, ist. Das entspricht der Behauptung, daß alles Zeitliche aus dem Ewigen kommt und zu ihm zurückkehrt, und es stimmt mit der Paulinischen Auffassung überein, daß in der endgültigen Erfüllung Gott alles in allem (oder für alles) ist. Dieses Symbol könnte man als „eschatologischen Pan-en-theismus" bezeichnen.

In bezug auf die Stelle, die diese Lösung innerhalb des gesamten theologischen Systems einnimmt, ergeben sich jedoch gewisse Probleme, und es ist angemessen, sie im letzten Abschnitt der Systematischen Theologie zu behandeln. Das erste Problem ist die Bedeutung des Wortes „in" in der Aussage: Ewiges Leben ist Leben „in" Gott.

Als erstes hat „in" hier die Bedeutung des schöpferischen Ursprungs. Es verweist auf die Gegenwart alles dessen, was Sein hat, im göttlichen Grund des Seins, eine Gegenwart, die die Form der Potentialität besitzt (in klassischer Formulierung ist es die Gegenwart der Essenzen oder Bilder oder Ideen alles Geschaffenen im göttlichen Geist). Die zweite Bedeutung des „in" ist die der ontologischen Abhängigkeit. Hier weist das „in" auf die Unfähigkeit alles Endlichen hin, ohne die erhaltende Macht der immerwährenden göttlichen Schöpferkraft zu bestehen, die selbst im Zustand der Entfremdung und der Verzweiflung wirkt. Die dritte Bedeutung des „in" ist das „in" der endgültigen Erfüllung, des Zustandes der Essentifikation aller Geschöpfe.

In diesem dreifachen „In-sein" des Zeitlichen im Ewigen kommt der Rhythmus des göttlichen Lebens und des universalen Lebens zum Ausdruck. Man könnte diesen Rhythmus als den Weg von der Essenz über die existentielle Entfremdung zur Essentifikation bezeichnen. Es ist der Weg vom bloß Potentiellen über die aktuelle Trennung zur Wiedervereinigung und Erfüllung, die die Trennung von Potentialität und Aktualität transzendiert. Da uns die Logik unserer Gedanken und die religiöse Symbolik (in der die Erfüllung antizipiert ist) zur Identifizierung des Ewigen Lebens mit dem göttlichen Leben geführt hat, ist die

Frage am Platz, in welcher Beziehung das göttliche Leben zu dem Leben des Geschöpfes im Zustand der Essentifikation oder im Ewigen Leben steht. Diese Frage ist unumgänglich, wie die Geschichte des christlichen Denkens beweist, aber nicht anders zu beantworten als in religiös-poetischer Symbolik. Wir haben die Frage verschiedentlich berührt, besonders bei der Erörterung der trinitarischen Symbole und der göttlichen Seligkeit. Es gibt keine Seligkeit, wo es keine Überwindung der entgegengesetzten Möglichkeit gibt, und es gibt kein Leben, wo es keine „Anderheit" gibt. Das trinitarische Symbol des *logos* als des Prinzips der göttlichen Selbst-Manifestation in Schöpfung und Erlösung führt das Element der Anderheit in das göttliche Leben ein, ohne das es nicht Leben wäre. Mit dem *logos* ist das Universum der Essenzen gegeben, die „Immanenz der schöpferischen Potentialität" innerhalb des göttlichen Seinsgrundes. Mit der Erschaffung in die Zeit ist die Möglichkeit zur Selbst-Verwirklichung, zur Entfremdung und zur Wiederversöhnung für die Kreatur gegeben, was – in eschatologischer Terminologie – dasselbe ist wie der Weg von der Essenz über die Existenz zur Essentifikation.

Nach dieser Anschauung erhält der Weltprozeß für Gott Bedeutung. Gott ist keine getrennte, unabhängige Wesenheit, die, von Laune getrieben, schafft, was sie schaffen will, und erlöst, wen sie erlösen will. Die ewige Schöpfung ist vielmehr ein Akt der Liebe, die ihre Erfüllung erst in einem Anderen findet, der die Freiheit hat, die Liebe abzulehnen oder anzunehmen. Gott treibt sozusagen auf Aktualisierung und Essentifikation alles dessen zu, was Sein hat. Denn die ewige Dimension dessen, was im Universum geschieht, ist das göttliche Leben selbst. Es ist der Inhalt der göttlichen Seligkeit.

Solche Aussagen über das göttliche Leben und seine Beziehung zum Leben des Universums scheinen die Möglichkeit menschlicher Aussagen zu transzendieren, selbst innerhalb des „theologischen Zirkels". Sie scheinen das Mysterium des göttlichen Abgrundes zu verletzen. Auf diese Kritik muß die Theologie antworten, indem sie als erstes darauf hinweist, daß sie sich symbolischer Ausdrücke bedient; so vermeidet sie die Gefahr, das letzte Mysterium der Subjekt-Objekt-Struktur zu unterwerfen, die Gott zu einem Gegenstand machen würde, der analysiert und beschrieben werden kann. Zweitens muß die Theologie darauf hinweisen, daß in der allumfassenden Symbolik ein echtes religiöses Anliegen erhalten bleibt, nämlich die Bejahung der absoluten Ernsthaftigkeit des Lebens im Lichte des Ewigen; denn eine Welt, die nur außerhalb Gottes wäre und nicht auch in ihm, wäre letzten Endes ein göttliches Spiel ohne wesentliche Bedeutung für Gott. Sie entspräche gewiß nicht der biblischen Auffassung, die auf vielerlei Art Gottes unendliche Sorge um seine Schöpfung betont. Wenn wir die begrifflichen Implikationen dieser religiösen Gewißheit verfolgen (was Aufgabe der Theologie ist), gelangen wir zu Formulierungen wie den hier gegebenen. Und eine dritte Erwiderung auf die Kritik an der universalen Theologie, die sowohl Gott wie die Welt einschließt, ist möglich, nämlich die Antwort, daß diese Theologie sowohl eine rein anthropozentrische wie eine rein kosmozentrische Theologie entschieden transzendiert und an deren Stelle ein theozentrisches Bild vom Sinn der Existenz entwirft. Während die meisten Überlegungen innerhalb des theologischen Zirkels sich mit dem Menschen und seiner Welt in ihrer Beziehung auf Gott beschäftigen, weist unsere letzte Überlegung in die entgegengesetzte Richtung und spricht von Gott in seiner Beziehung zum Menschen und seiner Welt.

Auch dies kann nur geschehen in Symbolen, die als Antworten auf Fragen verstanden sind, die in der menschlichen Existenz liegen. Diese Notwendigkeit kann jedoch leicht zu dem Mißverständnis führen, daß die religiösen Symbole Schöpfungen menschlicher Wünsche und Einbildungen seien. Das gilt besonders von Symbolen wie „Leben nach dem Tod". Darum ist es wichtig, daß wir eschatologische Symbole gebrauchen, die uns vom Menschen ab- und zu Gott hinwenden und auf diese Weise den Menschen in seiner Bedeutung für das göttliche Leben und seine ewige Herrlichkeit und Seligkeit zeigen.

ANHANG

REGISTER DER SYSTEMATISCHEN THEOLOGIE BAND I BIS III

Abaelard, P. II 185
Abendmahl II 77
Aberglaube I 90, 142; II 123, 156; III 273, 284, 463, 465, 471
Abfall II 29 f., 91
Abgötterei III 405
Abgrund I 75, 96, 136, 169, 186 bis 189, 205, 266, 320; III 330
— göttlicher I 289; III 333, 476
absolut konkret und absolut universal I 24 f.
Absolute, das I 179—181, 257, 265 f., 268—273, 277, 280 f., 289, 316
Absolutheit I 101, 180 f., 241, 250, 264, 268; III 281, 283, 384 bis 386, 393, 433, 460
Absolutismus I 105—108, 178, 180 f., 198; III 206, 372, 377, 439, 442
— dogmatischer I 180
— kirchlicher I 106; III 198, 216, 407
— kognitiver I 179
— konservativer I 107
— metaphysischer III 40
— moralischer I 179 f.
— orthodoxer I 106
— revolutionärer I 105 f.
— utopischer I 107
— wissenschaftlicher III 126
Abstrakte, das I 24
actus purus I 211 f., 284, 286; II 28
Adam I 227, 240, 295, 298 f.; II 44, 64 f., 139 f.; III 91, 351
— vor dem Fall II 41, 48; III 34
— und Eva I 206; II 39, 44, 47; III 69
Adler, A. II 63
Adoptianismus II 162
Äon, alter I 169; II 33, 51, 121, 129, 166 f., 177; III 279

Äon, neuer I 62 f.; II 33, 51, 105 f., 122, 129, 166 f., 173, 175 f., 190; III 261, 279
Ästhetik III 80 f., 219
Ästhetizismus I 109, 113; III 189, 294
agape I 31, 177, 322—324; II 63; III 140 f., 158, 160, 162—164, 166, 172, 183 f., 187, 208 f., 264 f., 268, 274—276, 307, 311 f., 367, 452
Akt, kognitiver III 87—89
— kultureller I 212; III 85, 93, 117 f.
— moralischer III 38 f., 50, 52 f., 60, 82, 117—119, 186, 208, 349, 381, 383
— religiöser III 117, 119—121, 185
— sakramentaler III 144, 147 f.
— schöpferischer III 37, 71, 362, 365, 369, 371, 374 f., 380, 403, 463
— technischer III 85, 93, 111
Aktualisierung, aktualisieren I 206, 280, 284 f., 289, 299, 301, 311, 317; II 30, 42, 55; III 26, 30, 36 f., 42—45, 48, 70, 72, 80, 84, 93, 98, 117, 131, 134, 136, 193, 199, 225, 284, 326, 341 f., 348 bis 353, 358, 381, 386, 396, 400, 419, 429, 437, 444, 467, 476
Aktualität I 82, 195, 237, 240, 280, 284 f., 290 f., 293, 304, 311, 314 f., 317, 321; II 27, 35, 40, 162; III 22, 31, 42, 51, 308, 450, 475
Aktuelle, das II 27, 101; III 26, 44, 55, 137, 308 f.
Akzidentien I 230 f., 243, 276; III 359, 367 f.
Alexander von Hales I 51, 184

Allgegenwart I 284, 314 f., 318 bis 320; II 143
Allgemeinbegriff I 28, 131, 202, 236 f.; II 17, 38; III 77 f.
Allmacht I 313 f., 320; II 143, 175; III 457
Allwissenheit I 249, 314 f., 320 f.; II 143
Alte, das I 96; III 440—442, 450
Amerika I 9, 12, 21, 47, 106 f.; II 41, 94; III 90, 389, 418, 435, 439
Amt III 121, 141, 205 f., 210, 220, 240, 251
Amtsträger III 206, 210 f.
analogia entis I 157, 278; II 125 f.
analogia imaginis II 125
Analogie I 32, 157, 281 f.
Anaxagoras III 235
Anaximander II 27
Anbetung III 222 f.
Angst I 31, 41, 52, 76, 79, 117, 224 bis 235, 240, 243 f., 248, 292, 304, 307, 313—315, 317, 319 f.; II 21, 31—34, 41—43, 60, 76—78, 83 f., 90, 95, 124, 136, 142, 145, 184; III 56, 70, 111, 115, 158, 169, 212 f., 216, 222 f., 232, 265, 309, 322
— essentielle I 235; II 77
— existentielle II 136; III 322
— ontologische I 224, 235, 244
— des Nichtseins I 232, 314; II 77
— der Schuld I 235; II 21, 185, 192
animal rationale I 298
Anliegen, bedingtes I 20
— höchstes I 252
— letztes I 33; II 32; III 225, 284, 306, 384, 398, 435
— religiöses I 20, 49, 247, 250, 259 f.; III 476
— unbedingtes I 20, 254, 257; II 16, 115; III 155, 225, 241, 284, 289, 307, 329
— unendliches II 59
— vorläufiges I 254
Anorganische, das III 23 f., 27, 29 bis 32, 36 f., 47, 109 f., 361, 364, 367
Anpassung III 214, 216—218

Anselm von Canterbury I 242; II 135, 185 f.
Anthropologie s. Menschen, Lehre vom
Anthropomorphismus I 264, 280
Antichrist I 36
Antike I 43; III 29, 119
— Spät- II 28, 152; III 33, 115, 181
Antizipation III 362, 468, 473
Antwort, theologische II 9, 19—22; III 137
Apokalyptik, Apokalyptiker II 33, 99, 120; III 397, 446
apokatastasis panton III 460, 469 f.
Apokryphen, alttestamentliche I 63
Apollo, apollinisch I 154; II 152; III 114
Apologetik, Apologeten I 12—15, 40, 42, 239, 257, 273; III 226 f.
Apostel, die I 58, 70, 135, 150, 152; II 147; III 172, 240, 442, 467
Apostelgeschichte I 38; III 139
Apriori I 16, 196—198
— mystisches I 16 f.
Apriorismus I 198
Arbeit III 69 f.
Archetypen I 206, 300
argumentum ex ignorantia I 12 f.
Arianismus I 25; II 155, 158, 182
Aristoteles I 13, 27, 69, 88, 104, 187, 195, 206, 270; II 28; III 21 f., 107, 162, 235, 399, 464 f.
Arius I 221; III 330
Aseität I 229 f., 274, 287, 291; II 188
Askese I 71, 135, 292; II 43, 91 f., 94, 96; III 200, 242—244, 265, 268, 273, 275, 277, 279, 310
Athanasius I 104; II 154 f.; III 330
Atheismus I 36, 275, 283
Auferstehung I 12, 319; II 77, 142, 165—170, 172—174, 177; III 463, 466, 468 f., 471
— des Leibes III 464—466, 468
Aufklärung I 52, 98, 305; II 29, 45; III 394
Augustin I 63, 77, 104, 220, 241, 296, 301, 323; II 13, 34, 46, 48, 55—57, 60, 65, 88, 125, 156;

III 62, 121, 158, 208, 215, 261 f., 332 f., 362, 394, 405, 461, 469, 474
Aulen, G. II 184
Ausdruckskraft III 129, 228
Autonomie I 102—105, 175 f., 178, 329; III 62, 286—289, 295, 306 f.
— wissenschaftliche I 42
Autorität I 34 f., 37, 52, 59, 64, 176, 305; III 62, 97, 102—104, 150, 153, 156, 158, 353, 392, 396

Bacon, Francis III 235
Barth, K. I 11 f., 14, 39, 46, 53, 63, 75, 148, 296; II 21; III 327
Bea, Kardinal III 197
Bedingte, das I 21, 46, 149, 167, 213, 264, 281; II 103; III 134, 156, 283, 312, 405
bedingt. Das, was uns b. angeht I 20 f., 254
Begrenztheit I 126, 249; III 91, 362 f.
Begriff I 23, 26, 29—32, 68, 129, 211, 272; II 63, 114; III 79, 91, 235, 293, 351, 359
— letzter I 194
— ontologischer I 28, 54, 194, 196 f., 200, 224, 236, 258, 281, 287, 321; II 37
— philosophischer I 68 f.; II 37, 53; III 124, 328
— theologischer II 10, 18, 26, 34, 104; III 155
Bekehrung II 95, 179, 190; III 212, 225, 227, 252—254
Bekenntnis s. Glaubensbekenntnis
Berdjajew, N. I 221, 270, 285
Bereich, anorganischer I 200; III 46 f., 67, 109—111, 315, 364 f., 368, 371
— organischer III 67 f., 101, 111 f., 315
— politischer III 355 f.
— psychischer III 50 f., 315
Bergson, H. I 77, 120 f., 198, 211, 213, 270, 316 f.; III 21, 403
Besessenheit I 138, 141
— dämonische I 117, 138, 155, 173; III 126, 135
Bestimmtwerden III 93 f., 242, 298

Betroffensein I 18—20, 22, 33, 35, 50, 134; III 307
Bewußtheit III 80, 276, 355
Bewußtsein I 133, 135, 137 f., 140 f., 205, 215, 240, 270, 297, 300, 312, 314; II 40 f., 49, 57, 65, 77, 94, 111; III 31, 49, 55, 71, 81, 85, 89, 107 f., 112 f., 115, 139, 145 f., 161 f., 186, 223, 230, 313, 362, 364, 369—371, 381, 467
— geschichtliches III 344—346, 351, 372 f.
— gespaltenes III 125, 405
— religiöses I 53, 261; II 182; III 336, 416
— sexuelles II 40, 44
— Struktur des I 138, 140
— Welt- I 202
Bewußtseinsspaltung I 10; III 176
Beziehung I 209, 268, 311
Bibel I 11, 14, 39, 44—46, 51, 56, 59 f., 62—64, 79, 188 f., 280 f., 286, 305, 318; II 18, 28, 34, 42, 44 f., 70, 76, 78, 94, 111, 119 f., 145, 183, 188; III 73, 149 f., 152, 172, 185, 193, 215, 228, 252, 255, 274, 306, 337, 350, 356, 406, 457
Bibelauslegung, literalistische II 35, 47 f., 51 f.
Bibelkritik I 46
Bibelstellen s. besonderes Register
Bibelwissenschaft I 38 f.; II 112
Biblizismus I 9, 29, 45, 47, 57, 65, 152
Bilderverehrung III 217
Bindung, gläubige I 18, 31 f.
Biologie II 32; III 31 f., 87
Biologische, das III 37, 50, 142, 317, 350, 364
Biologismus III 24
Bloch, E. III 443
Böhme, J. I 77, 168, 211, 221, 270, 284, 300; III 235
Böse, das I 221, 236, 261, 270, 284, 309, 326; II 33, 47, 51, 66, 144; III 423 f., 449, 451, 461
Bonaventura I 51, 104
bonum ipsum I 241 f.
Boodin, J. E. I 55

Botschaft I 9, 11—15, 17—19, 24, 37 f., 42, 44 f., 47—50, 56 f., 59—65, 69, 71, 76—79, 81, 90, 147, 151, 164, 171, 174, 184, 188; II 19, 56, 95, 101 f., 104—107, 109 f., 115, 117, 119, 125, 129, 133, 151 bis 154, 181 f., 185, 190 f.; III 152 f., 155 f., 173 f., 179, 191, 197, 211, 217 f., 225, 256, 258, 261 f., 306, 329, 421, 433, 436, 440, 463
— Hellenisierung der II 152
Brahma I 250, 266
Brahman I 158, 250, 266
Brahman-Atman I 266
Brahmanismus II 96
Briefe, die des Neuen Testaments I 63; II 128, 137, 150; III 139
Brightman, E. I 16, 55, 285
Bruno, G. III 235
Brunner, E. I 53, 70, 75, 257
Buddhismus I 256; II 80, 82, 96; III 297, 401, 408, 418 f., 471
Bultmann, R. II 112, 116
Bund I 150, 170, 264
Buße III 227
Bußpraxis III 57

Cäsar III 357
Calvin, J. I 75, 77 f., 253, 257, 302, 313 f.; II 13, 34, 39, 48; III 149, 158, 217, 243, 263 f., 469
Calvinismus I 59, 253, 313; II 34; III 264 f., 406
— supralapsarischer I 295
Cartesianismus II 34
causa prima I 33, 276
Chalcedon, Konzil von (451) II 154, 157; III 326, 333
Chance III 373—375
Chaos I 73, 181, 203, 211, 233, 287, 289; II 44, 69, 74; III 46, 65, 109, 141, 299, 337, 393, 441
Christ, der I 41, 53, 70, 173; II 55, 66, 94, 115, 147, 168, 177, 186, 193; III 121, 193, 196, 204, 250, 258, 264, 273, 276, 280, 470
Christentum I 12, 14 f., 17, 22, 29, 36, 42, 44 f., 49, 71, 78 f., 98, 140, 143, 153, 159—161, 169, 171 f., 183 f., 187, 220 f., 235, 238, 254 f., 257, 261 f., 266, 275, 292 f., 304, 306, 308 f., 312, 319, 325;
II 33, 35 f., 45 f., 48 f., 61, 67, 80, 96—100, 102—105, 107—109, 117 f., 120—125, 133, 139, 153, 156, 161, 163 f., 176, 180—182, 184 f.;
III 34, 41, 57, 60, 126 f., 145, 156, 168 f., 174, 212, 217, 227, 233, 237, 249, 252, 258, 275, 278—280, 284, 298, 326, 333 f., 346, 384, 386, 399, 407, 414, 416—419, 430, 432, 436, 442, 445, 461, 470
— amerikanisches I 53
— Geschichte des I 255; II 118; III 442
Christi messianische Funktion II 137 f.
— Leib II 109; III 177, 191—193
— Leiden II 186; III 457
— Tod II 186
— Verdienst II 189
Christologie I 18, 328, 332; II 16, 65, 103, 107, 150, 154, 158 f., 162 f., 178, 193 f.; III 140, 248, 259, 326 f., 330, 334
— Adoptions- II 161 f.
— Geist- III 173—175
— Inkarnations- II 161
— Logos- I 187; II 151, 173; III 172, 175
— Paulinische III 172 f.
Christus s. auch Jesus als der Christus I 25, 36, 81, 87, 116, 150, 163 f., 167, 171, 174, 188, 227, 239, 284, 299 f., 304, 309, 322, 332; II 18, 21, 25, 33, 41, 65, 77, 90, 93, 98, 103, 106, 108 f., 112, 117, 120—123, 129—131, 134, 137, 150, 154, 156 f., 159 f., 162 f., 165, 167, 169—172, 174—178, 180—182, 184, 187, 190—193; III 87, 140, 148, 152, 155, 169, 173, 176 f., 180, 182, 202, 206 f., 213, 215, 220, 229, 248 f., 258, 261 f., 272, 275, 279 f., 309, 311, 329, 332, 334, 337, 351, 377, 394 f., 405, 409, 415—417, 430 bis 432, 437, 467

Christus, auferstandener I 319
— gekreuzigter II 185; III 248, 260
— präexistenter II 171
— Auferstehung des II 165—168, 176 f.; III 169, 229
— Glaube des III 173, 181 f.
— Haupt der Kirche II 109, 186; III 179
— Herrschaft des II 175, 179; III 421
— Kreuz des I 160; II 165 f., 171, 188; III 127, 182, 206, 323, 422
— Lehre vom s. Christologie
— Liebe des III 173, 181 f.
— Parusie des (zweites Kommen des) II 176 f.
— Sieg des II 139, 141, 148, 184
— Werk des II 86, 143, 178 f., 185
Clemens von Alexandria I 104
cogitatio I 200, 202
coincidentia oppositorum I 99, 303; III 23
complexio oppositorum III 200
Comte, A. III 404, 425
creatio ex nihilo I 220, 291—293
Cusanus, N. I 99 f., 104, 168, 207, 318; III 23, 235, 362
Cyrus I 146

Dämon, Dämonen I 166; II 47, 173, 185; III 124, 472
dämonisch I 9, 34, 42, 139, 141, 160—162, 167, 176, 179, 252 f., 258, 260 f., 263 f., 289, 295, 329; II 36, 86, 122, 136, 138, 151, 173; III 125—127, 129, 133, 146, 203, 219, 228, 240, 280
Dämonische, das I 46, 113, 138, 167, 253 f., 261, 263, 300, 327; II 176; III 120, 124—126, 128 f., 169, 200, 213, 239, 244, 265 f., 277, 280, 298, 386, 393 f., 423, 427, 429, 432, 452
Dämonisierung I 143, 166; III 44, 120, 125—127, 146, 166, 169 f., 173, 175, 180, 212 f., 232, 249, 280 f., 418, 429, 432 f., 436
Daniel (Buch) II 120; III 425
Dante I 326; III 78

Darwin, Ch. I 156
Dasein I 76 f., 101, 105, 167, 185, 199; II 42, 86, 145; III 452
David I 146
Deismus I 186, 272, 301 f.
Demiurg I 238
Demokratie III 396 f., 438, 442
Demokrit III 235
Demut I 331; III 428
Denken I 23, 112, 115, 194, 196, 219, 242, 267, 272; II 17, 27, 100; III 76
— dialektisches I 69 f., 272; II 100
— philosophisches I 88, 236, 268 f.; II 27; III 40
— theologisches I 9, 11, 236, 283, 286; II 11, 14, 108; III 25, 57, 155, 226, 335
— trinitarisches I 265 f.; III 324—326, 328, 335
Descartes, R. I 87, 202, 239; II 125; III 33, 235
Desintegration I 216; III 44, 46—48, 51 f., 55, 66, 216, 318, 389, 424
Dessoir, M. I 55
Destruktion II 69 f., 218; III 298
Determination I 328; III 370, 450
Determiniertheit I 215 f., 218; III 373
Determinismus I 215, 234, 236, 328; II 65 f., 73, 88; III 374
Deus sive natura I 269, 271, 302; II 13
Deuterojesaja I 146, 169, 257
Deutsche Christen I 11 f.
Dewey, J. I 54, 195; III 21
Dialektik I 69, 72, 306; II 30, 72, 100, 104; III 39, 119, 376 f., 424
— historische I 306
— materialistische III 376
— theologische I 70
— trinitarische II 156
Diastase, diastasis I 14; III 228
Dichtung, Dichtkunst I 49, 77, 199, 238, 270; II 33; III 75 f., 110, 112, 122, 232, 289, 345, 452
dilectio I 323
Dilthey, W. III 21
Dimension(en) III 25—32, 35—37, 45, 50 f., 55, 68, 78, 85, 97, 99 f.,

104, 107 f., 110, 113, 130—133, 136 f., 144, 146, 161, 183, 200, 232, 269, 280, 315—318, 321 f., 370, 376, 409, 456
Dimension, animalische III 31 f., 49
— anorganische III 27—31, 47, 66 f., 141, 358, 360—362, 368
— biologische III 35, 232, 350, 361 f., 364
— nicht-geschichtliche III 366 f.
— organische II 50; III 26, 28, 31 f., 47, 49—51, 66 f., 69 f., 98, 112 f., 141, 153, 358, 368 f.
— des Geistes III 34, 36—38, 40 f., 44, 49—53, 56—58, 65, 70, 72, 74, 77—80, 82 f., 85, 98—101, 103, 107, 112—115, 117—119, 126, 131—134, 137, 141—145, 152, 159, 166, 168, 185, 232 f., 253, 280, 304 f., 315, 324, 341, 346, 349—351, 353, 362—364, 369 f., 372, 381, 417, 455, 459, 461, 467
— des Geschichtlichen, geschichtliche I 82; II 147; III 27 f., 36 f., 54, 68, 70, 72, 97, 99, 101, 112, 131—133, 165, 253, 341 f., 346, 349—351, 353, 358, 360, 362, 365—367, 372 f., 375, 377—379, 388, 390, 392 f., 396—399, 412, 415, 419, 423, 426, 437 f., 450
— des Psychischen, psychische III 32, 35 f., 49—51, 70—72, 78, 98, 101, 113, 141, 144, 232, 253, 361 f., 364, 368 f.
Dimensionen des Lebens I 10; III 28, 33—36, 39, 64, 108, 114, 120, 132, 134—138, 141, 159, 162, 188, 199, 253, 286, 304, 315 f., 318 f., 323, 341, 346, 355, 358 bis 360, 363, 366, 370, 376, 395, 399, 400, 402, 404, 428, 454, 459
— des Seins II 100; III 45, 462 f., 466
Ding I 29, 89 f., 118, 120, 122, 140, 155, 198, 200, 202, 204 f., 209 f., 215—218, 223, 229, 236—238, 247, 263, 270 f., 275, 293, 301 f., 320; II 15, 26 f., 29, 31, 39, 54, 71—73, 97; III 47, 59, 89, 91— 94, 107, 109—111, 113, 147, 179, 183, 296—298, 361, 367 f.
Ding als Offenbarungsträger I 142 f.
Dinge, letzte III 342, 446 f.
Dionysius Areopagita I 270
Dionysos, dionysisch II 127, 152; III 114
Distanz I 30—32, 114—119, 121, 158, 165, 182 f., 251; II 32 f.
— kognitive I 114—117
Dodd, C. H. I 46; II 130
Dogma I 41 f., 158; II 40, 135, 151 f., III 129, 215, 233, 332 f., 335
— christliches I 318
— christologisches I 289 f.; II 150 bis 153, 156, 165, 183
— Trinitäts-, trinitarisches I 69, 248, 266, 289 f.; II 155 f.; III 328 f., 333 f.
— Kritik am II 151
Dogmatik I 41 f.
— katholische I 47
Dogmatismus I 44, 116 f., 119; III 226
Dogmengeschichte I 48, 187
Dominikaner II 28
donum superadditum I 298
Dostojewski, F. M. II 32
Drang I 211
Dualismus I 115, 261 f., 270, 292; III 39, 137, 306, 366, 463
— erkenntnistheoretischer I 92
— metaphysischer I 92, 269
— ontologischer I 298
— religiöser I 141, 261, 269 f.; III 25, 169
Duns Scotus I 52, 183, 198, 211, 286
Dynamik I 195 f., 211 f., 222, 233 f., 281, 284—286; II 58, 73 f., 140; III 65, 69, 121, 142, 185, 356
— eschatologische III 427
— schöpferische II 11, 13

Eine, das I 196, 263, 268; III 465
— das letzte III 402, 409
Eingießung (Infusion) II 57; III 138—140
Einheit II 12; III 289, 299, 335, 354, 356, 359, 366, 373

Einheit, essentielle I 75; II 14, 47, 55 f., 74, 121, 133, 137; III 58, 117, 161, 198, 282, 305, 326
— transzendente II 177; III 154, 156, 158—167, 173, 181, 183 bis 185, 187 f., 202 f., 292 f., 308 f., 312, 321
Einsamkeit I 233; II 60, 75, 80—82, 136, 142; III 269, 271
— essentielle I 233; II 81 f.
Einstein, A. III 78
Einung I 100, 114, 116—121, 125, 183, 204, 208, 220; II 32 f.
— kognitive I 114, 116
— mystische I 120, 169
Einzelwissenschaften I 26 f., 30 f.
Ekkehard I 168
Ekstase I 135—138, 140—142, 144 f., 151, 153 f., 163, 172, 186; II 14, 93; III 70, 135, 137 f., 140—144, 168, 170, 178, 219, 228, 265, 315, 465
— göttliche I 138
— der Offenbarung I 188
— der Vernunft I 66
élan vital I 120, 211—213
Elemente, essentielle III 117, 130
— existentielle II 29 f., 35; III 117, 130
— ontologische I 222, 232, 234, 236, 248, 267, 281 f., 285, 288, 298 f., 311, 319, 328
Emotion I 113, 119, 182 f.; II 95
Emotionalismus I 184
Empirismus I 53, 88, 183, 203, 209; III 33
Ende III 450, 452
Endliche, das I 21, 75, 88, 99, 149, 157, 160 f., 167, 223 f., 230—232, 241, 247, 254, 263 f., 274 f., 278, 290, 292 f., 296, 303, 307, 311 f., 314, 321; II 12, 14, 26 f., 38, 56, 77 f., 93, 96, 101, 103 f., 106, 136, 141, 146; III 23, 107 f., 119, 121, 125, 136 f., 156, 183, 222, 280, 284, 290, 296, 310, 358, 452, 460 f., 475
Endlichkeit I 27, 31, 41, 61, 75—77, 79—81, 91, 99 f., 133, 140, 144, 159, 164, 196 f., 200, 207, 222 bis 226, 228, 232, 234—236, 240, 243 f., 247—249, 269, 273, 275, 278, 290—293, 296 f., 307, 309, 314 f., 328; II 10, 14, 20—22, 26, 34, 38, 41, 58—60, 76—78, 80, 82 f., 85, 87, 91 f., 104, 136, 138 f., 142 f., 145 f., 158, 171, 182; III 22, 53 f., 72, 88, 92, 106—109, 115, 132, 158, 160, 170, 177, 184, 188, 202, 275, 278, 296, 310 f., 314, 327, 332, 358, 366, 370, 404, 449, 452, 464, 474
— essentielle II 77, 80 f., 83
Engel I 22, 263, 266, 293, 300; II 45, 47
— gefallener II 44
Entfremdung I 81, 91, 109, 115, 119, 160, 181, 227, 307, 328; II 30, 32 f., 37, 51—54, 56 f., 61, 64—70, 72, 75—81, 83, 88, 90, 93, 96—98, 103, 106, 110, 120, 130, 136, 138 bis 140, 142, 144, 149, 156, 162 f., 168, 181, 183—185, 187, 190, 192; III 22, 53, 62, 65, 70, 130, 154, 158, 177, 184, 222, 238 f., 242, 257, 259 f., 265, 267—269, 274, 278, 292, 315, 327, 376, 417, 427, 449, 452, 456, 475 f.
— existentielle I 151, 197, 329; II 10, 38, 45, 47 f., 52, 69, 71, 74, 80, 87—90, 94, 97, 105—108, 123 f., 131, 133 f., 136—139, 141, 143, 145 f., 154, 158, 165, 167 f., 171 f., 174, 185, 187—189, 193; III 44, 55, 58, 60 f., 81, 84, 106 f., 137, 184, 249, 253, 257—259, 275, 287, 311 f., 322, 405, 475
— menschliche II 21 f., 34, 54 f., 62, 73 f., 96; III 114, 280
— Universalität der II 46, 49, 66; III 459
Enthusiasmus I 52, 136; III 143, 168
Entliteralisierung II 164
Entmenschlichung I 120, 166, 205, 306; II 31; III 299
Entmythologisierung, entmythologisieren II 36, 44, 112, 123, 164 f., 177; III 25, 169, 446, 464, 468
Entpersönlichung II 75; III 95
Entscheidung I 17 f., 31, 112, 181,

215—217, 234, 249, 297, 299;
II 37, 43, 45, 47—50, 54, 65 f.,
72 f., 82, 117, 127, 141 f.; III 101,
203 f., 251—253, 264, 268, 313
bis 315, 320, 467
Epikureer III 235
episteme I 182
Erasmus von Rotterdam I 104; II 46,
88; III 217
Erbsünde II 45 f., 54, 60, 64 f.
Ereignis, geschichtliches I 145; III
344 f., 347—349, 359, 364, 370,
411, 419
— zeichengebendes I 139—141, 144,
147
Erfahrung I 15—17, 20, 26—29, 32,
36, 52—58, 65, 71, 78, 92, 100,
112, 116, 123—125, 132, 148, 155,
165, 195—197, 200, 238, 247 f.,
251, 277, 286, 294, 309, 316, 331;
II 13—15, 18, 40 f., 48, 66, 86 f.,
102, 115, 155, 169 f., 184; III 32 f.,
38, 45 f., 49, 58, 66—68, 75, 83,
130, 133—135, 140, 143, 152,
156, 168, 170, 177, 202, 220, 223,
254 f., 261, 267, 272, 282, 291,
307, 313, 321 f., 352, 375, 448,
467—469
— christliche I 284, 292; III 408
— ekstatische I 52, 135—139, 158,
163, 170; II 169; III 138, 140 f.,
151, 178, 230
— existentielle I 52, 267, 328
— mystische I 16, 53, 56; II 93,
III 277—279, 290
— naturwissenschaftliche I 53, 55 f.
— religiöse I 19, 51, 54, 57 f., 65,
68, 136, 166, 259, 303; II 92, 176,
191; III 74, 175, 275, 278, 324,
445
— als Medium der Quellen I 51,
57 f., 60, 65
— Vermittlerfunktion der I 58
Erfüllung I 115, 169 f., 174, 186,
286, 288, 293, 295, 297, 299, 304,
306—310, 322 f., 327 f.; II 36,
85, 89, 98, 130 f., 179; III 63, 65,
71, 84, 89, 104 f., 130—132, 159,
161, 175, 185, 287, 290, 299, 308,
311, 317, 343, 349, 351 f., 356,
365 f., 379 f., 384, 386, 394 f., 400,
403—405, 409 f., 413, 418, 428,
441, 443, 445, 447, 453—457, 461
bis 463, 465, 467, 471—473, 475 f.
Ergreifen und umgestalten I 91—95,
102, 112 f., 138, 184, 208, 210,
212, 225, 241
Ergriffensein I 71, 74; II 182; III
126, 135, 145, 154—156, 158 f.,
173, 175, 181, 186, 197, 208, 255,
265, 272, 278 f., 319, 321, 384 f.
Erinnerung I 228; III 362, 369, 467
— ewige III 452 f.
Erkennen, das I 114 f., 199 f., 312,
321; II 75, 77; III 140, 157, 219,
233, 285, 292, 325
— beherrschendes I 108 f., 117—121,
124, 126 f., 133, 187, 209
— einendes I 109, 118—121, 124
bis 127, 133
— theonomes III 293
Erkenntnis I 26 f., 29—31, 43, 51,
54, 87, 98 f., 114—120, 124, 126,
136, 154—158, 182—184, 187,
200, 208—210, 268; II 42, 60 f.,
75, 86, 126, 139 f.; III 31, 38,
79 f., 87, 107, 140 f., 150, 162 f.,
234, 293 f., 383, 406, 413
— existentielle I 66; III 72
— göttliche I 321
— natürliche I 144, 155
— religiöse I 74; III 219, 293, 327
— selbst-transzendierende III 293
— theonome III 294
Erkenntnisakt I 74, 109, 114 f., 117,
121, 123, 182, 203; II 75; III 38,
87, 293
Erkenntnisbeziehung, -bezug I 74,
115, 121, 313
Erkenntniseinung I 114, 116, 182
Erkenntnisfunktion I 182 f.; III 262
Erkenntnisprozeß I 73, 114, 183, 200,
209
Erkenntnistheorie I 27 f., 33, 87, 114;
II 75; III 35, 87, 287
Erlanger Schule I 53
Erlebnis, religiöses I 16, 75; III 220
Erleuchtung I 152 f.; III 254, 419
Erlöser II 103, 106, 142, 163, 179
Erlösung I 25, 71, 81, 91, 172—175,

184, 186, 207, 300, 313; II 80, 82, 88 f., 92, 94—96, 99, 103, 105 f., 141 f., 149, 154, 158 f., 163, 179 bis 181, 189; 191 f.; III 133, 135, 174, 180, 255, 265, 317, 321—324, 330, 374, 385, 406, 412—415, 427, 444, 449, 452 f., 459 f., 462, 469, 476

Erlösung, Lehre von der (s. auch Soteriologie) II 57, 178; III 447

Erlösungsgeschichte I 172; II 180

eros I 88, 109, 115, 208, 322—324; II 63, 75; III 35, 46, 69, 71, 107, 114, 162 f., 184, 189, 244, 274 bis 277, 290, 296 f., 354
— essentieller II 62
— kognitiver II 151
— philosophischer I 30 f., 37
— schöpferischer III 113
— Gemeinschafts- III 354

Erwägung I 216 f.

Erwartung, eschatologische II 80, 129; III 132

Erweckungsbewegung I 52, 104; II 95, 134, 179

Erziehung I 20, 43, 110; II 133; III 94, 105 f., 123, 219, 225 f., 245, 247, 250, 266, 286, 299, 334, 381, 387, 419, 421

Eschatologie I 68, 293; II 130 f.; III 140, 342 f., 446—448

Eschaton I 293, 323; III 446—448

esse ipsum I 51, 241, 267, 271

Essentialismus II 29—31, 36

essentialistisch II 32; III 235 f.

Essentialität III 52, 193

essentiell I 75, 80 f., 91, 93, 97—99, 101–103, 115 f., 145, 175, 184, 195, 232, 235—238, 240, 258, 262, 288, 292, 296, 312; II 27—29, 36, 42, 53, 57, 71, 88, 101, 103, 121; III 51, 57, 59, 63, 84, 94, 116 bis 118, 187, 200, 208, 243, 245, 263, 267, 287, 301, 311 f.

Essentielle das I 97, 236 f.; II 10, 28, 41; III 21, 41, 60, 137, 193 f., 309, 453

Essentifikation III 453, 455, 458 bis 460, 462, 464, 466 f., 470 f., 473, 475 f.

Essenz I 81, 184, 195 f., 236—239, 271 f., 274, 294—297; II 9, 12, 28—30, 36—39, 43 f., 47 f., 65, 97, 101, 130, 139, 160, 162; III 21 f., 44, 76, 87, 165, 309, 311, 325, 349, 447, 452 f., 455, 458, 475 f.
— geistige III 183—185, 191—194, 197 f., 200, 207 f., 216, 250, 252, 254, 282
— universale I 274 f.; II 29

Ethik I 27, 33, 39, 41 f., 97 f., 178, 324; II 60, 74; III 25, 53, 76, 82 f., 87, 119, 188, 196, 219, 307, 315, 396
— autonome III 307
— philosophische I 41; III 305 f.
— protestantische III 264 f.
— theologische I 41, 325; III 305 bis 307
— theonome III 305—307, 314

Europa I 12, 263; III 90, 181, 406, 420 f.

Eva II 58

Evangelien I 162; II 119, 127, 137, 142, 150, 164, 170; III 172 f.
— apokryphe I 140
— synoptische (s. auch Synoptiker) I 147, 162; II 128 f., 141, 147 bis 149; III 173

Evangelisation III 226—228

Evangelium I 62 f.; II 128, 152; III 328
— viertes, Johannes- I 38, 93, 112, 161 f.; II 99, 123, 128, 137, 143, 147—150, 172, 176 f.; III 175 f., 330, 416, 455

Evolution I 212; III 347, 349—352

Evolutionstheorie III 31

Ewige, das I 100, 315, 317 f.; II 22, 76 f., 79, 83, 85, 87, 172, 177, 181; III 136, 143, 253, 278, 293, 329, 342 f., 447—449, 451 f., 456, 459, 463 f., 469—471, 473—476

Ewigkeit I 33, 169, 291, 301, 304, 311, 314—318, 326; II 21, 77 f., 87, 97, 101 f., 140, 143, 182, 191; III 164, 361, 402, 449—453, 458, 460, 462 f., 468—470, 472—474
— göttliche I 296, 317; II 87

Exegese I 38, 46
Existentialismus, Existentialisten I 76, 107, 111, 120 f., 183, 199, 205, 221 f.; II 25, 30 f., 33 f., 36 f., 41, 46, 53, 72; III 21, 115, 265, 267
existentiell I 19, 31, 46, 48 f., 51, 53, 76, 80, 91, 101, 109, 114 f., 130, 151, 162, 165, 173, 175, 184, 187, 189, 195, 197, 236—238, 250, 267, 273 f., 281, 287, 299, 310 f., 324, 329; II 25, 27, 32 f., 57, 60, 88, 90, 121, 127, 152, 158; III 52, 57, 59 f., 119, 180, 312, 329, 346
Existentielle, das I 236; II 10, 28, 41; III 21, 41, 60, 137, 193, 309
Existenz I 10, 15, 19, 22, 31, 33, 36, 40, 59, 61, 71 f., 75—82, 87, 91, 97—101, 103, 108, 114, 117, 119, 142 f., 154, 160, 164 f., 172—176, 179, 182, 184, 188, 195 f., 199 f., 214, 222, 230, 237—240, 243, 254, 270, 274, 291 f., 294—297, 301 f., 304, 306 f., 310 f., 314, 319 f., 324 f., 328, 332;
 II 9 f., 16, 25—32, 36—39, 41, 43 f., 47 f., 63, 65, 78, 81, 83 f., 87, 89, 91, 93, 101—104, 108, 121, 123, 125 f., 130—132, 134—136, 138 f., 142, 144, 146, 148, 154, 156, 160, 162, 165, 167, 171 f., 177, 180, 182, 184;
 III 22, 44, 63, 72, 91, 94, 114, 117, 119, 131, 133 f., 143, 162, 164 f., 185, 189, 193, 202, 213, 218, 243—245, 299, 301, 305, 308 f., 323, 325 f., 333, 337, 348, 360, 365 f., 380, 401 f., 409, 437, 447, 449 f., 452 f., 455, 458—460, 467, 471, 476
— christliche I 70; II 131
— entfremdete II 52, 149 f., 162; III 263, 312, 417
— geschichtliche I 76, 79, 82, 306, 309; II 10, 37, 98, 105, 174, 177; III 131, 173, 199, 332, 342, 346, 353—355, 365, 388, 390, 395, 401, 411 f., 418, 437, 444 f.
— menschliche I 79; II 20, 33, 85, 110; III 25, 126, 235, 350, 449, 477

Existenz, theologische I 18
— Sinn der III 397 f., 401, 417, 477
— tragische Universalität der II 51 f.
Existenzanalyse I 77—80
Existieren II 26 f., 31, 35; III 74, 235
Exkommunikation III 210
Expressionismus I 111; II 127; III 90
Extravertiertheit III 269

Fall I 81, 294 f., 297—300, 313; II 29, 35—39, 41—43, 45, 47, 51 f., 76 f., 92; III 394, 452
— transzendenter II 44 f.
— Adams II 35, 44, 64, 180
— der Engel II 44, 47
— Lehre vom II 39
— Luzifers II 47
— des Menschen II 139
— der Seele II 36
Fanatismus, Fanatiker I 10, 105; II 92, 95, 146; III 213, 248, 250, 281, 405, 432
Fatum I 235, 261, 273, 285, 287, 291, 304, 309
Fegefeuer II 179; III 470 f.
Feudalismus III 377, 406
Fichte, J. G. I 202
Ficino, M. I 104
fides qua creditur, fides quae creditur III 204
filioque III 176
Flaccius Illyricus II 46
Fluch I 300; II 44, 47 f.; III 69
Form I 113, 182 f., 195 f., 210—213, 233 f., 269 f., 274, 281 f., 284 bis 286, 292, 320; II 28, 73 f., 140; III 214, 218 f., 230, 233 299, 330, 389, 464
— und Inhalt I 19, 66, 168, 210
Formalismus I 108—111, 184; III 219, 312
Formbejahung III 214, 218 f., 230, 233
Formtranszendierung, -transzendenz III 214, 218 f., 230, 233
Forschung, formgeschichtliche III 147
— historische I 46, 156; II 111—119, 123, 148, 164, 167; III 123 f., 178, 345 f., 413, 417, 436

Forschung, wissenschaftliche I 26 f., 31; II 123; III 305, 307
Fortschritt I 68, 255, 270, 305, 307; II 97; III 70, 193, 195, 264, 296 bis 298, 375, 380 f., 383—387, 403 bis 405, 414 f., 445, 474
Fortschrittsglaube I 12; III 384, 403 f., 411, 424, 445
Frage, existentielle II 9, 19—22, 31; III 137
— ontologische I 27, 30, 194 f., 199, 218—220; II 18
Frank, F. H. R. I 53
Freiheit I 29, 53, 75, 102, 188, 195, 197, 200, 214—218, 222, 234 bis 236, 244, 270, 275, 281 f., 286 bis 288, 294 f., 297—301, 303, 305 bis 307, 309 f., 313, 317, 324, 328, 331; II 14, 30, 38 f., 41—43, 45 f., 50—52, 54, 58, 65—70, 72 f., 87 bis 89, 131, 138 f., 141 f., 162, 188; III 36, 38 f., 51 f., 54, 61, 91 f., 97, 101, 110, 126, 150, 152, 176, 207, 222, 267 f., 276, 288, 296 f., 299, 301, 308, 316, 347, 349—352, 370, 373, 381, 383, 390 f., 397, 404, 417, 423 f., 450, 455, 459, 462, 476
— absolute I 235
— endliche I 196, 223, 275, 294, 297, 301, 303, 309—311, 324, 326; II 14 f., 38 f., 41—43, 70, 88, 131 f., 137—139, 141 f., 159, 162 f.; III 459
— menschliche I 303; II 49—51, 88, 142; III 347, 356, 405, 423
— ontologische I 295
— schöpferische II 74; III 219, 396
Freud, S. I 157, 211; II 62—64, 85; III 72, 121, 157, 244
Freude III 71, 162, 265
Frieden III 409 f.
Frömmigkeit II 95, 133, 153, 156 f., 186, 190; III 176, 223, 226, 277, 329, 331, 335, 431
Fromm, E. I 324
Führung III 101 f., 238—240, 302 f., 390, 437
Fürwahrhalten II 55; III 256, 278

Fundamentalismus I 9—11, 104; II 94, 118; III 432, 435
Funktion, ästhetische I 42, 94, 108 bis 111; III 80—82, 89 f., 116, 128, 218, 229, 233, 236, 294
— gemeinschaftsbildende I 94, 108, 110 f.; III 116, 128, 218, 236, 298
— königliche III 248—250
— kognitive I 89, 93 f., 108 f., 111, 121, 133; III 75, 80, 82, 87, 116, 128, 218, 233, 236, 295
— kulturelle III 74, 83, 228, 282, 290, 298, 305, 356, 379 f., 385
— ordnende I 94, 108
— personbildende III 128, 218, 236, 298
— priesterliche I 146; III 248—251, 322
— prophetische III 248 f.

Galilei, G. I 104, 156; III 235
Ganzheit I 124; II 75; III 45, 48, 369
Gebet I 153, 247, 249, 260, 307, 312 f., 330 f.; III 122, 140, 143 f., 167, 170, 210, 222—224, 271, 279, 320 f., 331, 334, 472
— Paradox des III 223 f.
Gebot I 20, 264; II 89 f., 130; III 51 f., 60 f., 63 f., 112, 186 f., 240, 259, 267, 306 f., 311—313, 455
Gebote, Zehn I 150; III 61, 188
Gefühl I 22 f., 52 f., 113, 138, 182 f., 268; II 55, 82, 90; III 35, 38, 55, 156—158, 160—162, 256, 275, 312
Gegenreformation III 200, 207, 281, 336
Gegenwart I 9, 226 f., 229, 296, 306, 315—317; II 21, 78, 82, 147, 169; III 131, 347, 362, 425, 447 f., 452
— ewige I 316, 319
— sakramentale II 96
Geheimnis s. Mysterium
Gehorsam I 34 f., 102 f., 329; II 42, 56, 89, 91, 94, 135; III 63, 129, 136, 157 f., 162, 219, 275, 314, 336, 441
Geist I 16, 32, 67 f., 82, 92 f., 95 f., 113, 119, 122, 136, 138, 140, 144, 148, 163, 172, 186, 188, 203, 225, 231, 266, 279, 288 f., 321;

II 10, 151, 169, 175 f.;
III 24, 28, 32—35, 37—41, 43,
51 f., 54, 63, 77—80, 82, 86, 90,
99, 105, 119, 134 f, 139—141,
148, 150—153, 158, 169, 172 f.,
175—179, 181, 188, 190, 197, 220,
225—227, 232, 243 f., 249, 253
bis 256, 264, 267, 274, 276 f., 304,
308, 313—316, 326, 334 f., 337,
341, 350, 362, 370, 426, 428, 449,
466
Geist, absoluter I 16
— entfremdeter I 120; II 53
— göttlicher I 33, 56, 58, 63, 68, 82,
115, 136, 146, 153, 160, 171 f.,
174, 237, 289 f., 293;
II 10, 30, 89, 136, 155, 173, 191,
193;
III 33 f., 43, 58, 65, 87, 131 bis
141, 143—151, 153 f., 156—161,
163, 166—170, 173 f., 176—183,
185—190, 193, 196, 198, 203,
208, 210 f., 213—216, 218 f., 221,
223, 225, 227 f., 230, 232 f., 239 f.,
242—245, 247, 250—257, 260,
263 f., 267 f., 278 f., 281—291,
293 f., 296—305, 307, 309 f., 312,
314—317, 319, 321—323, 327 f.,
331, 334, 337, 367, 381, 385, 413,
431, 437, 442, 456, 461, 463, 466,
475
— heiliger I 152, 265; II 130, 190 f.;
III 33, 139, 175 f., 269, 308, 335
— menschlicher I 27, 58, 68, 80, 88,
94, 97, 153, 194, 223, 237, 242;
II 18, 22, 25 f., 53, 59; III 23,
33—35, 58, 86, 88, 91, 109, 116,
118, 123 f., 131 f., 134—141, 144,
147—151, 153—155, 157, 159 bis
161, 166, 170, 173, 186, 222 f.,
228, 267, 287 f., 294, 315—317,
321, 324, 328, 351, 367, 370,
379 f., 407, 455 f., 466
— moderner I 14 f.
— prophetischer I 160, 169; III
215 f., 281, 421, 427, 442
— schöpferischer III 362 f.
— Einheit im III 178 f.
— Freiheit des III 189, 216, 220,
280 f., 283 f.

Geist, Funktionen des (s. auch Funktionen) I 88, 268; II 193; III 35,
56, 58, 74 f., 79, 82 f., 85, 105,
117 f., 123 f., 130, 153 f., 158,
160—163, 165, 186, 276, 279,
281, 309, 348, 407, 455, 462
— Gaben des III 140, 256
— Gegenwart des göttlichen I 56,
136; III 131—133, 135—138, 143,
146, 152, 154, 160 f., 165 f., 168,
170, 174, 178, 183, 185, 187 bis
190, 202, 208, 221—225, 230,
232, 235, 243—245, 247, 251 f.,
255, 260, 267, 269—272, 277 f.,
280—282, 289, 291—296, 301 bis
303, 305—309, 312, 314 f., 319,
321, 324, 334, 337, 342, 407,
412 f., 422, 444, 456, 466
— Göttlichkeit des II 155; III 331
— Kraft des III 140, 193, 210, 237,
245, 273, 289, 319, 321, 323
— Leben des III 40, 59, 156, 285,
356, 364, 406
— Leben im III 266 f.
— Lehre vom II 99, 155, 193; III
134, 140 f., 149 f., 166, 317, 326,
412, 455
— Macht des göttlichen III 263 f.,
272, 275, 292, 322
— Manifestation des göttlichen III
38, 138, 142, 163, 165—167, 174
bis 176, 180, 183 f., 283 f., 290,
412, 421
— Raum des III 363 f.
— Schöpfung des göttlichen III 161,
163, 165, 172, 187, 197, 207, 211,
248, 250, 253, 256, 268, 274, 290,
312 f., 315, 319, 321
— Struktur des I 33, 88, 91—96, 99,
102, 125, 137, 151, 208
— Struktur des menschlichen III
116, 135, 138, 158
— Träger des III 36—38, 40, 54,
104 f., 130, 132, 137, 143—145,
148, 170, 172, 264, 291 f., 365,
426, 456, 459
— Wirken des göttlichen III 187 f.,
193, 229, 240, 255, 269, 327
— Zeit des III 363, 365

Geist-Bewegung III 142, 150—153, 194, 263—265
Geist-Erfahrung III 169 f.
Geister I 261, 263, 300; II 45, 47, 168; III 34
Geisteskrankheiten I 10, 309
Geistige, das III 24, 26, 32, 37, 39, 50, 118, 232
Gemeinde III 232, 238, 248, 271 f.
Gemeinschaft I 32—34, 60, 94, 102, 112, 119, 122, 125 f., 181, 208, 233, 284, 298 f.; II 67, 80—82, 146 f., 187; III 51, 54, 80, 82, 85, 97, 106, 110, 116, 122—124, 126, 129, 140, 145, 147 f., 153, 170, 187 f., 203, 209 f., 237—239, 241 f., 246, 254, 269, 271, 279, 285 f., 300 bis 302, 353, 356 f., 379, 383, 385, 398, 433, 439
— Geist- III 176—203, 205—211, 215 f., 218, 220 f., 225—228, 231, 237 f., 242, 246—252, 254, 256, 269, 273 f., 280—283, 301, 304, 426, 428, 430, 435 f., 440, 456, 462
— Geist-, Einheit der III 183—185, 198 f.
— Geist-, in ihrer Latenz, latente III 180—182, 207, 212 f., 250, 253 f., 282 f., 428
— Geist-, in ihrer Manifestation, manifeste III 180, 182, 213, 253
— Geist-, Universalität der III 183 f., 224
— heilige III 167, 185, 301
— der Heiligen I 147; II 193; III 250
— religiöse I 158; III 237, 241 f., 283
Gemeinschaften I 217; III 179, 182 f., 185, 191, 211, 301, 335, 347, 413, 438
Gerechtigkeit I 97, 138, 177, 252, 264, 288, 299, 324 f., 327, 330; II 88 f., 98, 185—187; III 60, 83 f., 97—103, 105, 117, 123, 128, 130, 170 f., 209, 228, 236—239, 242, 247, 253, 258—260, 288 f., 301—304, 311, 347, 354, 379 f., 383 f., 402, 405, 409, 424, 438, 441
Gericht I 11, 174, 237, 326, 329 f.; II 34, 85, 99, 102, 130, 149, 177; III 261, 410, 451, 453, 461
Gericht, Jüngstes II 86, 177; III 451 bis 454, 459, 471
— letztes II 145; III 451
Geschichte I 29, 32, 38, 53, 68, 73, 76, 79, 82 f., 89, 91, 96, 134, 142, 145—148, 150, 155, 164 f., 172 f., 188, 195, 197 f., 221, 244, 253, 256, 259, 262 f., 285, 287, 293, 300, 304, 306—309, 316 f., 327; II 10 f., 30 f., 33, 36, 40, 46, 53, 58 f., 75, 80, 83 f., 96—99, 105 f., 110 f., 123, 129, 131, 142, 147, 156 f., 164, 166, 175—177, 180 f., 193; III 25, 29, 36 f., 68, 87 f., 90, 100, 107, 109, 131—133, 155 f., 165 f., 174, 177, 190, 195 f., 200, 204, 207, 219, 240, 249, 261, 287, 304, 326, 341 f., 344—351, 353, 355—358, 360, 364—366, 371—373, 375 bis 380, 384, 387, 389—397, 399 bis 402, 404, 406 f., 409, 411, 413 bis 416, 418—420, 422—430, 433 f., 436—440, 442—446, 448—451, 459
— heilige III 433, 435
— Dynamik der III 373 f., 377 f., 390, 392, 394, 403, 407 f., 412 f., 420, 423, 425, 441 f., 444 f.
— Ende der II 131, 175; III 353, 356, 417, 446, 448 f., 451, 455 f.
— Erfüllung der I 79, 266, 293, 309; II 36, 176; III 401, 427 f., 448
— Geistes- I 50, 103; III 119, 356
— Größe der III 390, 393
— Heils- I 33, 173; III 385, 412 bis 414, 417, 419, 433
— Israels I 150, 170 f.
— Mitte der I 163, 171; II 97, 111; III 174, 180, 377 f., 384, 414 bis 421, 431—433
— Nach- III 352, 356, 417
— Ort der III 404
— Periodisierung der III 377 f.
— Sinn der I 79, 163, 309; II 106; III 346, 356, 380 f., 395, 398 f., 409 f., 420, 449
— Träger der III 353, 356 f., 371, 378

Geschichte, Universal- I 256; III 413
— Vor- III 371, 417
— Welt- I 186; III 128, 155, 349, 389 f., 395, 412—414, 425, 433 bis 437, 457
— Wirtschafts- III 356, 396
— Ziel der II 96 f., 131, 175; III 349, 356, 366, 380 f., 388, 393 f., 397, 400—402, 409, 424, 427 f., 441, 443, 446, 448 f., 451, 455, 474
Geschichtsdeutungen I 10; III 287, 398—407, 409 f., 418 f.
Geschichtsphilosophie I 29, 33; III 347
Geschichtsschreibung I 29, 74, 112, 125, 156 f., 256; III 97, 344—346, 348, 357, 372 f., 375, 377, 413
Geschichtswissenschaft II 124; III 342, 346
Geschöpf, Geschaffene, das I 151, 166, 188, 221, 230, 236, 281, 285, 291 f., 294 f., 297—299, 301, 303 f., 306, 311—313, 315, 319, 322, 324, 326—329; II 14 f., 41 f., 45, 51, 78, 83, 101, 155, 159; III 130, 164, 199, 311, 326 f., 330, 336, 369 f., 372, 423, 450, 461, 469, 475 f.
Geschöpflichkeit I 221 f., 291 f., 294, 297, 310
Gesellschaft I 43 f., 61, 94, 177; II 31, 45, 50, 53, 91, 98, 122, 181; III 40, 83, 92, 100, 142 f., 152, 188, 246—248, 252, 290, 303, 374, 387, 396, 441
— bürgerliche III 334, 376
— industrielle II 30, 75, 83; III 69, 403
— klassenlose III 394
— Massen- III 301 f., 397
Gesetz I 29, 110, 112, 217 f., 237; II 53—56, 74, 89—91, 96, 99, 116 f., 130; III 58, 61—64, 98, 100, 103 f., 107, 119, 128, 148, 173, 187, 237 f., 240, 258 f., 261—264, 267, 286, 303 f., 311—315, 354, 419, 421, 455
— fremdes II 74; III 286

Gesetz, geoffenbartes III 61
— göttliches I 102 f., 169, 234, 329; II 91, 144; III 271, 286
— moralisches III 58—62, 104, 116, 188, 260, 311—313
— jüdisches III 216 f., 258
— neues I 63; II 133 f.
— Freiheit vom III 267 f.
Gestalt I 297
Gesundheit III 318—321, 323
Gläubige, der I 66, 146 f., 153, 173, 252; II 94, 148, 177; III 274
Glaube I 17 f., 25, 31, 34, 66 f., 90, 141, 172, 282, 302, 304, 307—311, 314, 317, 320 f.; II 55—57, 84, 87, 95, 111 f., 118 f., 123—130, 161, 166—168, 170, 189—192; III 139, 145, 149, 154—161, 163—165, 167, 170, 172 f., 178, 181—185, 190, 193, 196 f., 203 f., 206, 208 f., 219, 221, 226, 228, 238, 250 f., 253 bis 256, 258, 263 f., 268, 274 f., 277—279, 308, 319—321, 327, 329, 334, 403, 415, 418 f., 440, 465 f., 469, 471 f.
— christlicher I 22, 38, 44, 51, 53, 69, 74, 78, 80; II 101, 110, 113, 115—119, 123 f., 128; III 173, 204, 225, 418
— idealistischer II 36
— Gemeinschaft des III 182 f., 202 bis 209, 226, 238, 241, 282, 301
Glaubensakt III 129, 157, 183, 187, 203
Glaubensbekenntnis I 41 f., 313; II 164; III 150, 204—207, 212, 221, 334
— Apostolisches II 171; III 202
— Chalcedonisches I 70; II 153
— Nicänisches I 293; II 155
Glaubensgehorsam III 157 f.
Gleichheit III 100, 237—240, 301 f.
Glückseligkeit I 241
Gnade I 11, 75, 140, 178, 298, 327, 330; II 57, 66 f., 73, 85, 88, 136 f., 192; III 23, 116, 126, 153, 187 f., 224, 244 f., 258, 261, 314 f., 381, 462, 471
Gnadenlehre II 35
Gnadenmittel III 210

Gnosis I 170; II 99
gnosis I 116, 182; III 141, 162
Goethe, J. W. v. I 118; II 61
Götter I 154, 248—251, 258—266, 269, 287, 293, 325; II 18, 58, 78, 86, 97, 103, 159, 161, 166; III 91, 108, 110 f., 125, 169, 181, 457, 464
— homerische I 36, 168
Göttliche, das I 136, 140, 144, 148, 154, 175, 212, 250—252, 254, 258, 261, 263, 266, 269, 271, 277, 279, 289, 315; II 14, 58, 86, 92, 94, 96 f., 101 f., 155, 182; III 120, 124—126, 128 f., 134, 137, 168 bis 170, 207, 218, 266, 273, 275, 277, 281, 324 f., 337, 385 f., 428, 454, 457
Göttlichkeit I 79, 158, 212, 285 f., 289; II 158; III 125, 329, 335, 457
Götzen I 154, 247, 252; II 53, 59; III 126, 253
Götzendienst I 20 f., 160, 316; II 36; III 232
van Gogh, V. III 79
Goldstein, K. III 88
Gott I 13, 19, 21—23, 25, 29, 36, 54, 68, 70, 75, 77, 79, 81 f., 90, 112, 116, 132 f., 135 f., 141, 153 f., 157, 162, 166, 175, 185, 189, 193, 198, 203 f., 206, 212, 217, 221, 225 f., 229 f., 238—244, 247—249, 252, 254 f., 258 f., 262—267, 269 bis 271, 273—332;
II 9—20, 28, 30, 33, 38, 41, 45, 47, 52—58, 66, 70, 86 f., 89, 92 bis 95, 99—101, 103—106, 108, 110, 120—122, 126 f., 133 f., 136, 138, 140, 142, 149, 151, 155 f., 159—162, 170, 173, 182—184, 186—189, 192;
III 24 f., 33, 37, 57, 63, 73, 83, 109, 111, 127, 134, 136—138, 140, 143, 146, 149—151, 153, 158, 161 f., 164, 166, 173, 183—185, 222—224, 239, 242, 250 f., 253 f., 256—263, 277, 281, 294, 320 f., 324—326, 329—332, 334, 336, 366, 368, 403, 408—411, 423, 437, 447, 450 f., 456—458, 460, 463 f., 472, 475—477
Gott, allmächtiger I 313 f., 331; II 70
— böser I 261 f.
— ewiger I 315, 317, 331; III 474 f.
— gnädiger I 61; III 262
— höchster I 263, 265; II 103
— lebendiger I 212, 221, 264 f., 276, 280, 284, 288—290, 312, 315; II 28, 100, 155 f., 188; III 325, 328, 457, 475
— persönlicher I 259, 283 f.
— sterbender III 169
— werdender I 285; II 104
— in Beziehung I 281, 311—314, 318, 327; II 138, 144; III 43, 261
— Einheit mit II 55, 77, 138, 140 f., 145 f., 149 f., 159, 171
— Frage nach I 193, 196, 221, 226, 232, 240—245, 247; II 16, 20 f., 55
— als Geist I 288—290, 319, 321; III 134, 221 f., 224, 324
— Gemeinschaft mit I 298 f.
— der Gerechtigkeit I 170
— als Herr I 329—332
— Israels I 146, 264
— als Leben I 280—282, 311, 321; III 325
— Lehre von I 77, 82, 87, 157, 185 f., 221, 247, 251, 255 f., 271, 273, 281 f., 314, 332; II 12, 16; III 327, 330, 457
— und Mensch I 284; II 122, 181 bis 184, 187, 192; III 58, 210, 240 f., 275
— als der Schaffende (Schöpfer) I 188, 290, 293, 295, 302 f.; II 42; III 86, 222, 243
— als Sein I 273—287, 323
— als Vater I 162, 279, 329—332; II 44, 136; III 33, 324, 331, 335 f., 457
— und Welt I 74, 157, 274—276, 283, 286, 290 f., 293, 301—304; II 14 f., 174, 188; III 367, 423, 477
— Wiedervereinigung mit II 66, 88 f., 94 f.; III 259 f., 275, 321

Gott, Wiederversöhnung mit II 178, 182
Gottes Ebenbild I 93, 297—299; II 39, 57; III 187
— Ehre I 77, 304, 313; II 39; III 222, 445
— Erkenntnis I 157 f., 282
— Existenz I 90, 238—240, 243 bis 245, 274 f.; II 20; III 31, 464
— Freiheit (göttliche) I 275, 286 f., 291, 303, 327; III 224, 332, 455
— Gegenwart I 93, 319 f.; II 92, 169, 174, 191; III 150, 170, 324
— Geist I 80; II 161; III 134, 223, 458
— Gemeinde III 177, 191
— Gerechtigkeit I 324 f., 327; II 187 f.
— Handeln (göttliches) I 70, 253, 305, 307, 328; II 15, 182, 187 bis 189, 191 f.; III 244, 258, 260, 425
— Heiligkeit (göttliche) I 253, 261 f., 312 f.; III 126, 222
— Herrschaft I 309, 329; II 108; III 448
— ewige Identität III 458
— Immanenz I 275
— Kreativität I 317 f., 331
— Leben I 310, 318; II 28, 101
— Leiden II 188
— Liebe (göttliche) I 180, 304, 310, 313, 321—330; II 57, 86 f., 106, 135, 150, 184 f., 187; III 445, 457, 461
— Macht (göttliche) I 249 f., 289, 313 f., 318, 320, 325, 329—331; II 97, 154 f., 174 f., 190
— Majestät I 289, 313, 329; II 86; III 222, 408
— Namen I 279, 281
— Rechte II 174 f.
— Reich s. Reich Gottes
— Schaffen (göttliches) I 290 f., 304, 310, 315; II 12, 59, 178; III 64, 317, 456, 461
— erhaltendes Schaffen I 291, 301 bis 304, 330; II 175
— lenkendes Schaffen I 145, 186, 291, 304, 307—309, 311, 330; II 142, 145, 175; III 36, 222, 423

Gott, ursprüngliches Schaffen I 291, 302, 304; II 174
— Schicksal (göttliches) I 287, 291; III 455
— Sein I 273; II 18; III 325
— Sohn I 160, 163; II 104, 119 bis 121, 125, 150; III 324, 330 f., 420
— Teilnahme am Leiden der Welt II 188 f.
— Transzendenz I 275; II 14, 16; III 158
— Wille I 323, 329; II 56, 145; III 406
— Wort (göttliches) I 45, 147—151, 187—189, 289; II 94; III 143 f., 148 f., 158
— Zorn (göttlicher) I 75, 253, 325 f.; II 58, 86 f., 135, 185; III 261, 451
Gottesbeweise I 66, 80, 238—241, 245; II 20; III 31, 464
Gottesbeweis, kosmologischer I 243 bis 245
— moralischer I 242
— ontologischer I 240, 242, 245
— teleologischer I 243 f.
Gottesdienst III 196, 202, 220—223, 230, 232, 239, 271, 431
Gotteserkenntnis I 118, 145, 147, 203, 278; II 15, 126
Gottesidee I 239 f., 242, 247—250, 254—260, 262—265, 267—269, 272, 274; II 11 f., 14 f.; III 325
Gottheiten I 258 f., 265 f.
Gottmensch I 22, 59; II 186; III 311
Gott-Mensch-Beziehung I 75, 279, 327, 330 f.; II 36, 57, 66, 86, 89 f., 106, 131, 188; III 152, 161, 163, 222 f., 239, 257, 259, 320, 324, 326, 477
Gott-Mensch-Einheit (s. auch Menschsein, wesenhaftes) II 104, 108, 110, 120, 135, 137, 139, 160, 162, 182; III 309
— ewige II 156, 171
Grab, leeres II 138, 168
gratia praeveniens I 327
Grenzsituation I 52, 137
Griechen, die I 36, 231; II 58, 96; III 181, 399 f., 445

Griechenland I 36; II 17, 96; III 114, 168
Größe II 57 f., 82, 143, 150; III 108 bis 116, 118, 120, 122, 125, 133, 164, 280, 401
Grünewald, M. III 229
Grund I 96; II 14 f.; III 185, 285, 289, 330, 450
— ewiger III 456
— göttlicher I 167, 175, 185, 281, 289 f., 297, 330 f.; II 16; III 250, 327, 332, 334
— schöpferischer I 239, 275, 289, 292, 294—297, 299, 301—303, 311 f., 330; II 13 f., 101; III 43, 134, 428
— unendlicher I 29, 79, 99; II 13, 56
— unerschöpflicher I 99, 103
— und Abgrund I 98, 100, 133, 137, 144, 241, 251, 263; II 13
Grundbegriffe, ontologische I 258
Grundstruktur, ontologische I 194 bis 196, 199 f., 202, 204 f., 214, 217, 222, 281 f.; III 44
Gruppe I 10, 43, 107, 116, 134, 145 f., 151 f., 164, 170 f., 176, 226, 228, 231, 235; II 59, 68, 97, 109, 118 f., 143, 179 f.; III 76, 95, 98—103, 106, 121, 129, 152, 160, 167, 179, 181, 191, 205, 208 f., 212, 227, 239, 264 f., 280, 291, 301, 310, 319, 331, 344 f., 353—357, 364, 380 f., 391, 393 f., 397—399, 405, 414, 417, 419, 428, 438 f., 445, 463
— geschichtliche III 345, 356 f., 365, 371, 378 f., 385, 388—391, 396 bis 399, 406, 434, 444
— geschichtstragende III 353—357, 366, 371, 378, 380, 388, 390 f., 395, 437, 439, 441
— politische III 263, 435, 440
— religiöse I 136; III 147, 166, 180, 184—186, 188—190, 213, 220, 279, 283, 433
— soziale I 109, 116 f., 119; II 47, 67 f.; III 82, 84 f., 96 f., 128, 165, 192, 194 f., 210, 237, 246, 248 f., 254, 378, 431
Gunkel, H. I 76
Güte, geschaffene I 238, 299, 322

Gute, das I 28, 88, 115 f., 181, 196, 236—238, 241, 250, 262, 304; II 47, 51, 66, 70, 91; III 80, 83 f., 94, 406, 424, 451, 461, 465
Gut und Böse III 260 f.

Häresie, Häretiker I 79; III 206 f.
Halbgott I 265; II 103, 120, 155 f., 166, 182
Harmonie, Prinzip der I 305 f.; II 12
Harnack, A. v. I 25, 187; II 128, 152, 158; III 328 f.
Hartmann, N. I 27, 211
Hartshorne, Ch. I 285
Headlam, A. G. I 46
Hedonismus I 108
Hegel, G. W. F. I 16, 27, 69, 72, 88, 100, 104, 120, 195, 221, 270, 272, 306, 315 f.; II 29—31, 53, 59; III 30, 235, 293, 376 f., 384, 392, 403 f., 424 f.
Hegelianer, Anti- II 53
— Nach- I 104
Hegelianismus I 13, 279
Heidegger, M. I 77, 195, 198 f., 220 f., 229; II 17, 32, 82; III 74, 235, 268
Heidentum, Heiden I 36 f., 145, 150, 166, 171, 220, 292; II 86, 103 f., 120, 161, 181; III 174, 203, 430
Heil I 173, 300, 311; II 99
Heiland I 173
Heilen, das I 173 f., 183, 279; III 317 bis 323
— magisches III 320
Heilige, das I 55, 146, 251—254, 257 f., 261 f., 264, 266, 279, 303, 312, 319; II 13 f., 18, 96, 164 f.; III 44, 108, 116, 118—122, 125 bis 129, 166, 230 f., 234, 238, 271, 277, 283—285, 288, 351, 381, 385 f., 394, 409, 427 f., 431 f., 473
— der I 140, 146 f., 252; II 177; III 23 f., 128, 243, 251, 264, 272 bis 274, 277, 280, 309, 461, 467
Heiligenkult, -verehrung III 217, 273, 331
Heiligkeit I 146 f., 251—253, 279; III 107 f., 118, 120—122, 125, 127—129, 164, 183—185, 196 f.,

237 f., 242, 244, 250, 265, 268, 272—274, 285, 347, 409, 426, 442
Heiligkeit, abgöttische I 252
— dämonische I 252 f., 261 f.
Heiligung I 18; II 95, 189, 191, 193; III 159, 254 f., 263—270, 272 bis 275, 277 f., 381, 428
Heilung II 181; III 296, 318, 321, 381
— Glaubens- III 319—321
Hellenismus II 99, 152; III 329, 372, 461
Heraklit I 168, 232, 289; II 27, 79, 122; III 68, 114, 235 f., 382
Herrlichkeit, göttliche I 329; II 47; III 222, 448, 458, 477
Herrmann, W. II 135
Heteronomie I 102—105, 175—178; III 152, 206, 286—289, 306 f.
Hierarchie I 59, 250, 262, 270; III 23, 103, 196 f., 237, 243, 431
Himmel I 318; III 350, 460 f., 472 f.
Himmelfahrt II 138, 174
Himmelreich III 405
Hinduismus I 158 f., 250; III 401, 471
Hingabe I 19, 55, 171, 288, 308; II 84, 95, 190; III 71, 126, 135, 167, 242, 445
Hiob I 228; II 34, 79; III 223, 458
historia III 344, 346
Historiker I 31, 46, 124; II 114; III 345, 356, 375, 377
Historismus I 12, 112
Hitler, A. I 12; III 439
Hobbes, Th. I 202
Hocking, W. E. I 16, 54
Höchste, das I 19, 270, 273; III 445 f.
Hölle I 326; II 179; III 70, 322, 350, 460 f., 470, 472 f.
Hoffnung II 89; III 161, 164, 397, 401, 449, 459, 468 f.
— Prinzip III 443
Hofmann, J. C. C. v. I 53
Homer I 260
Homiletik I 38; II 108; III 163
homoousios II 155
Horkheimer, M. I 88
Humanismus, Humanisten I 12 f., 104, 158 f.; II 45 f., 97, 179, 186; III 105—107, 181, 215, 243, 277, 285 f., 336, 355, 381, 430
Humanismus in Amerika I 12; II 32
Humanität III 289, 379, 383
humanitas III 84 f., 93 f., 97, 105, 116, 123, 128—130, 170 f., 209, 219, 228, 237, 242—245, 247, 266, 300, 304, 311
Hume, D. I 87, 107; III 35, 235, 306, 465
Husserl, E. I 129 f.
Hybris I 101; II 55, 58—60, 69, 71 bis 73, 120, 137, 190; III 114 f., 249, 260, 280, 325
Hypostase I 203, 283; II 104
hypostasis III 331 f.

Ich, das I 200, 202, 204, 312
— Nicht- I 202, 204
Ich-Du-Beziehung I 331; III 53, 165
— zwischen Gott und Mensch I 259, 308, 312, 329, 331; II 18
Ich-Selbst I 201 f.
Idealismus I 16, 26, 88, 91 f., 115, 151, 205, 209, 271 f.; II 36 f.; III 80, 89, 231, 236, 371, 394, 412, 440
— deduzierender I 205
— subjektiver I 202
Idee, messianische II 98 f.
Ideen I 33, 35, 114, 157, 206, 220, 236, 293, 300; II 28, 37, 76; III 33 f., 79
Identität I 92, 115, 205, 231, 268, 280; III 63, 72, 94, 111, 165, 168, 177, 224, 270, 299, 301, 325, 328, 335, 358, 362, 367—372, 377, 454, 467, 471 f., 475
— des Göttlichen I 260
Ideologie I 93, 183; II 36; III 64, 88, 102, 104, 108, 123, 304, 397
imago I 297 f.
imitatio Christi II 134
Immanenz I 303
Imperativ, kategorischer I 99 f., 107, 126, 241
— moralischer III 57—60, 62, 116 f., 119, 124, 187—189, 306 f., 311 bis 313, 315, 409

Imperialismus I 73, 250; III 388 f., 439
— der Götter I 250, 263
Imperium III 388—390, 437 f.
Independentismus I 52
Indeterminismus I 215, 234, 328; II 50, 73
Indien I 263; II 17, 93; III 168, 372, 408, 453
Individualisation I 195 f., 206—210, 233, 281, 283 f., 300 f., 310 f., 321; II 75; III 45 f., 50, 54, 104, 461, 467
Individualität I 124, 195, 207, 209, 222, 233, 283; II 80, 127, 164; III 46, 332, 466
Individuum I 10, 102, 134, 145 f., 151—153, 174, 206 f., 213, 215, 223, 261, 283, 301, 321, 326; II 31, 43, 45, 48, 53, 61, 67, 75, 81, 98, 122, 134, 143, 162; III 27, 32, 45, 55, 68, 72, 76, 83, 99 bis 101, 106, 129, 173, 179, 209, 276, 280, 283, 301—303, 310, 323, 353, 356—358, 371, 379, 381, 395, 401, 409, 438, 444 f., 448, 459 f., 462 f., 471—473
Inkarnation I 59, 71, 148, 188, 293; II 104—106, 123, 161 f.; III 471
Inquisition I 104; III 432
Inspiration, Inspirierung I 45, 136, 138 f., 153, 171; III 138—140, 152
Institutionalisierung III 121 f.
Instrumentalismus I 112
Integration I 16, 112 f.; III 46, 55, 66, 102, 160, 276, 318, 321, 379, 389—391, 437
Integriertheit III 318
Intellekt I 286; III 138, 145, 156, 158, 161
Intellektualismus I 109, 113; III 431
Intelligenz, teleologische I 240
Intentionalität I 212—214, 223, 233 f., 284, 286; III 112
Interpretation, existentielle III 22
Introvertiertheit III 269
Intuition I 124 f., 134, 259
Irenäus I 298
Irrationalismus I 113

Irrtum I 59, 61, 64, 115, 117, 219, 236, 248; II 28, 143, 145 f., 179; III 330, 377, 415
Islam I 169; II 97, 118, 156; III 200, 418 f.
Israel I 150, 170, 264, 309; II 58, 108, 120 f., 147, 166, 181; III 355, 408, 410, 416 f., 453
Jahwe I 264; II 103, 121; III 399, 410
— Knecht II 98
Jakobus, Brief des III 239
James, W. I 16, 54; II 21
Jansenisten II 46
Jaspers, K. I 31; II 32
Jesaja I 130, 133, 172; II 51
Jesuiten II 46
Jesus I 141, 289; II 18, 55, 77, 109, 112, 115—120, 126 f., 129, 133, 136, 138, 149, 153—156, 158, 170, 176, 178; III 59, 61, 148, 172, 177, 201, 239, 259, 331, 352, 420, 442
— historischer II 112 f., 115—118, 123, 126, 135, 169; III 326, 332
— synoptischer I 59, 159; II 128
— als der Christus I 24 f., 37, 45, 48, 50 f., 57 f., 61—63, 78, 131, 147, 150, 152, 159—165, 169, 171 bis 173, 175, 178—180, 184, 187 f., 209, 235, 289, 329;
II 9 f., 21 f., 33, 77, 99 f., 102, 106 bis 113, 118, 121, 126—143, 145 bis 155, 157—160, 163—166, 170 bis 172, 175 f., 178—183, 185, 189 f., 193;
III 148, 150, 152 f., 156, 165, 172 bis 176, 178—180, 182, 190 f., 193, 198, 203—205, 212, 215, 224, 233, 255, 326, 328, 330 f., 337, 377 f., 384, 386, 411, 414 f., 418 f., 430 f., 433
— Gottesbewußtsein in II 162
— Halbgott I 25; II 158; III 330
— von Nazareth I 53, 158, 161, 163, 180, 266 f.; II 99, 107—109, 112 f., 115, 117, 121, 123—125, 156, 160 f., 164, 167—170, 172 f., 177; III 173, 311, 332, 414
— als Religionsgründer I 180

Jesus, Botschaft II 116 f., 158; III 408
— Geburt II 171—173
— Leben II 112 f., 115—117, 134; III 378
— Lehren II 116 f., 133; III 283, 334
— Leiden II 134 f., 189
— Liebe II 136
— Versuchung II 140—142; III 458
— Wunder II 173 f.
— Worte II 116, 132 f., 135, 148, 179
Jetzt, ewiges I 244; II 78; III 447
Joachim von Floris I 56; III 394
Johannes, Evangelist I 62 f., 70; III 261 f.
— der Täufer I 169; II 173
— XXIII., Papst III 197
Judaismus II 59; III 419
— Anti- II 144
Judentum, Juden I 166, 308; II 67, 88, 90, 97—99, 103, 118, 122, 144, 176, 181; III 169, 174, 200, 203, 243, 336, 410, 418, 424 f., 429 f.
— Spät- II 166; III 169, 337, 408
Jugendbewegung I 113
Jung, C. G. I 211
Jungfrau, heilige III 335 f.
Jungfrauengeburt II 138, 161, 173
iustitia originalis I 298

Kafka, F. II 46
kairoi III 421—423
kairos I 163; II 177; III 180, 254, 419—422, 425
Kanon I 63
Kant, I. I 87, 99 f., 108, 126, 144, 167, 196, 223, 229, 240, 283; II 33, 44; III 35, 53, 60, 186, 235, 306, 312, 329, 360, 362, 465
Kantianismus I 13, 270; III 81
Karma III 401, 451
Kategorien I 26, 28—33, 36, 99 f., 125 f., 194, 196, 225 f., 231 f., 236, 243 f., 267, 273, 275 f., 281, 296 f., 310, 328; II 12, 66, 78 bis 80, 86, 92, 114, 168; III 28—30, 137, 358—360, 364, 367 f., 370, 372 f., 377

Katharer III 169
Katholizismus I 40, 177, 298; II 34, 93 f., 118, 134; III 139, 146, 197, 210, 273 f., 294, 335, 431, 465
Kausalität I 32 f., 100, 196, 226, 229 f., 275 f., 314 f., 328; II 12, 78 f.; III 24, 28—31, 34, 194, 317, 320, 358—360, 367—369, 371, 373, 422
— geschichtliche III 371 f., 375, 413
— schöpferische III 371, 374
— Dynamik der III 372 f.
Kausalnexus I 230
Kerygma I 11, 13 f., 40
Kierkegaard, S. I 19, 70, 144, 183, 195, 315 f.; II 31 f., 41, 61, 84, 125, 144; III 189
Kirche I 9, 14, 17, 22, 25, 32, 34, 41 bis 44, 48, 58—60, 62—65, 146, 152 f., 163, 169, 171 f., 177, 179, 188 f., 207, 264, 266;
II 46, 61, 66, 94, 97, 99, 108 f., 122, 124, 126, 129, 133, 139, 147, 149, 151—154, 167 f., 174 f., 177 bis 181, 183 f., 191, 193;
III 118, 127, 141, 144, 148 f., 152, 172, 174—177, 179 f., 191—201, 203—213, 215—218, 220, 222 bis 226, 228 f., 234, 238, 240, 245 bis 252, 256, 261, 264, 272—274, 280 f., 283 f., 286 f., 327, 329 bis 331, 333, 394, 405, 411, 413, 421, 427—431, 434 f., 437, 440, 443, 448, 457, 460
— Alte (frühe) I 12, 17, 63, 257, 265, 299, 311; II 48, 151 f., 156 bis 158, 174; III 139, 141, 203, 208, 216 f., 232, 236, 247, 272, 325, 329—331, 405, 443
— anglikanische I 59; III 199, 429
— griechische (griechisch-orthodoxe) I 59, 61; II 179; III 199, 201, 215, 336, 355, 428 f., 467
— heilige III 197
— katholische (römisch-katholische) I 37, 47, 59, 63; II 54, 57, 66, 84, 93 f., 179; III 139, 176, 196—201, 206 f., 211, 215, 229, 240, 244, 248 f., 263, 273, 277, 332, 335 f., 395, 407, 429 f., 435

Kirche, latente I 159; III 180, 199, 421, 428—430, 433 f.
— lutherische II 93; III 441
— manifeste I 159; III 180, 199, 421, 427 f., 430, 433
— mittelalterliche III 69, 232
— protestantische I 63 f.; II 54, 91, 93, 158; III 206 f., 223, 229, 240, 248, 263, 284, 334, 429
— sichtbare III 180, 192, 194
— transzendente III 193
— universale III 192, 206, 432
— unsichtbare III 180, 191 f., 194
— Glaube der III 183, 203
— Katholizität der III 199
— Lehre der II 55; III 207, 225, 233
— Lehre von der I 18; III 121, 196, 213, 426
— Klassen- III 211
— Nicht- III 250
— Ost- II 77; III 176, 229, 247, 332
— Welt- III 201
— West- III 176, 230, 247
Kirchen II 54; III 123, 145, 155, 177, 179, 181—183, 188, 192 bis 200, 202—210, 212, 214, 216, 218—220, 224—227, 229 f., 233, 235—242, 244, 246—248, 250, 254, 258, 264, 269, 272 f., 279, 281—283, 301—304, 311, 320, 333, 406, 426—431, 434—436, 438—440, 443 f., 449, 463, 467, 469 f.
— apostolische III 240
— partikulare III 192 f., 201—203, 211 f., 216
— Aufbau der III 228 f., 236, 249
— Einheit der III 196, 198 f., 201 f., 213
— Freiwilligkeits- III 252
— Fundament der II 129; III 196 bis 199, 206 f., 433
— Funktionen der (s. auch Funktionen) I 14, 42 f.; III 210, 213 bis 216, 218—221, 224 f., 228 f., 233 f., 236 f., 240—242, 246—250, 282, 416, 426
— Heiligkeit der III 196, 199, 201 f, 249
— Paradox der III 194, 196, 198 f., 202, 214, 226, 264, 426, 429 f., 436
Kirchen, Partikularität der III 200 f., 213
— Universalität der III 196, 199 bis 202
— des Wortes III 428
Kirchengeschichte I 38 f., 46—48, 51, 58—60, 64, 152, 159 f.; II 111, 139; III 61, 127, 171, 193, 195 f., 204, 206, 215, 225, 230, 234, 261, 388, 396, 413, 416, 421 f., 427, 429—436, 442 f.
Kirchenväter II 34, 76, 128, 151
Kollektiv I 233; II 75, 81 f., 84
Kollektivismus I 207; III 445
Kollektivschuld II 67 f.
Kommunismus I 106; III 108, 182, 430, 435
— ekstatischer III 208
Konfession, Augsburgische II 55
Konflikt I 23, 34—36, 41, 99, 101 bis 105, 107 f., 112—114, 119, 144, 160, 174—176, 181—184, 193, 247, 250, 260—262, 307, 323, 325;
II 10, 17, 19, 31, 42, 67, 71 f., 80 f., 84, 130, 134, 137, 146, 148, 156, 187;
III 22 f., 25 f., 48, 56, 58, 64, 68, 76 f., 79 f., 89, 92, 107, 109, 111, 120, 128 f., 156, 184, 186, 189, 216 f., 230, 237, 243, 245, 280, 287, 289, 296 f., 307, 319, 323, 325, 332, 376 f., 385, 389, 392 bis 395, 440, 458
Konfirmation III 251, 427
Konformismus III 442
Konkrete, das I 24, 179 f., 193, 247, 254 f., 257 f., 265 f., 272; III 73, 293, 325
Konkret-Absolute, das I 101, 178
Konkretheit I 17, 24 f., 33, 57, 158, 178—180, 217, 247—250, 257 bis 259, 263, 265; II 125, 134
— absolute I 25, 131
Konkupiszenz II 55, 60—64, 69, 71 bis 74, 92, 138—141, 190; III 114
Konservativismus I 95, 105; III 427, 435, 442

Konstantin, Kaiser I 42
Konstantinopel, Konzil von (381) II 155
Kontemplation III 222–224, 271, 279
Kontingente, das I 215, 269, 285
Kontingenz I 215, 230, 243; II 79, 82, 134; III 373
Konventionalismus I 110, 113
Konzil, Zweites Vatikanisches III 197
Koordinator, göttlicher I 242
Korrelation I 74–76, 78 f., 134, 140 f., 145, 152, 154, 163, 173, 186, 189, 213, 236, 276, 311 f., 331; II 19 f., 22, 25, 37, 71, 178; III 342
— existentielle I 287, 310
— Methode der I 14 f., 40, 44, 74, 76, 79 f., 185; II 19 f., 22; III 137, 380
Kosmogonie I 194
Kosmologie I 104, 244
Kosmos I 72, 201; III 446, 451
Kräfte, dämonische I 261; III 259, 273, 397
Kraft, numinose I 258, 260
Krankheit I 173, 216; II 173; III 48, 317–319, 321–323, 369, 411, 451, 462
Kreativität I 110, 120, 147, 197, 214, 285, 289
Kreatürlichkeit s. Geschöpflichkeit
Kreatur s. Geschöpf, Geschaffene, das
Kreatur, neue I 61, 160, 324, 327; II 130, 190; III 216, 255, 258
Kreuz I 160, 162 f., 179, 304, 330; II 117, 122 f., 134 f., 143, 146, 165 bis 167, 171–173, 189; III 125, 248 f.
Kreuzigung III 148
Kreuzigungsgeschichte II 166 f.
Krieg I 12; II 83; III 411, 439 f.
Kriterium, theologisches I 20, 38 f.
— der Erfahrung I 65
— der Erkenntnis I 126, 183
— der Norm I 58, 62
— der Offenbarung I 158–164
— der Wahrheit II 19
Kritik, historische I 11, 142; II 111 f., 118, 124 f., 128

Kritik, prophetische I 168 f., 253; III 147, 198 f., 215, 247, 313, 415, 421, 429
— rationale I 168
— Form- II 111
Kritizismus I 107 f., 115, 119, 178
Kuhn, H. I 221
Kultur I 14, 23, 36, 45, 49, 61, 64, 104, 164, 168, 171, 176 f., 209, 228, 300; II 59, 74, 80, 85, 96 f., 118, 180; III 24 f., 41, 58, 65, 73, 75—78, 80 f., 85, 90, 94, 97, 104 bis 107, 115—120, 122, 124, 126, 130, 133, 135, 143, 155, 159, 167, 181, 185 f., 188—190, 192, 218, 225, 227 f., 233, 246 f., 249, 254, 263, 280, 282—290, 297 f., 305, 315, 371, 376 f., 383, 386, 393, 406, 408, 414, 416, 424, 455 f.
— autonome I 102; III 432
— christliche I 37; III 224, 226 f., 237, 416, 430—432, 436
— profane I 156, 279; III 285
— theonome I 242; III 250, 286 bis 288, 297, 305
Kulturgeschichte I 38 f., 49, 51, 64, 165, 254 f., 258; III 181
— theologische I 49 f.
Kulturschöpfung (Schöpfung, kulturelle) I 50, 168, 210; II 59; III 75 f., 78, 104, 123, 127, 185, 188 f., 219, 228, 271, 287 f., 379, 430
Kultus I 97 f., 112, 176, 182, 258, 318; III 166, 196, 273
Kunst I 43, 61, 181, 268, 270; II 21, 33, 61, 74, 92, 127; III 25, 75 f., 80 f., 89 f., 123, 129, 195, 200, 219, 230, 235, 289, 294—297, 380, 382, 406, 466 f.
— abstrakte III 231
— bildende I 61; III 232, 269, 354
— mittelalterliche II 92; III 273
— religiöse II 127; III 229—234, 236, 296
— romantische I 111, 178
— Geschichte der III 231, 382, 396
Kyrill von Alexandrien II 157
kyrios II 119

Laien III 221, 231, 241, 431
Leben I 28 f., 32, 71, 81 f., 91, 96, 99, 107, 109 f., 119 f., 124, 165, 177, 179, 186, 208, 220, 261, 272, 280, 284 f., 288, 309 f., 321 f.; II 10 f., 31, 35, 40, 59, 62, 66, 69, 74—76, 81, 85, 89 f., 132, 134 bis 136, 143; III 21 f., 26—28, 31 f., 34, 37, 39 bis 48, 51, 55, 57 f., 63—72, 74, 76 f., 79 f., 82—86, 91—93, 95, 97, 99, 104 f., 107—109, 111—115, 117—122, 124, 126 f., 130—133, 135, 137, 146, 154 f., 159 f., 163 f., 184 f., 189, 195, 199 f., 202, 229, 231, 246, 263—265, 272, 276 f., 280, 284, 290 f., 295, 305, 309, 317, 324, 335 f., 341 f., 348, 350, 356, 360 f., 364, 376, 378, 380, 389, 394 bis 396, 400 f., 403, 428, 432, 437 f., 442, 449 f., 455—457, 463, 467, 471, 475 f.
— christliches III 155, 263—266, 272
— ewiges I 221, 318 f., 326, 328; II 10, 76 f., 179 f.; III 21 f., 34, 105, 131—133, 148, 154, 183, 194, 297, 323, 329, 342, 366, 407, 445 f., 448—451, 453—456, 459 f., 463 bis 468, 472 f., 475 f.
— geistiges I 23, 49, 73, 109, 119, 176, 227, 288, 320; II 67, 89, 95, 132; III 33, 118, 138, 185, 218, 232, 266, 331, 412
— göttliches I 69, 145, 186—188, 211 f., 281—283, 285—288, 291, 293—297, 299, 302 f., 311, 313 bis 315, 317—321, 324, 326, 331; II 56, 87, 146, 160, 188; III 65, 131, 137, 140, 162, 164, 183—185, 308, 312, 325 f., 330, 334 f., 337, 376, 425, 437, 450, 453 f., 456 bis 458, 472, 475—477
— inneres II 132, 135 f.; III 121
— persönliches I 24, 33, 171, 231, 235, 320; II 74, 125; III 121 f., 128 f., 242, 263 f., 271, 273, 285, 400
— personhaftes I 152; II 104 f., 108, 123, 125, 131 f., 135, 146 f., 150, 161 f., 170; III 53, 55, 105, 122, 255
Leben, religiöses I 17, 54, 61, 249; II 12, 18, 146, 193; III 121 f., 128, 139, 150, 167, 170, 186, 194, 202, 204, 209, 214, 226, 250, 254, 265, 271 f., 278, 419
— soziales I 61, 186, 231, 235; II 74; III 65, 121
— universales I 186; III 350, 450, 475
— unzweideutiges III 93, 95, 105, 125, 127—133, 135 f., 153 f., 156, 158—167, 173, 177, 181, 183 bis 185, 187 f., 194, 197, 202 f., 242, 308, 321, 328, 342, 407, 437, 454
— zukünftiges III 322
— zweideutiges III 154, 184
— Dialektik des III 326, 335
— Dynamik des III 79, 163, 184, 199, 376
— vieldimensionale Einheit des III 22, 26, 28, 30, 37, 39 f., 68, 103, 111, 131, 136, 141 f., 146, 172, 232, 303, 316, 318, 323, 409, 428, 472
— Funktionen des III 43, 110, 120, 454
— Grund des I 33, 280, 283, 331
— Sinn des I 20, 182, 309; II 128; III 261, 280, 346, 348, 392, 403, 420, 473
— Struktur des I 33, 105, 186, 329; III 68, 103, 109, 162, 406
— Zweideutigkeiten des I 82, 162; II 10, 47, 80, 89, 131, 138, 143 bis 146, 156, 159, 175, 177, 193; III 57 f., 68, 71 f., 96, 102, 120, 122, 126, 130 f., 133, 159, 165 bis 167, 192, 199, 214, 240, 243, 249, 264, 266, 277, 282, 308, 321, 327, 341 f., 348, 379 f., 397, 399—402, 404 f., 407, 412, 454, 458
Lebensprozeß I 82, 105, 120, 123 bis 125, 212, 221, 228, 265, 280, 285, 289, 294, 321; II 53, 77, 85, 92, 100; III 25, 30, 38, 40, 42, 46, 54 f., 63 f., 66—69, 71, 78, 97, 99—101, 114 f., 130, 154, 159, 193, 195, 263, 277, 297, 305, 308,

315 f., 326, 335, 341, 369, 376, 378—380, 387, 395, 398, 437, 464, 470, 475
Legalismus I 109, 113; II 22, 74, 90 f., 96; III 220
— theologischer I 234
Legenden II 111 f.; III 91, 147, 344 f.
Lehre I 22, 188; III 129, 141, 196 f.
— christliche I 23, 59, 148, 289; II 114, 174, 186
— reine II 94
Leib, geistlicher III 465—467
Leibniz, G. W. I 27, 72, 206 f., 270, 275, 300; III 235
Leiden I 265, 309, 326; II 80—82, 134, 167, 188; III 280, 326, 424, 456, 458, 471
— sinnloses II 81
Leo der Große, Papst II 157
Lessing, G. E. III 471
Letzte, das I 20 f.; III 135, 155, 182, 262, 352
Liberalismus I 117, 305; II 158, 187; III 173, 302, 412
Libertinismus III 310
libido I 157, 177, 183, 322, 324; II 62—64, 74, 91; III 53, 69, 184, 276
Liebe I 31, 97, 110, 150, 177, 180 f., 247, 321—328; II 53, 55—57, 60 f., 63 f., 81 f., 90 f., 146, 185, 187, 190; III 59 f., 62, 96, 116, 139, 150, 154 f., 160—165, 167, 170, 172, 178, 181—185, 187 bis 189, 193, 196, 208—212, 226, 250, 255, 261, 264, 268, 274—276, 280, 290, 308, 311—315, 321, 331, 334, 454 f., 467, 476
— göttliche s. Gottes Liebe
— richtende III 210—212
— wiedervereinigende III 211 f., 260
— Doppelgebot der I 150; III 162
— Gebot der III 61, 312, 314
— Gemeinschaft der I 304; III 183 f., 202, 208—213, 226, 241, 282, 301
— Gesetz der I 180; II 55, 90; III 64, 312
Lincoln, A. III 357

Literalismus II 35, 151, 172; III 25, 175, 193, 368
Literatur I 61, 77, 233, 300, 303; II 21 f., 33, 54, 61, 77 f., 92; III 129, 149, 265, 267, 269, 291, 380, 382
Liturgie I 48, 263, 313; II 21, 54, 108, 186; III 163, 221, 271, 279
Locke, J. III 235, 465
Logik I 66; III 38, 86, 424
— formale I 19, 27, 69; II 100
— formalisierte I 108
— semantische I 28
logos I 13, 23 f., 32, 34, 37, 88 f., 91 f., 96, 122, 144, 147, 182, 186 bis 189, 204, 221, 266, 289 f., 299; II 18, 21, 105, 119, 122 f., 151, 153, 155; III 35, 77, 114, 151, 172, 292, 294, 328, 330—332, 335, 337, 382 f., 418, 432, 476
— der Fleisch wurde, inkarnierter I 23 f., 32, 37, 70, 163; II 105, 161; III 175, 332
— göttlicher II 155; III 325, 418
— partikularer III 292
— universaler I 32, 35, 37, 207; II 122 f.; III 114
— universal-göttlicher I 34
— partikulare Erscheinung des I 34
— Göttlichkeit des II 155
— des Seins I 78, 96, 177, 203, 289, 329
— Universalität des I 24 f.
Logoslehre I 24 f., 187; II 99, 122; III 329 f., 432
Logosstruktur I 34, 320; III 41
Loofs, F. III 328
Loskauf II 181, 183, 186
Lotze III 40
Lullus Raimundus I 72
Lust III 71 f., 113, 162
Luther, M. I 11 f., 59, 62 f., 70, 75, 104, 174, 211, 253, 284, 289, 296, 301, 304, 314, 318; II 13, 46, 48, 55, 60, 63, 84, 86, 88 f., 149, 151, 156, 174, 177, 192; III 23, 62, 153, 160, 177, 217, 256, 260—265, 267, 271, 333, 388, 406
Luthertum III 146, 265, 405, 407

Macht I 206, 248 f., 262, 265, 269, 273, 290, 325; II 42, 58, 60 f., 63 f., 139; III 86, 97, 102, 108, 111, 114, 125, 129, 134, 138, 191, 240, 302—304, 353 f., 379 f., 391, 405, 409, 435, 437—440
— göttliche s. Gottes Macht
— politische III 354, 435
Mächte, dämonische I 25, 160; II 33, 44, 60, 78 f., 120, 176, 183—185; III 126, 178, 277, 424, 427, 432
— göttliche I 249, 257, 259, 261 bis 263; II 44, 79; III 277, 329
Märtyrer II 166; III 272
Magie I 249; III 146, 319
Makrokosmos I 301; III 29 f., 66 f., 368
Mana I 258; III 168
Manichäismus I 184, 261; II 46, 88; III 169, 406, 418
— Krypto- II 88
Marcel II 17, 32
Marcellus von Ankyra II 155
Maria, Jungfrau I 154; III 335
Marienkult, -verehrung III 217, 331
Martyrium III 268, 280
Marx, K. I 93, 112, 306; II 31 f., 53; III 376 f.
Marxismus III 355
massa perditionis II 65
Masse III 101, 357 f., 398, 405 f., 438, 442
Materialismus III 30 f., 235, 376 f.
— historischer III 356
— mechanistischer II 13
— reduktionistischer III 31
Materie I 68, 92, 211, 220, 248, 269 f., 292, 319; II 28; III 22, 26, 30 f., 104, 232, 243, 347, 450, 464
— meontische I 220
mathesis universalis I 72
me on I 203, 211, 220, 269, 292; II 26 f.; III 36
Meditation I 117, 135, 153, 331; III 224, 234, 236, 271
Medium I 21, 32, 44, 51, 57, 78, 81, 167, 252; III 282
— der Erfahrung s. Erfahrung als Medium der Quellen

Medium der Offenbarung s. Offenbarung, Medium der
Medizin I 43, 120; III 87, 318, 322
Melanchthon, Ph. I 12; II 191 f.; III 217
Mensch I 10, 12, 22 f., 43, 64, 67, 75, 82, 89, 93, 100, 112, 116, 118, 120, 145, 147 f., 150 f., 155 f., 158, 166, 173 f., 184 f., 198—202, 204 bis 208, 210, 212—216, 218—225, 227—231, 233—235, 240 f., 243, 247, 249—251, 257, 259—261, 263, 265—267, 269, 272, 275 f., 278—283, 286—289, 291, 294 f., 297—301, 305—308, 310, 312 f., 317, 320—324, 327—331;
II 11, 13, 16, 19—22, 28—31, 33 f., 36—39, 41—43, 45—60, 62, 64—66, 69, 71—84, 86—92, 95 bis 97, 102—107, 113, 115, 120 f., 127, 130—133, 135, 137 f., 140 bis 142, 150—152, 157—159, 162, 169, 173, 177, 180—186, 189 bis 192;
III 23—27, 29, 32, 35—37, 41, 43, 45, 47, 50—53, 62 f., 68—71, 73, 77, 82—85, 88, 91—93, 95 f., 98, 100, 102—107, 111—115, 121, 123, 126 f., 130, 132—136, 138, 141, 143—146, 148—153, 155 bis 157, 159, 162, 164 f., 167, 169, 171, 175, 178, 183 f., 187, 190, 195, 200, 203, 205, 209, 217, 219, 222 bis 224, 227, 232, 236, 238 f., 241—243, 245, 250—263, 266 f., 273, 275, 277 f., 281, 284, 290, 294, 296, 298, 300—302, 308 bis 312, 314, 316—323, 325, 327, 329 f., 332 f., 336 f., 345, 347, 350 bis 353, 356, 361, 364, 372 f., 381 bis 384, 387—389, 396, 401, 403 bis 406, 409, 412 f., 417, 422, 424, 426, 428, 431—433, 435 f., 438 f., 445, 448, 451 f., 456—460, 462, 464—466, 468, 470—472, 477
— geschichtlicher I 198; II 106; III 351—353, 358, 365, 371
— von oben I 300; II 98, 104
— das höchste Lebewesen III 48 f.

Mensch, vieldimensionale Einheit des III 253, 276
— Lehre vom I 58, 72, 77, 87, 197 f., 221, 297; II 16, 43, 45 f., 74, 139, 193; III 31, 34 f., 37, 136, 145
— Natur des I 118, 197; II 70, 90, 116; III 460, 469
— essentielle Natur des I 227, 291, 299; II 10, 31, 38, 40, 62 f., 67, 71, 73 f., 90, 159; III 41, 60—62, 185, 449
— existentielle Natur des II 159
Menschensohn II 98 f., 113, 119 f., 150; III 411
Menschheit I 45, 112, 164, 300, 311; II 49, 64 f., 68, 80, 97, 105 f., 110 f., 130 f., 133, 141 f., 149, 180; III 67, 75, 82, 91 f., 110, 123, 166 f., 175 f., 179, 181, 190, 207, 224, 291, 301, 310, 349, 352, 355 f., 378, 388 f., 401, 409, 415, 417, 434, 439, 462
— Geschichte der I 110, 148; II 46
Menschliche, das I 150, 279; III 134, 207
Menschlichkeit I 299; II 31, 38; III 107, 253, 308, 347, 402, 444
— erwachende III 351
Menschsein, wesenhaftes II 103 bis 106, 162
Messias I 160, 162 f., 266 f.; II 33, 98 f., 105 f., 108, 115, 119, 121 f., 136, 150, 161, 173, 176; III 410 f.
metaphorisch I 96—98
Metaphysik I 16, 28 f., 87, 100, 193 f., 199, 270, 328; II 28; III 30, 40, 88, 243, 368, 370, 374, 376
Methode I 44, 49
— behavioristische I 199
— dialektische I 272; III 293, 376
— dualistische I 80
— empirische I 44
— historische II 111, 114, 118, 123, 125
— naturalistische oder humanistische I 79
— phänomenologische I 129—131
— supranaturalistische I 79; III 25

Methode, theologische I 15, 17, 25, 39, 52; II 10, 22
Methoden-Imperialismus I 73
Methodismus I 52
Mikrokosmos I 207 f., 300 f.; II 29, 132; III 29 f., 66 f., 368, 404
Mission I 166; III 182, 224—226, 430
Mithraskult III 169
Mittel I 89; III 74 f., 77 f., 83, 91 f., 105, 122, 296 f., 387
Mittel-Ziel-Beziehung I 89 f., 118
Mittelalter I 73, 177 f.; II 48, 62; III 217, 232, 237, 239, 249
Mittler I 266 f.; II 103, 106, 181 bis 183, 186; III 146—150, 152 f., 193, 205, 210, 221, 283, 287, 325, 327, 336, 411
Moderne, die III 29, 33, 119
Modernismus, katholischer I 279
Mönchtum II 156; III 69, 241
Mohammed III 419
Monade I 270, 300
Monadologie I 270
Monismus I 92
— biologischer III 39
— idealistischer I 270 f.
— naturalistischer I 270 f.
— psychologistischer III 39
Monophysitismus, monophysitisch II 139, 156
Monotheismus I 259, 261—267; III 110, 327
— abstrakter III 110
— exklusiver I 262—266, 271, 313; III 65, 169, 329
— monarchischer I 261 f., 265, 270, 273
— mystischer I 263—266, 270
— prophetischer I 23
— trinitarischer I 262, 265 f., 272
Montanismus III 175
Moral II 45, 165; III 56, 83, 118, 120, 141, 186, 197, 244, 265, 280, 353, 381
— theonome III 316
Moralismus III 59, 67, 189, 276, 431
Moralität III 41, 51—54, 58, 61, 73, 80, 116—119, 122 f., 126, 130, 133, 135, 157, 159 f., 185—190,

192, 254, 273, 285 f., 305, 311, 314 f., 380, 455
Moralität, theonome III 305, 312, 314
Moses I 146, 169, 172; III 267
Mozart, W. A. II 61
Münzer, Th. I 52; III 406
Mut I 79, 181, 222, 226—232, 240, 243 f., 292, 295, 307 f., 311, 313 bis 315, 317, 319; II 56, 64, 78, 80, 127, 186; III 34, 41, 158 f., 172, 216, 225, 260, 263, 265, 268, 275, 278, 314, 322, 401, 415
— ontologischer I 227
Mysterienkulte I 131, 169, 265; II 152 f., 163, 166; III 169, 181
Mysterium I 83, 131—133, 136, 140, 144 f., 149, 153, 160—162, 168, 186, 188, 219, 251, 253, 280 f., 287, 290, 311, 321, 331; II 101 f., 122 f., 127, 154, 166; III 96, 109, 325 f., 333, 424 f., 448, 457, 476
mysterium tremendum et fascinosum s. tremendum et fascinosum
Mystik I 17, 167—169, 186, 199, 204, 271, 322; II 18, 82, 91—93, 96; III 113, 169 f., 176, 181, 215, 224, 275, 277 f., 332, 337
— katholische I 100
— östliche II 92; III 168, 279, 336
— protestantische I 211; III 279
Mystiker I 133, 135, 151, 167, 319; II 93; III 143, 151 f., 232, 290
— protestantische I 234
Mythologie I 104, 111, 194, 199, 211, 238, 259, 261, 325; II 161; III 66, 112, 168, 324, 457
Mythologisierung II 123
Mythos I 23 f., 97 f., 111 f., 114, 147, 176, 182, 199, 259, 265, 300; II 12, 21, 29, 37, 40, 44, 46 f., 123, 166, 173; III 25, 74 f., 82, 110, 288, 344, 351
— gebrochener I 259

Nacheinander, das III 358, 362, 364 f., 367
Nächste, der I 322; II 55, 90; III 59, 143
Nationalismus I 11, 21, 170; III 249, 431, 445

Nationalsozialismus I 36, 113, 170; III 355, 422, 439
Natur I 16, 29, 32 f., 96, 119 f., 124, 134, 142, 144—147, 150, 155, 166, 195, 204, 212, 214, 217 f., 225, 253, 269—271, 282, 298, 300 bis 302, 308, 316, 327;
II 13, 33, 39, 47—49, 51 f., 77, 88, 91, 98, 105 f., 122, 129, 181; III 23, 29, 47, 68 f., 72, 82, 89 f., 92 f., 110, 112, 114, 147, 157, 168 f., 200, 219, 240, 273, 290, 296, 341, 347, 350, 365, 401, 406, 410, 458
— essentielle III 97, 312, 453
— göttliche II 154, 159—161; III 114, 331, 335
— menschliche I 118, 156, 248; II 34—36, 43, 49, 62 f., 74, 154, 156, 159; III 24, 276 f., 287, 316, 387, 461 f., 467
— schöpferische II 13
— Dynamik der II 44, 47
natura naturans II 13
Naturalismus I 12 f., 16, 54, 121, 139, 183, 205, 251, 269, 301; II 11, 16, 20, 36 f., 45; III 60, 80, 89, 123, 231, 236, 402
— monistischer I 269
— pluralistischer I 269
— reduktionistischer III 30 f., 402
— reduzierender I 205
Naturgesetze I 139, 218, 301; II 114; III 374
Naturwissenschaften, Naturwissenschaftler I 55, 72, 142; III 92, 111, 146, 387, 396
Nebeneinander, das III 358 f., 362, 364, 366—368
Negative, das I 272, 306; II 69, 87, 95, 169, 179, 184; III 450—454, 456, 458—461
Neorealismus I 111
Nero II 61
Neue, das I 96, 226, 269, 317; II 73, 97; III 36 f., 43, 73, 160, 253, 347 bis 350, 352, 363, 365, 369 f., 372 f., 377—381, 389, 392—394, 401, 406, 423 f., 440—442, 448, 450, 453

Neukantianismus I 27, 87, 108; III 40, 329, 403
Neuorthodoxie I 11 f., 14, 57, 65, 167; II 46, 93
Neuplatonismus I 104, 187, 206, 293, 299; II 152; III 235 f., 401, 466
Nichtidentität III 63, 94, 177, 224
Nichts, das I 79, 194, 219—222, 224 f., 292; II 19, 26, 76; III 351
Nichtsein I 76, 79, 134, 137, 140, 194, 211, 218—224, 226—229, 231—233, 236, 243 f., 269, 273 bis 275, 286 f., 289 f., 292, 296, 301 f., 306 f., 311, 313, 325 f., 328; II 17 f., 26—28, 30, 34, 78 f., 136, 188; III 36, 325, 437, 451 f., 456, 469
— absolutes II 26 f., 41; III 36
— dialektisches I 220—222
— Mysterium des I 219 f.
— Schock des I 133, 140 f., 144, 193, 218
Niebuhr, R. II 51
Nietzsche, F. I 36, 72, 112, 211, 288, 324; II 31 f., 62—64; III 21, 39, 235, 267 f., 352
Nihilismus II 22; III 115
Nirwana III 408
Nizäa, Konzil von (325) II 154 bis 156; III 326, 330 f., 333
Nominalismus I 12, 104, 198, 209, 268, 273, 294, 300; II 16 f., 25, 136
Norm I 44, 51, 57—65, 125 f., 201, 236, 250; III 39—41, 52, 56, 58, 86
Notwendigkeit I 29, 200, 212, 214 f., 234 f., 287, 291, 293 f.; II 36, 52, 72 f., 141; III 373, 459
— dialektische II 36

Objekt I 16, 19, 21, 53 f., 74, 114 f., 117—120, 200, 202—205, 223, 312, 323 f.; II 32, 64, 69, 72, 75 f., 88, 103; III 73, 75, 80—82, 84, 86 f., 89, 91 f., 94 f., 111—113, 143 f., 148, 158, 221, 234, 244, 270, 290—296, 298—300, 437, 468
— logisches I 202, 204; III 143

Objektivierung I 118, 121, 203; II 75 f., 83
Objektivität I 16, 19, 119, 205, 242, 250, 310; II 53, 75, 113; III 227, 290, 293, 299
Ockham, W. I 183, 237 f.
Ödipus III 115
Ökumenische Bewegung III 199
Oetinger, F. C. I 319; III 232
Offenbarung I 45, 58, 68, 75 f., 78, 80, 82 f., 87 f., 90 f., 98, 101, 103, 107 f., 111, 114, 117, 121, 127, 130—189, 193, 205, 214, 241, 267, 272, 278, 281, 301, 332;
II 11, 15 f., 22, 48, 90—92, 96, 98, 102, 112, 141, 154, 180, 182, 188;
III 35, 62, 79 f., 118, 127, 129, 132 f., 138, 148—151, 153, 165, 174, 177, 180, 291, 293, 298, 307, 330, 342, 382, 384 f., 406, 414 f., 456, 458
— abhängige I 151—153, 171
— dämonische I 138
— innere I 151
— letztgültige, endgültige I 154, 159—172, 175—183, 188 f., 255, 257, 264, 278, 327; II 144; III 179, 384—386, 415
— natürliche I 80, 144 f., 165 f.
— normgebende I 131, 157, 159, 163 f., 178 f.
— originale I 151—154, 159, 167
— universale I 165—171, 257; III 166, 179, 412
— vorbereitende I 167, 170, 255, 257; II 144, 147, 180
— und Ekstase I 135—138, 188
— Frage nach der I 98, 101, 103, 112—114, 121, 127, 166, 245
— durch die Geschichte I 145, 147, 173
— Medium der I 130, 143—151, 154, 159 f., 163, 167, 169, 175, 180, 188
— und Mysterium I 131—135, 185 f.
— durch die Natur I 144, 147, 166
— Periode der Aufnahme der I 165, 171
— Periode der Vorbereitung der I 165 f., 171

Periode, Ursprung der I 185 f.
— und Wunder I 139—142
Offenbarungsantwort II 19—21
Offenbarungserfahrung I 158, 186; II 20 f., 96; III 62, 120, 135, 152, 166, 229, 233 f., 293, 313, 327 f., 384—386, 413 f.
Offenbarungserkenntnis I 154—158, 281
Offenbarungsgeschichte I 75, 151, 155, 160, 164 f., 168, 171 f., 186, 188 f., 320; II 109, 180; III 385, 412, 417, 419
Offenbarungskonstellation I 143 bis 145, 147, 151 f., 189
Offenbarungskorrelation I 142, 152 bis 154, 171—173, 188, 282
Offenbarungssituation I 136, 149 f., 154 f., 158 f., 167 f., 172 f., 185, 278; III 327
Offenbarungsträger I 143, 146, 152, 159 f., 162, 167 f., 171, 175
Offenbarungswahrheit I 154—156, 173; II 22
Okkultismus I 22
Ontologie I 27—29, 32, 77, 87, 193 bis 199, 204 f., 209, 212, 226, 268, 293, 319; II 18; III 40, 109, 123
— dynamische I 70
— reduktionistische III 29
— statische I 70
Opfer I 59; II 122, 134 f.; III 55 bis 57, 308—311, 337, 433, 445, 472
Organische, das III 23 f., 26, 31, 36 f., 47 f., 361
Origenes I 104, 266; II 44, 184; III 332, 460, 469 f.
Origenisten III 330
Orphismus, Orphiker II 27, 44
Orthodoxie I 9—12, 14, 47, 52, 65, 104; II 20, 94, 158; III 153, 207, 261, 265, 275, 277, 432
Otto, R. I 55, 251
ouk on I 220, 292; II 26; III 36
ousia I 122, 237; III 331

Pädagogik III 225
Panentheismus, eschatologischer III 475

Pantheismus I 258, 271, 274 f.; II 15
— naturalistischer I 275 f., 302
Paracelsus I 77, 300
Paradies II 40, 53, 76, 82; III 34, 69, 351, 394, 404
Paradiesgeschichte II 44, 51, 76, 139 f.
Paradox I 11, 62, 70 f., 148, 159 f., 179—181, 239, 266, 308; II 30, 56, 100—105, 107 f., 153, 156, 159, 161, 171, 192; III 121, 173, 218, 254, 260, 311, 326, 414
— des Kreuzes I 169; II 117
— christologisches I 170; II 102, 162
— messianisches II 122, 129
Parmenides I 88, 91, 133, 204, 219 f., 289; II 17, 27; III 254
parousia I 284
Parsismus I 262
Partikulare, das I 24 f.; II 17, 80; III 201, 293, 313, 372
Partikularität II 61; III 291, 293, 418 f.
Partizipation I 51, 55 f., 109, 112, 115, 119 f., 124—126, 142, 163, 165, 183, 195 f., 208—210, 220, 223, 233, 249 f., 265, 281, 283—285, 287, 300 f., 310 f., 319, 321, 327 f.; II 15, 66, 75 f., 81, 157, 173, 186, 189;
III 45, 50, 54, 59, 73, 94—96, 112, 121, 140, 161 f., 166—168, 244 bis 246, 254 f., 271, 293 f., 298, 326 f., 361 f., 368, 444 f., 461, 463, 465—467
— mystische I 250; II 166
— universale I 283 f.; III 46, 462
partizipieren I 207—209, 216 f., 219 f., 222, 236 f., 239, 249, 275 bis 278, 280, 284, 300, 313, 319, 321; II 52, 58, 68, 81, 100, 106, 122, 131, 159, 186, 189; III 46, 50, 59, 125 f., 130, 184 f., 188, 250, 428, 444, 465—467
Pascal, B. I 94, 183; II 31 f.; III 235
Patripassianismus I 311; III 457
Paulus, Apostel I 11, 25, 47, 59, 61 bis 63, 70, 115 f., 145 f., 160, 173, 179, 257, 300, 330; II 35, 53 bis 55, 84, 88 f., 99, 120, 129 f., 137,

144, 168—171, 174, 184; III 62, 64, 72, 107, 139 f., 151, 158, 161, 164, 167, 201 f., 216, 223, 243, 252, 258—263, 267, 329, 409, 411, 420, 424, 432, 441, 458 f., 466
Pazifismus I 325; III 54, 68, 439 f.
Pelagianismus II 46, 50
— Anti- II 88
Pelagius II 48, 65, 88
Perfektionismus III 265
Persönlichkeit I 37, 119, 174, 204, 210, 298, 301, 319, 324; II 49, 80; III 170, 187, 237, 242, 254, 268, 277, 279, 311, 348, 353, 381, 383, 385, 391, 438, 450
Person I 32, 123, 142 f., 145, 182, 185, 206—208, 216, 231, 247, 260, 282—284, 288; II 18, 31, 44, 47, 49 f., 55, 67 f., 70, 72, 123, 127, 131, 135 f., 143, 146, 160; III 38, 51, 53 f., 56, 58 f., 80—82, 84 f., 87, 94—97, 100, 102 f., 106, 110, 112, 116, 121, 125 f., 128 f., 140, 150, 157, 160, 162 f., 186 bis 188, 208, 227, 241 f., 245, 252, 268, 270, 294, 299 f., 302, 304, 308—312, 316—319, 322, 331, 347, 350, 353, 357, 370, 381, 395, 398, 417, 455, 459—462, 465 bis 467
— kosmische I 16, 55 f.
Person-Zentrum III 38, 170, 227, 308, 313
persona, personae I 156, 207, 265, 283; II 156; III 331 f., 335
Personalismus II 18; III 409
Pessimismus II 35; III 424
Petrus, Simon I 131, 146, 152, 163, 172; II 107, 129, 137, 170; III 177 f.
Phänomene, spiritistische III 34
Phänomenologie I 55, 129—131
philia I 322, 324; II 63; III 163, 184, 276
Philo von Alexandrien II 122
Philosoph I 17, 31—37, 78, 260, 319; II 27, 29, 37, 44; III 21, 64, 74, 109, 111, 157, 236, 290, 295, 306, 457 f.
Philosophen, asiatische I 116

Philosophen, neukantianische Rechts- III 303
— Religions- I 16 f.; III 384
Philosophie I 13, 26—30, 32—37, 39, 49 f., 72, 76 f., 88, 120, 123, 125, 137, 186, 193, 196, 233 f., 236, 238, 242, 267—270, 272, 305; II 12, 17, 21, 32, 35, 37, 61, 74; III 31, 87, 194, 235 f., 265 f., 289, 295, 307, 313, 382 f., 387, 395, 398, 420
— antike I 92
— christliche I 36 f.; III 305
— deutsche klassische II 29
— dialektische III 335
— griechische I 23, 73, 187, 211, 219 f., 252, 270; II 26, 151 f.; III 217, 330
— humanistische III 105
— idealistische I 91; III 325
— kritische I 107 f.
— mittelalterliche II 17
— moderne I 36, 41, 92, 122, 270, 305
— romantische I 111, 178
— stoische III 302
— theonome III 295, 305
— der Aufklärung I 13; III 424
— Bewußtseins- II 34
— Evolutions- I 270, 286
— Existenz- I 61, 183, 224, 286, 303; II 17
— Fortschritts- II 37
— Funktions- I 230
— Geschichte der I 26, 33, 35, 50, 103, 107, 115; III 383
— Identitäts- I 205
— Kultur- I 39
— Lebens- I 77, 107, 120 f., 199, 212, 233, 269, 272, 286; II 13; III 21 f., 36, 341
— Natur- I 33; II 53
— romantische Natur- I 72, 120, 270; III 168
— Prozeß- I 197 f., 212 f., 230, 269; III 21, 36, 65
— Religions- I 16 f., 33, 39 f., 91, 242, 251, 271; II 21; III 116, 152, 306, 348
— Sprach- III 74

Philosophie und Theologie I 25—37
— Wert- III 40 f., 104
Physik I 32, 72, 74, 155, 157, 218; II 75; III 87 f.
Pico III 235
Pietismus I 52; II 63, 94 f., 134, 179; III 173, 252, 261, 265, 274 f., 277, 336
Plato I 28, 88, 91, 104, 108, 114 f., 168, 195, 206, 237 f., 241, 270, 273, 284, 304, 315; II 27 f., 36, 44, 76; III 34, 79, 162, 235 f., 254, 332, 376, 464 f., 473 f.
Platonismus I 13, 108, 220, 293; III 193, 453, 466
pleroma I 284
Plotin I 88, 168, 270; II 152; III 465
Pluralismus I 92, 269
— absoluter I 201
— kosmischer I 25
Polarität I 94, 101, 195 f., 202, 205, 217, 224, 232, 235, 263, 281—283, 288; II 69, 80, 131, 138, 140 f.; III 39, 44 f., 65 f., 78, 113, 137, 198, 214, 216—218, 235, 249, 302, 307 f.; 317, 364, 454, 470
— von Dynamik und Form I 212, 233, 284 f.; II 73 f.; III 44, 64, 98, 454
— von Freiheit und Schicksal I 214, 217 f., 234, 236, 286, 328; II 38, 72 f., 161; III 44, 107, 347, 423, 455
— von Individualisation und Partizipation I 209 f., 233, 283, 300 f., 321; II 75 f.; III 44 f., 54, 59, 78, 202, 454
— Selbst-Welt- I 203 f.; II 69; III 151
Politik I 33, 43, 178; II 63; III 25, 73, 76, 82, 219, 377, 390, 407
Polytheismus I 25, 258—265, 269, 287; II 96, 104; III 110, 169
— dualistischer I 258 f., 261 f., 269 f.
— mythologischer I 258—261, 269
— universalistischer I 258 f., 261, 269 f.
Positive, das I 272; II 69, 95, 185; III 450 f., 453, 460, 462

Positivismus I 107, 115, 121, 123, 209, 272; II 17; III 30, 201
— logischer I 27 f., 67, 89, 268
— philosophischer I 53, 107; III 404
Postexistenz II 172; III 332
Potentialität I 96, 195, 211, 237, 240, 280, 284, 286, 291, 293, 299, 304, 311, 314 f., 317, 321; II 26—29, 38, 40 f., 48, 52; III 22 f., 27, 30 f., 34, 38, 42, 48, 51, 55 f., 62 f., 70, 83 f., 93, 98, 101, 104 bis 106, 109, 111, 209, 243 f., 277, 284 f., 295, 308, 310 f., 332, 348 f., 352, 357, 382, 385 f., 404, 450, 453, 459 f., 475 f.
— essentielle I 274; III 296
Potentielle, das I 284; II 28, 51, 101; III 26, 36, 43 f., 55, 137, 309, 475
potestas absoluta I 198
Prädestination I 59, 75, 310 f., 327 f.; III 374, 460, 462, 472
— doppelte I 327 f.; III 460, 462
Präexistenz II 161, 171 f.; III 332, 416
Pragmatismus I 53—55, 57, 92, 125 f., 178, 269, 272; III 21, 40, 65, 73
praxis III 73, 78, 80, 82—85, 91, 93, 116, 122, 127, 143, 157, 166, 218, 228, 236, 379 f., 455
Praxis und Theorie s. Theorie und Praxis
Predigt I 14, 48, 148, 188 f.; II 77, 85, 108, 174, 178, 181, 186; III 146, 227, 258, 276, 448, 473
Priester I 146, 167, 260; II 66, 94; III 102, 121, 139, 168, 211, 220 f., 241, 251, 322, 431 f.
Priestertum, allgemeines, aller Gläubigen III 24, 211, 240
Prinzip, prophetisches I 264; III 206
— protestantisches I 264; III 146 f., 161, 205—207, 210, 224, 240, 257, 273 f., 279, 281, 284, 431
Prinzipien I 194 f.
— einende III 23
— hermeneutische I 147 f.
— semantische I 147 f.
— sittliche I 218, 242

Prinzipien, theologische III 240
— trinitarische I 288—290
Probabilismus I 87
Profane, das I 253 f., 257 f., 319; III 108, 120, 124 f., 149, 271, 280, 283—285, 429, 431, 456
Profanisierung III 44, 107 f., 119 bis 121, 123 f., 141—143, 166, 169 f., 173, 175, 181, 212 f., 280 f., 378, 424, 427, 429, 431 f., 436
Prometheus III 91
Propheten I 58, 135, 150 f., 160, 167 f., 170, 260, 264, 271, 278; II 33, 44, 53, 58; III 143, 151 f., 166, 170 f., 220, 237, 240 f., 304, 410, 416, 419, 425, 442, 464
— falsche I 160, 170; III 422
— jüdische I 146, 169, 308; III 170
Prophetie, Prophezeiung I 169; II 116, 141, 145, 149; III 175, 247, 416
Prophetismus, Prophetentum I 168 f., 264; III 386, 407
Protestantismus I 47, 59, 143, 146 f., 154, 159, 177 f., 187, 286, 298, 305; II 57, 64, 66 f., 92—95, 118, 134, 157, 162, 179; III 69, 139, 141, 172, 194, 197 f., 200 f., 207, 210 f., 216 f., 224, 232 f., 237, 243, 248 f., 273 f., 277 f., 284, 294, 328, 334, 336 f., 381, 406, 431, 435, 465, 471
— liberaler III 194
— moderner I 60, 63
— moralistischer II 49
— orthodoxer I 40; III 274
— reformierter III 146
Prozeß I 28, 95, 99, 197, 213, 229 f., 232, 240, 255, 268, 271, 276, 280, 290, 296, 306, 321, 324; II 11, 30 f., 72, 97, 101, 147, 162, 189; III 21 f., 36, 64, 66, 69, 77, 86 f., 99, 130, 184, 254, 263 f., 266 bis 270, 272—274, 276 f., 325 f., 350 bis 352, 359, 361, 372, 392, 402 f., 416, 449, 475
— einigender I 54
— geschichtlicher I 174; III 342, 349, 357, 360, 364, 367, 371, 373, 396, 398, 417, 422—425, 453

Prozeß, schöpferischer I 55 f., 234, 294, 296, 314; III 64, 288, 392
— wertschaffender I 16, 54
— zeitlicher III 446 f., 474
Psychische, das III 23, 31 f., 37, 39, 47, 49 f., 85, 142, 169, 316 f., 364
Psychoanalyse II 34, 177, 186; III 64, 276, 322
Psychologie I 31 f., 120, 142, 155 bis 157, 216, 286, 331; II 21 f., 33, 46, 61, 83, 100, 136; III 35, 37, 87 f., 121, 142, 230, 276, 421, 465, 473
— Persönlichkeits- III 35, 37
— Sozial- I 156
— Tiefen- I 116, 156, 224, 233; II 34, 63, 67, 72, 185; III 239, 261, 266 f., 279, 290
— des Unbewußten I 61, 72; III 239
Psychologismus III 24
Psychotherapie I 77, 224; II 33; III 95, 221, 269, 276, 322, 381
Puritanismus, Puritaner I 253; II 59, 63, 91
Pythagoräer II 27; III 473

Quäker III 146, 440
Quaternität I 265

Räumliche, das I 244, 319; III 359
Rationalisierung I 183; II 168; III 88 f., 102
Rationalismus I 98, 108, 125 f., 151; II 133; III 105
— irrationaler I 113, 139
— philosophischer I 234, 289
— theologischer I 289
Rationalität I 126, 135, 212; II 46, 131; III 34, 142, 233—235
— logische I 69—71
— methodische I 71, 73
— semantische I 67 f.
Raum I 22, 29, 32, 55, 74, 99 f., 103, 167, 179, 196, 223, 226—229, 248, 266, 273, 303, 307, 314, 318 f.; II 12, 19, 43 f., 48, 51, 78—80, 108 f., 137, 156, 166; III 25, 28 bis 30, 37, 70, 109, 131, 158, 164, 166 f., 183 f., 188, 194, 197, 235, 313, 323, 326 f., 358—360, 362,

364—368, 373, 378, 387, 389, 401, 413, 416, 422, 429, 446 f., 450, 453, 459
Raum, geschichtl. III 364, 366 f., 372
Raumlosigkeit I 318
Realismus I 92, 209 f., 271 f.; II 17, 136; III 236, 440
— christlicher II 37, 62
— dialektischer I 272
— empirischer I 26
— metaphysischer I 271
— mittelalterlicher I 209 f.
— mystischer I 209 f.
— objektiver I 202
— ontologischer I 206
Realität (s. auch Wirklichkeit) I 16, 219, 229, 231, 269, 279; II 17, 28, 36; III 455 f.
— transzendente I 331
Recht I 106, 110, 125, 181, 207; III 76, 82, 101, 115, 195, 303 f.
— kanonisches I 47; III 176, 201, 206
— Natur- I 106; III 61
Rechtfertigung I 59, 70 f., 327 f.; II 56, 162, 189—193; III 159, 254—258, 261—263, 268
— aus Gnaden durch den Glauben I 59, 62 f., 328; II 95, 192; III 140, 153, 172, 197, 257—259, 261
— des Sünders II 162; III 23, 256
— Paradox der R. des Sünders I 70; II 56, 162; III 262, 268, 273, 279
Rechtfertigungslehre II 192; III 153, 257 f., 326
Rechtspositivismus I 106
Reformation I 37, 56, 59, 61, 104, 106, 153, 160, 169, 172; II 191, 193; III 145 f., 171, 193, 197 bis 200, 214—217, 229, 237, 249, 257, 273, 277, 280 f., 283, 336, 378, 429
— radikale III 264 f.
Reformatoren I 47, 56—58, 61, 63, 69, 104, 153, 168, 184, 252, 264, 301; II 49, 55—57, 60; III 150, 152, 191 f., 256, 333
Reich, dämonisches III 426
— Gottes I 59, 67, 76, 79, 82 f., 147, 150, 175, 177, 186, 309; II 11, 116 f., 129, 133, 148, 175 bis 177, 179, 193; III 35, 83, 93, 131—133, 154, 184 f., 188, 191, 303, 317, 323, 342, 352, 356, 366, 373, 380, 384, 399 f., 402 f., 405 bis 411, 413—415, 420—422, 424, 426—430, 433—446, 448—450, 452—456, 458 f., 461, 463, 466 f., 474
Reich Gottes, Manifestation des III 414—420, 430, 433, 438 f.
— — Sieg des III 444—446, 454
— tausendjähriges II 176; III 394 f., 421
Reife, geistbestimmte III 268—270, 272 f.
Reinkarnation III 451, 470 f.
Reiz und Reaktion I 201, 216 f., 297; II 38; III 78, 369
Relativismus I 105—108, 178—181, 197 f., 241; III 415
— ästhetischer I 106
— ethischer III 60 f.
— positivistischer I 105 f., 179
— pragmatischer I 107; III 40
— zynischer I 105—107, 179
Religiöse, das I 104; III 279, 456
Religion I 17, 23, 45, 49 f., 52, 64, 70 f., 90, 104, 130, 132, 143, 152, 154, 156 f., 160 f., 164, 170 f., 182, 184, 186, 203, 238, 248, 250, 252, 256, 259—261, 264, 278, 300, 313; II 12, 15, 18, 74, 78, 89 f., 92 f., 95 f., 98, 103, 107, 118, 132, 165, 180, 182;
III 24 f., 41, 58, 65, 67, 75, 80, 105, 110—112, 114, 116—130, 133, 135, 141, 147, 150, 155, 157, 159, 167—171, 176 f., 185—188, 192, 194, 196—198, 202—204, 206—208, 211 f., 215 f., 224 f., 228—230, 233, 237, 239—242, 249, 254, 263, 266, 271 f., 278 bis 286, 289, 291, 298, 305 f., 313, 315, 377, 380, 384—386, 395 f., 402, 408, 414, 416, 419, 424, 429, 442, 445, 448, 453, 455 f.
— dämonisierte III 127
— Gesetzes- III 418
— Hoch- III 168, 384

Religion, Jahwe- III 166
— monotheistische III 169
— mystische II 97; III 170
— organisierte III 241 f., 271
— polytheistische I 170; II 96; III 125 f.
— prophetische I 203; III 170, 386
— Welt- III 175, 418
Religionen, asiatische, des Ostens I 116; II 18, 80; III 168, 408
— nichtchristliche I 50, 57, 257, 262; III 252
— primitive III 384
Religionsgeschichte I 25, 38 f., 49, 64, 80, 134, 154, 164 f., 247, 252, 254—258, 263, 265, 272, 278; II 89 f., 101, 155, 164, 184; III 116, 127, 138, 155 f., 167, 169, 177, 179, 181, 315, 336, 360, 384, 386, 394, 413, 415 f., 442, 449 f.
— theologische I 49—51
Renaissance I 104; II 29, 132; III 87, 146, 229, 249, 333, 355, 372, 377 f., 382, 404 f.
Restitution aller Dinge III 460, 469
Restitutionstheorie II 170
Rettung II 39, 181, 192
Reue III 227, 253 f.
Revolution I 105 f., 262; III 31, 62, 374, 392 f., 440—442
Ritschl, A. I 144, 165, 167, 187, 249; II 21, 86; III 40, 201
Ritschlianer II 93; III 222, 277, 328 f.
Ritualisierung III 431 f.
Romantik, Romantiker I 13, 111, 120 f., 177 f., 258; II 29; III 93, 265, 287 f.
— Spät- I 212
Rußland III 389, 396, 432, 439

Sabellianismus II 155
Säkulare, das I 254; III 279 f.
Säkularisierung III 119, 246, 279 f., 431
Säkularismus I 242; III 108, 124, 200, 218, 220, 430, 432
Sakramente I 48, 319 f.; II 57, 66, 94; III 121, 139, 144—148, 150, 168, 193, 210, 220, 232, 250, 283, 431

Sakramentale, das III 145
Sakramentalismus I 168, 170; II 94; III 145, 407
— Pan- I 258
Sanday, W. I 46
Sartre, J. P. I 195, 222, 235; II 32, 46; III 300
Satan I 253; II 138, 140, 173, 183 f.; III 169
Schaffen, ästhetisches III 90, 294
— geschichtliches III 392 f.
— künstlerisches II 59; III 77 f., 83, 90 f., 96, 98, 123, 128, 186, 188 f., 283, 285, 288, 403
— menschliches III 75, 456
— Funktionen des kulturellen S. s. unter Funktionen
— Sich- III 43 f., 54, 64—72, 74, 77, 79, 82—86, 91, 93, 99, 107, 117 f., 165, 246, 305, 379 f., 388, 435, 440, 454 f.
Scheler, M. I 55, 117, 130, 211; III 21
Schelling, F. W. J. v. I 16, 52, 77, 104, 195, 221, 270, 284, 300; II 31; III 235, 453
Schicht III 23—28, 37, 40, 137
Schicksal I 145 f., 178, 181, 195, 214, 218, 223 f., 234—236, 244, 248, 274, 281—283, 287 f., 294 f., 297, 299, 304, 306—308, 310, 313, 321, 328;
II 38 f., 42 f., 46, 48—51, 58 f., 65, 67 f., 72 f., 76, 80, 87—89, 131, 138 f., 141 f., 162 f., 173, 178, 180, 188;
III 36, 39, 50, 85, 91 f., 106, 115, 233, 236, 301, 308, 322, 346, 385, 400, 406, 422 f., 444, 450, 455, 459, 462, 470—472
— ewiges I 327 f.; II 66; III 460 bis 462, 465, 467 f., 470
— tragisches II 45, 50, 55
— transzendentes III 261
— universales II 39, 45, 47, 54, 64 f., 68
— zukünftiges II 111
Schlange II 39, 44, 47, 58, 82
Schlatter, A. II 127
Schleiermacher, F. E. D. I 16, 23, 39,

42, 52 f., 57, 65, 106, 182, 251; II 13, 21, 162; III 150, 186, 201, 216, 326, 469
Schmerz III 71 f., 113, 161
Schock, metaphysischer I 193
— ontologischer I 137
Schönheit I 97; III 80
Schöpfertum I 68
— göttliches I 295
— menschliches I 295 f.
Schöpfung I 81, 92, 155, 189, 211, 238, 290—297, 302—304, 307, 309, 313; II 36, 46, 51 f., 64, 78, 99, 175; III 43, 47, 64—68, 71, 73, 79, 83, 85, 93, 101, 103, 105, 107, 111, 119, 122, 154, 204, 222, 254, 314, 317, 324, 343, 351, 365 f., 403, 406, 447, 450, 452 f., 466, 474, 476 f.
— ewige I 296; III 476
— Neue I 63; III 193, 372, 383, 408, 411
— theonome III 295
— Lehre von der I 270, 291—294, 311, 319; II 78; III 243, 330, 343, 447
— Medium der I 187
— Telos der I 304
— Zweck der I 303 f.
Schöpfungsmythen III 47, 65
Scholastik I 16, 59, 67, 196, 239, 270; II 20, 28
Schopenhauer, A. I 77, 211, 270, 284; II 31, 64; III 235
Schuld I 41, 59, 209, 265, 330; II 34, 40, 42, 50—52, 54 f., 65—67, 76 bis 78, 84—86, 101, 144 f., 179 f., 183 f., 186 f., 192; III 115, 279, 322, 330, 405, 459
— tragische II 54, 144; III 280, 401
Schule, alexandrinische I 13, 182
Schwärmer I 52, 56, 58, 136; III 150
Schweitzer, A. II 112, 158
Scotus Erigena, J. II 13
Seele I 61, 77, 115, 150, 167, 231, 318; II 45, 76; III 24, 34 f., 37, 123, 151, 275, 464 f., 471
— Welt- III 464
Seelsorge I 10; II 85; III 221, 271, 276

Seiende, das I 55, 140, 193—196, 199, 201, 203 f., 206 f., 210—213, 217 f., 228, 236 f., 239, 241, 243 f., 267 f., 273—278, 280, 282, 292, 300, 302, 313, 327; II 12—15, 27, 29, 38 f., 73, 75, 97, 140; III 22 f., 41, 45, 53, 66, 75, 100, 103, 136, 160, 168, 235, 328, 400, 428, 461, 464, 468, 471
— das höchste I 22; II 12
— individualisiertes III 45 f.
— Grundstruktur des I 200, 238
— essentielle Natur des III 83
Sein I 16, 22, 27—30, 32, 37, 75 f., 81 f., 87, 91 f., 96, 99, 137, 193 bis 196, 203—205, 210 f., 213, 217 bis 235, 237, 248, 262 f., 267 f., 270, 273—275, 280—282, 285, 288 f., 292—295, 302, 306, 310 f., 320 bis 322, 325—328, 330;
II 9—12, 16—20, 26 f., 35, 38, 69, 72 f., 80, 82 f., 89, 92, 100, 106, 127, 132, 137;
III 21—23, 41, 47, 55, 65 f., 69, 75, 80 f., 107—110, 155, 199 f., 276, 312, 331 f., 358, 383, 451 f., 454—456, 459, 461 f., 464, 466, 469, 475 f.
— aktuelles I 210, 233, 280; II 26 f.; III 154, 254, 369
— altes II 125, 163, 171, 190; III 436, 468
— endliches I 160, 196, 223—225, 228, 235, 244, 273—276, 292, 302, 326; II 26, 43, 58, 69, 78, 93, 98; III 294
— entfremdetes III 164
— essentielles I 75, 195, 236—238, 274; II 10, 16, 28 f., 37, 40 f., 43, 45, 62, 69, 72 f., 78, 84, 89 f., 130, 132; III 52, 58, 60, 62 f., 94, 103, 117, 153, 187, 193, 245, 258, 263, 267, 309, 312, 322, 327, 453, 459, 463
— existentielles I 195, 236—238, 274; II 10, 16, 28, 37, 43, 45, 62, 78, 89, 130, 132; III 103, 154, 312, 327, 453
— höchstes I 270
— Neues I 33, 45, 48, 50 f., 61 f.,

63, 66, 68, 91, 151, 153, 162 bis 164, 174, 176—178, 180, 184, 209; II 16, 87—110, 117, 121, 124—127, 129—138, 143, 145 bis 148, 150, 152, 154—158, 160, 162 f., 165, 169 f., 172 f., 175, 177 bis 181, 183, 185, 189—193; III 148, 150, 152, 155 f., 159, 164 bis 167, 173—180, 182, 186, 190 f., 193, 196—199, 202 f., 205—207, 211, 213, 215 f., 218, 220, 225 bis 227, 250—256, 259 f., 262, 265, 272—277, 279, 309, 314, 317, 326, 400, 427, 433, 449, 453, 468

Sein, Neues, Gemeinschaft des I 176 f.; III 182 f., 225
— — Macht des II 125, 133, 147, 149 f., 168, 170, 174, 177 f., 189, 191, 193; III 252, 427, 432, 436
— — Manifestation des II 130, 132, 134 f., 147, 150, 176, 183; III 190, 215, 414, 427
— — Paradox des III 260—262
— — Sieg des II 172 f.
— — Träger des II 103, 105, 132, 134, 137, 144 f., 148, 165, 169 bis 173, 177, 184, 187, 190; III 177 f., 201, 204
— potentielles I 280; II 26, 41; III 42, 48
— wahres I 122; II 28, 31, 53, 74, 90; III 49, 162, 238, 259, 263, 267
— Mut zum II 18 f.
— und Nichtsein I 21 f., 29, 32 f., 41, 137, 196, 218—222, 226—229, 232, 275, 292, 325, 328; II 17, 26 f., 41, 69, 78, 179
— und Sinn I 16, 96, 149; III 286, 288 f.

Sein-Selbst I 29, 51, 55, 68, 78 f., 95 f., 102, 167, 193—195, 220 bis 224, 231, 239, 241 f., 244, 250, 267 bis 269, 271, 273—281, 287, 292, 301, 311, 313, 317, 321, 325, 327, 331; II 12 f., 16, 18, 28; III 136, 325, 336, 359, 451

Sein-Sollen, -Sollendes III 40 f., 53 f., 409, 428, 455

Seins, Grund des I 29, 53, 77, 103, 114, 133 f., 136, 141—147, 157, 160, 162, 164, 167, 169, 174 f., 182, 185—188, 198, 203, 239, 241, 244 f., 263, 271, 273 f., 276, 285, 289, 292, 295, 301, 311, 314, 326, 330;
II 14—16, 52, 72, 76, 87, 92, 96 f., 101, 137, 174, 180;
III 116, 125, 136, 140, 143, 160, 169, 243, 257, 272, 278, 314, 324 bis 326, 328, 332 f., 336 f., 412, 424, 445, 450, 456, 469, 475 f.

Sein, Macht des I 29, 79, 81, 97, 134, 222, 263, 267—269, 275 f., 292, 304; II 13, 16 f., 19, 27, 64, 131, 136 f., 180; III 134, 297, 437, 439
— Mysterium des I 137, 139—142, 144, 146, 153—155, 158, 170, 174, 179, 182, 219, 287, 294; II 102; III 123, 286
— Negativität des II 64
— Potentialität I 211; III 380
— Sinn des I 30, 53, 142, 157, 235, 267, 288; III 134, 348, 399
— Struktur des I 28—32, 70, 82, 96, 140 f., 194, 196, 199 f., 203—205, 210, 212 f., 215, 227, 236, 245, 267, 269, 271, 276 f., 281 f., 287 f., 320; II 30, 69, 187; III 41, 45, 64, 382, 454 f.
— Tiefe des I 137, 149
— Ziel des III 136, 143, 257, 445

Seinsmächte I 293, 300; II 47; III 147, 454

Seinsmächtigkeit I 118, 122 f., 210 f., 222, 229, 231, 237, 270, 272 bis 275, 288 f., 302, 313—315; II 18; III 23 f., 28, 98, 101 f., 108, 302, 310 f.

Sekten I 48, 52, 57, 104, 168 f.; III 208, 241, 264, 421, 432, 469

Selbst I 77, 92 f., 102, 118, 121, 144, 148, 180, 188, 195, 199—208, 213, 216 f., 223, 225 f., 231, 233, 235, 241, 258, 281 f., 297, 312, 319, 324;
II 50, 54—56, 59—61, 69, 71 f., 75, 77, 81 f., 84, 92, 131 f., 141;
III 39, 42, 50 f., 57, 59, 63, 70, 73, 81, 91—96, 113, 115, 117, 126, 135, 139, 144, 151, 164, 170, 187,

268, 270, 275, 290, 292, 298 bis 300, 317 f., 320—322, 353, 467 f., 471
Selbst, personhaftes III 50, 52, 97, 99, 103, 170, 188, 267, 309
— psychisches III 49—51, 56, 145, 316
— zentriertes I 201, 206, 217; II 50, 70, 75; III 38 f., 51, 53—55, 64, 73, 78, 84, 97, 137, 139, 146, 151, 170, 269, 299, 301, 307, 309 f., 369, 467
Selbstabschließung III 95 f.
Selbstbejahung I 272; II 19, 59 f., 64; III 72, 244, 270
Selbstbeschränkung II 91 f.; III 48, 310, 363
Selbstbestimmung II 142; III 93 f., 113, 119, 242, 244 f., 288, 298, 319
Selbstbewahrung I 213, 282, 284; II 43
Selbstbewußtsein I 200—202, 326; II 57, 125; III 370, 467 f.
Selbstbezogenheit I 118, 195, 200, 202 f., 206, 233; II 146; III 269 f., 454
Selbstdisziplin I 110, 292; III 243 f., 270, 461
Selbstentfremdung I 33, 61, 80—82, 297, 306; II 46; III 117, 325
Selbsterhebung II 58; III 125, 270, 281, 393
Selbsterlösung II 90—96, 102, 133, 192; III 94
Selbsthaß III 269 f.
Selbstheit I 200, 204, 206, 222; III 455, 461
Selbsthingabe I 152, 292; II 167, 171
Selbstidentität III 42—44, 46, 48, 50, 69 f., 307—309, 317, 376
Selbstintegration III 42—52, 54 bis 58, 60 f., 63, 66, 85, 99, 101, 107, 117 f., 160, 165, 189, 223, 294, 305, 307—309, 316, 353, 378 bis 380, 388, 434, 437—439, 454
Selbstinterpretation I 77; III 218, 235, 395, 403
Selbstkritik II 153; III 207, 238, 240, 284, 304
Selbstliebe I 323 f.; II 56; III 269 f.

Selbstmanifestation, göttliche I 189; II 19, 31, 105, 111, 123, 126, 132, 147, 154, 172; III 24, 87, 130, 133, 174, 330, 332 f., 335, 337, 437, 456, 460 f., 476
Selbstmord II 84 f., 110; III 72, 440
Selbstoffenbarung, göttliche I 15, 24, 75, 185—187, 279, 331
Selbstopfer I 175, 180; II 179; III 57, 337
Selbstpreisgabe I 161; II 81; III 95 f., 124
Selbstsucht I 324
Selbsttäuschung II 36; III 63
Selbsttranszendenz I 213 f., 222 bis 224, 282, 284 f.; II 73, 131, 140; III 238, 360, 401
selbsttranszendierend I 280; II 12 bis 15; III 43, 105 f., 108, 120 f., 129, 375, 390, 422
Selbsttranszendierung III 43 f., 54, 104 f., 107 f., 110, 112—115, 117 bis 128, 130—133, 135, 137, 141, 154, 165, 185 f., 189, 231, 266, 268, 270—272, 274, 280, 282 bis 284, 286, 291, 295, 305, 322, 347, 379 f., 388, 394 f., 400, 414, 416, 423, 435, 443, 454 f.
Selbstüberhebung II 58—60; III 140
Selbstveränderung III 42—44, 46, 50 f., 55, 307—309, 317, 376, 458
Selbstverlust II 30, 70—72, 83; III 115
Selbstverneinung, -negation II 64, 85, 92; III 72
Selbstverwirklichung I 295, 299, 306; II 29 f., 42 f., 55, 73, 81, 87, 91, 139; III 68, 93 f., 97, 101, 121, 218, 244, 276, 301, 309, 403, 444 f., 476
Selbst-Welt-Beziehung I 118, 195, 202—204
Selbst-Welt-Korrelation III 44
Selbstwiderspruch I 31, 80 f., 107; II 36 f., 39, 69; III 284
Selbstzentriertheit I 200 f.; III 269
Selbstzerstörung I 61, 135, 213, 235 bis 237, 309, 325 f.; II 31, 59, 69, 85 f., 106, 130, 150, 163, 167, 173, 184 f., 189, 192; III 125, 401

Seligkeit I 321; II 56, 180, 188; III 70, 162, 456, 458, 468, 471—473, 476 f.
— ewige III 456—458, 472
— göttliche III 458, 476
Semantik I 28, 67, 147; III 74, 86, 344
Sendungsbewußtsein III 355, 388, 399, 417
Sexualität II 60—63, 70; III 72, 244
Shakespeare, W. III 370
Shankara II 17
Shiwa I 266
similitudo I 297 f.
Simmel III 21
simul peccator et iustus I 70; II 102, 191; III 260
Sinn I 16, 235, 243, 248, 288—290, 295, 304, 321; II 19, 81—83; III 85 f., 108, 134, 155, 262 f., 287, 289, 296, 343, 347—350, 389, 437, 464
— Grund des I 136, 143, 145, 160, 244 f., 263, 274, 311; II 96; III 125, 424
— Tiefe des I 149; III 118
Sinnlosigkeit I 52, 61, 222, 235, 244, 304, 321; II 19, 31, 34, 72, 83, 136; III 262 f., 284, 404
Sittengesetz II 116
Situation I 9–15, 20, 33, 43, 47 f., 61, 107 f., 134, 155, 180 f., 213, 215, 217, 219, 222, 307 f., 331; II 19, 22, 48, 58, 71 f., 76, 79, 83, 87, 90, 92, 116 f., 130, 136, 143; III 43, 47, 75, 80, 91, 96, 102, 104, 113, 115, 119, 143, 149, 152, 185, 189, 201, 221, 226 f., 261 f., 273 f., 286, 289, 293, 311, 314, 322, 329, 344, 347, 359, 365, 372—374, 422
— aktuelle III 252, 266
— existentielle I 33 f., 64, 67, 102, 291, 308; II 16, 19, 21 f., 31 f., 34, 62, 70, 75, 84, 102, 122, 129, 137, 150, 157; III 278, 322
— gegenwärtige I 61, 235; II 162; III 394, 425
— geschichtliche I 10, 40; II 83; III 287, 347, 371—374, 377, 405, 411

Situation, konkrete I 107, 258, 260; II 38, 84, 116, 187; III 41, 60 f., 73, 104, 149, 231, 264, 266—268, 304, 313—315, 354, 384, 413, 419, 441
— menschliche I 11, 43, 58, 61 f., 76 f., 79, 167, 176, 240, 294 f., 309; II 10, 16, 19—22, 31 f., 35, 45 f., 53—55, 62, 65 f., 74, 77, 80, 84, 93, 105, 142 f., 145, 157, 159, 173, 181; III 57 f., 81, 106, 114 f., 124, 135 f., 159, 235, 243, 260, 276, 290, 295, 327, 348, 401
— soziale I 31, 228, 256; III 103, 302, 462
— soziologische I 43; II 28
— theonome I 103; III 287 f.
— Konkurrenz- III 100 f.
Skeptizismus I 87, 104, 107, 115; II 22, 177; III 226
Sohn Davids II 119, 147
Sokrates I 108, 115 f.; II 76, 152; III 73, 235
Soteriologie II 163, 178, 182 (s. auch Erlösung, Lehre von der)
Sozialethik I 325; III 54, 407
Sozialismus III 69, 374
— religiöser I 112; III 286, 406 f., 419, 422
Sozialtheorie II 63
Sozinianismus III 333
Soziologie I 31, 77, 120, 331; II 46, 83, 100; III 88, 97, 195, 421
— Religions- III 194
— Tiefen- I 233
Spaltung I 11, 113, 183, 262, 274, 286, 314 f., 320, 327 f.; II 27, 29, 42, 53, 70, 132; III 87, 89, 91, 95, 113, 126, 165, 169, 198 f., 389, 397, 431, 442, 460
Spannung I 130, 170, 232—234, 236, 239, 247, 250, 256—260, 268 f., 272, 281 f., 284, 286; II 42, 46, 72, 100, 131, 138, 140, 162 f., 169, 177, 182, 185; III 77, 80—82, 84 f., 120, 122, 124, 143, 182 bis 185, 189, 202 f., 216, 243, 245, 324 f., 375 f., 441, 443, 469 f.
— ontologische I 232, 234, 236; III 22

Spencer III 404
Spengler, O. III 425
Spinoza, B. I 16, 52, 72, 88, 168, 195, 275; II 13, 18; III 401
Spiritismus II 168; III 316
Spiritualismus I 151
Spontaneität I 124, 217 f., 276, 297, 307; II 88; III 101
Sprache I 14, 49, 149, 202, 208; II 26, 38, 87; III 26, 28, 37, 73 bis 79, 83, 85 f., 89, 91, 121, 123, 136, 141, 148 f., 152, 175, 223, 271, 285, 290—292, 294, 351, 354 362, 395, 466
— alltägliche I 29, 131 f., 148 f.; II 21
— biblische I 322; III 228, 416, 456
— geoffenbarte I 68
— mythologische II 44; III 74
— religiöse I 279, 322 f.; II 43; III 25, 74 f., 124, 137, 155, 241, 318, 360, 385
— symbolische II 145; III 75, 151, 179, 303, 461
— Transparenz der I 149
Staat I 94; III 250, 353
Stadium, drittes III 394, 404, 421, 443
Stellvertretung II 186
Stigma I 140, 221
— der Endlichkeit I 133, 140, 144
— des Nichtseins I 140
Stoa, Stoiker I 88, 262; II 122 f.; III 41, 60, 235 f.
Stoizismus II 37, 64; III 239, 401
Strafe, immerwährende III 468, 470
Struktur, ontologische I 194, 219, 225, 232, 235 f., 240, 263, 277, 281 f., 285; III 143
— psychologische I 43; II 136; III 184
— soziologische I 43; III 184
— der Destruktion II 32 f., 69 f., 73, 75—80, 83 f., 173; III 66, 202, 298
Strukturen, dämonische I 61, 141; III 126, 298
— soziale II 98; III 23, 209, 246
Subjekt I 16, 29, 32, 53, 114 f., 117 bis 119, 203, 205, 272, 312, 323 f.; II 75, 81, 103; III 49, 80—82, 84, 87, 89, 91, 94 f., 97, 112 f., 143 f., 170, 221, 234, 244, 270, 290—295, 298—300, 313, 437, 468, 471
Subjekt, erkennendes I 51, 74, 115, 199; III 80, 84, 88
— ontologisches I 54
Subjekt-Objekt-Beziehung I 132, 205, 312
Subjekt-Objekt-Spaltung III 245, 275, 278, 290, 292—294, 296, 298 bis 300, 302, 437
Subjekt-Objekt-Struktur I 132, 134 f., 138 f., 195, 200, 202—205, 313 f., 320; II 102; III 142 f., 156, 170, 291, 293 f., 467, 476
Subjektivität I 16, 19, 57, 89, 118, 204 f., 233, 242, 250, 282, 310; II 33, 53, 75; III 81, 90—92, 143, 227, 290, 292 f., 299, 302 f.
substantia ultima I 276
Substantialität I 231, 243; III 359 f.
Substanz I 16, 56, 96, 100, 185, 196, 226, 230—232, 251, 273, 275 f., 301, 314 f.; II 12, 78 f., 82; III 28 f., 76, 119, 139, 168, 234, 358 bis 360, 367 f., 370—373, 377
— absolute I 271
— geschichtliche III 372 f.
— göttliche I 115, 318
— individuelle III 369 f.
— katholische III 146, 281
— notwendige I 243 f.
— religiöse I 23; II 96; III 119 f., 234, 307
Sühne III 135
Sünde I 173 f., 220 f., 254, 309, 330; II 34, 36, 39, 42, 48, 51, 53—57, 59, 64—67, 70, 76 f., 139, 187; III 159, 164, 170, 173, 239, 259, 261, 274, 321, 405
— Lehre von der II 35, 57, 70
Sünden II 54, 66, 138, 149, 179, 186; III 259
Sündenfall I 295; II 43; III 69, 447
Sünder I 58; II 70, 88, 136, 162, 187; III 24, 239, 260, 273, 461
Sündlosigkeit III 41, 138
Sufismus III 418
Supranaturalismus I 139, 141, 165,

298, 307; II 11, 16, 20, 119; III 25, 137, 414, 449
Symbol I 22 f., 28, 59, 79, 82, 134, 147, 158, 168, 175, 177, 189, 208, 244, 259, 276 f., 279—284, 286, 288, 290, 301—303, 313 f., 318 bis 321, 323, 325—327, 329 bis 332;
II 12, 18, 25, 35, 41, 47, 63—65, 73, 86, 93, 98 f., 101, 105 f., 112, 120 f., 123, 127, 148—150, 156, 164—167, 170, 172, 183, 186;
III 25, 33, 75, 87, 92, 104, 111, 123, 126, 128, 131 f., 134, 136 f., 139, 147 f., 151, 154, 158, 162, 166, 184, 231, 233—235, 238, 259, 287 f., 291 f., 323 f., 333, 336, 342, 345 f., 350, 360, 366, 373, 380, 387, 394, 397, 407—410, 416, 437, 443, 445, 447, 449—451, 463, 468, 472—474, 477
— christliches I 78; II 37, 152, 164; III 83, 205
— christologisches II 119, 121—124, 150 f., 164
— eschatologisches II 110, 175, 181; III 352, 448, 454, 477
— poetisches I 154; III 336
— religiöses I 74, 157, 272, 277 bis 279, 328; II 12, 15, 31, 34, 104; III 48, 74 f., 122 f., 130, 155, 169, 185, 230, 233 f., 238, 241, 272, 336, 375, 394 f., 403, 438, 452, 460, 477
— sakramentales III 147 f.
— soziales III 132, 428
— theologisches I 299; III 327
— trinitarisches I 323; II 100, 123, 155; III 324—326, 328, 332, 476
Symbolik, eschatologische III 447, 465
— religiöse I 148, 229; II 16; III 133, 231, 248, 475 f.
— transzendente III 446
Symbolismus, religiöser II 37, 76; III 130
— trinitarischer II 155; III 324 bis 327, 329, 333—335
System I 16, 27, 33, 35, 44, 71—73; II 9, 52; III 327, 451

System, deduktives I 19, 72; II 9
— Hegelsches II 29 f., 36, 59
— philosophisches I 87, 126; III 295, 382
— römisches I 11, 59, 130
— sakramentales I 169
— theologisches I 9, 18 f., 50, 58, 65, 71, 76, 80, 82 f., 87 f., 147, 194, 196, 238, 247, 301; II 9, 14, 19, 21 f., 89 f., 130; III 21 f., 28, 155, 167, 207, 233, 257, 281, 321, 326, 341 f., 358, 399 f., 414, 445, 475
— und Methode I 15, 44, 73 f.

Taoismus III 401
Taufbekenntnis I 58, 62; II 151
Taufe II 66
— Kinder- III 251
Technik I 91; III 70, 73, 78, 83, 85, 91—93, 109, 111, 297 f., 362, 386, 403
Teilhaben I 55, 119, 314, 318, 321; II 28, 77, 145 f.; III 163, 169, 187, 222, 226, 252, 254—256, 280
Teleologie I 305
telos I 118, 163, 206, 213, 244, 288, 291; III 77, 84, 244 f., 296, 343, 350, 445, 452, 459, 462
— inneres I 140, 213, 244, 294; II 179; III 84, 194, 242
— schöpferisches I 292
— der Schöpfung I 297, 304, 329
Tertullian I 179; II 101
Testament, Altes I 59, 62 f., 138, 160, 169—171, 263, 266, 280 f., 284, 313; II 34, 58, 99, 116 f., 119, 149; III 65, 69, 162, 170, 307, 405, 408, 410 f., 415 f., 420, 422, 458, 461, 466
— Neues I 38, 45, 59, 62 f., 70, 139, 155, 160, 162, 169—171, 263, 293, 322 f.; II 34, 109 f., 112, 115, 118 f., 123, 128 f., 138, 141, 148, 163—166, 170 f., 174, 177; III 61, 69, 139, 142, 151, 155, 162, 164, 171 f., 174, 177, 191, 201, 208, 239, 266, 272, 307, 405, 408, 411, 419 f., 431, 441, 461, 475
Teufel II 61

Theismus I 186, 283, 301; II 18 f.
— humanistischer I 260
— philosophischer I 270
— rationalistischer I 276
Theodizee I 309 f.; II 70; III 457
Theologe, der I 13, 17 f., 20, 30—36, 46, 55, 78, 203, 256, 273, 277, 293, 295 f., 331; II 21 f., 33, 37, 44, 88, 93, 101 f., 105, 116, 157, 166, 178; III 118, 126, 150, 168, 172, 228, 234 f., 293, 306, 436, 463
— anti-mystischer III 162
— biblizistischer II 34
— existentialistischer II 32, 49
— historischer I 38, 43, 45, 49
— klassischer I 182; III 325
— moderner I 40, 214; II 128
— monastischer II 33 f.
— neuorthodoxer I 40, 166; II 49
— orthodoxer I 18, 40, 183; II 41, 134
— pietistischer I 18
— protestantischer I 62, 182; II 92, 147
— systematischer I 30, 43, 46, 48, 50 f., 64, 83, 88, 194, 255, 258; II 21, 34, 119; III 139, 214
— Erfahrungs- I 51
theologia irregenitorum I 18
Theologie I 9 f., 12—14, 17—38, 43, 66 f., 69—72, 74 f., 101, 129, 132, 148, 156, 159, 161 f., 168, 175, 184, 197 f., 203 f., 214, 233 f., 238, 242, 267, 272 f., 277 f., 281, 286, 291, 300 f., 310, 313, 318, 320, 325, 328 f., 331;
II 9, 12, 17—19, 22, 25 f., 32, 34 f., 37, 45 f., 52, 60, 62, 77 f., 90, 95, 101 f., 106, 108, 116—119, 123, 133, 139, 143, 147, 151, 153, 156 f., 167, 176, 181, 187—189; III 29, 118, 127, 152 f., 172, 175, 194, 201, 226, 233—236, 275 f., 279, 295, 320, 328 f., 366 f., 406, 412, 418, 420, 423, 431 f., 437, 448 f., 457, 473, 476 f.
— apologetische I 12—15, 23, 40, 136, 185; II 22; III 226
— calvinistische I 304; III 263

Theologie, christliche I 11, 22—24, 37 f., 49, 57, 151, 159, 161, 164, 211, 237, 300; II 16, 33—35, 63, 65, 85 f., 99 f., 108, 123, 153, 164, 185; III 146, 326, 380, 448, 463, 465, 470
— empirische I 18, 53
— existentielle I 41, 43, 48
— früh-christliche III 328 f., 432
— griechisch-orthodoxe I 48
— heteronome III 40
— historisch-kritische I 46, 48
— historische I 38 f., 42 f., 46
— humanistische I 165
— idealistische I 16
— jüdische II 176
— kerygmatische II 11—15
— klassische I 68, 79, 87, 174, 274, 283 f., 286 f.; II 10, 16, 20, 64, 73; III 158, 330
— liberale I 10, 61, 63, 80, 161; II 46, 128, 133, 158; III 384
— lutherische I 304; III 263
— metaphysische I 24
— mystische I 24, 312; III 234
— natürliche I 39 f., 80, 144 f., 157, 240, 245, 291; II 20 f.; III 135, 465
— negative I 221
— neuorthodoxe I 41, 52, 66, 144, 165, 183; II 20
— neureformatorische I 11
— nichtorthodoxe I 13
— offizielle I 48
— personalistische II 16, 18; III 277
— phänomenologische I 54 f.
— positive I 221
— praktische I 42 f.; III 214, 227
— protestantische I 48, 64, 147, 299; II 56, 157 f., 162, 191; III 61, 201, 278, 333
— reformatorische I 11, 183
— römisch-katholische I 47 f.
— supranaturalistische I 80, 141
— systematische I 38—44, 46 f., 60, 62, 64, 66, 71, 73, 79, 82, 90, 114, 161, 177, 185 f., 225, 325; II 16 bis 19, 31, 119; III 74, 192, 213 f., 219, 225—227, 246, 343, 399, 420

Theologie, Norm der systematischen I 60—65, 78, 81
— Quellen der systematischen I 44 f., 47—49, 51, 56—58, 60, 62—66, 78, 81
— theoretische I 43
— traditionelle II 39, 43, 123, 174 f.; III 31
— unbedingte I 65
— universale III 477
— des Anorganischen III 29
— Bewußtseins- II 34
— Bibel-, biblische I 46—49
— Erfahrungs- I 53 f., 57; III 175
— Gegenstand der I 19—21, 26, 31, 55, 161; III 233, 306
— Geist- III 175
— Geschichte der I 13, 48 f., 58, 214
— Kriterium der I 19, 21 f., 26, 267
— Kultur-, der Kultur I 50, 177; III 83, 236
— Offenbarungs- I 39 f.; II 20
— Repristinations- I 12
— des Wortes I 187
Theonomie I 67, 101, 103—105, 175 bis 178, 184; III 233, 247, 286 bis 291, 294—296, 299 f., 307
theoria III 73, 78—80, 83—85, 89, 91, 116, 122, 127, 129, 143, 157, 166, 218, 228, 236, 380, 455
Theorie und Praxis I 43, 112 f.; II 94
Thomas von Aquino I 13, 37, 52, 88, 104, 184, 239, 274, 286, 300; II 13, 186; III 23, 158, 236, 469
Thomismus I 211
Tiefe I 175, 253 f., 289; II 20; III 136, 168, 185, 285, 289, 333
Tod I 59, 61, 173, 222 f., 227, 265, 293, 309 f.; II 61, 69, 76—78, 80, 84 f., 87, 134, 165—170, 173, 179 f.; III 21 f., 32, 34, 66—69, 318, 323, 330, 369, 401, 405 f., 451, 463, 465, 468—473
— ewiger I 326; II 87, 179 f.; III 460, 462, 468—470
— Leben nach dem II 76; III 470, 472, 477
Todesangst II 75
Todestrieb II 62 f., 85; III 72
Totalität III 293, 388, 413

Toynbee, A. III 374, 425
Tradition I 11, 32, 34, 36, 47 f., 59, 87, 105 f., 139, 198 f.; II 112 f., 154; III 29 f., 37, 62, 122 f., 150 bis 152, 198, 214—216, 229, 233, 237, 241, 295, 334, 344—346, 354, 422, 441 f., 467
— augustinische II 32
— buddhistische III 279, 307
— christliche II 35, 147; III 279, 307, 346, 410
— griechisch-orthodoxe II 32; III 266
— katholische II 157; III 215, 264, 381
— lutherische II 32; III 265
— religiöse II 21, 31; III 215, 230, 241, 266, 271, 289, 442
— synoptische II 115, 149
— theologische II 178; III 138, 144, 324, 342
Traditionalismus I 44, 105, 108, 110, 152; II 153
Tragik II 46, 52, 90, 101, 143, 145, 158; III 108, 114—116, 401
Tragische, das I 292 f.; III 115 f., 125
Transparenz I 162, 175, 180; II 134; III 225, 243, 467
Transsubstantiationslehre III 147
Transzendente, das III 122, 124, 284, 379, 444, 449
Transzendenz I 14, 266, 303; II 99, 139, 182; III 280, 305, 411, 445
Transzendieren I 16, 24, 31, 82 f., 99, 104, 132, 135, 138, 146, 153, 168 f., 185, 200—202, 213 f., 219, 223, 239, 241 f., 244, 247—251, 256, 258—260, 263, 268 f., 275, 280, 283, 288, 290, 294, 300, 308 f., 311, 313, 315, 319 f., 322 f.;
II 13—15, 29, 37 f., 57, 69, 71, 73, 93, 97 f., 102, 121, 132, 146, 159 bis 161;
III 38—40, 43 f., 52, 58, 64, 74, 81, 107—110, 115, 118—122, 127 f., 130, 133, 142 f., 151, 158, 164, 170, 183, 218 f., 223, 244, 270, 272 f., 276—278, 281, 284, 286 f., 291 f., 300, 302, 311 f., 314, 317, 336 f., 347—349, 352, 356,

359, 362 f., 365 f., 368, 372, 376, 378, 383, 394, 401 f., 408 f., 434, 446, 448, 454 f., 463, 465, 468 bis 470, 472, 475—477
tremendum et fascinosum I 137, 251, 253, 260 f.
Trend III 373 f.
Trendelenburg, A. I 315
Trennung I 114 f., 117, 119, 209, 216, 280, 282, 284, 295, 321—324; II 56, 81, 87; III 80 f., 162, 326, 475
Trient, Konzil von (1546—1563) I 59
Trinität I 265, 319, 323; II 123, 151, 156; III 326, 332, 334 f.
Trinitätslehre I 265, 290, 328 f.; II 155; III 325—328, 332, 337
Tritheismus III 325, 331 f.
Tugend I 241; III 84
Typologie I 256, 258

Übel I 93, 309; II 28, 70, 76—78, 80, 82—84, 173, 185; III 260, 297, 423
— existentielles II 77
— moralisches I 309; II 70
— physisches I 309
Übermensch I 214
Übernatur I 298
Überreizung, religiöse I 136 f.
Überwelt II 14
Umgebung I 93, 201 f., 207, 213, 217; II 47, 50, 69, 71
Umwandlung I 57 f., 295
Umwelt III 49—52, 73, 79, 83, 85, 91
Umwelttheorie II 71, 73; III 51
unbedingt I 19, 25, 29, 103, 258 bis 260, 287; II 66; III 238, 259
unbedingt, Das, was uns u. angeht I 16, 18 f., 21 f., 26, 29, 32—34, 39, 43 f., 46, 48 f., 55 f., 62, 66, 78, 97, 119, 127, 134, 137, 139, 142, 145 f., 153, 155—157, 174, 247 f., 250 f., 254, 256 f., 259 bis 261, 265, 267, 282, 287, 292, 313, 330; II 16, 21, 37, 127, 182; III 126, 149, 155, 158, 279, 307, 319, 324 f., 336

Unbedingte, das I 19—22, 51—53, 56, 99 f., 149, 158, 225, 241 f., 248, 251, 254 f., 258, 260, 262 f., 265, 287; II 16, 81, 85, 93, 95, 103; III 117 f., 124, 133—135, 137, 152, 155 f., 158 f., 170, 182, 189, 247, 262, 271, 278, 283, 286, 288 f., 299, 306, 309—312, 325, 327, 329, 331, 350, 370, 395, 405, 414, 419, 426, 444, 448 f.
Unbedingtheit I 20, 46, 160, 247, 249 f., 258—260, 262—266, 282, 292; III 116, 155 f., 306, 325, 327, 329, 335, 432, 464
Unbegrenztheit III 362 f.
Unbewußte, das I 205, 211, 216, 288, 300, 320; II 49, 65; III 31, 115, 139, 145 f., 320
— das kollektive U. I 279, 300 f.; II 50, 178
unendlich I 25, 223, 265, 278, 290; II 101; III 259
Unendliche, das I 19, 21, 75, 99 f., 157, 167, 196, 223, 229, 240, 254, 275, 278, 290, 303; II 12, 14, 16, 38, 56, 92 f., 96, 101, 103 f., 106; III 23, 107, 121, 136 f., 156, 183, 222, 275, 284, 310, 460
Unendlichkeit I 75 f., 222—224, 236, 240, 275, 278, 289, 297 f., 311, 314, 324, 331; II 12, 14, 60, 102, 192; III 404, 464
— potentielle I 240; II 58, 79
Unfehlbarkeit des Papstes I 64; III 240, 432
Ungehorsam II 54, 56, 64; III 63
Ungerechtigkeit I 252; III 301, 303 f., 384, 424, 441
Ungewißheit II 83, 127; III 458, 470
Unglaube I 107; II 55 f., 59 f., 69, 137, 190; III 155 f.
unio mystica III 275, 277
Unitarismus III 333 f.
universal I 25, 38, 44, 161; II 60, 101, 127; III 199, 202, 259, 292, 313
Universalbegriffe I 247
Universale, das I 19 f., 24, 130, 210; II 121; III 73, 78, 201

Universalien I 202, 206, 208 f., 212, 268, 294; III 293, 351
Universalismus, theologischer III 460
— unitarischer III 469 f.
Universalität I 24, 195, 250, 263 f.; II 68, 99, 127, 164; III 23, 114, 178 f., 185, 196, 199—201, 291, 385, 388 f., 399, 407—409, 418 f., 451, 458
— absolute I 25, 131
— extensive III 200 f.
— intensive III 199—201
Universum I 16, 61, 164, 175, 195, 199, 201 f., 207 f., 229, 250, 289, 300, 302, 318; II 12 f., 18, 29 f., 46, 48, 50 f., 61, 63, 69, 71 f., 105 f., 110, 122, 132, 159, 161, 163; III 32, 37, 43, 46, 53, 75, 78 f., 81, 104 f., 109, 111, 132, 143, 162, 179, 190, 232, 297, 317, 332, 341 f., 347, 349 f., 359, 365, 376, 382, 404, 406, 408, 428, 448 f., 451, 453 f., 458, 472, 476
— Sinn- III 73, 78 f., 86, 104 f., 116 f., 119
Unschuld II 40—43, 50 f.; III 62
— träumende I 299; II 40—43, 72, 77, 80, 82, 101, 120, 139; III 34, 70, 117, 154
Unsicherheit I 228 f.; II 30, 82 f.
Unsterblichkeit I 221; II 76 f.; III 463, 465
— der Seele I 231, 318; II 76, 168; III 463—465
Unterbewußte, das I 249
Unterweisung, christliche II 133, 144, 178; III 258, 473
Unwandelbare, das I 187, 231
Unzweideutige, das III 126, 379
Urchristentum I 24 f., 59
Ursache I 29, 185, 229 f., 275, 304; II 12, 79; III 369
— erste I 100, 243 f., 276
— und Wirkung I 33, 243, 249, 276; III 316 f., 359, 367 f., 436
Urstand I 299
Urteil, falsches oder wahres I 122 f.
— göttliches I 325
Utopie I 105; II 51; III 404 f.

Utopismus II 36, 51, 84, 176; III 395, 403—406, 411, 443

Vater unser III 406, 408
Vedanta-Hinduismus I 23, 256; III 401
Veränderung III 468, 472, 475
Verantwortlichkeit II 40, 46 f., 49, 51, 65 f., 73, 88; III 142
Verantwortung I 216 f.; II 40, 52, 54, 65 f., 68; III 248, 459, 461
Verbalinspiration I 188; II 111
Verbundenheit III 276
Verdammnis II 87, 179 f.
— ewige I 311, 326—328; II 39, 87; III 224, 460 f.
Verdammung I 174, 313, 316, 325 f.; II 39; III 452, 456
Verdrängung II 49, 92; III 276
Vereinigung I 182, 280; III 81, 89, 465
Vereinsamung II 81 f., 84
Verfall III 22, 66—68, 73, 85, 400 f., 425
Vergänglichkeit I 226 f.; II 78; III 469
Vergangenheit I 217, 226 f., 296, 306, 315—317; II 21, 43, 51, 147, 169; III 49, 131, 174, 267, 288, 347, 356, 361 f., 414, 425, 447, 452, 474
Vergebung I 61, 147, 298, 323, 330; II 21 f., 66, 87, 144, 186 f., 191 f.; III 153, 170, 173, 211, 239, 256, 259—261, 279, 321, 381, 461
— Paradox der III 211
Verheißung I 169 f.; II 102
Verifizierung, Verifikation I 123 bis 127, 134, 155, 268
Verkündigung I 10 f., 14, 188, 277; III 182, 328
Vernunft I 32, 65—67, 71, 82 f., 88, 90, 95 f., 98, 101—103, 105, 107, 113, 123, 127, 133, 137 f., 142, 144, 153, 168, 175, 177 f., 182 bis 184, 188, 193, 203, 205, 210, 212, 214, 218, 245, 298; II 11, 15, 29, 33, 55, 101 f.; III 35, 80, 325, 342, 394
— ästhetische I 95, 177

Vernunft, aktuelle I 95, 99, 101, 184
— autonome I 102 f., 175, 178; III 25
— ekstatische I 135
— endliche I 70, 99
— erkennende I 82, 99, 117, 121, 123, 138, 142, 145, 153, 177, 182 f., 199, 288
— erlöste I 184
— essentielle I 97, 110—112
— existentielle I 178 f., 183
— formale III 35
— heteronome I 175
— objektive I 32, 89, 92, 94—96, 102, 125, 133, 141, 203
— ontologische I 88—91, 93 f., 99 bis 101, 107, 110, 114, 126; III 35
— praktische I 89, 99, 138; III 306
— rechtsschöpferische I 177
— reine I 32, 35
— soziale I 177
— subjektive I 32, 89, 92, 95 f., 102, 125, 133, 141, 203, 212
— technische I 88—91, 94, 100, 104, 112 f., 117, 121, 182, 298; II 100; III 35
— theonome I 184
— theoretische I 89
— vergöttlichte I 100
— Dynamik der I 95 f.
— Endlichkeit der I 99 f.
— Erfüllung der I 91, 178
— Formalisierung der I 112 f.
— Grund der I 103, 137, 145
— Polarität der I 93, 101, 114, 119
— Struktur der I 66, 96, 98, 100 bis 103, 106, 114, 135, 139, 153, 179, 202, 205, 212, 242; III 79
— Tiefe der I 96—103, 134, 137, 141, 168, 170, 175—179, 182
Vernunftfunktionen, Funktionen der V. I 66, 89, 93, 97 f., 100, 108 bis 111, 113 f., 121, 133, 136 bis 138, 154, 182 f., 241
Vernunftgesetz I 102
Vernunftprozeß I 96
Vernunftschöpfungen I 81, 94, 96, 111, 168
Versöhnung I 61, 330; II 31, 53, 57, 67, 86, 182—187, 192; III 476

Versöhnungslehre II 182—184, 186 bis 189, 191; III 259
Verstehen, das I 119; II 114
Versuchung II 39, 41 f., 57, 60 f., 73, 85, 90, 138—141, 143, 146, 159 f., 173; III 92, 243, 297
verum ipsum I 51, 241
Verzerrung I 96, 145, 236; II 53, 180; III 282, 308, 443, 453
— existentielle I 95, 235; II 10, 40, 131, 157; III 44
— formalistische I 110
Verzweiflung I 31, 52, 61, 104, 174, 235, 326; II 34, 56, 61, 78 f., 83 bis 85, 87, 89, 91, 137, 170, 173, 192; III 64, 245, 262, 265, 322, 381, 395, 397, 421, 456, 459—461, 469, 472 f., 475
— existentielle I 235; II 22; III 263
Vishnu I 158, 266
Vitalität I 110, 212 f., 223, 233 f., 259 f., 284, 286, 288, 319; II 74; III 276
— göttlich-dämonische I 259 f.
Vollendung I 324; II 99; III 189, 474
Vollkommenheit I 146, 159, 252, 299; II 41, 46, 64; III 27, 48, 264 f., 273 f., 276 f., 400, 454, 458
— essentielle I 91; II 52, 63, 97, 157, 193
— potentielle II 69
Voluntarismus I 198; III 333
Vorläufige, das I 20 f., 149; III 155, 379, 405
Vorsehung I 79, 291, 304—309, 322, 326, 328; II 145, 175; III 165, 261, 367, 375, 385, 388, 391, 406
— geschichtliche I 308 f.; III 423 bis 425, 431, 436
— göttliche I 305; III 36, 143, 420, 423, 425, 431, 436
Vorsokratiker I 104

Wachstum I 28, 213; III 22, 43 f., 64—69, 77, 83, 85, 94—99, 107, 266 f., 276, 361, 364, 375, 425, 435, 440—442
Wagnis I 95, 127, 181, 310; II 30, 82, 118, 127 f., 162; III 41, 57,

61 f., 108, 172, 215 f., 268, 275, 278, 314, 415, 441, 458
Wahre, das I 93, 177, 181, 195, 215, 241, 250; III 465
— das ewig W. I 293
Wahrhaftigkeit III 230 f., 233 f., 236
Wahrheit I 9—13, 30 f., 66, 77, 93, 97, 105, 107, 109, 112 f., 121, 123 f., 127, 153, 158, 174, 177, 183, 215, 236, 241 f., 288, 321; II 19, 34, 50, 73 f., 82 f., 89, 125, 143 f., 146, 176; III 75, 80 f., 83, 85, 88 f., 105, 129 f., 157 f., 167, 175, 214, 216—218, 221, 228, 254, 262 f., 281, 289, 293, 295, 311, 347, 377, 412, 430, 445, 455, 472
— absolute I 88; III 87, 431
— christliche I 70, 72; III 218
— doppelte III 306
— ewige I 9, 11, 59; III 329
— geoffenbarte I 79; II 96
— göttliche II 101, 146
— letzte II 59
— philosophische I 31, 39, 78, 267
— religiöse I 56; II 89
— theologische I 9, 39, 78, 301; III 158
Wahrheit-Selbst I 51
Weihe I 254; III 230 f., 233 f., 236, 287
Weisheit III 294, 309, 313 f., 382
— göttliche II 99; III 294
— griechische III 216
Weisheitsliteratur II 116
Welt I 19, 28, 76, 92 f., 100, 102, 121, 144, 160, 180, 184, 199 bis 203, 205, 207, 212 f., 217, 220, 223, 225 f., 233, 239—241, 243, 258, 269, 274, 276, 281—284, 286, 290 f., 293, 295—297, 301—304, 309;
II 12—15, 27—31, 33, 38, 45, 50, 53—55, 58—60, 69—71, 75, 81 bis 83, 92, 102 f., 108, 110, 120 f., 129, 131, 160, 162, 174, 178 f., 181, 184;
III 41, 46, 49, 51—53, 73, 78 bis 81, 93, 131, 137, 143, 168, 172, 187, 243, 249 f., 262, 264, 285, 308, 368, 401, 434 f., 443, 447, 449, 451, 472, 476 f.
Welt, entfremdete II 33, 120
— gefallene I 237; II 48, 51
— Erhaltung der I 291, 301
— Verdoppelung der I 28, 293
Weltrat der Kirchen III 199, 201, 333 f.
Weltverlust II 70—72, 83
Werden, das I 213, 219, 222, 276, 285, 287, 294; III 36, 65, 348, 359, 370, 457—459
Werke, gute I 71
Werkgerechtigkeit II 94
Wert I 27, 29, 90, 113, 119, 237, 248, 250, 262 f.; II 58, 60; III 23, 27 f., 40, 56, 80, 104, 108, 114 f., 125, 268, 347 f.
Werturteil I 27; III 27 f., 156
Wesen, göttliches I 54, 249 f., 258 bis 261, 266; II 104, 123, 162, 172
— höchstes I 185, 229, 242 f., 248, 273, 314, 320; II 15; III 67
Wesenheiten I 114, 293; II 28, 76
Whitehead, A. N. I 16, 54, 240; III 21
Wiedergeburt I 18, 68; II 189—191, 193; III 159, 254—257, 263, 268, 275, 408, 411
Wiederkunft Christi II 129
Wiedertäufer III 175
Wiedervereinigung I 61, 103, 112 bis 115, 174, 202, 280, 321—324, 326; II 55, 57, 73, 81, 90—92, 103, 123, 140 f., 193; III 58, 62 f., 80, 89, 103, 116, 140, 153 f., 160 bis 164, 182, 188, 211, 242, 257, 263, 267 f., 270, 280, 284, 294, 299 f., 305, 312, 314, 322, 325 f., 366, 376, 424, 437, 439, 475
— mit der eigenen Vergangenheit I 116
Wieman, H. I 16, 54 f.
Wille I 22, 211, 215 f., 284, 286; II 28, 55 f., 63 f., 80, 85, 95; III 38, 55, 94, 138, 145, 156—158, 162, 256, 315, 320
— zur Macht I 177, 183, 211, 250, 288; II 62—64, 74

Wille, Knechtschaft des II 48, 73, 88—90
Willensfreiheit II 88
Willkür I 102, 234 f., 282; II 72 f.; III 268
Wirkliche, das I 93, 97, 321; III 347
— das scheinbar W. I 122
— das wahrhaft W. I 114, 122 f., 187
Wirklichkeit I 22, 24, 26—32, 36, 49, 53, 71, 73 f., 76, 82, 88, 90—96, 100—102, 109, 115, 122, 129, 133, 140—142, 144, 148, 169, 174, 179, 184, 208, 212, 220, 225, 240 f., 268, 271, 276—280, 293 f., 300 bis 302, 309, 329; II 10, 12—15, 25—28, 33, 38, 40, 43, 60, 75, 81 f., 92, 97, 100 f., 108, 118, 125, 143, 160, 163; III 26—28, 30, 35, 47, 64, 73 bis 77, 79, 81, 83 f., 86, 89 f., 93, 109 bis 111, 120 f., 144, 147, 149, 156, 185, 234, 236, 240, 251, 275, 292, 294 f., 309, 314, 332, 346, 361 bis 363, 368, 376, 380—382, 402 bis 404, 423, 426, 428, 436, 468
— alte I 61, 150; II 33, 190; III 468
— begegnende III 87, 89
— begegnete III 87
— geschichtliche II 131, 147; III 127, 348, 436
— letzte II 27, 104; III 81, 155
— neue I 62, 112, 147, 150, 227; II 33, 96, 98, 102, 117, 130, 190; III 58, 255, 279, 357, 408
— religiöse I 54; III 386
— sakramentale II 145
— Struktur der I 92—96, 99, 102, 125, 132, 134, 140 f., 147, 151, 204 f., 208, 241 f., 244, 251, 288, 302, 320, 329; II 102; III 41, 52, 235
— Verwandlung der II 145
Wissenschaft I 13, 26, 30, 32, 43, 69, 97 f., 142; II 21, 32, 164 f.; III 25, 46, 75, 80, 122, 193—195, 288 f., 344, 346, 352, 382, 387, 396, 406
— empirische I 123
— empirisch-induktive I 15—17
— metaphysisch-deduktive I 15—17

Wissenschaftsglaube III 445
Wort I 147—151, 187—189, 279; II 132 f.; III 86, 89, 91, 139 f., 144—146, 148, 150—153, 193, 210, 220, 283, 291 f.
— inneres I 147, 150 f.; III 150 bis 152
— als Medium der Offenbarung I 147—151
Würde I 167; II 57; III 108—114, 120, 122, 133, 164, 222, 316, 404
Wunder I 135, 138—142, 144 f., 147, 151, 153 f., 163, 172, 186, 301, 331; II 15, 114, 138, 156, 173 f.; III 122, 138, 273, 316
Wundt, W. I 27

Xenophanes I 168

Zarathustra, Zoroaster I 169, 261; III 39, 418
Zeichen I 28, 139, 277, 279; II 15, 25; III 146 f.
Zeit I 22, 29, 32 f., 55, 74, 99 f., 103, 167, 169, 173, 179, 196, 223, 226 bis 229, 248, 266, 296 f. 299, 301, 307, 314—319; II 12, 40, 43 f., 48, 51, 78—80, 87, 108 f., 137, 156, 160, 166, 181; III 28—30, 37, 70, 109, 131, 158, 164, 166 f., 183 f., 188, 194, 197, 235, 313, 323, 326 f., 348, 352, 358—368, 370, 373, 378, 399, 401 f., 413, 416, 418, 422, 427, 429, 446 f., 450, 452 f., 459, 465, 468, 472—474, 476
— geschichtliche III 362—367, 372 f., 377—379, 390, 398 f., 401—403, 427, 437
— Dynamik der III 373
— Endlosigkeit der I 315 f.; II 78, 87
— Erfüllung der III 419 f.
Zeitliche, das I 226, 244, 315; II 85, 177, 181; III 253, 278, 342 f., 447, 449, 451 f., 459, 463, 469 f., 474 f.
Zeitlichkeit I 100, 227, 296, 315 f., 318, 326; II 40, 79, 87; III 358 f., 361, 365, 468 f., 472 f.

Zeitlosigkeit I 315 f., 319; III 473, 475
Zeno II 152
Zentralisation III 390 f., 437 f.
Zentriertheit II 49, 57, 71, 81, 88; III 42—47, 51 f., 54 f., 59, 63, 66, 98 f., 101, 107, 110, 126, 135, 142, 302, 318, 356, 380, 388, 390 f., 396, 401, 437, 441, 454
Zentrum I 206; II 71—73; III 45 bis 47, 49 f., 52 f., 56, 97, 99, 126
— essentielles II 57
— göttliches II 56 f., 59 f., 137; III 455
— individuelles III 43, 467
— persönliches I 216, 249; II 137; III 308
— personhaftes III 56, 59, 146, 308
— seiner selbst II 57, 60
Zerreißung I 239; II 42, 56, 71, 73, 161; III 55
— existentielle I 232, 254
Zerrissenheit I 59, 61; III 55
Zerstörung II 83; III 44, 65—68, 93, 96, 100 f., 115, 137, 140, 287, 297, 389, 393, 424, 451, 462
Zeugnis I 161; II 115
Zeus I 262, 273
Ziel I 89; III 77 f., 80, 83, 185, 285, 296, 299, 351, 355, 426, 445, 450
— inneres I 213, 244; III 343, 349 f., 452, 475
Zirkel, philosophischer I 19
— religionsphilosophischer I 17
— theologischer I 13, 17 f., 22 f., 31, 34 f., 39, 158, 278; II 18, 21, 90, 106; III 399, 476 f.
Zufall I 29, 215, 285, 308; II 50, 73, 141 f.; III 253, 374, 423

Zugehörigkeit III 238—240, 301, 357
Zukunft I 168, 226 f., 302, 304, 306, 315—317; II 10, 52, 78, 147, 176, 181; III 49, 97, 131, 174, 266, 352, 356, 361 f., 372, 391, 403, 414, 416, 424, 447 f., 452, 474
Zwang III 438—440
Zweck I 29, 313; III 74 f., 77 f., 83, 91 f., 122, 296 f., 346 f., 349, 387
— göttlicher II 12
Zweideutigkeit I 76, 82, 99, 237, 252 f., 261 f.; II 99, 130, 143, 145, 193; III 26, 28, 30, 44, 47, 55 bis 62, 65, 67—72, 78, 80, 82, 84 bis 108, 111 f., 114 f., 117—122, 124 bis 131, 133, 135, 154, 156, 159 f., 163, 166, 177, 183, 186, 189, 192, 194—200, 202—204, 206—212, 214—216, 223—225, 227, 237 bis 242, 244—246, 249 f., 254, 260 f., 263, 265 f., 270, 276, 278, 281, 285, 289—293, 296—300, 302—304, 307—310, 312—317, 322, 327, 342, 378 f., 388—392, 395—398, 400, 404 f., 407, 411, 413, 418, 429, 434—439, 442—444, 452, 462, 468, 470
Zweifel I 18, 321; II 19, 82—84, 95, 127, 143, 146; III 172, 178, 204 f., 261 f., 265, 274 f.
— essentieller II 82
— existentieller II 83; III 261
Zweinaturenlehre II 154, 158, 161 f.
Zwingli, H. I 104; II 13; III 147, 217
Zwischenzustand III 470 f.
Zynismus I 107 f., 309; II 37, 83; III 395, 397, 405, 443

BIBELSTELLENREGISTER
ZU „SYSTEMATISCHE THEOLOGIE" BAND I BIS III

Die verwendeten Abkürzungen entsprechen denen des Novum Testamentum Graece.

Gn 1	III 461
Gn 1 f.	III 337
Gn 1–3	II 37
Gn 3	II 43 f., 51
Gn 3, 19	III 31
(Gn 11, 1–11)	III 179
(Gn 12, 1 ff.)	III 355
(1 Rg 18)	III 170
(Job 7, 10)	II 79
Ps 94, 9	I 280
(Ps 103, 16)	I 228
(Eccl 1,9)	III 370
Is 6	I 253
Is 6, 5	I 133
Is 11, 6–9	III 112
Is 43, 24	III 70
(Mt 4, 17)	II 116; III 408
(Mt 10, 30)	II 18
(Mt 16, 16 f.)	III 177
(Mt 16, 18)	II 110
Mt 25	II 177
(Mt 28, 20)	II 120
(Mk 8, 27 ff.)	II 107
(Mk 8, 29)	I 163, 173; II 107
(Mk 9, 24)	III 172
(Mk 12, 29 f.)	I 19
(L 1, 37)	I 166
(L 10, 29)	III 59
(J 1, 14)	I 160; II 161; III 326
J 3, 21	I 93
(J 4, 24)	III 33
(J 10, 30)	I 162
J 12, 44	I 163
(J 12, 44)	II 137
(J 16, 13)	II 176
(Act 2)	III 178 f., 292
R 1	II 35, 53
R 7	II 35, 53
(R 7, 12)	III 62
R 8	I 25; III 202, 424, 432, 459

R 8, 19–22	III 107
(R 8, 20)	II 51
(R 8, 26)	III 140
R 8, 26	III 223
R 8, 39	I 307
(R 8, 39)	I 310
R 13	III 441
(1 K 1–3)	III 140
(1 K 2, 10)	III 324
1 K 3	III 309
(1 K 9, 20)	III 216
(1 K 12–14)	III 140
(1 K 12, 10)	III 144
1 K 13	III 140
1 K 13, 12	I 204
1 K 15	I 300; II 170
(1 K 15, 28)	I 254, 323; III 409, 475
(1 K 15, 50)	III 466
1 K 15, 53	III 464
2 K 3, 17 f.	I 163
(2 K 3, 17)	III 173
2 K 5, 16	I 163
(2 K 5, 16)	III 173
2 K 5, 17	I 25
(2 K 7, 10)	III 72
Ph 2	II 137, 171
(E 1, 4)	I 306
1 T 6, 16	III 463
H	II 138
(H 13, 8)	I 152
(Ap 21, 1)	III 411
(Ap 21, 3)	III 185

Bei den in Klammer angegebenen Bibelstellen wird die Stelle im Text nicht genannt.

INHALTSVERZEICHNIS

VORWORT ZUR DEUTSCHEN AUSGABE	7
VORREDE	9
EINLEITUNG	11

VIERTER TEIL: DAS LEBEN UND DER GEIST

I. Das Leben. Seine Zweideutigkeiten und die Frage nach unzweideutigem Leben

A Die vieldimensionale Einheit des Lebens

1. Das Leben: Essenz und Existenz 21
2. Gegen den Begriff „Schicht". 23
3. Dimensionen, Bereiche, Grade 25
4. Die Dimensionen des Lebens und ihre gegenseitigen Beziehungen . 28
   a) Die Dimensionen im anorganischen und organischen Bereich . . 28
   b) Der Geist als eine Dimension des Lebens 32
   c) Die Dimension des Geistes in ihrem Verhältnis zu den vorausgehenden Dimensionen 35
   d) Normen und Werte in der Dimension des Geistes 39

B Die Selbst-Aktualisierung des Lebens und ihre Zweideutigkeiten
Grundlegende Betrachtung: Die Hauptfunktionen des Lebens und ihre Zweideutigkeit

1. Die Selbst-Integration des Lebens und ihre Zweideutigkeiten . . . 45
   a) Individualisation und Zentriertheit 45
   b) Selbst-Integration und Desintegration im allgemeinen: Gesundheit und Krankheit 46
   c) Die Selbst-Integration des Lebens in der Dimension des Geistes: Moralität oder die Konstituierung des personhaften Selbst . . 51
   d) Die Zweideutigkeiten der personhaften Selbst-Integration: das Mögliche, das Wirkliche und die Zweideutigkeit des Opfers . . 55
   e) Die Zweideutigkeiten des moralischen Gesetzes: der moralische Imperativ, die moralischen Normen, die moralische Motivation . 57
2. Das Sich-Schaffen des Lebens und seine Zweideutigkeiten 64
   a) Dynamik und Wachstum 64
   b) Sich-Schaffen und Zerstörung außerhalb der Dimension des Geistes: Leben und Tod 66

c) Sich-Schaffen des Lebens in der Dimension des Geistes: die Kultur 72
   d) Die Zweideutigkeiten des kulturellen Aktes: Sinn-Setzung und Sinn-Zerstörung 85
   e) Die Zweideutigkeiten des Humanismus 104
  3. Die Selbst-Transzendierung des Lebens und ihre Zweideutigkeiten 107
   a) Freiheit und Endlichkeit 107
   b) Selbst-Transzendierung und Profanisierung im allgemeinen: die Größe des Lebens und ihre Zweideutigkeiten 108
   c) Größe und Tragik 114
   d) Religion in ihrer Beziehung zu Moralität und Kultur 116
   e) Die Zweideutigkeiten der Religion 120

C *Die Frage nach unzweideutigem Leben und seine Symbole*   130

II. Die Gegenwart des göttlichen Geistes

A *Die Manifestation des göttlichen Geistes im menschlichen Geist*

  1. Der Charakter der Manifestation des göttlichen Geistes im menschlichen Geist 134
   a) Menschlicher Geist und göttlicher Geist: grundsätzliche Betrachtung 134
   b) Struktur und Ekstase 137
   c) Die Mittler des göttlichen Geistes 144
  2. Das Werk des göttlichen Geistes im menschlichen Geist: Die Schöpfung von Glauben und Liebe 153
   a) Die transzendente Einheit und die Teilnahme an ihr 153
   b) Die Gegenwart des göttlichen Geistes als Glaube 155
   c) Die Gegenwart des göttlichen Geistes als Liebe 160

B *Die Manifestation des göttlichen Geistes in der geschichtlichen Menschheit*

  1. Göttlicher Geist und Neues Sein: Das Zweideutige und das Fragmentarische 165
  2. Die Gegenwart des göttlichen Geistes und die Antizipation des Neuen Seins in den Religionen 167
  3. Die Gegenwart des göttlichen Geistes in Jesus als dem Christus: Eine „Geist-Christologie" 171
  4. Die Gegenwart des göttlichen Geistes und das Neue Sein in der Geistgemeinschaft 176
   a) Das Neue Sein in Jesus als dem Christus und in der Geistgemeinschaft 176
   b) Die Geistgemeinschaft in ihrem latenten und manifesten Stadium 179

c) Die Kennzeichen der Geistgemeinschaft 182
d) Die Geistgemeinschaft und die Einheit von Religion, Kultur und Moralität 185

III. Der göttliche Geist und die Zweideutigkeiten des Lebens

A Die Gegenwart des göttlichen Geistes und die Zweideutigkeiten der Religion

1. Die Geistgemeinschaft, die Kirche und die Kirchen 191
   a) Der ontologische Charakter der Geistgemeinschaft 191
   b) Das Paradox der Kirchen 194
2. Das Leben der Kirchen und der Kampf gegen die Zweideutigkeiten der Religion 202
   a) Glaube und Liebe im Leben der Kirchen 202
   b) Die Funktionen der Kirchen, ihre Zweideutigkeiten und die Geistgemeinschaft 213
3. Der Einzelne in der Kirche und die Gegenwart des göttlichen Geistes 250
   a) Der Eintritt des Einzelnen in die Kirche und die Erfahrung der Bekehrung 250
   b) Der Einzelne in der Kirche und die Erfahrung des Neuen Seins 254
4. Die Überwindung der Religion durch die Gegenwart des göttlichen Geistes und das protestantische Prinzip 279

B Die Gegenwart des göttlichen Geistes und die Zweideutigkeiten der Kultur

1. Religion und Kultur und die Gegenwart des göttlichen Geistes . . 282
2. Der Humanismus und die Idee der Theonomie 285
3. Theonome Manifestationen der Gegenwart des göttlichen Geistes . 289
   a) Wahrheit und Ausdruckskraft 289
   b) Zweck und *humanitas* 296
   c) Macht und Gerechtigkeit 300

C Die Gegenwart des göttlichen Geistes und die Zweideutigkeiten der Moralität

1. Religion und Moralität und die Gegenwart des göttlichen Geistes: Theonome Moralität 305
2. Die Gegenwart des göttlichen Geistes und die Zweideutigkeiten der personhaften Selbst-Integration 307
3. Die Gegenwart des göttlichen Geistes und die Zweideutigkeiten des moralischen Gesetzes 311

Inhaltsverzeichnis

D *Die heilende Macht des göttlichen Geistes und die Zweideutigkeiten des Lebens in allen Dimensionen*

   1. Die Gegenwart des göttlichen Geistes und die Zweideutigkeiten des Lebens außerhalb der Dimension des Geistes 315
   2. Heilung, Erlösung und die Gegenwart des göttlichen Geistes . . . 317

IV. Die trinitarischen Symbole

A *Gründe für die Entwicklung des trinitarischen Symbolismus*   324
B *Das trinitarische Dogma*   328
C *Neuerschließung des trinitarischen Symbolismus*   333

FÜNFTER TEIL:
DIE GESCHICHTE UND DAS REICH GOTTES

EINLEITUNG   341

Die Stellung des fünften Teils der Systematischen Theologie innerhalb des Systems und die geschichtliche Dimension des Lebens

I. Die Geschichte und die Frage nach dem Reich Gottes

A *Leben und Geschichte*

   1. Mensch und Geschichte 344
     a) Geschichte und geschichtliches Bewußtsein 344
     b) Die Charakteristika der menschlichen Geschichte und die geschichtliche Dimension 346
     c) Vorgeschichte und Nachgeschichte 350
     d) Die Träger der Geschichte 353
   2. Geschichte und die Kategorien des Seins 358
     a) Lebensprozesse und Kategorien 358
     b) Zeit, Raum und die Dimensionen des Lebens im allgemeinen . . 360
     c) Zeit und Raum in der Dimension der Geschichte 364
     d) Kausalität, Substanz und die Dimensionen des Lebens im allgemeinen 367
     e) Kausalität und Substanz in der Dimension der Geschichte . . 370
   3. Die Dynamik der Geschichte 373
     a) Die Bewegung der Geschichte: Trends, Strukturen, Perioden . . 373
     b) Geschichte und die Lebensprozesse 378
     c) Geschichtlicher Fortschritt: seine Wirklichkeit und seine Grenzen 380

B Die Zweideutigkeiten des Lebens in der geschichtlichen Dimension

1. Die Zweideutigkeiten der geschichtlichen Selbst-Integration: Imperium und Zentralisation 388
2. Die Zweideutigkeiten des geschichtlichen Sich-Schaffens: Revolution und Reaktion 392
3. Die Zweideutigkeiten der geschichtlichen Selbst-Transzendierung: Das dritte Stadium als gegeben und als erwartet 393
4. Die Zweideutigkeiten des Einzelnen in der Geschichte 395

C Deutungen der Geschichte und die Frage nach dem Reich Gottes

1. Wesen und Problem der Geschichtsdeutung 398
2. Negative Antworten auf die Frage nach dem Sinn der Geschichte 400
3. Positive, aber unzulängliche Antworten auf die Frage nach dem Sinn der Geschichte 402
4. Das Symbol „Reich Gottes" als die Antwort auf die Frage nach dem Sinn der Geschichte 407
   a) Die Charakteristika des Symbols „Reich Gottes" 407
   b) Die immanenten und die transzendenten Elemente in dem Symbol „Reich Gottes" 409

II. Das Reich Gottes innerhalb der Geschichte

A Die Dynamik der Geschichte und das Neue Sein

1. Die Idee der „Heilsgeschichte" 412
2. Die zentrale Manifestation des Reiches Gottes in der Geschichte . . 414
3. *Kairos* und *Kairoi* 419
4. Die geschichtliche Vorsehung 423

B Das Reich Gottes und die Kirchen

1. Die Kirchen als Repräsentanten des Reiches Gottes in der Geschichte 426
2. Das Reich Gottes und die Geschichte der Kirchen 429

C Das Reich Gottes und die Weltgeschichte

1. Kirchengeschichte und Weltgeschichte 434
2. Das Reich Gottes und die Zweideutigkeiten der geschichtlichen Selbst-Integration 437
3. Das Reich Gottes und die Zweideutigkeiten in dem Sich-Schaffen der Geschichte 440
4. Das Reich Gottes und die Zweideutigkeiten der geschichtlichen Selbst-Transzendierung 443
5. Das Reich Gottes und die Zweideutigkeiten des Einzelnen in der Geschichte 444

III. Das Reich Gottes als das Ziel der Geschichte

A *Das Ziel der Geschichte oder das Ewige Leben*

1. Das Ende und Ziel der Geschichte und die dauernde Gegenwart des Endes 446
2. Das Ende und Ziel der Geschichte als die Erhebung des Zeitlichen in die Ewigkeit 448
3. Das Ende der Geschichte als Enthüllung des Negativen als negativ oder „das Jüngste Gericht" 450
4. Das Ziel der Geschichte und die endgültige Überwindung der Zweideutigkeiten des Lebens 454
5. Die ewige Seligkeit als die ewige Überwindung des Negativen . . 456

B *Der Einzelne und sein ewiges Schicksal*

1. Universale und individuelle Erfüllung 459
2. Unsterblichkeit als Symbol und als Begriff 463
3. Die Bedeutung der Auferstehung 465
4. Ewiges Leben und ewiger Tod 468

C *Das Reich Gottes: Zeit und Ewigkeit*

1. Ewigkeit und die bewegte Zeit 473
2. Ewiges Leben und göttliches Leben 474

Anhang: Register der Systematischen Theologie Band I–III . . . 479

Bibelstellenregister zu „Systematische Theologie" Band I–III 527

Einladung zur Subskription

PAUL TILLICH
Main Works / Hauptwerke
6 Bände. Groß-Oktav. Ganzleinen

Edited by / Herausgegeben von Carl Heinz Ratschow
with the collaboration of / unter Mitwirkung von
John Clayton, Gert Hummel, Theodor Mahlmann,
Michael Palmer, Robert P. Scharlemann, Gunther Wenz

Übersicht über die Ausgabe:

Volume 1 / Band 1:
Philosophical Writings / Philosophische Schriften
Editor/Herausgeber: Gunther Wenz

Volume 2 / Band 2:
Writings in the Philosophy of Culture / Kulturphilosophische Schriften
Editor/Herausgeber: Michael Palmer

Volume 3 / Band 3:
Writings in Social Philosophy and Ethics / Sozialphilosophische und ethische Schriften
Editor/Herausgeber: Theodor Mahlmann

Volume 4 / Band 4:
Writings in the Philosophy of Religion / Religionsphilosophische Schriften
Editor/Herausgeber: John Clayton
VI, 421 Seiten. 1987. DM 118,–. ISBN 3-11-011543-3
Subskriptionspreis DM 98,–. ISBN 3-11-011342-2

Volume 5 / Band 5:
Writings on Religion / Religiöse Schriften
Editor/Herausgeber: Robert P. Scharlemann
XVIII, 325 Seiten. 1988. DM 98,–. ISBN 3-11-011541-7
Subskriptionspreis DM 82,–. ISBN 3-11-011398-8

Volume 6 / Band 6:
Theological Writings / Theologische Schriften
Editor/Herausgeber: Gert Hummel

Die Subskriptionsfrist für die gesamte Ausgabe gilt bis zum 31. März 1988 und hat eine Abnahmeverpflichtung für das Gesamtwerk zur Folge. Der Einzelbezug ist erst nach Ablauf der Subskription möglich.

Preisänderungen vorbehalten

Walter de Gruyter   W DE G   **Berlin · New York**

WALTER BAUER
Griechisch-deutsches Wörterbuch zu den Schriften des Neuen Testaments und der übrigen urchristlichen Literatur

Durchgesehener Nachdruck der 5., verbesserten und stark vermehrten Auflage
Lexikon-Oktav. XVI, 1780 Spalten. 1971. Ganzleinen DM 118,–. ISBN 3-11-002073-4

ERWIN PREUSCHEN
Griechisch-deutsches Taschenwörterbuch zum Neuen Testament

6., verbesserte Auflage. Klein-Oktav. 196 Seiten. 1976. Kartoniert DM 24,–
ISBN 3-11-006960-1

LUTHERS WERKE

Die wichtigsten Schriften Martin Luthers im ungekürzten Originaltext
Herausgegeben von Otto Clemen

Studienausgabe

Unveränderter photomechanischer Abdruck des Textes von Martin Luther, Werke in
Auswahl. 6., durchgesehene Auflage 1966/67, Bände 1–4. Kassette. 1970 Seiten,
1 Faksimile. Kartoniert DM 128,–. ISBN 3-11-008942-4

FRIEDRICH SCHLEIERMACHER
Der christliche Glaube

nach den Grundsätzen der evangelischen Kirche
im Zusammenhange dargestellt

(1821/22)

Bände 1 und 2 herausgegeben von Hermann Peiter

Studienausgabe

Oktav. Band 1: XIV, 357 Seiten.
Band 2: VII, 398 Seiten. 1984. Kartoniert zusammen DM 45,–. ISBN 3-11-008837-1
Ausgabe der Erstfassung von Schleiermachers Glaubenslehre

FRIEDRICH SCHLEIERMACHER
Der christliche Glaube

nach den Grundsätzen der evangelischen Kirche
im Zusammenhange dargestellt

2 Bände. Groß-Oktav. Band 1: XLII, 459 Seiten. 1960. DM 32,–. ISBN 3-11-008756-1

Band 2: 580 Seiten. 1960. Kartoniert DM 36,–. ISBN 3-11-008757-X

7. Auflage. Auf Grund der 2. Auflage und kritischer Prüfung des Textes neu herausgegeben und mit Einleitung, Erläuterungen und Register versehen von Martin Redeker

Preisänderungen vorbehalten

Walter de Gruyter **Berlin · New York**